美姑县志

（1991—2009）

美姑县地方志编纂委员会　编

方志出版社
Publishing House of Local Records

图书在版编目(CIP)数据

美姑县志：1991—2009/美姑县地方志编纂委员会编．—北京：
方志出版社，2017.5
ISBN 978-7-5144-2100-2

Ⅰ．①美… Ⅱ．①美… Ⅲ．①美姑县－地方志－1991－
2009 Ⅳ．①K297.14

中国版本图书馆CIP数据核字（2016）第238685号

美姑县志（1991—2009）

编　　者：美姑县地方志编纂委员会
责任编辑：张颢

出 版 人：冀祥德
出 版 者：方志出版社
　　　　　地址　北京市朝阳区潘家园东里9号（国家方志馆4层）
　　　　　邮编　100021
　　　　　网址　http://www.fzph.org
发　　行：方志出版社发行中心
　　　　　电话（010）67110500
经　　销：各地新华书店
印　　刷：四川川印印刷有限公司

开　　本：889×1194　1/16
印　　张：44.5
字　　数：1304千字
版　　次：2017年5月第1版　2017年5月第1次印刷
印　　数：0001~2500册

ISBN 978-7-5144-2100-2　　定价：480.00元

序

当前，在以习近平同志为核心的党中央的坚强领导下，全国各族人民正在全面建成小康社会的决胜阶段奋勇向前、阔步迈进。全面建成小康社会，最艰巨最繁重的任务是在革命老区、民族地区、边疆地区、贫困地区。消除贫困、改善民生、实现共同富裕，是中国特色社会主义的本质要求，是中国共产党的重要使命。为了全面实现小康，党中央高度重视扶贫开发工作，全力推进脱贫攻坚工程，实施精准扶贫、精准脱贫。习近平总书记明确提出，全面实现小康，一个民族也不能少，不能落下一个贫困家庭，丢下一个贫困群众。扶贫开发是个系统工程，发展是第一要务，只有发展，因地制宜找准路子，才能最终实现精准扶贫、精准脱贫。“治贫”必先“治愚”，在加强经济和基础设施建设、提高教育水平等方面的同时，扶贫开发还要注重文化扶贫，特别是通过挖掘革命老区、民族地区、边疆地区、贫困地区的文化内涵、历史底蕴、地情资源，让广大干部群众了解地情、了解历史、了解本地区的优势和劣势，在思想上脱贫，尤为关键。

赓续不断地编修地方志是我国独有的优秀文化传统，绵延千年而不断。党中央、国务院高度重视地方志工作，近几年来，习近平总书记、李克强总理、刘延东副总理作出了一系列的重要指示。2015年8月，国务院办公厅印发《全国地方志事业发展规划纲要（2015—2020年）》（以下简称《规划纲要》），明确要求到2020年必须全面完成第二轮修志规划任务，这是全国地方志工作在全面建成小康社会进程中的硬性任务，也是全国地方志系统为全面建成小康社会的献礼。届时，将同步实现省省有省志、市市有市志、县县有县志，这不仅在中国文化发展史上是绝无仅有的，在世界文化发展史上也是罕见的。从目前来看，要实现这一目标任务，还存在不少困难和问题，特别是民族地区与贫困地区，面临着缺乏人才、资金等诸多困难。实现到2020年必须全面完成第二轮修志规划任务，一个省、一个市、一个县都不能少。自2015年8月，经中国地方志指导小组批准，中国地方志指导小组办公室启动民族地区与贫困地区志书出版资助工程（以下简称“资助工程”），对经国务院扶贫开发领导小组办公室认定的国家级贫困县（区、旗、县级市），中西部地区、少数民族边疆地区、经济欠发达地区存在出版经费困难的省市县三级综合志书进行出版资助。截至目前，已经确定资助两批20多部志书。2016年4月，该工程成功入选国家新闻出版广电总局实施的“十三五”国家重点图书、音像、电子出版物出版规划项目。当前正处于全面推进扶贫开发工程的攻坚阶段，深入推进资助工程，是全国地方志系统配合推进精准扶贫、精准脱贫的重要工作，必须引起高度重视。

资助工程是地方志系统的政治工程。革命老区、民族地区、边疆地区、贫困地区蕴含着极为丰富的文化内容，编纂出版志书，对于继承和发扬优秀传统文化、民族文化、革命文化，加强民族团结、促进当地经济社会建设意义重大。革命老区、民族地区、边疆地区、贫困地区的志书是充分展示在中国共产党领导下这些地区经济社会建设取得的巨大成就、各族人民生活幸福安定的历史依据。特别是边疆地区的志书，是历代王朝、社会主义新中国对该地区行使主权的文化宣示，是真实记录边疆地区与祖国一脉相承、荣辱与共的重要载体。《规划纲要》明确要求到2020年全面完成第二轮修志规划任务，是党中央、国务院对各级政府和地方志工作机构的政治要求，必须不打折扣坚决完成，革命老区、民族地区、边疆地区、贫困地区也不能例外。资助工程既是全国地方志系统的文化扶贫工程，又是确保到2020年全面完成第二轮修志规划任务的推进工程，具有重要的政治意义。

资助工程是促进民族地区与贫困地区文化建设的基础工程。地方志书是全面系统地记述本行政区域自然、政治、经济、文化和社会的历史与现状的资料性文献，记述内容包罗万象，记述对象丰富多彩，是对一个地方的文化普查和历史资料的全面梳理。一个地方的经济社会建设，离不开文化支持。发展是硬道理，只有真正实现全面、协调、可持续发展，才能最终实现小康。与此同时，发展也必须是有序的而不是盲目的，必须是实事求是的而不是凭空设想的，必须是因地制宜的而不是照搬照抄的。实践证明，脱离当地的自然条件、历史基础、文化传承、人文习俗等搞所谓的建设，要么是盲人摸象、坐井观天，要么是揠苗助长、掩耳盗铃，要么是削足适履、画蛇添足，最终会落得个水土不服、无疾而终。对于民族地区与贫困地区来说，立足本地的资源、市场、人文旅游等优势，因地制宜找准发展路子，是确保科学发展的首要任务。民族地区与贫困地区，尤其是那些自古以来还没有编修过志书的地区，开展志书编纂既是对当地自然、政治、经济、文化、社会、生态等方面的发展历史、发展脉络、发展规律的全面摸底和调查，又是总结历史经验、汲取历史教训、挖掘历史智慧的全面梳理和探求。通过学习、利用地方志书，让各级领导干部、广大人民群众了解当地的历史、了解实实在在的地情，从历史中汲取营养和智慧为现实提供借鉴和服务，是确保民族地区与贫困地区发展不走弯路、不走冤枉路的有效手段。

资助工程是全国地方志事业协调发展的促进工程。第五届中国地方志指导小组成立以来，一直把走基层、探实情作为一项重要任务，截至目前，已经到30个省（自治区、直辖市）开展了调研。通过座谈、实地考察等多种形式，充分了解了当前全国地方志事业发展面临的主要困难和问题。其中，区域发展不平衡，中西部地区特别是边疆少数民族地区地方志工作与东部地区相比还存在不少差距，是制约全国地方志事业实现全面、协调、可持续发展的瓶颈所在。有的地方甚至出现了花费了大量的人力、物力，经过十余年的艰辛努力编纂出志书，因为缺乏出版经费迟迟未能出版的状况。正是基于以上了解到的情况，中国地方志指导小组及其办公室才下定决心启动资助工程。到2020年全面建成小康社会时，地方志事业区域发展不平衡问题必须得到妥善解决，这也是深入贯彻《规划纲要》的应有之义。而作为主业的修志编鉴，到2020年全面完成第二轮修志规划任务、实现综合年鉴编纂全覆盖的“两全目标”，是中西部地区特别是边疆少数民族地区地方志工作发展的重中之重。从现实意义来说，资助工程对于实现全国地方志事业全面、协调、可持续发展具有重要的促进作用。

在党中央、国务院的高度重视下，全国地方志事业发展迎来重大战略机遇。越是发展的关键时期，越要有大局观，越要从全国一盘棋的角度考虑问题。《规划纲要》作为顶层设计，确定的各项目标任务都要落到实处，而作为“两全目标”之一的到2020年全面完成第二轮修志规划任务，实现省、市、县一个都不能少的目标，是关键中的关键。希望借助资助工程的深入推进，进一步引起全国地方志系统对实现“两全目标”的重视，确保按期保质完成，用志书客观而忠实地记述中国共产党人带领全国各族人民全面建成小康社会的光荣与曲折历程，为全面建成小康社会贡献“志”礼。

是为序。

中国社会科学院院长、党组书记
中国地方志指导小组组长　王伟光

2016年10月于北京

民族地区与贫困地区志书出版
资助工程领导小组

组　　长：王伟光　中国社会科学院院长、中国地方志指导小组组长

常务副组长：李培林　中国社会科学院副院长、中国地方志指导小组常务副组长

副 组 长：冀祥德　中国地方志指导小组秘书长，中指办党组书记、主任

成　　员：刘玉宏　中国地方志指导小组办公室副主任

邱新立　中国地方志指导小组办公室副主任

民族地区与贫困地区志书出版
资助工程领导小组办公室

主　　任：冀祥德　中国地方志指导小组秘书长，中指办党组书记、主任

副 主 任：邱新立　中国地方志指导小组办公室副主任

成　　员：于伟平　方志出版社总编辑

陈　旭　中国地方志指导小组办公室方志处处长

李　沛　方志出版社首席编辑、省志编辑部主任

徐　宏　方志出版社地方史编辑部副主任

王丹林　中国地方志指导小组办公室方志处副处长

美姑县城（一）

美姑县城（二）

美姑县城（三）

领导关怀

1992 年 6 月，国家物资部扶贫办副主任丁俊发（前排右二）在美姑县调研

1992 年，四川省省委副书记冯元蔚（前排右五）在美姑县调研后与美姑县领导合影

1994 年 3 月，中国科学院院士、工程院院士、清华大学教授、著名水电专家张光斗（右二）在美姑县调研

1996 年 1 月，四川省省委书记谢世杰（左三）在美姑县依波沃村调研，与村支书吉克木曲（右一）交谈

1996 年 1 月 8 日，四川省省委书记谢世杰（前排左八）、凉山州州委书记肖光成（前排左七）、凉山州人民政府州长马开明（前排左四）在美姑县慰问干部群众后与美姑县领导合影

1999年，国务院扶贫开发领导小组副组长刘成果（左二）在美姑县调研

2001年1月，四川省省委副书记、省人民政府省长张中伟（右一），省委常委、省总工会主席甘道明（左一）慰问凉山州拔尖人才、美姑县防疫站站长罗清国（中）

2001年1月，四川省省委副书记、省人民政府省长张中伟（右二），省委常委、省总工会主席甘道明（左一）在美姑县慰问省特级教师吉克洛目全家

2001年8月，四川省人民政府副省长柯尊平（前排左二）在美姑调研教育工作

2006年2月，四川省人民政府副省长张作哈（左三）、凉山州人民政府州长张支铁（左二），在美姑县县委书记黄凤（右一）、县人民政府县长曲木克古（左一）陪同下，在农户家中了解生产生活情况

2006年，四川省人民政府副省长张作哈（左四）、凉山州人民政府州长张支铁（右四）在美姑县调研

2007年8月，四川省军区原副司令员邹云华少将（前排左二）在美姑县人武部指导工作

2007 年 9 月，青海省人民政府副省长吉狄马加（左四）在美姑县调研

2008 年 2 月，四川省军区和凉山军分区向美姑县遭受雪灾的群众送温暖（一）

2008 年 2 月，四川省军区和凉山军分区向美姑县遭受雪灾的群众送温暖（二）

2009 年，国务院扶贫办主任范小建（左三）在美姑县县委书记曲木克古（左一）陪同下，调研美姑县扶贫开发工作

1997 年，凉山州州委书记肖光成（左一）在美姑县依波沃村调研

2005 年 7 月，凉山州人大常委会主任阿什老轨（前排左三）在美姑县调研卫生工作

2005 年 11 月，凉山州人民政府州长张支铁（右一）在美姑县拉木阿觉工业集中区调研

2009 年 3 月，凉山州州委书记吴靖平（左一）在美姑县县委书记曲木克古、县人民政府县长子克拉格陪同下，调研民生工作

2009 年 4 月，凉山州州委书记翟占一（左二）在美姑县调研教育“两基”工程建设

1996 年 3 月，美姑县县委书记何荣修在学习推广依波沃村典型大会上作动员讲话

2000 年 6 月 23 日，美姑县县委书记达久木甲（右二）、县人民政府县长马小林（左一）在禁毒横幅上带头签名

2007 年，美姑县县委书记黄凤（右二）和县委常委、县人民政府副县长吉觉拉莫惹（左二）在依果觉乡了解灾情

2008 年，美姑县县委书记曲木克古部署全县平安创建工作

政法和部队

2008 年，凉山州州委书记吴靖平在美姑县社会治安专项整治大会上讲话

2008 年，美姑县召开深入推进平安创建工作动员大会

纠纷调解

美姑县人民法院送法下乡、巡回办案

司法调查

2008 年，美姑县召开坚持依法治县构建和谐美姑专项整治活动工作培训大会

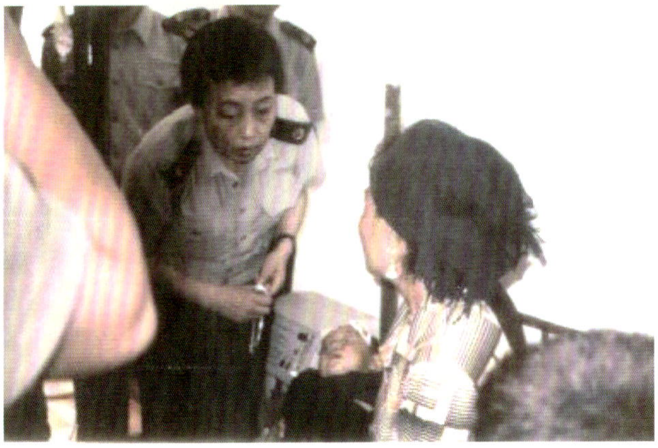

1	3
2	4
	5
6	

1 禁毒宣传进校园

2 四川省武警总队成都医院专家在美姑义诊

3 司法警察岗位大练兵

4 看守所站岗的武警战士

5 美姑县人民政府举行“八一”军民联欢活动，慰问驻县部队

6 竹库乡禁毒大会

农业和扶贫开发

2002年，美姑县县委书记马小林（中）检查新村扶贫建设

美姑县县委书记曲木克古（右二）在大风顶国家级自然保护区检查工作

美姑县人大代表视察烤烟生产

2008年，成都大学生物产业学院教授赵钢（右一）在美姑考察珍珠苦荞米种植基地

绿满山野

优质牧草

科研教学基地协议签字暨授牌仪式

烟农烤制的烤烟

典补乡组织农业技术培训

改　土

美姑河投放珍稀鱼苗

气象局组织人员检修防雹高炮

九口乡发放农机

“三房”改造成果

九口乡烤烟生产现场培训会

井叶特西乡村民收割优质莲花白

勤劳的村民

1	2	
3		
4	5	6

1 大风顶自然保护区森林

2 巴普镇基伟村沼气池建设

3 龙门乡核桃种植培训会

4 牛牛坝区域气象观测自动站

5 丰收的喜悦

6 救助大熊猫

工交、城建、信息产业和商贸

1995 年，美姑县县委书记何荣修（右三）祝贺县邮电局首次开通 2000 门程控电话

2007 年，美姑县县委书记黄凤（右一）、县人大常委会主任阿培拉门（左二）、县人民政府县长曲木克古（右二）、县政协主席沙马古依（左一）在柳洪电站调研

美姑县人大代表考察正在建设中的拉木阿觉工业集中区

柳洪电站外景

美姑县薯业加工公司生产车间

美姑县春潮特种纤维公司生产车间

技改后的美姑化工有限公司乳化炸药生产线

柳洪电站施工现场

2006 年改造后的峨美公路

邮政业务办理大厅

电信业务办理大厅

村民用上了手机

现代化的电力控制室

S307 线完成建设投入使用

吊桥

县城新区开发

民族特色突出的城区建筑

妇女积极参与市场经济活动

工商局工作人员在农贸市场检查

小商品批发

水产品零售

经济管理和财税

美姑县政府收支分类改革培训会

1999 年，美姑县农行与县武警中队参加中华人民共和国成立五十周年县级机关歌咏比赛

林业产业项目资金审计

食品卫生监督员在集中学习法律法规

美姑县农村信用联社工作人员正在清点账户

税收万人签名活动

研究财政工作

会计工作

财政局办公楼

社会事业

1998年10月，美姑县县委书记达久木甲（右一）为新成立的新桥片区中心卫生院授牌

2004年，美姑县"彝族毕摩文化之乡"授牌仪式

2009年，美姑县人民政府县长子克拉格（左一）在基伟村小学检查教育工作

1997年9月，老作家李乔在美姑县彝族毕摩文化研究中心成立大会上发言

2008年7月，美姑县委组织部和县委党校举办拔尖人才、优秀人才示范岗培训班

2008年8月，彝族著名歌唱家曲比阿乌（右）在美姑县拍摄MTV

2008 年 11 月，丽江市民族文化考察团在美姑考察座谈会

乡村图书室

“两基”教育攻坚以前破旧的乡村小学

瓦基机村小学

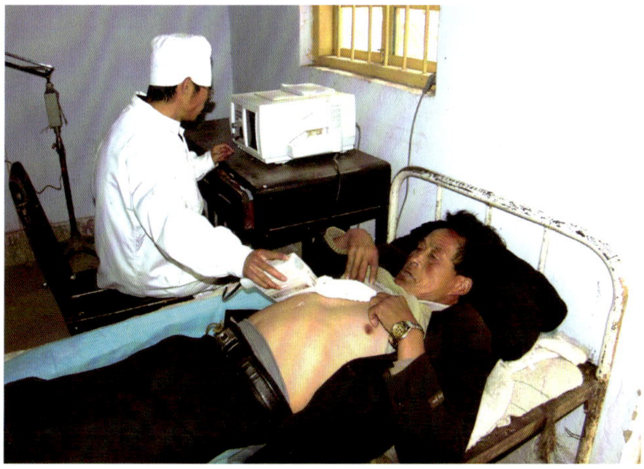

医务人员正在为病人查病

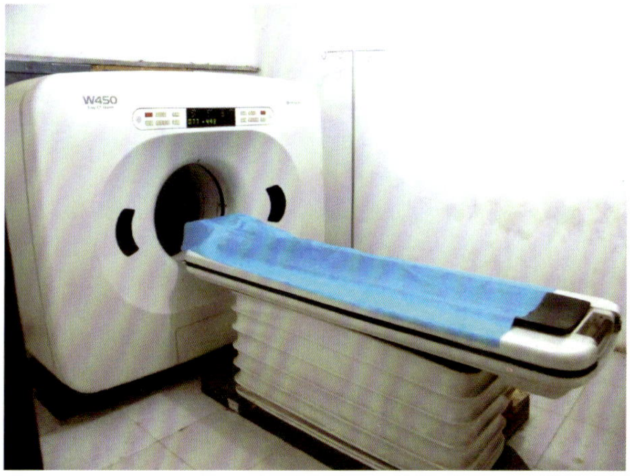

县人民医院医疗设备设施

乡镇广播电视站播音员用彝语向群众宣讲党的路线、方针、政策

广播电视“村村通”工程

送电影下乡

捕捉生活的美

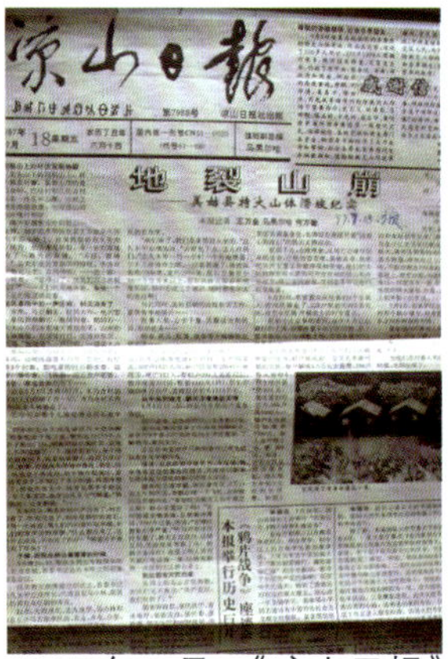

1997年7月,《凉山日报》报道乐约山体滑坡

民族文化活动

摔跤比赛（一）

摔跤比赛（二）

大型民族文化活动

民风民俗

1 2007 年，美姑县人民政府县长曲木克古在民风民俗展演开幕式上讲话

2 2002 年，凉山彝族火把节选美冠军沙玛乌芝（女）、阿牛阿体（男）

3 1997 年，凉山彝族国际火把节选美比赛冠军金曲金艳（左二）、吉侯石里（左三）、吉则乌哈（左四）

4 彝族建筑

5 斗牛

1	2
3	4
	5

斗羊

赛马

跳 舞

特技表演

联欢活动

彝族祭祖仪式

彝族返咒仪式

剪羊毛

擀羊毛毡

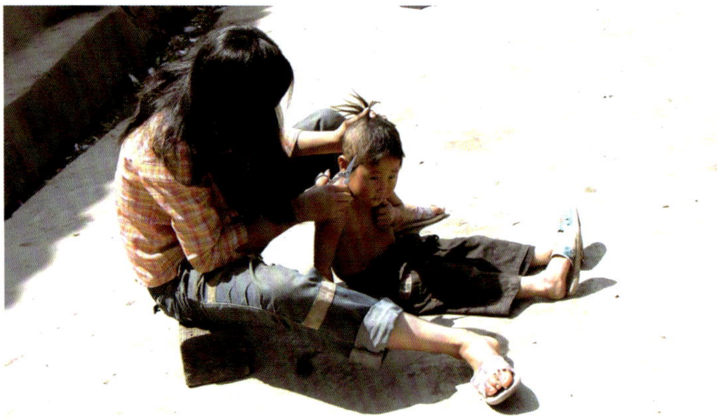

理　发

美姑彝族古旗

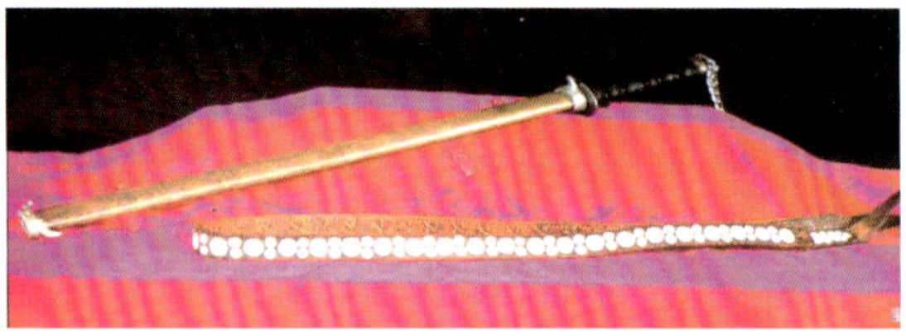

彝族刀具

美姑彝族古铠甲

磨豆腐

风　谷

洗磨子

纺　线

编斗笠

织察尔瓦

捻羊毛

彝族老人

彝族儿童

民间摔跤比赛（一）

民间摔跤比赛（二）

猪胆占卜

接亲队伍

泼　水

蜀确仪式

哭　嫁

新娘梳妆

毕摩文化

毕摩经书

毕摩法器

毕 摩 神 铃

毕摩表演（一）

毕摩表演（二）

毕摩表演（三）

送灵仪式

毕摩研讨

毕摩念经（一）

毕摩念经（二）

毕摩念经（三）

毕摩念经（四）

彝族羊皮披毡

美姑土特产

皮制餐具

彝族服饰

彝族食物

彝族银制斗笠

彝族泡水酒

虫　草

贝　母

天　麻

大红袍花椒

蜡　虫

核　桃

优质脐橙

橘　橙

美姑山羊

美姑岩鹰鸡

优质烤烟

优质荞麦

优质马铃薯

优质花椒

优质莲花白

白芸豆

裂腹鱼

铜铁共生

氧化锌

珙 桐

砾 岩

黄铁矿

铅 矿

玛瑙

荣　誉

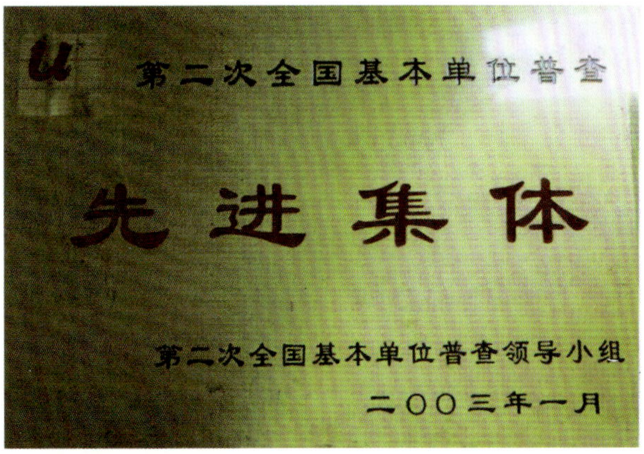
第二次全国基本单位普查
先进集体
第二次全国基本单位普查领导小组
二〇〇三年一月

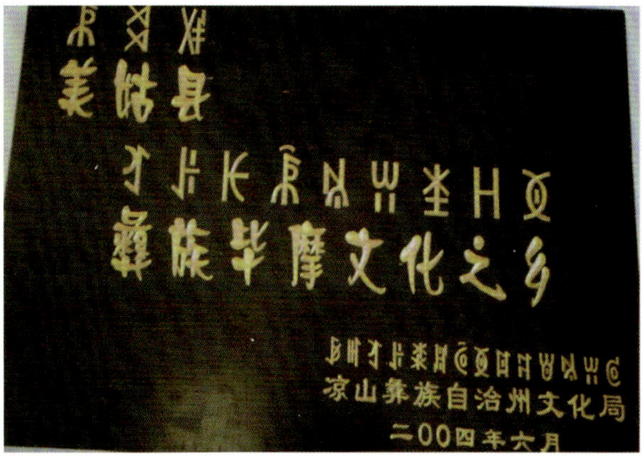
美姑县
彝族毕摩文化之乡
凉山彝族自治州文化局
二00四年六月

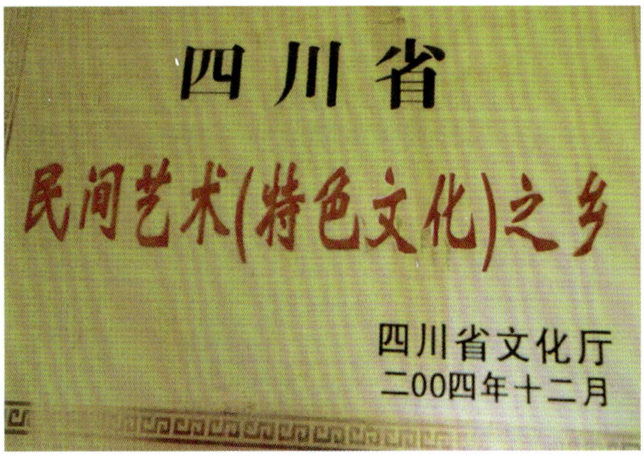
四川省
民间艺术(特色文化)之乡
四川省文化厅
二00四年十二月

2002-2005年度
四川省民族体育先进集体
四川省民族事务委员会 四川省体育局
二00五年八月

2001—2004年度
全国群众体育先进单位
国家体育总局
二〇〇五年十月

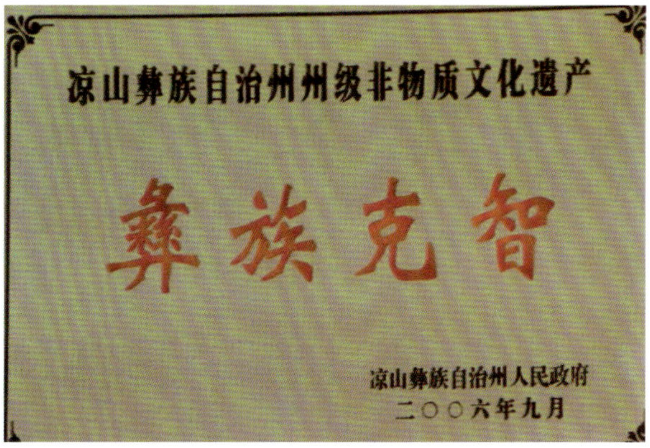
凉山彝族自治州州级非物质文化遗产
彝族克智
凉山彝族自治州人民政府
二〇〇六年九月

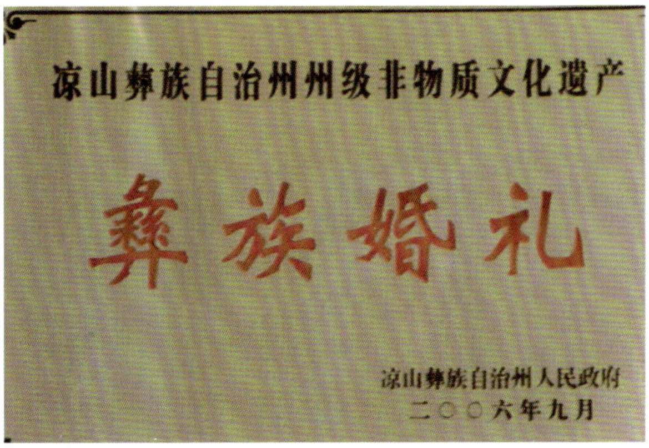
凉山彝族自治州州级非物质文化遗产
彝族婚礼
凉山彝族自治州人民政府
二〇〇六年九月

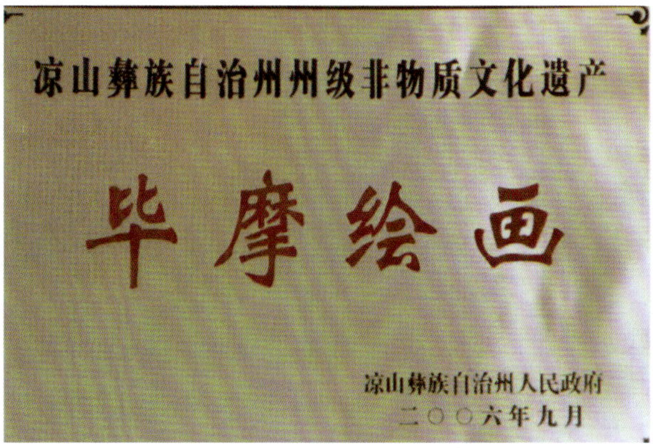
凉山彝族自治州州级非物质文化遗产
毕摩绘画
凉山彝族自治州人民政府
二〇〇六年九月

四川省非物质文化遗产
凉山彝族"尼木措毕"祭祀
四川省人民政府公布
四川省文化厅颁发
2007年3月

中国植树节
3.12
四川省绿化模范单位
四川省绿化委员会
二〇〇九年十二月

先进单位

美姑縣
美女之鄉
首屆涼山藝術節組委會
二〇〇二年九月

普及九年义务教育和扫除青壮年文盲县
PJ SM
中华人民共和国教育部
二〇〇九年十二月

四川省第十二届少数民族体育运动会
民族式摔跤(格)团体
第一名

凉山州第三届运动会
彝族式摔跤比赛团体总分
第一名

美姑县地方志办公室历届主任和县志办使用过的公章

沈才能（1985 年 1 月至 1987 年 3 月任县志办主任）

杨进文（1987 年 3 月至 1988 年 12 月任县志办主任）

黄仲伦（1986 年 6 月任县志办副主任，1990 年 5 月至 1993 年 7 月任县志办主任）

彭玉章（1986 年 4 月至 1998 年 4 月任县志办副主任）

克其拉洛（2000 年 2 月至 2007 年 8 月任县志办主任）

卢万发（1999 年 9 月任县志办副主任，2009 年 4 月至 2012 年 5 月任县志办主任）

孙学元（2012 年 5 月至今任县志办主任）

县志办使用过的公章

志书和年鉴编纂

2014年8月，凉山州《美姑县志（1991—2009）》评审会成员合影

前排左起：肖元东、叶志高、刘尧平、尹克发、沙德康、孙学元、留牛莲布莫
后排左起：易蓉、程钦波、陈群、毛太、曹毅、姚建平、罗艳、马燕

2013年12月，美姑县委常委、县委组织部部长沙德康组织县志编纂委员会审定《美姑县志1991—2009》

2014年8月，凉山州政府县级志书评审小组召开《美姑县志（1991—2009）》评审会议

美姑县第二轮修志工作动员培训大会

2014 年，美姑县史志办公室部分工作人员和上挂学习锻炼人员（从左至右：叶志高、程钦波、孙学元、朱光钊、贾巴者韦）

2014 年 8 月，凉山州《美姑县志（1991—2009）》评审会（一）

2014 年 8 月，凉山州《美姑县志（1991—2009）》评审会（二）

2014 年 9 月，美姑县委常委、组织部部长沙德康组织召开《美姑县志（1991—2009）》工作推进会

美姑县召开 2015 年党史与地方志工作会议

美姑县 2015 年史志工作培训讲座

县史志办公室编纂的县志、年鉴和部门志

《美姑年鉴》（2014 年卷）正式发行

2012—2014 年县史志办公室编辑出版的年鉴和地情资料

县史志办公室获奖荟萃

美姑县地方志编纂委员会

（2007 年 4 月 17 日）

顾　　问	黄　凤	县委书记
	阿培拉门	县人大常委会主任
	沙马古依	县政协主席
主　　任	曲木克古	县委副书记、县人民政府县长
常务副主任	吉觉拉莫惹	县委常委、县人民政府副县长
副 主 任	何云胜	县委常委、县人武部部长
	沙明英	县委常委、县委宣传部部长
	毛正华	县委常委、县委办公室主任、县直工委书记、县总工会主席
	彭玉章	县人大常委会副主任
	严取银	县政协副主席
	克其拉洛	县地方志办公室主任
委　　员	冯培安	县人大常委会办公室主任
	杨德华	县人民政府办公室主任
	沙正荣	县政协秘书长
	梁明君	县委组织部副部长、县委老干部局局长
	李焰川	县委宣传部副部长、县委对外宣传办公室主任
	张秀灵	县发展和改革局局长
	勒则木石	县经济局局长
	张云华	县统计局局长
	吉日洛戈	县广播电视局局长
	阿牛史日	县档案局局长
	李正洪	县编制办公室主任
	阿以拉者	县农村工作领导小组办公室主任
	卢万发	县地方志办公室副主任
	阿留以哈	县国家保密局干部
	勒格依林	柳洪工委主任
	潘　林	大桥工委主任
	吉巴古杰	牛牛坝工委主任
	额其觉哈	候播工委主任
	井子智杰	新桥工委主任
	马吉尔吉	俄普工委主任
	吉木木果	峨曲古工委主任
	吉海木沙	洪溪工委主任
	达别尔布	瓦侯工委主任

	曲比尔批	巴普镇党委书记
总　　编	吉觉拉莫惹（兼）	
副 总 编	李焰川（兼）、杨德华（兼）、克其拉洛（专职）、卢万发（专职）、阿牛史日（兼）、方　军（兼）	
主　　编	克其拉洛	
副 主 编	卢万发	

美姑县地方志编纂委员会

（2009年6月调整）

顾　问	曲木克古	县委书记
	阿培拉门	县人大常委会主任
	沙马古依	县政协主席
主　任	子克拉格	县委副书记、县人民政府县长
副主任	刘若尘	县委副书记
	黄少虎	县委常委、县人民政府常务副县长
	吉觉拉莫惹	县委常委、县人民政府副县长
	毛正华	县委常委、县委办公室主任、县直工委书记、县总工会主席
	罗炳贵	县委常委、县人武部政委
	彭玉章	县人大常委会副主任
	严取银	县政协副主席
	卢万发	县地方志办公室主任
委　员	冯培安	县人大常委会办公室主任
	杨德华	县人民政府办公室主任
	沙正荣	县政协秘书长
	黄　琼	县委办公室副主任
	梁明君	县委组织部副部长、县委老干部局局长
	李焰川	县委宣传部副部长、县委对外宣传办公室主任
	吉吉甘玛	县委组织部副部长、县人事劳动和社会保障局局长
	张秀灵	县发展和改革局局长
	勒则木石	县经济局局长
	尤其拖千	县统计局局长
	吉日洛戈	县广播电影电视局局长
	阿牛史日	县档案局局长
	阿背作哈	县农村工作领导小组办公室副主任
	阿留以哈	县国家保密局干部
总　编	吉觉拉莫惹（兼）	
副总编	李焰川（兼）、杨德华（兼）、黄　琼（兼）、卢万发（专职）、阿牛史日（兼）、	
主　编	卢万发	

美姑县地方志编纂委员会

（2013 年 8 月 22 日）

顾　问	曲木克古	县委书记
	蔡光阳	县委副书记、县人民政府县长
	熊志华	县人大常委会主任
	吉古尔石	县政协主席
主　任：	李德强	县委常委、县人民政府常务副县长
副主任：	王华彬	县委常委、县人武部部长
	邓兴伟	县委常委、县委办公室主任
	彭玉章	县人大常委会副主任
	严取银	县政协副主席
	马吉尔吉	县人民政府办公室主任
	孙学元	县地方志办公室主任
委　员	李锡康	县委办公室副主任、县委政研室主任、县国家保密局局长
	冯培安	县人大常委会办公室主任
	徐　进	县政协办公室主任
	周　莉	县委组织部副部长、县委老干部局局长
	余海英	县委宣传部常务副部长、县精神文明建设办公室主任
	吉木木果	县委组织部副部长、县人力资源和社会保障局局长
	吴　毅	县发展改革和经济商务信息化局局长
	曲比拉者	县财政局局长
	曲木阿莫	县文化影视新闻出版和体育旅游民族宗教局局长
	额其觉哈	县档案局局长
	孔祥玲	县劳务开发暨农村工作领导小组办公室专职副主任
	叶志高	县地方志办公室志鉴股股长

美姑县地方志编纂委员会

（2014 年 9 月 25 日）

顾　问	曲木克古	县委书记
	蔡光阳	县委副书记、县人民政府县长
	熊志华	县人大常委会主任
	吉古尔石	县政协主席
主　任	杜　刚	县委常委、县人民政府常务副县长

副主任	沙德康	县委常委、县委组织部部长、县委党校校长
	王华彬	县委常委、县人武部部长
	邓兴伟	县委常委、县委办公室主任
	彭玉章	县人大常委会副主任
	严取银	县政协副主席
	马吉尔吉	县人民政府办公室主任
	孙学元	县史志办公室主任
成　员	冯培安	县人大常委会办公室主任
	徐　进	县政协办公室主任
	李锡康	县委办公室副主任、县委政研室主任、县国家保密局局长
	吉布石铁	县委组织部副部长、县人力资源和社会保障局局长
	周　莉	县委组织部副部长、县委老干部局局长
	余海英	县委宣传部常务副部长、县精神文明建设办公室主任
	吴　毅	县发展改革和经济商务信息化局局长
	曲比拉者	县财政局局长
	曲木阿莫	县文化影视新闻出版和体育旅游民族宗教局局长
	额其觉哈	县档案局局长
	孔祥玲	县劳务开发暨农村工作领导小组办公室专职副主任
	叶志高	县史志办公室志鉴股股长

美姑县地方志编纂委员会

（2015年9月30日）

顾　问	商拉批	县委书记
	蔡光阳	县委副书记、县人民政府县长
	熊志华	县人大常委会主任
	吉古尔石	县政协主席
主　任	潘　林	县人民政府副县长
副主任	沙德康	县委常委、县委组织部部长、县委党校校长
	周　旭	县委常委、县人武部部长
	日火哈古	县委常委
	彭玉章	县人大常委会副主任
	严取银	县政协副主席
	卢万发	县人民政府办公室主任
	孙学元	县史志办公室主任
成　员	冯培安	县人大常委会办公室主任
	徐　进	县政协办公室主任
	李锡康	县委办公室副主任、县委政研室主任、县国家保密局局长

吉布石铁	县委组织部副部长、县人力资源和社会保障局局长
周　莉	县委组织部副部长、县委老干部局局长
余海英	县委宣传部常务副部长、县精神文明建设办公室主任
吴　毅	县发展改革和经济商务信息化局局长
曲比拉者	县财政局局长
曲木阿莫	县文化广电新闻出版和体育旅游局局长
额其觉哈	县档案局局长
孔祥玲	县劳务开发暨农村工作领导小组办公室专职副主任
廖加伟	县史志办公室工作人员
阿比阿曲	县史志办公室工作人员
马海使普莫	县史志办公室工作人员（上挂学习锻炼）

凉山州《美姑县志（1991—2009）》审查验收小组

（2014 年 8 月）

组　　长	尹克发	州史志办公室主任
副 组 长	张　薇	州史志办公室纪检组长
	刘尧平	州史志办公室副主任
成　　员	陈　群	州史志办公室综合科科长
	易　蓉	州史志办公室地方志科科长
	毛　太	州史志办公室党史科科长
	留牛莲布莫	州史志办公室年鉴科科长
	曹　毅	州史志办公室地方志科副科长
	肖元东	州史志办公室年鉴科副科长
	罗　艳	州史志办公室年鉴科干部
工作人员	姚建平	商　江

《美姑县志（1991—2009）》编辑部

（2012 年 5 月 20 日调整）

主　　编　孙学元

责任编辑　孙学元　叶志高

工作人员　杨正敏　王秀英　阿比尔胡　吉比阿达（借调）　马才（借调）
萨古伟机（借调）　贾巴者韦（上挂学习锻炼）　朱光钊（上挂学习锻炼）
程钦波（上挂学习锻炼）　克其伊子（借用）　马海使普莫（上挂学习锻炼）

特约编辑　龚恩富（县政协）

周　莉（县委组织部）
孙如祥（县委组织部）
马　静（县审计局）
吉尔体日（县毕摩文化研究中心）
万　洪（县地税局）
马　燕（拉木阿觉乡政府）
何　毅（县环保局）
周　虹（巴普镇中学）

地　址　美姑县人民政府综合办公大楼一楼
美姑县党史与地方志办公室
电　话　0834-8242252　0834-8241561　0834-8241321
传　真　0834-8241321
邮　编　616450

序 言

光阴似箭，日月如梭。自从《美姑县志》1997年6月正式出版发行以来至今，转瞬即将20年。根据国务院《地方志工作条例》规定“地方志书每20年左右编修一次”之精神，美姑县续修《美姑县志》。

自古以来，就有盛世修志之历史传统。自从《美姑县志》问世以来，特别是进入21世纪以来，美姑县委、县人民政府高举中国特色社会主义伟大旗帜，以邓小平理论和“三个代表”重要思想和科学发展观为指导，带领全县各族人民，创造了丰硕的物质文明和灿烂的精神文明。美姑县政通人和，经济发展，事业繁荣，民生改善，民族团结，社会进步。今值盛世，续修《美姑县志》，正当其时。

续修的这部《美姑县志（1991—2009）》，坚持马克思主义辩证唯物主义和历史唯物主义，既继承优良传统，又大胆开拓创新，述、记、志、传、图、表、录并用，既总揽全貌，又突出特色。全书有图片200多张，由29篇135章构成，洋洋洒洒130多万字，全面、客观、系统地记述了本行政区域内近二十年来自然、政治、经济、文化、社会和民生等方面的发展情况，集中展示了全县各部门、各行业、各地方，在“五个文明”建设中所取得的新成绩、创造的新经验，是一部关于本行政区域内自然、政治、经济、文化和社会的历史与现状的资料性文献和“百科全书”，是县委、县人民政府组织带领全县二十四万各族人民跳起摸高、开拓创新、艰苦创业、跨越发展的生动画卷。

“郡邑之有志，犹国之有史也”“以史为镜，可以知兴替”。一部优秀的志书，具有“存史、资政、育人”等作用，可以观兴废，知得失，通昔今，察未来。县人民政府主管部门充分利用自身优势，积极开拓途径，创造方法，利用志书、资料库、方志馆、网络等形式，认真组织读志用志活动，以达到“资政、育人”之作用，促进思想文化建设，推动精神文明发展。

知昔方晓今，继往为开来。修志之意，旨在激励当代，启迪后世，兴吾美姑。方今之时，美姑县委、县人民政府举全县之力，实施立足资源，突出“两强”（工业强县、林业强县），“两轮驱动”（投资拉动、项目带动），开发“三河”（美姑河、瓦侯河、连渣洛河），发展“三带”（河谷、二半山、高山），培育壮大“六大支柱产业”（水、电、化工、轻纺、建材、矿冶、农产品加工），统筹区域和城乡协调发展的“22336”发展战略，在传承中发展，在发展中创新，坚持工业强县、农业稳县、文化活县、生态立县、科教兴县、民生和县，“建好一个园区（拉木阿觉工业集中区）、畅通四条公路（美姑到峨边、美姑到马边、美姑到甘洛、美姑到越西）、开发三条河流（美姑河、连渣洛河、瓦侯河）、打造特色集镇（树窝、依果觉、峨曲古、拉木阿觉、洛俄依甘、牛牛坝和候播乃拖）、建设系列基地（马铃薯基地、苦荞米基地、蔬菜基地、美姑山羊基地、岩鹰鸡基地、核桃基地、花椒基地、白杨基地）”，把美姑打造成为凉山彝族聚居腹心区面向成乐经济圈的发展前沿、全国彝区传统文化传承发展先进县、全省民族地区教育改革创新县、全省民族地区社会管理模范县、凉山“老四县”经济发展排头兵。诚望广大县民承前辈壮志，扬优秀传统，尚拼搏精神，励精图治，艰苦创业，人尽其才，物尽其用，货畅其流，续写美姑科学发展新篇章。

中共美姑县委书记　商拉批
美姑县人民政府县长　蔡光阳
2015年10月10日

凡　例

一、本志坚持马克思主义、毛泽东思想、邓小平理论和“三个代表”重要思想为指导，以科学发展观为统领，以改革开放以来党的方针、政策和国家各项法规为标准，遵循实事求是、秉笔直书和详近略远的基本原则。运用辩证唯物主义和历史唯物主义的观点和方法，全面、系统、真实、准确地记载美姑县政治、经济、文化、社会、自然等各方面历史与现状的基本情况和重要史实，力求体现时代性和地方特色，旨在资治、存史、育人，资今鉴后，为全县社会主义物质文明和精神文明建设服务。

二、本志为《美姑县志（1991—2009）》，记述范围：以2000年1月勘界完成后确定的美姑行政区划为记述范围。记述时限为：上限为1991年1月，下限止于2009年12月。

三、本着贯穿古今、详今略古、详近略远的编纂原则，同时为保持事物的连续性和完整性，做好与第一部《美姑县志》的有效衔接。本志上限可追述到第一部志书下限的附近年代。

四、本志体例结构采用章节体，结构层次为篇、章、节几个层次，共29篇、135章。篇、章、节三个层次使用不同字体加以区别。志书部首设照片、地图、序言、凡例、目录、概述、大事记，部中以篇章节层次记述各业专志，部尾设附录、索引等。

五、本志采用述、记、志、传、图、表、录等形式，横排门类，纵述史实，类为一志，以志为主体；记述方法以编年体为主，兼以纪事本末体，采用语体文、记述体记叙。力求言简意赅，语言流畅。

六、本志规模为130多万字，各篇章与各部门专业志设计规模，有所侧重，以突出美姑地域和民俗特色。

七、本志总体上坚持“生不立传”“生可入志”的原则。入志人物以在美姑工作和生活并为建设美姑做出过重要贡献的已故人物，或者美姑籍在外工作和生活产生重要影响的已故人物为主。对离退休年事已高符合立传标准的重点人物则审慎以传记或传略记之；对符合入志标准但未入传的人物及有突出贡献的重要在世人物，则设人物传略、人物简介、人物名录予以记载。

八、本志行文规范，按照《全国地方志书质量》和《四川省第二轮市县级志书编纂规范》执行。有关简体字、标点符号、计量单位等用法，遵照国家发布的现行规定执行。称谓，全部以第三人称直书姓名，必要时冠以职务；地名，以现行标准地名为准，涉及古地名时括注现标准地名；政党团体、组织机构、文件会议等名称，首次出现时一律用全称，其中繁长的，同时括注简称，之后用简称。

九、本志所涉及的数据全部以县统计局定案的为准。统计局未有的数据，以主管部门统计数据为准；主管部门未有的以调查或供稿单位统计数据为准。年号、数字均采用阿拉伯数字记之。引据古文的部分仍使用汉语数字记法。

十、本志资料，主要以县档案馆馆藏资料和各部门档案资料为主，所录资料经县史志办公室工作人员和各部门志编写人员反复核实鉴别后，报请《美姑县志》主编及资料提供部门负责人审查把关后，才入志使用。

十一、本志“人物篇”中，“英雄模范”和“科技工作者”以姓氏笔画为序，“领导干部”以任职先后为序。

目　录

第二篇　自然地理与环境保护

第三篇 人口和计划生育

第四篇 中国共产党地方组织

第五篇　政权政协

第六篇　人民团体

第七篇　政　务

第八篇 武 装

第九篇 政 法

第十篇 经济管理

第十一篇 工 业

第十二篇　农　业

第十三篇　林　业

第十四篇　畜　牧

第十五篇 水 电

第十六篇 交通运输

第十七篇　邮政电信

第十八篇　城乡建设

第十九篇　烤烟与烟草经营

第二十篇 粮 食

第二十一篇 财 税

第二十二篇　金融与保险

第二十三篇　教　育

第二十六篇 广播电视

第二十七篇 语言文字和毕摩文化研究

第二十八篇 卫 生

第二十九篇　人　物

附　录

概　述

一

美姑，彝语称“林木美姑”。相传彝族先民古侯、曲涅两大氏族自云南、贵州分道迁入凉山时会合于“莫古”（今美姑县洛俄依甘乡阿居曲村所在地），建县时将“莫古”写作“美姑”，作为县名。

美姑地处青藏高原东北部的横断山脉与四川盆地西南边沿交汇处，凉山彝族自治州东北部，北纬28° 02′～28° 54′，东经102° 53′～103° 21′之间。东邻雷波县；北与峨边、马边县相连；西接越西、甘洛两县；南与昭觉县接壤。县境南北长94.8公里，东西宽46.4公里，是大凉山的腹心地。最高海拔4042米，最低海拔640米，县城海拔2043米。境内山峦起伏，沟壑纵横，地形复杂，东高西低，北高南低，地势由东北向西南倾斜，海拔3000米以上的高山52座；河流密布，主要河流有：美姑河、溜筒河、连渣洛河、瓦侯河。

春秋至秦、汉时期，美姑隶属邛都。汉武帝元鼎六年（公元前111）在美姑河畔置卑水县，辖美姑地区，隶属越嶲郡。齐梁时期废卑水县，美姑隶属嶲州。隋唐时期美姑县隶属越嶲县。唐懿宗咸通十四年（873）至宋代末，美姑属彝族阿都部和沙马部管辖。元明至清初，美姑分别由利利、沙马、阿卓土司管辖。清乾隆、嘉庆时期（1736—1820），土司先后被各黑彝家支驱逐出境，美姑地区由各大小黑彝家支分割统治。清宣统二年（1910）分西昌县置昭觉县，美姑中部、南部和西部划属昭觉县，东部和东北部分别划属雷波县和马边县。但各领县均未设置统一政权机构，实为黑彝家支统治。直到民国时仍由各黑彝家支分割统治。

1952年4月30日，经中央人民政府批准设立美姑县，以大凉山的中心区东至西、南至北各约三百华里地区为其行政区域，县人民政府驻牛牛坝。1952年，县志所改设甲谷。1956年5月24日，经中央人民政府国务院〔1956〕国议周字第28号决议批准，设置洪溪县，县人民委员会设在益各脚（今美姑县依果觉乡政府所在地）。1959年，经中央人民政府国务院93次全体会议决定撤销洪溪建制，将洪溪县的行政区域划归美姑县，县人民委员会改建为洪溪区。是年6月20日，经中共凉山彝族自治州委员会批准，原美姑县和洪溪县正式合并，成立新的美姑县委，统一领导两县工作，洪溪县工委即停止行使职权。县治所迁至巴普，隶凉山州。

美姑县辖区面积为2573平方公里。1992年以前，美姑县辖44个乡、1个镇、291个村、1475个组。1992年8月，按照省委、省政府的安排部署，调整行政区划，美姑县撤销8个区公所建制，将原44个乡调整为29个乡、1个镇。1994年，经四川省人民政府批准，恢复6个乡建制。2007年10月，新设立瓦吉吉行政村1个、2个村民小组。2008年4月，撤销设在县乡之间的8个片区工委。2009年，经美姑县人民政府同意成立甘都村。截至2009年年底，全县辖35个乡、1个镇、292个行政村、1492个村民小组、3个社区居委会。全县总人口为235248人，其中，少数民族人口为230284人，占总人口的97.89%，彝族人口为230237人，占总人口的97.87%。

二

县境属低纬度高海拔山区，具有低纬度高原性气候特点。气温年差较小，日差较大，天气变幻急剧。因山高坡陡，气温随海拔高度的升高而降低，形成明显的立体气温，俗话：“一山有四季，十里不同天，日出暖烘烘，遇雨便成冬”。由于境内山峦起伏，沟壑纵横，复杂的地形使一些地域形成明显的小气候。南面地区常年干旱少雨，北部的瓦侯地区则湿润多雨。

县内气象上以3—5月为春，6—8月为夏，9—11月为秋，12月—次年2月为冬。若按气候划分四季（季平均气温小于10℃为冬，大于22℃为夏，10℃～22℃为春秋），县内全年无夏、冬季长达 135 天。年均霜期 125 天，无霜期 240 天。霜期随海拔的升降而增长或缩短，每升降 100 米则长短 7 ~ 9 天；霜期还随空气的湿度增大而递增，海拔越高，湿度越高，霜期越长。瓦俣地区雨水多，湿度大，比黄茅埂以西的同一海拔高度上霜期增长 35 天。

县内年均气温 11.4℃，最高年 12.3℃。最低年 10.5℃，极端最高 32.3℃，极端最低负 10.7℃。气温地域变化主要决定于海拔高度。海拔每增高 100 米，平均气温下降 0.6℃左右，极端最高、最低气温下降 1.3℃ ~ 1.4℃。境内气温存在着周期性的日变化，昼高夜低。全县年平均气温日较差为 10.7℃，最大的是 3 月，日较差为 13.9℃；最小的是 10 月，日较差为 8.5℃。

县境位于“华西雨屏”的西侧，但因地势起伏，大风顶、黄茅埂和西部连渣果峨等大山季风气流的抬升和下沉直接影响降水地域的再分配，形成北部大风顶南北两侧和西部候播乃拖至牛牛坝一线两个多雨区，年降水量可达 1200~1400 毫米；柳洪地带为相对少雨区，年降水量只有 700 ~ 1000 毫米。1991—2009 年，平均降雨量为 840.7 毫米，最多年 2000 年为 1062.7 毫米，最少年 2009 年为 717.8 毫米。降雨量季节性分配差异很大，春季为 175.6 毫米，占全年总降雨量的 21.6%；夏季为 432.8 毫米，占 53.1%；秋季为 186.7 毫米，占 22.9%；冬季为 19.6 毫米，占 2.4%。历年降水还存在着明显的昼夜变化，夜雨特多，夜间降雨量 71% 左右。白天降水少，日照充足，气温回升快，昼夜温差大，是农业生产的有利气候条件之一。

县境内常年日照时数为 1790.7 小时，最多达 2002.3 小时，最少为 1583.5 小时。日照百分率是东北小、西南大，瓦俣区日照率最小，年平均为 30% 左右。由北向南的百分日照率逐渐增大。县内自然灾害频繁，主要灾害有冰雹、暴雨、泥石流、暴风、低温阴雨、春旱缺水、冬寒风大。

全县实有耕地 1.73 万公顷，林地面积 14.27 万公顷，草地面积 12.8 公顷。

境内地表水年均为 23.95 亿立方米，过境水 5.08 亿立方米，共计 29.03 立方米。到 2009 年年底，全县人均占有水量 1.92 万立方米；常耕地亩均占有水量 1.19 万立方米。县境内水量充沛，但径流量随地区和季节性降雨的变化而变化。北部多、南部少。每年 5—10 月径流量占年径流量的 84.51%，11 月至翌年 4 月占径流量的 15.49%。

境内河流密布，有大小河流、溪沟 159 条，水能资源十分丰富。全县水能理论蕴藏量为 91.01 万千瓦，水能资源可开发量为 57.82 万千瓦。其中，美姑河、溜筒河水能理论蕴藏量为 68.66 万千瓦，占 63.5%；可开发量为 51.91 万千瓦，占全县可开发量的 89.76%。美姑河（含下游溜筒河）经上级水利电力专家和四川“三江”水电综合考察团的 90 多名专家多次勘察确认：水能资源丰富，地形地质条件好，工程区段交通方便，特别是峨曲古至觉洛、牛牛坝至洛俄依甘河段，比降分别为 7.6%，是兴建龙头水库的有利河段，下游有很集中的自然落差，河段平均比降为 18%。其中，尔其至柳洪 13 公里河段比降高达 30.5%，水能资源集中程度为全河之冠。1991 年以后，全县水电开发进一步加快，到 2009 年年末，全县水电总装机达到 40 多万千瓦，装机最大的是柳洪电站，其次是即将建设完工的坪头电站。瓦俣河、连渣洛河的梯级电站也正在加快建设中。

县内初步探明的矿藏有：玄武岩、铜、铁、硫、石灰石、石膏、煤、铅、铝矾土、水晶等。

县境内天然乔木树种有 50 多个科、150 多个种和亚种。珍稀树种有连香、银杏、珙桐、三尖杉、红花豆杉、水青树、香樟树等，这些珍稀树种集中在大风顶国家级自然保护区内。野生动物有 187 种，分属 62 科（其中两栖类 8 种，爬行类 11 种，鸟类 125 种，哺乳类 42 种）。受国家保护的动物有 32 种（其中属一类保护的动物有大熊猫、牛羚、豹、云豹、四川山鹧鸪；属二类保护的动物有猕猴、短尾猴、小熊猫、金猫、林麝、毛冠鹿、水鹿、红腹角雉、白鹇、白腹锦鸡等）。特稀有种类有鱼类中的石斑鱼、裂腹鱼；两栖类中的大凉蝾螈、无指盘臭蛙等；爬行类中的美姑脊蛇、菜花烙铁蛇；鸟类中的血雉、白腹锦鸡；兽类中的大熊猫、牛羚、小熊猫等。

名贵中药材有：天麻、虫草、贝母、杜仲等。

三

1991年以后，全县各级党组织通过组织党员学习邓小平理论、党的十四大、十五大、十六大、十七大精神等，通过参加各级党校培训和函授学历教育，通过开展“讲学习、讲政治、讲正气”教育活动，“三个代表”重要思想学习教育活动，干部作风整治、资源市场整治、投资环境整治“三项整治”教育活动，保持共产党员先进性教育活动，坚持依法治县、构建和谐美姑专项整治活动，学习实践科学发展观等活动，不断提高党员素质。严格党员教育管理和干部监督工作。通过开展“四好班子”创建（“四好班子”创建是指建设政治素质好、经营业绩好、团结协作好、作风形象好的班子）、“三级联创”工作（“三级联创”活动是指在县、乡（镇）和村三级党组织中，开展的以“五个好”村党组织、乡（镇）党委和农村基层组织建设先进县为主要内容的创建活动。同时把创建基层满意的县直涉农部门和群众满意的乡（镇）站所也纳入“三级联创”活动中，把县、乡（镇）、村的联创与县直涉农部门和乡（镇）站所争创先进结合起来。创建村党组织和乡（镇）党委“五个好”目标要求：一是领导班子好；二是党员干部队伍好；三是工作机制好；四是小康建设业绩好；五是农民群众反映好。创建农村基层组织建设先进县“五个要”目标要求：一要落实责任制；二要制定创建规划；三要推进经济发展；四要搞好服务；五要抓好政治文明和精神文明。创建基层满意的涉农部门“五个有”的目标要求：一是有一个好的领导班子；二是有一个好的专业干部队伍；三是有一个良好的工作作风；四是有明显的工作业绩；五是有科学的考评体系）、“三村建设”（“三村建设”是指以科技兴村、民主管村、依法治村为主要内容）、“党员先锋工程”等工作，强化基层党组织建设，不断增强基层党组织的凝聚力、战斗力。1991—2009年，全县共发展4729名党员，评选出105个“四个班子”，整顿159个村级软弱涣散党组织，建成3个示范乡（镇）、6个州级示范村、36个县级示范村。其中，依波沃村党支部被中共四川省委授予“四川省先进基层党组织”称号。截至2009年，全县共有6582名党员、37个党委、443个党支部、15个党总支。

四

1991—2009年，县委、县人民政府认真贯彻落实中央对农业工作的一系列方针政策，积极推进农业综合开发，加强对农业工作的领导，坚持用抓工业的思路抓农业，具体落实各项支农政策，加大农业投入力度，夯实农业基础，以结构调整为主线，以市场和效益为导向，以科技为手段，扎实推进农业产业化进程。各级党委、政府以“稳粮增收调结构，脱贫致富奔小康”为指导思想，始终保持农业的基础地位，以增加农民收入为根本出发点，进一步加大农业产业结构和农产品结构调整力度，狠抓科技兴农，切实落实各项增产措施，发展特色农业，加大对农业的科研和科技推广，提高标准化和规模化水平。大力抓好优质粮食的增效工程，建设一批有优势品牌效应的特色农产品生产基地，逐步构建现代化农业框架，力争建设特色农业大县。19年来，重点抓好了农村税费改革和乡（镇）机构改革，逐步建立了城市支持农村的发展机制，加快推进农业产业化经营，加大农村劳动力转移力度，实现农业增效和农民增收；着力发展农村公共事业，加大对农村的倾斜扶持力度，加强农村水、电、路和通信等基础设施建设，大力发展农村教育与农村医疗卫生事业。通过一系列措施的实施，改变农村贫穷落后的面貌。

1988年，美姑县被列为第一批国家重点扶持贫困县。1994年，县委、县人民政府制定了《美姑县七七五扶贫攻坚计划》。扶贫工作在中央和省、州及其他各部门的亲切关怀和大力支持下，通过全县各级党委、政府和广大干部群众的艰苦努力，取得了巨大成绩。到 2000 年年末，经省委、省政府验收，全县贫困建卡户有 12503 户、60843 人达到和超过“五八”越温目标，占建卡贫困户总数的 85%。至此，全县顺利完成国家“八七”扶贫攻坚计划。是年，美姑县再次被列入国家扶贫开发工作重点县，县委、县人民政府制定了《美姑县 2001—2010 年扶贫开发规划》，开始实施新一轮扶贫开发工作。到 2009 年年底，累计实施形象扶贫 33672 户，实施移民扶贫 2881 户，实施新村建设 94 个，实施“三房”改造 19110 户。19 年来，扶贫工作坚持“统筹型、捆绑式”扶贫开发模式，狠抓农村“三房”改造、新村扶贫、移民扶贫、产业扶贫、劳务输出、教育、卫生等重点扶贫工程，有效地提高了农村居民的生产生活水平和有力地促进了农村教育、卫生等各项事业的发展。

农田水利建设成效显著，农业生产条件进一步改善。到 2009 年年末，全县累计农田有效灌溉面积达到 1850 公顷；农用化肥实用量（折吨）4396 吨；农业机械总动力达 2 万千瓦时；农村用电量达 445 万千瓦时；通自来水的村达 430 个；通公路的村达 209 个。

五

1991 年以后，县委、县人民政府认真贯彻党中央制定的改革开放的一系列方针和政策，始终把改革开放作为发展经济和推动社会进步的强大动力，不断加大改革力度，进一步拓宽开放路子，取得了很大的成效。农村改革成果得到进一步巩固和深化，县属企业基本完成了三年企业改革规划任务，先后完成了化工总公司、自来水厂、县水泥厂等大小企业的改制，党政机构改革顺利进行，财税、金融、医疗保险、住房、粮食流通体制和干部人事等一系列改革顺利推进。

对外开放进一步扩大，投资环境不断改善，招商引资力度加大。仅“九五”期间，全县引进外资 11740 万元，实际到位 5880.4 万元。“十五”期间共引进资金 8.6 亿元，主要用于高耗能产业、房地产业、水电产业、矿业产业及农业产业等开发项目，美姑河开发有限公司、春潮特种纤维有限公司、碳化硅厂等企业入驻美姑并建成投产，成为美姑实施对外开放和招商引资获得成功的重要标志。

20 世纪 50 年代后期，工业开始起步，从此结束全县无工业的历史。建县初，全县工业总产值仅 24 万元，经过 50 多年的建设，工业从无到有，从小到大，逐步发展。到 2009 年年末，县内已有电力、化工、建材、纤维等十多家中小型企业，工业总产值达到 41232 万元，实现产品销售收入 40754 万元，实现工业利润总额 4927 万元，实现工业利税 8531 万元。其中规模以上工业企业 9 家，实现增加值 22850 万元。

公路建设取得巨大成绩。到 2009 年年末，全县公路通车里程达到 1062 公里，其中等级公路通车里程达 553 公里。

邮电通信业持续平稳发展，服务质量进一步提高，服务范围不断扩大。到 2009 年年末，邮政业务总量达 161 万元，电信业务总量 2814 万元，完成邮电主营业务收入 2610 万元，年末，本地固定电话用户 4907 户，移动电话从无到有发展到 32339 户。

教育事业以“三个面向”（邓小平提出的教育教育思想，即教育要面向现代、面向世界、面向未来）和“三个代表”重要思想（中国共产党始终代表中国先进生产力的发展要求，代表中国先进文化的前进方向，代表中国最广大人民的根本利益）为指导，全面贯彻党的教育方针政策，坚持正确的办学方向；以“立足实际、抓住机遇，强化管理、提高质量”的办学思想指导教育实践，始终坚持“两基”（基本普及九年义务教育，基本普及扫除青壮年文盲）工作重中之重的地位不动摇。随着国家“两免一补”政策的贯彻落实，农村义务教育经费保障机制改革的不断深入，使教育事业有了较快发展。到 2009 年年末，全县在校学生达 32790 人，其中，普通中学 6 所，在校生 6510 人；小学 177 所，在校生 26280 人。全县专职教师 1493 人，学龄儿童入学率 98.7%。素质教育全面启动，基础教育、职业教育和成人教育工作取得新进展。是年，美姑县“两基”工作经上级验收，确认合格。

深入推广和运用科技增产措施，积极开展科普宣传、加大实用技术培训力度，农村实用技术成果显著。19年间，全县共举办培训958期，培训人员26713人次，其中，培训乡（镇）干部1504人次，农村专业技术人员培训25209人次，大大促进了农村经济的发展。

全县文化艺术事业繁荣。文化事业坚持以先进文化为导向，扎实创作，积极开展，促进了文化事业不断发展。利用各种节日，举办各种文艺活动，群众文化生活丰富多彩，文化、科技、卫生“三下乡”活动有声有色。

广播电视基础设施建设不断加强，广播电视覆盖率不断扩大。到2009年年末，全县广播电视覆盖率分别达到75%和85%。

卫生基础设施建设得到加强，医疗条件进一步改善。到2009年年末，全县有医生112人。农村卫生网络进一步健全，边远山区缺医少药状况得到改善，重点传染病、地方病防治工作得到加强。

城乡居民收入稳步增加。到2009年年末，全县在岗职工工资总额达到13738万元，在岗职工年平均工资达到29462元。城镇居民人均可支配收入12463元，年人均消费支出8741.36元。农村居民年人均纯收入为2538元，人均现金收入2506元。城乡居民储蓄余额稳定增长，到2009年年末，全县城乡居民储蓄余额达31639万元。

社会保障事业进一步推广，覆盖面继续扩大。全县参加基本养老保险的人数达1711人，参加基本医疗保险人数共8696人，参加失业保险人数2623人，仅增长0.7%；城镇居民最低生活保障人数1921人，农村居民最低生活保障人数30608人，新型农村合作医疗保险参加人数达168875人，参合率达到86.57%。

到2009年年末，全县国民生产总值（GDP）达到110417万元（当年价），其中，第一产业实现增加值46810万元；第二产业实现增加值25857万元；第三产业实现增加值37750万元。产业结构得到进一步调整。三次产业增加值占生产总值的比重由上年的46.4: 23.4: 35.5调整为46.8 : 25.9 : 37.8。

到2009年年末，全县财政总收入达到6382万元，其中地方财政一般预算收入3516万元。年末全社会各项存款余额86466万元，其中城乡居民储蓄存款余额31639万元；各项贷款余额25654万元。

到2009年年末，全社会固定资产投资总额达73985万元。其中，基本建设投资额达56885万元；更新改造投资3213万元；其他投资和农户投资分别达到了8377万元和5510万元。

到2009年年末，社会消费品零售总额达到24078万元。按销售地区分：县的零售额13575万元；县以下零售额10503万元。按行业分：批发零售实现零售额21111万元；餐饮和住宿业达到2967万元。按经济类型分：国有经济的零售额仅为309万元；私营个体经济的零售额达23535万元；股份制其他经济的零售额为234万元。

到2009年年末，全县实现农业、林业、畜牧业、渔业总产值80048万元。其中，农业实现总产值26851万元，粮食总产量达77786吨。林业实现总产值6296万元，森林覆盖率达48.3%。连续30年实现无森林火灾，森林保护工作继续巩固。畜牧业实现总产值45642万元，肉类产量达到29621吨。农民人均收入持续增加，农民人均纯收入2528.59元。

站在新的起点，面对新的征程，美姑县委、县人民政府将继续团结带领全县各族人民，高举邓小平理论和“三个代表”重要思想伟大旗帜，深入贯彻落实科学发展观，紧紧围绕“加快发展、和谐稳定”两大主题，进一步解放思想，坚持改革开放，抢抓各种有利机遇，积极应对各种不利因素的影响和挑战，顽强拼搏，务实苦干，坚定不移地把全县的经济建设和社会事业不断推向前进。

大事记

1991年以前

1950年4月6日 毛筠如、罗正洪等抵达昭觉，宣布昭觉县解放，美姑隶属昭觉县。

1952年4月30日 中央人民政府政务院批复"以大凉山的中心区东至西、南至北各约三百华里地区划设为美姑县，县治所设在牛牛坝"。隶属西康省西昌地区专员公署。

1952年8月9日 美姑工作团和美姑办事处在西昌成立，高芝升任中共美姑县委副书记兼工作团政委；王作义（彝）任办事处主任。

1956年1月 美姑、洪溪同时开展以废除奴隶制度、解放奴隶、分配土地、建立基层政权为中心的改革运动。

1956年2月 成立洪溪办事处，并行使县人民政府职能，隶属凉山彝族自治州。

1959年6月20日 国务院决定将洪溪县并入美姑县，县治所设在巴普。

1964年2月1日 西河区划归峨边县。

1966年6月 美姑县"文化革命"领导小组成立，全县开始开展"文化大革命"运动。

1970年9月29日 《人民日报》发表题为《彝族儿女永远忠于毛泽东思想》文章，报道美姑县瓦尼姑民兵连的先进事迹。中央人民广播电台播送题为《大凉山上红旗飘——瓦尼姑民兵连》的通讯。

1979年1月 县委派工作组在峨曲古生产队进行分组作业"三定一奖"（定产、定工、定投资；按定产基数多奖少赔）试点工作。

1981年4月 全县农村普遍实行包产到户、包干到户为主的各种生产责任制。

1985年8月 美姑县县志编纂委员会成立，下设办公室、编辑室。

1988年3月5日 美姑县被国务院列为全国贫困县。

1991年

1月23日 中共美姑县委、美姑县人民政府召开全县第四次修志工作会议，县级机关59个修志单位的主要领导在会上与县人民政府签订修志责任书。

3月21日 中共美姑县委办公室发出组建美姑县第一期农村社会主义思想教育工作团、队的通知。成立3个分团，14个工作队。

3月24日 中共四川省委副书记冯元蔚在美姑县调研扶贫开发和农业生产工作，并作重要指示。

3月24—28日 召开美姑县第八届人民代表大会第二次会议，应到代表135人，实到代表133人。

4月 中共美姑县委在巴普、甲谷、柳洪3个区、14个乡（镇）、103个村和524个村民小组中，开展第一期农村社会主义思想教育工作，社教工作团由州、县、区、乡（镇）四级干部355人组成。

5月5日 美姑县洋芋癌肿病适生性试验研究项目，获得国家动植物检疫总所颁发的科技进步二等奖。

5月13日 美姑县实施"希望工程"工作委员会成立。主任韩昌群，副主任沙马木乃、吉牛木果，秘书长代兵，副秘书长蒋阿依，委员26人。工作委员会下设办公室，办公室设在共青团美姑县委。

5月14日 美姑县残疾人联合会成立。

6月23日 四川省妇联副主席陈元秀和凉山州妇联主席江忠英等一行，在美姑检查工作。

6月20—28日 组织全县人民向安徽省等受灾地区捐款29228.91元。

6月 美姑县文化教育局组织38031名脱盲人员，参加计划生育知识教育及人口理论学习，经考试合格人数达到37576人，合格率为98.6%。

8月12日 成都勘测设计院完成《美姑河水电开发规划》。

9月6日 中共美姑县委成立美姑县第二期农村社会主义思想教育工作团。设4个分团、18个工作队。

10月11日 共青团四川省委书记黄新初到美姑县检查指导工作。

10月22日 四川省副省长谢世杰率领省财政厅、交通厅、省农业银行和农水局的负责人到美姑县调研。

10月27日 共青团四川省委书记黄新初在凉山州委常委张中由陪同下，在尔且甲谷村检查指导工作。

10月28日 中共四川省委常委、常务副省长谢世杰在美姑县现场办公，检查指导工作并看望慰问基层干部群众。

1992年

3月13日 成都水电勘测设计院完成《柳洪电站可行性报告》。

3月28日 美姑县第八届人代会第三次会议通过《关于坚决制止家支违法活动的决议》。

6月24日 洪溪境内美（姑）峨（边）公路109公里＋800米的涵洞处，一货车在装运9立方米木料的基础上又乘坐36人（其中，车上32人，驾驶室4人），致使车子翻在路边斜坡处，造成死亡9人、重伤2人、轻伤20人的特大交通事故。

7月18日 中共四川省委副书记冯元蔚和四川省委常委、省军区司令员任应来一行，在美姑县考察工作。

7月 马铃薯脱毒薯品种适应性试验在农作乡取得亩产3150公斤的高产试验纪录。

7月 美姑县农村社会主义思想教育工作全部结束。从1991年4月开展工作以来，全县8个区、45个乡（镇）、291个村、1475个村民小组开展了社会主义思想教育工作。共抽调县、区、乡三级干部843名投入社教。

8月21日 中共美姑县委、美姑县人民政府决定撤销8个区级建制。

8月 美姑县有线电视中心机房安装完毕，用户200多户，县城干部职工能收看到中央一、二套电视节目和县彝语节目、香港卫视中文、云南、贵州等地方台电视节目。

8月 籽粒苋系列食品开发研究获得国家星火计划四等奖。

9月25—26日 由国务院有关部委组成的祝贺凉山彝族自治州建州40周年代表团，在团秘书长、国家民委政法司司长杨候弟的率领下，在美姑县调查研究。

9月 美姑县人民武装部被中共凉山州委、州政府评为“民族团结进步先进集体”，部长曲比木曲被评为“全国民族团结进步先进个人”。

11月 美姑县经中共四川省委、省政府验收达到和超过“二六”温饱标准（指贫困户人均纯收入200元，人均有粮600斤）。

1993年

1月12日 “美姑县红十字会”成立，会议选举产生第一届理事会，选出会长、副会长和常务理事。

3月 因撤区并乡，撤销8个区财政所，建立36个乡(镇)财政所。

6月26日 美姑县城开通800门纵横交换机，甩掉了“摇把子”，同时长途电话实现自动直拨。

6月 四川省农业厅组织西南三省50位马铃薯专家，考察井叶特西乡洋芋脱毒薯示范基地。

9月14日 早晨7时30分，美姑县瓦西乡境内发生地震(震级不详)，有6个村、19户、74人受灾，造成部分房屋裂缝和围墙倒塌，19间房屋变形。

10月 全县30个乡（镇）配齐科技正、副乡（镇）长。

10月 洒库乡中心校校长阿洛惹克被评为“全国教育系统劳动模范”。

1994年

2月27日—3月2日 美姑县第九届人民代表大会第二次会议召开，应到代表138人，实到代表132人。

3月31日 美姑县车队1辆客车从雷波县至美姑县返回途中，翻于岩下，造成死亡8人、重伤5人、轻伤18人的特大交通事故。

5月28日 全国政协副主席钱正英在美姑县考察工作。

6月15日 凉山州昭觉、布拖、金阳、普格、美姑5县民族教育研讨会在美姑县召开。

6月21日 美姑县恢复乐约、树窝、子威、尔合、哈洛、尼哈6个乡建制。

6月 美姑大风顶自然保护区由省级升格为国家级，保护区管理所更名为保护区管理处。

7月 在四川省、凉山州邮电局支持下，耗资14万元建成县内126台无线寻呼业务，年底开通129无线寻呼台，实现全省（全国）漫游。

7月 美姑县首次发现并向国内报道高繁殖性能的美姑山羊类群。

8月1日 美姑县成立8个片区工委，即柳洪工委、大桥工委、侯播工委、牛牛坝工委、新桥工委、峨曲古工委、洪溪工委、瓦侯工委。

11月3日 美姑县开通第一个农村程控电话交换点，采用光缆传输。

12月13—14日 第一部《美姑县志》通过凉山州地方志编纂委员会终审。

1995年

3月1—4日 美姑县第九届人民代表大会第三次会议召开，应到代表133人，实到代表128人。

3月20日 中共凉山州委书记肖光成率州级有关部门领导在美姑县检查、指导工作。

4月 农行美姑支行第一储蓄所开办代发工资业务，全年办理代发工资业务的单位达19个。

7月 美姑县优质梨开发项目列入凉山州科技双十亿工程项目。

8月3—4日 全国政协副主席杨汝岱率省、州领导一行21人，在美姑县调查民族政策贯彻落实情况。

8月8日 经中共县委、县人民政府和四川省邮电局、凉山州邮电局共同投资542万元，购置国产程控C & C08交换机，开通程控电话，进入全国通信网。

10月22日 美姑县2000门程控电话开通。

10月 美姑县选派6名摔跤运动员代表四川省，参加全国第五届少数民族运动会，有3名运动员分别获得52公斤级、57公斤级、74公斤级金牌；2名运动员分别获得68公斤级和74公斤级银牌；1名运动员获得52公斤级铜牌，实现四川省在全国历届民族运动会金牌零的突破。

12月12日 全国政协常委冯元蔚在美姑县考察柳洪电站建设、民族教育工作和经济发展情况，同时还就对外开放、引进外资问题进行了专题座谈。

1996 年

1 月 8 日 中共四川省委书记谢世杰率领省厅局级领导 13 人，在凉山州委书记肖光成、州长马开明的陪同下，慰问、考察柳洪乡尔且甲谷村、洛俄依甘乡依波沃村，赞扬依波沃村是“一面苦干的旗帜”，号召全省特别是贫困地区向依波沃村学习。

1 月 21—25 日 美姑县第九届人民代表大会第四次会议召开，应到代表 130 人，实到代表 121 人。

1 月 美姑县医院与联合国儿童基金会合作，在美姑实施妇幼卫生合作项目，周期为 5 年，注入项目资金 10 万美元（合人民币 84 万元）。

3 月 27 日 美姑县民政局在巴普镇首次发行 100 万元社会福利彩票，历时 15 天，分四组销售，实际销售额为 73.2 万元。

5 月 全县教育工作现场会议在柳洪片区工委召开，中共美姑县委、县人民政府号召全县各片区工委、乡（镇）认真学习“柳洪经验”，柳洪乡被誉为“全县教育系统的一面旗帜”。

5 月 凉山州委、州政府作出《向依波沃村学习的决定》。

6 月 全县第一个村级文化室——依波沃村文化室建成。

7 月 美姑县教育学会秘书长卢万发应邀到北京参加“第三届全国民族教育理论研讨会”，受到教育部副部长周远清和著名学者林耀华教授的亲切接见。

9 月 15 日 美姑县彝族毕摩文化研究中心正式成立。北京大学、中央民族大学、人民文学杂志社、云南大学等 15 家单位派代表到会祝贺；由中国（包括港、台地区）、日本等地学者组成的中日联合西南民俗调查团的全体成员也莅会祝贺；著名彝族作家李乔莅临祝贺；刘尧汉、陶立璠、胡庆均等知名人士来信祝贺。

10 月 29 日 中共美姑县委、县人民政府、县人民武装部转发《中共凉山州委、凉山州人民政府、凉山军分区关于向吉克木曲同志学习的决定》的通知。

1997 年

4 月 国家民委、中共四川省委、省政府授予县人民武装部政委蒋志亮“民族团结先进个人”称号。

5 月 29 日 四川省地方志编纂委员会常务副主任秦安禄受省政府委托，在美姑县检查贯彻全国第二次地方志工作会议和四川省第五次地方志工作会议精神情况。

5 月 30 日 中共美姑县委、县人大、县人民政府的领导向检查组汇报了贯彻全国和省地方志工作会议精神及美姑县修志工作情况。

6 月 5 日 乐约乡木乃火、巴哈、扎拉古、洛嘎 4 个村发生特大山体滑坡，死亡 151 人、受伤 21 人，直接经济损失达 1523 万元。

6 月 5 日 中共四川省委常委、省民工委常务副书记史志义，率领省级机关有关部门的领导一行 12 人，在美姑县慰问乐约灾区受灾群众和参加救灾工作的广大武警官兵、公安干警、人武部指战员、民兵及各级干部。

6 月 7 日 四川省政府副省长欧泽高率省委、省政府慰问团一行 12 人，在凉山州政府副州长施正华、蒋明清的陪同下，在美姑县察看乐约乡灾情，并看望和慰问灾民群众。

同日 凉山州政府副州长蒋明清率领救灾工作组，在美姑县乐约灾区现场指挥抢险救灾，并慰问灾民。

6 月 8 日 四川省政府副省长欧泽高一行听取县、州工作组灾情汇报，对州、县两级前段的救灾工作给予了充分肯定，并对下一步工作作了重要指示。

6月9日 民政部救灾救济司副司长王治坤一行3人，在美姑县看望慰问乐约乡山体滑坡受灾群众。

6月11日 国家防汛办主任助理兼巡视员黄朝忠受国务院副总理姜春云的委托，率领中国科学院水利部、成都山地灾害与环境研究所和四川省防汛办的负责人一行13人，在美姑县考察乐约灾区灾情，并慰问受灾群众。

6月13日 凉山军分区官兵向美姑县乐约灾区捐款5万元。

8月 美姑县人大常委会作出《关于依法治县的决议》。

9月12—18日 美姑县依波沃村支部书记吉克木曲在北京参加中国共产党第十五次全国代表大会。

9月31日 由中国邮电电信总局、中国青少年发展基金会投资15万元，修建的巴普镇俄普希望小学落成启用。

9月 美姑县推行个体工商户建账管理办法，开展个体户建账试点。

9月 美姑化工总公司取得全国工业产品生产许可证。

9月 美姑县优质梨基地建设及产业化开发项目通过省级证论。

10月12日 中共凉山州委书记肖光成，州委常委、常务副州长陈其中，州委常委、州委秘书长卢立鹏，率州级有关部门领导考察依波沃村。

10月 龙窝乡、牛牛坝乡、侯古莫乡、九口乡、拉木阿觉乡、乐约乡6个乡，实现基本普及初等教育目标。

11月10日 巴普三级电站（1×320千瓦）竣工。

11月 农行美姑县支行被中共四川省委宣传部、省军区政治部、省精神文明委授予“军民共建社会主义精神文明先进”称号。是年，该行被四川省农行、武警四川省总队授予“警民共建先进对子”称号。

12月3日 四川师范大学一行6人，对口扶贫支教美姑县，该校全体师生员工为美姑县民族中学献爱心，捐赠衣物1800件、鞋子500双和其他教学器材。

12月22日 泰国正大集团公司投资20万元，修建的峨曲古希望小学落成启用。

12月 美姑县在雅安与四川农业大学签订科技合作协议，该校林学园艺学院同意作为“美姑县优质梨基地建设及产业化开发项目”的技术依托单位。

1998年

1月 建立“财政基建专户”，全面回收了委托建行代行的基本建设财务管理职能。同时，“社会保险基金专户”开始运行，对企业基本养老保险基金、失业保险基金实行“收支两条线”管理。

1月 四川省军区授予美姑县人武部“先进人武部”称号。

2月 “千乡电视工程”试点站——巴古乡卫星电视地面接收站建成投入使用。

3月12日 中共凉山州委书记肖光成，州委常委、州委组织部部长曹永葆，州委常委、州纪委书记阿什老轨，州委常委、州委秘书长卢立鹏，率州级有关部门负责人在美姑县检查指导工作，重点考察了拉木阿觉乡的灾民安置、农业综合开发和依波沃村、牛牛坝乡的形象扶贫工程等。

3月27日 四川省民政厅副厅长李天久一行4人，由凉山州民政局局长潘忠家陪同，在美姑县考察民政工作。

3月 佐典大桥建设工程因工程队未按质量要求施工，造成顶端石料断裂，主拱严重变形。经凉山州桥梁质量监督分站鉴定后，于3月25日将桥拱炸断重建。

3月 美姑至昭觉长途光缆和美姑至大桥农话光缆工程竣工。

4月 牛牛坝乡人民调解员阿余主门获司法部“十岗千优”“全国优秀人民调解员”称号。

4月 四川省人大常委会副主任孟俊修一行，在美姑县考察经济发展情况及县人大常委会的建设情况。

4月 美姑县人大常委会作出《关于限期扶贫资金管理使用中存在问题的决议》。

4月 美姑县脱毒洋芋生产突破2000公顷大关。

5月12日 四川省政协副主席史志义率领省政协领导一行8人，在美姑县调查民族区域自治法贯彻落实情况。

5月 四川省人大常委会副主任孙自强，常委周礼成、余天佑等一行，在美姑县考察扶贫工作。

6月23—24日 云南省政协民宗委员会主任马立三、美籍华人龙珠女士(龙云之孙女)一行5人，在美姑县考察。

6月 四川省军区授予美姑县人武部“先进团结党委”称号。

6月 美姑县出现第一辆营运“三轮车”。

6月 美姑县农村信用联社召开首届社员代表大会，会议选举产生信用社理事会和监事会成员，在第一次理事会和监事会上选举产生理事长1人，监事长1人。

7月 美姑县国土局与县城建局合并，组建美姑县建设国土环境保护局。

8月12日 中国建设银行美姑县支行停业，其对公存款和储蓄存款业务由农业银行美姑县支行代理。

8月31日 中共美姑县委、美姑县人民政府作出进一步解放思想，大力发展个体私营等非公有制经济的决定。

8月 邮政储蓄所接收中国建设银行美姑县支行因故撤点后，个人储蓄存款700余万元。

8月 美姑县地方税务局完成机构上划。

8月 美姑县牛牛坝乡发生建县以来首例霍乱病病人。经过及时采取有效防治措施，未发生第二例霍乱病病人。

9月4日 移动G网基站建成。

9月 国家“天然林保护工程”正式启动。美姑县天然林停伐，加工企业停产，木材交易市场关闭，直接和间接导致财政减收达80%以上。

9月 经美姑县经济体制改革委员会批准，同意美姑县刨花板厂实施改制。

9月 美姑山羊选育及开发利用项目经凉山州科委批准立项。

9月 四川省军区副司令员邹云华少将在美姑考察工作。

10月25日 美姑县刨花板厂除厂长旷华林外，42名职工按每年工龄1500元计算买断，全厂实有的421.1万元资产由美姑县国资局接收。

10月29日 美姑县人民医院经凉山州专家评审组评审，达到国家“三级乙等”医院标准。

11月 美姑县邮政储蓄电子系统全国联网，实现全国通存通兑。

12月 美姑县邮政局邮政营业实现电子化操作，告别了传统的手工操作。

是年 农行美姑县支行投资27万元，为觉洛乡典阿尼村修建一所功能基本齐全的希望小学。

1999年

2月3日 中共美姑县委发出深入开展向依波沃村学习的通知。

2月 台湾曹氏基金会顾先生向美姑县残联捐赠6辆残疾人用轮椅。

3月8日　中共美姑县委、美姑县人民政府决定实施万株白杨工程。

5月8日　牛牛坝电站(2×500千瓦)竣工。

7月1日　移动电话从电信分离，成立“美姑县移动通信维护部”，同年10月更名为“四川移动美姑县分公司”。

7月21日　美姑县境内合木路553公里＋150米处一辆私营中巴车坠于公路下20米高的河中，造成死亡5人、失踪2人、重伤3人、轻伤19人的特大交通事故。

8月13日　国务院扶贫开发领导小组副组长刘成果和国务院扶贫办副主任蒋晓华一行，在四川省省长助理、省扶贫开发领导小组副组长马开明，省扶贫开发办主任颜继禄，凉山州州长张作哈，副州长蒋明清等省、州领导的陪同下，在美姑县检查指导扶贫工作。刘成果一行深入拉木阿觉乡重点移民区、灾民安置点和依波沃村慰问群众，调查研究。在听取中共美姑县委书记达久木甲代表县委、县人民政府所做的工作汇报后，刘成果充分肯定了美姑县扶贫开发工作的成绩，并对下一步工作提出了具体要求。

2000年

1月13日　中共美姑县委办公室、美姑县人民政府办公室印发《加强年鉴工作的通知》。

1月28日　四川省人大代表吉克木曲参加完省人代会返回美姑途中，因公牺牲。

1月　国防科工委爆办〔2000〕8号文批复同意美姑化工总公司增加乳化炸药品种，核定生产能力4000吨/年。

4月21日　凉山州委、州政府作出《关于开展向吉克木曲同志学习的决定》。

4月　四川省人大常委会副主任刘子寿一行，在美姑县考察彝区教育和退耕还林工作。

5月　美姑县出现第一辆出租车。

6月15日　中共美姑县委、美姑县人民政府作出县级机关干部下基层工作轻车简从，严禁大吃大喝的有关规定。

同日　中共美姑县委、美姑县人民政府作出不准从事参与封建迷信活动的规定。

6月25日　西昌410厂向乐约灾区捐款15万元、水泥8吨、通工牌小车1辆。

7月13日　中共美姑县委、美姑县人民政府印发《关于抓住西部大开发机遇加快发展的意见》。

2001年

1月　农行美姑县支行实行审贷分离，内部职能机构由过去的“四部一室”改设为“五部一室”（即信贷部、客户部、资产经营部、计划财会部、监督保卫部、办公室）。

5月　中德扶贫项目正式启动。项目在美姑县的总投资为1934.56万元，其中，中方配套资金450.11万元，农户投工投劳折资624.45万元，德方无偿援助215万马克。先后在牛牛坝乡7个村、巴古乡3个村实施了项目培训、经济林种植等工作，购买了节能灶、汽车和相关办公设备。

8月27日　四川省、凉山州和美姑县三级人大代表，考察美姑县粮食增产措施的推行情况和教育工作情况。

11月　撤销“美姑县建设国土环境保护局”和“美姑县矿产资源管理办公室”，重新组建美姑县建设环境保护局和美姑县国土资源局。新组建的县国土资源局属县人民政府组成部门。

12月19日　美姑县药品监督管理局挂牌成立。

2002年

1月31日—2月1日 中共四川省委副书记、省人民政府省长张中伟一行，在美姑县城关小学看望省特级教师、县城关小学党支部书记吉克洛目和县疾控中心主任罗清国，又前往牛牛坝中心校看望在校师生，了解“十年行动计划”项目在该校的实施情况。

4月22日 四川省、凉山州和美姑县三级人大代表，视察美姑县城至大桥段公路改造情况、旧城改造情况、新区建设情况和环城公路建设情况。

8月21—22日 中共四川省委副书记刘鹏率领省教育厅厅长杨泉明、省民委主任袁本朴、省扶贫开发办副主任杨宁超等省级有关部门领导，在中共凉山州委、州政府领导阿什老轨、卢立鹏、刘焰和美姑县委、县人民政府领导马小林、沈鲁清等的陪同下，考察牛牛坝中心校、佐戈依达乡中心校、县城关二小、美姑中学、县幼儿园等。下午，刘鹏在县委会议室对民族教育工作作了重要讲话。

10月25—27日 美姑县召开以“毕摩文化与彝区发展”为主题的第二届彝族毕摩文化研讨会，来自北京、广西、云南、贵州、重庆、成都、九龙、西昌、雷波、普格、昭觉、美姑等地的120多名专家、学者和彝学爱好者参加了会议。

2003年

6月10日 成立四川省美姑大风顶国家级自然保护区管理局。

6月 美姑县文化体育旅游民族宗教局成立。

6月 四川美姑河水电开发有限公司成立。

11月9日 凉山州政府州长曲木史哈、副州长杨朝波一行，在美姑县检查指导工作，两位领导就美姑将要举办的“毕摩文化节”“彝族文化博览园”建设以及当前和今后一段时间各方面工作作了重要讲话。

11月11日 中共美姑县委、美姑县人民政府印发《关于促进美姑河流域水电开发的实施意见》。

11月17—19日 美姑县成功举办“中国·美姑首届彝族毕摩文化节”。

12月17日 凉山州政府办公室批复同意将凉北林业局514林场（纳龙地区）纳入美姑大风顶保护区管理范围。

2004年

2月 美姑河干流“一库五级”水电开发项目之一的柳洪电站正式动工建设，装机容量18万千瓦。

2月 救世军组织港、澳、台总指挥陈天生，在凉山州政府副州长刘焰、州红十字会秘书长喇建康陪同下，到美姑县检查工作，对“礼物传递”项目给予高度赞扬。

3月8日 四川美姑大风顶保护区管理局在美姑县峨曲古乡合觉莫村救护一只大熊猫，救治成功后于11日放归至保护区椅子河坝林区。

4月 中德扶贫项目由于国内配套资金不足而停止。

5月1—2日 四川省人大常委会副主任马开明一行，在美姑县考察“三农”工作。

7月 美姑县机构编制委员会批复建立美姑县国土资源局土地矿权储备交易中心。

7月 国家环境保护总局国家级自然保护区评审委员会专家刘世贵率四川省建设厅、林业厅有关领导共3人，在美姑县进行保护区扩建考察。

10月18日 四川省人大常委会原副主任孙自强一行，在美姑县视察教育和“三农”工作。

11月19日 《美姑年鉴（1991—2000）》荣获四川省第十一次地方志优秀成果三等奖。

12 月 9 日　全国、四川省十届人大代表，中共四川省委原书记、省人大常委会原主任谢世杰，四川省十届人大代表、四川省人大常委会原副主任孙自强等，率全国、四川省十届人大代表考察组一行，在凉山州人大常委会主任阿什老轨、州委副书记严铁桥、州人大常委会副主任潘忠家、州政府助理巡视员朱沈蓉、中共美姑县委书记马小林、县长沈鲁清等州、县领导干部的陪同下，在美姑调查研究和指导工作。考察组先后考察了柳洪电站、拉木阿觉乡中心校、依波沃村、毕摩文化园和城市建设等工作情况。在听取县委、县人民政府工作汇报后，谢世杰对美姑县农村经济发展、招商引资、水电开发和城市建设取得的成绩给予了充分肯定，并对如何进一步做好全县经济社会各项工作作了重要讲话。

12 月 22 日　《美姑年鉴（1991—2000 年）》荣获首届中国地方志年鉴奖版式装帧优秀奖。

2005 年

1 月　国际小母牛美姑妇女养羊项目正式启动。援助资金 29.99 万元，在美姑县佐戈依达乡依曲姑村、温子觉村、峨曲古乡雷觉莫村实施美姑山羊“礼品传递”项目。项目受援农户 88 户，投放项目山羊 423 只。

3 月 23 日　美姑县首例黄牛改良获得成功，西门塔尔牛与本地黄牛杂交第一代顺利降生。

4 月　美姑县人民政府直属正科级事业单位中国彝族毕摩文化研究中心成立。

5 月　美姑县科技局、科协在佐戈依达乡斯干千村，对 22 头有繁育基础的母牛成功实施同步发情冷冻精液人工授精配种试验示范。

5 月 20 日　美姑河干流“一库五级”水电开发项目之一的坪头电站动工建设，装机容量 18 万千瓦。

8 月 19—24 日　第四届国际彝学会暨第二届彝族毕摩文化节和首届“诗意美姑”国际彝学会在美姑县文化广场开幕，有来自美国、英国、法国、德国、西班牙、秘鲁、加拿大、捷克、日本、澳大利亚、印度等国家以及中国香港、澳门、台湾和北京、辽宁、云南、贵州等地的领导和专家学者参加了会议。

8 月　国家林业局批复美姑大风顶自然保护区第一期基本建设项目可行性研究报告，批复基本建设资金 277 万元。

9 月 25 日　美姑县凉山彝族“尼木措毕”正式申报国家级“口头与无物质文化遗产”名录。

12 月 13 日　四川省、凉山州和美姑县三级人大代表考察瓦侯水电站建设情况。

12 月 25 日　四川省、凉山州和美姑县三级人大代表考察全县水利开发工作。

2006 年

3 月 27 日　美姑县黄牛改良项目获重大突破，黄牛产下西门塔尔牛杂一代牛犊 11 头，其中，母牛犊 3 头，双胞胎一对。

3 月　国家林业局批复《美姑大风顶自然保护区总体规划》。

4 月 26—27 日　全州人大常委会主任学习会议在美姑县召开。凉山州人大常委会主任阿什老轨率领全州 17 县（市）的人大常委会主任等，先后参观了美姑柳洪电站、依波沃村、县包覆纱厂等。

7 月　中央民族大学美姑大风顶自然保护区科研教学基地建立，并接待中央民族大学生命与环境科学学院师生共 36 人，在保护区开展教学实习活动。

10 月 11—12 日　中国水电工程顾问集团公司总经理、中国水电水利设计研究院院长李菊根，由凉山州人民政府副州长杨朝波陪同，在美姑县考察指导工作。

2007年

4月29日 农行美姑县支行建立的ATM自动取款机正式运行。

7月17日 国家林业局批复美姑大风顶自然保护区二期基本工程建设项目可行性研究，共计批复建设资金530万元。

11月8日 四川省、凉山州和美姑县三级人大代表视察全县工业企业。

12月3日 四川省政府副省长张作哈在美姑县检查指导工作，在听取县委、县人民政府工作汇报后，充分肯定了美姑县各项工作取得的成绩。同时，就美姑县又好又快发展作了重要指示。

2008年

2月4日 四川省军区副参谋长向怀树率领省军区送温暖救灾车队，由凉山州政府副州长达久木甲陪同，在美姑县慰问受灾群众，为受灾群众捐赠救灾物资。在捐赠仪式上，向怀树代表省军区全体官兵向美姑县受灾群众捐赠棉被750床、大衣1500件、棉衣棉库3000套。

3月 经中共美姑县委、县人民政府研究，决定成立“美姑县民间教育协会”。黄凤、曲木克古、沙明英、彭玉章、沙马拉林、严取银、沙智明担任顾问，阿培拉门担任名誉会长，龙富君担任会长。

4月9日 中共四川省委统战部副部长、省工商联党组书记杨安民，省工商联副主席高鲁带队，率省工商联、《四川日报》《中国工商日报》以及四川民营企业绿色有机产品商会等一行14人，在美姑县进行惠民调研慰问。共为美姑县捐赠了价值22.3万元的救灾物资和现金20万元。其中，20万元现金用于修建觉洛乡希望小学。

6月17—18日 全国、四川省和凉山州人大代表考察美姑县民生工作。

7月17—18日 世界自然基金会（WWF）成都办公室项目官员徐强一行3人，由凉山州林业局野保科领导陪同，走访、查看了项目试点村基本情况、自然条件、药材资源情况、村民经济状况等。

10月13日 中共美姑县委、美姑县人民政府印发《坚持依法治县构建和谐美姑专项整治活动方案》。

10月16日 四川省、凉山州和美姑县三级人大代表视察美姑县能源建设、“三房”改造情况。

10月29日 中共美姑县委、美姑县人民政府印发《关于在全县范围内禁止饲养牦牛加快推进草场建设的决定》。

1—10月 美姑县参加新型农村合作医疗农民累计报销3.66万人次，报销金额达到472.21万元，单次住院报销最高金额为17843.7元。

11月2日 云南省丽江市彝学会会长、丽江市政协原主席杨文彬率领丽江市民族文化考察团一行20人，由凉山州政协原秘书长马乌各陪同，在美姑县考察彝族毕摩文化。

2009年

2月13日 四川省国防科技工业办公室组织7名专家组，考核四川美姑化工有限公司乳化炸药生产线技术改造项目试生产条件，该项目的技改批复法定程序、方案设计审查、生产技术设备鉴定、专用生产设备行业要求、工房及库房建设竣工验收、防雷装置及消防设施等15项内容，经相关部门验收合格，通过专家组考核。

3月9—11日 凉山州人大常委会考察组在美姑县考察“两基”攻坚进展情况和乡（镇）教师周转房建设情况。

4月30日 由美姑县科协主席曲木阿莫、县地方志办公室主任卢万发等共同主编的《美姑县防震减灾知识读本》（彝文、汉文对照）一书，内部发行5万册，该书由中共美姑县委书记曲木克古、美姑县人民政府县长子克拉格作序。

4月 四川美姑凯元磷化工有限公司的1万吨/年黄磷生产线技术改造工程动工。

4月 四川省尚宁科技有限公司投资建设的美姑县连渣洛河流域普洛卡4200千瓦电站、侯古莫4000千瓦电站、塔且6400千瓦电站动工建设。

7月22—24日 四川省和凉山州人大代表重点专题视察美姑县“两基”攻坚情况。

8月23日 全国、四川省和凉山州人大代表重点专题视察美姑县工业经济工作。

8月 美姑县地方志办公室捐资5万元修建巴古乡昔线村小学校。

9月29日—10月5日 美姑县组成74人的代表团，参加凉山州第三届运动会，其中运动员64名。分别参加摔跤、篮球、射弩、田径、乒乓球5个项目的比赛。共获得金牌10枚、银牌10枚、铜牌5枚。

10月11日 全国各地58名专家学者到美姑县研讨古彝文学。

10月27—29日 以凉山州政府副州长杨朝波为团长，州教育局局长焦新康，成都市教育局副局长、四川省政府督学刘智慧为副团长的省州“两基”工作评估验收团一行60人，在美姑县评估验收“两基”工作。10月28日，验收团分点查和跑面11个组，对美姑县的“两基”工作采取听、看、查、访、议等方式进行验收。验收团确认美姑县达到省州“两基”工作标准。

第一篇

建　置

第一章 建置沿革

第一节 置 县

凉山彝族，古泛称“西南夷”“故邛都国地”。春秋、秦至汉初，美姑属邛都。

汉武帝元鼎六年(公元前111)，邛都为越嶲郡，在美姑河畔置卑水县，辖美姑地区。

东汉、蜀汉、晋至南朝刘宋时期(25—479)，卑水县仍隶属越嶲郡。

齐梁时期，齐高帝建元元年至建元四年(479—482)，改越嶲郡为越嶲僚郡，废卑水县，美姑属越嶲僚郡。梁武帝大同三年(537)，越巂置嶲州，美姑属嶲州。梁简文帝大宝元年至陈武帝永定二年(550—558)后，嶲州荒废。

北周武帝天和三年(568)，置西宁州，不久改为严州。美姑地区隶属严州。

隋文帝开皇六年(586)严州改为西宁州，置越嶲县。开皇十八年(598)改西宁州为嶲州。美姑隶属嶲州越嶲县。隋炀帝大业三年(607)罢巂州置越嶲郡，美姑隶属越嶲郡越嶲县。

唐高祖武德元年(618)，改越嶲郡为嶲州。美姑隶属嶲州越嶲县。唐懿宗咸通二年(861)，嶲州为地方政权南诏所据，置建昌府，美姑隶属建昌府，咸通十四年(873)起至宋代末，美姑属彝族阿都部和沙马部管辖。

元代在少数民族地区实行土司制度，土官流官并存。元世祖至元十二年(1275)，析建昌府地置总管府，并置建昌路，设里州，美姑隶属里州，初属四川，后隶云南。

明初沿袭元制，在西南少数民族地区仍实行土司制度。洪武十五年(1382)，置建昌卫指挥使司，美姑仍隶属里州。洪武二十七年(1394)，在凉山腹地置“凉山夷部”。废里州。美姑属“凉山夷部”，分别由利利土司、沙马土司管辖。

清雍正六年(1728)，改建昌府为宁远府，并置西昌、冕宁、盐源三县，美姑属宁远府西昌县。清乾隆、嘉庆时期(1736—1820)，利利、沙马、阿卓土司先后被黑彝家支逐出美姑地区。宣统二年(1910)分西昌县增置昭觉县，美姑大部分属昭觉县，小部分划归马边、雷波县管辖。实为黑彝家支割据的地区。

民国时期(1912—1949)，美姑实际上无行政机构。由阿侯、阿陆、苏呷、恩扎、甘、木坡、马、海来、莫说、阿支、舍培、阿卓、阿素、舍洛、吉觉等大小黑彝家支分割管辖。

1951年4月22日，成立昭觉彝族自治区人民政府，隶属西康省西昌地区专员行政公署。美姑大部分地区隶属昭觉县，部分地区分属雷波、马边县管辖。1952年4月30日，中央人民政府政务院批准建置美姑县，县治所牛牛坝，隶属西康省西昌地区专员行政公署。是年8月，县治所改设甲谷。1956年5月24日，经国务院批准建置洪溪县，县治所依果觉，隶属凉山彝族自治州。

1959年6月，洪溪县并入美姑县，县治所迁巴普，隶属四川省凉山彝族自治州。县境位于四川省西南部、凉山彝族自治州东北部；介于北纬28°02′～28°54′，东经102°53′～103°21′之间；南北长94.8公里，东西宽46.4公里。

1990年，全县实辖区域面积2731.6平方公里(含邻县提出有争议的面积227.33平方公里)。1996年6月，根据《国务院关于开展勘定省、县两级行政区域界线工作有关问题的通知》(国发〔1996〕32号)及《四川省人民政府关于开展勘定省县两级行政区域界线实施意见的通知》(川府发〔1996〕49号)规定，美姑县启动了边界勘定工作。1998年3月，正式开展了县边界勘定工作。

1999年3月，州际县界在省勘界办的参与下，由州政府主持开展。是年年底，整个边界勘定工作全面结束，共完成昭美线124.6公里、美越线38.2公里、甘美线21公里、峨美线67公里、马美线42.7公里、美雷线76.85公里，并分别设置了界桩。至此，美姑县实辖面积为2573平方公里。

县域周界是：

东北面：自树窝乡的阿捏拿比沿大风顶山脊至瓦西乡的觉都与马边县连界。

东　面：自瓦西乡的觉都沿黄茅埂向南经井叶特西乡、合姑洛乡、美姑县畜牧场、柳洪乡至乐约乡巴姑村与雷波县连界。觉都是美姑、马边、雷波三县交界处。

南　面：自乐约乡巴姑村向西北经柳洪乡折向西南经拉木阿觉乡、洛莫依达乡至洛俄依甘乡，沿美姑河北上经九口乡至牛牛坝乡合阿觉向西经竹库乡抵尔曲合普梁子向北，沿山脊经尔合乡至侯古莫乡石普峨勒的尔曲合普梁子与昭觉县接壤。

西　面：自苏洛乡沿连渣果峨山向南经候播乃拖乡、侯古莫乡石普峨勒村的尔曲合普梁子与越西县相连。

北　面：自龙窝乡向西经依果觉乡至阿米都尔与峨边县相连。

西北面：自依果觉乡的阿米都尔向西至苏洛乡的连渣果峨山脊与甘洛县接壤。阿米都尔是美姑、峨边、甘洛三县交界处。

第二节　县名由来

美姑县名由来有两说：一是“逸闻命名”说，“美姑”即彝语“莫古”的谐音，意译为“中心”“腹心”。相传，彝族先民古侯、曲涅两大氏族自云南分道迁来凉山时会合于“莫古”（洛俄依甘乡境内），建县时“莫古”转写为“美姑”作县名。二是“以河名县”说，因境内有著名河流美姑河而得名。美姑河古称卑水，早在两千多年前（公元前111），西汉时期在卑水河畔置卑水县时，就以河（水）名县，卑水更名为美姑河始于何时无考。清末民初的历史资料，即以“美姑”二字记此河流。民国2年（1913）的《昭觉县志稿》和20世纪30年代出版的《昭觉概况资料辑要》中，图、文均有美姑河。

洪溪县名由来是“以山名县”。因境内大山“惹夫洪基”（大风顶，海拔4042米）有“洪基”二字，初拟译转为“红旗”，经讨论上报批准，定译为“洪溪”，故以此命名。

第二章　行政区划

第一节　美姑县

1954年10月，美姑工作团派遣工作队分赴甲谷、巴普、牛牛坝、哈古以达、井叶特西、候播乃拖地区开展工作，为设置政区作准备。翌年3月，首建甲谷区，并成立区生产治安调解委员会为过渡政权。是年4月15日，凉山工委直属工作队进驻柳洪地区。5月7日，正式划设巴普、牛牛坝、井叶特西、候播乃拖、哈古以达、柳洪6个区，并相继成立区生产治安调解委员会。9月，设甲谷区公所。

1956年1月21日，美姑县开展民改工作。在民改工作中分批划区设乡，进行基层政权建设，建立劳动人民协会（简称“劳协会”），代行区、乡政权。至1957年10月，全县共有7个区、38个乡。

1958年3月25日，瓦岗县古里拉达区所辖莫尼、拉木阿觉2个乡划入美姑县，隶甲谷区。同时，将甲谷区所辖瓦古、尔其、尼立觉3个乡改隶柳洪区；牛牛坝的佐戈依达乡划归甲谷区。是年10月，全县调整行政区划，撤销井叶特西区和三河、侯足、西甘萨、千哈、小哈姑、毛各、尔哈、哈洛、卡来依甘、尔合、列侯、子威、佐戈依达、尼立觉、尼珠、依所解16个乡，增设龙门乡，试办巴普、牛牛坝2个乡级公社。乡村隶属关系相应变动。至此，全县为6个区、23个乡、2个公社。1959年6月，洪溪县并入美姑县，美姑县原有政区未调整。原洪溪县的一区、二区、三区、四区分别更名为洪溪区、峨曲古区、瓦侯区、勒乌区。全县有10个区、35个乡、3个乡级人民公社。

1960年，巴普、峨曲古区各建为区人民公社，下属7个乡（公社）改为大队；觉洛、农作、合姑洛、井叶特西、典补、柳洪、依果觉、九口、候播乃拖9个乡建为乡级人民公社；勒乌区更名为西河区；巴普区的布兹列拖乡更名为山岗乡。1961年，全县各公社停办，恢复区乡建制。仅将巴普区人民公社的巴普大队改建为巴普公社（乡级公社）。全县仍为10个区、37个乡、1个乡级公社。1962年8月，恢复子威乡建制，隶甲谷区。恢复哈洛乡建制，属牛牛坝区。全县有10个区、39个乡、1个公社。1963年4月1日，撤销哈古以达区，所辖觉洛、井叶特西乡划入巴普区；拖木、龙门2个乡改隶峨曲古区，全县为9个区，乡、公社未变。1964年2月1日，西河区划归峨边县，减少4个乡，全县有8个区、35个乡、1个公社。

1967年1月，区、乡政权普遍瘫痪。1968年4—9月，各区、乡（公社）相继成立革命委员会（以下简称革委会）。

1970年12月，牛牛坝区恢复尔合乡建制，更乡名为永新乡；恢复佐戈依达乡建制，更名为新桥乡。全县共有37个乡、1个公社。1972年春，觉洛、山岗、典补、牛牛坝、佐戈依达、九口、尔库、拉木阿觉、柳洪、乐约、甘古、苏洛、峨曲古、龙门、瓦西、依果觉、树窝共17个乡改建为公社。是年5月，调整部分行政区划。恢复卡来依甘乡，更名为前进乡，隶牛牛坝区；恢复西甘萨乡，属巴普区；新建大桥（洛俄依甘）公社，隶甲谷区；新建团结（哈姑）乡，隶峨曲古区；重建普及（塔古）乡，属洪溪区。是年，全县有8个区、24个乡、19个公社。1973年4月，侯古莫、前进2个乡改建为人民公社。8月，复置阿尼木乡，建为公社，隶洪溪区。9月，新置联合（洛莫依达）乡，隶甲谷区，全县共23个乡、22个公社。1974年，全县“公社化”，实行政社合一体制，公社均设革委会。至年底，全县共有8个区、45个公社。1981年7月12日，全县公社革委会统一改称为公社管理委员会，简称管委会。

1984年7月，全县撤销人民公社，恢复乡建制，建立乡人民政府。是年8月1日。巴普乡改建为巴普镇，设镇人民政府，直隶县人民政府领导。至1990年年底，全县共有8个区、44个乡、1个镇。

1992年，撤销8个片区区公所，15个乡，扩并15个乡的行政区域，保留14个乡、1个镇。将原44个乡、1个镇，调整为29个乡、1个镇。

1994年8月1日，成立9个片区工委，将原29个乡调整为35个乡，保留巴普镇。

2008年，县乡之间设置的9个片区工委一律撤销，在9个片区工委所在乡（镇）设立9个中心乡（镇），中心乡（镇）负责就近乡（镇）有关金融、财政、税务、教育、卫生等方面的协调工作。

1956—1957年10月美姑县政区一览表

表1-1

区 名	乡 名
巴 普	巴普 三河 侯足 农作 布兹列拖（巴古）合姑洛
甲 谷	九口 尔库 子威 依洛拉达 列侯 尼立觉 尔其 瓦古
牛牛坝	牛牛坝 卡来依甘 侯古莫 尔合 竹库 佐戈依达
柳 洪	柳洪 尼珠 乐约
候播乃拖	候播乃拖 苏洛 依所解 甘古 采红
哈古以达	拖木 毛各 典补 尔哈 哈洛
井叶特西	井叶特西 觉洛 西甘萨 千哈 小哈姑

1958年10月美姑县政区一览表

表1-2

区 名	乡（公社）名
巴 普	巴普（公社） 农作 合姑洛 布兹列拖（巴古）
甲 谷	九口 尔库 依洛拉达 莫尼 拉木阿觉
柳 洪	柳洪 乐约 尔其 瓦古
候播乃拖	候播乃拖 甘古 采红 苏洛
牛牛坝	牛牛坝（公社） 竹库 侯古莫 典补
哈古以达	井叶特西 觉洛 拖木 龙门

1959年12月美姑县政区一览表

表1-3

区 名	乡（公社）名
巴 普	巴普（公社） 农作 合姑洛 布兹列拖（巴古）
甲 谷	九口 尔库 依洛拉达 莫尼 拉木阿觉
柳 洪	柳洪 乐约 尔其 瓦古
候播乃拖	候播乃拖 甘古 采红 苏洛
牛牛坝	牛牛坝（公社） 竹库 侯古莫 典补
哈古以达	井叶特西 觉洛 拖木 龙门
洪 溪	依果觉 瓦西 光明（洒库）公社
峨曲古	峨曲古 四千普 尼哈
瓦 侯	龙窝 树窝 若哈
勒 乌	勒乌 西河 金岩 克斯

1992 年美姑县政区一览表

表 1–4

镇 名	乡 名	备 注
巴普镇	觉洛 巴古 农作 合姑洛 井叶特西 牛牛坝 佐戈依达 侯古莫 竹库 典补 九口 依洛拉达 洛俄依甘 拉木阿觉 洛莫依达 柳洪 瓦古 尔其 候播乃拖 采红 苏洛 峨曲古 龙门 拖木 炳途 依果觉 洒库 瓦西 龙窝	1992 年，根据美编〔1992〕6 号文件，撤销 8 个区公所，原 44 个乡调整为 29 个乡，保留巴普镇

1994 年美姑县政区一览表

表 1–5

区（镇）名	乡 名	备 注
柳洪片区工委	柳洪 乐约 尔其 瓦古	1994 年 8 月 1 日，中共美姑县委、美姑县人民政府决定成立 9 个片区工委，将原 29 个乡调整为 35 个乡，保留巴普镇
大桥片区工委	九口 洛俄依甘 拉木阿觉 洛莫依达	
候播乃拖片区工委	候播乃拖 采红 苏洛	
牛牛坝片区工委	牛牛坝 尔合 侯古莫 竹库	
新桥片区工委	佐戈依达 典补 哈洛 子威 依洛拉达	
俄普片区工委	觉洛 巴古 农作 合姑洛 井叶特西	
峨曲古片区工委	峨曲古 龙门 拖木 炳途 尼哈	
洪溪片区工委	依果觉 洒库 瓦西	
瓦侯片区工委	龙窝 树窝	
巴普镇		

2008 年美姑县政区一览表

表 1–6

镇 名	乡 名	备 注
巴普镇	柳洪 乐约 尔其 瓦古 九口 洛俄依甘 拉木阿觉 洛莫依达 候播乃拖 采红 苏洛 牛牛坝 尔合 侯古莫 竹库 佐戈依达 典补 哈洛 子威 依洛拉达 觉洛 巴古 农作 合姑洛 井叶特西 峨曲古 龙门 拖木 炳途 尼哈 依果觉 洒库 瓦西 龙窝 树窝	2008 年，美姑县委、县人民政府决定撤销 9 个片区工委，设立 35 个乡，1 个镇

第二节 洪溪县

1954 年 9 月，洪溪工作团进驻依果觉。是年 12 月，成立过渡政权组织——依果觉地区团结治安委员会。翌年，中共四川军区凉山指挥部北部指挥所党委派遣工作组到洪溪地区的依果觉、红井、瓦西、塔古等地开展工作。1956 年 5 月 24 日，建立洪溪县，划区设乡，进驻工作队，建立劳协会，行使区乡政权职能。是年 10 月底，全县建成 5 个区、25 个乡。

1957年8月，洪溪县撤销依果觉区，置城关镇。原依果觉区所属4个乡隶属城关镇；并将依楚区、峨曲古区、瓦西区更名为一区、二区、三区。撤销华岗区，并入三区。撤销湾洛、岗洛、依卓、特口、红井5个乡。调整后，全县有1个镇、3个区、20个乡。

1958年3月，由马边、峨边两县代管的瓦侯、勒乌2个区移交洪溪县管辖，全县有1个镇、5个区、33个乡。是年10月调整行政区划，撤销城关镇和一区(依楚区)，撤销马洪觉、阿尼木、处洪觉、依楚、塔古、侯皮、安曲、依井拉达、里沟、文觉、四季吉、里门吉、华岗、达拉门、大湾、马史觉、祖蒙、马解、热水、俄罗20个乡，并改洒库乡为光明公社。调整后，全县有4个区、12个乡和1个乡级公社。至并入美姑县后，政区未变。

1956年10月洪溪县政区一览表

表1–7

区　名	乡　名
依果觉	依果觉　马洪觉　阿尼木　处洪觉
依　楚	依楚　特口　四干普　红井　湾洛　塔古
瓦　西	瓦西　里沟　文觉　四季吉　里门吉　达拉门
峨曲古	峨曲古　侯皮　尼哈　安曲　依井拉达
华　岗	华岗　洒库　岗洛　依卓

1957年10月洪溪县政区一览表

表1–8

区（镇）名	乡　名
城关镇	依果觉　马洪觉　阿尼木　处洪觉
一区（依楚区）	依楚　四干普　塔古
二区（峨曲古）	峨曲古　侯皮　尼哈　安曲　依井拉达
三区（瓦　西）	瓦西　里沟　文觉　四季吉　里门　吉达　拉门　华岗　洒库

1958年10月洪溪县政区一览表

表1–9

区（镇）名	乡（公社）名
一区（瓦　西）	依果觉　瓦西　光明（洒库）
二区（峨曲古）	峨曲古　四干普　尼哈
三区（瓦　侯）	龙窝　树窝　若哈
四区（勒　乌）	勒乌　西河　金岩　克斯

第三章　乡镇概况

第一节　巴普镇

巴普镇位于县境中部。东邻合姑洛乡，南毗农作乡，西与巴古乡、典补乡接壤，北与拖木乡、觉洛乡、井叶特西乡连界。镇治所设巴普。合木公路（合川至木里）与成美公路交汇于此，海拔2000米，是全县政治、经济、文化中心和交通枢纽。镇域总面积35.43平方公里，其中，城区面积3平方公里。镇辖城郊的巴普、峨普、基伟、塔千、埂则、达戈、三河、洒勒8个村、54个村民小组、3个居民委员会。总户数6140户，总人口19126人，其中，彝族人口占全镇总人数的90.2%。人口密度每平方公里539.83人。

1956年5月，在今巴普镇域设巴普乡、三河乡，隶属巴普区。1958年3月，建巴普乡人民委员会（以下简称“人委”）。是年10月，撤销三河乡，辖区中的三河村划入巴普乡。1959年，撤巴普乡入巴普区公社，改为巴普大队。1961年，区公社撤销，巴普大队改建为巴普公社，隶属巴普区。

1968年5月，成立巴普公社革命委员会（以下简称“革委会”）。1973年，所辖普千大队划入西甘萨公社。1981年7月12日，巴普公社革委会改为管委会。1984年7月，恢复乡建制，设乡政府，隶属关系不变。是年8月1日，省人民政府批准巴普乡改为巴普镇，设镇人民政府，为县人民政府直辖镇。

截至2009年，全镇农业总产值3229万元（农业1019万元、林业351万元、牧业1817万元、渔业28万元、农林牧渔服务业14万元）；有常耕地面积311.53公顷，粮食总产量267.5万公斤，人均占有粮食287.45公斤。主产玉米、洋芋（马铃薯）、花椒、苹果、梨、核桃；四畜（猪、牛、羊、马）存栏21227头（只），肉类总产量达1048吨。

至2009年，全镇有片区中心卫生院1所，医务人员12名；有高级完全中学1所，完全小学3所，1所省级示范幼儿园，6所村级小学，共有教学班90个，教职员工338人，在校生3454人。

第二节　觉洛乡

觉洛乡位于县城北部，成美公路穿越乡境，美姑河纵贯其中。地势由东西两侧向中部倾斜，属二半山区。东靠井叶特西乡，西邻拖木乡，南连巴普镇，北接龙门乡。全乡总面积31.53平方公里。乡政府驻地觉洛，海拔1960米，距县城14公里。辖觉洛、帕古、则俄、地莫、树千、典阿尼6个村，29个村民小组，共1397户、5538人，其中，彝族人口占全乡总人数的99.3%。人口密度每平方公里175.64人。

1956年9月，设觉洛乡，建乡劳协会，隶属井叶特西区。1957年12月，建乡人委。1958年10月，撤销三河乡，所辖典阿尼村划入；乡改隶哈古以达区。是年11月，哈古以达区公所从典补迁驻觉洛，1960年，乡改建为火花公社。翌年，恢复觉洛乡人委。1963年4月1日，哈古以达区撤销后，乡改隶巴普区。1968年5月，成立乡革委会。1972年3月4日，复建为觉洛公社，仍设公社革委会。1981年7月12日，更公社革委会为管委会。1984年7月，恢复乡建制设乡政府。

截至2009年，全乡农业总产值2303万元（农业1019万元、林业156万元、牧业1118万元、农林牧渔服务业10万元）；有常耕地面积351.2公顷，粮食总产量245.7万公斤，人均占有粮食

443.66 公斤。主产玉米、洋芋、蜡虫、苹果、花椒、梨、核桃。四畜存栏 23498 头（只），肉类总产量达 862.5 吨。

至 2009 年，全乡有卫生院 1 所，有医务人员 2 人；有乡中心完全小学 1 所，教学点 3 个，共有教学班 17 个，教职员工 45 人，在校学生 651 人。

第三节　农作乡

农作乡位于县城以南，距县城 8 公里。东靠合姑洛乡，南倚瓦古乡，西邻巴古乡，北连巴普镇。全乡总面积 33.7 平方公里，乡政府驻地农作，海拔 2240 米。乡域地势由东南向西北倾斜。南部紧靠黄茅埂的尔一乃拖山峰，属高寒地区，最高海拔 3433 米。北部属二半山区，最低海拔 2200 米。辖农作、甲谷、依色、瓦一觉、卡俄、瓦尼姑、嘎洛觉 7 个村，37 个村民小组，共 1369 户、5403 人。其中，彝族人口占全乡总人数的 98.6%。人口密度每平方公里 160.33 人。

1956 年 1 月，设乡，建立乡劳协会，代行乡政权。1958 年 10 月，设立乡人委。1968 年 7 月，成立乡革委会。1972 年 2 月 9 日，建立农作公社，乡革委会改为公社革委会。1981 年 7 月 12 日，公社革委会更名为公社管委会。1984 年 7 月，恢复乡建制，成立乡政府。

截至 2009 年，全乡农业总产值 2124 万元（农业 669 万元、林业 173 万元、牧业 1272 万元、农林牧渔服务业 10 万元），农民人均生产总值达 3931 元；有常耕地面积 353.8 公顷，粮食总产量 207.2 万公斤。人均占有粮食 383.49 公斤。主产玉米、洋芋、荞子、花椒、核桃。四畜存栏 22430 头（只），肉类总产量达 856 吨。

至 2009 年，全乡有卫生院 1 所，有医务人员 2 人；有乡中心完全小学 1 所，村小 6 所，共 21 个教学班，有教职工 45 人，在校学生 635 人。

第四节　井叶特西乡

井叶特西乡位于县城东北，地处黄茅埂中段西麓。东与雷波县谷堆接壤，南与合姑洛乡和巴普镇连界，西邻觉洛乡，北毗瓦西乡。总面积 61.13 平方公里，乡驻地特曲，距县城 20 公里，海拔 2600 米。合木公路穿越乡境。乡境地形复杂，山高沟深，气候寒冷。东北倚黄茅埂的书祖采洛西峰，海拔 3697 米，西部最低处海拔 2200 米。耕地和村寨主要分布在海拔 2700 米地区。辖特西、峨支、依嘎、杜石、采竹、沙马乃拖、西甘萨、尔波曲、阿尼、果核、普千 11 个村，52 个村民小组，共 1819 户、7704 人。人口密度每平方公里 126.03 人。

1954 年 6 月，井叶特西工作团进驻特西村。1956 年 1 月，建立井叶特西乡，隶属井叶特西区。1958 年 10 月，撤销井叶特西区后，西甘萨乡的西甘萨，果核两个村划入，成立井叶特西乡人委，同时划归哈古以达区。1963 年 4 月 1 日，哈古以达区撤销后改隶巴普区。1968 年 6 月，成立乡革委会。1972 年 5 月，西甘萨、果核两个村划归西甘萨乡。1974 年 3 月，建立井叶特西公社。1981 年 7 月 12 日，改公社革委会为管委会。1984 年 7 月，恢复乡建制，建乡政府。1992 年 8 月，原西甘萨乡并入井叶特西乡。

截至 2009 年，全乡农业总产值 2565 万元（农业 719 万元、林业 209 万元、牧业 1626 元、农林牧渔服务业 11 万元）；有常耕地面积 840.07 公顷，粮食总产量 260.4 万公斤，农民人均占有粮食 338 公斤。主产洋芋、荞子、玉米、小麦、花椒。四畜存栏 32169 头（只），肉类总产量达 976.5 吨。

至2009年，全乡有乡卫生院1所，医务人员1名。有乡中心学校1所，村小10所，共22个教学班，有教职工30人，在校学生912人。

第五节　合姑洛乡

合姑洛乡位于县城南7公里处。东跨黄茅埂南段山脊与雷波县长河、拉咪乡接壤，南与瓦古乡倚连，西与巴普镇和农作乡相接，北与井叶特西乡毗邻。全乡实辖区域面积151.96平方公里。乡政府驻地斯吉巴古，海拔2500米，有乡村公路通县城。全乡地势东高西低，东靠黄茅埂主峰——硕诺木尺合，海拔3961.8米；西面最低海拔2400米。境内气候寒冷，无霜期仅150天。辖洛觉、齐色、合姑洛、采嘎、瓦曲拖、四吉、马红、沙洛8个村，38个村民小组，共1270户、5144人，其中，彝族人口占总人口的99.9%。人口密度每平方公里33.85人。

1956年1月，建立合姑洛乡，驻地合姑洛村。辖合姑洛、瓦曲拖、四吉、沙洛4个村；同时建立侯足乡，驻地斯吉巴古。辖洛觉、齐色、采嘎、马红4个村。1958年10月，侯足乡并入合姑洛乡。成立乡人委，驻地斯吉巴古。1968年4月，成立乡革委会。1974年3月，建合姑洛公社，乡革委会改为公社革委会。1981年7月，改公社革委会为管委会。1984年7月，恢复乡政府建制。

截至2009年，全乡农业总产值1970万元（农业633万元、林业110万元、牧业1218万元、农林牧渔服务业9万元）；有常耕地面积484.4公顷，粮食总产量203.8万公斤，农民人均占有粮食396.19公斤。主产洋芋、荞子、玉米。四畜存栏30557头（只），肉类总产量达756吨。

至2009年，全乡有卫生院1所，医务人员2人。有乡中心完全小学1所，村小6所，共21个教学班，有教职工28人，在校学生635人。

第六节　巴古乡

巴古乡位于县城西南5公里处。东与农作乡接壤，南与瓦古和子威乡相连，西南与依洛拉达乡倚连，西与佐戈依达乡毗邻，东北与巴普镇连界。乡政府驻地巴古，海拔2100米。全乡总面积45.46平方公里，辖乃拖、勒布、牛洛、昔线、三岗、维勒觉、洛渣、三比、依千9个村，42个村民小组，共1632户、6821人，其中，彝族人口占总人口的99.9%。人口密度每平方公里138.17人。

1954年7月7日，井叶特西工作团派工作队进驻三岗（今三岗村）。1956年划乡，因此地解放前是黑彝布兹家属地，人称“布兹列拖”，故名为布兹列拖乡，建立乡劳协会，代行乡政府职权。1958年10月，建立乡人委。1960年，更名为三岗乡。1968年4月，成立乡革委会。1972年2月22日，改建为公社。1981年7月12日，改公社革委会为管委会。是年年底，改名为巴古公社。1984年7月，恢复乡建制，设乡政府。

截至2009年，全乡农业总产值2154万元（农业567万元、林业195万元、牧业1382万元、农林牧渔服务业10万元）；有常耕地面积446.73公顷，粮食总产量221.4万公斤。农民人均占有粮食350公斤。主产玉米、洋芋、荞子、花椒、苹果、梨、核桃。四畜存栏14782头（只），肉类总产量达712.5吨。

至2009年，全乡有卫生院1所，医务人员2人。有乡中心完全小学1所，村小5所，共18个教学班，有教职工31人，在校学生822人。

第七节 乐约乡

乐约乡位于县境东南端。东北越黄茅埂与雷波县坪头乡接壤，西北与柳洪乡连界，南隔溜筒河与昭觉县古里区相望。地势陡斜，北面最高海拔 3724 米，南端最低海拔 640 米。乡驻地麻吉硕峨村，海拔 800 米，距县城约 80 公里。全乡实辖区域面积 62.26 平方公里，辖乐约、波莫、巴姑、三地、麻吉硕峨、则祖落嘎 6 个村，26 个村民小组，共 1010 户、3978 人，其中，彝族人口占总人口的 99.7%。人口密度每平方公里 59.52 人。

1957 年 1 月 10 日，分别建置乐约、尼珠乡。乐约乡辖乐约、波莫、巴姑、三地、麻吉硕峨 5 个村，乡驻地乐约村。尼珠乡辖则祖洛嘎、八哈、扎纳姑、木勒火 4 个村，乡驻地八哈村。1958 年 10 月，尼珠乡并入乐约乡，成立乡人委。1968 年 5 月，建乡革委会。1972 年 2 月，改建为公社。1981 年 7 月 12 日，改公社革委会为管委会。1984 年 7 月，撤公社建乡政府。1992 年 8 月，撤销乡建置。1994 年 6 月，恢复乡建置。1997 年 7 月，因乐约特大山体滑坡，对存在安全隐患的木乃火、巴哈、扎拉古 3 个村实施了整体搬迁易地安置，因而撤销了 3 个村建制。

截至 2009 年，全乡农业总产值 1901 万元（农业 615 万元、林业 118 万元、牧业 1161 万元、农林牧渔服务业 7 万元）；有常耕地面积 260.13 公顷，粮食总产量 130.9 万公斤。农民人均占有粮食 329.06 公斤。主产玉米、洋芋、荞子、花椒、苹果、梨、核桃。四畜存栏 16925 头（只），肉类总产量达 438.5 吨。

至 2009 年，全乡有卫生院 1 所，医务人员 5 人。有乡中心完全小学 1 所，村小 5 所，共有教学班 16 个，有教职工 18 人，在校学生 440 人。

第八节 柳洪乡

柳洪乡位于县境东南部。北跨黄茅埂与雷波县拉咪乡接壤，南隔溜筒河与昭觉县火洛乡相望，西接尔其乡，东邻乐约乡。全乡地势北高南低，最高海拔 3455 米，最低海拔 1169 米。乡政府驻地阿子马洛村，距县城 70 公里。全乡实辖区域面积 78 平方公里，辖阿子马洛、柳洪、柳洪乃拖、达勒甲谷、达勒洛莫、卡哈、波莫峨泽、特波觉、吉觉古布、尔且 10 个村，44 个村民小组，共 1851 户、6483 人，其中，彝族人口占总人口的 98.2%。人口密度每平方公里 83.12 人。

1957 年 1 月 10 日，建乡。1958 年 10 月，成立乡人委。1968 年 5 月，成立乡革委会。1972 年 2 月，改建为公社。1981 年 7 月 12 日，改公社革委会为公社管委会。1984 年 7 月，恢复为乡建制，成立乡政府。

截至 2009 年，全乡农业总产值 2472 万元（农业 943 万元、林业 171 万元、牧业 1344 万元、渔业 4 万元、农林牧渔服务业 10 万元）。有常耕地面积 348.13 公顷，粮食总产量 244.3 万公斤，农民人均占有粮食 367.83 公斤。主产玉米、洋芋、荞子、花椒、苹果、梨、核桃。四畜存栏 23422 头（只），肉类总产量达 790 吨。

至 2009 年，全乡有片区中心卫生院 1 所，医务人员 11 人。有乡中心完全小学 1 所，村小 5 所，共 16 个教学班，有教职工 18 人，在校学生 741 人。

第九节 尔其乡

尔其乡位于县境南部。正东和东北面连接瓦古乡，南临溜筒河与拉木阿觉乡相连，西毗洛俄依甘乡，西北与子威乡接壤。地势北高南低，海拔 1400 ~ 3200 米之间。乡政府驻地吉觉尔其村，海拔 1800 米，距县城约 58 公里。全乡实辖区域面积 37.4 平方公里，辖吉觉尔其、色口、瓦鲁、依惹、甲拉 5 个村，27 个村民小组，共 1036 户、3790 人，其中，彝族人口占总人口的 99.9%。人口密度每平方公里 101.34 人。

1956 年 1 月，建乡。1958 年 10 月，成立乡人委。1968 年 7 月成立乡革委会。1974 年 3 月，改建为公社。1981 年 7 月 12 日，改公社革委会为管委会。1984 年 7 月，恢复乡建制，设乡政府。

截至 2009 年，全乡农业总产值 1622 万元（农业 564 万元、林业 94 万元、牧业 956 万元、农林牧渔服务业 8 万元）；有常耕地面积 292.67 公顷，粮食总产量 150.8 万公斤，农民人均占有粮食 397.89 公斤。主产玉米、洋芋、荞子、花椒、苹果、梨、核桃。四畜存栏 16401 头（只），肉类总产量达 387 吨。

至 2009 年，全乡有卫生院 1 所，医务人员 3 人。有乡中心完全小学 1 所，村小 4 所及 3 个教学点，共 13 个教学班，有教职工 15 人，在校学生 305 人。

第十节　瓦古乡

瓦古乡位于县境东南。东南靠柳洪乡，东北越黄茅埂山脊与雷波县拉咪乡连界，南隔溜筒河与拉木阿觉乡尼合村相望，正西和西北与尔其乡毗邻，北与巴古、农作、合姑洛乡接壤。地势由东北向西南倾斜，最高海拔 3708 米，最低海拔 1400 米。乡政府驻地依达阿莫村的依觉，海拔 2250 米，距县城约 38 公里。全乡实辖区域面积 105.2 平方公里，辖依达阿莫、四普、瓦以、古觉、特波、瓦古、树布、扎甘洛、尼勒觉、硕诺列口 10 个村，39 个村民小组，共 1098 户、4095 人，均系彝族。人口密度每平方公里 38.93 人。

1956 年 1 月 10 日，建置瓦古乡和尼立觉乡，分别设治所于瓦古村和尼立觉村。1958 年 10 月，尼立觉乡并入瓦古乡，并成立乡人委。1968 年 5 月，成立乡革委会取代人委。1974 年 3 月，改建为公社。1981 年 7 月 22 日，改公社革委会为管委会。1984 年 7 月，恢复乡建制，成立乡政府。

截至 2009 年，全乡农业总产值 1885 万元（农业 586 万元、林业 96 万元、牧业 1196 万元、农林牧渔服务业 7 万元）；有常耕地面积 648.93 公顷，粮食总产量 233.1 万公斤，农民人均占有粮食 569.23 公斤。主产玉米、洋芋、荞子、花椒、苹果、梨、核桃。四畜存栏 26836 头（只），肉类总产量达 870 吨。

至 2009 年，全乡有卫生院 1 所，医务人员 2 人。有乡中心完全小学 1 所，村小 4 所，共 12 个教学班，有教职工 17 人，在校学生 650 人。

第十一节　洛俄依甘乡

洛俄依甘乡位于县城西南，乡治所驻洛俄依甘村，海拔 1400 米，距县城 40 公里，美姑河与竹核河汇合处，紧傍合木公路。美（姑）抓（雷波抓抓岩）公路与合木公路在此处交接。乡境东临尔其乡，北接九口乡，西临美姑河与昭觉县乌能古（拉一木）乡相连，南与拉木阿觉乡连接。地势东北高、西南低，海拔在 1400 ~ 2400 米之间，属低山河谷地带，气候较温和。全乡实辖区域面积 44.2 平方公里，辖洛俄依甘、阿居曲、新农、阿卓瓦乌、嘎古乃拖、格木、依波沃、扎则、马洛、瓦吉吉 10 个村，47 个村民小组，共 2108 户、8315 人，其中，彝族人口占总人口的 99.3%。人口密度每平方公里 188.12 人。

乡境原属九口公社辖区。1972 年 5 月，析九口公社一部分新建大桥公社。因公社驻地在美姑县大桥桥头，故名。1981 年 7 月，改公社革委会为管委会。是年年底，更名为洛俄依甘公社。1984 年 7 月，撤公社建乡，成立乡政府。1992 年，原莫尼乡的嘎苦乃拖、格木、依波窝、扎则、马洛等五个村划入洛俄依甘乡管辖。

截至 2009 年，全乡农业总产值 2711 万元（农业 1049 万元、林业 211 万元、牧业 1436 万元、渔业 4 万元、农林牧渔服务业 11 万元），农民人均生产总值达 3300 元。有常耕地面积 381.07 公顷，粮食总产量 184.9 万公斤，农民人均占有粮食 222.37 公斤。主产玉米、洋芋、荞子、核桃、油桐。四畜存栏 20966 头（只），肉类总产量达 908 吨。

至 2009 年，全乡有片区中心卫生院 1 所，医务人员 17 人。有学校 7 所，其中，初级中学 1 所，小学 6 所（4 所完全小学）。有中小学正式教师 97 名，其中，中学教师 51 名，小学教师有 46 名。共开设教学班 41 个，其中，中学 15 个，小学 26 个。有在校学生 974 名。

第十二节　洛莫依达乡

洛莫依达乡位于县境南端。东北与拉木阿觉乡连界，西北毗邻洛俄依甘乡，南半部与昭觉县古洛（宛巴鲁）乡接壤。地势西南高，海拔 2860 米；东北略底，海拔 2210 米，属高寒山区。乡治所波乃姑村，海拔 2400 米，距县城 60 公里，有乡村公路与美抓公路连接。全乡总面积 53 平方公里，辖波乃姑、洛莫依达、布尔、莫尼、子史、木格觉、维史、尼合、尔布 9 个村，50 个村民小组，共 1772 户、6425 人，其中，彝族人口占总人口的 99.8%。人口密度每平方公里 121.23 人。

1973 年 9 月，析拉木阿觉、莫尼公社一部分建置联合公社，成立公社革委。1981 年年底，更名为洛莫依达公社。1984 年 7 月，撤销公社建立乡建制，成立乡政府。1992 年 8 月，拉木阿觉的尼合、波乃姑等三村划入洛莫依达乡管辖。

截至 2009 年，全乡农业总产值 1914 万元（农业 710 万元、林业 76 万元、牧业 1120 万元、农林牧渔服务业 8 万元）；有常耕地面积 745.6 公顷，粮食总产量 249.7 万公斤，农民人均占有粮食 400 公斤。主产玉米、洋芋、荞子、花椒、苹果、梨、核桃。四畜存栏 24466 头（只），肉类总产量达 900.5 吨。

至 2009 年，全乡有卫生院 1 所，医务人员 2 人。有乡中心完全小学 1 所，村小 4 所，共 15 个教学班，有教职工 14 人，在校学生 611 人。

第十三节　拉木阿觉乡

拉木阿觉乡位于县境南面。东与昭觉县火洛乡接壤，南与洛莫依达乡连界，西与洛俄依甘乡毗邻，北与柳洪、尔其乡隔河相望。美抓公路在乡境北端沿溜筒河谷蜿蜒而过。地势南部偏高，属二半山区，海拔 2706 米；北部偏低，系低山河谷区。乡政府驻地罗布采嘎村，美抓公路旁，海拔 1300 米，距县城 50 公里。全乡面积 43 平方公里，辖哥勒阿门、核马、罗布采嘎、拉达、马堵、马依、色洛、瓦尼、移民 9 个村，54 个组，共 2574 户、9734 人，其中，彝族人口占总人口的 98.9%。人口密度每平方公里 226.37 人。

1958 年 2 月建乡，隶属瓦岗县古里拉达区。乡驻地波乃姑村。是年 3 月 25 日，划归美姑县甲谷区。8 月，建乡人委。1968 年 5 月，成立乡革委会。1972 年 2 月 16 日，改建为公社。1980 年，公社革委会迁拉达村。1981 年 7 月 12 日，改公社革委会为管委会。1984 年 7 月，撤销公社建乡政府。1989 年，乡政府迁驻瓦尼村。1992年8月，原莫尼乡的罗布采嘎、马依和洛俄依甘的核马三个村并入拉木阿觉。

截至2009年，全乡农业总产值2729万元（农业1175万元、林业154万元、牧业1389万元、渔业2万元、农林牧渔服务业9万元）；有常耕地面积511.53公顷，粮食总产量249.7万公斤，农民人均占有粮食178.7公斤。主产玉米、洋芋、荞子、花椒、苹果、梨、核桃。四畜存栏25576头（只），肉类总产量达1002吨。

至2009年，全乡有卫生院1所，医务人员3人。有乡中心完全小学1所，村小1所，共16个教学班，有教职工30人，在校学生833人。

第十四节　九口乡

九口乡位于县城西南。东与子威、尔其乡连界，南与洛俄依甘乡毗邻，西与昭觉县乌能古（拉一木）乡相连，北与牛牛乡接壤。合木公路通过乡境西部。乡域地处二半山缓坡地带，东部偏高，海拔2568米；西部偏低，海拔1436米。乡初设治所于九口村，故名九口乡。全乡总面积48.6平方公里，辖九口、瓦洛、达洛、波窝苦、尼则、勒合、勒伍、尔玛洛西、拉木克库、瓦乌、四峨吉、瓦洛千哈12个村，74个村民小组，共3905户、10973人，其中，彝族人口占总人口的98.6%，人口密度每平方公里225.78人

1956年1月建乡，驻地九口村。1958年10月，成立乡人委。翌年12月，乡治所甲谷。1960年3月，建公社，名美林公社。1961年，恢复乡建制。1968年7月9日，成立乡革委会，1972年2月16日，复建公社。1981年7月12日，改公社革委会为管委会。1984年7月，恢复乡建制，成立乡政府。1992年8月，原尔库乡的勒伍、勒合、达洛三个村并入九口乡。

截至2009年，全乡农业总产值2498万元（农业1064万元、林业238万元、牧业1187万元、渔业1万元、农林牧渔服务业8万元）；有常耕地面积618.93公顷，粮食总产量352万公斤，农民人均占有粮食320.79公斤。主产玉米、洋芋、荞子、花椒、苹果、梨、核桃。四畜存栏22534头（只），肉类总产量达822.5吨。

至2009年，全乡有卫生院1所，医务人员4人。有乡中心完全小学1所，村小5所，共23个教学班，有教职工40人，在校学生1057人。

第十五节　候播乃拖乡

候播乃拖乡位于县境西部。东倚哈洛乡，南毗采红乡，北邻苏洛乡，西与越西县瓦曲觉乡接壤。地处连渣果峨山东麓。地势西高东低，最高海拔3733米；东南部的连渣洛河谷最低，海拔1800米。乡政府驻地瓦尼洛村，地处连渣洛河西岸，牛候公路旁，海拔1698米，距县城44公里。乡境面积74.95平方公里，辖瓦尼洛、瓦基、洛沙、候播乃拖、板诺洛、纳举、阿毕乃乌、红子莫、巴千、甘古、耿峨觉、甘洛、瓦古罗哈13个村，54个村民小组，共1955户、8406人，其中，彝族人口占总人口的99.2%。人口密度每平方公里112.15人。

1956年9月建乡，乡治所候播乃拖村。1958年3月，成立乡人委。1968年4月，更名列拖乡，成立乡革委会。1974年3月，改建为公社。1981年7月12日，改公社革委会为管委会。是年底，更名为候播乃拖公社。1984年，恢复乡建制，成立乡政府。1992年8月，原甘古乡并入候播乃拖乡。

截至2009年，全乡农业总产值2914万元（农业898万元、林业245万元、牧业1759万元、渔业2万元、农林牧渔服务业10万元），农民人均生产总值达3500元；有常耕地面积667.8公顷，

粮食总产量 289.4 万公斤，农民人均占有粮食 344.28 公斤。主产玉米、洋芋、荞子、花椒、苹果、梨、核桃。四畜存栏 28071 头（只），肉类总产量达 1079.5 吨。

至 2009 年，全乡有片区中心卫生院 1 所，医务人员 13 人。有乡中心完全小学 1 所，村小 4 所（其中村完全小学 1 所），共 26 个教学班，有教职工 43 人，在校学生 1020 人。

第十六节　苏洛乡

苏洛乡位于县境西北部。西与越西县瓦曲乃乌乡接壤，北与甘洛县格古乡连界，东与依果觉、炳途、尼哈乡毗邻，南与哈洛、候播乃拖乡相倚。地处美姑、越西、甘洛三县交界处。东、西、北三面高山环拱，发源于乡境北部的连渣洛河向南纵贯中部。西有连渣果峨山，最高海拔 3898 米；东、北两面是阿米都尔山支脉，海拔 3700 米；南部河谷地带，最低海拔 1900 米，属高寒山区。乡政府驻地耿木村，海拔 2100 米，有乡村公路与牛候公路连接，距县城 50 公里。全乡总面积 174.4 平方公里，辖耿木、峨洛、苏洛、依所解、红曲觉、尔格达 6 个村，33 个组，共 1057 户、4509 人，其中，彝族人口占总人口的 99.6%。人口密度每平方公里 25.85 人。

1956 年 9 月，建苏洛、依所解 2 个乡，乡治所分别在苏洛村、尔格达村的依克洛莫。1958 年 10 月，依所解乡并入苏洛乡，并成立乡人委，乡治所迁耿木村。1968 年 8，成立乡革委会。1972 年 2 月 12 日，改建为公社。1981 年 7 月 12 日，改公社革委会为管委会。1984 年 7 月，恢复乡建制，成立乡政府。

截至 2009 年，全乡农业总产值 1873 万元（农业 597 万元、林业 130 万元、牧业 1137 万元、农林牧渔服务业 9 万元）；有常耕地面积 517.6 公顷，粮食总产量 186 万公斤，农民人均占有粮食 412.51 公斤。主产玉米、洋芋、荞子、花椒、苹果、梨、核桃。四畜存栏 23747 头（只），肉类总产量达 773.5 吨。

至 2009 年，全乡有片区中心卫生院 1 所，医务人员 2 人。有乡中心完全小学 1 所，村小 3 所，共 14 个教学班，有教职工 10 人，在校学生 529 人。

第十七节　采红乡

采红乡位于县城西部。东连哈洛、典补乡，南接侯古莫乡，正西、西北与候播乃拖乡连界。乡域面积 29.84 平方公里。东西两侧高山耸立，海拔均在 2700 米。连渣洛河纵贯中部，最低海拔 1700 米。牛候公路穿越乡境。乡治所洛久村的克斯觉，海拔 1800 米，距县城 38 公里。辖洛久、拉巴、竹局、采红、石拖、马古千 6 个村，26 个村民小组，共 876 户、3802 人，其中，彝族人口占总人口的 99.7，人口密度每平方公里 127.41 人。

1956 年 9 月建乡，驻地采红村的连渣洛河右岸。1958 年 10 月，建乡人委。1968 年 4 月，成立乡革委会取代乡人委。1969 年，乡治所迁克斯觉。1974 年 3 月，改建为公社。1981 年 7 月 12 日，公社革委会改为管委会。1984 年 7 月，恢复乡建制，成立乡政府。

截至 2009 年，全乡农业总产值 1645 万元（农业 509 万元、林业 110 万元、牧业 1016 万元、渔业 1 万元、农林牧渔服务业 9 万元）；有常耕地面积 336.93 公顷，粮食总产量 136.2 万公斤，农民人均占有粮食 358.23 公斤。主产玉米、洋芋、荞子、花椒、苹果、梨、核桃。四畜存栏 18988 头（只），肉类总产量达 594.5 吨。

至 2009 年，全乡有中心卫生院 1 所，医务人员 3 人。有乡中心完全小学 1 所，村小 2 所，共 14 个教学班，有教职工 13 人，在校学生 380 人。

第十八节　牛牛坝乡

牛牛坝乡位于县境西部，乡域东与佐戈依达乡、南与竹库乡、西与尔合乡、北与侯古莫乡接壤。乡政府驻地牛牛坝村，海拔1640米，是美姑河与连渣洛河汇合处的一个小平坝，距县城20公里，省道306线贯穿全境。全乡面积72.5平方公里，辖牛牛坝、阿波觉、腾地、特西乃拖、尔解卡峨、尔曲、马核觉、碾碾、米体、热口阿觉、由木合、四俄千、尔库、四比齐14个村，88个村民小组，共3439户、13667人，其中，彝族占总人口的97.3%，人口密度每平方公里188.51人。

1956年5月建乡，成立乡劳协会。1957年1月，建立乡人委。1958年10月，建立公社。1961年公社停办，恢复乡人委。1968年4月，成立乡革委会。1972年，复建公社。1981年7月12日，改公社革委会为管委会。1984年7月，恢复乡建制，成立乡政府。1989年，乡治所迁腾地，海拔1550米。1992年8月，原尔库乡的米体、热口阿觉、由木合、四俄千、尔库、四比齐并入牛牛坝乡。

截至2009年，全乡农业总产值3555万元（农业1427万元、林业304万元、牧业1804万元、渔业8万元、农林牧渔服务业12万元）；有常耕地面积706.6公顷，粮食总产量279.8万公斤，农民人均占有粮食204.73公斤。主产玉米、洋芋、荞子、花椒、苹果、梨、核桃。四畜存栏39803头（只），肉类总产量达1633吨。

至2009年，全乡有中心卫生院1所，医务人员14人。有初级中学1所，乡中心完全小学1所，村小6所，共64个教学班（其中，小学40个，中学24个），有教职工139人（其中，小学教职工76人，中学63人），在校学生达3143人（其中，小学1882人，中学1261人）。

第十九节　竹库乡

竹库乡位于县境西南部。西、南两面与昭觉县的甲古、日史洛、色底乡接壤，东隔美姑河与牛牛坝相望，北与尔合、牛牛坝乡连界。地势由西向东倾斜，最高海拔2820米，最低海拔1500米，除阿毕乃拖村处于低山河谷外，其余均为海拔2000米以上山区。乡治所尼合竹库，海拔2100米，距县城30公里。全乡面积49.07平方公里，辖乃嘎、二洛觉、马勒故、地洛瓦衣、阿毕乃拖、瓦拖6个村，35个村民小组，共1306户、5587人，均系彝族。人口密度每平方公里113.86人。

1956年5月，建乡。1957年年底，建立乡人委。1958年10月，原尔合乡所辖马海木尔合、乃祖库、嘎祖列口3个村划入。1968年4月，成立乡革委会。1970年12月，马海木尔合、乃祖库、嘎祖列口3个村划归尔合乡。1974年3月，改建为公社。1981年7月12日，改公社革委会为管委会。1984年7月，恢复乡建制，成立乡政府。

截至2009年，全乡农业总产值1366万元（农业531万元、林业123万元、牧业705万元、农林牧渔服务业7万元）；有常耕地面积431公顷，粮食总产量195.3万公斤，农民人均占有粮食349.56公斤。主产玉米、洋芋、荞子、花椒、苹果、梨、核桃。四畜存栏20763头（只），肉类总产量达836吨。

至2009年，全乡有卫生院1所，医务人员2人。有乡中心完全小学1所，村小3所，共17个教学班，有教职工18人，在校学生881人。

第二十节　尔合乡

尔合乡位于县城西部。东邻牛牛坝乡，南靠竹库乡，北与侯古莫乡连界，西以尔曲合普梁子为界与昭觉县的哈觉巴呷、甲古乡接壤。地势西高东低，最高海拔 3165 米，最低海拔 1900 米。乡治所马海木尔合，海拔 2200 米，距县城约 31 公里。全乡总面积 46.4 平方公里，辖马海木尔合、乃祖库、嘎祖列口、达洛乃拖、达洛乃乌 5 个村，37 个村民小组，共 1175 户、4853 人、均系彝族，人口密度每平方公里 104.59 人。

1956 年 5 月，建乡。1958 年 10 月，撤销乡建制，辖区分别划入牛牛坝、竹库乡。1970 年 12 月，将原辖区恢复乡建制，更名永新乡，并成立乡革委会。1974 年 3 月，改建为公社。1981 年 7 月，改公社革委会为管委会。是年年底，复原名尔合。1984 年 7 月，恢复乡建制，建立乡政。1992 年 8 月，撤销乡建置。1994 年 6 月恢复。

截至 2009 年，全乡农业总产值 1907 万元（农业 637 万元、林业 119 万元、牧业 1142 万元、农林牧渔服务业 9 万元）；有常耕地面积 433.6 公顷，粮食总产量 148.3 万公斤，农民人均占有粮食 305.58 公斤。主产玉米、洋芋、荞子、花椒、苹果、梨、核桃。四畜存栏 19298 头（只），肉类总产量达 579 吨。

至 2009 年，全乡有卫生院 1 所，医务人员 2 人。有乡中心完全小学 1 所，村小 2 所，教学点 1 个，共 12 个教学班，有教职工 15 人，在校学生 440 人。

第二十一节　侯古莫乡

侯古莫乡位于县境西部。西以尔曲合普梁子为界与越西县的火足乡相倚，东邻典补乡，南毗牛牛坝、尔合乡，北连采红乡。乡境地势由东西两侧向中部倾斜，连渣洛河纵贯中部。沿河两岸有零星小平坝分布，高山、二半山有部分缓坡阶地。西部尔曲合普梁子最高，海拔 3274 米；南部河谷最低，海拔 1649 米。乡政府驻地斯格基乃拖，海拔 1688 米，地处连渣洛河西，牛候公路旁，距县城 38 公里。乡域面积 74.95 平方公里，辖侯古莫、四千洛、觉嘎、吉次列口、阿尔瓦觉、阿候瓦觉、八嘎、马拖、普各洛、各补乃拖、依果洛、沙溪洛、石普峨勒 13 个村，69 个村民小组，共 2220 户、9307 人，其中，彝族人口占总人口的 99.8%，人口密度每平方公里 124.18 人。

1956 年 5 月建乡，驻地侯古莫村。1958 年 10 月，建乡人委。是年 12 月，卡来依甘乡并入。翌年，乡治所迁瓦莫觉。1967 年，乡治所迁卡来依甘。1968 年 7 月，成立革委。1972 年 5 月，分建为侯古莫、前进（卡来依甘）两个乡。侯古莫乡革委迁今地。1973 年 4 月建公社。1981 年 7 月 12 日，改公社革委会为管委会。1984 年 7 月，恢复乡建制，成立乡政府。1992 年 8 月，卡来依甘乡合并入侯古莫乡。

截至 2009 年，全乡农业总产值 2699 万元（农业 695 万元、林业 241 万元、牧业 1748 万元、渔业 3 万元、农林牧渔服务业 12 万元），农民人均生产总值达 2900 元；有常耕地面积 530.07 公顷，粮食总产量 299.7 万公斤，农民人均占有粮食 322.02 公斤。主产玉米、洋芋、荞子、花椒、苹果、梨、核桃。四畜存栏 27925 头（只），肉类总产量达 1100 吨。

至 2009 年，全乡有卫生院 1 所，医务人员 2 人。有乡中心完全小学 1 所，村小 6 所，其中村完全小学 1 所，共 22 个教学班，有教职工 15 人，在校学生 1093 人。

第二十二节　佐戈依达乡

佐戈依达乡位于县城以西，乡政府驻地斯干千村，海拔 1700 米，地处美姑河与洛戈依达河汇合处，合木公路旁，距县城 10 公里。乡境东靠巴普镇和巴古乡，西邻牛牛坝乡，南连依洛拉达乡，北接典补乡。境内溪河两岸高山耸立，南部典补沃切山，海拔 2774 米；西部河谷最低，海拔 1585 米。

总面积 49.53 平方公里，辖斯干千、尼普摸、吉尔洛、三飞、布里莫、而马洛西、温子觉、尔布乃乌、八千洛、依曲姑 10 个村，50 个村民小组，共 2360 户、9473 人，其中，彝族人口占总人口的 98.5%。人口密度每平方公里 191.26 人。

1956 年 5 月建乡，隶属牛牛坝区。1958 年 3 月，改隶甲谷区。是年 10 月，撤销乡建制。1970 年 12 月，牛牛坝、典补、依洛拉达乡辖区重建乡，并成立乡革委会。因乡驻地有座新建铁索桥，取名新桥乡。1972 年 3 月 7 日，改建为公社。1981 年 7 月，改社革委会为管委会。是年 12 月，新桥公社更名为佐戈依达公社。1984 年 7 月，恢复乡建制，成立乡政府。

截至 2009 年，全乡农业总产值 2812 万元（农业 975 万元、林业 231 万元、牧业 1592 万元、渔业 3 万元、农林牧渔服务业 11 万元）；有常耕地面积 505.27 公顷，粮食总产量 250.3 万公斤，农民人均占有粮食 264.22 公斤。主产玉米、洋芋、荞子、花椒、苹果、梨、核桃。四畜存栏 23924 头（只），肉类总产量达 1011.5 吨。

至 2009 年，全乡有中心卫生院 1 所，医务人员 13 人。有乡中心完全小学 1 所，村小 4 所，共 27 个教学班，有教职工 50 人，在校学生 1287 人。

第二十三节　依洛拉达乡

依洛拉在达乡位于县城西南。东、北两面与巴古乡接壤，南与子威乡连界，西与牛牛坝乡相倚，西北与佐戈依达乡毗邻。乡境东西两侧山峦起伏，中部有依洛拉达溪河由南向北流入美姑河，以溪河命乡名。西侧山峰最高海拔 2747 米，北部边沟最低海拔 2000 米。乡政府驻地依洛尔合，海拔 2087 米，距县城 18 公里，有乡村公路与合木公路相接。乡域面积 24.27 平方公里，辖依洛尔合、且摸、依觉、库莫、母觉 5 个村，27 个村民小组，共 991 户、3718 人，其中，彝族人口占总人口的 99.8%，人口密度每平方公里 153.19 人。

1956 年 1 月建乡，名依龙拉打乡。1957 年 1 月，成立乡人委。1960 年，更名为玉龙乡。1962 年 8 月，又改名玉洛乡。1968 年 7 月，成立乡革委会。1974 年 3 月，改建为公社。1981 年 7 月 12 日，改公社革委会为管委会。是年年底，更名为依洛拉大乡。1984 年 7 月，成立乡政府。

截至 2009 年，全乡农业总产值 1746 万元（农业 589 万元、林业 121 万元、牧业 1027 万元、农林牧渔服务业 9 万元）；有常耕地面积 343.2 公顷，粮食总产量 169.5 万公斤，农民人均占有粮食 455.89 公斤。主产玉米、洋芋、荞子、花椒、苹果、梨、核桃。四畜存栏 19476 头（只），肉类总产量达 682.5 吨。

至 2009 年，全乡有卫生院 1 所，医务人员 3 人。有乡中心完全小学 1 所，村小 3 所，共 15 个教学班，有教职工 13 人，在校学生 465 人。

第二十四节　子威乡

子威乡位于县城南部。东倚巴古、瓦古乡，南与尔其、九口乡连界，西衔牛牛坝乡，北同依洛拉达乡毗邻。东、南、西三面环山，最高海拔 3070 米，最低海拔 2251 米，属高寒山区。乡政府驻地尔阿觉得村，海拔 2298 米，有乡村公路与合木公路相接，距县城 23 公里。乡域面积 36.4 平方公里，辖尔阿觉得、子威、特洛、木子列口、子威沙洛、沙马马拖、依子觉、书波乃乌 8 个村，34 个村民小组，共 1048 户、4013 人，均系彝族。人口密度每平方公里 110.25 人。

1956 年 1 月建乡，驻地木子列口。1958 年 10 月，撤乡并入依洛拉达乡。1962 年 8 月，复建乡，驻地尔阿觉得。1968 年 8 月，成立乡革委。1974 年 3 月，建公社。1981 年 7 月 12 日，公社革委会改为管委会。1984 年 7 月，恢复乡建制，成立乡政府。1992 年 8 月，撤销乡建置。1994 年 6 月，恢复。

截至 2009 年，全乡农业总产值 1740 万元（农业 541 万元、林业 99 万元、牧业 1093 万元、农林牧渔服务业 7 万元）；有常耕地面积 366.67 公顷，粮食总产量 167.1 万公斤，农民人均占有粮食 416.40 公斤。主产玉米、洋芋、荞子、花椒、苹果、梨、核桃。四畜存栏 24287 头（只），肉类总产量达 772 吨。

至 2009 年，全乡有卫生院 1 所，医务人员 4 人。有乡中心完全小学 1 所，村小 3 所，共 14 个教学班，有教职工 8 人，在校学生 503 人。

第二十五节　典补乡

典补乡位于县城西北，有乡村公路与合木公路相接。东靠拖木乡，南邻佐戈依达乡，西接侯古莫乡，北连哈洛乡。东西两侧山势较高，最高海拔 2705 米，四果依达河纵贯南北，最低海拔 1740 米，属二半山区。乡政府驻地城木典补，距县城 19 公里，海拔 1904 米。全乡总面积 44.8 平方公里，辖典补、城子尔拖、尔哈、三启、勒觉、莫吉、则合姑 7 个村，40 个村民小组，共 1619 户、6511 人。其中，彝族人口占总人口的 99.8%，人口密度每平方公里 145.33 人。

1956 年 9 月，建城木典补乡，驻地城木典补村，隶属哈古以达区。1958 年 10 月，撤区并乡后，尔哈乡大部、哈洛乡一部划入，隶属牛牛坝区。1960 年，城木典补乡改建为沙溪公社。翌年复建为沙溪乡。1962 年 5 月，原哈洛乡一部复归哈洛乡。是年 8 月更名典补乡。1968 年 4 月，成立乡革委会。1972 年 3 月 7 日，复建公社。1981 年 7 月 12 日，改公社革委会为管委会。1984 年 7 月，恢复乡建制，成立乡政府。

截至 2009 年，全乡农业总产值 2260 万元（农业 733 万元、林业 197 万元、牧业 1323 万元、农林牧渔服务业 7 万元）；有常耕地面积 540.87 公顷，粮食总产量 280.8 万公斤，农民人均占有粮食 431.27 公斤。主产玉米、洋芋、荞子、花椒、苹果、梨、核桃。四畜存栏 26056 头（只），肉类总产量达 922.5 吨。

至 2009 年，全乡有卫生院 1 所，医务人员 3 人。有乡中心完全小学 1 所，村小 4 所，共 15 个教学班，有教职工 23 人，在校学生 744 人。

第二十六节　哈洛乡

哈洛乡位于县城西北部。东靠拖木乡，南接典补乡，西邻候播乃拖乡，北连尼哈乡。乡境西北有耿峨瓦普山，地势由西北向东南倾斜，最高海拔 3245.9 米，最低海拔 2100 米，属高寒带。乡治所哈洛，海拔 2400 米，距县城约 27 公里，彝语“哈洛”为上方沟。乡域面积 40.8 平方公里，辖哈洛、瓦普、够峨、达古列口 4 个村，25 个村民小组，共 697 户、3045 人，均系彝族。人口密度每平方公里 74.63 人。

1956 年建乡，成立乡劳协会。1958 年 10 月撤乡，其辖区分别划归城木典补、甘古乡。1962 年 5 月，恢复乡建制，成立乡人委。1968 年 4 月，成立乡革委会。1974 年 3 月，改建公社。1981 年 7 月 12 日，改公社革委会为管委会。1984 年 7 月，恢复乡建制，成立乡政府。1992 年 8 月，撤销乡建置。1994 年 6 月恢复。

截至 2009 年，全乡农业总产值 1199 万元（农业 560 万元、林业 104 万元、牧业 528 万元、农林牧渔服务业 7 万元）；有常耕地面积 321.07 公顷，粮食总产量 118.6 万公斤，农民人均占有粮食 389.49 公斤。主产玉米、洋芋、荞子、花椒、苹果、梨、核桃。四畜存栏 15539 头（只），肉类总产量达 572.5 吨。

至 2009 年，全乡有卫生院 1 所，医务人员 4 人。有乡中心完全小学 1 所，村小 3 所，共 14 个教学班，有教职工 5 人，在校学生 365 人。

第二十七节　尼哈乡

尼哈乡位于县境西北部。东连峨曲古乡，南毗龙门乡，西接哈洛、苏洛乡，北邻炳途乡。地势由西北向东南倾斜，阿扎尼哈山梁纵贯西部，西部的依曲而古峰，海拔 3036 米；东南安曲村的硕色洛约，海拔 2050 米。乡政府驻地洛洛村，海拔 2300 米，距县城约 35 公里。全乡总面积 47.73 平方公里，辖洛洛、尼哈、安曲、吉以瓦拖 4 个村，27 个村民小组，共 714 户、2629 人，均系彝族，人口密度每平方公里 55.08 人。

1956 年 11 月，设置尼哈、安曲 2 个乡，乡治所分别在洛洛和安曲村的斯嘎洛约。1958 年 10 月，安曲乡并入尼哈乡，成立乡人委。1968 年 5 月，成立乡革委会。1974 年 3 月，改建为公社。1981 年 7 月 12 日，改公社革委会为管委会。1984 年 7 月，恢复乡建制，建乡政府。1992 年 8 月，撤销乡建置。1994 年 6 月恢复。

截至 2009 年，全乡农业总产值 1370 万元（农业 450 万元、林业 92 万元、牧业 821 万元、农林牧渔服务业 7 万元）；有常耕地面积 360.07 公顷，粮食总产量 118.3 万公斤，农民人均占有粮食 449.98 公斤。主产玉米、洋芋、荞子、花椒、苹果、梨、核桃。四畜存栏 19447 头（只），肉类总产量达 463.5 吨。

至 2009 年，全乡有卫生院 1 所，医务人员 2 人。有乡中心完全小学 1 所，村小 2 所，教学点 1 个，共 14 个教学班，有教职工 13 人，在校学生 246 人。

第二十八节　峨曲古乡

峨曲古乡位于县城以北。东与瓦西乡毗邻，西与尼哈乡接壤，北与炳途、洒库乡连界，南与龙门乡相倚。美姑河纵贯乡境中部。东西两侧山峦起伏，地势向中部河谷倾斜。最高海拔 3119 米，最低海拔 2000 米。乡治所在雷觉莫村美姑河西岸的马史乃拖，海拔 2050 米，距县城 31 公里，省道 103 线贯穿全境。全乡总面积 33.47 平方公里，辖雷觉莫、四基觉、峨干、合觉莫、尔红千 5 个村，30 个村民小组，共 1506 户、5524 人，其中，彝族人口占总人口的 97.5%，人口密度每平方公里 165.04 人。

1956 年 8 月建乡，治所马史乃拖。1958 年 10 月，侯皮乡所辖雷觉莫、四基觉、峨干 3 个村和依井拉达乡的尔红村划入，同时建乡人委。1960 年建区公社时，乡改为大队。1961 年，恢复乡建制，1968 年 7 月，成立乡革委会。1972 年 3 月 11 日，改建为公社。1981 年 7 月 12 日，公社革委会改为管委会。1984 年 7 月，恢复乡建制，成立乡政府。

截至 2009 年，全乡农业总产值 2066 万元（农业 705 万元、林业 165 万元、牧业 1186 万元、农林牧渔服务业 10 万元）；有常耕地面积 421.13 公顷，粮食总产量 220.2 万公斤，农民人均占有粮食 398.62 公斤。主产玉米、洋芋、养子、花椒、苹果、梨、核桃。四畜存栏 21468 头（只），肉类总产量达 718.5 吨。

至2009年，全乡有中心卫生院1所，医务人员13人。有乡中心完全小学1所，村小4所，共24个教学班，有教职工45人，在校学生642人。

第二十九节 炳途乡

炳途乡位于县城西北部。东倚洒库乡，西靠苏洛乡，北邻依果觉乡，南与峨曲古、尼哈乡接壤。地势西北高东南低，西北部属阿米都尔大山支脉，海拔3722米；东南部海拔2060米。乡政府驻地四干普村炳途，海拔2200米，有乡村公路与成美公路（成都至美姑）衔接，距县城38公里。乡域面积71.42平方公里，辖达普、特口、四干普、曲吉瓦拖、湾洛5个村，32个村民小组，共1150户、4715人，均系彝族。人口密度每平方公里66.02人。

1955年9月，设置四干普、湾洛、特口、红井4个乡，隶洪溪县一区。1957年8月，4个乡合并为四干普乡，乡治所四干普村，隶属关系不变。1958年10月，改隶峨曲古区，依井拉达乡撤销后，所辖特口村划入，并建乡人委。1968年5月，成立乡革委会。1974年3月，改建为公社。1981年7月12日，改公社革委会为管委会。是年年底，更名为炳途公社。1984年7月，恢复乡建制，建乡政府。

截至2009年，全乡农业总产值1868万元（农业603万元、林业124万元、牧业1131万元、农林牧渔服务业10万元）；有常耕地面积462.73公顷，粮食总产量177.3万公斤，农民人均占有粮食376.03公斤。主产玉米、洋芋、荞子、花椒、苹果、梨、核桃。四畜存栏24839头（只），肉类总产量达574.5吨。

至2009年，全乡有中心卫生院1所，医务人员2人。有乡中心完全小学1所，村小4所，共22个教学班，有教职工19人，在校学生562人。

第三十节 龙门乡

龙门乡位于县城以北。东倚斯依阿莫山与瓦西乡接壤；西南临美姑河与拖木、觉洛乡连界；东南与井叶特西乡为邻；西北与峨曲古毗连。地势东北高，最高海拔3558米；西南低，最低海拔1936米。乡治所瓦古觉村斯拖，位于美姑河东岸，成美公路旁，海拔2030米，距县城21公里。全乡总面积85.01平方公里，辖瓦古觉、嘎勒、塔哈、红比、尔拖、树布依洛、千哈、尔马千、火窝、尔河、勒吉阿么、哈摸、由洛13个村，65个村民小组，共2263户、8987人。其中，彝族人口占总人口的99.9%。人口密度每平方公里105.72人。

1956年7月，设置小哈姑、千哈2个乡，隶井叶特西区。1958年10月，撤销井叶西区后小哈姑、千哈乡合并为龙门乡，建乡人委，治所瓦古觉村的龙门，改隶哈古以大区。1963年4月1日，哈古以达区撤销，改属峨曲古区。1968年8月，成立乡革委会。1972年3月4日，改建为公社。1980年，公社驻地迁斯拖。1981年7月12日，公社革委会改为管委会。1984年7月，恢复乡建制，设乡政府。1992年8月，原哈古乡并入龙门乡。

截至2009年，全乡农业总产值2594万元（农业976万元、林业219万元、牧业1387万元、农林牧渔服务业12万元）；有常耕地面积779.33公顷，粮食总产量324.8万公斤，农民人均占有粮食361.41公斤。主产玉米、洋芋、荞子、花椒、苹果、梨、核桃。四畜存栏27442头（只），肉类总产量达1101.5吨。

至2009年，全乡有卫生院1所，医务人员3人。有乡中心完全小学1所，村小6所，共25个教学班，有教职工 29 人，在校学生 1119 人。

第三十一节　拖木乡

拖木乡位于县境中部。东与觉洛乡为邻，南与巴普镇接壤，西与典补、哈洛乡交界，北与龙门毗连。地势由东、西、北向中南部倾斜。西北部的吉木格则山梁，海拔 2736 米；南部阿里古依达溪沟，海拔 2000 米。乡治所拖木村，海拔 2200 米，距县城约 20 公里。乡境面积 40.98 平方公里，辖拖木、尔口、洛干、库合摸、木破洛 5 个村，33 个村民小组，共 1049 户、4462 人，均系彝族，人口密度每平方公里 108.88 人。

1956 年 8 月，设拖木、毛各 2 个乡，治所分别在拖木村、洛干村的毛各两地，隶哈古以达区。1957 年 10 月，分别建立乡人委。1958 年 10 月，撤销毛各乡，并入拖木乡，共辖 9 个村。1959 年，乡治所迁洛干。1963 年 4 月 1 日，改隶峨曲古区。1968 年 5 月，成立乡革委会。1972 年 5 月，所辖勒吉阿么、哈摸、由洛 3 个村划入团结乡；树布依洛村划入龙门乡。1973 年，乡治所迁回拖木村。1974 年 3 月，改建为公社。1981 年 7 月 12 日，公社革委会改为管委会。1984 年 7 月，恢复乡建制，成立乡政府。

截至 2009 年，全乡农业总产值 1698 万元（农业 554 万元、林业 110 万元、牧业 1027 万元、农林牧渔服务业 7 万元）；有常耕地面积 391.53 公顷，粮食总产量 166.1 万公斤，农民人均占有粮食 372.25 公斤。主产玉米、洋芋、荞子、花椒、苹果、梨、核桃。四畜存栏 17865 头（只），肉类总产量达 716.5 吨。

至 2009 年，全乡有中心卫生院 1 所，医务人员 2 人。有乡中心完全小学 1 所，村小 3 所，教学点 2 个，共 14 个教学班，有教职工 15 人，在校学生 530 人。

第三十二节　依果觉乡

依果觉乡位于县城北部。东邻马边彝族自治县，南靠洒库、炳途乡，西与苏洛乡连界，北与龙窝乡和峨边彝族自治县勒乌乡、甘洛县格古乡接壤。全乡地势西北耸兀，阿米都尔山最高，海拔 3855 米。森林和植被覆盖率达 84.3%。乡治所傍美姑河西岸的依果觉村，海拔 2270 米。成美、美马（美姑至马边）、美越（美姑至越西）公路穿越全境。乡域面积 201.4 平方公里，辖依果觉、古拖、处洪觉、马洪觉、木尔、采乃坚、衣德阿莫、阿尼木、瓦尼窝、尔马、四季吉 11 个村，40 个村民小组，共 2349 户、8673 人，其中，彝族人口占总人口的 98.9%，人口密度每平万公里 43.06 人。

1956 年 7 月设乡，隶洪溪县依果觉区。1957 年 8 月，改隶城关镇。1958 年 10 月，撤销城关镇后，处洪觉、马洪觉、阿尼木乡并入，建乡人委，隶洪溪县一区。并县后续隶洪溪区。1968 年 4 月，成立乡革委会。1972 年 2 月 16 日，改建为公社。1981 年 7 月 12 日，改公社革委会为管委会。1984 年 7 月，恢复乡建制，成立乡政府。1992 年 8 月，原阿尼木乡并入依果觉乡。

截至 2009 年，全乡农业总产值 2862 万元（农业 908 万元、林业 234 万元、牧业 1705 万元、农林牧渔服务业 15 万元）；有常耕地面积 721.4 公顷，粮食总产量 306.7 万公斤，农民人均占有粮食 353.63 公斤。主产玉米、洋芋、荞子、花椒、苹果、梨、核桃。四畜存栏 38674 头（只），肉类总产量达 1386.5 吨。

至 2009 年，全乡有片区中心卫生院 1 所，医务人员 19 人。有初级中学 1 所，乡中心完全小学 1 所，村小 6 所，共 41 个教学班（其中初级中学 11 个班，小学 30 个班）。有中小学教职工 120 人，在校学生 1454 人（其中初中在校生 496 人）。

第三十三节 瓦西乡

位于县境东部。东与雷波县谷堆乡连界，南与井叶特西、龙门乡接壤，西邻洒库乡，北毗依果觉乡，东北倚大风顶，东南靠斯依阿摸大山。地势东北高耸，最高海拔3945米；西部较低，海拔2437米。属高寒山区。乡治所瓦西村的恩扎瓦西，海拔2500米，有乡村公路与成美公路相接，距县城50公里。全乡总面积107.53平方公里，辖瓦西、拉洛、达拉阿莫、尼木则、峨觉、木作洛6个村，24村民小组，共1058户、4234人，均系彝族，人口密度每平方公里39.39人。

1956年7月，建乡，乡治所瓦西村，隶瓦西区。1958年10月，里沟、四季吉、文觉3个乡并入，建乡人委。1968年5月，成立乡革委会。1972年2月19日，改建为公社。1981年7月12日，改公社革委会为管委会。1984年7月，恢复乡建制，成立乡政府。

截至2009年，全乡农业总产值2068万元（农业670万元、林业135万元、牧业1257万元、农林牧渔服务业6万元）；有常耕地面积480.93公顷，粮食总产量173.5万公斤，农民人均占有粮食409.78公斤。主产玉米、洋芋、荞子、花椒、苹果、梨、核桃。四畜存栏29746头（只），肉类总产量达797.5吨。

至2009年，全乡有卫生院1所，医务人员2人。有乡中心完全小学1所，村小4所，共12个教学班。有教职工12人，在校学生487人。

第三十四节 洒库乡

洒库乡位于县城以北。东倚瓦西乡，南连峨曲古、龙门乡，西毗炳途乡，北接依果觉乡。地势东南高，海拔3064米；西南稍低，海拔2190米。乡治所洒库村，美姑河东岸，成美公路旁，海拔2195米，距县城41公里。全乡面积59.41平方公里，辖洒库、依卓、尔觉、岗洛、华岗、塔古、处曲洛、依楚、吾门、处火千10个村，48个村民小组，共2094户、8478人，其中，彝族人口占总人口的99.9%。人口密度每平方公里142.7人。

1956年7月，建乡，乡治所洒库村，隶属华岗区。1957年7月30日，改隶三区（瓦西区）。1958年10月，华岗、塔古、依楚乡并入洒库乡后建立光明公社，公社驻地洒库。1959年，改隶洪溪区。1961年改光明公社为光明乡。翌年8月，复名洒库乡。1968年7月，成立乡革委会。1974年3月，复建为公社。1981年7月12日，改公社革委会为管委会。1984年7月，恢复乡建制，成立乡政府。1992年8月，原塔古乡并入洒库乡。

截至2009年，全乡农业总产值2379万元（农业826万元、林业194万元、牧业1348万元、农林牧渔服务业11万元）；有常耕地面积579公顷，粮食总产量313.7万公斤，农民人均占有粮食370.02公斤。主产玉米、洋芋、荞子、花椒、苹果、梨、核桃。四畜存栏37261头（只），肉类总产量达1183.5吨。

至2009年，全乡有卫生院1所，医务人员3人。有乡中心完全小学1所，村小6所（其中村完小1所），共25个教学班。有教职工36人，在校学生993人。

第三十五节 龙窝乡

龙窝乡位于县境北部。西北面与峨边彝族自治县的勒乌乡接壤，东与树窝乡连界，南与依果觉乡毗邻。乡域四面环山，北部的瓦侯能和山最高，海拔达3909米；东北河谷地带最低，海拔为1700

米。瓦侯河发源于乡境西南竹鲁马吉山，流向东北，穿越乡境中部。乡治所龙窝村。全乡实辖区域面积288.53平方公里，全乡辖龙窝、觉木、能和、依吾古、建尔卓、巴觉若哈、依达、洛木干、平一洛9个村，34个村民小组，共1067户、4563人，其中，彝族人口占总人口的99.8%人口密度每平方公里15.81人。

1956年10月，建置龙窝、马史觉两个乡。1957年5月，分别建立乡人委。1958年10月，马史觉乡并入龙窝乡。1968年4月，成立乡革委会。1974年3月，改建为公社。1981年7月12日，改公社革委会为管委会。1984年7月，恢复乡建制，成立乡政府。1992年8月，原若哈乡并入龙窝乡。

截至2009年，全乡农业总产值2187万元（农业691万元、林业161万元、牧业1326万元、农林牧渔服务业9万元）；有常耕地面积510.47公顷，粮食总产量200.9万公斤，农民人均占有粮食440.28公斤。主产玉米、洋芋、荞子、花椒、苹果、梨、核桃。四畜存栏14845头（只），肉类总产量达652.5吨。

至2009年，全乡有中心卫生院1所，医务人员15人。有乡中心完全小学1所，村小3所，共18个教学班。有教职工30人，在校学生602人。

第三十六节　树窝乡

树窝乡位于县境东北部。正东、东北、东南分别与马边彝族自治县的涉水坝、梅子坝、瓦侯口、白家湾、大院子、永红乡接壤；西北与龙窝乡和峨边彝族自治县的大堡区连界；正西、西南与龙窝乡毗邻。乡境群山环抱，四周高山在海拔2600～4042米之间；瓦侯河横贯北部，东北河谷最低处，海拔1598米。乡治所树窝村，海拔1740米，有乡村公路大县，距县城100公里。乡境实辖区域面积204.47平方公里，辖树窝、陈家、大湾、斯一勒比、洛资5个村，20个组，共561户、2563人，其中，彝族人口占总人口的99.8%，人口密度每平方公里12.53人。

1956年10月，设树窝、大湾2个乡，乡治所分别在树窝村、大湾村。1957年8月，分别建立乡人委。1958年10月，大湾乡并入树窝乡。1968年5月，成立乡革委。1972年3月4日，改建为公社。1981年7月12日，改公社革委会为管委会。1984年7月，恢复乡建制，成立乡政府。1992年8月，撤销乡建置。1994年6月，恢复。

截至2009年，全乡农业总产值1269万元（农业490万元、林业106万元、牧业668万元、农林牧渔服务业5万元）；有常耕地面积221.33公顷，粮食总产量125.7万公斤，农民人均占有粮食490.44公斤。主产玉米、洋芋、荞子、花椒、苹果、梨、核桃。四畜存栏11672头（只），肉类总产量达425.5吨。

至2009年，全乡有卫生院1所，医务人员2人。有乡中心完全小学1所，村小2所，共11个教学班。有教职工12人，在校学生385人。

第二篇

自然地理与环境保护

第一章　地质地貌

第一节　地　质

一、出露地层

县境位于“扬子准台地”西部，处四川西南部“川滇南北构造带”与四川盆地“新华夏系沉降带”的交接地带。除第三系、石炭系缺失和震旦系未出露外，其余地层均有露。出露地层从第四系至寒武系（其中缺石炭系地层，小面积出露泥盆系、白垩系地层）。岩层由新到老依次为：第四系、白垩系下统（未建组）；侏罗系中统蓬莱镇组、遂宁组、沙溪庙组（新村组）、自流井组（益门组）、侏罗系下统；三叠系上统香溪群（白果弯群）、三叠系中统雷口坡组、三叠系下统嘉陵江组、铜街子组、飞仙关组；二叠系上统乐平组、峨眉山玄武岩，二叠系下统茅口组、栖霞组、梁山组；泥盆系中统（未建组）；志留系中统石门坎组，志留系下统龙马溪组；奥陶系上统五峰组、临湘组，奥陶中统上巧家组，奥陶系下统下巧家组、红石岩组；寒武系上统二道水组，寒武系中统王庙组，寒武系下统龙王庙组、沧浪铺组、筇竹寺组。尤以二叠系峨眉山玄武岩分布面积最大，从大风顶、黄茅埂至龙头山一线，苏洛乡至尔合乡与昭觉县交界的一线均为峨眉山玄武岩出露，岩层厚度 221 ~ 834 米，蕴藏量很大。寒武、奥陶、志留系地层出露于柳洪东南（溜筒河一隅），发育较完全。上古生界的二叠系地层亦较发育。泥盆系地层仅见于境内西北角。中生界的三叠系、侏罗系出露在县内分布面积很广，与农业生产和国民经济较密切。三叠系分布广泛，侏罗系多分布在向斜，白垩系仅零星出露。第四系新生代地层出露分布较稀少，仅有冲积物、洪积物分布于河流阶地及河漫滩上。

二、岩　性

县境内岩性有玄武岩、砂岩、页岩、泥岩、灰岩、白云岩、白云质灰岩、泥质砂岩、沙质泥岩、钙质泥岩等。土壤则为这些岩石风化坡残积物发育及河流冲积物堆积而成。

三、地质构造

县境内地质构造属川滇南北构造东沿部分的凉山褶皱带。由于受“晋宁运动”、加里东造山运动、“四川运动”以及“新构造运动”的影响，地质构造复杂。特点是褶皱多，断层发育，褶皱背斜紧凑，向斜较宽阔。大部分为南北构造，也有东北／西南、西北／东南构造，主要断层均为断面西倾的冲断层，以南北向或近南北向延伸。

全县由西向东依次穿过连渣洛河向斜（地质图上为美姑河向斜）、苏堡背斜、三河向斜、四干普背斜、双河口—拖木向斜、黄茅埂大背斜等几个较大构造，几乎都呈南北走向。其中以黄茅埂的大背斜为最大，约占全县面积的 1/3，位于县的东部、东南部、东北部。其他几处大的地质构造体集中分布于县境的中西部，约为全县面积的 2/3。

（一）黄茅埂大背斜

呈南北走向。南起乐约乡境的龙头山，北至树窝乡的大风顶延伸出县境。大背斜约 2/3 面积出露的是峨眉山玄武岩，其余部分由侏罗系和三叠系的暗紫红色泥岩、砂岩、灰岩等岩层组成。在县境内长约 100 公里。

（二）苏堡背斜和四干普（炳途）背斜

苏堡背斜：位于连渣洛河向斜东侧，南北走向。轴部主要由二迭系峨眉山玄武岩组成，两翼为三叠系岩层组成。背斜长约 50 公里，其北端两翼对称，倾角为 500，南北两翼倾角 600 ~ 700，褶皱不对称。四干普背斜：北延出县境，南端在典补乡一带倾覆。境内长约 50 公里，背斜轴部主要为香溪群组成，两翼为侏罗系岩层组成。四干普以南的一段背斜较开阔，宽 3 ~ 4 公里，褶皱不对称，东翼陡，倾角 400 ~ 600，西翼缓，倾角 300 ~ 400。四干普背斜北部结构紧密，宽 1 ~ 2 公里，两翼较对称，倾角 500 ~ 700。以上两个背斜形成近于平行而呈南北走向的山体。

（三）纪尔洛背斜

北端位于佐戈依达乡西部，核心部位距佐戈依达乡 3 ~ 4 公里，作北、北西延伸，全长 8 公里，宽 2 ~ 3 公里，背斜两端很快倾覆，为短轴背斜。轴部由峨眉山玄武岩组成，两翼由二迭系上统、侏罗系和香溪群组组成。两翼缓，倾角为 350 ~ 450；东翼陡，倾角为 500 ~ 600。东翼南段地层发生倒转，地层破碎，挤压片理发育；东翼北段受尔马洛西段层破坏而不完整，核心部位被美姑河强烈下切，形成西北向斜。

（四）三河向斜和双河口—拖木向斜

呈南北走向。三河向斜：接苏堡背斜东侧，南起依曲姑（在佐戈依达乡西侧 2 ~ 3 公里处，被尔马洛西段层破坏），北延出县境。向斜为北窄南宽，褶皱紧密，两翼对称，全长 30 公里，主要由侏罗系暗紫红色泥岩组成。倾角为 500 ~ 600。双河口—拖木向斜：南起拉觉达，向北经典补、拖木乡至炳途乡继续北延至椅子垭口出县境。南北长约 50 公里。椅子垭口至炳途一段两翼对称，往南向斜渐渐变宽，两翼不对称。东翼缓，西翼陡，局部地层倒转。峨曲古至炳途一段，因受巴普—洪溪断层影响，出露岩层主要是侏罗系地层。这两个向斜在县境内形成南北走向的山体和谷地。

（五）断层

县境地处四川西南部，属川滇南北构造与四川盆地西南边缘的台降带的交接地带区域。地壳起伏变化剧烈，各部因受力不均而形成断层。较大的断层有巴普—洪溪断层、牛牛坝断层。

巴普—洪溪断层，自椅子河坝以东向南经洪溪、峨曲古、觉洛以西延至县城西。总体呈南北走向。断层面向西倾斜，倾角为 450 左右，为逆断层，主要断裂于拖木向斜侏罗系、三叠系上统岩层中。仅北部断裂于三叠系中、下统岩层中，断距近 200 米。沿断层有宽 20 ~ 50 米的挤压破碎带。其中构造片理发育，大致与断层面平行。美姑河分布于断层左右，河谷地貌多样，沿岸有小面积的第四系堆积层分布。

牛牛坝断层，属冲断层，大致沿美姑河向斜轴部延伸，断裂于侏罗系沙溪庙组岩层中，发育于断层上的连渣洛河和美姑河的一小段。断层面西倾，倾角 600，断距达 2000 米，宽带达 100 米以上。

第二节　地　貌

县境属大凉山山脉中段，地形复杂多样。呈南北走向的横断山脉构成全县地貌的骨架和轮廓。海拔 3500 米以上的大风顶、黄茅埂、龙头山、连渣果峨、阿米都尔、瓦侯能和等山峰，分别盘踞于县境东部、西部与北部。境内高山环绕，河谷深切。最高海拔 4042 米（东北部大风顶主峰摸罗峨觉），最低海拔 640 米（东南部溜筒河出县境处的乐约乡巴姑村）。地势由东北向西南倾斜，大部分地面海拔在 2000 ~ 3000 米之间。县境内山岭连绵，异峰叠起，岩壁陡峭，尤以溜筒河沿岸为甚。全县除大风顶、黄茅埂分布有高山原和瓦侯河、美姑河两岸分布有少数河漫滩地外，77% 以上均为中山中切割和中山深切割坡地。绝大部分农耕地分布在河流两岸至群山中部的缓坡地带。

县域地处青藏高原东南部的横断山脉与四川盆地的西南边缘交汇处，属川滇南北构造东沿部分的凉山褶断带，处于杨子准地台与青藏褶皱带两个性质迥异的构造大单元之间。经历地史上几次海浸海退和一系列抬升、褶皱、剥蚀等地壳变迁，于第四世纪形成现在的山川状况。

一、黄茅埂

位于县境东部边缘，山势由北向南延伸，北起大风顶（彝语："惹夫洪基"），南至龙头山（彝语："硕诺阿举波"），全长约98公里。由北向南有大风顶（主峰摸罗峨觉，海拔4042米）、都祖各峨海拔4035米、览普假假海拔3696米、觉都海拔3840米、石扎海拔3828米、摸洛海拔3851米、斯依阿摸（汉名"孔明寨"）海拔3844米、觉洛阿普海拔3553米、约合德海拔3837米、书祖采洛西海拔3697米、日门发核海拔3608米、硕诺木尺合海拔3961.8米、龙头山海拔3742米。大风顶的第二主峰都祖各峨，向西北延伸至椅子垭口，成为洪溪区与瓦侯区的分界线，也是金沙江水系和岷江水系的分水岭。再向西延伸，有主峰阿米都尔，海拔3855米，是美姑、峨边、甘洛3县交汇处。

二、瓦侯能和

位于县境北端。主峰瓦侯能和，海拔3909米，隔瓦侯河与大风顶遥相对峙。主要山峰有：撤坡冷可海拔3610米、瓦捏洛地史海拔3587米、罗姑坡海拔3126米、鸡公山海拔2960米。

三、连渣果峨

位于县境西部，是美姑、越西、昭觉三县的分界线。主峰连渣果峨，海拔3898米，山脊走向与黄茅埂走向平行。主要山峰有：果峨乃坚海拔3192米、尔曲合普海拔3274米，南端的尔曲合普梁子海拔3043米，是美姑、越西、昭觉3县的交界山岭。

四、地貌类型

境内地貌基本类型有阶地、台地、低山、低中山、中山、山原、高山原。

（一）阶　地

面积2.89万公顷，占全县土地总面积27.31万公顷的1.06%。主要分布在瓦侯河、连渣洛河、美姑河两岸的龙窝、树窝、候播乃拖、苏洛、采红、侯古莫、依果觉、洒库、峨曲古、拖木、龙门、觉洛、巴普、佐戈依达、牛牛坝、洛俄依甘、子威等乡（镇）。共有耕地10333公顷，占全县耕地总面积3.24万公顷的3.18%；占阶地面积的35.62%。

（二）台　地

面积540公顷，占土地总面积27.31万公顷的0.2%，主要分布在巴普、洛俄依甘、牛牛坝、洒库、树窝、候播乃拖、采红、苏洛、柳洪等乡（镇）。比较成片的有拉木阿觉乡的核马村，柳洪乡的尔且、吉觉古布、特波觉村及洒库乡等。共有耕地204.16公顷，占全县耕地总面积的0.63%；占台湾地面积的37.53%。

（三）低　山

是境内海拔在1000米以下的山地，面积有473公顷。占土地总面积27.31万公顷的0.17%。其中，缓坡低山120公顷，陡坡低山353公顷。主要分布在柳洪、乐约乡，是县内海拔最低、气温较高的中山深切割河谷地貌。有耕地40公顷，占耕地总面积的0.11%；占低山总面积的7.81%。

（四）低中山

是境内海拔 1000 ～ 2500 米以内的山地，属中山窄谷地貌类型。共有面积 10.59 万公顷，占全县土地总面积 27.31 万公顷的 38.79%。按其坡度大小又分为缓坡低中山（坡度 <25 度）和陡坡低中山（坡度 >25 度），缓坡低中山面积 6.9 万公顷。陡坡低中山面积 3.69 万公顷。主要分布在沿河两岸阶地、台地以上的群山中部。除依果觉、合姑洛、洛俄依甘、拉木阿觉、子威乡分布较少外，其余乡（镇）均有分布。共有耕地 1.67 万公顷，占全县耕地总面积的 51.38%；占低中山面积的 15.72%。其中，缓坡低中山耕地 1.41 万公顷，陡坡低中山耕地 2513.33 公顷。

（五）中　山

是境内海拔 2500 米以上的山地。面积 10.5 万公顷，占全县总土地面积 27.31 万公顷的 38.45%，主要分布在美姑河、连渣洛河、溜筒河沿岸的低中山上部。除巴普、觉洛、牛牛坝、洛俄依甘、拉木阿觉、九口、龙窝、树窝、柳洪、尔其乡（镇）分布面积较少外，其余 26 个乡分布较广。有耕地面积 6213.33 公顷，占耕地总面积的 19.16%；占中山面积的 5.91%。其中，缓坡中山耕地 5420 公顷，陡坡中山耕地 793.33 公顷，多为轮歇地和草坡。

（六）山　原

面积 3.74 万公顷，占全县总土地面积的 13.69%。主要分布在拉木阿觉、洛俄依甘、洛莫依达、九口、牛牛坝、典补、炳途、拖木、农作、井叶特西、觉洛、巴普、依果觉、洒库、树窝等乡（镇）海拔在 3000 米以下的山顶、山脊和平缓坡地上。有耕地面积 8266.67 公顷，占耕地总面积的 25.51%，占山原面积的 22.11%。

（七）高山原

面积 2.08 万公顷，占全县总土地面积的 7.63%，主要分布在海拔 3000 米以上的大风顶、黄茅埂、都祖各峨、硕诺木尺合、阿米都尔、连渣果峨、瓦侯能和、斯依阿摸、龙头山山上。山顶浑圆，近乎波状山丘，属盆周典型的中山山原地貌。有成片天然草场 2.96 万公顷，牧草覆盖度高达 88%。有耕地面积 10 公顷，占耕地总面积的 0.03%。分布在子威乡的高山上，均系轮歇地。

第二章　气　候

第一节　气候特征

美姑县季风性气候明显，干湿季分明。冬半年，境内上空盛行西风，气流经过欧亚大陆西部干燥地区长途跋涉到达时，水汽含量已经很少，不易成云致雨。故晴天多，日照充足，空气干燥。春季，地区盛行偏南大风，蒸发量为全年最大，空气湿度为全年最小。10月下旬至翌年4月下旬，降水量只占年降水量的15%。夏半年，受暖湿海洋季风控制。5月，来自印度洋的西南季风气流开始影响县境，带来丰富的水汽，进入雨季。6月以后，随着西太平洋的副热带高压的加强，西升北跃，源自西太平洋的东南季风亦携带大量的水汽影响美姑，带来丰富的降水。5月上旬至10月中旬，降水量占了全年的85%。入秋后，随着东南、西南季风气流的减弱，降水强度开始减小。9月、10月常在昆明静止锋控制下，阴雨连绵。

美姑是低纬度高海拔山区，具有低纬度高原性气候特点，气温年较差小，日较差大，天气变幻急剧。由于山高坡陡，气温随海拔高度的升高而降低，形成明显的立体气候。当地群众有句俗话：

“一山有四季，十里不同天，日出暖烘烘，遇雨便成冬”，概括了美姑气候。山川纵横，群峦起伏，复杂的地形还使一些地方形成明显的小气候。如柳洪地区地处南向马蹄形山坡上，北来的天气系统在此下沉减弱，而使降水减少，常年干旱少雨。瓦侯地区受盆地湿空气影响，气流随地形的抬升，容易成云至雨，常年湿润多雨。

群众习惯上以农历节气划分四季，气象上则以3—5月为春，6—8月为夏，9—11月为秋，12月—次年2月为冬。若按气温划分四季（季平均气温＜10℃为冬，＞22℃为夏，10℃～22℃之间为春秋），则全年无夏，冬季长达135天。

第二节 气温湿度

一、气 温

气温是近地面气层（1.5米）空气冷热程度的物理量。常用摄氏度（℃）表示。

（一）年平均气温

根据美姑县气象局1991—2009年资料分析，美姑常年平均气温为11.4℃，最暖年份13.4℃，出现在2009年，最冷年年平均气温为12.1℃，出现在2000年，两者相差1.3℃，表明年际变化不大，但比州内邻近县：昭觉、越西、甘洛略大，与雷波相近。

（二）月、旬平均气温及气温季节变化

1991—2009年，美姑县7月为全年最热月，月平均气温19.1℃；其次是8月，月平均气温18.8℃；1月最冷，月平均气温2.2℃，最热、最冷月相差（年较差）16.9℃。见表2-1。

1991—2009年美姑月平均气温、最高、最低值及振幅一览表

表2-1

项目＼月份	1	2	3	4	5	6	7	8	9	10	11	12	全年
平　均	2.2	4.2	8.8	12.4	15.2	17.3	19.1	18.8	15.4	11.6	7.6	3.5	11.4
最高年	22.5	26.2	29.4	33.2	32.7	32.3	33.5	35.0	35.6	27.8	24.8	21.7	35.6
最低年	-9.7	-10.1	-8.0	-1.5	1.4	6.4	9.2	8.4	4.7	-1.5	-4.1	-10.7	-10.7
振　幅	32.2	36.3	37.4	34.7	31.3	25.9	24.3	26.6	30.9	29.3	28.9	32.4	44.2

1991—2009年，美姑年平均气温年际变化不大，月平均气温年际变化明显，尤其是冬春季节。月平均气温最大振幅为37.4℃，出现在3月。夏秋月平均气温年际变化较小，月平均气温最小振幅为24.3℃，出现在7月。

1991—2009年内，气温逐月变化情况是：冬夏季气温处于降转升或升降的转折过程中，气温变化平缓。6—8月，月平均气温相差在2.5℃以下，12月—次年2月，月平均气温相差在2.0℃以下。春秋季气温变化急剧，春秋气温回升很快，特别是冬春转换时期，以3月开始，美姑县盛行偏南大风，气温骤然回升，使月平均气温比2月高4.6℃。秋季气温下降迅速。9月平均气温在8月的基础上下降3.4℃。10月平均气温在9月的基础上下降3.8℃。11月平均气温在10月的基础上下降4.0℃。

1991—2009年，美姑季平均气温分别是：春季12.1℃，夏季是18.4℃，秋季11.5℃，冬季3.3℃。可见春温高于秋温，夏冬相差只有15.1℃。

二、湿　度

空气湿度。表 2-2 是美姑县部分地区逐月平均相对湿度，美姑相对湿度较小，≥ 80% 的月份仅有 9 月、10 月两个月，3 月只有 57%。年平均相对湿度 72%，小于相邻各县。县内北部地区相对湿度大于南部。瓦侯地区相对湿度最大，其次是候播乃拖，柳洪最小。

1991—2009 年美姑部分地点相对湿度一览表

表 2-2

月份 地点	1	2	3	4	5	6	7	8	9	10	11	12	年均
县城	68	64	58	64	70	78	77	76	81	81	77	73	72
柳洪	72	67	65	61	60	58	60	69	69	73	69	68	66
牛牛坝	67	62	55	55	61	77	76	71	80	76	71	74	69
候播乃拖	78	76	64	72	74	78	81	83	86	86	81	82	78
峨曲古	86	78	54	59	69	74	78	80	78	80	74	73	74
洪溪	72	63	68	63	74	79	80	83	84	80	74	71	74
大风顶	67	69	65	76	85	86	87	88	88	91	76	68	79

第三节　降水与蒸发

一、降水

降水是从天空中降落到地面的一切水汽凝结物、冻结物称为降水。以毫米为单位。

（一）年降水量

1991—2009 年，美姑县常年降水量为 840.7 毫米。降水最多年出现在 2000 年，达 1062.7 毫米；最少年出现在 2009 年，仅 717.8 毫米。两者相差 344.9 毫米，最多年相当于最少年的 1.5 倍。

美姑历年降水演变

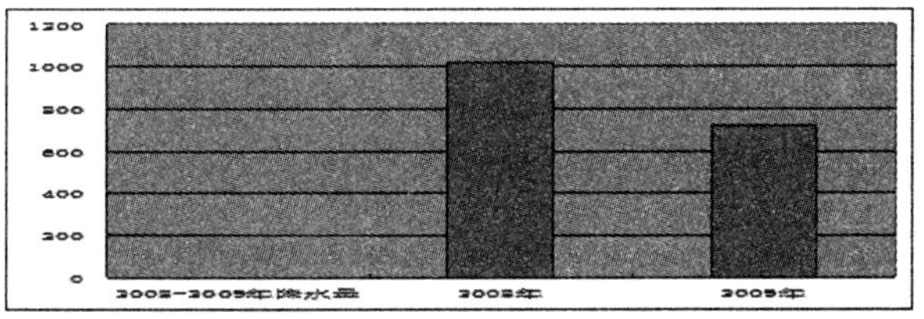

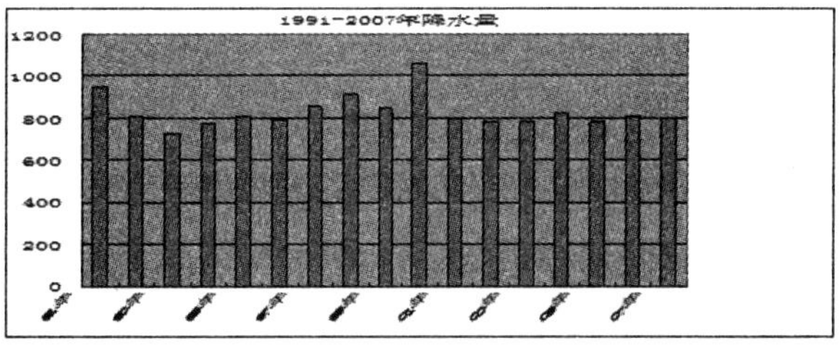

（二）降水量季节分配

美姑县降水量季节性分配差异很大。1991—2009 年，春季平均降水量 175.6 毫米，占年总降水量的 21.6%，夏季平均降水量 432.8 毫米，占年降水量的 53.1%，秋季平均降水量 186.7 毫米，占年总降水量的 22.9%，冬季平均降水量 19.6 毫米，占年总降水量的 2.4%。

（三）降水地域分布

美姑县虽然位于“华西雨屏”的西侧，但由于地形起伏，大风顶、黄茅埂和西部连渣果峨山脉对季风气流的抬升和下沉，对降水的地域再分配产生了重要的影响。形成了北部大风顶南北两侧和西部候播乃拖至牛牛坝一线两个多雨区；中北部巴普、井叶特西、洪溪和南部柳洪的两个相对少雨区。

二、蒸发

美姑小型蒸发皿多年资料表明，美姑春季蒸发量最大，月蒸发量都在 210 毫米以上；10 月至次年 1 月较小，各月不足 100 毫米。年均全年总蒸发量为 1719.2 毫米。

1991—2009 年美姑县逐月及全年蒸发量一览表

表 2-3　　　　单位（毫米）

项目＼月份	1	2	3	4	5	6	7	8	9	10	11	12	全年
小型蒸发	89.6	132.0	214.0	212.5	201.1	150.1	177.1	175.9	115.6	98.7	80.6	72.0	1719.2
陆面蒸发	47.0	69.3	112.4	111.6	105.6	78.8	92.8	92.3	60.7	51.8	42.3	37.8	902.4

据有关部门研究，1991—2009 年水面蒸发量只相当于小型蒸发皿所观测蒸发量的 70%，而陆面蒸发又只有水面蒸发量的 75%。因此，美姑全年水面蒸发量为 1289 毫米，陆面蒸发量为 967 毫米。与降水量比较，全年陆面蒸发量大于降水量，但 6—10 月降水量大于陆面蒸发量，11 月至次年 5 月蒸发才大于降水。

第四节　日照、辐射、风速和风向

一、日照

日照时数是指太阳实际照射当地的时间，其长短受云雾、阴雨等气象条件以及纬度、季节、地形的制约。1991—2009 年，美姑常年日照时数为 1790.7 小时，最多达到 2013.3 小时，出现于 2006 年；最少只有 1512.4 小时，出现在 2000 年。一年中，3 月日照时数 213.5 小时，为全年最多；3 月日照时数最多年曾达到 263.3 小时。6 月日照时数 103.4 小时，为全年最少，6 月日照时数最少年份只有 29.5 小时，最多可达 156.0 小时，两者相差 5.3 倍。全年次少为 10 月，日照时数为 106.6 小时。造成这些特征的原因，主要是初春干旱少雨，盛行偏南大风，晴天多，初夏雨季开始后多雨，秋季受昆明静止锋影响多连阴雨。

1991—2009 年美姑县各月及年平均日照时数一览表

表 2-4　　　　单位（小时）

项目＼月份	1	2	3	4	5	6	7	8	9	10	11	12	全年
平均	143.3	154.9	208.1	199.9	169.9	103.4	159.7	173.6	117.6	106.6	115.7	129.4	1790.7
最多	194.6	193.5	263.3	246.0	255.3	156.9	187.2	254.5	179.4	163.3	175.0	219.9	2013.3
最少	70.9	68.2	138.9	88.1	92.9	29.5	107.2	110.4	50.2	46.3	62.1	64.4	1512.4

二、辐射

美姑县没有太阳辐射观测资料，无法查证说明可供开发利用的太阳辐射能量究竟有多少，故采用王炳忠的经验公式进行计算。公式如下：$Q = Qm[0.18+(0.55+11.1 \times 1/ E)S]$

公式中：Q 为总辐射量，Qm 为理想大气总辐射量，E 为地区年平均绝对湿度，S 为日照时数与可照时数之比。

用公式求得的美姑 1991—2009 年各月太阳辐射量一览表

表 2-5　　　　单位：千卡 / 平方厘米

项目＼月份	1	2	3	4	5	6	7	8	9	10	11	12	年
总辐射	6.94	8.10	12.20	12.71	12.10	9.23	11.71	11.97	8.72	7.22	6.39	6.24	113.53
生理辐射	3.26	3.80	5.73	5.97	5.69	4.34	5.50	5.63	4.10	3.40	3.01	2.93	53.37

太阳辐射随太阳高度角改变，受云、雾、大气透明度影响。美姑春夏太阳辐射优于冬秋。3—5 月、7—8 月太阳辐射在 12 千卡左右，为全年太阳辐射最多的月份。11 月至次年 1 月太阳辐射在 7 千卡以下，为全年太阳辐射较少月份。全年太阳辐射量为 114.16 千卡 / 平方厘米，与邻近县比较，优于峨边、马边、雷波、越西、甘洛，与昭觉相似。

三、风速和风向

风是指空气的水平流动，它包括风向和风速。风向是指风的来向，通常用 16 个方位表示。风速是指风的水平流速，以米 / 秒为单位。

美姑季风性气候明显，冬半年，本地上空盛行西风。春季，地区盛行偏南大风。全年以西风最多，频率为 10%。

美姑风速不大，常年平均为 1.9 米 / 秒，全年中以 3—5 月风速最大，平均在 2.9 ~ 2.6 米 / 秒之间变化，其余各月都在 1.5 米 / 秒左右变化。

1991—2009 年美姑各月平均风速一览表

表 2-6

项目＼月份	1	2	3	4	5	6	7	8	9	10	11	12	年均
平均风速	1.6	2.4	2.9	2.6	2.3	1.4	1.4	1.5	1.2	1.2	1.2	1.3	1.6
各月极大值	13.7	14.5	19.5	21.6	31.9	12.2	13.7	19.1	21.9	11.0	12.8	15.3	17.3

第三章　水　系

第一节　河　流

一、美姑河

古名“卑水”，属金沙江水系。发源于境内依果觉乡西北部的马加耶依达，向南流经依果觉、洒库、峨曲古、龙门、觉洛乡至巴普镇三河村，与特西河汇合后折向西流经巴古、佐戈依达至牛牛坝与连渣洛河汇合后，折向南流经洛俄依甘乡与昭觉县竹核河汇合入溜筒河。河流全长 104.9 公里，流域面积为 1696 平方公里。总落差为 2020 米，纵比降为 19.2‰。河谷大多为“U”形，河面宽 10 ~ 12 米左右。年平均流量为 35.44 立方米 / 秒，平均径流深 659 毫米，多年年均输沙量为 182

万吨。

美姑河支流多，其中，最大的支流是连渣洛河、特西河、洛觉河。特西河干流长 18.06 公里，流域面积 198.9 平方公里。总落差 1548 米，纵比降为 9‰。年均径流量为 5.12 立方米 / 秒，平均径流深 812 毫米。洛觉河干流长水 21.2 公里，流域面积 126.5 平方公里。总落差 1215.8 米，纵比降为 57.35‰。年均径流量为 3.912 立方米 / 秒，平均径流深为 975 毫米。

二、连渣洛河

属美姑河主要支流之一，发源于境内苏洛乡的依所解，向南流经候播乃拖、采红、侯古莫乡至牛牛坝乡汇入美姑河，全长 50 公里，流域面积为 408.45 平方公里。其支流均为季节性流水，最长支流前锅拉达仅 5.7 公里。干流总落差为 1462 米，纵比降为 32‰。河谷大多成“U”形，河谷宽窄不一，变化较大。干流年均径流量为 10.2 立方米 / 秒，平均径流深 791 毫米。

三、溜筒河

实为美姑河下游，源头是美姑河与竹核河的交汇处。从洛俄依甘乡的美姑大桥由西向东流经县境的洛俄依甘、尔其、瓦古、拉木阿觉至柳洪乡，折向东南经乐约乡的阿突巴古出县境，在雷波县境内流入金沙江。境内河流总长 37.6 公里，流域面积 440.4 平方公里。落差为 750 米，纵比降为 19.9‰。河谷为“U”形，河面宽度较均匀，一般 12 ~ 15 米左右。多年平均流量 65.485 立方米 / 秒，平均径流深 746 毫米。境内支流均为季节性流水。

四、瓦侯河

属岷江水系。发源于县境内龙窝乡大风顶西坡的杜觉洛者，流经龙窝、树窝乡，由瓦侯口出县境流入马边河。境内河流总长 45 公里，落差 1295 米，河流纵比降为 28.8‰，流域面积 425.95 平方公里。年均径流量为 20.27 立方米 / 秒，平均径流深 1501 毫米，年均含沙量 34 万吨。支流多，较大的支流若哈河，全长 24.9 公里，流域面积 110.6 平方公里。落差为 2016.67 米，年均径流量 5.211 立方米 / 秒，平均径流深 1489 毫米。

第二节 湖 泊

县境内有小型湖泊 15 处，面积 14 公顷，总蓄水量为 6.79 万立方米。分布于巴普、农作、九口、依果觉、龙窝等乡（镇）。最大的湖泊为巴普“海子”（面积 4 公顷）；最小的仅 0.1 公顷。

第四章 土壤与植被

第一节 土壤母质发育及组成状况

一、土壤母质发育特征

土壤残积母质较好地保留了基础岩层的性质，在残积母质分布的地区，一般水土流失比较严重，遭受一定程度的土壤侵蚀和剥蚀，土壤层次分化不明显，土壤砾石含量高，土层比较浅薄。发育的土壤为紫色石灰岩、石灰土等岩层性土壤。这种残积土壤母质主要分布在山岩和山坡上部。土壤坡积母质由于重力和雨水搬运能力不强，母质层厚，层理不明显，颗粒较细，但有一定含量的砾石混杂其中。发育的土壤一般为地带性土壤，土壤颜色和层次分布较明显，各层的砾石含量不一致。坡积母质主要分布在坡下部，分布面积最大，分布类型最多。冲洪积母质，冲积母质成层、成带，分选性好，砾石磨圆度较高，一般分布在河流阶地之上，洪积母质成扇形状堆积，分选性差，成层不明显，混杂较多的粗细颗粒和石块，砾石磨圆度较低，一般依山地谷口和河流上段零星分布。

二、土壤母质组成状况

县内 7 个土壤母质组成状况：

（一）第四系近代河流冲积物。分布于美姑河、连渣洛河、溜筒河和它们的较大支流沿岸的一级台地及河漫滩上，一般表现为灰棕、紫棕色、砾质、中壤质的沉积物，这类母质上发育的冲积土土层较厚，砾石含量低，耕作性好，熟化度高，土壤肥沃。

（二）第四系更新黄棕色冲积物，主要分布在美姑河的牛牛坝以上河段的二、三、四级阶地上，以黄棕色黏土卵石为主，含砾石较少，砾石以玄武岩、石英砂为主，发育形成的老冲积黄壤具有典型的黏、酸、瘦特点。

（三）第四系黄色冲积母质，由于偏干及季风性气候影响，3—4 月的低温和夏秋季的阴雨连绵，在坡度较陡，降雨集中地区，发生崩塌、滑坡、泥石流等，碎石和泥沙随山洪在山麓和山前平缓地堆积，多在沟口形成洪积扇，其分选性不强，层理不明显，砾石较大，多为石块。发育形成的土壤土层浅薄，砾石含量多，土壤肥力低。

（四）白垩系夹关组砖红色砂泥岩风化物残—坡积母质，属于河流相沉积物，以红色厚层、块状长石、石英砂岩及少量泥页岩组成，发育形成的土壤质地较轻，耕作层为沙土壤，透水透气性好，淀积层较为深厚，保水保肥力强，土壤熟化度高，主要种植玉米。

（五）侏罗系紫色岩层风化物残积或坡—残积母质，有 3 组：蓬莱镇组棕紫色粉砂岩，砂泥岩风化物残积坡积母质，为湖相沉积，具有较强的石灰性反应，土壤透气性好，质地适中。遂宁组紫红色钙质泥岩风化物，属于浅湖相沉积，以紫红色厚泥岩和砂泥岩，薄层粉砂岩互层为特点，发育的土壤中岩石碎屑较多，具有弱石灰反应，水土流失较为严重，一般土粒随水迁移堆积形成红棕紫泥，土壤结构较好，质地适中，土壤肥力较高。沙溪庙组灰棕紫色砂泥岩风化物，属于河湖相沉积，以灰棕红紫色厚砂岩、薄泥页岩互层为主，发育的土壤为灰棕紫泥土，砾石含量较高，结构好，土壤多为中性，水土流失比蓬莱镇组和遂宁组轻。

（六）三叠系紫色岩风化物残积、坡积母质，有 5 个组：飞仙关组紫红色碎屑风化物，属于滨海相沉积物，岩石粒度粗，成分复杂，中下部夹有多层砾石，发育的土壤土层浅薄，砾石含量多，多数是石骨子坡和裸岩。嘉陵江组紫红色碎屑风化物，与飞仙关组相似，常以嘉飞组合，土壤发育相同。雷口坡组灰棕紫色砂岩风化物，岩石成分复杂，母质多为坡积，发育的土壤多为黄棕壤，砾石含量比较少。垮洪洞组紫红色砂岩风化物以紫色砂岩、粉砂岩夹泥岩、泥灰岩，发育的土壤多为黄壤和棕红壤，土壤颜色受母质影响大，砂泥含量高。香溪煤群砂岩风化物，由灰岩屑砂岩、粉砂岩、炭质页岩夹煤层和磷铁矿煤层组成，发育土壤为黄棕壤，沙砾含量大，心土层颜色受母质影响大，以炭渣土为典型。

（七）峨眉山玄武岩风化物，出露地势高，多在山顶和坡上部，发育土壤为棕壤、暗棕壤、草甸土，土壤发育受母质影响大，岩屑含量高。

第二节 土壤类型与分布

按照全国土壤普查规定的分类原则，美姑县有17个土类、32个亚类、53个土属、59个土种，土类分为水稻土、新积土、紫色土、红壤、黄壤、黄棕壤、棕壤、暗棕壤、灰化土、漂灰土、山地草甸土、黑色石灰土、红色石灰土、沼泽土、泥炭土、高山草甸土、亚高山草甸土。

一、土壤分布规律

土壤是自然景观中的重要组成部分，土壤的地理分布规律是土壤类型在空间的组合情况，随着自然条件的变化，土壤类型及其组合相应地变化，并占有一定的空间位置。因此，土壤分布与成土因素密切相关，同时受到气候条件的支配，又有其他因素制约，土壤的地带性分布既有水平和垂直地带规律，也有非地带规律。土壤水平地带分布规律，美姑地理位置属于中亚热带地区，西南与东北水分和植被条件差异明显。大风顶和黄茅埂东部受盆地内湿润气候影响大，形成湿润生物气候条件。在湿润气候条件下主要形成黄壤，分布在县内东北地区；县境内的其他区域受到西风急支气流影响，处于较干燥的生物气候区域。在干燥气候条件下主要形成红壤，分布在西南河谷地区。因受到土壤水分的影响，由西南向东北依次为红壤到黄壤，经度地带性特征明显。土壤垂直地带分布规律，境内地貌环境复杂，海拔相对高差达到3402米，山体不同的高度，水分和热量条件差异大，土壤空间分布明显，出现不同类型土壤，在县境内的东北和西南生物气候条件有所不同，这种差异引起土壤垂直带谱的复杂性和多样性，在不同的山体位置，出现的垂直带谱和土壤基带不同，区别为南部和北部两部分，县内的瓦侯则为不同于南北的独立部分，这三个土壤垂直分布具有土壤带谱、带幅变化不同的特征，主要的影响因素是水分和热量在时空分布上的不同所致。

南部土壤的垂直分布，由于受到河谷气流影响相当大，在土壤垂直分布上，由海拔640米到海拔4035米，有5个土壤带谱，红壤—黄棕壤—棕壤—暗棕壤—漂灰土—亚高山草甸土—高山草甸土。北部土壤的垂直分布也有5个垂直分布带，由于水分和热量分布不同，南北坡向相差100米，南坡和北坡的土壤带谱界限不同，带谱的宽窄不一。

瓦侯的土壤垂直分布，主要受到四川盆地湿润气候的影响大，基本属于盆地气候类型，坡向的差异不明显，土壤有6个带谱，随着海拔高度不同而分布变化。土壤隐域性分布规律，受到地形母质、水文等影响，土壤地带性表现不明显，表现为隐域性分布规律，主要是石灰岩和紫色岩石发育形成石灰土和紫色土。石灰土和紫色土多为复区分布，也和地带性的黄棕壤、黄壤、红壤呈复区分布，石灰土主要分布在海拔2300米的南部河谷地带，主要出露的是嘉陵江组的石灰岩，因地形差异发育成不同类型的土壤，在低洼地和植被生长好的地方发育成黑色石灰土，在干湿分明，气候干燥的地方发育成红色石灰土。紫色土主要分布在海拔1100～2700米内，沉积时期不同形成不同类型的紫色土，出露白垩系紫色岩层的地方形成酸性紫色土，侏罗系沙溪庙组发育成中性紫色土，其分布规律同岩层的分布一致。土壤泛域性分布规律，土壤形成没有地带性，新积土属于典型的泛域性土壤，分布为串状不连续性，分布在河流沿岸的阶地上和河漫滩上，但各河流因物原不同发育的土属不同，在紫色岩层区为紫色新积土属，美姑河和连渣洛河沿岸最多的是紫色新积土，从河床的前沿到后沿分布有砾石沙土和砾石夹沙泥土。其他河流只有小面积的新积土。

第三节　农业土壤和植被

一、农业土壤的分布规律

农业土壤在自然土基础上经过人工耕作熟化使土壤物理化学性质和生产性能发生明显的变化，表现为差异变小的趋势，分布规律主要是受到熟化措施、自然土基本属性和微地形因素影响。农业土壤随自然土壤分布规律，美姑由于地广人稀，耕作技术落后，普遍存在轮歇耕作制度，土壤熟化度比较低，农业土壤和自然土壤分布比较一致，农业土壤的性质和自然土壤所属的土类性质具有相同特点，但土壤物质含量有一定差异。农业土壤随地形分布规律，同一土类的土种在同一坡面，随海拔高度和坡面位置不同有规律的分布，土壤生产性能也随着有规律变化，坡脚的平缓地带分布着土层深厚，耕作层随地形厚薄不一的土种，需栽培肥水多的农作物。坡中下部较平缓地带分布着土层比较深厚，质地偏黏的土种，适宜种植多种作物。坡上部地势陡峭地带，分布土层浅薄、砾石含量高的土种，土壤后期易发生缺肥，适宜种耐瘠耐旱作物。例如，紫色土的分布在坡脚平缓地为半砂泥土种，土层深厚，耕层随地形而不同，种植玉米、黄豆、马铃薯等需肥水多的作物。坡中上部地带为灰棕紫泥土种，土层浅薄，熟化度低且土质黏重，种植荞麦。坡上部地带为灰棕石骨子地，种植农作物产量很低，应种植牧草或退耕还林。同时，农业土壤随着人为耕作活动发生土壤性质、生产性能的变化，如灌溉、耕作种植水稻，使旱作土变成水稻土。

二、农业土壤和植被的分布区域

（一）水稻土类，面积223公顷，占土类面积的1%，分布于乐约、九口、洛俄依甘、拉木阿觉、巴普、典补、侯古莫、候播乃拖、采红9个乡，海拔2000米以下的中亚热带，热量丰富，灌溉方便的沿河地区平缓的台地上。水稻土有淹育型和潴育型2个亚类，淹育型水稻土有黄红潮田土属、中性紫泥田土属、钙质紫泥田土属3个土属。潴育型水稻土有紫潮田土属、中性紫泥田土属2个土属。

（二）新积土类，面积2077公顷，占土类面积的0.81%，分布于尔其、苏洛、子威、依洛拉达、峨曲古、巴普、牛牛坝、依果觉8个乡。主要分布在河流沿岸台地和河滩上，沿河床呈条带状，系河流携带物沉积形成，坡面具有沉积层层次，含砾石多，成分复杂，既有冲积带来的地带性土壤，又有各种岩层的风化冲积物，分选性差，磨圆度不好，发育弱，无明显的发育层，只有新积土1个亚类，有紫色新积土和砾石新积土2个土属。

（三）紫色土类，面积59098公顷，占土类面积的22.94%，主要分布于县内海拔1100 ~ 2700米的各地，与黄壤、红壤、黄棕壤、棕壤等地带性土壤和山地草甸土、石灰岩土成复区分布，在农业生产中占有主导作用。形成特点是物理风化作用强烈，化学风化作用微弱，处于脱盐和部分处于脱钙阶段，表现为生土，自然土壤土表层有机质高低不等，最高的达到7.93%。耕层有粒状团粒结构，无机养分含量丰富，微生物活跃，土壤结构疏松，耕作容易，土壤发育浅，适宜种多种粮食作物与经济作物，适宜生长林木。根据土壤碳酸钙含量和土壤酸碱度，分为酸性紫色土、石灰性紫色土、中性紫色土3个亚类，酸性紫色土有红紫泥土属、棕紫泥土属、红棕紫泥土属、灰棕紫泥土属、灰棕紫泥森林土属、灰棕紫泥草被土属、暗紫泥草被土属、暗紫泥森林土属、红棕紫泥森林土属9个土属。中性紫色土有棕紫泥土属、灰棕紫泥土属、暗紫泥草被土属3个土属。石灰性紫色土有红棕紫泥土属、暗紫泥土属、灰棕紫泥草被土属3个土属。

（四）红壤土类，面积7862公顷，占土类面积的3.05%，主要分布于依果觉、洒库、龙门、炳途、尼哈、牛牛坝、侯古莫、峨曲古、柳洪、乐约、尔其11个乡，海拔680 ~ 2100米的河谷地区。形成特点是富铝化和生物积累重复作用强烈。有黄红壤、粗骨红壤、棕红壤3个亚类。黄红壤有黄红泥土属、黄红泥森林土属、黄红泥草被土属 3 个土属。黄红壤所处地区主要植被种类有云南松林、栓皮栎树等森林，间有草被植物分布。粗骨性红壤有石渣红泥土属、粗骨性红壤森林土属、粗骨性红壤草被土属 3 个土属，主要分布有草被植物和灌木林。棕红壤有棕红泥土属、石块棕红泥土属 2 个土属，多作为农业土壤利用。

（五）黄壤土类，面积 11865 公顷，占土类面积的 4.6%，只有黄壤土 1 个亚类，有冷砂黄泥土、冷砂黄泥森林土、老冲积黄泥土、冷砂黄泥草被土 4 个土属，主要分布在瓦侯区海拔 2240 米以下的亚热带湿润气候地区，主要植被种类是常绿阔叶林、落叶阔叶林。

（六）黄棕壤土类，面积 67658 公顷，占土类面积的 26.26%，主要作为农业土壤利用，种植作物有玉米和大豆，主要分布在海拔 2200 ~ 2700 米地区，与石灰土、山地草甸土形成复区分布，有黄棕壤、粗骨性黄棕壤 2 个亚类。黄棕壤有黄棕泥土、黄棕壤森林土、黄棕壤草被土 3 个土属。粗骨性黄棕壤有石渣黄泥土、粗骨性黄棕壤森林土、粗骨性黄棕壤草被土 3 个土属。主要自然植被为常绿阔叶林、落叶阔叶林、针叶林、云南松林，主要草被有丛生杂草。

（七）棕壤土类，面积 23923 公顷，占土类面积的 9.29%，分布在县境内北部的依果觉、瓦西、龙门、井叶特西、合姑洛、炳途、尼哈 7 个乡，与山地草甸土、石灰土、紫色土成复区分布，是海拔 2700 ~ 3200 米地区主要轮歇地，有棕壤、粗骨性棕壤 2 个亚类。棕壤有残坡积棕壤土、棕壤森林土 2 个土属。粗骨性棕壤有石块棕壤土、粗骨性棕壤森林土、粗骨性棕壤草被土 3 个土属。自然植被以杜鹃、箭竹等为主，还有高山栓栎。草被有莎草等杂草。

（八）暗棕壤土类，面积 42061 公顷，占土类面积的 16.32%，分布在县境内北部海拔 3200~3500 米地区的沟谷和阴坡，与亚高山草甸土成复区分布，有暗棕壤、灰化暗棕壤、粗骨性暗棕壤、草甸暗棕壤、白浆化暗棕壤 5 个亚类，主要分布的植被为原始森林，以冷杉林为主，间有杜鹃、箭竹林，草被植物以禾本科杂草和异型莎草为主。

（九）棕色针叶林土类，面积 1086 公顷，占土类面积的 0.42%，分布于苏洛乡境内连渣洛山脉海拔 3450~3850 米，植被为寒温带针叶林。

（十）漂灰土类，面积 39 公顷，占土类面积的 0.02%，分布在县境北部的依果觉乡内海拔 3300~3500 米地区的东北坡，下接暗棕壤，上连高山草甸土，主要植被有杜鹃、箭竹、高山栎。

（十一）山地草甸土类，面积 14959 公顷，占土类面积的 5.8%，主要分布在海拔 2400 ~ 3100 米的高山，与紫色土、澡泽土、黄棕壤、棕壤成复区分布，土层厚度达 80 厘米，有山地草甸土、山地灌丛草甸土 2 个亚类，自然植被以灌木丛、草被居多。

（十二）黑色石灰土类，面积 61 公顷，占土类面积的 0.02%，主要分布在海拔 2300 米以下石灰岩地段，与山地草甸土、紫色土成复区分布，植被稀少，种植玉米和小麦。

（十三）红色石灰土类，面积 1913 公顷，占土类面积的 0.74%，主要分布在海拔 2300 米以下石灰岩地段，与黑色石灰土、紫色土、红壤土成复区分布，有红色石灰土、淋溶石灰土 2 个亚类，主要植被是旱茅和油桐。

（十四）泥炭土类，面积小，分布在龙窝、依果觉乡，主要植被为灯芯草、水葱等。

（十五）亚高山草甸土类，面积 23990 公顷，占土类面积的 9.31%，分布在柳洪、乐约、瓦古、侯古莫、井叶特西 5 个乡，海拔 3150 ~ 3600 米，有亚高山草甸土、亚高山灌丛草甸土 2 个亚类，主要植被有禾本科杂草、矮草高山草甸、灌丛混生。

（十六）高山草甸土类，面积 842 公顷，分布在黄茅埂阳坡、孔明寨西南坡、大风顶海拔 3500 ~ 3600 米地区，有高山草甸土、高山灌丛草甸土 2 个亚类，主要植被有杜鹃、草血竭、大黄、乌头、苔藓等。

美姑县土壤普查结果一览表

表 2–7

土　类	面积（公顷）	酸碱度 (pH)	范　　围
水稻土	223	6.5~7.2	2000 米以下乐约、九口等乡
新积土	2077	5.2~6.9	苏洛、候播乃拖、采红、牛牛坝、佐戈依达、龙门等乡内河流沿岸阶地及河漫滩上
紫色土	59098	5.5~8	1100~2700 米之间，遍及全县
红壤土	7862	6.0	680~2100 米之间河谷地区的洪溪、峨曲古、牛牛坝、柳洪 4 片区
黄壤土	11865	4.8~6.8	2150 米或 2240 米，集中在瓦侯
黄棕壤	67658	5~6.6	2200~2700 米，玉米、大豆主产区
棕壤	23923	6.5~7.5	2700~3200 米山坡上，集中巴普、峨曲古、洪溪 3 地
暗棕壤	42061	5~6	2500~3500 米北部的沟谷、阴坡上
灰化土	1086	4.5~5.5	主分布 3450~3850 米的苏洛乡
漂灰土	39	4.5~5.5	主分布 3300~3500 米依果觉乡的东北坡
山地草甸土	14959	4.5~5.5	主分布洪溪、峨曲古海拔 2400~3100 米
黑色石灰土	61	7.5~8.1	主分布 2300 米以下石灰岩地区的乐约乡等地
红色石灰土	1913	6.7~8.5	主分布 2300 米以下石灰岩地区
沼泽土	面积小、零星	5.1	2000~2900 米之间
泥炭土	面积小、零星	5.5~6.5	依果觉、瓦侯等地
亚高山草甸土	23990	4.5~5.5	主要分布在 3150~3600 地区带的柳洪片区，侯古莫、井叶特西等乡
高山草甸土	842	5.0	主要分布在大风顶海拔 3500~3600 米以上的草甸地带
合计	257657		

1. 美姑土壤：微酸占 32.14%，强碱占 20.24%，强酸占 15.48%，强碱占 1.2%，中性占 30.94%。

2. 酸碱度表：强酸 pH<5.5，微酸 pH5.5 ~ 6.5，中性 pH6.5 ~ 7.5，微碱 pH7.5 ~ 8.5，强碱 pH>8.5。

3. 美姑土壤分类：17 个土类，32 个亚类，53 个土属，59 个土种。

4. 农业用地主要是：紫色土、红壤、黄棕壤、黄壤、新积土、水稻土。

美姑县土壤普查土壤质地与养分关系一览表

表 2–8

质地 / 养分	总　量	砂　壤	轻　壤	中　壤	重　壤	轻　壤	附　注
		数　量	数　量	数　量	数　量	数　量	
所占比例（%）	—	3.16	4.21	33.68B	44.21A	14.74	1. 有机质呈由低到高的趋势，由砂壤—轻壤—中壤—重壤—轻黏 2. 有效氮、磷、钾是中壤、重壤较高，是最理想的农业土壤，肥力较强，水肥、气比较协调 3. 土壤质地以中壤、重壤为主
有机质（%）	14.133	1.791	3.072	2.86B	3.19A	3.22A	
全 N（%）	0.67	0.116	0.097	0.162A	0.169A	0.126	
全 P（%）	0.3562	0.084A	0.0519	0.0844A	0.0737B	0.0622	
全 K（%）	12.665	2.696A	2.44	2.77A	2.4	2.586B	
有效 N（PPm）	57.63	4.03	9.39	13.68B	16.73A	13.8B	
有效 P（PPm）	43.24	8.02	9.91A	9.91A	9.81B	5.59	
有效 K（PPm）	883.6	170.2	140.3	186.1B	232.4A	154.2	

第五章　自然资源

第一节　土地资源

一、耕地

至2009年，全县农耕地总面积3.14万公顷（占全县总土地面积的11.87%）。其中，常耕地1.73万公顷，轮歇地1.41万公顷。常耕地中旱地1.69万公顷，水田286.67公顷。

常耕地分布状况是：海拔2000米以下有3999.6公顷，占23.15%；2000~2500米有1.07万公顷，占61.66%；2500～3000米有2624.4公顷，占15.19%。轮歇地绝大部分分布在海拔2300米以上，3～5年耕作一次，广种薄收。粮食收获后，又沦为撂荒地，任其草类自然生长，且草质差，盖度低，遇暴雨冲刷，水土流失严重。

二、林地

至2009年，全县林业用地14.27万公顷（占全县总土地面积的56.7%）。其中，森林面积6.47万公顷，占林业用地的45.29%；灌木林地5.09万公顷；疏林地1086.67公顷；未成林造林地9353.33公顷；无林地面积1.45万公顷；苗圃53.7公顷；散生林面积1891公顷。森林集中分布在县境东北部和北部地区的瓦侯、洪溪、候播乃拖一带，其余地区为人工造林（含飞播林）或次生林。全县森林活立木蓄积量为754.01万立方米。

三、草地

至2009年，全县草地面积12.8万公顷（含人工种草改良193.33公顷），占全县总土地面积的46.83%。其中可用草地面积10.87万公顷。草地共有8类：亚高山草甸草地面积2.97万公顷，占草地总面积的23.03%；高寒灌丛草地面积7193.33公顷，占草地总面积的5.58%；高寒沼泽草地180公顷，占草地总面积的0.14%；山地疏林草地面积1.69万公顷，占草地总面积的13.07%；山地灌丛草地面积1.68万公顷，占草地总面积的13.07%；山地草丛草地1.26万公顷，占草地总面积的9.57%；山地草甸草地面积1.73万公顷，占草地总面积的13.34%；农隙地草地2.74万公顷，占草地总面积的21.96%。

四、水域

全县共有大小河流溪沟159条，天然水泊15处，水域面积共2693.33公顷，占全县总土地面积的0.99%。

五、其他

城市、乡村住房和工矿用地1240公顷，交通用地4280公顷，另有占地6786.67公顷，共1.23万公顷，占全县总土地面积的4.5%。

第二节　水资源

一、水量

县境内地表水年均总量23.95亿立方米，过境水5.08亿立方米，共计29.03亿立方米。2009年年末，人均占有水量1.92万立方米；常耕地亩均占有水量1.19万立方米。全县水量充沛，但径流量随地区和季节性降雨的变化而变化。北部多，南部少。每年5—10月径流量占年径流量的84.51%，11—4月占年径流量的15.49%。

县境地处山区，地质构造复杂、岩层破碎，断裂分布广，还有分散小片的石灰岩地貌，多落水河、暗河和泉水出露。由于河流众多，切割较深，地表水与地下水相互转换频繁。地下水主要从河滩排出，难于截然划分，加之技术力量匮乏，对县内地下水资源未能进行全面调查和准确计算，开发利用甚微。仅有部分村寨人畜就近饮用出露泉凼水。

二、水能

县境河流密布，水能资源丰富。全县有7条较大的河流，水能理论蕴藏量为91.01万千瓦，水能资源可开发量为57.82万千瓦。其中，美姑河、溜筒河水能理论蕴藏量为68.64万千瓦，占63.5%；可开发量为51.91万千瓦，占全县可开发量的89.76%。至2009年年底，全县大小电站总装机容量达到了40万千瓦，占水能可开发量的69.18%。

美姑河（含下游溜筒河）经多次勘察和四川“三江”水电综合考察团的90多名专家确认：水能资源丰富，地形地质条件较好，工程区段交通方便，特别是上游峨曲古至觉洛和牛牛坝至洛俄依甘的河段，比降分别为7.6‰和6.8‰，是兴建龙头水库的有利河段。下游有很集中的自然落差，河段平均比降为18‰。其中，尔其至柳洪13公里河段比降高达30.5‰，水能资源集中程度为全河之冠。

第三节　矿藏资源

县内初步勘探查明的主要矿藏有玄武岩、铜、铁、煤、硫、石灰石、石膏、铅、水晶等。

一、玄武岩

储量约38282.44亿吨。从大风顶、黄茅埂至龙头山一线，以及苏洛至尔合与昭觉交界的一线，均为峨眉山玄武岩出露。岩层厚度为221 ~ 834米。主要分布在大风顶、瓦尼窝、四季吉、瓦西、峨曲古、黄茅埂、合姑洛、农作、佐戈依达、子威、洛俄依甘、柳洪以及尔曲合普梁子、连渣果峨山脊以东一带。可分为上下两个喷发旋迴。上旋迴以杏仁状玄武岩为主，致密状次之，偶见斑状玄武岩；下旋迴以斑状玄武岩为主，杏仁状玄武岩次之；下部含玄武岩角砾或集块。致密状玄武岩和斑状玄武岩具有质坚、色美、抗腐蚀、光洁度高等优点，是建筑的优质饰面材料。

二、铜矿

县内铜矿分布较广，但零星分散。分为北部、中部和南部铜矿区。

北部铜矿区主要分布于瓦侯境内。出露于典布洛背斜东翼，上层铜矿平均厚度1.06米。

中部铜矿区有合姑洛、农作铜矿区、井叶特西铜矿区、里沟铜矿区、巴古乡维勒觉后山铜矿区、牛牛坝铜矿区等。

南部铜矿区主要有拉木阿觉乡境内的罗布采嘎铜矿区等。

三、铁矿

北部有树窝乡的大湾点波洛铁矿区，储量452.5万吨，品位为69.6%。东部有瓦西乡里沟铁矿区，储量9.2万吨，品位为60%。中部有龙门铁矿区，品位高，储量尚未查明。

四、铅

境内铅的储量不清，只在柳洪、乐约乡连接处发现有少量铅矿。

五、煤

县境内煤储量较为丰富。比较集中的有依果觉、牛牛坝、柳洪、依洛拉大、候播乃拖、峨曲古、巴普、龙窝等地区。大部分是无烟煤，已查明的储量为9298.26万吨，多年来都只进行小规模开采。境内有烟煤储量很少，主要分布在依洛拉达乡和子威乡地区。

六、石膏

县境内石膏储量3000万吨左右，品位高、质量好。主要分布在巴古乡和井叶特西乡境内，多年来已进行开采，远销外地，因运输费用较高，销路不畅，时采时停。

此外，铝矾土、硫矿、水晶石等也有一定储量。

第四节　野生植物

一、原生树种

全县天然乔木树种分属50多个科，150多个种和亚种。

珍稀树种有：连香树、银杏、珙桐、三尖杉、红豆杉、水青树、香樟。

二、草类

全县牧草共有79科232属374种。境内优质牧草主要分布在山原区和高山原区。山原区的优质牧草有云南裂稃草、西南委陵草、香芸火绒草、穗序野古草、画眉草等。高山原区的优质牧草有紫羊毛、珠芽蓼、糙野青草、绿芽鹅冠草、多花剪股颖、金雀花、光稃雀麦等。

三、野生中药材

据调查，野生中药材主要品种有103种。其中名贵中药材有：天麻、贝母、虫草等。

美姑县主要野生药材资源普查情况一览表

表2–9　　单位：公斤

品　种	主要产区	蕴藏量
半夏	牛牛坝、候播乃拖、巴普、峨曲古	30000
南星	候播乃拖、洪溪、峨曲古、巴普	50000
玉竹	牛牛坝、九口、巴普	20000
续断	全县各地	100000
独活	候播乃拖、瓦侯	10000
黄芩	巴普、九口	25000

续表 2-9

品　种	主要产区	蕴藏量
大力子	全县各地	10000
胆草根	洪溪、巴普、瓦侯	40000
细辛	洪溪、瓦侯	10000
黄柏	瓦侯、候播乃拖	10000
大黄	洪溪、瓦侯	10000
伸筋草	全县各地	50000
木通	瓦侯、洪溪	100000
天麻	瓦侯	2000
贝母	洪溪、峨曲古	3000
虫草	巴普、候播乃拖	50
黄连	瓦侯	100
党参	候播乃拖、峨曲古	5000
木香	洪溪	50000
重楼	瓦侯	8000
天冬	柳洪、九口	2000
苦参	甲谷、牛牛坝	5000
赤芍	瓦侯	2000
桔梗	九口	5000
柴胡	巴普、柳洪	5000
防风	巴普、牛牛坝	5000
黄精	柳洪、九口	2000
秦艽	巴普、柳洪、瓦侯	2000
绿升麻	瓦侯、洪溪	5000
竹根七	瓦侯、洪溪	3000
纽子七	瓦侯	1000
一枝蒿	巴普	7000
女贞子	牛牛坝、巴普	3000
川子	九口、柳洪	3000
桃仁	牛牛坝、九口、巴普、候播乃拖	5000
乌梅	柳洪、候播乃拖	10000
木瓜	候播乃拖	10000
益母草	牛牛坝、九口、巴普、候播乃拖	10000
金钱草	九口、牛牛坝、峨曲古	10000

续表 2-9

品　种	主要产区	蕴藏量
辛夷草	瓦侯、候播乃拖、牛牛坝	5000
参叶	瓦侯、洪溪	1000
猪芩	瓦侯	5000
商陆	峨曲古、巴普、柳洪	30000
苍耳子	候播乃拖、牛牛坝、柳洪	5000
李仁	九口、柳洪、洪溪	2000
黄草	柳洪、巴普	4000
仙鹤草	全县各地	5000
车前草	全县各地	4000
鱼腥草	全县各地	7000
夏枯草	全县各地	10000
葛花	全县各地	5000
厚朴	瓦侯、牛牛坝、候播乃拖	2000
川姜朴	瓦侯	10000
通草	瓦侯	1000
夜交藤	巴普、洪溪、峨曲古	5000
海风藤	全县各地	10000
五倍子	柳洪、九口	1000
黄秦艽	黄茅埂、大风顶	50000
茜草	巴普、峨曲古	50000

四、果种

县境内野生果种主要有野生棠梨（约 500 万株以上，长在荒坡野岭，沟坎路旁，果实小而酸涩，果熟呈黑色。1989 年起嫁接成优质果梨 60 万余株）；猕猴桃（有 6 个品种，约 65.55 万株，正常年产量 63 万公斤，可利用 23.3 万公斤，最大果重 75 克，均分布在海拔 1800 米以上地区）。此外还有野核桃、野李子、无患子、马桑、木姜子、苦楝、火棘、女贞等。

五、花种

全县野生树木花草种类繁多，主要有珍稀树花珙桐；观赏树花小叶杜鹃、密枝杜鹃、大白杜鹃、长蕊杜鹃、晚花杜鹃、多鳞杜鹃、琵琶杜鹃、小凉山杜鹃等（主要分布于东北部和北部海拔 2500 米以上山坡，4—5 月开花）；野生花草：兰草、飞燕草、龙胆草、狼毒、益母草、打碗花、凤仙花、秋海棠、冷水花、八仙花等。

第五节　野生动物

全县野生动物有 187 种。分属 62 科（其中两栖类 8 种，爬行类 11 种，鸟类 125 种，哺乳类 42

种）。受国家保护的动物有32种。属一类保护动物有：大熊猫、牛羚、豹、云豹、四川山鹧鸪；属二类保护的动物有：猕猴、短尾猴、小熊猫、金猫、林麝、毛冠鹿、水鹿、红腹角雉、岩羊、青羊、大灵猫、小灵猫、鼠羚、血雉、白鹇、白腹锦鸡等27种。特有、稀有种类有鱼类中的石斑鱿、裂腹鱼；两栖类中的大凉蝾螈、无指盘臭蛙等；爬行类中的美姑脊蛇、莱花烙铁头蛇；鸟类中的血雉、白腹锦鸡；兽类中的大熊猫、牛羚、小熊猫等。解放前原始林区曾有虎出没，解放后境内未曾发现。

美姑县野生动物一览表

表 2–10

<table>
<tr><th>纲</th><th>目</th><th>科</th><th>名　称</th></tr>
<tr><td rowspan="8">两栖纲</td><td rowspan="8">蝾螈目</td><td>蝾螈科</td><td>大凉山蝾螈</td></tr>
<tr><td>小鲵科</td><td>山溪鲵</td></tr>
<tr><td rowspan="3">盘舌蟾科</td><td>大蹼铃蟾</td></tr>
<tr><td>沙坪角蟾</td></tr>
<tr><td>大蟾蜍</td></tr>
<tr><td rowspan="2">蛙科</td><td>无指盘臭蛙</td></tr>
<tr><td>棕点湍蛙</td></tr>
<tr><td>树蛙科</td><td>宝兴树蛙</td></tr>
<tr><td rowspan="11">爬行纲</td><td rowspan="11">有鳞目</td><td>鬣蜥科</td><td>丽纹龙蜥</td></tr>
<tr><td rowspan="2">石龙子科</td><td>康定滑蜥</td></tr>
<tr><td>蝘蜓</td></tr>
<tr><td>蛇蜥科</td><td>脆蛇蜥</td></tr>
<tr><td rowspan="5">游蛇科</td><td>美姑脊蛇</td></tr>
<tr><td>王锦蛇</td></tr>
<tr><td>颈槽游蛇</td></tr>
<tr><td>斜鳞蛇</td></tr>
<tr><td>乌梢蛇</td></tr>
<tr><td rowspan="2">眼镜蛇科</td><td>莱花烙铁头</td></tr>
<tr><td>竹叶青</td></tr>
<tr><td rowspan="10">鸟纲</td><td>鹤形目</td><td>鹭科</td><td>池鹭</td></tr>
<tr><td rowspan="3">隼形目</td><td rowspan="3">鹰科</td><td>雀鹰</td></tr>
<tr><td>松雀鹰</td></tr>
<tr><td>鸢、赤腹鹰、凤头鹰</td></tr>
<tr><td rowspan="6">鸡形目</td><td rowspan="6">雉科</td><td>血雉</td></tr>
<tr><td>红腹角雉</td></tr>
<tr><td>白腹锦鸡</td></tr>
<tr><td>灰胸竹鸡</td></tr>
<tr><td>白鹇</td></tr>
<tr><td>四川山鹧鸪</td></tr>
</table>

续表 2-10

纲	目	科	名　称
鸟纲	鸻形目	鸻科	剑鸻
			金眶鸻
		鹬科	白腰草鹬
			矶鹬
	鸽形目	鸠鸽科	点斑林鸽
			山斑鸠
			火斑鸠
			珠颈斑鸠
	鹦形目	鹦鹉科	大绯胸鹦鹉
	鹃形目	杜鹃科	大杜鹃
			中杜鹃
			四声杜鹃
			乌鹃
			噪鹃
	隼形目	鸱鸮科	领角鸮
			短耳鸮
	夜鹰目	夜鹰科	普通夜鹰
	雨燕目	雨燕科	白腰雨燕
	佛法僧目	以翠科	白胸翡翠
			蓝翡翠
		戴胜科	戴胜
	鴷形目	啄木鸟科	蚁鴷
			黄颈啄木鸟
			赤胸啄木鸟
			三趾啄木鸟
			姬啄木鸟
			斑啄木鸟
	雀形目	百灵科	小云雀
		燕科	家燕
			毛脚燕
		鹡鸰科	黄头鹡鸰
			灰鹡鸰
			白鹡鸰
			树鹨
			粉红胸鹨

续表 2-10

纲	目	科	名　称
鸟纲	雀形目	三椒鸟科	粉红三椒鸟
			长尾三椒鸟
		鹎科	黄臀鹎
			绿鹦嘴鹎
		伯劳科	灰背伯劳
		鸦科	松鸦
			红嘴蓝鹊
			星鸦
			红嘴山鸦
			喜鹊
			黄嘴山鸦
			寒鸦
			大嘴乌鸦
			赭红尾鸲
			北红尾鸲
			红尾水鸲
			短翅鸲
			小燕尾
			灰林鸲
			蓝矶鸲
			紫啸鸲
			赤颈鸲
			棕颈勾嘴鹛
			白腹鸫鹛
			宝兴鹛雀
			矛纹草鹛
			橙翅噪鹛
			黑顶噪鹛
			红嘴相思鸟
			金胸雀鹛
			丽色噪鹛
			棕头雀鹛
			白领凤鹛
			灰胸薮鹛
			红嘴鸦雀

续表 2-10

纲	目	科	名称
鸟纲	雀形目	鹟科	褐鸦雀
			黄颈鸦雀
			棕头鸦雀
			山树莺
			棕腹柳莺
			褐柳莺
			橙斑翅柳莺
			黄眉柳莺
			乌嘴柳莺
			黄腰柳莺
			黄腹柳莺
			暗绿柳莺
			冠纹柳莺
			金眶鹟莺
			白眉姬鹟
			红喉姬鹟
			橙胸姬鹟
			锈胸蓝姬鹟
			灰蓝姬鹟
			乌鹟
			红褐鹟
			铜蓝鹟
		山雀科	大山雀
			绿背山雀
			红腹山雀
			黄眉林雀
		鳾科	普通鳾
		旋木雀科	旋木雀
		攀雀科	火冠雀三十
		太阳鸟科	蓝喉太阳鸟
		绣眼鸟科	暗绿绣眼鸟
		文鸟科	麻雀
			山麻雀

续表 2-10

纲	目	科	名　称
鸟纲	雀形目	雀科	林岭雀
			点翅朱雀
			棕朱雀
			黄喉鹀
			灰头鹀
			灰眉岩鹀
			赤胸鹀
			小鹀
		黄鹂科	黑枕黄鹂
		鹧鹩科	鹧鹩
哺乳纲	食虫目	鼩鼱科	纹背鼩鼱
			印度长尾鼩
		鼹科	长吻鼹
	翼手目	菊头蝠科	皮氏菊头蝠
	鳞甲目	穿山甲科	穿山甲
	灵长目	猴科	猕猴
			短尾猴
	食肉目	浣熊科	小熊猫
		熊猫科	大熊猫
		熊科	黑熊
		猫科	豹
			云豹
			虎
			金猫
		鼬科	水獭
			猪獾
			黄喉貂
			黄鼬
		灵猫科	大灵猫
			小灵猫
			斑林狸
		犬科	赤狐
			豺
			狼

续表 2-10

纲	目	科	名　称
哺乳纲	偶蹄目	猪科	野猪
		鹿科	水鹿
			毛冠鹿
			林麝
		牛科	牛羚
			岩羊
			斑羚
			鬣羚
	兔形目	鼠兔科	藏鼠兔
			草兔
	啮齿目	豪猪科	豪猪
		松鼠科	隐纹花松鼠
		竹鼠科	普通竹鼠
		鼠科	社鼠
			巢鼠
			龙姬鼠
			黑线姬鼠
			小家鼠

第六章　自然灾害

美姑县境内地表起伏大、高低悬殊，东北部大风顶海拔高达4042米，南部乐约乡海拔低至640米，平均海拔2000～2500米，地质破碎，气候多变，自然灾害种类多，发生频繁。灾害种类以旱灾、低温、霜冻、冰雹、暴雨、泥石流、山体滑坡等灾害为主。

第一节　暴雨和泥石流

1991年6—7月，全县45个乡（镇）、291个村、1490个组、33670户、141925人遭受暴雨和泥石流灾害。受灾面积8246.67公顷，成灾面积8240公顷；因灾房屋损坏94间，其中倒塌30间，四大牲畜死亡295头（只）。1992年6—8月，全县45个乡（镇）、285个村、1441个组遭受暴雨和泥石流灾害。受灾面积9800公顷，成灾面积8800公顷；因灾死亡10人，伤63人，倒塌房屋107间，四大牲畜死亡726头（只）；冲毁经济林木3.7万株。其中，子威乡损失最严重，全乡被洪水冲走农户余粮2.75万公斤，村民勒者黑门一家因灾死亡3人，伤2人。直接经济损失达67万元。1993

年6—8月，全县30个乡（镇）、216个村、984个村民小组、18281户、85813人遭受暴雨和泥石流灾害。受灾面积5160公顷，成灾面积5026.66公顷；因灾死亡2人，房屋倒塌124间，四大牲畜死亡384头（只）；冲毁吊桥7座，树木49.4万株。造成直接经济损失1250万元。1994年7—8月，全县普降大雨，导致9个乡、62个村、288个村民小组、4715户、18980人受灾。受灾面积1800公顷，成灾面积1426.67公顷；因灾死亡2人，四大牲畜死亡45头（只），房屋倒塌17间，房屋损坏121户；境内交通中断15个小时，减产粮食4202.5万公斤。造成直接经济损失620万元。1995年4—5月，全县36个乡（镇）、284个村、1407个村民小组、32204户、147143人遭受暴雨和泥石流灾害。受灾面积14.87万公顷，成灾面积1.26万公顷，因灾死亡2人，伤26人；房屋倒塌38间，淹没小电站1座，夏粮减产770.37万公斤。造成直接经济损失3499万元。

1998年6—7月，全县普降大雨和暴雨，导致36个乡（镇）、288个村、1467个村民小组、30418户、121675人受灾。农作物受灾面积1.38万公顷，绝收2973.33公顷，粮食减产2167.8万公斤；因灾房屋倒塌114间，四大牲畜被水冲走2557头（只）。造成农业直接经济损失2900万元。2000年7月，全县31个乡（镇）、221个村、18053户、95810人遭受暴雨和泥石流灾害。农作物受灾达1.09万公顷，减产粮食1500万公斤；因灾死亡2人，失踪1人，四大牲畜死亡689头（只），冲毁退耕还林地167.73公顷，农房倒塌180间，冲走吊桥19座，树木91650株；城区自来水主管道被冲毁2047米，停水20天；100户城区居民住宅进水；四家私营厂房被洪水淹没。直接经济损失6887万元，其中，农业直接经济损失4500万元。2001年6—7月，全县31个乡（镇）、231个村民小组、2342户、115000人遭受暴雨和泥石流灾害。农作物受灾面积1万公顷，成灾面积7700公顷；因灾损坏房屋101间，倒塌房屋62间，四大牲畜死亡75头（只），减产粮食850万公斤；冲毁吊桥5座，毁坏村道公路5公里。造成直接经济损失1500万元。

2003年7—8月，全县34个乡（镇）、280个村、35402户、130063人遭受历史罕见的特大暴雨灾害。受灾面积8120公顷，绝收面积1233.33公顷；因灾死亡9人，伤8人，造成房屋倒塌197间，危房432间；因灾造成山体滑坡急需搬迁安置385户1530人。直接经济损失累计达7544.43万元。2004年4—8月，全县31个乡（镇）、191个村、920个村民小组、24444户、110000人遭受洪灾和泥石流灾害。农作物受灾面积5100公顷，绝收面积1566.67公顷；因灾死亡4人，伤45人，损坏房屋344间，倒塌房屋177间。造成直接经济损失1510.3万元。2005年5—7月，全县36个乡（镇）、290个村、1490个村民小组、2.11万户、10万人遭受洪灾和泥石流灾害。农作物受灾面积6913.33公顷，绝收面积4653.33公顷；困灾死亡10人，伤200人，房屋倒塌991间。造成直接经济损失5000万元，其中农业直接经济损失达3160万元。2007年6—8月，全县20个乡（镇）、187个村、1011个村民小组、10444户、4.7万人遭受洪灾和泥石流灾害。农作物受灾面积达7113.33公顷，绝收面积达2120公顷；因灾死亡4人，损坏房屋59间，倒塌房屋350间，四大牲畜死亡650头（只）。造成直接经济损失1120万元，其中，农业直接经济损失512万元。2008年5—8月，全县36个乡（镇）、291个村、1492个村民小组、28888户、13万人不同程度受灾。农作物受灾面积达3513.33公顷，绝收面积达139.13公顷；因灾死亡1人，死亡牲畜1100头（只），损坏房屋1000间，倒塌房屋414间。造成直接经济损失7855万元，其中，农业直接经济损失3712万元。2009年5—8月，全县36个乡（镇）、291个村、1492个村民小组、17864户、80388人遭受暴雨和泥石流灾害。农作物受灾面积达5306.67公顷，绝收面积达1.52万公顷；因灾失踪2人，死亡牲畜52头（只），损坏房屋153间，倒塌房屋120间。造成直接经济损失达1267.4万元，其中，农业直接经济损失618万元。

第二节 地震灾害

1993年10月14日早上7时30分，美姑县瓦西乡境内发生地震（震级不详），全乡6个村、19户、74人受灾，导致房屋裂缝34间，变形19间，部分农户的围墙倒塌，没有造成人员伤亡。2008年5月12日下午2点28分，四川汶川特大地震导致全县9个乡（镇）、69户、302人受灾。因灾房屋倒塌3户，房屋损坏66户，死亡3人（依果觉乡古拖村四组吉尔依立，男，4岁，地震时被猪槽压死；依洛拉达乡2名村民在汶川打工因地震死亡）。

第三节 干旱

1994年7月14日—8月11日，全县连续出现高温无雨的天气，美姑河沿岸的柳洪、牛牛坝、候播乃拖、九口、巴普、峨曲古等28个乡（镇）、197个村、956个村民小组、22100户、81395人受灾。农作物受灾面积6086.67公顷，成灾面积5486.67公顷，占粮食总播种面积的36.1%。夏粮减产达218.4万公斤，比1993年减产50%。造成农业直接经济损失984.5万元。1996年8月4—21日，正值玉米抽穗灌浆的季节，全县大范围内连续出现高温无雨的天气近17天，二半山以下的溜筒河、连渣洛河、美姑河两岸的河谷地带18个乡、122个村、961个村民小组、12300户、49200人受灾。农作物受灾面积3773.33公顷，成灾面积3386.67公顷，造成当年河谷地带粮食歉收。

第四节 低温、霜冻

1992年5月1日—6月初，全县连续30天阴雨低温，造成高山地区荞子和洋芋被冻坏1433.33公顷，牲畜冻死96头。1996年4月初—5月底，全县阴雨低温天气近60天，造成二半山以上乡遭受低温、霜冻灾，有138头（只）牲畜冻死，洋芋和荞子冻坏1833.33公顷。2008年1月27日23时—2月1日下午5时，美姑全县境内普降暴雪，降雪量最高达17.4毫米，积雪深度最高达到18厘米，为历年来罕见。由于此次降暴雪时间长，2月2—21日，出现了冻凌、大雪、低温天气，全县36个乡（镇）、291个村、1491个组、21070户、107252人不同程度受灾。农作物受灾1586.67公顷，蔬菜受灾274公顷（其中大棚蔬菜10.67公顷），大棚损毁2个；经济林木损毁63953株，白杨树损毁77578株，桤木损毁45712株，其他林木损毁38910株；农房被压垮58间，圈舍倒塌387间，造成农户危房65间；车棚压垮一个，电杆断裂一根，停电135户；电线损坏4920米线路；人畜饮水管道冻坏68268米；牲畜死亡11103头（只）；马铃薯种子冻坏669.6万公斤；畜草损坏104.67公顷、损失草料150万公斤、冻坏600吨。造成直接经济损失2241.225余万元。

第五节 风 雹

1994年6月24日—7月8日，全县9个乡、61个村、226个村民小组、4614户、18080人遭受十几年未遇的旋风和冰雹灾害，农作物受灾面积1996.07公顷，绝收面积236.87公顷；因灾倒塌房屋18间，无家可归30人，四大牲畜死亡32头（只）；造成直接经济损失191万元。其中，6月25日，龙窝乡遭受大风和冰雹灾害，损失惨重，农作物被旋风刮成断茎倒状，林木被拦腰折断，89.93公顷荞子遭受毁灭性扫荡，6.73公顷农田颗粒无收。7月3日，巴古、依洛拉达、牛牛坝、洛俄依甘、拉木阿觉乡遭受大风和冰雹灾害，冰雹覆盖面长达50公里，宽5公里，核桃般大的冰雹，集成地面厚度达 10 厘米，持续时间 20 分钟。有 46 个村、170 个村民小组、2250 户、13588 人受灾，因灾死亡 1 人。2006 年 6—8 月，全县 11 个乡（镇）、70 个村民小组、7577 户、3200 人遭受风雹灾害。农作物受灾面积达 2160 公顷，绝收面积 1240 公顷。因灾损坏房屋 54 间，损毁白杨、青木、花椒、核桃等经济林木 5982 株。造成直接经济损失 190 万元。

第六节　乐约特大山体滑坡灾害

1997 年 6 月 5 日凌晨 1 时，美姑县乐约乡则祖发生了罕见的大面积山体滑坡，山体滑坡体长 4500 米，宽 800 米，泥石流总量 3780 万立方米。导致该乡的木乃火、巴哈、扎拉古、洛嘎 4 个村，16 个村民小组、307 户、1527 人受灾。受灾面积 3.79 平方公里，滑坡拉裂地表 3 平方公里，冲毁耕地 437 公顷，损坏房屋 307 间，有 67 户、294 人无家可归。因灾死亡 151 人（含教师 2 人），伤 21 人；四大牲畜被埋没 4445 头（只）；损失存粮 20.5 万公斤。造成直接经济损失 1523 万元。

第七节　病虫害

一、农作物病虫害

玉米　病害有丝黑穗病、大斑病；虫害有黏虫、地老虎（土蚕）、蛴螬、玉米螟、蝼蛄等。

洋芋　病害有癌肿病、环腐病、晚疫病、青枯病、病毒病；虫害有蚜虫。

荞子　病害少见；虫害有荞麦钩蛾和蚜虫。

水稻　虫害有食根金花虫；病害有稻瘟病（穗颈稻瘟和叶稻瘟）。

麦类　病害有锈病（包括杆锈、叶锈、条锈）、白粉病、腥黑穗病、坚黑穗病；虫害有吸浆虫、蚜虫。

豆类　病害少见；虫害有蛴嬉、蚰蝓（玄达虫）、豆牛、斑蝥、金龟子。

油菜　病害有白粉病、病毒病、菌黑病、霜霉病；虫害有叶跳甲、菜青虫、蚜虫。

蔬菜　病害有软腐病、霜霉病、病毒病、白锈病、腐烂病、绵疫病、白星病、枯萎病、白粉病；虫害有叶跳虱、菜青虫、地老虎、大猿叶甲、二十八星瓢虫、小菜蛾、黄守瓜、黄曲跳甲、介壳虫。

二、水果病虫害

病害有白粉病、杆腐病、早期落叶病、缩果病；虫害有青叶蝉、枝天牛、金龟子、桃小食心虫。

三、森林病虫害

云南松和华山松的病害有赤枯病、落针病、叶锈病、煤烟病；槭树白粉病；杨树黑斑病、膏药病、溃疡病、腐烂病；虫害有云斑鳃、金龟子、丽金龟、铜绿金龟、蜻象、金花虫、叶甲、山跳蚤、麻点豹、天牛、吉丁虫、松大蚜、芜青、松梢小卷蛾、松针斑蛾、松叶蜂、松梢螟、透翅蛾、刺蛾、松毛虫、蛀梢虫、球蚜、天社蛾、枯叶蛾、大树蜂、螟蛾、卷叶蛾、舟蛾、大蚕蛾、蚧壳虫、叶蝉、蚜虫、地老虎、竹毒蛾。

第七章　环境保护

第一节　机构设置

美姑县历来没有单独设立环境保护局，一直与城建、国土部门合署办公。1998 年以前，和城建部门合并组建成美姑县城乡建设环境保护局。1998 年 6 月，与城建、国土局合并组建成县建设国土和环境保护局，下设资源环保股，具体负责全县环境保护工作。2002 年，国土局单独成立后，又与城建部门合并组建成美姑县建设环境保护局，下设环境保护股负责全县环境保护工作。2004 年 12 月，成立美姑县环境监察大队，为股级事业单位，核定编制为 8 人。负责环境执法、监督检查、排污费征收等工作。环保股负责项目审批，日常事务处理等工作。2006 年 4 月，成立美姑县规划建设和环境保护局，内设环境保护股、建设与环境监察股，协同环境监察大队专门负责环境保护工作。

第二节　队伍建设

2002 年以前，除设有一名分管环境保护的副局长外，没有环保专职人员，环境保护工作由建设国土环境保护局全体职工集体负责。2002 年，县建设国土环境保护局内设环境保护股，有了环境保护专职工作人员。2002—2005 年，有 1 名环境保护专职人员。2006 年，从城市综合执法大队调整 1 人到环境保护股，环境保护专职工作人员增加到了 2 人。2007 年，从城市综合管理办公室调整 2 人分别到环境保护股和环境监察大队，同时聘用 1 名临时工，环境保护专职工作人员增加到了 5 人。

第三节　保护措施

1991 年，开展对县域乡（镇）企业污染源的调查。1992 年，在全县开展一次以书画展览等为主要形式的环境保护和国土宣传活动。1993 年，开展环境战略评价，严格执行“三同时制度”（同时设计、同时施工、同时投产）。1998 年，开始发放第三产业餐饮、娱乐等场所排污许可证。1999 年，制定完成美姑县排污费征收指标，即考核指标 0.3、目标完成指标 0.3、力争指标 0.3；设立了水源处保护标志；实施退耕还林 233.33 公顷，栽植城郊绿化树 12 公顷（5 万余株）；办理发放排污许可证 50 余户。同时大力实施“一控双达标”工作，完成对美姑县化工总公司进行污水 pH 值、悬浮物、硝基苯、生化需氧量的监测验收。2000 年，把“一控双达标”工作同时纳入宣传范围，广泛开展环保宣传。其中，广播宣教达 10 日，电视宣教达 6 日，制作大小标语 20 幅。是年，对县城区酒厂（如电影公司酒厂、进修校酒厂）的废水、废气、废渣进行限期治理。2002 年，以中小学学生为主要对象，开展了“6・5”世界环境日宣传活动，以图片展览、张贴标语等形式在中小学校园、主要地段进行宣传。其中：悬挂参展图片 48 幅，张贴大小标语 12 幅，广播宣传 5 次。是年，完成对化工总公司和县医院危险废物污染防治情况调查监督。2003 年 7 月，由县建设环境保护局牵头，组织工商、精神文明办等各个单位对农贸市场等 20 个单位卫生进行检查。11 月，对排污企业（美姑化工总公司）“乳化炸药”生产线进行技改，并通过州局的“环境影响”评价。2004 年，开展噪声污染费的征收，全年共征收噪声污染费 7931 元。2005 年，开展了排污费征收，全年共征收排污费 37004 元。同时开展工程施工的环境审批工作。是年，完成了 6 个小水电站的环境影响评审和报批工作。2006 年，完成美姑县依所解一、二级电站工程、挖捏洛一级电站工程、阿里门电站等7个工程的环境影响审批。开展对全县36个乡（镇）集中式饮用水源日供水量等基础情况的调查和备案，以及对龙窝乡、农作乡、拉木阿觉乡等17个乡（镇）集中式饮用水源的水质监测，并划定保护区。完成对厂矿企业、娱乐场所、饮食店等57个排污户登记造册，以及对县化工总公司、水泥厂的工业污染源调查。是年，共征收排污费39888元。2007年，审批通过美姑县普惠薯业有限责任公司、瓦一觉小水电站、罗姑小水电站、洛摸嘎沟水电规划和阿基尔祖沟水电规划的环境保护执行标准，以及瓦一觉电站工程、斯拖水电站工程、县医院门诊楼建设工程的环境影响登记。2009年，大力开展节能减排工作，把全年主要污染物总量削减任务分解下达到各排污企业。对化工厂、水泥厂等重点监管单位的环境污染进行每月一次监督检查。加强饮用水源保护区的监督管理，对全县饮用水源保护区进行了拉网式监督检查，依法取缔了一级保护区内的排污口，建立了保护污染处置应急预案。是年，共征收排污费87785元。

第四节　专家考察

2003年，四川大学生命科学院、四川省林科院专家到保护区开展本底调查；四川省林业勘察设计研究院到保护区开展保护区总体规划外业调查；中央民族大学到保护区进行生物多样性研究；西华师范大学到保护区开展小型兽类调查；重庆市绿色志愿者联合会到保护区开展豹资源调查。凉山州林业局到保护区开展保护区建设情况专题调研。

2004年，世界雉类协会（WPA）专家RahulKaul博士（印度籍）与四川省林业厅在保护区开展凉山山系雉类与生物多样性监测研究；中央民族大学生命与环境科学院在保护区进行大熊猫、小熊猫、林麝等野生动物生境选择研究；四川电视台《西部大开发》栏目与陕西省动物研究所专家在保护区开展黑颈鹤迁徙地点调查研究。国家环境保护总局国家级自然保护区评审委员会专家、四川大学教授刘世贵一行到保护区开展保护区范围调整实地考察；四川省林业厅副厅长戴柏阳、凉山州林业局相关人员到保护区考察保护区建设情况。

2005年，中国林科院、全国鸟类环志中心副教授钱法文，中科院昆明动物所副教授杨晓君、博士伍和启及中国林科院硕士高立波到保护区开展黑颈鹤卫星跟踪迁徙路线研究地面调查；北京大学博士刘芳等到保护区开展黑熊资源调查；南京农业大学教授杨莲芳、副教授孙长海，南京师范大学副教授周长发与美国克莱姆森大学C.J.Morse教授、ChristyJoGeraci女士，美国罗格斯大学HouXin一道到保护区开展毛翅目纹石蛾科昆虫系统发育及其成虫、幼虫种类的研究；中国科学院动物所齐敦武、胡义波两位博士在保护区开展大熊猫景观生态及遗传多样性研究。

2005年4月12日，四川省国土资源厅邀请四川省地质灾害研究学会教授葛文彬，成都理工大学教授、博导刘汉超，铁科院西南铁科所研究员陈光荣，铁二院岩土工程公司研究员蒋忠信等有关专家组成评审专家组，对成都理工学院东方岩土工程勘察公司、四川西昌攀西地质勘探院、凉山州地质环境监测站承担的“美姑县城南滑坡治理可行性研究”进行了评议，予以评审通过。

2006年，中科院动物所齐敦武、胡义波两位博士到保护区开展大熊猫景观生态及遗传多样性研究；四川省林科院及美姑县林业局在保护区开展鼠类资源调查，并采集标本；中国林科院副研究员钱法文，国际鹤类基金会及云南大山包和贵州草海自然保护区相关人员在保护区开展黑颈鹤迁徙地点调查；中国科学院生态环境研究中心博士徐卫华、博士后AndresVina及硕士李宇在保护区开展大熊猫生境植被调查；中央民族大学科研处处长宋才发，生命与环境科学院院长冯今朝及副教授孟秀祥、实验师惠岑怿，西昌学院副教授刘建林带领中央民族大学生命与环境科学院学生共36人，到保护区开展生物多样性调查及保护、彝族传统文化、彝族医药等课题研究；华南农业大学教授田明义，法国巴黎博物馆博士ThierryDeuve及西华师范大学研究生刘晶等4人，到保护区开展中国步甲属昆虫多样性及生存状况评估；四川大学建筑与环境学院唐亚等及加拿大不列颠哥伦比亚大学博士A.PeterWharton和K.GM.Camelbeke开展大凉山植物多样性考察。

2006年，国家林业局大熊猫及其栖息地管理办公室主任刘德望、项目官员贺超，省林业厅保护处处长唐代旭、项目官员仇剑等一行，考察美姑大风顶保护区基本建设情况。

2006年1月5日，凉山州国土资源局、美姑县国土资源局邀请铁二院研究员蒋忠信，中铁西南科学院研究员陈光荣，西南交通大学教授、博导邓荣贵等专家组成评审委员会对“美姑县城南滑坡治理工程施工图变更设计”进行了认真评议，变更设计措施基本可行。

2007年，中央民族大学生命与环境科学院孟秀祥副教授带领师生20人到保护区开展大熊猫、小熊猫、林麝、野猪调查，环境教育及社区生态养殖研究，并在龙窝乡组建美姑大风顶生态养殖协会；四川省林业勘察设计研究院营林调查队专家兰立达一行2人，到美姑开展保护区二期基本建设可行性研究外业调查；国家濒危动植物进出口管理办公室成都办事处主任龚继恩一行，到美姑开展保护区社区宣传情况调查；中国科学院动物所胡义波、张雷2位博士到保护区开展大熊猫景观生态及遗传多样性研究；四川大学建筑与环境学院高辉、张立芸、李晶、乔雪开展植物多样性调查并采取适量的植物标本材料；中国科学院动物所研究生尹彦强、刘清君一行3人，到保护区开展大熊猫伴生动物（啮齿类）调查研究。2月11日，四川省国土资源厅邀请省地质灾害研究会教授葛文彬，铁二院研究员蒋忠信，西南交通大学教授邓荣贵，成都水纹中心总工赵松江等有关专家组成评审委员会，对“美姑县城南滑坡治理工程补强设计”进行评议，予以通过。

第三篇

人口和计划生育

第一章　人口和民族

第一节　人口发展

进入20世纪90年代后，随着计划生育工作的不断加强和完善，全县人口发展逐步走向有计划、可控制的平稳增长时期，主要体现在人口出生率、死亡率和自然增长率的平稳变化上。

1991年，全县总人口为152741人，人口出生率为17.62‰、死亡率7.99‰、人口自然增长率9.67‰。2007年全县人口突破20万人，达到202827人。2009年，全县总人口为208362人，人口出生率为15.75‰、死亡率5.81‰、人口自然增长率为10‰。2009年，人口出生率比1991年下降了2.6个千分点，人口死亡率比1991年下降了3.9个千分点，19年年均人口自然增长率稳定在10‰左右。符合政策生育率长期稳定在85%以上，1991年符合政策生育率为87.8%，2009年为87%；综合避孕率由1991年的83.46%上升到2009年的85.1%。全县人口的发展已由高出生、高死亡、低自然增长的传统型人口再生产类型向低出生、低死亡、低自然增长的现代型转化的过程。

1991—2009年美姑县人口发展情况统计表

表3-1　　单位：人

年　份	总人口	比上年（+、-%）	出生人数	出生率（‰）	死亡人数	死亡率（‰）	自然增长率（‰）
1991	152741	1.13	2691	17.62	1220	7.99	9.67
1992	154371	1.07	2671	17.30	1236	8.01	9.35
1993	155496	0.73	2424	15.59	1300	8.36	7.26
1994	155812	0.20	2376	15.25	1422	9.13	6.15
1995	157071	0.81	2464	15.69	1306	8.31	7.40
1996	161142	2.59	2863	17.76	1211	7.52	10.40
1997	162901	1.09	2965	18.20	1197	7.35	10.90
1998	164573	1.03	2846	17.30	1174	7.13	10.21
1999	166258	1.02	2834	17.05	1149	6.91	10.00
2000	175663	5.66	2757	15.70	926	5.27	10.71
2001	177856	1.25	2967	16.68	1338	7.52	9.15
2002	178659	0.45	2280	12.76	1060	5.93	6.85
2003	180386	0.97	2663	14.76	935	5.18	9.57
2004	182689	1.28	2768	15.15	1068	5.84	9.37
2005	192272	0.52	2896	15.06	923	4.80	10.53

续表 3-1

年　份	总人口	比上年（+、-%）	出生人数	出生率（‰）	死亡人数	死亡率（‰）	自然增长率（‰）
2006	196804	2.36	2653	13.48	997	5.07	8.50
2007	202827	3.06	2739	13.50	1120	5.52	8.10
2008	205363	1.25	3143	15.30	1310	6.38	9.00
2009	208362	1.46	3282	15.75	1210	5.81	10.00

第二节　人口分布与密度

1994年8月1日，中共美姑县委、美姑县人民政府决定成立9个片区工委，将原29个乡调整为35个乡，保留巴普镇。2008年，美姑县委、县人民政府决定撤销9个片区工委，设立35个乡，1个镇。境内经济结构以农业为主，林牧业为辅，大致可分为：河谷农业区、中山农业区、高山农业区。在扶贫移民工作开展后，中山、高山地区人口往低山河谷、公里沿线和县城、乡（镇）转移的数量较之前更多。巴普镇是全县人口密度最大地区，人口密度每平方公里408.02人；沿公路干线的区乡人口密度每平方公里100人以上的有牛牛坝、洛俄依甘、农作等13个乡；离县城较远、交通不便、人口密度每平方公里50人以下的有合姑洛、苏洛、乐约等9个乡，距县城最远的树窝乡人口密度每平方公里11.18人。地区人口密度值差为396.84人。其余13个乡人口密度每平方公里50～100人。2000年年底，全县人口密度每平方公里65.54人。

2000年美姑县第五次人口普查的人口分布状况一览表

表 3-2　　　　单位：平方公里、人

地　区	行政区域面积	2000年年底		地　区	行政区域面积	2000年年底	
		总人数	密　度			总人数	密　度
合　计	2688.73	176214	65.54	哈洛乡	40.8	2405	58.95
巴普镇	35.43	14456	408.02	牛牛坝乡	72.5	9540	131.59
觉洛乡	31.53	4317	136.92	尔合乡	46.4	3416	73.62
井叶特西乡	61.13	6146	100.54	竹库乡	49.07	3768	76.79
合姑洛乡	151.96	3994	26.28	侯古莫乡	74.95	6873	92.14
巴古乡	45.46	5165	113.62	候播乃拖乡	74.95	6605	88.13
农作乡	33.7	4221	125.25	采红乡	29.84	2893	96.95
佐戈依达乡	49.53	6515	131.54	苏洛乡	174.4	3578	20.52
子威乡	36.4	3279	90.08	九口乡	48.6	6809	140.1
依洛拉达乡	24.27	3068	126.41	洛俄依甘乡	44.2	5575	126.13

续表 3-2

地区	行政区域面积	2000年年底		地区	行政区域面积	2000年年底	
		总人数	密度			总人数	密度
典补乡	44.8	5276	117.77	拉木阿觉乡	43	5799	134.86
洛莫依达乡	53	4171	78.7	尼哈乡	47.73	1981	41.50
柳洪乡	78	5048	64.72	龙门乡	85.01	6607	77.72
乐约乡	62.26	3020	48.51	依果觉乡	201.4	7018	34.85
尔其乡	37.4	2896	77.43	洒库乡	59.41	6791	114.31
瓦古乡	105.2	3764	35.78	瓦西乡	107.53	3477	32.34
峨曲古乡	33.47	4189	125.16	树窝乡	204.47	2284	11.18
炳途乡	71.42	3805	53.28	龙窝乡	288.53	4029	13.96
拖木乡	40.98	3436	83.85				

第三节　人口迁移

1991—2009年，人口迁移的主要形式有自然搬迁、移民搬迁和因婚姻、工作调动迁移等。县境内的自然搬迁无法统计。移民搬迁，是指由政府对村民因扶贫工作需要和发生自然灾害而组织的有序搬迁。因扶贫工作需要而把居住在二半山以上的高寒山区生存环境较差、脱贫致富难度大的村民，进行移民，集中安置，从1997年开始实施，到2007年，全县实际安置移民扶贫2881户、11112人，集中安置在九口乡、拉木阿觉乡、候播乃拖乡、觉洛乡、树窝乡、尔合乡、子威乡、依果觉乡等。因发生自然灾害进行移民安置的，如1996年因乐约乡发生特大山体滑坡影响，政府将受灾地区的48户灾民集中安置在拉木阿觉乡移民安置点。居民因婚姻和工作调动等原因正式办理迁移手续的，情况如下。

1991—2009年美姑县人口迁移一览表

表 3-3　　单位：人

年份	迁入人口			迁出人口		
	迁入数	其中（省内迁入）	省外迁入	迁出数	其中迁往省内	迁往省外
1991	1777	1745	32	1772	1731	41
1992	1860	1849	11	1339	1333	6
1993	1359	1352	7	1417	1410	7
1994	2167	2163	4	1335	1321	14
1995	1314	1302	12	1728	1711	17
1996	3211	3206	5	2535	2526	9
1997	2070	2056	14	2385	2350	35

续表 3-3

年　份	迁入人口			迁出人口		
	迁入数	其中（省内迁入）	省外迁入	迁出数	其中迁往省内	迁往省外
1998	2389	2384	5	2341	2325	16
1999	2162	2149	13	2053	2021	32
2000	11016	11005	11	3471	3444	27
2001	1348	1341	7	1518	1498	20
2002	1888	1878	10	2035	2014	21
2003	1221	1212	9	1368	1346	22
2004	1026	1025	1	1176	1147	29
2005	1459	1451	8	1007	994	13
2006	1163	1162	1	1585	1567	18
2007	1146	1138	8	1830	1795	35
2008	1369	1349	20	1874	1841	33
2009	1833	1826	7	2485	2429	56

第四节　人口普查

一、第四次人口普查

1990 年 7 月 1 日，全国第四次人口普查，县人民政府成立人口普查领导小组，下设办公室，从各行各业优秀工作者中抽调人口普查员、普查指导员共 728 人。各机关、单位选调人员组成的人口普查工作组与各乡（镇）人口普查办公室共同承担人口普查任务，共同服从县人口普查领导小组领导，共同接受奖惩。同时，县人口普查领导小组出动宣传车 1 辆，到基层巡回宣传 13 次。县广播站举办人口普查专题节目，用彝语广播人口普查的有关资料、消息和文艺节目 40 余条，散发彝文宣传资料 1 万多份，印发县人民政府致全县人民公开信 1500 份，翻录各种宣传磁带 117 盒。

普查工作中，严格质量控制，重点从户口整顿、培训骨干和普查登记 3 个关键环节抓起，保证普查质量。在户口清理、整顿阶段，有 1510 人参加，通过全县普查人员的共同努力，按时保质保量完成了第四次全县人口普查任务，并编印《美姑县 1990 年人口普查资料》蓝皮书。

二、第五次人口普查

1998 年 6 月国务院以国发〔1998〕19 号文件发出《关于进行第五次全国人口普查的通知》。美姑县人民政府接到通知后于 1999 年 5 月以美府发〔1999〕32 号文发出《关于在全县开展第五次全国人口普查的通知》，成立美姑县第五次全国人口普查领导小组，下设办公室。县第五次人口普查办公室制定《美姑县第五次人口普查实施方案》等相关文件，并从全县干部、群众中选调 3000 多名普查工作人员，悬挂宣传横幅和标语 3142 幅，办专题黑板报 12 期，张贴宣传画 2000 张，出动宣传车 16 辆次，31 个乡（镇）用广播早晚定时播放彝、汉语人口普查专题知识录音带，轮流在工委、乡（镇）普查区播放宣传光碟，4000多名小学生接受人口普查知识“一堂课”教育，发放“致被调查户的一封信”21869份，召开动员大会1648次。

2000年11月1日，全县第五次人口普查登记工作正式开始，主要普查对象为全县范围内的常住人口，普查项目多达70项。经过全县上下三年多齐心协力的工作，根据人口普查数据，编印了《美姑县农村劳动力资源情况》等分析材料，编印《美姑县第五次人口普查资料》。圆满完成了人口普查的试点、户口整顿、宣传、摸底、登记、复查、资料编码、光电录入、数据处理等工作，首次获得了在市场经济体制下丰富的人口数据资料，比较全面地反映了全县改革开放后人口的发展变化状况，成为各级党政领导、有关部门研究国情、省情、州情、县情、乡情的重要依据。

普查结果如下：

（一）全县普查登记人口

按照国务院《第五次全国人口普查办法》规定，普查登记的对象是具有中华人民共和国国籍并在中华人民共和国境内常住的人（自然人，下同）。

（二）家庭户人口

2000年11月1日零时，在全县登记人口中，共43644户，176214人，平均家庭户规模为4.04人，比1990年第五次人口普查的平均4.49人下降了0.45人。

（三）性别构成

男性有90368人，占51.28%；女性有85846人，占48.72%。性别比为105∶100。

（四）年龄构成

全县登记人口中：0～4岁人口为18544人，占登记人口的10.5%；5～14岁人口为40189人，占登记人口的22.8%；15～64岁人口为111496人，占登记人口的63.3%；65岁以上人口为5985人，占登记人口的3.4%。

（五）受教育程度

大学（大专及以上）文化程度的857人；高中（含中专）文化程度的4296人；初中文化程度的5083人；小学文化程度的29888人（以上各种受教育程度的人包括各类学校的毕业生、肄业生和在校生）。同1990年的第四次全县人口普查比较，每10万人中拥有各种受教育程度人口数有如下变化：具有大学文化程度的由152人上升为486人；具有高中文化程度的由1654人上升为2438人；具有初中文化程度的由2301人上升为2885人；具有小学文化程度的由15906人上升为16961人；15周岁以上文盲人口82962人，同1990年第四次人口普查比较，文盲率由76.06%下降为70.62%，下降5.44%。

第五节　民　族

境内聚居的彝族历史久远。相传彝族远祖“古侯”“曲涅”两大氏族由“兹兹蒲武”（今云南昭通或贵州威宁一带）分两路北上渡过金沙江，会合于“林木莫古”（洛俄依甘乡境内），逐渐发展到凉山各地。

解放前，境内除彝族外，其他民族极少。在奴隶主买卖，掳掠的奴隶中，有部分其他民族人口也逐渐融化为彝族。

民改后，境内其他民族人口逐渐增多，形成以彝族为主体的多民族的民族结构。1964年全县共有彝族、白族、回族、壮族、蒙古族、汉族等民族人口，彝族占总人口的93.15%。此后，随着经济的发展和人口的流动，民族人口结构有所变化。1982年，有彝族、蒙古族、回族、藏族、苗族、满族、畲族、汉族等民族，彝族占总人口的96.02%。1990年年底，全县有彝族、汉族等10个民族，彝族人口占97.1%。

据2000年第五次人口普查统计，2000年全县有汉族人口为3476人，占登记人口的1.97%；有少数民族人口172738人，占登记人口的98.03%。与1990年人口普查比较，汉族人口比重下降1.13%。

第二章　计划生育机构设置

第一节　领导机构

一、县计划生育协会

1991年，成立县计划生育协会。由县人民政府副县长任会长，人大常委会副主任、政府办主任、计生委主任、科协主席任副会长，有常务理事16人，理事38人，负责全县计划生育协会工作，1992年，龙窝等9个乡相继成立了计划生育协会，62人兼协会工作。之后随县领导班子的变动，计划生育协会人员随之变动。

二、县计划生育领导小组

1993年，成立县计划生育领导小组。由县长任组长，县委、县人大、县人民政府、县政协分管计划生育的领导、县计划生育协会会长、县计生委主任等6人任副组长，成员由县直有关部、委、办、局的主要负责人共33人组成，领导全县计划生育工作。之后随着领导班子的换届，领导小组人员随之变动。

三、县计划生育“三结合”工作协调小组

1996年，成立县计划生育“三结合”工作协调小组。“三结合”指计划生育与发展农村经济相结合、与帮助农民勤劳致富奔小康相结合、与建设文明幸福家庭相结合。协调小组的领导和成员与县计划生育领导小组相同。

第二节　行政机构

一、县人口和计划生育委员会（局）

1991年，县计划生育委员会位于美东路饮水巷，共有干部、职工8人。1998年6月，更名为计划生育局，原有股室、职能不变，共有行政人员7人，机关后勤人员2人。2002年3月，全县党政机构改革撤销宣传股并入办公室。2005年8月，更名为县人口和计划生育局，是年9月，增核行政执法编制2名。2006年5月，增加事业编制3人。至2009年年末，县人口和计划生育局内设办公室、规划统计财务股、政策法规股、计划生育协会，增设流动人口计划生育管理股、宣传教育和奖励扶助股，共有行政人员9人，事业人员2人，机关工勤人员1人，负责指导全县人口和计划生育工作。2008年，被凉山州人民政府评为州级计划生育优质服务先进县。2009年，被四川省人民政府评为省级计划生育优质服务先进县。

二、乡（镇）计划生育机构

1992年，撤区并乡，全县设立30个乡（镇）计划生育委员会，专职干部各1人。1994年12月，

恢复工委，增设9个片区计划生育办公室，36个乡（镇）计划生育委员会，设计生委（办）主任各1人。至2005年年底，全县有24个乡（镇）计划生育干部被任命为计生委（办）主任（享受乡科级副职待遇）。2009年，撤销工委，随之撤销工委计生办，保留36个乡（镇）计划生育委员会，有计划生育干部40人（其中，19人享受乡科级副职待遇）。

第三节　服务机构

一、县计划生育服务站

前身为县计划生育宣传技术指导站，由县计生委直接领导（正科级事业单位）。2002年4月，更名为计划生育服务站。2007年，该站编制增至15人。到2009年，有人员12人，其中，高级3人、中级3人、初级4人、后勤2人。

二、乡（镇）计划生育中心服务站

1992年，全县只有牛牛坝、依果觉2个乡成立了计划生育中心服务站。至2004年，共有乡计划生育医务人员10人。2008年，增设了候播乃拖、拉木阿觉、峨曲古、佐戈依达4个乡的计划生育中心服务站，全县乡计划生育服务站达到了6个，每个乡有事业编制3人。到2009年，全县各乡计划生育中心服务站只有医务人员8人。乡计划生育中心服务站属非营业性全额拨款的事业机构，隶属县人口和计划生育局管理。

第三章　政策措施

第一节　人口目标与管理

1993年起，为控制全县的人口增长，进一步完善人口计生目标管理责任制，每年州与县、县与各工委，乡（镇）党委、政府，乡与村层层签订了人口与计划生育目标管理责任书，每年进行目标考核，奖优罚劣；干部提拔、晋级、调资、评优等，均与计划生育目标管理完成情况挂钩。严格执行责任追究制，对未完成计划生育目标责任的，实行“一票否决”。对出现重大失误和工作抓得不力的人追究党政“一把手”责任，并给予“黄牌警告”；对人口计生工作抓得好的人予以表彰奖励。1996年以后，被告“黄牌警告”的单位有：1996年有2个工委，11个乡；2000年有2个乡；2008年有1个机关单位和1个乡。

1991—2009年目标任务完成情况一览表

表3–4

年份	出生率（‰）	自然增长率（‰）	计划生育率（符合政策生育率）（%）	节育率（综合避孕率）(%)
1991	17.68	9.67	87.03	83.46
1992	17.39	9.35	91.24	82.70
1993	19.51	11.51	87.00	81.00

续表 3-4

年份	出生率（‰）	自然增长率（‰）	计划生育率（符合政策生育率）（%）	节育率（综合避孕率）（%）
1994	15.3	6.15	89.26	85.40
1995	15.75	7.40	85.39	88.89
1996	18.00	10.40	87.57	86.97
1997	18.20	10.90	85.10	83.40
1998	17.38	10.21	86.89	86.74
1999	17.00	10.00	89.00	87.00
2000	16.13	10.71	87.15	89.46
2001	16.68	9.15	89.14	86.70
2002	12.79	6.85	91.00	82.34
2003	14.76	9.57	92.22	92.28
2004	15.15	9.20	94.47	92.92
2005	15.45	10.53	92.02	83.50
2006	13.60	8.50	89.30	84.60
2007	13.70	8.10	86.71	85.06
2008	15.40	9.00	87.00	84.60
2009	15.90	10.00	87.00	85.10

第二节　生育政策和指标管理

1991—2001 年，仍执行《四川省计划生育条例》和《凉山彝族自治州计划生育办法》规定的“一二二三”生育政策，即：汉族非农村人口，提倡一对夫妻只生育一个子女；夫妻双方为汉族农村人口，提倡一对夫妻只生育一个子女，经批准可以生育第二个子女；少数民族非农村人口和散居在低山、河谷地带的少数民族农村人口，经批准可以生育第二个子女；居住在边远、高寒地区的少数民族农村人口，经批准可以生育第三个子女。2002 年 10 月，修订实施《四川省人口与计划生育条例》。2003 年 8 月，四川省人大常委会批准实施《凉山彝族自治州实施〈四川省人口与计划生育条例〉的补充规定》后，至今的生育政策不变，除女方年龄在 30 周岁以上者外，汉族应当有 4 年的间隔时间，少数民族为 3 年。

2003 年起，县人口和计生局成立再生育审批小组，对全县要求生育第二个、第三个孩子的，严格按照《四川省人口和计划生育条例》和《凉山州实施〈四川省人口与计划生育条例〉的补充规定》的有关规定审批办理。

第三节　流动人口计划生育管理

2006年，成立县流动人口计划生育管理股，贯彻全国《流动人口计划生育管理办法》及省定实施细则，对流出人口通过严格审查，发给“流动人口婚育证明”；对流入人口，及时查验婚育证明，纳入本地管理，宣传计生政策及管理办法。同时，每年开展大清查1次，违法生育现象逐步得到有效控制。

第四节　计划生育优惠奖励政策

1997年，国家工作人员和城乡集体所有制企业职工，夫妻符合晚婚条件的，除国家规定的婚假外，增加婚假10天；实行晚育的，除国家规定的产假外，增加产假20天；办理独生子女证的再增加产假30天。2002年起，实行晚婚的除国家规定的婚假外，增加婚假20天；实行晚育的，除国家规定的产假外，增加产假30天，给予男方护理假15天；其他未变。

机关独生子女费从1991年的男孩7元、女孩12元提高到1997年的男孩26元、女孩34元，一次性奖励100元提高到1997年的400元，农村独生子女费每年300元提高到1997年的350元，并一次性奖励400元。2008年，调至一次性奖励500元。独生子女费发放从14周岁调至2002年开始的18周岁，至今仍然执行这个政策。

2004年以后，国家实施农村部分计划生育家庭奖励扶助政策，对实行了计划生育家庭中现存一个子女或两个女孩或子女死亡现无子女，男年满60周岁，女年满58周岁的每人每年奖励600元，自至亡故，到2008年年底，共有652人，2009年，新增21人，奖励扶助金每人每年增加120元，奖励金每年为720元，全额发放了奖励扶助金。2005年，实施计划生育“少生快富”工程，对已婚夫妇年龄在48周岁以下，且采取节育手术，自愿少生一个孩子的一次性奖励3000元，到2009年，共有13人得到奖励。

2006年起，开始建立了以政府为主、社会补充的人口和计划生育利益导向政策体系，县级各部门先后出台了在就业培训、晋职、评优、考调、合作医疗、扶贫项目、以工代赈和社会救济等方面给予优先照顾政策。

第四章　宣传教育和技术服务

第一节　宣传教育

1991年以后，坚持以“三为主”（以宣传教育为主、以避孕为主、以经常性工作为主）方针，开展形式多样的宣传、教育工作。县委、县人民政府每年都要在全县内组织一次以科技、文化、卫生和计划生育为主的“三下乡”活动，由县级领导带头参加。1998—1999年，全县广泛宣传“婚育新风进万家”和“关爱女孩”活动。2000年，重点宣传中共中央、国务院《关于加强计划生育工作稳定低生育水平的决定》。2002—2004年，大力宣传《中华人民共和国人口与计划生育法》《四川省人口与计划生育条例》和《凉山彝族自治州实施〈四川省人口与计划生育条例〉的补充规定》。2007年，重点宣传中共中央、国务院《关于全面加强人口和计划生育工作统筹解决人口问题的决定》。

2006—2007年，结合中央决定，围绕“倡导新风尚、培育新农民、争创新家庭、建设新农村”这一主题，把人口和计划生育宣传工作融入社会主义新农村建设之中。扎实推进生育文化阵地建设，建成了大桥至县城公路两旁永久性生育文化长廊6板、10幅；建成稽征所至电力公司生育文化一条街，悬挂灯箱20个；建成牛牛坝乡生育文化集镇，制作大型宣传牌坊3个，宣传画、标语、板报71幅，宣传栏2个；邀请省人口计生宣教中心专业人员分别建成洛俄依甘乡依波沃村、巴古乡牛洛村、觉洛乡觉洛村、峨曲古乡雷觉莫村4个生育文化大院。2008—2009年，建成计划生育村活动室暨“六个一”建设63个。

1999—2009年，全县共培训计生业务骨干10886人次，办宣传栏438期，张贴、悬挂标语17483幅，免费发放县计生局印制的宣传手册、惠民政策挂历、画报271470册（份、张），出动宣传车54辆（次）。通过开展宣传和培训活动，全县育龄群众逐渐转变婚育观念，晚婚晚育现象和农村独生子女家庭越来越多，全县人口和计划生育工作大体上呈逐年上升态势。

第二节　技术服务

计划生育优质服务是指以人为本、以人的全面发展为中心，以群众的需求为出发点，以稳定低生育水平、提高人口素质为目标，围绕生育、节育、不育开展优质服务，合理地利用和配置社会资源，以适应市场的发展和群众的需求，全面提高计划生育服务质量，促进人口和社会的全面发展。目标是：以避孕节育为重点，通过深化宣传教育，加强技术服务，组织群众参与，形成宣传、管理、服务融为一体的计划生育工作新格局。

1991年，坚持三孩以上的安环，但一部分群众依然存在陈旧的生育观念，逃避计划生育的现象比较严重，因而增加了计划生育服务工作的难度。1993年，贯彻以宣传教育为主、以避孕为主、以经常性工作为主的“三为主”方针后，将孕后管理转变为孕前管理。为有效控制无计划生育，对已婚育龄妇女实行定期“三查”工作（查环、查孕、查病）制度，做到早发现，及时补救，群众也越来越自觉地支持、参与计划生育工作。2004年来，计划生育技术服务工作按照国家、省人口计生委关于加强服务站规范化建设的要求，在新区建成设备齐全的5层办公大楼，并投入使用，内设门诊、住院、手术、化验、供应、咨询、妇检、B超、观察、宣传、保健、药具、治疗、办公等为一体的生殖保健服务中心，负责全县90%以上的计划生育常规手术及生殖保健服务。同时，又投入资金更新了阴超探头、B超、乳腺诊断仪、波姆光治疗仪、输卵管通液诊断治疗仪和15张床等医疗设备。2009年，中央扩大内需资金拨给了每个计划生育服务站20万元，先后建成了牛牛坝、依果觉两个乡计划生育服务站。1991—2009年，全县县乡两级服务站免费开展一年2次“三查”服务工作。

第四篇

中国共产党地方组织

第一章 中共组织机构

第一节 中共美姑县委组织机构

一、中共美姑县委

县委全体会议选举常务委员会委员、书记、副书记，常务委员会在委员会闭会期间行使委员会的职权。县委历届常委，均按照《中国共产党章程》《中国共产党地方委员会工作条例》和中央、省、州委的有关规定，切实履行职责，认真开展各项工作。

县委常务委员会工作职责：

（一）研究贯彻执行党的路线、方针、政策和国家法律、法规，传达学习贯彻上级重要会议、文件和指示精神；研究制定美姑县经济社会发展的任务、目标及措施；审议县人大常委会、县人民政府、县政协党组贯彻执行上级决议、决定及重要指示的实施方案、措施。

（二）研究决定需以县委名义发布的涉及全局工作的政策性文件和重要工作部署；需以县委名义报州委的重要文件；审议县委常委会向县党代会和全委会的工作报告；研究确定召开县党代会、县委全委会以及提交县党代会、全委会的有关事项。

（三）研究决定或审议全县经济建设和社会发展方面的重大问题。

（四）研究决定全县党的建设的重要事项。

（五）研究决定维护和发展民族团结、和谐稳定的重要事项。

（六）研究县人大常委会党组、县人民政府党组、县政协党组、县人武部党委、县纪委、县人民法院党组、县人民检察院党组向县委的重要工作汇报和重要请示事项。

（七）研究乡（镇）和县级部门以及各人民团体、经济组织、文化组织等党委（党组）、总支（支部）请示、报告的重要问题；研究县委常委按分工在特殊情况下对关系重大的事项处理后，需要向常委会报告的问题。

（八）研究决定需要由县委常委会决定的其他事项。

第六届美姑县委书记、副书记、常委名录

表 4-1 （1990.4）

职　务	姓　名	性　别	民　族	任职时限	备　注
书记	蔡辉甫	男	彝族	1990.4—1993.4	
副书记	蒋明清	男	彝族	1988.4—1991.11	
副书记	沈才能	男	汉族	1990.11—1993.8	
副书记	周友苏	男	汉族	1991.8—1993.4	省委下派
副书记	韩昌群	女	汉族	1991.3—1993.4	
副书记	杨再友	男	彝族	1993.1—1993.8	
常委	马小林	男	彝族	1990.6—1993.4	
常委	曲比木曲	男	彝族	1990.6—1993.4	

续表 4–1

职　务	姓　名	性　别	民　族	任职时限	备　注
常委	沙马木乃	男	彝族	1990.6—1993.4	
常委	杨为民	男	彝族	1990.6—1993.4	
常委	吉牛木果	男	彝族	1991.11—1992.9	

第七届美姑县委书记、副书记、常委名录

表 4–2　（1993.4）

职　务	姓　名	性　别	民　族	任职时限	备　注
书　记	何荣修	男	汉族	1993.8—1996.10	
书　记	达久木甲	男	彝族	1996.10—1998.2	
副书记	杨再友	男	彝族	1993.1—1993.8	
副书记	韩昌群	女	汉族	1993.4—1996.8	
副书记	木乃补惹	男	彝族	1993.4—1993.5	
副书记	周友苏	男	汉族	1993.4—1993.6	省委下派
副书记	曲比木曲	男	彝族	1994.3—1996.4	
副书记	沙马古日	男	彝族	1994.3—1998.2	
副书记	蒋昌立	男	汉族	1995.3—1996.10	省委下派
副书记	王洪涛	男	汉族	1996.1—1998.6	省委下派
副书记	李生洪	男	汉族	1996.6—1999.11	
副书记	达久木甲	男	彝族	1996.5—1996.10	
常委	何荣修	男	汉族	1993.4—1993.8	
常　委	马小林	男	彝族	1993.4—1998.2	
常　委	吴锦屏	男	汉族	1993.4—1997.11	
常　委	柯昌伟	男	汉族	1993.4—1998.1	
常　委	方　明	男	汉族	1993.8—1996.9	
常　委	黑吉木呷	男	彝族	1993.8—1996.9	
常　委	李生洪	男	汉族	1994.1—1996.6	
常　委	甘友发	男	彝族	1994.8—1995.5	
常　委	苏　杰	男	汉族	1996.6—1998.5	
常　委	赤沙贵	男	彝族	1996.9—1998.8	
常　委	曹　泉	男	汉族	1996.9—2003.1	

第八届美姑县委书记、副书记、常委名录

表 4–3　　（1998.2）

职　务	姓　名	性　别	民　族	任职时限	备　注
书　记	达久木甲	男	彝族	1998.2－2001.2	
书　记	马小林	男	彝族	2001.2—2003.1	
副书记	马小林	男	彝族	1998.2—2001.2	
副书记	李生洪	男	汉族	1998.2—1999.11	
副书记	阿培拉门	男	彝族	1998.2—2003.1	
副书记	杨富勇	男	汉族	1999.12—2003.1	
副书记	沈鲁清	男	彝族	2000.8—2005.9	
副书记	曹　泉	男	汉族	2001.5—2003.1	
副书记	刘甘娜	女	彝族	2002.1—2003.1	
副书记	阿比合几	男	彝族	2002.5—2003.1	
副书记	丁廷孝	男	汉族	2002.6—2003.1	省委下派
常　委	曹　泉	男	汉族	1998.2—2001.5	
常　委	赤沙贵	男	彝族	1998.2—1998.8	
常　委	牛巴马洛	男	彝族	1998.2—2003.1	
常　委	刘甘娜	女	彝族	1998.2—2003.1	
常　委	龙富君	男	彝族	1998.2—2003.1	
常　委	方　虹	女	汉族	1998.2—2003.1	
常　委	吉古尔石	男	彝族	1998.2—2001.6	
常　委	蒋志亮	男	汉族	1998.8—2000.1	
常　委	苗绍联	男	汉族	2000.1—2000.8	
常　委	尼洛石日	男	彝族	2000.8—2003.1	
常　委	龚茂江	男	汉族	2002.4—2003.2	省委下派

第九届美姑县委书记、副书记、常委名录

表 4–4　　（2003.1）

职　务	姓　名	性　别	民　族	任职时限	备注
书　记	马小林	男	彝族	2003.1—2005.10	
书　记	黄　凤	男	汉族	2005.10—2008.9	
副书记	沈鲁清	男	彝族	2003.1—2005.10	
副书记	阿比合几	男	彝族	2003.1—2008.9	
副书记	龙富君	男	彝族	2003.1—2006.10	
副书记	丁廷孝	男	汉族	2003.1—2006.10	
副书记	高为民	男	汉族	2003.4—2006.9	
副书记	周大海	男	彝族	2003.5—2006.9	

续表 4-4

职　务	姓　名	性　别	民　族	任职时限	备注
副书记	李大中	男	汉族	2004.8—2006.7	
副书记	曲木克古	男	彝族	2005.10—2008.9	
常　委	尼洛石日	男	彝族	2003.1—2005.7	
常　委	代　兵	男	汉族	2003.1—2006.9	
常　委	梁跃红	女	汉族	2003.1—2006.10	
常　委	海来史古	男	彝族	2003.1—2006.10	
常　委	吉觉拉莫惹	男	彝族	2003.1—2006.10	
常　委	刘若尘	男	汉族	2003.1—2006.9	
常　委	龚茂江	男	汉族	2003.2—2004.2	
常　委	郝　曜	男	汉族	2004.8—2006.11	
常　委	周启明	男	汉族	2005.7—2006.6	

第十届美姑县委书记、副书记、常委名录

表 4-5　　（2006.10）

职　务	姓　名	性　别	民　族	任职时限	备　注
书　记	黄　凤	男	汉族	2006.10—2008.10	
副书记	曲木克古	男	彝族	2006.10—2008.10	
副书记	阿比合几	男	彝族	2006.10—2008.9	
书　记	曲木克古	男	彝族	2008.10—2011.11	
副书记	子克拉格	男	彝族	2008.10—2011.11	
副书记	刘若尘	男	汉族	2008.10—2011.11	
常　委	黄少虎	男	汉族	2006.10—2011.10	
常　委	吉觉拉莫惹	男	彝族	2006.10—2011.10	
常　委	熊志华	男	彝族	2006.10—2011.10	
常　委	沙明英	女	彝族	2006.10—2011.10	
常　委	邓明琨	男	汉族	2006.9—2011.10	
常　委	毛正华	男	彝族	2006.10—2011.10	
常　委	何云胜	男	汉族	2006.10—2008.8	
常　委	阿木布沙	男	彝族	2006.9—2008.10	
常　委	黄　林	男	汉族	2007.12—2010.5	省委下派
常　委	张金文	男	汉族	2008.8—2010.5	
常　委	马海车都	男	彝族	2008.10—2011.10	
常　委	戴　勇	男	汉族	2010.5—2011.10	
常　委	毛建党	男	汉族	2010.5—2012.7	
常　委	罗炳贵	男	白族	2009.8—2010.5	

二、中共美姑县委工作机构

（一）县委办公室

1991年，中共美姑县委办公室共有干部职工15人，其中，公务员10人，工勤人员5人。是年，县委办公室党支部改选，改选后的党支部委员由五人组成。1995年，县委办公室领导班子调整后由主任1名、副主任2名组成。5月，县委政策研究室与县经济体制改革委员会办公室（简称“体改办”）合署办公。1998年6月，撤销县保密委员会办公室、县委政策研究室、县委党史研究室，其职能归并县委办公室。保留县委机要科，归口县委办公室管理，级别不变。8月，县委办公室设立秘书一股、秘书二股、综合股、行政管理股。2002年2月，县委农村工作领导小组办公室并入县委办公室，挂县委农村工作领导小组办公室牌子，行使县委农村工作职能。2005年7月，县委办公室设中共美姑县委维护社会稳定领导小组办公室（正科级），由县委办公室副主任兼任主任职务。2007年5月，成立中共美姑县委维护社会稳定领导小组及其办公室。7月，经县机构编制委员会研究同意，成立“美姑县政策研究室”，与县委办公室合署办公，设主任1名（正科级）。2009年年末，县委办公室共有干部职工23人。1991—2009年，马小林、方虹、吉觉拉莫惹、毛正华先后任县委办公室主任。

（二）县委组织部

1991 年，挂靠县委组织部的有老干部局和审干办。1998 年 7 月，撤销审干办。县委组织部机关内设有办公室、干部股、组织股，行政编制 16 人，机关后勤服务人员事业编制 1 人。县直属工委、老干部局归并县委组织部，挂直属工委、老干部局两个正局级单位牌子。2003 年 10 月，设干部监督股。2004 年 5 月，在组织部增设人才工作领导小组办公室，核定事业编制 2 人，不定级别。7 月，美姑县成立人才开发暨知识分子工作领导小组办公室，归口县委组织部管理，副科级行政机构。2005 年 1 月，县直属工委单列为正科级行政单位。4 月，成立党建办。截至 2009 年年底，县委组织部归口管理县委老干部局、县委党建办、县人才开发暨知识分子工作领导小组办公室。部机关内设办公室、组织股、干部股、干部监督股，共有干部职工 15 人。1991—2009 年，沈才能、吴锦屏、李生洪、苏杰、龙富君、梁跃红、邓明琨先后任县委组织部部长。

（三）县委宣传部

县委宣传部是县委主管意识形态方面工作的综合职能部门，内设办公室、理论股、精神文明办、美姑记者站、对外宣传办公室（政府新闻办公室）。2009 年，成立县社科联、县摄影家协会 2 个社会团体，由县委宣传部管理。编制 15 人，在编 12 人。全县 9 个片区工委、36 个乡（镇）配有专（兼）职宣传委员 34 人。1991—2009 年，阿培拉门、方虹、刘若尘、沙明英先后任县委宣传部部长。

（四）县委统战部

县委统一战线工作部（简称统战部）于 1956 年 12 月成立，到 1968 年“文化大革命”开始后，统战部瘫痪，工作停止。1974 年 4 月，恢复县委统战部工作。2002 年县委统战部机关有行政编制 5 人。领导职数：部长 1 人，副部长 2 人。2007 年县委换届至 2009 年，由县委常委兼任县委统战部部长。2009 年，县委统战部重新核定行政编制 4 人。实有工作人员 6 人，即：县委统战部部长、常务副部长（兼县工商联主席）、县委对台工作办公室副主任各 1 名，办公室工作人员 3 名。县委统战部设办公室、县委对台工作办公室 2 个内设机构。

1958—2009 年，李文秀、罗汉文、魏玉则、李祥楷、沙马木乃（彝族）、吉以格布（彝族）、邓明琨先后任县委统战部部长。

（五）县委政法委

1990 年 5 月，县委政法领导小组更名为县委政法委，办公地点在县公安局，经费挂靠县公安局，编制5人，实有人数3人，其中，县处级1人，区科级2人。1996年，设立政法委办公室（股级机构）。1998年8月，增设执法督查督办室、研究室、综治办3个职能股室。2007年，机构名称为“中共美姑县委政法委员会”，内设机构有办公室、执法督查督办室、综治办。有行政编制7人，实有人数8人。2008年7月，政法委工会成立。11月，县编办再次核编，行政编制6人，工勤编制1人，实有人数9人。2009年，对政法委部分职能机构进行升级配置，将县委政法委副书记和政治处主任按正科职配备、办公室、督办室负责人按副科职配备；县综治办主任按正科职配备，副主任按副科职配备。1991—2009年，杨为民、黑吉木呷、牛巴马洛、海来史古、阿布木沙、马海车都先后任县政法委书记。

（六）县委政策研究室

1983年12月，中共美姑县委设立县委调查研究室。1986年6月，县委调查研究室改为县委政策研究室。1995年5月，县委政策研究室与县经济体制改革委员会办公室合署办公。1998年6月，撤销县委政策研究室，其职能归并到县委办公室。2005年5月，美姑县委办公室内设机构政策研究室升格为正科级。

（七）县直属机关工委

1958年9月，建立中共美姑县直属机关总支部委员会。1963年，停止工作。1972年5月，建立中共美姑县直属机关委员会。1995年5月，更名为中共美姑县直属机关工作委员会，单位性质由一级基层党委转变为县委派出机构。1998年7月，县直属机关工委归并县委组织部。截至2009年年底，县直属机关工作委员会人员编制核定为2人，均为行政编制：领导职数2人，设书记1人，副书记1人。

（八）县委老干部管理局

1971年12月25日，成立中共美姑县委组织部老干部科。1986年4月，更名为中共美姑县委组织部老干部局。1998年7月，县委老干部局归并县委组织部。截至2009年年底，县委老干部局人员编制核定为2人，均为行政编制：领导职数2人，设局长1人，副局长1人。

（九）县国家保密局

1983年，美姑县保密委员会成立及办公室，属县委职能部门。1998年，因机构改革，保密委员会及办公室撤销。2002年8月，恢复“中共美姑县保密委员会办公室”，归口县委办公室统一管理，对外挂美姑县国家保密局的牌子，机构级别为正科级行政单位，设主任（局长）1名，工作人员1名，人员经费由县财政解决。2003年，保密工作纳入各级党委政府的目标管理。2004年，恢复中共美姑县委保密委员会。2007年，调整充实中共美姑县委保密委员会，由县委副书记担任委员会主任，县委办公室主任和县人民政府办公室主任任副主任，县纪委、组织部、保密局、外侨办、外宣办、教育局、机要局等部门主要负责人为成员。

（十）县信访局

1991—1998年6月，中共美姑县委、美姑县人民政府信访局属“两块牌子一套班子”，县委挂信访办牌子、政府挂信访局牌子。1998年6月撤销中共美姑县委、美姑县人民政府信访局，将其职能分别划归县委办公室和县人民政府办公室。3名信访工作人员随编划入县人民政府办公室。2004年7月，设立中共美姑县委、美姑县人民政府信访局。在县委办公室挂“信访办公室”牌子，在县人民政府办公室挂“信访局”牌子，级别为正科级行政机关（实行“两块牌子，一套班子”的体制管理）。2005年4月，中共美姑县委、美姑县人民政府信访局正式组建，单位内设办公室、督查室、接待室3个科室，核定行政编制9人，事业编制1人。到2009年，信访局有干部职工9人，其中，正式职工8人、临时工1人。

（十一）县委审干办公室

1957年2月，成立中共美姑县委审干办公室。县委审干办公室人员编制2人，主任1人，副主任1人。1998年7月，撤销审干办。

（十二）县委党史办公室

1985年2月，县委成立党史工作委员会及其办公室。1987年4月，党史办公室完成《中共美姑县组织史资料》收集整理和印刷工作。1998年7月，党史办在全县机构改革中撤销，其职能归并美姑县委办公室。

（十三）县委对台办公室

2003年2月，美姑县委成立县委对台工作委员会，并相应设立对台工作办公室，设办公室主任（有统战部长兼任）、专职副主任。该单位挂靠县委统战部，没有单独设立人员编制和工作经费。

（十四）县委党校

县委党校1963年3月建于甲谷，1982年3月迁至俄普区，1986年搬迁至县城海子路1号，占地面积5460平方米，建筑面积2072.5平方米。2005年7月，因党校改扩建迁至县卫生局一楼租房办公。全校编制为12人，现有职工10人。党校校长由县委副书记兼任，设常务副校长1人主管全面工作，副校长1人协助管理。1991—2009年，沈才能、何荣修、曲比木曲、李生洪、杨富勇、高为民、阿比合几先后任县委党校校长。

（十五）县机构编制办公室

县机构编制办公室是县委、县人民政府双重领导的正科级行政部门，现有行政编制3人，机关工勤人员编制1人，实有在职人员4人，其中，主任1名，副主任1人，副主任科员1人，高技工1名。2005年，设立美姑县事业单位登记管理局（行政副科级），归口县编办管理合署办公。

第二节　中共美姑县纪委

1991年，县纪委设办公室、纪律检查室、案件审理室、控告申诉室、党风廉政建设室5个内设科室。1991—1992年，全县8个区、45个乡（镇）均建立纪检组，并配备专兼职纪检组长和纪检员。撤区并乡期间纪检机构减少23个。1992年，县监察局内设机构变动为1室3股（办公室、监察股、案件审理股、信访股）。1993年4月，县纪委和县监察局合署办公，合署办公后，实行一套工作机构、两个机关的体制，履行党的纪律检查和政府行政监察两项职能。6月，纪律检查室更名为“纪检监察室”。同时增设“党风廉政建设室”。1994年，全县9个片区、36个乡（镇）、8个县级机关配备了纪检组组长。1998年12月，设立执法监察室。2000年8月，成立县监察局党组。至2000年年底，全县共54个单位配备纪检组组长（含公安局纪委书记）、纪检员54人。2002年3月，全县机构改革，县纪检监察内设机构增设为7个，即办公室、纪检监察室、案件审理室、控告申诉室、党风廉政建设室、执法监察室、宣传教育室。2005年9月，中共美姑县纪委控告申诉室更名为“中共美姑县纪委信访室、美姑县监察局举报中心”。2006年，全县21个县级机关配备纪检组组长，各乡（镇）在换届中均成立由3人组成的乡纪委。10月15日，县第十次党代表大会选举产生第十届县纪委委员。2009年3月8日，设立行政效能监察室（挂“机关效能投诉中心”牌子）。1991—2009年，沙马木乃、柯昌伟、刘甘娜、龙富君、熊志华先后担任县纪委书记。

第三节　基层党组织

1991年，县委下设46个党委，其中乡（镇）党委45个，县直属机关党委1个。机关部门党组13个，区、乡机关党支部72个，村党支部285个。

1992年，调整区、乡（镇）建制，县委下设31个党委，其中乡（镇）党委30个，县直属机关党委1个。1994年，重新设立8个片区工委，恢复树窝、尼哈、哈洛、子威、乐约、尔合6个乡建制。此后，县委下设党委37个，其中，镇党委1个，乡党委35个，县直属机关党委1个。

截至2009年年底，全县有36个乡（镇）党委和县公安局党委，443个党支部，15个党总支，6582名党员。

第二章　中共美姑县重要会议

第一节　中共美姑县党代会

一、第七次党员代表大会

1993年4月6—9日，中国共产党美姑县第七次代表大会召开。大会应到代表273人，实到代表273人，列席代表35人，特邀代表2人，代表全县4406名党员。大会听取和审议了县委书记代表中共美姑县第六届委员会所作的题为《加快改革开放和脱贫致富步伐为争取我县“两个文明”建设的更大胜利而努力奋斗》的工作报告。大会听取和讨论通过了县纪委所作的美姑县纪律检查委员会的工作报告。

大会选举产生中共美姑县第七届委员会委员24人，候补委员3人；选举产生中国共产党美姑县纪律检查委员会委员13人。1993年4月10日，中共美姑县第七届委员会第一次全体会议选举常委8人；选出副书记4人。是年8月，上级党委任命何荣修为书记。

二、第八次党员代表大会

1998年2月15—18日，中国共产党美姑县第八次代表大会在县城召开。大会应到代表201人，实到代表201人，列席代表47人，代表全县4987名党员。大会听取和审议了县委书记代表中共美姑县七届委员会所作的题为《在中国共产党美姑县第八次代表大会上的报告》的工作报告。报告总结了美姑县1993—1998年贯彻执行党的路线、方针、政策，如期完成“八五”计划和县第七次党代会确定的目标；提出1998—2003年的奋斗目标和主要措施，并作出了相应的决议。大会还听取和讨论通过了县纪委所作的美姑县纪律检查委员会的工作报告。

大会选举产生中共美姑县第八届委员会委员27人，候补委员4人；选举产生中国共产党美姑县纪律检查委员会委员15人。1998年2月19日，中共美姑县第八届委员会第一次全体会议选举常委11人；选举书记1人（彝族），副书记3人（彝族2人）。

三、第九次党员代表大会

2003年1月5—8日，中国共产党美姑县第九次代表大会在县城召开。大会应到代表219人，实到代表219人，列席代表58人，代表全县5488名党员。大会听取和审议了县委书记代表中共美姑县八届委员会所作的题为《全面贯彻落实“三个代表”重要思想加快推进美姑县经济社会发展新跨越》的工作报告。报告总结了美姑县1998—2003年经济建设、改革开放、扶贫工作、精神文明建设、民主法治建设和党的建设各项工作；提出了今后五年的奋斗目标和主要措施，并作出了相应的决议。大会还听取和讨论通过了县纪委所作的美姑县纪律检查委员会的工作报告。

大会选举产生中共美姑县第九届委员会委员28人，候补委员3人；选出中国共产党美姑县纪律检查委员会委员14人。2003年1月8日，中共美姑县第九届委员会第一次全体会议选举常务委员10人；选举书记1人（彝族），副书记3人（均为彝族）。

四、第十次党员代表大会

2006年10月12—15日，中国共产党美姑县第十次代表大会在县城召开。大会应到代表229人，实到代表226人，列席代表71人，代表全县5800名党员。大会听取和审议了县委书记代表中共美姑县九届委员会所作的题为《全面贯彻落实科学发展观为推进美姑经济社会又好又快发展而努力奋斗》的工作报告。报告总结了美姑县2003—2006年国民经济建设、“三农”工作、“三项整治”及工业经济、扶贫开发、基础设施建设及经营城市、精神文明建设、政治文明建设和党的建设各项工作；提出了2006—2011年的奋斗目标和战略措施，并作出了相应的决议。大会还听取和讨论通过了县纪委所作的美姑县纪律检查委员会工作报告。

大会选举产生中共美姑县第十届委员会委员29人，候补委员6人；选举产生中国共产党美姑县纪律检查委员会委员27人。2006年10月15日，中共美姑县第十届委员会第一次全体会议选举常务委员11人；选举书记1人，副书记2人（均为彝族）。

第二节　中共美姑县委常委会

一、中共美姑县第六届委员会常委

任期：1990年6月—1993年4月。其中，1991—1992年共召开常委会议23次。

主要内容：学习贯彻七中全会、省委五届八次全委（扩大）会议、州委三届三次全委（扩大）会议、江泽民“七一”讲话、全省扶贫工作会议、全州组织工作会议和州委组织部“关于召开党委（党组）民主生活会的通知”精神。研究部署县委六届二次全会、扶贫、城市经济等会议的筹备工作。学习贯彻十四大文件、州委换届选举工作会议精神。研究撤区并乡后各区乡班子调配、县级机关党组成员调配、招聘干部转正、水电局招工、公安局调人、干部处分等问题。研究同意成立县税务局党组。讨论研究关于召开县委六届五次全委（扩大）会议、上半年县财政预决算有关问题。

二、中共美姑县第七届委员会常委

任期：1993年4月—1998年2月。共召开常委会议111次。

主要内容：1993年，传达贯彻全州政法、农业、乡（镇）企业、组织部部长、经济、分税制会议精神，以及州委全委会、省党代会、省委紧急会议、省长肖秧在省级机关负责人会议上的讲话、江泽民总书记关于当前经济工作的文章、省委政协工作会议、中央6号文件和中央7号文件精神。研究部署县第七次党代会筹备、政法和社会治安、经济、教育、分税制、机构改革、党组等工作。研究企业转换经营机制工作和定乡扶贫单位工作。通报中共美姑县七届一次全委会主要内容，研究召开七届二次全委会有关事宜。

1994年，学习贯彻十四届四中全会、全州政法工作会议、工资改革会议和全州党建工作会议精神。研究干部待遇、工转干、招聘干部、招聘干部转正、专业职称的确定、干部违纪处理等工作。听取并研究部署乡（镇）党委换届工作和稳定工作，并调整充实科局级领导班子。研究决定成立县工商联。讨论修改并通过当年县委工作要点。

1995 年，学习贯彻中央 4 号文件、全国科技大会电视会议、全州乡（镇）换届选举工作会议、州委三届十二次全委会等精神。研究“下山指标”、补充党组成员、下派干部锻炼、调整干部工作。研究召开全委会、经济工作会、组织工作会、纪检工作会、宣传工作会有关事宜。研究部署计划生育、企业改革、稳定工作。对州党代表、人大代表、政协委员进行酝酿、讨论、审议并交有关会议选举确定。

1996年，学习贯彻省州公安、计划生育、教育等工作会议精神，研究部署全县有关工作。研究人事、处理违纪干部工作。研究县委领导调整充实后的分工问题。

1997 年，研究人事、违纪干部处理、机构编制、项目建设、县两会筹备、常委分工等工作。

三、中共美姑县第八届委员会常委

任期：1998 年 2 月—2003 年 1 月。共召开常委会议 74 次。

主要内容：1998 年，研究县委常委分工、机构改革、人事调整。研究部署公安等工作。研究处理洪溪伐木场经营管理混乱、佐典大桥垮塌事故等问题。

1999 年，学习贯彻全州纪检、组织、宣传工作会议精神。研究人事任免、干部调配、干部考录、干部待遇、干部违纪处理和公安工作等。

2000 年，传达贯彻省、州工作会议精神。研究人事任免、干部调配、干部待遇、干部提拔、违纪干部处理。研究县委副书记、常委分工。研究部署政法、党风廉政建设、退耕还林、思想政治工作。

2001 年，学习贯彻党的十六届六中全会精神，研究部署党风廉政建设、组织、宣传、统战、政法、安全生产、“严打”斗争、“2 号病”防治、建党 80 周年活动、领导班子创“四好”活动、教育、党校、畜牧工作。研究干部调动、违纪干部处理、毕业生分配就业、乡（镇）换届、机构改革、个别部门班子配备。讨论确定县委、县人民政府提出的“十要十不要”。

2002 年，研究医疗体制改革、项目建设、农村税费改革。审定党风廉政建设责任制先进集体、社会治安综合治理先进单位名单。听取并研究退耕还林中干部违纪处理。研究工转干、大中专毕业生分配等人事工作。听取并研究干部作风工作。研究部署第九次党代会、第十一次人代会、第十一次政协会有关准备工作。

四、中共美姑县第九届委员会常委

任期：2003 年 1 月—2006 年 10 月。共召开常委会议 76 次。

主要内容：2003 年，研究人事任免、工转干、干部调配、干部待遇、违纪干部处理。研究县委领导分工、常委会自身建设和议事规则。研究十一届一次人代会、政协会有关事项。研究党风廉政建设和反腐败工作。学习传达全省民营经济发展、全州党风廉政建设和人才、党校、党报党刊发行等工作会议精神。研究援州干部、组织、党校工作。研究团县委第七次代表大会有关事项。

2004 年，传达中央、省、州有关工作会议精神。传达贯彻州委书记吴靖平在美姑检查指导工作时的讲话精神。研究组织、政法、党校、文化体育旅游、科技人才、信访、外援项目、大中专毕业生就业、干部调动、干部待遇、人事任免。研究毕摩文化工作。研究部署“三项整治”、党风廉政建设和反腐败工作。研究确定拟表彰的各类先进集体和个人。

2005 年，传达全州组织、统战、党校、经济审计、史志会议、信访会议等工作会议精神。研究十一届三次人代会、十一届三次政协会、九届三次全委会、第七次团代会有关事宜。研究部署“保持共产党员先进性教育活动”工作。研究农村工作、农村党建、维护稳定工作、人事任免、县级后备干部、经费请示等事项。研究确定拟表彰的各类先进集体和个人。

2006 年，传达贯彻州委五届九次全委会、民族、党管武装、政法、组织、纪委、信访、维稳等工作会议精神。研究部署县两会筹备工作、2006 年县人民政府承办的 12 件实事、计划生育、工委、柳洪电站协调服务、马铃薯加工、退耕还林、安全生产等工作。研究县乡两级换届、干部调配、干部任免、干部提拔、干部交流、公开考录“毕摩文化艺术团”演职人员和小学教师等工作。审定 2005 年度党风廉政建设先进单位名单、拟表彰的优秀村党支部书记人选名单。研究中国共产党美姑县第十次代表大会有关事宜。听取并研究 2005 年县财政预算执行情况。

五、中共美姑县第十届委员会常委

任期：2006 年 10 月—2011 年年底。截至 2009 年年底，共召开常委会议 77 次。

主要内容：2006 年 10—12 月，研究县级换届及两会有关事宜。听取并研究乡（镇）换届、人事任免、干部调配等工作。

2007 年，主要传达贯彻全州两会、组织、信访维稳、安全生产、新型农村合作医疗等工作会议精神。研究人事任免、干部调配、干部待遇、经费请示等工作。听取县纪委关于干部违纪案件调查处理意见。审定各类拟表彰的先进集体和先进个人名单。研究部署工业强县、“两基”攻坚、平安创建、信访维稳、计划生育、烤烟工作。研究落实常委会议事规则、县委工作规则。

2008 年，学习贯彻省、州两会、经济发展、社会稳定、综合治理等工作会议精神。听取关于全县工业经济、党风廉政建设、乡（镇）机构改革、水电开发、信访维稳、平安创建、禁毒、计划生育、教育、“两基”攻坚、卫生、专项整治、外援项目、农业农村工作、扶贫开发、防震救灾、财政金融等工作汇报。听取县纪委关于违纪案件调查处理的意见。审定各类拟表彰的先进集体和先进个人名单。研究干部人事任免、编制、调配、目标考核、新区移民安置、县委常委会会务工作实施细则等。

2009 年，传达学习省、州经济发展、政法、维稳、党风廉政、纪检监察会议精神，研究干部管理，党风廉政建设、人事任免、干部待遇、人才、老干部工作、编制、重大项目建设、抗灾救灾、灾后重建、财政金融等工作。听取县纪委关于干部违纪案件调查处理意见及对县电力公司进行战略重组的意见。听取公安队伍、司法基层建设、县工商联换届筹备、人民武装、实践科学发展观等工作汇报。研究部署工业经济、政法队伍建设、平安创建、信访维稳、禁毒防艾、宣传、科技、“两基”教育、卫生、计划生育、灾后恢复重建、城乡环境、违章乱搭乱建、扶贫、水电开发、林业生态建设、畜牧体制改革、交通建设、安全生产、招商引资、督查督办、“三房”改造、新村建设及烟叶生产等工作。

第三章　重大决策和决议、决定

第一节　重大决策

一、以农兴工，以工促农

1996 年，根据中央“决不放松粮食生产，积极发展多种经营”的方针，提出了“以开发资源为依托，以科学技术为先导，以市场需求为导向，以经济效益为核心”的经济发展思路。2000 年，美姑县八届四次会议提出实施“34511”战略，即强化 3 个基础（粮食生产、基础设施建设、教育科技），培育 4 大支柱（畜牧业、林果业、国有企业和乡（镇）企业、非公有制经济），狠抓 5 个项目（优质梨、美姑山羊和岩鹰鸡、干果、烤烟、白魔芋），打好 1 张牌（扶贫攻坚），实现 1 个目标（富民兴县）。2004 年 2 月，中共美姑县第九届委员会五次会议确定了继续按照“34511”经济发展思路，围绕建设“畜牧大县”和“林业大县”目标，强化农业基础地位，狠抓粮食生产，继续抓好烤烟生产、优质梨和白魔芋等“双增”项目以及核桃为主的干果业，认真实施“以水电开发为龙头，大力发展高耗能产业，形成县域工业经济支柱，带动其他产业发展”的经济发展战略。

二、实施西部大开发战略

2000 年 4 月，成立了美姑县西部大开发领导小组，结合“三讲”（讲学习、讲政治、讲正气）教育活动，广泛开展了宣传动员和学习教育。在此基础上，结合美姑实际，制定了加快发展交通、电网通信、广播电视网络、城市发展和农村水利等基础设施建设的规划和措施，并逐项落实。

三、美姑县经济和社会发展“十五”计划和工作远景目标规划的建议

2000年10月，县委、县人民政府成立了美姑县“十五”计划和2010年远景规划编制协调领导小组，领导小组组织有关部门进行了专题研究和编制计划（规划）草案，并对研究课题和行业规划草案分别进行评审，《美姑县国民经济和社会发展第十个五年计划和 2010 年远景目标规划纲要》的建议，经第十届人民代表大会第四次会议审议通过。

四、服务美姑河流域梯级水电开发建设

2003 年 6 月，由中国水电工程顾问集团公司、中国水利水电工程建设集团公司、中国电力工程顾问集团公司、成都勘测设计研究院四家单位共同出资组建成立四川美姑河水电开发有限公司。计划用 10 年左右的时间完成美姑河干流 5 个梯级水电站开发，五级电站规划总装机容量为 50 万千瓦，年发电量 26 亿千瓦时。

县委调整经济和社会发展战略，树立以大项目带动大发展，在发展中支援建设，在服务中促进发展的理念，立足美姑实际，狠抓基础设施配套建设，大力发展农业主导产品和第三产业，把为柳洪电站建设提供优质、便捷、高效的后勤服务作为县域经济发展的重要战略，以积极主动、诚实守信为准则，全方位、多层次优质服务为目标，全力以赴，支援和服务柳洪电站建设。成立了移民局，开展移民工作的宣传、发动和前期准备。

第二节　重要决议、决定

一、完善农村双层经营责任制

1991 年 2 月，县委、县人民政府作出决定，继续实行以家庭联产承包为主的责任制，建立统分结合的双层经营体制，消除基层干部群众担心政策变的后顾之忧。抽调了 40 名机关干部组成指导小组，分赴各乡（镇），配合乡（镇）党委完成了农村双层经营合作制的工作。

二、依靠科技进步振兴美姑经济

1992 年，县委、县人民政府制定了《关于依靠科技进步，振兴美姑经济的决定》，提出了科教兴县的战略，阐述了今后 10 年美姑科技发展的方针政策，要求切实采取措施，把工作重点转移到依靠科技进步和提高劳动力素质的轨道上来，注意科技资源的合理配置和有效利用，走上可持续发展的道路。

三、加快发展乡（镇）企业的决定

1993 年 8 月，县委、县人民政府制定了《关于加快发展乡（镇）企业的决定》，要求各乡（镇）要把发展乡（镇）企业放在经济发展的主体地位，坚持一手抓农业，一手抓乡（镇）企业。实行“多轮驱动”“多轨运行”，放手发展户办、联办、私营企业、股份合作制、“三资”企业，鼓励不同所有制的企业平等竞争。

四、行政事业单位机构改革

1993 年，县委对县级机构进行了初步改革。1998 年 6 月，县委、县人民政府制定了《美姑县党政机构改革方案》，由县编委对全县各单位进行“三定”（定机构、定职能、定编制）工作。改革后，县级党政工作机构由原来 62 个减少到 28 个，精减 54.83%。县级机关行政编制 380 人，政法编制 185 人。县级机关后勤事业编制原则上按机关行政编制的 10%左右核定配备，对精简的人员进行了妥善安排。

五、企业改革

1996 年 10 月，县委、县人民政府制定了《美姑县企业产权制度改革试行办法》。2004 年 5 月，根据省、州的要求，再次制定了《美姑县企业改革的实施意见》。通过两个文件的贯彻实施，对全县国有企业进行了深化改革。

六、加快民营经济发展

2003 年 10 月，作出了《关于加快民营经济发展的实施意见》。制定了一系列发展民营经济的措施，实行平等对待，放宽了市场准入条件，除国家明令禁止、限制和淘汰的投资领域外，所有竞争性领域和对外开放的领域，都以同等条件和政策对民营资本开放。且不限地域和身份，落实了税收优惠政策，规范了相关行政收费标准，建立担保体系，优化融资环境，构建社会信用体系，帮助民营企业拓宽融资渠道，解决企业融资等问题，成立了发展民营经济工作领导小组，统筹研究、协调解决发展民营经济的重要问题。

七、处理原洪溪伐木场拖欠民工劳务费债务

县委、县人民政府成立了领导小组，对原洪溪伐木场拖欠民工劳务费债务认真进行了清理，拟定了化解方案，分 10 年每年由财政拨款支付 10%的拖欠款，直到支付完所拖欠的民工工资为止。

八、文化建设

2004 年 2 月，县委、县人民政府作出《关于开展彝族毕摩文献普查收集工作的通知》，贯彻落实党的民族语言文字政策和宗教政策，抢救彝族民间文化遗产，实施彝族文化旅游大县战略，将文化资源转变为文化资本。2004 年 1—4 月，对全县民间彝族毕摩文献进行了一次彻底的普查收集，对于研究彝民族的社会历史、政治经济、文学艺术等具有重要的文献价值。彝族毕摩文献的普查收集是实施彝族文化旅游大县战略的一项基础工作，对于申报《中国档案文献遗产名录》和《世界记忆工程》，以及提高彝族文化的地位具有十分重要的意义。

九、加强政法队伍建设

2004 年 4 月，县委、县人民政府作出《关于进一步加强政法工作的决定》，制定相应的措施，进一步加强和改进政法工作，保持长期稳定和谐的社会环境，保障全面建设小康社会和跨越式发展的顺利进行，为全县新发展提供有力的法治保障。

十、加快水电开发

2004年6月，县委、县人民政府作出《关于在全县开展水电资源清理整治工作的实施意见》，加强县境内流域资源的合理开发利用，实现“科学规划、有序开发、市场运作，利益共享，政府调控”的水能开发目标，以市场配置资源为核心，以科学规划、有序开发为重点，以加快发展为目的。

十一、维护社会稳定

2005年1月，县委、县人民政府作出《关于积极预防和妥善处置群体性事件的工作意见》，积极预防和妥善处置由人民内部矛盾引发的群体性事件，规范处置行为，提高处置能力，维护人民群众的根本利益，维护社会稳定的大局。7月，县委、县人民政府作出《关于在全县开展创建平安美姑活动的意见》，确保全面建设小康社会的顺利进行，营造和谐的社会环境，保障人民群众安居乐业，努力创建平安美姑。

十二、加快林业生态建设步伐

2006年8月，县委、县人民政府作出《关于加强生态建设大力发展“三棵树”的意见》。立足现有资源，大力实施美姑林业“35621”发展战略，即：依托3大工程（天保、退耕还林、野生动物保护），做好5篇文章（大力发展经果林、速丰林、生态林、薪炭林、盘活资源），狠抓6大基地建设（花椒基地、核桃基地、油桐林基地、蜡虫基地、红豆杉基地、用材林基地），建立健全2大体系（比较完备的林业生态体系和比较发达的林业产业体系），实现1个目标（建设林业大县）。

十三、加强基层组织建设

2006年4月，县委、县人民政府作出《关于进一步加强和改进工委工作的意见》。1994年恢复工委建制以来，工委作为县委、县人民政府的派出机构，在政治、经济和社会各项事业发展过程中发挥了十分重要的作用，全县正处在实施统筹区域协调发展战略、全面脱贫致富奔小康的关键时期，必须进一步加强和改进工委的工作，进一步夯实党的执政基础，加强基层组织建设，增强贯彻执行党的路线方针政策的执行力，扎实推进社会主义新农村建设。

十四、加快工业经济发展

2007年4月，县委、县人民政府作出《关于推进工业经济又好又快发展的实施意见》。经过多年发展，美姑工业开始由简单的加工向精、深度加工转变，但总体水平仍处在工业化的初始阶段。经济增长方式粗放，结构性矛盾突出，整体竞争力不强，自主创新力弱、产业组织水平不高，生产要素“瓶颈”制约严重，资源配置不尽合理、企业改革进展缓慢，是制约全县工业发展的主要问题，要解决存在的问题就要形成部门合力、政策合力、资源合力和企业合力，将优势资源、优势企业、优惠政策、优质服务和优先发展有机结合，推进资源优势向“经济优势”的转变，促进工业经济发展新跨越。

十五、加快草场生态建设

2008年10月，县委、县人民政府作出《关于在全县范围内禁止饲养牦牛加快推进草场建设的决定》。制定相应的措施，杜绝牦牛这一对高山草地破坏严重的畜种对天然草场造成的破坏，让黄茅埂、大风顶、阿米都尔等成片高山草场得以休养生息，改善草地生态环境，实现草地生态良性循环，促进全县畜牧业可持续发展。

十六、推进重大项目建设

2008年5月，县委、县人民政府作出《关于推进全县重大项目建设的实施意见》。大力推进重大项目建设，实施工业强县为主导，联动推进新型工业化、新型城镇化和农业现代化，以工业化推动全县经济快速发展，努力建设彝族腹心区跨越发展的前沿地区。

十七、加强禁毒工作

2009年3月，县委、县人民政府作出《关于加强禁毒工作的决定》并制定相应的措施，按照“治重点、保净土”和“属地管辖，划片净化”的战略指导原则，紧紧依靠广大人民群众大力开展禁毒集中整治工作，促进全县禁毒工作从初步遏制向全面遏制转化。7月，县委、县人民政府作出《关于全民动员、全社会参与，打一场“禁毒防艾”人民战争的决定》。力争用3~5年时间，有效遏制艾滋病的流行和蔓延，切实保障广大人民群众身体健康。

第四章 纪检监察

第一节 党风党纪教育

1991—2007年，在全县各级党组织、全体党员、干部中开展学习《共产党员违反党纪的五个处分规定》《党纪基础知识教育》《党的优良传统作风讲座》《共产党员道德修养》《反腐倡廉》《中国共产党党员领导干部廉洁从政若干准则（试行）》《中国共产党纪律处分条例》《领导干部报告个人重大事项的规定》《中华人民共和国行政监察法》《邓小平论党风廉政建设与反腐败》《孔繁森》、“三讲”“三个代表”重要思想、《关于损害经济发展软环境行为的责任追究办法（试行）》、纪检监察机关集中纪律教育、干部作风整治、保持共产党员先进性教育、领导干部作风整顿建设活动等党风廉政建设理论和党纪条规教育。向各级党组织提供《共产党员违反党纪处理规定选编》《反腐倡廉简明读本》和《反腐倡廉教育领导干部读本》《党纪政纪条规学习问答》等学习辅导资料2947册。举办党风廉政建设和反腐败培训班275期，参训人员3192人；对各单位纪检组组长（纪委书记）和有关人员，进行业务培训和学习指导3期，参训人员430人。开展党纪党规、法律知识、纪检监察干部专业知识测试、《建立健全教育、制度、监督并重的惩治和预防腐败体系实施纲要》和《“三个代表”重要思想反腐倡廉理论学习纲要》等知识竞赛11次，参赛人数7404人，其中，副县级以上领导干部143人，答卷正确率达95%以上，最高分100分，最低分67分；获得县表彰组织奖单位10个；个人一等奖8名，二等奖17名，三等奖31名；1个党支部和2名党员被州纪委授予学习党规党纪先进集体和先进个人；县纪委监察局和2名干部分别获得省纪委授予的组织奖和优秀奖，组织参加全州电视大赛，荣获三等奖。全县巡回播放《规矩与方圆》《权与钱》《生死存亡》《高墙下的悔恨》《食人虎》《强弓颈挽》《厦门特大走私案》《公仆本色》《廉政经纪》《禁越“经线”》等党纪教育电教片113场，收视人数达15981人，收视率达95%，受教育面达95%。召开全县警示教育大会4次，参会人员约2000人。开展向郑培民学习的讨论1次。组织征订《中国监察》《党风党纪》等廉政教育宣传学习资料394份，电教片22部。纪检监察干部调研理论文章被人民日报社刊用1篇。参加凉山州首届反腐倡廉公益广告大赛，荣获平面类优秀作品奖和动画类入围奖。召开全县党风廉政建设宣传教育工作会议4次。会同县妇联开展廉政文化建设进家庭活动，副乡科级以上领导干部 111 名参加。协同有关部门运用法律、法规和正反两方面典型材料开展反腐倡廉教育，实现廉政教育“三个延伸”。

2008—2009 年，分别参加州纪委组织的纪念改革开放 30 周年暨纪委恢复重建 30 周年理论研讨和中华人民共和国成立 60 周年理论研讨，完成调研报告 13 篇。以报刊、电台、网络等媒体为载体，开展廉政文化进机关、进社区、进家庭、进农村“六进”活动。协同县委党校组织举办了村干部、副乡科级以上领导干部培训班十九期，参加培训人数累计达 1202 人；举办乡科级后备干部培训班一期，87 人参训；举办公务员培训班一期，50 人参训；举办优秀人才主体培训班一期，52 人参训。培训中，把党风廉政建设知识、机关效能建设文件精神、《行政机关公务员处分条例》和《中华人民共和国行政监察法》纳入学习计划课程专题学习。组织领导干部参加党纪政纪法规知识考试，135 名乡（镇）、县级部门一把手和 54 名纪检组组长（纪委书记）参加考试。组织开展学习贯彻《建立健全惩治和预防腐败体系 2008—2012 年工作规划》知识竞答，答题合格率达 100%。

第二节　党风廉政建设

1995 年，制定《关于共产党员参与赌博活动党纪处分的暂行规定》。1996 年，制定《关于共产党员和国家工作人员吸毒贩毒党纪政纪处分的暂行规定》。1997 年，制定《关于党政事业机关招待费使用情况实行定期报告制度的通知》。1998 年，制定《关于在机构改革工作中严格执行党的纪律的规定的通知》《关于对党政机关贯彻执行制止奢侈浪费八条规定情况进行检查的通知》。1999 年，制定《关于元旦、春节期间严禁用公款吃喝玩乐和滥发钱物的通知》《党风廉政建设责任书》。

2003 年，制定《关于在干部调动配备工作中严禁迎来送往铺张浪费的通知》。2004 年，制定《关于推行一把手“四个不直接”分管的通知》《领导干部外出报告制度》《关于建立县纪委领导成员对乡科局级领导干部谈话制度的规定》。2005 年，制定《关于美姑县纪委监察局领导分片联系指导党风廉政建设和反腐败工作的通知》。2006 年，制定《关于严格控制组团（队）出境旅游活动的通知》《关于严肃干部人事纪律加强对换届工作监督的若干规定》《关于严肃纪律保证换届工作顺利进行的公告》。2007 年，制定《关于对美姑县 2007 年“十项惠民行动”进行严格监督检查的实施办法》等行为规范条规。

1991 年以后，共召开副县级以上领导干部廉洁自律、自查、自纠专题民主生活会 8 次、265 人，乡科级 8 次、4321 人。自查自纠民主生活会中对 2 名局级领导干部分别在企业兼职取酬和违反计划生育政策、1 名企业领导为亲友办企业提供条件的行为作了纠正处理，对群众有反映的 5 个单位的有关人员进行了诫勉谈话。协助 8 个单位建立“两公开一监督”制度；帮助 2 家企业解决改制中的困难和问题；召开全县纪检工作会议 4 次，召开全县党风廉政建设工作会议 11 次，召开有党外人士参加的党风廉政建设工作座谈会 1 次，召开政府系统廉政建设和反腐败工作会议 1 次。印发《中共中央关于严格禁止利用职务上的便利谋取不正当利益的若干规定》，向全县 110 个部门，93 个党组（党委）发放规定手册和回执单 1506 份。其中，县处级 57 份。完成县乡两级领导班子和村级换届选举监督指导工作，清理公费从因私渠道出国（境）情况。执行领导干部重大事项报告、礼金礼品登记、收入申报、提前介入、摘转回复、廉政谈话、招待费定期报告等制度，执行国有及国有控股企业领导人员廉洁自律“五条八个不准”规定，执行“四条”禁令。开展治理领导干部收送现金、有价证券、支付凭证活动，领导干部上交礼金、礼品 1.74 万元；县级领导干部拒收现金 2.55 万元，拒收贵重物品（银子）11 锭；乡科级领导干部拒收现金 10 万元以上。落实“三谈二述”制度，全县党政“一把手”述职述廉 2037 人次，县纪委负责人同下级党政主要负责人谈话155人次，领导干部任前廉政谈话628人次，诫勉谈话55人次，征求拟提拔任免干部党风廉政意见644人，拟表彰征求意见1442人，其他征求意见2498人，纪检监察机关派员参加干部考察工作40人次。组织副县级以上领导干部74名，乡科级领导干部291人，填写“领导干部及其配偶、子女及其配偶从业情况统计表”“领导干部及其配偶、子女及其配偶从业情况登记表”，到2009年为止，未发现县、乡科级领导干部本人直接经商办企业和配偶、子女及其配偶违规经商办企业的现象，同时，发出州纪委监察局写给全州县（处）级以上领导干部配偶、子女的公开信120封。

1999年起，实行党风廉政建设责任制，全县9个工委、1个镇和县级机关各部门以及国有及国有控股企业与县委、县人民政府签订《美姑县党风廉政建设责任书》。同时，成立美姑县党风廉政建设考核领导小组，负责实施和考核全县的党风廉政建设工作。至2009年，共表彰落实党风廉政建设责任制先进单位254个，通报较好单位472个，一般单位69个，较差单位85个。

2004年起，全县党风廉政建设责任制采取“四层”责任形式签订责任书。至2009年，共签订责任书人员3894人，与全县12家企业签订了“双廉”责任书。

2009年起，实行一把手“四个不直接”分管制度，实行领导干部外出报告制度，并把执行情况纳入党风廉政建设责任制考核内容之一，同时实行县委常委会或全委会票决任免干部制度。及时启用36个乡（镇）纪委印章，实施乡科级党政领导班子“一把手”年度任职承诺制，全县119名乡科级党政“一把手”实行了任期承诺制。

第三节　专项整治

1992年，美姑县开展党纪基础知识教育。全年举办基层党组织培训班251期，参训人员1260人，参加学习的党员4102人，受教育面达95%，其中，党员干部1253人。1998年6月，开展《行政监察法》知识竞赛活动，全县68个单位741人参赛。2003年7—8月，开展纪检监察机关集中纪律教育活动，教育活动分学习动员、自查自纠、集中整改3个阶段进行。2006年，开展“财政专项资金、机关私设小金库、干部入股煤矿、领导干部及其配偶、子女违规经商办企业，行政事业机关工作人员及离退休人员参与村（居）集体利益分配”的五项专项清理工作。全县88个单位、9个工委、36个乡（镇）在进行自查的基础上，对财政专项资金违规使用情况进行纠正，县纪检监察机关牵头进行清理，公示清理结果，接受省、州检查组的检查。是年6月—2007年1月，开展商业贿赂专项治理工作，分6个阶段进行，重点治理工程建设、土地出让、产权交易、医药购销、政府采购及资源开发和经销领域的商业贿赂。

2008年，分四个阶段开展机关效能建设活动，全县76个县级单位、36个乡（镇）开展了活动。是年10月，开展“坚持依法治县、构建和谐美姑专项整治”，县纪检监察机关设立专项整治活动纪检组，活动分3个阶段进行。专项整治期间，受理来信来访45件，其中，州纪检组交办26件涉及23人；县委、县人民政府领导交办、县纪委直接受理19件。发出停职检查决定书7份，个别谈话帮助54人次。其中，主动谈话28人次（重复谈话5人），组织谈话21人，协助组织谈话5人。

第四节　案件查处和信访工作

一、案件查处

1991—2009年年底，县纪委监察局党政纪立案257件，结案253件，销案1件，处分违纪人员

305 人，同时受双重处分 49 人，涉及副乡科级以上干部 74 人。受党纪处分 235 人，其中，开除党籍 67 人，留党察看 56 人，撤销党内职务 20 人，党内严重警告 65 人，党内警告 27 人；受政纪处分 74 人，其中，开除公职 13 人，留用察看 5 人，撤职 8 人，免职 1 人，降职 1 人，降级 33 人，严重警告 1 人，警告 3 人，记大过 7 人，记过 2 人。挽回经济损失 261.22 万元。

二、信访工作

1991—2009 年，共受理群众来信来访、申诉、电话举报等 1208 件（次），办结 792 件（次）。其中，2005 年、2006 年信访工作比较典型的有 10 件，均作适当处理。2005 年起，实行信访责任制，县纪检监察印发《关于建立定期排查群众反映突出问题制度的通知》《关于实行信访工作责任制的通知》和《关于实行领导班子成员接待群众来访日的通知》。

第五节　案件审理

1991—2009 年，案件审理工作按照“事实清楚，证据确凿，定性准确，处理恰当，手续完备，程序合法”的要求，对自办案件 229 件进行质量检查，均达到案件质量要求，其中，188 件属优质案件。审结党政纪案件 254 件。1999 年，对 1995—1998 年结案案件的处分执行情况进行检查，除个别边远山区未及时执行到位外，其余均执行到位。2000 年，县纪委出台《关于处分违犯党纪的党员批准权限的规定》。

2001 年，对 1997—2000 年结案的 40 件、44 人的处分决定执行情况进行检查，仍有个别未执行到位，对执行不到位的进行纠正。2002 年，对 1997—2001 年自办案件处分决定执行情况进行自查，对 2001 年度自办案件处分决定执行情况进行检查，有部分未执行到位，针对处分决定执行不到位的情况，县纪检监察、县委组织部、县人事劳动局联合转发《关于党纪政纪处分决定执行的实施意见（试行）》，之后均执行到位。是年起，实行自办案件处分决定执行情况检查。2007 年，对受党纪政纪处分参加了年度考核的 6 人中，其中，有 3 人的年度考核结果与本人档案中的考核等次不相符，1 人年度考核结果与处分等次不相符，予以纠正。2009 年，纠正了对党纪处分执行不够到位的情况。

第六节　执法监察和纠风

1991—1993 年，对招工招干、征兵工作、大中专升学考试进行执法监督，对 1 名冒名应考生作出严肃处理。配合财政等有关部门，对税收、物价、财物三大检查，对违反财经纪律的 2 个单位作了处理。

1994—1995 年，进行统计执法大检查，主要清理中小学乱收费、拖欠公款、乱用警灯警牌、公路三乱等不合理情况。共取消不合理收费项目 8 个，责令退还乱收费用 1.5 万元；清理拖欠公款 172.05 万元（其中商贸企业短欠款 164.31 万元），督促追还 88.2 万元，清理借欠 6.67 万元，收回 1.82 万元；取消警灯 7 个，警牌 2 个；对 4 家企业负担和全县农民负担情况进行检查，其中，农民负担控制在上年人均纯收入的 5% 的规定限额内；清理公路检查站 11 个，取缔 8 个，保留 3 个。

1996 年，对农村教育附加费、计划生育超生费、扶贫资金等经费的收缴和使用情况进行清查，查出被挤占挪用资金 4 万余元。

1997—2000 年，调解了一起农民负担纠纷，纠正不合理收费 2 项，涉及金额 1 万余元；设立企业减负联系点，同时，聘请 3 家企业的 3 名职工作为企业减负监督员；清理预算外资金和小金库达

9.95 万元；清理用公款安装住宅电话 335 部，BP 机 55 部，收回资金 34163.40 元；对 9 个基建项目的招投标进行监督，处理 1 起反映招投标中有舞弊行为的投诉，澄清了事实；会同建筑行政主管部门和技术监督部门，对全县建筑工程质量进行检查，查处不合格砖 2 万匹；对 2 户企业凭借自己优势，互免费用，使国家税收流失的行为作了纠正处理。其中，从 1999 年起对行政事业性收费和罚没收入实行“收支两条线”管理，清理账户 189 个，撤销违规账户 15 个，取消收入过渡账户 2 个。

2000—2002年，清理住房916户，清退住房57户；把农民负担控制在上年人均收入的1.91%以内，与13家企业签订党风廉政建设责任书，建立向企业乱摊派、乱罚款举报制度；为规范招投标管理，县纪委印发《关于加强领导干部依法行政搞好美姑县建设工程的通知》，并对18个建设工程项目招投标进行监督，受理投诉案2件；对升学、自考、录用、新生分配、公考、中小学乱收费、退耕还林、国债专项资金、社保基金、扶贫资金、以工代赈、移民资金等进行执法监察，清退不合理收费1.73万元；纠正医疗购销中的不正之风，纠正超标准收费1.03万元；纠正损害群众利益的行为，对移民安置中非法利益3.96万元按承包人口重新分配。完成乡村债权债务清理，回收扶贫资金120万元。其中，2001年，实行政务公开，并成立县政务公开领导小组和监督小组。县纪检监察与县委组织部、县审计局、县财政局联合下发《美姑县行政机关、事业单位政务公开实施细则》，并纳入党风廉政建设责任制考核。改革政府采购制度，成立“美姑县人民政府采购领导小组”，制定《政府采购实施方案》；2002年，推行乡（镇）干部民情日记、首问责任制和干部驻村双向选择等制度，纠正“走读”76人。推行行政审批制度改革，废止行政审批项目3项，废止或修改文件57个。开展安全生产大检查。实行行风评议，在5个单位开展民主评议行风工作。

2003—2009年，执法监察与纠风工作共监督招投标项目119个，比选项目222个，土地、矿山招拍挂5起，土地资源招拍挂出让11宗，矿产探矿权出让拍卖2处，水利资源开发权出让33处，通乡油路3条，探矿权设置方案5个，土地开发项目建设2个村、3736亩。取消教育乱收费项目2个，纠正乱收费学校4所，清退5.8万元，实行“两免一补”减轻负担982万元；抽查村级活动室建设2个乡；清理在编不在岗“吃空饷”人员6人。在干部作风整治期间，对6名事业干部工人上班时间擅离岗位参与观看打扑克，给予政纪处分。开展乡（镇）财务清理试点工作，对2个乡财务进行清理，清退违规违纪资金1.02万元，2名乡级领导干部被立案调查。纠正处理退耕还林违规案件4件，上缴国库1.77万元，挽回经济损失2.33万元；纠正天保工程违规案件2件。清理未经批准着装部门11个，上交肩章、帽徽等137套（个）。清理2003年9月—2004年4月单位购买新车19辆、290余万元。对全县120辆公务车张贴了“公务用车”标志。清理纠正输电线路乱收费现象1起，清退资金1.31万元。解决柳洪电站工程建设指挥部在施工路段设置栏杆，阻碍正常交通运输等问题1起。对牛牛坝片区中心校农村义务教育经费开支使用情况开展专项执法监察。对10个烤烟种植乡自种烤烟以来的遗留问题进行了清理。对中央新增投资项目建设情况进行专项执法监察，下发《监察建议书》4期。纠正一起学校违规向每名学生借款200元的问题。督促检查“三房”改造扶贫工程。监督检查新农合基金使用情况，查处违规报销事件31例，挽回损失13.22万元。排查出存在“小金库”问题单位2个，没收违规金额8万余元。实施采购项目30个，节约资金311.07万元。参与行风评议单位41个、142人，查处不正之风案件5件、5人，重点对4个单位进行评议，5个单位进行行风评议“回头看”，纠正一起违规收费现象，退赔资金3000元。监督政务服务中心和投资体制改革工作，办结各类审批项目2892件，办结率100%。从2008年6月10日起，实现电子监察系统省、州、县三级联网运行，共受理群众咨询2928人次，受理申请2575件，办结2575件，办结率为100%。

第五章　组织建设

第一节　党风整顿

2000年2月，在副科(乡)级以上党政领导班子、领导干部中深入开展以“讲学习、讲政治、讲正气”为主要内容的“三讲”教育活动。2000年12月开始，分两批次开展“三个代表”重要思想学习教育活动。第一批次是县级机关单位，第二批次是农村。2002年7月，“三个代表”重要思想学习教育活动结束。2004年，在全县开展以干部作风整治、资源市场整治、投资环境整治为主要内容的“三项整治”教育活动。2005年，由组织部牵头，分三批次在全县开展“保持共产党员先进性教育活动”，第一批次在农村，第二批次在县级部门，第三批次在县纪委、县委组织部、县委宣传部、县委统战部。并临时成立了“保持共产党员先进性教育活动领导小组办公室”，设在县委组织部。2006年3月，“保持共产党员先进性教育活动”结束。2008年，开展了“坚持依法治县构建和谐美姑”专项整治活动。凉山州委、州政府成立了由州领导任组长、副组长的专项整治活动工作组，在美姑县组织召开了“坚持依法治县构建和谐美姑”专项整治，县委常委扩大会和全县干部动员大会。制定出台了《坚持依法治县构建和谐美姑”专项整治活动工作方案》和“计划任务分解表”，编订并印发了《法律知识50问》（小册子）5000册，并在电视台滚动播出《刑法》等法律讲座和专项整治新闻。工作组督促指导全县36个乡（镇）和90多个县级部门召开学习动员会、宣传会、座谈讨论会300多场（次），参加人数达18万人（次）。2009年3月，开展学习实践科学发展观活动，有81个党组织，1039名党员参加学习实践活动，全面完成了学习调研、分析评议和整改落实3个阶段的各项规定动作，创造性地开展了自选动作。在学习实践活动中，召开专题学习会271次、座谈会197次、专题大讨论94次，发放征求意见表2318份，收回805份，邀请专家辅导42次。8月底，学习实践科学发展观活动全部结束。

第二节　党组织建设

一、党员发展

1991年，建立并实行“建党积极分子培养考察登记表”制度，全县党员总数4194名。其中，女党员496名，汉族党员467名，少数民族党员3727名，大专以上文化程度116名，在岗职工1765名。全年申请入党人数566名，入党积极分子306名，发展党员83名，改变了4个村仅有个别党员的状况。按照发展党员的“十六字”方针，先后建立健全发展党员推优制、公示制、票决制等相关制度，严把发展党员入口关和质量关。1991—2009年，全县共发展党员4729名。到2009年年底，全县党员总数6582名。其中，女党员671名，汉族党员679名，少数民族党员5903名，35岁以下的党员1584名，大专以上文化程度的党员1097名，在岗职工党员1608名，农民党员4470名。

1991—2009年发展党员一览表

表4-6

年度	1991	1992	1993	1994	1995	1996	1997	1998	1999	2000
人数	83	300	283	240	249	172	174	126	295	262
年度	2001	2002	2003	2004	2005	2006	2007	2008	2009	
人数	267	285	316	310	320	267	298	216	266	

二、机关党建

1991—2009年，在全县区科级以上领导班子中开展“四好班子”创建活动，先后评出105个“四好班子”。其中，2000年，在县级领导干部中开展“讲学习、讲政治、讲正气”的“三讲”教育活动。同年，扩大到全县副乡科级以上领导干部中开展。2001年，在全县72个县级部门、企事业单位的313名科局级领导干部中，深入开展第一批“三个代表”重要思想学习教育活动，共建立完善制度221个，为民办实事245件，投入经费31万元，解决群众热难点问题58个，实现“思想要提高、作风要转变、经济要发展、收入要增加、社会要稳定”的目标要求。

三、农村党建

1991年，在部分区、乡、村开始进行农村社会主义教育活动。2001年，县委出台《关于在全县农村开展“三个代表”重要思想学习教育活动的实施意见》，并成立“三个代表”重要思想学习教育活动领导小组及办公室（简称“三代办”），“三个代表”学教活动在全县全面开展。2005—2006年，在全县各级党组织中开展为期一年半的保持共产党员先进性教育活动，共有16个总支、37个党委、444个党支部、6221名党员，分一、二、三批次参加先进性教育活动，分别通过了学习动员、分析评议和整改提高3个阶段。

1991—1997年，先后对159个农村软弱涣散的村级领导班子进行整顿。1998年，开展以创建“五个好”村党支部、“六个好”乡（镇）党委和农村基层组织先进县为主要内容的“三级联创”工作。1999年，在依波沃村进行了“村务公开、民主管理、民主监督”的试点工作。2002年，开展以“科技兴村、民主管村、依法治村”为内容的“三村建设”工作。2003年，“三级联创”进一步规范为新的“五个好”村党支部、“五个好”乡（镇）党委。至2007年，全县共创建“五个好”村党支部11个，“五个好”乡（镇）党委9个。是年，实施以“主导产业强村、生态能源建村、人才科技兴村、龙头企业帮村、支部组织带村、民主法治管村”为内容的“六村建设精品村”工程。同时，积极推行“支部＋协会”禁毒模式，在全县确立了州级示范村2个，县级示范村10个，在各乡（镇）、村建立“禁毒协会”26个。

2002年，县委成立“党员先锋工程”领导小组，出台《关于实施“党员先锋工程”的意见》和《关于下达“党员先锋工程”目标任务的通知》，共确立双向培养对象349人、农村示范村60个、示范户177户、党员示范岗58个、党员示范窗口4个。2004年，在全县开展“党员农贷快车”活动，实施“3616示范工程”“支部＋协会”工作。2007年，出台《落实地方党委、部门党组（党委、工委）抓基层党建工作责任制实施细则（试行）》，明确了各级党组织抓基层党建工作的责任主体、主要职责、工作措施及考核运用；细化、完善了党建工作责任制，制定了考评办法。2007年，291个村、3个社区党组织进行成功换届选举，并公开考聘6名高校毕业生到村（社区）任职，选派15名县级机关干部下基层，充实了村（社区）领导。到2009年年底，“党员农贷快车”活动已覆盖到全县90%的乡（镇）、80%的村；落实农贷户800户，发放农贷资金556万元，贴息1.2万元；建成3个州级示范乡（镇）、6个州级示范村、36个县级示范村、共1740户；建立各类协会15个。

1999—2000年，连续两年开展了党员电教周活动，按照“五有”（有机构、有人员、有制度、有设备、有记录）的要求，相继在县委组织部、县委党校、各工委和乡（镇）建立电教网点，并配备了专、兼职电教工作人员。到2005年，全县共建立电教网点31个，配备有兼职电教工作人员34人。先后拍摄完成《老典型走出新路子》《党员先锋在基层》《贴心的大姐——李有琼》《扎根深山尽责任——陈明贵》《卫生防疫尖兵——罗清国》《瓦乌村村民唱出新生活》《彝家支书——马石日》等十多部反映先进基层党组织、优秀共产党员事迹的电教专题片。2007年，投入507万元建成村级活动室 104 个，并全面启动农村党员干部现代远程教育工作。至 2009 年年末，共完成了 76 个农村党员干部现代远程教育站点建设任务。

1993—1999 年，先后有 12 个乡（镇）被州委授予州级“先进乡（镇）党委”称号；7 个村党支部先后被州委授予州级“先进村党支部”称号；依波沃村党支部书记吉克木曲、党洛乡典阿尼村党支部书记乌尔尔石等 5 名村支部书记先后被授予“全州优秀村党支部书记”称号。1996 年，省委书记谢世杰考察依波沃村，并提出依波沃村是“一面苦干的旗帜”，被省委授予省级“先进基层党组织”称号。1997 年，吉克木曲当选为中共四川省党代表和中共十五大代表。1999 年，依波沃村党支部书记吉克木曲被省委授予全省“十星”村党支部书记称号。2004 年，在全州开展的“双十佳”书记评选活动中，依波沃村党支部书记吉克木支荣获州“双十佳”书记称号。2006 年，依波沃村党支部被省委授予“四川省先进基层党组织”称号。

1992 年，实施撤区并乡，撤销 8 个区委建制，乡（镇）建制由 45 个撤并为 30 个。1994 年，重新设立 8 个片区工委，恢复树窝、尼哈、哈洛、子威、乐约、尔合 6 个乡建制，全县乡（镇）建制由撤区并乡时的 30 个增加到 36 个。2001 年、2004 年、2006 年，先后三次对全县 36 个乡（镇）、288 个村两委会进行换届选举工作。其中，2004 年首次采取“两推一选”“公推直选”“下派挂（任）职”的方式进行了两委会换届选举。

四、城市党建

2003 年起，企业党建工作按照“成熟一个、组建一个、巩固一个、提高一个”的原则，制定出台《关于进一步加强非公有制经济组织党建工作的试行意见》，成立非公企业党建工作领导小组，建立 21 个成员单位组成的联席会议制度和领导联系点制度，每个非公企业有 1 名县级党员领导干部具体联系，有 3 名党建联络员具体指导，所有符合条件的非公企业全部建立党组织。2005 年，制定《美姑县城市社区建设实施方案》和《关于加强社区党建工作的实施意见》，划分出 3 个城市社区，开始推进社区建设，成立城市社区党建工作领导小组。到 2009 年，在化工有限责任公司、建材有限责任公司 2 个非公有制企业和城东、城西、城北 3 个社区全部建立了党组织，建党率 100%。

第三节　干部管理

一、制度建设

1992 年对全县党政群机关全面开展年度考核工作。1993 年，代县委起草《关于严格程序选拔任用领导干部和干部管理权限的规定》《关于建立健全局（乡）级以上各级领导班子思想作风建设的五项制度》《关于进一步做好干部交流工作的意见》《关于局（乡）级以上领导干部实行回避制度的意见》。至 2009 年，先后制定出台 17 项干部管理制度。

二、换届工作

1991 年，乡（镇）换届，选举产生了 67 名乡级干部，提拔 21 名干部，充实 41 名区局级干部。1992 年 11 月撤区并乡，乡（镇）党政正职由原来的股级升为科（局）级。1993 年，30 个乡（镇）政府、县四大班子换届，94 人当选为 30 个乡（镇）的正、副乡（镇）长。此后每 3 年开展一次换届选举工作。至 2006 年，县级领导班子，法检“两长”和乡（镇）领导班子换届。乡（镇）党委配备副书记 71 名，乡（镇）政府配备 72 名副乡长。全县 36 个乡（镇）党政班子中，配备 30 岁左右年轻干部1名及以上的有27个，占75%。全县36个乡（镇）党政班子中，配备1名以上女干部的有15个，占42%。共调整干部276名。从2006年换届开始，领导班子由任期3年一届，改为任期5年一届。

三、干部选拔

1999—2000年，从基层单位中公开考调39名干部到县级机关工作；公推公选7名县级机关副局级领导干部。2001年起，采取“凡进必考”和“公开、平等、竞争、择优”的原则，对进入机关工作的人员进行考试录用。截至2005年，共录用机关公务员21名，通过竞争上岗走上中层干部岗位81名，公开选拔副乡科级干部5名，公开考调5名干部进入县级机关工作，形成公开、平等、竞争、择优的调配机制。2008年，共提拔县级机关非领导职务7名（其中，主任科员3名，副主任科员4名）；调整配备乡（镇）团委书记28名、妇联主席1名、宣传委员32名、计生委主任15名；调整9名乡科级领导干部进入县级部门领导班子；配齐36个乡（镇）党政领导班子和90名乡（镇）正科职领导干部。2009年，从8名村书记、村主任中考录1名公务员。

四、干部考察

2001年，实行干部考察预告制、考察责任制。2002年，实行差额考察和考察结果反馈制。2003年，在干部考察谈话中，首次使用专用谈话记录本，规范干部档案管理。2005年5月，组织参加了州委组织部对17个县市进行的考察员资格培训。

五、民主推荐

2004年10月，采用“两推一陈述”和“数量线型分析法”考察、选拔领导干部，提拔任用10名领导干部和2名非领导职务干部。2005年起，干部考察工作严格执行5个程序（制定考察工作方案、考察预告、召开民主推荐和测评会议、个别谈话和征求意见、考察组综合情况）。

六、讨论决定

2003年，全面实行干部考察考核责任制，对提拔的95名干部严格实行民主推荐，民主测评、干部考察考核预告，并对3名干部实行常委会票决。2008年，县委常委会议研究干部196名，票决干部91名，县委全委会闭会期间表决任免干部3名。2009年，共调整充实县级机关单位“一把手”和领导班子成员38名。常委会票决任免干部44名，全委会票决任免干部3名。按有关规定报州级相关部门备案，征求意见任免干部5名。

七、任　职

2000年11月，对43名提拔交流的干部进行任前公示，这是美姑县首次实行干部任前公示制，扩大了干部选任的透明度。

八、干部挂职锻炼

1994—1996年，先后下派35名年轻干部到基层挂职，其中年轻女干部15名。1997—2005年，选派8名副乡科级领导干部到县外挂职锻炼。

九、干部档案资料管理

2004年，对干部档案和1974—2004年的文书档案进行分类、组卷，共清理文书档案材料8万多份，整理档案资料456卷，整理干部人事档案2637卷。建立健全了档案管理相关制度，配套硬件设施，完善干部信息库，基本实现干部档案管理自动化。至2009年年底，共整理装订干部人事档案3052卷。是年，干部档案管理工作达省“二标”。

十、后备干部队伍建设

1991年，完成首批县级后备干部的考察报批工作。1993年，后备干部实行县、乡、村三级管理。2007年，对后备干部进行调整，全县共有乡科级后备干部135名。县级后备干部按现有党政领导班子职数进行设置，共16名。

十一、干部监督

1991年，接待来信来访44人次，答复42人次。1999年，对调离原单位的87名干部办理了干部离任审查手续，进行诫勉谈话277人次。2000年出台《美姑县副乡局级以上领导干部监督管理暂行规定》。2001年，首次推行干部任前公示制，对43名提任干部全部实行了任前公示。2003年，对提拔的95名干部严格实行民主推荐、民主测评、干部考察考核预告，对提拔的49名干部实行任前公示，对3名干部实行常委会票决制，对13名干部实行了任职试用期，全面实行干部考察考核责任制。2004年，制定出台并严格执行《关于实行干部任前承诺制的试行办法》，对俄普工委书记、城关二小校长等4名提拔任职的领导干部首次实行任前承诺。

2005年，制定出台《关于干部监督工作联席会议制度》和《关于领导干部任期经济责任审计制度》等制度，每年召开2次干部监督联席会议，全面实行领导干部任期经济责任审计制度，共审计单位11个，审计项目7个。2006年，按要求审计干部43名，对2名领导干部进行警示谈话。2007年，加大干部监督工作的12个制度规定的学习力度。全面执行了干部考察、任免回避制度和责任追究制，各乡（镇）党政正职、班子成员之间全部实行任职回避。是年，办理确认干部学历64人，办理认定干部工龄104件。同时，严格执行了党政“一把手”“四个不直接”分管的规定，免去1名因贪污挪用公款犯罪被判刑的正科级领导职务。2008年，对新提任的42名干部进行任前公示，防止干部“带病提拔”；对30名首次提拔担任领导职务的干部实行了一年试用期制度；严格执行干部离任审计制度，委托县审计局对到龄即退的3名正科级领导干部和9个工委书记进行了离任审计。2009年，对新提任的6名干部全部实行了任前公示，县纪委、县委组织部通过设立专门监督举报电话、设置了公示举报信箱、张贴公告等多种形式，广泛征求群众对拟任干部的意见。同时，对21名新提拔和交流的领导干部进行了任前谈话，并要求其在勤政为民、清正廉洁等方面做出公开承诺。

第四节 人才工作

1991年，制定《关于选拔和管理有突出贡献的拔尖人才的试行意见》，开展州级拔尖人才的推荐和县级拔尖人才的评审命名及管理工作。1994年，制定《拔尖人才管理暂行办法》，加强拔尖人才的管理和使用，积极发挥知识分子及科技人员的作用。至2009年，先后4批评选县级拔尖人才49人，州级拔尖12人。同时，完成第12批州级拔尖人才入围人选的考察工作。

1996年，美姑成立知识分子领导小组并配备2名专职工作人员，调整、充实36个乡（镇）的科技副乡长。1997年，实行党政领导干部联系知识分子制度。1999年，在全县9个片区，36个乡（镇）配备45名科技副职。2001年，健全和完善科技人才库，将27名复合型人才纳入人才库，推荐62名优秀知识分子纳入后备人才队伍进行培养和管理。2005年，在全县范围内开展第一届以“争当人才开发先进单位，创造一流人才环境；争当优秀人才，创造一流业绩”为主要内容的人才工作“双争双创”活动，在全县初步确定出26个人才开发示范单位和150名优秀人才示范岗名额。

2006年，建立完善人才工作联系制度，23名县级领导干部联系了41名优秀知识分子和州、县拔尖人才，评定县级人才开发示范单位10个，县级优秀人才示范岗80名，推荐上报州级人才开发示范单位3个，州级优秀人才示范岗20名。2007年，下发了《中共美姑县委、美姑县人民政府关于县级领导干部联系知识分子的通知》和《美姑县领导干部联系知识分子工作的意见》，26名副县级以上领导干部联系州、县拔尖人才和高级知识分子44名。同时，推荐了1个省级新农村人才开发示范村，3个州级新农村人才开发示范村，确定13个县级新农村建设人才开发示范村，推荐上报3个省级新农村人才开发示范岗。2008年，选出13个人才开发示范单位、80名优秀人才示范岗，首次开展美姑县创新人才奖、提名奖评选活动，评选出创新人才奖5名和提名奖10名。2009年，表彰了17个人才开发示范单位和95名优秀人才示范岗，并提高了县级拔尖人才和县级优秀人才示范岗的奖励补助标准。

2007年，加大大中专毕业生的考录考聘等工作，增加人才总量。是年，公开考聘乡村教师167名和中心校教师5名；公开考聘乡村医务人员29名；在全省各类高校应届毕业生中引进了各类技术人才15名；考聘了6名大学生到村、社区任职。2008年，面向全州公开考聘乡村教师80名和乡村医务人员10名，引进特岗教师90名。

第五节　老干部工作

1992年，全面落实离休干部易地安置和落实管理经费。形成一年一度的节日慰问老干部制度。1994年，调整充实美姑驻西昌干休所党支部班子，干休所工作力量得到加强。1996年，符合条件的17名正局级干部享受副县级待遇，3名副县级干部享受正县级待遇，办理60名老干部提前退休手续。同年7月，县委对现有亏损企业的3名离休干部，每年每人补助3000元，以解决实际生活困难。同时，把老干部工作纳入县委工作日程，充实美姑驻西昌干休所专兼职管理人员，从原来的3人增加到5人。1998年，县委把老干部工作纳入目标责任制。2001年，落实2万元经费，解决改制企业离退休干部非统筹部分生活费、门诊医疗费；投入资金2万元维修西昌干休所会议室、娱乐室，改善老干部活动场所。2002年，做好全县1949年10月—1953年12月参加工作并已退休干部基本情况的统计工作，对全县离休干部和副县级以上干部实行微机管理。2004年，落实《加强县处级及其以上退休干部管理工作的意见》以及提高离休干部和县级及其以上退休干部交通费等老干部生活待遇政策；成立美姑县老年体育协会，积极组织老干部开展文体活动。2006年，协调和落实250平方米的场地作为老干部活动中心，投入3万元经费进行维护，保障了老干部正常的活动场所。2007年，由县四大家领导牵头，在春节走访慰问离退休老干部1000余人次，发放慰问金、纪念品及实物达10万元。是年，将企业退休职工纳入医疗保险。2008年，组织全县离退休老干部为汶川大地震捐款达3万元，缴纳特殊党费2万元；在省委老干部局倡议的“大爱无边、真情援助”主题活动中，全县老干部捐款达4968元。2009年，组织驻西昌离休及副县级实职老领导回到美姑县考察，先后到柳洪电站、凯元磷化工公司、春潮特种纤维有限公司等企业和新农村“村村通”道路建设、新村建设现场进行参观，并召开座谈会议，畅谈发展变化。

第六章　宣传教育

第一节　干部理论学习与教育

一、县委中心学习组

宣传部负责县委中心学习组学习工作，做到学习“计划、经费、内容、检查”四落实。学习中创新学习形式，采取通报有关情况，集中收看报告会、警示教育片，运用现代科技手段进行形象化教学，邀请专家做专题辅导讲座，开展调查研究等，使县委中心组的学习更加深入、生动。

1991 年，县委中心组主要学习《马克思主义哲学基本观点和方法》和党的十三届八中全会精神。1992 年学习《社会主义市场经济理论》及中共十四大精神。1993—1996 年，以邓小平理论为学习重点，学习《邓小平文选》、邓小平党建理论、《建设有中国特色社会主义理论学习纲要》、党的十四届三中、四中全会精神、社会主义市场经济理论、《中国共产党章程》。

1997—2002 年，主要学习江泽民的一系列重要讲话精神、党的十四届六中全会《决议》、中共十五大报告、十五届四中、五中、六中全会精神、《建设有中国特色社会主义若干理论问题学习纲要》《崇尚科学，反对迷信》系列谈、《求是》杂志评论员文章《始终保持党同人民群众的血肉联系》《从执政地位加强党的作风建设》《关于加强和改进党的作风建设的决定》《公民道德建设实施纲要》《干部监督内参》中的典型事例、省七次党代会报告和县第八次党代会报告、《关于损害经济发展软环境行为的责任追究办法》《党政领导干部选拔任用工作条例》和市场经济理论。

2003—2007 年，学习“三个代表”重要思想、中共十六大报告、党的十六届三中、四中、五中、六中全会精神、中共十七大精神、胡锦涛一系列重要讲话精神、省第九次党代会精神、科学发展观理论体系和主要观点、《关于完善社会主义市场经济体制若干问题的决定》、新《党章》《中国共产党党内监督条例（试行）》《中国共产党纪律处分条例》《省委关于党委干部严格遵守政治纪律，不准听信、传播政治谣言的通知》《突发公共卫生事件应急条例》《传染性非典型肺炎防治管理办法》《关于在全党兴起学习“三个代表”重要思想新高潮的通知》《中共美姑县委、美姑县人民政府关于开展“三项整治”工作的实施意见》、党史知识和党建理论、纪念邓小平诞辰 100 周年理论研讨会精神、党风廉政建设理论。

2008—2009 年，主要学习中共十七大、党的十七届二中、三中、四中全会及胡锦涛总书记的有关重要讲话精神，学习《建立健全惩治和预防腐败体系 2008—2012 年工作规划》《中共中央关于推进农村改革发展若干重大问题的决定》《中央组织部关于进一步加强和改进领导班子思想政治建设的意见》《关于实行党政领导干部问责的暂行规定》《关于加强和改进新形势下党的建设若干重大问题的决定》，学习《中共中央关于在全党深入学习实践科学发展观的意见》《邓小平同志论科学发展》《科学发展观学习读本》，学习党和国家有关民族政策，地震知识。

二、干部理论学习与教育

1991 年，在全县区乡开展社会主义思想教育活动。1992 年，建立了乡（镇）党委中心学习组，开展以村党支部为核心的基层组织理论学习。1995—1996 年，在全县组织开展解放思想大讨论。其中，1996 年，利用“万村书库”的学习良机，在农村组织学习科学文化知识，加强企业思想政治工作，并在洛俄依甘乡的依波沃村建立“小康示范村”。2000 年，在全县开展“抓住机遇、迎接西部大开发”研讨活动。2001—2002 年，在全县组织开展了“我为美姑追赶型发展做什么”大讨论，组织学习 WTO 知识。2003 年，组织学习“三个代表”重要思想，参加州上组织的“三个代表”重要思想和十六大精神知识竞赛，在全县开展“我为柳洪电站做什么”大讨论。同一时期，结合全县实际开展“弘扬和培育民族精神，全面建设小康社会”主题教育活动。2004 年，组队参加了州上举行的《党内法规》电视知识竞赛。2008—2009 年，先后邀请州委宣传部、州委讲师团对美姑县级机关干部、职工进行学习辅导。同时，组织县宣讲团和先进事迹报告团，到县城各单位、区乡进行科学发展观理论宣讲。

第二节　政策宣传

1991 年，结合“社教”工作开展“二五”普法宣传教育及形势教育宣传、计划生育宣传。1992 年，开展“关于进一步解放思想，加快改革开放的步伐，促进美姑经济发展和民族团结进步事业”“扶贫越过温饱线”和《中华人民共和国工会法》的宣传。1993—1995 年，主要宣传美姑经济发展目标，开展了爱国主义、集体主义、社会主义思想教育、“科教新美”、《中华人民共和国教师法》宣传活动；宣传全县“两个文明”建设成果、《全民所有制工业企业转换经营机制条例》和《全民所有制工业企业转换经营机制实施办法》；搞好世界反法西斯战争胜利 50 周年和中国人民反抗日本侵略战争胜利 50 周年的宣传工作。

1996 年，宣传中央五中全会、省委六届六次全会及州第四次党代会精神，宣传“决不放松粮食生产，积极发展多种经济，大力发展乡（镇）企业”的方针和“增粮增收调结构，脱贫致富奔小康”的总体思路，搞好乡（镇）换届选举和县人大、县政协两会的宣传工作，加大民族团结的宣传力度，大力宣传“兴川”精神。1997 年，加大经济建设、扶贫攻坚、国企改革宣传力度；搞好香港回归祖国宣传，张贴标语和宣传画 20 条（幅）；开展禁毒宣传、“三五”普法宣传，“严打”宣传，张贴标语 50 多条，放映禁毒科教影片 6 场。1998 年，宣传党的十五大、省七次党代会、县第八次党代会精神和县人大、政协会议精神；做好党的十一届三中全会 20 周年纪念活动的宣传。1999 年，开展纪念五四运动 80 周年、中华人民共和国成立 50 周年、澳门回归和迎接新世纪的宣传；宣传“崇尚科学，反对迷信”。2000 年，在全县开展“三讲”教育主题活动，宣传中央实施西部大开发的战略意义。

2001—2002 年，宣传江泽民“七一”讲话、党的十五届六中全会精神及中共十六大精神，宣传开展农村“三个代表”学教活动的经验，宣传建设林业大县和新区建设新思路。2003—2006 年，宣传党的十六大、十六届三中全会精神和“三个代表”重要思想，宣传贯彻落实《中共中央关于建立健全教育、制度、监督并重的惩治和预防腐败体系实施纲要》，宣传开展保持共产党员先进性教育活动取得的经验，宣传党的十六届三中全会《决定》提出的“五个统筹”既“统筹城乡发展、统筹区域发展、统筹经济社会发展、统筹人与自然和谐发展、统筹国内发展和对外开放”。

2007—2009 年，宣传党的十六届六中全会精神、党的十七大、党的十七届三中全会精神，深入推进学习实践科学发展观主题教育活动，践行“三个代表”重要思想取得的新成果、新经验，以及开展领导干部作风整顿建设活动所取得的经验方法。

第三节　思想政治工作

2008 年，美姑县成立思想政治工作领导小组。在汶川发生大地震、全球经济危机蔓延、突发性公共安全事件发生后以及部分乡（镇）遭受自然灾害的情况下，全面加强形势政策教育，坚持正面引导，做好干部群众的思想政治工作，消除群众恐慌心理，确保人心稳定。2009年，在全县企业职工和大中小学生中开展思想状况调查。是年，县教育局获凉山州2005—2008年度思想政治工作先进集体称号，县电力公司马海拉曲、子威乡木子列口村欧其日格被评为凉山州2005—2008年度思想政治工作先进个人。

第四节　通讯工作

1991年，宣传部全体职工合作采写的《美姑复兴合作社》被新华社采用后向全国发了通稿。1993年，拍摄专题片《繁华山乡》《富饶的山乡》参加凉山州国际火把节物交会。参与“四川成都九三年国际熊猫节”活动，组织编写画册。1997年，采访报道乐约乡山体大滑坡灾情，全国100名记者扶贫采访团和州扶贫大特写采访团来美姑采访，在《凉山日报》办了两期专版，拍摄了两部电视专题片。1998年，联合摄制大型电视专题片《改革发展中的美姑20年》。1999年，在《凉山日报》主办两期“美姑专版”，集中宣传中华人民共和国成立50周年特别是改革开放20年来，全县取得的辉煌成就和各条战线涌现出的先进典型。2000年，在《凉山日报》主办一期“美姑专题版”，在《四川投资与发展》专版宣传美姑的经济发展情况和资源优势。1994—2000年，宣传弘扬优秀村支书吉克木曲带领依波沃村“宁愿苦干，不愿苦熬”的精神和脱贫致富的经验，孙学元采写的通讯《苦干的大旗呼啦啦》，2000年3月24日发表在《四川农村日报》头版头条，获宣传凉山好新闻一等奖。

2001年，组织策划了“美姑新跨越”系列报道，宣传全县农、林、牧、教育、卫生等单位在实现新跨越中的思路和举措；组织采写了一批先进基层组织和党支部书记的典型事迹；在《凉山日报》整版推出《乐约灾民新生活》《神往美姑彝族年》。萨古曲惹采写的《脊梁》获农业部“蓝田杯”征文优秀奖，孙学元采写的通讯《让苦干的大旗高高飘扬》，获宣传凉山好新闻二等奖。

2002年，宣传美姑建县50周年取得的辉煌成就并邀请中国民族画报社记者到美姑采访；在《中国民族画报》《中国城市经济》《民族》开辟专栏，宣传美姑彝族民俗文化、经济建设发展现状、旅游资源、“双基”教育工作和美姑50年发展变化；在《凉山日报》推出系列报道，宣传建县50年来经济建设和社会各项事业发展取得的成就。2003年，创办中共美姑县委机关报《美姑报》，发行5期，共刊用图文稿件198件。成立了全县新闻阅评小组和规范外宣工作，制定宣传政策和纪律，明确采访者和被采访者的职责和义务。是年，美姑举办中国首届毕摩文化节，邀请中央电视台、四川电视台、《四川日报》、海南卫视、凉山电视台、《凉山日报》等20余家传播媒体进行宣传。在《凉山日报》上专版报道美姑城市建设及毕摩文化、电力建设等取得的成果。萨古曲惹采写的稿件《山娃们的心声》获全国民族新闻二等奖，稿件《要读书的山里娃》获得四川省好新闻二等奖，孙学元采写的稿件《十三年盼得一双鞋》获得全国民族地区好新闻二等奖、全国地市州盟报好新闻二等奖，另外还有10余件广播、电视、报纸新闻稿件获宣传凉山好新闻奖。

2004—2006年，主要宣传报道第二届毕摩文化节、城市经营战略、基础设施建设和创建彝族文化旅游大县、林牧大县的战略思想。加强对彝族文化、毕摩文化、人文地理、风土人情、民营经济、“三农”问题等的宣传。共在《凉山日报》制作六期专题报道、《民间文化》杂志制作六期专题报道。2件新闻作品获全国民族新闻三等奖，1件获全国地市州报新闻三等奖，1件获四川省好新闻三等奖，26件新闻稿件获凉山州好新闻奖。截至2007年，共在中央电视台、中央人民广播电台、《人民日报》《人民日报海外版》《市场报》《中国经济时报》《中国民族画报》《中国摄影报》《中国国土资源报》《中国绿色时报》《中国城市经济》《中国邮政报》《中国野生动物》《生态环境与保护》《精神文明报》《西部民俗》《民间文化》、四川电视台、四川人民广播电台、《四川日报》《四川农村日报》《民族》《四川法制报》《巴蜀史志》《西南航空》《教育导报》《大众健康报》、凉山电视台、《凉山日报》、凉山人民广播电台等报、刊、台刊用稿件5500多篇。

2008—2009年，县委、县人民政府加强突发事件新闻宣传工作，制定应急预案，并确定新闻发言人。其中，2008年，主要宣传报道全县干部群众自力更生、抗震救灾，为汶川灾区捐款捐物的壮举，喜迎北京奥运会及改革开放30年取得的巨大成就，在《凉山日报》推出了7个反映全县经济、政治、社会事业发展的专版。2009年，开展深入学习实践科学发展观、庆祝中华人民共和国成立60周年、“两基”攻坚工作、城乡环境综合治理、烤烟生产、三房，改造以及各民生工程等宣传。在《凉山日报》推出了美姑“学习实践科学发展观”“城乡环境治理”“两基攻坚”“庆祝共和国成立60周年系列报道”等8个专版，在州电视台“凉山乡（镇）行”——《乡（镇）风采》大型电视专题宣传活动中，选择了发展较好、具有代表性的3个乡（镇），宣传在新农村建设中发生的翻天覆地的变化，编写印制“两基”攻坚宣传杂志《大山的希望》。是年，《包头矿难：14名凉山民工被困井下》《爱心救助受伤黑颈鹤》《大凉山上的“凤凰传奇”》《母子俩让17万巨款“完璧归赵”》等作品分别获全国民族新闻二等奖、三等奖，荣获中国地市州报新闻奖三等奖；《特西村的变迁》获四川省好新闻三等奖：《家乡人的牵挂》《远山的希望》《孺子牛》《探访大风顶触摸大自然的灵魂》《曲木阿一：摇曳在彝寨的烛光》等60多件作品分别获凉山州好新闻奖。

1991年以后，共在中央电视台、中央人民广播电台、《人民日报》《人民日报海外版》《市场报》《中国经济时报》《中国民族画报》《中国民族报》《中国摄影报》《中国档案报》《中国国土资源报》《中国绿色时报》《中国城市经济》《中国邮政报》《中国野生动物》《生态环境与保护》《精神文明报》《西部民俗》《民间文化》、四川电视台、四川人民广播电台、《四川日报》《四川工人日报》《四川农村日报》《民族》《四川法制报》《巴蜀史志》《西南航空》《教育导报》《大众康报》《报告文学》《四川档案》《档案工作》《贵州学院学报》《彝族毕摩文化研究》、凉山电视台、《凉山日报》、凉山人民广播电台等报、刊、台刊用稿件6800多篇。同时接待各地媒体和国家、省、州其他报、刊、台记者到县来访拍摄。2008—2009年，接待记者280余人。

第五节　精神文明建设

1991—1994年，在农村组织开展“三带三户”活动，创建文明乡（镇）；在城镇开展“三优一学”（搞好优质服务，建立优良秩序，创造优美环境，学雷锋、学先进）竞赛和创建卫生城镇。1995年，把“三带三户”活动，与实现“三步走”的战略任务结合起来，加强乡（镇）广播文化站与阵地建设，在洛俄依甘乡的依波沃村建立“小康示范村”。

1996年，开展破除迷信和陈规陋习活动，提倡健康、文明的生活方式，解决山区群众听广播看电视难的问题。1997年，成立美姑县精神文明建设委员会，代县委草拟《美姑县社会主义精神文明建设“九五”规划纲要》。确立依波沃、巴普镇和县化工总公司为县文明办抓创建活动的联系点，县民族中学和巴普镇基伟村为爱国主义、集体主义和社会主义思想教育试点单位。对遵纪守法户、五好家庭户、双文明户“三户”进行登记造册，同时，举办一期精神文明建设理论研讨会。1998年，按照《美姑县社会主义精神文明建设“九五”规划纲要》的要求，落实《爱国主义教育实施纲要》，组织开展“讲文明、树新风”活动、“三优一学”创建文明城市活动及“三户一村”（遵纪守法户、五好家庭户、双文明户、双文明村）创建文明城镇活动。1998年，县委书记达久木甲代表依波沃村出席了在山东文登召开的全国农村精神文明建设工作座谈会，并在会上介绍了依波沃村艰苦创业，改变贫困面貌的经验。1999年，依波沃村受到中央文明委表彰。2001年，代县文明委拟出《美姑县社会主义精神文明建设“十五”规划纲要》，对原有“三户”中的4000户进行挂牌，组织全县学习贯彻落实《公民道德建设实施纲要》。

2002年，以贯彻落实《公民道德建设实施纲要》为重点，组织开展“公民道德建设宣传月”活动。当年，组织参加州上组织的《公民道德建设纲要》知识竞赛。把精神文明建设目标作为考核领导干部工作业绩的主要指标之一。在农村开展“五好家庭户”“致富能手”“巾帼扶贫”活动和洗脸、洗手、洗脚“三洗”工程，移风易俗和无神论教育活动。2003年，围绕“环境、诚信、文化”主题，在全县范围内开展演讲比赛、植树造林、咨询服务。在乡（镇）、县级部门开展一次广告、标语、宣传画专项整治活动，取缔不规范的标语、广告、宣传画。利用抗非典，在全县发起“爱清洁、讲卫生”活动，“三洗”“四勤”活动。是年年底，建成峨曲古乡村文化阵地。2005年，开始贯彻落实《进一步加强和改进未成年人思想道德建设工作》，深入全县各类学校开展未成年人思想道德建设宣传教育活动。

2007年，加强政务诚信、商务诚信和社会诚信的宣传，并在县各级文明单位中开展每月一次的检查评比活动。2008年，在全县开展《中华人民共和国未成年人保护法》宣传和未成年人思想道德建设普查。培育、指导文明村建设，是年，依果觉乡马洪觉村通过州级文明村检查验收，九口乡列为州级文明示范乡。2009年，在第八个“公民道德宣传教育月”中，围绕“迎接国庆、展现文明、树立新风”主题开展系列活动，利用活动的开展配合抓好城乡环境综合治理。是年底，全县共有省级文明单位4个；州级文明单位（标兵）13个；州级文明单位20个；州级文明村2个；州级文明示范乡（镇）1个；县级文明单位30个。

第六节　纪念活动

1993年，联合举办纪念毛泽东诞辰100周年电影周、美术、书法和卡拉OK大赛活动，广播征文活动。1994年，举办庆祝中华人民共和国成立45周年有奖征文活动。1995年，联合举办歌咏比赛，抗日战争胜利50周年征文活动。1996年，召开庆祝会、报告会、座谈会，庆祝美姑民主改革胜利40周年、建党75周年。1997年，举办迎香港回归座谈会，“迎回归、颂祖国”文艺歌舞晚会。1998年，举办庆祝十一届三中全会召开20周年纪念活动。1999年，召开五四运动80周年庆祝大会、中华人民共和国成立50周年庆祝大会，喜迎澳门回归座谈会以及以“控制人口数量，提高人口质量”为主题的喜迎新世纪座谈会。2000年，联合召开记者节座谈会。2001年，联合举办“美姑县纪念中国共产党成立80周年歌咏比赛”“美姑县纪念中国共产党成立80周年美术、书法、摄影展览”“纪念中国共产党成立80周年优秀影视作品和优秀歌曲展映、展播活动”“纪念中国共产党成立80周年党史知识竞赛”，组织拍摄党员风采系列片。2004年，举办邓小平诞辰100周年纪念活动。2008年，举办纪念改革开放30周年征文活动。2009年，举办“庆祝中华人民共和国成立60周年歌咏比赛”和纪念中华人民共和国成立60周年摄影展。

第七节　文艺工作

1991年以后，文艺工作始终坚持“二为”（即文艺为人民服务、为社会主义服务）方向和“双百”（百花齐放、百家争鸣）方针。至2007年，先后创作出《光脚板在消失》《慈母来了》《感受杨丽萍》《落泪的日子》《一幅苦干的生动画卷——〈一面苦干的旗帜〉问世》、报告文学《彝魂》、散文《那一天、那一年……》《15 元钱的口粮》《温暖》和文艺节目《猎》《织》等文艺作品在各类报刊发表和全县各地演出。其中，孙学元创作的报告文学作品《彝魂》获得四川省委宣传部建党八十周年征文三等奖，《猎》《织》获建州 50 周年文艺调演二等奖。编辑出版了书籍《一面苦干的旗帜》《梦幻美姑》《诗意的美姑》和《光辉的历程——美姑五十年回眸》画册；举办了唱响《美姑河奏鸣曲》歌咏比赛，第四届国际彝学会，第一届、第二届中国彝族毕摩文化节和彝族文化创作笔会；邀请中央电视台到美姑举办了一期激情广场文艺节目；组建了县业余文艺宣传队；成功举办首届中小学生艺术节；拍摄制作“美姑五十年成果图片展”；出版发行《神奇的美姑》音乐磁带和光碟；出版发行光碟《毕摩魂、美女源》；拍摄了纪录片《毕摩纪》。

2008 年，组队参加州委组织部、州委宣传部、州直工委、州工商联联合举办的“庆‘七一’、迎奥运、援灾区、非公企业党旗红”文艺比赛。2009 年，美姑选手沈尔阿鹏参加凉山州民歌节，取得了第一名。宣传部推荐的原创歌曲《牧归》《心中的俄勒惹》获得凉山州“五个一”工程奖；推荐的《让我再喝一口》《走进十月》《选择生命的光亮》分别荣获凉山电信杯网络文学有奖征文活动优秀作品二等奖、三等奖；推荐的孙学元撰写的论文《坚持科学发展，实施工业强县战略，推动美姑经济发展新跨越》获得全州第六届党员教育“四个一”工程优秀党课教材；推荐的《彝寨的变迁》和孙学元撰写的论文《以思想大解放落实科学发展观，建设跨越发展新高地》分别获得凉山州纪念改革开放 30 周年征文活动三等奖和优秀论文奖。

第七章　统一战线工作

第一节　政治协商

1991 年 6 月，为纪念中国共产党成立 70 周年，邀请 30 名各界人士举行座谈，回顾了中国共产党七十年来的光辉历程，党在领导全国人民进行社会主义革命和建设中的丰功伟绩以及美姑发生的巨大变化。1992 年，组织统战干部和党外各族各界的人士，学习党的统战理论、方针、政策，学习中共中央和其他统战工作方面的重要文献，特别是学习江泽民总书记关于统战工作的重要讲话。部内每周集中学习 2 次以上，部领导以身作则，坚持带头学习。在政协民族上层人士中，坚持每月 1 ~ 5 天的学习制度，部里抽调 2 名副部长对学习按时进行认真辅导，用彝语讲解，加深理解，并及时了解他们的思想动态和反映，提高他们的参政议政能力。全年共召开党外人士座谈会 2 次，召开民主协商会 3 次，与县政协的部分委员和党外人士对县委的重大决策进行民主协商，使民主协商制度进一步完善。

1993 年 3 月，政协美姑县第九届一次会议在县城巴普召开，出席会议委员 121 人，列席 41 人。在此期间，统战部积极做好非公有制经济代表人士的思想政治工作，宣传工商联工作的重要意义，并对全县非公有制经济现状及发展趋势进行了分析，就如何贯彻《中共中央批转中央统战部〈关于工商联若干问题的请示〉的通知》进行讨论。6 月，县委统战部向县委递交了《关于建立美姑县工商业联合会的报告》。是年，全县个体工商户发展到 800 多户，从业人员 898 人，固定资产 143.08 万元，上缴税利 31 万元，私营企业 8 户。1994 年，召开城区党外人士各种座谈会、协商会、学习会 5 次、90 人次。一是掌握思想动态，搞好调查研究工作；二是采取请进来、走出去的方式，广泛与民族上层人士和非党知识分子交朋友、谈思想；三是帮助和协调解决实际困难。1995 年 1 月，县委、县人民政府召开由台属、党外知识分子、工商界代表等共30余人参加的党外人士迎春座谈会，同时，县委批准成立美姑县工商联筹备领导小组。4月，美委办批转县工商联筹备领导小组《关于建立工商联筹备工作的安排意见》的通知。经筹备小组严格审批，发展会员207名。全县12个乡（镇）和城区的145名个体工商户非公有制经济代表人士、经济工作者和有关单位领导被吸收为个人会员，共28名。5月，美姑县工商联第一届会员代表大会在巴普顺利召开。出席会议代表50人，会议通过了《开创美姑工商联工作的新局面，推动美姑非公有制经济向前发展》的报告。会议选举会长1名，专职副会长1名，兼职副会长2名。9月，为纪念抗日战争暨世界反法西斯战争胜利50周年，县委统战部邀请党外知识分子、民族上层人士、非公有制经济代表、台属、人民团体及有关单位的负责人共40余人参加座谈会。

1996年2月，召开了一年一度党外人士迎春座谈会，有民族爱国人士、党外知识分子、台属、工商联代表50余人参加。做好非公有制经济代表人士思想政治工作，向200余名工商联会员宣传“团结、帮助、引导、教育”的方针，让他们成为爱国、敬业、守法的模范。1997年，大力宣传香港回归和“一国两制”。1999年，为坚持中国共产党领导的多党合作和政治协商制度，向县委提出了应配备党外政府领导和政府各局领导的建议。

2001年6月，召开全县统战工作会议。7月，组织召开纪念建党81周年座谈会，参会人员有县四大班子领导及党外民族人士、无党派人士、党外知识分子、个体私营企业、个体工商户、台属共60余人。2002年，按照州委统战部的有关要求、原则制定了政协美姑县第十一届委员会委员提名方案。是年12月，中共凉山州委统战部同意美姑县委统战部关于美姑县第十一届政协委员会125名委员的提名方案，125名提名委员中有中共党员50名，党外政协委员75名；有常委19名，其中，党员7名，党外政协常委12名。6月30日，同党外人士召开纪念建党81周年座谈会，参会人员60人。是年，县委统战部还利用春节、中秋召开台属、工商联座谈会，共80人参加了座谈会。2003年，加强了涉台方面的宣传力度，按照党的十六大报告关于“和平统一、一国两制”的基本方针把涉台教育纳入干部培训计划。统战部抽调1名副部长分2次到县委党校对全县副乡科级以上领导干部开展涉台工作、民营经济发展、统战工作教育讲座。2004年，定期向民主人士和无党派人士通报县上重大项目建设情况，并征求他们的意见。

2005年3月，县委召开党外人士座谈会，县委、县人大、县人民政府、县政协四大班子主要领导、全县各级部门、各条战线的党外干部、党外知识分子、民族上层人士等70余人参加了会议。是年，成立非公有制经济代表人士综合评价领导小组，由县委和统战部、人事劳动和社会保障局、工商局、国税局、地税局、城建环保局、工商联等单位主要领导共9人组成。综合评价领导小组组织相关人员分3个组在全县民营企业和1169户个体工商户中摸底调查，推选出34家，集中起来综合评价打分，筛选出17家优秀民营企业和个体工商户。

第二节　对外宣传

1991—2009年，为加强对台宣传工作，发挥美姑优势，突出地方民族特色，把美姑推向世界，组织有关部门撰写的《鹰与彝族》《月琴与口弦》《情歌和婚礼》《彝族姑娘和伞》等稿件，被海峡之声电台采用播出。

第三节 非公有制经济

1991年以后，美姑县非公有制经济有了很大发展。到2009年年底，个体工商户发展到1200多户，从业人员达2000多人。私营企业由零发展到十多家，注册资金达600多万元。

第四节 党外人士工作

1991年，培养了9名党外领导干部，全县党外领导干部由原来的9人增加到18人。1992年，抽调人员深入到各单位，对党外人士的情况进行调查了解，推荐了20名党外人士为县人民代表大会代表，占代表总数的16%，经县选举委员会审定后分配到各选区。是年3月，推荐县政协副主席吴其果果继续担任四川省八届人大代表。1993年3月，政协美姑县第九届一次会议上党外人士的政协委员、常委、政协副主席全部顺利当选。1994年，担任县级领导的党外人士有4人，政府部门担任副局级的党外人士有22人（其中，乡政府副乡长12人）、县群团副职1人。10月，县委统战部召开党外人士会议，听取党外人士的意见。

1995年，向县委推荐党外干部实职安排12个单位，占21.9%；全县36个乡（镇）在乡（镇）政府班子中已配备党外干部的有4个，占2.1%。是年，在乡（镇）换届工作中推荐党外干部23名，占64%；推荐担任州七届人大代表7名，州政协八届委员会11名。7月，县委统战部召开选拔党外干部担任政府及有关部门领导职务工作会。1997年4月，在全县召开驻村扶贫动员大会后，由县委统战部牵头，工商联协助，组织县政协委员和党外人士积极参加“五八五一”扶贫募捐活动，共12个单位、5人、捐款7460元。12月，考察、推荐、提名了政协美姑县第十届委员会的党外人士120名，其中，政协常委中党外人士12人。1998年，向政协美姑县第九届委员会推荐补选二名党外人士为县政协副主席，其余被推荐、提名的第十届政协委员、人大代表均按方案实现。1999年，向第十届人大常委会举荐一名党外人士为县人民政府党外副县长候选人，经人大常委九次会议通过任命。

2001年，县党外知识分子已提拔到副县级的有6名、科局级3名、副乡级75名。全县共有党外知识分子305人，其中，男152人，女153人，充实提高了党外后备干部队伍。2003年，向人大推荐了党外代表35名，同时，推荐了1名科局级党外领导干部到县人大常委会担任副主任。推荐当选副县级党外领导干部3名、副科局级6名。2004年，利用县乡两级换届和个别调整的机会，积极推荐党外领导干部，全县共配备了副县级领导干部3名、副科局级领导干部8名、副乡级领导干部18名以及村委会主任65名。同时，做好党外人士培训工作，全年共派送到省级部门培训2名，州党校培训2名，县党校培训39名（包括村级干部）。是年，针对国企和私企在电价、水价、安装费、管理费、治安费等收费问题上存在不合理的现象，经核实后在县委常委扩大会议上提出意见，受到县委、县人民政府重视，并责令有关部门及时纠正，维护了个体工商户和私营企业权益。2005年，经中共美姑县委推荐，由中共凉山州委常委会议研究，同意提名1人任美姑县政协副主席；经中共美姑县人民政府党组推荐，由中共凉山州委组织部部务会议研究同意1人任美姑县人民政府县长助理。

2006年，县委统战部向中共美姑县委提交了《关于政协美姑县十二届委员会组成方案的请示》，方案中委员由20个界别、129名人员组成，其中，工商联6名，民族上层代表人士4名。政协常委中有党外人士13名。是年，经过考察、考评、考核以及民主推荐，选举产生了1名政府党外人士副县长。2009年，美姑县有台侨属14名，其中直系亲属1名。

第五节　民族工作

1991年，加强民族上层爱国人士的统一战线，坚持每月定期5天的“学习制度”，组织民族代表人士学习党的方针政策、时事政治及有关法律知识。并针对当时农村家支干政、迷信活动猖獗等奴隶社会遗留下来的故态复萌现象，开展说服引导，讲解家支干政、迷信活动的危害性，阐明党的政策。对困难人员本着在政策允许而又可能解决的情况下，尽力给予帮助，是年，给3户上层人士遗孀特别经费补助，给3位政协委员增加建房费500元。1993年，先后召集党外副局级以上领导干部参加座谈会4次、25人次。对全县党外知识分子状况进行仔细摸底调查，全面掌握了知识分子分布情况，文化和年龄以及知识分子待遇情况。并通过知识分子联系点与单位，采取个别谈话等形式，谈话8次、14人次，听取和转达党外知识分子向党委、政府及有关部门提出的意见和建议20余条。同年10月，统战部召开县政协民族代表人士座谈会，民族代表人士7名参加。县委组织部批复同意7位民族上层专职常务享受正局级待遇，3名驻会专职委员享受副局级待遇。1994年，解决3名民族上层人士的遗属补助以及10名政协常委和驻会委员多年反映的待遇问题。1995年，解决2位政协副主席生活用电困难以及接待统战成员上访人员5件、5人次。

1996年3月，解决了驻会政协委员不能享受个人级别的增资问题。1997年10月，向州委统战部上报了政协第十届委员会组成方案中民族上层人士10名的组成方案。1998年，向政协美姑县第九届委员会推荐补选民族代表人士1名为政协副主席。1999年，协调解决民族代表人士遗孀生活困难及台属的技术职称和工资待遇。2004年，针对美姑存在的“麻风村”“利玛窦”服务社等进行宣传教育，决不能让非法传播宗教、邪教等方面的事情发生。2006年，统战部向中共美姑县委提交了《关于政协美姑县十二届委员会组成方案的请示》，方案中委员由20个界别，129名委员组成，其中有民族上层代表人士4名。

第八章　政策研究和保密工作

第一节　政策研究

1991年11月，县委政策研究室组织专业人员深入全县8个区、45个乡（镇），就美姑彝族聚居区关于家支问题进行调研。撰写出调研论文《美姑县农村家支活动概况及其对策思考》，论文第一次明确提出关于家支问题应该分清违法和不违法，不能统统都扣上影响团结的“帽子”，得到人们的赞同。从此，在官方文件和民间都不再乱用家支活动这一带有贬义性、政治上有负面影响的专用名词。1992年6月，县委政策研究室代县委起草《中共美姑县委、美姑县人民政府关于进一步加快改革扩大开放的决定》（简称“二十条优惠政策”）。1991—1995年上半年，县委政策研究室对全县广大农村种植业、养殖业、乡（镇）企业发展、经济实体创办、基层组织建设、精神文明建设、社会稳定、文化教育卫生等各个领域，开展全方位、多层次、多方面的调查研究，出刊《政研通报》57期，刊登调研论文62篇。1995年6月，县委政策研究室和县经济体制改革办公室合署办公后，一起对企业产权制度改革政策进行调研，同时对企业实行“改、租、包、并、联、卖”等多种形式的改革。2007年6月5日，县委政策研究室开展了《如何建立乡（镇）“流动”办公制度的对策建议》的课题调研，组织人员深入全县各乡（镇）和广大农村进行调查研究，并撰写出相关调研论文，上报到州委办公室和州委政策研究室。

1998 年 6 月，政策研究职能归并到县委办公室后，县委办公室积极发挥政策研究职能作用。县委书记、副书记，县委办公室主任、副主任，县委办公室的文秘人员及社会各界人士每年长时间深入基层、深入广大农村搞调查研究，积极撰写调研论文。至 2009 年，先后在《四川民族经济》《凉山经济》《凉山党建》《凉山社会科学》《凉山日报》以及州委政策研究室办的刊物《探索与建议》、美姑县委办公室办的《美姑动态》等刊物上总计发表调研论文 108 篇。

第二节　保密工作

一、保密宣传

2002 年起，把保密教育纳入了县委党校和其他培训机构的教学内容。截至 2009 年，县委党校的主体班次中开设保密教育课 7 个班次，28 课时，累计培训 800 余人。

2006 年，美姑县制定《“五五”保守国家秘密法制宣传教育规划》，积极宣传《中共中央关于加强新形势下保密工作的决定》《中华人民共和国保守国家秘密法》及其配套法规和保密知识。至 2009 年，每年都采取县委分管领导发表纪念文章、电视讲话、召开座谈会、张贴标语、横幅，办宣传专栏以及利用各种会议、举办培训班、召开专题讲座、把保密教育纳入领导干部中心组学习内容等形式加强各级领导干部的保密知识教育。宣传新时期党的保密工作指导思想、基本方针、工作原则，开展保密形势教育、保密法制宣传和保密知识传授工作。全县已基本建立了保密法制宣传教育的机制。

二、保密管理

2004 年，贯彻《对外经济合作提供资料保密暂行规定》，对科技交流保密提醒 5 次。执行《新闻出版保密规定》，划清“密”与“非密”的界限，建立提供信息的正常渠道，编审新闻 41 条。落实《印刷、复印等行业复制国家秘密载体暂行管理办法》，加强国家秘密载体的管理，规范文件的起草、打印、复制、传递、保管、销毁等环节的保密规定。确定中共美姑县委机要科为美姑县国家秘密载体定点复制单位，并核发“国家秘密载体复制许可证”。是年，成立美姑县国家统一考试保密工作领导小组，改进国家统一考试中的薄弱环节，对人事、教育、司法、财政、卫生等部门组织的国家统一考试工作进行监督和管理。2005 年，在全县开展确定保密要害部门（部位）、定密和对保密要害部门（部位）人员进行考察的“两定一考察工作”，共确定 33 个要害部门、41 个保密要害部位，协助组织、人事部门审查、考核经管国家秘密事项人员 74 人。2008 年，在全县党政机关和事业单位重新开展了保密要害部门（部位）的确定工作。按照工作原则、标准和程序重新确定出保密要害部门 41 个，部位 61 个，依法加强管理。是年，对局级领导干部和中青年干部进行保密法制教育，全年共举办培训班四期，培训人数达 311 人次。并举办了 1 期重点涉密人员培训班，共有 39 位重点涉密人员参加了培训，并组织参加了保密资格考试，为涉密人员办理了上岗证。

三、保密技术防护

2003 年，县委办、县人民政府办出台全县涉密系统、涉密计算机、秘密载体、涉密人员、上网信息、党政网电子公文交换等方面的保密管理意见，对全县涉密计算机信息系统进行保密管理。2004 年，利用内外网检查工具对党政网和互联网上的信息实施检测，对网络安全实施进行督促检查。2006 年，保密局推广和安装物理隔离卡 16 个，解决“一机上双网”的问题，防止网络泄密。2007 年，制定

《美姑县保密技术工作“十五”发展规划》，购置涉密会议移动通信干扰器3台，文件保密柜10个。2008年，在全县党政机关和涉密单位开展了涉密载体统一清理工作。

第九章　机要工作和农村工作

第一节　机要工作

一、机构建设

1988年，县委办公室机要科更名为中共美姑县委机要科，为正科级建制，人员编制由县委办公室统一管理。1998年8月，县委机要科为县委办公室归口管理机构（正科级）。1999年12月，经州委办批准，在县委机要科设立“四川党政网美姑管理中心”，归口县委机要科管理。2002年3月，县委机要科为县委办公室内设（正科级）机构，设专职科长、副科长各1名。2004年3月，经县编委批准，“四川党政网美姑管理中心”为县委机要科内设事业单位（未定级别），核定事业编制2名。2006年4月，县编委增核党政网事业编制1名。1991—2009年，高静平、吕蓉先后任县委机要科科长。

二、机要管理

县委机要科承担着党委、政府及县级机关上传下达通信工作。1991年分管此项工作的领导是沈才能、高静平（县委办副主任）兼任机要科科长，黎明为副科长。在岗专职人员4人。1992年1月，吕蓉担任县委机要科副科长。8月，县委机要科在西昌一中招收定向委培生1名，委培专业为计算机机要通信专业，在岗人员3人。1992—1994年，分管领导先后是韩昌群、马小林、何荣修3人。1994—1995年，县委机要科连续两年分别被州委、州委办评为全州年度先进单位。1995年3月，吕蓉任县委机要科科长。5月，县委成立美姑县密码工作领导小组（以下称领导小组），曲比木曲任组长，吴锦屏、李生洪二人任副组长，成员单位有县委办、县人民政府办、县财政局、县计委、县编制办、邮电局、县委机要科。同月，县委办公室打字室（包括2名打字员）由县委机要科兼并，并承担县委机关文印打字工作。8月，1名成都科技大学定向委培专科生正式分配到县委机要科工作，在岗专职人员达6人。1996年5月—1998年4月，其间先后3次调整了领导小组。1998—2005年，县委机要科连续8年共10次分别被省委密码工作领导小组、凉山州委评为全省、全州年度先进单位和全州思想政治工作先进单位。2007年6月，阿比合几任领导小组组长，黄少虎、邓明琨、毛正华3人任副组长，成员单位有县委办、县人民政府办、县财政局、县发改局、县编制办、县委机要科、移动美姑分公司，在岗专职人员3人。同年，县委机要科被州委办评为全州年度先进单位。

三、党政网建设

四川党政网美姑管理中心，负责全县电子政务内网（党政网）规划、建设、管理和维护工作。2002年4月，县委机要科与上海惠普租赁有限公司以“设备租赁”形式，正式建设美姑党政网，设备经费由县财政在三年内分期付款，当年在县级机关建成党政网终端46个。2005年5月，美姑县委成立县党政网建设工作领导小组，成员单位有县委办、县人民政府办、县财政局、县发改局、县编制办、县委机要科、县国家保密局、电信美姑分公司。领导小组办公室设在县委机要科。12月，县委、县人民政府印发《关于进一步做好全县党政网建设工作的通知》。2006年5月，县委办、县人民政府办出台《美姑县党政网运行管理暂行规定》和《美姑县党政网建设管理暂行规定》，标志着全县党政网建设工作进入规范化管理。至2009年，全县建成有党政网终端120个。县网管中心在岗人员2人。同年，县网管中心被四川省党政网管中心评为全省年度先进单位。

第二节 农村工作

一、机构设置

1981年6月，成立中共美姑县委农村经济委员会（美姑县人民政府农村经济委员会，简称农委）。1997年11月，对农村经济委员会的职能配置、内设机构和人员编制进行了重新确定。其主要职能是县委、县人民政府负责全县农业和农村工作的综合职能机构，也是县委农村工作领导小组的办事机构。下设办公室、综合发展科、改革管理科、生产科技科、政工组、纪检组。机关行政编制18名（含后勤工作人员事业编制2名），其中，主任1名，副主任3名，政工组组长1名，纪检组组长1名，科室领导职数6名。1998年11月，农村经济委员会更名为农村工作领导小组办公室（简称农办），行政编制5名，其中主任1名、副主任2名，机关后勤事业编制1名。

二、农村工作管理

指导农口各部门和乡（镇）贯彻执行中央、省、州和县关于“三农”问题的系列方针政策，研究全县农村经济发展战略，发挥参谋助手作用。参与对县内农村金融政策方面的协调工作，参与农用资金的筹集、分配并监督执行。协同有关部门组织对农村工作重大方针、政策的宣传，参与对农村经济发展中方针、政策和法规的调查研究，督促检查农业法律法规的执行情况。了解和反映农村经济、政治、文化、社会和党的建设中的新情况、新问题，为县委、县人民政府决策提供依据。协调县级涉农部门的工作。坚持用科学发展观指导农村经济工作，发挥农业综合部门协调、管理、服务、指导的职能作用。督促、检查和指导党和国家各项支农惠农政策的贯彻落实情况，切实做好减轻农民负担工作，引导和发挥好农民群众的生产积极性。按照建设社会主义新农村的要求，参与调查研究、规划、实施新农村建设工作，并总结推广成功经验。围绕“粮增产、钱增收”的工作重点，抓住资源、市场两个关键要素，实施项目带动战略，积极推进农业产业化进程，协调落实全县农业产业化进程中重点项目的规划、筛选、政策研究、招商引资工作。研究并参与调整农业产业结构、发展多种经营、促进农民增收以及扶贫攻坚工作。协调农业各有关部门搞好山水田林路园综合治理，改善农业生产条件和生态环境。承办县人民政府交办的对各乡（镇）领导实施以粮、钱、人为主要指标的经济工作目标责任制工作以及负责方案的制定、考核、奖惩和兑现工作。协助县委组织部对县级农口各局、所、站、股、室的领导班子考察、考核和领导班子建设工作。

第十章 党校教育

第一节 师资队伍建设

党校把师资队伍建设特别是中青年教师队伍建设提到重要议事日程。建立定期学习制度，加强教师政治思想教育，把邓小平理论、“三个代表”重要思想和科学发展观与学习党的路线、方针、政策和时事政治结合起来，提高教师的理论水平和政策水平。学校通过调查研究、学术交流、上级进修、外地考察等方式提高业务能力。引入竞争激励机制，坚持以教学质量作为挑选和使用教师的重要依据，激发教师抓好干部教育培训和自身建设的积极性、主动性。截至 2009 年，有专职、兼职教师 6 人（高级讲师 1 人、讲师 3 人、助理讲师 2 人），行政后勤人员 4 人；教职工队伍中具有本科学历的 6 人、专科学历 1 人。

第二节　干部培训

县委党校自建立以来，重视党员、干部的集中培训，对党在各个时期的基本路线、方针、政策和党的基本理论、基础知识进行教育，尤其是对参训人员进行马列主义、毛泽东思想、邓小平理论、“三个代表”重要思想和科学发展观的教育，提高其理论素养和业务能力，以发挥先锋模范和核心骨干作用。1991—2009 年，党校共举办各类培训班 77 期，培训各类人员 5535 人。由于在“八五”干训中成绩突出，1996 年 1 月，被州委组织部授予“八五”干训工作先进单位。

第三节　函授教育

函授教育是党校工作的重要组成部分，是提高干部整体素质的一条重要途径。1993 年 6 月—2008 年 6 月，县委党校共招收各种大中专及本科班 13 个，毕业 777 人，其中，中专生 206 名，大专生 427 名，本科生 144 名，设有行政管理、经济管理、法律等专业。学历教育培训工作，提高干部队伍的整体素质，改善了知识结构、专业结构，为全县经济和社会各项事业发展提供了人才保障和智力支持。

第四节　教学改革与教研成果

党校不断深化教学改革，把邓小平理论和“三个代表”重要思想作为党校教育的中心内容，用邓小平理论、“三个代表”重要思想、科学发展观武装学员，提高学员素质，着重搞好理论基础、世界眼光、战略思维和党性修养等方面的教育，着力提高领导干部理论水平、领导水平和工作能力。在教学内容上体现“实事求是、与时俱进、艰苦奋斗、执政为民”的方针，开设了“三基本”“五当代”“科学发展观”等课程，还针对学员的工作性质的不同特点，开设了业务知识、法律法规、农村实用技术等课程。在教学中，运用现代化的教学手段进行教学，提高培训质量。教师在课堂教学中把握“三性”，一是教学的沟通性；二是教学的整体性；三是知识的应用性。深化教学改革，严把教师用人关，聘请社会上有扎实的专业基础和一定教学经验的人士任教，以弥补师资不足。教师按照教学计划和大纲认真备课，准时足时进行面授讲课，通过系统性、理论性的教学，对重点、难点以及本学科的体系结构基本原理、观点进行针对性的教学，注重授课艺术，增强教学的吸引力。创新干部培训模式，在干部培训中坚持贯彻“理论联系实际、分层次培训干部”，在教学上加强对改革开放和经济社会发展的重大理论问题、现实问题、实际能力的课程设置，进一步提高领导干部落实科学发展观的能力、总揽经济社会发展全局的能力、领导和谐社会建设的能力、化解各类社会矛盾的能力和带领群众奔小康的能力。通过采用答疑式、讨论式、案例式、多媒体等教学方法，实现教学双方交流，效果显著。

党校明确“围绕教学搞科研、搞好科研促教学”的指导思想，将科研机构设在教务室，由副校长负责，教务主任具体抓落实，将科研纳入年终考核，制定奖励机制，充分调动教师围绕教学搞科研的积极性，结合党的路线、方针、政策和地方实际，近几年撰写出数量多、质量好的科研文章，陆续在《凉山党校》《凉山日报》《凉山党建》《四川民族经济》等报纸杂志上发表，并送县委、县人民政府和有关部门决策参考。

第十一章　机构编制

第一节　机构编制管理

1991—2009年期间，美姑县机构编制工作按照“编制就是法规”的原则，在机构编制管理、人员进出、机构设置上严格按全县行政、事业核定的编制数实行缺编进人报批制度，坚持和完善机构编制工作集中统一领导体制和“一支笔”审批制度，坚决维护机构改革方案和“三定”规定的严肃性和稳定性，严格控制机构编制数量，优化执政资源配置，促进全县政治建设、经济建设、文化建设、社会建设和各项事业发展。

机构编制管理主要内容有四项：人员编制管理、机构管理、职能管理、体制管理。1991年4月，在全县党政群机关和事业单位继续使用《人员编制管理手册》，并建立“人员编制卡”管理制度。同年7月和10月，分别冻结机关和事业单位机构编制，做好党政群机关超编人员消肿工作。至1993年，共精减行政编制106名。此后，经过1988年、2002年部门机构改革和2008年乡（镇）机构改革，共计精减行政编制135名，分流安置行政人员377名。行政机构改革后，行政人员全部分流到各事业单位。1991—2009年，全县事业单位编制和实有在职人员增长较大，主要体现在教育和卫生系统。1991年，全县事业编制为1928名，实有在职1965人，事业超编37名。历经多年的调整后，截至2009年12月，全县事业编制为3133名，实有在职2410人，事业缺编723名。

1991—2009年，副科级以上行政、事业单位机构增幅较大。1993年，清理县人民政府非常设机构69个，将其中任务基本完成或其主要工作可由常设机构承担的27个予以撤销，将职能相近的8个合并为3个，其余34个因工作需要暂时予以保留。

第二节　党政机构改革

一、1993年党政机构改革

1992年，撤销8个片区区公所，15个乡，扩并15个乡的行政区域，保留14个乡和1个镇。将原44个乡和1个镇调整为29个乡和1个镇。1993年，美姑县委、县人民政府机构设置方案由原来的62个机构精减为40个，精减22个，占35%；其中，县委机构由13个精减为9个，减少4个，占31%，县人民政府机构由49个精减为31个，减少18个，占37%。

美姑县 1991 年党政机关及事业单位编制和在职人员对照一览表

表 4-7

单位：人

项目 数字 单位	行政总计		中共党委		人大常委		人民政府		政协		人民团体		人民法院		人民检察院		公安		司法		事业总计	
	编制	在职人数	编制	在职人数	编制	在职人数	编制	在职人数	编制	在职人数	编制	在职人数	编制	在职人数	编制	在职人数	编制	在职人数	编制	在职人数	编制	在职人数
合计	1065	1212	358	266	20	23	595	820	17	12	75	91	46	41	30	24	82	72	15	14	1928	1965
县级机关	350	609	84	111	20	23	216	447	17	12	13	16	46	41	30	24	82	72	15	14	1017	877
区、乡（镇）	715	603	274	155	—	—	379	373	—	—	62	75	—	—	—	—	—	—	—	—	911	1088

美姑县 2009 年党政机关及事业单位编制和在职人员对照一览表

表 4-8

单位：人

项目 数字 单位	行政总计		中共党委		人大常委		人民政府		政协		人民团体		人民法院		人民检察院		公安		司法		事业总计		工勤	
	编制	在职人数	编制	在职人数	编制	在职人数	编制	在职人数	编制	在职人数	编制	在职人数	编制	在职人数	编制	在职人数	编制	在职人数	编制	在职人数	编制	在职人数	编制	在职人数
合计	842	746	182	163	53	53	580	498	15	20	12	12	52	48	32	27	149	157	28	17	3133	2410	121	162
县级机关	310	336	74	78	17	19	192	207	15	20	12	12	52	48	32	27	149	157	28	17	2873	2297	68	70
区、乡（镇）	532	410	108	85	36	34	388	291	—	—	—	—	—	—	—	—	—	—	—	—	260	113	53	72

二、1998 年机构改革

1998 年，美姑县机构编制办公室对机改后的党政机构进行了定编制、定内设机构、定职能的“三定”工作。同时对已调整恢复建制的 35 个乡，1 个镇进行了“三定”，保留九个片区工作委员会（简称工委），作为县委、县人民政府的派出机构。通过改革，县级党政工作机构共设 28 个，其中，县委工作部门 5 个，县人民政府工作部门 23 个，比原有 62 个减少 34 个，精减 54.83%。核定县级机关行政编制 380 名；政法编制 185 名，其中，公安 86 名，检察院 31 名，法院 52 名，司法局 16 名。县级机关后勤服务人员事业编制原则上按机关行政编制的 10% 左右核定。

全县乡（镇）党政机关行政编制 740 名，设二类乡（镇）1 个，三类乡（镇）35 个。二类乡（镇）设置 3 ~ 4 个综合办事内设机构，设领导职数为乡（镇）党委书记 1 名，副书记 3 名〔含兼职乡长〕；乡（镇）长 1 名，副乡（镇）长 2 名；三类乡（镇）原则上不设内设机构，领导职数为乡（镇）党委书记 1 名，副书记 2 名〔含兼职乡（镇）长〕，乡（镇）长 1 名，副乡（镇）长 2 名。

县人大、政协的机构改革与党政机关改革同步进行。县人大常委会设综合办事机构 3 个：办公室、选举任免联络室、调查研究室。根据工作需要和干部条件，人大常委会设 3 名专门委员会专职副主任（正局级），即教科委员会副主任，经济委员会副主任，提案委员会副主任。县人大机关、政协机关人员精简比例按 10% 左右掌握。

三、2002 年党政机构改革

2002 年，党政机构改革方案是结合 1998 年机改“三定”方案进行完善。

（一）乡（镇）机构调整

全县 36 个乡（镇）参照 1995 年乡（镇）分类的标准结合现在的实际情况进行分类。保留 9 个片区工委作为派出机构，贫困、边远地区的乡（镇），原则上只设一个综合机构，或只确定必要的助理员，提倡党政干部交叉任职。乡（镇）行政编制由 707 名减为 594 名（含工委行政编制），减少 113 名，精减 16%。乡（镇）机关服务人员事业编制按乡（镇）行政编制点数的 10% ~ 15% 的比例从严核定。

（二）党政机构调整

调整后的县委工作部门设置为 7 个，增加 2 个，调整后的县人民政府工作部门设置 22 个，较 1998 年机改减少 1 个。

（三）人大、政协和法院、检察院、人民团体等机构的改革

这五个单位的机构的改革仍按 1998 年机改建制进行“三定”，精简编制和人员。2002 年，县级党政机构改革中，县级行政编制由 344 名精减为 279 名，减少 65 名，精简 19%。政法机关编制精减 10%。

四、2005 年政府机构改革

2005 年，政府机构改革的目的是，进一步转变政府职能，改进管理方式，按照改企、政事分开和所有权与经营权分离。改革的重点是深化国有资产管理体制改革，完善宏观调控体系，加强食品安全和安全生产监管体制建设。根据县人民政府机构改革实施意见对县人民政府一些工作部门进行了调整。对新组建的部门所需编制按照“编制随职能走，人随编制走，连人带编制划转”的原则予以解决。

五、2008 年乡（镇）机构改革

2008 年，根据四川省人民政府《关于进一步推进乡（镇）机构改革的意见》和中共凉山州委、

凉山州人民政府《关于推进乡（镇）机构改革的实施意见》文件精神，结合美姑实际制定了《美姑县乡（镇）机构改革方案》。乡（镇）机构改革主要完成了三个核心任务：一是积极推进乡（镇）政府职能转变，调整乡（镇）事业单位职能。“通过政府职能转变，实现乡（镇）政府由行政管理型向引导服务型、由计划干预型向市场调节型、由行政推动型向依法行政型转变”。二是通过改革把县乡之间设置的9个片区工委一律撤销，在9个片区工委所在乡（镇）设立9个中心乡（镇），按照转变后的乡（镇）党委、政府职能，依法合理授权中心乡（镇）负责就近乡（镇）有关金融、财政、税务、教育、卫生等方面的协调工作。三是通过改革乡（镇）设党委、人大主席团、政府机构，不设政协机构；设乡（镇）人民武装部，接受乡（镇）党委、政府和县人民武装部的双重领导；以乡（镇）综合指数，重新核定乡（镇）行政编制532名，由原来的594名减少62名，精减10.5%。乡（镇）编制和人员实行定岗定员实名制管理并进行公示制度。

第三节　事业单位机构改革

事业单位改革最早于20世纪80年代，当时国家和地方都处于探索时期。1991年，对全县党政群机关、事业单位的机构、编制实行冻结，首次对全县行政、事业单位实施“人员编制卡片”管理制度。1993年，开始实行“工资分类管理”办法，把行政、事业工资分类管理，开始推进事业单位的改制。

1998年，把全县事业单位机构改革和党政机构改革同步进行，撤销物资局、商业局、医药局等，分别组建成立公司推向市场。在事业单位管理体制改革方面，让事业单位与政府部门脱钩，取消行政隶属关系，建立法人治理结构。2005年，对全县乡（镇）事业单位分类进行改革。撤销各乡（镇）的“七站八所”，合并组建设置为各乡（镇）“农业综合服务中心”和“社会事务中心”。在36个乡（镇）中共设置72个事业单位并根据方案进行“七定”（定职能配置、定内设机构、定人员编制、定审办事项、定联办事项、定目标责任、定工作制度）。通过机改，全县乡（镇）事业机构由原来的126个减少为72个，减少了54个，精减43%，乡（镇）事业编制由原来的466名，减少为397名，减少了69名，精减15%。

2008年，撤销原乡（镇）的“农业综合服务中心”和“社会事务中心”，36个乡（镇）分别只设置1个“综合服务中心”。乡（镇）事业机构由原来的72个，减少为36个，精减50%，乡（镇）事业编制按不超过乡（镇）行政编制的原则，核定乡（镇）事业编制354名，乡（镇）事业编制由原来的397名，减少43名，精减15%。其中，乡（镇）直属事业机构事业编制260名，县级主管部门派驻乡（镇）事业机构事业编制94名（含畜牧兽医人员编制72名，计生服务人员编制15名，基层国土资源人员编制7名），乡（镇）直属事业机构编制一般按每个单位3 ~ 7名配备，县级主管部门派驻基层事业机构一般按每个单位3 ~ 8名配备。其中，1995年，对全县所有事业单位进行摸底调查和登记，全县共有事业单位427个。截至2009年年底，事业单位历经机构改革后，全县共有事业单位267个，法人事业单位登记注册221个，不符合条件注册登记的46个。其中，财政预算259个，经费自理8个。全县事业单位实有从业人员2240人，其中，财政预算2227人，经费自理13人，事业单位中行政管理人员9人。

第五篇

政权政协

第一章　权力机构

第一节　人大机构

1981年3月，美姑县第五届人民代表大会第一次会议上首次设置县人大常务委员会（以下简称人大常委会），作为美姑县人民代表大会常设机构。

1981年7月，美姑县人大常委会设政法科和秘书行政科；1984年2月，增设代表联络科，并将原政法科改为法制科；1986年10月，增设经济计划科、科教文卫科，撤销原秘书行政科；1990年年底，县人大常委会设办公室、法制科、代表联络科、科教文卫科、经济计划科，共有工作人员15名（其中工人4名）；1998年6月机构改革，精简为办公室、选举任免联络室、调查研究室3个内设机构；1999年5月，选举任免联络室改为人事任免代表联络室，又增设法制工作委员会、财经工作委员会、教科文卫工作委员会，撤销调查研究室。

第二节　历届人民代表大会

第八届至第十二届县人民代表大会代表由各选区选民直接选举产生。

一、第八届人民代表大会

美姑县第八届人民代表大会任期3年（1990年换届）。

1991年3月24—28日，召开美姑县第八届人民代表大会第二次会议，应到代表135名，实到代表133名。

1992年3月24—28日，召开美姑县第八届人民代表大会第三次会议，应到代表133名，实到代表126名。

第二次和第三次人民代表大会都听取和审议了美姑县人民政府工作报告，美姑县国民经济、社会发展执行情况和计划（草案）的报告，美姑县财政预算执行情况和财政预算（草案）的报告，美姑县人大常委会工作报告，美姑县人民法院工作报告，美姑县人民检察院工作报告；通过各项报告的决议和其他事项。

第二次会议选举出席凉山州人大代表18名，补选美姑县人大常委会副主任1名、县人民政府副县长1名。第三次会议通过《关于坚决制止家支违法活动的决议》。

会议期间，代表们提出批评、建议、意见共146件。

二、第九届人民代表大会

美姑县第九届人民代表大会任期5年。

1993年3月17—22日，召开美姑县第九届人民代表大会第一次会议，应到代表143名，实到代表138名。

1994年2月27日—3月2日，召开美姑县第九届人民代表大会第二次会议，应到代表138名，实到代表132名。

1995年3月1—4日，召开美姑县第九届人民代表大会第三次会议，应到代表133名，实到代

表 128 名。

1996 年 1 月 21—25 日，召开美姑县第九届人民代表大会第四次会议，应到代表 130 名，实到代表 126 名。

1997 年 3 月 7—10 日，召开美姑县第九届人民代表大会第五次会议，应到代表 127 名，实到代表 121 名。

五次会议都听取和审议了美姑县人民政府工作报告，美姑县国民经济、社会发展执行情况和计划（草案）的报告，美姑县财政预算执行情况和财政预算（草案）的报告，美姑县人大常委会工作报告、美姑县人民法院工作报告，美姑县人民检察院工作报告，通过了各项报告的决议和其他事项。

第一次会议选举出美姑县第九届人民代表大会常务委员会主任 1 名、副主任 4 名、委员 10 名；选举美姑县人民政府县长 1 名、副县长 4 名；选举美姑县人民法院院长；选举美姑县人民检察院检察长。第四次会议选举出席凉山州人大代表 13 名。

会议期间，代表们提出批评、建议、意见 290 件。

三、第十届人民代表大会

美姑县第十届人民代表大会任期 5 年。

1998 年 2 月 21—26 日，召开美姑县第十届人民代表大会第一次会议，应到代表 158 名，实到代表 154 名。

1999 年 3 月 16—19 日，召开美姑县第十届人民代表大会第二次会议，应到代表 155 名，实到代表 148 名。

2000 年 3 月 14—17 日，召开美姑县第十届人民代表大会第三次会议，应到代表 153 名，实到代表 148 名。

2001 年 1 月 5—10 日，召开美姑县第十届人民代表大会第四次会议，应到代表 153 名，实到代表 149 名。

2001 年 4 月 10 日，召开美姑县第十届人民代表大会第五次会议，应到代表 153 名，实到代表 151 名。

2002 年 2 月 4—6 日，召开美姑县第十届人民代表大会第六次会议，应到代表 151 名，实到代表 147 名。

美姑县第十届人民代表大会共召开六次会议，其中，第五次会议的议程只有一项，选举县人民政府县长，其余五次会议都听取和审议美姑县人民政府工作报告，美姑县国民经济、社会发展执行情况和计划（草案）的报告，美姑县财政预算执行情况和财政预算（草案）的报告，美姑县人大常委会工作报告，美姑县人民法院工作报告，美姑县人民检察院工作报告；通过各项报告的决议和其他事项。

第一次会议选举出美姑县第十届人民代表大会常务委员会主任 1 名、副主任 4 名、委员 10 名；选举美姑县人民政府县长 1 名、副县长 5 名；选举美姑县人民法院院长；选举美姑县人民检察院检察长。第二次会议补选美姑县第十届人民代表大会常务委员会委员 1 名。第四次会议选举出席凉山州第八届人大代表 17 名。第五次会上选举美姑县人民政府县长 1 名。

会议期间，代表们提出议案 3 件，批评、意见 256 件。

四、第十一届人民代表大会

美姑县第十一届人民代表大会为了与上级人大同步，提前一年换届，任期 4 年。

2003 年 2 月 16—20 日，召开美姑县第十一届人民代表大会第一次会议，应到代表 159 名，实到代表 154 名。

2004年2月6—9日，召开美姑县第十一届人民代表大会第二次会议，应到代表156名，实到代表153名。

2005年3月14—17日，召开美姑县第十一届人民代表大会第三次会议，应到代表152名，实到代表148名。

2006年1月22—25日，召开美姑县第十一届人民代表大会第四次会议，应到代表158名，实到代表148名。

四次会议都听取和审议（审查）了美姑县人民政府工作报告，美姑县国民经济和社会发展计划执行情况及计划（草案）的报告，美姑县财政预算执行情况及财政预算（草案）的报告，美姑县人大常委会工作报告，美姑县人民法院工作报告，美姑县人民检察院工作报告，通过各项报告的决议和其他事项。

第一次会议选举美姑县第十一届人民代表大会常务委员会主任1名、副主任5名、委员11名；选举美姑县人民政府县长1名、副县长7名；选举美姑县人民法院院长；选举美姑县人民检察院检察长；通过美姑县第十一届人民代表大会第一次会议议案的决议。第二次会议补选美姑县第十一届人民代表大会常务委员会委员1名；第四次会议，选举美姑县人民政府县长1名。

会议期间，代表们提出议案3件，批评、建议、意见318件。

五、第十二届人民代表大会

美姑县第十二届人民代表大会任期5年。

2006年12月10—13日，召开美姑县第十二届人民代表大会第一次会议，应到代表154名，实到代表153名。

2008年2月26—28日，召开美姑县第十二届人民代表大会第二次会议，应到代表155名，实到代表148名。

2009年1月20—22日，召开美姑县第十二届人民代表大会第三次会议，应到代表152名，实到代表147名。

三次会议都听取和审议（审查）了美姑县人民政府工作报告，美姑县国民经济和社会发展计划执行情况及计划（草案）的报告，美姑县财政预算执行情况及财政预算（草案）的报告，美姑县人大常委会工作报告，美姑县人民法院工作报告，美姑县人民检察院工作报告，通过各项报告的决议和其他事项。

第一次会议选举出美姑县第十二届人民代表大会常务委员会主任1名、副主任5名、委员17名；选举美姑县人民政府县长1名、副县长7名；选举出美姑县人民法院院长；选举美姑县人民检察院检察长；选举出席凉山州第九届人大代表17名。第三次会议选举美姑县人民政府县长1名。

会议期间，代表们提出批评、建议和意见162件。

第三节　县人民代表大会常务委员会工作

一、第八届人民代表大会常务委员会

美姑县第八届人民代表大会常委会组成人员15人。从第二次会议到第三次会议两年间，共召开常委会15次，听取和审议“一府两院”的工作报告情况32次，重点审议了《中华人民共和国村民委员会组织法》《中华人民共和国行政诉讼法》《中华人民共和国义务教育法》《中华人民共和

国土地管理法》等法律法规，并紧紧围绕经济建设这个中心，展开了一系列监督工作，提出了很好的建议和意见，同时还针对人民群众普遍关心的“热点”社会治安问题进行了有效监督。作出《关于进一步加强预算外资金管理的决定》《关于坚决清理压缩计划外临时工的决定》《关于进一步加强中小学德育工作的决议》《关于在全县公民中深入开展法制宣传教育第二个五年规划的决议》。

二、第九届人民代表大会常务委员会

美姑县第九届人民代表大会常委会组成人员 15 人。从第一次会议到第五次会议，五年间共召开常委会 32 次，听取和审议“一府两院”工作报告情况 147 次。1994 年，评议县计生工作。1995 年，评议县人民法院刑事审判工作。1996 年，评议县公安局工作，提出八个方面的整改意见。1997 年，评议县人民检察院工作，提出六个方面的整改意见。1995—1997 年，连续三年听取和审议美姑县关于禁毒斗争的情况汇报和教育工作的情况报告。

美姑县第九届人民代表大会务常委员会作出《关于大力发展乡（镇）企业的决议》《关于充分依靠科技、振兴农业的决议》《关于在全县公民中深入开展法制宣传教育第三个五年规划的决议》《关于依法治县的决议》《关于振兴教育的决议》。

五年间共对县人民政府委、办、局的 26 位主要负责人进行述职评议。

三、第十届人民代表大会常务委员会

美姑县第十届人民代表大会常委会组成人员 15 人。从第一次会议到第六次会议，五年间共召开常委会 31 次，听取和审议“一府两院”工作报告情况 67 个，三次听取县人民政府对《关于限期整顿扶贫资金管理使用中存在问题的决议》执行情况，其中两次未通过。对人民群众反映强烈的社会治安问题，常委会连续两次听取了公安工作的情况报告。1998 年，评议县人民法院工作。同时对县人民政府关于贯彻实施《中华人民共和国森林法》《中华人民共和国教育法》《中华人民共和国土地管理法》《中华人民共和国审计法》《中华人民共和国食品卫生法》等 40 余部法律、法规、条例的实施情况进行执法检查；听取县人民政府关于禁毒工作、提高教育教学质量、扶贫资金管理和使用情况、霍乱病预防工作、《关于限期整顿扶贫资金管理使用中存在问题的决议》执行情况及公安工作的情况报告。

美姑县第十届人民代表大会常委会作出了《关于限期整顿扶贫资金管理使用中存在问题的决议》和《关于进一步加强对优质梨生产工作的决议》。针对群众反映的热点问题，作出《关于进一步加强退耕还林工作的决定》《关于依靠科技振兴农业的决定》《关于加强对扶贫资金管理的决定》《关于在全县公民中深入开展法制宣传教育第四个五年规划的决定》《关于大力发展民族教育的决议》。

五年间，共对县人民政府委、办、局的 27 名主要负责人进行述职评议。

四、第十一届人民代表大会常务委员会

美姑县第十一届人民代表大会常委会组成人员 17 人。从第一次会议到第四次会议，四年间共召开常委会 28 次，听取和审议“一府两院”工作情况报告 46 个。四年来，常委会在全县范围内对《药品管理法》《合同法》《传染病防治法》《土地承包法》《防洪法》《招投标法》《教师法》《法官法》《职业医师法》《劳动法》《人口与计划生育法》《文物保护法》《自然保护区条例》等 28 部法律、法规和“四五”普法实施情况开展执法检查。先后听取和审议县人民政府关于实施农业科技开发情况、柳洪电站建设工程实施情况、加强公安工作、确保社会稳定。听取和审议了县人民法院关于改革工作和县人民检察院关于预防职务犯罪的工作情况报告。其中，2003 年 6 月，常委会针对突发非典疫情，对九区一镇开展“防治非典”工作视察和贯彻实施《四川省禁毒条例》的执法检查。

美姑县第十一届人民代表大会常委会原则通过县人民政府关于美姑县城总体规划的报告；原则批准《美姑县 2004 年、2005 年财政预算调整情况报告》；原则批准县人民政府关于举债建设美姑县青少年活动中心体育馆的议案；原则批准《美姑县 2005 年、2006 年部门预算编制方案》，原则批准决定兴建“迎宾亭”。

四年间，对县人民政府组成部门的 9 个主要负责人进行述职评议。

五、第十二届人民代表大会常务委员会

美姑县第十二届人民代表大会常务委员会组成人员 23 人。三年间共召开常委会 21 次，听取和审查“一府两院”工作报告 51 个。三年来，常委会在全县范围内对《中华人民共和国价格法》《中华人民共和国体育法》《中华人民共和国预算法》《中华人民共和国税收征收管理法》《中华人民共和国无公害农产品管理办法》《中华人民共和国档案法》《中华人民共和国环境保护法》《中华人民共和国刑事诉讼法》《中华人民共和国森林防火条例》《中华人民共和国生猪屠宰管理条例》《中华人民共和国治安管理处罚法》《中华人民共和国农村土地承包法》《中华人民共和国艾滋病防治条例》《中华人民共和国建设工程质量管理条例》《中华人民共和国土地管理法》《中华人民共和国药品管理法》《中华人民共和国烟草专卖法》等法律法规的贯彻实施情况开展执法检查。先后听取和审议县人民政府对沼气池工程建设、畜牧项目、开展法制宣传教育第五个五年规划、乡村公路建设、社会抚养费的征收管理使用情况、基层卫生院建设、实施农村低保工作、加强公安队伍建设、水能资源招拍挂、计划、财政、环保、矿产资源、富民惠民、“两基”攻坚、社会救助、社会治安、新农村建设、医疗保险、民事审判、乡村吊桥建设、科技工作、广电工作、廉租房建设、“三房改造”、法院队伍建设、检察院公诉等工作情况报告。

美姑县第十二届人民代表大会常务委员会原则批准《美姑县 2007 年、2008 年、2009 年部门预算编制方案》，通过了《美姑县人民代表大会常务委员会关于深入开展法制宣传教育的决定》和《美姑县人大常委会议事规则》。

第八届美姑县人大常委会主任、副主任名录

（1990 年 2 月）

表 5-1

职　务	姓　名	性　别	民　族	任职时间	离职时间	备　注
主　任	黄季安	男	彝族	1990 年 3 月	1993 年 3 月	
副主任	陈海英	女	彝族	1990 年 3 月	1993 年 3 月	
副主任	姚兴义	男	汉族	1990 年 3 月	1993 年 3 月	
副主任	勒尔依合	男	彝族	1990 年 3 月	1993 年 3 月	
副主任	海干支铁	男	彝族	1990 年 3 月	1991 年 3 月	
副主任	恩扎维机	男	彝族	1990 年 3 月	1993 年 3 月	

第九届美姑县人大常委会主任、副主任名录

（1993 年 3 月）

表 5-2

职　务	姓　名	性　别	民　族	任职时间	离职时间	备　注
主　任	黄季安	男	彝族	1993 年 3 月	1998 年 2 月	
副主任	陈海英	女	彝族	1993 年 3 月	1997 年 3 月	

续表 5-2

职　务	姓　名	性　别	民　族	任职时间	离职时间	备　注
副主任	克其一批	男	彝族	1993 年 3 月	1998 年 2 月	
副主任	恩扎维机	男	彝族	1993 年 3 月	1998 年 2 月	
副主任	王泽远	男	汉族	1993 年 3 月	1998 年 2 月	

第十届美姑县人大常委会主任、副主任名录

（1998 年 2 月）

表 5-3

职　务	姓　名	性　别	民　族	任职时间	离职时间	备　注
主　任	陈海英	女	彝族	1998 年 2 月	2003 年 2 月	
副主任	克其一批	男	彝族	1998 年 2 月	2003 年 2 月	
副主任	恩扎维机	男	彝族	1998 年 2 月	2003 年 2 月	
副主任	吉克美曲	男	彝族	1998 年 2 月	2003 年 2 月	
副主任	旷华林	男	汉族	1998 年 2 月	2003 年 2 月	

第十一届美姑县人大常委会主任、副主任名录

（2003 年 2 月）

表 5-4

职　务	姓　名	性　别	民　族	任职时间	离职时间	备　注
主　任	阿培拉门	男	彝族	2003 年 2 月	2006 年 12 月	
副主任	吉克美曲	男	彝族	2003 年 2 月	2006 年 12 月	
副主任	旷华林	男	汉族	2003 年 2 月	2006 年 12 月	
副主任	徐高红	男	汉族	2003 年 2 月	2006 年 12 月	
副主任	的日支子	男	彝族	2003 年 2 月	2006 年 12 月	
副主任	彭玉章	男	彝族	2003 年 2 月	2006 年 12 月	

第十二届美姑县人大常委会主任、副主任名录

（2006 年 12 月）

表 5-5

职　务	姓　名	性　别	民　族	任职时间	离职时间	备　注
主　任	阿培拉门	男	彝族	2006 年 12 月	—	
副主任	徐高红	男	汉族	2006 年 12 月	—	
副主任	吉觉伟哈	男	彝族	2006 年 12 月	—	
副主任	的日支子	男	彝族	2006 年 12 月	—	
副主任	彭玉章	男	彝族	2006 年 12 月	—	
副主任	吉克尔者	男	彝族	2006 年 12 月	—	

第四节　代表视察

一、全国、省、州人大代表视察

代表视察是代表对社会情况进行实地观察和调查研究，人大代表行使职权的一种重要形式。受省、州人大常委会委托，县人大常委会多次组织驻县的全国、省、州人大代表就地视察。

1997 年 1 月，州人大代表视察乐约山体滑坡及灾民安置情况。

1998 年 4 月，省、州人大代表视察全县 1995 年以后扶贫资金管理、使用情况。

2001 年 8 月 27 日，省、州人大代表对美姑县粮食增产措施执行情况和教育工作情况进行视察。

2001 年 12 月 10 日，州人大代表对天然林保护工程实施情况、基层政权建设情况、公路建设情况、退耕还林（草）情况、水电建设情况等进行视察调研。

2002 年 4 月 22 日，省、州人大代表对美姑县城至大桥段公路改造情况、旧城改造情况、新区建设情况、环城路建设情况进行视察。

2004 年 7 月，州人大代表就美姑县能源基础设施建设（柳洪电站、峨美公路）、“三农”状况、民族教育、禁毒、社会治安等工作进行视察。

2005 年 12 月 13 日，省、州人大代表对瓦侯水电建设进行视察。

2005 年 12 月 25 日，省、州人大代表对全县水利开发工作进行视察。

2006 年 8 月，州人大代表对 17 个乡（镇）的社会治安综合治理工作情况、水电建设情况、防汛工作等进行视察。

2007 年 11 月 8 日，省、州人大代表对全县工业企业进行视察调研。

2008 年 10 月 16 日，省、州人大代表对全县能源建设、“三房”改造工作情况进行视察、调研。

2009 年 7 月 22—24 日，省、州人大代表对全县“两基”攻坚情况进行了重点专题视察。

2009 年 8 月 23 日，全国、省、州人大代表对全县工业经济工作进行了重点专题视察。

二、县人大代表视察

1991—2009 年，美姑县人大常委会组织人大代表，在本行政区域内积极开展视察工作。

1991 年，美姑县人大常委会组织县人大代表对贯彻实施《中华人民共和国义务教育法》《四川省义务教育实施条例》《凉山彝族自治州义务教育实施办法》《中华人民共和国村民委员会组织法》《中华人民共和国行政诉讼法》等法律法规情况进行视察、检查；对扶贫工作、社会治安综合治理、乡村医疗卫生工作、推广应用农村实用技术以及行政审判、打击刑事犯罪、刑事审判工作进行视察、调查。

1992 年，美姑县人大常委会组织人大代表对贯彻实施《中华人民共和国经济合同法》《中华人民共和国宪法》《中华人民共和国刑法》《中华人民共和国食品卫生法》《凉山彝族自治州计划生育办法》《中华人民共和国土地管理法》等法律法规情况进行视察、检查；对“二五”普法、扶贫“越温”验收、“家支活动问题”、清理整顿乱收费、乱摊派、乱罚款的“三乱”行为等工作情况进行视察、调查。

1993 年，组织县人大代表对贯彻实施《社会治安管理处罚条例》《全民所有制工业企业转换经营机制》《凉山彝族自治州彝族语言文字工作条例》《中华人民共和国兵役法》《中华人民共和国矿产资源法》等法律法规情况进行视察、检查；对全县粮食增产措施、乡（镇）企业、民族教育、关于牦牛大量死亡、县乡村医疗网点建设、民事审判工作、县人民检察院经济检查等工作情况进行视察、调查。

1994 年，组织县人大代表对贯彻实施《四川省绿化条例》《中华人民共和国农业法》《中华人民共和国审计法》《中华人民共和国教师法》等法律法规情况进行视察、检查；对科技兴农、通信网点建设、反腐倡廉、勤政为民工作、发展畜牧业生产、人民法院执行工作、工业生产、税法工作、人畜饮水、电力管理与发展、集贸市场建设与发展、交通、人民检察院法纪检察工作情况进行视察、调查。

1995 年，组织县人大代表对贯彻实施《中华人民共和国药品管理法》《四川省禁毒条例》《中华人民共和国农业法》《中华人民共和国劳动法》等法律法规情况进行视察、检查；对消防、交通安全、林业工作、科技工作、企业扭亏增盈等工作情况进行视察、调查。

1996 年，组织县人大代表对实施《中华人民共和国土地管理法》等法律法规情况进行视察、检查；对以工代赈、基本农田建设、畜牧业生产、“三五”普法规划、工业生产、反贪污贿赂斗争、文化市场管理、经济审判、公安工作整顿落实情况等进行视察、调查。

1997 年，组织县人大代表对市镇建设管理、行政审判工作、检察院整改落实、乐约乡山体滑坡及灾民安置情况进行视察。

1998 年，组织县人大代表对贯彻实施《中华人民共和国森林法》及实施细则、《中华人民共和国电力法》等法律法规情况进行视察、检查；对 1995 年以后扶贫资金管理使用、交通运输管理工作、落实关于限期整顿扶贫资金管理使用中存在问题的决议的情况、县人民检察院自身建设、县人民法院落实代表评议法院工作整改意见情况、计划生育工作、国有资产管理工作、财政预算执行情况、办理人民代表建议、批评和意见、提高教育教学质量、企业改革、检察院自身建设等情况进行视察、调查。

1999 年，组织县人大代表对保护天然林及贯彻实施《中华人民共和国森林法》等法律法规情况进行视察、检查；对初级卫生保健工作、优质梨生产、烤烟生产、人民法院执行新刑事诉讼法、审计工作、检察院批捕起诉工作、“三五”普法工作、公安工作、畜牧业生产、治理长江中上游水土流失工程、办理人大代表批评、建议和意见工作、财政预算执行情况、计划生育工作、限期整顿扶贫资金管理使用中存在问题的决议等情况进行视察、调查。

2000 年，组织县人大代表对贯彻实施《中华人民共和国土地管理法》《中华人民共和国乡（镇）企业法》《中华人民共和国草原法》等法律法规情况进行视察、检查；对科技队伍管理和使用情况、扶贫工作、畜牧业生产、人民检察院法律监督、财政预算执行情况、办理代表议案、批评、建议和意见、落实执法责任制、政务、厂务、村务公开、减轻农民负担、公路建设、千乡万村通广播电视工程、人民法院执行判决、裁定等法律文书执行情况等进行视察、调查。

2001 年，组织县人大代表对科技兴农、退耕还林、教育科技、移民扶贫、公路建设、通信设施建设、旅游资源开发等 13 项工作情况进行视察、调研。

2002 年，组织县人大代表对贯彻实施《中华人民共和国招投标法》等法律法规情况进行视察、检查；对社会治安综合治理、移民、灾民的生产生活、扶贫资金、两项资金管理使用、畜牧业生产、教育工作、农网改造、环城路的改造、美姑至大桥段公路路面改造等情况进行视察、调研，对县人民政府工作提出建议 28 条。

2003 年，组织县人大代表对贯彻实施《中华人民共和国药品管理法》《中华人民共和国合同法》《中华人民共和国土地管理法》等法律法规情况进行视察、检查；对建立林业大县和畜牧大县的具体措施办法、调整农业产业结构、农村税费改革、预防职务犯罪工作，安全生产工作、计划生育工作、禁毒工作、预防“非典”工作、柳洪电站建设、经营城市、扶贫开发、劳务输出等情况进行视察、调研。

2004 年，组织县人大代表对贯彻实施《中华人民共和国档案法》及实施办法、《中华人民共和国招投标法》《中华人民共和国村民委员会组织法》《中华人民共和国农村土地承包法》《中华人民共和国防洪法》《中华人民共和国道路交通管理条例》《退耕还林（草）条例》《中华人民共和国教师法》《中小学教师职业道德规范》《中华人民共和国检察官法》《中华人民共和国法官法》《中华人民共和国执业医师法》《国有资产评估管理办法》《中华人民共和国劳动法》《美姑县城总体规划》等法律法规情况进行视察、检查；对全县能源基础设施建设（柳洪电站、峨美公路）、“三农”状况、民族教育、禁毒工作、社会治安等工作情况进行视察、调研。

2005年，组织县人大代表对贯彻实施《中华人民共和国文物保护法》《广播电视设施保护条例》《中华人民共和国自然保护区管理条例》《农业科技开发工作管理办法》《中华人民共和国消费者权益保护法》《中华人民共和国审计法》《四川省消防条例》《中华人民共和国民事诉讼法》《中华人民共和国刑事诉讼法》《兽药管理条例》等法律法规情况进行视察、检查；对道路交通建设情况、实施农网改造工程情况、柳洪电站建设等工作情况进行视察、调研。

2006年，组织县人大代表对贯彻实施《中华人民共和国残疾人保障法》《中华人民共和国人口与计划生育法》等法律情况进行视察、检查；对扶贫、水能资源、水电建设、公路建设、柳洪电站建设、“三农”问题、实施新型农村医疗试点工作、三房改造及移民、马铃薯基地建设、防汛工作等人民群众普遍关注的热点、难点问题进行视察、调研。

2007年，组织县人大代表对贯彻实施《公共场所卫生管理条例》《中华人民共和国税收征收管理法》《无公害农产品管理办法》《中华人民共和国价格法》《中华人民共和国体育法》等法律法规情况进行视察和监督；对执行案件办理工作、水能资源、招拍挂工作、“两基”工作、沼气池工程建设、乡村公路建设、社会抚养费的征收、管理、使用情况、基层卫生院建设、农村低保等工作情况进行视察、调研。

2008年，组织县人大代表对贯彻实施《中华人民共和国档案法》《中华人民共和国环境保护法》《中华人民共和国刑事诉讼法》《森林防火条例》《生猪屠宰管理条例》等法律法规情况进行视察、调研；对扶贫解困、农村医保、低保、农村公路建设等工作进行了视察、调研。

2009年，组织县人大代表对贯彻实施《中华人民共和国治安管理处罚法》《中华人民共和国农村土地承包法》《艾滋病防治条例》《建设工程质量管理条例》《生猪屠宰管理条例》《中华人民共和国土地管理法》《中华人民共和国药品管理法》《中华人民共和国烟草专卖法》等法律法规情况进行视察调研；对“两基”攻坚、农村吊桥建设、科技工作、广电工作、廉租房建设、“三房改造”、法院队伍建设、检察院上诉工作、各位副县长的落实政府工作报告，切实做好分管工作的思路打算和落实情况等工作情况进行视察、调研。

第五节　来信来访

信访工作是人大常委会联系群众，了解社情民意，发扬民主，搞好监督的重要渠道。围绕权力机关的职能，行使人民赋予的权力，为民做主，为民办事，依法维护人民群众的正当权益。1991年，美姑县人大常委会接待来信来访121件，按规定作了处理；1992年，受理来信来访38件，已全部结案；1993年，受理247件、463人次，已作了处理；1994年，受理38件、172人次，按规定作了处理；1995年，受理110件，全部作了处理；1996年，受理50件、139人次，全部作了处理；1997年，受理31件，已解决19件，来访128人次，全部作了处理；1998年，受理315件、699人次，全部结案；1999年受理58件、189人次，全部作了处理；2000年，受理63件、192人次，全部结案；2001年，受理124件、158人次，按规定作了处理；2002年，受理26件、296人次，按规定作了处理；2003年，受理105件、196人次，按规定作了处理；2004年，受理128件、246人次，按规定作了处理；2005年，受理182件、395人次，按规定作了处理；2006年，受理128件、321人次，按规定作了处理；2007年，受理78件、138人次，按规定作了处理；2008年，受理52件、106人次，按规定作了处理；2009年，受理74件、186人次，按规定作了处理。

第六节 议案和建议

一、议案

美姑县第八届至十二届人民代表大会期间，依照法定程序确定代表议案。从第十届县人民代表大会起，依照《地方组织法》规定，确定代表议案法定程序，并将议案纳入大会议程。十届三次会议至十一届三次会议期间，代表共提出议案18件，其中，由代表大会作出决议的6件，其余12件不具备议案要素的转为建议、意见和批评处理。

2000年3月17日，美姑县第十届人民代表大会第三次会议通过吉黑呷呷等43位代表提案，以“加强社会治安尽快改变全县治安状况”为案由。要求社会治安综合治理在半年内达到基本好转，一年内达到明显好转。

2001年1月8日，美姑县第十届人民代表大会第四次会议通过吉古尔子等11位代表提出的以“加强预防霍乱病工作”为案由。要求将预防霍乱病防治经费纳入县财政预算。

2002年2月6日，美姑县第十届人民代表大会第六次会议通过主席团代表联名提案，以“把大力发展具有美姑特色的旅游业，促进美姑经济进一步发展”为案由。要求进一步解放思想，与时俱进，加大宣传力度，提高认识，加强领导，建立机构，搞好规划，逐年实施，加大投入力度，完善基础设施配套建设。

2004年2月8日，美姑县第十一届人民代表大会第二次会议通过牛牛坝和新桥代表团提出的以“加强社会治安综合治理确保全县政治稳定，营造良好的投资环境”为案由。要求公安机关加大刑事大案要案的侦破力度，严厉打击各种刑事犯罪，采取切实有效的措施，在短期内有明显好转。

2004年2月8日，美姑县第十一届人民代表大会第二次会议，通过巴普镇代表团曾晶玉等11位名代表提出的以“将重点疾病防治与健康教育经费纳入县财政预算”为案由。要求加强疾病防治与健康教育，保障人民群众身体健康、生命安全，制定切实有效的保障措施，提高预防公共卫生突发事件的处理能力。

2005年3月17日，美姑县第十一届人民代表大会第三次会议通过曲比依胡等10位代表提出的以“打造民族文化旅游品牌，增添民族文化亮点”为案由。要求加强彝族民间文化生态空间及毕摩传承人的保护，加大其研究、开发、利用的力度。

二、建议、意见、批评

县八届人大二次会议至十二届人大三次会议期间，代表所提建议、意见和批评共1172条，由人大常委会转县人民政府有关部门办理，并及时督促检查，做到件件有交代，事事有答复。

八届至十二届人民代表大会议案、批评意见及建议情况统计表

表5-6

届次	议案				批评、意见及建议									
	合计	社会治安	文教卫生	旅游业	合计	政务工作	文教卫生	交通通信	水电方面	政法方面	农林牧副	基础建设	扶贫方面	其他
八届人大	—	—	—	—	146	25	25	23	15	16	28	2	3	9
九届人大	—	—	—	—	290	62	59	36	24	22	38	3	15	31
十届人大	3	1	1	1	256	45	42	41	53	22	36	3	8	6
十一届人大	3	1	1	1	318	84	46	41	74	17	28	1	4	23
十二届人大	—	—	—	—	162	31	31	23	21	14	6	7	2	27

第七节　决议和决定

一、决议

1992年3月28日，美姑县第八届人民代表大会第三次会议通过关于坚决制止家支违法活动的决议。

1994年12月21日，美姑县九届人大常委会第二次会议通过关于振兴教育的决议。

1997年8月27日，美姑县第九届人民代表大会第二十九次常委会议通过关于依法治县的决议

1998年4月29日，美姑县第十届人民代表大会常务委员会第二次会议通过关于限期整顿扶贫资金管理使用中存在问题的决议。

二、决定

2006年1月22日，美姑县第十一届人大常委会第四次会议作出决定：同意美姑县人民政府《关于举债建设青少年活动中心体育馆议案》。美姑县第十一届人大常委会第十七次会议作出决定：同意美姑县人民政府《关于修建“迎宾亭”的议案》，要求县人民政府在规定的时间内按期按质完成建设工程。

2007年4月16日，美姑县第十二届人大常委会第二次会议作出决定：通过美姑县人民代表大会常务委员会关于深入开展法制宣传教育的决定。

第八节　乡（镇）人民代表大会

乡（镇）人民代表大会代表，在乡（镇）范围内划分选区，由各选区选民直接选举产生。

1992年，全县依法选举乡（镇）人大代表1100名。其中，党员632名，占57.5%；非党代表468名，占42.5%；第一线工人、农民889名，占80.8%；妇女代表171名，占15.6%。依法选举产生新一届乡（镇）人大主席、副主席和乡（镇）长、副乡（镇）长。

1996年，全县依法选举产生乡（镇）人大代表1598名。其中，党员代表867名，占54.26%；非党员代表731名，占45.74%；妇女代表244名，占15.3%。依法选举产生新一届乡（镇）人大主席、副主席和乡（镇）长、副乡（镇）长。

1999年，全县依法选举产生乡（镇）人大代表1595名。其中，党员代表842名，占52.8%；非党代表753名，占42.2%；妇女代表273名，占17.1%。依法选举产生新一届乡（镇）人大主席、副主席和乡（镇）长、副乡（镇）长。

2001年，全县依法选举产生乡（镇）人大代表1598名。其中，党员867名，占代表总数54.25%；非党代表731名，占45.75%；妇女代表288名，占14.26%；少数民族代表1568，占98.1%。依法选举产生新一届乡（镇）人大主席、副主席和乡（镇）长、副乡（镇）长。

2006年，全县依法选举产生乡（镇）人大代表1598。其中，党员1042名，占65.2%；非党代表556名，占34.8%；工人、农民代表1261名，占78.9%；妇女代表191名，占12%。依法选举产生新一届乡（镇）人大主席、副主席和乡（镇）长、副乡（镇）长。

第二章　人民政府

第一节　机构设置

一、美姑县人民政府

美姑县人民政府经历了第十二届，其中，第七届至第八届县人民政府任期为三年；第九届至第十届任期为五年；第十一届任期为四年；第十二届任期为五年。在每届第一次人民代表大会上都重新选举产生县长、副县长。

第八届县人民政府

1990 年 3 月，召开第八届一次人民代表大会，选举产生县长 1 名，副县长 4 名，第八届县人民政府任期为三年。

第九届县人民政府

1993 年 3 月，召开第九届一次人民代表大会，选举产生县长 1 名，副县长 4 名，第九届县人民政府任期为五年。

第十届县人民政府

1998 年 2 月，召开第十届一次人民代表大会，选举产生县长 1 名，副县长 5 名，第十届县人民政府任期为五年。

第十一届县人民政府

2003 年 2 月，召开第十一届一次人民代表大会，选举产生县长 1 名，副县长 7 名，第十一届县人民政府任期为四年。

第十二届县人民政府

2006 年 12 月，召开第十二届一次人民代表大会，选举产生县长 1 名，副县长 7 名，第十二届县人民政府任期为五年。

“八五”期间（1991—1995 年）县人民政府动员和组织全县人民，紧紧围绕党中央提出的“抓住机遇，深化改革，扩大开放，加快发展，保持稳定”的工作大局，以“三个有利于”（是否有利于发展社会主义社会的生产力，是否有利于增强社会主义国家的综合国力，是否有利于提高人民的生活水平）为工作标准，始终坚持“发展才是硬道理”，正确处理改革、发展、稳定的关系，全县经济发展、政治安定、社会稳定、民族团结、社会进步。

“九五”期间（1996—2000 年），县人民政府高举邓小平理论伟大旗帜，认真贯彻落实党的十五大和十五届三中、四中、五中全会精神，按照“三个代表”（我们党要始终代表中国先进生产力的发展要求，我们党要始终代表中国先进文化的前进方向，我们党要始终代表中国最广大人民的根本利益）重要思想的要求，紧紧抓住西部大开发的机遇，深入开展“三讲”教育（指 2000 年中央在全党开展的讲学习、讲政治、讲正气学习教育活动），从美姑实际出发，认真实施“34511”经济发展战略（指美姑县委和县人民政府制定的经济发展战略，即强化 3 个基础——粮食生产、基础设施建设、教育科技；培育 4 大支柱——畜牧业、林业、国有企业和个体私营经济；狠抓 5 个项目——优质梨、美姑山羊和岩鹰鸡、干果、烤烟、白魔芋；打好 1 张牌——扶贫攻坚；实现 1 个目标——富民兴县），进一步解放思想，更新观念，迎难而上，开拓进取，扎实苦干，全县国民经济得到了持续、稳定发展，各项事业全面进步，人民安居乐业，社会保持稳定。

“十五”期间（2001—2005年），县人民政府积极带领全县人民苦干实干，认真贯彻落实党的十六大精神，抢抓发展机遇，大力抓好机构改革，狠抓社会治安和整顿规范市场经济秩序、安全生产等重大工作。继续抓好教育十年行动计划、县城新区开发、旧城改造、环城公路建设、农网改造、基层政权建设、长防长治工程、公路建设、实施水电开发建设、农机提灌站建设。同时，实施草畜“3150”工程（即到2005年，全州种植优质牧草150万亩，出栏优质改良绵羊150万只，存栏150万只）和退耕还林等重要项目。

2008—2009年，深入贯彻落实科学发展观，紧紧围绕“加快发展、和谐稳定”两大主题，积极应对各种不利因素的影响和挑战，全县呈现经济发展，民生改善、社会和谐的良好局面。

到2009年年末，全县实现生产总值11.5亿元，同比增长18%；全社会固定资产投资6.4亿元，同比增长33%；全年社会消费品零售总额完成2.4亿元，同比增长15.4%；实现财政总收入6399万元，同比增长19%，其中，地方财政一般预算收入3516万元，同比增长17.2%；城镇居民人均可支配收入1.24万元，同比增长11.7%；农民人均纯收入2606元，同比增长14%；城镇新增就业365人，城镇登记失业率控制在4.2%以内。全年第一产业实现增加值5.2亿元，增长4.9%。粮食总产量达到77786吨，增长2.92%。实现烟农收入1260.5万元，实现畜牧总产值4.75亿元，增长6%。实现林业总产值1.42亿元，增长10%；实现工业总产值5.67亿元，同比增长55.5%；实现工业增加值2.7亿元，同比增长58.5%。非公有制企业总产值22280万元。金融机构各项存款余额达到8.18亿元，比上年增长63.8%。全年协议引进资金9亿元，实际到位5.36亿元，同比增长42.3%。改善民生投入1600万元，“八大民生工程”（指就业促进工程、扶贫解困工程、教育助学工程、社会保障工程、医疗卫生工程、百姓安居工程、道路畅通工程、环境治理工程）进展顺利。积极推进“八大扶贫工程”（指产业扶贫、基础设施扶贫、教育扶贫、卫生扶贫、社保扶贫、生态扶贫、劳务扶贫、新村扶贫工程），全年完成新村扶贫3个，移民扶贫432户，“三房”（瓦板房、石板房、茅草房）改造4000户，改善了9210名低收入人口的生产生活条件。积极开展城乡环境整治工作，全县累计综合投入300万元，城乡环境卫生面貌得到改变。

2009年，全面实施了“两基”（基本普及九年义务教育、基本扫除青壮年文盲）攻坚，完成巴普镇、牛牛坝两所初级中学的新建和22所中小学校的改扩建任务；完成34所乡级以上学校的维修工程；完成99所村小的新建和维修改造。认真落实“两免一补”政策（免教科书费、免学杂费、补助寄宿生生活费），减免和补助各类资金1897.42万元，狠抓中小学招生、入学和巩固工作，普及程度及其他各项指标达到“两基”要求，“两基”攻坚通过了省政府的评估、验收，实现了美姑基础教育历史性跨越。卫生工作取得显著成绩，完成了麻风病院、牛牛坝中心校医院、觉洛乡典阿尼村和九口乡瓦乌村卫生站建设，新合参合农民16.89万人，参合率达86.57%，报销医疗费817.59万元，认真落实农村计划生育家庭奖励扶助政策，全县人口自然增长率控制在10‰以内。

第八届美姑县人民政府领导名录

（1990年2月）

表5–7

职　务	姓　名	性　别	民　族	任职时间	离职时间	备　注
县　长	蒋明清	男	彝族	1989年3月	1991年12月	
代理县长	吉牛木果	男	彝族	1989年3月	1992年11月	

续表 5-7

职 务	姓 名	性 别	民 族	任职时间	离职时间	备 注
代理县长	杨再友	男	彝族	1992 年 12 月	1993 年 3 月	
副县长	何荣修	男	汉族	1991 年 3 月	1994 年 8 月	
副县长	吉牛木果	男	彝族	1991 年 1 月	1991 年 12 月	
副县长	沙马古日	男	彝族	1991 年 1 月	1993 年 3 月	
副县长	克其一批	男	彝族	1991 年 1 月	1993 年 3 月	
副县长	木乃布惹	男	彝族	1992 年 3 月	1993 年 3 月	
副县长	吉克坚	男	彝族	1991 年 10 月	1996 年 12 月	
副县长	蒋吉祥	男	汉族	1991 年 1 月	1993 年 3 月	
副县长	易成林	男	汉族	1991 年 1 月	1992 年 7 月	挂职
副县长	席兴诚	男	汉族	1991 年 3 月	1992 年 6 月	挂职
副县长	梁守砚	男	汉族	1992 年 6 月	1996 年 10 月	挂职
副县长	黄自强	男	汉族	1990 年 2 月	1991 年 3 月	挂职
副县长	赵彦强	男	汉族	1992 年 10 月	1993 年 10 月	挂职

第九届美姑县人民政府领导名录

（1993 年 3 月）

表 5-8

职 务	姓 名	性 别	民 族	任职时间	离职时间	备 注
县 长	沙马古日	男	彝族	1993 年 4 月	1997 年 3 月	
副县长	刘甘娜	女	彝族	1993 年 4 月	1997 年 3 月	
副县长	吉克坚	男	彝族	1993 年 4 月	1996 年 10 月	
副县长	约其杜乌	男	彝族	1993 年 4 月	2004 年 4 月	
副县长	何荣修	男	汉族	1993 年 4 月	1994 年 10 月	
副县长	马小林	男	彝族	1994 年 10 月	1998 年 1 月	
副县长	吴锦屏	男	汉族	1994 年 10 月	1996 年 10 月	
副县长	沙 科	男	彝族	1994 年 10 月	1999 年 12 月	
副县长	孙文亮	男	汉族	1994 年 10 月	1995 年 10 月	挂职
副县长	曹 泉	男	汉族	1996 年 10 月	2012 年 12 月	
副县长	李小雄	男	彝族	1996 年 8 月	1999 年 12 月	挂职
副县长	沙马古依	男	彝族	1996 年 10 月	—	
副县长	伊国荣	男	汉族	1993 年 10 月	1994 年 10 月	挂职
副县长	杨国栋	男	汉族	1996 年 10 月	1997 年 10 月	挂职

第十届美姑县人民政府领导名录

（1998 年 2 月）

表 5-9

职　务	姓　名	性　别	民　族	任职时间	离职时间	备　注
县　长	马小林	男	彝族	1998 年 2 月	2000 年 12 月	
副县长	曹　泉	男	汉族	1996 年 10 月	—	
副县长	约其杜乌	男	彝族	1998 年 2 月	2000 年 4 月	
副县长	沙马古衣	男	彝族	1996 年 10 月	2003 年 1 月	
副县长	龙　伟	男	彝族	1998 年 3 月	2000 年 7 月	
副县长	代　兵	男	汉族	1998 年 3 月	—	
副县长	沙　科	男	彝族	1998 年 4 月	1999 年 12 月	
副县长	李小雄	男	彝族	1998 年 4 月	1999 年 12 月	
副县长	牛显义	男	汉族	1997 年 4 月	1998 年 4 月	挂职
副县长	钟　章	男	汉族	1998 年 4 月	2000 年 4 月	挂职
副县长	王明生	男	彝族	1999 年 6 月	2003 年 2 月	党外
副县长	吉古尔石	男	彝族	2000 年 4 月	—	
县　长	沈鲁清	男	彝族	2001 年 4 月	—	

第十一届美姑县人民政府领导名录

（2003 年 2 月）

表 5-10

职　务	姓　名	性　别	民　族	任职时间	离职时间	备　注
县　长	沈鲁清	男	彝族	2003 年 2 月	2005 年 10 月	
副县长	曹　泉	男	汉族	2003 年 2 月	2003 年 1 月	
副县长	龚茂江	男	汉族	2003 年 4 月	2004 年 3 月	挂职
副县长	易　敏	男	汉族	2003 年 4 月	2004 年 3 月	挂职
副县长	吉古尔石	男	彝族	2003 年 2 月	—	
副县长	王永贵	男	彝族	2002 年 10 月	2006 年 4 月	
副县长	代　兵	男	汉族	2002 年 2 月	2006 年 11 月	
副县长	黄少虎	男	汉族	2003 年 2 月	—	
副县长	吉克格美	男	彝族	2003 年 2 月	2009 年 1 月	
副县长	沙明英	女	彝族	2003 年 2 月	2006 年 11 月	
副县长	石洛马叶	男	彝族	2003 年 2 月	2004 年 12 月	
副县长	郝　曜	男	汉族	2004 年 12 月	2006 年 4 月	挂职
副县长	熊志华	男	彝族	2004 年 12 月	2006 年 11 月	
副县长、代理县长	曲木克古	男	彝族	2005 年 10 月	2006 年 11 月	

第十二届美姑县人民政府领导名录

（2006年12月）

表5-11

职　务	姓　名	性　别	民　族	任职时间	离职时间	备　注
县　长	曲木克古	男	彝族	2006年12月	2008年10月	
副县长	黄少虎	男	汉族	2003年2月	—	
副县长	吉觉拉莫惹	男	彝族	2006年11月	—	
副县长	吉古尔石	男	彝族	2003年2月	—	
副县长	吉克格美	男	彝族	2003年2月	2009年1月	
副县长	杜　刚	男	汉族	2006年4月	—	
副县长	滕艳梅	女	汉族	2006年12月	—	
副县长	沙马拉林	男	彝族	2006年12月	—	
副县长、代理县长	子克拉格	男	彝族	2008年10月	—	
县　长	子克拉格	男	彝族	2009年1月	—	
副县长	黄　林	男	汉族	2008年2月	2009年12月	挂职

二、政府工作部门

县人民政府的工作部门随着各项事业的不断发展逐渐增多。到2009年年底，县人民政府工作部门有32个（含双重管理单位），即政府办公室、农业局、林业局、畜牧局、水利局、教育局、卫生局、国土资源局、人口与计划生育局、文体旅游民宗局、财政局、发改局、统计局、科技局、移民局、审计局、民政局、信访局、人事劳动和社会保障局、扶贫办、烤烟办、安全生产监督局、质监局、气象局、编制办、公安局、司法局、交通局、贸易局、工商局、国家税务局、地方税务局。县人民政府直属事业单位8个，即农机局、粮食局、地方志办公室、保护区管理局、残疾人联合会、档案局、彝族毕摩文化研究中心、广播电视局。政府工作部门的正职由县人大常委会任命，副职和政府直属事业部门的正、副职均由县人民政府县长任命。

三、区公所和乡（镇）人民政府

至1990年年底，全县设有8个区公所、44个乡人民政府、1个镇人民政府。8个区公所，即柳洪区公所、甲谷区公所、牛牛坝区公所、候播乃拖区公所、巴普区公所、峨曲古区公所、洪溪区公所、瓦侯区公所；44个乡人民政府，即乐约乡、柳洪乡、瓦古乡、尔其乡、拉木阿觉乡、莫尼乡、洛莫依达乡、洛俄依甘乡、子威乡、九口乡、依洛拉达乡、尔库乡、牛牛坝乡、侯古莫乡、卡来依甘乡、尔合乡、竹库乡、哈洛乡、典补乡、佐戈依达乡、采红乡、乃拖乡、苏洛乡、甘古乡、巴古乡、农作乡、合姑洛乡、觉洛乡、井叶特西乡、西甘萨乡、峨曲古乡、尼哈乡、拖木乡、龙门乡、炳途乡、哈古乡、阿尼木乡、瓦西乡、洒库乡、塔古乡、依果觉乡、龙窝乡、树窝乡、若哈乡；1个镇人民政府，即巴普镇。

1992年10月26日，对原设的行政区划作了调整，撤销8个区公所建制，将45个乡（镇）调整为29个乡和1个镇。1994年，经四川省人民政府批准，恢复6个乡建制；设置9个片区工作委员会，作为县人民政府的派出机构，简称工委，即柳洪工委、大桥工委、牛牛坝工委、候播工委、新桥工委、俄普工委、峨曲古工委、洪溪工委、瓦侯工委，配备9名工委主任，其机构级别为正科级。到2009年年底，全县有35个乡、1个镇人民政府。

第二节　经济体制改革

一、城市经济体制改革

1992年，县人民政府按照中央、省、州的工作会议精神和全国经济体制改革工作会议及省、州的工作部署，从美姑的实际出发，对城市经济体制改革作出安排，要求坚持改革的社会主义方向，紧紧围绕经济发展战略，建立社会主义有计划的商品经济的新体制和计划经济与市场经济相结合的经济运行机制，进一步解放思想，振奋精神，加大改革的力度，加快改革措施的同时，切实抓好增强企业活力，特别是国营重点骨干企业活力中心环节。深入企业改革，强化企业管理，转变机制，调整机构，提高效益，推进和完善城市经济持续、稳定向前发展。

二、企业改制

1991年，把搞好搞活企业，特别是国营重点骨干企业的各项政策逐条落实到位作为工作重点。县级各有关部门切实转变观念、加强职能、派出得力人员深入重点骨干企业，搞试点工作，帮助企业深化改革，强化管理，调整机构，转化机制，提高经济效益，坚持“两手抓”的方针，一手抓国营重点骨干企业，一手抓城乡集体企业，有引导、有管理地发展个体、私营企业。

1993年，认真贯彻《转机条例》和《中华人民共和国企业法》，全面落实厂长（经理）的十四项权利和企业自主权，狠抓企业“三项制度”改革，深化了以“三项制度”和“改、转、租、包、卖、并、联”为主要内容的改革。改革项目的实施，打破了过去的“铁交椅、铁工资、铁饭碗”。将国家、集体、个人的利益有机结合起来，调动了职工的积极性，促进了企业的发展。是年3月，县人民政府分别与牵头单位（纪委、经委、财办、农委）签订了《改革项目责任书》，全县46户工商企业都不同程度地落实了改革项目，其中，14户工业企业全面落实了改革项目。到年底，全县40户企业落实了经营自主权；30户全面落实了转换经营机制，其中，试点企业4户；43户工商企业进行人事、劳动、分配三项制度改革；46户企业完善企业资产经营，其中，有3户企业扩大了“工效挂钩”；46户企业实行了养老保险和职工待业保险。县皮革厂作股份合作制试点，县纸厂作企业破产试点，1户企业被兼并（矿业公司），3户商贸企业作改并联试点。同时，完成变卖远山区商贸企业的摸底、清产核资改革工作。

1994年，全面贯彻《转机条例》，落实条例赋予的14项经营自主权，县上成立“转换企业经营机制领导小组”，下设办事机构，设立“投诉信箱”和“投诉电话”，接受企业对违反《条例》的投诉。按照州委、州政府的要求，结合本县实际，本着先试点，后推进的原则，确定县化工厂、县伐木场、县刨花板厂、县百货公司4户为贯彻条例的试点企业，抽调人员组成四个工作组，按照“参谋不决策，帮助不包办，支持不代管”的工作原则，帮助企业制定落实措施，理顺政府部门与企业自主经营的关系，协调企业与企业、企业与政府职能部门工作，减少企业的办事程序，缩短企业的办事时间，促进了企业生产的发展和经济效益的提高。是年，县国营洪溪煤厂承包给富顺建筑公司经营。全县租赁、联办企业达5户。商业企业推行改、转、租、并、卖、联的改革。全县共有30个购销组，卖掉18个，12个分别实行承包或租赁经营。将县刨花板厂、县物资公司纳入股份制试点企业，县纸厂于11月9日由县人民法院正式宣告破产。

商贸物资部门推进“三项制度”改革，推进以产权制度改革为突破口的“改、转、租、包、并、联”的改革。对财税、金融、投资、计划等进行全面的改革；工资制度、住房制度、社会保障等改革平稳推进。

1995年，企业改革以基伟电站和石油公司做改革试点工作，落实了14项经营自主权，全县

80% 的国有企业实行了劳动合同化管理，制定了劳动合同制度实施方案，80% 以上的企业签订了劳动合同。推行了股份制试点和股份合作制，基伟电站和石油公司进行了有限责任公司试点。

1996 年，认真贯彻中央提出的“抓住机遇，深化改革，扩大开放，促进发展，保持稳定”的 20 字基本方针，正确处理了改革、发展、稳定的关系，深化企业改革，扩大对外开放。

1997 年，认真贯彻落实中央、省、州关于企业改革的一系列方针、政策，狠抓改革，狠抓企业班子建设和企业内部管理，抓市场导向，开展学邯钢、降成本、增效益活动。按照企业改革三年规划，将 27 户国有企业改革制任务逐户落实到责任单位。当年，全县完成企业改革 17 户，对电石厂实现出售经营；县铜选厂、农机厂、县煤厂、新桥矿选厂 4 户企业实行租赁经营；县化工厂、水厂、石油公司改制为国有独资公司；县物资公司、基伟电站改制为有限责任公司。18 户购销网点企业和部分小型工商企业实行“改、转、租、卖、并、联”的改革；对候播、洪溪两个营业部实行国有民营；对牛肉干厂、皮革厂、水泥厂、县煤厂、俄普酒厂等 16 户亏损、微利企业作了认真调查分析，为这些企业实行“一厂一策”“一企一方案”“对症下药”等改革奠定了基础。

在国有企业改制的同时，狠抓了各项综合配套改革，促进了经济发展。一是全面推行了企业全员劳动合同制度，全县已有 1207 名职工签订了劳动合同；二是开展了“统账结合”的养老保险制度改革；三是待业保险、工伤保险、大病统筹等改革进一步扩大；四是财政、金融、税收、住房、机构等改革工作进一步推进。

1998 年，累计完成企业改革 45 户，占全县应改革企业的 93.75%，在企业改制中按工龄补偿解除国有职工身份 96 人，38 名离退休人员交社会保险局托管，企业兼并后实施职工再就业 66 人，买断工龄后重新就业率达 95%，实现资产重组 6450.05 万元。作为 1998 年改革重点的粮食流通体制改革进展顺利，“三项改革”得到有效落实。投资体制、地税机构体制、科技、教育等各项改革进展顺利。农村改革进一步深化，延长土地承包期 30 年的工作全面实施。

2000 年，按照省、州的要求认真贯彻《公司法》，积极学习和推广营山县国有企业改革的经验，以产权制度改革为突破口，“抓大放小”“一厂多策”“靓女先嫁”“先了断，后重组”“先解决生存，后解决发展”，采取多种形式“放开放活”小企业的改制。在具体实施中因企施策，区别不同情况分别采取有限责任公司、股份合作制、国有独资，兼并、带资解体、拍卖、租赁、破产、裂变经营、国有民营等形式的改革。是年，完成企业改革 5 户，其中，产权制度改革 3 户，县糖酒公司和县车队实施带资解体；县伐木场、县林产公司实施天然林保护工程；新桥磷肥厂实行股份合作制；完善了县农机厂、县商业车队实施带资解体改革的有关扫尾工作；县电影公司率先尝试先了断，后重组的改革。到年底，全县累计完成企业改制 61 户，占企业改革三年规划 40 户的 152.5%，其中，产权制度改革 47 户，占改制企业的 77.05%；企业改革中有限责任公司 7 户，占改制企业的 11.48%；国有独资公司 4 户（其中，石油公司已上划），占 6.56%；股份合作制 8 户，占 13.11%；整体和部分出售 3 户（出售 33 个乡购销组），占 4.92%；国有民营 2 户，占 3.29%；兼并 4 户，占 6.56%；破产 1 户，占 1.64%；带资解体 12 户，占 19.67%；租赁经营 6 户，占 9.84%；裂变经营 2 户，占 3.28%；粮食企业两线运行 10 户，占 16.39%；森工企业实施天然林保护工程 2 户，占 3.29%。

按一次性工龄补偿安置解体国有企业职工身份的职工 264 人，占全县企业职工总数 1050 人的 26%，给予一次性安置补偿费 398.29 万元。87 名离退休人员按政策交社会保险局托管，分期缴纳统筹以内费用 73.45 万元。一次性解决抚养人员 55 人，给予一次性安置费 24.03 万元。企业兼并破产后实现再就业 87 人。职工一次性给予工龄补偿安置后重新就业率达 85% 以上，实现资产重组 366.05 万元，其中，股份总额 920.29 万元，企业股份中职工现金配股 192.72 万元，盘活存量资产 8366.05 万元。在完成企业改制的同时，完善了社会保障制度、城镇职工住房、企业内部管理等配套改革。

2001年，县人民政府继续对各单位实行改革项目责任制，以企业产权制度改革为重点，按“六个一批”分类推进县属企业改革；以提高企业经济效益为目标，搞好企业转换经营机制；继续推进各项综合配套改革，促进社会主义市场经济体制的建设；县人民政府加强对体改工作的领导，落实了领导责任制和目标责任制。是年，电力公司改制为有限责任公司；县食品厂改制为有限责任公司和3户乡（镇）企业改制为股份合作制；县蜂窝煤厂改制为有限责任公司，县皮革厂裂变破产；县食品公司、县饮食服务公司、俄普酒厂、候播乃拖营业部、巴普营业部、柳洪营业部、瓦侯营业部带资解体；县建筑公司改为有限责任公司；完成了黄茅埂牧场的改制。粮食系统以流通体制改革为重点，进一步深化粮食流通体制改革；县人事劳动局进一步完善社会保障体系，切实抓好“两保”工程，深化养老、医疗和失业保险制度改革；县计划与经济局进一步改善投资环境，扩大对外开放，搞好招商引资，通过引进资金、技术、人才，对国有企业进行改组、改造，达到转换企业经营机制，提高经济效益的目标。工商局加强县级市场体系的培养和建设，重点搞好发展农村非公有制经济，鼓励和引导非公有制经济参与国有企业改革、承包、兼并、租赁、购买、参股国有企业。积极为改革企业搞好换证登记工作；县财政局深化和完善财政体制改革，加强对国有资产（股权）的运营管理，财务监督办法，研究制定国有股权的收益管理办法和经营性资产剥离管理办法。县人民政府办公室负责全县企业改革工作，结合县情制定改革的目标和措施，将改革的项目指标分解落实到有关单位主要领导，及时检查、督促；积极为县委、县人民政府抓好政策研究和制定好企业综合配套改革的政策、总结，推广县属企业改革的成功经验。同时，推进企业内部劳动用工、人事、工资分配三项制度的改革，做到企业员工能进能出、能上能下，工资收入能高能低，充分调动了企业员工的生产经营积极性。

是年，美姑县商贸企业改制全面启动。县上对商贸企业改革工作做了具体安排，对企业改制，资产变现处置做到公平、公正。年底，完成全县商贸企业改制任务。

第三章　人民政协

第一节　政协机构

一、政协第八届美姑县委员会

政协第八届美姑县委员会（任期：1988年1月—1993年1月），由14个界别、115名委员组成（编入各专委会委员103名，占89.56%），其中，中共党员46名，占40%，非党人士69人，占60%。政协第八届委员会第一次会议选举主席1人，副主席4人（其中，彝族3人），秘书长1人（彝族），常委17人。下设8个专门委员会，即提案审查委员会、文史资料委员会、经济建设委员会、农业科技委员会、教育文化体育委员会、医药卫生计划生育委员会、法制妇女青年委员会、学习委员会。

八届县政协机关设置3个办事机构，即秘书处（九届县政协改为办公室）、专门委员会联络办公室、文史资料委员会办公室。机关共有11人，其中，工勤3人。驻会委员22人，农村委员7人，离退休人员10人。

二、政协第九届美姑县委员会

政协第九届美姑县委员会（任期：1993年1月—1998年1月），由15个界别、121名委员组成（编入专委会委员100名，占82.6%），其中，中共党员48名，占委员总数39.7%；党外人士73名，占委员总数的60.3%。政协第九届委员会第一次会议选举主席1人（彝族），副主席5人（其中，彝族3人），秘书长1人（彝族），常委15人。下设8个专门委员会，即提案审查委员会、学习委员会、文史资料委员会、经济建设委员会、农业科学委员会、教育文化体育委员会、医药卫生计划生育委员会、法制妇女青年委员会。

九届县政协机关设置3个办事机构，即政协办公室、专门委员会联络办公室、文史资料委员会办公室（2002年撤销，并入学习文史委员会）。机关共有15人，其中，工勤3人。驻会委员10人，农村委员5人，离退休人员19人。

三、政协第十届美姑县委员会

政协第十届美姑县委员会（任期：1998年1月—2003年1月），由15个界别、121名委员组成（编入专委会委员103名，占85.1%），其中，中共党员49名，占委员总数40.5%；党外人士73名，占委员总数的60.3%。政协第十届委员会第一次会议选举主席1人（彝族），副主席6人（其中彝族4人），秘书长1人（彝族），常委12人。下设6个专门委员会，即提案委员会、教科文卫体委员会、农业委员会、学习文史委员会、经济委员会、法制群团委员会。

十届政协机关设置2个办事机构，即政协办公室，专门委员会办公室。机关共有15人，其中，工勤2人。驻会委员4人，农村委员3人，退休人员21人。

按美委发〔2002〕26号文件《关于印发县政协机关职能配置、内设机构和人员编制规定的通知》精神，县政协内设机构内设综合办事机构2个：办公室、专委办。此外，根据工作需要和干部条件保留3名专委会专职副主任（正科级），即提案委员会、教科文卫体委员会、经济委员会。

四、政协第十一届美姑县委员会

政协第十一届美姑县委员会（任期：2003年1月—2006年12月），由15个界别、125名委员组成（编入专委会委员124名，占99.2%），其中，中共党员55名，占委员总数的44%；党外人士69名，占委员总数的55.2%。政协第十一届委员会第一次会议选举主席1人（彝族），副主席5人（其中，彝族5人），秘书长1人（彝族），常委11人。下设6个专门委员会，即提案委员会、农业委员会、法制群团委员会、学习文史委员会、经济委员会、教科文卫体委员会。

十一届县政协机关设置2个办事机构，即政协办公室、专门委员会办公室，机关共有24人，其中，工勤3人。驻会委员2人，农村委员4人，退休人员19人。

五、政协第十二届美姑县委员会

政协第十二届美姑县委员会（任期：2007年1月—2011年12月）由19个界别、129名委员组成（编入专委会委员128名，占99.2%），其中，中共党员51名，占委员总数的39.5%；党外人士77名，占委员总数的59.7%。政协第十一届委员会第一次会议选举主席1人（彝族），副主席3人（其中，彝族2人），秘书长1人（彝族），常委16人。下设6个专门委员会，即提案委员会、教科文卫体委员会、农业委员会、学习文史委员会、经济委员会、法制群团委员会。

十二届县政协机关设置2个办事机构，即政协办公室、专门委员会办公室，机关共有24人，其中，工勤3人。驻会委员会2人，农村委员1人，退休人员16人。

2007年10月16日，根据凉山州编制办《关于统一设置县（市）政协内设机构的通知》精神，县（市）政协统一设置内设机构4个，即：办公室、提案委员会、经济法制民族宗教委员会、教科文卫体委员会。4个机构各核定科级领导职数1正1副。截至2007年12月，因各种原因暂未配备。

第二节 政协全委会议

政协美姑县委员会按照章程规定，常务委员会每一季度召开一次会议，主席会议原则上每月召开一次，全委会议每年举行一次。

一、政协第八届美姑县委员会全委会议

八届县政协共召开全委会议 3 次。

1991 年 3 月 25—30 日，第八届委员会第二次会议在巴普召开，出席本次会议的县政协委员有 104 人。会议审议并通过常委会工作报告和八届一次会议以来提案办理情况报告；听取和讨论《政府工作报告》和其他报告。

1992 年 3 月 22—28 日，第八届委员会第三次会议在巴普召开，出席本次会议的县政协委员 108 人。会议审议并通过常委会工作报告和八届二次会议以来提案办理情况报告；听取并讨论《政府工作报告》及其他报告。

二、政协第九届美姑县委员会全委会议

九届县政协共召开全委会议 5 次。

1993 年 3 月 15—22 日，第九届委员会第一次会议在巴普召开，出席本次会议的县政协委员 100 人。会议审议并通过常委会工作报告和关于三年来提案办理情况报告；听取和讨论《政府工作报告》及其他报告；选举产生了政协第九届美姑县委员会主席、副主席、秘书长杨福昌（彝）和常委。

1994 年 2 月 26 日—3 月 2 日，第九届委员会第二次会议在巴普召开，出席本次会议的县政协委员 94 人。会议审议并通过常委会工作报告和九届一次会议以来提案办理情况报告；听取和讨论《政府工作报告》及其他报告。

1995 年 2 月 28 日—3 月 4 日，第九届委员会第三次会议在巴普召开，出席本次会议的县政协委员 82 人。会议审议并通过常委会工作报告和九届二次会议以来提案办理情况报告；听取和讨论《政府工作报告》及其他报告。

1996 年 3 月 4—7 日，第九届委员会第四次会议在巴普召开，出席本次会议的县政协委员 93 人。会议审议并通过常委会工作报告和九届三次会议以来提案办理情况报告；听取和讨论《政府工作报告的说明》及其他报告。

1997 年 3 月 6—10 日，第九届委员会第五次会议在巴普召开，出席本次会议的县政协委员 85 人。会议审议并通过常委会工作报告和九届四次会议以来提案办理情况报告；听取和讨论《政府工作报告》及其他报告。

三、政协美姑县第十届委员会全委会议

政协第十届美姑县委员会共召开全委会议 5 次。

1998 年 2 月 20—23 日，第十届委员会第一次会议在巴普召开，出席本次会议的县政协委员 105 人。会议审议并通过常委会工作报告和五年来提案办理情况报告；听取和讨论《政府工作报告》及其他报告；选举产生了政协第十届美姑县委员会主席、副主席、秘书长和常委。

1999 年 3 月 15—19 日；第十届委员会第二次会议在巴普召开，出席本次会议的县政协委员 116 人。会议审议并通过常委会工作报告和十届一次会议以来提案办理情况报告；听取和讨论《政府工作报告》及其他报告；

2000 年 3 月 13—15 日，第十届委员会第三次会议在巴普召开，出席本次会议的县政协委员

114 人。会议审议并通过常委会工作报告和十届二次会议以来提案办理情况报告；听取和讨论《政府工作报告》及其他报告。

2001 年 1 月 4—7 日，第十届委员会第四次会议在巴普召开，出席本次会议的县政协委员 108 人。会议审议并通过常委会工作报告和十届三次会议以来提案办理情况报告；听取和讨论《政府工作报告》及其他报告。

2002 年 2 月 3—5 日，第十届委员会第五次会议在巴普召开，出席本次会议的县政协委员 112 人。会议审议并通过常委会工作报告和十届四次会议以来提案办理情况报告；听取和讨论《政府工作报告》及其他报告。

四、政协第十一届美姑县委员会全委会议

政协第十一届美姑县委员会共召开全委会议 4 次。

2003 年 2 月 15—18 日，第十一届委员会第一次会议在巴普召开，出席本次会议的县政协委员 122 人。会议审议并通过常委会工作报告和五年来提案办理情况报告；听取和讨论《政府工作报告》及其他报告；选举产生了政协第十一届美姑县委员会主席、副主席、秘书长沙正荣和常委。

2004年2月5—7日，第十一届委员会第二次会议在巴普召开，出席本次会议的县政协委员107人。会议审议并通过常委会工作报告和十一届一次会议以来提案办理情况的报告；听取和讨论《政府工作报告》及其他报告。

2005年3月13—15日，第十一届委员会第三次会议在巴普召开。出席本次会议的县政协委员105人。会议审议并通过常委会工作报告和十一届二次会议以来提案办理情况的报告；听取和讨论《政府工作报告》及其他报告。

2006年1月21—23日，第十一届委员会第四次会议在巴普召开。出席本次会议的县政协委员115人。会议审议并通过常委会工作报告和十一届三次会议以来提案办理情况的报告；听取和讨论《政府工作报告》及其他报告。

五、政协第十二届美姑县委员会全委会议

政协第十二届美姑县委员会从 2006 年 12 月—2009 年 1 月共召开全委会议 3 次。

2006年12月9—12日，第十二届委员会第一次会议在巴普召开，出席本次会议的县政协委员116人。会议审议并通过常委会工作报告和五年来提案办理情况的报告；听取和讨论《政府工作报告》及其他报告；选举产生了政协第十二届美姑县委员会主席、副主席、秘书长沙正荣和常委。

2008 年 2 月 25—27 日，第十二届委员会第二次会议在巴普召开，出席本次会议的县政协委员 119 人。会议审议通过常委会工作报告和十二届一次会议以来提案办理情况的报告；听取和讨论《政府工作报告》及其他报告。

2009 年 1 月 19—21 日，第十二届委员会第三次会议在巴普召开，出席本次会议的县政协委员 120 人。会议审议通过常委会工作报告和十二届二次会议以来提案办理情况的报告；听取和讨论《政府工作报告》及其他报告。

第三节　政协常委会议

一、政协第八届美姑县委员会常委会议

从 1991 年 3 月 23 日召开八届四次常委会议起，至 1993 年 3 月 9—10 日召开八届十二次常委会议止，共召开常委会议 8 次，其中，常委（扩大）会议 1 次，先后增补县政协委员 11 人。会议主要内容有：讨论通过县政协常委会工作报告；讨论通过八届一次会议以来提案办理情况的报告；学习宣传江泽民总书记在庆祝中国共产党成立 70 周年大会上的重要讲话；中共中央《关于进一步加强农业和农村工作的决定》和县委、县人民政府《关于坚决制止家支严重违法活动的规定》。学习贯彻中共中央〔1992〕2 号文件精神和县委、县人民政府《关于进一步加快改革扩大开放的决定》；协商决定政协美姑县第九届委员会委员及召开时间等。

二、政协第九届美姑县委员会常委会议

从 1993 年 6 月 7 日召开九届一次常委（扩大）会议起，至 1998 年 2 月 11 日召开九届二十二次常委会议止，共召开 22 次常委会议，其中，常委（扩大）会议 2 次。会议主要内容有：传达贯彻中央、省、州政协会议精神；学习江泽民总书记关于当前经济工作的讲话、《中共中央十四届全会公报》《中共中央关于建立社会主义市场经济体制若干问题的决定》《中共四川省委关于进一步加强人民政协工作的决定》、修改后《政协章程》《中共中央关于制定国民经济和社会发展“九五”计划和 2010 年远景目标的建议》等；听取和审议《政协美姑县委员会关于政治协商、民主监督、参政议政的实施细则》、五年来的《常委会工作报告》《政府工作报告》、提案办理工作情况报告、县人民政府及部门工作情况报告等；完成对部分政协主席、委员、专委会及政协机关负责人的调整，协商决定政协美姑县第十届委员会委员及召开时间等。

三、政协第十届美姑县委员会常委会议

从 1998 年 3 月 18 日召开十届一次常委会议起，至 2002 年 12 月 23 日召开县政协十届二十次常委会议止，共召开常委会议 22 次议。会议主要内容有：传达贯彻中央、省、州政协会议精神；学习党的十五大报告、《中国人民政治协商会议章程》《中共中央十五届全会公报》、党的十六大精神等；听取和审议五年来的《常委会工作报告》《政府工作报告》、提案办理工作情况报告、县人民政府及部门工作情况报告等；组建政协美姑县第十届委员会的 6 个专门委员会；完成对部分政协委员、专委会及政协机关负责人的调整，协商决定政协美姑县第十一届委员会委员及召开时间等。

四、政协第十一届美姑县委员会常委会议

从 2003 年 2 月 18 日召开十一届一次常委会议起，至 2006 年 11 月 30 日召开十一届十五次常委会议止，共召开 15 次常委会。会议主要内容：传达贯彻中央、省、州政协会议精神；学习了《政协章程（修正案）》《关于进一步加强中国共产党领导的多党合作和政治协商制度建设的意见》《中共中央关于加强人民政协工作的意见》等；听取和审议五年来的《常委会工作报告》、提案办理工作情况报告、县人民政府及部门工作情况报告等；完成对部分政协主席、常委、委员、专委会及政协机关负责人的调整，协商决定政协美姑县第十二届委员会委员及召开时间等。

五、政协第十二届美姑县委员会常委会议

从2006年12月12日召开十二届一次常委会议起，到2009年3月31日召开十二届九次常委会议止，共召开了9次常委会议。会议要内容有：学习贯彻党的十七大精神和中央、省、州政协会议精神；审议通过新修订的《主席会议议事规则》《常务委员会工作规则》《专门委员会工作通则》《规范县政协常委、委员参加会议、活动、学习的暂行规定》。听取和审议三年来的《常委会工作报告》、提案办理工作情况报告、县人民政府及部门工作情况报告（重点听取县教育局关于“两基”攻坚工作情况报告）等；完成对部分专委会及政协机关负责人的调整。

政协第八届美姑县委员会主席、副主席名录

（1990年3月）

表5-12

职　务	姓　名	性　别	民　族	任职时限	备　注
主　席	董朝根	男	汉族	1990.3—1993.2	
副主席	李祥楷	男	彝族	1990.3—1993.2	
副主席	恩扎维基	男	彝族	1990.3—1991.3	1991年3月辞职
副主席	阿支银长	男	彝族	1990.3—1993.2	
副主席	付锡寿	男	汉族	1990.3—1993.2	
副主席	吴高严	男	汉族	1990.3—1993.2	
副主席	吴其果果	男	彝族	1990.3—1993.2	

政协第九届美姑县委员会主席、副主席名录

（1993年6月）

表5-13

职　务	姓　名	性　别	民　族	任职时限	备　注
主　席	李祥楷	男	彝族	1993.2—1997.3	1997年3月退休
主　席	陈海英	女	彝族	1997.3—1998.2	
副主席	沙马木乃	男	彝族	1993.2—1998.2	
副主席	付锡寿	男	汉族	1993.2—1996.3	1996年3月退休
副主席	阿支银长	男	彝族	1993.2—1996.3	1996年3月退休
副主席	吴高严	男	汉族	1993.2—1996.3	1996年3月调离
副主席	吴其果果	男	彝族	1993.2—1998.2	
副主席	李春治	男	汉族	1996.3—1998.2	1996年3月增补
副主席	阿培拉门	男	彝族	1997.3—1998.2	1997年3月增补

政协第十届美姑县委员会主席、副主席名录

（1998年3月）

表5-14

职　务	姓　名	性　别	民　族	任职时限	备　注
主　席	沙马木乃	男	彝族	1998.2—2003.2	
副主席	阿苦磊曲	男	彝族	1998.2—2003.2	
副主席	吴其果果	男	彝族	1998.2—2003.2	
副主席	李春治	男	汉族	1998.2—2003.2	
副主席	吉以格布	男	彝族	1998.2—2003.2	
副主席	杨万生	男	汉族	1998.2—2003.2	
副主席	乌坡维几	男	彝族	1998.2—2003.2	

政协第十一届美姑县委员会主席、副主席名录

（2003年2月）

表5-15

职　务	姓　名	性　别	民　族	任职时限	备　注
主　席	沙马古依	男	彝族	2003.2—2006.12	
副主席	阿苦磊曲	男	彝族	2003.2—2006.12	
副主席	吉以格布	男	彝族	2003.2—2006.12	
副主席	杨万生	男	汉族	2003.2—2006.12	
副主席	乌坡维几	男	彝族	2003.2—2006.12	
副主席	王霖生	男	彝族	2003.2—2006.12	
副主席	赵光清	男	汉族	2005.3—2006.12	2005年3月增补

政协第十二届美姑县委员会主席、副主席名录

（2006年12月）

表5-16

职　务	姓　名	性　别	民　族	任职时限	备　注
主　席	沙马古依	男	彝族	2006.12—2011.12	
副主席	王霖生	男	彝族	2006.12—2011.12	
副主席	杨万生	男	汉族	2006.12—2007.6	2007年6月辞职
副主席	乌坡维几	男	彝族	2006.12—2007.6	2007年6月辞职
副主席	赵光清	男	汉族	2006.12—2011.12	
副主席	严取银	男	彝族	2006.12—2011.12	

第四节　政协委员提案

一、政协第八届美姑县委员会委员提案

八届二次会议以来，收到委员提案49件，经审查立案10件。截至1992年12月底，已经解决

或基本解决。列入计划待解决的 1 件，占 2%；因条件限制或其他原因不能解决的 3 件，占 6%；其余 39 件提案均作为委员意见和建议以本会情况反映的书面形式呈送县党政领导参阅，并建议责成有关部门认真办理。

二、政协第九届美姑县委员会委员提案

九届一次会议以来，共收到委员提案 211 件，经审查立案 39 件，占提案总数的 18.4%。截至 1997 年 12 月底全部办复完毕。提出的问题及时解决的 12 件，办复率为 30.7%；其余 172 件提案均作为委员意见和建议以本会情况反映的书面形式呈送县党政领导参阅，并建议责成有关部门认真办理。

三、政协第十届美姑县委员会委员提案

十届一次会议以来，共收到委员提案 255 件，经审查立案 131 件，截至 2002 年 8 月底，全部办复完毕。提出的问题及时解决 73 件，办复率为 55.%；其余 124 件提案均作为委员意见和建议以本会情况反映的书面形式呈送县党政领导参阅，并建议责成有关部门认真办理。

四、政协第十一届美姑县委员会委员提案

十一届一次会议以来，共收到委员提案 229 件，经审查立案 151 件，占提案总数的 65.3%。截至 2006 年 10 月底，立案的 151 件中及时办理的 74 件，办复率 52%。没有立案的 68 件提案均作为委员意见和建议，以本会情况反映的书面形式呈送县委、县人民政府及有关领导参阅，并建议有关部门作适当处理。

五、政协第十二届美姑县委员会委员提案

十二届一次会议以来，共收到委员提案 73 件，提出提案的委员 183 人次，经审查立案 26 件。截至 2007 年 8 月底，立案的 26 件委员提案中，所提问题已经解决或基本解决的 8 件，占办复率的 30.8%；正在解决或已列入计划准备解决的 12 件，占 46.2%；因受条件限制或其他原因只能以后解决的 1 件，占 3.8%；留作参考的 5 件，占 19.2%。对不作立案的 47 件提案均作为委员意见和建议，以本会情况反映的书面形式呈送县委、县人民政府及有关主要领导参阅，并建议有关部门作适当处理。

第五节 政协调查与视察

一、政协第八届美姑县委员会调查与视察情况

1991 年，县政协第八届委员会先后组织经济建设委员会、医药卫生计划生育委员会、法制妇女青年委员会部分委员，分别对县建筑公司、农村合作医疗站、非公有制经济发展、牛肉风干厂、县林产公司、县幼儿园等情况进行调查研究。当年，向县委、县人民政府及有关部门提交委员调查报告 13 份，其中 4 份得到县委、县人民政府认可，批转全县推广；提交考察报告 1 份。这些调研成果对县委、县人民政府决策民主化、科学化起到有益作用。

二、政协第九届美姑县委员会调查与视察情况

1993 年 4 月以来，政协第九届美姑县委员会组织州、县政协委员通过调查与视察，先后编写了适合美姑农林牧业发展的《农村科技实用教材》《转变教育思想，促进经济发展》《严

格控制人口发展，保护和合理利用土地是振兴民族的有效措施》《发展乡（镇）企业是振兴美姑经济的重要途径》《青年工作的困境和对策》《巩固越温成果，狠抓开发脱贫》《关于美姑县柳洪乡、尔其乡、瓦古乡新法接生现状的调查报告》《加强民族团结，振兴社会主义市场经济》《美姑县医院社会和经济效益的调查报告》《美姑县公费医疗改革的思考》《民兵积极参加、确保一方平安》《美姑县少数民族干部茁壮成长》《发展美姑经济的探讨》《借助视听媒体，弘扬民族文化》《发展经济，教育先行》《美姑县工业经济现状与发展思考》《提倡健康娱乐，彻底清除赌博》《怎样加强新时期民族地区党的建设》《加强农业基础建设，促进农村经济发展》《谈谈开拓型人才问题》《教育是兴县之本，改革为兴教之路》《政法干部必须带头遵纪守法》《百年树人靠大计，一腔热血育新人》《美姑县彝族女儿童入学难》《在计生行政执法中如何减少国家赔偿》《突出德育首位，加强科学管理，提高教育质量》《发挥基层组织作用，加快脱贫致富步伐》《美姑县医院公费医疗情况调查》等大量调研材料。县政协以简报形式向县委、县人民政府及有关部门转发委员调研材料57份，供县党政领导和有关部门决策参阅。

三、政协第十届美姑县委员会调查与视察情况

1998年以后，政协第十届美姑县委员会组织州、县政协委员通过调查与视察，先后编写调查报告：《关于对巴普镇、洛俄依甘乡禁毒工作情况的调查报告》《关于教科文卫体委员会、县卫生局对全县卫生工作调查报告的建议》《关于全县退耕还林工程的调研提纲》等。以简报形式刊登委员的各类材料14期，提出建议26条，分送县党政领导和有关单位作决策参阅。

四、政协第十一届美姑县委员会调查与视察情况

2003年以后，县政协主席及各位副主席带领州、县两级政协委员，对全县农网改造工程实施情况及全县水利开发、能源动力、林业、农业、畜牧业等方面问题进行视察调研，提出“要正视差距，以项目带动美姑经济的发展”“用抓工业的思路抓农业，促进农村经济全面发展”“切实加强‘畜牧大县、林业大县’建设”“加大扶贫开发力度”“优化环境，放手发展民营经济”“实施好可持续发展战略，促进经济社会全面发展”“利用独特的资源优势，做大做强旅游产业，带动第三产业发展”“积极开发美姑丰富的水利资源”“积极实施以电代柴工程”“进一步解放思想，更新观念，提高认识”“坚持典型引路，发扬艰苦奋斗优良传统”“加快实施科技兴农战略”“大力发展农副产品加工龙头企业”“一如既往地做好柳洪水电站建设服务工作”“大力宣传，让广大群众认识到搞好现代化农业头一条就是要在思想观念上来一个脱胎换骨的变化”“抓好通村公路建设项目，为农产品从原产地外运提供保障”“加大科技投入，增加科技含量，提高农业整体效益”“争取农业综合开发资金投入，改善生产条件、生态环境”“做好农业种植结构调整”“采用现代管理，走‘公司+协会+农户’路子，促进农民增收”等25项建议，编写调研报告《加大支持力度，加快美姑基础设施建设的报告》，供县委、县人民政府及有关部门参考决策。

五、政协第十二届美姑县委员会调查与视察情况

2007年6月，县政协组织州政协委员、县政协常委一行30人对四川美姑河水电开发有限公司、美姑凯元磷化工有限公司、牛牛坝马铃薯精粉厂、美姑县建材有限责任公司、四川美姑春潮特种纤维有限责任公司等工业企业经济发展基本情况进行了视察，针对存在的主要问题提出5条书面建议：进一步加强组织领导；进一步抓好拉木阿觉工业园区建设；进一步做大做强电力企

业；进一步加大监管力度；进一步优化投资环境。同年10月，县政协组织部分州政协委员和县政协常委、邀请县水利局及电力公司领导参加的视察组一行30人，到瓦侯河流域和美姑河流域上游小水电开发建设进行视察，针对存在的主要问题提出“努力实现无电地区用上电”“强化安全管理”“加快小水电开发步伐”“加大资金投入力度”“保护生态基础上有序开发水电资源”5条建议。

第六节　政协文史工作

一、第八届文史工作

搜集文史资料81篇（件），编印《美姑文史资料》（油印本）4期，刊用稿件24篇、4.2万余字。撰写《彝族格言谚语解释》3.2万余字，完成《彝族挽歌》录音工作。

二、第九届文史工作

搜集文史资料106篇（件），编印《美姑文史资料（第一辑）》（铅印本），刊用稿件46篇、22万余字；编印《美姑文史资料（第二辑）》（铅印本），刊用稿件29篇、18万余字。向《中华文史文库》《四川文史资料集萃》《凉山文史资料选辑》等选供稿件26篇、10万余字。

三、第十届文史工作

撰写《彝族制度》《彝族格言》《彝族教育格言》《莫说维机事略》《布兹吴其家冤家械斗》《摔跤之乡创佳绩》《党的监督是革命和建设成功的关键》等20篇（本）、55万余字。向《凉山彝族专辑》《凉山农村改革大潮》《凉山毕摩史料》等供稿13篇、8万余字。

四、第十一届文史工作

征集文史资料115篇（件），编印《美姑文史资料（第三辑）》（铅印本），刊用稿件87篇、30万余字。搜集彝族毕摩文化研讨文稿40篇（件），编印《彝族毕摩文化研讨论文（专辑）》（铅印本），刊用专家学者撰写的论文30篇（对内容相同的作并篇和共同署名处理）。

五、第十二届文史工作

收集有关彝族毕摩文化资料，编印《美姑文史资料（第四辑）——彝族毕摩文化（专辑）》。

第六篇

人民团体

第一章 总工会

第一节 机构设置

1973年3月20日，成立美姑县总工会。2009年，设常务委员会、经费审查委员会、女职工委员会、三方协商机制、劳动仲裁委员会、新建企业组建工会工作领导小组、法律援助中心、特困职工扶助中心等机构。有干部职工7人，其中，行政人员5人，工勤人员2人。

第二节 代表大会

一、四届二次全委（扩大）会议

1991年3月14—15日，县总工会四届二次全委（扩大）会议在县工会三楼会议室举行。县工会四届常委、委员、基层工会主席、女工委主任出席会议。会议议程：传达省总工会八届四次全会、州总工会四届二次全委（扩大）会议精神；总结1990年工会工作、女工委工作；安排部署1991年工会工作，女职工工作。

二、第五次代表大会

1997年11月25—26日，县总工会第五次代表大会在县人民政府培训中心三楼会议室召开。大会代表87人，实到代表69人。全面总结县工会四大以来的工作，安排部署后五年的工会工作任务；选举第五届美姑县工会委员、常委、副主席、主席。11月26日，大会采取无记名投票方式选举通过17人为县总工会第五届委员会委员。

第三节 基层组织

1991年，全县有工会基层组织87个，会员2889人，女职工委员会5个。到2009年，随着国有企业改革，许多厂矿企业陆续改制、破产，基层工会组织较20世纪90年代末有所减少，现有基层工会组织133个，比1991年增加65.4%；工会会员6539个，增长44.2%；女职工委员会120个，增长114%。在册建卡下岗困难职工620户，各级劳模14名，县级职工之家9个。每年通过不同渠道培训工会专、兼职干部和工会积极分子达500人次以上。

第四节 重要活动

1991年1月，县总工会号召在全县职工中开展向林健椿等6位劳模、先进人物学习的活动。8月，县总工会举办了全县职工政治轮训第一期培训班，全县23家单位、32名干部职工参加培训。同月，安徽、江苏等地遭受洪涝灾害，县总工会积极发动全县基层工会和职工向灾区募捐，共捐款19735.5元，粮食500公斤，床单15床。

是年秋季，中国人民解放军十三军十九师到凉山州集训，动员女职工绣制鞋垫慰问解放军，全县共收到鞋垫508双。

1992年夏季，发动全县职工为州第二届运动会捐赠一元钱活动，共捐款2469.61元。10月，县总工会与有关单位组织全县职工参加省举办的“二五”普法知识大赛，全县共757人参加，考试及格的710人，占参加竞赛人数的94%。

1995年5月，县总工会动员全县职工开展读书、自学活动。

1996年8月，县总工会在全县困难职工中建立特困职工及家庭情况档案制度，将月平均生活费收入低于全州80元民政救济标准的单位特困职工列入救助对象。

2002年11月，为了规范工会法律援助工作，保障职工和工会的合法权益，县总工会、县司法局、县劳动人事和社会保障局联合成立了“美姑县职工法律援助中心”。

2004年4月，组织职工参加凉山州“星光杯”“五一”颂职工文艺会演，取得全州第二名的好成绩；协助县委、县政府顺利评选出出席凉山州第二届劳模（先进工作者）大会的1个先进单位和7个州级劳模。

2005年5月，与县委组织部一起联合举办了“先教杯”知识竞赛，全县共18个单位参加竞赛。同年4月，尔合乡达洛乃乌村勒者立机被评为省级劳动模范。

2006年5月，与团县委、县文体局共同成功举办了庆“五一”、迎“五四”文艺会演和篮球比赛；8月，县总工会首次在依波沃、觉洛、处洪觉等村建立6个村级工会组织，将维权延伸到村、组。

2007年，县总工会牵头开展“为灾区献爱心”募捐活动，为灾区捐款1.7万元，县总工会单独2次为扶贫联系单位尼哈乡捐款6900元，衣物400余件；9月，与县教育局合办了美姑县迎奥运第五届教职工运动会暨“阿诗且”比赛；11月，引进黄河啤酒公司与县文体局、教育局一起合办了美姑县2007年彝族年民风民俗展演的篮球、摔跤、环城长跑和喝啤酒比赛。

2008年，因机构变动，撤销了9个片区工会联合会，新建36个乡（镇）工会工作委员会；4月，发动全县干部职工为“双基攻坚”助学捐款，共筹得106万元教育基金；同时，开展岗位练兵、劳动竞赛、合理化建议和技术培训、技术革新等活动，参与的企业达12个，职工参与率达100%，全县各企业共收集合理化建议100余条，企业采纳14条，为企业节约和创造价值7万元。

2009年4月，完成第三届凉山州劳动模范评选工作；对县计生局、民政局、大桥学区等22个单位进行工会组织换届选举，办理工会主席法人资格登记120个，办证率达90.2%。6月，出台了《美姑县城乡环境整治工作“进企业”职工承诺书》并向全县广大职工发出倡议书，推进城乡环境治理工作深入、有序开展。是年，对109名下岗职工和农民工进行职业技能培训，对45名基层工会主席进行工作培训；扩大了女职工大病保险覆盖面，新增参保人员100余人，职工互助保险446人；完成惠民帮扶中心和困难职工帮扶中心的建设。

第二章　共青团美姑县委员会

到2009年年底，全县共有青年53750人，团员6895人；基层团委37个，团总支11个，团支部316个；省级青年文明号2家，州级青年文明号14家，县级青年文明号18家。

第一节 组织建设

1991年，团县委按照中央《关于加强农村基层团组织建设意见》精神，要求各级团组织，特别是农村团组织充分发挥共青团的积极作用。针对存在瘫痪或半瘫痪现状的柳洪、牛牛坝等16个基层团组织进行整顿。1992年，结合县农村“社教”工作对农村团的工作进行全面整组，配齐各区、乡（镇）专职团干部，达到“一齐、二有、三落实”，并制定“三会一课”制度。1995年，贯彻落实团的十三大《关于加强团的建设若干问题的决定》的精神，结合党的基层建设，扩大团的工作在青年中的覆盖面。同时，开展抓农村基层团组织的竞赛活动，建立5个标准化农村团支部。1997年，结合党建抓团建，以深化农村改革，促进农村经济发展，实现脱贫致富奔小康的目标，全面提高农村团支部的活力。坚持“四个一”基本目标，达到“八个”标准，建设好团支部班子，选好团支书，加强团员队伍建设，并向党组织推荐170名优秀团员入党。1998年，与组织人事部门联合出台《关于切实加强基层组织建设的通知》，坚持开展对松散瘫痪的团组织整顿工作。2000年，配备全县9个工委、36个乡（镇）团委书记、副书记和团干事，配备率达到100%。2002年，县委组织部先后考察任命40名片区工委、乡（镇）团委书记、副书记。至2005年，基层团干部配备率达92%。2009年，增补专职乡团委书记7名，兼职15名。

2001年以后，在加强团组织建设的同时，紧抓团组织队伍建设，加大对团干部及优秀青年人才的推荐、培养和输送工作。至2009年，共举办团干部培训班6期、460人次；组织优秀团员、团干部158人次到省内外进行考察学习或挂职锻炼；先后推荐优秀团员976人加入中国共产党。

第二节 代表大会

1995年5月4—6日，共青团美姑县第六次代表大会召开，156名代表参加会议，会议选举产生美姑县第六届委员会成员，其中，委员21名，候补委员3名，设常委9名，其中，书记、副书记各1名，沙明英当选为团县委书记，杨幸东当选为团县委副书记。

2005年4月20—26日，召开共青团美姑县第七次代表大会，135名代表参加会议，会议选举产生共青团第七届委员会，委员21人，候补委员4人，常委7人，其中，书记1名，副书记1名。曲比合萨当选为团县委书记，孙林福当选为副书记。

第三节 重要活动

1991—2009年，团县委带领全县团员、青年投身美姑新跨越的伟大实践，为美姑三个文明建设做出了积极的贡献。先后组织开展“让团徽闪耀理想光芒，做社会主义忠诚儿女”“为灾区献爱心送温暖”“青年科技星火带头人”“做主人，当能手，增效益，促成才”“团结、建功、成才、创优”“青春红丝带”“青年志愿者服务社会报效祖国”“星火引路，农村青年致富”“希望工程1+1百万爱心助学行动”“爱岗敬业，争当岗位能手，为美姑发展献策献力”“为母亲河增添一片绿色”“弘扬雷锋精神，参与自愿服务”等一系列重要活动。组织全县青少年为希望工程和“两基”教育攻坚工作捐款6703.83元，救灾捐款1.7万元，投入致富项目资金2万元，对对口帮扶单位尔且甲谷村投入扶贫资金3.3万元，争取到助学名额2名，发放助学金1万元。争取资金11万元，建立留守学生之家2所，捐助基层学校7所。创建“共青团林”70.67公顷。

第三章　妇女联合会

第一节　代表大会

一、第六次妇女代表大会

1997年12月，美姑县第六次妇女代表大会召开。应到代表122人，实到102人。在122名代表中，专职妇女工作者46名，占代表总数的38%；农村妇女工作者61名，占代表总数的50%；共产党员59名，占代表总数的48%。大会通过《关于美姑县第六次妇女代表大会报告的决议》，选举出由23人组成的美姑县妇联第六届执行委员会。

二、第七次妇女代表大会

2007年12月，美姑县第七次妇女代表大会召开。应到代表135人，实到代表133人，在135名代表中，有专职妇女干部78名，占代表总数的58%；中共党员代表68名，占代表总数的50%。大会通过《关于第六届执行委员会工作报告的决议》，选举出由23人组成的县妇联第七届执委会。

第二节　重要活动

一、双学双赛活动

1991年，县妇联在全县妇女中开展“双学双赛”“双增双节”活动。1994年5月15日是“国际家庭年日”，县妇联发出了关于开展“伸出一双手，奉献一颗爱心”活动的通知，共为贫困母亲募捐1808件衣物、玩具170件、图书1958本、铅笔1980支、作业本687本、人民币718.90元，表彰了“双学双赛”养猪专业户康石良和吴树华。2000年，在全县农村妇女中开展形象扶贫家庭内部建设管理工作，举办3期形象扶贫家庭内容建设培训会和1期县级“母亲安全项目”培训会。

2003年，结合美姑县形象工程，根据当地农村妇女卫生状况，在全县组织农村妇女开展洗脸、洗手、洗脚“三洗”工程。2004年，授予美姑县洛俄依甘乡吉里牛牛“双学双赛”先进个人荣誉称号。2005年，表彰特西村的种养殖大户张凤鸣等5名农村妇女为致富带头人。2005—2007年，在全县妇联系统实施为期三年的“学习型家庭”“妇女创业成才”“妇女普法维权”行动计划（简称“三个行动”计划）。2007年，组织全县的妇联主席深入九口乡瓦乌村参观学习当地开展“新农村建设”情况，表彰了马海伍果、吉克曲伍两位致富女能手。2008年9月11日，来自全县各乡（镇）的80余名农村贫困彝族女孩被送往西昌市邛海新村五彩云霞山庄举办的“贫困家庭女孩技能培训与就业安置班”培训。

2003年以后，全县妇女共植树350万株；建成“妇”字号科技示范基地5个；培养科技示范户105户，农村妇女致富能力得到显著提高。

二、“巾帼”建功活动

1991年，组织全县广大妇女参加“恩威杯”全国首届妇女保健卫生知识竞赛，举办知识讲座7次。1996年，在县级机关厂矿企业单位中开展女职工保健和妇科疾病的普查工作。1997年，协同县妇幼保健站在城区开展庆“六一”、迎香港回归的宣传活动。6月，县妇联为乐约山体滑坡灾害中的妇女儿童献上爱心款703元、衣物926件。

2002年3月，授予美姑县妇幼保健站站长、副主任医师吉克阿依为“凉山州优秀妇女”荣誉称号。同时，授予吉克阿依与梁跃红（县计划生育指导站站长、主治医师）2人为凉山州“三八红旗手”荣誉称号。2003年，对美姑县幼儿园和美姑县农业银行两个“巾帼文明示范岗”单位进行授牌。同年，县妇联先后向国务院、省、州“春蕾”计划部门争取近10万元经费，解决3个女童班的所有费用。2004年，美姑县城关二小的额其金沙被评为四川省“优秀春蕾女童”称号。2005年，美姑县计生指导站医生李有琼被评为四川省“三八红旗手”称号。县地税局、县城关小学被授予州级“巾帼文明示范岗”荣誉称号。大桥中心校高级教师孙晓静、柳洪中心卫生院副院长徐惠被评为凉山州“三八红旗手”，并专赴西昌接受凉山州妇联的表彰。

2006年3月，授予特西村“2005年四川省红旗妇联（妇女）组织”荣誉称号。10月16日，洛俄依甘乡依波沃村妇委会被评为“四川省红旗村妇联”。2007年，授予县统计局、县计生指导站州级“巾帼文明示范岗”称号。2008年，在汶川发生特大地震灾害后，县妇联立即向全县妇女发出了“关注灾区儿童、关注灾区母亲”的倡议，共为灾区母亲和儿童送去善款19395元。并联合县总工会、团县委呼吁社会各级、各部门、各界人士积极为“两基”工作捐款90余万元。2009年，县妇幼保健站、县城关二小荣获州“巾帼文明岗”称号，这是继2001年开展创建活动以来共有8个单位获得州级“巾帼文明示范岗”称号。

三、“五好文明家庭”活动

2003年，授予全县州级“五好文明家庭”称号5户。2004年1月12日，授予省级“五好文明家庭”称号1户。2005年，授予3户家庭州级“五好文明家庭”称号，授予2户家庭州级“学习型家庭”称号。2006年3月，县妇联下发《关于评选表彰“五好文明家庭”“学习型家庭”的通知》，表彰“五好文明家庭”17户、“学习型家庭”13户。2008年，继续推进“六进家”活动，即快乐进家、文明进家、卫生进家，学习进家、科技进家、健康进家。

第三节　妇女儿童权益维护

1991年以后，除每年坚持开展“三八”维权周宣传活动外。1992年，在全县范围内广泛开展《妇女法》的宣传教育活动，并在县城举办知识讲座1期，培训骨干1期。1993年，成立县婚改领导小组，以“两法”“一文”“一登”为内容，在全县范围内开展了声势浩大的婚改宣传教育。1995年6月，结合全县职工禁止赌博大会的精神，县妇联专门行文宣传禁赌工作。1995年，在县城开展了《九十年代中国儿童发展规划纲要》《中华人民共和国母婴保健法》《中华人民共和国教育法》《中华人民共和国未成年人保护法》的宣传教育活动。1998年，在城区开展《儿童权利公约》《中华人民共和国母婴保健法》《中华人民共和国未成年人保护法》的宣传活动，举办1期县NPA培训班。

2004年，成立美姑县妇女法律援助中心妇联工作站。是年9月，印发了《关于成立“巾帼禁毒协会（小组、队）”的通知》，并要求各级妇联结合本地实际，在妇女吸毒、贩毒重地以村为单位成立“巾帼禁毒协会（小组、队），建立吸、贩毒人员登记卡。当年成立“巾帼禁毒协会”28个，登记造册妇女吸毒、贩毒人员31人。为80多名戒毒人员送去80余册书籍、杂志等，教育戒毒人员“珍爱生命、远离毒品”。2006年5月，县妇联作为特邀人民陪审员首次参与涉及妇女儿童案件审理。2007年6月—2008年6月，在全县农村高危妇女中广泛开展艾滋病综合防治“面对面”宣传教育活动。2008年，结合“创建平安美姑”工作，在全县大力开展创建“平安家庭”活动，全县共评选命名“平安家庭”户达 90% 以上。2009 年 3 月，开展“三八”维权周宣传咨询活动，举办一期妇女健康知识讲座。

第四节　基层组织

1991 年，县妇联要求各级妇女组织推动全县农村社会主义思想教育工作。同年，根据《中华全国妇女联合会章程》和省、州的有关指示精神，全县 8 个区、44 个乡、1 个镇基本配齐妇女干部。配齐 289 个村妇代会干部。1475 个村民小组配有妇代小组组长。1992 年，全县机构改革工作开始，9 个片区工委的妇联全部取消，被并入 36 个乡（镇）中，全县 288 个村，都配齐了村妇联主任。全县县级机关已建妇委会 23 个，配有专职妇联主任 23 个。至 2007 年，工委组织逐渐恢复，因此，在全县的 9 个片区工委中，配有专职妇联主席的有 8 个。36 个乡（镇）配备有专（兼）职妇联主任 20 个。

第四章　科学技术协会

1983 年 12 月 20 日，成立县科学技术协会。1995 年 2 月 13 日，县科学技术协会与科学技术委员会合署办公。1998 年 8 月 24 日，根据中共美姑县委印发《关于美姑县科学技术协会职能配置、内设机构和人员编制方案的通知》要求，美姑县科学技术协会设行政编制 3 名。其中，设主席 1 名，副主席 1 名，工作人员 1 名，为国家财政拨款的行政单位。截至 2009 年年底，先后成立的专业学会和协会 8 个，共有会员 2896 人。全县从事专业技术工作的科技人员 1887 人，其中，正高职称的科技人员 1 人，副高职称的科技人员 46 人，中级职称的科技人员 631 人。有县级拔尖人才 14 名，优秀人才示范岗 97 名。发放拔尖人才和优秀人才示范岗补助金 7.12 万元。建立乡（镇）科学技术协会 8 个，会员 1003 人。

第一节　科普宣传

1983—2009 年，县科协围绕宣传贯彻落实《中华人民共和国科学技术普及法》《全民科学素质行动计划纲要》和省、州科普工作会议精神，组织县级协会、学会科技人员，携带科普资料、挂图、农用物资、农作物良种、医疗器件等到科普宣传场所，开展形式多样的科普宣传，科技咨询服务活动；深入乡（镇）、村组、田间地头、村庄院落、大力开展宣传、咨询、培训、义诊、文艺演出等服务活动。26 年来，通过科普宣传月、科技活动周、全国科普日和四下乡活动，共组织大型科普宣传 58 次；利用城乡的科普宣传橱窗，举办科普宣传专栏 26 期；放映科普电影 25 场，共 76 部科技影视资料片，发放 VCD 科技光盘 1000 碟；编辑出刊《美姑科技》《科技信息》《科技简报》84 期，印发 4446 份；散发科普宣传资料 10 万份；举办崇尚科学、反对邪教挂图展 120 场，观看人数达 50000 人次；举办大型科普挂图展览 28 场，展出科普挂图 1200 余幅，观看人数达 65000 人次；制作勤劳致富能手、先进科技人才事迹 30 个，组织观看人数达 9700 人次；发放各类种植、养殖业科普书籍 10000 册，张挂科普宣传标语 1000 幅；组织县宣传队举办科普文艺演出 11 场，观看人数达 11000 人次；赠送优良粮、果蔬种子、小生物肥、小复合肥 10000 包；发放计生节育用品 3600 余盒，看病治病义诊人数达6700人次；与县广播电视局联合开播的电视科技节目和有线广播、并译成彝语广播，深受广大彝族群众欢迎；县科协为“科技节目”撰写收集剪辑摘抄科普资料稿件200件，还将科教兴川50条译成彝文、彝语在城区和乡（镇）赶集日进行宣传。开播《科普大篷车》电视栏目。

第二节　科技培训

1983—2009年年底，针对美姑农牧民科技观念淡薄、科技意识差、科技成果推广难的现状，县科学技术协会会同农业、畜牧、林业等业务局开展农、林、牧各类实用技术培训，加速了科技成果的推广应用。全县共举办培训1438期，培训人员40070人次，其中，培训乡（镇）干部2256人次。1996年10月，选送4位副乡长参加凉山州第一期“三长”培训。1999年11月，再次选送4人参加了培训。2003—2009年，共组织全县54名副乡（科）级以上科技管理干部，分批次参加凉山州第二十二期、第二十四期、第二十五期科技管理干部培训班学习。

第五章　残疾人联合会

1991年5月14日，美姑县成立“残疾人联合会”，属副区级事业团体，由县民政局代管，配理事长1人。残联经费由财政局单列，有事业编制3人。1999年5月，县残疾人联合会确定为正科级事业单位。2005年5月，县残疾人联合会不再挂靠县民政局，其机构性质、级别、主要职能、内设机构、人员编制和领导职数不变。2009年4月，增设1名领导职数。

第一节　代表大会

1995年3月6日，召开第一次残疾人代表大会。正式出席代表72名；另外，还有县级机关、厂矿、企事业单位代表40名，驻军代表1名，县武警中队1名；特邀列席代表10名。代表中残疾人58名。本届大会选举残联第一届主席团委员58名，其中残疾人30名，占主席团成员总数的52%。残联主席团采取无记名投票方式选举主席1名，副主席2名，选举主席团执行理事长1名。会议通过《中国残疾人联合会章程美姑县实施细则》。

第二节　残疾人普查

1995年，根据省、州残联关于组织残疾人普查的有关通知，进一步了解核查全县各类残疾状况，县人民政府组织对全县农村，县级机关、厂矿、企事业单位残疾人进行分类普查、登记和建卡工作，历时3个月。经普查，除县级机关外，全县有农户32880户，总人口1147047人。其中，残疾人总数7372人。残疾类别为：智力残疾847人，视力残疾982人，听力残疾2928人，肢体残疾2006人，精神残疾237人，综合残疾372人。通过普查，为制定全县残疾人事业发展规划奠定了坚实基础。至2009年年底，全县有各类残疾人12970人。其中，视力残疾1100人，听力残疾1857人，智力残疾850人，精神残疾960人，多重残疾620人，肢体残疾5683人，言语残疾1900人。

第三节　残疾人康复

1991—2009 年，全县累计做白内障复明手术 422 例，肢体矫形手术 20 例，并选送 4 名聋哑儿到德昌语训班语训；发放残疾人辅助用具 1310 件，发放轮椅 24 辆；为残疾人提供用品用具 560 件，并建档立卡。同时根据省、州残联关于开展特需人群补碘的通知，在县人民政府的统一领导下，县地病办、县防疫站，县残联及时召开联席会议，统一部署，印发了各种宣传资料，设立城区补碘宣传咨询服务点，对全县新婚育龄妇女、孕妇、婴幼儿开展补碘工作，据统计，全县累计服碘人数达 17370 名，婴幼儿 12165 名。

第四节　重要活动

1993 年 5 月 16 日，以“扶助与共进”为主题的第三次法定的全国助残日活动，走访慰问城区 10 户残疾人家庭，并送价值 600 元的慰问品和衣物。县人民政府副县长约其杜乌发表“扶助与共进”的电视讲话，县广播局播放新闻 5 组，广播稿件 5 篇，县级机关和驻军部队张贴助残日宣传标语 14 幅。1994 年 5 月 15 日，走访慰问农村 15 户贫困残疾人，并对白内障复明手术对象进行现场采访术后疗效检查。在助残日期间共播放助残日电视新闻 2 组，有线广播稿件 4 篇，点播歌曲 3 首，张贴助残标语 12 幅，送慰问品 (金)1800 元。1996 年 5 月 17 日，由县委宣传部等 14 个有关单位及城乡残疾人代表共 50 人在县民政局会议室召开残疾人代表座谈会。1998 年 5 月 17 日，以“扶贫解困”为主题的第八次全国助残日，县人民政府主持召开 12 个相关单位参加的助残日活动会议，助残慰问团一行 20 人，走访慰问巴普镇基伟村和城区 18 户残疾人，送衣物 (金)2000 元。副县长代兵发表“扶贫解困”为主题的电视讲话，播放助残新闻 2 组，点播歌曲 2 首，张贴助残标语 15 幅，拍摄助残新闻照片 60 余张。2006 年 5 月 21 日，带领 12 个有关部门深入候播乃拖乡，井叶特西乡走访慰问残疾人 21 人，发放慰问品 21 份，到井叶特西乡特西村检查残疾人危房改造情况。播放助残新闻 5 组，点播歌曲 3 首。2008 年 5 月 18 日，开展以“牵手残疾人，走进残奥会”为主题的第十八次全国助残日活动，活动期间共张贴大小标语 18 幅，为残疾人办实事 2 件，发放宣传资料 2000 份。2009 年 5 月 17 日，开展以“关心残疾孩子，发展特殊教育”为主题的第十九次全国助残日。县残联精心设计活动载体，结合全县“两基”验收达标工作，深入基层慰问残疾儿童，送去价值 500 元的节日礼物。

第五节　残疾人评定

1994 年，美姑县成立残疾人评定领导小组，领导小组由县人民政府办、民政局、卫生局、医院、残联等相关部门组成。评残办公室设在县残联，评残工作依照国家“六类”残疾评定标准，对智力残疾、视力残疾、听力残疾、言语残疾、肢体残疾、多重残疾人进行分类、分等级评残，评残中对残疾人本着志愿申请，户口所在地出具证明，须具备符合评残要求的残疾人，开展残疾人评定，并发给残疾证。2008 年，根据凉山州人民政府办公室《关于开展换发第二代残疾人证的通知》要求，美姑县成立了分管副县长为组长，残联理事长为副组长，县民政局、财政局、卫生局、广播电视局、县人民医院等有关领导为成员的换发、核发“残疾人证”工作领导小组和办公室，县人民政府拨专款 12 万元，换证工作顺利开展。

1991—2009 年，全县累计评残 5321 人，十多年来，已评残的残疾人在减免税收、社会统筹、城乡低保、看病等方面得到优惠和照顾。

第六节　扶贫教育

1998年1月，根据省、州残联关于对残疾人贫困户的调查、统计、建卡的要求，对全县贫困残疾人进行调查、核实。经统计全县共有贫困残疾户2950户、4291人，占全县1997年度贫困总户数70700户的4.2%，占全县贫困总人口34757人的12.3%。2005年，将贫困残疾人纳入国家扶贫攻坚计划，坚持扶贫到户到人。通过多渠道，多形式对贫困残疾人进行帮助。是年，县残联争取贫困残疾人扶贫项目资金6万元，实施了残疾人危房改造。2008年“5・12”汶川大地震，有3户残疾人房屋受损，县残联投入经费6000元实施房屋维修加固。2009年，有45户农村残疾人搬进新修的住房。同时，通过民政救济、补助、供养和“低保”等措施，使特困残疾人的基本生活有了保障。

2007年，美姑县人民政府按照《美姑县按比例安置残疾人就业办法的通知》要求，依法征收残疾人就业保障金82万元。2008年，依法征收残疾人就业保障金105万元。是年10月，在依果觉乡、候播乃拖乡实施残疾人实用技术培训200人。同时，狠抓残疾儿童入学工作，至2009年，县残联共资助了15名盲童和180名贫困残疾少年儿童入学。

第六章　工商联合会

美姑县工商联成立于1995年5月23日，有编制3人，其中，领导职数2人，工作人员1人。至2009年，领导职数由原来的2名减少到1名，并撤销了原有的1名工作人员编制。2009年，工商联编制只有领导干部1名。

第一节　代表大会

1993年6月，县委统战部向县委递交了《关于建立美姑县工商业联合会的报告》，但由于经费等因素，县委决定推迟建立县工商联。1994年1月，县委批准成立美姑县工商联筹备领导小组。筹备领导小组在全县区、乡、厂矿、企、事业单位开展宣传工作。是年，发展会员207名，并在全县12个乡（镇）和城市的145名工商户、非公有制经济代表人士、经济工作者和有关单位领导中吸收个人会员28名。1995年5月23日，美姑县工商联合会（商会）在巴普镇召开第一届会员代表大会，出席会议代表50人。会议通过曾平会长所作的《开创美姑工商联工作的新局面、推动美姑非公有制经济向前发展》的报告。会议选举会长1名，专职副会长1名，兼职副会长2名。

第二节　重要活动

1995年5月，工商联成立后，积极组织广大会员认真学习江泽民“致富思源，富而思进”和党的各项方针、政策等。1996年，工商联与统战部对5个乡的非公有制经济的发展情况进行调查研究，并召开座谈会，征求意见。向县委、县人民政府提出了今后国有企业统战工作和非公有制经济发展的意见和建议，对200名会员进行宣传、学习工商联章程。1997年，工商联配合统战部召集在美姑的凉山州政协第八届委员、政协美姑县第九届委员会参加募捐活动。募捐的单位有12个、55人，共捐款7460元，用在扶贫联系点炳途乡贫困建卡户的项目建设中。1998年，为发展美姑经济，加强个体工商户的管理、协调工作，对全县有影响的非公有制经济企业进行调查研究。2000年，根据州委统战部、州工商联的指示，对全县非公有制经济做了一次摸底调查。全县有个体工商户1150户，从业人员1520人，注册资金560万元；私营企业6家，从业人员140人，注册资金290万元。当年，全县完成社会销售总额387万元，社会消费品零售总额231万元；个体户、私营企业上缴税收180万元。是年，在全县个体工商户和私营企业中进行党、团员登记造册，全县工商联会员中有党员10人，团员11人。

2002年，工商联在走访调研个体工商户和私营企业后，写出了《美姑县非公有制经济情况的调查报告》。2003年4月，工商联提出了“优化投资环境，建立行政服务中心实行‘一站式’服务、阳光作业”的建议。2004年，解决了民营企业经济与国有企业在电价、水价、安装费、管理费、治安费等问题上存在不合理的现象。至2009年，全县共有个体工商户1247户，从业人员2481人，注册资金1835万元，私营企业31户，民营企业实现增加值12137万元，比2002年增长24.8%，上缴国地两税868万元，全县先后引进美姑凯元磷化工有限责任公司、美姑久菊矿业有限责任公司、凉山州天瑞矿业有限公司到美姑投资办厂，到位资金12.359亿元。

第七篇

政　务

第一章　人事劳动和社会保障

1987年8月，“美姑县劳动局”更名为“美姑县社会劳动管理处”。1991年5月，“美姑县社会劳动管理处”更名为“美姑县就业服务管理局”。“美姑县职工社会保险事业管理处”更名为“美姑县社会保险事业局”。同年，“美姑县医务劳动鉴定委员会”更名为“美姑县劳动鉴定委员会”。1998年7月2日，组建美姑县人事劳动局，挂安全生产委员会牌子，老龄办日常性工作由人事劳动局具体承办。按“三定”方案有行政编制14人，工勤人员1人，事业编制人员9人。内设办公室、调配股、工资福利股、退休管理股、劳动仲裁保护股、劳动监察保护股、职改办、安全办8个股（办）室和2个事业二级局：社会保险局、劳动就业局。截至2000年12月，有行政人员14名，工勤人员1名，事业人员5人。其中，本科毕业生2人，大专毕业生7人，中专毕业生9人，初中学历2人。2001年，实施行政机构改革，“美姑县人事劳动局”更名为“美姑县人事劳动与社会保障局”。2001年以后，机构未作变动。

第一节　人事管理

一、干部调配

1991—2009年，根据“充实基层、合理流动、调节余缺、为经济建设服务”的原则，共完成干部调配1081人。

二、录用、聘用工作

按照“公开、平等、竞争、择优”的原则，1991—2009年，共录用、聘用干部及各专业技术人员1670人，其中，录用干部（公务员，含参公、公选、选举、调任）218人，招聘干部104人，转干录用342人（含工转干和聘转固），专业技术人员1006人（主要为教师及医务人员等）。

三、干部任免

1991—1993年，对政府系列的委、办、局确定办事员29人，晋升助理员25人，科员90人，主办科员113人，办理干部转正定级手续102人。1994—2007年，确定一般干部行政职务157人，办理一般行政职务手续193人。办理转正定级（职）手续380人。晋升非领导职务手续12人，特定定级手续11人。2004年，办理正常晋升非领导职务61人，办理辞职手续和自动离职手续2人。根据工作需要和县委组织部的党内任免推荐意见，县人事劳动局履行正副股长、正副厂（场）长、经理的任免、聘免手续，1991—2000年，共任免、聘免648人正副股长、正副厂（场）长和经理。

四、工资福利

1991年，实行编制、人员计划、工资基金总额三位一体的管理办法，企业开展内部承包，实行计件、计时、定额、浮动工资等分配办法。1992年，调整了全县机关事业单位在职人员和已经离退休人员的工龄津贴。1993年，经测算、核定，全县工效挂钩企业工资总额基数为193.99万元，其中，资金44.33万元。变过去的分挂分提为总挂分提，把奖金、副食品价格补贴和国家允许的单例工资全部核入工资总额基数。1994年，对全县44户企业下达了380万元的工资总额调控计划，会同工商、税务、财政、银行部门，对工资基金总额的使用进行监督和管理。1995年，根据《关于机关、事业单位工资制度改革三年实施方法的通知》（国办发〔1993〕185号），办理了机关和事业单位晋升职称人员增资53人，月增资1415元，办理了任职晋升职务工作岗位变动人员增资278人，月增资4030.5元。同时，对全县45户企业的最低工资进行了组织测算，测算后的最低工资为150元。1997年，完成了全县机关、事业单位职工调资工作，全县参加调资人员2797人，月增资12.59万元，人平月增资45元。核定1997年度企业弹性工资总额基数为705万元，下达6户工效挂钩企业工资总额基数为429万元，38户实行工资总额包干的企业工资总额基数为350万元。是年，完善最低工资保障制度，在全县企业实行最低工资保障数140元的基础上调整为165元。1998年，对执行机关职改工资制的工作人员从1993年以后年度考核五年为称职以上且未变动的388人正常晋升级别工资；对1993年以后年度考核连续三年为优秀且级别未变动的34人，提前晋升级别；按州人事局下达的事业单位年3%的工作人员提前或越级晋升工资档次指标，对符合条件的103人提前（越级）晋升工资档次。月增资3580元，补发金额121.56万元。是年，结合美姑实际执行“四川省企业职工参考工资标准表”实施方案，将原45户企业标准工资总额10.83万元加上各类津贴后，变为新标准工资28.11万元，确定了各类新进企业人员的初期工资待遇。2001年，调整3848人的基础工资、级别工资，月增资39.62万元，补发157.55万元；增加3959人的艰苦边远津贴，月增资118.59万元，补发1298.79万元；调整3959人的职务（固定）工资标准，月增资34.35万元，补发102.98万元；对行政单位1390人发放年终一次性奖励工资109.99万元，对事业单位2490人发放奖励工资202.92万元。2006年，对原定为用10年时间转正定级的462名基层事业单位聘用干部，按国家事业单位的标准给予全额工资。2007年，进行机关事业单位工资制度改革，完成全县3215名在职职工工资的套改。其中，机关单位1109人参加套改，月增资35.15万元，补发245.54万元；事业单位有2106人参加套改，月累计增加工资基金42.27万元，补发295.19万元。2008年，办理事业单位正常晋升薪级工资2071人，月增资4.19万元，补发16.74万元；公务员按级别工资套改表晋升级别工资190人，月增4936元，补发1.97万元。是年，为16名军队自主择业干部解决冬季取暖费共计5472元。2009年，办理事业单位正常晋升薪级工资2121人，月增资4.99万元，补发19.98万元；公务员按级别工资套改表晋升级别工资158人，月增4346元，补发1.74万元。同时为61名符合遗属抚养政策的遗属办理了抚养手续。

五、职称改革

1991年，首次实施岗位设定，进行岗位指标管理。1992年，实行经济、会计等系列资格考试制度，将金融、保险、卫生、统计、审计、建筑纳入考试范畴。1995年起，组织开展了经济、会计、审计、卫生等系列资格考试和不具备规定学历的考试，至2007年，共939人参加了各系列资格证考试，其中，外语达标考试199人。

1993年，实行职称和职务只能挂一头的原则，清理了11个单位、15名双职工人员，其中，11名职工不与工资挂钩，4名职工免去一般行政职务。是年，首次开展职称评聘工作，实施单位70个，14个系列，共评审1679人，聘任857人，其中，高级8人，中级177人，初级672人（含助理级）。

1995年，完成了专业技术人员的档案清理装订工作，采集录入全县机关、事业、企业单位专业技术人员1379人，专业技术人员实现电子化管理。

1999年，继续贯彻“尊重知识、尊重人才”的方针，组建评审委员会7个，完成全县14个系列、26个单位、1307人的职改工作，经评审取得任职资格1237人，其中，高级9人，中级215人，初级 1013 人。2004 年，进行卫生事业单位人事制度改革，签订聘用合同 314 人。

1995—2007 年，在补缺评聘工作中，共评审任命专业技术人员 978 人，其中，高级 8 人，中级 298 人，初级 672 人，转正定级 158 人。组织机关事业单位技术工人晋升（确定）等级考试 321 人次。审核和审查办理专业技术人员“资格证”和“评任证”2236 人，办理聘任、续聘及转岗手续 2686 人次。

2008—2009 年，组织 242 人参加专业技术等级考试，推荐上报专业技术人员评审 25 人。审核申报专业技术人员副高 16 名，中级 21 名。组织机关事业单位技术工人晋升技术等级考试。其中，技师 16 名，高级 17 名，中级工 18 人，初级工 10 名。

六、老龄退干管理

1991—2009 年，严格执行退休审批制度，共办理到龄老干部离退手续 908 名；异地安置退休干部 150 名；办理干部家属遗属抚养 709 人；调整离退休老干部生活补助 634 人。其中，1991 年，对自行解决住房问题的 30 名离退休干部解决建房补助金额 10.48 万元，并建立“离退休干部及老年人活动中心”。每年重阳、春节期间，以不同形式开展适合老年人的群众性文化娱乐活动，丰富老干部离退休生活；县“四大班子”组成慰问团分别到西昌、乐山地区及县内离退休（职）干部、工人进行了慰问。并召开老干部座谈会，广泛听取他们对美姑经济建设的意见和建议，充分发挥了老干部的余热。

七、大中专毕业生分配

大中专毕业生分配工作坚持面向基层，充实基层的原则。1991—1997 年，共分配大中专毕业 476 名。1999—2001 年，分配工作开始采取考试办法，参照年度进人指标，按照分数高低的原则，分配录用了 57 名大中专毕业新生到基层工作，分配技校毕业学生 6 人。2002 年，分配了 2000 年和 2001 年大中专毕业生 257 人到乡村基层文教、卫生、财政事业单位工作。

八、公务员管理与培训

1993 年，开展行政机关工作人员年度考核工作，标志着全县开始推行国家公务员制度。截至 2000 年，全县执行国家公务员制度的单位有 23 个，依照实施国家公务员制度的单位 5 个。

培训、考试：1997 年，组织全县 1129 人参加公务员“入轨”考试。1998 年，对考试合格且属颁证对象的 1020 个国家公务员颁发了“国家公务员培训证书”，并完成县级机关 271 名国家机关工作人员过渡为国家公务员工作。1999 年，完成乡（镇）机关 307 名国家机关工作人员过渡为国家公务员工作。截至 2009 年，先后组织了全县党群机关工作人员和国家公务员开展“科技知识”“涉外知识创新能力”“国家公务员 WTO 知识与规则考试”《国家公务员暂行条例》《行政许可法》“公共管理知识”“公共经济知识”及《公务员法》等培训、考试工作，参与培训人员达 12775 人次。

职位设置：按照《凉山州公务员实施办法》的规定，将“三定”方案核定的编制细化到具体职位，把核定的机构职能分解到具体职位。设置中坚持以事设置、职位数不得超过行政编制数；职位层次必须与机构规格符合，力求科学合理；领导职务严格按三定方案规定职数设立；非领导的设置严格按照州人事局批准的职数设置；乡（镇）不设置主任科员、副主任科员职数。公务员队伍建设：落实人事工作的两个调整，贯彻落实《国家公务员暂行条例》《四川省实施公务员制度的意见》等有关法律法规，推行公务员工作制度，开展职位轮换、竞争上岗、辞职、辞退、录用、调配、培训、考核、任免、奖惩等工作。1998 年，行政机关公务员实行挂牌服务，并首次组织国家公务员考调工作。

第二节 劳动与就业

一、就业、再就业

1991—1997年，共安置城镇待业人员527人；征收待业保险金7.82万元；临时工调配费6.07万元；回收扶持生产基金2.64万元。1996年，与全县40户企业、1207人签订了劳动合同，实现劳动合同制度的改革目标。2001年起，开展下岗职工、失业人员再就业培训工作。截至2009年，累计培训下岗职工和失业人员4837人次；发放《再就业指南》《社会保险知识小手册》400余份；办理了“明白卡”235份；发放“再就业优惠证”537本；实现再就业2935人次。其中，2006—2009年实施再就业扶持政策，全县享受减免费的308人，减免各种费用1.2万元；享受减免税的530人，减免税金7.53万元。71名“4050”人员（“4050”人员是指处于劳动年龄段中女40岁以上、男50岁以上的，本人就业愿望迫切、但因自身就业条件较差、技能单一等原因，难以在劳动力市场竞争就业的劳动者。其中，相当一部分是原国有企业的下岗人员，他们为改革做出了贡献，但随着年龄增长，就业也愈困难，已引起各级政府和社会各界的关注。“4050”人员是再就业最困难的群体，国家对他们实行了更加优惠的政策，特殊扶持）享受社保补贴11.86万元。

二、劳务输出

美姑县有组织的引导农民工外出，通过外输人员返乡后亲带亲、邻带邻的方式不断扩大劳动力转移的规模。2004 年，州上下达劳务输出人数为 10 人，实际完成 180 人，超额完成 170 人。2005 年，共完成农村劳动力转移人数 7512 人。是年，州上下达劳务输出人员 10 名，实际完成 40 名，超额完成 30 名。2007 年，规范农村劳动力办证工作，全年免费办理四川省农村劳动力进城求职登记证明 2300 本。建立劳动力资源信息库，向河南、新疆、江苏、湖北、山东、乐山、惠州、深圳等地输送务工人员 841 人，农村劳动力转移 25600 人，劳务输出收入 12544 万元，月人均收入达到 700 元；养老保险补贴 52 人，补贴金额 74256 元。2008 年，输送务工人员 1200 人，农村劳动力转移 31700 人次，劳务输出收入 13753 万元，月人均收入达到 800 元。2009 年，输送务工人员 2100 人，农村劳动力转移 30900 人次，劳务输出收入 167542 万元，月人均收入达到 900 元。

三、职业技能培训

美姑县通过就业局主办和委托企业培训方式，举办就业前培训、技术工种上岗培训、职业资格证培训、下岗再就业培训、劳务输出前培训等多种形式的培训工作，培训的技术人员有普工、驾驶、电工、钳工、焊工、电脑等专业。1991—2009 年，共计举办培训班 10 期，共培训 1181 人。

2007 年，就业局“阳光办”为农村劳动力输出举办“阳光工程”培训班一期，培训农民工 500 人。是年，与农广校、农产办、农业局等单位联合，共同培训农民工 1500 人，培训下岗失业人员 301 人。2008—2009 年，培训下岗失业人员和外出务工人员 5836 人，使用再就业资金 375 万元。

四、劳动监察、执法检查

1991 年以后，建立健全各项安全生产责任制，采取签订安全生产承包合同，缴纳安全风险责任金，将安全生产与工资、奖金挂钩等方式，加强安全生产的基础管理工作。截至 2001 年，共开展安全监察执法检查 30 余次，查出大小隐患 1312 处，整改或限期整改 966 处。封停或整改乡（镇）煤窑 70 个。1995 年，成立了“美姑县劳动监察队”，按照《中华人民共和国劳动法》开展劳动安全卫生和劳动用工检查。至 1996 年年底，共检查单位 90 个、2728 人。查处拖欠职工工资的企业 8 户、

46人；清退童工10人。2001年，县委成立了“安全生产”领导小组，负责组织协调全县的安全生产。是年，与全县9个片区工委、36个乡（镇）及所有县级机关、厂矿企事业单位、州属企业签订了《美姑县安全生产责任书》共134份。2008—2009年，开展农民工工资支付情况等专项检查活动，共立案查处劳动保障违法案件22件，为农民工追回工资570.64万元；受理农民工工伤案11件，追讨工伤补偿金74.7万元。

五、劳动争议仲裁

加强劳动争议仲裁调解工作，是有效维护劳动者双方合法权益和促进社会稳定的一项重要工作。1994年，充实和调整了5个单位的仲裁机构、仲裁人员15人。1995年，成立了“美姑县全面实行劳动合同制度领导小组”，全面实行全员劳动合同制度。全年贯彻落实和推行全员劳动合同制度的企业共40户，占企业总数50户的80%。1997年，组织4名兼职仲裁人员参加省劳动厅举办的仲裁员培训班，取得了仲裁员资格证书和调解员证书。截至2009年，共办理劳动合同签订或续签2809人次；办理劳动合同签订签证2502份。受理劳动争议仲裁和民工投诉86件，办结84件；接受群众来信来访1288件次，处理1178件。

第三节　社会保障

一、失业保险

1996年，美姑首次开展失业保险金征收工作，当年征收失业保险金4.6万元，1997年、1998年，失业保险工作因故没有开展。1999年，恢复征收，当年征收失业保险金12.02万元。2000年，开始对7名符合条件的失业人员发放失业救济金1.2万元，发放医疗补助0.13万元。至2009年，全县参保人数发展至2535人，其中，企业255人、事业1933人、其他参保人员347人。全年失业保险金征收达到1411.12万元，征缴率达100%。是年，符合领取条件的失业人员达56名，发放失业救济金10.37万元、医疗补助费1.04万元。

1999年，开始执行下岗职工生活补助，当年筹集下岗职工生活费13.5万元，从当年7月开始按每人每月156元的标准发放下岗职工生活费；2000年，筹集下岗职工生活费52.2万元；2001年，筹集下岗职工生活费63.8万元；2002年，筹集下岗职工生活费80.55万元，当年领取基本生活的下岗失业人员达到65人，全年共发放下岗职工基本生活费11.65万元，为下岗职工代缴养老保险金2.9万元，失业保险金0.8元，大病统筹0.8万元。

二、医疗保险

2000年，县城镇职工医疗保险制度改革启动，在与财政、卫生等相关部门的合作下，完成了医改费率测算和各类相关数据的策划。是年12月，全县职工医疗保险初步方案通过州医改办审批。2001年，开始正式实施《美姑县城镇职工改革医疗保险制度暂行办法》。2002年4月，县医疗保险工作开始启动。全县行政事业基本医疗保险参保单位51户，参保人员4994人，其中，在职职工3981人。月缴费基金为321万元，全年单位缴费金额为239.1万元；退休人员1013人，月缴费基数为106万元。全年个人账户基金实缴纳147万元，财政划拨单位缴纳医疗保险基金及公务员医疗费补助金额为351万元。县财政已划拨统筹基金136万元，离休及革命伤残人员医疗费23万元。截至12月末，共拨付全县各单位医疗费128万元。2003年，城镇基本医疗保险覆盖面进一步扩大，全县参保人数达5192人，比上年增加198人。其中，参保职工3722人，参保离退休人员1470人，全年基本医疗保险基金收入 251 万元。是年，共拨付全县各单位医疗费 139 万元。

2006 年，全县参保单位 71 个，参保人数 5842 人，其中，在职 4234 人，退休 1574 人，离休 22 人，二等乙级以上伤残军人 12 人。共征收医疗保险基金 530 万元。其中，基本医疗保险基金 215 万元，医疗保险个人账户 213 万元，补充医疗保险基金 24 万元，公务员补助基金 33 万元，单建统筹基金 11 万元，离休、二残基金 34 万元，个人征缴率为 100%。支出医疗费用 343 万元，其中，基本医疗保险统筹基金支出 126 万元，医疗保险个人账户支出 134 万元，补充医疗保险基金支出 12 万元，公务员补助基金支出 20 万元，离休、二残基金支出 29 万元，单建统筹基金支出 22 万元，做到按规定应报尽报。2007 年，针对弱势群体，扩大医疗保险覆盖，将 144 名原国有企业退休职工和 179 名有能力缴费的国有企业单位在职职工纳入基本医疗保险。

至 2009 年，全县城镇职工医疗保险参保单位达 92 个，参保人数达 5757 人，征收基金达 945 万元，其中，统筹基金达 484 万元，个人账户基金达 342 万元，补充医疗基金达 26 万元，医疗补助基金达 37 万元，离退休及二残人员达 55 万元，单建统筹基金 1 万元。

三、养老保险

1991 年，全县国有企业户 52 户，固定职工 2941 人（包括混岗大集体），受益单位 24 户，受益金额 1.27 万元，人均年受益 636.83 元。1993 年 11 月，美姑县出台《国有企业职工实行大病医疗费社会统筹实施办法》和《国有企业职工补缴养老保险金暂行办法》配套政策。1995 年，加强养老保险制度改革工作，全县 49 户企业，1165 人参加，统筹率 100%；调剂受益企业 25 户，在职职工 445 人，离退休职工 238 人，全年受益金额 35.14 万元，人均受益 1476.35 元。

1996 年，全面部署实施企业职工基本养老保险社会统筹与个人账户相结合的改革，完成了 38 户企业的基础数据清理，培训 82 人。全县 40 户企业、350 名离退休职工每人增加养老金 20 元。1997 年，按职工工资总额和统筹项目离退休费用总额两项之和的 24.5%作为计提养老金的比例，对全县 44 户企业的统筹基金实行了征缴拨付，其中，调剂受益企业 28 户，在职职工 411 人，离退休职工 262 人，受益金额 50.89 万元，人均受益金额 1449 元。是年，率先在县农机厂 16 名离退休职工的离退休费实行社会化发放（委托银行发放）。

2001 年，扩大养老保险覆盖范围，新增个体工商户参加养老保险 52 人，累计征缴个体工商户养老保险金 6 万元。同时，加大养老保险金清欠力度，全年累计清收欠费 25 万元。

2006 年，应征缴基本养老保险金 168 万元，实际征缴 118 万元，征缴率为 70%，累计欠缴金额达 150 万元，累计结余基本养老保险金 470 万元。是年，为确保养老金的足额发放，向州人事劳动局争取资金 100 万元，县财政拨付军转干生活困难补助 325 万元。全县共支付统筹部分养老金 580 万元，月平均发放养老金 32 万元。社会化发放以来，未发生一起拖欠养老金事件，社会发放率 100%。2007 年，全县有企业离退休职工 531 人，基本养老金发放达 512 万元，发放率 100%，社会发放率 100%。征缴基金为 504 万元（其中，养老保险基金征缴收入 323 万元，中央财政补贴 160 万元，利息 21 万元），征缴率为 95%。其中，国有企业征缴率仅为 70%。是年，录入建立了全县 531 名离退休职工的基本情况数据，建立健全养老保险信息系统。2008 年，企业职工养老保险参保人数达 549 人，养老保险征缴收入 730 万元，实际发放率达 100%。个体工商户养老保险参保人数 300 人，累计征缴养老基金 90 万元；行政事业单位临时工参加养老保险 82 人，累计征缴养老金 370 万元。2009 年，养老保险征缴收入 847 万元。其中，企业养老金 268 万元，个体养老金征缴 232 万元，机关事业单位临时工征缴 27 万元，个体企业超龄和返城知青养老金征缴 320 万元。

四、工伤保险

1997 年，美姑县研究制定了《企业职工工伤保险制度暂行办法》，在全县范围实施统一的工伤保险制度。当年，全县参加工伤保险的企业有 44 户、1043 人，共征收基金 4.6 万元。至 2009 年年末，全县参加工伤参保企业 23 户、542 人。1997—2009 年，共征收工伤保险基金 35.36 万元。

第二章 民政工作

1998 年，县人民政府机构改革明确了民政局的职能、机构、人员、编制。内设 5 个职能股室，即：办公室、优抚安置股、救灾救济股、基层政权建设股、社会事务股。民政局机关行政编制 7 名，机关后勤服务人员事业编制 1 名。领导职数：局长 1 名，副局长 2 名，股级领导职数 5 名。2002 年 3 月，县人民政府再次确定了民政局的职能机构和人员编制。内设 4 个职能股室，原基层政权建设股和社会事务股合并为综合业务股。局机关行政编制、后勤服务人员事业编制、领导职数不变。随后将县人事劳动局负责的老龄工作职能划给民政局，增设事业编制 2 人；新增低保股，增设事业编制 4 人。2009 年 3 月低保股改为城乡低保管理中心，事业编制为 5 人。1991 年 5 月 14 日，县编委批准设置美姑县残疾人联合会，副科级事业团体，由县民政局代管。2005 年单列后升格为正科级事业单位。

第一节 拥军优属

一、双拥工作的领导

1991 年起，美姑成立以县长为组长，由 16 个相关单位的负责人为成员的“双拥工作领导小组”，办公室设在民政局，相关行业和部门都把拥军优属纳入自己的职责范围。

1994 年，县人民政府发布施行《抚恤优待实施细则》，以维护全县优抚对象的合法权益，全县的“拥军优属”工作有了一部规范性的文件。

二、节日慰问

1991—2009 年，每逢春节和“八一”建军节，县人民政府都要组织相关单位组成慰问团，拨出专款，向全县烈军属、残疾军人、复退军人开展慰问工作并发放了慰问信；同时，深入驻军营房、重点优抚对象家中开展慰问；召开烈军属、残疾军人、复退军人代表座谈会；举办军民联欢会、电影晚会、点播双拥歌曲等丰富多彩的慰问活动。各工委、乡（镇）按照要求召开拥军优属代表座谈会。

三、立功受奖

1994 年起，美姑实施美姑籍军人凡被中央军委、大军区授予荣誉称号的奖励 500 元；荣立一等功的奖励 400 元；荣立二等功的奖励 300 元；荣立三等功的奖励 100 元的奖励制度。

第二节 优待抚恤

一、优待

1991年，农村义务兵的优待金以乡为单位统筹支付；城镇义务兵的优待金，由父母所在单位给付，每人每年120元。

1992—2003年，省民政厅和州民政局规定，农村义务兵家属优待金应提高到当地人均纯收入的70%。全县农村义务兵家属优待金标准就按此执行。

2004年10月1日，随着农村税费改革的推进和农业税的逐步取消，优待金主要依靠财政列支来解决，传统的群众优待已经不复存在，随之增强的是政府社会优待。

二、抚恤

1991—2001年，民政部门发给地方党政机关工作人员病故抚恤175人，共支抚恤金60.29万元。从2002年1月1日起，将国家机关（含民主党派，人民团体）工作人员、人民警察死亡后一次性抚恤金原由民政部门发放改为死者所在单位发放。

1991—2004年，革命烈士家属、因公牺牲军人家属、病故军人家属、残疾军人死亡后追加半年抚恤金作为一次性丧葬补助。2005年起，追加一年抚恤金作为一次性丧葬补助。

2002年，通过执行自然增长机制，人均增20元。到2007年年末，全县定期抚恤人数达76人，定期抚恤标准农村每人每月从115元提高到300元，城镇每人每月从125元提高到500元；残疾抚恤人数48人，按残疾等级相应提高了抚恤补助标准；在乡老复员军人定期定量补助人数105人，补助标准每人每月从70元提高到225元；带病回乡退伍军人定期定量补助人数22人，补助标准每人每月从50元提高到100元。

2007年8月1日起，对在农村和城镇无工作单位且家庭生活困难的参战退役人员（1954年11月1日以后入伍并参加作战的退役人员，含中越边境自卫还击作战，老山、者阴山地区对越防御战退役人员）进行补助，补助人数52人，每人每月补助100元。2009年，在乡老复员军人的生活补助标准每人每月提高60元，使全县在乡老复员军人的定期生活补助标准达到每人每月不低于285元。对带病回乡退伍军人的生活补助标准，每人每月提高70元，达到每人每月不低于230元的补助标准。对在农村的和城镇无工作单位且家庭生活困难的参战退役人员生活补助标准，每人每月提高70元，达到每人每月不低于200元补助标准。

第三节 复员退伍军人安置

1991—2009年，共接收城镇退役士兵96人。安置服役期间荣立二等功的农村籍退役士兵3人；安置退出现役的志愿兵24人；安置退出现役的农村籍伤病残退伍军人8人；

1991—2009年，全县共安置农村复员退伍军人371人，对农村复员退伍军人建房困难补助标准300元提高为1000元。累计支付建房补助和生产生活困难补助20.3万元。

2004年10月27日，县人民政府出台了《关于城镇退役士兵自谋职业有关问题的通知》，凡符合城镇安置条件的退役士兵，原则上由县人民政府给予一次性经济补助后自谋职业。2004年以后（含2004年），退役的城镇退役士兵一律实行自谋职业，安置部门不再负责安置工作。

2007年3月，县人民政府成立以1名副县长为组长，由7个相关单位负责人组成的“退伍军人和军队离退休干部安置领导小组”，下设办公室。7个相关单位都把安置工作纳入自己的职责范围。

第四节 烈士陵园

美姑县烈士陵园，位于县城东北合木公路旁山坡上，距县城约1公里处。1996年6月17日，投资38万元动工重建。是年11月10日竣工，并经验收合格投入使用。将原墓土葬建筑砖石砌墓换成青砖水泥浆砼墓，原青石碑换成花岗石碑，刻记烈士英名，排列整齐，规格统一，墓高0.30米，宽0.80米，长1.20米，花岗石碑文高0.90米，宽0.50米。墓区内均铺设了水泥地面，墓园环植松柏，景象庄严肃穆。陵园安葬革命先烈的遗骸357名（其中，新增吉克木曲烈士1名）。

第五节 救济救灾

一、救灾

美姑县境内地表起伏大、高低悬殊，东北部大风顶海拔高达4042米，南部乐约乡海拔低至640米，平均海拔2000 ~ 2500米，地质破碎，气候多变，自然灾害种类多，灾害频繁，灾害种类以旱灾、低温、霜冻、冰雹、暴雨、洪灾、泥石流、山体滑坡等灾害为主。

（一）洪灾、泥石流灾害

1991年6—7月，全县45个乡（镇），291个村遭受洪灾和泥石流，受灾面积8246.67公顷。灾情发生后，县民政局发放救灾款12.49万元，返销口粮105万公斤。1992年6—8月，全县45个乡（镇），285个村遭受洪灾和泥石流，受灾面积9800公顷。灾情发生后，县民政局发放救灾款13.89万元，返销口粮54.5万公斤。1993年6—8月，全县30个乡（镇），216个村遭受洪灾和泥石流，受灾面积5160公顷，造成直接经济损失1250万元。灾情发生后，县民政局发放救灾款25.47万元。1995年4—5月，全县36个乡（镇），284个村遭受洪灾和泥石流，受灾面积14.87万公顷，造成直接经济损失3499万元。灾情发生后，县委、县人民政府组织动员全县机关干部职工和学校师生开展捐款捐物活动，共捐赠9371元，衣物960件，鞋51双，粮800公斤，瓦板800匹，木料1500根；县民政局发放救灾款43万元，返销口粮30万公斤。

2001年6—7月，全县31个乡（镇），231个村民小组遭受洪灾和泥石流，农作物受灾面积1万公顷，造成直接经济损失1500万元。灾情发生后，县民政局发放救灾款45万元。2004年4—8月，全县31个乡（镇），191个村遭受洪灾和泥石流，农作物受灾面积5100公顷，造成直接经济损失1510.3万元。灾情发生后，州救灾办、州民政局、州防汛办以及县委、县人民政府领导、县级有关部门先后奔赴受灾地区，按照“不伤1人，不掉1人，不亡1人”的工作目标开展抢险救灾，迅速恢复重建177间，60户灾民搬进新居。县民政局发放救灾款45.3万元，协助县红十字会发放衣被（价值8万余元），衣物700袋。2005年5—7月，全县36个乡（镇），290个村遭受洪灾和泥石流，农作物受灾面积6913.33公顷，造成直接经济损失5000万元，灾情发生后，引起省委、省政府、省救灾办、省民政厅、州委、州政府、州救灾办、州民政局的高度重视，并派救灾工作组赴美姑县受灾现场指导抗灾救灾工作。发放救灾款127万元、大米1.25万公斤、床50张、被盖50床、灾民生活用具价值6500元。同时，动员全社会向灾区捐款9.7万元，衣物2000件。是年年底，309户灾民搬进新居。2005年11月16日，四川省计生系统开展“扶贫济困送温暖活动”，为美姑县受灾乡（镇）捐款6360元（其中，单位捐款3500元，个人捐款2860元）、衣物1394件、羊毛被1床、被盖3床。

2007年6—8月，全县20个乡（镇），187个村遭受洪灾和泥石流，导致农作物受灾面积达7113.33公顷，造成直接经济损失1120万元。灾情发生后，县委、县人民政府立即启动抗灾救灾紧急预案，及时转移灾区群众，确保人员及财产安全。发放救灾款129万元、衣物6.5万件、大米3500公斤。2008年5—8月，全县36个乡（镇）、291个村不同程度受灾，农作物受灾面积达3513.33公顷，造成直接经济损失7855万元，县民政局发放救灾款210万元，衣物（被）1652423件、大米5万公斤。2009年5月—8月，全县36个乡（镇）、291个村不同程度受灾，农作物受灾面积达5306.67公顷，造成直接经济损失达1267.4万元，民政局发放救灾款165万元、大米3万公斤、衣物5万余件。

（二）地震灾害

1993年10月14日早上7时30分，美姑县瓦西乡境内发生地震（震级不详），全乡6个村、19户、74人遭受地震灾害，导致房屋裂缝34间，变形19间，部分村民的围墙倒塌。这次地震没有造成人员伤亡。2008年5月12日，四川汶川地震影响全县9个乡（镇）、69户、302人遭受地震灾害，损坏房屋69户，因地震死亡3人，发放地震死亡抚慰金1.5万元。

（三）旱灾

1994年7月14日，全县连续出现高温无雨的天气28天，致使美姑河沿岸的柳洪、牛牛坝、候播乃拖、九口、巴普、峨曲古等28个乡（镇）、197个村、956个村民小组遭受旱灾。受灾面积6086.67公顷，造成农业经济损失984.5万元。1996年8月4—21日，全县大范围内连续出现高温无雨的天气近17天，致使二半山以下的溜筒河，连渣洛河、美姑河两岸的河谷地带18个乡、122个村、961个村民小组，1.23万户遭受旱灾。受灾面积3773.33公顷。

（四）低温、霜冻灾害

1992年5月1日—6月初，全县连续30天阴雨低温，造成高山地区荞子和洋芋被冻烂2.15万亩，因灾牲畜冻死96只。1996年4月初—5月底，全县阴雨低温天气近60天，导致二半山以上乡遭受低温、霜冻灾害，有138头（只）牲畜冻死，洋芋和荞子冻坏1833.33公顷。2008年1月27日晚23时—2月1日下午5时，美姑全县境内普降暴雪，降雪量最高达17.4毫米，积雪深度最高达到18厘米。由于此次降暴雪时间长，2月2—21日出现了冻凌、大雪、低温天气，全县9区、1镇、35个乡、291个村不同程度受灾。经济损失共计2241.22万余元。

（五）风雹灾害

1994年6月24日—7月8日，全县9个乡、61个村、226个村民小组、4614户遭受十几年未遇的旋风、冰雹灾害，造成直接经济损失191万元。6月25日，龙窝乡遭受风雹灾害，89.93公顷荞子遭受毁灭性扫荡；67户、136人的6.73公顷农田颗粒无收。7月3日，巴古、依洛拉达、牛牛坝、洛俄依甘、拉木阿觉乡遭受大风和冰雹灾害，有46个村、170个村民小组、2250户受灾，因灾死亡1人。2006年6—8月，全县11个乡（镇）、70个村民小组、7577户遭受风雹灾害，导致农作物受灾面积达2160公顷，因灾损坏房屋18户、54间。摧毁经济林木5982株，造成直接经济损失190万元。

（六）乐约特大山体滑坡灾害

1997年6月5日凌晨1时，美姑县乐约乡则祖发生了罕见的大面积山体滑坡，山体滑坡体长4500米，宽800米，泥石流总量3780万立方米，导致该乡的木乃火、巴哈、扎拉古、洛嗄4个村、16个村民小组、307户、1527人受灾。受灾面积3.79平方公里，滑坡拉裂地表3平方公里，冲毁耕地437公顷，损坏房屋307间，有67户、294人无家可归。因灾死亡151人（含教师2人），伤21人，四大牲畜被埋没4445头（只），损失存粮20.05万公斤，造成直接经济损失1523万元。灾情发生后，美姑县委立即成立了以县委书记达久木甲为指挥长，代理县长马小林，副县长约其杜乌为副指挥长的抗灾抢险指挥部。同时组建了以医务人员、解放军、武警、公安及民兵应急连等50余人组成的抗灾抢险先遣队，由抗灾抢险指挥部领导亲自率领，于6月5日22时连夜冒雨赶赴灾区，组织救援工作，及时将293户、1376人疏散到安全地带。6月6日，凉山州人民政府接到美姑灾情报告后，由副州长蒋明清率领工作队连夜赶往美姑灾区指挥抗灾救灾工作，慰问受灾群众。四川省委、省政府十分关注美姑灾情，紧急部署救灾工作，派出以副省长欧泽高为团长的慰问团，深入灾区慰问受灾群众及视察灾情。正在凉山视察的中共中央政治局常委，中央军委副主席刘华清作了“全力以赴抗灾救灾”的重要批示。国务院副总理姜春云委托国家防汛总部主任助理巡视员黄朝忠带领中科院水利部成都山地灾害与环境研究所的专家，前来灾区考察研究灾情，慰问受灾群众。6月8日，省委民工委常务副书记史志义受省委书记谢世杰的委托，在省民委副主任杨宁超，州委副书记骆玉祥，州委常委、州政法委书记张支铁，州人大常委会主任苏呷沙且，副州长姚祥禄的陪同下，亲临美姑受灾现场。6月11日，到凉山视察工作的国务院总理李鹏一行，到西昌观看了灾情录像，听取灾情汇报，并对救灾工作作了重要指示。民政部、贸易部、四川省委、省人民政府、全美中国西部经济发展促进会等国内外30多家工作单位和社会各界人士纷纷向灾区发来慰问电和慰问信。中共美姑县委、人大、政府、政协向全县人民和社会各界发出向灾区群众募捐的倡议书，随即全县干部职工和农民向灾区捐款10万余元，衣物2500件，曾在美姑工作过的外籍离退休人员，外调干部和国内部分省、市、州内兄弟县（市）及州级机关和州属企业纷纷向美姑灾区人民捐款捐物，捐款金额达57.8万余元，捐物17583件。中央和省州及有关部门向灾区拨款613万元。县委，县人民政府为了解决好灾民安置和恢复重建工作，及时成立了“美姑县灾民安置领导小组”。确定了“一要安居，二要脱贫，三要致富”的先生产后生活，走生产型安置的路子。制定了“政府安置与灾民自愿联系搬迁相结合，相对集中安置与分散安置相结合，国家扶持与灾民自力更生、艰苦奋斗相结合，灾民安置与形象扶贫相结合”的五结合原则。6月20日，将全部灾民251户、860人安排在二半山、低山、河谷、沟坎有水源，有荒山地可开发，有耕地可调剂，交通方便等自然条件较好的牛牛坝，洛俄依甘、尔其、九口、拉木阿觉、柳洪、乐约7个乡内安置。为了用好社会捐赠款物，积极扶持灾民重建家园，恢复生产，作出了重灾户每户解决建房补助款5000元，生产生活资料购置费2000元，每人每亩地调剂补偿800元，每户灾民从受灾之日起每天享受生活补贴2元。11月30日，251户、860人灾民全部搬进新居。

（七）暴雨灾害

1998年6—7月，全县普降大雨和暴雨，导致36个乡（镇）、288个村、1467个村民小组，3.04万户受灾，受灾面积1.38万公顷，造成农业直接经济损失2900万元。灾情发生后，县民政局发放救灾款123万元。2000年7月17日，全县31个乡（镇）、221个村、1.8万户遭受暴雨灾害，城区自来水主管道被洪水冲毁2047米，直接经济损失6887万元。灾情发生后，县民政局发放救灾款45万元，衣物5万件。2003年7—8月，全县34个乡（镇）、280个村、3.5万户遭受特大暴雨灾害，农作物受灾面积8120公顷，因灾造成山体滑坡急需搬迁安置385户、1530人。直接经济损失累计达7544.43万元。2008年5月25日，全县普降大雨，致使候播乃拖乡等6个乡受灾，灾后，县民政部门对房屋冲毁每户补助了4000元恢复重建资金，倒塌户每户补助1000元恢复重建资金，共计发放恢复重建资金14.4万元。

1991—2009年，县民政局共发放各种自然灾害救灾款1936万元。

二、救济

1991年，对22人生活困难的精简、退职老职工给予享受原工资40%的补助待遇或退职救济，以确保他们的生活。2007年，精减定救12人。

三、农村五保供养

1991—2004年，全县农村五保户1385人，每人每月发放56元。2006年1月21日，《农村五保供养工作条例》（国务院令第456号）正式出台，自2006年3月1日起实施。2006年3月—2007年年末，全县农村五保户增加到1856人，月供养标准提高到100元。2008年，全县农村五保户1876人，月供养标准未变动。2009年，全县农村五保户达到1911人，月供养标准增加到150元。

第六节 社会福利

一、城镇居民最低生活保障

1991年9月，美姑县建立健全了城镇居民最低生活保障制度，最低保障线标准为80元，当年全县享受最低生活保障的城镇居民6人。2000年，将保障线标准调整为104元；2003年，保障线标准调整为130元；2006年，保障线标准调整为160元；2007年9月，将160元保障线标准调整为180元；2008年6月，将180元保障线标准再次调整为195元。

2002年，将大中专在校学生纳入享受低保范围，人均月补差80元。2005年，为提高城市居民最低生活保障工作科学化管理水平，建立“低保”信息数据库，6月底，完成了全县城市低保对象基础数据普查登记工作，共有保障对象1500户、2138人。

至2009年，享受城镇最低生活保障为1422户、2053人。

二、农村居民最低生活保障

从2006年4月起，凡具有本县农业户口，家庭年人均收入低于625元的农村居民，均逐步纳入农村居民最低生活保障范围。保障标准暂定每人每月20元。当年全县确定保障9511户、1.07万人。到2007年年底，全县保障对象已达1.12万人，保障标准仍为每人每月20元。2008年，上半年为2.45万人，保障标准调整为30元，下半年提高到40元。至2009年年底，全县农村绝对贫困人口7069户、3.06万人，全部纳入低保，月人均保障金45元。

三、农村医疗救助

2005年4月，出台《美姑县农村医疗救助实施办法〈试行〉》。2008年7月9日，凉山州民政局、凉山州卫生局、凉山州财政局出台《关于进一步完善农村医疗救助制度的意见》，再次把农村医疗救助金提高规定，经新农合补偿后的二次救助可以报销的标准为500元。2005—2009年，全县农村医疗救助共4.48万人，发放救助金598.68万元。

四、城镇医疗救助

2006年7月，印发了《美姑县城镇医疗救助试行办法》。2008年，提高救助标准，最高救助金额达1万元。2006—2009年，全县城镇医疗救助共1316人，发放救助金61.8万元。

五、流浪乞讨人员救助

2003年6月20日，国务院令第381号公布《城市生活无着的流浪乞讨人员救助管理办法》，县民政局共接待主动请求救助人员299人（次）。

六、社会福利院

美姑县社会福利院，原院址在九口乡瓦洛村，有3.33公顷土地、院民10人、住房2栋共20间，建筑面积530平方米；猪圈1栋，建筑面积97.87平方米，院内有粉碎机、电视机各1台；劳动用具和炊具齐全；通水、通电、通公路；经济林木有苹果、核桃、桃子；种植业有水稻、玉米、烤烟、蔬菜。收入全作院民生活之用，不足部分县民政局采取临时救济。2002 年 3 月 5 日，将社会福利院搬迁到县烈士陵园附近。到 2009 年，院民有 8 人，都是孤寡老人和无依无靠的残疾人，县民政局按低保标准，每人每月发放 195 元来维持生活。随着物价波动，采取临时生活救济的方式，保持达到当地人均实际生活水平。是年，正式成立了美姑县社会福利服务中心，并在 12 月动工修建，能接纳 86 位五保孤老人、孤儿入住。

美姑县康复院（亦称麻风村），位于县城南部 45 公里，今洛俄依甘乡东部，海拔 1510 米，有耕地 35.73 公顷，荒山荒坡 28 公顷，林地 18.67 公顷。2007 年 10 月，美姑县人民政府批复设立瓦吉吉村，辖 2 个村民小组。全村共有 116 户、316 人，其中，麻风治愈病人 104 人，病人家属 212 人。村内有小学 1 所，临时老师 2 名；有修女院 1 个，修女 4 人。县民政局已把康复院村民纳入农村低保 57 户、65 人，月标准 20 元。2008 年，月标准提高到 45 元，纳入农村五保户 39 人，年供养金每人 1200 元。2009 年，农村五保户供养金提高到 1800 元 / 年。

第七节　基层政权建设

1992 年 6—12 月，根据四川省委、四川省人民政府的安排部署，撤销美姑县辖 8 区、15 个乡，扩并 15 个乡的行政区域，保留 14 个乡、1 个镇。将原 8 个区、44 个乡、1 个镇调整为 29 个乡和 1 个镇，全县共设 30 个乡（镇），291 个村级行政区域。调整后，在 1993 年县人代会上提案较多，干部群众反映强烈，行政区域调整给群众生产、生活造成诸多不便，不利于加强行政管理（特别是社会治安、计划生育工作管理）和发展生产。于 1994 年，经四川省人民政府同意，恢复乐约、子威、尔合、哈洛、尼哈、树窝 6 个乡的建制。随后又建 9 个工委。由于乐约乡特大山体滑坡后搬迁移民工作的需要，对村、组也作了相应调整。2005 年 1 月，美姑县人民政府同意在拉木阿觉乡、九口乡新增设 3 个行政村、25 个村民小组。同意撤销龙窝乡维黑洛村民委员会（2 个村民小组）。2007 年 10 月，美姑县人民政府同意新设立瓦吉吉行政村 1 个、2 个村民小组。至 2007 年年底，全县有 9 个工委。2008 年 4 月，撤销工委。2009 年，经美姑县人民政府同意成立甘都村，全县辖 36 个乡（镇）、292 个行政村、1492 个村民小组。

1991—2007 年，先后完成第三届、第四届、第五届、第六届、第七届村民委员会换届选举工作。第七届村民委员会换届选举于 2007 年 11 月开始，年底结束。全县选出村委会主任 291 人、副主任和委员 1265 人；新任 934 人，连任 622 人。

2004 年，按照省、州关于加强社区居委会建设工作的要求，县民政局先后出台了《关于推进美姑社区建设的实施意见》和现阶段的工作思路以及具体措施方案。2005 年，按照城区的地域分布、人口分布，科学合理的划分了 3 个社区居委会，即城东社区居委会、城北社区居委会、城西社区居委会。依法选举产生 3 个社区居委会主任、副主任、秘书。

第八节　勘界工作

1996 年 6 月，美姑县成立了“美姑县勘界领导小组”及办公室，办公室设在民政局，由民政局副局长兼任办公室主任。1998 年，各乡（镇）先后成立了勘界领导小组。美姑县边界勘定工作从 1998 年 3 月 17 日开始到 1999 年 12 月底结束，历时 22 个月。完成昭美线 124.6 公里、美越线 38.2 公里、甘美线 21 公里、峨美线 67 公里、马美线 42.7 公里、美雷线 76.85 公里，并分别设置了界桩。州际县界在省勘办的参与下，由州政府直接主持，从 1999 年 3 月启动，历时 8 个月，全面贯通了与马边、峨边的行政边界线。

2004 年，根据《凉山州民政局、凉山州公安局关于地名标志设置移交工作的通知》要求，原县公安部门管理的地名标志交由县民政部门管理，地名标志管理包括街、路、巷的重新命名和更名工作。2005 年，县民政局完成城区 12 条街、路、巷的重新命名和更名工作。2006 年，完成全县 291 个村、1492 个村民小组、52734 户的农村地名标志设置工作任务。

第九节　社团管理

1998 年，民政部撤销了原社团管理司，成立了民间组织管理局，并陆续在全国各地民政部门建立了相应的民间组织管理机关。至 2009 年年底，美姑通过清理、整顿、核实，全县年检合格的社会团体 15 个，民办非企业单位 1 个。

第十节　殡葬改革

2000 年，征用公墓地 0.46 公顷；新修非正常死亡停尸房 1 栋。县殡仪馆馆内设施逐年增添，常年保持通水、通电、通公路，规划墓群两处。

第三章　依法行政

1992 年 3 月，县人民政府成立法制科。法制科副科长（无级别）由政府办秘书兼任。主要职能是规范性文件的起草和废止。1995 年，被四川省政府授予“法制工作先进县”称号。1997 年，政府机构调整撤销法制科，其职能并入政府办公室。1999 年 8 月，县人民政府办公室重新设置法制督办股，有干部 2 人。2004 年 3 月，在县人民政府办公室增挂“法制办公室”牌子（行政、正科级），设主任 1 名、副主任 2 名。

第一节　法制培训

2004 年 2 月，举行了为期一天的《中华人民共和国行政许可法》培训会，县委、县人大、县政协和具体法制经办人员 70 余人参加了培训。并对全县 8 个工委、36 个乡（镇）的公务员、行政执法人员进行统一的《行政许可法》考试，1090 人参加考试，合格率达 100%。2006 年，先后分二期对国土局、农机局、卫生执法监督所、环保局的行政人员进行了培训、考试和办证，共 48 人次参加。2007 年，对行政执法人员进行培训、考试和办证共 30 人次。2009 年，《中华人民共和国行政复议法》颁布十周年，法制办通过广播、电视等新闻媒体，利用简报、墙报、横幅、标语等灵活多样的形式，组织公安局、司法局、教育局等部门领导开展青少年法制讲座，受教育学生达 2643 人。

第二节　执法管理

1994 年，正式开始办理行政执法证。是年，办理第一批行政执法证人员 120 余人。截至 2009 年，全县法制机构有工作人员 218 人，其中，专职 121 人，兼职 97 人。行政执法队伍 514 人，行政机关执法人员 299 人，法律法规授权的组织的执法人员 186 人，依法委托事业组织的执法人员 29 人，协助执法人员 156 人。是年，接受法律知识培训 84 人，领取行政执法监督检查证的 14 人，申领全省统一式样的执法证的 388 人，领取法律法规规定的其他执法证的 36 人。

第三节　执法检查监督

2000 年，政府法制办清理了从 1990 年以后的规范性文件及经济政策性文件共 203 件，废止了 57 件。全年共制定规范性文件 10 件，其中，按规定程序出台 10 件，行政执法部门备案审查的有 7 件，开展执法检查 190 件。

2001 年，县人民政府制定规范性文件 5 件，按程序出台 5 件，县级各行政执法部门报送备案审查的有 4 件。监督检查全县各行政执法部门的各类执法检查 34 次，大规模的执法检查 6 次。

2002 年，县人民政府制定规范性文件 4 件，报州政府法制办备查 4 件，出台 4 件。参加监督检查全县各行政执法部门的各类执法检查 12 次，其中大规模的有 2 次。

2003 年，县人民政府制定规范性文件 6 件，报州政府法制办 6 件，出台 6 件。全县行政执法检查 296 件。

2004 年，对县级执法部门的行政审批项目和行政收费项目进行了全面的清理。全县行政审批项目共 209 项，有 7 件不符合行政许可法规定的审批项目，作为废除处理。是年，县人民政府共制定规范性文件 5 件，按规定程序报州政府法制办备案审批 4 件，出台 4 件；县级各行政执法部门报县人民政府备案审查 2 件，都按规范性文件制定程序实行。监督检查全县行政执法部门的各类执法检查 10 次，其中，大规模的有 2 次。

2005 年，共制定规范性文件 4 件，报州政府法制办 3 件，出台 3 件。开展执法检查 299 件。

2006 年 6 月，由县委办、县人大办、县人民政府办、县法制办、县档案局联合组成检查组对县公安局、水利局、城东社区等 24 个单位开展档案执法检查工作。同年 7 月，法制办与县安监局、县气象局三家联合组成检查组，对全县各片区、乡（镇）、县级各部门、各厂矿企事业单位、学校、人口密集生活区、贸易市场等 50 个单位进行了防雷安全生产执法监督检查工作。

2007 年，法制办按照规定审查政府规范性文件 2 件，并已全部上报备案。全年开展执法检查 919 件。11 月，法制办会同县计生局对全县 36 个乡（镇）计生工作进行目标考核。

2008 年，按照规定审查县人民政府规范性文件 6 件，不符合法定程序的 5 件。组织监察、财政、编制、县人民政府办对全县 32 个行政执法机关进行不定期不定时的监督检查和年终考核考评工作。

2009 年，共审核规范性文件 12 件，其中，退回重新起草 5 件，不同意送审办文 2 件，作大幅修改 2 件，办理上报备案文件 3 件。清理县人民政府的规范性文件 105 件，其中，废止 76 件，宣布失效 14 件，修改实用 7 件，继续有效 8 件。清理县人民政府办公室或县直部门发布的规范性文件 63 件，其中，废止 26 件，宣布失效 2 件，修改实用 12 件，继续有效 23 件。清理乡（镇）人民政府发布的规范性文件 5 件，其中，废止 4 件，继续有效 1 件。6 月 3—10 日，县法制办组织县级相关单位和部门，在全县范围内抽查了 18 个行政执法单位。

第四章 人民信访

第一节 制度建设

1991—1998 年 6 月，信访工作坚持“分级负责、归口管理”和“谁主管、谁负责”的原则，建立和完善信访工作责任制，先后建立了县长接待群众来访日制度、全县信访工作目标考评制度、领导阅批来信等一系列制度，加强信访工作队伍建设，健全信访工作网络，加大处理信访问题力度。2004 年 9 月，美姑县委、县人民政府制定出台《关于进一步做好新形势下信访工作的意见》，明确信访工作的指导思想、任务、职责和职权范围。2005 年 7 月，县委、县人民政府制定出台《关于实行信访工作责任制和责任追究的规定》，明确了对信访工作不力的 21 种情形，分别追究单位和领导责任，实行“一票三否决”制度，组织部门作为对领导干部政绩、奖惩的考核依据，情节严重的，由纪检、监察部门给予党纪政纪处分，构成犯罪的，依法追究刑事责任。9 月，建立《处理信访突出问题及群体性事件联席会议制度》，会议下设办公室，负责处理日常事务。联席会议每年召开两次例会，可根据工作需要临时召集。会议主要传达、贯彻上级有关精神，听取信访工作情况汇报、总结交流信访工作情况，排查分析信访热点、难点问题，部署近期信访工作。11 月，县委制定出台了《美姑县党政信访工作目标管理考评办法》，恢复对九区一镇和县级 40 个单位的信访工作年度目标考核。是年，县级领导干部接待群众来访日制度恢复，接待日每月 2 次，分别安排 2 位领导接待，接待领导为各位县委常委和副县长。2006 年，领导接待日制度新增律师参与接待内容。2007 年 9 月，县委、县人民政府印发了《关于从即日起至 2008 年北京奥运会期间进一步加强信访稳定工作》的通知，对信访网络建设、信访事项处理、包案领导、包案办理责任单位、稳控单位的工作职责以及追究办法做了详细和明确规定。2008 年，县级领导接待日以每月 2 次更设为除周末和节假日以外的每日一位领导接待。2009 年，制定出台了《美姑县领导干部定期接待群众来访的实施意见》，对领导接待工作提出了新的要求。

第二节 受理与查办

1991—1998 年，对人民来信来访，按照“登记、阅批、办理、报结、回访、归档”等程序，全县共受理人民群众来信来访 597 件、4539 人次。1999—2004 年，人民群众参政意识增强，信访总量下降，批评建议增多，共受理群众信访 318 件、1271 人次，同前 6 年相比，信访总量呈大幅减少趋势。群体性信访事项增多，5 人以上信访达 97 批、679 人次，比前 6 年增加 32 批、224 人次。2005—2007 年，全县群众信访出现“三增一降”，即：信访总量增多，达 447 件、2405 人次，这 3 年信访量比前 6 年增加 129 件、1134 人次。要求解决问题类信访剧增，3 年总量达 327 件、1921 人次，比前 6 年增加 213 件，增幅为 2.8 倍。群众 5 人以上联名信访和集体上访人数增多。群体上访量下降，3 年的上访总量为 36 批、1656 人次。

1991—2009 年，县信访局（办）和乡（镇）、部门共受理人民来信来访 4543 件、8.87 万人次，其中县信访局（办）受理 869 件，占总数的 19.1%；乡（镇）、部门受理 674 件，占总数的 14.8%。在县信访局（办）受理的 869 件信访中，来信 325 件，占总数的 37%；来访 544 件，占总数的 63%。在乡（镇）、部门受理的 674 件信访中，乡（镇）受理 125 件，占总数的 19%；机关、部门受理549件，占总数的81%。其中，批评建议类92件，要求解决类796件，申诉类127件，揭发控告类182件，其他346件。

1991—2009年，县信访局（办）立案查处重要信访789件，报结753件，平均报结率为95%；中央、省、州以及县领导交办的重要信访事项156件，报结152件，平均报结率为97%。

第五章　扶贫开发

1988年，美姑县被国务院列入全国27个少数民族半农半牧贫困县，全县34个贫困乡，16个特困乡，144个特困村，有贫困建卡户14696户、73459人。到1992年，有贫困建卡户14540户、72582人，提前一年达到“二六”越温标准（“二六”标准指全县贫困户人均纯收入有200元，人均有粮食600斤）。1994年，美姑县被国务院列入国定贫困县，县委、县人民政府制定了《美姑县七七五扶贫攻坚计划》（“七七五”是指县委、县人民政府制定的从1994年起到2000年，用7年左右的时间，解决全县7.5万贫困人口的温饱问题），大力开展扶贫攻坚。到2000年年末，经省委、省政府验收，全县贫困建卡户中有12503户、60843人达到和超过“五八”越温目标（“五八”指全县贫困户人均纯收入有500元，人均有粮食800斤），占贫困建卡户总数的85%，至此，全县顺利完成国家“八七”扶贫攻坚计划（“八七”扶贫攻坚计划，即指对当时全国8000万贫困人口的温饱问题，力争从1994—2000年7年左右时间基本解决）。2000年年末，经统计，全县人均纯收入1000元以下的贫困人口有93246人，占总人口的52%，其中，625元以下的有56896人，625 ~ 1000元的有36350人，美姑县被列入国家扶贫开发工作重点县，县委、县人民政府结合美姑的实际，制定了《美姑县2001—2010年扶贫开发规划》，开始实施新一轮美姑扶贫开发工作。

第一节　机构设置

美姑县扶贫开发两项资金办公室成立于1990年，其前身是美姑县人民政府1988年成立的县经济开发领导小组办公室，列入政府序列，正科级，内部设置综合股。是县扶贫开发两项资金领导小组的常设办事机构，编制6名，其中，行政编制5名（包括领导职数3名，正科级1名，副科级2名，非领导职数2名），机关后勤服务人员1名。全县36个乡（镇）和8个区工委均配备扶贫工作专（兼）职干部。

第二节　资金管理

美姑县于1988年开始使用扶贫资金。到2009年，美姑县扶贫开发两项资金办公室使用管理各项扶贫资金27233.5万元，其中，财政扶贫资金10580.5万元，两项资金5474万元，信贷扶贫资金7730万元，以工代赈资金3449万元。各项扶贫资金的管理、使用、分配原则均坚持资金到村到户、直接受益的原则，坚持公平、公开、公正的原则，支持政府引导、群众参与的原则，坚持实事求是、因地制宜的原则，坚持资金整合、开发式扶贫的原则，坚持专户运行、专账核算、专人管理、封闭运行，实行县级财政报账制。

第三节 社会扶贫

根据县扶贫开发领导小组的安排，全县参加帮扶部门65个，参加“一帮一”活动人数达到850人，落实帮户1193户，其中，国家部委帮扶单位1个，国家贸易局（原物资部）于1992年起定点帮扶凉山，分工作组驻美姑扶贫，共9批、18人，投入无偿资金扶持文教、饮水、种养业项目等17个次，近100万元；省级部门1个（省化工厅）。1995年，州级机关13个单位定点帮扶美姑县9个乡，实施“百乡千村”扶贫攻坚工程，共6批，派驻162名干部定点联系百乡千村抓扶贫，参加“一帮一”活动，帮扶贫困户237户；县级机关单位50个参加定点联乡帮户扶贫，参与定点帮扶36个乡（镇）、86个村，有664人参加帮扶，帮扶贫困户956户，其中，县委书记、县长各帮10户，副县级以上32人，每人帮扶8户，共292户。累计接受各单位捐款和捐物折资近460万元。

第四节 形象扶贫

形象扶贫工程于1992年在凉山州提出并开始实施，是凉山实施的一大德政工程，目的是让广大贫困群众转变观念，改变陈旧思想和根深蒂固的陈规陋习，通过改造住房和环境，搬出门前粪，环境整洁卫生，实现农户人畜分居，有灶、有床、有厕所，同时对村规民约、村容村貌、社会治安作了具体要求。

1994年，开始试点探索。1996年，以后全面推广实施。1992年以前，美姑县有25600户农户居住在低矮、潮湿、窄小的草房和瓦板房里，农房中瓦板房和草房结构占70%以上。经过调查登记，全县应搞形象扶贫33672户，占农业总户数97%。根据州委、州政府的安排，13个州级机关、27个县级领导干部分片包点；46个县级机关定点帮乡包户，派驻36个工作组，动员3340名干部参加包户。到2000年年底，对全县36个乡（镇）、288个村、33672户实施了形象扶贫，共投入资金3681万元，其中，国家投入1674万元（包括新增财政扶贫资金450万元，以工代赈形象扶贫资金1182万元，两项资金42万元），部门行业及社会投资29万元，农户投劳折资为1978万元。累计改造破旧瓦板房和草房8270间、42万平方米、新建砖瓦房2320间，11万平方米；新修院坝21830个、39万平方米；新建厕所15310个、9万平方米；开窗18360扇；新修畜圈21720个、15万平方米；修背水路6046条，890公里；实现人畜分居32127户。

第五节 移民扶贫

移民扶贫工程于1997年开始实施，到2007年，计划安置移民扶贫2407户、9073人，实际安置移民扶贫2881户、11112人，超计划任务的6.67%，具体情况是：

一、安置时间和户数

1997年，安置48户、216人；1999年，安置165户、743人；2000年，安置240户、1080人；2001年，安置500户、1747人；2002年，安置250户、884人；2003年，安置350户、1188人；2004年，安置207户、634人；2005年，安置279户、1004人；2006年，安置208户、878人；2007年，安置321户、1173人；2008年，安置313户、1565人。

二、安置地点

拉木阿觉乡安置992户、3688人；九口乡安置1005户、3718人；候播乃拖乡安置157户、581人；

觉洛乡安置104户、385人；尔合、树窝、子威乡安置310户、1175人；依果觉乡安置313户、1565人。

三、建设及投入情况

共修建房屋3549套（间），其中，主房2568套（间）、179860平方米；畜圈、厕所等附属设施981间、29580平方米；修建（修复）移民区公路9条、26公里；安装饮水管道112公里；修蓄水池82个、320立方米；移民区输电线建设3处，架输电线28600米。共使用扶贫资金2863万元，其中，财政扶贫资金589万元，以工代赈资金2274万元。

第六节　新村建设

2000年，选定了重点贫困村110个开展新村建设，有村民小组612个、79297人，占全县总人口的43.8%。总面积3.08万公顷，占全县总面积的11.3%，海拔高度在600～2800米之间，年平均气温8℃左右，降雨量400～500毫米，无霜期120天。其主要特征是山地多、平地少、零星土地多、成片少，荒山荒坡多、基本农田少，交通闭塞、信息不灵、基础设施落后、社会发育程度低、生产条件差、群众脱贫的产业是农业。

重点贫困村中有12928户贫困户居住在阴暗、低矮的木板房、茅草房和石板房里，占贫困村总农户的76%以上。在110个村中，通公路的组有191个，占贫困村组数的31.2%；通电9579户，占贫困村总户数的49.1%；有46139人和136360头（只）牲畜饮水困难。学龄儿童入学率62.4%，青壮年文盲有24464人，文盲率57%。纯收入低于1000元以下的贫困人口有67914人，人均纯收入659元，人均粮食431.6公斤，这部分人口占全县1000元以下贫困人口的72.8%。县扶贫开发领导小组制定了本着群众最需、最急、最困难的问题优先解决；按照群众意愿，从房、水、电、路、土秩序排列，缺啥补啥；国家补助为主，农户自筹为辅以及群众自愿等一系列原则，逐年开展新村建设工作。

到2009年年末，累计实施新村建设94个，占贫困村总数的85%。其中，2001年，实施15个；2002年，实施11个；2003年，实施12个；2004年，实施15个；2005年，实施11个；2006年，实施11个；2007年，实施11个；2008年，实施3个；2009年，实施5个。共修建和改造房屋2779套（间）；安装饮水管28850米；解决了25个组，3900余人的饮水困难；架输电线路8500米，解决了314户的生产生活用电；修建村公路28条、116公里，解决了42个村、2.2万人的通行困难。共投入资金2574.6万元，其中，财政扶贫资金874.6万元，以工代赈资金1700万元。其中，2001年，投入145.5万元；2002年，投入89.1万元；2003年，投入240万元；2004年，投入600万元（以工代赈）；2005年，投入550万元（以工代赈）；2006年，投入550万元（以工代赈）；2007年，投入650万元（以工代赈300万元）；2008年，投入150万元；2009年，投入250万元。

第七节　“三房”改造

“三房”改造扶贫工程（指对居住在木板房、茅草房、石板房里的贫困户进行专门扶贫）是美姑县扶贫开发工作的重点，也是贯彻落实党中央、国务院坚持以人为本、构建和谐社会、建设新农村的具体体现。2003年，全县经过摸底、调查、登记、核实，共有20414户、93880人需要实施“三房”改造扶贫工程，并于当年启动实施。到2009年，实际累计实施19110户（含移民户1157

户），超额完成1741户。投入“三房”改造建设资金6635万元（县财政配套842万元）。其中，2003年，实施1645户（含移民户350户）；2004年，实施1273户（含移民户207户）；2005年，实施1365户（含移民户279户）；2006年，实施3500户；2007年，实施3827户（含移民户321户）；2008年，实施3500户；2009年，实施4000户。累计改造房屋17369间（套），138万平方米。截至2009年年底，需要进行住房改造的贫困农户还有1304户。

“三房”改造建设要求对原危旧住房进行新建或改建，正房面积要达到75平方米以上，屋顶换成小青瓦屋面，新安门窗，室内地面硬化。要新建厨房、畜圈、厕所和院坝，厨房面积20平方米以上，畜圈、厕所30平方米以上，院坝35平方米以上。同时集中各部门的资金，发动群众搞好村内道路等基础设施建设，先后完成进村入户道路硬化、人畜饮水、电力配套等社区环境工程建设。补助标准：以户为单位，每户补助扶贫资金（无偿）3000元。2009年，户均补助增加为4000元，采取实物补给方式，直补到户，平均每户补助瓦10000匹，水泥彩瓦1000匹。水泥1吨，石灰2袋。实物采购实行对比采购，邀请纪委、监察、审计、财政等部门参与采购，同时采取公示制，让群众分享知情权，增加透明度。

第六章 安全生产

安全生产办公室于1985年建立，配有在编人员4人。1998年7月，县人民政府机构改革，撤销县安办，划归县人事劳动局管理，挂安全生产委员会办公室牌子。设主任1名，随后增加工作人员1名。2004年5月，“县安全生产办公室”更名为“美姑县安全生产监督局”，调整为县人民政府直属单位，机构级别为副科级。12月，在原有2名行政编制的基础上增加3名事业编制。2005年，美姑县安全生产监督局升格为正科级机构，在原有2名行政编制的基础上增加1名行政编制，核定领导职数为1正、2副。是年4月，成立美姑县安全生产监督局内设法规综合执法股；5月，成立县安全生产监督局党支部，党员4人，并设立党支部书记及组织委员；6月，成立美姑县安全生产监督局办公室；9月，增加安全生产行政执法编制2名；10月，成立中国共产党美姑县安全生产监督局党组。

1991—2009年，县人民政府安全生产委员会因机构改革和人员变动及时调整充实，下设办公室。2004年，县安全生产委员会办公室挂靠县安监局，作为县人民政府安委会日常办事机构。相关各单位及有关部门作为县安委会的成员单位，贯彻执行安委会的决策部署，实施具体行业监管，安监局负责综合监管。

2006年，9个工委、36个乡（镇）建立完善安全生产办公室，配备2名兼职的安全生产委托执法人员，达到机构、人员、经费、职责“四落实”。288个村相应建立行政“一把手”任组长的安全生产领导小组。县内企业全部建立安全生产监管机构，配备专（兼）职安全管理人员。

第一节 宣传教育

一、宣传教育

1991—2001年，开展“安全生产周”活动。2002年以后，每年开展“安全生产月”活动。活动成立了领导小组和办事机构，制定活动方案。日常的安全生产宣传教育活动由县安办牵头，各相关单位根据自己的实际情况组织，把安全生产宣传教育工作列入议事日程，并在人、财、物等方面给予支持。并以每年6月份的“安全生产月”活动为契机，围绕“综合治理，保障平安”这一主题，通过广播、电视、手机短信等现代通信手段，采取群众喜闻乐见的形式，在全县广泛开展安全生产知识宣传活动。一是深入宣传贯彻国家和省、州关于安全生产的一系列重要指示。二是坚持正反两面相结合的原则，在全县营造争先创优的舆论氛围。三通过县安委会全体会议，先后学习传达了国家安监总局、国家煤监局《关于进一步规范安全生产行政执法工作的意见》《关于生产安全事故认定若干问题的函》，国务院办公厅《关于进一步加强安全生产工作坚决遏制重特大事故的通知》，四川省《道路旅客运输企业安全生产状况评估标准》《汽车客运站安全生产状况评估标准》《生产安全事故报告和调查处理条例》，凉山州《中央省属在州企业和州属重点企业安全生产管理与监督暂行规定》《安全生产目标管理考核办法(试行)》等法律法规及文件精神。在群众中树立“安全生产责任重于泰山”的思想，确保安全生产管理措施落到实处，从整体上提高了全县执法单位的执法水平和企业的安全意识。

二、安全培训

县安办和其他各行业监督部门每年组织多期各类安全生产管理培训班，重点培训分管安全工作的乡(镇)长和行业、部门、企事业单位分管安全的领导和从业人员，安全管理人员做到了持证上岗。2007年，各乡（镇）成立安全生产委托执法人员后，举办乡（镇）安全生产委托执法人员安全生产知识培训班1期，有90人参加并取得委托执法资格证。2008年，对全县36名乡(镇)长进行了培训，并实现了执证上岗。1991—2009年，共培训各类人员8535人次，其中，安全管理员5058人次。同时，加大特种作业人员安全技能的培训力度，特殊工种必须经过有关部门培训考核合格，方能上岗操作，共培训特殊工程作业人员1926人次。

第二节 制度建设

一、安全责任制

1991—2009年，安全生产按照“谁主管、谁发证、谁审查、谁收费、谁负责”和“管生产必须管安全”的原则，建立安全生产责任制，层层签订安全生产责任书，每年3月底前，全县9个工委和36个乡（镇），县级各部门和各企事业单位同县人民政府签订安全生产责任书。各部门、各事业单位及重点企业主要负责人又与本单位的中层干部、工作人员签订责任书。各工委、乡（镇）按照各自的职责将安全生产责任书层层签到乡、村、社、企业、业主等，切实把安全生产责任落实到了人头，做到横向到边，纵向到底，不留死角。2008年，在责任书中首次明确了单位正职和副职在安全事故中的责任，形成党政一把手全面负责，分管领导具体负责，其他领导在分工范围内相应负责，一般干部实行包干制的责任体系。

二、监督管理体系

1992 年 3 月，制定出台《安全生产目标管理责任制考评办法》。2001 年，制定出台《安全生产责任制》。2003 年，制定出台《乡村道路农用车拖拉机安全管理办法》。2004 年，因“11・26”特大交通事故制定了 17 条整改措施。2005 年，制定出台《安全生产十项基本制度》《安全生产“一票否决”制暂行办法》及《美姑县人民政府关于进一步加强安全生产工作的实施意见》。相继修订完善《安全生产工作事项月报告制度的规定》《安全生产宣传教育制度》《安全生产例会制度》《安全生产检查及督查制度》《重大节日安全管理工作实施方案》。2008 年，县人民政府出台了《关于安全生产“一票否决”制暂行办法》。2009 年，印发了《关于明确县人民政府领导班子成员安全生产责任制的通知》，逐步健全安全生产会议制度、监督检查制度、事故报告和统计制度、安全生产述职制度、风险抵押金和提取安全费用制度，建立起安全生产管理长效机制。

三、事故应急救援体系

2001 年 7 月，制定出台《重特大安全事故应急处理预案》，各乡（镇）和县级各部门根据各自实际相应制定专项应急救援预案，重点企业和重大危险源落实现场预案，形成县、乡（镇）、企三级预案体系。2004 年 8 月，修订《重特大生产安全事故应急救援预案》。按照县人民政府《突发公共事件总体应急预案》的要求。1991—2009 年，先后制定出台《节假日安全事故应急救援预案》《危险化学品烟花爆竹重特大事故应急救援预案》《公路运输事故应急预案》《矿山重特大生产安全事故应急救援预案》《陆上石油天然气储运事故灾难应急预案》《突发环境事件专项应急预案》《火灾事故专项应急预案》《危险化学品泄漏专项应急预案》《美姑县安全生产事故专项应急预案》。

第三节　安全生产

一、基础工作

1991—2009 年，县安委会、各乡（镇）、企事业在安全生产中，每年定期召开各种专题会议，研究、分析和解决安全生产新问题、新情况，组织安全生产检查督查，及时排查隐患，落实整改措施，将安全生产工作作为考察考核干部工作实绩的重要内容和年终评优评先的重要条件，并直接与干部福利、奖金挂钩，促进乡（镇）、企业长效监管机制的逐步建立和完善。

2004 年 2 月，县人民政府确定洛俄依甘乡和巴普镇为安全生产示范乡（镇）。2005 年 8 月，增设觉洛乡、乐约乡、采红乡、龙门乡为安全生产示范乡（镇）。2006 年 6 月，开展争创“安全生产示范乡（镇）、示范村和示范户”活动。9 月，在美姑召开了全州安监局局长座谈会暨基层安全工作现场会。2008 年是“安全生产工作的隐患整治年”“基层基础年和优质服务年”，县人民政府在全县深化“安全生产示范乡（镇）”活动的同时，继续在全县推行了“安全生产示范村”和“安全生产示范户”活动，全年新增示范乡 4 个。

2009 年，以“安全生产年”活动为主线，以强化责任落实为保证，推进“三项行动”，加强“三项建设”，做到“三个压下来”（“三项行动”：一是以严厉打击非法违法生产经营行为为重点，开展安全生产的执法行动，建立规范的安全生产法制秩序；二是以深化安全生产隐患的排查治理作为主要内容，开展安全生产的治理行动；三是以关爱生命安全发展为主题，开展安全生产宣传行动，营造全社会关爱生命、关注安全、安全发展的舆论氛围。“三项建设”：一是要加强安全生产体制、法制、机制建设，着眼于构建长效机制；二是要加强安全生产的保障能力建设，推进科技进步，提高应对突发事件的能力；三是加强安全监管监察队伍的建设，提高自身的履职能力，提高安全生产执法水平。“三个压下来”：一是坚决地把重特大事故压下来；二是继续把事故总量压下来；三是坚决把伤残人数压下来），为打造电冶结合的工业强县之路营造了良好的安全环境。是年，成立各类安全生产检查组 38 个，参加检查 2040 人次，检查生产经营单位 364 个（次），查处各类大小安全隐患 384 处。

1991—2009 年，全县连续不断地组织开展较大规模的安全大检查 100 余次，在各次检查中始终坚持以“三查”（即查责任制落实、查隐患整改、查新的安全隐患）为重点，采取“三结合、三为主”（即明察暗访结合、以暗访为主，专业检查与综合检查结合、以专业检查为主，一般检查与重点检查结合，以重点检查为主）和“三定”（即定人员、定标准、定时限）等办法，深入一线明察暗访，督查督办，各类安全隐患得到及时排查整治。

二、专项整治

1991—2009 年，矿山安全整治认真执行“三同时”（同时设计、同时施工、同时投入生产和使用），督促各非煤矿山企业及时进行安全生产许可证申请和安全现状综合评价工作。整顿违章小煤窑，炸封各类非法小煤窑 150 余个。道路交通安全整治以“五整顿、三加强”（“五整顿”指整顿驾驶员队伍、整顿路面行车秩序、整顿交通运输企业、整顿机动车生产改装企业、整顿危险路段；“三加强”指加强责任制、加强宣传教育、加强执法检查）活动为载体，组织公安、交通、安监、农机、运管等部门强化道路隐患的排查和整治，推行“以查促改”的工作方式，先后部署开展“反客运车辆违章”“反超载”“危险化学品运输安全”等一系列专项整治行动及统一行动。建筑施工安全专项整治以查违章指挥和违章作业为重点，严格落实建设项目安全生产“三同时”制度，督促生产经营单位凡新建、改建、扩建工程项目必须将安全设施与主体工程同时设计、同时施工、同时投入生产使用。特种设备整治主要抓好压力气瓶和管道普查整治工作。公共聚集场所整治，在全县范围内开展公众聚集场所卫生、消防、防雷隐患安全整治和学校周边环境安全宣传教育。对危险化学品、烟花爆竹深入开展“五个整顿、两个关闭”（指对以下五类危险化学品生产经营单位一律责令停产整顿：生产工艺和设备、储存方式和设备不符合国家规定标准的；压力容器未按期检测检验或经检测检验不合格的；企业主要负责人、特种作业人员、关键岗位人员未经正规安全培训，没有取得任职和上岗资格的；经安全评估，确认没有达到安全生产条件的；发生重特大事故的。对以下两类危险化学品生产经营单位一律关闭：非法从事危险化学品生产、储存、经营、运输等活动的；经停产整顿后仍然不具备安全生产条件的）工作，强化危险化学品生产、使用、储存、运输、销售和废弃处置环节的监督管理，制定出台《美姑县危险化学品安全管理专项整治工作实施意见》。加强和完善企业安全生产目标体系、责任落实体系和监督考核体系，严格落实“一岗双责”制度（“一岗双责”制度是指各级人民政府及其所属部门负责人在履行所在岗位职责的同时，应当履行分管工作范围内的安全生产工作职责，承担相应的安全生产责任），从机制上强化危险化学品和民爆物品企业的安全生产主体责任。采取日常监察执法与集中监察执法相结合、全面监察执法与专项监察执法相结合的方式，深入企业生产一线，对关键装置、重点部位的安全保护装置进行检查，对企业自查自纠后责任不落实、整改不到位的进行了依法查处，对证照不齐的企业督促其及时进行了补办，危险化学品经营许可证办证率达 100%。

三、安保措施

2001 年 11 月，完成美抓路县内警示标志设置安装，在 11 ~ 14 公里设置警示标志、标牌。全年整治隐患 34 处，投入经费 0.5 万元，隐患整改率 98%。2004 年，投入资金 20 余万元对危险路段进行整治，维修危险路段12处，设防护栏3处，设21个警示标志。2005—2007年，自筹资金安装3012米波型防护栏，同时完成了州上下达的19000米波型防护栏安装任务。2006年，投资32万元，对屏美路美姑境内527公里+450米危险路段进行改造。2008年，落实安装经费25万元，建设波形防护栏1000米(省道307线463 ~ 464公里)，并组织实施了4000米的波形防护栏安装工程。2009年，配套资金0.75万元，完成州下达的1000米波形防护栏的安装任务。

第四节　安全事故与处理

1991年以后，对发生的各类安全生产责任事故，按照“四不放过”（指安全生产责任事故原因未查清不放过、事故责任和职工未受教育不放过、防范措施未制定和落实不放过、责任人未按照追究制度追究不放过）进行事故调查，分析事故原因，划分事故责任，及时对事故直接责任人和有失职、渎职行为或负有领导责任的责任者进行严肃查处，严格追究事故责任人的行政和刑事责任。到2009年，安全事故已全部批复结案。

1991—2009年伤亡事故一览表

表7-1

年　份	事故件数	死亡人数	受伤人数	经济损失（万元）
1991	15	8	15	4.18
1992	24	17	40	45.13
1993	15	10	15	4.19
1994	15	14	26	12.03
1995	27	17	19	15.87
1996	5	7	11	2.62
1997	3	1	2	1.10
1998	4	4	3	0.25
1999	4	9	4	1.14
2000	6	6	6	4.10
2001	9	7	4	7.60
2002	4	6	—	—
2003	10	7	3	4.16
2004	10	17	15	13.55
2005	14	9	10	10.35
2006	5	8	7	9.10
2007	3	3	15	1.00
2008	6	5	9	2.00
2009	4	6	—	5.10

第七章　档案工作

第一节　档案法制建设

1991年2月25日，美姑县档案局转发国家档案局《关于认真施行〈中华人民共和国档案法实施办法〉的通知》以来，利用“二五”“三五”“四五”“五五”普法工作，采取会议、标语、广播、橱窗、档案知识竞赛等形式开展《档案法》的宣传教育。制定出台了《关于撤区并乡维护档案完整与安全的意见》《关于认真开展学习贯彻〈档案法实施办法〉的意见》《关于开展档案执法检查工作的通知》等文件。

1993—2009年，会同有关部门采取集中重点检查和平时抽查的方式，先后开展执法检查8次，检查县级部门和乡（镇）146个（次），发出限期整改通知36份。

第二节　档案达标升级

1991年1月，美姑县档案局印发了《关于机关档案工作升级初评的情况报告》。3月，县档案局召开了全县部分机关和企事业单位档案管理升级工作会议。1992年11月，成立联合考评组，召开了美姑县委办公室、县人民政府办公室、县卫生局、县农行、县建行5个机关档案工作达标升级考评验收会。经考核评审，全部达到四川省档案工作三级标准，成为美姑县第一批达标升级的单位。至2004年，全县先后达到档案工作三级标准的单位有29个，二级标准的4个，三级标准的4个。2005年5月，四川省档案局下发《四川省档案工作规范化管理办法（试行）的通知》，档案工作以达标升级管理改变为档案工作规范化管理。截至2009年，全县共有64个立档单位实现了档案规范化管理，全部达到省三级标准以上等级认定，其中，省一标5个，省二标1个，省三标56个，企业、科技事业单位省三级各1个。

第三节　馆务建设

一、馆藏档案与资料收集

1991年，县档案馆共有馆藏档案76个全宗、7053卷，上架排列总长度105.95米。其中，文书档案6689卷、科技档案52卷、专门档案312卷、照片档案813张、录像档案2盘，有资料1638种、9190册。1992年，接收县委办等8个单位的文书档案806卷，收集照片档案182张、部门志53册、其他资料111册。1993年12月，完成了美姑县撤区并乡的档案整理和交接，共接收文书、会计档案2942卷（盒）。2004年，县档案馆收集毕摩文献300种、1535卷。2008年，共进馆档案51卷、1209件，以及资料206册。2009年，县档案馆馆藏档案80个全宗、14430卷，其中，文书档案12368卷、科技档案495卷、专门档案1567卷、照片档案1950张、录像档案5盘，有资料1893种、88731册。

二、档案鉴定与保管保护

1991—2009年，县档案馆对馆藏档案资料主要采取杀虫，防止了虫霉孳生，建设配套用房，添置除湿保护器具和开展数字化处理等方式进行保护，并坚持每天测记库内外温湿度两次。19年来共抢救褪变档案758卷、4067件。经鉴定，清理和销毁无保存价值的档案1953卷。

第四节 业务指导与培训

1991年，美姑县档案局培训全县档案干部171人次。1992年，培训基层档案人员4次、102人。1993年3月，县档案局会同县财政局采取以会代训的办法，派员对全县30个乡（镇）的财政员、农税员进行了会计档案知识培训。全年共培训档案人员12次、233人。1994年，分2次培训乡（镇）档案工作人员80人。2003年，组织档案人员现场培训80人次。2004年，将档案法律法规和业务知识纳入党校培训内容，举办了两次档案知识专题讲座，共培训文档人员、副局级以上领导干部168人，同时举办达标单位、改制企业分管档案工作领导的培训，共培训80人次。2006—2007年，举办两期档案业务培训，参加培训人员共102人。2007年，在县委党校举办的副科（局）级以上干部培训会上，开办了一期档案法律法规知识讲座，共有44名副科级以上领导干部参加了培训。2009年，全县教育系统“两基”业务培训会，专题培训了档案业务知识。参加培训会的人员来自全县的学区、中心校的“两基”骨干，共有168人。

1991—2009年，县档案局在开展县内各部门和乡（镇）档案人员培训的同时，还派出42人次先后参加全国、省、州档案部门举办的业务培训。

1991—2009年，县档案局组织业务人员到机关、下区乡、进厂矿企业指导档案规范化建设。累计指导单位285个、1127人次；辅导整理档案14116卷。

第五节 基层档案工作

一、机关档案工作

1991年，美姑县共有机关、团体、企事业单位档案室147个。配备有专兼职档案干部154人。机关档案室共有档案库房使用面积776平方米，档案柜322个。全县室藏文书档案11155卷、科技档案1806卷、底图1579张、会计等专门档案72973卷、声像档案441盘，有资料1477种、6810册。到2009年，全县有一级档案立档单位123个，配有专兼职档案人员130人。

二、农业和农村档案工作

1999年3月，美姑县人民政府印发《关于加强区乡（镇）村档案工作管理的通知》。4月26日，召开全县农业和农村档案工作会议。会上，县人民政府与各片区工委和巴普镇签订档案工作目标责任书。同时，县档案局为各片区、镇的文秘人员进行了档案业务培训。此后，每年都将农业和农村档案工作实行目标责任管理。2005年5月，开展村级建档工作。2007年11月，对各乡政府建档情况进行规范化管理。

三、社区档案工作

2004年7月4—7日，县档案局参加了四川省档案局在雅安省档案学校举办的第三期《四川省社区档案管理系统》和《四川省电子文档管理系统》（V2.0版）应用培训班，着手社区档案管理。2005年5月，美姑县城成立了城东、城西、城北三个社区居委会，县档案局对其建档工作进行了业务指导。2007年12月，美姑县城东社区居委会档案工作达四川省机关档案工作规范化管理三级标准。

四、企业档案工作

1995年5月，县档案局参加凉山州档案局举办的全州企业档案业务培训后，着手企业档案管理。同年11月，在县化工厂召开全县企业单位档案工作现场会和档案业务培训会。1997年10月，美姑化工总公司的档案工作达四川省企业档案管理省级标准。1998年4月，县档案局与县体改办、县经委、县国资局抽出业务人员对在改制中破产解体的县洪溪煤厂、县民族工艺厂的档案进行了清理，重新鉴定、整理、立卷档案529卷（盒）。

第六节 申遗工作

2004年1月，省档案局将“凉山彝族毕摩文献”抢救整理与申报工作列入凉山州档案年度考核目标，并列入州对县考核目标。2月，美姑县委、县人民政府印发《关于开展彝族毕摩文献普查收集工作的通知》，在全县广泛征集散存于民间的彝族毕摩文献经典。3月，美姑县党政文化遗产考察组到云南省丽江市等地就申报《中国档案文献遗产名录》和《世界记忆工程》进行了专题考察。4月，美姑县人民政府提出以“彝族毕摩文献”申报《中国档案文献遗产名录》，以凉山彝族毕摩文化申报《国家级非物质文化遗产代表作名录》，得到了州委、州政府的高度重视，遂即凉山州成立彝族毕摩文化申报世界文化遗产领导小组。同时，美姑县召开毕摩文献征集工作会议，各片区毕摩代表30余人参加了会议。至11月底，县档案馆会同美姑彝族毕摩文化研究中心征集毕摩文献300种、1535卷。6月，美姑县彝族毕摩文献专家评审会召开，对所征集的毕摩文献进行鉴定、评审。随后召开毕摩文献评审总结座谈会。12月，中国社科院世界宗教研究所研究员于锦绣、中国社科院民族文学研究所研究员巴莫曲布嫫、四川省民族研究所原所长民俗学家李绍明教授、彝族著名学者冯元蔚教授为“凉山彝族毕摩文献”申报《中国档案文献遗产名录》写出专家推荐书。2005年5月，省档案局把“凉山彝族毕摩文献”作为四川省两项申报国家档案文献遗产名录项目之一，上报中国档案文献遗产名录咨询委员会办公室。6月，专题片《彝族毕摩文献面临濒危》由凉山电视台开机拍摄。8月，第二届彝族毕摩文化节、第四届国际彝学会、首届“诗意美姑”国际笔会在美姑县成功召开。

2006年4月，由州档案局、美姑县档案局共同编撰的反映凉山彝族文化的《档案：见证凉山历史》一书在北京出版。6月，四川电视台《探索·发现》栏目组到美姑县档案局（馆）拍摄馆藏彝族毕摩文献档案。7月，县档案馆将毕摩文献送省档案馆裱糊、抢救200卷。12月，中国民间文艺学术著作奖(2004—2006）评审委员会对参评的全国民间文学、民间艺术、田野考察与民俗志、民俗文化等类别的学术著作进行了评奖，县档案局局长阿牛史日与他人合著的国家社科类“十五”重点课题《中国民族艺术教育》子课题《大凉山美姑民间艺术研究》一书荣获二等奖。2007年5月，阿牛史日参加中国首届成都国际非物质文化遗产节，并参加相关学术活动。6月，阿牛史日随同州档案局局长查素文到国家档案局，汇报毕摩文献申报《中国档案文献遗产名录》情况。10月，收集毕摩绘画近100种，毕摩法器法具一套，并开展了毕摩绘画申报省级非物质文化遗产工作。

2008年，按照文献遗产申报工作的要求，开展了毕摩文献的征集与整理和文献数字化工作，散存于美姑县民间的毕摩文献大约有15万卷，县档案馆先后从彝族民间共征集毕摩文献300余种、1535卷；复印3000余卷；抢救、裱糊300余卷；抄录、整理300余卷；征集21卷。并完成了280种文献数字化处理工作。11月，为加强毕摩文献的保护与研究整理工作，保护好珍贵的民族文化遗产，县人民政府印发《美姑县毕摩文献管理办法》。《办法》共设24条、15个细则，从毕摩文献的形成、价值、载体、传承、调查、收集、征集、鉴定、整理、保管保护、经费投入、出售、捐赠、借用调拨、开发利用、表彰奖励、处罚等作了明确规定。

2009 年，拍摄毕摩文献并作数字化处理 5 卷，征集 70 卷。同时，协助凉山州语委拍摄彝族毕摩文献 30 卷，数字化处理文献 340 张。

第八章 修志工作

第一节 机构设置

随着全国第一次修志工作的全面展开，1985 年 8 月 24 日，美姑县委、县人民政府成立美姑县志编纂委员会，下设办公室、编辑部，负责组织实施县志编纂工作。26 日，县委县人民政府作出《关于加强县志编纂工作的几项决定》，将县地方志办公室确定为具有行政职能的县人民政府直属正科级事业单位。1993 年 5 月，首届修志工作全面完成。是年 8 月 30 日，撤销“美姑县志编纂委员会”，撤销后由县地方志办公室负责处理《美姑县志》的一切后续工作。1999 年 10 月，根据《四川省地方志工作 2010 年目标规划纲要》精神及美姑年鉴编纂工作的需要，美姑县人民政府成立“美姑年鉴编纂委员会”，下设编辑部，职责由美姑县地方志办公室履行，具体负责《美姑年鉴》总纂及指导部门年鉴编写。2002 年 7 月，为了适应修志工作的形势需要，根据中共美姑县委、县人民政府《关于美姑县党政机构改革的实施意见》，撤销美姑县志编纂委员办公室，设置美姑县人民政府地方志办公室。至 2009 年，美姑县人民政府地方志办公室内设综合股、志鉴编辑部、方志馆，有事业编制的 6 人。其中，主任 1 人，副主任 1 人，参照公务员管理。共有干部职工 10 人。

美姑县人民政府地方志办公室近年来志鉴工作成绩突出，已多次获得省、州表彰。2001 年 10 月，被四川省人事厅、四川地方志编委会评为四川地方志系统先进单位；2004 年 2 月，获四川省地方志系统地方志工作先进单位奖；2005 年 4 月，被凉山州史志办公室评为 2004 年度史志工作先进单位。2001—2009 年连续 9 年被四川省人事厅、四川省地方志编纂委员会评为全省地方志系统工作先进单位。

第二节 编纂县志

1984 年，全国第一次修志工作的全面开展，1985 年 8 月 24 日，美姑县委、县人民政府按照中国地方志指导小组《新编地方志工作暂行规定》和省、州的统一安排部署，决定正式成立美姑县志编纂委员会，下设办公室、编辑部，负责组织实施县志编纂工作。26 日，县委、县人民政府作出《关于加强县志编纂工作的几项决定》，标志着美姑县首轮修志工作全面开展，经全县修志工作者历时 8 年的艰苦努力，到 1993 年 5 月，首轮修志工作全面完成。1997 年 6 月，第一部《美姑县志》由四川人民出版社正式出版发行，结束了美姑县有史无志的历史，全志设 27 部分志、137 章，共 110 万字。随后，地方志办公室按照首届志书编修完成之际，即为下轮修志开启之时的总体要求，着手筹备第二轮修志工作。2005 年 6 月，正式启动全县第二轮修志工作，并着手收集和整理资料。2007 年 12 月，成功召开了美姑县第二轮修志工作动员会暨培训会，会上，美姑县人民政府与 36 个乡（镇）和县级各部门负责人签订修志责任书，落实了责任和编辑人员，第二轮修志工作全面铺开。至 2009 年年底，共收集完成 70 个部门志和 36 个乡（镇）志初稿。

第三节　编纂年鉴

1991 年 10 月初，美姑县人民政府成立“美姑县年鉴编纂委员会”，编委会下设《美姑年鉴》编辑部，其职责由原美姑县地方志办公室履行。11 月，美姑县人民政府发出了《关于编辑出版〈美姑年鉴（1991—2000）〉征集史料的通告》。2002 年 1 月，美姑县委、美姑县人民政府出台了《关于加强年鉴工作的通知》。同时，县级各部门成立年鉴编纂领导小组。是年 8 月 9 日，举办首届年鉴培训会，全县 36 个乡（镇）和县级各部门分管领导和编写人员共 118 人参加了培训会。培训会上，各乡（镇）和县级部门与县人民政府签订了责任书，编纂《美姑年鉴（1991—2009）》工作全面开展。2001 年 6 月，完成部门年鉴编辑工作。10 月，完成《美姑年鉴 (1991—2000）》总纂工作。2002 年，美姑县首部综合年鉴——《美姑年鉴 (1991—2001)》正式由新华出版社出版发行。全书共 70 万字，图片 100 张。

第四节　科研成果

1985 年以后，美姑地方志工作者在完成修志业务工作的同时，积极探索思考，不断开拓创新，狠抓志鉴理论建设，先后在《中国地方志》《巴蜀史志》等全国各级史志杂志发表志鉴理论文章 100 余篇。2008 年，县地方志办公室规划用 10 年时间完成 8 部志鉴理论专著的编撰出版任务。到 2009 年，已在四川出版集团巴蜀书社公开出版了 30 万字的《方志学原理》，并正式启动了《中国年鉴学研究》的编撰工作。

第八篇

武　装

第一章 人民武装机构

第一节 人民武装委员会

中共美姑县人民武装委员会是县委实现领导地方武装的组织机构。1956 年 2 月，在美姑县第一次劳动人民代表大会上，选举产生县人民武装委员会（简称武委会），县委书记郭明道任主任。是年，成立洪溪县武委会，县（工）委书记高文科任主任。并县后，两县武委会同时合并。1961 年 7 月，组建新的县武委会，县委副书记曹双贵任主任。至 2009 年年底，随着县委、县人民政府及县人武部历届领导人的变更武委会作相应调整。武委会主任由县委书记或县长担任，副主任由人武部军政主官担任，成员由县委、县人民政府、县人武部及县级机关组织、宣传、公安、司法、财政、人事、民政、教育、交通、卫生、工会、共青团、妇联等部门负责人组成。办公室设于人武部军事科。定期召开会议，研究部署国防教育、民兵建设、兵员征集、预备役管理等工作，解决存在的问题，协调各方面力量齐抓共管，保障全县的各项军事工作任务顺利完成。

从 1996 年 4 月县人武部收归军队建制起至 2009 年年底，美姑县人民政府下设美姑县国防动员委员会，由县委、县人民政府、县人武部及县级机关组织、宣传、经贸、城建、司法、财政、教育、人防、交通、卫生、工会、共青团、妇联等部门负责人组成，县委书记任第一主任，县长任主任，县人民政府一名副职和县人武部主官任副主任。下设人民武装动员、经济动员、人民防空、交通战备办公室。1996 年年末，中共美姑县人民武装委员会和美姑县国防动员委员会改为一套班子，两块牌子。定期召开“两委会”会议，总结工作，分析形势，研究解决重大问题，提出今后工作任务。

第二节 县人民武装部

美姑县人民武装部是同级地方党委的军事部，是同级人民政府的兵役机关。

1986 年 5 月，按照中央军委百万大裁军部署和中发〔1986〕5 号文件规定，县人武部改归地方建制，为副县级，改称为四川省美姑县人民武装部，未设第一政委。1987 年，后勤科改为办公室。1988 年，恢复后勤科，增设办公室。1989 年，恢复县委书记兼任县人武部政委。

1996 年 4 月，根据中共中央、国务院、中央军委〔1995〕12 号文件，县人武部收归军队建制，又改称为中国人民解放军四川省美姑县人民武装部，为正团级，隶属凉山军分区，接受上级军事机关和同级地方党委、人民政府的双重领导，县委书记兼任人武部党委第一书记，设部长、政委和副部长各 1 人，辖军事科、政工科、后勤科，办公室随之撤销。编制军事科、政工科、后勤科科长各 1 名，参谋 2 ~ 4 名，干事 1 名，助理员 2 名。2003 年 12 月，因军队体制编制调整，撤销人武部副部长编制，2004 年 11 月，又增设副部长兼军事科科长一职。

第三节 工委、乡（镇）人民武装部

工委、乡（镇）人民武装部（以下简称基层武装部）是我国国防体制和基层政权的组织部分，是加强国防后备力量建设和实施战争动员的组织基础，接受同级党委、人民政府和上级军事机关的双重领导，担负着国防后备力量建设、实施战争动员、民兵组织建设、政治教育、军事训练和带领民兵参加抢险救灾、维护社会稳定、参与地方经济建设等重要任务。1991 年起至 2008 年年末，全县基层武装部设有 45 个，其中，工委武装部 9 个、乡武装部 35 个、镇武装部 1 个。2009 年年初，全县 9 个工委撤销，9 个工委武装部随之撤销，保留 36 个乡（镇）武装部。每个基层武装部编配专武部部长 1 名，根据乡（镇）大小和工作需要编配 1 ~ 2 名副部长，由地方干部担任。专武部部长参加同级地方党（工）委，为副乡（镇）长级职务，多数兼任乡（镇）党委副书记或副乡（镇）长。至 2009 年年底，全县 36 个乡（镇）共有专武部部长 30 名、副部长 22 名。

第二章　驻　军

第一节　武警中队

一、中队建设

武警美姑县中队隶属于凉山州支队和美姑县公安局双重领导。主要任务是，美姑县看守所看守任务、警戒、押解、抢险救灾、执勤、处置因人民内部矛盾引发的各类群体性事件。

（一）县中队基础设施

1999 年，新建防营房 1 幢，占地面积 3500 平方米，更换新式营具和现代化办公设施。

（二）军事训练

1991 年，组织士兵进行射击、擒敌、投弹、刺杀、勤务、条令、队列、战术 8 个科目基础训练。除共同科目外，侧重对执勤业务、擒敌技术以及捕歼战斗等专业训练。1996 年，采取纪律、作风、制度、安全教育方式，规范中队“四个秩序”（战备秩序、训练秩序、工作秩序、生活秩序）。2006 年，组织士兵进行军事理论、队列、器械、擒敌战术、勤务、防暴、5000 米科目考核，提高处置突发事件能力，训练中突出快、准、狠和多能，并多次组织应急预案和实战演练。2007 年，加强部队自身建设，积极参加军民共建文明活动。1991—2009 年，中队先后两次荣立集体二等功、9 次荣立集体三等功，多次被四川省政府授予“民族团结先进集体”“卫生先进单位”，连续多年被武警四川总队评为“基层建设标兵中队”“基层建设先进中队”。

（三）内卫执勤

1991 年，健全执勤制度，修订执勤方案，参加公安机关打击刑事犯罪活动，执行逮捕、追捕、公判、处决勤务任务，制止暴狱、闹监、行凶、自杀事件，开展“文明哨兵”活动。配合公安机关查堵假冒产品、违禁品，开展打击扒窃等活动。1998 年，深入贯彻《内卫勤务条例》，检查全部哨位哨兵执勤情况，针对存在的问题进行整顿，继续开展“文明哨兵”活动，执行城市治安巡逻，完成追捕、逮捕、押解任务。2002 年，被凉山州支队评为达标中队。

二、中队管理

（一）政治工作

1991 年，组织士兵开展共产主义理想教育活动，教育士兵树立正确的人生观、世界观、价值观。1992 年，组织士兵学习《中华人民共和国宪法》《中华人民共和国刑法》《中华人民共和国兵役法》《中华人民共和国惩治军人违反职责条例》《中华人民共和国刑事诉讼法》《中华人民共和国治安管理处罚条例》《中华人民共和国婚姻法》。开展坚持四项基本原则，反对资产阶级自由化及理想道德、艰苦奋斗、遵纪守法教育。1994年，进行武警部队性质、任务、光荣传统教育活动。1997年，坚持部队、社会、家庭“三位一体”的教育方法，向战士家乡政府、家庭、亲友写信，帮助战士处理实际问题。2001年，围绕保证部队在政治上永远合格的目标，开展“保证党对武警部队的绝对领导”教育和党的路线、方针、政策以及形势任务教育。2005年，全面学习落实中央军委提出的“政治合格、军事过硬、作风优良、纪律严明、保障有力”的要求，深入学习“三个代表”重要思想，帮助战士深刻理解建设有中国特色社会主义的意义和武警部队建设的总目标。2007年，围绕“忠实履行新使命，实现安全发展新突破”这一主题，重点组织学习、贯彻党的十七大精神。

（二）后勤工作

1991年，武警美姑县中队执行中国人民解放军总后勤部统一装备供应标准。1993年建立“分级包干、超支不补、结余留用”的经费管理责任制。1995年，落实武器“三铁、两器”（铁门、铁窗、铁柜，报警器、灭火器）和“双人、双锁”制度，中队达到无丢失、无损坏、无锈蚀、无霉烂变质的“四无标准”。2005年，贯彻武警总部《基层后勤建设实施细则》，对后勤人员进行职业道德和廉洁教育，培训后勤人员，开展“好当家、红管家、小行家”活动。

第二节　56107部队

1979年11月，成都军区通信总站56107部队103分队进驻美姑县，负责保护境内的长途通信线路。20世纪90年代后期，该分队撤离美姑县。

第三节　武警美姑县消防大队

一、机构设置

武警美姑县消防大队、美姑县公安消防大队是两块牌子、一套人马，行政上接受武警凉山州支队领导，业务上隶属于凉山彝族自治州公安消防支队。武警美姑县消防大队，建队于1984年，原为美姑县公安局消防科，1997年，升格为美姑县公安消防大队。大队有现役干部2名。2001年，全县安装市政消防栓17具。2003年，新安装市政消防栓10具，购置水罐消防车1辆。2004年，成立美姑县人民政府专职消防队，配备专职消防队员3名。2005年，增加配备专职消防队员1名，专职消防队员达4名。2006年，安装市政消防栓1具。2007年，安装市政消防栓3具。到2009年，全县共有市政消防栓31具。

二、消防监督

1991—2009年消防监督统计表

表8-1

年份	开展宣传（次）	学校授课（人）	受教育（人次）	举办培训班		处理火灾事故（起）	挽回经济损失（元）
				期	人		
1991	4	6	35800	4	131	4	57400
1992	5	5	42140	3	124	4	754600
1993	4	4	37420	3	107	3	24500
1994	4	5	31410	4	126	4	43800

续表 8-1

年份	开展宣传（次）	学校授课（人）	受教育（人次）	举办培训班		处理火灾事故（起）	挽回经济损失（元）
				期	人		
1995	4	4	37420	3	116	1	54210
1996	—	5	42570	4	138	2	48521
1997	5	6	34300	3	134	1	24850
1998	4	5	34630	4	129	2	64250
1999	4	4	33500	3	96	1	58640
2000	4	5	36200	3	128	3	15600
2001	1	—	5000	—	—	—	—
2002	1	—	30000	—	—	—	—
2003	2	2	12000	1	26	2	4800
2004	4	1	8000	1	10	1	3000
2005	3	1	13000	1	10	1	12000
2006	5	1	7600	1	37	6	98000
2007	2	0	8600	1	14	—	—
2008	6	2	8000	2	34	2	1251
2009	4	2	8000	1	21	1	6000

第三章 民兵工作

第一节 组织调整

1991 年以后，民兵组织调整（简称民兵整组）按照“规模适当、布局合理、重点突出、分类建设”的原则，每年进行一次，整组的主要内容有宣传教育、民兵出入转队、调配民兵干部、调整民兵编组、健全各种制度、完善基础设施、组织集结点验等。民兵整组共分五个阶段进行：第一个阶段为组织准备，各级组建整组领导，召开整组工作会议，进行整组业务培训，组织整组试点；第二个阶段为宣传动员，积极采取各种措施宣传动员，大力宣传整组的重大意义和目的，做到整组工作人人皆知、家喻户晓；第三阶段为组织调整，调整过程中，严把民兵出入队关口，坚持“六不编入”原则，即：政治表现不好不编入、有违法违纪行为的不编入、有吸贩毒嫌疑的不编入、人户分离情况一时难以查实的不编入、参加民兵活动不积极和入队动机不纯的不编入、生活困难且是家中唯一劳动力的不编入；第四阶段为汇总上报；第五阶段为检查验收，进行点验抽查。

在每年的民兵整组期间，同时开展兵役预备役登记统计核对工作。一是做好当年度退伍军人服预备役登记统计工作。二是做好调整士兵服预备役分类工作。1996 年县人武部归地方建制前，基干民兵全部服一类预备役，普通民兵编入二类预备役，县人武部收归军队建设后，所有民兵都称为基干民兵。1998 年以后，对一类预备役和二类预备役作了调整，规定只有 35 岁以下的退伍军人和地专人员服一类预备役，其余的全部服二类预备役。三是做好入伍预征对象的选定工作。由于美姑县适龄青年的文化程度普遍不高，身体合格率偏低，所以，根据上级的通知精神结合全县适龄青年综合素质偏低的实际情况，整组时，按照上一年度上级人民政府和军事机关征兵命令的征集任务数 (3 ~ 6) : 1 的比例择优选定当年入伍的预征对象。四是做好地方与军事专业对口人员（简称地专人员）的预备役登记工作。以便随时能准确掌握全县地专人员的素质情况和人员变化情况，储备战争时所需军事人才。

1991 年，全县有民兵团 1 个、营 8 个、连 45 个、排 227 个、班 546 个，共有民兵 4261 名，其中基干民兵 1577 名。1996 年，县人武部收归军队建制后，至 2009 年年底，其间，按照上级人民政府和军事机关的通知要求，对全县民兵的分布情况、人员数量和民兵队伍的分类进行了数次调整。2005 年，根据上级军事机关的通知要求，新组建了民兵防雹（防空）分队。至 2009 年年底，全县建有民兵营 36 个、连 256 个、排 438 个，有基干民兵 2700 人。其中，建有民兵应急连 1 个 125 人，连部设在巴普镇，编 5 个排，分别在巴普镇、龙门乡、依果觉乡、佐戈依达乡、洛俄依甘乡各编 1 个排。

第二节　政治教育

民兵的政治教育，在地方党委统一领导下，始终坚持“为党的中心任务服务，为国防建设服务”的指导思想，针对民兵既是“民”又是“兵”的特点，在教育内容上主要是：一抓各个时期党的路线、方针、政策，国家重要经济、行政措施以及法律、法令的教育，使民兵明确形势任务，带头贯彻落实；二是抓国防教育。进行热爱祖国、保卫祖国和人民战争思想，民兵性质任务、光荣传统的教育，使民兵增强国防意识；三抓科学文化学习。组织民兵学习文化科学知识，带头应用新的科学技术，发展生产力。

1991 年以后，民兵教育以“一个中心”（经济建设）、“两个基本点”（四项基本原则和改革开放）为指导，以深化国防教育为重点，以提高民兵政治文化为目的，密切联系实际，进行新时期党的路线、方针、政策教育，形势战备教育，民兵的性质、宗旨、任务、职能等系列教育，广泛深入开展学习科学文化知识的活动。坚持用建设有中国特色社会主义的理论武装民兵头脑，提高民兵维护民族团结、维护社会稳定、维护祖国统一的自觉性。教育民兵在社会主义市场经济条件下，艰苦创业，宁愿苦干、不愿苦熬，勤劳致富，遵纪守法，成为物质文明和精神文明建设的带头人。教育方式利用民兵整组、训练、征兵、重大节日、集会时进行和开展刊授教育等多种形式。1994 年以后，按照少数民族地区民兵预备役工作会议精神，对全体民兵每年进行不少于 24 ~ 40 课时的政治教育和军事常识教育。县人武部把对民兵的刊授教育作为政治教育的主要形式，积极为基层武装部和民兵订阅《国防时报》《解放军报》《西南民兵》《中国民兵》等报纸杂志 20 余种。通过刊授教育，使全县民兵的军政素质有了明显提高。因刊授教育成绩突出，1991 年，县人武部被凉山军分区评为“刊授教育先进单位”；1993 年，被成都军区评为全军“学刊用刊先进单位”；2001 年 8 月，被成都军区政治部评为“订刊用刊先进单位”，是年 9 月 6 日，被四川省委宣传部、四川省军区政治部评为“《国防时报》读报用报先进单位”。

第三节　军事训练

随着国民经济的发展，民兵的军事训练、民兵武器装备的变化及战备形势的需要逐渐加强。由最初对人民武装自卫队进行了简单的军事常识教育，发展到多种技术兵训练；由小型分散的群众性练武活动，发展到以训练基地为依托的集中训练。从而逐步走上正规化、制度化、规范化的轨道。

1991 年以后，随着国防建设指导思想的战略转变，对民兵的军事训练，坚持以质量建设为中心，提高战斗力为标准，按照训用一致、突出重点、分类施训、注重实效的原则，先后进行多次调整改革。一是训练指导思想，由以往的准备早打、大打、打核战争的临战状态，转到应付突发事件和为现代技术特别是高技术条件下未来局部战争储备后备兵员上来。二是训练对象，由原来的专武干部、持枪民兵、基干民兵和普通民兵，转到后来的新任职干部和新入队的基干民兵（包括预征对象）上来。20 世纪 90 年代以后，训练重点转为民兵干部骨干、专业技术兵、民兵应急分队和执勤民兵分队。确保民兵应急分队具有整体执行任务的能力，确保民兵专业技术分队具有良好的军事素质，确保专武干部和部分民兵干部具有相应的军事技能及组织指挥能力。三是训练内容，由过去单一的步兵训练为主，转到以步兵、通信兵、炮兵、工程兵等多兵种有机合成技术训练为主的轨道，突出以打基础为重点，以技术、战术和应用训练为主要内容的军事训练。四是训练方式，由过去传统的小型、就地、分散走训，转到以训练基地为依托的集中训练。

1996 年县人武部收归军队建制后，县人武部每年根据上级军事机关的训练任务数组织对民兵应急连进行全训，对部分民兵干部和专业技术分队进行轮训，训练时间按专业训练 7 ～ 25 天不等。根据上级军事机关通知，组织防暴分队民兵参加上级军事机关组织的专业训练。同时，每年组织专武干部参加凉山军分区或县人武部组织的训练，个别优秀专武干部参加省军区组织的轮训。

2003 年以后，根据《国务院办公厅、中央军委办公厅转发教育部、总参谋部、总政治部〈关于在普通高校和高级中学开展军事训练的工作意见〉》精神，每年对城关中学高中生组织军事训练，通过训练锻炼了学生的军事素养、培养了学生的守纪观念、增强了学生的国防意识。

2007 年 9 月 22 日，美姑县民族初级中学城关二小少年军校举行成立仪式，对 572 名少年军校学生进行军事训练并迎接上级军事机关、首长和县国防动员委员会成员的检阅。同年 4 月，县人武部结合国际反恐严峻态势，组织民兵应急分队 130 人，进行了防暴反恐训练演练，训练演练内容有作战部署、连排战术、排除路障、化解险情、驱逐恐怖分子、野外驻训等科目，通过训练演练有效提升了民兵应急分队维稳处突能力。5 月，县人武部组织干部、职工各 5 人参加凉山军分区在昭觉县喜德坝子组织的“2006 凉鹰反恐演习”，演习取得圆满成功。

2007 年 4 月，凉山军分区积极响应全军“爱军精武”比武竞赛活动，组织全州 17 个县（市）人武部及机关直属队 21 个单位参加比武。美姑县人武部组织干部职工、专武干部和民兵 20 余人参赛，取得手枪射击团体第二名、参谋图上绘图作业优胜奖。是年 12 月，县民兵应急连以优异成绩通过四川省军区达标验收考核。

第四节　作用发挥

1991 年以后，县民兵应急分队在担负战备执勤、经济建设，完成急难险重任务中发挥了作用。主要表现在：

在战备执勤中发挥特警队的作用。20 世纪 90 年代，全县先后 3 次出动民兵 960 余人次，车辆 19 台次，担负“331-6”“867-1”“867-2”国防工程通信线路守护任务。他们有的在海拔近 4000 米的大凉山上卧冰雪、战严寒、守杆护线，出色完成执勤任务，保证卫星发射通信线路的畅通，受到成都军区和凉山军分区的表彰。1991—2009 年年底，数十次出动民兵参与全县各项重大活动的执勤任务。特别是 2002 年庆祝建县 50 周年活动期间组织民兵应急分队 300 余人次担负执勤任务，确保了县庆活动的圆满进行；2005 年 12 月 25 日，国家重点水电工程溪洛渡电站举行开工典礼，县人武部组织干部职工和民兵114人，圆满完成美姑大桥至雷波交界处全长37公里、16个执勤点的安全保卫任务，受到上级好评。2008年8月8日起，在全县开展为期半年的“坚持依法治县，构建和谐美姑”专项整治活动中，组织县民兵应急连20人在县城及部分乡（镇）配合公安机关进行为期3个月的昼夜巡逻执勤，为专项整治活动做出了贡献，被群众称为“保护神”。

在经济建设中发挥生力军的作用。1991年以后，特别是2000年7月14日，总参、总政发出《关于组织发动民兵预备役部队参加西部大开发的通知》以来，全县民兵积极参与美（姑）马（边）公路建设、拉木阿觉农业综合开发、九口改田改土、美姑县城旧城改造、修建环城公路等经济建设任务；在发展生产方面，民兵积极带头，科学种植经济林木、烤烟、荞麦，大力养殖美姑黑山羊、岩鹰鸡，成了民兵中的“土秀才”“田专家”，涌现了依波沃村民兵连指导员吉克木曲成为全州脱贫致富带头人的先进典型。

在完成急难险重任务中发挥突击队的作用。1992年6月5日，特大暴雨袭击洒库乡，该乡电站水渠被冲毁，灾情发生后，该乡武装部部长曲比子举立即组织尔觉、洒库、华岗3个村的民兵投入抢修水渠战斗，经4天奋战，完成抢修任务。1994年6—7月，美姑大部分地区遭受大风、冰雹、暴雨灾害，全县有9个乡、61个村、226个组、4616户、18080人和1996.07公顷庄稼受灾，其间，积极组织民兵投入抗灾抢险第一线，为挽救群众的生命财产安全发挥了重要作用。1997年6月5日凌晨1时左右，乐约乡则祖洛嘎发生特大山体滑坡，灾情发生后，凉山军分区立即成立救灾前方指挥所，县人武部在凉山军分区的领导下，就近动员、组织柳洪乡、乐约乡武装部民兵投入抢险救灾第一线，连续奋战5天5夜，即时救出受灾群众10余人，疏散转移群众1387人，抢救和转移群众粮食20750公斤、各种物资3490件，背送21名伤病员到医院抢救治疗，搭建救灾帐篷和厕所61个，协助地方政府安置无家可归灾民294名。此次救灾过程中，干部带头、靠前指挥，民兵们发扬了一不怕苦、二不怕死的革命精神，发挥了民兵突击队的作用，受到上级军事机关、地方党政部门和群众的高度赞扬。此后至2009年年底，全县境内多次遭受到暴雨、洪水、泥石流、森林火灾等自然灾害，民兵应急分队都积极参与，发挥了突出作用。

在精神文明建设中发挥宣传队的作用。通过对民兵坚持不懈地抓理想、宗旨、道德、纪律教育，开展“学雷锋、树新风”扶贫帮困，维护民族团结等活动。近年来，全县以民兵应急分队为骨干，成立学雷锋小组和帮户助耕小组，组织民兵广泛对军（烈）属、五保户、孤寡老人、失学儿童、丧失劳动力的困难户进行持续帮扶。同时，民兵发挥自身信息来源广、道路熟等优势和不怕苦、不怕累能连续作战的作风，在协助公安机关打击偷牛盗马、破获各类案件、抓获各类犯罪嫌疑人等维稳处突任务中做出了重大贡献。

第四章　兵　役

第一节　征兵领导小组

1991年以后，为加强对征兵工作的领导，每年征兵时，均由县人民政府、县人武部分管征兵工作的领导和县级有关部门负责人临时组成征兵领导小组，办公室设在县人武部军事科，承办兵役征集工作。各工委、乡（镇）武装部成立相应的征兵领导机构。

第二节　基本兵役制度

1991 年以后，中华人民共和国实行义务兵与志愿兵相结合、民兵与预备役相结合的兵役制度。每一个达到服兵役年龄的公民，都必须按照规定依法应征服现役或者服预备役，履行自己应尽的兵役义务。公民在中国人民解放军和武装警察部队中服役的叫服现役；编入预备役部队、民兵组织或经过预备役登记的叫服预备役。1991 年至 1997 年，根据 1984 年 5 月 31 日调整规定：义务兵陆军服现役期限为 3 年，海军、空军为 4 年；1998 年 12 月 29 日，《中华人民共和国兵役法》再次调整规定：义务兵服现役的期限一律为 2 年。

第三节　兵役征集

兵役征集工作，是遵照国务院、中央军委的征集命令，上级军事机关赋予的征集任务，按统一部署、规定、时间、要求进行。全县每年征集一次。兵役征集程序分宣传教育、体格检查、政治审查、集体定兵、交接新兵和欢送起运 6 个阶段。1991 年以后全县共征集兵员 513 名。

第四节　预备役工作

退出现役的士兵，由部队确定服预备役的，在回到居住地 30 天内到县兵役机关办理预备役登记。1991 年以后，按《中华人民共和国兵役法》规定，县人武部每年都要进行预备役的登记、统计。坚持民兵与预备役结合的制度，从制度、工作、内容、发展建设 4 个方面有机结合，不断完善，使民兵制度与预备役制度统一规划、互相补充、同步发展、管理配套。截至 2009 年年底，全县编有预备役人员 23619 人，占总人数的 10.26%。其中，退伍军人 281 人，占预备役人员的 1.2%，专业技术人员 143 人，占预备役人员的 0.6%。服第一类预备役人员 475 人，占预备役人员的 2%；服第二类预备役人员 23144 人，占预备役人员的 98%。

第九篇

政 法

第一章　政法委及综治工作

第一节　政法队伍建设

一、学习提高

1991年10月，政法委集中公、检、法、司全体干警共100余人部署工作，对江泽民“七一”讲话及开展反盗窃斗争展开讨论，整顿作风。1992年10月，再次组织公、检、法、司包括区派出所、法庭的干警及司法助理员近200人开展讨论学习和贯彻落实党的十四大精神。2008年11月，政法委被县委、县人民政府命名为县级文明单位。

二、教育整顿

1997年9月—2009年10月，先后开展了5次政法队伍集中教育整顿工作，共发放征求意见信277件，召开征求意见会13次，建立完善规章制度46个。查出政法各部门存在问题35个，未结案件1件，清理规章制度20余条，新建立和完善规章制度10余条。查处干警参与经营娱乐场所2人，查实违法违纪案件9件，查处干警10人，其中，党纪处分2人，政纪处分8人。对已查出的40件违法违纪案件，逐一进行了查实处理。其中，1999年4月，在全县政法队伍中开展了为期3年的“形象工程”活动，在抽查387件案件中，存在执法问题的4件，手续不全的1件，超期3件，重特大案件全部合格，无干警违法违纪案件；2003年4月，在全县政法系统开展“党员先锋工程”和“学教争创”活动，创建政法系统“党员先锋工程”示范支部5个，示范窗口12个，示范岗27个；2005年6月，在全县政法系统开展“规范执法行为，促进执法公正”专项整改活动，活动查找出21个重点整改问题，确定了6个专项整改试点单位，查找出存在问题23条；2006年6月，开展了政法系统开展社会主义法治理念教育活动；2007年2—5月，开展领导干部作风整顿建设活动；2008年3—12月，在全县政法系统开展为期1年的以“素质大培训、技能大练兵、作风大转变”为主题的教育整顿活动；2009年6—10月，全县政法系统开展纪律作风整顿活动。

第二节　监督与协调

1999年，县委政法委开展了对政法干警形象整顿和执法大检查工作，对1998年办理的案件进行了全面复查，共检查公、司、法案件387件，发现存在问题的案件4件，手续不全的1件，超期的3件；先后处理和督办了2件群众反映强烈的案件；全年共接待群众来访80余人（批）次，收到申诉信件和情况反映十余封，全部移交有关部门处理。2000年8—10月，政法委开展了取保候审专项执法检查和超期羁押专项治理工作，对取保候审到期未做变更处理的5人，以及1999—2000年超期羁押的48人，均采取了相应措施和处理。

2004年，政法委主持协调重大疑难案件7件，调查存在问题或群众反映强烈的案件17件，督查督办个案36件。2006年2月，县委政法委对7起特大积案予以公布，公安机关成立专案组侦破并结案3起。2007年，成立了集中处理涉法上访问题领导小组办公室，制定出台了《美姑县集中处理涉法上访问题的实施方案》，全县共清理排查出涉法上访案件 7 件，结案率达 100%。县集中处理涉法上访问题领导小组办公室重点挂牌督办 13 件，收到回复 4 件。2008—2009 年，县委政法委共接待群众来访 31 次、51 人，收阅群众来信 24 件，交有关政法部门办理 3 件。

第三节　社会治安综合治理

一、机构

1991 年 5 月，美姑县成立“社会治安综合治理委员会”，撤销原来的“社会治安综合治理领导小组”，委员会下设办公室。同年 9 月，成立县社会治安综合治理委员会办公室（简称综治办），有编制 3 人。2009 年 11 月，县综治办按正科职配备，办公室专职干部原则上按 3 ~ 5 名配备。综治办下设事业单位“美姑县综治工作中心”与“美姑县大调解中心”，两个中心合署办公，设中心主任 1 名（按副科职配备），核定事业编制 3 名。

二、措施

1995 年 10 月，县社会治安综合治理委员会建立维护社会治安见义勇为奖励基金会，设基金 5 万元。1997 年 5 月，在全县范围内开展创建“安全文明小区、村组”活动。7 月，县委政法委、综治办对全县重点乡（镇）实行“社会治安综合治理特派员”联系制度。2000 年 2 月，在全县广泛开展创建无毒净土社区（乡（镇）、机关、企事业单位）活动。2002 年 10 月，全面实施“整体联动治安防范工程”建设。全县 9 个片区工委、36 个乡（镇）共配有兼抓社会治安综合治理工作的党组织副书记 45 名，均建立了综治办公室。是年，全县创建综治模范单位 64 个、安全文明村 135 个，创建“无毒社区”25 个，选聘 40 名法制副校长。

2004 年 4 月，中共美姑县委九届委员会第 23 次常委会议研究决定，对尔其乡社会治安综合治理实行“一票否决”，提出黄牌警告，限期整改。5 月，建立“美姑县社会治安综合治理五部委局联席会议制度”，对全县各级党政领导干部执行社会治安综合治理领导责任制情况进行考核奖惩。2005 年 7 月，县委、县人民政府印发了《关于开展创建平安美姑活动的实施意见》，各工委、乡（镇）配备社会治安综合治理工作人员（兼职）44 名。2006 年 7 月，政法系统开展联合接访活动。

2007 年 1 月，在全县两会期间，县委政法委对近年来全县社会治安稳定形势、治安状况，以及开展严打整治斗争、加强政法队伍建设等方面的情况进行了问卷调查。共收回 120 份有效调查问卷，较为准确地反映了广大人民群众和社会各界对全县政法工作和治安状况的评价。3 月，由县社会治安综合治理委员会牵头，县委宣传部、司法局等 8 个部门组成宣传组，在全县范围内开展“创建平安美姑，构建和谐社会”为主题的宣传活动。9 月，召开全县社会治安综合治理委员会成员单位暨平安创建推进会，并成立美姑县平安创建工作小组，工作小组分指导组、督导组、宣传组。2008 年 5 月，在美姑召开凉乐两地七县（峨边、马边、雷波、越西、甘洛、昭觉、美姑）行政边际治安联防协作会议。2009 年 6 月，召开“两所一庭”建设工作办公会，全县共新建派出所 26 个、改建 4 个，新建司法所 30 个和法庭 3 个。

三、严打专项斗争

1992 年 4 月，组织 1 次对刑事犯罪分子进行公开逮捕和公开宣判的集中统一行动，在押犯中公开宣布逮捕 4 人，公开宣判 6 人。2001 年 4 月，开展“狂飙 -B”严打整治斗争，共破获刑事案件 32 起，查处治安案件 39 起，抓获违法犯罪嫌疑人 120 人，收缴枪支 1 支、子弹 80 发、炸药 2 公斤、管制刀具1把、海洛因170克，打击犯罪集团4个，清查治安复杂场所200余处，消除安全隐患94处。1993年4月，开展打击“车匪路霸”和反盗窃的专项斗争，破获公路沿线抢劫案5件，抓捕车匪路霸犯罪分子8人，挽回经济损失1万余元。2006年8月，开展打击贩卖婴幼儿犯罪专项整治斗争。2009年7月，成功处置“7·11”聚众抬尸冲击公安机关事件。

四、禁毒斗争

1997年6月19日，县政法部门召开惩治毒品犯罪公开处理大会。对10名严重吸毒人员实行了劳动教养；对3名毒品犯罪分子进行逮捕；对1名毒品犯罪分子进行了宣判。中共美姑县委、县人大常委会、县人民政府、县政协四大家主要领导及县级机关各单位近5000多名干部群众参加大会。1999年8月，在全县范围内开展一次以禁毒为龙头的集中专项整治工作，抓获贩毒人员43人，缴获海洛因13.5克、零包25包，摧毁毒窝点1个，抓获违法犯罪嫌疑人83人（其中劳教脱逃2人），破获特大盗窃案1起，摧毁犯罪窝点2处，整治各类场所28处，解救被拐卖妇女1人。2007年7月，抓获毒品犯罪嫌疑人4名，查获所带行李和体内藏毒166颗、1459.4克。2009年，查破涉毒违法犯罪案件334起，抓获涉毒违法犯罪嫌疑人334名，刑事拘留12人、行政拘留118人，强制隔离戒毒201人、取保候审3人，缴获毒品海洛因53.7克及109个零包。

五、专项整治

1994年8月，美姑县委、县人民政府成立整治农村治安工作领导小组，各乡（镇）也相应成立了整治工作领导小组，农村社会治安专项整治工作全面开展。2000年4月，在全县开展集中整治治安突出问题专项行动。2004年4月，政法各部门结合美姑县治安工作实际，掀起了治安整治工作高潮，查处赌博案件2起、8人，缴获赌资1100元；破获抢劫案件1起、2人；破获盗窃案件1起、1人；查处治安案件6件，查处8人；抓获放高利贷人员4名。2006年11月，在全县开展打击盗窃破坏通信设施违法犯罪专项行动。

2007年，开展“三电”专项整治工作，立案21起，破案4起，抓获犯罪嫌疑人3人。对手续完备、合法经营的4家废旧金属收购站发放了特种行业许可证。同年6月，开展集中整治城乡突出治安问题，共破获各类刑事案件3起，抓获犯罪嫌疑人6人，刑事拘留6人，批准逮捕3人，移送起诉5人，强制戒毒11人，其中，劳动教养3人。2008年8月，在全县开展整治突出治安问题专项活动，共破获刑事案件14起，查处治安案件28起，抓获各类违法人员103人，刑事拘留18人，行政处罚42余人；清查各类场所29家、人员18人次；破获4起涉毒案件、2起重大贩毒案件、1起非法持有毒品案件，缴获毒品海洛因51.3克和61个零包，缴获毒资1100元，涉毒物品30余件，抓获吸毒人员20人，强制隔离戒毒43人，调解纠纷20余起。2009年，整治交通运输市场，查处各类交通违法行为9258起，查扣盗抢机动车5辆，无牌无证机动车108辆，处罚违章车辆61台，依法暂扣“黑车”65台，处罚金额共计18万余元。

第二章　公　安

第一节　机构建设

1991年以前，美姑县公安局内设机构有办公室、治安科、政工科、预审科、政保科、消防科、刑警队、交警队和看守所，下属机构有城关派出所和8个区派出所，有干警75人。1991年，在原有基础上保留了办公室、政工科、治安科和看守所，增设户政科，林业科。1992年，增设行政拘留所，政保科更名为侦查队。1993年，交警队更名为交通警察大队，同时升为副科级机构。1996年，在刑警队中增设缉毒队。1997年，增设经济侦查大队、戒毒所，侦查队更名为国内安全保卫大队，消防科更名为消防大队。1998年，增设公路巡逻民警大队，预审科更名为法制科，缉毒队更名为缉毒缉私大队，并与刑警队分离，刑警队更名为刑警大队，同时升为副科级机构。1999年，增设警务督察大队；2000年，缉毒缉私大队更名为禁毒大队。2003年，林业科更名为森林警察大队。2004年，增设柳洪电站派出所。2005年，柳洪电站派出所更名为美姑河梯级电站派出所。

至2009年，公安局内设机构有：指挥中心（挂“办公室”牌子）、国内安全保卫大队、刑事侦查大队、禁毒大队（挂“禁毒办”牌子）、交通管理大队、治安管理大队、政工监督室（挂“监察室”“警务督察大队”牌子）、法制室、警务保障室、看守所、拘留所、戒毒所和10个派出所。机构级别全部为副科级。全局有民警123名，工勤人员6名。

第二节 刑事案件侦查

1991—2009年，共立各类刑事案件2834起，其中，重特大案件752起；侦破各类刑事案件2347起，其中，重特大案件609起；摧毁犯罪团伙133个，抓获团伙成员569人；抓获逃犯298人；逮捕各类刑事犯罪嫌疑人1538人；报送劳动教养各类违法人员316人；收缴赃款赃物折价人民币共计290.70万元。

1991—2009年刑事案件统计表

表9-1

年份	立案（起）	其中重特大案（起）	破案（起）	其中重特大案（起）	摧毁犯罪团伙		抓获逃犯（人）	逮捕各类犯罪嫌疑人员（人）	劳教各类违法人员（人）	收缴赃款赃物折价（万元）
					数量（个）	人员（人）				
1991	167	38	88	22	—	—	15	51	—	5.8
1992	124	33	83	27	2	10	12	65	—	4.5
1993	116	41	95	34	19	96	9	59	—	8.5
1994	171	81	121	73	21	77	13	45	—	53.7
1995	142	51	103	41	18	67	19	27	1	29.0
1996	96	49	72	39	17	61	9	56	22	18.1
1997	90	42	82	39	20	73	15	50	33	14.8
1998	74	43	55	33	8	29	22	51	14	5.7
1999	108	54	80	42	3	18	20	61	25	10.3
2000	99	41	85	32	1	9	11	64	7	8.7
2001	407	91	361	75	1	18	8	180	59	41.2
2002	352	20	319	14	—	—	12	115	28	3.8
2003	316	37	286	23	—	—	7	116	23	2.8

续表 9-1

项目 年份	立案（起）	其中重特大案（起）	破案（起）	其中重特大案（起）	摧毁犯罪团伙		抓获逃犯（人）	逮捕各类犯罪嫌疑人员（人）	劳教各类违法人员（人）	收缴赃款赃物折价（万元）
					数量（个）	人员（人）				
2004	146	19	123	12	—	—	15	110	25	22.2
2005	122	30	106	26	2	18	34	120	33	2.9
2006	103	18	85	15	3	12	23	86	16	17.2
2007	60	11	55	11	2	16	17	70	30	11.0
2008	85	17	81	13	7	27	15	116	—	23.2
2009	56	36	67	38	9	38	22	96	—	7.3

第三节　禁毒斗争

1998 年以前，禁毒斗争根据涉毒案件的性质分别由治安科和刑警队管辖处理。从 1991 年到 1997 年，抓获毒品犯罪嫌疑人 59 人，其中，逮捕 20 人，劳动教养 39 人；强制戒毒 428 人次；铲除罂粟苗 99708 株，处理种植罂粟人员 76 人；缴获毒品海洛因 119 克。1998 年，缉毒队更名为缉毒缉私大队。1998—2009 年的 12 年间，禁毒斗争配合每年的“6・26”禁毒宣传活动向社会散发宣传资料 6.3 万份，张贴标语、悬挂横幅 2343 条，举办展览 74 期，受教育人数达 23 万人次。12 年中，在开展端窝点、打零包、攻团伙、破大案的禁毒斗争中共破获毒品违法案件 3095 起，抓获毒品违法犯罪嫌疑人 2859 人，逮捕毒品违法犯罪嫌疑人 305 人，劳动教养毒品违法犯罪人员 273 人，强制戒毒 2169 人次；摧毁涉毒违法犯罪团伙 18 个，抓获团伙成员 88 人；铲除罂粟苗 2.4 万株，收缴毒品海洛因 9506.97 克、鸦片 120 克。

1998—2009 年禁毒斗争统计表

表 9-2

年份	发放宣传资料（万份）	张贴标语（张）	举办展览（期）	受教育（万人次）	破获涉毒案件（起）	抓获涉毒人员（人）	逮捕毒品犯罪嫌疑人（人）	劳教毒品违法人员（人）	强制戒毒（人）	摧毁团伙		铲除罂粟（万株）	收缴毒品海洛因（克）	收缴鸦片（克）
										数量（个）	人数（人）			
1998	0.10	21	2	1	205	257	17	14	192	7	22	9	183.60	—
1999	0.10	26	2	1	283	309	11	23	230	6	20	—	63.50	—
2000	0.20	33	12	1	216	216	5	33	189	—	—	1	221.10	120
2001	0.30	120	4	2	344	281	15	48	244	1	18	—	176.45	—
2002	0.50	400	5	2	371	264	41	26	215	—	—	—	717.68	—
2003	0.40	380	6	1	390	254	53	23	200	—	—	—	574.05	—
2004	0.50	430	2	1	259	212	53	25	192	—	—	—	60.77	—
2005	0.50	330	10	2	151	159	40	31	105	2	18	—	3762.01	—

续表 9-2

年份	发放宣传资料（万份）	张贴标语（张）	举办展览（期）	受教育（万人次）	破获涉毒案件（起）	抓获涉毒人员（人）	逮捕毒品犯罪嫌疑人（人）	劳教毒品违法人员（人）	强制戒毒（人）	摧毁团伙		铲除罂粟（万株）	收缴毒品海洛因（克）	收缴鸦片（克）
										数量（个）	人数（人）			
2006	0.70	386	5	3	138	157	26	19	121	1	3	—	270.31	—
2007	1.00	157	6	3	185	196	27	31	173	1	7	—	2735.5	—
2008	1.00	30	10	3	219	220	5	0	107	0	0	0	688.30	0
2009	1.00	30	10	3	334	334	12	0	201	0	0	0	53.70	0

第四节　治安行政管理

1991—2009 年，根据不同时期、不同形势条件下治安行政管理工作的具体情况，针对当时的突出问题，及时组织开展了“整治农村偷牛盗马问题”“整治城市周边治安混乱问题”“整治治安难点、重点区域问题”“整治农村社会治安问题”等一系列专项整治行动，共受理各类治安案件 4696 起，查处治安案件 4551 起，治安处罚 6489 人，调解各类民事纠纷 816 件。

1991—2009 年治安案件查处统计表

表 9-3

年　份	受理案件（起）	查处案件（起）	治安处罚（人）	调解纠纷（件）
1991	173	142	358	33
1992	236	236	453	20
1993	362	348	544	131
1994	303	296	402	104
1995	206	154	236	50
1996	197	165	283	18
1997	114	103	170	39
1998	183	260	358	87
1999	221	195	297	47
2000	199	172	322	62
2001	391	388	556	64
2002	332	323	463	27
2003	262	260	294	17
2004	232	224	240	10
2005	205	205	235	12

续表 9-3

年　份	受理案件（起）	查处案件（起）	治安处罚（人）	调解纠纷（件）
2006	175	175	248	16
2007	187	187	190	15
2008	348	348	409	29
2009	370	370	431	35

一、特种行业管理

1991—2009 年，共出动警力 1123 人次，清理特种行业经营场所 2013 处次，查处卖淫嫖娼案件 54 起，处罚 103 人，收缴淫秽光碟 41 盘；查处赌博案件 122 起，处理 398 人。

二、民爆物品管理

1991 年，培训爆破人员 105 人，收缴管制刀具 2 把。1992 年，查出隐患 1 处，收缴炸药 0.5 公斤、雷管 69 发、导火线 7 米。1993 年，查出非法涉爆单位 1 个，违法涉爆人员 7 人，收缴炸药 16 公斤，雷管 200 发、导火线 4 米、鞭炮 40 封、管制刀具 5 把。1994 年，查出隐患 1 处，违法涉爆人员 1 人，收缴炸药 0.1 公斤、雷管 255 发、导火线 1.2 米、管制刀具 1 把。1995 年，培训爆破人员 151 人。1998 年，培训爆破人员 151 人，查出违法涉爆人员 1 人。1999 年，培训爆破人员 87 人，收缴火药枪 56 支、高压气枪 5 支、老式军用手枪 1 支。2000 年，举办首期民爆物品“四员”培训班（“四员”是指库管员、押运员、安全员、爆破员），培训人员 68 人。2001 年，收缴各类枪支 320 支、子弹 86 发、管制刀具 5 把，并进行了公开集中销毁。2002 年，查出隐患 4 处；收缴各类枪支 4 支。2003 年，查出隐患 2 处；收缴各类枪支 2 支。2004 年，查出隐患 2 处。2005 年，收缴管制刀具 148 把。2006 年，举办第二期民爆物品“四员”培训班，培训人员 68 人；收缴各类枪支 21 支。2007 年，举办第三期、第四期民爆物品“四员”培训班，培训人员 178 人；查出隐患 5 处，收缴管制刀具 8 把、雷管 980 发、炸药 6 公斤、手榴弹 2 枚。2008 年，查出隐患 4 处，审批炸药 50.47 万公斤、雷管 60.46 万发、导火索 2.65 万米。2009 年，查出隐患 6 处，审批炸药 64.47 万公斤、雷管 67.29 万发、导火索 2.7 万米。19 年间，始终加强内部武器警械管理，强化武器警械管理制度的落实，规范武器警械的管理和使用行为。

三、户口管理与身份证换发

1991 年，县公安局设立户政科，办理居民身份证 125 个，填写常规表格 3807 份。

1992 年，办理居民身份证 973 个，临时身份证 190 个，办理通行证 12 个。

1993 年，办理居民身份证 1007 个，临时身份证 243 个。

1994 年，办理正式身份证 970 个，临时身份证 256 个，办理边境通行证 20 个。同年 6 月 30 日按照省公安厅《关于在小城镇建设试点进行户籍管理制度改革的试行意见》规定：（1）凡是在城镇有固定住所、有稳定生活来源，并在该地居住一年以上的四类人员可在小城镇落户。（2）改革出生登记制度：婴儿出生后，必须申报出生登记。可在母亲或父亲的常住户口所在地登记户口。（3）公安机关是户籍的主管部门。9 月，启用公安厅新制发的户口迁移证。

1995 年，整理户口内外册 407 人次，填写常表卡 318 人次，办理正式身份证 534 个，临时身份证 98 个，7 月 1 日启用新防伪居民身份证。

1996 年，办理正式身份证 743 个、临时身份证 114 个，办理边境通行证 16 个、迁移证和准迁证 641 个，1996 年要求换发居民户口簿，对巴普镇 3 个自然村 1622 户进行户口簿发放试点工作。

1997年，成立了“换发户口簿工作领导小组”，由常务副县长曹泉任组长，办公室设在公安局治安大队，与此同时全县36个乡（镇）也成立了“换发户口簿工作领导小组”，乡（镇）长任组长。9月正式启动人口及信息录入系统，同时在县委、县人民政府的领导下，召开了换发户口簿工作会议，对全县换户工作进行动员部署，同年办理居民身份证940个、临时身份证170个、边境通行证21个。

1998年开始，派出所接管户口，为期三年完成接管。核实常住户口26740户，制作乡村门牌号25825个，录入新常住人口表25000人，办理居民身份证1200个、临时身份证270个、边境通行证7个、迁移证和准迁证760个。

1999年，核实常住户口30400户，制作乡村门牌号27040个，填写常表35230份，换发新户口簿12560本，录入常住人口表18564个。办理居民身份证1145个、临时身份证97个、迁移证和准迁证715个、边境通行证14个。同年10月1日，实行公民身份证号码制度，公民身份证号码为18位，终身不变。

2000年，对全县166306人的居民身份证编码登记表进行清理，更换公民身份编码顺序表478本共计57360页（公民身份证号码升到18位数）。完成柳洪、大桥、牛牛坝、新桥、城关、峨曲古、瓦侯、洪溪8个派出所接管驻地农村户口。办理居民身份证3600个，居民身份证号码纠错9870个，办理迁移证和准迁证570个。

2001年，换发居民身份证2980个、迁移证470个、边境通行证11个，从县中学等单位借用微机2台，从县税务局抽调万洪培训微机操作人员。11月29日，制定《关于为换发第二代居民身份证前期准备工作的实施方案》，提高录入质量和效率。

2002年5月14日，户政科代管的县级机关户籍管理业务移交给城关派出所管理。8个派出所、26个乡（镇）户籍民警8人，户籍管理人员27人，村社户籍协管员62人。截至12月，户口簿换发计38617本，常住人口登记内册169152张，全县人口入微机150182人，占全县总人口的85%。同年办理身份证670个、临时身份证230个。

2003年，办理正式身份证613人、临时身份证544人、准迁证2100个、迁移证2053个、边境证4个。

2004年，办理居民身份证679个、临时身份证560个，完成19602人的户口核对工作。

2005年，办理居民正式身份证790个、临时身份证1603个，录入计算机门、楼牌号45219户，补录人口信息3674人，项目纠错更正4538项，清理核对漏户人员813名，有6个派出所开通网络。当年户政科接管出入境管理工作，办理出入境手续150人。

2006年，第二代居民身份证换发正式启动。当年完成36个乡（镇）10万人像采集工作，为次年换发第二代居民身份证奠定了基础。办理居民身份证2100个、临时身份证521个。

2007年，换发第二代居民身份证工作，正式全面启动，办理身份证23169个，完成了州局下达的换证数任务的57.92%，办理临时身份证632个。

2008年，继续全面换发第二代居民身份证，办理正式身份证57400个、临时身份证726个、迁移证和准迁证1200个、出入境手续190个。

2009年，开展户籍清理整顿工作，对9个所、36个乡（镇）、235248人的户口核对工作，办理居民正式身份证26450个、临时身份证576个、迁移证和准迁证2485个。

四、出入境管理工作

1991年以后，坚持从基础工作入手，不断完善规章制度，依靠宾馆、旅店、派出所和负责接待的单位，切实做好入境人员的验证登记。1992年，到县外国人34人次，验证登记34人次。1993

年，到县外国人及港、澳、台同胞39人次，验证登记39人次。1994年，到县外国人及港、澳、台同胞21人次，验证登记21人次。1995年，到县外国人45人次，验证登记45人次。

1996年，到县外国人及港、澳、台同胞92人次，验证登记92人次。1997年，到县外国人16人次，验证登记16人次。1998年，到县外国人12人次，验证登记12人次。1999年，到县外国人及港、澳、台同胞13人次，验证登记13人次，为本县居民办理出国（境）手续1人次。2000年，到县外国人及港、澳、台同胞19人次，验证登记19人次，对1名违反《中华人民共和国外国人入境出境法》的荷兰籍人进行了批评教育；为本县居民办理出国（境）手续3人次。

2001年，到县外国人及港、澳、台同胞18人次，验证登记18人次，为本县居民办理出国（境）手续6人次。2002年，到县外国人及港、澳、台同胞32人次，验证登记32人次，对本县12名限制出境对象制作了《法定不批准出境通报备案通知书》。2003年，到县外国人16人次，验证登记16人次，对本县11名限制出境对象制作了《法定不批准出境通报备案通知书》。2004年，到县外国人及港、澳、台同胞15人次，验证登记15人次，对本县11名限制出境对象制作了《法定不批准出境通报备案通知书》，为本县居民办理出国（境）手续8人次。2005年，到县外国人及港、澳、台同胞33人次，验证登记33人次，对本县13名限制出境对象制作了《法定不批准出境通报备案通知书》，为本县居民办理出国（境）手续21人次。

2006年，到县外国人及港、澳、台同胞38人次，验证登记38人次，为本县居民办理出国（境）手续42人次。2007年，到县外国人及港、澳、台同胞26人次，验证登记26人次，为本县居民办理出国（境）手续13人次。2008年，到县外国人及港、澳、台同胞55人次，验证登记55人次，为本县居民办理出国（境）手续12人次。2009年，到县外国人及港、澳、台同胞121人次，验证登记121人次，为本县居民办理出国（境）手续13人次。19年间，出入境验证登记率年年达到100%。

五、警卫保卫工作

1991—2009年，共完成警卫任务91次、保卫任务92次，出动警力3345人次。分别在2002年、2003年、2005年、2007年，先后完成“庆祝美姑建县50周年”“首届中国美姑彝族毕摩文化节”“第四届国际彝学会”“‘诗意美姑’国际笔会”“第二届中国彝族毕摩文化艺术节”“中央电视台‘激情广场’录制现场”“美姑县首届彝族年民风民俗展演”等大型群体性活动的安全保卫任务。

第五节　国内安全保卫

一、情报信息工作

19年间，在全面开展情报信息收集的同时，根据不同形势条件下的社会状况，有针对性地组织开展各类专项调查，按照归口分类原则，逐级上报，为领导决策提供情报信息685条，其中，乙级情报354条，丙级情报331条。

二、处置群体性事件工作

2000年以后，按《突发事件处置预案》加大了对群体性事件的预防和处置工作，截至2009年年底，共预防制止群体性事件43起，妥善处置群体性事件59起。

三、经济文化保卫工作

1997年，经济侦查大队成立，经济文化保卫工作走上正轨。1998年，为贯彻落实《四川省企业治安保卫工作若干规定》，加强企业、事业单位治安保卫工作，全县企业、事业单位建立内部保卫组织8个，配备专（兼）职保卫人员32名，建立经济民警队2个，配备人员10名。1998年以后，共破获五类经济案件10起，挽回直接经济损失13.6万元。其中，2003年破获首起偷税、漏税案，追缴税款1.3万元；2006年，侦破1起美姑县有史以来涉案金额最高的合同诈骗案，涉案金额达74.35万元。

第六节 道路交通管理

1991年以后，公安交通管理部门开展以强化职能训练，严格执法监督，预防减少事故，保证道路畅通，服务经济建设为目标道路交通管理工作，同时加大对道路交通管理设备设施的建设力度。2002年，筹资31万元，在美姑大桥建成占地1000余平方米的美姑县公安局交通警察大队一中队营区（其中营房面积253平方米），开展车辆出入境管理。2003年，筹资142万余元，建成营房面积为1741平方米的美姑县公安局交通警察大队营区，其中办公楼面积为706平方米。2000—2009年，共配备汽车6辆、电瓶车2辆、微机9台、打字机9台、车载雷达测速仪1台等专用设备和若干办公设备。

一、道路治安整治

1998年，成立了美姑县公路巡逻民警大队。1998—2002年，公路巡逻民警大队与刑侦、治安及各辖区派出所密切配合，组织实施了11次打击“车匪路霸”的专项集中统一行动，共破各类刑事案件150起，彻底捣毁县境内“三五〇车匪路霸团伙”“椅子垭口车匪路霸团伙”“井叶特西车匪路霸团伙”，团伙成员相继落网。到2009年年底，县境内未再发生“车匪路霸”案件。

二、道路交通整治

截至2009年年底，全县公路总里程606.42公里，其中，省道155公里，县道130.21公里，乡道207.36公里，村道103.85公里。境内道路等级极差，除省道155公里设计4级（实际按4级要求仍有差距）以外，县、乡、村道全部为等外级道路，道路标志牌严重不足。全县保有机动车1560辆，其中，大型汽车214辆，小型汽车774辆，摩托车466辆，农用车106辆；有驾驶人员1933人，其中，持A照的有942人，持B照的有374人，持C照的有428人，持D照的有33人，持E照的156人。1991年以后，交管部门在坚持经常性道路交通整治的同时，针对不同时期的道路交通状况，适时开展以反违章（法）、压事故、保畅通为重点的专项整治活动。

三、道路交通宣传检查

1991—2009年，共开展宣传教育（含“五进”宣传活动，“五进”即进农村、进社区、进单位、进学校、进家庭宣传）538次，检测机动车辆6890辆（次），年审机动车驾驶员187240人次，出动警力46766人次，检查车辆265080辆（次），处理交通事故1230起。

1991—2009 年道路交通事故和路检路查统计表

表 9-4

年 份	交通事故（起）	死亡（人）	重伤（人）	直接经济损失（万元）	开展专项整治（次）	整治重点路段（处）	清理乱放车点（处、次）
1991	17	11	8	2	9	5	10
1992	23	19	11	5	7	6	8
1993	13	10	7	1	6	5	12
1994	16	14	10	10	8	6	9
1995	24	13	13	7	6	6	7
1996	13	18	11	4	5	6	11
1997	11	8	1	6	8	6	15
1998	10	15	6	7	7	6	16
1999	7	15	5	9	9	7	18
2000	6	3	12	4	9	6	30
2001	114	9	11	54	11	9	50
2002	109	12	7	79	15	12	65
2003	116	13	8	95	13	15	70
2004	115	22	7	120	15	10	75
2005	107	10	5	119	17	20	90
2006	115	11	9	121	18	23	116
2007	97	8	8	110	19	29	156
2008	128	14	15	39.8	23	30	160
2009	146	16	19	28.2	30	38	168
合计	1187	241	173	821	235	245	1086

第七节 法制建设

一、法制宣传

1991 年以后，公安法制宣传工作充分利用节假日、赶集等人员集中的有利时机，开展各种形式的宣传教育活动，采取专门培训、以会代训等方式强化民警的训练，不断提高民警的基本技能素质。

1991—2009 年法制教育统计表

表 9-5

年 份	开展宣传（次）	受教育（万人次）	举办培训（期）	参加培训（人次）	订发资料（册）	提供服务（起）

续表 9-5

年　份	开展宣传（次）	受教育（万人次）	举办培训（期）	参加培训（人次）	订发资料（册）	提供服务（起）
1991	2	1.0	2	148	130	37
1992	2	1.0	2	148	127	30
1993	3	2.0	1	74	118	27
1994	2	1.0	2	148	129	35
1995	2	0.5	2	148	125	22
1996	2	1.0	2	143	156	20
1997	2	1.0	2	152	135	26
1998	2	0.5	2	149	156	25
1999	2	1.0	3	250	138	30
2000	3	4.0	1	94	110	53
2001	2	1.5	2	190	192	201
2002	3	2.4	2	190	192	200
2003	3	3.6	2	192	288	300
2004	3	4.0	2	192	301	301
2005	4	5.0	4	432	301	304
2006	4	6.0	4	468	236	305
2007	4	6.5	4	468	236	310
2008	6	3.5	5	620	520	121
2009	8	5.2	4	520	620	251
合计	59	47.7	48	4726	4210	2598

二、受理行政复议案件

1991年，受理行政复议案件2起，经复议变更1起，撤回1起。1992年，受理行政复议案件1起，经复议维持原裁决1起。1994年，受理行政复议案件2起，经复议维持原裁决1起，变更1起。1996年，受理行政复议案件1起，经复议撤回1起。1997年，受理行政复议案件2起，经复议维持原裁决1起，撤销1起。1998年，受理行政复议案件1起，经复议维持原裁决1起。2001年，受理行政复议案件1起，经复议维持原裁决1起。截至2009年，全县共实施国家赔偿3起，赔偿总额为人民币6000元。

三、内部执法监督检查工作

1991年以后，全县公安机关认真贯彻执行上级公安机关的各项法律、法规、规章，不断强化内部执法监督检查机制。近年来，在贯彻实施《凉山州公安局错案责任追究办法》《凉山州公安局执法责任制》和《凉山州公安局执法责任实施办法》等规章制度的过程中，严格规范执法，进一步完善内部执法监督检查机制。

1991—2009 年法制监督统计表

表 9–6

年份	呈报劳教（件）	批准劳教（件）	审核报捕		审核治安处罚		纠正执法不当（起）	研究疑难案件（起）
			件	人	件	人		
1991	19	15	2	3	4	4	4	3
1992	18	16	2	2	5	5	3	5
1993	20	17	3	3	6	7	5	7
1994	21	18	4	4	5	5	4	3
1995	20	16	3	1	4	5	3	3
1996	19	17	3	2	4	4	3	2
1997	25	22	—	—	—	0	4	3
1998	24	21	—	—	—	0	3	2
1999	29	26	2	1	5	6	4	3
2000	48	40	17	33	7	8	7	5
2001	59	59	201	181	391	391	2	1
2002	26	26	140	143	345	350	1	2
2003	23	23	93	127	326	326	3	3
2004	12	12	86	138	325	325	2	2
2005	31	31	93	131	101	142	5	5
2006	19	19	82	109	175	175	10	10
2007	31	31	52	68	187	187	12	12
2008	10	10	64	103	288	306	8	7
2009	0	0	52	130	348	368	11	12
合计	454	419	899	1179	2526	2614	94	90

第八节　警务督察

1999 年 2 月，美姑县公安局成立警务督察大队，按照《警务督察条例》的规定，对公安民警行为开展不间断的常规性督察和针对性专项督察，以规范公安民警的警容警风和严格、公正、文明的执法行为，树立公安民警的良好形象。至 2009 年，共出动警力 2839 人次，纠正民警不规范行为 673 人次，不符合规定试用警车 32 辆（次），对民警执行禁闭 2 人，停止执行职务 6 人。同时，按质、按时、按量地完成了各种资料数据的报送任务。

第九节　来信来访

2005 年，开展“开门大接访”工作以来，急群众所急，想群众所想，密切关注群众来信来访中反映的热点和难点问题，帮助群众解决急需解决的困难；重视群众来信来访中对公安工作的意见和建议，指导公安机关的自身建设；严格对待和严肃处理群众来信来访，做到“事事有着落，件件有回音”。

1991—2009 年公安信访统计表

表 9–7

年　份	受理来信（件、次）	接待来访（人次）	回复来信来访（件、人次）	办结上级交办信件（件）
1991	82	80	159	2
1992	79	90	163	3
1993	93	85	177	3
1994	85	95	177	4
1995	80	70	148	2
1996	90	85	173	2
1997	87	80	164	4
1998	79	82	160	3
1999	150	90	237	3
2000	167	110	277	7
2001	23	47	69	11
2002	26	58	82	21
2003	35	102	135	28
2004	29	89	117	13
2005	66	302	368	29
2006	44	289	333	32
2007	20	295	315	10
2008	50	73	321	35
2009	35	103	310	25
合计	1320	2225	3883	237

第三章　检　察

第一节　机构设置

1991—2009 年，县检察院按照人员编制和工作需要进行机构设置。人员编制先后经过 4 次调整，到 2009 年有 34 名人员编制。

一、检察长

县检察院设检察长1人，副检察长若干人，检察长统一领导检察院的工作。1991—1993年2月，方明任检察长，1993年3月—2002年11月，王霖生任检察长，2002年12月—2003年2月，陈映吉任代理检察长，2003年3月—2009年12月，陈映吉任检察长。

二、检察委员会

检察委员会是人民检察院的法定机构，是人民检察院检察工作的指导和决策机构，由7~9名院领导和主要业务科室负责人组成。由检察长主持，实行民主集中制原则。1991—2009年年底，县检察院逐步健全和完善检察委员会的工作职责及工作制度，其中，2003年3月制定出台《美姑县检察院检察委员会议事规则》。

三、党支部

2003年6月，为加强党对检察机关的领导，经中共美姑县直属机关工作委员会批准，设立中共美姑县检察院自侦党支部。机关党支部和自侦党支部，在检察院党组和中共美姑直属机关工作委员会的领导下，培养、接收符合党员条件的优秀青年加入党组织。1991—2009年，共发展共产党员16名。2009年末，检察机关党员人数达23人。

四、内设机构

2008年以前，检察院内设机构负责人的任免经检察院党组研究任免。2008年以后，由检察院党组研究后，报县委政法委任免，副科级以上职务（实职）报县委任免。截至2009年12月底，共有内设机构11个，分别是办公室、政治处、侦查监督科、公诉科、反贪污贿赂局、反渎职侵权局、控告申诉检察科、监所检察科、民事行政检察科、检察技术科、司法警察队。

第二节　侦查监督与公诉

一、侦查监督

1991—2009年，共受理公安机关和县检察院自侦部门提请批捕的刑事和经济犯罪案件1098件、1846人，其中，刑事犯罪案件1067件、1807人，经济犯罪案件31件、41人；批准逮捕的1094件、1861人，其中，追捕21人，不捕50件、153人，撤销案件85件、167人，立案监督3件、15人。

批准逮捕案件中，体现治安状况的案件数量为710件、1133人，指标分别为：故意杀人案42件、60人，故意伤害案76件、110人，其中：致人死亡3人，抢劫案85件、232人，聚众“打砸抢”7件、20人，盗窃案219件、383人，运输、贩毒案260件、289人，拐卖妇女、儿童案24件、47人。

1991—2009年，对公安机关应当立案侦查而不立案侦查要求公安机关说明不立案理由的19件、32人，认为公安机关不立案理由不能成立，通知公安机关立案4件、13人。

1991—2009年，县检察院纠正公安机关侦查活动中的违法行为13次，发出《检察建议》21份，其中，2003年4月纠正公安机关超期羁押34人。

二、公诉

1991—2009年，共受理公诉案件998件、1498人。其中，公安机关956件1446人，县检察院自侦部门42件、52人。经审查后移送州人民检察院起诉的79件、132人，提起公诉的836件、1247人，退诉23件、28人，撤销案件的8件、16人，免予起诉（1998年以前）12件、18人，不起诉（1998 年以后，含 1998 年）22 件、28 人，追诉 3 人。

1991—2009 年，审判监督 9 件 12 人，纠正法院审判活动中的违法行为 4 次。

1991—2009 年，执行死刑临场监督 9 次。

第三节　反贪污贿赂

一、贪污贿赂案件查处

1991—2009 年，县人民检察院共受理贪污贿赂案件线索 124 件 145 人，立案查处案件 46 件、59 人，其中，科（局）级干部 5 人，经审查决定逮捕 39 人，起诉 42 件、52 人，免（不）予起诉 5 件、5 人，撤销案件 3 件、6 人，挽回经济损失 634.59 万元。

二、预防职务犯罪

2003 年 8 月，成立预防职务犯罪领导小组，下设办公室。同月，开展预防职务犯罪的宣传教育工作，预防方法主要是采取围绕重点工程，开展同步预防；围绕重点岗位，开展岗位预防；围绕重点部位，实行跟踪监督的预防措施，预防关口前移。开展重点乡（镇）治安综合治理等措施，标本兼治。

第四节　反渎职侵权

1991—2009年，县人民检察院共受理渎职侵权案件线索64件84人，经审查，立案侦查11件、15人；撤案2件、3人，移送起诉6件、7人；免（不）予起诉3件、4人。

县检察院在开展反渎职侵权工作中，坚持“有案必办、一办到底”和“不枉不纵”的原则，注重保障当事人的合法权益。1998 年 4 月，县检察院对美姑县城关派出所原所长私放罪犯案进行查处，对主要责任人追究相应的刑事责任，在办案中涉及的其他无罪人员进行了美姑县建县以来的首次国家赔偿。

第五节　民事行政检察

县检察院按照“积极、认真、稳妥”的原则，积极开展民事行政诉讼监督检察。2003—2009 年，县检察院共受理公民不服法院民事、经济、行政判决申诉案件 1 件、3 人，经审查未发现有错误或者违反法定程序判决情况，案件判决正确，依法作息诉处理。办理刑事附带民事案件 8 件、8 人，为国家挽回经济损失 0.85 万元。

第六节　监所检察

1991—2009 年，县检察院对看守所和拘留所进行定期和不定期检查，纠正超期羁押 37 人，最长 1 人超期达 289 天，纠正监管人员违法（混关混押、无证关押）108 次，退还在押人员现金 2650 元，对在押人员开展法制教育 10 次，受教育人数达 715 人次，发出《检察建议》7 份。开展在押人员非正常死亡调查 1 人次。

监所检察保障未成年人合法权益，在 1991 年，公安局看守所收押未成年人 4 人，与成年人关押在一起，并且超期羁押，最长的已关押289天。监所检察人员发现后，立即以书面形式提请公安机关纠正违法行为，后无罪释放2人，对有犯罪嫌疑的2人进行分开关押，并迅速办结案子，有效保障了未成年人的合法权益。

监所检察保障少数民族犯罪嫌疑人的宗教信仰自由，2005年4月，县检察院在监所检查中，发现在押的犯罪嫌疑人中有3个伊斯兰教信徒（1个回族，2个维吾尔族），因为宗教信仰原因，饮食上存在不便，于是对看守所提出要求，对其3人配备专用的餐具，供3人食用食物使用植物油烹调，并提供非猪类肉食，且责成看守所让其他在押人员充分尊重3人的宗教信仰。

监所检察保障在押人员的合理诉求，并且将诉求落到实处。2005年9月，县检察院在监所检查中，有在押人员反映，公安机关在对其采取强制措施时，被扣押1500元钱，不是涉案款是借的退耕还林款，请求退还。县检察院安排专人调阅相关案卷，查明所述属实，要求合法，于是责成公安机关将款退还给在押人员。

第七节　控告申诉

县人民检察院控告申诉检察工作实行“归口管理、分级负责”制度。由控告申诉部门分类后报检察长，交各有关部门具体负责，先后建立了人民检察举报、检察长接待日等制度。1991—2009年，县检察院共接待来信来访664人次，直接答复78人次，转行政部门办理269人次，自行办理317人次。

第四章　法　院

1992年，县人民法院成立司法警察队，有干警4人。1993年，全院有干警37人，配备审判人员18人。1996年司法警察队更名为“司法警察大队”，设立大队长1名、政委1名、副大队长1名、司法警察2人。1998年，全院干警47人，配备审判人员23人、合议庭5个。2000年，“告诉申诉庭”更名为“立案庭”。2003年，全院干警43人，配备审判人员23人、合议庭5个。2002年，撤销“经济审判庭”，成立“巡回人民法庭”，负责9区1镇的民商事案件巡回审理工作，指导辖区内人民法庭的民商事审判工作。2006年，全院干警42人，配备审判人员22人、合议庭5个。2007年，设立政治处、执行工作局，执行工作局下设执行庭，设立政治处主任1名，执行工作局局长1名。截至2009年，县人民法院内设政治处、纪检组、执行局（庭）、刑事审判庭、民事审判庭、行政审判庭、立案庭、审判监督庭、巡回法庭、法警大队、办公室，设有大桥、柳洪、牛牛坝、候播乃拖、新桥、俄普、峨曲古、洪溪、瓦侯等9个基层人民法庭。

第一节　刑事审判

1991年，受理各类刑事案件29件，在审判中坚持陪审、合议、辩护、回避等制度，做到定性准确、量刑适当、正确使用法律。1992年，受理各类刑事案件42件，判处人犯59人。1993年，受理刑事案件28件、48人，判处人犯45人（自诉3件，刑事附带民事调解2人，撤诉1人）。在办案中为了把好案件质量关，制定了“三关”（主办人员把好第一关，集体讨论第二关，审判委员会把好第三关）。同时，做好法制宣传和教育疏导工作，防止矛盾激化126件。1994年，对个别乡（镇）

村民非法种植毒品原植物，县法院派员提前介入，了解案情。案件集中诉至法院后，及时组织 6 个合议庭进行审理，对非法种植毒品原植物的 13 件、13 人进行了公开审理。全年，共受理刑事案件 43 件、62 人，均在法定时限内审结。1995 年认真贯彻“从重从快”方针，突出打击重点，对 3 个贩毒被告人分别判处有期徒刑 7 年、8 年和 9 年，毒品犯罪活动得到进一步遏制。全年，共受理刑事案件 24 件、31 人次。

1996 年，为全面贯彻学习新的《刑事诉讼法》和《刑法》，推进审判方式改革，先后派人到省、州学习、现场观摩。同时按照新的《刑事诉讼法》进一步加强刑事审判工作。是年，受理各类刑事案件 33 件、53 人。1997 年，组织全院认真学习贯彻修改后的《刑法》和《刑事诉讼法》。全年，受理刑事案件 29 件、38 人，判处人犯 35 人。1998 年，受理刑事案件 40 件、52 人。1999 年，根据州委政法委工作会议及全州法院院长会议精神，开展了以“审判质量年”“执行年”“争创人民满意的好法院，争当人民满意的好法官”三项活动。2000 年 2 月，以讲学习、讲政治、讲正气“三讲”教育活动为契机，加大“严打”力度。全年，共受理各类刑事案件 40 件、61 人，判处人犯 45 人。2000 年，共受理刑事案件 40 件、61 人，结案率达 100%，判处人犯 45 人。

2001 年，不断改进对未成年人犯罪案件的审理、教育、感化，挽救失足青年 3 件、3 人次。全年，受理一审刑事案件 32 件、35 人（其中自诉案件 11 件），判处人犯 35 人，挽回经济损失 10 万余元。2002 年，受理刑事案件 70 件 106 人（其中，自诉案件 10 件、20 人），结案率达 100%。2003 年，受理刑事案件 69 件、97 人（其中自诉讼案件 1 件 1 人），审结率达 100%。2004 年，依法严厉打击较为突出的民事纠纷引发的“打、砸、抢”刑事案件，结合“6·26”国际禁毒日，召开声势浩大的公判大会，通过以案讲法，震慑犯罪，教育广大人民群众，预防和减少了犯罪。全年，受理各类刑事案件 70 件、92 人（其中，自诉案件 1 件、1 人），审结率达 100%。2005 年，受理刑事案件 72 件 95 人，结案 72 件，审结率达 100%。

2006 年，贯彻落实“教育、感化、挽救”的方针，依法适用单处罚金、拘役、缓刑、管制 14 人。全年审结各类刑事案件 71 件，判处犯罪分子 86 人，审结率达 100%。2007 年，共受理各类刑事案件 53 件，审结 53 件，审结率 100%，判处罪犯 62 人。2008 年，开展“坚持依法治县，构建和谐美姑”专项整治活动，受理刑事案件 31 件，判处犯罪分子 38 人。2009 年，围绕创建“平安美姑”活动，审结各类刑事案件 57 件，审结率达 100%，判处犯罪分子 86 人。

第二节 民事审判

1991 年，民事审判工作认真贯彻落实第五次全国民事审判工作会议精神及新颁布实施的《民事诉讼法》，受理各类民事案件 108 件，审结 107 件，审结率达 99%。1992 年，按照凉山州中级人民法院、州中心支行安排，结合美姑县实际和存在的问题，组织召开由 36 个乡（镇）的党政、法庭、信用社干部参加的依法清收正常贷款动员大会，参会人员共 108 人，会后完成清收州内外贷款 72 万元。全年，共受理各类民事案件 72 件，审结 72 件，审结率达 100%。1993 年，开展“就地办案”，在当事人住地进行调处审结的案件达 80% 以上。全年，共受理民事案件 79 件，审结 79 件，审结率达 100%。1994 年，民事审判工作本着男女平等、实事求是、合情合理保护妇女儿童和老人的合法权益原则，妥善处理较为突出的婚姻家庭纠纷，共受理各类民事案件 109 件，审结 109 件，审结率达 100%。1995 年，进一步推行当事人举证责任制，共受理民事案件 71 件，审结 71 件，调解诉讼外纠纷 17 件，协助外地法院调查取证 23 件，委托宣判 3 年，为当事人挽回经济损失 57 万元。1996 年，执行“谁主张，谁举证”的原则，充分运用法律手段调节民事法律关系，受理民事案件166件，审结166件，为当事人挽回经济损失60万元。同时，还协助外地法院调查55件，送达张贴公告31件。1997年，推行以“直接开庭，当庭举证、质证、认证及当庭宣判”为主要内容的“一步到位”庭审方式。全年，受理各类民事案件180件，审结175件，审结率达97%。1998年，民事审判工作围绕国有企业改革、金融体制改革、粮食流通体制改革、住房制度改革等党和国家的中心任务，全年受理各类民事案件187件，审结180件，审结率达96%，诉讼标的金额达128万余元。1999年，受理各类民事案件170件，结案165件，审结率达97%，其中调解结案147件，调解率达86%。为公民、法人挽回经济损失50万元。2000年，共受理各类民事案件95件，结案95件，审结率达100%。其中，调解结案76件，调解率达80%。

2001年，继续推进民事审判方式的改革，在办案中突出民事审判以调解为主的结案方式，依法妥善处理婚姻家庭、劳动争议等属于人民内部矛盾的各类纠纷案件。全年共受理各类民事案件87件，审结87件，审结率达100%，其中，调解结案74件，调解率达85%。挽回经济损失10万余元。2002年，共受理民事案件112件，审结112件，结案率达100%。其中，调解结案92件，调解率达82%。为公民、法人和其他组织挽回经济损失105万余元。2003年，坚持民商事审判工作为改革、发展、稳定服务的指导思想，坚持公正、高效、平等的司法原则，依法审理金融、劳动报酬、劳动争议、借贷、婚姻家庭等涉及人民群众利益的各类纠纷案件，共受理各类民事案件152件，审结152件，审结率达100%，其中，调解结案117件，调解率达77%。2004年，受理各类民事案件79件，审结79件，审结率达100%。其中调解结案61件，调解率达77%。2005年，坚持“能调则调，多调少判”的原则，妥善协调各方面的利益关系，借助民间习俗的作用，拓宽调解主体，灵活运用各种调解方法，大力推进民商事审判方式的改革。共受理各类民商事案件55件，审结55件，审结率达100%，发放支付令5件，其中，调解结案45件，调解率达82%。

2006年，共审结民商事案件315件，审结315件，审结率达100%，其中，调解结案258件，调解率达82%。发放支付令5件，为公民、法人和其他组织挽回经济损失110余万元。2007年，坚持“以人为本，关注民生，促进和谐”的工作主线，优先审理好涉及资源开发、移民安置及建设社会主义新农村领域中出现的各类纠纷案件。共受理各类一审民商事案件88件，结案率达100%，其中，调解结案81件，调解率达92%，调解率位居全州法院第二名，为公民、法人和其他组织挽回经济损失47万余元。2008年，坚持“能调则调、当判则判、调判结合、案结事了”的民商事审判原则。共受理各类一审民商事案件88件，结案87件，结案率达98%；调解结案86件，调解率达98%。为公民、法人和其他组织挽回经济损失39万余元。2009年，共受理各类一审民商事案件295件，审结295件，审结率达100%。为国家、法人和其他组织挽回经济损失351.4万元。

第三节　经济审判

1991年，共受理各类经济案件3件，审结1件，中止1件，未结1件。1992年，收案3件（其中，旧存2件），由于外出调查取证难等因素，3件均未结案。1993年，受理各类经济案件14件，总标的33.2267万元，审结12件，挽回经济损失13.9841万元。是年，成立经济纠纷调解中心，聘请了26名司法联络员，召开了有70多人参加的厂长、经理座谈会，并协助银行部门依法收贷25万元。1994年，受理经济纠纷案件27件，诉讼标的金额为307余万元，结案25件。1995年，办案件数和诉讼标的突破建院以来的最高水平，共受理经济纠纷案件33件，诉讼标的总金额达461万元，结案32件，审结率达97%，挽回经济损失124万元。其中，审结美姑县第一个破产案件。

1996年，推行“一步到位”的庭审方式的改革，共受理各类经济纠纷案件49件，审结49件，审结率达 100%，诉讼标的金额达 40 余万元。1997 年，经济审判工作坚持以“三个有利于”为出发点，依法平等保护各类企业的合法权益，促进多种所有制经济共同发展。全年，共受理经济纠纷案件 34 件，审结 34 件，诉讼标的金额达 118.5 万元。1998 年，共受理经济纠纷案件 29 件，审结 29 件，诉讼标的金额 225.41 万元，为公民、法人挽回经济损失 188.77 万元。1999 年，共受理经济纠纷案件 18 件，审结 15 件，审结率达 83%，为公民、法人挽回经济损失 7.37 万元。2000 年，认真贯彻执行新修订后的《中华人民共和国合同法》，共受理经济纠纷案件 36 件，审结 36 件，审结率达 100%，为公民、法人挽回经济损失 46 万余元。

2001 年，共受理各类经济纠纷案件 20 件，结案率达 100%，诉讼标的金额达 500 余万元，为公民、法人和其他组织挽回经济损失 120 余万元。2002 年，撤销经济审判庭。经济纠纷案件并入民商事案件。

第四节　行政审判

1991 年，受理行政案件 2 件，审结 2 件。其中，土地纠纷 1 件，治安案件 1 件。1992 年，行政审判的主要工作放在宣传法律法规方面。受理行政案件 2 件，审结 2 件。1993 年和 1994 年，由于社会、思想及传统等因素的影响，人民群众对“民告官”存在种种心理障碍，群众对行政审判工作缺乏信任，案源未得到解决，两年受理案件 1 件，经审查后不符合起诉条件，裁定不予受理。1995 年，行政审判工作有了进展，共收案 11 件，其中，判决 3 件、驳回起诉 2 件，移送有关部门处理 3 件，裁定不予受理 1 件，撤诉 1 件，自动履行 1 件。

1996 年，受理行政案件 5 件，受理非行政诉讼执行案件 5 件，执行 5 件。在审理行政案件过程中，对作出具体行政行为的行政机关在发出立案通知书后不举证，甚至打击报复证人的现象予以及时纠正。1997 年，受理行政案件 8 件，审结 8 件。1998 年，采取多种形式宣传贯彻《中华人民共和国国家赔偿法》，受理行政案件 2 件，审结 2 件。1999 年，受理行政案件 2 件，移送 2 件。2000 年，共受理行政案件 5 件，审结 5 件。

2001 年，受理非诉讼行政执行案件 5 件，执结 5 件。2002—2005 年，继续完善经济、社会管理职能。始终坚持维持与监督并举，支持与制约并重，对合法的具体行政行为依法给予维持和确认。对于违法不当的具体行政行为判决给予撤销或者变更，体现法律的严肃性。全年共审查非行政诉讼案件 3 件。

2006 年，共审查非行政诉讼案件 2 件，提出司法建议 2 条。2007 年，共受理行政案件 3 件，结案 3 件。2008 年，无行政诉讼案件。2009 年，充分发挥审判职能，把和谐理念贯穿于行政审判工作始终，建立“诉前沟通、诉中协调、诉外疏导”的新型诉讼模式。共受理行政案件 1 件，审结 1 件，审结率达 100%。

第五节　信访与申诉

1987 年 8 月，信访与申诉改为告申、申诉。1991 年，受理各类案件 88 件，非诉讼 43 件，接待群众来信、来访 508 人次。1992 年，简易调解纠纷 14 件，接待群众来信、来访 254 人次，转处非诉讼案件 51 件，均按法定时效办理。1993 年，共接待群众来信、来访 297 人次，处理群众来信 204 件。1994 年，共接待来访群众 388 人次，处理来信 203 件。根据债权人的申请，发放支付令 36 件，为债权人收回 4 万余元债款。1995 年，贯彻执行《告诉申诉工作细则》，强化内部制约机制，坚持立审分离，审监分开制度。接待来访群众 794 人次，处理信件 102 件，根据债权人的申请，发放支付令 10 件。

1996年，全年共审查立案143件，简易调解纠纷6件，接待群众来访369人次，解答法律咨询72件、98人次。1997年，推行案件当事人回访考察制度，主动接受群众监督，保证严肃执法。1998年，共审查立案193件，接待非诉讼来信201件，接待来访281件、2357人次，给予法律解答106件，调解简易纠纷24件。1999年，共审查立案184件。其中，调解诉前简易纠纷8件，发放支付令42件，申诉8件，移送各业务庭125件，转公安局处理1件。接待处理来信201件，接待来访解答法律咨询237件、653人次。2000年，收案202件，其中，移送刑事审判庭9件，移送民事审判庭40件，移送经济审判庭27件，移送执行庭7件，诉前调解10件，发放支付令12件，接待来信来访304件，立案审查211件，解答法律咨询103件。

2001年，诉前调解4件，发放支付令4件，接待来信110件、639人次，接待来访148件、1061人次。2002年，处理群众来信86件，接待来访316人次。2003年，受理来信238件次，接待来访632人次。2004年，共受理来信来访202件、398人次，其中，移送刑事审判庭70件、42人，民事审判庭78件，申请再审1件，申诉立案2件，执行庭33件，解答法律咨询50件，受理涉法上访3件7人次。2005年，受理涉法信访、上访94件、129人次，转处查办5件，申诉3件，作出信件答复3件次，接待老上访户9件、21人次。

2006年，受理来信来访138件、154人次，其中，移送刑事审判庭71件，民事审判庭30件，审判监督庭3件，执行庭8件，解答法律咨询26件、41人次。2007年，共接待信访36件、40人次，共处理36件次。进一步规范司法救助的决定程序，为下岗职工等司法救助对象减缴、缓缴、免缴诉讼费1.15万元。2008年，最大限度预防和减少社会不和谐因素，实现了奥运会、残奥会和纪念改革开放30周年活动期间无进京、赴省、到州，非正常上访、重信重访的目标。全年共处理人民群众来信51件，接待来访230人次，提供法律咨询169人次。对州“坚持依法治县，构建和谐美姑”专项整治工作组交办影响社会稳定的历史遗留信访案件，综合运用法律、政策等手段和教育、协调、调解等方法，逐案落实，促使当事人息诉罢访。全年，共接到州工作组转处信访案件20件，办结20件，办结率达100%。2009年，接待来信来访83件、103人次，处理83件。

第六节　审判执行

1991年成立执行庭，执行人员仅1人，执行体制上实行审执结合原则。

1995年，按照省人大常委会《关于加强人民法院执行工作的决定》，县法院制定和完善了执行工作规章制度，进一步规范执行程序，全面实行审执分离。

1997年，随着经济发展，县法院受理的执行案件逐年上升，许多经济纠纷和民事案件以及刑事附带民事案件判决后不能及时执行，“执行难”成为困扰县法院工作的一个突出问题，为加强执行庭执行力量，县法院决定执行庭与法警队合署办公。

2001年，根据中央、省委关于加强法院执行工作，解决案件“执行难”的相关文件精神，县法院进一步加大执行工作力度，并于2006年成立美姑县人民法院执行工作局，局长按实职副科级配备，执行工作局下设执行庭，建立执行工作统一管理、统一协调机制。同年开展了两次集中执行活动，通过清理执行积案活动，对排查出来的执行积案，制定执行计划，实行包案到人，执行积案得到进一步解决。

2009年，县法院加大力度破解“执行难”问题，保护合法权益，维护法律尊严。执行工作按照最高法院统一部署，统一思想，以“集中清理执行积案”活动为契机，更新执法理念、规范执行工作，提高执结率和执行和解率。努力清理陈年积案，积极做好汇报工作。执行工作逐步形成党委领导、人大监督、政府支持、各部门配合、法院主办的工作格局，形成了执行合力和威慑力。1991—2009年，县法院执行案件1419件，执结1395件，执结率达98.3%，

第七节 人民陪审员制度

2005年5月1日，正式实施人民陪审员制度。美姑县根据选任人民陪审员的工作需要和审判工作实际，共聘任3名人民陪审员，其中，县政协秘书长1名，县妇联主席1名，助理审计师1名。自2005年聘任人民陪审员以来，参加重大疑难、社会影响面较大的各类案件陪审36件，其中，刑事案件28件，民事案件8件。参与刑事附带民事调解、民事调解117件，挽回经济损失110余万元。2009年，按照州中院《关于完善特邀陪审员制度的通知》要求，县法院制定了特邀陪审员选任、培训、考核实施办法，聘任了30名特邀陪审员。

第八节 审判监督

1997年，告申庭在认真贯彻执行省、州两级法院《告申工作实施细则》，以健全和完善内部管理机制为核心。1998年，巩固和发展以立审分离、分级管理、层层负责为核心的立案和审判监督工作制度。1999年，坚持把严肃执法、公正裁判作为一件大事抓好落实。2000年，实行“立案、审判、监督、执行”分立制度。

2001年，进一步建立健全审判工作管理制度，完善案件主办人、合议庭、庭长、院长、审判委员会委员之间层层监督机制。2002年，按照“大立案、精审判、重监督、强执行”的要求，进一步落实立审分立、审监分立、审执分立制度，强化立案庭在审判运行中的“枢纽”作用，无一件错案发回重审。2003年，组织审判力量对2000年以后，当事人和社会反映强烈的案件进行自查，共排查群众反映强烈案件6件，经查实未发现违法违纪情况。2004年，对全年审结案件的裁判文书质量、程序、文书归档等方面进行自查，排查程序不合格案件1件，审判监督纠正1件。共办理县委、县人大、县人民政府批办案件7件。2005年，建立了规范庭审纪律为形式的审判制约机制；形成了以案件流程管理为模式的管理机制；完善了以岗位目标管理考核为内容的考核评价体系；建立了以立案庭、审判监督庭为主的案件评查机构，完善了办案质量评查管理制度。全年上诉案件9件，其中，维持8件，维持率达89%，改判1件。办理县委、县人大、县人民政府和县委政法委批办案件6件，邀请人大代表、政协委员旁听案件审理7件、13人次。

2006年，对2000年以后的320件各类案件进行了质量评查，通过评查，无超审限和超期羁押案件，无枉法裁判、违法违纪案件。先后邀请人大代表、政协委员和县委政法委等有关单位领导座谈2次，办理人大代表关注案件1件、4人。2007年，贯彻执行《中华人民共和国各级人民代表大会常务委员会监督法》和最高人民法院《关于人民法院接受人大及其常委会监督的若干意见》，共邀请人大代表、政协委员和社会各界人士参加旁听各类典型疑难案件庭审活动10次。2008年，共邀请人大代表、政协委员和社会各界人士参加旁听各类典型疑难案件庭审活动5次。2009年，以巡回办案方式办结民商事案件246件；以提高司法公信力为目标，开展“审判质量管理年”活动，努力实现办案质量、效率、效果的统一。

第五章　司法行政

第一节　机构建设

美姑县司法局始建于1981年11月。至2009年年底，内设办公室、财务室、人民调解科、法制宣传科、政工科、纪检监察室、“两劳”帮教科（“两劳”是指劳改、劳教）、“148”法律服务接待室（“148”是“要司法”的谐音。“148”法律服务是指以号码为“148”或“XXXX148”的法律服务专用电话为纽带，组织律师、公证人员、基层法律服务人员向广大群众和社会组织提供高效、便捷的法律咨询和法律服务）、公证处、律师事务所10个科、室、处、所。人员编制25人，其中，行政编制19人，事业编制（公证、律师人员）6人，领导职数3人（一正两副），有在职人员13名（行政人员）。全县成立有乡（镇）调解领导小组36个，村调委会290个，调解人员1995人；建立矛盾纠纷调处中心10个；建立乡（镇）司法所36个，配备了专职司法助理员5名和兼职司法助理员36名。

第二节　法制宣传

一、“二五”普法

1991—1995年，全县应普法人数122528人，普法合格人数93917人，占应普人数的76.64%。其中，机关团体、学校应普人数达96.36%；企事业单位应普人数达88.10%；城区居民、农民应普人数达75.98%，达到了预期效果。在“二五”普法（第二个五年普法规划，即1991—1995年）学习教育深入开展和干部群众的法制观念、法律意识提高的基础上，美姑县进行了依法治县、依法治村、依法治厂、依法治局的试点性工作，将合姑洛乡、牛牛坝村、县化工厂、县林业局等13个单位列为依法治理的试点单位。通过试点，在全县进行推广。经过5年的普法学习、宣传、竞赛和评选活动，评出遵纪守法户3774户、“五好”家庭（指在全国所有家庭中开展的以“爱国守法，热心公益好；学习进取，爱岗敬业好；男女平等，尊老爱幼好；移风易俗，少生优育好；勤俭持家，保护环境好”为内容的家庭文明创建活动）1944户、“双文明”（物质文明、精神文明）1805户；学法先进集体34个，先进个人1342人；普法先进集体131个，先进个人141人。

二、“三五”普法

1996—2000年，全县应普法人数135000人，已普法125000人，占应普人数的93%。其中干部普及率达100%。“三五”（第三个五年普法规划，即1996—2000年）普法期间，全县应普法的135000人不同程度地受到了1次以宪法为主、基本法律和各部门专业法为辅的法律法规知识的教育。

三、“四五”普法

2001—2005年，在“四五”（第四个五年普法规划，即2001—2005年）普法过程中共征订和发放“四五”普法书5800册；有36.5万人次受到不同程度的法治宣传教育；有7273人参加了“四五”普法考试，合格率达100%。

四、“五五”普法

2006—2010年，“五五”（第五个五年普法规划，即2006—2010年）普法按照依法治国、依德治国方略，践行“普法是依法行政的基础，是依法治国的核心”，围绕“法治美姑”建设，提高法治宣传教育和法治建设能力。在全县广大公民、法人、组织中广泛开展以《中华人民共和国宪法》为核心、以专业法为重点的普法宣传教育。“五五”普法期间，共发放宣传资料58800份，解答法律咨询16980人次，共有46万人次分别受到不同程度的法治教育。

第三节 律师业务

1991—2009年，律师业务共办理民事代理162件，刑事辩护250件，担任法律顾问64家，代写法律文书544件，解答法律咨询1360人次，非诉讼法律事务代理32件。

1991—2009年律师业务统计表

表9-8

年份	律师业务总量（件）	其中						为当事人挽回经济损失（万元）	代写法律文书（件）	担任法律顾问（家）	解答法律咨询（人次）
		刑事辩护（件）	民事诉讼代理（件）	经济诉讼代理（件）	行政诉讼代理（件）	法律援助（件）	非诉讼外调解（件）				
1991	6	3	2	0	1	0	0	7	33	3	167
1992	10	8	2	0	0	0	0	0	18	2	37
1993	43	27	6	6	4	0	0	12	29	2	60
1994	15	5	8	2	0	0	0	16	21	5	53
1995	10	5	4	0	1	0	0	0	14	4	20
1996	25	5	13	5	2	0	0	0	54	10	62
1997	77	36	29	12	0	0	0	138	46	7	169
1998	54	36	12	5	1	0	0	41	84	10	105
1999	34	22	9	3	0	0	0	15	23	5	76
2000	25	13	11	1	0	0	0	3	15	3	40
2001	38	18	8	0	0	0	12	0	25	2	47
2002	23	11	9	0	0	0	3	0	17	2	23
2003	35	20	15	0	0	0	0	0	32	2	50
2004	35	15	13	0	0	7	0	0	34	1	41
2005	36	10	15	0	0	8	3	0	15	1	21
2006	17	8	4	0	0	0	5	0	17	1	30
2007	10	4	2	0	0	0	4	32	32	1	32
2008	6	0	0	0	0	6	0	35	21	1	27
2009	9	4	0	0	0	0	5	80	24	2	300
合计	508	250	162	34	9	21	32	379	544	64	1360

第四节 公证业务

1991年，共办理各类公证79件，其中，民事类公证21件，经济类公证58件；接待来访30人次；办理经济类公证事项涉及金额达601万元。1992年，共办理各类公证245件，其中，民事类公证214件，经济类公证31件；接待来访35人次；办理经济类公证事项涉及金额达176万元。为配合美姑县化工厂企业改革办理了“企业职工上岗劳动合同”公证152件。1993年，共办理各类公证73件，其中，民事类公证3l件，经济类公证42件；接待来访70人次；办理经济类公证事项涉及金额达201.94万元。1994年，共办理各类公证56件，其中，民事类公证27件、经济类公证29件；接待来访72人次；经济类公证事项涉及金额达454万元。1995年，共办理各类公证39件，其中，民事类公证6件，经济类公证33件；接待来访60人次；经济类公证事项涉及金额达148.8万元。

1996年，共办理各类公证40件，其中，民事类公证17件，经济类公证23件；接待来访68人次；办理经济类公证事项涉及金额达24.5万元。1997年，共办理各类公证60件，其中，民事类公证37件，经济类公证23件；接待来访42人次；办理经济类公证事项涉及金额达190万元。是年，与县体改委等有关部门深入美姑县洪溪煤厂，为32名企业职工办理了《企业职工带资解体协议书》公证，确保全县第一家企业改制的顺利开展。1998年，共办理各类公证48件，其中，民事类公证23件，经济类公证25件；接待来访83人次；办理经济类公证事项涉及金额达192万元。1999年，共办理各类公证50件，其中，民事类公证35件，经济类公证15件；接待来访65人次；办理经济类公证事项涉及金额达87.7万元。为美姑县农机厂企业改制办理了24名企业职工的《企业职工带资解体协议》公证。2000年，共办理各类公证68件，其中，民事类公证48件，经济类公证20件；接待来访65人次；办理经济类公证事项涉及金额达206.3万元。为美姑县车队31名企业职工办理了《买断工龄安置协议》公证。

2001年，公证处通过强化职能，共办理各类公证50件，其中，民事类公证26件、经济类公证24件；经济类公证涉及金额46.35万元；修改各类合同48份；接待来访50人次。2002年，共办理各类公证8件，其中，民事类公证6件，经济类公证2件；经济类公证涉及金额93.22万元；修改和代书合同9件；接待来访48人次。2003年，共办理各类公证10件，其中，民事类公证8件，经济类公证2件；经济类公证涉及金额20.2万元；修改合同、协议8件；为当事人提供法律咨询45人次。2004年，共办理各类公证29件，其中，民事类公证24件，经济类公证5件；经济类公证涉及金额200万元；接待来访96人次；修改合同5份，修改协议16份。2005年，共办理各类公证14件，其中，民事类公证13件，经济类公证1件；经济类公证涉及金额70万元；修改合同、协议15份；处理群众来信5件；提供法律援助3件；为当事人解答法律咨询300人次。

2006年，共办理各类公证19件，其中，民事类公证18件，经济类公证1件；经济类公证涉及金额6万元；援助公证5件；现场公证1件；处理群众来信10件。2007年，共办理各类公证12件，其中，民事类公证12件；接待来访340人次。2008年以后，由于缺少执业人员，当时在公证机构从事公证业务的执业资格人员仅1人，而《中华人民共和国公证法》明确规定：有2名以上公证员才能具备办证条件。所以，根据上级主管部门和相关政策的规定，暂时没有开展公证业务。

第五节 人民调解工作

1991年以后，通过人民调解这一举措，将大量民间纠纷化解在基层、消灭在萌芽状态，为当地党政机关减轻了工作负担。截至2009年，全县有乡（镇）调委会290个，调解人员1995人。除井叶特西乡、苏洛乡、巴普镇外，建立了29个乡（镇）司法所，配备了36名兼职司法助理员。同时，加强对新时期人民调解员业务技能和法律常识的培训，实行人民调解员持证上岗制度。

1991—2009年人民调解工作统计表

表9-9　　　　　　　　　　　　　　　　　　　　　　　　　　　　单位：件

年份	纠纷受理数	调解纠纷总数	调解纠纷分类										调解成功数	成功率（%）
			婚姻纠纷	继承纠纷	赡养抚养纠纷	家庭纠纷	房屋宅基地纠纷	债务纠纷	生产经营纠纷	邻里纠纷	赔偿纠纷	其他纠纷		
1991	772	770	128	4	0	152	46	29	40	141	66	164	735	95.4
1992	1017	1017	197	4	0	129	58	35	101	185	33	275	972	95.5
1993	1069	1061	253	25	20	104	57	68	60	103	12	359	1037	97.0
1994	1025	1018	260	13	65	142	126	16	94	108	33	161	1014	99.6
1995	2295	2295	660	4	70	228	152	64	113	284	106	613	2201	95.9
1996	2531	2531	543	144	43	348	240	96	197	352	141	427	2484	98.1
1997	2530	2530	478	27	72	371	91	43	344	254	45	805	2448	96.7
1998	2446	2446	505	56	26	245	283	98	319	393	126	395	2370	96.8
1999	2035	2035	266	1	91	269	207	21	398	211	48	523	1997	98.1
2000	2086	2086	429	45	24	367	131	88	223	226	156	397	1990	95.3
2001	1344	1344	366	15	15	180	103	42	153	231	70	169	1284	95.5
2002	1370	1355	282	40	33	198	78	88	171	164	116	185	1267	93.5
2003	1580	1550	328	38	43	296	80	65	197	160	113	230	1467	94.6
2004	1683	1678	318	18	26	401	91	35	137	252	122	278	1635	97.4
2005	1690	1689	367	34	42	357	64	41	180	245	104	255	1598	94.6
2006	1301	1290	258	15	22	309	42	40	147	197	96	164	1247	96.6
2007	757	757	300	0	0	227	30	18	24	53	26	79	721	95.2
2008	711	711	104	0	0	103	12	0	44	233	148	67	685	96.0
2009	718	718	200	0	0	131	11	0	74	171	110	21	688	95.0

第六节　帮　教

1999年9月，成立“两劳”帮教科。“两劳”帮教工作由司法局负总责，坚定不移地贯彻执行中央、省、州有关文件精神，将安置帮教工作责任落实到基层乡（镇）党委政府、基层调委会、司法助理员及家属头上，形成上下互动、齐抓共管的工作格局。通过过渡性就业安置和帮教工作，“两劳”人员得到安居乐业，最大限度地减少或避免其重新违法犯罪，进一步预防和减少了重新违法犯罪现象发生。1999—2009年，美姑县共有刑满释放，解除劳动教养人员1137人，完成安置1137人，开展帮教973人。

第十篇

经济管理

第一章　国民经济综述

第一节　地区生产总值

2005年，根据2004年第一次全国经济普查的数据资料，对1978年以后的地区生产总值数据资料进行了修正，修正后的1978年全县生产总值为2588万元。1991年，全县生产总值为9904万元，比1978年增长（1990年价，下同）96.7%，年平均增长5.3%。1996年，全县生产总值为24513万元，比1991年增长33.2%，年平均增长5.9%。2001年，全县生产总值为32198万元，比1996年增长(2000年价，下同)34.6%，年平均增长6.1%。2005年，全县生产总值为60773万元，比2000年增长78.2%，年平均增长12.2%。2009年，根据2008年第二次全国经济普查的数据资料，对2005年以后的地区生产总值数据资料进行了修正。修正后，是年全县生产总值达到110417万元，比2005年增长(2005年价)34.1%，年平均增长7.6%。

1991—2009年地区生产总值一览表（当年价）

表10-1　　单位：万元

年份	地区生产总值						人均国内生产总值（元）
	GDP总量	第一产业	第二产业			第三产业	
			小计	工业	建筑业		
1978	2588	1535	190	131	59	863	206
1980	3026	1864	238	171	67	924	230
1985	4743	2910	410	307	103	1423	342
1990	9318	5611	983	788	195	2724	627
1991	9904	5696	1260	1049	211	2948	623
1992	11026	6327	1447	1215	232	3252	738
1993	13150	7533	1777	1484	293	3840	876
1994	17180	10045	2223	1857	366	4912	1126
1995	20991	12166	2716	2259	457	6109	1326
1996	24513	14422	3293	2726	567	6798	1482
1997	26616	15426	3785	3124	661	7405	1562
1998	27450	16052	3558	2613	945	7840	1601
1999	27539	16579	2724	1327	1397	8236	1618
2000	29262	17314	3035	1404	1631	8913	1695
2001	32198	18378	3596	1596	2000	10224	1822
2002	36312	20550	4732	1711	3021	11030	1974
2003	41058	22458	6103	1997	4106	12497	2153

续表 10-1

年 份	地区生产总值						人均国内生产总值（元）
	GDP 总量	第一产业	第二产业			第三产业	
			小 计	工业	建筑业		
2004	52080	28405	9106	2288	6818	14569	2652
2005	60773	31165	13138	2298	10840	16470	3060
2006	70494	30548	13815	5837	7978	26131	3534
2007	87527	39622	16970	8874	8096	30935	4361
2008	105381	46385	23447	14513	8934	35549	5230
2009	110417	46810	25857	16417	9440	37750	5447

第二节 工业经济总产值

1991 年，工业总产值为 2588 万元，其中，规模以上 2186 万元，占工业总产值的 84.5%。1992—1998 年，随着大力发展天然森林的砍伐、木材加工业和乡（镇）企业，工业生产快速发展壮大。至 1998 年，工业总产值达 7202 万元，比 1991 年增长（1990 年价）147.6%，年平均增长 22.5%。1999 年，国家停止对天然森林资源的采伐，对美姑县以原木采伐和木材加工为主的工业生产影响较大，工业总产值降到了 2973 万元；随后几年，工业经济一直受交通、能源、原材料等因素的制约，发展速度缓慢。2006 年，美姑县加大了工业企业的招商引资和对本地工业企业技术改造的力度，工业经济快速发展起来。是年，完成对美姑建材有限责任公司的技改，引进企业 1 户（春潮特种纤维有限责任公司），并建成投产。2007 年，四川美姑河水电开发公司建设的柳洪电站和凯元磷化工厂等企业相继建成投产。2009 年年底，罗姑水电开发公司投资开发的罗姑电站建成投产。截至 2009 年年底，全县工业总产值达 49500 万元，比 1991 年增长 18.12%，年平均增长 17.8%，工业经济在国民经济中的比重大幅度提高。

1991—2009 年工业总产值一览表（当年价）

表 10-2　　单位：万元

年 份	总产值	其 中		
		规模以上	轻工业	重工业
1991	2588	2186	318	2270
1992	3029	2638	426	2603
1993	4592	3486	627	3965
1994	3679	3176	244	3435
1995	6411	4664	462	5949
1996	5539	4356	404	5135
1997	6354	5118	426	5928
1998	7202	5503	389	6813

续表 10-2

年份	总产值	其中		
		规模以上	轻工业	重工业
1999	2973	1905	244	2729
2000	3152	2038	277	2875
2001	3654	2142	503	3151
2002	5186	2475	556	4630
2003	5342	2589	604	4738
2004	6044	3120	650	5394
2005	5696	2830	701	4995
2006	9238	5638	1630	7608
2007	12636	12636	3100	9536
2008	32109	32109	6902	25207
2009	49500	49500	9300	40200

第三节　农林牧渔总产值

1991 年，农林牧渔业总产值为 8505 万元，其中，农业产值占 57.6%，畜牧业产值占 36.4%，林业产值占 5.8%，渔业产值占 0.2%。1996 年，农林牧渔业总产值为 21187 万元，比 1991 年增长（1990 年价）27.0%，年平均增长 4.9%。2001 年，农林牧渔业总产值为 31064 万元，比 1996 年增长（2000 年价）40.8%，年平均增长 7.1%。2003 年，根据新国民经济类型的分类，把第三产业中属农林牧渔服务业的产值纳入第一产业统计，是年农林牧业总产值为 37324 万元，其中，农林牧渔服务业产值达到 918 万元。2005 年，农林牧渔业总产值为 50647 万元，比 2000 年增长 55.5%，年平均增长 9.2%。2009 年，农林牧渔业总产值为 80048 万元，比 2005 年增长 58%，年平均增长 12.1%。其中，农业产值占 33.5%，畜牧业产值占 57%，林业产值占 7.8%，渔业占 0.2%，农林牧渔服务业占到了 1.3%。比 1991 年，农业占比下降了 12.1 个百分点，牧业占比提高了 18.1%，林业占比提高了 2.2%。

1991—2009 年农林牧渔业产值结构表（当年价）

表 10-3　　　　单位：万元

年份	农林牧渔业总产值	农业产值	林业产值	牧业产值	渔业产值	农林牧渔服务业
1991	8508	4904	496	3094	14	—
1992	9871	5898	669	3285	19	—
1993	12607	7449	747	4378	33	—
1994	15589	8520	764	6263	42	—
1995	18594	9794	1230	7521	49	—
1996	21187	10543	2039	8553	52	—
1997	24661	12390	2461	9703	57	—
1998	25870	12441	2648	10707	74	—
1999	27467	13009	2980	11403	75	—

续表 10-3

年 份	农林牧渔业总产值	农业产值	林业产值	牧业产值	渔业产值	农林牧渔服务业
2000	28780	13218	3392	12094	76	—
2001	31064	13705	3085	14199	75	—
2002	42861	13862	3631	25261	107	—
2003	37324	13733	3239	19340	94	918
2004	45986	16056	3631	25261	107	931
2005	50647	16331	4533	28654	142	987
2006	54994	17520	4435	31888	144	1007
2007	72675	19972	5100	46344	162	1097
2008	79556	23239	5856	49114	189	1158
2009	80048	26851	6296	45642	180	1079

第四节 固定资产投资

随着国家加大对西部的开发力度，国家投入大量资金扶持民族地区的经济发展。美姑交通、教育、卫生、水利等基础设施建设得到不断加强。2003 年 9 月，美姑建县以来最大的投资项目美姑河水电梯级开发开工以来，固定资产投产逐年大幅增长。到 2009 年年底，全社会固定资产投资总额达 73985 万元，比 1991 年增长 7888.5%，年平均增长 415.18%。

1991—2009 年固定资产投资一览表（当年价）

表 10-4　　单位：万元

年 份	全社会固定资产投资总额	基本建设	更新改造	其他投资	农户投资
1991	826	646	—	70	110
1992	1006	756	36	86	128
1993	1578	1037	—	91	450
1994	1566	1186	—	65	315
1995	1827	1461	—	—	366
1996	1373	1047	34	46	246
1997	1503	1214	31	108	150
1998	3655	2452	—	187	1016
1999	3881	1654	—	1211	1016
2000	6040	4439	—	695	906
2001	7116	3835	—	1335	1946
2002	14100	9396	—	734	3970
2003	25810	22683	—	100	3027
2004	36402	34117	—	170	2115
2005	47856	44916	1010	263	1667
2006	57539	54540	734	432	1833

续表 10-4

年份	全社会固定资产投资总额	基本建设	更新改造	其他投资	农户投资
2007	66852	57458	5365	551	3478
2008	48106	43327	1725	—	3054
2009	73985	56885	3213	8377	5510

第五节　商贸

1991 年，社会消费品零售总额为 2560 万元。1996 年，社会消费品零售总额为 4085 万元，比 1991 年增长 59.6%，年平均增长 9.8%。2001 年，社会消费品零售总额为 6077 万元，比 1996 年增长 48.8%，年平均增长 8.3%。2005 年，社会消费品零售总额为 13417 万元，比 2000 年增长 174.9%，年平均增长 22.4%。到 2009 年年底，社会消费品零售总额为 24078 万元，比 1991 年增长 840.5%，年平均增长 13.3%。

1991—2009 年社会消费品零售总额一览表（当年价）

表 10-5　　单位：万元

年份	社会消费品零售总额	销售地		行业		经济类型			
		县	县以下	批发零售业	餐饮业	国有经济	集体经济	个体私营经济	股份制及其他经济
1991	2560	1381	1179	2428	132	1635	114	811	—
1992	3262	1677	1585	3103	159	2114	180	968	—
1993	3502	1992	1510	3331	171	1798	576	637	491
1994	3919	1965	1954	3739	180	1790	506	895	728
1995	3760	1949	1811	3563	197	1497	327	774	1162
1996	4085	2858	1227	3771	314	1468	190	812	1615
1997	4130	2382	1748	3792	338	948	163	1011	2008
1998	4466	2565	1901	4066	400	483	77	1718	2188
1999	4531	2253	2278	4078	453	179	13	1572	2767
2000	4880	2296	2584	4405	475	286	22	1578	2994
2001	6077	2577	3500	5586	491	1287	24	1704	3062
2002	7300	3367	3933	6651	649	1551	113	1813	3823
2003	9204	4717	4487	7384	1820	1422	43	3414	4325
2004	12000	5074	6926	10648	1352	3012	—	8882	106
2005	13417	5957	7460	11906	1511	2813	—	10489	115
2006	15480	6658	8822	13805	1675	2651	—	12742	87
2007	17753	7636	10117	15538	2215	3068	—	14490	195
2008	20797	11438	9359	18346	2451	267	—	20327	203
2009	24078	13575	10503	21111	2967	309	—	23535	234

第六节　人民生活

一、农村居民生活

1991 年，农民人均纯收入为 304.4 元。1996 年，农民人均纯收入为 536.2 元，比 1991 年增长 76.1%，年平均增长 12%。2001 年，农民人均纯收入为 1017 元，比 1996 年增长 89.7%，年平均增长 13.7%。2005 年，农民人均纯收入为 1601 元，比 2000 年增长 74.6%，年平均增长 11.8%。2009 年，农民人均纯收入为 2538 元，比 1991 年增长 733.8%，年平均增长 12.5%。

1991—2009 年农村居民平均总收入和纯收入一览表

表 10-6　　单位：元

年份	人均总收入	其中			人均总支出	其中			农民人均纯收入
		工资性收入	家庭经营收入	其他非生产性收入		家庭经营费用支出	税费支出	生活消费支出	
1991	450.9	5.9	421.0	24.0	400.8	125.7	2.1	273.0	304.4
1992	595.8	3.1	553.7	39.0	582.5	208.3	3.1	371.1	362.9
1993	792.9	3.5	720.9	68.5	1030.0	428.9	3.4	597.7	338.0
1994	899.0	3.5	826.8	68.7	982.3	488.6	3.8	489.9	378.0
1995	967.7	1.2	895.3	71.2	1137.3	504.9	7.2	625.2	432.0
1996	914.3	49.3	828.8	36.2	903.2	340.9	7.5	554.8	536.2
1997	990.6	48.2	907.1	35.3	946.1	314.1	1.1	630.9	647.0
1998	1122.8	58.7	1029.9	34.2	1031.1	363.3	3.4	664.4	729.0
1999	1253.0	60.5	1154.3	38.2	1104.4	429.8	4.5	670.1	818.0
2000	1442.2	193.5	1213.3	35.4	1204.2	432.6	23.9	747.7	917.0
2001	1699.2	182.3	1323.2	193.7	1320.8	453.8	85.4	781.6	1017.0
2002	1705.3	185.5	1403.2	116.6	1317.1	457.2	72.5	787.4	1121.0
2003	1855.5	190.8	1537.9	126.8	1384.4	488.1	86.1	810.2	1220.0
2004	2146.0	239.0	1707.0	200.0	1527.0	599.0	14.0	914.0	1469.0
2005	2361.0	254.0	1882.0	225.0	1675.4	688.0	6.5	980.9	1601.0
2006	2631.5	310.2	2169.9	151.4	1948.6	781.2	12.7	1154.7	1752.0
2007	3265.9	411.7	2578.0	276.2	2360.9	1027.7	8.2	1325.0	2080.0
2008	3595.1	410.6	2905.8	278.7	2642.8	1178.5	—	1464.3	2286.0
2009	3823.2	349.3	3078.4	395.5	2753.2	1129.6	—	1623.6	2538.0

二、城镇居民生活

1991 年，在岗职工年平均工资为 1984 元。1996 年，在岗职工年平均工资为 4720 元，比 1991 年增长 137.9%，年平均增长 18.9%。2001 年，在岗职工年平均工资为 11282 元，比 1996 年增长 129.3%，年平均增长 18.1%。2005 年，在岗职工年平均工资为 14581 元，比 2000 年增长 93.4%，年平均增长 14.1%。2009 年，在岗职工年平均工资为 29461 元，比 1991 年增长 13.85%，年平均增长16.2%。城乡居民储蓄存款余额达31737万元，比1991年增长15.47%，年平均增长16.8%。

1991—2009年单位在岗职工工资、城乡居民储蓄一览表

表10-7　　单位：万元

年　份	单位数（个）	单位从业人员（人）	在岗职工（人）	在岗职工平均人数（人）	在岗职工年平均工资（元）	城乡居民储蓄存款余额
1991	215	5379	5379	5394	1984	1927
1992	214	5393	5435	5375	2394	2040
1993	196	5462	5559	5600	3416	2108
1994	263	5587	5581	5700	4342	2634
1995	267	5537	5520	5544	4721	6347
1996	265	5644	5638	5489	4920	7378
1997	248	5271	5257	5200	5511	8585
1998	223	4920	4908	4964	6133	10047
1999	193	4763	4739	4863	6990	10129
2000	193	4701	4676	4720	7538	9828
2001	191	4770	4750	4752	11282	10857
2002	184	4976	4888	4652	12360	12064
2003	177	4716	4707	4613	13003	13394
2004	177	4896	4894	4813	13894	14154
2005	173	4649	4648	4681	14581	15583
2006	180	4528	4527	4503	16517	18389
2007	180	4615	4615	4585	20837	21262
2008	162	4575	4575	4378	26465	25647
2009	161	4901	4901	4663	29461	31737

第二章　计划管理

第一节　机构设置

1991—2009年，美姑县计划管理机构经历了美姑县计划委员会、美姑县计划与经济局、美姑县发展计划局、美姑县发展和改革局机构演变过程。

一、美姑县计划与经济局

1998年10月以前，美姑县计划管理机构名称是美姑县计划委员会。1998年10月，撤销计划委员会、经济委员会、矿业管理办公室、经济协作办公室，组建美姑县计划与经济局，是美姑县人

民政府管理全县国民经济和社会发展，协调经济运行的综合职能部门。内设办公室（挂信息中心牌子）、农村经济计划股（挂县以工代赈办、县增产增收办牌子）、工业经济计划股（挂“三电”办牌子，“三电”即计划用电、节约用电、安全用电）、固定资产投资计划股（挂招商引资办、世行办牌子）、综合计划股（挂规划办、三产办牌子）、地质矿产管理办公室6个职能股室，行政编制15名，事业编制1名。

二、美姑县发展计划局

2002年4月，撤销美姑县计划与经济局，设置美姑县发展计划局，县物价局并入县发展计划局，挂物价局牌子。主管全县国民经济和发展战略、发展规划、年度综合计划、总量平衡、结构调整、投资项目管理、物价、招商引资等工作。内设办公室、农村经济计划股（挂以工代赈办牌子）、固定资产投资计划股（挂招商引资办牌子）、综合计划股（挂规划办牌子）、价格调控与管理股、市场价格检查所6个职能股室所，行政编制11名，事业编制1名。

三、美姑县发展和改革局

2006年9月，撤销美姑县发展计划局，组建美姑县发展和改革局，其职能是原美姑县计划局的全部职能。内设办公室、农村经济计划股（挂以工代赈办牌子）、固定资产投资计划股、综合计划股（挂规划办牌子）、经济体制改革股、价格调控与管理股、价格检查监督分局、价格认证中心（事业）8个职能股室，总编制17名，行政编制13名，机关后勤服务人员1名，事业编制3名。2008年9月25日，根据《中共美姑县委机构编制委员会关于重新核定县级机关党政群行政编制的通知》，重新核定县发展和改革局行政编制10名，工勤人员1名。2009年3月6日，建立县发展和改革局工会委员会。

第二节　管理体制

1990年，对计划管理体制进行了初步改革，管理体制由以前的集中统一管理向多样性的管理方向发展。主要从管理全民所有制经济转向管理全社会经济活动，拓宽计划覆盖面；主要从分投资、定项目、定指标转向注重研究经济和社会发展战略及制定重大方针政策；主要从抓生产、投资计划管理转向抓生产、投资计划与流通、分配、消费计划并重，实物计划管理与价值形态管理并重；从指令性计划管理转向指令性与指导性管理相结合，扩大市场调节范围；从进行计划控制转向计划调控。做到把大的方面管住管好，小的方面放开搞活，加强计划的综合平衡，改革传统的计划制度和方法，推行多种形式计划的综合平衡，推行多种形式的计划承包责任制，综合运用各种经济杠杆，加强经济信息和预测工作等，从而使计划管理工作开创新的局面。

1991—2000年，逐渐缩小指令性计划，扩大指导性计划和市场调节。农业生产上对粮食总产量均实行指导性计划，而且只下达玉米、荞子、马铃薯等主要农作物的种植面积、产量，取消了过去品种繁多，包揽一切的面积、单产总产等烦琐计划指标，农民在完成总产量指标的范围内，有权选择种植作物品种。工业生产，国家只对县属国营工业企业直接下达工业总产值，主要产品产值指标和利润。自2000年起，县计划部门取消所有指导性计划指标的制定和下达，改由各行业主管部门下达约束力不强的生产指导性指标。

从1995年起，取消大中专毕业生统一分配工作制度，采取进入人才市场自主就业，充分发挥人才就业主动性。

放宽基本建设投资审批界限，简化基本建设项目的审批手续，对属县审批的权力以内的基本建设项目，计划部门只审批项目建议书和可行性研究报告，在安排年度投资规模计划（视同开工报告）后，即可组织实施。

1990—2003年，逐步取消计划的商品有钢材、生铁、有色金属、烧碱、汽油、柴油、煤油、化肥、农药、半机械化农具、大米、小麦、菜油、肥猪、禽蛋、蔬菜、食糖、烟、酒、布等，全部由市场自行调节。

从2004年起，计划部门管理工作重点由单纯的计划编制下达，转向调查研究，提出国民经济和社会发展方向、目标、布局和重大的经济技术政策，以制定切合实际的短期、中期、长期规划为主，做好规划综合平衡和宏观调控工作，对经济决策和经济运行提供服务和必要的协调，规划不具备强制性，更有利于战略调整。

第三节　计划编制与执行

一、年度计划

先由单位及部门于上年提出，送县计划部门综合平衡后，报县人民政府相关领导审查，审查合格后由县计划部门审批，在12月前将次年计划逐级下达到基层。县计划部门按照县国民经济和社会发展战略，编制和修改年度计划（草案），内容包括国民经济和社会发展主要指标、农业经济计划、工业经济计划、商品流通计划、人口计划、普通教育事业计划、科学技术研究项目及环境保护计划等。在上级下达的计划指标外，根据县情增加一些对全县有较大影响的指标。20世纪90年代，改革计划体制，通过计划经济的综合平衡和市场调节作用，保证国民经济按比例协调发展，逐步将年度指令性计划变为指导性计划。1993年起，在工业经济计划中增加销售收入、利润、税金、主要生活性固定资产投入、扭亏目标等指标，经济增长呈逐步走高趋势。

1991—2009年，各年度计划执行情况良好，每年均完成了计划指标。

二、中长期计划

县内按规定编制长远规划和“五年计划”。根据国家和四川省统一部署，在总结上一个五年计划执行情况的基础上，提出下一个五年计划，内容包括纲要、指导思想、发展思路、目标任务、产业发展方向和重点、科学技术和社会发展预定目标、采取的政策措施等。1991年、1996年、2001年、2006年，分别编制完成“八五”“九五”“十五”“十一五”期间美姑县国民经济和社会发展规划，涉及全县国民经济和社会发展主要综合指标和农业、工业、教育、文化、卫生、人口、水利、劳动、财政等行业发展目标以及相应发展措施、对策、行业课题研究。除常规性编制五年计划外，根据经济和社会发展需要，1999年，编制了《美姑县以粮代赈退耕还林（草）实施规划（2000—2009）》；2000年，编制了《美姑县“十五”以工代赈公路通村建设规划》《四川省美姑县生态环境建设规划（纲要）》；2001年，编制了《美姑县招商引资项目库》《美姑县“十五”期间重点优势工业发展规划》；2003年，编制了《美姑县民营经济发展规划》。“八五”至“十五”期间，全县国民经济和社会发展计划指标都全面完成；2005年，启动编制“十一五”规划纲要工作，先后完成了《美姑县以工代赈建设“十一五”总体规划》《美姑县十一五经济社会发展及2020年远景目标规划纲要》；2006年，完成《美姑县国民经济和社会发展第十一个五年规划纲要》；2008年，对“十一五”规划纲要执行情况进行中期评估，全县国民经济和社会发展计划指标执行良好；2009年，启动了“十二五”规划纲要编制工作。

第四节　计划管理与监督

计划管理实行责任制度，属县管理权限的各项计划由县计划管理部门编制下达，各主管部门组织实施，统计部门统计监督。每年年初，将全县国民经济和社会发展计划执行情况及计划草案提交县人代会和人大常委会审议通过后执行，以指导全县经济和社会发展。一些重要计划，还将指标下达各主管部门和乡（镇）。例如：农业生产中粮食生产的面积、产量等计划指标和畜牧生产的四畜存出栏数、肉类产量等计划指标，由县人民政府分解下达到乡（镇）签订目标责任书，年终根据统计数据进行考核，维护了计划的严肃性；人口计划将出生人数、出生率、计划生育和一孩率指标分解下达到乡（镇）后，由县计划生育部门与各乡（镇）签订目标责任书，确保人口计划完成。

对全县经济和社会发展的运行情况，采取在季度、半年、全年进行统计、分析、调查后，写出调查分析报告，及时反映国民经济和社会发展计划执行过程中取得的成绩、存在问题和应采取对策，为县人民政府调整计划及计划执行提供决策依据。

第五节　以工代赈

以工代赈即政府出钱，在贫困地区搞农村基础设施建设，组织农民参加工程建设，获得务工报酬。

1985 年，美姑县开始实施以工代赈工作，由计划部门负责全县以工代赈工作的统筹领导、组织协调和管理，严格按照国家基本建设管理程序，对全县以工代赈计划、资金、项目进行申报和平衡。以工代赈项目建设内容主要包括乡村道路建设、小水利工程、人畜饮水工程、基本农田建设、农田综合改造等。1985—2009 年，全县以工代赈资金累计投入 12357.61 万元。其中，1985—2000 年投入 5140.61 万元；2001—2004 年投入 1660.4 万元；2005—2009 年投入 5556.6 万元。到 2009 年年末，通过以工代赈资金投入，全县贫困建卡户 14696 户、73459 人中，有 90.7% 的贫困人口达到“五八”标准，人均纯收入 500 元，人均有粮 400 公斤；有 39.9% 的贫困户达到“五个一”标准。一些易地移民户人均纯收入从移民前的 200 元增加到 2800 元。

在“十一五”期间，交通建设项目投入以工代赈资金 1717 万元，新建、改建公路里程 461.3 公里，用于改建山重三级公路 30 公里，完成 1 座 2 ~ 20 米中桥、3 座 1 ~ 16 米小桥和 253 道涵洞，新建山重四级泥结碎石公路 15 公里，路基宽度 4.5 米宽，涵洞新建 25 道、150 米，解决和改善 6 万多人出门难、行路难状况，公路通达程度也由“村村通”向“组组通”延伸。投入水利基础设施以工代赈资金 235 万元，增加和改善灌溉面积 640.07 公顷，整治（库堰）1500 立方米。投入人畜饮水以工代赈资金 574 万元，建设人畜饮水供水站 8 个、蓄水池 1489 立方米，铺设饮水管道 26 条、268.49 公里，解决 3.1 万人、牲畜 5.23 万头（只）饮水困难问题。投入农业示范基地以工代赈资金 200 万元，建高效农业示范基地 7 个，打造出美姑特色产业，实现产业结构调整在全县的示范带动作用和辐射作用。投入以工代赈易地移民扶贫搬迁工程资金达 1843 万元，完成搬迁 916 户、4280 人，新建住房 47470 平方米，附属设施建设 5800 平方米，学校 600 平方米，卫生院 100 平方米，新建村级公路 2 公里，人畜饮水工程新建蓄水池 21 立方米，饮水管道 7 公里。

第六节　招投标管理

2002 年 4 月，机构改革后，招投标工作职能划入计划部门。由计划部门负责统筹管理、指导协调全县招投标工作，会同有关行政主管部门，草拟《中华人民共和国招标投标法》配套法规、综合性政策，提出必须进行招标项目的具体范围、规模标准；指定发布招标投标公告的媒介；对国家、省、州和县重大建设项目建设过程中的工程招投标进行监督检查。

2008年，随着国家加大扩大内需和灾后重建项目资金的投入，一些民生项目纷纷立项，为确保这些国家投资性建设资金安全高效使用，杜绝工程项目承发包活动随意性和招投标操作过程不公开、不透明的行为发生，美姑从加强扩大内需项目监督管理入手，进一步完善全县建设工程项目招投标制度，建立健全建设工程项目招投标（比选）行政监督机制，搭建好招投标、开标、招标公共资源交易平台。

2009年8月10日，美姑县制定出台《关于印发美姑县项目储备管理办法的通知》《关于印发美姑县加强政府投资项目统筹的实施办法的通知》。是年12月14日，美姑县发展和改革局、美姑县监察局联合印发《关于美姑县国家投资工程建设项目招投标程序》，出台了一系列项目管理规范性文件，对全县人民政府性投资项目管理和招标投标行为进行了有效规范。全年共招标、比选项目43个，其中，招标项目11个，总投资7276.8万元，已完成的9个项目，控制价5865.93万元，中标价5537.6万元，节约资金328.33万元，资金节率5.6%；比选项目32个，总投资3808.87万元，已完成的30个控制价3705.29万元，中标价3438.67万元，节约资金266.62万元，资金节率7.2%。

第三章　审计监督

第一节　机构和编制

1981年以前，县财政审计监督未设专门机构由财税局派员分管，1981年，财税局设财政监督股。1983年10月，由县财政局负责筹建审计局。1984年1月，根据国务院（国发〔1983〕36号文件）和凉山州人民政府（凉府发〔1984〕16号文件）精神，美姑县设置审计局，内设机构为3股1室，即办公室、一股、二股、三股。是年年底，人员配备7名，其中，副局长2名，股长2名，一般干部3名；有会计师1人，助理会计师2名。1988年，审计局人员配备增至8名。1993年8月，凉山州审计事务所美姑审计分所成立，从业人员5人。1995年，审计局配备正副局长3人。1997年，对机关职能配置、内设机构、人员编制提出方案，编制12人，实际在编9人。1998年，按“三定”方案核定，美姑县审计局内设机构为3股1室，即办公室、财政金融审计股、经济责任审计股、综合审计股，编制11人，其中，行政编制10人，工勤编制1人。同年，成立美姑县审计局党组。1999年12月，凉山州审计事务所美姑分所按照国家规定撤销。2002年，美姑县人民政府关于印发《美姑县审计局职能配置内设机构和人员编制规定的通知》，核定美姑县审计局人员编制为11人，其中，行政编制10人，工勤编制1人。内设机构为3股1室，即办公室、财政金融审计股、经济责任审计股、综合审计股，有局长1人，副局长2人，一般干部5人。

第二节　审计职能及项目

根据（国发〔1983〕130号文件），按照《中华人民共和国宪法》第九十一条，审计机关的主要任务是：对财政预算和信贷计划的执行，财政决算和信贷计划的执行结果进行监督；对各级行政机关、人民团体、事业单位和中国人民解放军的财务收支，进行审计监督；对国有企业、基本建设单位、金融保险机构以及县以上人民政府管理的相当于国营的集体经济组织的财务收支，进行审计监督；维护国家财经法纪，对严重的贪污盗窃、侵占国家资财，严重损失浪费、损害国家利益等行为，进行专案审计；贯彻审计法规，制定审计规章制度，参与重要的财政、财务等方面规章制度的研究制定工作；向本级政府和上级审计机关作审计工作报告和重大的专案审计报告。2002 年，职能调整划入职能：一是对党政领导干部和国有企业及国有控股企业领导人员任期经济责任审计；二是对社会保障资金、天然林保护工程资金、退耕还林工程资金审计。

至 2009 年，县审计局共开展了十大类审计，审计项目 149 个。一是财政预算执行情况审计；二是财政决算审计；三是金融审计；四是固定资产审计（含资金来源审计）；五是经济责任审计；六是企业审计；七是行政事业审计；八是农业与资源环保审计；九是社会保障审计；十是专项审计与审计调查。

第三节　审计成果

1991 年，紧紧围绕党的中心开展审计监督，完成 11 个项目、43 个单位审计，审计查出违规金额 4 万元，管理不规范金额 15 万元，上缴财政 7 万元（含 1990 年缓缴额 3 万元）。1992 年，贯彻“进一步加快发展扩大开放”的精神，推行“加强、改进、发展、提高”的工作方针，完成 13 个项目、36 个单位审计，审计总金额 1706.72 万元，审计查出违规金额 8 万元，管理不规范金额 44 万元，上缴财政 8 万元。1993 年，深入落实国务院《关于强化审计监督的意见》的十八条措施，完成 7 个项目、31 个单位，审计查出违规金额 7 万元，管理不规范金额 290 万元，收缴财政 7 万元。1994 年，完成 7 个项目、27 个单位审计，审计查出违规金额 10 万元，管理不规范金额 138 万元，上缴财政 0.3 万元。1995 年，强化对国家财政收支和与国有资产有关的财务收支的审计监督，完成 7 个项目、审计 24 个单位审计，审计查出违规金额 0.3 万元，管理不规范金额 87.7 万元。

1996 年，贯彻“抓住机遇、深化改革、扩大开放、促进发展、保持稳定”的基本方针，正确处理改革、发展、稳定的关系，积极推进经济体制和经济增长方式的转变，完成 6 个项目、22 个单位。1997 年，完成 8 个项目、17 个单位，审计查出违规金额 12 万元，管理不规范金额 13 万元。1998 年，围绕党政工作重点和经济建设热点开展审计监督，重点检查和分析资金使用情况，完成审计 11 个项目、12 个单位，审计查出违规金额 0.3 万元，管理不规范金额 2.2 万元。1999 年，贯彻落实“依法审计、服务大局、围绕中心、突出重点、求真务实”的审计工作方针，完成审计 4 个项目、16 个单位，审计查出违规金额 3 万元，管理不规范金额 164 万元。2000 年，完成审计 3 个项目、6 个单位，审计查出管理不规范金额 198.5 万元，审计决定处理处罚金额 9 万元，自行纠正金额 190 万元，罚款金额 0.5 万元。

2001 年，全面落实《中华人民共和国审计法》和审计工作“二十字”方针（“二十字”方针即依法审计、服务大局、围绕中心、突出重点、求真务实），坚持以审计财政、财务收支真实性为基础，加大对严重违法、违纪问题和重大经济案件的查处力度，按照“大、深、高”的要求，进一步改进审计方法，完善审计手段，提高审计质量，充分发挥审计职能作用。完成审计项目 6 个、审计单位 25 个，审计查出违规金额 5 万元，管理不规范金额 724.68 万元。2002 年，完成审计项目 8 个，完成审计单位 55 个，审计查出违规金额 16.68 万元，管理不规范金额 441.93 万元。2003 年，充分发挥审计监督在提高经济增长质量和效益，加强廉政建设，促进经济发展和维护社会稳定方面的积极作用，完成审计项目单位 30 个，查出违规金额 50 万元，管理不规范金额 467 万元。2004 年，审计项目按照“全面安排、突出重点，积极稳妥、量力而行，分类指导、有保有压，打破专业分工、形成审计合力”的原则。全年共完成审计单位 16 个，查出违纪违规金额 1180 万元，管理不规范金额 138 万元。2005 年，是审计工作开展“严谨细致、提高质量”活动年，加强部门预算执行和专项资金的审计力度，加强经济责任审计工作，积极开展计算机审计，努力提高审计质量和审计效率，加大效益审计和专项审计调查力度，全年累计完成审计单位 3 个，查出有问题金额 1448 万元，其中，违规金额 1448 万元，审计依法处理金额 1448 万元。

2006 年，突出重点领域、重点部门、重点项目、重点资金的审计，累计完成审计单位 9 个，审计查出有问题金额 458 万元，其中，违纪违规金额 220 万元，管理不规范金额 238 万元。2007 年，紧紧围绕县委、县人民政府提出的“坚持科学发展、构建和谐美姑”的主题和工业强县的发展思路，严格依法审计，完成审计项目 24 个，审计查出有问题金额 182 万元，其中，违纪违规金额 155 万元，管理不规范金额 27 万元。2008 年，累计完成审计项目 18 个，其中，完成计划项目 12 个（含审计调查项目 1 个），占年计划的 75%，完成交办项目 6 个，审计查出有问题金额 515 万元，其中，违纪违规金额 496 万元，管理不规范金额 19 万元；审计依法处理金额 515 万元，其中，审计决定处理处罚金额 8 万元，（应上缴财政 2 万元，其中罚没 1 万元，应调账处理 6 万元）；出具审计报告 17 份、审计调查报告 1 份、审计决定书 4 份、审计处理处罚决定书 1 份，提出审计建议 45 条。

2009 年，继续加大严重违法违规问题和经济案件的查处力度，推进审计整改和审计公告，维护全县财经秩序，加强和改善宏观管理。全年累计完成审计项目 13 个，其中，计划项目 11 个，县人民政府交办项目 2 个，审计查出有问题金额 294 万元，其中，违纪违规金额 234 万元，管理不规范金额 60 万元；审计决定处理处罚金额 153 万元，其中，应上缴财政 23 万元（其中，罚款 1 万元），已上缴财政 23 万元（其中罚款 1 万元）；应调账处理 126 万元，应归还原渠道资金 4 万元；出具审计报告 13 份、审计决定书 6 份，提出审计建议 41 条，全部被采纳，提交审计专题简报 3 篇。

第四章　土地管理

第一节　机构设置和编制

一、国土资源局

1997 年 1 月，美姑县国土局在编 8 人（含聘用人员 1 名），内设办公室、财会股、地籍股和档案室。同时，成立美姑县矿产资源管理办公室在编 3 人，单位挂靠县发展规划局。1998 年 7 月，县国土局与县城建局合并，组建县建设国土环境保护局。2001 年 12 月，撤销“美姑县建设国土环境保护局”和“美姑县矿产资源管理办公室”，分别组建美姑县城市建设环境保护局和美姑县国土资源局，新组建的美姑县国土资源局属政府组成部门，行政定编 6 人。内设综合股、地质矿产股和政策法规监督股 3 个股室。2004 年，国务院《关于深化改革严格土地管理的决定》出台后，县级国土资源局党政领导实行“双重管理”体制，即由州国土资源局党委（党组）主管，县委、县人民政府协管。县国土资源局由县人民政府的组成部门改为县人民政府工作部门。2005 年，县人民政府关于全县国土资源管理体制改革的实施意见，核定县国土资源局领导职数为局长 1 名，副局长 2

名，纪检组长1名。内设办公室、资源规划股、国土综合股、地质矿产股、法规监察股5个行政职能股室和土地矿产储备交易中心、行政执法大队2个事业股室，其中，执法大队和法规监察股为两块牌子、一套人马。核定局机关人员编制数为19名。2007年，核定行政执法类事业编制24名，其中基层国土所行政执法类事业编制19名。2008年，参照公务员管理考试录用1名。2009年，公招录用4名。

截至2009年年底，全局在编在岗19人，其中公务员6人，参照公务员管理5人，事业3人，工勤人员3人。

二、乡（镇）国土管理机构

1997年1月—2001年12月，全县9个片区工委、1个镇、35个乡均保留土地管理站，有专职、兼职国土员44人。2002年3月—2004年12月，乡（镇）土地管理人员全部收归县国土资源局垂直管理，并在9个片区设立国土资源管理所。共有专职国土员39名，兼职国土员2名。2005年以后，随着国土资源机构改革的实施，原有片区工委的和乡（镇）国土员全部分流到所在地工委和乡（镇）。2008年，新建9个片区国土所，核定事业编制27名，实行公开考调、考核制度。到2009年年底，基层国土所在岗人员为零。

第二节　土地利用规划与开发保护

一、土地利用总体规划

《美姑县土地利用总体规划（1997—2010）》是经凉山州人民政府审核通过后实施的。规划目标是耕地逐年实现占补平衡，到2010年实现耕地保有量32411.02公顷，净增耕地面积249公顷；各类建设新占用土地不超过568.85公顷，其中，耕地不超出100公顷；土地整理、开发复垦补充耕地1809公顷以上，到2010年净增利用土地249公顷；基本农田保护面积目标是20038.37公顷，原土地利用总体规划确定的基本农田保护面积是26038.37公顷。2004年，因美姑县在原划定基本农田保护区内的耕地进行生态退耕面积达到6000公顷，对全县的耕地保有量和基本农田保护目标任务做了调整，耕地保有量调整为22921.21公顷。截至2009年，全县大于25度的陡坡耕地有12000余公顷，规划期内要退耕还（草）6000公顷。土地利用率提高到90%，土地产出提高到0.61万元/公顷以上，农用地产出达到0.1491万元/公顷以上，工业用地产出达到178.845万元/公顷以上。是年，投入资金113.6万元，由四川空间土地设计有限公司开展美姑县土地利用总体规划修编工作，规划期限为2005—2020年，以满足全县经济和社会发展需要。

二、耕地保护

美姑县大部分耕地处于海拔2000～2500米之间。中低产田土占耕地总面积的73.7%；大于和等于25度的坡耕地占耕地总面积的40.47%。1997年，以1996年年末的详查变更耕地面积32162.02公顷（包括25度以上陡坡耕地和高海拔地区的轮歇地）为基数，规划基本农田保护面积为26038.37公顷。2000年12月，按照省、州要求和下达的保护率81%为硬指标，以1999年年末详查变更耕地面积31375.45公顷作为基数进行调整，划定2010年的基本农田保有量。到2006年年末，由于连续几年实施国家生态退耕任务和各类建设项目的占用耕地，全县耕地详查变更数为22985.34公顷，少于规划确定的基本农田保护面积。省、州政府鉴于美姑县已在原划定基本农田保护区内的耕地进行生态退耕面积达到6000公顷的事实后，对耕地保有量和基本农田保护目标任务作了调整。即基本农田保护任务调整为20038.37公顷，耕地保有量调整为22921.21公顷。为了确保省、州政府下达美姑县耕地保有量和基本农田保护目标责任任务的全面落实，在全县范围内开展了“落实耕地和基本农田保护责任制”工作，同时进行基本农田的局部调整后落实到各乡（镇），县、乡（镇）、村三级签订了基本农田保护和耕地保有量责任书，农户发放“基本农田保护卡”。到2009年年底，全县耕地保有量为23001.21公顷，基本农田保护面积为20038.37公顷。

三、土地开发

美姑15度以上坡耕地占土地总面积的81%。由于受传统农业模式的影响，农业结构单一，基础设施严重滞后，造成植被严重破坏，水土大量流失，耕地生产力降低，生态环境日趋恶化，不但威胁着当地居民的生存，也影响了长江中下游的发展。随着国家西部生态建设工程的推进，到2009年年底，全县已退耕还林866.67公顷。

2001年以后，为了实现美姑耕地动态平衡和促进经济持续健康发展，县国土资源局编制了《美姑县土地开发、复垦单项规划（2001—2010年）》，共规划了106块、5024.1公顷的土地开发项目。到2009年年底，全县有3块土地开发项目在省级立项，用地规模达492.38公顷，新增耕地面积411.33公顷以上，从而实现耕地占补平衡战略目标。2008—2009年，先后启动了九口乡瓦洛千哈村土地开发项目和波窝苦村荒地开发项目，两个土地开发项目新增耕地194公顷。

第三节　建设用地管理

一、用地管理

1998年，国务院继续冻结非农建设占用耕地的审批。2000年以后，为加强耕地保护工作，从严控制农用地转为建设用地，《四川省关于〈中华人民共和国土地管理法〉实施办法》将农用地转用审批权限上收到省人民政府和国务院，州、县一级仅保留用地预审权。1998—2001年，州下达美姑的非农建设用地计划为16.13公顷，其中，耕地5.37公顷。实际审批用地1.74公顷，占计划数的11%，其中耕地0.28公顷，占计划的5.2%，累计节约用地14.39公顷。主要用于乐约乡山体滑坡灾民安置、二滩送变电工程用地和农村村民建房。2002年，全县申报用地面积23.33公顷，其中，农用地转用面积18.67公顷（耕地12公顷）。州级下达农村村民建房用地指标3公顷（耕地1公顷），实际用地3公顷。2003年，全县审批城乡建设用地2.74公顷，控制在农用地转用指标3公顷以内。2004年，申报柳洪水电站、美峨公路改建、思普水电站、华岗水电站、毕摩文化园5个重点建设项目的农用地转用计划指标。2008年，省人民政府先后分三次批准全县乡（镇）建设用地共计100.42公顷，批准城市建设用地6.40公顷。

二、建设用地供地

1997—2009年，农村村民个人建房累计审批供地7.48公顷，其中耕地1.28公顷。建设项目供地总量达59.74公顷，其中农用地转用48.18公顷（耕地0.77公顷），主要用于新区建设、柳洪水电站、毕摩文化园、美峨公路扩建、坪头水电站、牛牛坝初级中学、凯元磷化工厂、罗姑水电站等重大项目建设，审批同意向拉木阿觉工业园区供地100公顷。

三、征地补偿安置

1991年以后，美姑县征地补偿安置工作严格按照《中华人民共和国土地管理法》、国土资源部《关于切实做好征地补偿安置工作的通知》及省、州关于征地补偿安置的实施意见、办法进行。县人民政府制定出台了《关于柳洪电站建设征地移民安置补偿标准的通知》《关于峨美公路巴普至椅子垭口段改建工程征地与拆迁的补偿办法》等文件，先后完成了新区建设、柳洪电站、省道公路改扩建等重点工程的征地补偿工作。2008年以后，美姑县按照国土资源厅《关于调整征地补偿安置标准的意见》，实施每亩耕地的土地补偿费按前3年平均产值的10倍计算，安置补助费按6倍计算，对征地后人均耕地减少而不具备基本生产生活条件的失地农民纳入城镇就业体系，并建立相应的社会保障机制。

第四节　土地市场清理整顿及建设

1996年，美姑县人民政府制发了《美姑县人民政府关于切实加强土地转让管理工作严禁炒卖土地的通知》，对全县闲置土地、非法转让农民集体土地进行非农建设的、非法转让和炒卖土地等现象进行全面清理整顿，查出各类不规范用地如下：农村集体土地中，未经批准非法流转的有641宗，面积220.3公顷；流转后擅自改变土地用途的71宗，面积35.72公顷；宅基地877宗；其他非农建设215宗。国有土地非法流转109宗，面积达47.58公顷。其中，非法转让2.18公顷，非法出租44.78公顷，非法抵押0.6公顷。国有土地闲置5宗，面积4.95公顷。农用地非法转为建设用地的6宗，面积0.08公顷。2003年，对全县1583宗、183.02公顷城镇国有土地进行了清理，共清查出集体土地非法入市4宗、525平方米、划拨用地擅自改变土地用途24宗、102.87平方米、闲置土地21宗、1990平方米、非法出租162宗、2433平方米、非法转让3宗、238.51平方米，其他违法用地6宗、3216平方米。针对各类违法违规用地问题，县人民政府出台了《美姑县国有土地使用权出让、转让、出租管理暂行规定》，在整顿规范的基础上开展土地市场建设，通过市场配置土地资源，当年实现政府的土地有偿收益达260万元。2004年，县人民政府建立了美姑县土地矿权储备交易中心，培育公开、公平、公正的土地使用权交易市场。至2009年，县人民政府收回19宗国有闲置土地使用权归交易中心储备，并成功组织挂牌出让了6宗国有土地使用权，挂牌土地收益213.5万元。

第五节　地籍管理

一、第二次土地调查

2007年9月19日，美姑县召开了第二次土地调查动员培训大会。会上县人民政府与各工委主任、乡（镇）长签订了2007年全县第二次土地调查专项目标责任书；会后，县人民政府成立美姑县第二次土地调查领导小组，领导小组办公室设在县国土资源局。办公室根据工作任务，编制了《美姑县第二次土地调查财政投入经费预算方案》《关于解决美姑县第二次土地调查工作启动资金的请求》《美姑县第二次土地调查经费管理办法》等报告。财政及时拨付了37万元的启动资金，将调查经费纳入县财政预算。并制定了《美姑县第二次土地调查工作方案》和《美姑县第二次土地调查实施方案》。2009年，全县第二次土地调查工作基本完成了外业调绘和内业核查任务，通过县级初查。

二、土地登记

1993年1月—1995年5月，按照凉山州人民政府《关于开展全州土地登记发证工作的意见》，美姑开展国有土地的初始登记及发证工作，共登记发证1116宗地。1997年以后，美姑县国土资源局在原来的土地初始登记及发证工作的基础上，开展包括土地所有权、土地使用权、土地使用权出让、土地使用权变更、土地使用权租赁、土地使用权抵押和土地使用权注销等的登记工作。至2009年年末，累计完成2405宗地的土地使用权登记发证工作（其中，初始登记43宗、变更登记2035宗、抵押登记327宗），面积12.17万平方米；12宗集体土地所有权登记发证，面积6110.49万平方米；2480宗集体土地使用权登记发证工作，面积35.96万平方米。

三、土地估价与地价管理

1999年，为促进美姑县土地使用制度的改革，变无偿使用为有偿使用。美姑县委托凉山州地价评估事务所开展"美姑县城区土地定级与基准地价评估"工作，编制了《美姑县城区土地定级与基准地价评估报告》，并报经省、州技术鉴定组鉴定并通过。同时，结合本县实际，制定出台《美姑县国有土地使用权出让、转让、出租管理暂行规定》，细化或明确了城乡基准地价。2004年7月，中共美姑县委机构编制委员会研究同意成立美姑县国土资源局"土地矿权储备交易中心"，开展对全县宗地价格评估业务的咨询和审核等工作。至2007年年底，共审核宗地地价327宗。其中，挂牌出让宗地6宗、抵押贷款宗地321宗。2009年，全县城镇基准地价更新工作启动，对全县城区内土地等级、土地价值等进行重新规划和计算。

美姑县城区基准地价一览表

表10-8　　单位：元/平方米

项目分类		Ⅰ	Ⅱ	Ⅲ	Ⅳ
基准地价	商服用地	322	233	177	93
	住宅用地	219	158	120	63
	工业用地	155	112	85	45
	综合用地	238	172	131	69

第六节　执法监察

1998年，组织宣传《中华人民共和国刑法》增设的"破坏耕地罪""非法批地罪"和"非法转让土地罪"相关法律释义，发放宣传资料1100多份。结合宣传活动，组织开展违法占地情况的清查，共查出违法占地4宗，处理结案4宗。2000年，开展新修改《土地管理法》的宣传教育，召开县级培训会议8次、902人次；召集座谈会2次、46人次；深入基层122车（次），普及人数14100人次；订发新《土地管理法》单行本1400多册。同时，完善31宗农村宅基地建设手续。是年，共清理查处集体土地未经批准流转641宗、面积220.3公顷；农用地改变用途71宗、面积35.9公顷；国有土地非法入市109宗。2001年，查处非法占地案件6件，非法转让土地1件，结案率90%。动态巡查覆盖率达95%，无违法批地、无违法管地、无违法用地的"三无"乡（镇）达标率为92%。2002年，查处农村村民建房少批多占2宗，查封非法开采小煤矿38个，结案率100%。2003年，查封非法开采和启封开采小煤矿4个，关闭城市周边污染环境的采砂取砂点13个，责令限期整改重组矿山12个。2004年，查处柳洪水电站未批先占土地2.4公顷，罚款47.92万元。2005年，查处非法偷运矿产品案件21起，没收矿产品168吨，罚没收入1.72万元。2006—2007年，全县国有资源动态巡查覆盖率达96%以上，"三无"乡（镇）达标率为70%；查出违法用地案件6宗，查封非法矿点3个，查处非法运输矿产品案件4起。2008年，国土资源系统正式启动卫星遥感监控矿产违法行为程序。2009年，卫星执法系统覆盖全国各地，使自下而上的执法流程转变为自上而下的督查督办程序。

第七节　地质矿产管理

一、矿产开发管理

1997—1999年，通过省矿产资源管理部门行政审批取得依法开采权的矿山有维勒觉—沙洛铜矿、洪溪集资煤矿、炳途煤矿和牛牛坝碾碾村集体煤矿；县级审批的有井叶特西石膏厂、和平瓦厂、基伟石膏厂等22个非金属矿小矿山企业。2001—2003年，全面开展以取缔无证勘查、开采为重点的矿业秩序整治工作，先后关闭无证开采、破坏环境等非法矿山和私挖乱采小煤窑48个。同时，对维勒觉—沙洛铜矿等证照不全、规模不够的5个主要矿山进行停产整改，重新整合。2004年2月16日，首次成功挂牌出让了特西石膏矿采矿权，成交价款为28万元。是年，编制上报了维勒觉铜矿、龙门铁矿、打洛煤矿、洪溪煤矿、炳途煤矿5个探矿权设置方案。2005年9月1日，成功拍卖出让了维勒觉铜矿和打洛煤矿两宗探矿权，拍卖成交价款合计457万元。2006—2007年，编制上报候播乃拖乡瓦基铜矿等13个探矿权设置方案。同时，对县境内砂石、黏土等建筑用非金属矿产进行整合后，挂牌出让了4宗砂石、砖瓦采矿权，出让收益合计14.2万元。2008年，瓦基铜矿探矿权成功拍卖，拍卖价款4100万元。至此，全县矿业权拍挂收益累积达4599.2万元。2009年，为进一步摸清全县矿产资源分布及蕴藏量，县人民政府投资97万元，完成全县第二轮矿产资源规划调查。

二、地质灾害预防防治

美姑县地处大凉山腹心地带，总地势东北高西南低，群山矗立，坡陡谷深，海拔高度800~3500米以上，平均高度2000米，所处大地构造单元属扬子准地台（I级）上扬子台坳（II级）。在地质灾害分区上属凉山山原地质灾害较强发育区。1997年6月5日凌晨1时，乐约乡则祖村一带因特大暴雨和冰雹袭击，导致大面积山体滑坡并诱发泥石流，造成灾难，死亡人数达152人，直接经济损失790万元以上。此后，地质灾害引起了广大人民群众的普遍关注，也引起了各级政府和有关主管部门的高度重视。2001年9月，美姑县作为全国14个重点地质灾害区划调查县之一，由四川省地矿局成都水文地质工程地质中心组织实施全县地质灾害区划调查。2002年6月，完成《四川省美姑县地质灾害防治规划报告》，从地质灾害防治指导思想、防治原则、防治目标、分区规定、防治方案、保证措施等方面做了翔实的分析和规划，列出了重点防治区。同时，指导县人民政府编制了《美姑县地质灾害隐患与防灾预案》。2008年，结合县内地质灾害发展变化情况，四川省地矿局成都水文地质工程地质中心对全县地质灾害进行了新一轮普查规划，完成了预案编制，避险搬迁规划，避险场所规划等，强化了地质灾害预防防治基础工作。

第五章　统计管理

第一节　统计执法监督

1991年，大力加强统计法制建设，贯彻实施《中华人民共和国统计法》，凉山州统计局任命县统计局4人为统计法规检查员。1992年，对统计年报中违规的4个单位牛牛坝酒厂、大桥酒厂、农机厂、乡（镇）供销公司进行了处理。1993年12月，在农村和城市年报会上对全县156名统计人员进行普及统计法律知识的教育。1994年，成立了执法大检查领导小组，开展自查单位137个，参加自查人数 326 人，其中，领导干部 135 人。对县民政局、县总工会、建行美姑县分行等 20 个单位进行了抽查，抽查面达 14.5%。是年 11 月，组织基层统计人员参加四川省组织的统计“二五”普法考核、验收暨四川省统计法知识竞赛，参加人员 120 人，平均得分 91.7 分，居全州第一位。1995 年 5 月，由统计检查员和专业人员 8 人的执法检查小组，对 15 个单位进行抽查，抽查面达 10.79%；6 月，对 1994 年综合年报的全部统计指标数据进行了检查。

1997 年，开展自查单位 141 个，抽查单位 30 个，抽查面达 21%。1998 年，在统计执法大检查中对违法较为严重的美姑县农行、车队、招待所、医药公司 4 个单位进行了立案查处，并给予 4 个单位经济处罚。1999 年，县化工总公司、政府招待所、物资有限责任公司、石油总公司、电信局 5 个单位被列为全州统计法执行重点单位，参加全州重点单位统计法培训；7 月，对全县 31 个行政、企事业单位进行统计执法大检查，对存在统计违法行为的县物资有限责任公司、县石油公司、县电信局进行立案查处，并进行经济处罚。同时，查出县人民政府招待所、县林产品经销服务公司、县农业局、县质量技术监督局、县文化广播电视局 5 个单位有不同程度的违法行为，对 5 个单位进行了通报批评。2000 年，组织全县各单位统计人员及法人代表参加全省组织的统计“三五”普法考核验收考试，参试人员 224 人。

2001 年，查出县民政局、县文化馆、县总工会、县粮食局、新桥工委 5 个单位有不同程度的违法行为，对 5 个单位进行了通报批评。2002—2004 年，在统计执法检查工作中，开展自查单位 336 个，占应自查单位总数的 95%，抽查单位 37 个，占自查单位总数的 15%，查出统计违法行为 3 件。2005 年，县统计执法检查中查出大桥工委、新桥工委、县交通局 3 个单位有不同程度的违法行为，对这 3 个单位进行了通报批评。

2006 年 8 月，对 36 个乡（镇）、9 个工委、2 个城区工矿企业、6 个商贸企业和 91 个行政事业单位进行检查。同时，对 2005 年各项统计报表和 2006 年 1~7 月的统计月报、季报情况，作了认真的检查和核实。检查中发现的统计违法行为有 1 例，对该单位发出责令整改通知书，并立案处理。2007 年，抽查 20 个单位，发现有问题的单位 3 个，要求统计人员写出虚报瞒报的情况说明和整改措施，并进行了通报批评。2008 年，随机抽取 20 个行政、企事业单位进行检查。重点检查劳动工资情况、固定资产投资、农业畜牧报表。2009 年，重点检查统计基础工作（原始记录、统计台账、报表质量、统计报表资料归档情况）和主要的统计指标数据质量。对 2008 年年报及 2009 年定期报表的统计数据进行清理。

第二节　统计调查

一、全面调查

县统计局为系统反映全县国民经济和社会发展情况，经过搜集、整理，反复审定资料后，先后编印《1991—2007 年国民经济和社会发展统计公报》和《1991—2007 年统计年鉴》，为各级领导提供参考，为有关部门研究民族地区经济社会发展状况提供第一手资料。1992 年，开展新的工业经济效益评价工作后，每月写出《工业经济效益分析资料》，为工业生产、指导工业企业生产提供依据。

二、城镇住户调查

2003 年起，统计部门对城市居民家庭生活情况进行调查。主要调查家庭收入、社会保障支出、借贷收入、借贷支出、各类食品、非食品、非现金收入（实物及服务）、耐用消费品增减情况、家庭人口及就业、职业、行业等发生变动情况记录。在县城内选择不同收入、不同职业、不同消费群体的城镇居民60户进行月报调查，得到全县可支配收入依据。

三、农村住户调查

1991年，统计部门对农村家庭户进行经常性的典型调查。主要调查农村住房基本情况、主要农副产品产量、总收入、总支出、手持现金情况、购买主要商品情况、主要食物消费量和耐用物品拥有量。抽取尔库乡、洒库乡、依果觉乡、洛俄依甘乡、牛牛坝乡、巴古乡、峨曲古乡、农作乡8个调查点。各乡选择不同收入和消费的农户10户，共80户开展调查，1996年和2003年，分别对农村住户调查点作了调整，调查点由8个点增加到10个点，调查户由80户增加到100户，通过调整，使美姑县农村住户调查更具有代表性。

四、人口抽样调查

2005年11月1日，为全国1%人口抽样调查的标准时间，调查内容包括住户的基本情况和个人的年龄、性别、受教育程度、职业、迁移流动、生育、社会保险、住房情况等指标。全县抽中14个乡（镇）的23个组进行调查，调查人数2724人，抽取户数778户。

五、价格指数调查

2003年起，统计部门对城乡居民购买用于日常生活消费的商品和服务项目价格进行调查。主要调查食品、烟酒用品、衣着、家庭设备用品及维修服务、医疗保健及个人用品、交通及通信、娱乐教育文化及服务、居住、农用手工工具、饲料、畜产品、半机械化农具、化学肥料、农药及其他农药机械等指标。每10天定人、定点、定时直接调查一次进行月报调查，从而得到全县居民消费品价格总指数。

六、旅游业监测调查

2003年起，统计部门对全县餐饮、娱乐、商（市）场、公路、旅游产业总投入、总产出进行调查。主要调查餐饮、娱乐、商（市）场、公路四大类的主营业务收入、营业税金及附加、主营业务利润、固定资产折旧费、从业人员平均人数、从业人员工资等经营情况、旅游产业总投入（政府投入、境外资本投入、国内民间资本投入）、旅游产业总产出的监测调查，以季报的形式上报。

七、服务业抽样调查

2003年起，统计部门根据个体工商户从事服务业具有低、小、散、杂、广、发展变化快的特征，采用抽样调查方法对其进行统计调查并搜集和整理有关资料。每月对全县45个从事服务业的个体工商户的经营收入、经营支出、业主净收入、期末从业人员数和注册资金等指标进行调查。

第三节　普查

一、经济普查

2004年3月，第一次全国经济普查，全县建立县、乡、村领导小组及办公室411个，抽调普查指导员、普查员1966个（其中县级38人，工委、乡级630人，村级1298人）。召开经济普查工作会议22次；领导发表广播电视讲话6次；书写宣传标语50条（幅），其中，横幅30余条，路牌广告 2 幅；制作板、墙报 15 期（次），电视宣传报道 22 条，共播出宣传口号和广告词 280 余次，举办知识讲座 1 期；编印《经济普查简报》65 期；印发经济普查宣传资料 1500 份；发放《致调查单位、个体经营户公开信》3000 余份；组织宣传车一辆 7 天（次）；张贴宣传画 200 余横幅，其中，利用客运车和出租车张贴宣传条幅 110 余幅；广播宣传 30 天。历时 3 年，根据经济普查数据，编印《美姑县第一次经济普查年鉴》。

二、基本单位普查

1996 年，第一次基本单位普查。主要普查单位的经济类型、所属行业、从业人员、企业规模、营业状况等各类单位的基本属性和主要指标。

2001 年，第二次基本单位普查。召开宣传会议 3 次，广播、电视宣传 8 次，办黑板报 5 期，张贴悬挂宣传标语 57 条，制作宣传录音带一盘，发放宣传材料 500 份，召开动员大会 256 次。普查的基本情况有单位的基本标识、主要属性、基本状态和主要总量指标。

三、产业普查

1993 年，第一次产业普查。普查的基本情况有单位数、从业人员、营业收入、营业成本或费用、销售税金、经营利润、事业、行政的经费收支、业务收支、预算外收支、专项基金收支、固定资产原值的净值、库存总值。

四、工业普查

1995 年，第三次工业普查，全县共建立工业普查分支机构 57 个，（其中，县级主管局 6 个，基层企业 51 个），参加普查人员 76 人。主要普查工业企业的基本情况：生产、销售、库存、成本、费用、价格、盈利、资产负债状况及其结构、生产能力利用及技术装备状况等。普查登记时间为 1996 年一季度。

五、农业普查

1997 年，第一次全国农业普查，全县建立 335 个农业普查机构，抽调了 2000 多人组成农业普查登记队伍。主要普查内容：农村住户的规模与结构、农村从业人员、农业机械设备、科学、农业用地总量及构成、农作物种植面及构成、主要农作物收获面积、农作物种植采用的技术措施、畜牧与家禽状况、农村生产用房、生产用畜及家庭外雇人员情况、农村乡（镇）规模基础设施及社会经济状况等。

2006 年，第二次全国农业普查，全县建立 336 个农业普查机构，抽调 1906 人组成农业普查队伍。主要普查内容：从事第一产业活动的单位和农户的生产经营情况；乡（镇）、村委会及社区环境情况；农业土地利用情况；农业和农村固定资产投资情况；农村劳动力就业及流动情况；农民生活质量情况。

第六章　工商行政管理

第一节　市场监督管理

一、市场建设

美姑县大部分市场兴起于20世纪80年代，大多是以路以街为市，以休闲为主的自由市场，上市商品主要是农民自产自销的农副产品，因上市商品单调和人员流动少等原因，部分自由市场还没有形成集市就自然解体了，保持到1991年已形成的集市有龙窝市场、洪溪市场、峨曲古市场、龙门市场、新桥市场、牛牛坝市场、候播乃拖市场、九口市场、大桥市场、拉木阿觉市场、柳洪市场和巴普市场（县城所在地巴普镇处）12个。

1988年修建巴普市场，取名为美姑县农贸市场（面积1397.3平方米，总投资10.92万元）。美姑县农贸市场第二市场修建于1990年（面积416平方米，总投资3.47万元，其中，财政拨款1万元，工商局自筹资金1.8万元，向受益单位集资0.67万元）。美姑县农贸市场于1990—1991年、1992—1993年、1994—1995年连续3次被凉山州工商局评为文明市场。

1995年7月3日，国务院办公厅转发了《国家工商行政管理局〈关于工商行政管理机关与所办市场尽快脱钩意见〉的通知》，按照“管办脱钩”的原则，1998年，由美姑县民族贸易公司（县商业局）投资200万元将该市场建在商业局坝子内，1999年1月1日投入使用，核定名称为美姑县巴普综合市场。2000年被凉山州工商局评为1998—1999年度文明市场。2004年，该市场因山体滑坡以及城市规划建设的需要等原因再次迁址到县城新区处，由私人投资新建，遂更名为中兴综合农贸市场。至2007年，建成并投入使用的市场有中新市场、牲畜市场、九口市场、龙门市场、新桥市场、牛牛坝市场、大桥市场、拉木阿觉市场、候播乃拖市场、觉洛市场、峨曲古市场11个综合农贸市场，建设总面积约39415平方米，总投资近1827万元，形成了以县城为中心，乡（镇）市场为纽带的市场网络格局。

已建市场基本情况一览表

表10-9

市场名称	建设年份	面积（平方米）	投入资金（万元）	资金来源	成交额（万元）	类　型	结　构
中　兴	2004	12000	1400	股份制投入	4380	综合	钢（砖）混
牲　畜	2005	1550	130	国家投入	219	专业	简易棚盖
新　桥	2003	2100	32	国家投入	360	综合	简易棚盖
牛牛坝	2004	3000	38	国家投入	432	综合	简易棚盖
候播乃拖	2005	2400	40	国家投入	288	综合	简易棚盖
大　桥	2005	3500	43	国家投入	420	综合	简易棚盖
拉木阿觉	2004	6000	43	国家投入	360	综合	简易棚盖
九　口	2006	1100	13	国家投入	180	综合	简易棚盖
龙　门	2006	4200	48	国家投入	252	综合	简易棚盖

续表 10-9

市场名称	建设年份	面积平方米	投入资金（万元）	资金来源	成交额（万元）	类　型	结　构
觉　洛	2006	1765	20	国家投入	144	综合	简易棚盖
峨曲古	2006	1800	20	国家投入	300	综合	简易棚盖

二、市场监管

（一）市场巡查制

1. 以各片区工商所为单位，依托“12315”申诉举报网络平台（“12315”是指举报申诉电话号码），实行定期不定期的市场巡查与专项整治相结合，在此基础上制定了《管理岗位责任制》《办证回话制》《值班长制》《问责制》等制度。2007 年 7 月 25 日，国务院《关于加强食品等产品安全监督管理的特别规定》颁布实施，工商执法人员结合美姑实际将《特别规定》翻译成彝文进行了广泛宣传，根据《特别规定》的要求，全县 800 余家食品经营户建立了索票索证制度和购销货台账。

2. 市场监管领域逐渐拓宽，包括有形市场和无形市场，涵盖了流通领域的方方面面，有食品市场、保健品市场、粮油市场、肉制品市场、乳制品市场、酒类市场、成品油市场、烟草市场、农副产品市场、牲畜市场、禽畜市场、生猪屠宰市场、农资市场、旅游市场、旅行社市场、殡葬市场、电子网络市场、文化娱乐市场、商品展销会市场、拍卖市场、棉花市场、汽车汽配市场、建筑房地产市场、医疗器械市场、“洗化”（洗涤用品和化妆品）市场、饲料添加剂市场、废旧收购市场、节假日市场等。县工商行政部门在市场监管过程中应对如 1998 年特大洪灾、2003 年的非典、2005 年的禽流感、2006 年的猪链球菌、2008 年的雪灾、地震、问题奶粉等突发事件时，及时成立了突发事件应急领导小组，制定了《突发事件应急预案》和《突发事件实施方案》等措施。

2008 年，以推进有形市场“三化”（标准化、制度化、规范化）建设活动为载体，在巴普城区开展了“市场秩序整治月”和“市容市貌集中整治”活动，重点清理解决无证照商贩、市场经营秩序混乱和市场整体环境差 3 个突出问题。

2009 年，以贯彻实施《中华人民共和国食品安全法》为契机，强化食品安全监管，重点抓好奶制品市场和流通环节违法添加非食用物质添加剂和滥用食品添加剂的专项执法检查；集中开展重点食品，季节性食品，节日性食品和农村食品市场专项执法检查，完善食品安全监管制度，构建工商监管，经营者自律，社会监督三位一体的流通领域食品安全监管机制。把好食品入市，交易和退市三个关口，以保障流通环节食品市场消费安全。

截至 2009 年年底，共开展各类市场巡查和专项整治 638 次，出动执法人员 7922 人次，执法车辆 3238 台次。

（二）市场登记

1996 年，美姑县工商局依法对美姑县农贸市场（1988 年建，砖柱瓦顶式）、原牛牛坝市场（1989 年建，沿街沿路为市）、原洪溪市场（1989 年建，沿街沿路为市）、原大桥市场（1990 年建，露天市场）、美姑县巴普综合市场和中兴市场等市场进行了严格的审查并颁发了“市场登记证”和“营业执照”，将之纳入法制化、规范化管理之中。2004 年 7 月 1 日，根据《中华人民共和国行政许可法》的规定和国家工商总局的要求，省工商局出台了《四川省工商行政管理局关于进一步促进民营企业发展的实施意见》规定，美姑县取消了“市场登记证”这一项前置审批制度，放宽了市场准入门槛。各类市场开办者凭相关手续直接到企业注册登记监管股依据《中华人民共和国公司法》等法律、法规的规定申请企业法人登记，在取得“企业法人营业执照”后即可开展相关经营活动。

（三）拍卖监督和经纪人管理

2006年，注册登记经纪人1户——美姑县龙游劳务输出服务中心（个人独资企业，注册资本3万元）。2007年，县工商局登记备案的拍卖企业1户——美姑县自来水厂（2005年7月5日，美姑县自来水厂所有权和经营权被拍卖）。2008—2009年，美姑无个体经纪人、合伙经纪企业、经纪公司登记注册。

第二节 企业登记管理

一、企业登记和日常监管

美姑县的企业登记管理始于1982年，当时由企业股负责，主要是对内资企业登记。2002年，工商部门重新核编定岗，企业、个体合并成企业注册监督管理股，负责全县内资、私营企业和个体登记管理。

1991年，放宽企业经营范围和经营方式，允许企业根据自己的需要去经营，鼓励企业进入集市推销商品，优先安排摊位，免收市场管理费1.15万元。参与县人民政府"关于进一步增强企业活力"工作，为企业提供政策法律法规咨询60次、500人，受咨询企业占企业总数的70%；支持企业增设商业网点8个，帮助处理积压物资1.55万元，为3户困难企业免收年检费150元，为15户企业办理一次性经营手续，为1户企业办理外出推销产品证明。按照《中共中央、国务院关于清理整顿公司的决定》，对全县25家公司进行了清理规范，查处偷漏税公司5家，补缴税收51996元；查处提高进批差价公司5家，超经营范围1家，处罚4家，罚没款3500元；帮助3家公司健全财务管理制度。对全县企业检查3次，检查面82%，纠正不亮照9户，注销假集体2户，责令处理残次商品600余元。全县企业登记326户，增长6%。1992年，在申办企业登记审核过程中，实行"四放宽"（即放宽市场主体注册登记行业限制、放宽名称预先核准条件、放宽注册资本限制、放宽企业住所登记条件）。全县行政事业单位共办理经济实体8个。全县企业352户，增长8%。

1993—1994年，按照国务院关于转换企业经营机制的要求，推进各种形式的企业兼并，全县有1户企业被兼并；外地企业到美姑设立分支机构5个，承包租赁2户，本县企业外出经营2户。对全县企业进行清理整顿，责令办照17户，变更12户，清理取缔无照经营3户，对47户进行了处罚。向企业提供政策法规和生产经营信息咨询334次，帮助企业解决困难50多次。1995年，为企业提供咨询223次，解决困难30多次；完成企业法定代表人培训，按照"二五"普法要求和省州工商局的安排，对全县93户独立核算的企业法定代表人进行了法律法规培训，经考试合格率100%。部分企业还参加了州工商局举办的商标广告法律培训。清理整顿成品油市场，对5户企业重新审查发照；会同公安、文化等部门对美姑文化市场开展了3次集中大检查。

1996—1997年，办理了42户企业变更登记，调整经营方式8户，扩大经营范围12户，新增经营网点6个，增加经营项目58种。开展文化、粮食等专项清理整顿11次，对58户集体企业进行了清理规范，37户新设立企业回访，没有三无企业（即无资金、无场地、无机构）。组织县广播局和美姑县人参酒厂参加了《中华人民共和国广告法》和《中华人民共和国商标法》培训。为企业提供咨询服务504次，完成企业改制2户；注销企业104户，其中，金融企业转换经营机制注销区乡信用社28户，其他集体企业53户。1998—1999年，支持企业建立现代企业制度和"三改一加强"（"三改一加强"是指改革、改组、改造和加强管理），改制企业48户，清理假集体5户，转为个体登记；对1994—1999年登记注册的公司和企业法人档案重新进行了全面清理，对前置手续不齐的，责令补齐完善相关手续。按照国家工商总局《关于加强企业监督管理工作若干问题的通知》要求，对新设企业进行了回访，企业回访率100%，非法人企业达50%。

2000—2002年，对4户烟花爆竹、雷管、炸药和压力容器等易燃易爆物品生产、储存和销售企业进行了清理检查，全部手续齐全，管理规范。对所有在册登记的企业档案进一步进行了清理完善，共清理企业档案209户，限期补办手续95户，不能补齐前置的要求注销或者变更登记；变更登记15户，清理注销名存实亡企业、三无企业、假集体企业，政策性注销改制企业、小煤窑等共113户，新设立27户。2003年，指派3名业务精通的联络员负责四川美姑河开发公司注册登记，从6月18日省工商局企业名称预先核准到美姑办理注册登记，只用了3天时间，6月21日上午，该公司在美姑工商局领取了营业执照，首期到位注册资本3200万元。是年，建立企业经济户口122户；按照上级要求对11户注册资金100万元以上的企业法人档案进行了清理；完成企业改制4户，注销企业10户，政策性变更3户，年末企业122户，注册资金7751万元。

2004—2005年，对所有登记在册的企业档案进行全面清理规范，涉及行政前置许可18家企业，责令限期补齐相关资料，内部审批手续不完善的，由当时办理的经办人员和分管领导进行补签。2004年3月31日和2005年6月8日，四川美姑河开发有限公司第二期和第三期注册资本4800万元先后到位，并办理年度检验和变更登记，注册资本12800万元。2005年4月，美姑县企业金信工程网络开通，注销企业31户，新开业10户，年末企业101户，注册资金19892万元。

2006年1月1日，新《中华人民共和国公司法》颁布实施，美姑县工商局检验的各类企业102户，实年检率100%；注销企业2户，变更登记2户，涉及前置许可手续的5户企业补办了许可证。全年新设立企业10户。年末，共有各类企业120户，其中，私营企业31户。2007年，新设立企业9户，变更6户，注销3户，内资企业91户，注册资金18837万元；私营企业37户（其中，有限公司24户），注册资金20285万元。

2008年，贯彻落实《四川省工商行政管理系统企业登记监管“四化两提高”实施方案》（“四化两提高”是指基础工作标准化、登记行为规范化、主体管理制度化、服务手段信息化，提高工作效率、提高服务社会公众水平），规范企业等市场主体的登记行为，加强企业登记服务制度建设，选派4位大专以上学历的人员参加了审查员和核准员资格考试，全部实现持证上岗，确保了窗口部门的办事质量。2009年，为大湾水电有限公司办理股权出质登记，担保贷款金额3000万元。是年年底，全县共有内资企业75户，注册资金24333万元，外资企业仅有移动公司1户，企业年检率95%。新登记内资企业回访率达100%。

第三节　个体私营经济管理

美姑个体私营经济起步较晚，建县前没有个体工商户。1958年，美姑、洪溪两县有个体工户34户，生产资料社会主义公有制改造后只有2户。十一届三中全会以后，美姑县个体私营经济在全国改革开放的浪潮冲击下得到迅猛发展。1990年，发展到753户个体户，私营企业1989年起步，1990年发展到2户。此后19年间，除政策变化和自然灾害等因素外，美姑个体私营经济基本保持了5%～10%的增长速度。到2009年年末，有个体工商户1384户，从业人员2590人，注册资金2027.68万元；私营企业发展到54户，注册资金25502万元，投资者140人，雇工1295人；个人独资、合伙企业年检率达99%，个体工商户验照率96.5%。

第四节　经济合同管理

一、合同鉴证和仲裁

1991—2002 年，在开展经济合同鉴证和经济合同的仲裁工作中，共鉴证以建筑合同为主的经济合同 322 份，金额 14973.78 万元；检查企业 299 家，检查合同 1317 份，金额 12350.92 万元；仲裁合同纠纷案件 17 起，为企业挽回经济损失 19.63 万元。2002 年，国务院《关于取消第一批行政审批项目的决定》，取消了合同鉴证。至此，该项工作不再开展。经济合同的仲裁工作由美姑县经济合同仲裁委员会负责，1995 年 9 月 1 日，根据《中华人民共和国经济合同仲裁法》的规定，该项工作终止，机构自然消失。

经济合同鉴证、仲裁情况一览表

表 10-10

年度	鉴证		检查		备案（份）	金额（万元）	纠纷（起）	仲裁（起）	挽回经济损失（万元）
	合同（份）	金额（万）	企业（户）	合同（份）					
1991	11	123.12	12	130	130	641.53	6	6	5.32
1992	26	484.00	15	145	145	650.80	—	—	—
1993	30	498.50	17	150	150	665.70	5	5	5.00
1994	18	387.40	20	152	152	1522.70	5	5	1.40
1995	64	5069.52	20	90	90	1565.35	1	1	7.91
1996	10	608.00	21	94	94	1181.80	取　消		—
1997	32	1278.80	54	132	132	1694.30	—	—	—
1998	48	2147.90	49	128	128	1467.50	—	—	—
1999	40	576.54	38	110	110	985.77	—	—	—
2000	28	3000.00	21	101	101	1000.00	—	—	—
2001	15	800.00	32	85	85	975.47	—	—	—
2002	取　消								

美姑县私营企业登记、年检统计表

表 10-11

年度	设立登记情况							年检情况		
	户数	投资人数	雇工人数	注册资金（万元）	变更	注销	新增	应检户数	实检户数	年检率
1991	3	3	178	25	—	—	1	2	2	100
1992	4	4	—	—	—	—	1	3	3	100
1993	6	6	285	77	—	1	3	4	4	100
1994	8	25	304	86	—	—	2	6	6	100
1995	10	24	2112	531	1	2	4	8	8	100
1996	11	25	2207	724	—	2	3	10	10	100

续表 10-11

年度	设立登记情况							年检情况		
	户数	投资人数	雇工人数	注册资金	变更	注销	新增	应检户数	实检户数	年检率
1997	8	—	2134	—	—	3	—	11	9	80
1998	9	23	2142	656	—	—	—	8	8	100
1999	5	5	135	258	2	4	—	9	9	100
2000	7	11	129	420	1	1	3	5	5	100
2001	11	13	235	1013	—	—	4	7	7	100
2002	10	12	237	994	—	1	—	11	11	100
2003	12	14	237	1771	—	—	—	10	10	100
2004	13	23	245	2276	—	1	2	12	12	100
2005	24	84	896	2326	—	1	12	13	13	100
2006	31	93	1012	19525	1	2	9	24	24	100
2007	37	109	1130	20285	2	1	7	31	31	100

二、守合同、重信誉企业命名

1990年，四川省美姑县化工总公司和美姑县物资有限公司首次被命名为县级“守合同、重信誉”企业。之后，美姑县林产公司、凉山州邮电建筑安装工程美姑联营部、美姑县伐木场、四川省美姑县刨花板厂、凉山州建筑设计工程承包有限责任公司美姑工程处、美姑县洪溪林场等多家企业被评为县级“守合同、重信誉”企业。1997年，四川省美姑县化工总公司被评为州级“守合同、重信誉”企业。截至2009年，凉山州工商局命名美姑县化工有限公司、美姑县物资有限公司、美姑县仁和能源开发有限公司、四川美姑河水电开发有限公司、四川美姑县建材有限公司5个企业为2008年度州级“守合同、重信用”企业。

三、动产抵押登记

根据《中华人民共和国担保法》和《企业动产抵押物登记管理办法》等法律、法规、规章的规定，依法开展企业动产抵押登记工作。2007年10月1日，《中华人民共和国物权法》颁布实行，国家工商总局出台了《动产抵押登记办法》，随后省工商局印发了《四川省工商行政管理局动产抵押登记实施办法》。新办法放宽了动产抵押人登记范畴——企业、个体工商户、农业经营户均可依法办理动产抵押登记。抵押的方式有动产抵押和浮动抵押两种。截至2009年年底，共办理企业动产抵押登记27起，融资额达14824万元。

第五节　商标与广告管理

一、商标

商标注册工作由过去的核转制转为现行的代理制，经历了漫长的过程。截至2009年年底，美姑县注册商标有“大风顶”（食品类，美姑县第一个注册商标，1998年该企业注销后该商标闲置）、“美星”“天喜”“山”“萨勒钵”“森雾”“美土蛋”（待审）、“龙头山”（待审）等8个。同时，大力宣传并组织学习《中华人民共和国商标法》《商标法实施条例》《商标法实施细则》等法律、法规。开展打击知名企业、知名品牌、驰名商标、著名商标、证明商标、集体商标、农副产品商标、涉外商标、奥林匹克标志、特殊标志的假冒、仿冒、擅用等侵权活动和加大商标印制企业的监管力度。其中，2008 年，查封了涉嫌商品侵权的“高百”洗洁精 302 桶，价值 6000 余元。

美姑县商标注册情况一览表

表 10-12

商标名称	注册单位	申请时间	注册时间	使用情况	备　注
大风顶	四川省美姑县人参制品厂	1990 年 10 月 9 日	1991 年 9 月 30 日	无效	未续展
美星	美姑县食品厂	1991 年 4 月 15 日	1992 年 3 月 30 日	无效	未续展
航天城	美姑县土产贸易公司棉花加工厂	1992 年 7 月 18 日	1994 年 4 月 14 日	无效	未续展
山	美姑县化工厂	1992 年 10 月 21 日	1994 年 2 月 21 日	无效	未续展
萨勒钵	美姑县罐头食品饮料厂	1995 年 5 月 2 日	1997 年 1 月 14 日	无效	未续展
森雾	吉巴曲一	2004 年 3 月 5 日	2006 年 1 月 14 日	有效	
龙头山	美姑县建材有限责任公司	2006 年 4 月 3 日	待审		
美土蛋	阿伍拉日	2006 年 9 月 15 日	待审		

二、广告

2004 年以前，实行广告经营许可证制度。自 2004 年 7 月 1 日《中华人民共和国行政许可法》颁布实施后，2005 年 1 月 1 日，国家工商总局出台了《广告经营许可证管理办法》，美姑工商局按照办法规定加大了对媒体广告和户外广告的日常监管力度，对广告企业实行“证照合一”的管理模式。截至 2009 年年底，共办理各类广告登记备案 200 余件，没收、销毁、拆除非法设置张贴户外广告 30 余条，查处广告违法行为 3 起，罚没款 8000 元，发布《广告监测报告》8 期，下发《广告停止发布通知书》7 份。

第六节　经济检查

经济检查大队是县工商局内设专业办案机构，负责查处各类违反工商行政管理法律法规的行为，占基层工商所行政编制。局内未设公平交易管理机构，其查处不正当竞争、走私贩私、扫黄打非等职责由经济检查大队履行。

1991—1995 年，以维护国家粮油、药品、农资、石油等计划商品的价格、经营秩序和打假治劣为重点，查处案件 44 件、罚没金额 2.03 万元。

1996—2000 年，开展“公平交易执法年”专项行动，以反不正当竞争、查处无照经营、打击假冒商品为主，查处案件 66 件、罚没金额 47.10 万元。

2001—2005 年，以打假冒、反欺诈、反垄断及查处无照经营为主线，查处案件 88 件，其中，及时处罚案件 42 件、罚没金额 3.42 万元。

2006—2007 年，以查处不正当竞争案件为重点，两年间查处案件 12 件、案值 28.5 万元、罚没款 3.4 万元。

2008—2009 年，以《中华人民共和国食品安全法》的宣传贯彻为契机，查处案件 6 件、结案 6 件、罚没款1.2万元，没收假冒伪劣商品总价值3.5万元并销毁。

经济违法违章案件统计表

表10-13

项目/年份	案件数（件）	案件总价值（万元）	罚没金额（万元）	查处主要物资	备注
1991	5	0.16	0.16	—	
1992	5	0.42	0.52	汽油0.34吨	
1993	5	0.84	0.49	银圆13个	
1994	10	1.20	0.58	香烟30条	
1995	2	1.09	0.28	酒类53公斤、化妆品210瓶、罐头129听、调味品79瓶	
1996	2	15.00	0.53	食盐8.5吨、化妆品826瓶	
1997	4	2.67	0.17	化肥11.2吨、化妆品573瓶	
1998	15	10.60	1.72	化肥68吨、粮食15吨、化妆品246瓶、饮料528瓶	香烟变价款1.44万元
1999	26	3.27	3.03	香烟13.88件、粮食17.46吨	粮食变价款3.03万元
2000	19	0.17	0.26	粮食1.62吨	
2001	32	0.59	0.70	香烟0.77件、食品100公斤、化妆品158瓶	
2002	18	0.23	0.17	食品150公斤、饮料500瓶、酒类70瓶	
2003	35	0.98	0.07	食品500公斤、烟212条、饮料32件	为及时处罚案件
2004	19	11.00	0.80	食品38公斤、饮料1620瓶、化妆品41瓶	非法经营额11万元
2005	5	1.10	1.68	酒类200公斤、饮料1880瓶、化妆品69瓶	
2006	7	1.45	1.20	假冒名酒106瓶	
2007	2	28.5	2.20	—	商品总价值28.5万元
2008	2	1.80	0.51	洗洁精302桶（瓶）、食品400公斤	商品总价值1.8万元
2009	6	2.30	0.69	食品2000公斤、卫星电视地面接收设施12套（台）	

第七节　消费者权益保护

1994年，《中华人民共和国消费者权益保护法》实施，县工商部门未设专门机构，监管流通领域商品质量、查处侵害消费者权益案件、开展节日市场等专项检查、按季度组织流通领域商品质量检测抽检及对不合格商品进行查处的职责由经济检查大队履行。

1991—2000年，以打击制售假冒伪劣商品，维护食品市场安全为主。1991—1992年，对全县范围的商品经销单位和个体户进行检查，查处没收变质药品、香烟、食品、饮料等商品总价值0.60万元；召开“打假治劣”展示会2次。1993—1994年，集中开展两次打假治劣行动，查处没收过期变质商品33种，总价值0.84万元，没收销毁劣质白酒1300公斤，解决市场纠纷138件。1995年，查处一般违章违法案件22件，没收过期变质商品总价值1.09万元，收缴销毁不合格秤17支。1996年，结合“公平交易执法年”行动，开展市场整治48次，查处一般市场违章违法案件39件，没收过期商品92种、商品总价值1.38万元，解决消费纠纷68件。1997年，查处过期变质商品60种、总价值0.91万元；结合“3·15”活动举办“假冒伪劣商品展览”，教育群众达3000人次。1998—1999年，强化食品市场监管，查处过期变质商品66种，总价值0.59万元。2000年，开展重大节日市场整治，查处过期变质食品0.05万元。

2001—2007年，重在建立健全食品安全制度、查处侵害消费者权益行为。2001年，查处没收不合格洗涤、化妆品0.07万元；开展除“三害”联合行动（“三害”是指欺行霸市、制假售假、商业贿赂），查处违法个体户16户，没收物资0.04万元。2002年，开展市场巡查15次，查处违章违法经营户18户，罚款0.04万元。2003年，开展各类专项检查30次，检查经营户1793户次。2004年，实施“食品、药品放心工程”、以保护名优酒为重点，发挥“12315”的消费者申诉举报作用，打击制售假冒伪劣行为，分别在美姑县龙门、候播乃拖乡捣毁生产销售劣质饮料和勾兑酒的窝点2个，罚款0.72万元，销毁勾兑酒200公斤。2005年，县工商局首建巴普、洪溪、牛牛坝、洛俄依甘4个工商所“12315”消费者申诉举报站，建“12315”消费者投诉联系点80个；开展食品安全重点整治30次、检查经营户2310户次、查处过期变质食品2651公斤；是年，全县150户食品经营户建立“重要商品进货台账”。开展抽检不合格商品活动，共检查食品经营户2600户次；2006年，继续建立、健全食品安全长效机制，有400余户食品批发企业、超市、个体户签订《诚信经营责任书》；开展清理规范食品经营主体资格的专项行动，清理规范食品经营主体721户，取缔无照经营24户；全年新发展“12315”申诉举报联系点35户；实施“12315”值班备勤制度，申诉举报工作日趋制度化、规范化。2007年，贯彻执行《国务院关于加强食品等产品安全监督管理的特别规定》，建立“四制两查”制度900户，与食品经营户签订《诚信经营承诺书》800户，有420户食品经营户悬挂国务院503号令和“12315温馨提示”；建“食品安全示范店”20个；开展“民生特别行动”，检查各类市场15次，检查食品经营户1600户，查处无照经营20户，罚没款1.2万元，没收不合格食品600公斤，总价值2万元；强化流通领域食品安全检测，在农贸市场、超市、批发店开展各类蔬菜、食品抽检10次，检测商品种类8种，抽检商品48组次。

2008—2009年，分别开展“消费与责任”年和“消费与发展”年主题活动。以“零距离投诉、零障碍维权”为目标，建立消费者维权网站，完善三级申诉举报网络，构建消费维权快速反应机制，全县共建立“12315”申诉投诉工作联络站115个、维权网络覆盖率进一步提高。共受理消费者投诉81件、解决78件，为消费者挽回经济损失11.2万元。

第七章　食品药品监督管理

第一节　机构设置

2001年12月19日，美姑药品监督管理局挂牌成立，实行省以下垂直管理。2005年12月7日，按照《凉山州人民政府办公室关于印发凉山彝族自治州、县（市）食品药品监督管理系统机构改革的实施方案的通知》精神，在原美姑药品监督管理局的基础上组建为美姑食品药品监督管理局，为凉山州食品药品监督管理局的直属机构。美姑食品药品监督管理局内设2个股，即综合股（股内挂

“食品药品稽查大队”牌子）、食品安全协调监察股。

美姑县食品安全协调委员会为美姑县人民政府负责食品安全工作的议事协调机构，由县18家县级相关部门组成，食品协调委员会办公室设在美姑食品药品监督管理局内，承担美姑县食品安全协调委员会的日常工作。

第二节 食品药品市场管理

一、企业基本情况

（一）食品企业

1991年以后，随着市场经济的快速发展，美姑县的食品企业，由少到多，逐步发展。截至2009年，全县食品监管对象1168户。其中，食品生产企业38户，食品流通经营企业775户，餐馆企业228家，蔬菜经营90户（办证），渔业养殖、经营户5户（办证），无公害农产品基地2户，食品流通企业3户，牲畜屠宰户27户。

（二）药品企业

1991年以后，随着药品市场的开放，美姑县经营药品的企业有所增加。截至2009年，全县药品及医疗器械监管对象376家。其中，医疗机构341家（县级4家、片区中心医院9家、乡（镇）卫生院36家、村卫生站288家、单位医务室4家）；药品经营企业26家。

二、药品市场监管工作

2001—2009年，共开展专项整治59项（次）。主要开展对非法制售假疫苗、假药，伪造医疗器械产品说明书、标签和包装标识，非法回收药品及非法添加化学药品等违法行为的专项整治工作；开展各类药品、医疗器械的展示活动；同时，联合公安机关严厉打击制售假劣药品等违法犯罪行为，累计查处无证经营药品（医疗器械）案26件。

截至2009年，全县28家药品经营企业（批发企业1家、医药公司5个药店、个体零售企业20家）办理了“药品经营企业许可证”，并都通过了《药品企业经营质量管理规范认证》(GSP)，认证率达97%，实施药品分类管理药店达100%。同时加强了对已通过认证企业的跟踪检查，加大药品、保健食品、医疗器械广告监控力度，违法广告移送率达100%。

全县医疗机构和药品经营企业开展了药械不良反应监测工作的培训，全县9家片区中心医院、36家乡（镇）医院和4家县级医疗机构都成立了药品和医疗器械不良反应监测领导小组，建立了药品不良反应监测网络，加强了对药品不良反应的监测。

三、药品抽验和快检

2001—2009年，全县共对118个批次药品抽样送凉山食品药品检验所检验，其中，不合格9个批次，合格率91.5%。另外，完成296个批（次）的快速鉴别任务。

四、打假治劣，整顿和规范药品市场秩序

2002—2009年，共出动执法人员3617人次，车辆1244台（次），监督检查药品和医疗器械生产、经营、使用单位3885家（次），共查获违法案件80件，已结案82件，涉案金额13.39万元。没收违法所得0.8万元，罚款8.92万元。同时，开展防“非典”（非典型肺炎）、“齐二药”（齐齐哈尔市各乡（镇）、各市第二制药公司）、“欣弗”（克磷霉素碳酸葡萄糖注射液）等专项检查

工作，确保了全县人民群众的用药安全。

第三节 食品安全综合监管

2005年12月，成立由18个县级部门为成员的“美姑县食品安全协调委员会”。县人民政府和县食品安全协调委员会下发了《2006年美姑县食品安全专项整治工作方案》《美姑县食品安全协调委员会工作制度（试行）》《美姑县食品安全预警工作制度（试行）》《美姑县食品安全信息发布制度（试行）》等12项工作制度，并由县人民政府同9个片区、36个乡（镇）及县食品安全协调委员会18个成员单位签订了2006年度、2007年度食品安全目标责任书。初步在全县建立了新的食品安全监管体系，综合执法效果明显。

2007年，制定了《美姑县农村聚餐食品安全管理制度》，整合监管资源，搭建信息平台，强化安全责任，围绕直接关系人民群众切身利益的肉、蔬菜、水果、奶制品、豆制品、水产品等重点食品，开展食品放心工程和食品安全专项整治工作。继续抓好食品安全综合整治联合行动工作，针对美姑县食品方面的薄弱环节，组织协调工商、卫生，质监、农业、畜牧等部门，对各节假日期间开展食品安全专项整治，重点查处了制售假冒伪劣食品、无证照生产经营食品、生产销售不合格食品和有害食品，有效消除了食品生产、销售、消费各个环节的不安全因素。

2006—2009年，共出动执法人员3256人次，执法车辆599台（次），检查各类食品生产企业、经营企业5703户（次）、检查各类市场1340家（次），查处违法行为110起，立案49起，罚款2.28万元，查处无证经营户10家（户），责令限期整改50家（户），没收假劣食品、过期霉烂食品、农药、饲料等360公斤，假酒120瓶，总共货值6万余元，确保了全县人民群众的饮食安全。

第四节 农村食品药品安全体系和“两网”建设

一、农村食品安全体系建设

自2006年起，美姑食品药品监督管理局加强农村食品安全监管和农村食品安全监督网络建设。一是县人民政府与9个片区工委、36个乡（镇）和食品安全协调委员会18家成员单位签订了食品安全目标责任书。二是建立了农村食品安全监督网络。全县9个片区工委、36个乡（镇）成立了食品安全协调委员会办公室，9个片区工委、36个乡（镇）聘请协管员45名、290个行政村聘请信息员290名。三是将农村食品安全工程纳入政府目标考核。各工委、乡（镇）与下属单位签订食品安全目标责任书，层层落实工作责任制。

二、农村药品“两网”建设

（一）农村药品供应网建设

2004年，美姑食品药品监管局把实施GSP认证与“两网”建设工作对接（“两网”是指在农村建立面向广大农村群众的药品监督网络和药品供应网络，以最大限度满足农民的用药需求，确保农民用药安全有效、经济方便），鼓励通过GSP认证的企业深入农村开办零售连锁门店和配送服务站，保证质量，降低成本。2005年，使美姑县药品零售企业由5户增加到33户。同时，美姑食品药品监督管理局按照“两网”建设服务“新农合”的工作思路，按照两网建设坚持“政府引导、市场运作、企业参与”的原则，使农村药品供应渠道规范发展，并建立了监督网络。2006—2007年，针对全县20万彝族群众仍存在一定程度的缺医少药情况，把“两网”建设与“新农合”工作有机结合起来，整合农村医药卫生资源，进一步深化农村药品“两网”建设。2008—2009年，坚持政府引导、市场运作、企业参与的原则，成功引进四川太极连锁药业、颐康药业、好仁堂等大型药品连锁店落户美姑。截至2009年，全县共有29家药品零售药店，全部乡（镇）实现药品配送到乡，有药品供应网点的行政村达到99.3%。切实解决了广大农民买药难、看病贵的问题，形成“群众满意、企业满意、政府满意”的局面。

（二）农村药品监督网建设

全县实行药品监督关口前移，监督网络下延。美姑县人民政府分别于2005年和2007年任命了9个片区工委、36个乡（镇）药品监督网络协管员，构筑县、片区工委、乡、村四级监督网络。2007年，全县9个片区、36个乡（镇）均健全了农村药品监督网络和监督制度，共配备药品安全协管员36名，药品信息员290名。同时，协调配合卫生部门开展医疗机构创建“规范药房”活动，全县9个片区中心医院、36个乡（镇）卫生院和4个县级医疗机构开展了创建活动。

第八章　质量技术监督

第一节　机构设置

1982年，美姑县标准计量管理所成立。1998年8月，美姑县标准计量管理所、县物价局、县工商行政管理局合并为美姑县工商行政管理局，内设技术监督股。1999年8月，县技术监督所同工商、物价实行分离，恢复建立美姑县标准计量局，实行省垂直领导。2000年1月，更名为凉山州美姑县质量技术监督局，质量技术监督局下设办公室、监督监察股、综合股、业务股4个职能股室。有行政编制12个、工勤人员1个，实有人员8人。

第二节　质量管理

1988年，美姑县标准计量局开始对全县产品质量实行监督抽查管理，经过几年的努力，质量管理从无到有逐步形成了推行全面质量管理的组织体制。企业的质量管理逐步由质量检验为主发展为质量控制、质量保证为主，由“把关型”向“预防型”和“提高型”转变。是年，国务院将质量管理职能由经贸部门划转到质检部门。2000年，县质量技术监督局根据新形势的需要和企业质量管理实际，推行科学的质量管理方法，展开了新一轮质量管理人员培训，至2004年，共举办质量管理培训班8期，培训质量管理人员达176余人次。2003年以后，对全县工业企业质量状况进行普查，建立微机数据库，涉及企业产品质量历年监督抽查结果、产品执行标准、企业基本情况等多项内容，实行动态管理。自2004年起，全县质量技术监督系统对企业进行定点帮扶，落实帮扶责任制，为企业提供标准化计量、质量、特种设备管理方面的服务，加强特种设备安全监察，开展监督网、乡（镇）联络网、企业协管网、重点监控企业网“四网”建设。至2009年，完成对重点培育企业和标准化、计量两大体系确认工作；全县特种设备定检率达100%，人员持证上岗率达100%。先后帮助美姑山野菜食品加工厂、凯宏淀粉有限责任公司、普惠薯业有限责任公司、凯元磷化工有限责任公司等企业获得了“食品安全市场准入生产证”(QS标志）和“工业产品生产许可证”。

第三节　质量监督

1993年，美姑质量技术监督局产品质量监督工作由过去的“管、帮、促”转变到依法抽查、依法管理阶段。按照国家、省、州质量技术监督局的部署和要求，强化宣传发动，引导企业按国家规定办理相关证件，按要求组织生产，提高产品质量。进一步加强对热销食品（白酒、面条、糖果糕点）和农资产品（过磷酸钙、尿素）等产品的监督验检力度。2005年，制定和实施从源头抓质量工作责任制，按照行政区划和地域管辖将全县的九区一镇划分片区，每个片区由1～2人负责重点监管和服务。2007年，产品抽检合格率由2003年的61%上升到89%，产品质量稳定提高率达92%。2009年，严格实施市场准入制度，强化对小企业、小作坊的监管，全年共抽检白酒、面条、糕点等产品共68个批次，产品合格率达到95%以上。

第四节　计量管理

1986年，《中华人民共和国计量法》实施以后，县标准计量部门每年都要组织计量执法大检查，将生产、流通企业、集贸市场作为计量检定的重点。是年，全县共有各型计量器具（衡器、天平、电子秤、台秤、案秤）等674台（件），在用计量器具受检率达95%以上。1994年，国家技术监督局、国家工商行政管理局发布关于在公众贸易中限制使用杆秤的通知，美姑质量技术监督局积极传达贯彻。至2006年，城区各商店已全部停止使用杆秤，集贸市场固定摊位杆秤淘汰率达90%以上。

2006年，《四川省标准化监督管理条例》颁布实施以后。县技术监督部门深入到厂矿企业，采取“一管、两帮、三促”的办法，对企业生产状况和产品执行标准情况进行了全面调查。经查，全县无标准生产的比例较大，相当一部分产品还停留在20世纪60年代末的水平。于是加大了对企业制定、修订产品标准工作力度。是年，帮助、指导企业制定产品标准7项，修订2项，受理企业标准备案11项，全县标准覆盖率达到了85%以上。

截至2009年年底，县质量技术监督局共查处计量违法案件47起，共收缴违法计量器具125台（件），罚没收入共计6750元。

第九章　物价管理

第一节　机构设置

1992年5月，美姑县物价办公室更名为美姑县物价局，行政编制4名，事业编制6名。1995年7月，建立美姑县价格事务所，为县物价局下属自收自支的事业单位，级别为股级，编制3名。1998年6月，撤销县物价局，其职能归口县工商局，级别为股级，挂县物价局的牌子，行政编制2名，事业编制6名。1999年6月，县物价局并入县计划与经济局，设置物价调控与管理股，对外仍挂美姑县物价局牌子，行政编制2名。2000年6月，县物价局设立价格违法案件审查委员会；12月，县价格事务所更名为美姑县物价局价格认证中心。2002年3月，县物价局并入县发展计划局，挂县物价局牌子，内设价格调控与管理股、市场价格检查所。2006年9月，组建美姑县发展改革局，挂美姑县物价局牌子，内设价格调控与管理股、价格检查监督分局、价格认证中心（事业）。2007年9月，设立美姑县物价局，为正科级行政机构，归口县发展和改革局管理，核定科级领导职数1正1副（正职由发改局副局长兼任）。2008年10月18日，核销1983年州下达给美姑物价检查所事业编制2名，重新核定基层物价检查所行政编制2名。

第二节　价格管理

一、价格调控与管理

（一）价格调控

1991年，调整全县计划口粮、清油价格和统配木材价格。是年，由于国家调整交通运价，人背马驮运费增加，食盐基层运费增大，造成食盐企业经营困难，县物价部门及时对运费补贴进行测算，州盐业分公司重新核定美姑运费补贴，由每吨90元增加到104元，州划拨定额补贴3万元，及时分配到各区营业部。1992年，改进价格调控体系，进一步放开价格。1993年，近90%的零售商品实现价格放开，由市场调节；生产资料中有85%的价格放给企业自主定价。县百货公司内部实行定价小组、物价人员、柜组长三级定价、分级管理，商品实行国家定价、国家指导价、市场调节价三种形式。机制纸、学习用具属国家定价，其他价格实行浮动价，逐步放开。1994年，县物价局制定全县综合电价。一是平水期电价，普通工业用电综合价每千瓦时0.24元，冶炼工业电价每千瓦时0.10元，普通照明每千瓦时0.24元，经营性商业照明每千瓦时0.34元，电热电价每千瓦时0.13元；二是为调整用电结构，促进用电企业合理安排生产，保证均衡供电，实行丰、枯电价，即工业和照明电价枯水期可上浮20%，丰水期下浮10%；三是鼓励居民节约用电，电炉计费起点由100千瓦时降为50千瓦时，即不足50千瓦时按50千瓦时计费。是年9月，对猪肉实行最高限价，并核定农资价格。1995年，深化改革，全县消费基金和通货膨胀率得到有效的控制。

1996年，进一步整顿全县市场价格秩序，推进明码标价制度，保证州下达的物价涨幅控制在13%以内，调整了食盐价格和定购粮食销售价格。1997年，实行价格调控目标责任制，稳定物价总水平，县物价指数逐步回落，控制在6%以内。3月，全县市场猪肉价格出现大幅度上涨，引发了蔬菜、鸡、蛋等价格的连带上涨。5月，县人民政府发布《关于对猪肉销售实行最高限价的通告》。7月，调整自来水价格，其中，生活用水每吨由0.50元调为0.85元，生产用水每吨0.80元，经营性商业用水每吨0.90元。1998年3月，除照明、电热电外，其余电价实行丰、枯电价，枯水期上浮20%，丰水期下浮10%，丰水期为7—11月份，枯水期为1—5月份，平水期为6月、12月。1999年，全县商品零售价格指数涨幅控制在2%。8月，完成自来水价格、宾馆住宿收费、有线电视安装费、点歌费收费价格的调整核定。2000年12月，对城镇用电进行一户一表改造，将原“办公、居民照明用电”与“居民电热电”电价合并执行统一电价。

2001年，先后四次对大桥、牛牛坝、新桥公路沿线农村电价进行调整，农村电价由最高每千瓦时0.50元下降到0.32元。2002—2003年，进一步加强价格调控工作，防止了市场物价大起大落。2004年，首次举行调价听证会，在广泛听取消费者意见后，先后调整了电力价格和广播电视收视费，并拟定了美姑县客运站收费项目。2005年，调整了小水电上网电价和住院部床位费及屠宰场价格，全县城乡居民消费价格总水平目标控制在3.5%。

2006年，全县城乡居民消费价格总水平调控预期目标控制在3.5%。7月1日起，执行新的水价标准，其中，居民生活用水每吨1.20元，工业用水每吨1.50元，行政事业单位用水每吨1.40元，经营服务用水每吨1.70元，特种行业用水每吨2.00元。2007年1月，再次执行新的水价标准，其中，居民生活用水每吨1.50元，工业用水每吨1.90元，行政事业单位用水每吨1.70元，经营服务用水每吨2.10元，特种行业用水每吨2.50元。2008年，对粮食、肉及部分奶制品等重要商品实行调价备案制，加强对灾后物资建材市场价格进行监管。贯彻落实国家2008年度石油价格改革财政补贴资金相关政策，对出租车行业进行燃油补贴，防止因燃油上涨引发的价格波动；8月20日起，美姑县跨县道路旅客运输执行了新的运输价格。2009年，对全县机制页砖、水泥销售价格实行最高限价，机制页岩砖最高销售限价0.50元/匹，水泥最高销售限价420元/吨，保障美姑灾后恢复重建和“两基”攻坚顺利实施。是年，制定出台《美姑县防止生猪价格过度下跌调控预案实施办法》。

（二）价格监测

1991—1993年，深化价格改革，转变工作职能，改过去的订、调价为控制物价总水平。1994年，对重要商品实行监审制度，建立价格预警系统。监审范围有各等级大米、面粉、面条、清油、猪肉、白糖、酱油、豆瓣、彩电、冰箱、洗衣粉、蜂窝煤、旅馆收费13种。1995年，稳定粮食及主要副食品价格，完善市场监测制度。加强对粮、油、肉、菜等居民生活必需品和重要农资价格的监测。

1996—2003年，按照州物价局下达的商品品种实行监测，监测的范围有粮食、食用油、肉、农资五大类14个品种。坚持每月3次对城区市场的大米、玉米、清油、白菜等14个品种菜价，结合上月商品价格加以分析、汇总，及时向州物价局和县委、县人民政府报送监测资料作决策参考，防止了市场价格大起大落，有效地控制了市场物价。

2004—2006年，建立应对价格异常波动的预警和应急处理机制，制定《美姑县价格异常波动工作预案》，成立应对价格异常波动工作领导小组。2007—2009年，加大对市场各类主要商品价格的采集、调查、检测和分析力度，全面掌握价格动态，及时准确地提供价格信息和市场信息。对粮油农副产品和猪肉价格进行专项调查监测，对全县农副产品价格监测，其中，菜价监测200余次，生猪价格监测120余次，建材商品生产成本监测150余次。形成价格形式分析信息100期，撰写了《遵循市场规律，正确看待美姑当前农副产品价格变化》等调研文章4篇。

（三）主要农产品和农用物资收购价格

1991年以后，我国开始逐步实行市场经济，但国家为了保护农民的种粮积极性，实行粮食定购价、保护价以及农用物资零售价格政策。具体情况如下：

1991—2000年粮食定购、保护价统计表

表10-14　　　　单位：中准级　元/50公斤

年　份		1991	1992	1993	1994	1995	1996	1997	1998	1999	2000
玉　米	定购价	22.50	25.50	27.00	46.00	75.00	72.00	72.00	72.00	54.00	49.00
	保护价	—	—	—	—	—	—	66.00	62.00	54.00	49.00
荞　子	定购价	14.50	20.90	18.00	—	40.00	48.00	48.00	48.00	42.00	42.00
	保护价	—	—	—	—	—	—	48.00	38.00	36.00	42.00
大　豆	定购价	—	—	—	—	90.00	105.00	105.00	105.00	96.00	96.00
	保护价	—	—	—	—	—	—	105.00	95.00	87.00	96.00

1991—2000 年化肥、农膜零售价格统计表

表 10–15　　　　单位：元 / 吨

年　份	1991	1992	1993	1994	1995	1996	1997	1998	1999	2000
化　肥	873.00	800.00	1172.50	140.00	1689.00	1750.00	2501.75	1628.00	1575.00	1580.00
农　膜	7760.00	7760.00	8200.00	8200.00	8350.00	11400.00	12625.00	10500.00	6870.00	8190.00

第三节　收费管理

1992 年起，实行收费年审制度，在收费管理工作中逐年审定收费项目、标准，取消不合理收费项目，调整收费标准，规范收费行为。全县各收费单位必须亮证收费，使用财政专用收据，清理制止“三乱”（“三乱”指乱收费、乱罚款、乱摊派），对不合法的收费坚决取缔。2001 年，实行收费公示制度，并对群众关心的价格热点、难点问题利用电视、广播、墙报进行宣传，制作乡（镇）村价格公示牌 165 个，发行收费手册 2000 余份，推进价格诚信建设，逐步建立自律体制。

自从实行收费许可证年审制度以来，至 2007 年，全县共取消不合理收费项目 285 项，降低收费项目 163 项，适度调高收费项目 18 项，切实减轻了人民群众的负担。2008 年，公布涉农收费和价格公示表，加强涉农收费价格管理；从 2008 年 5 月 1 日起，执行新的房屋登记费计费方式和收费标准，房屋收费按件收取，住房登记收费标准为每件 80 元；非住房登记收费标准为每件 550 元，废止了计价格〔2002〕595 号规定的计费方式和收费标准；同时，取消了收费许可年审费、取消收费许可工本费以及“刑事案件涉案财物的鉴定费”等多项行政事业收费；停止收取劳动、人事争议仲裁费。

第四节　价格监督检查服务

一、价格监督检查

1991—1997 年，价格监督检查工作主要是参加县上统一组织的“税收、财务、物价”三大检查工作，开展对节日市场、农资、电力、成品油等价格及建设、工商等行政事业单位收费进行经常性检查；对医疗服务、药品价格、中小学收费进行专项整治，严格执行“一费制”标准；并对婚姻登记、农民建房、计生涉农收费进行了重点检查。同时，开展节日市场价格监督和市场价格秩序专项整治活动及全省统一安排部署的专项检查等工作。1998 年 5 月，《中华人民共和国价格法》颁布施行，县物价局加大了价格执法力度。1999 年，县物价局开通“12358”价格举报电话，及时受理、办结价格举报案件。

2007—2009 年，除开展涉农、涉企、文教、卫生等价格专项检查外，重点加强了对全县粮、油、肉食品、奶制品等农副产品以及石油、气和灾后建材物品等备案物品价格专项检查。开展了对电信、联通、移动、邮政等资费专项检查以及对全县道路旅客运营车辆的清理和整治专项工作。其中，2008 年 6 月，县物价局对美姑县富农实业有限公司自来水价格乱收费行为进行全面清理。2009 年，开展“限塑”专项检查工作。

1991—2009 年，共组织价格监督检查 5000 余次，查案 1000 余件，查处违纪金额 310 余万元，

没收55万余元，罚款10万余元。

二、价格服务

1991年以后，县物价局转变物价工作职能，拓宽物价工作服务领域，先后派出11人参加省物价局、省人事厅举办的价格评估、涉案物品价格评估培训班，11人全部取得价格评估资格证，其中1人取得涉案物品鉴定资格证。2007年，首次参与国有资产处置价格认证，对国资部门处置的行政事业单位的4辆汽车进行了价格认证。2008年，开展价格评估业务19起，涉及金额17.75万元。2009年县物价局价格认证中心开展对全县36个乡（镇）的粮店、派出所和计生指导站、妇幼保健站等国有资产价值进行核算评估，评估金额578万元；配合州评估中心完成对县瓦基铜矿出让价的评估；全年评估案件16起，涉案金额28万元。

1991—2009年，县物价局共受理评估案件1000件，评估金额1000万元以上。

第十章　外援项目管理

第一节　机构设置

1996年，美姑县人民政府组建美姑县SPPA项目办，为临时机构，执行联合国儿童基金会贫困地区社会发展项目（简称SPPA项目）。1999年，引进新西兰政府师资培训项目，经美姑县人民政府批准将“美姑县SPPA项目办”更名为“美姑县外援项目办”。2004年12月，经凉山州委机构编制办公室批准，在美姑县扶贫开发两项资金办公室增挂“美姑县外援项目办公室”，与美姑县扶贫开发办公室实行两块牌子、一套班子，设主管外援项目专职副主任1名（正科级，占扶贫办行政编制），主管外援项目，核定事业编制5名，所需事业人员从全县财政拨款的事业单位中调剂使用。外援项目办内设机构：办公室、财务采购股、综合协调计划股、项目监测股。

截至2009年，美姑县外援项目办有项目管理人员15名，外籍管理博士3人。

第二节　项目资金管理

一是严格项目资金计划审批。美姑县外援项目办根据各项目设计内容，提出项目资金方案，经过省、州相关部门审核后，报相关资金援助组织批准。项目资金按年度计划安排，确保项目资金有计划地用于项目建设。二是项目资金的下达。项目资金包括国外政府、国际组织资金和世行贷款、财政扶贫资金、以工代赈资金及自筹资金，按计划分期分批下达到县。每一类别的资金都必须根据项目的实施进度实行报账制，将项目实施的每一个过程记录，验收后凭资料报账。三是各渠道资金的使用。用于农业扶贫的资金有粮食作物、经济作物种植、畜牧业养殖、生态环境建设；基础设施建设资金用于教育、卫生、人畜饮水、灌溉、乡村道建设、土壤改良等。各种资金的使用上按照签订协议，外援项目办制定出严格的项目资金管理制度，使各渠道的资金能合理使用。四是实施资金监督机制。资金监督部门和审计部门定期对项目计划和资金计划的执行情况进行监督和审计，做到及时发现和解决问题，将问题消灭在萌芽状态，确保项目资金的专款专用。

第三节 项目资金投入

1996年以后，先后引进SPPA、新西兰政府、德国复兴开发银行、救世军组织、德国米索尔基金会、国际小母牛组织、世界银行、MSI组织（玛丽斯普特国际组织）等国外援助项目。至2009年年末，美姑县外援项目办共引进外资8840.89万元。

一、SPPA项目

1996年引进实施。SPPA项目是由联合国儿童基金会援助的一个以小额信贷促进农村经济发展的项目，该项目投资250万元，实施乡（镇）为美姑县7个乡，即炳途乡、洒库乡、典补乡、佐戈依达乡、井叶特西乡、依果觉乡、九口乡，共1700余名贫困妇女及其家庭从项目中受益，项目于2000年结束。项目旨在提高妇女地位、改善贫困群众经济收入、提高妇女在社会生活中的参与意识、提高妇女儿童的生产生活技能。项目在外经贸部、联合国儿童基金会的历次检查中均获好评，项目成果被环球影视集团拍摄为专题片在全世界播放。

二、新西兰政府师资培训项目

1999年，引进新西兰政府无偿援助项目，项目投资15万元，对全县300名代课教师进行专业知识培训。项目由美姑县外援项目办和美姑县教师进修校完成。

三、救世军组织“礼物传递”、节能灶及清洁饮水工程项目

2001年4月，引进救世军项目，累计投入资金72.16万元，其中，圈养美姑山羊项目22.42万元；节能灶示范项目1.87万元；清洁饮水项目18.7万元；200名非师范类小学教师培训10.2万元；“一池三改”（是指以农户用沼气池为纽带，带动农村改厨、改厕和改圈，美化农村生活环境，促进清洁能源利用）农村能源项目17.82万元；项目农户生产技能培训项目1.15万元。该项目是由“救世军”组织提供援助，在井叶特西乡、九口乡、牛牛坝乡开展，项目通过开展种草圈养美姑山羊示范和节能灶示范来提高农户经济收入，改善生态环境，实现项目的可持续性发展。该项目实施在美姑县获得很大成功，被救世军组织视为近年来执行最好的项目之一，其运作模式被其他外援项目广泛采用。

2004年2月，救世军组织港澳总指挥陈天生在副州长刘焰、州红十字会秘书长喇建康陪同下，到美姑县检查工作，肯定了“礼物传递”项目成果。2004年12月，美姑县外援项目办与“救世军”组织再次签署援助协议，在觉洛乡则俄村实施清洁饮水工程。2009年，新增“龙门乡尔拖村综合发展项目”，项目投入160万元，受益农户135户，项目内容包括在龙门乡尔拖村合建村小、村卫生室及村活动室1所，建设沼气池135口，发展美姑山羊养殖户40户，生产技能培训等。

四、中德扶贫项目

中德扶贫项目是由德国复兴银行（KFW）和德国技术合作公司（GTZ）无偿援助的综合扶贫项目，该项目2001年5月正式启动，项目在美姑县的总投资为1934.56万元，其中，中方配套资金450.11万元，农户投工投劳折资624.45万元，德方无偿援助215万马克。项目实施了牛牛坝乡7个村、巴古乡3个村项目培训、经济林种植、节能灶，购买汽车3辆和相关办公设备。2004年4月，由于国内配套资金不足而停止。

五、城关二小项目

2001年，引进德国麦卡托基金会、北威州政府、德国技术合作公司无偿援助教育项目“城关二

小项目”，项目投资100万元。该项目为美姑县城关二小修建女生宿舍楼、学生浴室，购置电脑设备、校园广播系统、图书资料、学生床上用品等，并提供助学金，资助美姑县城关二小贫困家庭女童15名。

六、凉山彝族地区农村参与式综合发展、环保及扶贫相结合项目（简称米索尔项目）

该项目由德国米索尔友爱团结基金会提供无偿援助，四川省、凉山州提供国内配套资金，项目第一期投资510.99万元。这是一个探索性扶贫项目，以促进当地农村经济发展和保护民间宗教文化为目的。项目从2004年3月正式启动，第一期投资执行完成。项目实施引进参与式方法设计、实施和管理项目，尽可能减少行政干预。项目已形成了一个能持续独立运作的社区管理机构，为社区提供自我发展的社会资本（组织管理）；项目开展生物多样性建设活动，包括生态恢复、小流域保护和生物多样性传统知识的发现与发展等，为社区提供可持续利用的自然资本；项目开展恢复和发扬彝族传统文化的活动，配合参与式项目实施和农户网络小组的运作，提高农户能力、自信心和文化认同，为社区提供可持续发展的人力资本；开展综合扶贫行动，提高农户的可持续生计开发能力和改善农户的生产生活环境，为社区提供可持续发展的物质资本和资金资本。

七、中国农村贫困社区发展项目（简称PRCDP项目）

项目总投资5735.49万元，其中，农业分项目2603.27万元，基础设施分项目171.27万元，教育分项目197.78万元，卫生分项目276.73万元，能力建设398.15万元，机构与项目管理监测186.78万元。2004年2月，完成项目的可研报告、环境评价工作，2005年12月开始实施。截至2009年12月30日，完成投资3899.8万元。PRCDP项目通过对贫困社区道路、供电、通信、饮水、学校、卫生院等基础设施建设，完善社区基础服务功能，改善社区贫困人群的生存环境；通过兴修水利、改土改田、种植农作物等措施改善社区生态环境；通过发展畜牧业、经果林和种植经济作物来提高贫困人群的收入，改善贫困人群的生活质量。项目覆盖全县21个乡的111个贫困村，有17824户农户约70000人受益。

八、国际小母牛组织“礼品传递”项目

该项目是由国际小母牛组织提供无偿援助的连续性项目，2004年8月进行项目前期调查，2004年11月签订项目协议，2005年1月正式启动国际小母牛美姑妇女养羊项目。援助资金29.99万元，在美姑县佐戈依达乡依曲姑村和温子觉村、峨曲古乡雷觉莫村实施圈养美姑山羊“礼品传递”项目。受援农户88户，投放项目山羊423只。2006年7月，签订协议实施美姑山区彝族畜牧发展项目，项目投入35.42万元。是年8月，选择美姑县峨曲古乡雷觉莫村、洛俄依甘乡阿居曲村、佐戈依达乡三飞村实施，受援农户80户，新建厕所80个，发放种羊285只，公羊22只，养殖技术培训11期850人次。2009年，新增援助《大风顶自然保护区周边畜牧发展》项目共投入200万元，分别在瓦西乡达拉阿莫村、瓦西村及依果觉乡古拖村实施，受援农户230户。

九、国际专业服务机构（MSIProfessionalServices）项目（简称MSI项目）

该项目由MSI组织提供援助，由MSI组织与美姑县外援项目办公室合作。资金投入60万元，此项目于2005年3月启动，已投入资金24.62万元，其中，培训援助1.4万元，鼓励文化、增加教育2万元，社区发展1.8万元，医疗0.6万元，管理费用0.66万元；培训健康教育52次，儿童游戏8次，支持孩子上学37个，实施沼气池28个。项目对特西村113个家庭举办为期三年的家庭健康培训；2007年，开始在合姑洛乡齐色村进行家庭健康培训、社会发展、援助孩子们上学、美姑儿童游戏夏令

营、农村妇女健康的培训活动等项目，共投入资金97.26万元。

十、项目培训

培训工作主要采取分类设计，分级负责，跨级指导，委托培训相结合的方式。如参与式方法培训由县直接培训到村，乡（镇）指导到户；村干部综合能力培训由县直接培训到村；项目执行程序、项目管理、采购办法等业务培训由县培训到乡（镇），乡（镇）组织培训到村，县外援项目办派人指导，村宣传到户；乡（镇）、村技术员培训由县外援项目办组织开展，村技术员培训到农户；有企业参与的产业化项目由相关企业现场示范培训到户；种植业、养殖业项目由县业务部门组织技术培训或现场示范培训；卫生员培训和健康教育由县卫生局组织实施；教师培训由县教育局组织实施。

十一、项目成效

外资项目的实施，引进和推广新的发展理念、有效的扶贫体制，如多部门综合扶贫、参与式村级规划、科学的贫困统计和监测系统、项目注重目标群体的广泛参与和主体意识等，对美姑县扶贫开发的发展理论、政策、方法、制度建设等方面产生了积极影响。

一是美姑县实施外资项目的村贫困状况明显缓解。表现在项目村贫困发生率和贫困强度下降，人均消费增加，人均纯收入明显提高。二是美姑县实施外资项目的村生产生活条件得到显著改善，教育、卫生公共服务水平明显提高。项目村解决了人畜饮水，安全饮用水比重明显提高，交通得到改善，教师合格率得到提高，学生入学率提高明显等。三是实施项目的村和贫困农户增强了可持续发展的能力，干部群众的综合素质得到明显提高。外援项目有针对性的扶贫措施，通过教育投入提高人的素质，通过卫生投入提高人的健康水平，通过农业收入提高贫困农户的现金收入，通过基础设施的投入改善生产生活条件，使美姑县实施项目的村综合发展能力逐渐形成和增强。四是对项目村的彝族群众、妇女产生了积极影响。由于项目提供各种培训，提高彝族群众的生产生活技能，村干部在培训中提高竞争意识和竞争能力，管理工作能力也在项目实施中得到提高。五是实施人畜饮水解决了妇女生活和生产中的实际困难，农户都能用上清洁的自来水，极大地减轻了农村妇女的挑水负担，增加了收入。六是村道的建设改善了项目村的运输和出行条件，节约农用物资的运输成本，扩大和加强了村民与外界的交流。

第十一篇

工　业

1991—2009年，美姑县工业经济总体上量少质弱。由于省、州政府扶持，经过县委、县人民政府持续不断努力，通过招商引资等形式，使工业经济有了一定发展。到2009年，全县实现工业总产值49500万元，规模以上工业企业有美姑河水电开发有限公司、美姑化工有限责任公司、凯元磷化工有限责任公司等。

第一章 森林工业

第一节 洪溪伐木场

洪溪伐木场始建于1970年7月，场址设毛洪觉依达林区，位于凉山州美姑县北部，地处大小凉山腹心地带。行政区域上跨龙窝乡、树窝乡和依果觉乡3个乡。林场整体成狭长形，经营面积31.08万亩，最高海拔3750米，最低海拔1400米，大部分地域在海拔2000—3000米之间。场部设在依果觉乡政府附近，用地使用面积1.06万平方米（其中建筑面积3631.44平方米）。隶属县工交局领导，当年招收工人30人，经营所调6人支援。年采伐量2000—3000立方米，主要销售州内。1989年，由凉山州林业勘测设计大队完成全县森林资源二类调查。1990年，有职工113人，其中，干部11人，工人102人，内设办公室、财务股、生产技术股、总务室、采伐队、营林队、车队、招待所、贮木场等单位。经营面积35.4万亩，有固定资产357万元，年采伐量3万立方米左右，年上缴纳税利近300万元，约占美姑县财政年收入的60%。1992年，确权颁证，林场经营界线有所变化。1999年，实施天保工程，全面停止天然林采伐政策，洪溪伐木场更名为洪溪林场，由森林采伐改为森林管护。洪溪林场主要从事人工造林、封山育林、护林防火、林木育苗、幼林抚育、病虫害防治、野生动植物保护。森林管护面积：31.08万亩（其中，罗孜管护组2.1万亩，龙窝管护组6.97万亩，瓦黑管护组7.19万亩，维黑洛9.13万亩，椅子口管护组5.69万亩）。

第二节 刨花板厂

1982年7月，美姑县刨花板厂是省、州、县三级共同投资205万元（其中，省林业厅80万元，州75万元，县50万元），由省林业勘测设计院设计建设的民族地区木材综合利用的国有独资企业。1982年，开始动工建设。1984年，开始进行机器设备安装。1986年7月，建设完成并试运行。1987年，逐步进入正常生产。厂区占地面积3.9万平方米，有生产车间和库房5000平方米。工厂拥有年产2000立方米各种规格木质刨花板生产线1条，有年加工能力7000立方米半成品建材车间和年产3000扇实木门、复合门、夹板门车间各1个。截至1999年8月，工厂拥有固定资产279.86万元，其中房屋建筑5235.09平方米（生产用房3525平方米，非生产用房1710.9平方米），折合人民币62.91万元，机器设备142.38万元，土地折合人民币74.58万元。累计生产各种规格刨花板1.99万立方米，生产各种规格锯材33644立方米。实现销售收入4023万元，实现税收利润578.9万元，上缴税收利润487.2万元。1999年9月，由于天然林停伐和国家有关政策规定，经美姑县经济体制改革委员会研究同意，进行改制，对全厂40名职工按每年1500元作为工龄补偿买断工龄，另2人进入县保险局再就业中心托管。

第三节 林场公司

林场公司前身系美姑县林产品工业公司。1981 年 4 月 27 日，从县林业局、伐木场抽调 13 名干部组建美姑县林产品工业公司，隶属县林业局，设县城城区，贮木场设在巴普镇三河村。是年，投资 5.5 万元，建成砖木结构平房 631.8 平方米，贮木场 2100 平方米，装车台 43 平方米，围墙 320 平方米，林业局调拨汽车 1 台，自购东风车 2 台。公司主要担负县内用材和省、州统配材的供应，按计划组织收购农村和农户生产的木材和林副产品。是年调进原木 9405 立方米，销售 8998 立方米，销售额 127.4 万元，实现利润 13.57 万元，上缴税利 12.62 万元。1985 年 5 月，更名为美姑县林产品经销服务公司。1986 年，全县的农村集体生产的商品材全部交由林产公司统一对外销售。此外，与县木材生产企业洪溪伐木场协商，按市场价购进非统配材，进行销售和加工木材制品。非统配材经销以来，公司原木及木材制品主要销往乐山、成都、内江、自贡、绵阳、泸州、宜宾、资阳和河南、重庆、上海等地。1987—1989 年，公司建成 2 幢职工住房楼，建筑面积达 1051 立方米。截至 1999 年底，公司有三河贮木场制材车间 1 处、运材车辆 15 台、吊车 1 台、叉车 1 台，小车 2 台，占地 2836.6 平方米的修车场 1 处，有固定资产净值 185 万元。1991—1999 年，共销售原木 9.16 万立方米，方材 1806.281 立方米，制材 9204.504 立方米。销售额 4163.14 万元，实现利润 674.24 万元（年均实现利润 74.92 万元），上缴税金 301.49 万元（年均上缴税金 33.5 万元），上缴税利 319.16 万元（年均缴纳税利 35.46 万元）。

1999 年，全国停止天然林砍伐，美姑县林产品经销服务公司正式更名为美姑县巴普林场，主要从事天保工程项目和森林营造与管护工作。2000 年，管护巴普林场作业区国有林和 8 乡、1 镇的集体林，共计 1.42 万公顷。2009 年，管护区域为巴普林场第 1—6 作业区和 8 乡、1 镇的集体林，共计 1.34 万公顷。1999—2009 年，累计造林 1573.27 公顷，荒山配套造林 133.33 公顷，封山育林 1779.1 公顷。截至 2009 年年底，有在职职工 17 人，其中，男职工 12 人，女职工 5 人，初级技术职称 3 人。有临时工 5 人，临时工管护员 12 人。

第二章　化工工业

第一节　美姑化工有限责任公司

美姑化工有限公司是国家工业和信息化部定点生产民用爆破器材的生产企业。前身为四川省美姑县化工厂，始建于 1966 年 7 月，公司位于美姑县巴普镇基伟村宜（宜宾）西（西昌）公路侧，距美姑县城 4 公里，占地面积达 15.34 万平方米。主要经营 2 号岩石粉状铵梯（油）炸药、2 号岩石抗水粉状铵梯油炸药、1 号铵油炸药、乳化炸药等。

1991 年 3 月，工厂不断深化企业改革，撤销原有职能部门，重新设置“一部、一车间、一队、三科、三办”职能部门，即设置厂部、84 号车间、车队、供销科、财务科、质量管理科、技安办、技改办、后勤综合办，试行工效挂钩，打破了“大锅饭、铁饭碗”的原有体制。9月，工厂实行全员劳动合理化的组合，缴纳劳动责任风险金，实行上岗合同制。1992年5月，省化工厅会同省经委、化工部第八设计院等31家单位、54名工程技术人员在成都参加安全技改初步设计方案审查会，工厂安全技改工程纳入凉山州固定投资计划，投资总额为541万元。10月，工程全面破土动工建设。1993年3月，出资26.38万元兼并美姑县矿业公司业务矿产品、印刷品。5月，荣获1993年一季度“凉山州工业企业50强”。1994年2月，经国家工商行政管理局批准，注册“山牌”商标。5月，加入第一届中国爆破器材行业协会，成为协会会员。11月，开始与四川省绵竹特种化工厂联合生产2号岩石炸药。1995年5月，取得2号岩石铵梯炸药产品生产许可证。1996年12月，工厂实行改制，改名为“美姑化工总公司”。全年实现生产炸药5072吨，销售5017吨，创造了建厂以来产销量最高纪录。1997年4月，公司被凉山州工商行政管理局授予“重合同、守信誉”企业。7月，建筑面积3365平方米，总投资260万元的职工营业住宅动工建设。1998年3月，公司向兵器工业总公司申请“乳化炸药”生产许可证和核定能力的报告，并开展乳化生产线筹备工作。7月，总投资300万元的公司第二幢职工住宅楼开工建设，解决42户职工住宅问题。1999年12月，公司成立乳化炸药生产线领导小组，下设乳化办公室，开展乳化线工程具体工作。2000年1月，国防科工委民爆办批准同意公司增加乳化炸药品种的生产、核定生产能力4000吨/年，工程概算投资400万元，建筑面积1500平方米。7月，从杭州强立机械有限公司购进乳化装药机3台、卷管机2台。9月，乳化生产线工程全面动工建设。至年底，乳化生产线工程基本完工，投入试运行。2002年，完成产量5000吨，实现销售收入1800万元，上缴税金191万元。2005年8月，通过企业改制后，被浙江盾安控股集团有限公司整体收购，注册成立四川美姑化工有限公司，注册资金1000万元。属于盾安控股集团有限公司下属子公司，企业实现了从国有体制向现代民营企业的转变。2009年8月，盾安控股集团进行企业内部整合，下属的两家子公司（四川省绵竹兴远特种化工有限公司、四川美姑化工有限公司）整合为四川区域公司，四川美姑化工有限公司成为四川省绵竹兴远特种化工有限公司的分公司，是一家企业法人股独资公司。经营范围为民用爆破产品、化工产品及化学原料的制造、爆破技术咨询服务。截至2009年年底，拥有固定资产2333万元，职工86人（其中，大专以上人员20人、各类专业技术人员21人）。2009年，总产值2580.56万元，销售收入2553.73万元，上缴税收157.66万元。

第二节　美姑凯元磷化工有限责任公司

美姑凯元磷化工有限责任公司，创建于2007年5月，坐落在美姑县拉木阿觉工业集中区，距县城50公里，占地面积1.33万平方米。公司由四川成洪磷化工有限公司投资、注册的股份制民营企业。公司主要原材料来自凉山州雷波县的莫红磷矿，主要产品有黄磷、磷酸、精细磷酸盐、过磷酸钙等化工系列。公司总投资1亿元，分三期进行：第一期投资约1600万元，主要用于基础设施建设和购置设备及相关辅助设施；第二期投资约2000万元，主要用于修建厂房和购置机器设备；第三期投资约6000万元，主要用于技改扩大生产规模。2007年6月，第一期工程建成投产。2009年，项目全部建成投产，全年生产黄磷6000吨、磷酸1万吨、精细磷酸盐6000吨、过磷酸钙5000吨。年工业总产值14860万元；实现销售收入8500万元；利税总额1960万元，其中上缴财政收入650万元。解决就业岗位450个。

第三章　水电工业

第一节　美姑河水电开发有限公司

2003 年 6 月，中国水电工程顾问集团公司、中国水利水电建设集团公司、中国电力工程顾问集团公司、中国水电顾问集团和成都勘测设计研究院四家股东，分别以 34%:25.5%:25.5%:15% 的比例，共同出资组建四川美姑河水电开发有限公司，开发美姑河流域水能资源。随着四川美姑河水电开发有限公司的发展，股权和股东也发生变动，现有四家股东单位是中国电力建设集团有限公司、中电建水电开发集团有限公司、中国电力工程顾问集团科技开发有限公司、中国电建集团成都勘测设计研究院有限公司，股权比例为 36% : 25.5% : 23.5% : 15%。公司主要任务是对美姑河流域进行以水电为主的流域、梯级、滚动和综合开发。该公司计划用 10 年左右的时间，完成美姑河干流一库 5 个梯级水电站开发，自上而下为牛牛坝、瓦洛、瓦吉吉、柳洪、坪头电站，其中牛牛坝电站具有年调节能力，为梯级开发的“龙头”水库工程，一库五级电站规划总装机容量 52.6 万千瓦，年发电量 26 亿千瓦时。2003 年 9 月，第一期开发柳洪电站（18 万千瓦）正式动工兴建，工程总投资 8.5 亿元。2006 年 3 月，第二期开发坪头电站（18 万千瓦）正式动工兴建，工程总投资 16.9 亿元。2007 年 7 月，柳洪电站第一台机组发电。

到 2009 年年底，已建成柳洪水电站（装机 18 万千瓦）、220 千伏美姑河开关站、柳洪营地（占地面积 3.84 公顷）、乐约营地（占地面积 1.6 公顷）、成都办公楼（建筑面积 11446 平方米）和成都温哥华广场办公用房。拥有固定资产 23.1 亿元、资产总额 24.7 亿元。公司设立股东会、董事会、监事会、管理层，并形成由综合部、财务部、计划合同部、安全技术部、水工部、运行部和维护部 7 个部门组成的生产经营机构设置。公司在册职工 106 人，其中专业技术人员 80 人，占在册员工总人数的 75%。有博士研究生 1 人、硕士研究生 4 人、大学本科 47 人，专科 38 人；高级职称员工 12 人（教授级高级工程师 3 人）、中级职称员工 28 人、初级职称员工 38 人。2009 年实现总产值 15022.31 万元，销售收入 15022.31 万元，上缴税收 2880.31 万元。

第二节　美姑电力公司

1959 年 6 月，在县城建成一座装机为 24 千瓦的柴油发电机，供机关照明。1965 年 12 月，美姑县在三河村（今巴普镇三河村）建成一座 55 千瓦电站，名为“三河电站”，美姑县有了第一座水力发电站。由于地理、资金等种种因素，制约水电发展，阻碍着全县经济的正常发展。县委、县人民政府采取争取项目等形式，发展中、小型水电站。1971 年 2 月，在巴普镇巴普村建起装机为 1×125 千瓦的“巴普一级电站”。1972 年 12 月，成立美姑县电厂，范志忠出任首任厂长。1984 年 10 月，在巴普镇三河村建起了装机 2850 千瓦的胜利电站。1994 年 10 月，在巴普镇基伟村建起装机 1260 千瓦的基伟电站。1999 年 4 月，在牛牛坝乡碾碾村建起装机为 1000 千瓦的牛牛坝电站。1995 年 7 月，县人民政府决定撤销“美姑县电厂”，正式成立“美姑县电力公司”。樊国清任经理兼党支部书记。1999 年以后，先后迎来国家“送电到乡工程项目”和“农村电网改造工程项目”。2000 年，在乐约乡巴姑村建起装机 1600 千瓦的乐约电站。2006 年 8 月，在洒库乡华岗村建起装机 2500 千瓦的华岗电站。并先后在城关、洪溪、瓦侯、牛牛坝、候播乃拖、大桥、柳洪等地建起 7 个

35 千伏的变电站，形成了城关与 9 个片区的网络。同时民营投资电站迅速普及。到 2009 年年底，全县共有 22 座中小电站，38 台机组，装机达 17205 千瓦（其中民营电站 16 座，26 台机组，装机 7495 千瓦）。累计完成发电量 7307.9 万千瓦时，实现销售收入 1950 万元，累计上缴税金 168 万元。

第四章 建材和轻纺工业

第一节 美姑县建材有限公司

1970 年，美姑县水泥厂试制水泥成功，次年 7 月试产。1972 年 7 月正式投产，年生产能力 600 吨。是年，州养路总段在佐戈依达乡建水泥厂。1974 年 9 月，县水泥厂生产纳入计划管理，产品由县物资局经营，新增设计年生产能力 1000 吨的设备。1977 年年底，设计生产能力为 2000 吨，实际产量 850 吨。1979 年，县水泥厂生产水泥 1345 吨。县水泥厂由于生产流程不合理，设备不配套，劳力不足，技术落后等原因，9 年中亏损 24 万元，1981 年 3 月停产，次年 10 月恢复生产。1985 年，投资 61 万元改造和扩建县水泥厂，次年生产水泥 2657 吨。1988 年，佐戈依达水泥厂停办。1989—1990 年，县水泥厂生产水泥 6200 吨，产值 33 万元。

1997 年，美姑县水泥厂进行企业改制，改名为美姑县建材有限责任公司，属股份制企业。原企业职工以工龄折合为股本入股，为该公司员工。企业生产规模进行技术改造，因资金不足，报经县委、县人民政府同意后，向县内社会以资金入股的形式招募部分人员为该公司员工，并向银行贷款，进行企业技改扩能，生产规模达到年产约 2 万吨水泥制品。2003 年，该公司因生产经营不善，无法对生产规模再次进行技术改造，使生产规模达不到国家产业政策有关水泥行业建设规模的规定，面临淘汰。经美姑县建材有限责任公司全体股东大会研究，决定将该公司进行整体转让，由马联接收包括该公司的所有资产、债权、债务及人员就业等，当时该公司有债务 590 余万元，债权 40 余万元，l8 位员工一并交给县建材有限责任公司代管，公司实行自主经营管理，自负盈亏。

2005 年，美姑县建材有限责任公司经多方筹集资金 960 万元，进行技改扩能后，建成年生产 10 万吨水泥生产线，达到符合国家有关行业生产政策要求，取得生产许可证，许可证到期时间至 2016 年。公司生产经营取得很好经济和社会效益，归还了部分贷款和部分原公司所欠债务，退还了部分不愿继续在公司上班员工的股金，上缴原公司欠缴的社会保险金，安排原公司到年龄退休而无法退休员工 6 人及铜选厂 1 人退休，并付清退休人员的各项费用 13 万余元，解决铜选厂 1 位死亡职工的安葬费及其他各项费用等 2 万余元。

2008 年，汶川大地震发生后，美姑县建材有限责任公司生产的主要原材料无法运输，致使公司停产，造成极大的损失。2009 年夏，公司原材料运输路线上发生自然灾害，主要材料无法运抵生产车间，再次造成停产。

第二节 美姑春潮特种纤维有限公司

美姑春潮特种纤维有限责任公司地处巴普镇，始建于 2005 年 11 月，离美姑县城 2 公里，占地面积 5280 平方米。公司由四川春潮贸易有限公司和四川兴钟袜业有限公司共同投资兴建，总投资约 1 亿元。有管理人员 8 人，员工 34 人。2006 年，安装包覆纱生产机器 50 台，主要生产 2012 型、2030 型、2045 型、2050 型、2070 型包覆纱，主要用于生产无缝内衣和针织业产品。当年生产包覆纱 90 吨，实现产值 1350 万元。2009 年总产值 723 万元，销售收入 659 万元，上缴税收 15 万元。

第十二篇

农　业

第一章　农业管理体制

第一节　机构设置

2000年以前，县农业局设有办公室、农技站、土肥站、植保站、种子站、多经站、农经站、农情股、农广校9个站股，分别对全县农技推广、农村经营管理、农业科技教育、多种经营推广、农业信息收集等各项工作负责。2001—2007年，增加3个站股；2001年11月，设立科教站；2004年5月，设立农业综合执法队；2006年5月，设立农村能源办公室；2008年，为促进马铃薯产业发展，成立马铃薯产业办公室；2009年，在农广校增挂"美姑县农民科技教育培训中心"牌子。

1991—1994年，设45个农技站。1995—2004年，县农业局设36个农技站。人员和业务经费由县级主管部门统一管理，人员的调动、考核和晋升，听取所在乡（镇）政府的意见。2005年，人员和业务经费由所在服务区域乡（镇）政府统一管理，其人员的调配、考评和晋升，主要采取县级主管部门的意见。

1991—2004年，乡（镇）农业技术推广机构实行以县管为主的管理体制，由县级农业技术推广机构向乡（镇）派出农业技术人员。2006年，县农业局实行人员聘用制度，逐步实现由固定用人向合同用人、由身份管理向岗位管理转变。县级农业主管部门和乡（镇）政府根据乡（镇）农业生产实际、农业技术推广岗位职责，确定对农业技术推广人员考核内容和方式。2007年，农业人员和业务经费由所在服务区域乡（镇）政府管理转为县级主管部门统一管理，其人员的调配、考评和晋升由县级主管部门上报县人事部门批转。2009年，实行新的岗位设置，省州人事劳动部门共核准岗位114名，其中管理岗位21名，专业技术岗位88名，工勤技能岗位5名。是年，为加强基层农业服务体系建设，在县、乡两级设立为农民提供种植业技术服务的组织——乡（镇）农业服务站，作为基层农业技术推广机构具体承担优良品种的引进、试验、示范、推广，农作物病虫害、农业资源、农业生态环境和农业投入品的使用监测，农作物常规良种的保纯、扩繁，指导农业标准化实施，农村能源建设管理，农业公共信息和农业技术教育培训服务。

第二节　农业科技队伍建设

一、农业人才队伍总数及结构

截至2009年年底，全县在职农业专业技术人员有119人。其中，乡（镇）农业服务站专业技术人员60人，职称结构为农艺师1人、助理农艺师16人、助理农业经济师5人、农技员38人。县农业局专业技术人员59人，职称结构为高级农艺师4人、农艺师20人、农业经济师3人、助理农艺师28人、农业技术员2人、农业事业管理人员2人，结构比例有很大提高。1994年，首次有了彝族农艺师，2002年10月，首次有了彝族高级农艺师。截至2009年，在职彝族高级农艺师2人，农艺师8人。

二、考核考聘制度

2005年起，实行公开、平等、竞争、择优的选人用人制度，不断深化农业人事制度改革，初步建立了农业人才竞争的激励机制。在管理人才队伍建设上，实行公开选拔、竞争上岗、任前公示、考察考核、任职试用期等制度。在专业技术人才队伍的使用上，推行聘用制和岗位管理责任制，积极推行了国家职业资格证书制度。

三、教育培养机制

2005 年，形成了较为完善的农业人才教育培训体系。以农业广播电视学校为依托，构建了农业专业技术人才和经营管理人才的学历教育和继续教育体系，鼓励基层农业技术推广人员参加继续教育和业务培训。建立经常性的培训制度，形成长效机制，有计划、有步骤、有目的地对基层农业技术推广人员开展技术培训，不断更新专业知识，提高服务能力。整合各类教育培训资源，组织实施了“绿色证书工程”“农村劳动力转移培训阳光工程”等农业职业技能培训。

四、农业人才待遇

2005 年，建立了面向社会的人才管理服务体系。实行农业技术推广人员的晋升晋级、续聘、辞退、公费参加教育培训与考核结果挂钩。落实基层农业技术推广人员技术职称评定优惠政策及浮动工资、各种补贴等有关待遇，将工作实绩和业务水平作为技术职称评聘的主要依据，对有突出贡献、业绩显著的，优先评聘和给予破格晋升。农业丰收奖等农业技术推广类成果的申报和奖励，向基层农业技术推广机构及人员倾斜。

第三节 农业发展模式

一、农业产业结构调整

2000 年以后，种植业内部品种结构调整取得主要成效有：一是玉米杂交良种推广达 3333 公顷，占全县播种面积 4929 公顷的 67.62%，特别是高山良种玉米推广达到 333 公顷，占整个杂交良种玉米面积的 10%，使高山地区的粮食作物品种结构得到了优化；二是荞麦良种引进示范效益明显，在实行精细点播基础上，与州农科所密切配合，引进了九江苦荞、川荞 1 号、川荞 2 号等优良高产品种，推广优质无公害荞麦面积 667 公顷，占全县荞麦面积 6667 公顷的 10%；三是马铃薯脱毒薯工程实施取得良好效益，脱毒马铃薯网室微型薯生产的大田各代薯推广在全州占有重要地位，网室年生产微薯 2000 公斤以上，不仅保障县内用种，而且调节州外，全县大田推广面积保持在 3333 公顷，占全县洋芋面积 4085 公顷的 82%。积极实施粮食经济结构调整，努力实践经济作物发展项目，主要体现在优质水果基地改造建设、蔬菜基地建设等项目上，粮经作物结构已由 1991 年的 8∶2 提高到 2005 年的 7∶3。经过多年农业结构调整实践，美姑整体农业区域布局趋于良好，形成了高山荞麦和马铃薯区；二半山玉米、马铃薯、荞麦区；低山良种杂交玉米、黄豆、水稻、小麦种植区；县城、区乡小城镇附近蔬菜生产四个区域。高山荞麦、马铃薯，低山玉米、黄豆、芸豆区域布局效益初步显现。通过种植业产业结构内部调整。种植业由粗放经营向集约经营发展、向精细农业发展，种植业在大农业中的比重由过去 1991 年的 70% 下降到 2009 年的 45%，结构内部品种优质、粮经协调、布局合理，确保了粮食稳产、丰产，实现农业持续健康发展的目标。

二、农业综合项目开发

1991—2009 年，县人民政府和县农业局每年都积极争取以工代赈资金实施农业综合开发项目，不断改善美姑农业生产条件和农业生态环境，增强农业抵御自然灾害的能力，促进了农业结构调整。截至 2009 年，累计完成低产田土改造和闲置荒地开发 1333 公顷。在农业结构政策指导下，设施农业从无到有，从 1993 年建设起来的脱毒防蚜网室进行微型种薯生产，到 2001 年发展起来的温室大棚蔬菜种植技术应用，农业结构调整有力推动了全县农业实现增产增收。

三、农业产业化发展

以马铃薯、玉米、荞麦三大作物为主，建设千亩高产中心示范片，带动万亩高产示范基地；新品种、新技术等先进实用技术的配套组合集成，把农业基地建成具有较高科技、效益的典型示范基地。1996年以后，按照县委、县人民政府农业发展思路的要求，实施以工代赈基本农田建设和实施民族地区增粮增收项目，实施脱毒马铃薯基地和苦荞麦基地建设项目，积极争取并充分利用各种专项资金加快农业的发展进程，多渠道积极争取项目资金。截至2005年，每年国家投入产业化示范基地建设资金50万元。

2006年以后，每年资金投入规模扩大到100万元。2009年，产业化发展资金规模达到150万元，主要投入在马铃薯产业发展的良种基地建设方面，大力培养和扶持种植专业户，走市场带大户、大户带农户的产业化之路。抓好马铃薯、荞麦、芸豆标准化生产技术应用力度，把农业资源优势转变为农民增收发展经济的优势，以项目实施促进农业科技发展和农民增收。

四、农村专业协会发展

2003年以后，以科学发展观为指导，以市场为导向，以资源为依托，以科技进步为支撑，以发展现代农业为重点，实行以资源开发与市场开发结合，特色农业发展和生态保护并重，努力构建高山特色农业产业经济带。在稳定粮食生产的基础上，积极推进种植业内部结构调整，加快农业基础设施建设，加大绿色食品开发力度，加大了马铃薯产业基地、苦荞麦基地、奶花芸豆基地建设，大力发展玉米、优质苦荞麦、洋芋等粮食生产，推动农业科技进步和农业产业化发展，实现由传统农业向可持续发展的现代农业发展，专业化农业发展初具规模。至2009年，农业专业协会有特西村美姑富乐蔬菜种植专业合作社、洛俄依甘蔬菜生产协会、依果觉马铃薯营销协会三个。专业协会带动了同一海拔区域内的合姑洛、农作、巴古等乡发展甘蓝类蔬菜生产积极性，成为高山乡农民创收致富的重要途径。

五、引进农产品深加工企业

2007年，全县马铃薯种植面积达到6400公顷。是年，引进四川普惠薯业加工有限公司、四川凯宏淀粉加工有限公司进行马铃薯深加工。两家马铃薯加工企业大力收购本地农户生产的马铃薯，马铃薯收购价格从0.20元提高为0.35元。到2009年，收购价格最高达到0.41元，收购数量为70801.18吨，马铃薯产业成为美姑农民增收的主要产业。

六、农业基地建设

2006—2007年，在农作、合姑洛、拖木、依洛拉达、洛莫依达、瓦西、依果觉、子威等10个乡实施完成优质苦荞米基地167公顷，总产25万公斤，产值62.5万元，项目区10775人，农民人均增收58元。2007年5月，在乐约乡建设优质脐橙基地，按照标准化规范技术栽植，投入种苗资金15万元，完成优质脐橙品种纽荷儿36.4公顷，定植种苗45666株。在巴普镇、候播乃拖、采红、洛俄依甘、尔其、拉木阿觉、九口、柳洪、牛牛坝、佐戈依达、峨曲古、龙门、觉洛、典补14个乡发展奶花芸豆生产，进行间作提高土地复种指数，年种植规模1000公顷，年产量225万公斤，产值675万元，项目区7万人，人均增收96元。

2009年，特西村富乐蔬菜种植专业合作社成员已发展到150多户，年产莲花白400多万公斤，年产值达280万元，农民人均纯收入增加1700多元，占全村人均纯收入3200元的53%。特西村人均纯收入高于全县人均纯收入1100多元。

第四节 农业发展政策与措施

1991年，继续推行农村家庭联产承包责任制，鼓励农户在发展农业经济中，通过经济合同承包完成最终产品，并按产量或产值获得劳动报酬。1998年，推行分散经营和统一经营相结合的承包模式，鼓励农户大力发展科技种植，实行规模种植。2004年，取消一切税费负担。2005年，实施粮食综合直补。2008年，启动农作物良种推广补贴，提高了农民发展农业生产的积极性和农业生产水平，保证了粮食生产的持续发展。

1998年，美姑贯彻落实国家退耕还林还草的政策，每年退耕2000公顷，到2000年，全县耕地面积减少6000公顷。县人民政府和农业部门鼓励农户发展集约经营和良种推广，对连片4公顷以上的地膜玉米和脱毒马铃薯种植，政府给予补助尿素每公顷75公斤。2006年，实行农业生产目标责任制，年初下达任务计划，中途进行检查，年终实行考核，把粮食产量完成情况纳入为乡（镇）干部的考核内容。2007年，鼓励有条件的村加大一村一品发展力度，特别是鼓励农户大力发展马铃薯产业，对实行标准化高厢栽培的马铃薯，每公顷补助300元，尿素75公斤，磷肥375公斤。同时，加大对新品种、新技术的引进、试验示范，技术组装配套、升级，做到了良种、良法、良制、良壤、良灌配套应用。

1991—2009年，县财政在资金十分困难的情况下每年投入2万元培训经费，培训农业增产技术，通过培训工作提高农业劳动者素质，促进农业发展政策与措施的落实和推广。一方面鼓励农业部门在职人员参加农业院校的自学考试，截至2004年，取得农业高新技术本科文凭达到19人；另一方面多渠道、多形式对农民开展农业实用技术培训，每年培训农民2万人次。同时，加大对农民进行观念转变、农业结构调整及产业化发展方向等实行教育引导，全面提高农民科技素质和提高农产品商品率。

19年来，由于坚决贯彻农业发展各项政策和加大农业生产的资金投入，粮食产量实现连续增产。2009年，全县粮食总产量77786吨。

第二章 农田基本建设

第一节 兴修水利

1991—1998年，农业灌溉设施有山坪塘2处，引水渠道工程28处，蓄水池2处，年供水能力为1000万立方米，有效灌溉面积为825公顷，缺水的耕地达15049公顷，有效灌溉面积占耕地的5.48%。农业灌溉用水非常困难。由于地形深切，大部分水量从深沟流走，山地和阶地附近水源条件差或根本没有水源。农田灌溉靠天降雨播种。1999—2009年，加大农田基本建设力度，配套修筑引水渠，以保证基本农田建成后灌溉。

第二节　农田基本建设

1991 年以后，加强以坡改梯为主要内容的基本农田建设，实现人口—粮食—生态良性循环，推进新阶段扶贫开发、稳定解决群众温饱问题。把基本农田建设作为推动科技兴农和农业结构调整的重要平台，实行耕地治理与基地建设相结合，在确保粮食生产能力的前提下拓宽农民增收的路子。

1991—2009 年，农业部门认真组织科技人员抓好基本农田建设的规划和落实，做好规划设计，制定好实施方案，确保建设质量，切实改善全县农业生产条件，确保了高产稳产农田面积。1998 年，以工代赈中低产田土改造 219 公顷，其中，坡改梯 175 公顷，土改田 27 公顷，建设新耕地 17 公顷，修建排灌渠 90 条、2.7 公里，人行道 4.5 公里，配套造林 20 公顷；扶贫改土 138 公顷，修建排灌渠 30 条、16 公里，人行道 20 条、2.1 公里，面上改土 213 公顷，搬运土石方 130 立方米；拉木阿觉农业综合开发改造完成 138 公顷，修建农田排灌渠 80 条、总长 11 公里，修人行道 27 条、长 15 公里，机耕路 2.1 公里。1999 年，中低产田土累计改造完成 510 公顷，超计划任务 10 公顷，占计划任务数的 2%，以工代赈改造中低产田土完成 207 公顷；拉木阿觉农业综合开发改造完成 137 公顷，聚土垄作完成 167 公顷，修建排灌渠 160 条、14.9 公里，人行道 110 条、长 10.7 公里，机耕路 2.2 公里，挖填土石方 84 万立方米，完成土改田 40 公顷。

第三节　农村能源建设

2006 年 2 月，组建美姑县农村能源建设办公室。5 月，省州专家在美姑举办了为期 3 天的沼气专业技术人员培训，参训人员 70 人，全部取得了资格证书和上岗证。次年，投入建设资金 25 万元，其中，国家投入建设补助资金 10 万元，农户自筹 15 万元。共完成沼气建设 100 口，主要分布在低山河谷，沼气原料充足的农户中，其中，乐约乡麻吉硕峨村 10 口，拉木阿觉乡瓦尼村 40 口、移民新村 8 口、罗布采嘎村 10 口，洛俄依甘乡依波沃村 20 口，觉洛乡典阿尼村 12 口。

2007 年，加大了沼气能源建设力度，县人民政府成立了农村能源建设领导小组，按“集中资金，捆绑使用，各尽其功”的办法，把水保沼气项目建设资金和外援沼气项目建设资金一并纳入到农村能源办统筹使用，把沼气建设与庭院美化、绿化、净化相结合，把改厨、改厕、改圈等融入沼气建设中。全年投入国债资金 100 万元、州级林业林地沼气建设资金 50 万元、项目办 29 万元、县人民政府配套 25 万元，工作经费 8 万元、农民自筹 24.36 万元，总共整合使用建设资金 238.36 万元。全县建设完成 1000 口沼气池，其中，柳洪乡 200 口、拉木阿觉乡 180 口、洛俄依甘乡 160 口、巴普镇 200 口、九口乡 227 口、觉洛乡 33 口。

2009 年，投入沼气项目建设资金 150 万元，其中，包括省级支农资金 20 万元，省级扶贫资金 60 万元，州级林木林地资金 70 万元，完成建设任务 1000 口，补助标准为 1500 元 / 口。

第三章　农业科技

第一节　农业技术推广

1991—2009 年重点应用杂交良种推广，玉米带状种植技术推广，地膜覆盖栽培技术推广、马铃薯高厢垄作、脱毒马铃薯推广、荞麦点播及施磷增氮技术推广。

一、杂交良种推广

1991—2009年三大粮食作物主要推广的良种有：

玉米，1991—2002年主要推广复单2号、川农白、旅丰1号、西单1号等品种，2003—2009年主要推广凉单3号、凉单4号、17单交、屏白1号、川单10号等，杂交玉米良种比本地种每公顷增加产量750～3000公斤，增产幅度提高15%~20%，其中，2005年推广面积最高，达3333公顷，良种普及率达71.40%。

马铃薯，2005—2009年，主要推广米拉、克疫、凉薯97号、凉薯3号、凉薯14号、凉薯17号等马铃薯良种，良种马铃薯比本地品种增加产量每公顷3000～7500公斤鲜薯，增产幅度提高10%～30%，其中，2009年推广面积最高，达4000公顷，良种普及率为50%。

荞麦，1991—2009年，主要推广品种有九江苦荞、川荞2号、西荞1号等，良种荞麦比本地种上粒率高，籽粒饱满，成熟期整齐，每公顷比本地荞麦增加375～450公斤，增产幅度提高20%～30%，其中2006年推广面积最高，达2667公顷，良种普及率为40%。

二、小麦预留行与带状种植技术推广

2005年，以大春玉米作为高秆作物，间作马铃薯、大豆等矮秆作物，充分利用地力和光能，一般1.67米开箱，种两行玉米、两行马铃薯或大豆，推广面积4000公顷，每公顷增加产量750公斤，增产幅度提高10%～15%。头年小春小麦播种时留足80厘米空行，来年4月在预留行内套种两行玉米。

三、地膜覆盖栽培技术

玉米生产以杂交良种的主要配套栽培技术，实行地膜覆盖栽培，每公顷增加产量2250公斤以上，增加幅度在25%。2005年，推广3333公顷，地膜栽培玉米同样可以间作和套种。

四、马铃薯高厢垄作技术

马铃薯在平地种植时，采取90厘米开厢实行垄作，可以提高栽培地的防水和排水，有利于防治病虫害和提高马铃薯产量，每公顷增加产量3000公斤以上，增加幅度在20%。2005年推广3333公顷。

五、脱毒马铃薯生产

2005年，从凉山州上购买原种150公斤在本地马铃薯脱毒防蚜网室生产原种，生产原种2000公斤。至2009年，每年一代种薯基地完成7公顷，二代基地完成70公顷，推广面积3333公顷，结合高厢垄作技术推广一并进行。

第二节 农作物病虫害防治

一、病虫害的种类和分布

全县病虫害共有69种，病害38种，虫害31种。对农业生产造成危害的病虫害主要种类是分布于全县的马铃薯晚疫病、玉米丝黑穗病、玉米黏虫；分布于水稻产地的稻瘟病、稻飞虱，果树上的苹果白粉病、早期落叶病、梨子象鼻虫、桃小食心虫等。

二、病虫害的主要防治策略

1991—2009年，病虫防治坚持贯彻“预防为主，综合防治”的方针，突出抓好大春重大病虫的预测预报以及防治工作。坚持长效防治与应急防治相结合，加强监测预警，强化区域治理和分类指导，主要控制前期基数，减轻后期防治压力，有效地控制大小春病虫危害。主要措施有：一是层层建立责任制，确保各项措施落实到位。二是建设病虫综合防治示范片区，召开防治现场会，带动和指导广大农户科学防治。三是依靠农业服务体系和科技人员，开展专群结合的统防统治，提高防治水平，确保防治效果。四是加大病虫害流行期应急防控工作能力，建立疫病防治预案。五是各相关部门密切配合，各司其职，共同做好病虫害的防治工作。农业植保部门负责抓好病情预报、技术培训、防治示范等；农技农资等部门负责组织药物、药械供应工作；气象部门提供天气信息；财务部门负责提供病虫害预报和防治示范经费；新闻媒体负责防治技术的宣传与报道；农业执法、工商、质监等部门狠抓农药市场的整顿和监管力度，杜绝假冒伪劣农药延误防治时机，保证农民用上放心药，为防治工作的开展创造良好的外部环境。

三、防治效果

按照防治面积占应防治面积的90%以上，病害实际损失率控制在5%以内的要求。植保站每年从5月开始，对以黏虫为主的农作物病虫害进行系统预测，在粮食主产的重点乡进行田间调查，根据系统预测和调查结果，结合历年病虫害发生情况以及当年气象部门的气候趋势分析，作出病虫害发生的预报，提出防治意见。1991—2009年，植保部门每年发布虫情简报2期，全县平均病虫害发生面积为1667公顷，在加强综合防治的情况下，每公顷挽回的粮食产量在1500公斤以上。在不进行有效防治的情况下，每公顷被造成的危害损失在2250公斤。

第三节　农业科技成果

一、农业科技推广的主要成果

1991年，植保站承担的马铃薯癌肿病适生性试验获农业部科技进步二等奖。1992年，农技站承担的籽粒苋开发应用获国家星火科技四等奖。1993年，农技站承担的荞麦优质高产综合新技术获四川省农业厅丰收奖一等奖。1994年，由植保站承担实施的马铃薯丰收计划获全国农牧渔业丰收二等奖，由农技站承担的荞麦丰收计划获四川省农业厅科技进步二等奖。1995年，由农技站承担的苦荞麦新品种选育与综合栽培技术研究获四川省农业厅科技进步奖二等奖。

1996年，由植保站完成的提高以黏虫为主的病虫预报水平获州农业局科技进步奖，农技站承担秋荞麦高产示范片建设获州农业局科技进步三等奖。1997年，由植保站负责的提高以黏虫为主的病虫害测报与防治水平获省农业厅科技进步二等奖。1998年，农技站承担的荞麦良种高产栽培配套技术获省农业厅丰收奖三等奖。1999年，土肥站农业丰收地力培肥技术项目获得省农业厅丰收奖二等奖。

2001年，植保站完成的抗癌脱毒马铃薯推广获美姑县人民政府科技进步一等奖，种子站完成的杂交良种玉米西单一号繁育与推广应用获美姑县人民政府科技进步二等奖，植保站完成的以黏虫为主的病虫害统防统治获美姑县人民政府科技进步三等奖。2003年，农技站参加的马铃薯品种选育凉薯8号获得省品种农作物认定证。2006年，农技站参加的马铃薯品种选育凉薯17号获得省农作物品种认定证。2006年，农技站参加的无公害农产品基地建设标准化技术推广获全国农牧渔业丰收二等奖。

二、农业科技论文

1991年以后,随着农业科技人员学历结构的改善,文化水平的提高,职工结合农业科技实践经验,积极开展调查研究，向报刊投稿，推动了全县农业科技研究发展。

1991—2009 年，在国家、省、州各级农技刊物发表论文如下：

1991—2009 年在国家、省、州各级农技刊物发表的论文

表 12–1

年 度	作 者	标 题	发表刊物
1994	姐罗、姚锡平	《抗马铃薯癌肿病良种丰产栽培技术》	《云南农业大学学报》（1995 年收入《中国主要农作物病虫害综合防治论文集》）
1995	杜英、吕忠玉	《苦荞麦新品种选育与综合栽培技术研究》	《西昌农业科技》（二期）
1995	刷日林莫、瓦西杨夫	《施肥对提高马铃薯微型薯剪枝扦插产量影响的初步研究》	收入《1996 年中国马铃薯优秀论文集》
1997	刷日林莫、彭华、瓦西杨夫	《搞好技术承包制推动马铃薯网室种薯生产发展》	《西昌农业科技》（三期）
1997	刷日林莫、黄少虎	《美姑县脱毒马铃薯推广现状与应用前景》	《西昌农业科技》（四期）
1999	古巴曲一	《试论美姑县杂交玉米适宜范围狭窄解决的途径》	《种植世界》（三期）（2001 年收入《中国当代专业技术论文》，获优秀论文奖）
1999	刷日林莫	《美姑县玉米丝黑穗病的发生与防治》	《西昌农业科技》（三期）
2000	刷日林莫	《美姑县脱毒马铃薯良繁推广成效显著》	《中国马铃薯》（三期）
2000	刷日林莫	《美姑县脱毒马铃薯良繁推广效益分析》	《农业技术经济》（四期）
2001	刷日林莫	《美姑县脱毒马铃薯良种繁育推广》	《西昌农业科技》（一期）（获 2003 年凉山州自然科学优秀论文一等奖）
2001	古巴曲一	《森林野菜卵叶韭的研究与发展利用大有潜力》	入选《2002 年凉山州农学会优秀论文集》
2002	俄木阿支、黄俊万	《美姑县水稻适宜范围与旱改田应用前景》	《西昌农业科技》（一期）
2003	吴晓琼	《浅论无公害农产品基地建设》	《西昌农业科技》（一期）
2004	刷日林莫、海来吉木	《美姑县优质荞麦增粮增收工程实施结果与应用前景》	《西昌农业科技》（一期）
2005	刷日林莫	《美姑县农业结构调整的初步效益与努力方向》	《西昌农业科技》（二期）
2005	吉巴曲一、海来吉木	《美姑县玉米免耕与常规栽培效益对比》	《西昌农业科技》（一期）

第四节　农业综合执法

2004年4月，成立农业行政执法队，有农业执法工作人员13人，其中，专职执法工作人员4人，兼职执法人员9人。到2007年有农业执法工作人员16人。同年出动车辆56车次，执法人员107人次，向农资经营者及农民印发农业法律法规资料230份，检查整顿农资市场16个，检查农资经营企业及经营户5个。2005年，累计向农资经营者及农民印发农业法律法规资料570份，出动执法人员311人次，检查整顿农资市场16个，检查农资经营企业及经营户95个。参与工商局和凉山州统一组织联合执法3次。

2006年，利用乡（镇）赶集日深入公路沿线乡（镇），发放《中华人民共和国种子法》《如何识别假劣种子》等宣传资料120余份，在县美美广场开展农业科普宣传活动1次，发放关于清查会单四号涉嫌假种的宣传资料180份，接受咨询的群众达200人次。开展种子市场检查共6次，共检查乡（镇）市场9个，没收假劣种子16公斤。次年6月，对重点乡（镇）的农资市场进行了检查，共检查农资市场9个，城区农资市场1个，检查化肥销售门市21个，其中，城区3个，乡（镇）18个，农药经营门市2个，检查个体流动商贩累计1人。向农资经营者及农民印发科普资料150份，涉嫌假种的宣传资料120份，农业相关法律法规资料50份。

2007年，开展联合检查2次，共检查农资经营门市23个，在农资市场检查中，共没收甲胺磷1.46公斤，种子16公斤。开展农资打假专项治理秋季行动等一系列活动，累计检查的农资经营企业258个，检查市场134次，查获违禁农药14.83公斤。2009年，全队累计出动车辆34次，出动各类执法人员168人次，开展农资市场检查34次，检查化肥经营户门市18个，农药经营户门市2个，农药零售摊点4个，种子经营户门市3个。

第五节　育土工程和农业污染源普查

一、育土工程

2008—2009年，省下达育土工程测土配方施肥项目，项目覆盖全县24个乡（镇）。完成测土配方施肥面积10万亩（马铃薯5万亩、玉米2.5万亩、荞麦2.5万亩），其中，施用测土配方肥3.5万亩（马铃薯2万亩、玉米1万亩、荞麦0.5万亩）；田间采集土样480个，化验分析土样480个，田间采集植株样品20个，化验植株20个；完成田间肥效“3414”试验4个（“3414”是指国内外应用较为广泛的肥料效应田间试验方案：“3”是氮、磷、钾3个养分因素，“4”是每个养分因素4个施肥水平，“14”是养分因素和施肥水平优化组合形成的14个处理），校正对比试验4个；发放施肥卡0.5万份；培训农户1500人次；服务农户0.5万户。建议卡和施肥技术指导入户率达到90%，肥料利用率提高4～5个百分点，达到节本增效，亩增效30元以上的任务目标。

二、农业污染源普查

2008年3月，农业污染源普查启动，县人民政府投入普查经费4万元，办公室设在农业局土肥站，抽调5名技术员负责普查工作，选聘108名普查员，6名普查指导员，普查种植业727户，填写普查表727张，4月复查706户，11月完成普查工作。普查结果：727户肥料使用量（折纯）1098.92吨，农药使用量（折纯）灭威0.59吨，地膜使用量0.47吨，地膜残留量0.44吨，秸秆产量426.98吨，田间焚烧量8.67吨，随意丢弃量1.61吨，秸秆还田量0.876吨，堆肥量77.75吨，其他去向1.9吨。

第四章 耕地与农作物

第一节 人均耕地面积

一、土地总面积

根据1999年土地面积详细调查，全县耕地面积为31375公顷，人均耕地0.16公顷。耕地结构为：一级坡度（＜20）706公顷，占2.25%；二级坡度（20～60）1066公顷，占3.4%；三级坡度（60～150）4983公顷，占15.88%；四级坡度（150～250）11604公顷，占36.98%；五级坡度（＞250）13016公顷，占41.48%。美姑县高中低产田土面积为：低山乡高产田土占20%，中产田土占30%，低产田土占50%；中山乡高产田土占10%，中产田土占40%，低产田土占50%；高山乡高产田土占0%，中产田土占40%，低产田土占60%。

二、常耕地面积

2004年，常耕地面积15915公顷，其中，水田300公顷，旱地15615公顷。人均耕地从1990年的0.11公顷下降到2007年只有0.08公顷，劳动力平均耕地负担0.15公顷，经过耕地恢复建设，2009年常耕地面积17277公顷，比2004年增加1362公顷，人均耕地面积占有上升到0.086公顷，但耕地多数为缓坡地和坡地。常耕地种植面积情况：水稻占耕地面积的2.38%；玉米占耕地面积的39.7%；马铃薯占耕地面积的29.57%；荞麦占耕地面积的28.36%。

1991—2009年常耕地面积统计表

表12-2 单位：公顷

年　度	年末耕地面积	水田面积	旱地面积	年　度	年末耕地面积	水田面积	旱地面积
1991	16215	107	16108	2001	12824	238	12586
1992	16358	107	16251	2002	11803	266	11537
1993	16246	106	16140	2003	11755	278	11477
1994	16246	103	16143	2004	15915	300	15615
1995	16233	134	16099	2005	15874	300	15574
1996	16289	207	16082	2006	15867	300	15567
1997	16156	204	15952	2007	15851	300	15551
1998	16156	208	15948	2008	16583	281	16302
1999	14156	225	13931	2009	17277	284	16993
2000	14157	223	13934				

第二节 农作物分布

一、种植区域划分和农作物种类分布

根据美姑县气温特点，把农作物种植区分为河谷暖温带区、中山温带区、中山湿润气候区、高

寒山区4个区。

河谷暖温带区：包括美姑河、溜筒河、连渣洛河两岸海拔1800米以下地区，年平均气温在13℃～19.5℃，大于10℃的积温4500℃以上。全年无霜期270～290天，年降雨量700～1000毫米。主要粮食作物是玉米，其次是马铃薯、荞麦、大豆、水稻、小麦、芸豆、豌豆。经济作物有土烟、辣椒、花生、甘蔗、芝麻、魔芋。果树有苹果、柑橘、脐橙、李子、梨子。

中山温带区：包括海拔1801～2300米地区，年平均气温在10℃~13℃，大于10℃的积温3400℃以上，全年无霜期240天，年降雨量800～1300毫米。主要粮食作物以玉米、马铃薯、荞麦，其次为大豆、芸豆、豌豆。经济作物有土烟、辣椒、油菜、大白菜。果树有苹果、李子、梨子。

中山湿润气候区：包括瓦侯片区内龙窝、树窝2个乡，年平均气温在9℃～10℃，大于10℃的积温3000℃以上。全年无霜期224天，年降雨量1000毫米。其主要气候表现为云雾多，日照少、湿度大，雨热同步，四季分明。粮食作物以玉米、马铃薯、荞麦为主，其次为燕麦。经济作物有油菜。

高寒山区：包括海拔2300米以上的地区，年平均气温10℃，大于10℃的积温低于2500℃以下。全年无霜期200天以内，年降雨量1000毫米。其主要气候表现为云雾多，日照少、湿度大，雨热同步，四季分明。粮食作物以玉米、马铃薯、荞麦为主，其次为燕麦。经济作物有油菜。

第三节　粮食作物

粮食作物按照播种季节分为大春粮食作物、小春粮食作物、晚秋粮食作物。大春粮食作物主要有玉米、马铃薯、荞麦、芸豆、大豆、水稻、甘薯、燕麦。小春粮食作物有小麦、豌豆、胡豆。晚秋粮食作物有荞麦、马铃薯。大春粮食产量在全年粮食产量中所占比例高达95%以上，玉米、马铃薯、荞麦三大作物产量占90%以上。粮食作物播种面积最少的年份是2003年的18146公顷，播种面积最大的年份是2007年的22825公顷；大春作物产量由1991年的62661吨增加到2009年的77786吨，增加15125吨，增长率为24.13%；年均增加796吨，年均增长1.27%。

第四节　经济作物

1991—2009年，经济作物播种面积年均增长12.8%，增长幅度高于粮食作物增长幅度，粮经比例缩小为8.0∶1.5，经济作物为全县农业人口人均纯收入增加达到125元，占种植业为农业人均增收贡献额的71.5%。经济作物种类有土烟、大麻、辣椒、油菜、甘蔗、各种蔬菜，果树有苹果、李子、梨子等。

一、土烟生产

土烟在农民的房前屋后有少量零星种植，1991—2009年，常年播种面积100~500公顷，平均每公顷单产最高为2002年的1067公斤，最低为1992年的631公斤；总产最多为2000年的445吨，最少为2009年的53吨。主要自食，有少量出售。

二、大麻生产

大麻主要分布在半山上，在房前屋后零星种植，1991—2009年，播种面积最多为1992年的108公顷，最少为2008年的15公顷；平均每公顷单产最高为2007年的690公斤，最低为1992年的269公斤；总产最多的年份为1997年的54吨，最少为2008年的5吨。主要是自用，有少量出售。

三、油菜生产

油菜主要在瓦侯片区和连渣洛河沿岸，10 月上旬播种，次年 5 月收获。1991—2009 年，常年播种面积 10 ～ 100 公顷，播种面积最多为 1997 年的 103 公顷，最少为 2001 年的 1 公顷；平均每公顷单产最高为 1991 年的 1444 公斤，最低为 1995 年的 254 公斤；总产最多的年份为 1997 年的 62 吨，最少为 2001 年的 1 吨。

四、甘蔗生产

甘蔗主要分布在乐约乡，1991—1998 年，常年播种面积十余公顷，1999—2006 年未播种，2007—2009 年，播种 1 ～ 1.3 公顷，播种面积最多年份为 1996 年的 16 公顷，最少为 2007 年的 1 公顷；平均每公顷单产最高为 1996 年的 6.67 万公斤，最低为 2007 年的 2.1 万公斤；总产最多的年份为 1991 年的 600 吨，最少为 2009 年的 27 吨。

五、花生生产

花生主要分布在柳洪、乐约 2 个乡，常年播种面积 10 公顷，1991—2009 年，播种面积最多年份为 1998 年的 15 公顷，最少为 2004 年和 2006 年的 2 公顷，平均每公顷单产最高为 1995 年的 2385 公斤，最低为 1996 年的 538 公斤，总产最多的年份为 1995 年的 31 吨，最少为 2006 年的 2 吨。

六、蔬菜生产

蔬菜主要分布在县城的巴普镇周围及各乡（镇）周围，主要栽培的叶菜类有白菜、莲花白、菠菜、芹菜、莴苣、芫荽等；茄果类有马铃薯、茄子、番茄、辣椒等；萝卜类有白萝卜、胡萝卜、大头菜等；瓜类有南瓜、黄瓜、冬瓜等。1991—2009 年，播种面积 400 ～ 1000 公顷，平均每公顷单产最高为 2000 年的 1.95 万公斤，最低为 2004 年的 1.12 万公斤；总产最多的年份为 2001 年的 1 万吨，最少为 2006 年的 7173 吨。

七、水果生产

果树有苹果、梨子、柑橘、脐橙、李子等，苹果分布在海拔 1800 ～ 2200 米地区，1991—2009 年，栽培面积 400 ～ 500 公顷，主要品种有金冠、红星、国光、元帅、红富士等，单株高产的达到 181 公斤，盛果期平均每公顷产量达到 1.86 万公斤；果园面积最多年份为 1998 年的 556 公顷，最少为 1991 年的 476 公顷；平均每公顷单产最高为 2002 年的 4816 公斤，最低为 1993 年的 2055 公斤；总产最多的年份为 2002 年的 2610 吨，最少为 1992 年的 98 吨。

第五章　农村经营管理

第一节　农村土地承包管理

1998 年，在第一轮土地承包的基础上，完成了再延长承包期 30 年不变的第二轮土地承包颁证工作，发放农村土地承包经营权证 3 万本。2005 年，在全县范围内废除旧证，重新换发土地承包经营权证书，共换发土地承包经营权证书 3.25 万本，妥善处理了第二轮土地承包的历史遗留问题，做到合同、权证、面积、地块“四到户”。全面实现一户一证、一社一簿、一乡一档，建立了土地台账和土地档案的分级管理，县级实现了土地档案的电脑化信息管理。依法规范了农村土地承包经营权的流转，实现了农村土地承包管理的制度化、规范化、信息化管理。

2004年，针对农村土地承包纠纷突出的问题，依法成立了由农业、司法、纪检、监察等部门组成的“美姑县农村土地经营纠纷仲裁委员会”，负责全县农村土地经营纠纷的调解仲裁工作。以各片区工委为单位，成立地方“农村土地经营纠纷调解委员会”，调解辖区内的土地经营纠纷问题。2004—2009年，农村土地经营纠纷仲裁委员会共妥善调处农村土地承包纠纷30件。

第二节　农民负担监督管理

1991年，四川省出台了《四川省农民负担管理条例》，县农经站在全县范围内进行了深入细致的宣传普及。1993年，中办、国办印发《关于切实减轻农民负担的紧急通知》，当年成立了以县长为组长，由县农业局、县监察局单位人员组成的美姑县农民负担监督管理领导小组，共清理4个涉农收费文件，取消或暂停了十多种涉及农民负担的收费项目和达标升级活动。是年，分高中低收入水平，在全县建立了3个农民负担监测调查点，落实调查人员，做到半年一报，实现农民负担的经常性监控。1994年，根据检测基点调查和农民负担报表资料建立了农民负担的预算专项审计制度和严格的审批程序，使全县的农民负担多年来一直控制在5%的法定限额之内。1996年，在全县范围内发放“美姑县农民负担监督卡”4万多份。

2000—2007年，减负工作进入了由单项治理到综合治理、由工作推动到体制变革的时期。其中，2002—2003年进行了农村税费改革，将过去的费改为税，降低农业税率，同时取消了除烟叶外的农业特产税。2004年，全面取消了农业税及农业税附加138万元，同时取消“两工”（“两工”是指义务工、积累工），改为“一事一议”。2005年，国家财政对农民开始实施粮食直补和农资综合直补政策。到2009年，享受补贴的乡（镇）有36个、261个村、1293个组，享受补贴的农户26808户。

第三节　农村集体资产和财务管理

1998年，县农经站对全县的农村集体资产进行了清产核资，对农村集体资产的存量、占有、使用和所有者权益进行了确认评估建档。2002年，对全县所有村社财会人员进行了一次上岗资格证的培训工作，参训人员300名，经考试合格颁发“村社财会人员上岗资格证”。2005年6月，由县农业局农经站按新会计制度的要求编印村会计培训材料，对全县村会计进行了业务培训，新会计制度的总体执行情况良好。是年，农经站对全县农村村组债务债权进行了全面的摸底清查。通过清查，截至2005年12月31日，全县村组级债权总额为5.4万元，债务总额为26.1万元。

第四节　农村社会化服务体系和农民专业合作社组织建设

1988年，洒库乡成立了全县第一个农村合作基金和农经农技综合服务站。1990年，相继成立了龙窝乡、峨曲古乡农村合作基金会和服务站。1991年，三个基金会共筹集资金总额达20万元。

以基金会为依托，每个乡同时建立了农经、农技综合服务站。1999 年，随着国家农村金融政策的全面调整，对基金会和服务站进行取消清理，紧接着农经站进行了长达 3 年的基金会借款清理催收工作。截至 2002 年，累计清理催收各类欠款 15 万元，并及时兑现到户。

2002 年，觉洛乡建立了美姑县第一个劳务输出协会，成员总数达 450 人，每年劳务收入 510 万元。2004 年，建立了美姑县井叶特西乡特西村养羊协会，成员总数达 480 人，年末羊存栏总量达 2300 只，年统一销售总值 20 多万元。2007 年，建立了美姑县井叶特西乡特西村蔬菜协会，成员总数达 500 人，其产品无污染，香脆可口，走俏外地市场，种植面积 53 公顷，统一组织销售蔬菜达 3600 吨。2009 年 3 月，特西村蔬菜协会更名为美姑县富乐蔬菜种植专业合作社，合作社走向规模化、产业化发展之路，当年全村种植莲花白 67 公顷，亩产值 2200 元，总产值达 221.1 万元，实现纯利 120 万元，当年全村人口 540 人，莲花白产业使农民人均纯收入增加 2222 元。

第六章　国有农场

第一节　机构设置

1991—2002 年，农场属于国家全民事业财政差额拨款单位，挂有美姑县农业科学技术研究所和美姑县示范繁殖农场两块牌子，设场长 1 人，副场长 2 人，内部设有场部办公室、财务室、农场经营公司、生产作业班组。2003 年 5 月，因经营出现困难农场解体。

第二节　投资与管理

国有农场的主要任务是示范推广先进农业技术，向周边的农民传授先进农业技术，为社会主义建设培养农业技术推广人才。农场属于国家事业单位，管理方式为企业管理，是一个独立核算的生产单位，从属于农业系统管理。1991—1997 年，农场在职农艺工 14 人，有土地 7.47 公顷，开展果园、葡萄园、鱼塘、奶牛场、养猪场、蘑菇场、农场公司等生产经营和科研项目。实行由场长负总责的目标责任制管理，土地和生产项目实行承包生产责任制。1998 年 8 月，农场由县人民政府经济体制改革委员会批准按照企业承包经营方式承包给个人，生产投资除县财政给予补助 4 万元外，其余实行自筹。2003 年 5 月，农场解体。

第七章　农　机

第一节　机构队伍

美姑县农机事业管理局是县人民政府授权行使行政职能的直属事业管理局，参照公务员管理。至 2009 年年底，设有办公室、管理站、监理站、农机校 4 个内设机构，有干部职工 16 人，领导职数 3 人，管理人员 4 人，专业技术人员 5 人，工勤人员 4 人。

第二节 农机技术培训

农机技术培训形式多样，有短期培训，随机培训。通过各种途径为农机事业的发展，培训了一批又一批农机操作、修理、管理人员。县农机化技术学校是国家培训农村农机人才的基地，属农机事业单位，是农村职业技术学校。县农机化技术学校，设在县农机局内，有教室、试验室、职工宿舍、学员宿舍、停车房、简易厨房和饮具；有供学员学习的中型拖拉机 2 台、手扶式拖拉机 2 台、模型示教板 2 套，教学图片 5 套，解剖教具 1 台。1991 年以后，县农机技术化学校，根据农村实际出发，开展技术培训，每年举办一期至两期培训，培训对象有驾驶员、农副产品加工机械手、微电机手管理人员等，培训时间根据需要确定，培训内容、培训地点在县农机化技术学校进行。

截至 2009 年，县农机化技术学校举办各种农机培训班 45 期，培训人员达 1915 人次，其中，彝族 1885 人次，汉族 30 人次。拖拉机驾驶员培训 35 期，1262 人次，发放农田作业证 268 本，结业证 189 本。学习证 38 本，实习证 25 本。经监理部门考试，考核合格取得正式执照 153 人。

第三节 农机监理

农机监理站按照《中华人民共和国农业机械化促进法》《中华人民共和国道路安全法》所赋予的职责，承担农机化事业的道路安全和安全管理职能，重点搞好安全生产，实施安全政策、法规，为基层提供服务。

一、农机年检

对拖拉机每年进行一次验审，不合格者不予签证，不能上公路行驶，机车年检必须在检验前进行一次修理或保养，保证机车技术状况良好，安全设施完备，安全可靠才能签证。年度验审时，通知机车到指定地点集中检验审核，两年不参加年度审验的农用车、具的行车证无效。

二、路检路查

经常性地开展路检路查，是预防事故发生的有效措施。多次协同县安监局、公安交警队、运管所、稽征所，在春节、“五一”、国庆节、彝族年等重大节日进行路检路查，把农机事故控制在零水平范围。

三、安全月活动

2002 年 6 月 9 日，是全国安全生产月活动（周改月）的第一年，美姑县农机局成立了安全生产活动领导小组。通过开展“安全生产月”活动，查处各类违章人员 145 人次，各类违章机车 152 台（次）；出动检查人员 182 人次，检查车辆 61 台（次）。

2005 年 6 月，县农机局在美美广场开展“创平安农机保平安凉山”活动，给每个农机手送一封“农机安全生产倡议信”，向群众送一套“农机安全宣传挂图”，给每个农机户送一本农机安全生产知识手册，累计发放资料 1350 套。2008 年，组织开展了“创建平安农机，促进新农村建设”活动。截至 2009 年，全县拖拉机入户、机手持证率和参加年检率分别达到 92%、90%、87%。安全承诺书签结率达 98%。

第四节　农机使用与管理

1991年以后，农机局积极推广各项新型科技，先后引进植保机械（化肥深施器）、提喷灌机械、耕作机械、脱粒机械、加工机械、运输机械等。并派出技术骨干深入依波沃、大桥、牛牛坝、新桥、基伟、巴普镇等地开展农业机械推广试点、示范工作。至2009年，全县农机总动力达到2.26万千瓦，有拖拉机152台，微耕机132台。农机作业完成运输达200万吨/公里，机耕933.33公顷，机播400公顷，机收266.67公顷，机脱1.5万吨，农副产品加工2.2万吨，植保1.2公顷，提水灌溉270万立方米，切实解决了全县农民在农作物种植、农产品加工、运输等方面的困难，提高了农业生产效率。

一、微型电站推广使用

1991年以后，农机局为解决各无电乡（镇）及村民的照明、农产品加工等问题，根据各乡的水流情况，结合农机推广工作，先后在牛牛坝乡、尔合乡、侯古莫乡、农作乡、子威乡、尔其乡、炳途乡等地建立微型电站127座，共315千瓦。其中，有8千瓦、5千瓦、3千瓦、0.5千瓦、0.45千瓦等多种类型。

二、化肥深施器推广使用

1995年，化肥深施器开始在美姑推广，在巴普镇基伟村完成了100套、100公顷的试点推广工作。1996—1997年，县农机局派出技术骨干，先后到依波沃、大桥、牛牛坝、新桥、基伟、巴普镇等地进行化肥深施推广试点、示范。两年共推广化肥深施器200套、133.33公顷，增产约1万公斤，折合人民币1.6万元，化肥深施器得到了农民的认可。1998年，化肥深施器列入全县农业科技推广首选项目，推广使用达1000套。1999年，开始在全县大面积使用，全年推广配套深施器650套、1039.2公顷。2000年3月18日，在县农村工作会议上，县委书记和县长分别与各片区工委乡（镇）签订了《2000年美姑经济发展综合考核目标责任书》，化肥深施的推广使用列入其中并作为任务分解到了各乡。共完成化肥深施2066.67公顷。

三、农业喷灌机械化工程

2000年，针对美姑山高、坡陡，水位落差大，农业生产急需，农机经费不足的特点。6月，从成都购回“川力节水工程公司”生产的微喷灌、滴灌、渗灌的部分装置，经试验完全能够满足蔬菜、果园和大面积的粮食生产。鉴于节水灌溉在美姑使用的前景和优点，农机局编制完成“美姑县以工代赈实施农业喷灌机械化工程项目建议书”。2002年，农机局首次获得以工代赈农机提灌项目资金35万元，专门成立了项目实施领导小组，确定在牛牛坝乡腾地村、峨曲古乡雷觉莫村为项目示范点，项目解决了牛牛坝乡腾地村果园5.4公顷、耕地8公顷的灌溉要求以及20户村民的人畜饮用水问题；同时，保证了峨曲古乡雷觉莫村48公顷农作物的灌溉。截至2009年，全县农机机电提灌达到270万立方米，节水灌溉工程获得成功。

四、农业机械购置补贴

2007年，美姑县农机局获得省财政购置机具补贴资金20万元，县委、县人民政府把该项目作为“十大惠民”行动之一实施，全年开展购置补贴现场宣传活动4次，示范演示2次。实现购机总额67.37万元，其中，农户投资47.38万元，补贴资金19.99万元。累计补贴目录内农业机械43台。2008年，完成农机购置补贴40万元。2009年，实现购机总额172.65万元，其中，中央补贴资金

49.96万元，烟草行业补贴14.97万元，县人民政府补贴34.92万元，农户投资74.78万元。累计补贴目录内农业机械333台，新增柴油机动力1720.68千瓦，电动机动力279.4千瓦。

第十三篇

林　业

第一章 管理体制

第一节 机构和队伍建设

美姑县林业局成立于1964年6月，是县人民政府林业行政主管部门。内设办公室、计财股、造林股、资源股、野保股、林业公安科、林业检察科、护林防火办公室、林业调查设计队、森林病虫检疫站10个科（股）室；下设洪溪森林经营所；牛牛坝、巴普、洪溪3个林场；洪溪、俄普、大桥3个木材检查站；以及9区1镇（瓦侯、洪溪、峨曲古、俄普、新桥、牛牛坝、候播乃拖、大桥、柳洪区和巴普镇）10个林业站。

到2009年年底，有林业人才队伍达132人，其中，高级工程师5人，工程师10人，助理经济师8人，助理会计师3人，经济员3人。

第二节 林业发展概况

1991年年初，制定美姑“八五”（1991—1995）林业发展规划，“八五”末，农民实现人均林产收入60元，森林覆盖率上升到35.4%。“九五”期间（1996—2000），共造林1.67万公顷。农民实现人均林产收入128元，林业产值和农民收入实现翻番。森林覆盖率由“八五”期间的35.4%上升到40.8%，增加了5个多百分点。“十五”期间（2001—2005），共完成天保工程公益林建设人工造林2266.67公顷，退耕还林4066.67公顷，配套荒山造林5000公顷，飞播造林3780公顷，群众造林2266.67公顷，封山育林2186.67公顷，零星植树587.3万株，森林病虫害防治1286.67公顷，并连续实现了26年无森林火灾。全县林业用地面积达14.27万公顷，占全县总面积的56.7%。其中，有林地面积6.68万公顷，活立木蓄积量达754.01万立方米，森林覆盖率46.1%，实现了森林面积和蓄积的双增长。

“十一五”期间（2006—2010），依托“三大工程”（天保、退耕还林、野生动物保护）；做好“七篇文章”（大力发展生态林、速丰林、经果林、薪炭林、林产品深精加工、林地林木合理流转和非公有制林业）；建好“六大基地”（核桃基地、花椒基地、油桐基地、蜡虫基地、红豆杉基地、速生用材林基地）。截至2009年，全县先后采种17.75万公斤，育苗346.67公顷，森林抚育1.49万公顷，封山育林1.78万公顷，四旁零星植树2388万余株，群众造林2.24万公顷，实施长防林3180公顷，天保林5006.67公顷，飞播林3786.67公顷，退耕还林6066.67公顷。全县林业用地面积达14.27万公顷，占全县总面积的56.68%。活立木蓄积量754.01万立方米，森林覆盖率达48.3%。

第二章 森林资源

第一节 主要林区

美姑森林资源分布在瓦侯、洪溪、苏洛和美姑河沿岸。主要分为三大林区：瓦侯原始森林区、洪溪和苏洛天然次生林区、美姑河沿岸飞播林和人工林区。

一、瓦侯原始森林

瓦侯原始森林区位于美姑县东北，黄茅埂以东的小凉山区。有林业用地面积 3.52 万公顷，森林面积 2.22 万公顷，林木蓄积量 498.04 万立方米，森林覆盖率 81.0%，是美姑最大的原始林区。生长在境内的木本植物有 50 个科、150 种，盛产天麻、贝母、虫草、人参等名贵中草药；生活在境内的脊椎动物有 132 种，鸟类 103 种，爬行动物 7 种，两栖动物 7 种。

二、洪溪、苏洛天然次生林区

洪溪、苏洛林区位于美姑县北部，包括洪溪片区的依果觉、瓦西，峨曲古片区的炳途、尼哈，以及候播乃拖片区的苏洛等 5 个乡的上半部分。有林业用地面积 3.85 万公顷，森林面积 1.78 万公顷，活立木总蓄积量 127.2 万立方米，森林覆盖率 46.3%。1998 年，国家天然林资源保护工程启动以后，该林区大部分荒山和采伐迹地已被更新，更新面积达 0.5 万公顷，部分新造幼林已郁闭成林。

三、美姑河沿岸飞播林和人工林区

美姑河沿岸飞播林和人工林区，包括从洪溪片区洒库乡到大桥片区九口乡的美姑河沿岸的林区，以云南松、华山松、杨树、桤木、麻栎、栓皮栎、核桃、油桐、花椒、女贞、刺槐等树种为主，主要是飞播造林和人工种植成林。有林业用地面积 6.9 万公顷，森林面积 2.33 万公顷，活立木总蓄积量 75.75 万立方米，森林覆盖率 28%。

第二节 林木种类

美姑县森林资源丰富，境内仅天然乔木树种就有 150 多种，分属 50 科、65 属。包括珙桐和连香树等多种国家一级和二级珍稀保护植物。主要树种有：松科、杨柳科、樟科、柏科、连香树科、杉科、柿树科、苦木科、榛科、柴葳科、金缕梅科、七叶树科、杜英科、苏木科、杜仲科、银杏树科、玄参科、椴树科、桃金娘科、三尖杉科、红豆杉科、水青树科、桦木科、槭树科、壳斗科、杜鹃花科、蝶形花科、桑科、马桑科、大戟科、榆科、冬青科、五加科、漆树科、木犀科、鼠李科、棕榈科、山茱萸科、蓝果树科、含羞草科、楝科、无患子科、木兰科、胡桃科、蔷薇科、芸香科、玄参科、茶科、榛科、禾木科。

第三节　珍稀动植物

一、国家一级保护动植物

国家一级保护动物有大熊猫、牛羚、豹、云豹、四川山鹧鸪5种。生活在美姑境内的大熊猫有50只，具有性情温顺、繁殖能力强的特点。按照国家的安排，送往墨西哥的一只美姑大熊猫，因在异国产下第一胎幼仔而轰动全世界；送往成都动物园的雌性大熊猫“美美”，连产7胎，成为怀孕率、产仔率、成活率最高的“英雄母亲”而闻名于世。

国家一级保护植物有珙桐，属珙桐科，乔木，高达20米，胸径70厘米。主要分布在大风顶海拔1400～2500米区域内，叶片卵形或心形，长7～16厘米，叶柄长4～10厘米。花序苞片椭圆状卵形，初为淡绿色，后变白色花后脱落。花期四月。多混生阔叶林中。花序奇特美丽，形如飞鸽，故而又被称“中国鸽子树”。为世界驰名的观赏树，亦为用材树种。

二、国家二级保护动植物

国家二级保护动物有猕猴、短尾猴、小熊猫、金猫、林麝、毛冠鹿、水鹿、红腹角雉、岩羊、青羊、大灵猫、鼠羚、血雉、白鹇、白腹锦鸡等27种。

国家二级保护植物有银杏、水青树、连香树、红豆杉、三尖杉、光叶珙桐、油麦吊杉等十多种。

第四节　经济林木

美姑的经济林木主要是花椒、核桃、油桐、蜡虫、板栗、生漆、黄柏等。生漆主要分布在瓦侯片区，其他经济林木都主要分布在美姑河和连渣洛河沿岸的二半山以下。

1991—2009年林副产品产量统计表

表13-1　　单位：公斤

产品年度	花　椒	核　桃	油　桐	蜡　虫	生　漆	板　栗	黄　柏	合　计
1991	79425	171075	26825	1185	945	150	165	279770
1992	89430	143015	32805	1365	870	250	310	268045
1993	57105	138022	35770	3750	885	150	325	236007
1994	56907	133117	5679	4570	1006	150	300	201729
1995	163450	200500	75000	3400	600	150	300	443400
1996	325800	403100	218500	11700	1200	300	0	960600
1997	402900	525000	260900	7600	200	160	500	1197260
1998	400450	527850	260550	0	300	150	950	1190250
1999	475250	650400	400050	0	550	150	750	1527150
2000	485000	665000	402500	0	550	150	750	1553950
2001	591806	882112	526615	2745	614	1500	7400	2012792

续表 13-1 单位：公斤

产品年度	花 椒	核 桃	油 桐	蜡 虫	生 漆	板 栗	黄 柏	合 计
2002	677080	900255	550200	5750	650	1800	7650	2143385
2003	701615	924675	588660	11400	650	2150	8625	2237775
2004	736800	998160	612650	12850	2500	2500	7500	2372960
2005	804400	1019980	621050	13285	2750	3000	8000	2472465
2006	854320	1047065	634100	14190	3050	3400	8750	2564875
2007	920850	1200900	649800	15000	3550	4300	9350	2803750
2008	941750	1296700	660400	16100	3750	4850	11100	2934650
2009	953850	1386150	682750	16600	4250	5200	11800	3060600

第三章 森林培育

1991 年以后，美姑采取有效措施，切实加强植树造林和森林资源培育工作。到 2009 年年底，全县有林地 6.18 万公顷，有林木蓄积 700.99 万立方米；灌木林地 5.09 万公顷；疏林地 0.11 万公顷，疏林地蓄积 3.1 万立方米；未成林造林地 0.94 万公顷；无林地面积 1.45 万公顷；苗圃 53 公顷；活立木蓄积量 754.01 万立方米；散生林蓄积 1.91 万公顷；林地覆盖率 25.04%，森林覆盖率达 48.3%。

1991—2009 年森林资源变化情况一览表

表 13-2 单位：公顷、立方米

项 目	1991 年	2009 年	百分比（%）
活林木蓄积	6162538	7540058	15.35
有林地面积	37186	61805	66.21
有林地蓄积	5686346	7009908	23.28
疏林地面积	3363	1090	–67.56
疏林地蓄积	—	31032	—
灌木地面积	38770	50939	31.39
未成林面积	2564	9356	264.91
苗圃地面积	28	53	91.79
无林地面积	31597	14476	–54.18
散生林蓄积	—	19098	—
林地覆盖率	15.30	25.04	61.90
森林覆盖率	31.26	48.3	54.51

第一节　采种与育苗

一、采种

1991—2000年，主要采用本地的华山松、云南松、冷杉、云杉、杨树、马桑、核桃、花椒等种子发展造林。2000年以后，为了根据市场调整林种结构，优化林种和国家实施林业项目，美姑县加快了林业建设步伐，种子需求量越来越大，开始通过凉山州林业局引进。平均每年引进3万公斤，主要是华山松、云南松、冷杉、云杉、柏树、桉树、日本落叶松等种子。截至2007年，累计采种17.75万公斤。

二、育苗

1991年，洪溪伐木场、洪溪森林经营所、牛牛坝林场的固定苗圃达21公顷，苗圃专职职工70余人，年产优质冷云杉裸根苗225万株，花椒、柏树、桤木、刺槐200万株。1992年以后，为了提高造林质量，加大了营养袋育苗比例，并在自然条件相对优越、水源条件较好的大桥、柳洪、牛牛坝、巴普、候播等区发动群众育苗，根据造林需要指定树种和出苗等级，按育苗“三包”（包育苗面积、包产苗量、林业局定价包销）的办法育苗，每年育苗5.33 ~ 10公顷。2000年，育苗面积达到45.11公顷。截至2009年，共育苗348.99公顷，平均亩产合格花椒苗达4.47万株，杨树苗达3800株。

第二节　植树造林

一、群众造林

1991年，在完善经济林基地和速丰林基地建设的同时，加大经济林和速生丰产用材林的造林比重，鼓励农民兴办“绿色企业”和“家庭小林园”。1992年7月中旬，沿美姑河和连渣洛河21个乡，每天出动劳力上万人，到8月底共挖窝整地2109.67公顷。是年，造林面积增加到2826.67公顷。1993年，进一步加大工程造林和袋苗造林比重，全年完成造林面积2906.67公顷。其中，工程造林面积到达1093.33公顷，占造林总面积的37.6%；袋苗造林1694.67公顷，占造林面积50%以上，造林成活率达到90.5%。1994年以后，开展了“绿色通道”万株白杨种植、万亩油桐造林、低产蜡虫基地改造、“绿色希望”工程等活动，每年群众造林2000公顷。截至2009年，共造林2.24万公顷。

二、以工代赈造林

1991年，美姑县实施国家“以工代赈”林业建设项目。是年，在瓦侯区惹哈乡（今龙窝乡惹哈村）成功种植杜仲林26.67公顷。随后，陆续在全县22个乡推广。截至1999年，共投资293.93万元，群众投劳2万多个，完成造林面积2220公顷，为原计划1894.8公顷的117.16%。其中，经济林造林860公顷，速生用材林造林349.53公顷，绿色希望工程造经济林21公顷，女贞（蜡虫寄主）低产林改造156.47公顷，云南松幼林抚育500公顷，新建苗圃地3.33公顷，平均成活率88%，造林合格率100%。9年共消灭荒山1120公顷，森林覆盖率增加0.4个百分点。

三、长防林工程造林

1995年，美姑县被纳入实施第一期长江中上游防护林体系建设工程县之一，县人民政府随即成立长江防护林体系工程建设指挥部。有“长防”任务的工委、乡（镇）成立“长防”工程建设指挥所。长江防护林体系工程建设结合美姑实际，设4个治理区，涉及36个乡（镇）、275个行政村。从1995—1999年，累计造林1.35万公顷。总投资177.3万元，其中，中央投入66万元，省投入12.6万元，州投入7.7万元，县配套91万元，实际投资比计划151.7万元增加25.6万元，群众投劳45.5万个劳动日。实际造林面积为计划造林5200公顷的1.59倍。在重点治理区造林4800公顷，其中，植苗造林2067公顷，直播造林1400公顷，幼林抚育1333公顷，为计划造林面积的92.3%，一般造林完成8667公顷（植苗4867公顷，直播3800公顷），单位造林333公顷，群众零星植树770.98万株。

四、天保公益工程林建设

1998年9月，美姑实施天然林保护工程，按因地制宜，适地适树的原则，以国营林业场、采伐迹地、宜林荒山为重点，进行人工造林。对中、幼林实施森林抚育；有天然下种能力，能够天然更新的疏林地、灌木林地实施封禁；辅以人工植苗促进迅速恢复森林植被。林种结构上以发展防护林为主，发展经济林和薪炭林。树种配置上以针阔混交林为主，实行乔、灌、草相结合，以增大植被覆盖，增大水源涵养能力。

1998—2009年天然林保护工程实施情况一览表

表13-3 单位：公顷

年　度	1998	1999	2000	2001	2002	2003	2004	2005	2006	2007	2008	2009
实施面积	647.20	881.00	840.00	840.00	466.67	466.67	666.67	—	200.00	666.67	666.67	1000.00

五、退耕还林工程建设

退耕还林是国家实施西部大开发，建立长江上游生态屏障体系的重要工程之一，美姑为第一批试点县之一。1999年11月，县林业部门组织技术人员，对全县36个乡(镇)坡耕地进行了调查，其中，25度以上的坡耕地达7966.67公顷；25度以下，水土流失极为严重，气候环境恶劣，产值极低，不适宜耕种的坡耕地5306.67公顷。

2000年，在美姑河、溜筒河、连渣洛河沿岸24个乡、8814户农户、17.51万块耕地上，实施退耕还林试点2000公顷。其中，种植华山松198公顷，云南松323公顷，冷杉202公顷，日本落叶松22公顷，刺槐40公顷，油桐208公顷，黄柏40公顷，花椒177公顷，桤木197公顷，苹果6公顷，千丈7公顷，杨树41公顷，杜仲18公顷，香椿17公顷，核桃504公顷。其中，经济林920公顷，占总面积的46%；混交林1080公顷，占总造林面积的54%。是年3月15日，兑现了退耕户补助粮150万公斤（每亩50公斤）、补助现金60万元（每亩20元）。

截至2006年，全县共实施退耕还林6066.67公顷，工程涉及全县36个乡（镇）、236个村。

2000—2009 年退耕还林补助情况一览表

表 13-4 单位：公顷、万元、万公斤

年 度	面 积	现金补助	粮食补助	粮食补助金
2000	2000.00	60.00	378.00	360.00
2001	1333.33	100.00	630.00	600.00
2002	1000.00	130.00	725.40	780.00
2003	1666.67	180.00	1044.90	1080.00
2004	—	180.00	928.26	1080.00
2005	66.67	182.00	938.57	1092.00
2006	—	182.00	938.57	1092.00
2007	—	182.00	938.57	1092.00
2008	—	182.00	938.57	1092.00
2009	—	182.00	938.57	1092.00
合计	6066.67	1560.00	8399.41	9360.00

第三节 封山育林和森林抚育

一、封山育林

1991—1996 年，每年封育 666.67 公顷。1997 年，增加到 1342.27 公顷。1998 年，因天然林保护工程启动，当年封山育林达 6686.67 公顷。到 2009 年，19 年间共完成封山育林 17760 公顷。其中，天然林保护工程 11753.33 公顷，退耕还林工程 666.67 公顷，其他工程 5340 公顷。

二、森林抚育

森林抚育主要对象是洪溪森林经营所冷云杉未成林造林地和伐木场迹地更新造林地。一般采用锄抚，在春季与补植同时进行，年抚育面积在 1333.33 公顷。中成林抚育主要安排在牛牛坝林场施业区云南松纯林中进行。1991—2009 年，共完成森林抚育 1500 公顷。

第四章 森林保护

第一节 护林防火

1991 年，新建巴普镇挖拖防火瞭望台，全县瞭望台共 3 座，全县 80% 的区域得到有效监控。有固定巡山员 16 名，检查哨 11 个，新增电台 1 部，加强了综合预防能力。全年发生火情 4 起，其中，火警 2 次，草坡和残次林过火面积 14.33 公顷，出动打火人数 700 余人次。随后建立县、区、乡、村及林业局局长“五长”护林防火负责制，签订了目标管理责任书，并逐年增加入山检查哨卡、瞭望台、巡山员、岗哨员、护林员、值班员等设备设施及人员配备。到 2009 年，入山检查哨卡增加到48个，电台（短波和超短波）56台，卫星电话1部，风力灭火机4台，发电机3台，瞭望台3座，巡山员54人，岗哨员50人，护林员78人，值班员260人，以武警中队为主的突击打火队180人。在原始森林区建立以当地村民为主的52支、1050人业务打火队。取得了从1979年到2009年连续30年无森林火灾的重大成绩。

第二节　林业公安

1991年以后，林业公安科主要承担着维护全县林区治安，保障木材生产经营正常程序，打击破坏森林资源、捕杀野生动物等违法犯罪行为以及护林防火等工作。为了进一步提高干警素质，以适应“以法治林、从严治警”的工作需要，先后派5名干警到凉山州警校、西南政法学院、南京警官大学深造和培训。1998年，在林业公安人民警察基本素质考试考核中，2人优秀，4人合格。2000年，开展森林公安“三项教育”活动中，经州公安处检查验收，全部合格。

1991—2009年，处理各类林业案件316起，其中，刑事案件78宗，林业行政案件532宗，责令补交育林基金48宗、16260元。在刑事处罚中，提请逮捕8人，判刑4人，收审56人，治安拘留35人。在行政处罚中，罚款33080元，没收或扣留原木889.26立方米，责令补造退耕还林15亩，没收野生动物79头（只）、皮张32张（包括大熊猫皮2张），并将76只野生动物放归山林。累计为国家挽回经济损失98.1万元。多次、多人受到省、州、县人民政府和相关单位表彰。1994年，林业公安科集体被评为全州森林资源保护三等奖。1995年，被县公安局评为先进单位。1997年，被州林业局授予“先进单位”称号。在公安干警“立功创模”活动中，先后有10人次评为先进个人，同年，1人（胡护荣）被四川省政府授予全省“森林保护先进个人”。

第三节　病虫害防治

美姑县是森林病虫害比较多的一个县，常发生的森林病虫害有云南松松毛虫、杨树麻点豹天牛、松针斑蛾、扁舟蛾、黄刺蛾、松球果小卷蛾、云斑天牛和少量的球果螟、小蠹虫。工作人员常年翻山越岭，深入林区，进行虫情调查，预测预报重点检疫对象。1991—2009年，共防治森林病虫鼠害5836.8公顷。

第五章　资源管理

第一节　林权与区划

一、林权

林权的划分，在20世纪80年代前，只有国有林和集体林两种。1980年，国家对林权进行了改革。原则上谁种植谁所有；天然林、飞播林和公益林归国有；位于村落周边的部分天然林、飞播林和公益林分给集体和个人。

1991年7月，为了维护美姑国有林权的合法权益，经州人民政府仲裁收回了凉北林业局五一四林场第八、第十作业区1036公顷林地，活立木蓄积量达81310立方米的经营权。1995年8月，洪溪伐木场在日波涡第三伐区采伐作业时，受到川南林业局和峨边县人民政府阻拦，县委、县人民政府两次派出以县委书记带队的工作组到省政府汇报。省政府成立以李天久（省民政厅副厅长）为组长的协调组，专门解决此事，但多次协商均未达成协议。1995 年 11 月 29 日，省委常委、省民工委常务副书记史志义主持调解，按“双方共同协商，互相支援，互利互惠，共同开发”的准则，确定了以两河口海拔 2002 米主沟为界，美姑县、峨边县各自一半的调解方案，从而平息了这次林权纠纷。1996 年 5 月，马边县觉罗豁开发公司，擅自将公路修进了美姑大风顶保护区核心区的阿基尔祖林区，采伐原木 2000 多立方米，采伐面积达 20 公顷。1998 年 5 月，省林业厅按省政府指示，由保护处、资源林政处、公安处组成工作组，前往林区调查，并达成调解协议。

1999 年，勘界后，马边与美姑的县界以觉罗豁山脊分水线为界，阿基尔祖林区归属美姑县，所采林木折价归还给了美姑县。

二、区划

1991 年，全县有林业用地 13.84 万公顷，占全县总面积 42.8%。其中，有林地 4.22 万公顷，疏林地 3 万公顷，灌木林地 3.82 万公顷，未成林造林地 1975 公顷，苗圃地 28 公顷，宜林荒山荒地 2.36 万公顷，岩石裸地、水面、道路 2356 公顷。是年 10 月，县林业部门组织技术力量，经过 6 个多月的资料收集、整理、核实后，深入实地进一步落实“林地四至边界”的基础上，按“相对稳定、适当调整、以利经营”的原则，对全县 4 个林业企事企单位 6.05 万公顷国有林分别按归属颁发了国有林权证书。按绘制单位经营区 1∶50000 区域位置图，填写四川省国有林权证、国有林权登记表和国有林权登记表存根，经林地周边乡人民政府盖章，乡长签名认可后，由县人民政府审核颁发林权证书，并把相关资料报送省林业厅和州林业局备案。划分结果：大风顶自然保护区 1.59 万公顷，其中有林地 7598 公顷；洪溪伐木场 2.46 万公顷，其中有林地 1.67 万公顷；洪溪森林经营所 1.12 万公顷，其中有林地 2972 公顷；牛牛坝林场 8152 公顷，其中有林地 7180 公顷。

1992 年年初，县林业局结合美姑实际制定出台了《关于进一步加强森林资源管理的意见》，进一步明确了林地概念和范围。4 月，县人民政府按规定向美姑境内的凉北林业局五一四林场颁发国有林权证书。

1993 年 7 月，对 1991 年和 1992 年的林地进行清查。结果显示，1991 年共征占林业用地 6.21 公顷，其中，有林地 0.87 公顷，灌木林地 3.05 公顷，采伐迹地 2.29 公顷。1992 年征占林业用地 6.81 公顷，其中，有林地 0.93 公顷，疏林地 0.35 公顷，灌木林地 2.29 公顷，采伐迹地 3.24 公顷。1993—1997 年，林业生产单位自身建设占用多，无林地占用多，生产建设占用多，合理利用多，乱占林地现象少。1997—2000 年，国家二滩输电线路建设共占用林地 38.85 公顷，其中，国有林地 4.81 公顷，集体林地 34.04 公顷。按国家规定收取了林地占用费、林木补偿费和植被恢复费。

第二节　林木采伐与管理

一、采伐

1998 年之前，美姑县被称为“木头财政县”，全县 80% 以上的财政收入靠卖木头。生产木材的单位有洪溪伐木场、洪溪森林经营所以及龙窝、树窝（龙窝和树窝林工商前身系瓦侯林工商公司，1984 年 8 月分成两个单位）、依果觉、苏洛等 4 个乡的林工商公司。1991—1995 年，每年全县商品材采伐量为 3.5 万立方米。其中，洪溪伐木场 3 万立方米；洪溪森林经营所和龙窝、树窝、依果觉、苏洛 4 个乡各 1000 立方米。1996 年，增加到 4 万立方米，1997 年降为 3.75 万立方米，1998 年升为 5.25

万立方米。直到是年 9 月 1 日停伐，9 年共生产原木 30.5 万立方米。

1991—1998 年洪溪伐木场采伐面积及材集统计表

表 13–5　　　　单位：公顷、立方米

年　度	伐区及编号	小班个数	伐区面积	其中采伐面积	商品材出材量
1991	威核洛 1 号	14	237.10	167.70	31315.00
1992	威核洛 2 号	15	295.40	222.70	17757.00
1993	祖尔依则 5 号	5	92.10	92.10	3630.00
	祖尔依则 4 号	4	128.60	96.80	1295.10
1994	威核洛 3 号	14	407.30	340.20	18177.00
1995	威核洛 4 号	7	251.30	204.80	32801.00
	日波涡 3 号	8	233.50	185.60	40665.00
1996	威核洛 5 号	10	282.80	150.00	23548.00
1997	威核洛 6 号	9	333.80	135.20	13671.00
	祖尔依则 6 号	5	173.40	101.20	10557.00
1998	罗孜 1 号	6	216.90	189.40	6038.00
	威核洛 7 号	10	291.20	210.20	8486.00
合　计		107	2943.40	2095.90	207940.10

二、管理

为管好用好美姑的森林资源，按照“青山常在，永续利用”的原则，制定出台《关于加强美姑森林资源管理的办法》等规章制度。

1991 年，省下达采伐限额 12.3 万立方米，实际消耗 10.79 万立方米，占控制限额数的 87.8%，消耗结构：商品材采伐 6.04 万立方米，（主伐 59671 立方米，低产林改造 727 立方米）占总消耗量的 55.7%，自用材采伐 3921 立方米，占 3.6%；能源性消耗 47 立方米（含乱砍滥伐 25 立方米）占 0.4%。实际生产商品材 3.29 万立方米，为商品材控制总量 3.3 万立方米的 99.95%。实际运输、销售原木 4.03 万立方米，（包括上年库存）为运输、销售控制总量 4.15 万立方米的 97%。至 1998 年天然林停止采伐前，消耗量均控制在国家规定的 11 万 ~ 14 万立方米之间。

在木材流通管理上，采取“一限三证”（限额采伐许可证、木材经营许可证、木材运输出境证），实行销售总量、运输总量控制。

第三节　林产品生产经营

一、原木

1991 年，根据“归口经营”和“山下管住”的原则，全县只准洪溪伐木场、林产公司和洪溪森林经营所持“木材经营许可证”经营木材。木材销售，林产公司以代销方式经销集体林工商生产的木材，以及省、州上调的统配木材。洪溪伐木场和洪溪森林经营所均以自产自销的方式直接面对客户。1993 年，取消“统配材”调拨，价格并轨，所有销售价随行就市全面放开，主要销往乐山市林产公司、内江市林产公司、凉山州林贸中心、重庆市林产公司以及夹江、眉山、彭山等地。远销山西省的洛阳市、江苏省的睢宁县等有木材经营资格的国有木材经销公司。随着“木材开放过热”的降温，许多木材销售关口受阻，“银根”紧缩，不少货款难以即时收回，出现了数百万元的“三角债”，严重影响了美姑生产经营木材的正常运行。为了完成销售任务，保证财政收入，采取“先款后货”和现金交易。1998 年 9 月 1 日，停止销售。

二、刨花板

美姑县在商品材生产过程中，平均每生产原木 1 立方米，就有枝丫、稍头等剩余物 0.57 立方米（针叶树种 0.1258 立方米，阔叶树种 0.4440 立方米）。一年可供加工利用的采伐剩余物 3575 立方米，加上部分销售难的小径材、次材和杂木，全年采伐剩余物在 4500 ~ 5000 立方米之间。1984 年，为加强对采伐剩物的利用，建立了美姑县刨花板厂，以采伐剩余物为原料，先加工锯材，再以边角余料和锯木粉生产刨花板。1991—1995 年，林业局每年向采伐单位下达指令性计划为刨花板厂调拨枝丫、稍头 4000 ~ 5000 吨供其生产。年产锯材 2000 立方米，各种规格刨花板 1500 ~ 2000 立方米。“八五”期间共生产锯材 15614 立方米，刨花板 8500.51 立方米。主要销往乐山市林产公司、内江市林产公司、凉山州林贸中心、重庆市林产公司以及夹江、眉山、彭山等地。年实现税利 80 万 ~ 100 万元。1996 年以后，随着经济体制的转轨，生产原料由该厂自行组织收集。到 1998 年，三年共生产刨花板 13352.51 立方米，锯材 4.45 万立方米，10 年共上缴利税 401 万元。

第六章　大风顶国家级自然保护区

第一节　机构设置

1979 年，四川省革委批准建立四川美姑大风顶自然保护区管理所，为美姑县林业局下属事业单位，编制 8 人，所址设在美姑县树窝乡政府所在地。1982 年，迁至瓦侯区公所所在地的龙窝乡。2003 年 4 月，按照《自然保护区条例》和国家林业局《关于进一步加强自然保护区建设管理的通知》精神，美姑县人民政府批准同意组建成立“四川美姑大风顶国家级自然保护区管理局”。同年 6 月，中共凉山州机构编制委员会同意成立“四川美姑大风顶国家级自然保护区管理局”，为美姑县人民政府直属事业单位，核定全额拨款事业编制 20 名，领导职数 1 正 1 副，局长按正科级配备。随后组建成立领导班子，并先后从林业局抽调 7 名工作人员充实到保护区管理局，同时保留原林业局从洪溪林场抽调到保护所的 3 名企业职工。随着业务工作的逐步开展，保护区管理人员也逐渐增多，2008 年 5—6 月，聘请西昌学院学生 4 人到保护区协助开展大熊猫监测 .2009 年 2—4 月，接收四川农业大学志愿者 2 人到保护区实习。到 2009 年 12 月底，保护区管理局内设机构共 7 个，分别为办公室、保护宣教科、科研监测科、多经办和龙窝、大湾、维核洛 3 个保护站。有正式职工 11 名，其中，有林业工程师 4 人，经济师 1 人。

第二节　保护区规划建设

2001 年，四川省林业厅同意将原保护区周边大熊猫活动较为频繁的瓦侯片区的日波涡、维核洛，洪溪片区的椅子河坝、马洪觉，候播片区的纳龙等国有林区纳入美姑大风顶保护区的范围进行统一保护管理。2002 年 8 月，省林业厅组织四川大学、四川省林科院专家学者对拟扩建后的保护区范围（面积506.55平方公里)进行综合科学考察。2003年6月,保护区管理局聘请四川省林业勘察设计研究院,编制扩建后的四川美姑大风顶国家级自然保护区总体规划。

2004年5月,保护区管理局按照国家对自然保护区范围调整的要求,将四川美姑大风顶国家级自然保护区范围调整申报书、保护区范围调整的多媒体视听材料、保护区科学考察报告、保护区总体规划及保护区扩建请示材料等一并上报国家林业局和国家环境保护总局。2005年4月,国务院办公厅对美姑大风顶保护区范围调整方案进行批复。5月,国家环境保护总局对范围调整后的美姑大风顶自然保护区面积、范围和功能区划进行公布。保护区范围调整后,总面积从1.59万公顷扩大到5.07万公顷,其中,核心区面积3.12万公顷,占保护区总面积的61.4%,缓冲区面积1.72万公顷,占保护区总面积的33.9%,实验区面积2372.5公顷。大熊猫的栖息地范围由原来的1.17万公顷增加到近4万公顷。地理位置由原来的北纬28° 35′ ~ 28° 46′,东经103° 09′ ~ 103° 20′之间调整到北纬28° 30′ ~ 28° 50′,东经102° 52′ ~ 103° 20′之间。

第三节　保护区基础设施建设

2003年6月,保护区管理局组建成立,借用县林业局会议室进行办公。2004年7月,将龙窝乡原县林业局名下的保护区管理所房屋面积835.8平方米移交给保护区管理局,作为龙窝保护站和大湾保护站办公用房。2003年4月,美姑大风顶自然保护区申报的管理局址建设项目入选国家林业局“大熊猫保护项目库”;2004年3月,国家林业局下达美姑大风顶自然保护区大熊猫国际合作资金277万元,建设美姑保护站及附属设施。2007年3月,完成第一期基本建设项目,一期项目共投资276.84万元(国际大熊猫合作资金),新建管理局机关综合业务楼及配套设施建筑面积1199.09平方米、大湾保护站办公用房220.49平方米、龙窝保护站办公用房276.75平方米、维核洛保护站办公用房220.49平方米,在维核洛修建10千瓦小水电站1座;购置交通车1辆、巡护摩托3辆、办公设备51台(套)、科研监测及宣教设备44台、通信设备12部、巡护监测设备45个、电视及卫星接收系统3套。

2007年7月,国家林业局对《美姑大风顶保护区二期工程建设项目可行性研究报告》进行批复。计划投资530万元,新建保护站(洪溪、炳途、纳龙)600平方米,科研用房200平方米,配套进行管理站等附属设施建设,标桩标牌建设,购置必要的保护、防火、科研、宣教设备等。2008年,保护区管理局聘请四川省林业勘察设计研究院进行二期基本建设初步设计。同年7月,四川省林业厅对《美姑大风顶自然保护区二期工程初步设计》进行批复,11月,拨付首期资金200万元。2009年年初,保护区二期建设项目正式启动,是年8月,拨付资金330万元。首先进行保护站点、科研楼及办公设备等建设。到2009年12月底,已完成投资109万元,占总投资的20.6%,共完成三个保护站附属设施、科研楼的基本建设,完成巡护道路32公里、防火道路8公里的工程设计和部分设施购置任务。

第四节　资源保护管理

一、机构和制度建设

2003年7月,美姑县委、县人民政府联合成立四川美姑大风顶国家级自然保护区管理委员会,县长沈鲁清为主任,县委副书记阿比合几、副县长吉克格美、县林业局局长的日英门、县保护区管理局局长方奎为副主任，县委办、县政府办、县财政局、县公安局、县林业局、县保护区管理局、保护区周边各工委相关领导为成员，并在县林业局设立领导小组办公室。2007年7月，为加强自然保护区建设与管理，美姑县人民政府组建成立“美姑县野生动植物保护及自然保护区建设工程”领导小组。保护区周边的瓦侯、洪溪、峨曲古和候播工委相继成立“自然保护区资源保护管理”领导小组，并落实兼职人员负责日常工作。

2003—2009年，美姑县人民政府先后发布了《关于四川美姑大风顶国家级自然保护区管理制度的布告》《关于禁止在林区采集竹笋的通知》《关于在全县范围内禁止饲养牦牛加强草场建设的决定》等保护区管理制度。并根据《自然保护区条例》，结合保护区实际，首次出台《四川美姑大风顶国家级自然保护区管理办法》，使保护区建设管理逐步进入法治化轨道。

二、宣传教育

2003年来，在每年四月的“爱鸟周”和十月的“保护野生动物宣传月”活动期间，管理局均组织在县城或保护区周边利用会议、标语、图片、宣传车、录音磁带、知识传单等对《自然保护区条例》《美姑大风顶自然保护区管理办法》《野生动物保护法》、美姑大风顶自然保护区管理范围、保护区管理措施、政策等进行广泛宣传。保护区周边各工委和乡人民政府也利用赶场天、下乡等开展各种宣传活动。2004年，制作《情系美姑大熊猫》光碟和《自然保护区条例》等录音磁带。

2005年7月，与中央民族大学师生一道，在瓦侯片区开展社区调查，共走访15个村，在瓦侯中心校用制作的500多幅幻灯片和100余幅各类图片对周边学生进行环境保护知识和自然保护区知识教育。9月，保护区从保护国际（CI）争取3万元的社区环境宣传教育项目资金，在瓦侯片区的2所中心校组织学生开展保护区知识问卷调查；在龙窝、树窝2个乡、11个村开展社区经济状况调查。全年共召开专题会议17次，出动宣传车6台（次），展出各类保护野生动植物图片200幅，制作宣传横幅10幅，放电影6场，发放各种资料10000份，发放保护区管理户主通知书5000份，在社区小学开展环境保护知识讲座12节（次）。

三、资源保护

（一）护林防火

2003年，在县护林指挥部的统一领导下，层层建立护林防火组织机构，落实防火责任制度，开展防火宣传教育，在局机关成立护林防火领导小组，实行分工分组、分片联系包干、挂牌值班等制度。2004年，建立保护区护林防火工作预案，在重点地区聘请巡山护林人员开展巡山检查，并先后在管理局配备了对讲机等防火通信设备。1978—2009年，保护区连续31年未发生森林火灾。

（二）林政资源管理

2005年以前，保护区林政资源管理主要由县林业公安科负责。2005年，美姑县林业局对保护区管理局办理林业行政执法委托书，保护区管理局按照规定对相关人员办理林业行政执法证，但因人员较少，没有专门的执法人员，除保护区内发生的一般林业案件由保护区管理局进行处理外，其余案件由县林业公安科牵头，保护区管理局协助处理。至2009年，保护区管理局与县林业公安科一道，对保护区进行了多次专项整治工作。其中，2003—2004年，美姑县林业公安科牵头对保护区大湾村、陈家村、树窝村一带进行专项整治；2005年5—6月，对洛木干村乱砍滥伐情况进行清理和打击；2007年7月，县委常委、副县长吉觉拉莫惹在瓦侯工委组织县林业局、保护区管理局及周边的瓦侯工委、龙窝乡、树窝乡等单位专门召开资源保护工作专题会议，并组织林业、公安、保护区、瓦侯工委等单位成立专门调查组，对大风顶林区乱砍林木情况进行专题调查。通过清理打击，保护区内资源得到有效保护。

保护区各类林业案件情况统计表（2003—2009 年）

表 13-6

年 度	案件情况	案件地点	处理结果	备 注
2003—2004	乱砍林木、猎捕野生动物等	大风顶林区	收缴木材 41.89 立方米，没收并放归山林白腹锦鸡和红腹角雉等鸟类 4 只，收缴火药枪 4 支，油锯 1 把；林政处罚 15 人，拘留 8 人，判刑 2 人	
2005	林区打笋	瓦侯、纳龙	没收竹笋 2000 余公斤，对非法打笋人员进行批评教育	
2005	乱砍林木（砍伐冷杉 78 株，立木蓄积 247.6 立方米，桦木 13 株，立木蓄积 2.73 立方米）	大风顶林区	洛木呷村共收缴各类木材 14.1 立方米（含瓦板 490 匹），治安拘留 3 人，罚款及没收木材变价共 8762 元	村民自用，处理较轻
2006	采煤点两处，共有采煤洞 8 个，修建长 1000 余米、宽 2 米运煤马车道一条，新砍直径在 6 ~ 10 厘米冷杉 130 根	毛洪觉和纳龙林区	收缴用于挖煤的帕森 5.5HP 发电机一台、运煤马拉车二辆、运煤筐一个、挖煤工具 12 件，对相关人员进行批评教育	
2007	乱砍林木（砍伐冷杉 34 株，立木蓄积 108.47 立方米）	大风顶林区		移交美姑县林业公安科处理
2008	乱砍冷杉 46 株，一般胸径 30 ~ 40 厘米，砍柴 1500 公斤。	大风顶、挖皆哈罗、毛洪觉、纳龙		移交美姑县林业公安局处理
2009	乱砍冷杉一车，折合立木 20 立方米	大湾		移交县检察院

（三）珍稀动物救护

2004 年和 2007 年，分别对生病受伤的国家一级保护动物大熊猫和黑颈鹤开展救护工作。大熊猫救护成功并放归美姑大风顶自然保护区；黑颈鹤由于伤势过重，美姑医疗条件不具备，经请示省、州林业主管部门同意后送至成都动物园，治疗失败死亡。

（四）野外巡护

保护区建立以来，多年坚持大熊猫野外巡护工作，有效制止了非法偷猎、盗伐、放牧、开荒、非法采集等人为活动，确保自然保护区保护规章的实施；监测自然保护区生态系统、物种及人类活动的变化趋势；向人们展示保护区的存在，为管理决策提供第一手资料。2005 年 1 月，为规范野外巡护工作，保护区管理局制定出《美姑大风顶自然保护区大熊猫野外巡护技术规程》，对巡护的目标、巡护内容、巡护线路、巡护时间安排、巡护表格填写等做出统一规定。保护区管理局组织对相关巡护人员进行统一培训，并按照巡护技术规程进行定期巡护。

第五节　科研考察

一、科研基地

2003年7月，保护区首次与中央民族大学生命与环境科学院合作在保护区开展生物多样性研究。2006年7月7日，在美姑大风顶自然保护区建立起第一个科研基地——中央民族大学美姑大风顶自然保护区科研教学基地。

二、基础调查研究

（一）保护区本底调查

2001年5月，美国华盛顿动物园园长露茜带领科研工作者一行6人，到美姑大风顶自然保护区考察。2002年，美国华盛顿动物园资助大熊猫合作资金开展美姑大风顶自然保护区本底调查。同年8月，四川省林业厅组织四川大学生命科学院师生及四川省林科院、四川省野生动植物调查管理站专家学者一行28人，到保护区按照拟扩建范围（50655公顷）进行为期近1个月的野外调查。2003年3月和5月，两次深入保护区进行补充调查。

（二）保护区周边地区尔玛村中草药资源调查

2008年8月，由世界自然基金会（简称WWF）资助，凉山州野保协会牵头，保护区管理局派出6名科技人员配合，选定尔玛村传统采药地点祖噜马皆（小地名）659.33公顷范围作为调查区域。调查内容主要包括药用植物种类、数量、产量及生境状况、干扰情况等。参加调查人员23人，外业调查历时12天，共完成标准地33个，调查小样方135个，调查出中草药种类15种。2009年12月，保护区组织科技人员结合中草药资源本底调查，在瓦侯地区选择天麻、重楼的主要栖息地，调查天麻和重楼的地理位置、立地条件、生境类型、植物群落特征、地被物情况、土壤情况等。共调查天麻生境样地5个，重楼样地10个，并在调查的基础上建立基于地理信息系统（简称GIS）的重要药用植物（重楼、天麻）栖息地生态环境信息动态数据库。

（三）黑熊资源调查

2008年10月，由华盛顿动物园资助1000美元，美姑保护区管理局组织科技人员10人，在保护区调查黑熊生境情况、痕迹类型及数量、食物种类及数量、食物种子状况等。2009年10月，保护区按照设置的调查样方，对黑熊开展了进一步监测活动。

（四）生物多样性与彝族传统文化知识调查

2008年5—6月，WWF资助，保护区在龙窝乡能和村通过现场踏勘，农户访谈，协助制定包括行走线路图、平面图、资源图、历史演变图、季节历、每日活动图、自然资源利用矩阵图、远景图、动植物分类图、节庆和习俗图、种子三角利用图、个人自传图等参与式工具，调查出对大自然的敬畏、对大自然的回馈、对野生动物的禁忌、传统的引蜂饲养法、本地中草药资源利用、对本地种的自觉保存、特有的记事历、传统生产活动对生物多样性的影响等与生物多样性保护相关的彝族传统文化知识，并在调查基础上开发出与彝族传统文化相关的生物多样性保护行动计划。

（五）大熊猫及其栖息地监测

2008年，根据全国大熊猫及其栖息地监测技术规程和省野生动植物调查保护管理站的安排，开始在保护区开展大熊猫及其栖息地监测活动。每年春、秋两季各1次，监测线路35条，监测内容包括大熊猫及其栖息地情况、大熊猫伴生动物情况和大熊猫栖息地人为干扰情况。到2009年年底，共监测4次，监测结果见下表。

大熊猫监测情况统计表

表13-7

监测时间	填写表格（份）	大熊猫情况		伴生动物		人为干扰	
		发现线路（条）	痕 迹（处）	种 类（种）	痕迹数（处）	类型种类（种）	干扰点（处）
2008年春季	456	8	13	11	97	7	51
2008年秋季	366	2	2	15	44	4	22
2009年春季	361	9	12	15	82	8	66
2009年秋季	369	7	8	15	61	8	51

（六）保护区地理信息系统（GIS）

2004年5月，保护区管理局首次派出专业技术人员赴唐家河保护区参加GIS基础培训。7月，从基础工作入手开展建设。2006年年底，完成美姑大风顶自然保护区GIS建设工作。

三、科学研究

2003年3月、5月，四川大学生命科学院、四川省林科院专家在保护区开展本底调查补充调查；6月27日—7月3日，四川省林业勘察设计研究院在保护区开展保护区总体规划外业调查；7月18日—8月6日，中央民族大学在保护区进行生物多样性研究。8月20日—9月10日，西华师大在保护区开展小型兽类调查。

2004年6月1—10日，世界雉类协会（WPA）专家与四川省林业厅在保护区开展凉山山系雉类与生物多样性监测研究；4—8月，中央民族大学生命与环境科学院在保护区进行大熊猫、小熊猫、林麝等野生动物生境选择研究；12月28—30日，四川电视台《西部大开发》栏目与陕西省动物研究所在保护区开展黑颈鹤迁徙地点调查研究。

2005年6月9—10日，中国林科院、全国鸟类环志中心、中科院昆明动物所在保护区开展黑颈鹤卫星跟踪迁徙路线研究地面调查；6月，北京大学到保护区开展黑熊资源调查；南京农业大学、南京师范大学与美国克莱姆森大学在保护区开展毛翅目纹石蛾科昆虫系统发育及其成、幼虫种类的研究；9月，中国科学院动物所齐敦武、胡义波两位博士在保护区开展大熊猫景观生态及遗传多样性研究。

2006年4月26日—5月31日，中科院动物所在保护区开展大熊猫景观生态及遗传多样性研究；6月9—11日，中国林科院、国际鹤类基金会专家及云南大山包和贵州草海自然保护区相关人员共8人，在保护区开展黑颈鹤迁徙地点调查；6月28日—7月2日，中国科学院生态环境研究中心在保护区开展大熊猫生境植被调查。7月7—27日，中央民族大学科研处、生命与环境科学院、西昌学院专家学者及中央民族大学生命与环境科学院学生共36人，在保护区开展生物多样性调查及保护、彝族传统文化、彝族医药等课题研究；7月28—31日，华南农业大学、法国巴黎博物馆专家学者及西华师范大学研究生共4人，在保护区开展中国步甲属昆虫多样性及生存状况评估；9月8—14日，四川大学建筑与环境学院及加拿大不列颠哥伦比亚大学学者在保护区开展大凉山植物多样性考察。

2007年1月29日—2月25日，中央民族大学生命与环境科学院师生共20人，在保护区开展大熊猫、小熊猫、林麝、野猪调查，环境教育及社区生态养殖研究，并在龙窝乡组建美姑大风顶生态养殖协会；3 月 20—22 日，四川省林业勘察设计研究院营林调查队专家一行 2 人，在美姑开展保护区二期基本建设可行性研究外业调查；4 月 6—7 日，国家濒危动植物进出口管理办公室成都办事处主任一行，在美姑开展保护区社区宣传情况调查；中国科学院动物所两位博士在保护区开展大熊猫景观生态及遗传多样性研究。12 月，中国科学院动物所研究生一行 3 人，到保护区开展大熊猫伴生动物（啮齿类）调查研究。

2008 年 7 月，中国农业大学和西华师范大学 2 名学生到保护区开展昆虫多样性调查。

2009 年 11 月，华中师范大学 2 名研究生到保护区开展大熊猫粪便采集活动。

第十四篇

畜　牧

1991年以后，全县畜牧业发展迅速，特别是随着草畜“双百万”工程（优质改良羊存栏100万只，种植优质牧草100万亩），草畜“3150”（“3150”是指到2005年，凉山州实施种植优质牧草150万亩，绵羊改良羊存栏150万只，羊出栏150万只）、“3550”（“3550”是指到2010年，全州出栏优质肉羊500万只，出栏肉牛50万头，奶产量5万吨，畜牧业产值占农业总产值的50%）、“畜牧富民增收”工程的实施及畜牧扶贫项目、畜牧财政支农项目、畜牧国债以工代赈工程、国家天然草原恢复与建设项目、畜牧增收工程、畜牧科技示范园区项目等各种畜牧项目的实施，为畜牧业的发展提供了充足的饲草饲料、优质的种畜、科学的饲养管理技术，重大动物疫病的强制免疫和兽医新技术的推广不断加强，一批批标准化、规模化、科学化的养殖农户相继出现，使畜牧业实现了跨越式发展。至2009年年末，全县保留天然草地12.8万公顷，其中，可利用面积10.9万公顷。畜禽品种有独具地方特色的美姑山羊和岩鹰鸡，有黄牛、水牛、马、猪、本地山羊、绵羊、牦牛、鸡、鸭、鹅等；“四畜”存栏87.67万头(只)，出栏56.31万头(只)，肉类总产量3.07万吨，牧业产值5.58亿元（现价），畜牧业产值占农业总产值的63.77%，畜牧业人平总收入1200元，畜牧业人平纯收入662.16元，畜牧总产值比2006年增加71.1%。

第一章　畜牧管理体制

第一节　机构与队伍建设

1991年，畜牧局内设机构有5个站，即畜牧站、兽医站、草原站、洪溪改良站、办公室，3个经济实体（县种羊繁殖公司、县饲草饲料生产开发经营场、县牧工商公司）。1994年4月，成立美姑县兽医卫生监督检验所，主要开展兽医卫生监督和检查，隶属于县畜牧局，机构设在兽医站，由兽医站调5名人员开展工作。1997年9月，成立“美姑山羊保种及开发利用领导小组”，负责美姑山羊的推广和保种工作。1999年9月，撤销县牧工商公司、县饲草饲料生产开发经营场和县种羊繁殖场，合并组建为县畜牧扶贫开发公司。

2002年11月，成立“美姑县畜牧流通协会”，负责全县的畜牧产品流通工作。2003年1月，成立美姑县草原监理站，属股级事业单位。2004年8月下旬，美姑山羊开发公司更名为畜牧流通协会。2005年4月，成立县畜牧局兽医卫生防疫检疫站。是年，畜牧局下属的38名乡（镇）畜牧兽医员划分到各乡（镇）“农业综合服务中心”。

至2009年，共有干部职工77人，其中，公务员3人，参照公务员管理人员8人，专业技术人员54人（其中乡（镇）畜牧站专业技术人员35人），事业管理人员3人，高级工9人；职称：高级畜牧师1人，中级畜牧师15人，助理师38人。

第二节　畜牧发展政策与措施

1994年，县扶贫开发办公室投入贷款40万元，其中，30万元用于养羊项目，10万元用于养鸡项目。1995年，投入“以工代赈畜牧项目”资金52.7万元。1996—1997年投入“以工代赈畜牧项目”资金92万元。1996年，实施“九五”计划中的草畜“双百万”工程。

2001年，实施畜牧“3150”工程。2004年3月中旬，县畜牧局成立畜牧科技示范园区建设领导小组，负责畜牧科技示范园区的生产技术服务、指导等工作，启动全县畜牧标准化、规模化、科学化生产。2005 年，县畜牧局完成全县“十一五”畜牧项目的规划，提出“十一五”期间畜牧项目的建设内容和发展目标，并制订畜牧业发展计划。

2006 年，实施畜牧“3550”工程。2007 年，组织召开 3 次专题会议研究种草工作，制定出台《美姑县人民政府 2007 年种草工作的实施意见》。2009 年，县委、县人民政府进一步加强种草工作力度，并与各乡（镇）签订目标责任书，设立特等奖 1 个、一等奖 2 个、二等奖 3 个、三等奖 5 个、鼓励奖 2 个，分别给予 10000 元、8000 元、6000 元、4000 元、2000 元的现金奖励。4 月，县人民政府成立以县长为组长的畜牧富民增收工程领导小组，专门负责全县富民增收工程的顺利实施。8 月，县委、县人民政府两办专门成立美姑山羊品种选育工作领导小组，专门负责美姑山羊选育攻关工作。

第二章　饲草饲料

第一节　天然草场

1991 年，全县天然草场保留 12.8 万公顷，其中，可利用面积 10.87 万公顷，已利用面积 10.87 万公顷，人工种草改良面积 19.33 公顷，当年增加 20 公顷，长期饲料地面积 35.33 公顷，当年饲料作物总量 750 万公斤。

1998 年，分别在巴普镇、觉洛乡进行草场承包试点工作。是年 9 月，在全县全面推行草场承包工作，至 12 月底，共完成 33 万个羊单位的草场划分工作，共划分到户或联户承包草场 138 万亩，占全县可利用面积的 84.66%。户均划分草场 2.93 公顷，人均划分草场 0.62 公顷，其中，划分的林间草场 2.53 万公顷。全县实际承包面积共有 6.67 万公顷，共签订承包合同书 2.32 万份，发放使用证书 1.1 万份。2002 年 12 月，在黄茅埂牧场、阿米都尔、纳龙草场实施天然草原防火隔离带建设。

2008 年 10 月，全面开展禁止饲养牦牛工作，截至 12 月 9 日，全县共出售牦牛 6263 头，基本实现县境内无牦牛饲养目标。

第二节　草原改良

1998 年，改良草场 104 公顷。2000 年，改良 1000 公顷。2002 年，改良（封育）800 公顷。2003 年，改良 3333.33 公顷。2005 年，改良 2233.33 公顷。

第三节 人工种草与管理

一、引种试种

1991年，从雷波引进蕉藕的种植试验，在海拔2000米，年均气温12摄氏度的草原站院内试种0.66公顷，其中，0.33公顷净种，0.33公顷与玉米套种；在海拔900米，年均气温15摄氏度的柳洪乡试种1.33公顷。净种地上的茎叶亩产达2752公斤，块茎亩产达2343公斤；与玉米套种的茎叶亩产达1467公斤，块茎亩产达1098公斤。通过试种，蕉藕适应于海拔2000米以下，年均气温在12摄氏度以上的美姑河、溜筒河两岸的广大地区。特点：产量高，喂猪适口性好，能代替玉米喂猪。

2002年，引进皇竹草17.5万公斤，试种32公顷，多年生优质黑麦草试验24公顷。2003年4月，从成都金种燎原公司引进新牧草品种：澳大利亚燕麦、澳大利亚豌豆、高丹草、饲料甜菜、苣菊、中间冰草、冰草、草地雀麦、披碱草、扁穗冰草、红豆草、草芦等分别在全县不同地区试种，通过试验多数牧草适应全县各地区种植，产量高。

二、粮草轮作

1991年以后，光叶紫花苕在全县36个乡（镇）得到普及播种，当年生产苕种达6.54吨，种植面积达3353.33公顷。1992年，饲草饲料种植面积达5246.67公顷，生产各种草粉及混合饲料558吨。1993—1994年，每年饲草饲料种植面积达9066.67公顷。1995年以后，实施畜牧草畜“双百万”工程（即优质改良羊存栏100万只，种植优质牧草6.67万公顷），采取以种草养畜为主的畜牧业发展措施，全县完成粮草轮作9733.33公顷。

2000年10月，“双百万”工程建设结束，当年共投放资金140万元，完成粮草轮作1.04万公顷，生产种子277.3吨，配改2.4万只，改良绵羊存栏8万只，改良山羊存栏0.79万只。2001年，实施凉山州草畜“3150”工程，县人民政府成立“3150”工程领导小组，完成种植各类牧草1.28万公顷。2003年，成立“3150”工程技术小组，负责组织开展畜牧业各项工作，全年牧草种植1.36万公顷，种子生产390.3吨，销售配合饲料660吨，青贮加工各种饲料56万吨，建设草原防火隔离带150公里，举办培训36场次。2004年，草畜“3150”工程实施结束，完成牧草种植12.15万亩，种子生产完成422吨，新增面积1106.6公顷，新增肉羊圈养户216户，新增肉牛圈养户170户。截至2009年，光叶紫花苕种植6866.67公顷，全县多年生牧草保留面积达2773.33公顷，完成草种生产400吨，落实购进苕种150吨。

三、国家天然草场恢复与建设项目

2003年，国家投资400万元，在美姑开展国家天然草原恢复与建设项目。是年12月，县人民政府成立天然草原恢复与建设项目领导小组。2004年开始建设，2006年上半年完成建设任务。项目共完成人工草地建设1046.67公顷，占总计划任务的104.45%；完成天然草地改良2293.33公顷，占总计划任务的102.66%。完成牛羊舍扩建1000平方米，占总计划任务的100%；建成草原生态监测点1个；建观测用房40平方米；完成土建工程100平方米；购置草原监理车等草原监理设备13（套）台。2006年11月，美姑县国家天然草原恢复和建设项目以98分的成绩通过全省验收，位列四川省内实施国家天然草场恢复与建设项目县的第二位。

第三章　畜禽疫病防治

第一节　主要动物疫病

1991—2009年，美姑主要发生动物疫病有绵羊脑包虫病、巴氏杆菌病，猪肺疫、猪丹毒、动物寄生虫病、双芽梨形虫病、焦虫病、牛出血性败血病和牛气肿疽病、猪喘气病、仔猪副伤病、猪链球菌病、囊虫、羊疥癣、禽霍乱病、兰舌病、炭疽病、牛黑腿病等。

1991—2003年美姑县动物寄生虫统防统筹情况表

表14-1　　单位：万头（万只、万次）

年　份	牛内寄生虫	羊内寄生虫	猪内寄生虫	羊外寄生虫	鸡
1991	8.34	19.00	9.80	21.21	27.30
1992	1.50	20.00	8.00	15.00	8.00
1993	4.10	19.00	12.00	19.00	3.00
1994	5.00	20.00	9.00	20.00	10.00
1995	5.00	20.00	4.50	15.00	4.50
1996	5.00	26.50	5.00	16.00	7.00
1997	1.40	16.70	6.88	20.00	9.00
1998	3.29	19.00	12.30	10.00	8.00
1999	5.90	18.70	11.00	10.50	8.00
2000	6.70	—	11.90	10.00	9.00
2001	4.00	25.00	11.80	18.00	21.00
2002	5.00	29.00	18.20	—	25.00
2003	7.50	37.90	19.90	—	84.70

第二节　重大动物疫病防治

1991年，共预防接种猪瘟、猪肺疫疫苗22.66万头；预防接种狂犬病疫苗125只。次年，猪瘟、猪肺疫预防注射19.36万头。1992年4月初，县人民政府行文要求各乡（镇）做好动物疫病防治及预防注射、设卡等工作，预防注射猪瘟、猪肺疫疫苗18.58万头，密度达96%，鸡瘟疫苗注射11.4万只（次）。1994年，共普查“五号病”25个乡、98个村、2356户、5.69万头（只）牲畜，其中，牛6788头、猪3.26万头、羊1.76万只，普查结果没有发现疫情。

1999年，猪瘟、猪肺疫疫苗注射19.8万头，牛气肿疽和出败注射7800头，鸡新城疫苗2万只，禽霍乱苗1万只。全县加强牲畜口蹄疫的防治，做好宣传动员工作，专门利用电视宣传3天，下发宣传资料245份。组织动员全县兽医干部对36个乡（镇）普查口蹄疫病14天，设立2个关口，检查挡回运输生猪6780头。

2000年，共检疫（检查）入境动物及产品3600余头（次），对全县10个乡、52个村、1600

户、4600余头易感动物进行疫病监测，同时，共预防牲畜口蹄疫疫苗43.1万头（只），占存栏数的80.32%，杜绝了口蹄疫病的传入和发生。

2001年，成立以县人民政府副县长沙马古依为组长的美姑县重大动物疫病防制工作领导小组，进一步规范重大动物疫病防制工作，猪瘟、猪肺疫疫苗注射19.8万头，预防密度达97.8%，生猪免疫登记率达100%，填发免疫证率达70%。家禽预防注射1.06万只，预防注射牛气肿疽2235头、牛出败1025头。

2002年，猪瘟、猪肺疫疫苗注射17.95万头，防疫密度达98.8%。牲畜口蹄疫疫苗预防注射50.53万头（只），密度达86.58%。同时在柳洪、洛俄依甘、依果觉等与外县接壤的公路沿线设立动物疫病监测点，防止了口蹄疫病在美姑县的发生和流行。

2003年11月，县委成立以县委副书记阿比合几为组长的美姑县牲畜疫情疾病防治领导小组，全面负责全县动物疫病的防治工作。全年共预防注射生猪二联苗19.97万头，防疫密度达98.5%。O型口蹄疫苗预防注射75.6万头；炭疽芽孢苗预防注射牦牛1126头；狂犬疫苗农村预防注射183只，限养区预防注射9只；预防注射羊三联苗4000只，鸡新城疫68.7万只次，牛气肿疽疫苗预防注射3500头。是年，免疫耳标佩戴工作正式启动，佩戴耳标10.63万头。

2004年2月，成立以县人民政府副县长吉克格美为组长的高致病性禽流感防治工作领导小组。同时，县畜牧局成立高致病性禽流感防治技术小组，并对全县进行禽流感防治排查。累计对赶场集市和运输车辆督查17次，查测禽类1200羽，消毒车辆15辆；农户圈舍消毒7226平方米，市场消毒1132平方米；对全县24个乡、127个村、518个小组的6196户4.05万只家禽进行监测，未发现可疑家禽。同时，预防注射猪瘟、猪肺疫二联苗21.1万头，防疫密度达98%；口蹄疫预防注射92.55万头，防疫密度达100%；对县城限养的18只犬全部进行注射，保障免疫率达100%，乡（镇）犬只注射218只，城乡接合部及公路沿线的犬只免疫注射率达90%以上；注射炭疽芽孢苗牦牛850头、黄牛550头、绵羊5500只、马150匹，羊三联苗（羊快疫、羊猝疽、羊肠毒血症）1.4万只，鸡新城疫34.5万羽，预防密度达89%，牛气肿疽疫苗预防注射5000余头。

2005年，先后印发《美姑县猪链球菌病防治应急预案》和《美姑县高致病性禽流感防治应急预案》。签订目标责任书45份，发放宣传资料1万余份，调运禽流感疫苗43.6万毫升，免疫37.68万只。

2006年，全县免疫猪瘟、猪肺疫二联苗19.3万头，免疫密度达100%，佩戴耳标17.85万头，戴标率为93.1%；牛口蹄疫免疫12.95万头，密度达100%；绵山羊免疫67.78万次，免疫密度达100%；禽流感免疫127.6万羽次，密度达100%；绵山羊痘免疫12.35万只；牛气肿疫免疫3828头；炭疽免疫1.16万头（只）；鸡新城疫和传染性支气管炎预防注射4.5万只；犬预防713只；羊快疫、羔羊痢病（猝疽）、羊肠毒血症预防2.1万只；牦牛布鲁氏杆菌疫苗口服890头。

2007年，县财政安排25万元的重大动物疫病防治防控物资及工作经费。3月初，组织各片区党政领导干部150余人召开了美姑县重大动物疫病防治工作会议，调整充实了县重大动物疫病防治指挥部成员单位及领导，签订目标责任书。全年预防注射口蹄疫135.17万头（只），猪瘟猪肺疫和高致病性猪蓝耳病疫苗预防注射41.04万头，高致病性禽流感疫苗预防注射156万只。在出入县境点设置高致病性猪蓝耳病等重大动物疫病临时报检点3个（分别设在井叶特西乡、依果觉乡、乐约乡），实行24小时轮流值班制度和疫情上报制度。

2008年，县重大动物疫病防治工作，实行以县长总负责的包乡（镇）负责制。县人民政府先后出台《美姑县动物免疫接种过敏反应死亡及疫病扑杀补偿办法》和《美姑县突发重大动物病疫情应急预案》。全县免疫猪瘟、口蹄疫、高致病性猪蓝耳病疫苗各53.11万头，高致病性禽流感免疫注射221.98万只（次），免疫密度达100%，牛气肿疽免疫注射3.2万头，绵羊、山羊痘免疫23.84

万只（次），炭疽免疫 1.87 万头（只）。狂犬疫苗注射 754 只，羊三联苗注射 0.5 万只。

2009 年 5 月，成立以畜牧局党组书记、局长欧其拉一为组长，相关人员为成员的甲型 H1N1 流感防控工作领导小组。全年猪瘟、口蹄疫、高致病性猪蓝耳病疫苗免疫 52.89 万头，佩戴猪耳标 27.28 万头，免疫密度和戴标率都达 100%。牛口蹄疫免疫 14.22 万头，免疫密度 100%，免疫标识戴标 7.11 万头，戴标率达 100%。绵羊、山羊口蹄疫免疫 87.28 万只，免疫密度 100%；免疫标识戴标 43.64 万只，戴标率达 100%。高致病性禽流感免疫 245.26 万羽，免疫密度为 100%；对规模养殖场及养殖大户预防注射鸡新城疫疫苗 27.8 万羽，免疫密度达到 100%。狂犬疫苗免疫注射 24785 只，免疫密度达 95%。

第三节　动物检疫

从“八五”以来，县委、县人民政府非常重视肉食品的检疫工作，特别是从“九五”后，县畜牧局每年安排 2 ~ 3 名专职人员从事市场肉检工作，至 2009 年，全县取得检疫资格的人数达 29 人，办理了检疫证的有 24 人。

1991—2009 年美姑县动物及其产品检疫情况一览表

表 14-2

年份	活 猪（头）	活 羊（只）	鸡（只）	牛（头）	猪 肉（吨）	牛羊肉（吨）	皮 张（张）
1991	104	596	14796	995	1388	165	8963
1992	625	—	10452	—	1300	265	9818
1993	2076	—	10543	350	3250	320	12354
1994	560	125	15000	19	5000	—	12000
1995	300	2000	12000	50	3900	50	25670
1996	30	1500	15000	150	4361	—	13000
1997	4300	1090	56000	100	6200	330	13700
1998	72500	54500	21960	—	6789	—	12395
1999	100600	8500	6000	9500	8100	—	36000
2000	5700	7800	38000	870	9100	—	2300
2001	65000	30000	61000	5000	—	—	2600
2002	72000	43000	62000	5800	6320	164	16000
2003	47000	34000	480000	3700	—	—	13700
2004	48000	36000	500003	3800	1400	680	14700
2005	52000	48000	567000	4200	13400	802	17400
2006	63000	56000	598000	5000	1873	158	27800
2007	172800	226100	312000	28000	7800	851	31000
2008	182800	272800	378000	45000	517	47	42000
2009	106500	272800	763600	28100	333	14	38000

第四章 畜牧业生产与经营

第一节 畜牧业生产

1991年以后美姑县加大畜牧业发展力度，到“八五”末的1995年年底，全县“四畜”存栏48.60万头（只），出栏达16.03万头（只）。

“九五”期间，凉山州实施草畜“双百万”工程，美姑畜牧业得到前所未有的发展，到2000年，全县“四畜”存栏54.85万头（只），四畜出栏25万头（只）。

“十五”期间，国家对畜牧业进一步加强政策扶持和项目实施，到2005年年末，全县四畜存栏74.25万头（只），出栏50.61万头（只），肉类总产量达2.84万吨，牧业产值达2.86亿元。

截至2009年年末，全县四畜存栏达90.98万头（只），四畜出栏58.82万头（只），肉类产量达3.17万吨，畜牧业产值达4.56亿元，畜牧业人平总收入1161.68元，纯收入达466.36元，畜牧业总产值增长6.9%。

1991—2009年美姑县畜牧业四畜存栏、出栏数统计表

表14-3

年度	四畜存栏					四畜出栏				肉类产量（万吨）
	猪（万头）	大牲畜（万头）	山 羊（万头）	绵 羊（万只）	禽（万只）	猪（万头）	大牲畜（万头）	羊（万只）	禽（万只）	
1991	—	5.61	—	—	—	6.63	0.45	3.87	—	0.58
1992	14.74	5.67	9.95	16.20	—	6.69	0.39	4.55	46.53	0.60
1993	14.64	5.65	10.05	17.09	—	7.28	0.48	5.36	46.58	0.70
1994	14.66	5.70	10.25	17.08	54.00	8.18	0.64	6.00	40.59	0.76
1995	15.02	5.74	10.71	17.11	31.74	9.11	0.75	6.16	39.15	0.81
1996	15.25	5.86	10.89	17.39	—	9.80	0.79	6.71	32.10	0.87
1997	15.47	6.16	10.85	18.02	—	10.63	0.79	7.77	—	0.92
1998	15.49	6.40	11.16	18.31	—	11.25	0.85	8.96	47.08	1.02
1999	16.17	6.61	11.96	19.01	51.03	12.15	0.91	8.98	57.15	1.13
2000	16.60	6.66	11.86	19.72	62.57	13.02	1.01	10.96	67.79	1.24
2001	18.16	6.88	13.22	21.35	72.30	14.52	1.11	11.58	36.39	1.48
2002	18.50	7.20	14.00	21.80	84.09	16.50	1.30	15.20	100.00	1.80
2003	21.36	7.60	14.17	23.49	93.00	16.50	1.30	15.52	109.39	2.04
2004	22.51	8.01	15.06	24.92	109.00	23.06	1.85	19.08	72.00	2.46
2005	24.10	8.45	15.95	25.75	115.00	25.83	2.13	22.65	84.00	2.84
2006	26.50	9.28	17.58	28.40	98.90	27.76	2.27	22.69	101.00	3.10

续表 14-3

年度	四畜存栏					四畜出栏				肉类产量（万吨）
	猪（万头）	大牲畜（万头）	山　羊（万头）	绵　羊（万只）	禽（万只）	猪（万头）	大牲畜（万头）	羊（万只）	禽（万只）	
2007	30.31	10.57	20.3	29.26	129.41	29.2	2.66	27.57	155.56	3.33
2008	29.37	9.76	19.39	27.99	128.19	26.20	2.92	25.45	117.95	2.96
2009	30.31	9.84	20.85	29.98	129.00	28.55	3.26	27.01	130.06	3.17

注：2008 年四畜存栏、出栏受汶川地震影响

1991—2009 畜牧业产值一览表（当年价）

表 14-4　　单位：万元

年　份	牧业产值	项目年份	牧业产值
1991	3904	2001	14199
1992	3285	2002	25261
1993	4378	2003	19340
1994	6263	2004	25261
1995	7521	2005	28654
1996	8553	2006	31888
1997	9703	2007	46344
1998	10707	2008	49100
1999	11403	2009	55800
2000	12094		

第二节　畜禽改良

1991 年以后，畜禽的生产重点放在地方禽畜品种选育和品种改良的工作上。

一、绵羊改良

1991—2000 年，美姑县承担国家“八五”“九五”期间 48 ~ 50 只半细毛羊新品种（系）选育任务。1998 年，全县扩大绵羊改良范围。截至 2000 年，绵羊改良存栏达 6.15 万只，是 1978 年改良羊存栏数的 4.61 倍，全年调剂种公羊 98 只。1999 年，配种母羊达 2.2 万只，调剂种公羊 95 只，全年配改 2.44 万只。

2000 年以后，改良工作进入稳定阶段，畜牧部门主要负责技术指导，由各乡（镇）自行组织改良工作。2002 年，全县调剂半细毛种公羊 1350 只，清理和结扎不合格公羊 2500 只，组织参配母羊 3.3 万只。2003 年，组织人员对原绵改区进行改良羊的鉴定，调剂合格种公羊 220 只，落实参配母羊 3.5 万只，配种 3.24 万只。到 2006 年年末，全县改良绵羊存栏达 16.64 万只，较 1991 年增长 680%。

二、南江黄羊改良

1991 年，在低山河谷地区推广南江黄羊杂交改良配种 2100 只。1994 年，完成配种 2400 只。

1999 年，省委赠送美姑南江黄羊 7 只（公羊 1 只、母羊 6 只），共存栏 10 只。

三、安哥拉山羊改良

1991 年，在觉洛乡典阿尼村建立第一个人工授精冻精配种点，配种 74 只，受孕 27 只。次年，配种 182 只，受孕 147 只，产羔 106 只。1993 年，凉山州畜科所无偿提供 4 只纯种公羊及 5 只安萨二代公羊，全面开展以安哥拉山羊、绒山羊改良本地山羊的示范试验，分别在觉洛、佐戈依达、井叶特西 3 个乡设置配种点，集中本地母羊 1500 余只，完成绒山羊改良配种 150 只，安哥拉羊改良配种 1100 只。随后在佐戈依达乡增设两个人工授精点。至年末，全县安哥拉山羊杂交羊存栏达到 650 只。1994 年，分别在佐戈依达、觉洛 2 个乡建立安哥拉山羊改良配种点，完成安哥拉羊改良配种 1374 只，产羔 982 只。1995 年，完成杂交配种 1428 只，产羔 806 只。

1996 年，从内蒙古准格尔旗引进 10 只育成安哥拉种羊（其中，公羊母羊各 5 只），同时凉山州畜科所提供公羊 3 只。全年开展杂交配种 1450 只，产羔 1300 只。至 1998 年，安哥拉改良羊存栏 6250 只，其中，杂交三代羊 68 只，纯种公羊 16 只，母羊 5 只。由于受习惯势力的影响，对改良羊仍沿原始的饲养方式饲养，杂交优势难以发挥，阻碍了安哥拉山羊改良育种工程的发展。截至 2003 年，安哥拉山羊改良羊存栏 6131 只。

四、美姑山羊选育与推广

1993 年，县畜牧局科技人员在巴普镇、巴古乡、农作乡等山羊群中发现一种高繁山羊类群。1994 年，着手开展开发利用基础工作。1996—1997 年，农业部、省、州畜牧部门经过多次调查测定，将这种类群山羊定名为“美姑山羊”。1998 年，县人民政府成立美姑山羊保种选育及开发利用领导小组，制定出台了具体保种措施。州、县两级畜牧部门抽出专业技术骨干组成项目技术攻关组，省畜牧食品局下达“美姑山羊选育与开发利用”项目，成立美姑山羊选育场，全面开展美姑山羊选育推广工作。

2001 年，启动实施山羊圈养示范工程，全年山羊圈养示范户 10 户。2002 年，成立美姑山羊开发公司，利用“公司 + 农户”的产业化运作模式，在全县各片区建立示范基地，向农户提供草种、种羊和基础母羊，开展技术培训、疫病防治、产品回收等全程服务，并采取“三优先、四统一”（“三优先、四统一”是指计划生育户优先、养殖能手优先、养殖妇女优先，饲养管理、圈舍标准、疫病防治、组织管理四方面统一）的办法促进养羊业的发展。2003 年，拉木阿觉、洛俄依甘、九口、柳洪、牛牛坝、侯古莫、佐戈依达、巴普、农作、巴古、觉洛、井叶特西、依果觉、峨曲古、龙门等乡（镇）及美姑山羊选育场被省畜牧食品局认证为四川省无公害畜产品（美姑山羊）生产基地。数量规模从 20 世纪 90 年代的 3000 多只发展到 2005 年的 4 万只。

2006 年，全面开展美姑山羊品种资源调查，进一步明确美姑山羊的体型外貌和体尺体重。2007 年，在全县 17 个乡（镇）开展美姑山羊乡长示范工程，发展示范户 120 户。共投放美姑山羊基础母羊 672 只，美姑山羊公羊 102 只，种植多年生优质牧草 9.67 公顷。至年末，项目农户累计产羔成活 1356 只，每只按 300 元计，产生直接经济效益 40.68 万元，户均养羊收入达 3390 元。2009 年，在美姑山羊核心养殖区域巴普、巴古等 7 个乡（镇）的 10 个村中开展了美姑山羊调查建档及淘汰本地公羊等工作。同时，美姑山羊申报国家畜牧禽遗传资源名录和农业部国家地理标志保护品牌认证获得成功。2009 年，美姑山羊存栏达到 5.92 万只。

五、岩鹰鸡选育推广

1996 年，省、州、县畜牧部门对美姑地方畜禽品种资源进行补充调查后，把骨骼健壮、身高体大、抗逆性强、肉质细嫩味美、善于林间草地觅食的美姑土鸡定名为“岩鹰鸡”，并列入四川省新发现的地方优良畜禽品种类群。1998 年，建立美姑岩鹰鸡选育场，着手选育工作，加速美姑岩鹰鸡的发展和品牌建设。

2003 年，美姑候播乃拖、采红、苏洛、侯古莫、牛牛坝、佐戈依达、子威、九口、巴古、农作、觉洛、巴普、拉木阿觉、柳洪、洛俄依甘、井叶特西、依果觉、峨曲古、龙门 19 个乡（镇）被认证为四川省无公害畜产品（岩鹰鸡）生产基地。2004 年，首次引进孵化机在候播乃拖乡甘古村开展岩鹰鸡机器孵化，改变了岩鹰鸡的生产模式，逐步向产业化发展。2006 年，开展岩鹰鸡品种资源调查，进一步明确岩鹰鸡的形态特征和生产性能，全县岩鹰鸡存栏 98.9 万只，出栏 152.5 万只，较 1999 年增长 84%。至 2009 年，全县岩鹰鸡存栏数量达到 129.41 万只，较 1996 年增长 31%。

六、黄牛改良

2003 年，县畜牧局开始利用人工授精技术开展西门塔尔牛改良本地黄牛。2005 年，从山东省引进 44 头西门塔尔高代杂交牛投放在九口乡、觉洛乡等地改良本地黄牛，产犊 14 头。2006 年，累计产犊达 25 头。2007 年，县畜牧局组织人员从峨边县引进西门塔尔种公牛 4 头投放于觉洛乡、九口乡、洒库乡开展本地黄牛改良工作。

七、生猪杂交改良

1999 年 1 月，从内江市种猪场引进纯种杜洛克种猪 4 头（公猪、母猪各 2 头），县畜牧局种猪场纯种猪达到 9 头，全年对外杂交配种 75 窝，纯繁 5 头。1992 年，改良配种 476 窝，产仔 2856 头，为全县各乡（镇）提供良种猪 46 头。1993 年，开展“双推、五改”工作（“双推、五改”是指推广早期补饲，推广肥育猪；改单一料为配合料，改本交为人工授精，改肥育时吊架子猪为直线肥育，改肥育大猪为适时屠宰，改熟食为生食），提倡生饲生喂、新法育肥，生猪生产发展迅速，共发展生猪饲养户 320 户。2000 年，杂交配种 105 窝，投放种公猪 12 头。

2004 年，县畜牧局购进杜洛克种公猪 1 头，约克种公猪 1 头，指定一名技术人员开展良种猪人工授精杂交改良技术推广，带动培训生猪人工授精技术员 700 余人。2005 年，县畜牧局在从四川省原种猪场引进良种猪 20 头（其中公猪 4 头、母猪 16 头），开展生猪二元杂交。2007 年，九口乡瓦乌村引进杜洛克、克夏种母猪 165 头，种公猪 5 头。

第三节　畜禽商品及产业化经营

一、规模化养殖

1991 年以后，美姑大力发展畜禽商品化和产业化生产经营，畜牧业产值在农业总产值中所占比重逐年提高，农民发展养殖业的积极性也得到了大大提高。至 2002 年，全县规模养殖户发展达到 5294 户。

2003 年，畜禽市场流通取得突破性发展，全年在县城和区乡赶集日交易的活畜活牛达 3645 头、羊 3.4 万只、猪 234 头、鸡 53.5 万只，年交易畜禽肉产量达 151 吨。

2005，美姑养殖业开始由传统放牧方式向圈养方式改变，全县圈养示范户达 5500 户，其中，当年新增肉羊圈养户 216 户，新增肉牛圈养户 170 户。

2007 年，全县规模养殖户达 6353 户，其中，规模养猪户 236 户，规模养羊户 2414 户，规模养牛户 3486 户，规模养鸡户 217 户（其中年产值达 10 万元以上的规模养殖户 40 户，包括养鸡户 2 户、养猪户 6 户、养牛 29 户、养羊 3 户）。

2008 年，畜禽商品及产业化经营模式增强，全县标准化山羊基地出栏山羊 1.66 万只，绵羊 8900 只；肉牛基地出栏牛 176 头；肉鸡生态养殖出栏 12.6 万只。发展畜牧科技示范园区 5 个，牛杂交配种 251 头，引进和调剂种猪 116 头、山羊 848 只（其中公羊 428 只）、绵羊种公羊 116 只；发展畜牧增收工程绵羊 400 户、山羊 600 户；瘦肉猪基地 100 户；生态鸡基地 150 户；肉牛基地 100 户。

至 2009 年，全县年出栏 20 头以上规模养殖户达 300 户，年出栏 20 只以上规模养羊户 2690 户，年出栏 3 头以上规模养牛户 3560 户，年出栏 100 只以上规模养鸡户 255 户。

二、专业协会

2004 年，美姑开始推广发展畜禽生产专业协会和畜禽流通专业协会，其中由畜牧流通协会负责组织的美姑县岩鹰鸡开发利用专业协会，从事畜禽产品交易人数就达到 237 人。2006 年，先后成立九口乡瓦乌村养羊协会和美姑山羊责任有限公司两个专业化协会组织，负责美姑山羊的技术指导、选育、投放、收购等工作。2009 年，各协会向农户推荐优质的种禽 7000 羽，种畜 270 头，种子 592 公斤，兽药 24 公斤，器械 55 套，开发饲料 3900 亩。

至 2009 年年末，全县共发展建设综合农贸市场 1 个、活畜交易市场 1 个、农村集贸市场 9 个。参加家禽及其产品交易中介量达 380 万羽（其中，产品外销量达 350 万羽），金额达 760 万元；牛交易量达 1120 头，金额达 89.5 万元。与企业或协会开展经济技术合作的农户 190 户，带动养殖农户 440 户，其中，养殖大户有 15 户，运销大户有 59 户。

第五章　畜牧科技

第一节　美姑山羊繁育与推广

1996 年，美姑开展高繁山羊类群繁殖性能调查，对巴普区各乡（镇）的 207 胎次的 1 ~ 10 胎产羔母羊进行统计，其平均产羔率达 232.85%，第七胎次产羔率高达 320%，多数母羊周岁前能产头胎，一般初产母羊两年产 3 胎，经产母羊一年产 2 胎。

1997 年，畜牧局规划 20 亩饲草饲料地建立美姑山羊选育场，建设山羊圈舍 470.12 平方米，共 10 间，其中，工作房 4 间、产羔房 1 间、怀孕母羊舍 2 间、带羔母羊舍 2 间、断奶羔羊舍 1 大间，年饲养规模达 200 只。是年，存栏 30 只母羊和 2 只公羊。美姑山羊“公司 + 农户”“公司 + 基地 + 农户”的产业化发展模式由此产生。

1998 年，确定巴普、巴古、农作 3 个乡（镇）为美姑山羊选育保护区，选育区投放良种公羊 21 只。是年，存栏美姑山羊 5820 只，其中登记建卡的 1200 只。

1999 年，美姑山羊选育场存栏羊 120 只，经测定，产羔母羊 16 只，均达年产 2 胎，平均产羔率为 209.38%，其中，3 只初产母羊产羔率 133.33%。经产 29 胎次中，单羔 2 胎占 6.9%，双羔 21 胎占 72.41%，三羔 5 胎占 17.24%，四羔 1 胎占 3.45%。是年，选育场采用“公司 + 农户”的模式投放 105 只母羊，建立 50 户选育户，饲养 380 只美姑山羊，全县共饲养美姑山羊 8760 只。

2000 年，开始在巴普、巴古、农作 3 个乡（镇）推广“公司 + 农户”美姑山羊养殖模式。同时在拉木阿觉、洛俄依甘、佐戈依达 3 个乡投放美姑山羊种羊 100 只；在峨曲古、柳洪、龙门 3 个乡投放20只种公羊进行本地山羊改良，逐步提高美姑山羊类群。经过科学的饲养和选育推广，到2002年全县新增山羊圈养户2316户，存栏达3.83万只，其中美姑山羊群体规模达2.46万只，核心群9600只，新增“公司+农户”446户。12月，县畜牧局投入黑山羊选育、种草圈养资金8万元，进行美姑山羊选育场瓦洛分场的扩群。

2003年10月，拉木阿觉、洛俄依甘、九口、柳洪、牛牛坝、侯古莫、佐戈依达、巴普、农作、巴古、觉洛、井叶特西、依果觉、峨曲古、龙门15个乡（镇）及美姑山羊选育场被四川省畜牧食品局认定为四川省无公害畜产品（美姑山羊）生产基地。

2004年，开展《凉山州畜牧科技示范园区建设与技术推广》项目建设。至2007年年末，项目建设完成，共建设畜牧科技示范园区20个，其中，肉牛园区6个，肉羊园区8个，生态鸡园区6个。促进传统畜牧业向现代畜牧业的转变。2008年，实现新增产值1841.41万元，新增利税706.252万元，年增收金额460.361万元。

第二节　岩鹰鸡繁育与推广

1998年，美姑岩鹰鸡选育场建成，并确定候播乃拖、采红、侯古莫3个乡为选育保护区，当年发展第一批岩鹰鸡示范户120户。2000年，由政府向饲养农户提供无息贷款，在候播乃拖、采红、侯古莫、巴普4个乡（镇）建岩鹰鸡选育户100户。年末，选育户存栏鸡达52万只，户均出栏116只。2003年10月，候播乃拖、采红、苏洛、侯古莫、牛牛坝、佐戈依达、子威、九口、巴古、农作、觉洛、巴普、拉木阿觉、柳洪、洛俄依甘、井叶特西、依果觉、峨曲古、龙门等乡（镇）被四川省认证为无公害畜产品（岩鹰鸡）生产基地。

第十五篇

水　电

第一章 水利电力管理

第一节 机构设置

1991—2002年，沿用美姑县水利电力局名称。2002年，美姑县水利电力局更名为美姑县水利局。2006年，保留办公室和综合业务股（行政股室），将原行政股室水土保持股和水利股调整为事业股室，增核事业编制10人，所需人员经费由县财政局解决。截至2009年，美姑县水利局下设1个行政股室和6个事业股室，共43个行政、事业编制，其中，行政编制7人，机关后勤服务人员工勤编制1人；事业编制35人。

第二节 队伍建设

截至2009年，美姑县水利局有中级职称3人，初级职称11人。县水利局通过多种方式培训不断提高职工业务水平和工作能力。培训方式采取短期培训和长期培训相结合，鼓励技术人员参与函授的形式来获取大专、本科文凭。1991—2009年，累计送出8人脱产学习，28人进行短期培训，1人在职获得了函授中专文凭，13人获得大专文凭，6人获得本科文凭。1991—2009年，累计从外地和大专院校引进人才3名。同时，加强与凉山州水电勘测设计院合作，协助搞好技术指导工作。利用州设计院技术人才相对密集和技术力量雄厚、技术水平相对较高的优势，来协助美姑县搞好技术把关、技术审查、技术咨询，缓解县水利局人才短缺的矛盾，提高技术人员的业务能力和技术水平，并建立水利学会。

第三节 水利电力发展政策与措施

美姑县的水利电力事业发展政策和措施是依照四川省有关水利电力事业发展的政策和法规因地制宜搞发展。加大财政投入、统筹部分土地出让金用于水利建设、全面建立水资源有偿使用制度和补偿机制、搭建水务投融资平台。在政策环境方面，明确对公益性水利事业依法给予土地、税收等优惠政策，继续加强能源特别是电力建设，重点建设输变电设施和城乡配电网络，全面改造10千伏以下的城乡电网，基本形成以35千伏为主骨架、10千伏为主网架的具有强接受功率的供电网络。加快水电建设，坚持大中小并举和国家办电与地方办电相结合的方针，小水电贯彻执行“自建、自管、自用”为主的方针和“以电养电”的政策，调动各级办电的积极性。小水电主要实行自发、自用，在本地区求平衡，并主要面向农村和乡（镇），为农业、地方工业和人民生活服务，活跃地方和农村经济，促进农村电气化事业的发展。对县属及县以下转售电企业的利润、小水电的发电和供电的利润均不纳入财政预算，实行“以电养电”，全部用于地方电力事业；鉴于小水电的一次投资大和投资回收时间长的实际情况，银行对全县小水电建设给予长期低息贷款；社队电站按国家现行政策缴税，经济困难的社队电站，财政部门实行减税或免税，由县财政部门请示上级同意后审批。小水电站（网）的建设和管理所需材料，设备及劳动指标纳入年度计划。

1991—2009年，美姑县委、县人民政府认真贯彻落实中华人民共和国水利部关于《水利基本建设项目竣工决算审计暂行办法》《水利工程建设项目重要设备材料采购招标投标管理办法》

《水利工程建设项目监理招标投标管理办法》以及《凉山州水利电力基本建设工程质量监督实施办法》《凉山州水利局关于开展水利工程管理单位体制改革工作的通知》等文件精神，加大招商引资力度，成立美姑县水能资源开发领导小组，在水利建设中坚持加快骨干工程、平安工程、饮水安全工程、稳粮工程的建设。在电力建设中将水能资源开发引入竞争机制，按照市场资源配置的要求，开发美姑水能资源，遵照“统一规划、分步实施、总体平衡、合理布局、市场配置”的原则，实现中小水电“科学规划、有序开发、市场运作、利益共享、政府调控”的水能开发目标，采取招拍、挂的形式开发水能资源。同时，加大对投资环境的整治力度，不断营造良好的水电投资环境。

第四节　农网改造

1999 年以前，全县有 10 千伏输电线路 293 公里，覆盖 23 个乡（镇）以及所在地周边 94 个村、1.26 万户、4.79 万人。全县乡通电率 63.89%，村通电率 32.64%，户通电率 33.33%；没有通电的有 13 个乡、194 个村。1999 年，国家开始在美姑实施“农村电网改造”工程项目，美姑县委、县人民政府成立农村电网建设与改造领导小组，同时，设立宣传组、项目申报规划组、物资供应组、工程实施组、财务监督组和工程质量监督组等机构。并先后出台《关于加快农村电力体制改革加强农村电力管理的意见》《美姑县农村电力体制改革分步实施方案》《“农网”工程安全责任细则》《“农网”工程管理责任制》等规章制度，按章实施工程。到 2007 年年底，美姑县先后投入 7069.6 万元项目资金，建起瓦侯、洪溪、牛牛坝、候播乃拖、大桥、柳洪、苏洛和城关 8 个微机管理的变电站，首次联通 9 个片区和县城 35 千伏输电网络，惠及 3.12 万户村民，沿路 9 个无电乡实现通电。

2008 年，开展农网完善追加工程建设任务，投入建设资金 130 万元，新建 10 千伏输电线路 3.18 公里，0.4 / 0.23 千伏低压配电线路 19.77 公里，配电台区 5 台 230 千伏安，解决 7 个村、11 个组、371 户群众用电问题。

2009 年，中央新增预算投资 540 万元，开展第二批农网完善工程建设项目，新建 10 千伏输电线路 34 公里，0.4 / 0.23 千伏低压配电线路 63.18 公里，配电台区 29 台 1440 千伏安，13 个乡、14 个村实现通电。2009 年年底，中央再次新增预算投资 350 万元开展第三批农网完善工程建设，水务局组织开展并完成项目招投标任务。

第五节　水产养殖

美姑县水产品分为野生鱼类和人工饲养两种，以野生鱼类为主，主要分布于县境内的四大主要河流，鱼类以裂腹鱼为主。人工饲养的有罗非鱼、鲤鱼、草鱼等。1991 年以后，水务局渔政部门组织人员在每年的禁渔期开展宣传活动。主要宣传《中华人民共和国渔业法》《中华人民共和国渔业法实施细则》和《四川省〈中华人民共和国渔业法〉实施办法》等法律法规，同时，开展沿河巡视检查工作。19 年间，累计开展巡视检查工作达 192 人次，处理非法炸鱼、毒鱼、电鱼等事件 25 起，依法处理违法人员 5 人，查处违反禁渔期捕鱼 860 起。同时，分别在山坪塘、池塘等累计投放鱼苗 11.44 万尾。1991—2009 年，全县水产品产量累计达 1167.43 吨，其中，2007 年最高，完成渔业量达 140 吨，实现产值 405 万元。

第二章　水能资源与水电开发

第一节　主要河流与开发前景

全县有大小河流和溪沟159条，总长287公里，其中，流域面积大于500平方公里的有2条；大于100平方公里，不足500平方公里的有5条；50～100平方公里的有7条；50平方公里以下的尚有145条。控制流域面积共2562.35平方公里，占全县辖面积2573平方公里的93.86%。县境内河流分属金沙江和岷江两大水系。属金沙江水系的主要是美姑河、溜筒河、连渣洛河、特西河、洛觉河等；属岷江水系的有瓦侯河、若哈河。除连渣洛河呈羽毛状分布外，其他河流均属树枝状分布。境内水能资源十分丰富，水资源量29.03亿立方米，水能理论蕴藏量为91.03万千瓦，技术可开发量为61.8万千瓦，是凉山州主要水电基地，也是四川省较好的中型水电基地之一。

第二节　电站建设

1991年以前，美姑县主要有三河电站、巴普二级电站、胜利电站三座电站，全县电站建设发展缓慢。“八五”期间，美姑电站建设进入规模化建设阶段，1999年，实施国家“送电到乡工程”项目，先后建设乐约和华岗等电站。

2003年，实行电力体制改革后，中国水电工程顾问集团公司、中国水利水电建设集团公司、中国电力工程顾问集团公司、中水顾问集团成都勘测设计研究院共同投资6.4亿元注册成立四川美姑河水电开发有限公司，对美姑河干流水力资源进行流域、梯级、滚动和综合开发，主要包括“一库五级”水电工程建设。随后，美姑电站建设步伐加快。到2007年年底，全县共建设有中小电站24座，装机达18.33万千瓦。年发电量完成7307.9万千瓦时，实现销售收入1950万元，完成年计划的108%，比计划增加89.28万元，增长8%；累计支出成本885万元，比计划减少15万元；销售均价为0.27元/千瓦时；累计上缴税金168万元。

2008年，加快推进水电资源开发进程，当年就审批9座电站（总装机5180千瓦）的初步设计报告。截至2009年，全县水电站总装机达到40万千瓦，在建电站达到13座，装机达4.58万千瓦。

第三章　水利建设

第一节　河道治理

1991年，美姑县共修筑大小防洪堤32条6030米，开挖土石方7682立方米，浆砌2993立方米，砼224立方米。1992年，修复九口乡水毁工程渠道2公里和蓄水池2口，清除淤沙3100立方米，人工夯实土石方554立方米、砼253立方米；修复牛牛坝电站渠道600米，佐戈依达电站渠道200米，苏洛电站引水渠500米和峨曲古电站渠道400米，共开挖土石方2540立方米，浆砌和砼3670米，清除淤积物2100立方米。

1993 年 2 月，在九口乡勒合村动工建设勒合防洪堤，4 月工程竣工，河堤全长 60 米，宽 1 米，高 6 米，总投资金额达 13 万元。1994 年 5 月，编制《美姑县依果觉乡甘都村河道治理工程设计报告》《大桥防洪工程设计报告》和《牛牛坝防洪工程设计报告》。

1995 年 2 月，新建依果觉乡甘都防洪堤 518 米，完成土石方 1.22 万立方米（其中，开挖土石方 6700 立方米），河道清淤 5000 立方米，浆砌 549 立方米，耗用水泥 57 吨，投工投劳 2.5 万个工日，投劳折资 10.3 万元。新建大桥防洪堤 810 米，第一期工程 210 米，完成土石方 377.6 立方米，其中，开挖土石方 252 立方米，浆砌 292 立方米，回填 33.6 立方米，投工投劳 2117 个工日，工程总投资 7.8 万元。

1996 年 2 月，在树窝乡动员群众集资 2 万元修建树窝河堤，该河堤长 68 米、宽 1.5 米，保障了 8.33 公顷土地和 1 个乡（镇）企业的安全。

1999 年冬春，修复九口乡水渠 3200 米，开挖土石方 1600 立方米，浆砌 200 立方米，砌石 100 立方米，工程总投资 10 万元（其中，国家投入 2 万元）；修复拉马水渠 2800 米，开挖土石方 2000 立方米，浆砌 300 立方米，砌石 100 立方米，工程总投资 12 万元（其中，国家投入 4 万元）；修复三河水渠 1600 米，开挖土石方 0.1 万立方米，浆砌 100 立方米，砌石 500 立方米，工程总投资 6 万元（其中，国家投入 1.5 万元）；修复牛牛坝防洪堤 80 米，回填土石方 0.12 立方米，工程总投资 5 万元（其中，国家投入 5000 元）；修复甘都河堤 570 米，砌石 1000 立方米，河道清淤 1500 立方米，工程总投资 7 万元（其中，国家投入 1.5 万元）；新建合姑洛防洪堤 300 米，开挖土石方 6000 立方米，砌石 1000 立方米，工程总投资 10 万元（其中，国家投入 3 万元）。

2000 年，新建洛俄依甘防洪堤临时工程 380 米，回填土石方 4300 立方米，砌石装笼 2100 立方米，工程总投资 13.4 万元。2001 年，共整治防渗沟渠 130 条，共 191 公里。2002 年，修复水毁工程 86 处，加固江河堤防 0.21 公里。2003 年，修复水毁工程 87 处，新建江河堤防 0.41 公里，修建临时堤防 1016 米。争取到中央特大防洪资金 15 万元，用于修建峨曲古堤防 410 米。投入资金 26 万元，抢修因遭受山洪暴雨冲毁的巴普镇三河堤防，修筑临时堤防 1016 米。

2004 年，洛俄依甘防洪堤的开工建设，按照总体规划分年实施的方案进行，投入资金 28 万元，完成第一期防洪堤的建设任务，共修建防洪堤 272 米。2005 年，累计投入资金 15 万元，在佐戈依达和牛牛坝修建了两处临时防洪堤。其中，佐戈依达临时防洪堤总长 330 米，牛牛坝临时防洪堤长 80 米，并疏通了牛牛坝防洪堤的河道。

2006 年，建设完成了巴普镇尔苦拉达防洪堤、牛牛坝防洪堤、峨曲古四基觉防洪堤 3 处防洪工程。2007 年，完成防洪堤工程建设 2 处，累计投入资金 55 万元。其中，投入资金 25 万元，加固整治牛牛坝防洪堤 108.5 米疏通河道 500 米；投入资金 30 万元，新建洛俄依甘第二期防洪堤 222.5 米。

2008 年，投入加固应急资金 43 万元，对牛牛坝防洪堤、三河防洪堤水毁段进行加固。2009 年 6 月，集中开展河道排污和河道垃圾治理工作，共治理河道排污口 4 处，清理河道卫生死角 850 处，清理河道垃圾 2500 立方米、2.57 万吨。

第二节　农田水利

1991 年 4 月，修建竣工的九口乡水利灌溉工程，新增蓄水能力 3 万立方米。至此，全县年实际供水量累计达 356 万立方米。是年，开展在九口乡山坪塘改造的同时还完成渠道防渗工程建设 4 公里和配套支渠建设 2.9 公里，进一步提高了原有灌面的保证率，并新增改善灌面 44.67 公顷。

1992 年春季，投入资金 15250 元，进行微型水利工程试点工作。在甲谷区九口乡修建微型蓄水池 5 口，新增灌面 3.33 公顷，控制灌面 6.67 公顷。是年 2 月，对乐约灌溉水渠进行防渗处理，新增引水能力 9 万立方米。

1993 年，扩建卡来依甘水渠 1 公里，新增引水能力 370 立方米，使全县蓄引提水总量累计达到 2083 万立方米，年实际供水量新增 3 万立方米，累计达到 368 万立方米。全年实际灌溉面积增加 6.67 公顷，改善灌面同时增加 6.67 公顷，实际灌面累计达到 420 公顷。是年 6 月，圆满完成美姑县水利工程确权划界工作。

1994 年，编制完成《四川省美姑县解决人畜饮水困难总体规划》和《四川省美姑县微型水利工程实施计划》，同时，完成拉木阿觉饮水灌溉渠道等一系列工程的勘测设计工作。1995 年，新建依波沃水渠 9.2 公里，总投资 29 万元，其中，群众投劳折资 20 万元，解决 1 个村、140 户、630 人的生产生活用水，保证灌田地 8.2 公顷。

1996 年 1 月，新建拉木阿觉引水渠 3.5 公里，工程总投资 18.2 万元，工程控制灌溉面积 700 公顷，有效灌面 400 公顷，保证灌面 200 公顷，是拉木阿觉农业综合开发的主要水利工程。1997 年，完成农业综合开发拉木阿觉水渠第一期配套支渠 14 条，总长 7.3 公里。工程新增引水能力 67 万立方米，累计达到 2182 万立方米，实际供水量增加 67 万立方米，新增有效灌面 40 公顷，新增保证灌面 40 公顷，新增旱涝保收面积 40 公顷。

1998 年冬春，在拉木阿觉乡和巴古乡三比村改田改土工程中，建设配套水渠和管道共计 8.9 公里，控制灌面 60 公顷，保证灌面 26.67 公顷。新建尔且甲谷引水灌溉工程，主体工程全长 5412 米，工程总投资 43.7 万元，控制灌面 36.67 公顷，保证 13.33 公顷农田灌溉和 11.4 公顷保苗用水。1999 年，新建三河水渠，该引水渠全长 1.18 公里，解决 20 公顷田地灌溉用水。2000 年，在拉木阿觉乡、佐戈依达乡、牛牛坝和巴普镇改田改土工程中，新建配套坡面水渠 9.1 公里，300 立方米的蓄水池 3 个和沉沙函 70 个；整治防渗大小沟渠 132 条、189 公里。

2001 年，新建巴普镇达戈村达戈水渠 670 米，解决灌溉 20 公顷。新建拉木阿觉拉达水渠，渠道总长 4946 米，其中，主渠 1337 米、支渠 3609 米，工程总投资 14.02 万元，解决灌溉 133.33 公顷。是年，共整治防渗沟渠 130 条、191 公里。

2002 年，以实施县级领导样板工程为突破口，建设 4 个点共 38 公顷，投入建设资金 220.77 万元。累计完成投劳 245 万个工日；累计完成土石方 51 万立方米；动工各类水利工程建设 187 处，完成 187 处；完成新建渠道 16.45 公里，防渗渠 4.75 公里，维修整治渠道 12.75 公里；新建引水灌溉工程 2 处 2500 米；完成新增有效灌溉面积 13.33 公顷，完成新增节水灌溉面积 26.67 公顷，改善恢复灌溉面积 266.67 公顷，新建集雨蓄水工程 120 口（含水保 8 口）。

2003 年，投入水利建设资金 378 万元，累计完成投劳 380 万个工日。动工建设各类水利工程项目总数 37 处，完成 37 处。完成新建渠道 1.3 公里；防渗渠道 2.13 公里；维修整治渠道 10.5 公里；新增有效灌面 20 公顷；新增节水灌面 26.67 公顷；完成水土流失治理面积 16 平方公里。

2004 年，投入建设资金 24 万元，新增有效灌面 20 公顷，新增节水灌面 20 公顷。2005 年，新建两条主干渠共 4463 米，投入资金 18.24 万元，新增灌面 15.33 公顷，改善恢复灌面 33.33 公顷。

2006 年，投入资金 16 万元，开展九口山坪塘治理工程建设，新建引水渠道 3027 米，改善恢复灌面 53.33 公顷；投入资金 12.7 万元，安装农作乡农作村引水管道 592 米、新建引水渠道 375 米、新增灌面 13.33 公顷。2007 年，完成牛牛坝乡腾地村引水灌溉工程建设任务，投入建设资金 33.67 万元，新增灌面 18.67 公顷。

2008—2009 年，农田水利建设主要以烟水配套工程建设为主，整个工程先后分两期在九口、牛牛坝、拉木阿觉、洛俄依甘等烟区实施，累计投入建设资金 777.44 万元，新建蓄水池 51 口，新增蓄水能力 1.68 万立方米，新增灌面 840 公顷。

第三节　人畜饮水

1991年，共完成人畜饮水工程34处，工程总投资45.2万元。其中国家补助39.5万元，自筹5.7万元，解决34个村、105个组、2141户、1.03万人和5.4万头（只）牲畜的饮水困难。1992年，完成人畜饮水工程29处，工程总投资29.13万元，其中，国家补助23.7万元，自筹5.43万元。解决29个村、32个组、1574户、7482人和4.33万头（只）牲畜的饮水困难。1993年，扩建1公里长的卡来依甘水渠，新增引水能力370立方米，全县蓄引提水总量累计达到2083万立方米。1994年，完成人畜饮水工程10处，工程总投资16.9万元，其中，国家补助13.69万元，自筹3.21万元。解决5个乡、12个村、25个组、705户、3135人和1.42万头（只）牲畜的饮水困难。1995年，完成人畜饮水工程11处，修水池13个，水池总容量110立方米，工程总投资34.3万元，解决了16个村、51个组、1300户、6312人和2.09万头（只）牲畜的饮水困难。新建依波沃水渠1条，解决了1个村、140户、630人的生产生活用水。

1996年，共解决人畜饮水工程11处，工程总投资28.5万元。解决11个村、20个组、1247户、5612人和1.8万头（只）牲畜的饮水困难。1997年，分别在洛俄依甘、九口、牛牛坝、侯古莫、佐戈依达5个乡新建地下隐蔽式水窖500口，工程总投资54万元，该工程增加蓄水量1.5万立方米。解决520户、2184人的生产生活用水及4586头（只）牲畜的饮水困难。1997年，完成人畜饮水工程12处，共完成投资85万元，解决13个村、41个组、1324户、5664人和1.82万头（只）牲畜的饮水困难。1998年，开展人畜饮水困难工程建设11处，解决0.34万人和1.44万头（只）牲畜的饮水困难问题。1999年，完成人畜饮水工程建设42处，完成工程总投资190万元。

2001年，完成人畜饮水困难工程16处，安装管道53公里，解决了16个村、23个组、881户、4255人和9211头（只）牲畜的饮水困难。2002年，解决2400人的饮水困难。2003年，投入人畜饮水解困资金150余万元，共解决1.1万人饮水困难。2004年，投入人饮解困资金118万元，解决12个村、3个乡机关和1个工委机关、4913人的饮水问题。2005年，重点抓好第二期（第二批）国家农村人饮解困工程项目的实施，完成7个村的国家农村人饮解困工程项目建设任务，共计解决人畜饮水困难6000人，投入资金119万元。在搞好第二期人饮工程建设项目的同时，解决7个村、2333人的饮水困难。

2006年，解决1个乡机关、19个村、6370人的饮水困难，投入人饮解困工程资金147万元。2007年，完成20个村饮水安全工程建设，完成下达任务的125%，解决1.29万人的饮水安全，投入建设资金42.96万元。2008年，完成了2个乡机关和14个村共1.32万人的农村安全饮水工程建设，投入建设资金308万元。2009年，完成31个村、24679人的农村安全饮水工程建设，累计完成投资976.38万元，为历年之最。

第四节　水土保持

美姑县对水土流失的治理从20世纪50年代末60年代初开始，但由于没有水保管理机构、无资金、无水保规划，各业务部门按照自己的业务范围制定单项治理措施，这些措施还未能与治理水土流失相结合，只是为自身的建设和发展，具有一定的局限性和局部性，水土流失防治效果不明显。

1998年，美姑县被列入长江上中游水土保持重点防治县，县人民政府随即成立美姑县水土保持工程领导小组，下设办公室和预防监督站，共配有专兼职人员8人，从此，水土保持工作有了组织保证和技术力量。美姑“长治”工程工作始终坚持贯彻《中华人民共和国水土保持法》，紧紧抓住党中央实施西部大开发的战略，加快生态环境建设的历史机遇，美姑县“长治”工程取得了显著成效。是年5月，美姑县水土保持委员会办公室编制出台《长江流域水土保持重点防治工程美姑县水土保持总体规划》，经省有关部门审查后报长江委水保局批准立项治理，由此开始长江上中游水土保持重点防治工程美姑县水土保持防治项目正式启动（简称“长治”工程）。

美姑县“长治”工程主要有：1997—2000年的第四期“长治”水保工程，投入水保工程资金240.3万元，治理流域6条，完成治理面积104平方公里，重点工程造林完成793.33公顷。2001—2003年的第六期“长治”水保工程，完成治理面积60平方公里，累计投入治理资金1211.77万元。2004—2007年的“长治”生态修复工程，工程投入资金132.03万元。完成治理任务12.29平方公里，2007—2008年的第七期“长治”重点工程治理项目，完成治理12.28平方公里。2009年，治理水土流失面积33.5平方公里，主要是洛俄依甘小流域治理和龙门项目区实施，累计完成投资537万元。是年，第七期“长治”工程水土保持重点工程项目通过省州验收。

第五节　水政执法

1991年7月，美姑县水电局安排宣传专款1600元，进行为期一周的《中华人民共和国水法》宣传活动。1992年，对美姑水资源进行详细摸底调查。1993年2月，美姑县人民政府下发《关于批转美姑县水利电力局关于水资源费征收管理的通知》。8月，美姑县水利电力局设置水政水资源股。是年，首次收取水资源费7000元（超州水电局下达计划）。1994年，全面实施取水许可制度，办理取水许可证28户，收取水资源费2.39万元，收取河道采砂费600余元。1995年，完成全县30户取水许可证的换证工作，进一步建立健全和完善了取水许可制度。

1996年，完成凉山州水利电力局下达的2.1万元河道砂石费的征收任务。1997年，水政水资源工作主要抓水政检查规范化建设，将专职与兼职相并的执法队伍转向专职化、执法管理目标化、执法行政合法化、执法文书标准化、考核培训制度化、执法统计规范化、执法装备系列化、监督检查经常化。是年，水政监察规范建设取得了较大成绩，查处水行政案件13件，完成水资源征收费2.8万元，河道采砂管理费2100元。1998年3月，美姑县水利电力局设置水政监察大队。依法征收水资源费2.6万元和河道采砂石管理费2100元。1999年4月，美姑县水利电力局水政股会同水保办，在县境内调查已建、在建和拟建工程项目是否编报水保方案和交纳水土保持“两费”，尤其对“二滩”500万伏输电线路造成水土流失情况进行深入细致的调查，并向其工程指挥部发出补报水土保持方案和交纳水土保持设施补偿的通知。2000年，共查处水行政案件25件，其中渔政案件12件，水事案件4件，水土保持案件1件，防洪（采河砂石）案件8件；依法征收水资源费3.2万元，超原计划2.5万元的28%；征收采河道砂石管理费3000元，水保“两费”1万元。

2001—2004年，实施取水许可制度和水资源有偿使用制度，开展节约用水和水资源保护工作。是年，完成美姑县水资源利用情况的调查工作，换发到期取水许可证7套。同时，加大对水资源费征收力度，共征收水资源费10.45万元。

2005—2007年，共发放《中华人民共和国水法》相关法规政策汇编360册，宣传资料2.15万份，钉挂铁牌宣传标语7500余幅，挂横幅24幅，对在建、待建、规划的涉水建设项目按程序及要求办理相关手续。其中，2006年和2007年，征收水资源费24.87万元。

第十六篇

交通运输

1991年以后，美姑县交通运输有了较快的发展，主要表现在公路主干道，即省道改、扩建为油路、水泥路，提高公路等级，增加公路的抗灾能力，提高机动车辆的时速，阻车、堵车相对减少。另外，机动车辆成倍增加，特别是客车、微型客车、出租车满足乘客的需求。通村公路方面，新修163个村的村道公路。2009年年底，全县公路总里程达1302.72公里，其中，省道155公里，县道168.89公里，乡道207.36公里，村道771.47公里。通公路的乡（镇）36个，通公路的村163个，通村率达56%。其中，山重三级公路55.3公里，山重四级公路401.4公里，其余均为等外级公路。是年，全县共有机动车辆1302辆。

第一章　交通管理

第一节　机构设置

1995年以前，美姑县交通局称为“美姑县工业交通局”简称“工交局”。工交局除担负交通工作职能外，还直接管理水泥厂、刨花板厂、纸厂、洪溪煤厂、皮革厂、牛肉干巴厂、铜选厂等工业企业。到1995年，国家、省、州、县机构改革和企业改制后，县交通局不再管理工业企业。2002年3月13日，县交通局设三个股室，即办公室、计财股、公路股。人员编制为行政编制9名（工勤人员1名），其中，局长1名、副局长2名。配非领导职位主任科员1名、副主任科员1名。

2004年12月，美姑县成立“交通战备领导小组”，下设办公室。交通战备办公室挂靠在县交通局，兼挂保护通信线路安全办公室的牌子，级别为正科级。

第二节　队伍建设

1991年，美姑县交通局机关内设办公室和公路股2个股室。直属企事业单位有路政中队、稽征所、运管所、养护队、养路段、西昌运输总公司美姑分公司6家。是年，全县交通系统在职职工171人，另有退休职工243人。县交通局机关有在职职工8人，退休职工3人。至2009年，19年间全县交通运输系统工作，以“为人民服务，树行业新风”为主题，加大创建文明行业力度，重点推进文明示范窗口建设工作，全面深化内部机制改革，积极推进“效益工资”制和实施拓展工程。以“务实、创新、科学、奉献”为动力，加大队伍建设，造就了一支思想作风好，具有良好职业道德和奉献精神的职工队伍，多次获得上级部门的表彰奖励。

第三节　公路养护

美姑地处高寒山区，经常遭受暴雨、泥石流、冰雪等自然灾害的侵袭，道路损毁严重，通行能力较差。公路养护任务主要靠县养路段负责开展。1991年以后，县交通局针对养路经费严重短缺的实际问题，采取养护责任制，积极分流富余人员，多渠道发展第三产业等措施，大力推动公路养护管理体制改革。1991—1998年，全县公路养护形式实行生产目标责任制；道班内部实行计件与承包相结合的经济责任制；乡村道由村民承包养护等方式进行。

1998年以后，养路形式进行深层次改革，取消和打破档案工资分配制度，实行“效益工资”制，建立起责任、激励、风险共存的分配机制。根据州公路局下达的经费测算月公里养护成本及包养路段养护条件、生活条件等因素上下浮动。砂石路：良等路以 340 元、次等路 300 元为基数，人均养护里程 1.3 ~ 1.8 公里，根据每月路检的情况来看，养护良等路月公里最高达 360 元、最低可达 330 元；养护次等路月公里最高达 320 元、最低可达 290 元；养护优良等路月公里最高可达 380 元；油路月公里养护成本 170 元，人均养护里程 2.5 ~ 3.5 公里。有 80% 职工比原档案工资高，有 20% 职工比原档案工资低；对 1965 年及以前参加工作的职工每人每月补助 120 元，或每人每月发 300 元让其待岗休息直至退休；对管理人员实行浮动工资制，每人每月拿出 200 元作为浮动，70% 部分与完成本职工作情况挂钩，30% 与所包班组任务完成情况挂钩。自推行“效益工资”制后，职工竞争意识增强，劳动纪律及自觉性提高，养路效果明显、路况有所提高。省道好路率始终保持在 70% 以上，县道好路率保持在 60% 以上。

1991—2009 年公路养护情况一览表

表 16–1　　单位：%

年份	省道好路率		县道好路率	
	完成好路率	完成综合值	完成好路率	完成综合值
1991	57.20	64.70	53.70	67.00
1992	58.80	66.50	54.20	64.00
1993	70.30	64.80	53.70	65.00
1994	73.07	71.83	54.80	68.00
1995	70.80	71.90	55.70	67.00
1996	69.80	70.55	54.27	65.97
1997	67.62	70.44	55.62	66.68
1998	71.33	71.34	57.30	67.20
1999	61.25	70.95	59.20	65.95
2000	70.80	71.40	60.00	68.00
2001	70.80	71.40	62.50	68.80
2002	80.30	73.10	62.50	69.00
2003	70.70	71.40	65.50	69.75
2004	75.30	75.53	63.10	68.90
2005	76.20	72.90	62.40	68.80
2006	78.70	73.60	62.50	68.90
2007	78.70	73.60	62.50	69.00
2008	78.15	76.30	63.40	69.01
2009	78.15	76.30	63.40	69.01

第四节　路政管理

交通法制建设全面实行行政执法责任制为重点，提高交通执法人员队伍素质和加强执法监督为目标，开展行政执法工作，做到责任明确，措施得力，对执法证件、服装、标志灯进行认真清理和审查，凡不符合规定的，一律予以取缔，做到车、徽、装、灯、证统一。1993年，对路政、运政人员进行培训，参训人员达120人，实行执法人员先培训，后上岗制度。1994年，共查处损坏公路及设施15处，出“红线”外摆摊设点9个。查处违章采矿1处，收缴各种规费2.07万元，处理损坏行道树案82件。1995年，上路巡查，历时23天，途经31个乡（镇），往返行程2700公里。

1996年，成立交通行政法规联合稽查领导小组，在全县范围内开展稽查行动，检查各型客、货汽车107辆，收回拖欠规费及运管费共计1350元，扣回欠费车3辆，查获正在非法客运的金杯牌囚车1辆。1997年，成立《中华人民共和国公路法》宣传月活动领导小组，大力宣传《公路法》。1998年，上路巡查125天、50车（次）、320人次，与县林业公安部门共同清理盗伐行道树等破坏公路设施的行为，遏制盗伐行道树案件。查处占用公路用地违章建房1幢31.42平方米，清除成（成都）美（美姑）公路段乱堆乱放2处。1999年，上路巡查90天，清除路障32处，计150立方米，收缴制砖器具17余件，违章建筑2处，计42平方米，收取路政规费4500元。2000年，上路稽查280天，共出动稽查车140车次，650人次，稽查车辆1600车次，扣车28辆，查获违章费1.2万元，处以罚金1万元。

2001年，上路稽查2215人次，检查车辆8574台次，查处一般违章车辆782台次，查处严重违章车辆21台次，清查三轮车82辆。在稽查中，补办手续车辆3辆、新办手续4辆、强制报废22辆、扣留2辆。年审检测97台，其中，客运车辆42辆，检测面为87%。2002年5月，路政中队与县公安局、林业局查获美姑县城至椅子垭口段盗伐公路行道树16株，涉案人员10人，查封洪溪和洒库两个木材加工厂，并将没收的木材返还给美姑养路段。路政执法出勤540人次，查处违章案件13件。全年共上路检查245天，检查868人次，检查各类车辆1190台。2003年，稽查人员共计上路283天，稽查车辆1286台，处理各类车辆违章案件316件。全年检测客车48台，年审各类货车79台，处理各类违章车辆案件58件，违章建筑229平方米，清理路障300余立方米。2004年，检测客车48辆，微型客车16辆、出租车31辆，年审合格各类货车62辆，共计年审各类客货车经营户185户。路政执法人员上路稽查240天，稽查车次2364台次，查处违章行为283件次。2005年，路政人员上路巡查138天，查处各类破坏公路实施案件12起，清理占用公路路面及公路用地360余平方米。清理路障40余立方米，清除成型砖400余匹。强制拆除违章建筑2处，计46平方米、路面堆积物20余处，清理占用公路边沟120米。

2006年，路政大队上路稽查220天，上路检查152天，查处破坏公路设施案件7起，清理路障420立方米，许可办理审批手续10件，审理损坏公路设施案件7起，结案率达100%，征收路政规费4400元。是年，路政执法人员加大对偷费、漏费、抗费、欠费行为稽查力度，查处不法车辆共计144辆，处罚金额4.5万元。2007年，稽查人员上路稽查220天，查处违章违规案件128起，罚款3350元。上路检查120天，清理公路路障300立方米，办理路政许可手续7件，设置广告标牌许可1件，审理损坏公路设施案件2起，结案率达100%，征收路政补偿费1.2万元。2008年，加大路政巡查，共上路检查164天，清理各类路障190处340立方米，征收路政归费4850元。2009年，共组织人员上路检查210天，清理各类路障760立方米，查处超限车辆1240台次，收取公路补偿费24万元。

第五节　路旁绿化

1993年，完成公路绿化植树2320株。1994年，完成12公里道路绿化，绿化植树共4000株。1999年，公路绿化植树1500株。2000年，公路绿化植树4700株。2001年，公路绿化植树2282株。2003年，公路绿化植树5600株。

2006年开始，县级机关各部门和单位职工、成（成都）美（美姑）公路美姑段沿线群众在公路两旁开展植树造林活动，进行“绿色通道”建设，县人民政府和县级各部门签订责任合同，明确绿化路段和目标。县级各部门和单位绿化植树按照保证三年内栽植成林要求，实现当年成活率达到85%，第二年保存率达到90%，第三年保存率达到100%的目标任务。截至2009年，共计开展路旁绿化植树33.67万株。

第六节　公路规费管理

长期以来，由于各种原因，美姑县公路规费征收难度大。县交通局等部门，通过加大宣传力度、加大打击逃费力度等形式，强化规费征收。1991—2008年公路规费征收情况如下。

1991—2008年公路规费征收情况一览表

表16-2　　单位：万元

年份	征收养路费完成数	征收货附费完成数	征收客附费完成数	征收农用车养路费	征收拖养费	征收建勤费	稽征所征收完成	运管所征收完成	罚款上缴	其他
1991	—	—	—	—	—	—	—	4.50	—	—
1992	53.00	6.30	—	—	0.66	—	59.30	5.10	—	—
1993	65.50	9.41	8.95	—	0.67	1.78	83.86	—	—	—
1994	74.30	10.80	11.50	—	—	—	96.60	—	—	2.70
1995	86.50	12.70	12.80	—	—	—	112.00	—	—	—
1996	96.00	12.33	23.99	—	—	—	132.32	—	—	—
1997	110.00	12.00	31.00	—	0.30	2.00	153.00	16.60	—	—
1998	123.60	13.78	31.90	2.17	0.30	1.50	169.28	15.20	—	3.27
1999	99.00	9.00	29.00	2.00	0.43	1.71	139.00	13.50	—	—
2000	90.00	8.00	29.00	1.00	—	—	128.00	12.50	—	—
2001	108.00	10.00	29.00	1.50	—	—	148.50		—	—
2002	118.00	28.00	9.00	—	—	—	155.00	14.20	—	—
2003	139.00	10.60	28.50	1.20	—	—	179.30	15.00	—	—
2004	181.00	13.50	33.60	1.40	—	—	229.50	16.70	—	—
2005	174.33	12.11	54.17	1.80	—	—	242.41	16.00	—	—
2006	206.60	12.01	56.31	3.10	—	—	278.02	17.00	3.40	—

续表 16-2

年份	征收养路费完成数	征收货附费完成数	征收客附费完成数	征收农用车养路费	征收拖养费	征收建勤费	稽征所征收完成	运管所征收完成	罚款上缴	其他
2007	210.98	11.24	41.15	—	3.00	—	263.37	22.00	2.80	—
2008	249.27	24.90	39.70	—	1.67	—	306.44	25.30	—	2.94

注：1994 年收缴各种规费 2.7 万元，归到其他栏；1998 年车购费 3.27 万元归到其他栏

第七节　交通安全管理

1991 年以后，交通安全工作始终坚持“安全第一、预防为主”的方针，强化道路交通安全目标责任制。1998 年，《四川省道路运输管理条例》颁布实施，县交通部门充分利用广播、电视、标语等媒体进行广泛宣传。同时，加强对车辆破旧、车况不良、车容不整、证照不齐等情况的管理，对违章违法行为从严处理。2000 年以后，采取了更严格的货物运输管理制度，加大整治客运秩序。同时，积极开展百日安全等活动，制定落实责任制，强化道路安全运输管理。做到对道路安全运输工作的常抓不懈，严格各项规章制度，照章办事，有效预防了交通安全生产事故的发生。

1991—2009 年交通事故统计表

表 16-3

年　度	事故次数（起）	死亡人数（人）	重伤人数（人）	经济损失（万元）
1991	17	11	8	2
1992	23	19	11	5
1993	13	10	7	1
1994	16	14	10	10
1995	24	13	13	7
1996	13	18	11	4
1997	11	8	1	6
1998	10	15	6	7
1999	7	15	5	9
2000	6	3	12	4
2001	114	9	11	54
2002	109	12	7	79
2003	116	13	8	95
2004	115	22	7	120
2005	107	10	5	119
2006	115	11	9	121
2007	97	8	8	110
2008	164	9	11	42
2009	148	11	8	45

第二章　公路和桥梁建设

第一节　省道建设

1991 年，洪(洪溪)瓦(瓦侯)公路 13 公里的新建工程全面启动，省、州交通部门以以工代赈的方式，划拨资金 179.75 万元为洪（洪溪）瓦（瓦侯）公路建设专款，其中，工业券 95 万元，省配套资金 18 万元，州交通局以以工代赈的方式追补资金 19.75 万元，合计到位资金 179.75 万元。是年 8 月，完成总投资 179 万元，完成路基挖方 43.90 万立方米，路基填方 7.63 万立方米，干砌堡坎 0.28 万立方米，路面 4.55 万立方米，修筑小桥 37 米／ 2 座，涵洞 67 米 /56 道。1992 年 9 月，经州交通局验收，交付使用。

1994 年 3 月，美（美姑）雷（雷波）公路美姑段首期工程破土动工。1995 年 1 月，美雷公路美姑段 11 公里的改、扩建工程全面竣工。1997 年 4 月，美雷公路美姑段建设工程，经过为期三年的努力，整个工程完成总投资 512 万元，完成爆破坚石 26 万立方米，挖、填土石方 13 万立方米，涵洞 38 道，桥涵 5 米／ 4 座，加宽石桥 10 米／ 2 座，完成边沟边带三面光 17.36 公里，铺筑路面 11.3 万平方米，清理水段 4.5 万立方米。1998 年，投入 150 万元，完成调整路基 11 公里，新铺油路 4 公里，自备碎石 3000 立方米、完成计划的 80%。

1995 年 8 月，美姑县美(美姑)马(马边)公路 43.45 公里的改建、扩建工程全面动工。1996 年，开工里程达 34 公里，其中，新建 5 公里，改建 29 公里，石拱桥梁 3 座。截至 10 月 25 日，工程完成投资 735 万元，其中，配套费 99 万元，工程款 636 万元。1997 年 6 月，实现通车，整个工程到位资金 1223 万元，其中，以工代赈资金投入 1080 万元，省以工代赈办投放设备 93 万元，州扶贫办配套 50 万元；实际投资 1268.05 万元。美（美姑）马（马边）公路修通后，其余工程因资金缺口太大而被迫停工。

1996 年，成（成都）美（美姑）公路美姑县城至美姑大桥段，被列入交通补助资金建设项目进行改造。但由于资金缺口大，美姑县委、县人民政府采取措施筹集资金，动员全县干部职工每人集资 200 元，农民每人集资 10 元，投入成美公路第一期工程路基改造。1997 年，完成新建水泥路 1.03 公里，新铺油路 9.3 公里。1998 年，完成路基改、扩建工程 9.7 公里，调整路基 9.5 公里，浆砌边沟 9 公里，防护工程完成 1700 立方米，自备碎石 7400 立方米，新铺油路 1 公里，完成计划的 68%。1999 年，成（成都）美（美姑）公路新铺油路 10 公里；牛牛坝至美姑大桥段加宽改造 16.4 公里，但由于自然灾害频繁等诸多原因，仅完成 13 公里的加宽标美路任务。2000 年，完成加宽改造 16.4 公里，新铺油路 12 公里，累计完成投资 376 万元。

2001 年，美姑县城至美姑大桥段 43.8 公里的通县油路建设项目开始实施，工程分三期，共 18 个标段，合同总金额 3515 万元，施工中经凉山州项目办公室设计变更增加 881.93 万元，总投资 4396.93 万元。至 2003 年，美姑县城至美姑大桥 43.8 公里的通县油路建设项目完成路基 42 公里；铺设水泥混凝土路面 7.86 公里、4.86 万立方米；开挖土石方 3.07 万立方米。修建挡土墙 17.39 万立方米，涵洞 406.9 米／ 58 道，小桥 30 米／ 4 座，明洞 200 米／ 5 座，工程总投资 3545 万元。2004 年 4 月，美姑县城至美姑大桥 43.8 公里的通县油路建设项目全面完成，实际完成工程投资 4932 万元。

美姑大桥至溜筒河 1 号桥 30 公里通县油路建设项目，2001 年 1 月 19 日，由凉山州交通局开展工程招投标，有4家施工企业中标，合同金额1122万元。施工中经凉山州项目办公室设计变更增加投资614万元，总投资达到1736万元。至2003年，共铺设完成路面30公里，开挖土石方9.98万立方米，修建挡土墙6.22万立方米，涵洞397米／57道，小桥14延米／座。累计完成投资1743.68万元，为计划总投资1736万元的100.44%。是年9月，完成30公里沥青路面，实际完成投资1808万元。

2004年8月17日，美（美姑）峨（峨边）通县油路改建工程开工。2006年8月12日，工程全部完工。共改造路基63.7公里、铺筑沥青路面55.302公里、泥结碎石路面8.4公里、水泥路面1公里。其中，修建完成1座2～20米中桥、3座16延米小桥、涵洞253道。工程总投资6142.39万元。

第二节　县道建设

1996年4月，美姑县城到住院部段的水泥路开工建设，并于年内全部完工。2002年1月，美姑县委、县人民政府发动组织俄普片区工委，巴普镇、合姑洛乡、农作乡、觉洛乡、巴古乡的49个村、250个村民小组、8371个劳动力大搞民工建勤，动工修建环城路，经过41天施工，完成长3528米，宽9米的毛坯路。是年6月8日，环城路指挥部按山重四级路标准，将环城油路铺设通过议标办法分两段承包给乐山市交通建筑工程和西昌市政工程建设有限责任公司承建，通过5个月施工，是年10月30日全部完工，累计完成投资540万元。

2003年，投资12万元，苏洛至纳龙公路按照山重四级公路标准，完成改建8公里。2004年4月，开工建设牛牛坝至侯古莫公路，按山重四级（路基宽度6.5米、路面宽度6.5米）标准建设。截至6月20日，完成路基改造和沥青铺筑2公里和过水路面36米／2道、涵洞43米／6道、防护工程388立方米。累计完成投资30万元。

第三节　乡道建设

1991—1996年，全县公路基础设施建设本着“投资少，产出多，效益大，修一条，成一条，通车一条，发挥一条”的效益原则，有计划地开展乡道公路建设。1997年，乡村公路建设工程迈入新的步伐。县交通局依据县公路网建设规划的要求，坚持“两条腿”走路的公路建设方向，积极争取和努力实施省、州两资办扶贫开发资金和以工代赈配套资金。2000年，美姑县对乡道公路建设进行“十五”规划。至2005年年末的“十五”期间，累计完成新建改建乡道公路17条、132公里，完成投资6450万元，公路通乡率达100%。

1991—2009年乡道公路建设综合情况：

1991年6月，牛（牛牛坝）竹（竹库）公路破土动工。1998年竣工通车。公路全长11.5公里，工程总投资29.74万元。

1996年11月，龙门至拖木公路破土动工。1997年建成通车。1998年验收交付使用，公路长17公里。

1997年，典（典补）哈（哈洛）公路动工。1998年3月完成交付使用，公路全长15公里。

1997年，修建（从则哈波矿山路分路）山岗乡至瓦古乡公路，里程30公里。修到依达村后剩下12公里，因缺资金停工。

1998年，改建完成洛莫依达乡公路，公路全长18公里，共投资70万元。

1998年，尔合乡公路列入交通部通乡公路建设补助项目。1999年2月动工。2001年3月18日完工，公路全长 11 公里。投资材料补助 70 万元，其中，交通补助 35 万元，以工代赈资金 35 万元，群众投工投劳 4.6 万个。

2004 年 2 月，拉木阿觉至瓦古公路动工修建。2005 年 2 月底，修建完成公路 16 公里。后因雨水多、施工难度大、涉及农民土地而停工。该项目公路交通补助投资 96 万元，群众投劳 16 万个工（折合资金 232.5 万元），投入炸药 20 吨、雷管 9686 个、导火线 1.19 万米、钢钎 1524 公斤、二锤 408 个、十字镐 510 把。2007 年，续工修通。

2004 年 2 月，尼哈乡公路改建动工，2005 年 2 月底完工，公路里程 6 公里。公路改建中投资补助 36 万元，群众投劳 6 万个（折合资金 77.3 万元）。

2007 年 10 月，瓦洛至九口乡、牛牛坝至采红乡两条通乡油路正式动工，年内完成路基 5.6 公里，完成土石方 19.9 万立方米，完成投资 273.6 万元。

2008 年，完成了牛牛坝至觉嘎村等 3 条、22 公里通乡油路的沥青路面的铺设工作，共完成投资 1958.4 万元。是年 10 月，开工建设拉木阿觉至洛莫依达乡、采红乡至板诺洛小学 2 条共 22.8 公里通乡油路建设任务，年内完成 15 公里的路基土石方 14.5 万立方米，挡防工程 2.05 万立方米，涵洞 270 米／ 38 道，共完成投资 698 万元。

2009 年，完成拉木阿觉至洛莫依达乡、采红乡至板诺洛村小学共 2 条 22.8 公里通乡油路建设任务，工程按山重四级标准建设，路基宽度 6.5 米（候播乃拖至板诺洛村小学 7 公里为路基宽 4.5 米、路面宽 3.5 米），路面宽度 6 米，沥青路面。全年共完成路基工程 22.8 公里，桥涵 98 道，完成沥青路面 11 公里，完成投资 1325 万元。

是年，温子觉至耳马压脚 14.4 公里、耳马压脚至哈洛乡 4.9 公里开工建设，按山重四级标准建设，路基宽度 4.5 米，路面宽度 3.5 米，沥青路面。本期实施路基工程，全年完成路基工程 8 公里、涵洞 10 道，完成投资 114 万元。

第四节　村道建设

村道公路建设一般为国家扶持补助，群众投工投劳的原则进行。公路技术标准一般为山重四级，路基 4.5 米、路面 3.5 米。从 2006 年以后，工程施工一般以机械（挖掘机）施工，人工辅助的形式进行，由此工程进度快，大大减少工程施工强度。

1995 年，新建洛俄依甘乡依波沃村村道 3 公里，共投入资金 5 万元。1996 年，修建完成龙窝乡依硕解村村道 2 公里。1997 年，以“以工代赈”方式投资修建完成觉洛乡典阿尼村公路 3.5 公里。同时，投资 10 万元完成典阿尼村公路和依波沃村水泥路建设任务。1998 年，修建完成了佐戈依达乡尔马洛西公路 5 公里，典补乡则合姑村至尔哈村 4 公里，龙门乡千哈村 7 公里的 3 条村道公路。

1998年8月，巴普镇三河村一组，采取县交通局补助材料、群众投工投劳的办法，修建0.8公里村道。2000年2月，开工修建炳途乡瓦拖村公路。县交通局补助炸药35.75吨、雷管7150个、导火线7150米，投入资金29475元。3月，开工修建依果觉乡瓦尼窝村至四季吉村公路6公里，县交通局补助炸药39.2吨、雷管8.04万个、导火线1.01万米、钢钎6484公斤，投入劳力12.73万个。5月，开工修建伍梅村公路、瓦拖村公路、达洛村公路3条公路里程共23公里，县交通局投入材料补助18万元。

第五节 桥梁建设

一、佐（佐戈依达）典（典补）大桥

佐典大桥又名新（新桥）典（典补）大桥，跨美姑河，接成（成都）美（美姑）公路。1997年1月，县交通局对佐典大桥进行实地勘测设计和可行性论证。1998年1月，佐典大桥前期工程桥基分部工程开始动工兴建，整个工程总造价82万元，到位资金62万元，其中，以工代赈资金补助12万元，乡村道路扶贫建设款40万元，州交通局追补10万元。4月，因资金缺口达22万元，佐典大桥建设工程全面停工。是年10月19日，因资金和质量问题而停工6个多月的佐典大桥建设工程全面复工并完成工程建设。1999年6月，经州交通局和州公路桥梁质量监督分站实地验收合格，交付使用。

二、洛古大桥

位于美（美姑）马（马边）公路K40+010米处，为1孔40米石拱桥，全长56米、桥面宽7米。建于1996年，投资224万元。

三、大湾大桥

位于美（美姑）马（马边）公路K39+830米处，1孔20米石拱桥，全长39.75米，桥面宽7米，建于1996年，投资229万元。

四、三河大桥

桥型为2 ~ 20米钢筋砼径应力空心扳桥，全长74米，设计荷载公路－Ⅱ级。桥面净宽：净7.0+2×0.49米防撞护栏，设计洪水频率为1 / 50，投资190.97万元。

第三章 运 输

第一节 车辆运输

1991年以后，全县道路运输以培育新的运输增长点为指导思想，大力发展乡（镇）等多种形式的运输体系，公路运输旅客周转量、货物周转量逐年增加。截至1998年，全县共有社会车辆281辆。其中，营业性车辆216辆，客运车19辆 / 589座，货运车111辆 / 511吨位，农用车29辆/29吨位。从事运输的拖拉机30台 / 30吨位，客运三轮车27辆。1999年11月2日，美姑县汽车运输有限责任公司因包袱重、债务大、风险大等原因把客运经营权以40万元转让西运总公司。

2000年10月20日，美姑县汽车运输有限责任公司经美姑县法院宣告破产。2001年，农村有客运车5辆、出租车3辆、累计全县共有出租车6辆、客运车10辆。是年，县车站新建三楼一底1579平方米办公大楼1座。2003年2月起，取缔美姑县城区三轮车。2004年，全县农村客运车发展迅速，累计达到180辆。2007年8月，西运司昭觉公司在美姑县成立美姑顺达客运有限责任公司，管理城市出租车58辆，农村客运车140辆。2009年，西运司美姑公司有客运车辆48台，其中长途客运车16台。有职工16人，其中经理1人。

2001—2009 年客、货运量情况一览表

表 16-4

年份	客运		货运					
			汽车		人畜力车		其他机动车	
	客运量（万人）	旅客周转量（万人公里）	货运量（万吨）	货物周转量（万吨公里）	货运量（万吨）	周转量（万吨公里）	货运量（万吨）	周转量（万吨公里）
1991	7.5	358.2	21.5	975.0	—	—	—	—
1992	8.3	367.3	20.1	950.0	—	—	—	—
1993	10.5	431.2	21.8	1030.0	—	—	—	—
1994	11.6	441.5	22.3	1120.0	—	—	—	—
1995	12.8	450.4	24.5	1200.0	—	—	—	—
1996	13.9	460.8	23.0	1190.0	—	—	—	—
1997	16.7	509.7	25.5	1026.0	—	—	—	—
1998	56.0	1487.0	20.0	940.0	—	—	—	—
1999	35.3	1343.0	20.7	935.0	—	—	—	—
2000	36.6	1460.0	20.5	875.0	—	—	—	—
2001	56.5	1990.0	15.7	682.7	—	—	—	—
2002	72.2	2010.3	14.5	583.5	—	—	—	—
2003	77.8	2030.0	15.0	620.5	—	—	—	—
2004	84.6	2145.0	13.8	548.3	—	—	—	—
2005	85.4	2305.0	14.0	558.0	—	—	—	—
2006	90.0	2348.0	16.0	640.0	—	—	—	—
2007	93.2	2303.0	17.6	704.0	—	—	—	—
2008	95.2	2410.0	18.2	910.0	—	—	—	—
2009	98.1	2485.0	18.2	754.0	—	—	—	—

第二节　人（畜）力运输

美姑县是个山多坡多的地方，村落多在坡上和山上。境内短途运输多用人背马驮。农村农户之间物资交换；在县城、片区工委乡（镇）所在地市场上购买的生活用品及尿素、磷肥、挖锄、板锄等农用物资搬运回村；或把农村农民生产的农副产品运往市场等均靠人背马驮。1995 年以后，农村马匹发展迅速，农村农户基本上户户有驮马，用马驮运送各种农用物资。

第十七篇

邮政电信

第一章 邮 政

第一节 机构设置

美姑县邮政局位于美姑县美西路4号，始建于1954年。主要任务是负责全县境内党政军通信需求，传达国家方针、政策，满足工农业生产、企事业单位、学校、社会各界以及广大人民群众的通信需要。组织机构包括县局、分支机构及党群组织。

一、县邮政局

县邮政局负责全县邮政通信工作的组织、指挥、经营、管理工作。占地面积4860平方米，建筑面积3162平方米。1998年10月，邮电分营前，建置为美姑县邮电局，内设办公室、财务室、邮政股、电信股，接受县委、县人民政府和凉山州邮电局双重领导，以凉山州邮电局领导为主，邮电支局（所）由县局直接领导。分营后，成立美姑县邮政局，内设办公室、财务室、经服部、后勤管理、事后监督、邮政营业班、邮政储蓄班、分发投递班，仍然是双重领导，以州邮政局领导为主。截至2009年年底，正式职工22人，退休职工20人。

二、分支机构

县邮政局分支机构是指邮电支局、邮电所和邮政代办所。负责所属行政区划范围内邮政通信服务工作。

1991—2009年，先后建立邮电支局（所）7处，后因体制改革需要转为代办所5处。主要有：大桥邮政支局、牛牛坝邮政支局、候播邮政代办所、柳洪邮政代办所、瓦侯邮政代办所、洪溪邮政代办所、峨曲古邮政代办所。

第二节 体制改革

1998年，邮电分营。它是中国邮电通信事业走向市场，实行企业化经营的开始，是美姑邮政的一次大变革。美姑邮政实行“政企分离，自负盈亏”。

分营之初，美姑邮政全局在职职工共有30人，另有退休职工18人。在职职工中具有中专学历的13人，大专学历的4人，初级职称的3人。有生产及管理用车2辆，邮路总长518公里。全局总资产37万元，总负债24万元。

分营后，美姑邮政全面实行企业化经营与管理。在制度建设方面，美姑局加强了现代企业制度的建设。首先，改革用人机制。其次，建立以公共服务和市场为导向的管理与生产的组织架构。再次，加强现代企业制度的学习，明确邮政的社会属性——公共事业，清晰管理方式——企业化经营与管理。最后，建立现代企业财务管理制度。

美姑邮政竞争实力明显增强，服务能力明显改善，管理水平明显提高，盈利能力明显增强。截至2009年年底，美姑邮政有固定资产达340万元，是分营时的9.19倍，负债为9.9万元，较分营时减少14.1万元。人均劳动生产率达3.8万元/人。

第三节 邮政业务

邮政业务是邮政通信生产中从事的项目、种类，分国内邮政业务和国际邮政业务。邮政机构经办的业务范围均由上一级业务主管局确定。随着国家市场经济制度的逐步完善，市场环境的变化以及科学技术进步，邮政业务在保留传统业务的同时，开发新业务，拓展新的服务项目。2009 年，美姑县邮政局经办的业务有：函件、机要通信、汇兑、报刊发行、集邮、包裹、邮政免费、邮政储蓄、速递物流等。截至 2009 年，邮政业务总收入完成 138.14 万元，其中，邮政业务收入完成 41.58 万元；代理金融类业务收入完成 83.23 万元；速递物流业务收入完成 7.11 万元；其他业务收入完成 6.22 万元。

一、函件

函件是邮政的主要业务之一，是邮政的标志性业务，具有法定专营权。1998 年 12 月以前，对函件业务的处理主要是以手工为主。1998 年 10 月分营以后，邮政实行专业化管理，加大资金和人员投入，建立了邮政电子化网络，于 1999 年 1 月实现电子化处理邮件，结束手工劳动处理。

二、机要通信

机要通信是邮政的一项特殊业务，具有很强的政治性。机要通信业务不对外设置营业窗口，只限在县局设置机要业务室，负责机要文件的收寄、封发、投递。县邮政从 1956 年起开办县团级以上党政军单位机要文件通信业务。近年来交寄范围有所扩大，涵盖县以上一级单位国家机关，军事系统、团体、民主党派，所有企事业单位的机密、绝密文件、刊物的收寄、传输、投递任务。截至 2009 年年底，未发生一起机要文件丢失、损毁、失密、泄密案件。

三、集邮

1986 年 11 月，县邮政局开办集邮业务（分支机构未开办此项业务），成立集邮协会，至 2009 年，集邮队伍发展已达 100 多人。集邮品种也随着时代的进步，技术的提高而从设计到制作不断推陈出新，发行更多适应市场变化、主题鲜明、个性突出、文化浓厚的邮品、邮册。由于票张数量有限，邮票的购买采取预订方式。

四、报刊发行

每年一到报刊收订季节，县邮政局成立专门的报刊发行工作小组，与县委、县人民政府联系，加强党报党刊发行工作。报刊发行工作已形成固定模式：即由县委、县人民政府牵头，每年召开全县党报党刊发行工作会议，并与各系统、各乡（镇）签订《党报党刊发行责任书》，由县委组织部年终对此进行考核，县财政局统一扣款。县局和所有支局（所）全部开办报刊发行业务，负责报刊的日常订阅和零售工作。截至 2009 年，发行报刊种类达到 1000 多种，报刊流转额达 44 万元，同比增长 15.3%，完成年计划的 108.9%。

五、包裹

包裹主要是以寄递小件、零星物品为主。包裹的收寄重点主要是以土特产为主的农产品，对促进美姑地方经济发展、服务“三农”、实现农民增收具有积极作用。1954 年起开办包裹业务，1960 年以后办理保价包裹业务。1980 年以后开办快递小包和保价快递小包业务。1998 年邮电分营后，在区乡支局（所）陆续停办包裹业务，至 2009 年，只有县局联网网点通过微机办理收寄业务，分支机构中，大桥邮政支局也在办理包裹的收寄业务（手工）。

六、电子汇兑

1998 年，邮电分营前，处理方式主要是以开发汇票，进行汇票的异地传递。1998 年，邮电分营后，邮政加大网络建设，开发相关应用软件。2009 年年末，邮政已经拥有一个覆盖全国的汇兑网络，汇兑业务实现全国联网，汇兑操作全部微机处理。开办的电子汇兑业务有：按址汇款、商务汇款、入账汇款、礼仪汇款、密码汇款五类。

七、速递物流

1987 年 11 月 10 日，在县邮政局和各分支机构开办了国内速递业务。1998 年邮电分营后，分支机构逐步取消了速递物流业务，该项业务主要是在县邮政局办理。2006 年，邮政利用网点、邮路，积极开展服务“三农”的工作。截至 2009 年，速递物流业务年收入达到 7.11 万元，同比增长 23.77%。完成预算目标的 104.21%，全州排第六名。其中农资产品配送达 10 万元。

第四节　邮运网路

美姑县邮政局现已形成由县际邮路、县内（农村）邮路、投递路线组成的比较完善的邮运网络，是全程全网的组成部分。

一、邮路

2009 年年底，全县共有县际邮路 1 条、175 公里。县内（农村）邮路 22 条，投递里程 518 公里。

二、邮件投递

（一）城市投递

主要是投递县城城区邮件。美姑县邮政局现有 2 名投递员负责县城上下两段邮件投递工作。

上段投递路线：县邮政局—林业局—县委—工会—人武部—自来水厂—幼儿园—教育局—小学—中学。

下段投递路线：县邮政局—工交局—电厂—地税局—财政局—政府—住院部—化工厂—俄普镇。

（二）农村投递

1998 年，邮电分营后，美姑邮政除按县内（农村）邮路负责邮件投递外，还对 6 个片区的邮件采取自办与委代办相结合的形式安排专人投递。

第五节　邮政储蓄

1987 年 7 月，美姑县邮政局开办邮政储蓄业务，办理个人人民币存取款（包括互助储金）业务。1987—1989 年为代办阶段，吸收的储蓄存款全部缴存人民银行，所需备用金由人民银行拨付，人民银行按缴存款的月累计日平均余额付给 2.2% 的手续费，作为邮政储蓄收入，邮政储蓄付给储户的利息，由人民银行按实际数拨付。1990 年 1 月 1 日起为自办阶段，吸收的存款由缴存改为转存人民银行，邮政储蓄在人民银行开立邮政储蓄长期存款户和邮政储蓄活期存款户，所需备用金由人民银行拨付改为从吸收的储蓄存款中按规定限额留用，收入方式改为利差收入。

2003 年 8 月 1 日后，邮政储蓄在人民银行的存款改为新、老存款账户，即 7 月 31 日前在人民银行的转存款为老账户，以后新增存款为新账户。1998 年 4 月，绿卡联网实现省内异地存取。2004 年 10 月 14 日，接入全国储蓄统一版本，实现全国联网通存通取。2007 年 3 月 20 日，中国邮政储蓄银行成立，邮政金融类业务开始步入专业化经营。截至 2009 年，美姑邮储余额达到 4110.97 万元，累计净增余额 774 万元，创历史新高。

第二章　电　信

第一节　机构设置

1998 年以前，电信隶属美姑县邮电局。1998 年 10 月，邮政和电信进行分营，分营前机构设置为：局办公室、邮政股、电信股、经财股、人劳股、供应股。生产班组有营业、收订发行投递组、储蓄营业、储汇业务管理、话务班、程控交换机务班、报务班、市话营业班、126 话务班、传输电源机务班。分营后的美姑县电信局机构设置为一部一室，即综合办公室和市场经营部。2002 年 1 月，撤销 112 资料室。2007 年 8 月，设立网络部。2009 年 7 月，增加九口、牛牛坝、拉木阿觉、柳洪、乐约等 6 个 CDMA（电信移动业务）业务代理点。至 2009 年年末，全局设有总经理办、综合办公室、会计办、统计办、市场拓展部、网络部 6 个职能部门。市场拓展部下设综合营业室、营销服务部；网络部下设综合设备维护中心和管线中心两个班组；分支机构有洪溪、峨曲古、牛牛坝、洛俄依甘、佐戈依达、拉木阿觉、柳洪、乐约等 10 个电信业务办理点。有合同制员工 16 人、派遣制用工 2 人、农村业务代理人员 2 人。

第二节　体制改革

1997 年 7 月，移动通信业务和 6 名职工从美姑电信局分离，成立中国移动通信公司美姑分公司。1998 年，国家在深化国有大中型企业改革中，对邮电运营体制也进行重大改革，6 月，首先对无线寻呼进行股份制改制。从而将凉山邮电从事该项业务的 29 名职工，连同所有设备、固定资产等全部从州邮电局剥离，划拨移交给凉山州无线寻呼分公司筹备组。10 月，实施完成凉山邮政与电信分开经营，同时撤销邮电局编制，正式成立美姑县电信局。

2000 年 11 月，美姑电信局经过公司化重组，设立中国电信集团四川省电信公司美姑分公司，实现政企分离，正式步入公司化运营轨道。2004 年 1 月，更名为四川电信股份有限公司美姑县分公司。2008 年 2 月，更名为中国电信股份有限公司美姑分公司。

第三节　电信业务

美姑电信分公司是按照国家电信体制改革方案组建的国有通信企业。主要经营各类基础电信业务、增值电信业务。

一、固定电话

1993 年以前，都是用磁石交换机，传输电路采用明线，其传输量小、质量不稳定。全县共有长途电路10条(其中，载波电路8条)，专线电报电路2条。农村电话中继电路15条(其中，载波电路3条)，用户电路211条。市内电话网有杆路8公里，明线609对公里，电缆12.5皮长公里。电缆芯线总1440对公里。6月，新架全塑电缆5.64皮长公里，在县城开通800门C23纵横制自动电话，市话彻底告别了“摇把子”。县城与区乡支局和上级局采用半自动接口连接。同时，开通长途全自动交换机实现长途电话自动直拨，长途电路增至20路。12月，全县市话交换机总容量1286门，电话用户315户，年长途电话出口量2.95万张。1994年12月，加快农村电话的改制进度，牛牛坝支局开通128门自动交换机。1995年10月，C23纵横制自动电话淘汰更新为HJD-04数字程控交换机，容量由1000门扩容至2000门，并以光纤传输方式与上级局西昌连接，其交换级别为C4局。是年，美姑通信实现以县为中心的本地网建设。

1998年3月，广州—北海—昆明—成都通信干线光缆工程（途经美姑）建成开通投入使用，美姑借机安装开通至西昌的光传输设备。6月，建成可视电话会议系统，实现远程会议可视。1998年7月12日，美姑县电话号码升至7位，加入以西昌为中心的扩大C3本地电话网，使用全州长途区号统一为0834。是年8月，加快全县本地网建设，改制农村电话，全县人口密集的4个乡（镇）开通了自动电话。2003年10月，第一家中国电信公话超市在农行门市开业。

2005年以后，美姑电信根据中国电信集团公司提出的由传统的基础通信网络运营商向综合信息服务提供商的战略转型要求，大力发展语音业务、宽带业务、增值业务等多种业务组成的“我的E家”“商务领航”融合性套餐，满足客户个性化的综合信息需求。至2009年，中国电信美姑电话交换机总容量达到6000门，电话用户数达5085户。

二、数据通信业务

1994年，美姑开通数据通信业务。到2007年年末，主要业务有分组交换数据业务、数据通信多媒体业务、数据通信基础业务、互联网宽带业务、长途数据卡业务。“九五”期间末，为适应微机联网的数字同步网，建成开通分组交换业务。1999年1月，30路数字中继电路已开通至西昌的数字数据设备。开放数据通信业务，163、169普通拨号上网用户专线入网。新增数据节点机1个、用户端口16个，发展IP拨号注册用户2户。至2009年年底，本地网数字数据区间光缆电路1300余路。美姑电信宽带用户1300户，数据用户市场份额超过95%。

三、电报业务

1998年以前，电报业务是美姑与外界联系的主渠道和重要通信手段。电报业务经历了从无线到有线，从人工到电传，到发展为自动转报系统自动传递的历程。1998年，公众电报业务至西昌的电路改为数字电路，安装了自动收报机，拥有电传机2部，年出口电报3097份。电报业务随着电话自动化、增值业务及多媒体通信的快速发展，该业务逐步被异质替换而萎缩。特别是1999年以后，电报业务呈逐年下滑趋势。到2000年年末，美姑国内公众电报下降到1062份，致电报营业收入亏损。2002年，西昌至成都报用话路使用光缆电路2路。2003年7月，运行了半个世纪的电报业务机构撤销。2005年，美姑的国内公众电报业务量为零。电报业务被其他现代先进的通信手段所取代而自然淘汰。

四、传真业务

1986—1990年，传真业务仍只有县城电信局和部分区镇的电信支局、县委、县人民政府开通。1991—2003年，随着美姑程控电话开通，传真业务逐步普及到机关单位、群团组织和个人用户。

2006 年 10 月，新增网络传真业务。

五、小灵通业务

2004 年 2 月，在县城范围建立了 26 个小灵通基站，并正式开通小灵通业务，开通后至年末用户达到 907 户。2005 年 1 月，全国范围内实现小灵通与移动电话用户之间的短信互通。8 月，小灵通“机卡分离机”终端的上市，小灵通业务开通了带机入网业务，实现小灵通用户在全省范围的“漫游”通话。10 月，新增 12 个小灵通基站，进行了小灵通网络优化工程。

六、增值业务

1995 年 2 月，开通 160 自动信息台业务、168 人工电话信息台业务、166 语音信箱等增值业务等服务。2006 年在搞好特色服务和普遍服务基础上，充分发挥 ADSL 为主的宽带业务增长，初步建立以来电显示、声讯、小灵通短信、互联星空、商务领航、全球眼等应用为主的业务产品体系。向各类客户提供各类集声音、文字、图像、数据等多种通信媒介为一体的，具有集成性、同步性与交互性的多媒体信息服务和通信手段。2009 年 4 月，开通了能为不同客户提供全面综合信息应用的 3G 业务。

七、无线寻呼业务

1996 年 12 月，设置邮电人工无线寻呼台，服务台拨号号码采用全国统一的特种业务号码 126，开通 127、129 自动寻呼台。并发展无线寻呼 BP 机用户 19 户，到 2002 年，发展到 465 户。经过近 6 年的运营，亦被移动通信的快速发展所取代。2005 年 6 月，无线寻呼业务关网停业。

八、移动电话业务

1998 年 6 月，建成开通 900 兆（大哥大）模拟蜂窝移动电话（8+2）信道基站 1 个，进入省网在省内漫游，首批放号 14 个用户，基站开通 3 个月后予扩容，与全国联网漫游。1998 年 9 月，建成 GSM 数字移动电话基站 1 个，信道总数 24 个，美姑“全球通”GSM 数字蜂窝移动电话正式开通，当年年末拥有移动通信网话路 30 路，移动通信用户累计达 41 户。2008 年 10 月，美姑电信顺利完成 C 网老用户客户跨经营主体数据迁移、网络割接及服务维系等重点工作。2009 年 5 月，完成县城 C 网基站 1X 升级到 3G 网络传输技术。

第十八篇

城乡建设

第一章 城建规划与管理

第一节 机构设置

1998年6月以前，美姑县规划建设和环境保护局为美姑县城乡建设环境保护局，内设办公室。下辖直属事业单位环卫所、建设工程质量安全监督站、国有企业县自来水厂以及县建筑公司4家企事业单位。1998年6月，与国土局合并组建为县建设国土和环境保护局。2002年，与国土局分离，组建为美姑县建设环境保护局，内设办公室、城乡建设与城建监察股、环境保护股、有附属事业单位环卫所和建设工程质量安全监督站。2003年4月，成立股级事业单位城建监察执法大队。2004年12月，成立美姑县环境监察大队。2005年1月，成立美姑县住房公积金管理部。2005年6月，成立美姑县城市综合管理办公室。2006年4月，成立美姑县规划建设和环境保护局，内设办公室、规划设计股、城乡建设股、环境保护股、建设与环境监察股，有直属事业单位环卫所和建设工程质量安全监督站。2006年3月，成立股级事业单位美姑县房屋管理所。2007年9月，成立股级事业单位美姑县测绘管理办公室。

截至2009年年底，有编制41人，实有行政人员5人，工勤人员1人，事业人员21人。

第二节 城乡规划

一、县城总体规划

2003年，攀枝花市规划建筑设计研究院修编完成美姑县城第一次总体规划。规划区面积6平方公里，规划城镇人口4.12万人。规划年限2002—2020年。近期规划建设年限为2007年，中期规划建设年限为2010年，远景展望到2050年。2008年，开展县城重要区域和单体建筑的详规编制工作，先后完成了美姑县“十一五”解决城市低收入家庭住房困难发展规划，同时启动了县城总体规划第三次修编工作。2009年，对各类建设项目的审批，坚持以县城总体规划为指导，严格执行“方案评审”和“两证一书”制度，不符合规划要求和未经图审或无地堪资料的不办理“两证一书”，对符合总体规划的49个建设项目，全部核发“两证一书”，发证率达到100%。

二、村庄规划

2006年5月，完成对井叶特西村、依波沃村、新农村1～6组1∶500地形图的测绘制图工作。

三、工业区规划

2007年，由四川大学工程设计研究院编制完成拉木阿觉工业集中区总体规划。规划区占地面积269.13公顷。工业集中区建设高载能冶炼、洗选加工企业以及相应的生产、生活配套设施。其中，生活区占地33.73公顷。工业集中区估算投资1.18亿元。

四、城市卫生垃圾填埋场规划

2006年，由核工业西南勘察设计研究院有限公司完成美姑县城市生活垃圾卫生填埋场可行性研究报告（含初步设计）。垃圾填埋场选址县城北约2.5公里处，工程设计规模处理垃圾能力10立

方米 / 天，服务年限 15 年。垃圾填埋场工程估算投资 841.5 万元，其中填埋系统 525.87 万元，垃圾收集系统及设备 315.63 万元。

五、抗震防灾规划

2005 年 10 月，美姑县抗震防灾编制办公室编制完成县城抗震防灾规划，编制期限为 2006—2016 年，编制范围是县城总体规划确定的范围。基本抗震烈度 7 度。防震减灾工作体系分为震前应急预案和震后抢险救灾规划两个系统，设立供电、供水、交通、消防、医疗、粮食、电信 7 个生命线抗震防灾规划系统。

第三节　环境卫生管理

1991 年以后，环境卫生管理工作以争创卫生县城为目标，实行“门前三包”责任制，制定“门内卫生达标”制度，坚持每天一小扫，每周一大扫，月末和节假日开展突击活动；联合爱卫会、文明办等部门开展爱国卫生月活动，突击性治理脏、乱、差现象；开展以垃圾清运、植树绿化、亮化为主的市容市貌整治工作。1992 年，实行城郊植树承包制。1996 年，成立县市容市貌整治管理稽查组。

2001 年，成立城管综合执法大队，组织开展全天性沿主要街道、巷道进行综合执法监督。2007 年，落实 4 名交警协管员，配合交警队对城区车辆乱停乱放现象进行疏导和整治。2008 年，实行环卫工作承包制管理，将城区环境卫生管理工作分成 12 段承包给个人管理，采取定岗、定人、定时进行管理。2009 年，开展全县范围的城乡环境综合治理工作，累计投入专项治理活动的资金 300 多万元。开展群众性卫生清扫，参与人数达到了 503 万人次，共清理垃圾 2 万余吨。全县新增保洁人员 45 名，新增垃圾桶、果皮箱近 100 个；新建简易垃圾填埋场 35 个。截至 2009 年年末，先后购置垃圾清运车 4 辆、环境监察车 3 辆，共清运垃圾 18 万吨，城郊绿化植树 1.52 万株，治理下水道 14.3 公里。

第四节　市政设施管理

1991 年以后，市镇设施管理主要以城市道路改造维护、亮化照明、供排水设施、市场建设为主。截至 2009 年，累计投入市政设施建设管理资金 3000 多万元，用于新建和维护市政设施。其中，2002 年，正式启动经营城市建设，组织附近乡（镇）民工，民工建勤开挖出 3.16 公里长、9 米宽的环城路路基毛坯；投资 52 万元，建成占地 1000 平方米集音乐喷泉、绿化、塑像、广场为一体的美美广场；投资 51 万元改造城区 1267 米供水管网；铺设下水道水泥管道 1660 米，人行道 1.26 万平方米；布置埋设暗线达 4500 余米，架设路灯 180 盏，架空输电线 2100 米；建成新区 450 米长、21 米宽的主街道毛坯路基。

2004 年，投资 1980 万元，建成毕摩园主体工程；投资 130 万元建成牲畜交易市场主体工程；投资 304 万元改造完成自来水厂净水系统。2005 年，投资 280 余万元，建成 1 个文艺火把广场。2008 年，对主要市政设施管网、道路、绿化、照明路灯等开展灾后重建工作，修复饮水管道 700 米、下水道 400 余米、井盖井圈 20 余个；补种绿化树 400 余株。投资 5 万元为美美广场增设了健身娱乐器材，更换了原损坏的音箱功放等音乐播放设备，改造和增设了出租汽车停车位。

第五节 供电排水管理

一、供电

县城各机关、居民、各厂矿企业生产生活用电和城区路灯照明由县电厂供电。城建部门管理城区路灯照明，1991—2002年，城区共有水银路灯45盏。2003年，新安装路灯180盏、绿化灯60盏。2004年，沿街建筑物安装彩灯、霓虹灯、射灯、满天星等灯饰，共涉及51个单位、个人21人，安装灯带2万余米，投资20万元。2005年，新安装路灯灯箱252个，18米高杆灯1盏（3200瓦）；城区安装10米杆路灯92盏，将79盏原城区路灯换装到县城至俄普路段；修复损坏路灯102盏，新安草坪灯16盏；修复光柱射灯2盏、小型射灯24盏，葡萄灯1盏、礼花灯5盏、龙柱灯10盏、广告牌灯16盏；修复控制器23个、83幢楼的彩灯。2006年，修复损坏路灯80盏。

2007年，美姑中学安装路灯8盏、泛光灯4盏，美姑县城关小学安装2盏，梯步街3盏，景观大道8盏，投资12.3万元。2008年，维修路灯131盏，安装电缆486米。2009年，加强对城区破损道路的维护维修工作，完成城区主干道、文化路等破烂路面的改造；同时，完成城区所有路灯、彩灯、射灯的维护维修、更换。

2000年以后，狠抓农网建设，改善农村生产生活用电环境，先后建设和改造了3千伏线路、0.4千伏线路、10千伏线路工程共200公里、配电台区的20个。完成乐约电站、华岗电站建设工程。截至2009年，全县区乡基本实现通电。

二、供水

县城用水由县自来水厂提供。1991年，县电石厂专供水管开通。2001年9月，自来水有限责任公司改为国有独资公司。2003—2005年，国家投资290万元对县城净水系统、清水池、沉淀池、进出水口、值班房、城市供水管网等系统进行改建，新增日供水能力达到5000吨。

第六节 绿化管理

1991年年底，组织县级各单位在城区植树绿化，城区栽植各类树木3.8万株，慈竹200笼，有绿化台132个、花台160个、盆花1790盆、花圃632平方米，人均绿化面积9.6平方米。1991—1999年，在城区范围内开展绿化环境活动，组织县级机关在单位院内植树、在城郊义务植树，成片造林，绿化山坡。1999年，投资5万元，沿街道修建50个花坛，并种上常青塔柏树，成活率达95%，后逐年补种。2000年，投资1.86万元，沿美中路种植广玉兰树180株，其他树木400株。

2003年，栽种广玉兰树180株，在政府机关植树区域植树400株，沿街植树210株，成活率达95%，新种植绿化带1350平方米。2004年，栽种行道树520株，种植绿化带200平方米。2005年，成立美姑县城市综合管理办公室，为独立核算的股级事业单位，挂靠县建设和环境保护局，核定事业编制10人，主要负责城市绿化亮化管理工作。共投入资金10.62万元，完成绿化带树木更换补种工作。2006—2009年，城区绿化亮化工作主要是维修维护2005年以前取得的绿化亮化成果，确保城区群众生产生活环境持续改善，人均绿地占有面积逐年增加。

第七节　城建监察

一、规划效能监督监察

1991—2007年，共处理乱搭乱建事件4起。清理违章建筑15处、临时建筑25处，责令停工整改1处；禁止乱建房屋14处；勒令叫停汇超花园旁、环城路等7处违规建设行为；拆除沿街各类棚架116个，其中，固定棚架78个；彻底整治美中路、美西路、美东路乱设摊点，违规经营行为。

2008年6月底，联合交通、国土等部门对城区400多处私搭乱建偏房和房顶搭建小房屋现象及各公路沿线乡（镇）950多栋临街（公路）违章建筑进行调查统计，共查出各类违法、违章建筑1300余幢，下发违章拆除通知14份，行政处罚通知2份。同时，制定出台《违章建筑清理整治工作实施意见》。2009年，共出动执法人员1566人次，车辆561台（次），对城区道路上乱停乱放的1100辆各类车辆的驾驶员进行宣传教育，处罚108辆；共纠正车辆乱停乱放1500余起；查处车辆违章违法停放138起，教育处罚120余人；查处违章建筑1900平方米。

二、质量安全监督监察

1991年，对城区17个工程的52项质量进行检查，并对不合格的5项勒令限期整改。开展工程质量安全专项检查5次，共检查建筑工程25处，质监房屋工程23个，面积1.32万平方米，其他市政工程2个。1993年，对全县13个施工单位的建设工程进行工程质量、施工安全抽查，合格率达84.6%。1994年，监督检查房屋建设工程17个，面积1.19万平方米。1998年指定2名质监员对全县13个在建工程和1个新建工程进行定期和不定期检查。2000年，城建局建管股、质监站、设计室等联合对县碳化硅厂办公楼建设工程质量问题进行查处。

2004年，开展对全县各建筑工程实地大检查6次、50人次，检查工地28处，当场纠正和限期整改安全隐患、质量问题、违规操作等24件。2006年，对县内所有在建工程及县内燃气经营摊点进行安全检查，存在隐患的工程和燃气经营点进行勒令停工整改。全年责令限期整改工程41项。2007年，共发出整改通知25份。是年7月，成立房屋质量、安全检查组对全县已建房屋进行安全检查，查出安全隐患房屋25幢，面积1.19平方米，针对安全隐患发出整改通知书45份。2008年，共组织工程质量检查107次，查处质量隐患42处，下发停工整改14份。同时，严格执行工程竣工验收备案制度。全年竣工备案工程8个，工程合格率达100%，其中，优良工程2个。

2009年，质量安全监督监察以“两基”工程建设为主，全县共有“两基”工程项目59个。其中，新建项目25个，建筑面积5.4万平方米，投资5500万元；维修项目34个，投资600余万元。针对教育“两基”工程量多面广、时间紧、任务重、技术含量高等实际问题，县城建局制定了具体的实施方案，抽出局内各建设职能股室所有技术人员和环保股、房管所的技术骨干共11名分成3个组分别对候播乃拖、柳洪、依果觉3条线进行了负责指导和监督。层层签订责任书，把“两基”工程建设工作责任落实到了人头，并作为年终考核的主要内容。全年共检查起重机械42台，发出暂缓施工通知书4份，隐患整改通知书56份；累计出动车辆达250车次，下工地达520人次。全县59个“两基”工程从开工到竣工全程均受到了监督，监督率达100%。

第二章　城镇建设

第一节　机关单位办公用房建设

1991 年以后，县城机关单位办公用房建设主要以各机关单位各自筹资建设为主。截至 2009 年，累计投入建设资金 5000 余万元，建筑面积达 6.3 万平方米。

美姑县巴普镇房屋年代分类汇总一览表

表 18–1　　　　单位：平方米

类型	80 年代以前	80 年代	90 年代	2000 年以后	合计	备注
砖混	34402	37940	72238	109349	253929	
框架	—	349	15266	46879	62494	含底框
砖木	14434	4498	369	3105	22406	
土木	3227	1780	108	—	5115	
合计	52063	44567	87981	159333	343944	

美姑县房屋情况统计表

表 18–2

项目	房屋结构								建设年代			
	框架		砖混		砖木		土木		1980 年以前（幢）	1981—1990 年（幢）	1991—2000 年（幢）	2001 年以后（幢）
地点	幢数（幢）	面积（平方米）	幢数（幢）	面积（平方米）	幢数（幢）	面积（平方米）	幢数（幢）	面积（平方米）				
城东	12	11881	116	76189	64	9567	9	1164	84	61	32	24
城西	13	21912	141	94826	43	9139	8	2171	68	33	51	53
城北	10	16965	55	75321	3	228	—	—	7	7	8	46
合计	35	50758	312	246336	110	18934	17	3335	159	101	91	123

第二节　干部职工住房建设

1991 年以后，美姑干部职工住房建设主要以单位投资建设为主，结构为砖混和框架结构，最高建筑为 6 层，临街建筑一般上层为居住房，底层为商用建筑。2004 年，开始出现个人集资、政府补贴形式建设干部职工住房。截至 2007 年年底，全县各单位累计投入干部职工住房建设资金 8471.14 万元，其中，个人集资，政府补贴投入 3236.11 万元，建筑面积达 16.29 万平方米。2007 年以后，干部职工住房主要是集资建房和购买商品房。

第三节　房地产开发

1992年，美姑成立美姑县房地产开发公司，但一直没有开发房地产。美姑县房地产开发始于2002年，先后有峨眉永东房地产开发公司、凉山州四通房地产开发有限公司、内江汇超房地产开发有限公司参与美姑房地产开发。截至2009年，共开发面积6.46万平方米，其中，商品房面积5.49万平方米。

第四节　旧城改造

2000—2001年，为筹备经营城市建设工作阶段。2002年，正式启动旧城改造，成立美姑县旧城改造指挥部，制定旧城改造实施方案，对1987年修编的县城总体规划进行局部调整。把旧城改造分成5个标进行投标，竞标企业有10个，中标5个。2002年3月21日，正式开始旧城改造。

一、市政管网、道路改造

2002年，完成美中路宽16米的三级路面标准水泥路面改造、下水道的改造、管线暗设；文化路原宽5米路面改造成宽7米的路面；完成美西路和团结路水泥路面改造；完成红茶楼至信用联社的下水道、各种管网、水泥路面的改造。2003年，铺设砼路面1650米，下水道1426米，人行道彩砖1650米；安装路灯180盏；栽种行道树520余株，绿化草坪200余平方米。2004年，投资13万元修复鑫茂山庄至养路段421米下水道，并建成新单边人行道421米；投资65万元改造新区口至县车队217米行车道、人行道和下水道；完成城关小学至彝韵山庄1150米水泥路面的铺设。

二、市政房屋设施改造

2002年，通过公开邀请招投标方式开工建设房屋等市政工程49个，面积3.36万平方米，投资2675.64万元；全年通过验收工程58个，面积2.69万平方米，投资2165.56万元。2003年，拆除重建房屋47幢，加层改造6幢，拆除不建21幢，彝族风格改造68幢，总面积6.6万平方米，投资5337万元，其中招商引资和吸引民间资金3787万元。2004年，招标建设市政房屋工程9个，建筑面积6178平方米；投资80余万元，按照彝族风格，改造房屋26幢。2005年，完成房屋建筑工程招投标24个，建筑面积1.94万平方米；完成房屋建筑设计37幢。

第五节　新区开发

2002年4月4日，新区开发由西昌市市政工程公司破土动工，建成一条长400米、宽21米的主街道路基毛坯，于2003年完成混凝土铺设，并配套绿化带1350平方米，安装路灯40盏，绿化射灯60盏。2003年，投资73万元建成主街道至文化中心的支道和文化中心至美中路的梯步。四通房地产开发公司在新区美新花园修建副乡级集资住房163套，建筑面积1.96平方米。2004年，自贡牛佛建筑公司投资1200万元建成中新农贸市场。到2007年，新区共建办公楼10幢，住宿楼13幢，建筑面积共6万余平方米。在新区修建10个拆迁安置房。

第六节　市场建设

巴普市场修建于1988年，取名为美姑县农贸市场，面积1397.3平方米，总投资10.92万元，其中，财政拨款4万元，城建局投资2.97万元，工商局自筹资金3.95万元（含贷款2万元）。1990年，美姑县农贸市场第二市场修建完成，面积416平方米。总投资3.47万元，其中，财政拨款1万元，工商局自筹资金1.8万元，向受益单位集资6700元。美姑县农贸市场于1990—1991年、1992—1993年、1994—1995年，连续3次被凉山州工商局评为文明市场。1996—1997年，因山体滑坡市场硬件设施受损未参与评选。该市场分别在1991年和1994年两次遭受洪灾，工商部门共投入4.3万元进行恢复和治理。1996年，市场西侧发生山体滑坡，工商部门又投入治理资金3万元。

1995年7月3日，国务院办公厅转发了《国家工商行政管理局〈关于工商行政管理机关与所办市场尽快脱钩意见〉的通知》。1998年，按照“管办脱钩”的原则，由美姑县民族贸易公司（县商业局）投资200万元将该市场建设在商业局坝子内。1999年1月1日，投入使用，核定名称为美姑县巴普综合市场。2000年，被凉山州工商局评为1998—1999年度文明市场。2004年，该市场因山体滑坡以及城市规划建设的需要等原因再次迁址到县城新区，由自贡牛佛建筑公司投资1400万元建成1.2万平方米钢（砖）混结构的综合农贸市场，取名为中兴综合农贸市场，年交易额达4380万元。2005年，投资130万元在俄普原铜选厂左方修建一个1550平方米的简易棚盖式牲畜交易市场，年交易额达219万元。

第七节　文娱场所建设

一、离退休干部活动中心

1997年，县劳动局投资21.5万元，在美东路修建建筑面积426.3平方米的离退休干部活动中心。

二、毕摩文化园

2003年，川威集团投资1.2亿元，在基伟村海子修建毕摩文化园。至2006年，累计完成投资2800万元，主体工程基本完工。

三、美美广场

2004年，拆除原医院门诊部，投资160万元进行修建。2005年，建成占地面积1200平方米，集音乐喷泉、熊猫雕塑、绿化、休闲娱乐于一体的美美广场。

四、文艺火把广场

2003年，征用海子坝农民土地1.33多公顷，投资169.5万元，修建文艺火把广场。在2005年8月，建设完成。整个文艺火把广场占地面积5230平方米，铺设13毫米厚塑胶，建有高12.6米、面积820平方米的单层钢架结构主席台一个及能容纳500多人的观众席。运动场内场总面积3448平方米，跑道面积1755平方米。

五、青少年课外科技活动中心

2005年，投资252.5万元，在文艺火把广场内建成1幢6层框架结构、建筑面积为2982.26平方米的青少年课外科技活动中心大楼。

六、美姑县文化馆、图书馆

2003 年，争取西部建设中两馆建设项目，投资 106 万元在新区政府办公楼对面，县计生局右侧建成三层框架结构，建筑面积 1222.2 平方米的文化馆、图书馆，主要用于综合文体活动，包括舞蹈培训、开展图书阅读浏览等。

七、彝族文化展示中心

2005 年 10 月，在美姑县依果觉乡建成 1 幢单层混合结构，建筑高度 3.9 米，建筑面积 212.93 平方米的彝族文化展示中心。

第八节　乡（镇）街道与市场建设

美姑县大部分乡（镇）市场兴起于 20 世纪 80 年代，基本上均是以路以街为市以休闲为主的自由市场，上市商品主要是农民自产自销的农副产品，因上市商品单调和人员流动少等原因，部分自由市场还没有形成集市就自然解体，保持到 1991 年已形成集市的有：龙窝市场、洪溪市场、峨曲古市场、龙门市场、新桥市场、牛牛坝市场、候播乃拖市场、九口市场、大桥市场、拉木阿觉市场、柳洪市场和巴普市场（县城所在地巴普镇）12 个。乡（镇）一级人为创建的正规市场均于 2003 年以后才逐步建成。

截至 2009 年年底，建成并投入使用的市场有：中兴市场、牲畜市场、九口市场、龙门市场、新桥市场、牛牛坝市场、大桥市场、拉木阿觉市场、候播乃拖市场、觉洛市场、峨曲古市场 11 个综合农贸市场，建设总面积约 3.94 万平方米，总投资近 1827 万元。

乡（镇）农贸市场建设一览表

表 18-3

市场名称	建设年份	面积（平方米）	投入资金（万元）	资金来源	成交额（万元）	类型	结构
新桥	2003	2100	32	国家投入	360	综合	简易棚盖
牛牛坝	2004	3000	38	国家投入	432	综合	简易棚盖
候播乃拖	2005	2400	40	国家投入	288	综合	简易棚盖
大桥	2005	3500	43	国家投入	420	综合	简易棚盖
拉马	2004	6000	43	国家投入	360	综合	简易棚盖
九口	2006	1100	13	国家投入	180	综合	简易棚盖
龙门	2006	4200	48	国家投入	252	综合	简易棚盖
觉洛	2006	1765	20	—	144	综合	简易棚盖
峨曲古	2006	1800	20	—	300	综合	简易棚盖

第三章 建筑业管理

第一节 建筑队伍

1991年，县城建环保局探索利用行业优势开展扶贫工作的路子，与省建总公司合作，将首批农民建筑工人送省建一司温江工地培训。

1992年，美姑县第一建筑公司并入美姑县建筑公司，作为下属第一工程队，称为美姑县第一建筑公司第一工程队。

第二节 建筑设计

美姑县建筑勘察设计室成立于1981年，注册资金30万元，设计资质丁级。承接建筑业丁级（四层及四层以下砖混结构工程）。2009年年末，有从业人员14人，中级专业职称技术员1人，初级专业技术职称人员12人。1991—2009年，共设计房屋500栋，其中，县城有156栋，乡（镇）344栋。

第三节 建筑设备与设施

1991，建筑部门共拥有建筑机具共49台（件）。1994年，自有机械设备年末总台数15台，功率120千瓦，施工机械功率80千瓦，自有机械设备净值40万元。1998年，美姑建筑工程公司自有机械设备价值原值达71.4万元，净值53.2万元。2005年，开始用塔吊等机械设备进行建筑施工。是年年末，自有机械设备总功率原值193万元，净值91.7万元。外地建筑企业的建筑机具自备。

第四节 投资与效益

1991—1998年，县农业银行和信用联社利用工资卡抵押向个人投放集资建房贷款，累积投放贷款3500万元，建设集资房65幢，建筑面积3.25万平方米。至2009年，县财政和各级部门投入办公用房建设资金1600万元，建成办公建筑26幢，建筑面积1.68万平方米，1993年，对原国家投资职工住房进行房改，房改建筑面积3.8万平方米，累计积累房改资金860万元。2004年，全县行政、事业和部分企业开始收缴住房公积金，并于当年开始投放住房公积金贷款。截至2008年6月，累计投放个人住房公积金贷款2846万元。至2009年，县城累计投入基本建设资金1.09亿元（旧城改造4253万元，新区开发5960万元，环城路建设700万元）。县城共新建房屋136幢，总建筑面积15.78万余平方米（其中，住宅64幢、8.65万平方米；办公楼13幢，建筑面积1.65万平方米；商业建筑11幢，建筑面积2万平方米；教育建筑3幢，建筑面积8600平方米；卫生建筑34幢，建筑面积9200平方米；其他11幢，建筑面积1.7万平方米）。建成后城区面积扩大3倍。

第十九篇

烤烟与烟草经营

第一章 烤烟生产

1991年，美姑县试种烤烟，由于缺乏田间管理经验及烘烤技术，造成1992—1994年连续3年烤烟种植失败，农民的种烟积极性受到严重挫伤。1995年，全县停止种植烤烟。1997年，美姑县委、县人民政府认真贯彻实施凉山州“两烟”发展战略（关于卷烟工业和烟草种植的战略），决定恢复烤烟种植，成立美姑烤烟生产工作领导小组及办公室，属县委、县人民政府双重领导的正科级行政机构，有编制5人，实有工作人员5人，美姑烟叶生产步入快速发展轨道。至2001年，全县烟叶生产达到533.33公顷、2万担，烟农销售收入达到700万元。2002—2003年，因盲目发展，经营秩序混乱，烟叶产量起落较大。2005年，根据州委、州政府的要求，美姑县不再承担生产种植任务，再次停止烤烟生产。1997—2005年，全县共完成烤烟种植2346.67公顷，初烤烟叶13.27万担，总产值6781.7万元，实现税利1389万余元。

2007年8月，按照国家烟草专卖局决定把凉山建成全国重要的、战略性的优质烟叶生产基地的要求，美姑县委、县人民政府恢复了县烟办，并调整充实干部队伍。2008年，恢复烤烟种植，县委、县人民政府将烟叶生产作为第一大支柱产业纳入种烟乡（镇）年度综合目标考核。两个种烟乡共种植烤烟144.53公顷，生产烟叶4304担，烟农收入达274.72万元，实现财政收入60.44万元。由于国家烟草科学种植，烟农实现了增产增收，种烟积极性大大提高。2009年，全县种烟乡增加为4个，共种植烤烟533.33公顷，生产烟叶1.98万担，烟农收入达1226万元，实现财政收入269.72万元。

2008年，恢复烤烟种植后，美姑县委、县人民政府狠抓烟田、烟水、烤房、烟区电力、基层站点等基础设施建设。至2009年年末，累计投入建设资金2309.05万元。其中，实施烟水配套工程二期，建成灌溉水渠3条、6.38公里；蓄水池50口、1.7万立方米；管网24条、160.36公里；建成密集式烤房492座。

第一节 组织管理

1996年，烤烟生产办公室成立以来，在宣传工作中积极配合各乡（镇）党委、政府，利用广播电视、大小会议、黑板报、印发资料等形式，宣传讲解种植烤烟与脱贫致富的关系，始终突出“发展、机遇、质量、效益”这四个主题。在组织领导方面层层建立烤烟生产领导小组，形成党政一把手亲自抓，分管领导具体抓，一般干部和帮乡扶贫单位主动配合抓，一级抓一级，一级促一级的强有力的指挥体系，并通过签订目标管理责任书、实行风险抵押金、重奖与重惩相结合以及把烤烟生产实绩同干部考核挂钩的办法；制定烤烟生产优惠政策，本着让利于烟农，提高生产者积极性的原则，在烤房、地膜、用肥上给予适当补贴，信贷资金给予优先安排，扶贫项目奖励适当向产烟乡、村、烟农扩大倾斜；在生产布局上严格执行“三个转移”，即从分散种植向适宜区转移、从零星地块向连片种植相对集中转移、从三类土地向一类土地转移；在烤烟收购中严格实行烤烟合同种植，增强合同刚性，对无合同的烟叶不予收购，推行烟农户籍化管理。

2008年，推行烟叶“三段式”收购试点工作，减少烟农分级用工和收购矛盾，提高烟叶收购效率。坚决杜绝“人情烟、小费烟”，把国家和农民利益放在第一位，做到“五公开”，既公开收购标准、公开收购价格、公开政策、公开收购手续、公开收购时间和地点。

第二节　技术培训

在烤烟技术培训方面，坚持“送出去取经”与“请进来传经”相结合、培训干部与培训农民相结合、理论学习与现场示范相结合和一级培训一级的办法。在广大烟区干部群众中牢固树立“科学技术是第一生产力”的观念，要求从育苗到大田移栽、从田间管理到分级、烘烤、扎把，直至烤房建设、分级交售，每一个环节都做到科学化、规范化。1997—1999年，县烤烟生产办公室从会理县高薪聘请18名烤烟技术员深入烟区，常年指导烤烟生产，同时，举办乡（镇）干部和烟农骨干培训班共15期，在育苗、苗床管理、大田移栽以及大田管理现场示范22次，受训人数达3000人次，印发技术资料9000多份，选送13名烟农骨干和10名乡（镇）领导干部到凉山州烟办学习烤烟技术，做到每一个产烟乡（镇）都配备2名以上的技术指导员。

2000年，县、乡两级共举办烤烟技术培训班30次，受训人员达6000人，印发《烤烟技术手册》《病虫害防治》《烤烟工作流程》《烤烟烘烤图》《四十二级国标》等科技资料3500余份（册），每一个产烟乡（镇）配有2～3名专职烤烟技术员。2008年，从老烟区聘请3名技术人员指导美姑烟农进行烤烟生产。举办乡干部、烟农骨干培训班2期，培训人员150人；召开烤房建设、苗床地选用、育苗等现场会5次，培训人员800人；组织村组干部培训3000人次，发放技术资料2000余份。2009年，对烟农开展一张培训卡、一张明白卡、一本烟叶生产技术手册、一本种烟资格证书的“四个一”培训活动，活动参与面达100%，推动烟农由经验型向知识型转变。

第三节　烟叶产量与产值

1997—2004年，每年种烟收入5000元以上的有76户，1万元以上的有5户，收入2万元以上的有1户，收入3万元以上的有6户，收入6万元以上的有1户。其中，1997年，牛牛坝乡烟农吉古石体承包3公顷烤烟，亩产150多公斤，除去投入后净赚4万多元，其种烟和烘烤技术达到凉山州烤烟主产区的最高水平。

2008年，恢复烤烟种植后，当年两个种烟乡种植烤烟144.53公顷，生产烟叶4304担，烟农收入达274.72万元，为财政创收60.44万元。2009年，共种植烤烟533.33公顷，生产烟叶1.98万担，烟农收入达1226万元，实现财政收入269.72万元。

美姑县1997—2009年烤烟生产情况统计表

表19-1

年　份	烤烟面积（公顷）	烟叶总产量（担）			总产值（万元）	税利（万元）
		上等烟	中等烟	下等烟		
1997	200.00	380.25	3071.25	2398.50	172.57	53.49
1998	200.00	516.00	3289.50	2644.50	309.60	95.77
1999	213.33	528.00	3520.00	2992.00	228.80	77.76
2000	200.00	841.15	4054.50	2754.00	202.72	104.48
2001	533.33	167.00	2115.00	768.00	196.63	156.79

续表 19-1

年份	烤烟面积（公顷）	烟叶总产量（担）			总产值（万元）	税利（万元）
		上等烟	中等烟	下等烟		
2002	86.67	224.00	2200.00	1467.00	209.11	137.70
2003	580.00	4337.00	62985.00	26472.00	5195.09	248.16
2004	333.33	628.50	3824.00	551.50	265.21	516.62
2008	144.53	2341.00	10017.00	946.00	274.12	60.44
2009	533.33	8147.00	6173.00	5203.00	1226.00	269.72

第二章　烟草经营

第一节　机构设置

1983 年 11 月 15 日，成立美姑县烟草专卖局（与县糖酒公司一套班子、两块牌子），负责烟草专卖行政管理，业务经营。其工作分别受上级烟草专卖局、烟草公司和县人民政府双重领导，以上一级烟草专卖局、烟草公司为主。截至 2009 年，美姑县烟草专卖局（公司）单位有从业人员 20 人。

第二节　打击卷烟走私活动

1991 年 6 月，《中华人民共和国烟草专卖法》经全国人大常委会通过并颁布实施。1992 年和 1994 年，美姑县烟草专卖局联合县工商行政管理局、县公安局专题开展打击香烟走私、整顿卷烟市场工作，并在全县统一实行国家烟草专卖许可证，对国营、集体和个体经营户采取以证经营和规范化管理。

2007 年，美姑县烟草专卖局专卖队伍达 3 人。共查处各类违法案件 17 起，查获违法卷烟 320.8 条，上缴专卖罚没款 990.78 元。2008 年，与县公安、工商、技监等部门建立联合执法长效机制，采取定期或不定期方式开展卷烟市场清查工作，共清理未纳入网络销售的事实卷烟经营户 101 户，新办烟草专卖许可证 37 户，查处各类违法案件 20 件，查获违法卷烟 1877 条，案值 4.49 万元，上缴罚没款 7562 元。

2009 年，共查处各种违法案件 35 起（其中，假冒伪劣卷烟案件 5 起、无证运输卷烟案件 3 起、无证经营卷烟案件 1 起、未在当地烟草专卖批发企业进货案件 26 起），查获各类违法卷烟 2827.2 条（其中，假冒伪劣卷烟 189 条、真烟 2638.2 条），案值 5.99 万元（其中，假冒卷烟案值 1369.1 元、真烟案值 5.86 万元），上缴罚没款 1.38 万元。

第三节　卷烟营销与利润

1991 年以后，每年组织营销人员开展市场调查，摸清市场现状和区域现状。对客户年销售能力、区域外出打工人口、消费习惯、市场品牌情况、客户库存、市场区域价格等方面进行调查，力求获得新的增长点。同时，将销售总量、税利增长率等“五项指标”分解到客户经理人头，与客户经理、送货员、稽查员、烟技员签订考核目标责任书，实行“四员联动”捆绑考核，采取现金与绩效分别相结合的方式，对工作纪律、网建管理、销售任务按月进行严格考核，逗硬奖惩，以此调动全员参与积极性。要求专卖营销人员互动，加强沟通协调，通过每周对客户销售进度完成情况进行分析，对销售异常的客户采取客户经理重点拜访，稽查人员重点检查的办法，确保每年销售任务按时完成。截至 2009 年，年卷烟销售总量达 2661.43 箱，实现销售收入达 3208.59 万元（含税），单箱销售收入 1.21 万元（含税），毛利额 772.59 万元（含税），单箱毛利 2902.91 元（含税）。

1991—2009 年烟草专卖局（公司）财务指标一览表

表 19-2　　单位：万元

项目 年度	销售总额	利润总额	上缴税金	资产总额	固定资产净值
1991	207	6	3	58	21
1992	238	7	2	61	24
1993	293	3	2	75	24
1994	283	1	4	78	26
1995	683	6	25	73	26
1996	948	26	17	101	24
1997	775	10	15	235	23
1998	922	2	40	150	26
1999	466	1	10	274	28
2000	813	1	22	275	25
2001	1396	17	7	330	24
2002	1205	40	25	361	40
2003	1350	113	75	219	37
2004	1540	120	103	313	43
2005	1682	168	152	451	32
2006	1840	246	192	501	53
2007	2227	335	210	612	342
2008	2917	453	360	726	433
2009	3209	574	450	852	514

第二十篇

粮　食

美姑县粮食局始建于1955年7月，为县人民政府具有行政管理职能的常设行政机构。至1990年年底，有秘书、财会、计划农管、储运、保卫5股。下属有柳洪、甲谷、牛牛坝、候播乃拖、巴普、峨曲古、洪溪、瓦侯8个粮油管理站，还有瓦古、乐约、拉木阿觉、洛俄依甘、佐戈依达、苏洛、井叶特西、觉洛、洒库等10个粮点。1992年，根据粮食流通体制改革的需要，建立了美姑粮油经济实体。9月12日，成立美姑县粮油贸易总公司，同时保留美姑县粮食局的牌子。实行企业管理、独立核算、自主经营、自负盈亏，逐步与县财政脱钩，总公司职工管理按现行人事管理制度执行。1998年，政企分开后，粮油贸易总公司自然消失，县粮食局仍行使自己的职能。1999年1月，粮食流通体制改革，撤销原有的8个粮站、10个粮点、县粮食车队、议价公司等。按政策业务与经营业务分开的原则，分别成立粮油收储公司和县粮油经营公司。

2002年12月13日，美姑县国有粮食企业改制，撤销原“县粮油收储公司”和“县粮油经营公司”，重组为“美姑县粮油购销公司”。2006年4月，撤销业务统计股、财会股，设立财务统计股，增设美姑县粮食流通执法大队。至2009年年底，县粮食局内设办公室、财务统计股、仓储保卫股、粮食流通执法大队。建有13个库点。主要分布在柳洪、拉木阿觉、洛俄依甘、九口、牛牛坝、候播乃拖、佐戈依达、城关、井叶特西、峨曲古、洪溪、洒库、瓦侯。设局长1名，副局长2名，共有干部职工13人。

第一章　粮油收购与销售

第一节　粮油收购

1991年，全县共收购粮食121.52万公斤，其中，议价收购61.76万公斤，平价收购59.76万公斤；1992年，共收购粮食16.85万公斤，其中，议价收购13.12万公斤，平价收购3.73万公斤；1993年，共收购粮食11.88万公斤；1994年，共收购15.28万公斤；1995年，收购85.5万公斤；1996年，收购粮食198万公斤；1997年，收购59.5万公斤；1999年，全县完成定购收购粮食71.8万公斤；2000年，全年购进粮食71.63万公斤。

1991年，购进粮油92万公斤。1992年，购进粮油114.1万公斤，收购芸豆9万公斤，购进大米22.5万公斤，完成定购任务70.8万公斤。1993年，贷款142万元，从湖北、达县购进粮食260万公斤，完成大春粮食收购入库71.4万公斤。1994年，改进收购服务工作，实行现款收购，当年完成62.27万公斤收购任务。

1996年，将粮食收购任务落实到全县36个乡（镇）、283个村、1443个村民小组、3.27万户。当年全县完成定购粮68.45万公斤，市场收购2.4万公斤，县外购进粮油109.6万公斤。1997年，购进粮油47.2万公斤，完成定购粮15.4万公斤，议价收购3.4万公斤，超额完成全年59.5万公斤的收购任务。1998年，完成定购粮收购55.15万公斤，市场收购82.7万公斤，县外调入粮油155.25万公斤。1999年，完成收购粮食37.85万公斤，其中定购粮7.3万公斤，保护价收购30.55万公斤，县外购进粮油246.5万公斤。

2000年，收购粮食59.5万公斤，县外购进粮油286.7万公斤。2001年，提前完成59.5万公斤的粮食收购任务，当年从外地购进粮油64.7万公斤。2002年，收购粮食38.7万公斤，调入72.95万公斤。其中，退耕还林粮供应68.55万公斤，军供粮0.8万公斤。2004年，共调入大米498.5万公斤，面粉 270 万公斤，用于退耕还林粮供应。

到 2009 年年底，全县全面完成粮油收购任务。2000 年以后，县粮食局主要承担全县退耕还林粮食供应工作，停止粮油收购工作。

第二节 粮油销售

1991 年，全县销售粮油 262.19 万公斤，其中，议价销售 31.04 万公斤，平价销售 231.15 万公斤。1992 年，共销售粮油 26.7 万公斤，其中，议价销售 9.74 万公斤，平价销售 16.96 万公斤。1993 年，共销售 13.71 万公斤，其中，平价（军粮）0.55 万公斤，议价销售 13.16 万公斤。1995 年，销售粮食 98 万公斤。

1996 年，销售粮食 251 万公斤。1997 年，销售粮食 213.8 万公斤，经营性销售 209.2 万公斤。1998 年，销售粮食 48.8 万公斤，经营性销售 32.3 万公斤。1999 年，销售 568 万公斤。2000 年以后，县粮食系统主要负责退耕还林粮食的调运和供应工作，停止粮油销售业务。

第二章 体制改革

第一节 粮食流通体制改革

1991 年，粮油销售继续实行凭证、凭票、定点供应的原则，并从 7 月 1 日起，居民的定量粮油实行限期供应，限期为两个月。1998 年，美姑县成立粮食流通体制改革领导小组，按照“三项政策、一项改革”的方针（指按保护价敞开收购农民余粮、国有粮食购销企业实行顺价销售、粮食收购资金实行封闭运行和加快国有粮食购销企业自身改革）和“四分开一完善”的原则（1996 年，国务院决定要按照政企分开、储备和经营分开、中央与地方责任分开、新老财务挂账分开和完善粮食价格机制的原则，进一步深化粮食流通体制改革），县粮食局在人、财、物等方面彻底与企业脱钩，不再干预粮食企业的经营活动。局下属的 9 个独立核算企业，按照“政策性业务”和“经营性业务”的性质分开，合并成立为县粮油收储公司和县粮油经营公司。撤销原粮食车队、洒库粮点、瓦古粮点、乐约粮点、苏洛粮点 5 个非独立核算单位，原有的 10 个独立核算单位企业及领导班子随两个公司的成立自然消失。到年底，全县 146 名职工中除收储公司保留 31 人从事政策性业务外，其余 115 名职工全分流到粮食经营公司。粮食管理体制改革后，县粮食局坚持敞开收购农民余粮。

2000 年，继续深化粮改，按保护价收购农民余粮，同时，把粮食工作的重点放在退耕还林的调运和供应上。2001 年，狠抓第三产业，共创收 3 万元，同比增长 3%。2002 年，取消粮食定购，依照市场需求，尊重农民生产经营自主权，让农民按市场导向调整农业种植结构，提高市场竞争力和农民的经济效益。同时放开粮食市场，营造经营主体多元化，有序竞争格局，对跨县粮源和全国范围内的成品粮的运输，不再实行运输凭证制。

第二节　粮食企业改制

2002年，对全县国有粮食企业进行改制，以置换职工身份，减员增效为重点，在县内开展“企业改制、职工改性、全员买断、重组上岗”。一是对全县粮食企业的国有资产进行评估；二是按照“三个一点”的要求（“三个一点”是指凉山州粮食局投入一点，闲置资产变现一点，企业拿出一点），筹措改制经费；三是每个工龄年补偿800元，对遗属抚养人员除非农人口交民政部门给予低保外，其余的一次性了断。是年年底，完成置换工作，重新组建县粮油购销公司，按照“公开、公平、公正”的原则，严格筛选返聘员工43名。

2003年，县粮食局积极筹措资金182万元（凉山州拨改制资金100万元，企业争取各项补贴82万元），县内粮食职工全部转变国有企业职工身份，计121人，补偿160余万元。对原收储公司和经营公司的抚养人员进行一次性转变，给予经济补偿17.96万元；对原收储公司和经营公司职工的24名独生子女给予经济补偿6000元。

2004年，共争取企业改制缺口经费200余万元，自筹40万元，用于在职职工工龄补偿，遗属抚养、独生子女保健等费用，缴清职工的养老保险，大病统筹、安葬抚恤等费用共198万元。

2005年，重新聘用27名员工。

第三章　仓储建设与粮油保防

第一节　仓储建设

1990年，凉山州粮食局下达的第二批建仓任务为100万公斤，其中，“三项费用”扩建50万公斤，建仓地点是洪溪粮站，贷款挂账扩建50万公斤。1991年，州第三批下达给美姑的建仓任务是贷款挂账和自筹扩建100万公斤，油罐25吨。第二批“三项费用”扩建50万公斤，投资7.5万元。贷款挂账扩建50万公斤，投资8万元。第三批下达给美姑贷款挂账15万元，自筹5万元，扩建粮仓100万公斤，投资18.83万元，贷款挂账1万元建罐25吨。美姑第二批、第三批建仓工程，在县城建局和质监部门的支持配合下，分别于1990年7月中旬和1991年3月开工，10月16日、6月20日竣工。是年，凉山州财政局、州粮食局共下拨9.5万元维修县城关粮站。4月18日，县粮食局共安排14.15万元，用于各乡（镇）粮食仓库及附属设施维修。是年，县粮食局贷款16万元，自筹28万元新建两幢50万公斤的粮仓，修缮两幢200万公斤的仓库。

1992年3月10日，县粮食局自筹资金7.55万元，维修甲谷、侯古莫、新桥粮点设施；是年11月24日，凉山州财政局、州粮食局拨给美姑维修费10万元，用于城关粮站50万公斤销售仓及宿舍围墙维修。全年先后完成洛俄依甘粮点50万公斤的建仓和峨曲古粮站的建仓任务。1996年，在国内贸易部的支持下，投资10万元扩建面条生产车间。1996年以后，全县无粮仓的修建任务。

第二节　粮油保防

1991年以后，粮油保防工作坚持以防为主，综合防治的保粮方针，坚持3天一小查、7天一大查，截至2004年，共处理虫粮、危粮752万公斤，经州县普查，全县“四无”粮仓率达98%以上。2005—2009年，县粮食局重视加强粮油安全储藏，积极开展粮食系统的安全生产，加强粮库、化学药剂、报废仓等的整治工作，确保州级储备粮和县级储备粮的安全储藏。

第四章　粮油供应

第一节　救灾粮的组织与供应

1991年，粮食部门从国家储备粮和省专储粮中调入40万公斤，供应缺粮农户。美姑县人民政府分配11.1万公斤救灾粮，供应因灾缺粮农户。1992年，共完成凉山州粮食局分配65万公斤救灾粮、县人民政府分配2万公斤救灾粮组织与供应任务。1993年，共安排7.07万公斤救灾粮，主要供应灾区缺粮农户。1994年，从国家储备粮中调入15万公斤供应灾民。1995年，凉山州粮食局先后分配救灾粮共计50万公斤，县人民政府安排救灾粮30万公斤，救灾款6.15万元，分配到全县受灾农户手中。

1996年，州粮食局安排了15万公斤，其中，小麦12.5万公斤，玉米2.5万公斤，县上安排第一批救灾粮3.5万公斤，第二批救灾粮8.6万公斤，分配落实到各乡受灾农户手中。1997年，州粮食局安排了285万公斤，县民政部门安排3.5万公斤救灾粮，主要供应因灾缺粮农户。

第二节　退耕还林粮食的调运与供应

1999年11月，国务院决定在全国开展“以粮代赈，退耕还林”工作。2000年开始在全国范围内实行退耕还林粮食供应政策，全年共调入粮食286.7万公斤，完成退耕还林粮食150万公斤的供应任务。2001年，第一批退耕还林2000公顷，供应粮食184.5万公斤。第二批省安排调入粮食144万公斤，州内调拨小麦50万公斤，就地动用玉米40万公斤。2002年1月4日，美姑县成立退耕还林粮供应领导小组，完成州粮食局下达2001年第三批退耕还林粮食调拨计划252万公斤。是年，退耕还林4333.33公顷，全年发放975万公斤。

2003年，全县退耕面积为6000公顷，退耕还林粮食1004.4万公斤，州粮食局下达退耕还林粮食调拨计划678.82万公斤，完成调运705.32万公斤。2004年，完成2003年度退耕还林粮1350万公斤的供应任务。到2004年12月12日，共调入498.5万公斤大米，270万公斤面粉，7685吨退耕还林粮全部发放。2005年，共发放退耕粮食1365万公斤。

2007年，完成2006年度6066.67公顷退耕还林粮，共完成1365万公斤原粮的组织、调运、发放工作。2007年，退耕还林实行现金直补后，县粮食局转变经营方式，及时到各乡（镇）调查需粮农户需求量，根据需求及时组织粮源，保证需粮户和缺粮农户的粮食供应。

第三节　粮油加工与生产

美姑县粮油加工始于20世纪50年代，70年代粮油加工实行独立核算。1991年，完成产值106.35万元，实现利润3.93万元。1992年，完成总产值96.73万元，实现利润4.1万元。1993年，粮油加工工业从平价调拨加工中进入市场竞争机制，失去原料来源，因信息行情不灵造成产品积压，全年产值只完成55.44万元，与同期相比下降38.59万元，利润为-6.5万元，与同期相比增加亏损8.77万元。1994年亏损65万元，工业产值只完成23万元，占计划数的38%，下降32.44万元。1995年，在国内贸易部的支持下，投资10万元，扩建面条生产车间，全县粮油加工企业减少亏损21.1%，完成工业产值19.5万元。到2002年年底，县粮油加工工业停工停产，粮油的加工由个体私营加工业所取代。

第二十一篇

财　税

第一章　财　政

第一节　机构设置

美姑县财政局成立于1960年1月，设有1名局长，2名副局长的职位。1995年7月，成立县财政局党组，财政局局长兼任党组书记，副局长为党组成员。局内先后挂牌国有资产监督管理和财政监督检查两个局；内设综合、预算、经济建设、农业、社会保障、国有资产管理与企业、乡财政管理、会计与税政法规、文教行政执法、国库10个股；以及办公室、信息中心和支付中心。下辖9个片区中心财政所和36个乡（镇）财政所。

一、国有资产监督管理局

1995年3月，成立美姑县国有资产监督管理局，属政府二级局，隶属县财政局。主要职能是对全县国有企业的改革、重组、转让和出售；对行政事业单位和国有企业的资产进行登记造册，清产核资，依法清查核销以及对有关违规违纪事件的查处等工作。1998年10月撤销，成立国有资产管理股。2003年，成立国有资产监督管理委员会，县委、县人民政府的主要领导挂名，财政局负责具体工作。2005年，重新设立国有资产监督管理局，具体工作由国有资产监督管理股负责。2007年9月，财政局成立国有资产监督管理与企业股。

二、财政监督检查局

2006年10月，成立财政监督检查局，属县人民政府副局级单位，隶属财政局，其职能主要是拟定财政稽查制度，监督检查财税法规、政策的执行情况，依法对全县的财政收入、支出等工作进行监督检查，规范全县的财政运行之路。

第二节　财政管理

1991—1993年，凉山州对美姑县确定“划分收支、分级包干、定额补助、逐年递增”的财政包干体制。1994—2007年，实行分税制财政体制。1994年，为适应社会主义市场经济体制的客观要求，开始实行“三分一返”（分支出、分收入、分设税务机构、实行税收返还）。美姑县根据实际，一是采取划分支出法。地方财政主要承担本地区政权机关运转所需支出和本地区的经济、社会事业发展所需支出。二是划分收入法，中央和地方共享收入“增值税”按75%和25%的比例分成。三是把原“美姑县税务局”分设为美姑县国税局和美姑县地方税务局，把税源分解为国家税和地方税。四是税收返还制。以1993年上划中央财政的收入为基数，全额返还地方财政，以后上划收入每增长1，中央财政按1∶0.3的比例实行返还。

分税制实行后，从1995年起，中央财政实行过渡期转移支付制度，解决财力不均衡的问题。四川省出台《1995年过渡期转移支付办法》，美姑县受益其中。省政府对各地财政支出不出现赤字现象进行以奖代补，5年不变。县人民政府实行“短收扣预算，超收分成”的管理办法，以加强乡（镇）财政预算外收入管理。1996年，实行“适度从紧、择优投入、保吃饭”的财政政策，以《中华人民共和国预算法》为准则，试行“零基预算”管理，界定和缩小支出范围，坚持“一支笔”审批，压缩不必要的开支。1997年，全面推行“零基预算”管理办法，对洪溪、瓦侯、牛牛坝三个片区的乡建立乡级财政实体，实行“超收分成，短收自补，收支挂钩，一年一定”的管理办法，把财政收支的担子和责任部分下放给乡（镇）。1998年，“天保工程”启动，中央根据1997年的基数给予财力补助，实行“适度从紧、量入为出、保证重点、压缩一般”的财政政策。1999年，实行“调整结构、保证重点、压缩一般、加强管理”的财政政策。

2001年，实行“确保改革、发展、稳定，过紧日子”的财政政策。建立国库支付制度，推行“单位开票、银行代收、财政统管”的“收支两条线”管理。同时，对乡（镇）实行“实体财政”管理。2002年，对乡（镇）全面实行“划分收支范围，核定收支基数，超收全额返还，短收自补或扣预算，逐年递增或递减收支比例，一定三年不变”的办法理财。2003年，实行“推进改革、服务大项目、从紧支出、落实工资、‘两保’和‘低保’”的财政政策。2004年，实行“调整支出结构和方向，确保工资和重点，解决社会敏感问题”的财政政策。

2006—2007年，实行以“三农”为重点（“三农”指农业、农村、农民），强化教育卫生，进一步完善社会保障的财政政策，推进了全县各项事业的发展。2008年，实行银行代收制和收支两条线管理制度，提高非税收入征管质量，杜绝坐收坐支，建立合理的个人收入增加体制。2009年，在扩大部门预算的同时，全面实施国库集中收付制改革；建立健全县对乡（镇）转移支付和乡财政预决算的审批监督管理制度。同时，将16个涉及民生、经济建设项目以及重大工程项目资金纳入财政绩效评价范围。

第三节　国有资产管理

1991年，对新竣工投产的美姑县电石厂固定资产进行核定，对县医药公司、农机厂、巴普营业部等企业固定资产报废进行核销。1992年，建立美姑企业的国有资产产权登记制度。1993年，全县行政事业单位进行财产清查登记工作，全县行政事业单位清查前的资产总额账面数为5151万元，清查核实数为5649万元，清查出资产498万元。1994年，开展企业产权登记工作，举办企业清产核资培训，在县刨花板厂和县林产公司进行清产核资试点工作。

1995年，对全县48个企业进行一次大规模的清产核资工作，解决账面价值与实际价值长期背离的现象。查出企业因历史等原因造成资产损失1530万元，经营亏损等挂账835万元。对企业占用的土地进行估价，土地价值入账1011万元。对企业主要固定资产进行价值重估，增值717万元。同时，处理历史遗留包袱1064万元，最后核定截至1995年3月31日，全县属国有企业国家资本金为2239万元，国有资产总额为3401万元，并建立国有资产处置资金管理专户。

1996年，首次对行政事业单位进行产权登记，核发国有资产产权登记证，建立一张表、两本账的统计评价体系。1997年以后，本着服从服务于改革的宗旨，为企业减轻包袱，核销资产损失117万元，弥补亏损95万元。用国有资产支付养老保险、工龄补偿等改制费用622万元。到2000年，先后组建国有独资公司3户、有限责任公司6户、破产1户、带资解体11户、出售产权1户，粮食流通企业改革10户并为2户。完成企业改制34户，占应改企业的76%。

2001—2002年，完成自来水有限责任公司改制为国有独资公司的资产清查、评估等工作。2003年，对国有企业单位的国有资产保值增值进行考核，对行政事业单位的一级预算单位45户进行清产核资，严格控制行政事业单位国有资产处置的审批手续。对32个单位申请处置和报废的国有资产进行批复，变价收入180.3万元，其中，行政91万元，企业89.3万元，实际入库84万元。报废87.1万元，其中行政单位28.7万元，企业58.4万元。2004年，查处14个单位存在基金收入和国有资产收益未上缴国库，承包收入和门面出租收入未纳入财政专户，用白条冲抵专项资金，处置国有资产收入直接用于抵债，职工长期拖欠公款等各种各样的问题。2005年，完成县自来水厂和刨花板厂改制工作。

2006年起，开始执行财政部《行政单位国有资产管理办法》和《事业单位国有资产管理办法》。2007年，对全县123个行政事业单位进行资产清查，其中，行政单位68个，社会团体1个、事业单位54个。全县行政单位资产总额账面数为7389万元。其中，固定资产账面数6070万元，清查数6444万元，资产盘盈457万元，固定财产损失84万元。全县事业单位资产合计账面数为1.45亿元，其中，固定资产原值9366万元，清查数1亿元，清查增加资产总额1064万元。资产盘盈1064万元。固定资产损失406万元。2008年，对9个工委撤销后的资产进行认真清查，按照“打紧安排，合理调配”的原则，公开处置7辆旧车和2处办公用房。2009年，完成108个村级活动室建设和10个乡政府房屋维修审查验收工作，督促乡（镇）国有资产实行入账管理。

第四节　会计管理

1991年，对全县《中华人民共和国会计法》实施情况进行检查，并换发会计证。1992年，开展会计职称的评定工作，评定出助理会计师17名，会计员40名，向上级申报评审会计师4名。1993年，全面开展新会计制度培训工作。新会计制度在美姑正式实施，建立与社会主义市场经济体制相适应的会计核算模式。1994年，组织4个工作组，对机关新旧会计制度对接口的账务进行检查、指导。1995年4月初，对全县财会人员进行会计证的验证、换证和建档，共验证168人，换证168人，新办证81人。

1996年，县人民政府成立整顿会计工作秩序领导小组，规范会计工作秩序，严肃财经纪律。1998年，开始在行政事业单位正式推行办公微机化，制定并执行《美姑县会计管理办法》。1999年，对行政事业单位财会人员进行业务培训，参加业务培训的243名会计，189人获得从业资格证书。从1999年起，实施统一的会计报表体系——汇总会计报表。2000年年初，在全县范围推进会计建账监管工作。到6月底，全县行政事业、企业单位依法建账工作完成，注册率达100%。

2001年，开展《中华人民共和国会计法》执行情况专项检查。2002年，根据美姑实际出台并执行《中心财政所会计岗位职责》《乡财政所会计岗位职责》等有关会计岗位职责。2003年，出台《政府采购实施方案》《部门预算实施方案》《国有资产管理办法》《票据管理办法》4个改革试点方案。2004年，开展财政系统以为民理财、依法行政、廉洁高效为主要内容的作风教育整顿活动。

2007年，进一步加强各预算单位、工委、乡（镇）财政所会计的业务培训，政府收支分类改革顺利进行，新旧科目平稳衔接过度。2008年，组织人员对全县会计质量进行检查，整顿会计工作秩序，组织财会人员参加全国性的财政法规知识竞赛活动，并独立开展10天的培训工作。2009年，筹建会计管理中心，在县直机关事业单位实行会计委派制度。

第五节　财政监督

一、三大检查

1985年以后，全国实行税收、财务、物价三大检查制。每年10—12月定期对全县的税收、财务、物价情况进行一次大检查，严厉防止财经部门的违法乱纪行为。美姑县的“三大检查”办公室设在财政局，由财政局主持开展工作。1991—1998年，共查出违纪单位64个，违纪金额40.9万元，查获增值税、消费税和房地产税2153万元，违规罚款12万元，共计2237万元，违控车辆10辆。违纪款全部收缴入库，并对有关单位和人员视情况轻重进行处理。1998 年，国务院决定不再开展三大检查，变定期检查监督为经常性检查监督。

二、专项监督检查

1991 年，对控购商品进行专项检查，抽查 4 个单位，查出 2 个问题。1992 年，开展公车私户检查，查出公车私户的小车一辆。1994 年，对行政事业单位的小汽车登记建卡情况和 18 个乡（镇）的财务收支情况进行检查，查出违控小车 10 辆。1995 年，开展清理小金库工作，查出私设小金库 5 户，金额 5 万元。同时，对全县县级企业贷款进行清理，追回贷款 25 万元。

1996 年，对全县会计程序进行专项检查，自查出问题 13 起，检查出问题 23 起。1997 年，与审计、物价、监察、农行、建行等部门，对预算外资金进行专项检查，查出违纪单位 5 个，违纪金额达 34 万元。1998 年，开展会计工作程序整顿活动。1999 年，对全县行政事业单位的收费收入、罚没收入、专项资金使用、国有固定资产建账、预算收支执行等情况进行逐户检查。至 2001 年先后检查 77 个单位，查出违规违纪资金 75.74 万元。

2005 年，清理停发吃财政空饷人员 17 人的工资。停发遗属超龄抚养人员 87 人，每年节约财政资金 16 万元。2006 年，主要查处动用其他项目的经费，擅自改变资金用途，变更使用范围，改变补助标准的行为。其中，县扶贫开发办在以工代赈易地扶贫搬迁项目 600 万元中调整 180 万元用于“三房”改造，改变资金用途。岩鹰鸡续建项目 100 万元，只拨付给县畜牧局 50 万元，截留 50 万元，造成项目进度缓慢。县卫生局把新桥卫生院建设项目 88 万元，调整到瓦侯卫生院建设，变更实施地点。把基层卫生院建设项目资金 285 万元和国债基建资金 340.49 万元，全部借给承包人，借支金额过大，时间长，未及时清算。县公安局在 2005 年安排二代身份证专项工作经费时，挤占公安保障经费 18.8 万元。县民政局在 2005 年和 2006 年救灾资金中，分别挪用 1.61 万元和 0.83 万元，共计 2.44 万元，用于开支汽油费。县国土局在州下达特大型地质灾害防治项目专项补助资金中挪用 1.12 万元，用于报销专家差旅费。在实施州下达的特大型地质灾害防治项目专项资金时，因设计变更而增加投资，超项目资金 48.74 万元，扩大投资规模。县交通局 2005 年投资 42 万元的公路安全保护工程，未按规定进行招投标。县人事劳动局因会计核算不规范，把财政专户资金 3 万元转用为劳动力市场建设资金，记入单位经费账户。县粮食局，因会计核算不规范，把改制借款 50 万元，误记入补贴收入和其他支出。

2008 年，组成检查组对乡（镇）机构改革后的 9 个工委账务进行了清理检查。会同民政部门对“5・12”地震发生后全县抗震救灾捐款的接收使用情况进行监督。2009 年，对中央新增投资项目和灾区恢复重建项目资金进行监督检查，提高资金使用效益。全年将全县 95 个单位纳入小金库清查范围，查出存在小金库问题单位 2 个，涉及金额 10.13 万元。

第六节　财政收入

美姑县财政收入主要由本级财政收入和上级补助收入两大部类构成。

美姑县历年财政收入情况统计表

表 21-1

年　份	本级财政收入（万元）	上级补助（万元）
1991	603.8	1207.4
1992	968.0	1529.8
1993	1083.6	1691.7
1994	891.0	1573.0
1995	902.2	1847.0
1996	950.0	2152.0
1997	1087.0	3481.0
1998	1156.0	3457.0
1999	937.0	4604.0
2000	721.0	5975.0
2001	829.0	8901.0
2002	1059.0	11230.0
2003	1559.0	10802.0
2004	2344.0	19712.0
2005	2460.0	19712.0
2006	2696.0	22446.0
2007	3567.0	33372.0
2008	5378.0	39502.0
2009	6382.0	59067.0

第七节　财政支出

随着改革开放的不断深入，美姑的财政支出一年高于一年。通过自身努力增收和积极争取上级财政加大补助力度，除个别年间出现赤字外，总体上实现了收支平衡，推动了美姑各项事业的正常发展。

1991 年，全县财政总支出达 1702.7 万元，为核定预算数 1516.5 万元的 112.3%，占调整预算数 1827.7 万元的 93.2%。比 1990 年支出总数 1527.5 万元增长 11.47%，净增 175.2 万元，上级财政补助 1207.4 万元，解决了这个缺口。1992 年，总支出达 2382.9 万元，为调整预算 2213.0 万元的 106.4%，比 1991 年支出数 1702.7 万元增长 39.95%。上级财政补助了 1529.8 万元，赤字 152.5 万元。1993 年，总支出达 3141.6 万元，为预算数 1605.3 万元的 195.7%，比上年增长 31.8%。上级财政补助了 1691.7 万元，赤字 366.3 万元，扣除消化上年隐性赤字 49.6 万元和三个月人均 70 元调资预算留 75 元，是年的实际赤字数达 2417 万元。1994 年，总支出达 2904.7 万元，为预算数 2344.3 万元的 123.9%。比上年支出下降 7.5%。上级财政补助了 1573 万元，赤字 546.2 万元。1995 年，总支出达 3125.9 万元，比上年同期增长 4.99%。

1996 年，全县财政总支出达 3235 万元，比上年同期增长 3.49%，财政支出基本保证了工资和农业、教育、科技、救灾救济以及公检法办案经费等各项重点支出需要，支持全县经济和各项社会事业的发展，实现财政收支基本平衡。1997 年，总支出达 4568 万元，其中，人头经费支出 2666 万元，专款性支出 1902 万元。财政收入突破 1000 万元大关，完成目标消赤 191 万元，财政收支基本平衡。1998 年，财政决算支出为 4613 万元，占调整预算数的 113.65%，比上年增长 0.98%，实现财政收支平衡。1999 年，财政总支出达 5433 万元，较上年增加 820 万元。按照“调整结构，保证重点，压缩一般，加强管理”的财政政策，在确保工资发放的同时，重点保证教育、扶贫救济以及实施科技兴农和社会稳定等支出。2000 年，实际支出为 7580 万元，上解省支出 31 万元，较上年增加 2147 万元。赤字 341 万元（本年实际赤字 925 万元）。

2001 年，全县财政实际支出为 9301 万元，消赤 153 万元，上解省支出 35 万元，较上年增加 1721 万元，做到收支平衡。2002 年，总支出达 1.2 亿元，比年初预算数增加 4813 万元，较上年同期增加 2702 万元，增长 29.05%，结余 156 万元。2003 年，实际支出达 1.24 亿元，比年初预算数增加 4080 万元，较上年同期增加 436 万元，增长 3.65%。2004 年，实际支出为 2.22 亿元，上解省支出 49 万元，净结余 313 万元。2005 年，实际支出为 26009 万元，结余 314 万元。

2006 年，全县财政本级支出 2.45 亿元，上解支出 50 万元，总支出 24582 万元。年终一般预算滚存结余 313 万元。2007 年，财政实际支出为 3.59 亿元，上解省支出 6 万元，结余 389 万元，其中，结转下年 30 万元，净结余 359 万元。2008 年，财政支总出达 4.24 亿元，比年初预算增加 1.9 亿元。2009 年，财政总支出达到 6.29 亿元，比年度预算增加 3.75 亿元，重点投入教育、卫生、科技、农林牧水等建设方面。

第二章 国 税

第一节 机构设置

1991 年，美姑县税务局下设 1 室 4 股 9 所，即：办公室、税政股、征管股、计财股、人事股、城关税务所、牛牛坝税务所、甲谷税务所、柳洪税务所、候播税务所、峨曲古税务所、巴普税务所、洪溪税务所、瓦侯税务所。同年增设人事监察股，将原人事秘书股改为办公室。1993 年 3 月，因撤区并乡，将巴普税务所并入城关税务所，同时，成立集贸税务所。1994 年 9 月，组建美姑县国家税务局，暂不设地方税务局。根据国家税务总局和省国家税务局关于“撤小并近，收缩边远”的要求，撤销柳洪税务所并入大桥税务所，撤销候播税务所并入牛牛坝税务所，撤销峨曲古税务所并入洪溪税务所。1994 年 5 月成立税务检查所。

1996 年，实行“三定”方案（“三定”是指定岗、定编、定人），下设一室（税务检察室）、两股（人事秘书股、综合业务股）、两分局（征收分局、稽查分局）、三个税务所（大桥税务所、牛牛坝税务所、洪溪税务所）。美姑县国家税务局推行公务员制度。1998 年，设立稽查局，不再单独设征收分局，与计划征收股合并为一套人马、两块牌子。

2001 年，美姑县国家税务局受凉山州国家税务局直接领导，机构级别为正科级，稽查局、征收分局两个直属机构级别为副科级。内设行政科（室）级别定为正股级。内设机构、直属机构和派出机构的设立、变更由凉山州国家税务局审批。2003年，美姑县国家税务局按照上级国税机关关于“大集中、大征管、大稽查、大后勤”的要求，全面推进机关基层一体化，构建新的基层征管格局。至2009年，国税局内设机构为办公室、综合业务科、计划征收科、稽查局、信息中心。

第二节　税法税收宣传

美姑县国家税务局建立以后，按照国家税务总局、四川省国家税务局、凉山州国家税务局的统一安排和部署，结合本县实际，采取举办培训班，领导电视电话讲话，广播讲座，创办专刊专栏、板报、标语、简报、咨询服务，召开各界人士座谈会等形式的税法、税收宣传。同时，紧紧围绕每年的税法宣传月活动主题，向各机关干部、企业负责人、纳税人及各族各界人士宣传社会主义税收的性质、目的、意义，增强全民的纳税意识。宣传内容以《中华人民共和国税收征收管理法》、“企业和个人所得税税法”“新税制”“税收与法制”“税收征管与市场经济”“依法诚信纳税、共建小康社会”为主。16年来，累计发放宣传画册和资料1.92万份，张贴宣传横幅和标语2688余条，接受咨询服务3580人次，共发行新税制教材540本，文件汇编400余册。共举办企业办税人员培训班5期，全县有52个企事业单位参加培训，经考核合格31个。其中，144名厂长经理和办税人员参训；举办5期税务干部培训，共有39名税务干部参加培训，考试合格率达100%。

第三节　征收管理

1992年年初，县税务机关举办全县各税务所会计和所长培训工作，各基层税务所逐步建立健全税务登记、纳税鉴定、纳税申报等征管资料管理制度。全县执行《四川省发票管理实施办法》，征管资料的使用和归档逐步实现规范化、制度化、科学化。1993年1月1日，执行《中华人民共和国税收管理法》，在全县换发并启用七大类67种新版普通发票。12月1日，开始换发税务登记证，有550户换了新证。1995年10月1日，组织开展纳税户清理，共清理出漏征漏管个体工商户50户，查补税款3.5万元。同时，对全县23户增值税一般纳税人的期初存货进行审核检查，核实1995年以后期初存货为1246万元，留抵税额174万元。按照《国家税务总局关于中央、地方两套税务机构建立后税收征管的有关问题处理意见的通知》的要求，对缴纳增值税、消费税以及国家规定由国税机关监督管理的其他纳税人实施国税登记管理，共查验税务登记405户，注册税务登记6户，新办税务登记证25户。

1996年1月，县征收分局对企业征收实施单位开票，纳入微机管理企业33户，税源规模280万元，占国税收入的90%。同时，执行凉山州国家税务局统一的税务登记，纳税申报，税款征收，法律责任四类24种税务征管文书，执行国家税务总局的《增值税一般纳税人申报办法》。6月至8月底，对所有纳税人换发税务登记证，全县企事业单位换证49户，个体工商户换证357户，换证率为95%。1997年4月，执行四川省国家税务局制定的《纳税人自行申报纳税管理办法》，统一规范各税种的纳税申报。6月，执行国家税务总局印发的《个体工商户建账管理暂行办法》。7月，开展个体税收定额调整。调整定额15户，调增营业额幅度最高为5000元。

1998年，在个体工商大户中选出5～7户为示范户，先行建账，实行查账征收。逐步实现个体私营经济税收征管法制化、规范化。县国家税务局建立计算机技术支持的办税服务厅，纳入微机管理的纳税户达到全县国税主管户的70%，纳税申报率、税款入库率分别达到95%和90%。同时，执行《凉山州国家税务局税收征管资料管理办法（试行）》，包括税务管理、申报征收、税务稽查、税务行政处罚复议诉讼四大类132种税收征管文书。8月，取消加油站定期定额征收，实行税务机关查验征收。对流动经营、临时经营及业户少、税源小的集贸市场、农村乡（镇）税收实行委托代征。1999年，清理出漏征漏管户15户，补税1.5万元。清理整顿市场猪肉零售税收，改代征为自征，对固定户实行“双定”征收，对非固定户每日派员查验征收。加强纳税申报管理，将纳税申报和税款征收情况纳入目标管理考核。企业自行申报率达到100%，固定经营个体工商户自行申报率达95%。“两税”入库率达98%。

2000年8—10月，开展税务登记验证，应验592户，已验433户，验证率达83.15%。9—10月，开展增值税专用发票及普通发票检查工作。共检查专用发票13户，普通发票102户，发现普通发票有问题企业2户，个体户4户，企业罚款1万元，个体户罚款1250元，企业补税3.5万元。11—12月，推广增值税一般纳税人使用增值税防伪税控系统。县化工总公司、刨花板厂、电力公司、烟草公司等4户为首批应用单位，占应推广户（13户）的30%。

2002年，征收管理启动多元化、电子化申报工作，全县第一批采用电话申报纳税户31户，当期申报成功户数为26户，申报率达84%。2003年，纳入重点税源管理的企业2户。全县达到起征点的有230户，未达到起征点的237户（包括各乡（镇））。全年实际纳税户减少，但收入有所增长，较上年同期增长18.7%，全年入库36万元。还推行增值税一般纳税人申报“一窗式”管理，将过去的“票票稽核”改为与申报过程同步的“票表稽核”。同时，在巩固电话申报的基础上，推行并开通邮政储蓄网点申报14户，多元化申报总户数达到41户。是年年底，邮政网点申报入库2700元，电话申报入库7.27万元。

2006年，推行全员征管模式，淡化科室管理，逐步实现机关基层一体化。2007年，继续构建税收征管业务新格局。加强税源户籍管理，据税基调查和清理纳税户。到年末，有一般纳税人14户，小规模企业16户，个体工商户179户，其中，核定户71户，未达起征点户108户。新办税务登记证22户。是年，县国税局全面完善增值税“一四六小”管理办法（“一四六小”的“一”是要推进增值税申报纳税“一窗式”管理；“四”是要运用计算机和网络手段，加强对农副产品收购发票、废旧物资收购发票、交通运输发票、海关代征增值税专用缴款书等四种发票纳税情况的审核比对，切实防止骗取抵扣税款。“六”是以推行“一窗式”管理为突破口，实现增值税管理中防伪税控开票系统、认证系统、交叉稽核系统、协查系统、申报纳税系统和发票、会计、统计、评估管理系统6个系统的工作联系和信息共享。“小”是要加强对小规模纳税人的管理），严格申报率、入库率、金税采集率、报税率等指标考核，把相关指标考核情况纳入工作目标管理考核，重点抓好金税工程数据采集，采集率保持100%；加强增值税专用发票的管理，做好领购、保管和发放工作，严格审批手续，“以票控税”，完善“四小票”清单管理，按照“一窗式”管理要求，规范增值税一般纳税人申报纳税工作。是年，按照省国家税务局关于“三个统一”（“三个统一”是指统一窗口人员操作，统一税管员执法标准，统一前后台操作口径）、“两项要求”（“两项要求”一是指公示公告上墙纳税人的权利和义务，办税流程，欠税公告等；二是公示公告办税服务厅工作人员照片、姓名、职务、工号，受理纳税人投诉部门和举报监督电话号码）统一规范办税服务厅管理。

2008—2009年，加强税源和税种的管理工作，税源管理主要是落实和完善税收管理员制度、税源监控分析制度，推行纳税评估，把税源管理责任具体落实到人头。税种管理主要按照“以票控税、网络比对、税源监控、综合管理”的工作思路，加强流转税管理；完善增值税“一窗式”管理办法；加大增值税防伪税控器具管理，推广应用税控收款机，创新办法和机制，减少税收流失；同时按照“管好税基、完善汇缴、加强评估、分类管理”的思路，加强所得税管理。

第四节　征管改革

1991 年，经过征管改革，全县初步形成以纳税人主动申报纳税，纳税机关内部建立征收管理与检查相分离的税收征管模式。“九五”期间，按照“整体推进，重点突破，因地制宜，分类指导，积极稳妥，分步实施”的原则，国税征管改革大体分为三个阶段：第一阶段：启动阶段（1996 年）。制定本阶段征管改革方案，培养计算机操作人员，建立微机室，实现微机单机开票和管理，逐步建立新型的税收征管体系，税收征管实现电子化管理。是年，纳入微机运行的国有企业 33 户，税源规模为 280 万元，占税收总额的 95%，管户达到 95%。第二阶段：深化改革阶段 (1997 年）。按照规范、深化的思路，制定《关于深化税收征管改革方案实施意见》，实行相对集中征收，立足于建立新的征管运行机制。第三阶段：全面完成阶段（1998—2000 年）。通过征管改革，基本形成新的征管模式。

1996 年，实行“纳税申报—税务代理—税务稽查”三位一体的税收征管新模式。1998 年，按照收缩边远撤小并近，压缩机关，充实一线，走机关基层一体化的路子，规范设置职能机构，合理调配人员，建立健全稽查机构，稽查人数达到征管人员的 40% 以上，完成基层机构组织建设。1999 年，实行定额普调，“双定”户月税额较上年同期增长 11.53%，普调定额 113 户，调整面达 35.99%。

2000 年，把深化征管改革放在首位，对重点税源实行跟踪管理，纳入全州重点税的“县化工总公司”实行按时准确快报。2001 年，清退征管岗位上的助征员。2002 年，启动了多元化、电子化申报工作。2003 年，重新制定了《税收工作业务流程》，在此基础上积极稳妥地推进基层征管改革，健全税收征管组织体系。加快信息化建设，实现税收科技管理。2004 年，进一步完善《税收征管业务流程》《税收岗责体系》。

2006 年 6 月 1 日上午 10 点 29 分，办税大厅顺利开出第一张税款为 80 元的税票，美姑国税税收征管信息系统 V2.0 综合征管软件成功上线。按照综推要求，结合实际，制定《推行综合征管软件 V2.0 实施方案》《推行综合征管软件 V2.0 目标考核办法》《美姑县国税局征管机构及岗位职责大纲》《美姑县国家税务局征管业务规程》。建立完善的操作性强的岗责体系，保证实际征管业务与综合征管软件系统中相关功能的衔接顺畅。是年，高质量地完成综合征管软件上线初始化数据、静态数据的采集、审核、录入等准备工作。是年综合征管软件的推行工作被评为全州二等奖。2007 年，建立以数据为导向强化税源管理的机制，积极探索推行“全员征管模式”，淡化科室管理，实现机关基层一体化。

2008—2009 年，进一步规范机构设置，明确职责分工，解决近年出现的职责交叉、责任不明等问题。同时，加强税收信息化建设，2008 年，成立了领导小组，并抽调技术人员开展税收信息化建设，至 2009 年，全面完成了执法基础数据的清理准备工作。国税部门转变观念、夯实基础、重组业务、规范流程、创新机制，推动税收征管由结果管理向过程管理转变，由分散管理向集中管理转变，由粗放管理向精细管理转变。

第五节　税务稽查

1991 年 8 月，县税务局印发《关于开展个体工商户和私营企业税收专项检查的通知》，对城乡个体工商户和私有企业进行税收专项检查，共查160户，查出偷税漏税款2688元。1992年11月，对百货公司等9个单位进行检查，查出各种违纪金额1万元，偷税漏税6486元，欠税5703元。1993年9月，配合县“三大检查”小组检查，共查出漏征漏管户70户，偷税漏税9.6万元。1994年10月，对40户企事业单位和160户个体工商户进行检查。共查出偷税漏税10.6万元，入库率达70%，1995年成立了专门的稽查机构，除参加县“三大检查办”统一组织的检查外，专门组织各股室的业务骨干10人，组成税收专项检查组，分成三个组对县“大检办”没有列入检查对象的企事业单位和个体工商户进行检查，重点检查面达50%，共检查35个企事业单位和390户个体工商户，共检查出偷税漏税4.8万元，入库4.5万元，入库率为97%。10月，共清理漏征漏管个体工商户50户，查补入库3.5万元。

1996年10月，共查企业20户，查出偷税漏税款3.99万元。1997年，充分发挥专业化稽查的作用，开展发票专项稽核，查出有问题的4户，其中，利用增值税专用发票为他人虚开的1户，补缴税款2000元，罚款500元的处罚。违反普通发票管理及填写规定的有2户，分别给予罚款3000元的处罚。对纳税户漏记销售收入和违反税收管理办法的5户，罚款3600元。同时，搞好商业企业增值税专项检查，共检查2户，查出有问题的1户，给予补税4903元。全年共对193户纳税单位和个人进行了重点检查，检查面为40%，查补税款1.98万元，罚款7100元，入库率达100%。1998年11月，对县物资有限公司和烟草责任有限公司执行税法情况进行稽核。查补税款21.74万元，并加收滞纳金4.09万元，全部入库。是年12月1日，对全县自来水有限责任公司税收执行情况进行检查，检查出该企业与县电力公司在水电交易方面存在“以物易物”交易，责令限期改正，补缴税款1278.84元，加收滞纳金269.44元。1999年4—6月，开展普通发票的专项检查工作，共查全县43户持票户，检查面达100%，共检查发票2000套，其中有问题的9份。

2000年6月，对美姑县城320户个体工商户进行检查，查出问题165户，补缴税款12702元。对美姑县烟草公司、物资公司、石油公司、电力公司进行发票专项检查，发现违规发票13套，旧版发票162本4150套，自制发票18本900套。2001年，设置稽查局。2002年，税务稽查部门加大税收稽查力度，全年查补税款2.31万元，其中，滞罚收入2864元，处罚率达12.41%。2003年，稽查局共抽查各类纳税户88户，查出有问题38户，补缴税款及罚款12.27万元。对普通发票进行专项检查，发现有问题的10户，罚款1503元。

2006年，共检查的纳税户55户，查出有问题户12户，查补税款31890元，其中，罚款744元，加收滞纳金214元，稽查税款入库率达100%。2007年，共检查纳税户23户，查出有问题户4户，查补税款12.26万元，其中，罚款4.9万元，加收滞纳金1.03万元，稽查税款入库率100%。2008年，完成一般纳税人稽查7户，小规模纳税人稽查3户，个体户检查15户，查补税款4800元，收取滞纳金704元，罚款2400元，入库率达100%。2009年，加大涉税违法案件的查处和曝光力度，提高稽查工作的有效性和权威性，把强化税收稽查作为提高收入质量的重要措施。

第六节　国税收入

1992年，原木产品税收入库突破百万大关达114.02万元，全年完成税收307.50万元。1993年，为配合分税制改革，争基数，炸药产品税入库153.49万元，原木产品税收入库202.10万元，双双突破百万元大关，创历史最高纪录。1994年1月1日起，实行新税制财政体制，国税收入主要以“两税”（增值税、消费税）为主要考核指标，美姑“两税”基数为29.21万元。是年，完成工商税收404.02万元，其中，完成中央级收入223.02万元，州级收入8.81万元，县级收入171.79万元，增值税 27.48 万元，消费税 1.81 万元，营业税 55.33 万元，个人所得税 9.01 万元，国有企业所得税 4.78 万元，全年共组织收入 461.38 万元。1995 年，完成工商税收 306.40 万元，其中，中央级收入 226.19 万元，县级收入 80.21 万元，增值税 397.94 万元，消费税 2.74 万元，其他税收 5.73 万元。

1996 年，完成各项工商税收 305.38 万元，其中，“两税”收入 305.37 万元。1997 年，化工产品增值税入库 109.54 万元，分税制实施以来首次突破百万元大关。1998 年，共组织收入 328.5 万元，其中，“两税”收入 315.6 万元。1999 年，组织各项收入 307.55 万元，其中，“两税”收入 295.2 万元，所得税 6.34 万元，营业税 5.89 万元。2000 年，完成税收指标任务 330.19 万元，其中，增值税 298.32 万元，消费税 2.28 万元，营业税 6.51 万元，企业所得税 1800 元，储蓄利息所得税 22.89 万元。

2001年，完成税收任务165.37万元，其中，增值税135.61万元，消费税1.77万元，营业税0.77万元，企业所得税5.63万元，共计得税21.59万元。2002年，共完成税收任务410.86万元，其中，“两税”354.66万元，营业税1.53万元，企业所得税15.63万元，个人利息所得税39.04万元。其他收入（税务行政性收费）5700元。2003年，共组织收入415万元，其中，增值税363万元，消费税2万元，企业所得税14万元，个人储蓄利息所得税36万元。2004年，全年共组织各项税收收入601.78万元，其中，“两税”502.75万元，企业所得税62.82元，个人所得税35.2万元，税务行政收费1.01万元。2005年，共组织税收入库620.5万元，其中，“两税”560.5万元，企业所得税18万元，个人利息所得税38万元，车购税4万元。

2006 年，共组织各项收入 677.41 万元，其中，增值税 572.58 万元，消费税 1.08 万元，企业所得税 54.91 万元，个人利息所得税 46.38 万元，车购税 1.58 万元，其他收入 0.88 万元。2007 年，共组织各项收入 1161.69 万元，其中，增值税 1111.03 万元，消费税 1.03 万元，个人储蓄利息所得税 47.94 万元，车购税 1.065 万元。2008 年，组织各项收入 2904.48 万元，其中，增值税 2847.22 万元，消费税 1.05 万元，个人所得税 34.35 万元，企业所得税 18.5 万元，车购税 2.46 万元。2009 年，共组织各项收入 3592.85 万元，其中，增值税 3568.13 万元，消费税 1.05 万元，个人所得税 15.41 万元，企业所得税 7.55 万元，车购税 0.71 万元。

第三章　地　税

第一节　机构设置

1995 年 3 月 10 日，按照国家安排，结合美姑社会、经济、民族特点，成立美姑县地方税务局（以下简称美姑地税局）。人员由前美姑县税务局抽调人员和美姑县财政局农税人员组成，其中，前美姑县税务局 18 人；美姑县财政局划转全部农税人员 27 人。建局时全局共有 45 人。

美姑地税局从建局到 1998 年 8 月前，隶属美姑县人民政府和凉山州地方税务局双重领导，负责 18 个税种和 9 个基金及地方附加费的征收管理；实行一级政府、一级财政、一级地方征收机关制。1998 年 8 月，在完成编制、经费、干部人事、机构上划、移交等一系列工作后，美姑地税局实行由四川省地方税务局垂直领导，业务由凉山州地方税务局指导的管理体制。从建局到 2009 年，经过 14 年的发展，美姑地税的 6 个科室发展为 7 个业务科室，即：办公室、综合税收管理股、征收管理股、法制股、计划财务股、人事教育股监察室等；基层税务所从 9 个扩大到现在的 1 个直属征收所和 8

个基层所，即：美姑县地方税务局直属税务所、峨曲古税务所、洪溪税务所、瓦侯税务所、牛牛坝税务所、柳洪税务所、大桥税务所、候播税务所、新桥税务所。现有干部职工41人（其中工人4人）。有少数民族25人、汉族16人。

第二节 地税宣传

1995—2009年，美姑地税局以每年4月进行的税法宣传为突破口，把组织收入与税收宣传有机地结合起来。每年地税机关与当地党政机关相互配合，围绕每年税法宣传的主题，结合本地民族习惯、特点组织税法宣传。宣传中利用报纸、杂志、电台、电视等扩大宣传面，深入中小学开展税法知识讲座72堂、专题报道46次；举行知识竞赛2次、演讲比赛3次、文艺表演2次、篮球比赛1次；赞助美姑中学学生运动会等。建局以后的税法宣传，美姑地税局共设立税收咨询台197个，其中，直属征收所在纳税大厅长期设立咨询台1个，张贴标语3870余幅，散发美姑地税局自印宣传单6.8万份，短信4000条。在税法宣传中，美姑地税共投入人力8600余人／次、资金15.86万元。

第三节 征收管理

建局初，美姑地税局工作方式以征收、宣传为契机，以面向基层、面向征管为重点工作方式，大力加强地税的宣传和促进基层征管工作的起步和建设。在美姑地税局机构和税收工作方式雏形形成和成熟后，工作重点逐步转向依法治税、依法行政、全心全意为纳税人服务上，大力推进税收征管改革，加大偷税、漏税、避税的涉税违法行为的打击力度，推广电子税务在工作中的应用，运用税收对经济的调控作用，采取切实有效的措施，制定切合实际的工作制度，紧紧围绕组织收入这个中心，大力加强地方税收收入。

一、征收管理

1995—2000年，把“三大检查”作为每年税收检查的重点，2001年，在“三大检查”取消后，美姑地税局把专项检查、重点检查贯穿整个工作中，以查促收、以查促管。每年与各基层征收单位签订目标责任书，具体征管工作落实到各征管员身上，以奖、罚促征管，加大执法力度与税收宣传力度相结合，采取有力措施，加大对税源的探索和研究，理顺征纳环节，营造良好的税收环境。严格执行国家税收法律、法规、打击抗税案件，其中，1997年和1999年打击处理两起暴力抗税案件。同时，加大偷税、漏税、逃税案件查处和打击力度，至2009年，累计为国家挽回经济损失858.77万元。

美姑县地税局现管辖9个片区的营业税、所得税等18个地方税种、教育费附加、城市维护建设费等6个附加费的征收管理工作。截至2009年，管辖个体纳税户332户、国有企业13户、集体企业4户、有限责任公司24户、股份制有限责任公司5户、私营独资企业5户、私营合伙企业5户、私营有限责任公司6户、其他企业1户、外资股份制公司1户、个人合伙公司1户。

二、税务登记管理

1995年，明确划分国税、地税的征收管理范围，在全县范围内开展地方税务登记证的换发工作，全年共完成税务登记证的换发764户，占应登记户的98%以上。同时，加紧对营业税、个人所得税、固定资产投资方向调节税、资源税、土地使用税、个人所得税、房产税等税种的各纳税户和各纳税大户进行了税源调查。1996 年、1997 年、1998 年、2002 年、2006 年、2007 年 6 年对各纳税户进行验证和清理漏征漏管户工作，1999 年，开始对地方税务登记证进行换证。至 2009 年，共计换发税务登记证 907 户，其中，企业 83 户，个体工商户 824 户。其中，2007 年，新增企业 5 户，个体工商户 30 户。

美姑县地税局在州地税局、美姑县公安局、美姑县检察院等单位的配合下，建局以后共查处涉税违法案件 18 起，查补税款 867 万元。其中，稽查局成立期间共计查补税款 541 万余元。

三、税收减免

1995—1999 年，州委、州政府会同州地税局下划农业税减免 46 万元，美姑地税局落实减免 26.25 万元，剩余的减免 19.75 万元，全部划入农业税丰歉调节基金。1997 年，乐约乡遭受山体滑坡，严重受灾，经美姑县地税局上报州局后，全免当年农业税 22975 元。2002 年，实施农村税费改革，美姑县地方税务局作为农村税费改革方案的主要实施者。在农村税费改革期间，通过与乡村干部座谈、设点咨询和散发宣传资料等形式，广泛宣传农村税费改革的精神和政策，基本做到家喻户晓。当年全县农业税全部减免。

四、纳税申报制度

1996 年 6 月 6 日，美姑地税局下属直属税务所执行国务院（国发〔1993〕85 号）和（国发〔1993〕90 号文件）精神，强化依法治税力度，严格执行纳税申报制度；各纳税户必须在每月 1—10 日前报送会计报表、纳税资料及时申报纳税；如纳税人有不按时报送或报送资料不齐的行为，按《中华人民共和国税收征管理法》规定，限期改正，并处以 2000 元以下的罚款，情节严重的处以 2000 元以上 1 万元以下罚款。

五、税收票证和普通发票管理

1995—2005 年的 10 年，各地税所票证专管员进行了长期的培训，培训人数 172 人 / 次，并制定出《美姑县地税局票证管理办法》。计划财务股、综合税收业务股每年对各基层所进行税收票证检查。共检查税收票证 53 万余套、普通发票 120 万余套。对 5 起违反税收票征使用的专管员给予通报批评，并兑现奖惩。1997 年，普通发票进行了换票。2006 年 4 月 1 日，美姑地税局正式启动了有奖发票的使用。其中，2006 年发放有奖发票 1215 万元，消费者共计中得奖金 2.89 万元，在有奖发票的使用上，共计征收税款 90.52 万元，在同行业中营业税比上年增长 120.25%。2007 年，发放有奖发票 1250 万元，较上年同期增长 10%，在同行业中，营业税比未使用有奖发票净增长 130.25%。

第四节　地税收入

1995 年，美姑县地方税务局成立以后，认真做好“依法治税，从严治队，科学管理”三篇文章，牢固树立法制观念、服务观念、效率观念；强征管，严稽查，细管理，坚持以组织收入为中心，加大征管力度、强调均衡入库。在美姑县出现山体滑坡、水灾、风灾、2 号病等自然灾害现象和 1998 年停止砍伐天然林，2000 年投资方向调节税缓征和 2002 年农业税全面减免等因素的影响下，除建立地税局的第一年外，年年超额完成州、县下达的各项税收任务。税收收入规模由 1995 年的 349 万元增长到 2009 年的 1850 万元，每年组织收入占县财政一般预算收入的 75% 以上。

1995—2009 年地税收入统计表

表 21-2　　　　单位：元

年 份	收 入	年 份	收 入
1995	3490804	2003	11251205
1996	4694135	2004	14593657
1997	7662939	2005	12886216
1998	9000339	2006	16880185
1999	6930190	2007	17444043
2000	3923968	2008	16820000
2001	4298594	2009	18500000
2002	6169134	—	—

第二十二篇

金融与保险

1991年以后，全县金融部门先后开办代发工资、中间业务、银行卡等新兴业务，存款额逐年增长。财政性存款从1991年的91万元增加到2009年的2.81亿元，增长309倍，同业存款从1991年33万元增加到2009年的2196万元，增长66.55倍；个人储蓄存款从1991年的1207万元增加到2009年的1.86亿元，增长15.41倍。至2009年，各项贷款余额达2.56亿元，其中，农业贷款1.21亿元，占各项贷款余额的56.86%；扶贫专项贷款余额6374万元，占各项贷款余额的30%。

1994年6月开办电脑储蓄业务以后，从手工操作发展到电脑操作，从单一的电脑储蓄发展到行社各项业务的电子化操作，逐步建立连接国家、省、州、县四级行社微机运程数据通信网络和数据库，基本实现门市业务电子化、办公设备电脑化。

第一章　金融管理

第一节　机构设置

一、农业银行美姑县支行

1985年，恢复中国农业银行美姑县支行建制，隶属农业银行凉山州分行领导。1991年，县农行内设机构8个，下辖营业部1个、储蓄所1个、基层营业所9个和45个农村信用社，县内乡（镇）以上均设置基层金融机构。翌年，增设美中路储蓄所，城区储蓄所增加到2个。1992—1995年，先后撤销甲谷、巴普、瓦侯、峨曲古、候播、柳洪6个基层营业所，保留洪溪、牛牛坝、大桥3个营业所。

1996年，撤销资金组织股。是年10月31日，农村信用社与县农行脱离行政隶属关系。1997年，撤销牛牛坝营业所，增设巴普储蓄所。1998年，内设机构作了微调，新增设存款股，将计划信贷股和保卫股分别更名为信贷股和保卫稽核监察股。1999年，撤销存款股。2000年，撤销大桥营业所和洪溪营业所，全县基层营业所的建制全部撤销。

2001年，农行内设机构作了调整，将人事股、信息电脑室、工会合并为办公室，原设置的股更名为部，年内，撤销巴普储蓄所，储蓄所从3个减少为2个。2002年，将支行储蓄所升为分理处，撤销美中路储蓄所。2003年，将信贷部更名为信贷管理部，客户部更名为客户经理部。2004年，把资产经营部更名为风险资产经营部，同时，撤销支行分理处，其业务归并支行营业部。

2009年，农行美姑县支行已完成“三农”事业部制改革，调整“三农”业务服务方向，充实“三农”业务人员，按机构类型美姑县支行属单点型县域支行，对外营业机构1个，县城有两台ATM，机关无内设机构，按照岗位管理，依照各岗位职能将机关各岗位归属于三大板块，即：行政支持板块、财会运营板块、公司/个人业务板块。有在岗员工45人，其中，男员工26人，女员工19人；彝族员工23人，汉族员工22人。全行员工中全日制学历均为中专及以下，进修学历本科8人，大专31人，中专及以下学历6人。

二、建设银行美姑县支行

1979年，建立中国建设银行美姑县支行，翌年正式挂牌对外营业。主要负责管理基本建设支出预算和财务，办理基本建设拨款，支付结算和贷款，实施财政监督，负责企业更新和技改资金的管理。1980年，支行设立办公室、投资信贷股、财会股、稽核审计股、营业部共5个内设职能机构。

1998 年，撤销建设银行建制，人员分流全州各县市，其部分业务移交县农行办理。

三、信用联社

1991—1996 年，全县乡（镇）均建立了农村信用社，负责管理农村金融业务，监督农村结算和拨付支农资金，开展农村存款和信贷业务，属农业银行美姑县支行基层金融组织机构，其各项业务和职工管理均由县农行领导。1996 年，根据国务院《关于农村金融体制改革的决定》，农村信用社与县农行脱离行政隶属关系，组建美姑县农村信用联社，独立管理农村金融工作和开展农村金融业务，负责贯彻执行党的农村金融方针和政策，其行政和业务由上级人民银行领导。

至 2009 年，农村信用联社内设综合部、业务部、稽核部、合规部、风险部 5 个部门，辖联社营业部 1 个，储蓄所 1 个，2 个信用分社和 8 个信用社机构。2009 年年末，信用联社职工总数为 85 人，其中彝族 59 人，占职工总数的 69.41%；汉族 26 人，占职工总数的 30.59%。

第二节　现金管理

一、库存现金管理

（一）单位库存现金管理

1991—1995年，按照《现金管理暂行条例》的规定，在县内实行现金计划管理，核定现金管理单位，规定行政、事业、企业单位库存现金限额，单位取款5万元以上经金融现金主管部门批准，严格限制单位提取和存放大量现金。单位之间100元以上的经济往来，严格控制现金支付，实行银行转账结算，尽量缩小单位现金使用范围和使用量。

1996 年以后，市场经济逐渐繁荣，经济活动十分活跃，金融部门面对市场经济的变化需求，激活市场经济的不断发育壮大，扩大用现范围，放宽坐支，合理调整单位库存现金限额，允许企业批发商品和自销产品收受现金。

（二）内部库存现金管理

建立适度库存规模，压缩库存现金量，降低内部成本，实现现金库存的最优化。一是开展代发工资业务，避免大量工资性现金支出；二是掌握储蓄现金收支规律，适度准备备用金，尽量压缩备用金的库存；三是采取现金库房安全措施，严格库房安全管理，在现金清点、包装、入库、安全保卫、出库现金运送等环节，实行严密的责任制度，监测制度，保卫制度和有效的风险防范措施。

二、工资管理

1996年以前，县属国家行政机关和事业单位职工工资列入工资基金专户管理，由编制、人事劳动、财政、农行共同管理实施。1997 年以后，逐步退出工资基金专户管理，建立在岗人员编制卡和缺编卡，严格执行“超编不认、缺编待补”的机构编制管理政策。人事劳动部门根据编制部门确定的机构编制人数，进行核定工资，逐年核定人员增减情况。财政部门按照人事劳动部门的核定人数和工资额如实核拨给各单位，县金融部门根据财政部门拨付的工资，提供支付服务。企业职工工资仍由劳动部门管理，金融部门提供支付服务。

第三节　信贷管理

1991—2000 年，基本沿袭计划经济时期的管理体制。2000 年以后，国家调整了信贷管理政策，县金融部门严格把握新的金融信贷法规和政策，切实制定符合美姑实际的信贷管理制度，深化内部管理，采取科学、合理、灵活的措施和办法，拓展信贷业务。县金融机构设立信用风险管理委员会、市场营销管理委员会、贷款审查委员会3个信贷管理组织机构，全面负责信贷管理的各项工作。3个职能部门依照审贷分离和权力制约的工作原则。县金融部门在内设机构中设立客户部、信贷管理部和资产风险管理部3个职能部门，具体履行信贷产品营销、贷前信用调查、贷后管理、制定信贷制度、信贷业务审查审批、信贷风险监控、不良信贷资产管理等工作职责，建立健全完善的信贷管理组织体系。

（一）县农行

建立以行长为主导的管理体制，在贷款授权的范围内，执行谁经营、谁决策的原则，承担相应的信贷风险责任。2000年以后，建立信贷审查机构，实行集体审查审议决策制，严格分权管理，实行审贷分离制度。规范信贷决策行为和信贷审查委员会工作规程，推行民主决策和主责任人制度，从源头上防范增量贷款风险。为加强信贷管理，县农行设立信贷管理部和客户部两个内设管理机构，全面负责信贷基础性的管理工作。强化横向和纵向制约，分类施策，实行集权式贷款管理模式，提高信贷资产质量和效益，促进信贷业务合规经营。防范新增贷款风险的同时，注重清收盘活风险贷款存量。按照总量减少、比例下降、新老划段、分类考核的原则，实行清收盘活责任制，制定清收盘活目标，层层分解到经营单位和各岗位，建立和完善激励约束机制，加大考核奖惩力度，不断降低不良贷款比例。

随着企业改革的不断深入，面临涉及银行债权面宽、金额大的新情况，县农行及时组建信贷资产管理部，全面负责管理银行债权业务。结合本地实际，制定了保障维护债权合法权益的一系列措施，加大信贷资产保全力度。同时，推行以资抵债的方式解决银行债务，最大限度地保全信贷资产。

全面推进“三农”业务发展，截至2009年，累计成功发放惠农卡1128张，已发放1笔由县城房地产抵押的农村生产经营贷款，金额15万元。办理1笔用于经营种子的农村生产经营贷款30万元和以乡党委书记连带责任担保，用于脐橙基地引水工程的小额农户贷款。

（二）农村信用社

1997年，随着农村经济的逐渐发展，农村信用社充分运用信贷经营业务的灵活性和民族地区的特殊信贷政策，适度调整信贷支农范围和对象，贷款投向逐渐从传统的粮食生产向农、林、牧、渔的种养殖业、农副产品加工和经营转变，从小农经济向农业规模化、产业化和农业综合开发转变，积极扶持综合农业的全面发展。县信用联社贯彻执行人民银行《关于防范和化解金融风险的决定》精神，制定贷款审批办法，严格执行贷款审批制度，核定农村信用社和县联社贷款审批额。依照《贷款通则》《担保法》《借款合同》等法规，实行谁发放、谁收回的原则和贷款风险责任追究制，当年收回各项贷款1529万元，其中，不良贷款11万元收回率达92.5%。

2000年，按审贷分离制的要求，实行集体研究审批和授权审批制度，严禁超越权限审批的违规行为。信用联社按照“积极扶持、合理规划、分类指导、依法管理”的十六字方针，本着安全、周转、效益的原则，对守信用、有效益的农村专业户、个体工商户、私营企业提供信贷服务。对骨干企业和龙头企业给予扶持。

至2009年，累计清收各项贷款519万元，其中，不良贷款68万元，占清收贷款总额的13%。

第四节　支付结算管理

1991—2001年，金融部门对单位客户和个人客户推行的结算方式按同城和异地分区域进行分别结算。同城结算方式以转账支票和现金支票结算为主；异地结算多以汇款（电汇、票汇、信汇）、信用证、信用卡、电子汇兑、托收承付、委托收款等方式进行结算。2002年，ABIS综合业务系统上线后，同城和异地结算难以明显区分，统称为支付结算。支付结算方式在传统的基础上逐步走向建立以电子货币为媒介的新的支付体制，迈向电子汇兑，开通大额支付系统和SC6000系统等电子支付体系方向发展。随着金融改革深入，全县金融部门已参与到以人民银行跨行支付系统为核心，银行业金融机构行内支付系统为基础，以票据支付系统、银行卡支付系统、境内支付系统为重要组成部分的支付清算网络体系；以票据、银行卡为主体，以电子银行支付工具为发展方向的非现金支付工具体系。在社会支付中向非现金支付方向发展。

1991—2009年的19年间，金融部门共办理支付结算288.01万笔，其中，县农行办理183.6万笔，信用联社办理104.41万笔。

第二章　货　币

第一节　人民币

1991年以前，县内流通1980年前发行的1元、2元、5元、10元、50元和100元面额的人民币。1991年以后，金融部门逐步收回1960年、1962年、1965年前发行的1元、2元、5元、10元面额的人民币。1991—2007年，县内城乡市场流通的人民币主币有7种：1元、2元、5元、10元、20元、50元和100元券，1980年版的2元券人民币逐渐退出流通市场；辅币有6种：1980年发行的1角、2角、5角和1980—1988年发行的1分、2分、5分铝制硬币。1994年以后发行的1角、5角和1元金属硬币，由于群众不习惯使用，市场流通量极少。

第二节　货币流通

流通市场以人民币为流通货币，主要以转账和现金两种形式进行流通。单位之间的交易和其他往来，不够转账结算的零星收支，用现金结算，有一定数额收支往来的采取转账结算。单位对个人、个人与个人之间的经济往来，主要以现金结算。

货币流通的投放与回笼渠道以工资性支出、农产品采购支出、农村信用支出、城镇储蓄支出、乡（镇）企事业支出、城乡个体经营支出以及商品销售回笼、财政（以税收为主）回笼、城镇储蓄存款回笼等为主。1991年以后，全县城乡经济一年比一年活跃，个体经济和私营经济不断壮大，经营者的现金需求量日趋增大，带现金外出采购物资年均净流出货币达1600万元，个体和私营企业现金支出占现金支出总额的20%。1991—2009年，投放支农和地方经济建设的各项贷款累计达7.96亿元，年均投放4680万元。累计投放现金13亿元，年均7650万元；回笼现金2.52亿元，年均1480万元。

第三节　反假币工作

一、宣传

1991—2009年，全县金融部门开展反假币宣传活动达23次，出动宣传人员206人次，印发各种宣传资料5万余份。

二、措施

县金融部门建立健全反假币领导小组，领导小组下设办公室（挂靠财会部），负责处理反假币的日常工作。

假币的鉴定和收缴，由营业部门负责处理。各营业窗口一旦发现少量假钞储存，由两名以上营业人员与储户当面予以收缴。若发现数额较多或贩卖新版假币线索的，立即报告公安机关，由公安机关侦破处理。金融部门收缴的假币，在假币面上加盖“假币”字样戳记后，登记造册，并向假币持有人出具中国人民银行统一印制的收缴凭证。若假币持有人对假币收缴不服，可以告知其向中国人民银行申请鉴定裁决，金融部门收缴的假币一律上缴人民银行处理。

1991—2009年，共收缴假币20.59万元。

第三章　存款业务

第一节　财政性存款

1991年，年末存款余额达125万元。1992年减少为55万元。1993年，党政机关和事业单位存款锐减，财政性存款大幅度下滑，年末存款余额仅为5万元，为历年存款的最低谷。1994—1995年，财政性存款为零。1996年以后，随着地方经济的不断发展，财源逐年增加，财政性存款逐渐回升。至2009年，存款余额达6.81亿元。

1991—2009年财政性存款年末余额统计表

表22-1　　单位：万元

年份	农业银行存款							信用联社存款						
	合计	其中						合计	其中					
		预算内存款			预算外存款				预算内存款			预算外存款		
		余额	比上年净增	增长(%)	余额	比上年净增	增长(%)		余额	比上年净增	增长(%)	余额	比上年净增	增长(%)
1991	125	91	3	3.4	34	5	17.2	—	—	—	—	—	—	—
1992	55	48	-43	-47.2	7	-27	-79.4	—	—	—	—	—	—	—
1993	5	1	-47	-97.9	4	-3	-42.8	—	—	—	—	—	—	—
1994	0	0	-1	-100.0	0	-4	-100.0	—	—	—	—	—	—	—
1995	0	0	0	—	0	0	0	—	—	—	—	—	—	—
1996	18	18	18	100.0	0	0	0	—	—	—	—	—	—	—

续表 22-1

年份	农业银行存款							信用联社存款						
	合计	其　中						合计	其　中					
		预算内存款			预算外存款				预算内存款			预算外存款		
		余额	比上年净增	增长(%)	余额	比上年净增	增长(%)		余额	比上年净增	增长(%)	余额	比上年净增	增长(%)
1997	15	15	-3	-16.6	0	0	0	151	0	0	0	151	0	0
1998	71	16	1	6.6	55	55	100.0	246	0	0	0	246	95	62.9
1999	161	100	84	52.5	61	6	10.9	187	0	0	0	187	-59	-23.9
2000	185	125	25	25.0	60	-1	-1.6	448	0	0	0	448	231	139.5
2001	74	12	-113	-96.0	62	2	10.3	775	0	0	0	775	327	72.9
2002	144	84	72	60.0	60	-2	-3.2	1462	0	0	0	1462	687	80.6
2003	9	9	-75	-89.2	0	-60	-100.0	1482	0	0	0	1482	20	1.3
2004	7	7	-2	-22.2	0	0	0	3761	0	0	0	3761	2279	153.7
2005	114	114	107	152.8	0	0	0	3111	0	0	0	3111	-650	-17.2
2006	2786	2786	2672	2343.0	0	0	0	2780	0	0	0	2780	-331	-10.6
2007	4784	4784	1998	71	0	0	0	4333	0	0	0	4333	1553	55.8
2008	4711	4711	—	—	—	—	—	7793	—	—	—	7793	—	—
2009	4649	4649	—	—	—	—	—	7762	—	—	—	7762	—	—

注：农村信用社从 1996 年与县农行脱离行政隶属关系，故之前的数据由县农行统计

第二节　工商业存款

一、工业企业存款

1991 年始，实行以行长统一领导，存款部门牵头，其他职能部门密切配合的存款管理机制，积极组织和协调工业企业存款。是年，工业企业存款 310 万元，比 1990 年净增 149 万元，增长 48%。1992 年，年末存款余额达 557 万元，比 1991 年净增 247 万元，增长 44%。1993—1997 年，由于市场疲软，产品销路不畅，加之管理不善，部分工业企业被迫关闭和破产，企业存款逐年下降，5 年间累计存款 1618 万元，年均存款 323.6 万元。1998 年，通过企业技术改造和理顺管理机制，工业企业存款有所回升，年末存款余额达 510 万元。1999—2000 年，工业企业存款急剧下降，两年年末存款余额累计 459 万元，年均 229.5 万元。2001—2002 年，工业企业存款为 17 年来的最高峰，累计存款余额 2309 万元，年均 1154.5 万元。至 2009 年，工业企业年均存款达到 5459 万元。

二、商贸企业存款

1991 年，商贸企业存款 551 万元，比 1990 年的 484 万元净增 67 万元，增长 12%。1992 年年末存款余额 530 万元，比 1991 年减少 21 万元，下降 4%。1993 年以后，商贸企业受个体工商户的发展壮大的冲击，企业生存空间日趋狭小，经营市场不断缩小，年末存款余额从 1992 年的 530 万元下滑到 258 万元，下降 105%。1994—1995 年，国营商贸企业逐步解体，企业存款进一步下滑，

两年年末存款余额累计327万元，年均163.5万元。1997年以后，商贸存款的来源是个体商贸经营户、私营商贸企业和粮贸企业为主。2000年，商贸存款为1991年以后的最低谷，年末存款余额为53万元。2001—2009年，年均存款在250万元。

1991—2009年工商业存款年末余额统计表

表22-2 单位：万元

年份	工商业存款余额						
	合计	其中					
		工业存款			商贸存款		
		余额	比上年净增	增长（%）	余额	比上年净增	增长（%）
1991	861	310	149	48	551	67	12
1992	1087	557	247	44	530	-21	-4
1993	689	431	-126	-29	258	-272	-105
1994	568	381	-50	-13	187	-71	-38
1995	356	216	-65	-30	140	-47	-34
1996	448	291	75	26	157	17	11
1997	424	299	8	3	125	-32	-26
1998	654	510	211	41	144	19	13
1999	358	230	-280	-122	-128	-16	-13
2000	282	229	-1	-1	53	-75	-142
2001	1163	1098	869	379	65	12	22
2002	1327	1211	113	10	116	51	78
2003	756	643	-568	-46	113	-3	-2
2004	367	299	-344	-53	68	-45	-39
2005	684	503	204	68	181	113	166
2006	894	859	356	—	35	—	—
2007	4241	4215	3356	—	26	—	—
2008	3596	3567	-648	—	29	—	—
2009	3949	3911	344	—	38	—	—

第三节 同业存款

1991年，县农行开办同业活期存款业务，在农行开户存款的有农村信用联社、邮政储蓄所和发展银行三家金融机构。至2009年，累计存款余额达2196万元，其中以农村信用存款居多，达1289万元。

1991—2009 年同业存款年末余额统计表

表 22-3　　单位：万元

年份	同业存款余额									
	合计	其中								
		农村信用存款			邮政储蓄存款			发展银行存款		
		余额	比上年净增	增长（%）	余额	比上年净增	增长（%）	余额	比上年净增	增长（%）
1991	33	—	—	—	21	3	16	12	5	71
1992	42	—	—	—	34	13	61	8	–4	–33
1993	73	—	—	—	58	24	70	15	7	87
1994	52	—	—	—	40	–18	–31	12	–3	–20
1995	90	—	—	—	67	27	67	23	11	91
1996	125	—	—	—	84	17	25	41	18	78
1997	887	756	—	—	93	9	10	38	–3	–7
1998	1017	812	56	74	103	10	10	102	64	168
1999	1272	1020	208	25	121	18	17	131	29	28
2000	1923	1580	560	54	133	12	9	210	79	60
2001	2207	2207	627	39	—	—	—	—	—	—
2002	681	646	–1561	–70	—	—	—	35	—	—
2003	942	792	416	22	59	—	—	91	56	160
2004	1276	1156	364	45	45	–14	–23	75	–16	–17
2005	1798	1503	347	30	186	141	313	109	34	45
2006	2643	2477	974	64	64	–122	–65	102	–7	–6
2007	3245	3093	616	24	107	43	67	45	–57	–55
2008	4232	4137	1094	35	53	–54	–66	42	–3	–6
2009	2196	1289	–2848	–68	33	–20	–37	874	852	2028

第四节　个人存款

1991 年以后，县农行、建设银行、农村信用联社、县邮政局均继续开办储蓄存款业务。1998 年，建设银行实行体制改革，撤销建行美姑支行建制，其储蓄存款业务也随之停办。

一、存款网点

1991 年，县农行辖 9 个营业所和 45 个乡（镇）农村信用社，均开办存款业务。县建设银行和县邮政局也建立了储蓄门市，均开办储蓄存款业务。至 2009 年，全县金融部门储蓄网点从 1992 年的 57 个减少到 15 个，其中，2 个储蓄所，3 个营业部，2 个分社和 8 个农村信用社。

二、拓宽存款新业务

自 1991 年以后，从有利于金融事业的发展和方便客户需要出发，通过计算机等先进工具和手段，着力拓宽代发工资、代收行政处罚缴费、代收通信费用、代理基金、开办银行卡等新兴业务。

三、征收存款利息所得税

1999年11月1日后，凡在国内金融机构取得的人民币、外币储蓄存款利息所得的个人，均由金融储蓄存款部门代征收利息所得税。征收的利息所得税，按利息所得的20%纳税。2007年8月15日，国家对个人存款利息所得税作了调整，从原来的20%调整为5%。

四、存款利率

1991年以后，国家为了适应国民经济健康、快速发展，活跃市场，刺激生产和生活消费，对储蓄存款利率作了19次调整。

1991—2009年储蓄存款利率调整一览表

表22-4　　利率单位：月息‰

时间	活期	定期整存整取						定期零存整取			定活两便	协定存款	通知存款	
		三个月	六个月	一年	二年	三年	五年	一年	三年	五年			一天	七天
1991年4月21日	1.80	3.24	5.40	7.56	7.92	8.28	9.00	6.12	6.84	7.56	一年以内定期整存整取同档次打6折	—	—	—
1993年5月15日	2.16	4.86	7.20	9.18	9.90	10.80	12.06	7.20	9.18	10.80		—	—	—
1993年7月11日	3.15	6.66	9.00	10.98	11.7	12.24	13.86	9.00	10.98	12.24		—	—	—
1996年5月1日	2.97	4.86	7.20	9.18	9.90	10.80	12.06	7.20	9.18	10.80		—	—	—
1996年8月23日	1.98	3.33	5.40	7.47	7.92	8.28	9.00	5.40	7.47	8.28		—	—	—
1997年10月23日	1.71	2.88	4.14	5.67	5.94	6.21	6.66	4.14	5.67	6.21		—	—	—
1998年3月25日	1.71	2.88	4.14	5.22	5.58	6.21	6.66	4.14	5.67	6.21		—	—	—
1998年7月1日	1.44	2.79	3.96	4.77	4.86	4.95	5.22	3.96	4.77	4.95		—	—	—
1998年12月7日	1.44	2.79	3.33	3.78	3.96	4.14	4.50	3.33	3.78	4.14		2.16	1.80	2.34
1999年6月10日	0.99	1.98	2.16	2.25	2.43	2.70	2.88	1.98	2.16	2.25		1.71	1.35	1.89
2002年2月21日	0.72	1.71	1.89	1.98	2.25	2.52	2.79	1.71	1.89	1.98		1.44	1.08	1.62
2004年10月29日	0.72	1.71	2.07	2.25	2.70	3.24	3.60	1.71	2.07	2.25		1.44	1.08	1.62
2006年8月19日	0.72	1.8	2.25	2.52	3.06	3.69	4.14	1.80	2.25	2.52		1.44	1.08	1.62
2007年3月18日	0.72	1.98	2.43	2.79	3.33	3.96	4.41	1.98	2.43	2.79		1.44	1.08	1.62
2007年5月19日	0.72	2.07	2.61	3.06	3.69	4.41	4.95	2.07	2.61	3.06		1.44	1.08	1.62
2007年7月21日	0.81	2.34	2.88	3.33	3.96	4.68	5.22	2.34	2.88	3.33		1.53	1.17	1.71
2007年8月22日	0.81	2.61	3.15	3.6	4.23	4.95	5.49	2.61	3.15	3.60		1.53	1.17	1.71
2007年9月15日	0.81	2.88	3.42	3.87	4.50	5.22	5.76	2.88	3.42	3.87		1.53	1.17	1.71
2007年12月21日	0.72	3.33	3.78	4.14	4.68	5.40	5.85	3.33	3.78	4.14		1.53	1.17	1.71
2008年10月9日	0.72	3.15	3.51	3.87	4.41	5.13	5.58	3.15	3.51	3.87		1.53	1.17	1.71
2008年10月30日	0.72	2.88	3.24	3.60	4.14	4.77	5.13	2.88	3.24	3.60		1.53	1.17	1.71
2008年11月27日	0.36	1.98	2.25	3.06	3.06	3.60	3.87	1.98	2.25	2.52		1.17	0.81	1.35
2008年12月23日	0.36	1.71	1.98	2.25	2.79	3.33	3.60	1.71	1.98	2.25		1.17	0.81	1.35

五、城镇储蓄存款

1991年，以上门服务、方便百姓为突破口，组织储蓄人员上门服务，组织存款20万元；20世纪90年代中期，储蓄存款宣传和营销工作在内容和形式上都有新突破，注重增强综合竞争能力，强调经营发展战略，树立金融部门整体形象，提倡争优创优文明服务，以优质服务促高产。1995年以后，根据客户的需要，适时推出多种储蓄，满足群众多元化金融投资需求，继续开办活期、定期整存整取、零存整取、定活两便、教育储蓄、独生子女储蓄等储种和开办银行卡业务上进一步扩大和增加储源。至 2009 年，个人储蓄存款余额达 3.16 亿元。

1991—2009 年储蓄存款年末余额统计表

表 22-5　　单位：万元

年份	储蓄存款余额													
	其中													
	合计	农业银行存款						合计	信用联社存款					
		活期			定期				活期			定期		
		余额	比上年净增	增长（%）	余额	比上年净增	增长(%)		余额	比上年净增	增长（%）	余额	比上年净增	增长（%）
1991	1207	1207	191	16	—	—	—	—	—	—	—	—	—	—
1992	1418	1418	211	17	—	—	—	—	—	—	—	—	—	—
1993	1579	1579	161	10	—	—	—	—	—	—	—	—	—	—
1994	2049	2049	470	23	—	—	—	—	—	—	—	—	—	—
1995	2722	437	30	7	2285	440	19	—	—	—	—	—	—	—
1996	3202	474	37	8	2728	443	16	—	—	—	—	—	—	—
1997	4013	819	345	42	3194	466	15	3523	566	—	—	2957	—	—
1998	4771	1204	385	32	3567	373	10	4054	771	205	36	3283	326	11
1999	4981	1214	10	1	3767	200	5	4020	925	154	19	3095	−188	−5
2000	—	—	—	—	—	—	—	3468	851	−74	−8	2617	−478	−15
2001	4791	1165	—	—	3063	—	—	3068	920	119	2	2638	21	1
2002	6058	2807	1642	140	3251	188	6	4246	1427	457	47	2819	181	6
2003	2043	3708	901	32	3335	84	2	4612	1614	187	13	2998	179	6
2004	7464	4226	518	13	3238	−97	−3	4983	1777	163	10	3206	208	6
2005	8282	4499	273	6	3783	545	16	5190	2034	257	14	3156	−50	−1
2006	9104	4830	331	7	4274	491	13	6872	2682	648	31	4190	1034	32
2007	9698	4796	−34	−7	4902	628	15	8927	3463	781	29	5464	1274	30
2008	12143	8269	2160	35	3874	287	8	10114	3905	442	11	6209	745	12
2009	14637	10590	2321	28	4047	173	4	12892	4742	837	17	8150	1941	23

注：1991—1994 年的统计，不分定活期，故此间的数据均统计在活期栏目内

第四章 信 贷

第一节 民间借贷

一、高利贷

高利贷是以重利盘剥为目的借贷方式来牟取暴利，主要以放钱为主，利率高于银行同期存款十倍至数十倍。在农村中，遇婚丧或其他困难急需用钱或是生意人需要筹资时，往往向他人求借高利贷现金，放债人按月息 5% ~ 20% 不等的利率计息，这种借贷方式在县内民间较为突出。农村和城镇居民打牌赌博的行为有所抬头，高利贷放钱者趁机放钱盘剥。利率按 10% ~ 20% 收取，使有些赌民因无力偿还债务而将房屋、承包地作为抵押后背井离乡，有些赌民因债台高筑造成妻离子散，甚至家破人亡的悲惨事件时有发生。

二、互助借贷

如发生水灾、火灾等自然灾害时，向亲朋好友和邻居求借钱物救灾的借贷方式。这种借贷一般只还本不计息，甚至以互助性赠送，互助借贷在当今民间依然流行。

第二节 农业贷款和扶贫专项贷款

一、农业贷款

1991 年以后，农业贷款的投向主要支持棠梨嫁接、白魔芋种植、良种推广、烤烟生产、绵羊改良、林业开发、多胎山羊和岩鹰鸡开发等特色农业的综合开发项目，扶持地膜种植、种草养畜、畜牧业生产、人畜饮水改造、农田水利建设、乡（镇）企业发展、农房改造等农业基础设施建设及种养殖业的发展项目。1991—2009 年，农业贷款累计投放 5.93 亿元，其中，农行投放 7629 万元，农村信用社投放 5.17 亿元。

二、扶贫专项贷款

1991 年以后，国家继续对贫困地区实施扶贫，县农行依照国家扶贫政策，加大扶贫信贷力度，积极支持“三农”工作。重点扶持牦牛生产、黄牛改良、多胎山羊和岩鹰鸡开发、烤烟生产、白魔芋种植、兴修电站及农村电网改造、重点企业技改、农房改造和移民新村建设等项目。1991—2009 年，实施扶贫项目 18 项，累计投放扶贫专项贷款 13.43 亿元。

第三节 工商业贷款和个人贷款

一、工商业贷款

1995 年以前，优先扶持刨花板厂、林产公司、电厂、伐木场等县属骨干工业企业的发展。在确保重点企业的同时，对新建的电石厂、铜选厂以及食品加工厂、纸厂、粮油加工厂等亏损企业提供必要的贷款资金扶持发展。1996 年以后，逐步调整信贷规模和资产结构，重点投向化工厂规模建设和技改、“35”线路工程建设、牛牛坝电站的修建和巴普三级电站的改造，以及外来私营工业企业的投资建设。

1991—2009年，投放工业贷款累计达3.1亿元，年均投放1825万元。投放商业贷款累计达4769万元，其中，民贸商业487万元，粮食企业4217万元，物资企业20万元，医药企业45万元。

二、个人贷款

1998年以前，以个人小额存单质押贷款为主，以投资购商铺办商店生产经营性居多。1999年始，县农行开办个人住房贷款和个人房屋装修贷款，重点解决个人住房消费。2001年，开办个人综合消费贷款和汽车消费贷款，支持个人综合消费的资金需求。2002年，开办了贫困学生个人助学贷款。2004年以后，为房地产开发商、水电开发商和薯粉加工私营企业提供个人贷款。至2009年，投放个人住房按揭贷款48.6万元，个人生产生活各项贷款年末余额达1819万元。

第五章　中间业务

第一节　代理发行业务

1995年，开始代理粮食政策性收购贷款业务。1997年，县农行与州农业发展银行签订《委托代理业务协议书》。根据粮食购销政策调整和市场购销价格的变化，执行区别的信贷政策。清理粮食财务挂账和附营贷款挂账停息工作，确保收购资金封闭运行。2001年，投放粮食企业贷款2239万元；2002年，发放粮食收购调销储备等贷款2253万元，比2001年净增14万元；2004年，投放粮食收购贷款812万元。至2007年，代理贷款全部上收州农业发展银行，其粮食收购价值与新发放收购贷款比率、销售贷款回笼率、回笼销售贷款归行率均达100%。

第二节　代理基金业务和代理保险业务

一、代理基金业务

为拓宽广大客户的投资渠道，拓展农行中间业务，于2005年开办开放式基金业务。至2009年，累计办理开放式基金认购、申购和赎回业务金额达2265万元，年均办理755万元。

二、代理保险业务

县农业银行和县农村信用联社自从1997年和2004年开办代理保险业务以来，先后开办了子女教育险、短期意外伤害险、机动车辆险、企业财产险、投资险、健康险、年金险等险种。2004年，新开办康宁终身险和国寿鸿鑫险两个险种。至2009年，各种保险费收入累计达448万元（农行417万元，农村信用联社31万元），其中企业财产险保费累计收入26万元，占保费收入总数的12.38%；机动车辆保险费累计收入80万元，占保费收入总数的38%；短期意外伤害险保费累计收入56万元，占保费收入总数的26.7%；健康险保费累计收入14万元，占保费收入总数的6.7%；子女教育险保费累计收入29万元，占保费收入总数的13.8%；投资险保费累计收入2万元，占保费收入总数的0.95%；年金险保费累计收入3万元，占保费收入总数的1.42%。

至2009年，县金融部门代理保险公司向受保险人理赔保险金18万元，占保费总收入的8.75%。

1991—2009 年各项贷款年末余额统计表

表 22-6　　单位：万元

年份	合计	农业银行 农业贷款 余额	农业银行 农业贷款 比上年多放	农业银行 农业贷款 增长率(%)	信用联社 农业贷款 余额	信用联社 农业贷款 比上年多放	信用联社 农业贷款 增长率(%)	农业银行 工业贷款 余额	农业银行 工业贷款 比上年多放	农业银行 工业贷款 增长率(%)	农业银行 商贸贷款 余额	农业银行 商贸贷款 比上年多放	农业银行 商贸贷款 增长率(%)	农业银行 扶贫专项贷款 余额	农业银行 扶贫专项贷款 比上年多放	农业银行 扶贫专项贷款 增长率(%)	农业银行 个人贷款 余额	农业银行 个人贷款 比上年多放	农业银行 个人贷款 增长率(%)	备注
1991	3473	977	171	21.20	—	—	—	129	11	9.30	1440	230	19.00	927	167	21.97	—	—	—	
1992	4026	1177	206	20.17	—	—	—	220	91	70.50	1478	38	2.63	1151	224	24.16	—	—	—	
1993	5119	1589	412	35.00	—	—	—	153	-67	-30.40	1709	231	15.63	1668	517	44.92	—	—	—	
1994	2741	141	-1448	-91.00	—	—	—	40	-113	-73.90	723	-986	-57.70	1837	169	10.13	—	—	—	
1995	3091	82	-59	-41.80	—	—	—	232	192	480.00	720	-3	-0.43	2057	220	11.98	—	—	—	
1996	4678	155	73	89.00	—	—	—	485	253	109.00	810	90	12.50	3228	1171	56.93	—	—	—	
1997	7254	216	61	39.35	1006	—	—	426	-59	-12.20	883	73	9.00	4723	495	46.31	—	—	—	
1998	7451	691	475	164.75	1593	587	58.35	309	-117	-27.50	511	-372	-42.13	4347	-377	-7.98	—	—	—	
1999	8490	501	190	-27.50	1657	64	4.02	389	80	25.88	476	-35	-6.80	5467	1121	25.79	—	—	—	
2000	9907	800	299	59.70	1659	2	0.12	241	-148	-38.00	60	-416	-87.40	7147	1680	30.73	—	—	—	
2001	10174	800	0	0	1874	215	12.96	310	69	29.00	60	0	0	7130	-17	-0.24	827	—	—	
2002	12311	500	-300	-38.00	2540	666	35.54	830	520	168.00	30	-30	-50.00	7141	11	0.15	1270	443	54.00	
2003	15014	—	—	—	4273	1733	68.23	830	0	0	90	60	200.00	6963	-178	-2.49	2858	1588	125.00	
2004	16471	—	—	—	5842	1569	36.72	760	-70	-8.00	—	—	—	6793	-170	-2.50	3076	218	8.00	
2005	17712	—	—	—	7957	2115	36.20	1020	260	34.00	—	—	—	6518	-275	-4.04	2217	-859	-28.00	
2006	19033	—	—	—	10234	2277	28.62	1100	80	8.00	—	—	—	6385	-133	-2.04	1314	-903	-41.00	
2007	21198	—	—	—	12055	1821	27.45	950	-150	-14.00	—	—	—	6374	-11	-0.17	1819	-483	-37.00	含信用社个人贷款988 万元
2008	—	—	—	—	—	—	—	900	-50	-5.00	—	—	—	6389	15	—	—	—	—	
2009	1200	—	—	—	—	—	—	1200	300	33.00	—	—	—	240	-6139	-96.00	—	—	—	

第三节　代收代付业务和代理综合补贴业务

一、代收代付业务

2000年以前，代收代付业务以社会养老统筹金、行政事业性收费和代发行政事业职工工资为主。2001年以后，向多渠道、多品种、多元化的代收代付金融服务方向发展，相继推出与客户需求相适应的网络代收电信资费、移动话费、联通话费、交通违规罚款、诉讼费等新业务。2009年，代收代付业务发生额达160万元。

二、代理综合补贴业务

1998年，国家实施天然林保护和退耕还林政策，对农民纳入退耕还林的土地，予以粮食和现金补贴。2005年3月起，国家鼓励农民积极种植粮食，实行粮食直补政策。2006年以后，国家实行农业生产资料和农村客运油料上浮价格补贴政策。2007年，国家为了提高生猪生产，繁荣肉类市场，鼓励农民积极饲养能繁母猪，对饲养能繁母猪的农户给予补贴。县农村信用联社为实施好国家的各种补贴政策，在辖区内12个农村信用社中开办了代理综合补贴业务，按照县财政部门提供的农户名册和拨付的补贴资金，设立农户“一折通”补贴取款户头，农户持“一折通”到当地农村信用社领取补贴款，极大地避免过去中间环节过多而造成农户补贴资金不及时到位或被克扣的不良局面。至2009年，农村信用社累计办理发放各种补贴7500万元。

第六章　银行卡业务和电子化建设

第一节　借记卡业务和贷记卡业务

一、借记卡业务

2000年，开办金穗借记卡业务，由于客户对借记卡的用途认识不足，开办初期客户甚少。通过深入细致地宣传和开展形式多样的促销活动，用卡客户逐年增多。至2009年，借记卡发卡量累计达2.48万张，存款余额为4389万元。

二、贷记卡业务

2000年，开办借记卡业务。2003年开办投资性信用准贷记卡和贷记卡业务，当年发卡量为33张。随后，客户逐年发展，至2009年，累计发卡470张，年均发卡量为94张，其中，准贷记卡286张，贷记卡184张；实现业务收入31万元。

第二节　微机远程数据通信网络建设

1994年，建立农行微机室，首次作计算机处理各种文件和统计报表，计算机应用基础性工作开始起步，电子信息统计工作进入建设时期。1996年，开展上报统计报表微机分析处理业务。全国电子联行汇兑开通和省辖电子汇兑测试运行成功。电子化建设围绕总行提出的把农业银行网点优势转化为网络优势、竞争优势这一目标，县农行加大资金投入和加速网络建设力度，基本形成了连接国家、省、州、县四级行微机远程数据通信网络和数据库，及时传递处理和分析信贷、现金项目、会计业务、劳动工资等项目统计的多种信息，改手工操作向电子操作方向发展。2001 年，“新一代”综合业务系统切换成功并正常运行。是年，信贷二期业务系统开通应用。是年，建立办公自动化系统远程工作站。2002 年，ABIS 综合业务系统上线，连接国内业务网络系统，农行各项业务操作流程实行电子化规范管理，储蓄存款业务实现了国内通存通兑。2007 年 12 月，农村信用社成功对接 SC6000 综合系统，实现全国农村信用社与各商业银行的通存通兑。县农行用 ABIS 系统代理保险、代收罚款和代发工资等中间业务。同时，开通与人民银行联网的小额支付系统。2003 年，完成“上海版”个贷业务进入“新一代”综合系统的移植工作。2007 年，开通了与省分行连接的远程视频会议系统。

第三节　计算机应用

县金融部门于 1994 年和 1997 年开始使用电子计算机，初期，限于单机使用。此后，逐步推广到营业第一线的柜面业务处理。1994 年 6 月 24 日，开办电脑储蓄业务。县金融部门进一步开发和应用电子计算机业务，1999 年 6 月，开通城区储蓄通存通兑业务和信贷业务。此后，电子计算机广泛用于金融部门的各项业务之中，相继建立了四级行社数据网系统，储蓄事后监督系统，多用户门市对公系统、电脑储蓄系统、工资管理、人事档案管理和办公电子公文传输系统等。2006 年，租用县移动公司的线路，开通了与县财政支付中心的网络连接，及时做到财政支付中心拨付款的确认。2007 年，县农行在城区安装了 ATM 自动取款机。至 2009 年，全县金融系统配备电子计算机 76 台，科技人员 4 名，能运用计算机处理的业务人员 78 名，计算机普及率达 98%。

第二十三篇

教　育

1998年，美姑县文化教育局更名为美姑县教育局，挂美姑县语言文字工作委员会的牌子，内设办公室、教育股、人事股、计划基建财务股、成人教育股、语委办6个职能股室。2002年，政府机构改革时，把美姑县语言文字工作委员会职能划归县毕摩文化研究中心。截至2009年年底，美姑县教育局机关共有行政人员15名、事业人员3名、后勤人员5名。

20世纪90年代，美姑县教育工作把工作重心转移到普及初等教育上，并向凉山州人民政府承诺“到20世纪末基本普及初等教育”，确立“分类指导、分层次要求，集中人、财、物，办好一类学校，带动二类学校，兼顾三类学校，以点带面，逐步推进”的工作思路，制定实施“三制改革”方案（“三制改革”是指中小学校长竞聘制、教职工全员聘任制、教职工结构工资制），教育教学质量得到全面提高。2000年以后，以《四川省民族地区教育发展十年行动计划》和“两免一补”（是指对农村义务教育阶段贫困家庭学生免杂费、免书本费，逐步补助寄宿学生生活费）政策实施为契机，切实加强对“两基”（基本普及九年义务教育、基本扫除青壮年文盲）工作的领导，兴办寄宿制教育，全面提高教育教学质量。2002年，全县普初“两基”工作顺利通过省、州检查验收。

2002年以后，美姑县进一步巩固普初成果，开展普及九年义务教育大会战。至2009年年末，全县有中小学校（点）224所（个），858个教学班，25254名义务教育阶段在校学生。小学阶段适龄儿童入学率为96.8%，年巩固率为95.92%。初中阶段适龄生入学率为95.44%，年巩固率为97.95%。义务教育阶段学生全部享受国家两免政策，并有9500名寄宿制学生享受寄宿制生活补助，寄宿制学生占在校生总数的33.14%。全县共有1372名教职员工（含特岗）。有乡级农民文化技术学校36所，全县青壮年无文盲率为97.5%；共有幼儿园2所，有教师进修校1所。是年，如期圆满完成普九“两基”工作，为全县民族教育事业进一步发展奠定坚实基础。

第一章　学校建设

第一节　幼儿园建设

1965年以前，机关幼儿园的教室和职工宿舍属县城关民族小学校舍的一部分。1965年，文教科拨款征地2000平方米，建土木结构教室3间，教职工宿舍2间，办公室2间及厕所1间，共220平方米。1986年，国家拨款4万元，县财政拨款9万元，文教局自筹3万元，共计16万元，修建1幢2楼1底的钢筋混凝土结构的教学楼，教职工宿舍大楼1幢，建筑面积882.2平方米，其中，教室580.8平方米，职工宿舍301.47平方米。1987年，县文教局拨款1.33万元，修建围墙，全园占地面积654平方米。

第二节　小学建设

1990年，全县小学建设总投资38.1万元，其中在城关小学投资13万元，修建1幢2楼1底的办公楼，建筑面积373平方米，另建校门等配套设施；其余25.1万元，投资到9个乡中心校，修建砖木结构的教室、寝室、厨房、厕所，总建筑面积1197平方米。2002年，县城关小学占地面积

8675平方米，建筑面积4997平方米，生均建筑面积3.3平方米。有1幢3层教学楼、1幢2层教学楼，均为预制板结构，为20世纪80年代建筑。2009年，县城关小学新建1幢5层综合教学楼，楼房建筑面积460平方米，含8间教室、50台电脑的学生电脑室、远程教育室、可容纳50名学生使用的实验室、有3万多册藏书的图书室、可容纳100名教师开会的会议室，还有4间小办公室作为学校档案室、少先队活动室、校长办公室和小会议室使用。有学生活动场地2050平方米，有2个篮球架。

第三节　中学建设

一、美姑县中学

1966年8月，美姑成立史上第一所中学——美姑中学。有土木结构平房5栋。1978年，学校发展到有教室6栋12间，面积984平方米；办公室1栋8间，面积共95平方米；教职工宿舍4栋22间，面积622平方米；厨房、食堂一栋2间，面积7372平方米；厕所1栋2间，面积81平方米；男女生宿舍2栋20间，面积430平方米。共有10栋51间是土木结构，5栋15间是砖木结构。1982—1986年，是学校建设速度较快的5年，累计投入资金104.8万元，先后修建了教学和理化实验大楼各1幢，教师和学生宿舍各1幢，师生食堂1幢，建筑面积共5745.39平方米。到1990年，学校共有教职工宿舍9幢，教室2幢20间。办公室2幢12间，学生宿舍2幢20间，礼堂1栋，澡堂1栋，厕所3个，建筑面积10110平方米，占地面积26404平方米。随后，由于“十年教育行动计划”、教育“两基”攻坚工作等项目的实施，国家加大对教育的投入，学校建设更是突飞猛进，截至2009年，美姑中学占地面积25648平方米，建筑面积11070平方米。有2幢教学楼，32间教室，可容纳1600名学生就读。有1幢5层楼的综合楼，设有2间多媒体教室、1间音乐教室、1间美术教室，其余为理化生实验室和操作室。有1幢办公大楼，设有2间微机教室、2间会议室、1间多媒体教室、8间办公室。有2幢男生住宿楼，可容纳450名学生住宿，1幢女生住宿楼，可容纳400名学生住宿。有1幢2层楼学生伙食团，可容纳600名学生就餐。有2528平方米的运动场，250米的塑胶跑道，6个篮球架。有3幢教师住宿楼，可住43家教职工。

二、美姑县民族初级中学

1987年，投资12万元，有偿划拨土地6933.6平方米；征用土地5733平方米，砖木结构平房的宿舍276平方米，土木劣质小瓦房50平方米，开始筹建美姑县民族初级中学。1990年9月，美姑县民族初级中学正式成立。是年，总投资52万元，新建钢筋混凝土三楼一底的教学大楼一幢，有12个教室和12个小办公室，建筑面积1425.74平方米，新建师生厨房及保管室136平方米以及400米围墙和挡土墙。校舍建筑面积达到1561.74平方米。随后，由于“十年教育行动计划”、教育“两基”攻坚工作等项目的实施，国家加大对教育的投入，学校建设日益完善。至2009年，美姑县民族初级中学占地面积22199平方米，建筑面积20306平方米，校舍建设面积12304平方米，其中，实验室476平方米，多媒体教室145.8平方米。

三、洪溪初级中学

洪溪初级中学建于1958年，中途停办一段时间。1978年分设后，教室、学生宿舍是原洪溪区民族小学的部分旧房。教师住房、厨房、厕所与区民族小学共同使用。是年年底，国家拨款修建了一栋砖木结构的中学生宿舍，建筑面积120平方米。1990年，全校建筑面积1493平方米，其中，教学使用437平方米，行政用房89平方米，生活用房913平方米，占地总面积15144平方米。

2006年恢复招生。截至2009年年末，学校占地面12964平方米，校舍总建筑面积4954平方米。学生宿舍2幢，面积1352平方米，其中，男生宿舍48间，女生宿舍12间。教学楼1幢12间教室，面积1144平方米。综合楼1幢，面积1335平方米，有3间理化生实验室，设施设备齐全，其中，多媒体教室1间，42台计算机教室1间，图书室1间。教师宿舍1幢，共48间，面积1206平方米。办公综合楼1幢，面积1531平方米，办公设施设备齐全。学生活动场地3050平方米，4个篮球架和1个足球场。有学生食堂1幢，面积633平方米，食堂设备齐全，可供700多学生吃饭。

四、大桥初级中学

大桥初级中学修建于2007年7月。到2009年，学校占地面积26620平方米，建筑面积11015平方米，操场面积15605平方米，绿化面积15000平方米。其中，综合楼3幢，建筑面积2103平方米，内设微机室、多媒体教室、远程教育卫星接收室、化学实验室、生物实验室、物理实验室、图书室等功能室。教学楼2幢，建筑面积2572平方米，教室31间，卫生间3间。男生宿舍楼1幢，建筑面积2159平方米，共有寝室80间，其中，洗漱间和厕所各8间。女生宿舍楼1幢，建筑面积1160平方米，寝室38间，其中，洗漱间和厕所各4间。学生食堂1幢，建筑面积1003平方米。教师宿舍1幢，共32间，建筑面积1652平方米。

五、牛牛坝初级中学

牛牛坝初级中学修建于2009年8月。学校占地面积33.81亩，建筑面积11348平方米，操场面积3661平方米，绿化面积5210平方米。其中，教学综合楼建筑面积4954平方米，内设教室24间、教师办公室6间、行政办公室8间，还设有微机室、多媒体教室、远程教育卫星接收室、化学实验室、生物实验室、物理实验室、实验准备室、图书室等功能室。男生宿舍楼1幢，建筑面积2121平方米，共有寝室64间，其中，洗漱间和厕所各8间。女生宿舍楼1幢，建筑面积1249平方米，共有寝室36间，其中，洗漱间和厕所各4间。学生食堂建筑面积1171平方米。教师周转房建筑面积1585平方米，宿舍共47套。浴室建筑面积71平方米。门卫室建筑面积21平方米。

六、巴普镇初级中学

巴普镇初级中学坐落于巴普镇俄普村，距县城3.5公里。学校建于2009年，占地面积26534平方米，有教学楼1幢、综合楼1幢、学生宿舍3幢、学生食堂1幢、教师周转房2幢，校舍建筑面积9825平方米，运动场地面积8600平方米，绿化面积2000平方米。其中，有物理、化学、生物实验室各1间，实验设备设施齐全，有电教室1间、远程教育室1间、图书室1间。

第四节　教师进修学校建设

1978年4月，美姑县教师进修学校建立，当时修建砖木结构的教室4间，办公室4间，职工宿舍20间，其他用房7间。学校占地总面积3815平方米，建筑总面积1807平方米。到2009年，学校几经维修，继续使用。

第二章　管　理

第一节　人事管理

1992 年，县人民政府机构改革后，县教师进修学校、县城中小学的校长、副校长、支部书记和副书记，由县委组织部报县委常委会研究任命。其中，校长、副校长按照程序，还要由县人民政府常务会议研究任命。县城中小学各处、室主任、副主任和学区校长、副校长，由教育局党组研究，报县委宣传部任命。2002 年以后，县城中小学各处、室主任、副主任，由县教育局党组研究任命。新教师直接分配到边远乡村任教，并签订 3 年工作合同。2006 年，全县共调整 129 名中小学校长和中层干部。

第二节　经费管理

一、国家拨款

学校教育经费全部纳入国家财政预算。少数民族地区实行边区补助。少量的经费由地方财政机动款补助。随着教育事业的发展，教育经费逐年增加，1990 年，全县教育经费总额达 353.6 万元。2000 年，全县教育经费总额达到 1606.2 万元。进入 21 世纪以来，教育经费随着经济发展不断增长。至 2009 年，全县教育经费达到 13445.27 万元。

二、地方自筹

1990年，县财政拨给教育经费6万元。2002年普初时，县财政拨给教育经费2788.10万元。2009年，“两基”攻坚，县财政拨给教育经费 13367.63 万元。

三、学杂费

1991 年，执行初中学生每人每期 10 元，高中生每人每期 15 元的标准。进入 21 世纪以来，特别是从 2001 年国家实行“两免一补”政策以来，学生缴费越来越少。2009 年，高中生每人每期缴费 270 元。

四、集资办学

2002 年“普初”期间，共收到党政部门、联乡单位、干部、职工、教师、学生、个体工商户、农民、自由职业者捐款捐物（折合现金）近 100 万元。2009 年，“两基”攻坚，州级百乡扶贫单位协调资金和捐款捐物共计 510.72 万元。县级各联乡单位和职工捐款捐物共计 519 万元，其中，捐款 492.93 万元。各乡（镇）协调和投入办学资金 204.84 万元。广大人民群众投工投劳 26645 人次，折合资金 108.62 万元。

五、勤工俭学

1990 年，文教局设勤工俭学股，设专职干部 1 人。在此以前由计财股、基建股代管理。是年，全县勤工俭学总产值达 7.66 万元，校办企业职工 15 人，其中，教师 7 人。2002 年“普初”时，回收、新划学农基地 11.2 公顷。到 2009 年，共建成九口乡中心校、拉木阿觉乡中心校等 7 个农场，供学生勤工俭学使用，培养劳动技能。

六、业务经费管理

教育业务经费由教育局和县财政部门，根据财经管理制度、事业发展计划、招生计划、人员编制等情况实行垂直管理和计划管理。

1990年年底，各区及城区各学校都有专职会计，专管学校教育经费的使用和核报。2001年以后，实施《四川省民族地区教育发展十年行动计划（2001—2010）》项目，推动农村义务教育事业的快速发展，促进教育公平和社会公平，提高农村发展能力。从2006年起，国家全面实施农村义务教育经费保障机制改革，实施“两免一补”政策。2009年，美姑实施农村中小学校舍安全工程的建设项目和“两基”攻坚，为保证落实全县农村义务教育经费保障机制改革的实施，按照国务院、省、州有关农村义务教育经费保障机制改革的文件（国发〔2005〕43号）、（川府发〔2006〕11号）、（凉府发〔2006〕15号）精神要求，全县义务教育阶段学生享受“两免一补”政策。

在实施项目过程中，专门成立以县长为组长的领导小组，成立以分管县长为组长的领导小组办公室。专门成立“十年行动计划”领导小组。成立以教育局局长为组长、分管副局长为副组长、教育局中层干部为成员的农村义务教育经费保障机制改革工作领导小组。成立以分管的教育局副局长和财政局副局长为主任、县财政局文教行政政法股股长和县教育局计财股股长为副主任、县教育局计财股和县财政局文教行政政法股相关工作人员为成员的美姑县农村义务教育经费保障机制改革工作领导小组办公室。以上领导机构专门负责项目工作的开展，解决协调项目工作中出现的各种问题，监管项目按计划、按要求实施，对项目执行过程中需要调整的问题，及时进行调整。

县教育局印发《农村义务教育经费保障机制改革的实施办法》，还和县财政局联合转发《凉山州财政局、凉山州教育局关于转发〈农村中小学公用经费支出管理暂行办法〉的通知》，要求各学校严格按资金管理办法管理和使用经费。各学区都设立财务收支公示栏，按月公示收支情况，接受师生和社会的监督。资金使用单位严格按照资金使用范围规范使用，做到专户管理，专款专用，不克扣，不挤占挪用。严格执行项目的有关规定和要求，凡是涉及项目的有关工作都要经过领导小组集体研究决定。严格按照项目管理要求，专人负责项目档案资料的收集、整理，保证寄宿制资金、“两免一补”和农村寄宿制学校建设等项目工作的档案资料收集完整、规范。管理机关定期或不定期对资金使用单位的财务账表进行检查和内审，发现问题立即整改。所有经费以直通车的形式拨入各项目学校。从项目执行以来，全县的寄宿制资金等新机制改革和“十年行动计划”建设项目工作，完全按照计划要求进行，确保项目工作顺利实施。

第三节　学校管理

1991年以后，县城中小学设校长、副校长、支部书记、办公室主任、副主任、教导（务）处主任、副主任、总务处主任、副主任、政教处主任、副主任、工会主席、团委书记、少先队大队辅导员。2007年，美姑中学还增设教科室主任、副主任。

美姑县各级各类学校根据国家教育方针、政策、上级指示和各自实际情况，分别制定了《教职工岗位责任制》《教师的学习、考勤制度》《奖惩制度》《值周制度》《会议制度》《住校生制度》《学籍管理制度》《休学、退学、转学制度》《中小学生行为规则》《升留级制度》等制度。

县文教局于1984年结合全县的实际情况，制定了《美姑县中小学教职工岗位责任制》《美姑县各级各类学校试行定人、定编、定工作量的意见》《美姑县中小学教职工工作考勤的若干规定》《美姑县中小学财务管理办法》和《美姑县中小学基建维修的管理办法》等制度。

2001年，制定了《美姑县教育体制改革实施方案》，在县城中小学、县教师进修学校、县教研室和县幼儿园逐步实行校长负责制和教职工全员聘任制。2002年，全县推行以“校长负责制、结构工资制和教师聘任制”为主要内容的教育人事管理体制改革，并按照“客观、公正、公平”的原则，从全县范围内成功组织考调30名德才兼备的中青年骨干教师到县城各校（园）任教。2002年，牛牛坝中心校、峨曲古中心校、峨普中心校和城关小学，被评为县级示范学校。2003年，制定实施《教育系统干部工作失误责任追究制度》。

2006年，加强师德师风建设，制定出台《美姑县教育系统职工赌博、吸毒人员处理办法》，严厉惩处教师队伍中极少数赌博、吸毒人员。邀请广汉市教育专家到美姑，举办师德师风、学校管理、教育法律法规和教学技能专题讲座。邀请西昌四小知名教师、教学能手到美姑讲示范课和举办学校管理讲座。在县城各中小学和幼儿园建立校园警务室，推进校风建设。县教育局要求片区校长必须兼任一门课程，乡级校长必须兼任一门主科，带动教师搞好教学工作。同时，县教育督导组随时督查，学校管理有了较大改进。

第四节　教学管理

文教局和各级中小学对学制、课程设置、教学计划、教育教学工作都有机构或专人管理。1984年8月，县文教局成立县教研室。县内各学校教学工作的管理，由各学区和学校负责。1987年，开始实施教育责任制验收统考制度。是年，美姑县城关小学制定教学管理目标，对各年级各学科的及格率、优生率、合格率都提出具体要求，对语文、数学、思想品德、历史、地理、自然、音乐、美术、劳动等科目，都制定了量化标准。1994年，在县城中小学推广“目标教学”。2009年，县城中小学及乡中心校成立教研机构有：县教研室、中学语文、数学、理化生、政史地、艺体等学科教研组，还有政教处、教务处、教科室等机构。小学语文、数学、音乐、体育、美术等教研组。各乡（镇）中心校成立中心教研组，并分设语文和数学教研组。

第三章　教育和教学研究

第一节　幼儿教育

美姑县幼儿教育始于1958年10月，是年，在县城关民族小学校（今甲谷区中心小学校）附设幼儿班1个班，招收18名幼儿入学，有1名教师任教养员。1981年6月，美姑县人民政府恢复县幼儿园、机关托儿所体制，实行归口管理，将原属县委组织部管理的机关幼儿园单设，成立了美姑县幼儿园，划归文教局领导。1999年，全县有幼儿园1所，有521名幼儿入园。2005年2月，根据《中华人民共和国教育法》和《中华人民共和国民办教育促进法》的相关规定，美姑第一所民办学校美佳幼儿园正式成立，有4个班级，学生160多人。截至2009年，全县共有幼儿园2所，其中，公办幼儿园1所，民办幼儿园1所，共有744名幼儿入园。有教职工26人，专任教师23人。

第二节　小学教育

1992年，县文化教育局按照美姑县人民政府关于《基础教育实施分级办学、分级管理的意见》（美府发〔1991〕168号），重申“新增学校必须由当地政府向县人民政府提出书面申请，待县人民政府批准后方能开办，不得随意撤并或增设学校和教学点”，并坚持“恢复一批、巩固一批、提高一批、带动一批”的原则，进一步加强乡中心完小的配套设施建设，改善办学条件。

从1993年到2000年，由于撤区并乡，每个乡（镇）的建制都有所扩大，县文教局针对这一情况，对学校布局及时作出相应调整，是年，有小学192所。为提高三类寄宿制民族班教育教学质量，在粮价放开，国家补助没有增加的情况下，县文教局和学校实行产啥吃啥的办法，解决半寄宿制学生午餐问题，使其安心学习。是年，全县有重点寄宿制民族班学生484人，普通寄宿制学生320人，半寄宿制学生1009人。把教育工作的重心继续放在乡村学校，实行校长负责制，落实教师“六认真”，即认真备课、认真上课、认真布置和批改作业、认真辅导学生、认真考核、考评学生、认真开展教育教学科研制度。县委、县人民政府任命一批政治思想觉悟较高、组织协调能力较强的学区教办主任和乡（镇）中心校负责人为当地工委副书记、乡（镇）党委副书记或副乡（镇）长，学校与党、政、群之间的联系更加密切。并在全县范围内兴起学习“柳洪经验”热潮。与此同时，县教育局先后出台《美姑县中小学校长管理办法》《美姑县中小学教育教学管理评估方案》《美姑县教育局大、中专毕业生分配制度》等一系列配套措施，严格考核全县教师和教育工作者，特别是“将30%的活工资实行浮动，用于奖优罚劣”的规定，彻底改变了过去那种“干多干少一个样，干好干孬一个样”的工作局面，极大地调动了广大教师的工作积极性。到2000年年末，全县小学在校生12699人，学龄儿童入学率63.77%，其中，女童入学率45.11%。在校生巩固率达到92.4%。2002年“普初”时，全县有小学校（点）240所（个），在校生20968人，入学率95.6%，巩固率96.92%。

2003年起，通过继续实施“十年行动计划”，落实“两免一补”政策，改善学校环境，充实教师数量，提高教师素质和改善教师结构，教学质量不断提高，学生入学率和巩固率大大提高。到2009年普九“两基”攻坚完成时，全县小学有在校生26280人，入学率99.08%，巩固率99.35%；有教职工1095人，其中专任教师1064人，普九“两基”攻坚工作顺利通过省、州检查验收。

第三节　中学教育

1966年8月，在县城创办历史上第一所中学校——美姑县半农半读初级中学，招生1个班，50名学生。其中专任教师4人。同年9月，柳洪区民族小学开办第一个戴帽初中班，解决本校小学毕业生升入初中学习问题。1972年，美姑中学开始招生1个高中班，学生50名。次年招生50名，成为完全中学（时高中学制2年）。

1990年，在县城开办“美姑县民族初级中学”。是年，全县有初中教学班22个，高中教学班4个，初中在校生783人，高中在校生134人。有中学教职工119人，专任教师84人。1999年，全县有完全中学1所，单设初中4所，有教学班33个，初中在校生787人，高中在校生50人。2002年，全县调整学校布局，撤销美姑县民族初级中学，建立美姑县城关二小。至此，全县有中学1所，在校生1108人。2009年，新建大桥初级中学、牛牛坝初级中学、巴普镇初级中学和洪溪初级中学。是年，全县有完全中学1所，九年一贯制学校1所，单列初中4所。有初中教学班175个，在校生6147名，初中阶段入学率为95.44%，初中在校生辍学率为2.05%。另有高中学生363人。有初高中教职工438人（高中教师20人），其中，专任教师429人。是年，省、州人民政府检查验收，美姑县顺利完成基本普及九年义务教育工作任务。

1991—2009 年，全县有初中毕业生 6514 人，高中毕业生 792 人；全县初、高中毕业生升入中专 974 人，升入大专 381 人，升入本科 95 人。

第四节 双语教学

实施“双语”教学是弘扬民族文化，帮助少数民族学生迅速掌握科学文化知识的一种重要途径，美姑县双语教学实行一类、二类两种模式（以彝语文教学为主，加设汉语文课的称之为一类模式，以汉语文教学为主，加设彝语文课的称之为二类模式）。1991 年 4 月，县文教局在典补乡召开全县一类体制双语教学法现场观摩会，“双语班”学生继续实行对口招生和小学、中学两次“分流”制。是年，美姑县民族中学招收第二个双语初中班。为进一步提高“双语”教师队伍素质，1993 年，县文教局选派 3 名双语理科教师到西南民族大学学习深造。1994 年，县文教局又选派 4 名双语理科教师到西南民族大学学习，但这些教师毕业后继续从事双语教学工作的只有 2 名，双语教师量少质弱的问题还没有得到彻底解决。据 2000 年年末统计，在全县 36 名一类模式小学教师中，只有初中文化程度的代课教师多达 14 名，年龄在 45 周岁以上的中老年教师有 12 名，具有中级职称的教师只有 2 名，双语师资力量亟待加强。从 1991 年到 2000 年，全县一类模式中小学毕业生只有 624 名。其中，小学毕业生 432 名，初中毕业生只有 192 名。

根据凉山州人民政府《关于进一步加强和改进双语教学工作的决定》精神，全县除二类模式的学校从小学三年级开设彝语课外，2006 年，还在炳途、典补两乡恢复一类模式教学工作，时有 9 个教学班，281 名在校生。2008 年 1 月，根据《中华人民共和国民族区域自治法》《国务院关于深化改革加快发展民族教育的决定》和凉山州人民政府《关于进一步加强双语教学工作的决定》，美姑县制定《美姑县 2008—2013 年双语教学发展规划》，为全县双语教学工作进一步发展奠定了基础。

第五节 成人教育

1991—2000 年，美姑县成人教育工作以扫除新文盲和扫盲后的巩固提高为重点，根据国务院《扫盲工作条例》精神，遵照国家教委关于“一堵、二扫、三提高”的方针，在全县教师队伍中筛选一批具有一定组织协调能力的中青年教育工作者，充实到扫盲队伍中去，足额配齐 9 个片区、36 个乡（镇）的扫盲专职干部和专职教师。县教育局制定出台《美姑县扫盲与农村成人教育专职干部及专职教师目标管理办法》，加强成教教师管理。采取“因地制宜，忙时少学，闲时多学，集中与分散相结合”和“长学制与短学制相结合，以短学制、短周期为主”的办学形式，突出农村扫盲工作的间歇性特点，配合农业、林业、畜牧、科技、科协等部门，举办新生扫盲班、巩固提高班、业余高小班等，开展彝汉文扫盲教学，还动员组织回乡初、高中毕业生和脱盲人员到各乡（镇）参加培训，学习地膜覆盖、花椒栽培、野生棠梨嫁接、天麻种植、种草养畜、魔芋栽培、猪瘟防疫等技术，到 2000 年，全县累计脱盲 59807 人，占实际扫盲对象的 90.1%。

扫盲与农村成人教育工作，是全国“四大教育”板块中的基础工作，也是兴国兴县的立足之本。2001 年，全县共举办 106 个不同类型的新生扫盲班，参学人数达 4700 人。其中，举办彝文扫盲班 86 个班，参学人数为 4109 人；汉文扫盲班 20 个班，参学人数为 600 人。全县 36 个乡（镇）立足各地扫盲与农村成人教育工作的具体实情，分别举办 36 个业余高小班，参学人数为 1080 人，并及时组织 5284 名脱盲学员，参加文化提高班学习。同时，大力加强农村适用技术培训工作，努力提高广大农民的科学文化素质。全县9个片区36个乡（镇），共举办适用技术培训班8期，参训人数达462人，毕结业率为100%。

2002年，普初“两基”攻坚时，全县9个片区和36个乡（镇）兴建36所乡（镇）农民文化技术学校和245所村级适用技术培训校点，做到乡乡有农技校，村村有农技班。是年，全县共举办扫盲班348个，参加学习人数1.54万人，其中，彝文扫盲班312个，参加学习人数1.4万人；汉语扫盲班36个，参加学习人数1080人。全县36个乡（镇）分别举办36个业余高小班，参加学习人数1080人，并及时组织4368名脱盲学员参加文化提高班学习。9个片区和36个乡（镇），共举办53期适用技术培训班，参训人数1590人，毕业率100%。是年，全县15~53周岁人口中，非文盲人数达到7.95万人，非文盲率达到95.88%，农村成人教育基本扫除青壮年文盲工作顺利通过省、州人民政府检查验收。

2006—2009年，按照“两基”并重并举原则，继续坚持“一堵、二扫、三提高”的工作方针，建立县、乡（镇）、村三级扫盲工作领导组织，做到扫盲经费、措施、教师、教材、试卷“五落实”，采取有力措施，扎扎实实地开展扫盲工作。全县有乡（镇）农民文化技术学校36所，办学面达100%；有村级农民文化技术学校278所，办学面达95.53%；配置职成教育专职教师45名，各乡（镇）都成立成人教育领导机构，在中小学校课程中都开设劳动技术课。三年来，全县落实成人教育经费122.8万元，其中，地方财政补助79万元，乡村自筹43.8万元。扫盲经费专项用于农村职成教育，共扫除文盲7150人，全县15~50周岁青壮年共12.56万人，其中，非文盲人数12.29万人，文盲、半文盲（含丧失学习能力）2629人，全县青壮年非文盲率为97.91%。参加脱盲巩固提高7043人，脱盲巩固率达98.50%。开办农村实用技术培训806期，培训学员5.1万人次，培训面达青壮年总数的40.65%；组织学历补偿教育班54个，参加补偿学员达2375人，补偿合格2325人，补偿合格率为97.89%。

第六节　思想政治教育

1991—2009年，全县中小学校高举中国特色社会主义伟大旗帜，坚持以马列主义、毛泽东思想、邓小平理论和“三个代表”重要思想为指导，全面贯彻落实科学发展观，始终坚持社会主义办学方向，以“培养学生成为热爱社会主义祖国、具有社会公德、文明行为习惯、遵纪守法的公民”为思想政治教育的基本任务。在全县中小学组织学习邓小平南方谈话、十四大报告、《邓小平文选》、十五大报告、十六大报告和十七大报告，贯彻落实《未成年人保护法》《中共中央关于进一步加强和改进学校德育工作的若干意见》《爱国主义教育实施纲要》《小学德育大纲》《中学德育大纲》，开展“让学生成才，让家长放心，让社会满意，树文明校风”活动。充分利用课前教育、班会、校会，在学生中组织学习《小学生日常行为规范》《中学生日常行为规范》，开展“学守则、讲文明、做合格中小学生”活动，开展“讲文明，树新风”活动、民族团结教育和禁毒防艾教育，利用星期一早晨升旗仪式进行爱国主义教育。美姑中学办起校园广播站和《学芽》月刊，县城关小学办起“星星火炬”广播站和《幼芽》月刊，俄普中心校办起《三色叶》月刊，刊播校园新闻和学生习作。

2006年起，在全县中小学学生中开展以“八荣八耻”（2006年3月4日，中共中央总书记胡锦涛看望出席全国政协十届四次会议的委员时提出，要引导广大干部群众特别是青少年树立社会主义荣辱观。两会人大代表、政协委员对这一重要论述的热烈反响表明，广大人民群众急切盼望树立良好的社会风气。以“八荣八耻”为具体内容的社会主义荣辱观，为我国公民道德建设树起了新的标杆，对加强社会主义思想道德建设产生积极的影响。即以热爱祖国为荣、以危害祖国为耻，以服务人民为荣、以背离人民为耻，以崇尚科学为荣、以愚昧无知为耻，以辛勤劳动为荣、以好逸恶劳为耻，以团结互助为荣、以损人利己为耻，以诚实守信为荣、以见利忘义为耻，以遵纪守法为荣、以违法乱纪为耻，以艰苦奋斗为荣、以骄奢淫逸为耻。简称“八荣八耻”）为主要内容的社会主义荣辱观教育活动。

第七节 教育教学研究

1984年，美姑县教育学会成立，下设各学科组，配同教研室开展各科教研、教改活动。1989年4月，组织城关小学语文教研组和数学教研组12名老师，参加四川省教科所在成都市东城区实验小学举办的“如何加强小学语文、数学课堂教学改革”教研活动。

1990年10月8日，县教研室在城关小学组织“寓思想品德教育于教学、自然教学之中”的教研活动。11月22日，县教研室组织各区教师参加在牛牛坝区中心校举行的“小学分数应用题教学”研究活动。1995年，在县城中小学推广“目标教学”。1999年，各校的教研活动主要以听公开课、上示范课和集体评课为主。县教研室全年累计听课625节，翻阅检查备课本368本，检查作业本4000多本。继续搞好“目标教学”，组织统考和各类竞赛。

2005—2009年，圆满完成基础教育课程改革，并在2009年启动高中课程改革。成功完成2007—2008学年度、2008—2009学年度9个省级重点和一般微型课题的省、州级申报活动，实现全县教育科研进入省、州级零的突破。其中，8个课题的研究成果和40位主研教师，分别获省级教育科研课题研究一、二、三等奖。认真指导和落实凉山州2009年“教育科研小专题”“凉山州资助金”“省州三级”课题的申报活动，完成省、州级20个教育科研课题的申报活动，全县所有中学、学区中心校和部分乡中心校都有自己的课题。全县共有教育科研课题35个。把县城关小学、大桥学区中心校申报为“四川省民族教育科研校本研修基地校”，从而带动全县的“校本教研”活动。积极组织一线教师进行新课程改革、课题、学科、教育教学叙事性案例等研究，并积极指导他们撰写研究论文。共组织教师参加各种研究论文竞赛活动16期，30%以上的研究论文获得州级奖，40%的研究论文在不同类别的刊物上发表。举办全县小学语文、数学、彝语文优质课堂教学大赛5期，选拔并指导全县中、小学教师参加省州级优质课堂教学大赛16人次，获省级课堂教学大赛一等奖1名、二等奖3名、三等奖2名，获州级课堂教学大赛一等奖3名、二等奖10名、三等奖2名。还成功举办全县中、小学校长公开展示课活动1期，初中英语优质课堂教学大赛1期。

第四章 “十年行动计划”

第一节 项目工程

2001年，《四川省民族地区教育发展十年行动计划》开始在全省范围内正式实施。2001年，美姑县实施行动计划的项目工程有：美姑中学改扩建工程180万元，拉木阿觉乡中心校改扩建工程100万元，牛牛坝中心校危房改造工程50万元，佐戈依达乡中心校改扩建工程100万元。据统计，自2001年以后，美姑县共实施“十年行动计划”基建项目工程63个，项目资金4979.49万元，总建筑面积达到7.12万平方米。其中，新建、维修校舍2.65万平方米，生活用房建设1.59万平方米，附属工程建设（含校园硬化、围墙及其他）1.8 万平方米，教师周转房维修及新建 1.08 万平方米。

第二节　寄宿制教育

2001 年 8 月，美姑县抓住行动计划大好机遇，根据县委、县人民政府决定，美姑县编制委员会把美姑县民族初级中学并入美姑县中学，在县民族中学和巴普镇小学现有师资及其教学设施基础上，组建“美姑县城关第二小学校”，面向全县招收重点寄宿制学生。同时，在全县 13 所办学条件较好的乡（镇）中心学校和城区学校举办 117 个重点民族寄宿制教学班，招收寄宿制学生 5590 名，其中，小学重点寄宿制学生 1125 名，普通寄宿制学生 3800 名，初中重点寄宿制学生 250 名，高中重点寄宿制学生 25 名。重点寄宿制学生的生活补助为每生 50 元／月，普通寄宿制学生的生活补助为每生 30 元 / 月。

在管理方面，加强寄宿制学校领导班子建设，选派经验丰富、责任心强的骨干教师担任寄宿制班的教学和管理工作。建立健全了教育教学、组织纪律、后勤安全及环境卫生等多项管理制度。不断增加寄宿制学校的投入，大力改善寄宿制学校的办学条件。及时下拨寄宿制学生生活补助经费，做到专人负责，专账管理，按月拨付，每月公示，定期检查。管理教师及任课教师认真做到“六化”（对学生训练军事化，宿舍管理专人化，用品配备统一化，日常行为规范化，学校管理制度化，安全卫生经常化）与“六心”（要求教师对学生要有爱心、耐心、细心、尽心、关心、交心）教育，同时，对寄宿制学生实施良好习惯的养成教育，即良好的学习习惯、良好的行为习惯、良好的卫生习惯。养成教育，做到“六一六无”，即一天一洗脸、一天一洗手、一天一洗脚、一周一洗澡、一周一洗衣，一月一洗被；室内无异味、地面无纸屑、墙上无污迹、窗桌无灰尘、碗筷无油污、过道无痰迹。在良好内务整理的养成教育中，做到“六齐六一线”，即被盖叠整齐、床单铺整齐、蚊帐挂整齐、枕头摆整齐、衣物折整齐、书籍放整齐，牙刷一条线、口盅一条线、毛巾一条线、面盆一条线、鞋子一条线、杂物一条线。并强化寝室文化建设，培养学生动手能力和审美观念，对寄宿制学生实行半封闭式和军事化管理。

到 2009 年，全县共有 9500 名学生就读寄宿制学校，享受“两免一补”政策，寄宿制学生占在校生总数的 33.14%。牛牛坝中心校、佐戈依达中心校、峨曲古中心校、洪溪中心校、美姑县民族初级中学先后被评为凉山州寄宿制示范学校。

第三节　对口支教

2000 年，四川省委、省政府作出西部大中城市学校，对口支援本省贫困地区学校工程的决定，广汉市教委联系美姑县教育局，两地学校结成友好对子。是年 10 月 29 日，广汉市教委扶贫助教代表团一行 37 人到美姑县考察，为美姑县边远山区的失学儿童捐款 105867.05 元，捐赠价值 31200 余元的微机 6 台、价值 10000 多元的体育器材和价值 800 多元的打印机 2 台、校服 100 套。同时，与美姑县 20 所中小学结成对口扶贫学校，派出张晓敏和杨林 2 名教师到美姑支教。张晓敏老师利用放假机会，联系并带领美姑县城关小学领导和青年骨干教师共 12 人，到广汉市 3 所学校听课、座谈、参观和学习。据统计，自从与广汉市教育系统开展对口支教以来，双方主动沟通，积极协调，截至 2009 年，广汉市教育局共派出支教教师 191 名，举办专题讲座 14 期，捐款 98.6 万元，捐赠物资折合人民币 89.2 万元。同时，美姑县派往广汉市挂职学习 32 人。

第四节 实验室、图书室和远程教育装备

美姑县从2006年开始启动“普实”工作，当年投入资金61.93万元，装备美姑中学和县民族中学四个理化实验室，结束美姑县办学50年来无专用实验室历史。2007—2008年，在新建大桥初级中学和洪溪初级中学的同时，两所学校分别建成物理、化学、生物实验室和图书室各1间。

据统计，自《四川省民族地区教育发展十年行动计划》开展以来，美姑县在实验室、图书室、远程教育设备上，共计投入资金1113.74万元，其中，县级投入577.11万元，先后建成中学理化生实验室20个，实验仪器配备率达到100%；小学科学实验室46个，实验仪器配备率达到97.8%。同时，建成中小学图书室52个，购置图书216000册，各中小学有馆藏图书近55万册，中学生均图书达到25册，小学生均图书达到15册。

2006年，全县开始规划远程教育。2007年，正式启动，并在当年8月完成设备安装调试工作，9月份正式投入使用。到2009年，全县共建成远程教育模式一学校（光盘播放点）179所，模式二学校41所，模式三学校6所，远程教育覆盖率达到100%。

第五章 招生工作

第一节 招生体制改革

1992年，采取录取政策公开、招生计划公开的“两公开”措施，招生工作得到全县人民的理解和支持。1993年，印发《凉山州1993年普通大、中专招生新规定》650份。1994年，国家在教委部分直属院校、部分中央部委院校中试行执行收费和毕业生就业制度的改革，进行国家任务和调节性两种计划形式“并轨”的改革试点。四川省普通高考首次实行“3+2”方案（指文科和理科考生都必须考语文、数学、外语三门基础学科。此外，文科加考历史、地理、政治，理科加考物理、化学、生物）。高校自费新生可以与委培生一样转户口。凉山州首次进行中专、中师分卷考试。1995年，通过召开考生及考生家长会议，印发《美姑县1995年普通大、中专招生工作的实施意见》900份。

1996年，组织召开“九六招生工作宣传动员大会”，参会人员达1000人，并征订《招生考试报》《招生通讯》《高考指南》《中考指南》等资料，印发《美姑县九六年普通大、中专招生工作实施意见》800册。1997年，县招委、县招办组织召开“考生填报志愿指导会”，并宣传招生政策，宣布招生计划，录取批次等工作。为促进广大教师的教风转变和提高学生的学习积极性，县招办在毕业班中组织举办“为明天不后悔”演讲征文活动，并设立一、二、三等奖和优秀奖。

1998年，招生工作有两项重大改革。一是普通中专、中师全部实行“并轨”；二是全州实行“三合一”考试（是指包括毕业考试，普通高中、职业高中、重点高中的升学考试，中等专业学校的招生考试，合而为一，只进行一次考试）。县招办严格报考资格审查，认真执行《凉山州大、中专招生报名资格审查》有关规定及条款，切实做到报考生的户籍、学籍、档案等各个环节都落实到单位和人头上，谁出问题谁负责，层层把关、层层签字，最后送招委复审。

1999年，县招办结合上级招委、招办的有关招生实施规定，制定《美姑县1999年普通大、中

专招生实施规定》《美姑县大、中专招生主要日程》，印发给每个考生和有关单位，及时宣传招生政策，加大对以下招生工作改革的宣传力度：一是进行普通中专招生考试科目改革；二是招生政策上作了一些调整；三是为普通大专招生实行"计算机网上录取"，建立电子档案；四是巩固招生"并轨"的改革成果，但在"并轨"改革中，省上继续执行尊重历史，承认差别，适当照顾的原则，对民族地区要保留一定比例的"定向"招生，以解决民族地区教育、科技人才缺乏的突出矛盾。2000年，针对美姑县考生量少质弱等问题，提出"保优生"读高中的战略思路。县教育局和县招办立足本县教育教学发展的具体实情，提出小学教师逐步实现专科化的奋进目标，并制定出台一系列有利于鼓励中青年教师自学成才的政策。

2000年以后，加快改革招生考试的评价制度，改变一次考试定终生的状况。普通中专停止体检工作，学生录取后在所在学校体检。高考科目设置和内容的改革进一步突出能力和综合素质的考查，逐步建立具有多种选择的更加科学和公证的高等学校招生选拔制度。普通高校招生全面推行"3+X"考试（"3"指高考时文科和理科考生都要考语文、数学、英语3科试题，"X"是指文科考生还要同时考文科综合试题，理科考生同时还要考理科综合试题），部分英语进行听力考试。全部实行计算机网上录取，建立电子档案；在普通中专招生计划中继续实行并轨招生，并实行微机报名，简化体检手续。改革招收五年制大专班，从而进一步扩大招生规模，促进普通中等职业教育和高等教育的沟通。

第二节　招生录取工作

招生录取工作是一项涉及社会生活方方面面的系统工程，具有很强的政策性、纪律性和时间性，历届县委、县人民政府及县招生委员会，都十分重视招生工作的每一个环节。1991—2009年，针对招生工作年年都有新要求的特点，县招生委员会始终把宣传动员放在第一位，使党的招生政策家喻户晓，不断增强招生工作的透明度。19年间，美姑县招生工作没有发生过任何违纪舞弊事件，充分体现了招生政策的严肃性和公平性。县招生办公室连续4年(1992—1995年)被凉山州招生委员会评为年度综合考核一等奖。

1991—2009年，县招生办公室严格按照"早、统、细、严、准"的要求，完成招生录取工作。从1994年实行招生"并轨"改革开始，到1999年年底，美姑县招生委员会根据四川省人民政府关于"尊重历史、承认差别，对民族地区要保留一定比例的定向生"的精神，除"外来考生"和"实践生"之外，其余上线的考生均与县人民政府签订定向协议书。

2000年，大专、中专学校仍招收一定比例的"定向生"。但由于财政困难，无法保证"定向生"就业等原因，县人民政府要求普通中专只招录国家下达的并轨计划。由于师资、管理、经费、政策导向等诸多原因，美姑高中教育质量较低，高中生毕业后升入大专院校学习深造的较少。同时，不断推进成人高考和自学考试工作，成人高考和自学考试工作取得较大成绩。

1991—2009 年普通中专（中师）录取情况统计表

表 23-1

年份	参加统考人数			被录取人数			高中兼报中专部分录取总人数
	合计	汉族	彝族	合计	汉族	彝族	
1991	175	45	130	80	37	43	0
1992	226	54	172	83	33	50	0
1993	292	60	232	108	38	70	13
1994	363	43	320	115	16	99	15
1995	427	55	372	135	23	112	22
1996	365	37	328	161	19	142	20
1997	331	55	276	141	35	106	20
1998	351	38	313	131	12	119	21
1999	311	20	291	208	10	198	11
2000	228	20	208	165	18	147	1
2001	220	14	206	165	8	157	18
2002	193	28	165	126	14	112	24
2003	243	28	215	197	11	186	25
2004	275	28	247	199	6	193	41
2005	301	20	281	120	5	115	45
2006	335	20	315	171	5	166	19
2007	493	20	473	135	1	134	76
2008	468	16	452	75	3	72	74
2009	515	18	497	159	6	153	34

1991—2009 年普通大学录取情况统计表

表 23-2

年份	文科部分				理科部分				录取总人数
	参考人数		录取人数		参考人数		录取人数		
	汉族	彝族	汉族	彝族	汉族	彝族	汉族	彝族	
1991	21	25	3	2	0	0	0	0	5
1992	19	38	7	3	0	0	0	0	10
1993	20	32	4	3	0	0	0	0	7
1994	24	11	4	0	2	0	0	0	4
1995	19	14	3	1	0	2	0	0	4
1996	2	40	1	8	2	0	2	0	11
1997	11	20	1	3	0	1	0	0	4
1998	10	24	3	2	3	1	0	0	5
1999	2	13	0	1	3	2	3	2	6

续表 23-2

年份	文科部分				理科部分				录取总人数
	参考人数		录取人数		参考人数		录取人数		
	汉族	彝族	汉族	彝族	汉族	彝族	汉族	彝族	
2000	2	8	1	5	0	1	0	1	6
2001	4	17	4	13	1	1	—	1	18
2002	7	16	6	15	—	2	—	2	24
2003	6	8	6	8	3	9	3	9	25
2004	3	37	4	35	3	2	1	0	41
2005	3	41	3	37	2	6	2	3	45
2006	2	50	2	15	1	5	1	1	25
2007	5	82	3	18	9	24	2	1	24
2008	5	74	1	73	2	36	2	36	43
2009	8	70	5	51	3	27	2	16	74
合计	173	620	61	293	34	119	18	72	381

1991—2009 年成人高考录取情况统计表

表 23-3

年份	报名人数	专科部分			专升本部分			录取总人数
		合计	汉族	彝族	合计	汉族	彝族	
1991	93	83	22	61	10	3	7	10
1992	108	93	12	81	15	1	14	11
1993	114	95	21	74	19	2	17	9
1994	139	114	10	104	25	7	18	17
1995	161	138	19	119	23	4	19	14
1996	185	166	23	143	19	6	13	10
1997	269	154	18	136	115	4	111	17
1998	273	153	13	140	120	7	113	35
1999	375	182	14	168	193	10	183	126
2000	237	118	17	101	119	17	102	117
2001	243	197	16	181	46	12	34	123
2002	264	181	12	169	83	10	73	105
2003	328	241	17	224	87	14	73	262
2004	127	92	13	79	35	20	15	120
2005	109	73	19	54	36	17	19	99
2006	206	159	35	124	47	20	27	195
2007	141	83	17	66	58	24	34	125
2008	87	46	7	39	41	18	23	80

续表 23-3

年份	报名人数	专科部分			专升本部分			录取总人数
		合计	汉族	彝族	合计	汉族	彝族	
2009	186	113	7	106	73	22	51	177
合计	4027	2481	312	2169	1164	218	946	1652

1991—2009 年高等教育自学考试情况统计表

表 23-4

年份	共报人数			共报专业	共报科次	单科及格人　数	单科及格科次
	合计	原有考生	新报考生				
1991	58	38	20	16	116	39	52
1992	61	37	24	16	122	46	78
1993	65	40	25	18	130	47	80
1994	69	52	17	20	138	51	84
1995	74	55	19	20	148	57	91
1996	134	45	89	24	265	72	104
1997	81	61	20	27	163	63	89
1998	70	49	21	23	144	38	53
1999	104	40	64	26	174	31	44
2000	65	35	30	21	144	32	36
2001	72	42	30	20	120	35	39
2002	68	30	38	20	110	37	45
2003	77	42	35	24	78	41	52
2004	79	40	39	27	60	42	27
2005	291	42	249	23	291	82	89
2006	118	33	85	26	213	42	56
2007	100	47	53	18	150	34	42
2008	49	21	28	27	84	11	19
2009	47	23	24	23	91	15	20

第二十四篇

科学技术

第一章 科 技

第一节 机构设置

一、美姑县科学技术局

1962年2月，中共美姑县委农工部下设科技科。1974年5月，成立美姑县科学技术委员会，属科级部门，内设办公室、生产力促进中心2个机构，1个党组，有工作人员3人。1995年2月，中共美姑县委常委第二次会议研究决定，属于县委的美姑县科学技术协会与县人民政府的科学技术委员会合署办公，由科委牵头负责组织工作，共有编制8人，其中，科委编制5人，科协编制3人。

1998年6月，科学技术委员会改为科技领导小组办公室（挂“科学技术局”的牌子），为县委、县人民政府直属机构，同时也是议事协调的常设办事机构。2002年3月，根据美姑县人民政府关于美姑县科技局职能配置、内设机构和人员编制方案，设行政编制为4名，机关后勤服务人员事业编制1名，其中，局长1名，副局长2名。

二、美姑县生产力促进中心

2004年5月13日，中共美姑县机构编制委员会同意在县科技局增挂“美姑县生产力促进中心”牌子（事业机构），与县科技局实行一套班子、两块牌子的管理体制，县科技局对生产力促进中心进行归口管理和指导。

三、美姑县地震局

2006年4月4日，经县机构编制委员会研究，同意县科学技术局增挂“美姑县地震局”牌子，股级事业单位，核定事业编制2名，所需人员经费由县财政解决。

第二节 科技队伍建设

1991年以后，随着“科教兴美，人才强县”战略的实施，美姑县委、县人民政府牢固树立“科学技术是第一生产力”和“人才是第一资源”的观念，坚持“引进与培养”并举，不断加大政策支持和资金投入力度，大力培养专业技术人才队伍，为美姑各项事业的发展提供了有力的人才智力保障。截至2009年，全县有从事各类专业的科技人员1887人，其中，正高职称科技人员1人，副高职称的科技人员46人，占全县专业技术人员的2.4%；中级职称的科技人员631人，占全县专业技术人员的33.4%；县级拔尖人才14名，占全县专业技术人员的0.7%；优秀人才示范岗97名，占全县专业技术人员的5.1%。全年发放拔尖人才和优秀人才示范岗补助金7.12万元。

1991—2009年，先后成立专业协会和学会8个，会员达2630人。

第三节　科技管理体制改革和科技投入与管理

一、科技管理体制改革

1991 年以后，美姑进行科技管理体制改革的探索，取得了一定的成效。科技管理体制改革的总体思路是：坚持科学发展观，以提高科技推广、自主创新能力，充分发挥科技对经济社会发展的支撑和引导作用为目标，完善统筹协调机制、科技计划管理体系、知识产权制度和专利制度，改革政府科技投入体制和科技奖励制度，优化创新服务环境，努力构建符合社会主义市场经济体制要求和美姑科技发展特点的新型科技管理体制。

二、科技投入与管理

1991—2009 年，美姑县在县财力相对紧张的情况下，全县财政共向县科技局拨出科技三项费(应用技术研发资金)22 万元，每年拨付局机关办公经费 2.4 万元。

第二章　科技研究与应用

第一节　科研项目

编制科技重点项目计划的主要依据是全县经济发展战略和经济发展规划。重点项目计划主要是对全县经济社会发展有重大影响的资源综合开发利用，传统产业改造和高新技术产品、产业发展等关键技术的攻关项目、重点项目按照统一计划，分级管理的原则进行管理，县科技局牵头管理少数跨乡（镇）、跨部门、跨行业的重点科技项目，其余项目委托乡（镇）人民政府管理。

一、利用野生棠梨嫁接优质梨技术开发项目

1994 年 5 月 25 日，中共美姑县委办公室、美姑县人民政府办公室，成立“美姑县野生棠梨嫁接优质梨技术开发领导小组”。是年 10 月 24 日，利用野生棠梨嫁接优质梨技术开发项目列为省、州立项安排的重点科技项目。1998 年更名为优质梨技术开发项目，项目先后在典补、佐戈依达、巴普、巴古等 14 个乡（镇）实施。

1997 年 9 月 19 日到 22 日，四川省科委主持并邀请四川农业大学、省农科院、凉山州农业局、美姑县等单位的有关专家对美姑县的社会、经济、生态等条件进行了考察，一致认为美姑县建立优质梨商品生产基地，进行产业化开发可行。12 月 8 日，在川农大签订科技合作协议，川农大林学院艺学院作为“美姑县优质梨基地建设及产业化”项目的技术依托单位。1998 年，双方在美姑县牛牛坝乡腾地村建立一个百亩“展示果园”，共栽优质梨苗 8800 余株。投入开发资金 75 万元。1999 年，美姑县优质梨技术开发项目由过去的以嫁接野生棠梨为主转为定植优质梨苗为重点，实施项目的乡（镇）达 14 个。4 月 26 日，十届人大会议通过了“美姑县人大常委会关于进一步加强对优质梨生产工作的决定”。美姑县优质梨技术开发项目从 1994 年实施以来，至 2000 年累计完成野生棠梨嫁接、优质梨苗定植达 227.97 万株，（加 1994 年以前的基数 26 万株），折合面积 3200 公顷。其中，嫁接野生棠梨 162.92 万株，2413.33 公顷；定植优质梨苗 65.06 万株，786.67 公顷。基地面积 134.67 公顷。整个项目投入开发资金 297.53 万元。

二、大棚蔬菜种植科技示范

1999 年 12 月底开始，县科技局在县城附近的巴普镇巴普村八组，租用 0.2 公顷，建起 3 个塑料大棚，大棚面积为 1080 平方米，开展大棚蔬菜种植的试验示范，经过 8 年多的试验示范，面积发展到 14600 平方米。示范点从县城所在地巴普镇发展到拉木阿觉乡瓦尼村和佐戈依达乡斯干千村 1 组，新建长度 50 米，宽度 5 米的大棚 4 个，占地面积 1000 平方米，开展无公害大棚蔬菜试验和示范种植。每年共向市场提供种类优质、新鲜的蔬菜 15 万余公斤，实现产值 18 万余元，大棚蔬菜种植获得成功。

三、引进“农户安全储粮技术”推广试点

1993 年 3 月，针对广大农民缺乏科学、安全的储粮技术，农户储粮损失严重问题，减少“三害”造成的损失，提高储粮技术，县科技局引进“农户安全储粮技术”在巴普镇基伟村推广试点，修建水泥砖储粮仓 25 口。是年 6 月 15 日，州科技局对该项目引进成果推广试点给予充分肯定。

四、优质肉牛规范化养殖科技示范

2004 年 8 月，成立美姑县黄牛改良技术攻关领导小组，加大推广黄牛同步发情、西门塔尔牛冷冻精液人工授精配种技术推广应用项目试验示范力度。先后在觉洛乡典阿尼村、佐戈依达乡斯干千村、九口乡瓦乌村、洒库乡依卓村成立黄牛同步发情人工授精西门塔尔牛冻精推广应用项目示范区。2005 年 3 月 23 日，美姑县首例黄牛改良获得成功，西门塔尔牛与本地黄牛杂交一代顺利生产。截至 2007 年，利用优良肉牛品种——西门塔尔牛冻精与本地黄牛累计配种 338 头，受孕 317 头，受孕率 85%，累计产仔 200 头。农户接受了这种项目运作模式以及相应的配套技术，饲养积极性高涨，美姑黄牛改良工作进入了一个新的台阶。

五、野生帕索（野韭菜）资源研究与开发项目

美姑县特有的野生帕索资源，主要分布在苏洛、候播乃拖、树窝、龙窝、炳途、依果觉、瓦西、洒库、峨曲古、尼哈、龙门、农作、井叶特西、合姑洛、哈洛、瓦古、柳洪等边缘山区。覆盖 98 个村 254 个村民小组，面积 5 万公顷以上，每年能采集原料 3000 吨以上。除美姑外，邻县雷波、甘洛、越西、峨边、马边均有分布，累计面积有 300 万公顷以上。2007 年 12 月 12 日，凉山州科技部门下拨 3 万元，支持美姑帕索资源开发。

第二节　科研成果

一、科研成果档案

截至 2009 年，全县科技成果档案有 21 卷，其中，1991 年科研成果档案 12 项，2000 年科研成果档案 9 项。主要有大凉山地区籽粒苋地方品种资源调查研究；马铃薯良种基地建设及马铃薯抗癌新品种推广；畜禽体内外寄生虫调查研究；农业类杂交玉米良种“西单一号”的推广应用；以黏虫为主的病虫害统防统治；抗癌肿病脱毒马铃薯推广应用；抗癌肿病脱毒马铃薯种薯繁育等科研成果档案。

二、科研成果推广应用

1991 年以后，为加速科技成果转化，促进经济建设的发展，县科技局会同县级有关部门筛选出一批技术先进、成熟、适用、经济社会效益较大的科研成果进行推广应用，主要实施了野生棠梨嫁接、大棚蔬菜种植科技示范、用“孕马血清、氯前列烯醇”对西门塔尔牛冷冻精液与本地黄牛同步发情、人工授精杂交等项目，在推广应用中产生了较好的经济效益。

第三节　科技咨询与科技培训指导

县科技部门先后承担了美姑县“八五”“九五”“十五”“十一五”科技发展规划的课题任务，为地区经济、农业、畜牧业发展出谋划策，组织科技人员对美姑县发展规划的主要目标、方针、重点和政策等内容进行了咨询、研讨和论证。在加大力度开发具有潜力的地区生物资源，发展生态农业等方面提出建议。围绕“科教兴县、人才强县”战略的实施，对美姑县人才资源的开发与建设等重要问题进行了深入研究，组织编写人才“十一五”规划。积极组织农业、林业、畜牧等科技人员，利用乡（镇）赶集日开展群众性、社会化的科技咨询服务活动。科技人员向群众提出各类科技建议，提供无偿科技咨询服务。

1991 年以后，全县科技培训工作围绕县委、县人民政府的中心工作，大力实施“人才兴县、人才强县”战略工作，坚持全面、协调可持续的科学发展观，培训主要围绕美姑主要农作物和特色产业生产中的新品种、新技术，特别是关键性技术环节展开培训，加强农林牧新品种的推广应用，拓宽增收渠道。采取集中培训和深入基层培训相结合，现代化教学手段与传统方法相结合的方式，由单纯指导农牧民转变为带领农牧民干，建立培训示范点。

截至 2009 年年底，全县共举办培训 958 期，培训人员 26713 人次，其中，培训乡（镇）干部 1504 人次。累计选派 58 位副科（乡）长以上科技管理干部参加州科技局、州委组织部举办的科技管理干部培训活动。

第三章　气　象

第一节　基本气候特点

1991 年，美姑县气温正常，降水量偏多，日照偏少。6 月，暴雨造成全县农作物受灾及部分农房倒塌。9—11 月，连续出现三次秋绵雨影响大春作物生产。1992 年，年平均气温偏低 0.6℃，降水量正常略偏少，日照时数偏少。1993 年，年平均气温正常，降水量比历年平均值偏少 11%，日照时数偏少 4%。1994 年，年平均气温偏高，年总降水量偏少 5%，日照时数偏多 5%。1995 年，年平均气温略偏低，降水量正常，日照时数偏少 12%。

1996 年，美姑县气温略偏低，降水量偏少 3%。1997 年，气温略偏低，降水偏多，日照偏多。1998 年，年平均气温略偏高，降水量偏多 12%，日照偏多。是明显的暖冬年份和多灾年份。1999 年，年平均气温偏低，降水量偏少 7%，日照偏少。2000 年，年平均气温正常，降水量偏多 21%，日照偏少 -15%。全年暴雨灾害是有气象记录以来最严重的一年。

2001 年，美姑县年平均气温正常，降水量偏少 -15%，日照偏多 5%。2002 年，年平均气温正常，

降水量偏少 -14%，日照偏多 5%。2003 年，年平均气温偏高 1.7℃，降水量偏少 -7%，日照偏少 -7%。寒潮较多，自然灾害屡有发生。2004 年，年平均气温值偏高 0.9℃，年总降水量偏少 -2%，年总日照时间数偏少 -7%。雨季开始期出现在 4 月偏早。寒潮天气频繁。2005 年，年平均气温值偏高 1.3℃；降水量偏少 -7%；日照时数偏少 -2%。雨季开始期出现在 5 月，属正常；雹灾较重。7 月 16—17 日发生暴雨，属于较为异常年景。

2006 年，年平均气温偏高 1.8℃，降水量偏少 -4%。日照时数偏多 15%。寒潮频繁。有两次暴雨天气过程。盛夏的 7 月到 8 月出现了有气象记录以来未遇的长时间干旱天气过程，年极端最高气温也创历史新高。2007 年，年平均气温偏高，年总降水量偏少 -1%。年总日照时间数偏多 3%。寒潮天气多，降温强度大，雨季开始期出现在 5 月 15 日。6 月 16 日和 7 月 18 日发生暴雨、雷击，属较为异常的年景。2008 年，年平均气温为 12.4℃，与历年平均气温值 11.4℃相比，偏高 1.0℃，极端最高气温为 32.5℃，与历年极端最高气温值 33.5℃相比，偏低 1.0℃，极端最低气温值为 -8.2℃，与历年极端最低气温值 -10.7℃相比，偏高 2.5℃；总降水量为 1018.4 毫米，与历年平均总降水量 840.7 毫米相比，偏多 177.7 毫米，距平均百分比率为 21%；总日照时间数为 1698.1 小时，与历年平均总日照时数 1750.3 小时相比，偏少 52.2 小时。全年有两次寒潮天气过程：3 月 21—22 日，12 月 21—23 日，两次过程降温分别为：8.8℃、9.2℃。1 月 11—15 日、2 月 24—27 日、4 月 19—23 日，出现了持续强降温天气过程，三次过程降温分别为：12.6℃、9.1℃、11.6℃。有两段一般性春旱 :3 月 3—20 日、3 月 26 日—4 月 15 日。有两段春季适播时段：3 月 11—21 日、3 月 26—31 日。有一次“双抢”（抢收、抢种）连阴雨天气过程：6 月 21—26 日。有一次一般性伏旱天气过程：8 月 12—24 日。有三段三秋连晴天气过程：9 月 11—16 日、9 月 18—25 日、10 月 11—24 日。雨季开始期 5 月 16 日。

2009年，年平均气温为13.4℃，与历年平均气温值11.4℃相比，偏高2.0℃，极端最高气温为33.9℃，与历年极端最高气温值33.5℃相比，偏高0.4℃，极端最低气温值为-3.4℃，与历年极端最低气温值-10.7℃相比,偏高7.3℃；总降水量为717.8毫米,与历年平均总降水量840.7毫米相比,偏少122.9毫米,距平均百分比率为-15%；总日照时间数为1801.5小时,与历年平均总日照时数1750.3小时相比,偏多51.2小时,距平均百分率为3%。本年度有五次寒潮：1月23—24日、2月14—15日、2月25日—3月1日、3月11—13日、3月27日—4月1日，五次过程降温：6.2℃、7.1℃、13.5℃、8.5℃、11.4℃。一次持续强降温：11月14—18日，降温9.5℃。一段一般性春旱:3月1—29日。两次一般性伏旱：7月12—26日、8月1—11日。三段三秋连晴：9月1—6日、9月12—19日、10月22—31日。一段秋绵雨：10月6—10日。雨季开始期5月17日。7月22日08时07分至10时27分，出现一次罕见的日偏食现象，在此期间，气压无明显变化;气温先升后降为20.2℃、20.9℃、19.7℃；相对湿度先降后升为81%、76%、82%；能见度先变好后变坏为18.0、20.0、8.0。

第二节　气象服务

1991 年，坚持以农业服务为重点，做好各级决策层的服务，着重加强汛期气息服务。1992 年，广泛进行气象科技兴农，科技扶贫的宣传。3 月，提出了大春作物生产天气趋势对策建议，效果显著。1993 年，提供各类气象服务 3000 份（次），同时指导秋收，减轻雹灾损失。1995 年提供各类气象服务 1660 条次，准确预报出冬季冷冻，春季适播，雨季开始期等。

1996 年，给各级领导及用户提供气象信息 3200 份次。准确预报出 2 月 17—21 日的强寒潮天气，4 月 18—20 日的中雨天气，5 月 24 日和 6 月 1 日的冰雹、大雨天气。1997 年 6 月 5 日，乐约乡山体滑坡后，主动为救灾做好服务，准确预报未来天气情况，给救灾决策当好参谋。是年，给各级领导及用户提供气象信息 3500 份（次）。1998 年，给各级领导及用户提供气象信息 3200 份（次），在年、季趋势预报中准确预报了春、夏、秋连阴雨天气，汛期大暴雨，洪涝和春夏冰雹灾害以及雨季开始期。

1999—2006 年，以农业服务为重点，把决策气象服务放在首位，每年在冬防、春播、双抢、汛期以及森林、草原防火期间做了大量的气象服务工作。累计给各级领导及用户提供气象信息 18400 份次，发布手机气象短信息 4.5 万余条，有效地指导了全县农林牧水渔业生产，减轻了因气候变化对农牧民群众造成生活生产的影响。

2007 年，全县入汛偏早，气候异常，洪涝、大风、泥石流、局地暴雨灾害相继发生。气象部门全力搞好汛期气象服务工作，全年为各级领导和用户提供书面气象服务信息 2400 余份（次）、发布手机气象短信息 25000 余条、发布大风、强降雨预警等重要天气特报共 17 期。

2008年1月10日晚19时，成功制作并发布了入冬以来第一次强寒潮降温重要天气消息后。通过电话向县委、县人民政府等各级领导汇报天气变化情况及实况通报15次；发送手机短信息8000条；发布突发气象灾害预警信号14期；向地方党政部门提交重要天气警报5期；发布重要短期天气预报共5次。

2009 年，长、中、短期等关键性、转折性天气的预报服务成绩突出，短期短时重要天气预报服务成绩显著，全年共发布手机短信息共 5000 条。电话汇报 20 次。准确、及时地为当地党政领导部署抗击暴雨、泥石流灾害，抓好防汛抗灾减灾工作提供决策依据。

第三节　人工防雹

美姑县是多雹县之一，常年受不同程度的冰雹袭击，强度大，范围广。1991 年，美姑仅限于使用土火箭进行防雹，各村、组自行组织防雹，县防雹办统一采购土火箭并进行培训作业人员。但缺乏统一指挥，防雹效果很不理想。针对这种情况，在县委、县人民政府对防雹抗灾工作的重视下，于 1992 年 3 月从盐源县防雹办借来一门双三七高炮在巴普镇进行高炮防雹试点。

1992 年，巴普镇共降雹 9 次，作业及时准确，把冰雹带来的损失减少到了最低限度。同年 7 月，县人民政府拨款 10 万元购买双三七高炮五门，开始了真正意义上的防雹工作。1993 年，防雹工作全面展开，先后在竹库乡、瓦西乡、候播乃拖乡、巴普镇设立 5 个炮点。覆盖 26 个乡、1 个镇，控制达应防雹面的 80%。同年 3 月，凉山州气象局在美姑县气象局举办高炮作业人员培训班，培训出了一批技术骨干。1993 年，四川省人降办授予美姑县气象局“防雹先进集体”称号。

1994—2007 年的 14 年，是人工防雹工作的持续发展阶段，据测算，效益比为 1∶85。至 2009 年，各项工作措施不断完善，规章制度完备，全县所有作业人员实行考试合格，持证上岗，必须牢记“五不准，十必须”（不准擅自作业，不准超时限作业，不准无证上岗作业，不准使用不合格装备，不准使用过期弹药；规章制度必须上墙，作业公告必须发布，作业通信必须畅通，作业操作必须规范，空域申请必须复核，作业完毕必须回复，上报信息必须及时，装备保养必须认真，装备订购必须统一，装备转让必须报批），作业申报、回复制度严格，作业信息必须及时上报。美姑县人降办 1998 年和 2003—2009 年均获得凉山州人影办先进集体奖励。

第四节 气象工作现代化建设

1991—2009 年，是气象现代化建设进展最快的 19 年。1991 年 4 月，建成气象辅助通信网。1999 年 7 月，建成气象卫星单收站，能够适时接收卫星云图，高空形势分析图，全国地面资料及凉山州局、省局、国家气象局的指导资料等。提高天气预报的准确率和气象服务能力。完成气象报表的微机编制和气象资料的上网传输。利用先进的气象信息处理系统，使制作天气预报实现计算机化。2004 年 12 月底，完成自动站的建设。2005 年 1 月 1 日，正式投入使用。2007 年。共建成 3 个县内区域加密三要素自动观测站。截至 2009 年年底，所有业务均实现网上办公。

第二十五篇

文化体育旅游

第一章　文化艺术

第一节　文化市场管理

1992年，全县仅有47个文化娱乐点，营业总收入8.2万元。1994年，文化经营单位和经营户总数发展到103家。1995年，全县文化娱乐场所增加到64个，从业人员86人，上缴国税1万元。1996年，在有线广播电视上开展《四川省文化市场管理条例》宣传140次，张贴宣传标语50幅，先后三次组织各片区文广站负责人、文化经营单位（户）学习条例及有关文化市场管理工作的法律、法规，参加学习的人数达190人，并制定出台《美姑县文化市场管理执行办法》，配备文化稽查员15人，全年共收取文化市场管理费1.5万元。

1999年，在48家娱乐场所和音像制品经营点挂上禁止经营项目标牌，并设立举报电话，严厉打击非法经营行为，净化文化市场。2003年，开展“未成年人告别网吧大行动”和宣传《娱乐场所消防条例》。2008年，开展了“反盗版百日行动”。

1991—2009年，累计开展各项文化市场整治清理活动715次，出动整治人员4216人次，审批办理或换发文化经营许可证178户。

第二节　群众文化

1991年以后，充分利用元旦、春节、“五一”、国庆等节日，开展篮球比赛、象棋比赛、游园活动、美术、书法、摄影、集邮比赛等丰富多彩的群众文化活动，利用周末举办舞蹈培训、舞会等文体活动，丰富城乡人民群众的文化生活。1991—2009年，累计举办各类群众文化体育活动100余次，参与人员达15万人；举办美术、书法、摄影展十余次，参展作品1000余件，接待观众1万余人次；举办达体舞、少儿书法等培训活动5次，参与人数达3000人次。

1994年5月，县文化馆与人事局恢复开办“老年人活动中心”，内设图书阅览报纸杂志、棋、牌等娱乐项目。15年来，累计接待中老年群众2.25万余人次，借阅图书2.4万余册，深受离退休干部和群众的喜爱。

1997年，县文化馆和电影公司联合举办“迎香港回归，爱我中华”首届民间艺人展演会，全县有27名优秀民间艺人参加展演会，观众达1200多人。是年6月，在县内选拔9名（男2名，女7名）能歌善舞的俊男美女，经短期严格训练，于7月20日参加“97中国旅游年四川凉山州国际火把节”彝族选美，荣获优秀组织奖、团体表演奖等10项大奖（其中，金花奖2名，金鹰奖1名，银鹰奖1名，铜花奖1名，最佳服饰奖1名，最佳表演奖2名），获奖率居全州第一。获奖人员被邀请加入凉山州达体舞队，赴成都参加“第五届中国艺术节”的开幕式达体舞表演。随后，在每届国际火把节期间彝族传统选美大赛中，美姑均有俊男、美女获奖，被四川省文化系统评为“美女之乡”。2005年，美姑县开始发展广场达体舞、现代舞、健身操、太极拳等群众性文化活动。至2009年，参与各项活动的人数累计达到15000余人次。

第三节　文物管理

1996 年，完成了馆藏文物的建档申报工作。经省、州文物主管部门鉴定，有 2 件文物升为国家一级文物，2 件文物升为省一级民族文物，9 件文物升为省二级文物，34 件升为省三级文物。1997 年 11 月，根据省、州的统一安排，在《中华人民共和国文物法》颁布 15 周年之际，在全县范围内开展《文物法》宣传活动，出动宣传人员 35 人次，悬挂、张贴大小标语 60 幅，办宣传专栏 2 期，广播电视宣传 5 次，宣传面达 95%。1998 年，接待外宾、专家、学者 5 次，30 余人。

1999 年，投资 1000 余元对文物陈列室重新布置。是年 8 月，县林产公司在修建职工住房施工中，发现上百具火化后的尸骨，接到通知后及时报告州文化馆。经过三天清挖工作，出土青铜刀一把（残），铜扣 6 枚，已收藏在文物陈列室。2000 年 7 月，县文物管理所成立。

2003 年，县文物管理所把馆藏文物中两个重点文物保护对象整理后制作成光盘和文字资料，报送国家文物管理部门参加全国文物保护工作先进县竞选。是年，共投入文物普查费 4000 余元，收集失散在民间的文物 106 件，并进行逐一登记造册和馆藏保护，其中，建档文物 64 件；开展文物拍照保护 12 次，制作和收集了生活、生产用具类照片 863 张；组织人力、物力对全县文物进行全面整理，邀请专家对文物进行详细整理和规范，并用汉文、彝文两种文字进行注释，更好地打造民族文物品牌。全年接待国内外专家学者 9 次，接受中央、各省电视台记者采访 7 次，接待全国各地文物学者 220 人次。

2004 年，先后 6 次深入全县各乡（镇）进行文物古迹拍照、摄像工作，普查了生活生产用具类文物 132 件，拍照摄像 58 种，其中，18 件文物照片为文物征集资料送交省文物局，22 件文物照片在凉山奴隶社会博物馆承办的凉山文物图片集展中展出。是年，向州文化局文物科编制上报《美姑县文物保护项目及经费需求“十一五”规划》，接待国内外专家学者 15 次，参观人数 330 余人次。

2008 年，在全县范围内筹备开展人为景点和地上、地下不可移动文物（包括古遗址、古墓葬、古建筑、石刻、近现代主要史迹及代表性建筑共六大类文物）的野外调查工作；筹措资金，征集民间金银手工制品等民族文物 3 件；接待国内外专家学者 12 次，共 84 人次。2009 年 1—9 月，继续对全县范围内不可移动文物、近现代优秀建筑、乡土建筑、传统民居、体育金杯（牌）等野外资源进行调查、登记，并完成了 5 个乡（镇）、15 处文物点的野外资源普查工作。10 月下旬，在四川大学考古系赵德云教授和州博物馆的大力协助下，完成了 10 个乡（镇）、25 处文物点的野外资源普查，同时，完成州上下达给美姑的 100 余处文物古迹的“三普”工作。

第四节　电影发行放映

1992 年，投资 10 万元开展闭路电影安装工作，全年共安装闭路电影 340 户。1994 年，全体职工积极集资 18000 元，修建茶园和录像室，开展多种经营，弥补电影放映亏损。录像发行站、录像放映队、招待所实行全奖全赔制。多收多得，少收自补的原则，在电影市场滑坡的情况下，取得了较好的经济效益。1995 年，狠抓“五一”、国庆两个节日的电影发行放映、宣传和组织工作，两个节日共放映 121 场，观众达 27800 余人次，其中，县影剧院放映 41 场，观众 1.6 万人次；农村共放映 80 场，观众达 1.18 万人次。

1996 年，电影公司与县委组织部、宣传部、县直工委密切配合，加强对影片《孔繁森》的组织宣传工作，共放映 5 场，全县党员、干部、职工共 4000 人次观看了影片《孔繁森》。1997 年，与县委宣传部、政法委联合组织全县广大干部职工、中小学生观看《毒品与危害》《禁毒先锋》等影片，共放映6场，观众达6500人次，在禁毒宣传中发挥了电影应有的作用。是年3—6月，开展“送电影下乡”活动，在牛牛坝片区、峨曲古、瓦古乡放映电影145场，观众达8.46万人次。

2000年，电影公司发动全体职工开展送票上门，组织干部职工群众观看影片《生死抉择》，影片共放映6场，观众达3360人次，送票上门83个单位，售票1576张，实现放映收入9120元。2003年3月，成立了美姑县农村电影“2131工程”领导小组，并对全县农村电影放映“2131工程”（指在21世纪，在广大农村实现一村一月放映一场电影）的实施制定了具体方案。全年共放映电影160场，观众达77.84万人次。

2008年，主要以“抗震救灾、迎奥运、纪念改革开放30周年”为核心，结合法律法规、禁毒、科普、预防结核病、艾滋病、“坚持依法治县构建和谐美姑专项整治”等宣传开展电影放映工作。全年共放映电影2930场，观众达64万人次。同时，举办了两期电影放映短训班，共有42人参加了电影放映技术培训，24人取得了电影放映合格证书。2009年，继续加强农村电影“2131工程”的实施，解决广大农民群众看电影难的问题。

1991—2009年，电影公司累计放映电影1.21万场，观众达228.24万人次，实现电影放映收入17.48万元，电影发行收入4.11万元。

第五节　毕摩文化艺术团

2003年，美姑县成立彝风艺术团，配合县“四大家”（即县委、县人大、县人民政府、县政协）开展来宾接待服务工作。是年3月11日起，毕摩文化艺术团参加全县送“文化三下乡”活动，分别到了较边远的柳洪、洪溪、瓦侯等地，把文艺演出、电影放映等群众文化送到了农民的家门口。全年共计接待观众5.3万人次，完成大小接待任务74次，派出队员484人次，接待文艺表演专场18次，参加表演332人次，演出新旧节目40余个，完成新编舞蹈《阿嫫惹牛》《心之翼》《牛角舞》《多情的美姑》《火把之恋》的编排。是年9月底，毕摩文化艺术团实行有偿服务，实行以团养团体制。

2004年，彝族毕摩文化艺术团在全州范围内招聘艺术团各类演员，并派出业务人员在全县9个片区36个乡（镇）中选拔一批优秀的毕摩特技演员，共组织参加大中型演出48场，其中包括参加“中国西博会”、全国烟叶收购现场会等大型文艺演出活动。是年9月，参加在山西榆次区举办第六届中国民间艺术，共演出7场，节目得到专家评委们的好评，其中，毕摩特技表演节目获得了金奖，共为四川代表团获得2枚金奖，毕摩文化艺术团的发展走上了正规化、半商业化运作之路。

2008年，毕摩文化艺术团为县委、县人民政府迎接上级领导演出3场，接待外宾45次，接待人员385人次；同时，参加“凉山州非公企业”等两次文艺调演比赛活动，获得舞蹈、歌曲两项大奖，舞蹈《篝火红红迎奥运》荣获二等奖和歌曲类三等奖。

第二章　体　育

第一节　民族传统体育

美姑民族民间体育有13项（其中，彝族体育项目有8项）。内容丰富，有竞技性的，有表演性的，有健身娱乐的，形式多样，常与劳动、祭祀、节日、婚丧、音乐、军事等连在一起，深为群众所喜爱。

在彝族传统体育中，开展较为普遍，影响较大的有摔跤、赛马、斗牛、斗鸡等。

摔跤是境内彝族人民喜爱的一项民族传统体育。1991 年以后，美姑共培养摔跤教练员 2 人，其中 1 人被凉山州评为有突出贡献的拔尖人才。10 多年来，选拔培养出优秀运动员 8 人，这 8 名运动员都达到国家级运动员标准，多次参加全国、全省摔跤运动会的比赛，在全国摔跤擂台上小有名气，为美姑县争得了荣誉。

赛马是彝族男性青壮年喜爱的一项民族传统体育项目。1993 年 5 月，凉山州旅游局举办全州“五一”劳动节赛马运动会，九口乡的惹格木日荣获赛马比赛第二名。

第二节 群众体育

1991 年元旦，县体育局与文化馆联合举办“迎春杯”男女篮球、象棋、斗鸡等三项比赛，篮球有 12 个队、132 名运动员参赛，象棋有 14 人参加。“五一”劳动节，举办篮球锦标赛，共有 16 个单位、16 个队、1192 名运动员参赛。国庆节，为纪念国际篮联成立 100 周年，同时，为建州 40 周年选拔运动员，举办篮球运动会。男、女 22 个队参赛，运动员 264 人。同年 6 月，美姑县林业局承办，体委协办首届林业职工运动会，比赛项目有篮球、象棋、扑克、林业法规知识竞赛等，篮球项目有 8 个队，运动员共有 80 人。1991 年，5 个区、37 个乡（镇）先后召开各种运动会 9 次，参加运动会的运动员 24734 人。1992 年 1 月，与总工会联合举办七大系统男子篮球和象棋运动会，篮球有 7 个队、70 名运动员参赛，象棋有 12 名棋手参赛。10 月，召开第二届林业职工运动会。共有 9 个队，运动员 123 人，运动会比赛项目有篮球、拔河、扑克、象棋、歌咏比赛、知识竞赛等。

1993 年元旦，举办首届羽毛球和中国象棋运动会，运动员 57 人。“五一”和国庆分别举办职工篮球运动会 2 次，有 18 个队参赛。同年，全县 13 个乡（镇）举办各种运动会 7 次，运动员达 6000 余人参赛，观众达 69800 人次。1994 年“五一”和国庆节期间，举办篮球、台球、斗鸡、拔河、象棋等赛事，参加人数有 380 人，共有 12 个队、120 名运动员参赛。1995 年 5 月，为迎接第四次世界妇女大会在我国首都召开，庆祝“五一”劳动节，举办机关女子篮球运动会和斗鸡比赛，共有 6 个队、65 名运动员参赛。10 月，庆祝新中国成立 46 周年，宣传《全民健身计划纲要》，举办男子篮球运动会，共有 6 个队、72 名运动员参赛。

1996 年春节，举办中国象棋比赛，共有 57 人参加比赛，观众达 350 余人。是年 6 月，协办凉山州农行第三届“存款杯”篮球运动会，共有 6 个县代表队，美姑片区有男女 10 个队、120 名运动员参赛。是年 10 月，为庆祝新中国成立 47 周年，学习宣传《中华人民共和国体育法》，丰富人民群众的文化生活。举办城区篮球锦标赛，共有 14 个队、142 名运动员参赛。1997 年春节，与县妇联、总工会联合组队，参加凉山州“巾帼杯”女子篮球运动会。是年，共举办职工篮球运动会 2 次，共 22 个队、276 名运动员参赛。

1998 年，先后举办卫生系统和教育系统职工篮球运动会各 1 次。是年 10 月，为纪念党的十一届三中全会召开 20 周年，举办篮球运动会和中国象棋比赛。其中，篮球有 5 个队、72 名运动员参赛；象棋共有 26 名棋手参赛。1999 年，为庆祝新中国成立 50 周年大庆和迎接澳门回归，与宣传部、团县委、妇联联合组织开展篮球、跳绳、拔河、摔跤等比赛和各种文艺联欢晚会。“五四”青年节，协助牛牛坝片区举办运动会。项目有篮球、射击、象棋、队列、达体舞等，参加比赛的运动员和文艺表演的演员共有 485 名。2000 年 7 月，2 名摔跤运动员代表美姑参加中国凉山第三届彝族国际火把节“人寿保险杯”彝族式摔跤擂台赛，分别获冠、亚军。

2003 年，成功举办了“龙头山杯”男女篮球暨“瑞奇杯”摔跤比赛。2004 年，成立老年体协。8 月，在第四届国际火把节美姑分会场上，成功举办了以四川美姑河水电开发有限公司和县烟草专卖局冠名的“神力杯”彝族式摔跤擂台赛。2008 年 6 月 10 日，自筹资金 1.5 万元，开展老年体协健身操、揉力球、卡德尼且啦等表演，举办牵手自行车队 15 公里越野比赛和信鸽协会 25 公里直线空距信鸽放飞比赛等活动。是年，举办第五届卫生系统篮球运动会。组织和协助老年体协举办“九九”重阳节活动。组织老年体协参加全州老年健身球操比赛。

2009 年，宣传和贯彻实施《中华人民共和国体育法》和《全民健身计划纲要》，继续落实农民体育健身工程项目，进一步解决农民群众体育活动场地。争取省、州支持，对全县 36 个乡（镇）291 个村的部分体育活动场所进行了建设。完成农民体育健身活动场所 11 个，购置配送篮球架 11 个，乒乓球桌 22 台。

第三节　竞技比赛

1991 年 9 月，柔道运动员阿火木达、吉克曲一 2 人代表凉山参加四川省在成都举行的年度柔道比赛，分别获得 1 枚金牌和 1 枚银牌。1992 年 9 月，参加凉山彝族自治州第二届运动会，代表团共由 95 人组成，运动员 74 人。在运动会上，体育代表团获得团体总分第一名、金杯 1 座；获得古典式摔跤团体总分第二名、银杯 1 座，获得自由式摔跤团体总分第三名、铜杯 1 座；获得射弩团体总体第五名，女子篮球获第三名。

1993 年 10 月，美姑县摔跤运动员 7 人代表凉山州，参加在西昌市举行的四川省第九届民族运动会，共获得金牌 7 枚、银牌 5 枚、铜牌 3 枚，获得彝族式摔跤团体总分第一名、金杯一座，获得体育道德风尚奖。1994 年 5 月，中学生体育代表 12 人，参加在西昌市举行的中学生田径运动会，有 7 人获得前三名，8 人获得“三级运动员”称号。

1995 年 10 月，美姑县 6 名摔跤运动员代表四川省，参加在昆明市举行的全国第五届民运会，获得金牌 3 枚、银牌 1 枚、铜牌 1 枚，实现了四川在历届民运会上金牌零的突破。1996 年 4 月，6 名摔跤运动员代表四川省参加全国第三届农民运动会，获得铜牌 1 枚，1 人获得第四名，并且受到省政府的表彰和奖励。

1997 年 8 月，美姑县摔跤运动员沙马木其、曲比黑石 2 人，在阿坝举行的青少年摔跤年度比赛中，获得 1 枚银牌，1 个第四名。8 月，柔道运动员吉古木机、吉则乌哈参加在乐山举行的省青年年度比赛，获得金牌 1 枚、铜牌 1 枚。8 月，射弩运动员马海石子代表凉山州参加在乐山举行的省第十届民运会，获得 1 枚银牌。9 月，7 名摔跤运动员代表凉山州参加在乐山举行的四川省第十届民运会，获得金牌 5 枚、银牌 4 枚、铜牌 3 枚；获得彝族式摔跤金杯 1 座，铜杯 1 座和体育道德风尚奖。

1998 年 5 月，美姑县 2 名摔跤运动员和 2 名柔道运动员代表凉山州，参加四川省第四届青少年运动会，摔跤运动员沙马木其获得 1 枚银牌。1999 年 9 月，6 名摔跤运动员代表四川省参加在北京举行的“中华人民共和国第六届少数民族传统体育运动会”彝族式摔跤（格）比赛，获得金牌 4 枚，占四川金牌总数 9 枚的 44.4%，被国家民委、国家体育总局授予美姑县“全国体育工作模范集体”称号。

2000 年 7 月，美姑县摔跤运动员马海尔机、沙马麻石在中国凉山第三届彝族国际火把节“人寿保险杯”彝族式摔跤（格）擂台比赛中，分别获得冠、亚军。2009 年 6 月，美姑代表团在“三运会”上，共获得了 10 枚金牌、8 枚银牌、6 枚铜牌、奖牌总数 24 枚，位居全州 17 个县市第六名，团体总分第七名，从而获得了体育竞技和体育道德风尚双丰收。

第三章　民间文学

美姑彝族民间文学种类繁多，形式多样，风格各异，大体可分为毕摩和大众两部分。毕摩文学是指由历代毕摩大师编撰传承并专用于民间宗教仪式活动的口诵经和各类文献。大众文学包括神话、传说、长诗、尔比、克智、歌谣等诗体或散文体文学。在人类社会的历史长河中部分经典文学以手抄本传世，诸如长篇史诗《勒俄特依》，教育经典《玛木特依》等，另外叙事长诗《妈妈的女儿》《阿依阿芝》和抒情长诗《阿惹妞》等也在县内广为流传。散文体主要有神话、传说、机智人物故事、生活生产故事、童话等口头文学，如《支格阿龙》《阿苏斯惹》《癞蛤蟆与乌鸦》等。

第一节　尔　比

“尔比”是彝族群众中广为流传的一种民间文学形式，它一般以铿锵有力、抑扬顿挫的短语和格律诗的形式表达感情和哲理，蕴含着极其丰富的思想性和艺术性，是彝族人民智慧的结晶，被称为“彝族人们生活中的食盐”。

“尔比”有别于彝族格言、谚语、箴言、警句等，其内容丰富，语言形象生动，言简意赅，题材广泛，多由重大历史事件、劳动经验、自然规律、生存法则等归纳总结而成。与汉文学中的成语、俗语、格言、谚语等极为相近。从表现形式上看，用生动的形象来说明道理，有诗一样的抒情，又有写意画般的含蓄，最长不超过四行，最短只有一句。在漫长的彝族历史中，“尔比”不仅是社会成员的道德标准、行为准则，更是保障社会稳定、维护宗族利益的准绳。

尔比选译一

盗窃一次　必现一次
不会处事朋友成敌人　善于处事敌人成朋友
莫将敌人当友待　莫将朋友当敌御
土司不是玩笑的对象　老虎不是角斗的对手
土司家财耗不尽　毕摩经语诵不完
行善无善报无人愿行善　作恶无恶报恶事连连起
怕狼被狼咬　打狼吃狼肉
耕地的不怕牛犟　打猎的不惧虎猛
能攀悬崖者　未必能渡河
善言能救命　恶语可丧生
刀伤容易好枪伤容易好　言语重伤最难愈
路不走不成　活不做不成

尔比选译二

生气不伤人　只能伤自己
最美的是心　最丑的也是心
智者说话　句句出心坎　愚者说话　句句出喉间
傻子肯听话　母猪肯上路

智者求见识　愚者争不足
智者落坐闻良言　愚者落坐闻恶语
智者坐在山顶想　处处想他人　愚者坐在山腰想　事事为自己
捏起拳头爬树　闭着眼睛捉鸟
裤脚未挽就淌水　未脱鞋袜就攀岩
肚里无油水　嘴角抹油也没用
肚腹疼痛怪嘴馋　做错事情怪心邪
自己嫌自己　会嫌一辈子　他人嫌自己　只在遇见时
别人的过错　马也驮不动　自己的过错　鸡也啄不走
牧人识牧习　耕者知地情
住在林边会爬树　住在河边会涉水
无底的金杯　不如有底的木盔
强敌弱敌相袭扰　人多人少相欺辱
吃惯肉食的　不知蒿草苦　骑惯骏马的　不知路途遥
世上没有不爱美的姑娘　世上没有不逞勇的小伙
要学蜜蜂齐采花　莫学蜘蛛各织网
没有不教自成的工匠　没有不学自通的毕摩
江河流不尽　知识学不完
聪明不在嘴上　勇敢不在劲上
手巧则富裕　嘴长则伤人
谩骂伤邻里　诽谤伤朋友
老鼠家家有　骏马唯有富人有
该打不该杀　该杀不该打
作德古者不用掏钱财　当毕摩者不用带口粮
不绑架欠债的儿　不抢夺耕地的牛
祭祖灵可开玩笑　亲事不能开玩笑

尔比选译三

先看会不会　再看精不精
没有全身花的马　没有万事通的人
不学别人如何做　只学别人怎样吃
人只美一时　地只肥一年
不加思虑别乱说　不比不量莫裁衣
眼睛不知羞　可以随便看　舌头无骨头　可以随便说
饭食过量会胀肚　话语过多易惹祸
白天莫乱说　喜鹊有耳朵　夜晚莫乱说　墙壁有耳朵
轻信小孩话　邻里成冤家
耳听十日　眼见一日
只有无错背过的　没有无病吃药的
没有不疼子女的父母　却有不爱父母的子女

笨牛不怕打　贱人不怕说

尔比选译四

近君子闻良言　近小人闻恶语
贤人玩笑轻松松　蠢人玩笑臭烘烘
不美则修之　不知则问之　不会则学之
对外要强硬　对内要和蔼
外看刀鞘似宝刀　抽出却是砍柴刀
见猴就放蜂　见熊就藏蜂
敬人敬其作风　畏人畏其行为
自己眼一只　别人眼十只

第二节　神话、传说和故事

一、神话

（一）开天辟地

传说远古时代，上面没有天，下面没有地，天地紧相连，四周漆黑一片。天地之外的额提古兹神决定邀请儒惹古达、署惹尔达、斯惹狄尼、阿俄署布、格莫阿尔等众神一起开天辟地。商量了九天九夜，吃了九头牛，喝了九坛酒，众神便着手开天辟地。先由匠神中的颇勒阿依驱赶四条神牛在天地四方做上记号。接着格莫阿尔用额提古兹神赐予的铜块铁块打造四把铜铁叉交给儒惹古达、署惹尔达、斯惹狄尼、阿俄署布等四大神灵分别在四个记号上开出四个出口。最后斯惹狄尼左手持铜叉、右手拿铁叉运用神力分开了天地。天地开启后，天还在游移，地还在摇晃。于是，他们用四根铁柱撑住了天，用四块神石镇住了地。

（二）天神的哑水

远古的时候，万事万物都能言语。天地间整天充斥着各种各样的嘈杂声，搅得天地的主宰额提古兹心烦意乱。决定施法让部分生灵失去说话的能力。于是传下圣令，订好日期让一切会说话的都到指定的地点饮用增添智慧的圣水。届时，一切生物纷纷涌向额提古兹放置圣水的图鲁山头。青蛙因行动迟缓，被蜂拥而至的众生物踩在路途的稀泥中。其余的生物一心想着抢先得到圣水而都无心顾及它。当人路经此处时，好心的人将它抱放在路边。青蛙十分感激，就对人吐露了天神的秘密。原来天神准备了三种圣水，分别用金、银、木三个碗盛着，金碗银碗里盛的是喝了失声的哑水，只有木碗里盛的是促使聪明的圣水。到达地点时，其他的生物争先抢后地喝了金碗银碗里的水，只有人喝下了木碗中的水，所以才成为天地间唯一能说话的动物。为了感谢青蛙，人们尊他为智慧的长者“惹艺阿慕”。

（三）支格阿龙训雷神

一日，支格阿龙在寻找母亲的路上借宿于一农家。夜幕降临，可主人家却没有要做晚饭的意思。阿龙正觉得纳闷，主人的老母亲对他说：“尊贵的客人呀，真对不起。不是我们不想做饭招待你，只是天上雷神太恶毒了，不允许我们推磨烧火。如若不顺他意，就会用闪电击打我们。”阿龙闻听后决定好好教训一下雷神。次日，阿龙来到天上，看见雷神正在打造兵器。于是装作好奇的样子向前询问。攀谈中雷神说自己除了铜器其余无所畏惧。阿龙回到人间找来红铜打造了一顶铜盔、一根铜棍和一张铜网。之后便让主人家推磨生火做饭，他自己则在空旷的野地挖了个洞，洞顶盖上九口大铁锅，准备制服雷神。雷神见有人竟敢违背自己，怒气冲冲地出现在天空。阿龙一见雷神便大声说："我是人间的支格阿龙，是专门来收拾你的，有什么本事快使出来吧！"雷神见有人对自己叫嚣，也不答话，只把自己的兵器用尽全力打向阿龙。阿龙藏在洞中，安然无恙地躲过了雷神的兵器。雷神更是火冒三丈，化作一条巨大无比的闪电向阿龙击来。阿龙顺势张开铜网把雷神牢牢收紧，举起铜棍狠狠地抽打雷神。雷神只得连连求饶，并一一按阿龙的询问说出了人间各种疾病的治疗方法。阿龙驯服了雷神，刚张开铜网时，才想起还没有问清麻风病的治疗药方。赶紧追问时，雷神只留下一句"不告诉你"便逃回天上去了。从此雷神再也不敢随便击打人类了。麻风病也成为彝族人不可治愈的疾病之一。

二、传说

（一）阿苏斯惹

传说很久以前的一个秋天，居住在黄茅埂下的捏诺阿苏与洛木吉子两家结为儿女亲家。在送亲途中，所有的人群都突然昏死过去。醒来时看见一只巨大的鹰从新娘身旁飞向高空。婚后不过十三天，新娘就产下一个男孩。这男孩也不同凡响，天天见长。一岁就牧马，能把獐麂当马骑；两岁去放牛，能把虎豹当坐骑，毒蛇当腰带，将黄蜂含在口中玩耍。众人认为他的所作所为不是凡人所能为，便都叫他阿苏斯惹（神人）。

当时，居住在林木甲古的林林土司有头狂野无比的壮牛，土司家的所有青壮年力士都无法驯服。土司只得慕名请来阿苏斯惹。招待完毕，土司命人将牛放出圈外，请他动手驯牛。只见斯惹箭步奔到眼瞪如灯的牛前，抓住牛角，一使劲便把牛摔在地上，套上犁头就训将起来。不久就把那牛训得服服帖帖。临走时土司要重谢他，但他只要求土司送一些谷米。土司爽快地答应了，并说只要背得动，要多少割多少就是。斯惹把九根长绳连在一起，割了一背如山的稻谷。路过果洛伍口时因山道狭窄，无法穿行，他背着稻谷用力往两边一推。峡谷顿时分开，斯惹得以通过。据说斯惹用力过猛，有捆稻谷落在此处，后来派了九名青年劳力才勉强运回住地。

回到家，斯惹放下稻谷，感到又累又热，便回到内屋洗澡。他每次洗澡，都要躲在内屋，从不让人探看。其母甚感怪异，于是悄悄地来到内屋的门缝里偷看。只见自己的儿子在大木槽中，上身为人首，下身则为蛇尾。这一看，其母被吓得差点昏死过去。斯惹待其母醒来时忙对她说："阿莫您千万莫惊慌，也别叫，那样会让我无法变成真正的人了。您想知道我的生身父亲是谁吗？如果你想见的话，我可以带你去见他。"第二天，斯惹带着母亲来到黄茅埂上刺树岭，让母亲坐在一块巨石上并告诉她："不管发生什么事情或看见什么，您都不要害怕。一会儿，我们都会在你面前经过，最前面的是我，然后是我父亲，其他的都是我们家的禽畜。"说完就不见了。果然没过多久，一群飞禽走兽浩浩荡荡地从斯惹母亲前穿过。最前是一条头顶红冠的蟒蛇，其后是条巨龙，而后便是虎豹豺狼等数不尽的野禽野兽。只听见巨龙喊了一声"接着"便朝斯惹的母亲抛来一个巨大的金碓窝。因她见到眼前的场面，早已被吓得魂不守舍了，哪里还有胆量去接金碓窝。因此，这块巨大的金碓窝就陷入刺树岭的深土中。据说至今还深埋在那里。

有一次，猎人吉里朵子在帮林林土司追捕大毕摩阿苏拉则为其选定的仪式牺牲凶猛野猪时，在西昌泸山上射杀了勒格土司家的食人犬。勒格土司怀恨在心，起兵攻打林林土司。面对强大的勒格土司的进犯，林林土司束手无策。所有谋士绞尽脑汁商量了几天几夜，始终没有想出御敌的良策。后来经一放猪娃提醒，才想到曾为土司训牛的阿苏斯惹，决定请他前来帮忙解围。

土司以最隆重的礼节接待了阿苏斯惹。招待结束后，土司问是否准备什么武器？斯惹说不用就倒头便睡。探马来报勒格土司的人马已到了拉哈依乌，斯惹说只管放心就接着睡他的觉。探马先后报了几次敌军的进程，斯惹都说不用惊慌。当闻报敌军已到洛俄依甘境内时才叫土司烧红一根铧口待用。当勒格土司军队来到土司驻地附近时他才走到屋后，顺手拔了棵挺直冷杉，用手折去树梢和树枝后把烧红的铧口套在树梢上，端着顶端套着铧口的树茅奔入敌营，横冲直撞地杀入敌阵。勒格土司的军队还未曾明白发生了什么事，就已尸堆如山，人血、马血混溶流成了一条河，所过之处，冲出一条深沟（此沟现名死马沟，当初叫死人沟，现在美姑九口乡境内）。没死的人只得拼命往回跑。当跑到洛俄依甘渡过美姑河清点人数时，所剩人数已不足百人。跑到拉哈依乌时亲人相寻，已是“父回子未还，兄归弟未回”的残兵败将了。

阿苏斯惹的帮助使得林林土司大获全胜，土司拿出数不尽的金银财宝、骏马宝剑答谢。但斯惹只要土司将其小女许配给他为妻，其余一概不受。面对斯惹的要求，土司感到十分的苦恼，心想自己堂堂土司千金怎能下嫁给黑彝男子。但又不敢不从，只得同意将女儿嫁给斯惹为妻。后又面授机宜叫女儿嫁过去后适机害死其亲夫后返回娘家，再择佳偶。

婚后阿苏斯惹像往常一样经常躲在内屋木槽中洗澡。阿苏斯惹是人身蛇尾之神，光身见人则会死亡的事其妻早有所闻。一次斯惹外出归来将要洗澡时，其悄悄跟来躲在门外，当斯惹脱光衣服准备洗澡时，她装作惊慌失措的样子大声呼叫起来。这一叫结束了斯惹的性命。斯惹临死前对妻子说：“我死之后，要把我的尸身抬到路的上方去烧，要用九背箭杆来烧，那样我还能变成神人投胎复活。”其妻故意篡改了斯惹的遗言，把尸身抬到路下方，用九背荞秆去烧，却怎么也烧不尽斯惹的尸骸。最后不得不按斯惹的临终遗言去做才终于焚毁其尸骸。但因曾在路下方用荞秆焚烧，所以他再也无法投胎重生了。至今，斯惹的焚场还在黄茅埂下的三岗村境内。

（二）瓦苦尔库的传说

从前，居住在美姑县林木甲古境内的林林土司家有头全身紫黄的耕牛。据说这头牛从早耕到晚都不会嫌累，奇怪的却是每次只要卸下犁具，就会消失一段时间。而回来时总是满头血污，怒气冲冲。土司和众人百思不得其解。一日，吉里朵子和阿苏拉则借宿土司家，听到大家的传言，决定跟随耕牛去探个究竟。

第二天，与往常一样，耕完一天的地，吉里朵子、阿苏拉则和土司便尾随耕牛一路找去。只见那头牛一路狂奔来到深山中尼能湖边，面对湖中狂哞数声后发现那湖水由慢渐快地晃动起来，不久，一股浓烟冲出湖面，浓烟中一条巨龙化作一头壮牛落到湖边，与土司家的耕牛狠斗起来。刹那间，尼能湖边大地在两头牛往来顶撞下不停地晃动，仿佛就要崩塌一般。见此情形，三人大惊失色，还未来得及阻拦，吉里朵子早已搭箭射向由龙变成的神牛。神牛中箭后狂哞一声跃入湖中。土司家的耕牛见状，往家的方向狂奔而去。

此时天已黑尽，三人射了只野鸡，来到一棵巨大的杉树下，折了些干杉枝就地烧吃后在此过夜。半夜时分，电闪雷鸣，狂风大作。风中隐隐传来叫喊声：“尼能湖神被射伤，我们今晚就要搬走了。你要同我们一起走吗？”杉树回道：“昨晚来了三个客人，我杀了只鸡招待他们，不小心伤了自己的手，走不了了。”然后便听见尼能湖搬走时山崩地裂的巨响。据说尼能湖水搬到西昌，成了今天的邛海。

尼能湖搬走以后，只留下了至今还能见到的一潭湖水，人们也按习惯称为尼能湖。而尼能湖经过的地方，大大小小的石块遍布一地，后人因此命名为石块迷漫的地方——瓦苦尔库。

（三）濮苏乌吾的传说

很久很久以前，彝族地区有种被叫作濮苏乌吾的土族人。传说这种人身材高大，力大无比，不修房屋，常年居住在山洞中，以巨石为门。还说他们一睡就是三年又三月。一个不知情况的行路人到一濮苏乌吾家借宿。主人家招待他食物后，要求他去另外的人家借宿，说他家睡眠的时间很长，怕客人忙于赶路等不及。客人以为他家只不过起得晚些罢了，自己晚些上路也无所谓就说没事。主人无奈便让客人住下了。到了第二天，客人醒来发现主人家还未醒，便起来等。可是等到晚上主人家也没醒来。就这样，日子过了一天又一天，客人吃完了屋内所有能吃的东西，连自己的坐骑也杀了吃光了主人还是没醒来。等主人家醒来时，客人早已是白骨一堆了。

三、故事

彝族民间故事，彝语称“阿普布得”，是在彝族民间口头流传，题材广泛而又充满幻想的一种叙事体故事，也是彝族民间文学的一个重要组成部分。它从多方面反映了彝族的社会生活、社会形态、社会习俗以及伦理道德、审美观念等，一般以奇异的语言和象征的形式讲述人与人、人与自然之间的种种关系。广义的彝族民间故事包括神话、传说、童话、生活故事、寓言、笑话等。狭义的彝族民间故事则是指神话、传说以外的散文叙事作品。

（一）狐狸和鹌鹑

从前，有只狐狸总是以爬上树吃掉所有雏鸟为要挟，让树上的喜鹊夫妇每次送一只雏鸟给它吃。眼看幼仔一个一个被狐狸吃掉，喜鹊夫妇心急如焚。鹌鹑得知情况便对它们说狐狸不会爬树，不用怕。自此，不管狐狸怎样要挟，再也不能得逞。狐狸知道是鹌鹑揭穿了自己的底，便去找鹌鹑算账。狐狸怒气冲冲地找到了鹌鹑，鹌鹑灵机一动说：“狐狸大哥，你莫急，今天我让你享受一喜和一惊，好吗？”狐狸不知一喜一惊是什么意思，但它想一定是好事就点头答应了。

它们来到一户人家附近。鹌鹑对狐狸说：“一会儿有人会端一盆肉出来，待我把她引开，你就去吃肉。”不久一妇女端盆肉出来。鹌鹑装作受伤的样子，在地面一扑一跳地引开了妇女。狐狸吃完一盆肉，心里乐滋滋的。鹌鹑说：“这就是一喜，现在再让你去享受一惊吧。”

狐狸似懂非懂地跟在后面。不久又来到一户人家附近。鹌鹑叫狐狸藏在屋后的竹林中大声的吼叫。狐狸以为又是好事，一切照办。却被主人家放出猎犬撵得差点丢了命。鹌鹑说：“这就是一惊”。

天黑了，它俩在野外的稻草堆中掏了个洞，准备过夜。鹌鹑说里面暖和，就让狐狸睡在里面，自己就蹲在洞口。夜里，电闪雷鸣，稻草堆被雷电引燃了。狐狸隐隐约约觉得有火光，就问鹌鹑好像着火了，发生了什么事？鹌鹑说没事。眼看火就要烧到里层了。鹌鹑用力一飞，但尾巴还是被烧掉了。狐狸却被烧死在草堆中。鹌鹑因被烧掉了尾巴，从此，再也飞不远了。

（二）癞蛤蟆与乌鸦

一只癞蛤蟆被一只饥饿的乌鸦捉住了，眼看性命不保。癞蛤蟆灵机一动说：“乌鸦大哥呀，你看我这身丑模样，全身都是癞麻点，你吃着也难受，不如把我叼到水边，边喝水边吃也许会好些。”乌鸦觉得有理，就把癞蛤蟆叼到井边。癞蛤蟆又说：“乌鸦大哥呀，在吃之前能听我说几句吗？”乌鸦点点头。癞蛤蟆说：“这世间有许多不公平的事，比如说喜鹊，没存一两银，胸前却佩满银饰；你乌鸦大哥，不养一只羊，却周身是纯毛的深色披毡。而我癞蛤蟆，虽不用食盐，但双眼总是鼓鼓的。”乌鸦听完觉得很好笑，便仰头哈哈大笑起来。癞蛤蟆却趁机“噗通”一声跳进了水里。

（三）冬眠草

从前，有个猎人进山打猎。在一悬崖下看见蛇蛙等动物一群一群地来到一株开着白花的植物上舔一下就离开。猎人感到奇怪，等到所有动物走开后，自己也上前舔了一口。一会儿，觉得有些困倦，便躲在一个树洞中和衣而睡。这一睡，整整睡了一个冬天。家里人见他迟迟不归，进山寻找，也没有找到，都认为是被虎豹等吃掉了。便以遗物为替代举行了丧葬仪式。

第二年春雷轰鸣的时节，猎人醒来后回到家中，家人以为是他的鬼魂回来了，惊恐不已。待听完他的讲述，年老的长者说山中有种冬眠草，每年深秋，一切冬眠的动物都会靠这种草渡过漫长的冬天，看来他是舔了冬眠草才睡了整整一个冬天。

第三节　克　智

“彝族克智”是在婚礼、丧葬、节庆等集会场所以主客双方论辩手临场演述的一种诗体口承文学，是彝族民间语言艺术中内容最丰富、形式最灵活，最具知识性、趣味性、娱乐性、竞技性的文化形式，被人称为“语言艺术的奇葩”。其内容十分丰富而广泛，涉及文学艺术、历史哲学、天文地理、伦理道德、农学医学、风俗礼制等，分“嘎哈”即“路上方”和“嘎几”即“路下方”两大部分。“路下方”有克吾（开场白）、克斯（论说）和卡冉（雄辩）、博葩（述源）、略嗬（考问）等，而“路上方”主要包括勒俄帕葩（勒俄述源）、勒俄（史诗演述）、布茨（叙谱）、阿丝丝格（猜谜）。

其表现形式为甲、乙双方论辩手以说唱诗歌或辞赋，互相辩驳、明辨事理、盘古论今。论辩时也有相应的规则，论辩双方必须赛完“路下方”内容，方能进入“路上方”部分的论辩。论辩场所的不同，其演述内容、风格、形式有所不同。辞赋以五言、七言为主，辅以它言。表现手法灵活多样，多用比、兴、赋手法。论辩时或比喻，或排比，或铺张，或反复，或顶针，或粘连，或夸张，论辩双方互不相让，最终以达“穷百家之词，困众人之辩”者获胜。

克智按传统分类法可分为“克智克勿”“布次勒俄”“扭伙博潘”三大部分。

一、克智克勿

克智克勿，另有“克勿哈吉”“克智维勒”“克智尔比”“克斯哈句”等异称。克智克勿无固定章节，亦无固定格式，句式有五言、七言、九言、十一言、十三言、十五言等长短不定，以单言句式为主。能言善辩的对手在运用场合根据环境和对方叙述的内容进行随机应变地答对，平淡的内容经其口中述说也能语惊四座。反之，即使是华丽的辞藻出自庸俗者之口亦会成为平淡无奇言。正是历代克智能手们积累下来的智慧结晶，才使得今天的克智能成为长篇巨著，成为不可多得的非物质文化遗产。彝族民间以“好似夜空点点繁星，犹如原野片片草丛”“欲要记住心难纳，欲听双耳难容纳，欲放胸中难容纳，欲书经卷难容纳”等语句形容其内容之丰富和篇幅之浩瀚。

克智克勿选译

主方：火塘上方的贵客，自古仇敌相遇必问对方绝亡否？亲友相遇必问收成丰与歉？族人相遇必问人丁兴旺否？姻亲相遇必问吉祥如意否？你们的家乡，今年吉祥如意吗？牧羊场上虎豹是否逞凶，院墙内外鸡崽仔猪是否遭鹰袭？庄稼是否遭受风雹灾，伤风感冒是否常流行……

客方：尊敬的主人，我家今年一切顺心且平安，如若不然我等怎能远道迎新娘，你们怎会嫁女到我家。牧羊场上虎豹虽逞凶，牧人九班常交替，老人坐山顶，牧童戏山脚，掷石击虎豹，驱赶虎豹入深山，羊群遍草原；院墙内外九位老者日夜守护鸡崽与仔猪，鸡群猪群满院坝，我家智慧老者学识多，风雹灾害无奈和；我家毕摩驱邪法术高，伤风感冒无所惧……

主：尊贵的姻亲，今夜我等羞愧难出面，不敢面对尔等众姻亲。时至今年啊，庄稼尽绝收，仅收一簇麻籽粒。麻籽不能酿美酒，若能酿成酒，定有美酒敬姻亲，我等面对姻亲也坦然，出言也顺畅。时至今年啊，寻遍上方惹夫伙几高原上，下方诺依乌节河谷边，仅得一碗菜籽粒，菜籽不能做饭吃，若能做饭食，定有美食敬姻亲。牲畜亦绝尽，仅剩一只猫，家猫不是待客牲。遍观堂屋内，善坐数锅庄，锅庄不长肉，若是身长肉，必用其肉待姻亲；锅庄不仅不长肉，周身黑漆漆，头日是如此，来日也如此，甚是无奈何……我家牛群放在阿嘎乃托牧场上，内中还有肥壮的牯牛四十八头整，可惜路远实在难牵回，击牛的斧头远在成都街市上，剖牛的尖刀还在街边摊头上，砍肉的木砧远在彼鲁如诺森林中，煮肉的铁锅远在汉区店铺里，我们实在一时难找全，只好硬着头皮辩论克智……

客：我等这行人，来到你家屋后山梁上，只见羊群遍山野，羊群见客欢，探头摇耳迎宾客；牛群遍草地，牛群见客欢，哞声阵阵迎宾客；来到屋前平坝上，你家美丽姑娘三百见客欢，盆盆清水迎宾客；来到院墙内，疑是悬崖立，我等欲返身，原是酒桶立如崖。疑是山间落瀑布，我等欲把裤脚挽，原是美酒出桶似瀑布；来到门槛内，疑是石块垒成堆，我等起身欲离开，原是肉食垒成山。好客的姻亲，背地闻佳名，眼见方知你家真富裕……

二、布次勒俄

布次勒俄，分为“布次”“勒俄”两部分。布次，即彝族的父子联名谱系。勒俄，意为“口耳相传的经语”，共分19章，有手抄本传世。主要是以叙述万物源流为主的史诗文学，如天地形成、万事万物和人类起源等。

《勒俄·雪族十二支》译

远古的时候，天降祖灵牌，落在额阶杰勒山岭上，化作烈火熊熊燃，九天烧到晚，九夜烧到明，白天烟滚滚，夜晚光闪闪，犹如天在燃，恰似地在烧，为了人类起源燃，为了祖先诞生烧，变来又变去，变成一对格俄神，未能成人祖……苍天仙界中，四棵梧桐树，结果整四串，四串梧桐果，落下四粒果，落到世间阿嘎乃托圣地上，落地整三年，诞生杉树神巨人，一代如同火塘高，二代如同锅庄高，三代如同门槛高，四代如同坐者高，五代如同站者高，六代如同房屋高，七代如同山峰高，八代高过高山头，九代与天齐；身长闪悠悠，行动慢腾腾，走路摇晃晃，呼吸气奄奄，似死又非死。头上住喜鹊，腰间住蜜蜂，鼻孔住着蓬间鸟，腋下住松鼠，肚脐雀筑巢，膝腋斑鸠栖，脚心住蚂蚁，未能成人祖。杉树神巨人，为成人类祖，一根杉枝落在阿嘎乃托圣地上，腐化整三年，三股浓雾升，降下红黄白色三场雪，九天化到晚，九夜化到明，为成人类融，为成祖先化。雪族自此兴，雪族十二支，有血的六支：虎为第一支，熊为第二支，鹰为第三支，猴为第四支，蛙为第五支，蛇为第六支；无血的六支：一是黑头草，二是白杨树，三是针叶树，四是水筋草，五是灯芯草，六是藤蔓类。

三、扭伙博潘

扭伙博潘，分为“博潘”和“扭伙”两部分。博潘意为起源，是专门叙述历史上的重大事件和万物起源的诗体文学，如《婚姻的起源》《鸡的起源》等。扭伙形同猜谜，由一方出谜面，一方对谜底。当主客双方克智论辩无法分出胜负时，就以此定最终的输赢。

博潘《鸡的起源》译

远古的时候，世间无家鸡，仙界独拥有，颊红冠鲜艳。苍天降鸡种，落到蓝天层，蓝天层中落，落到绿云层，绿云层中落，落到彩云层，彩云层中落，落到乌云层，乌云层中落，落到白云层，白云层中落，落到雨雾层，雨雾层中落，落到堂郎山顶上，堂郎山顶落，落到堂郎山腰上，堂郎山腰落，落到堂郎山脚下，堂郎山脚落，落到阿嘎乃托平原上，落到阿嘎乃托后，繁衍分五支。首先下一窝……是为神鸟金凤凰，生栖大洋彼岸。随后下一窝……是为空中的雁鹅，生栖古措措伙大湖畔。次后下一窝……是为雉鸡与锦鸡，生栖竹林蕨草中。次后下一窝……是为鹅与鸭，生栖汉区湖水间。最后分一支，成为家养黑乡土母鸡，生栖于院落，是为春季遣返还债鸡，秋冬招魂拽魄鸡，联姻御敌鸡，祭祖拴搏鸡。

扭伙《母之名》译

问：太阳之母属什么，月亮之母属什么，星星之母属什么，白云之母属什么；太阳之母叫什么，月亮之母叫什么，星星之母叫什么，白云之母叫什么，人类之母叫什么，兽类之母叫什么，禽类之母叫什么，叶类之母叫什么，雄鹰之母叫什么，花色水鸟之母叫什么，雀鹰之母叫什么，阿毕依曲鸟之母叫什么，蚂蚁之母焚场在何处？

答：太阳之母属虎的，月亮之母属狗的，星星之母属牛的，白云之母属鸡的；太阳之母叫金汁，月亮之母叫银液，星星之母叫铜水，白云之母叫浓烟，人类之母是君主，兽类之母叫骆驼，禽类之母叫飞翔，叶类之母叫摇摆，雄鹰之母是悬崖，花色水鸟之母是滩头，雀鹰之母叫西巴勒惹，阿毕依曲鸟之母是土洞，蚂蚁之母焚场远在成都城。

第四章　图书发行

第一节　政治读物

1991年，是凉山州新华书店系统实行二轮经营承包责任制的第二年，县新华书店发行《毛泽东选集》第二版1～4集各种版本335套、1340册，《中国共产党建党史》《中国共产党的光辉七十年》《中国共产党知识丛书》（计8种）、《中国共产党历史大辞典》和江泽民在《庆祝中国共产党成立七十周年大会上的讲话》以及全国七届人大四次会议文件汇编《政府工作报告》《十年规划和“八五”计划建设》等数十种1000余册。1992年，共发行哲学、社会科学类图书4144册，其中，发行《中国共产党第十四次全国代表大会文件》及《党章》等2000余册。

1993年，县新华书店发行《邓小平文选》《中国共产党第十四次全国代表大会文件汇编》《邓小平关于建设有中国特色社会主义的论述专题摘编学习讲座》《八届人大政府工作报告》《八届人大文件汇编》等1860册。1994年，共发行哲学、社会科学类图书4331册，其中，《邓小平文选》1～3卷2200册，《什么是社会主义市场经济》129册，《现代科学技术基础知识》280册。1995年，发行哲学、社会科学类图书783册。

1996年，县新华书店发行哲学社会科学类图书即政治读物526册。1997年，发行哲学社会科学类图书651册，其中有《十五大文件辅导读本》《报告》《新党章》等。1998年，发行哲学社会科学类图书191册。1999年，发行哲学社会科学类图书120册。2000年，发行哲学社会科学类图书88册。2001年，发行哲学社会科学类图书1148册。

2002年，县新华书店发行哲学社会科学类图书81023册，其中有《十六大文件》及学习辅导读物、《政府工作报告》《人大九届五次会议文件汇编》《政协九届无次会议文件》等。2003年，发行哲学社会科学类图书5405册，其中，中、小学读本《伟大的宣言》2405册，成人读本由宣传部发行。2006—2009年，共发行哲学社会科学类图书1360册。

第二节　教材发行

教材的征订、发行工作是新华书店工作的重要部分，在征订时，各种数字都要认真核实后交教育局审定签章上报。1991—2007 年，发行中、小学教材 281.9 万册，发行大、中专教材 858 册。2002 年起，美姑县有小学生 14000 人、初中生 700 人享受国家扶贫开发重点县的免费教材；2003 年美姑县春季有小学生 13500 人、初中生 700 人享受国家提供的免费教材；秋季有小学生 14000 人、初中生 600 人享受国家提供的免费教材。2004 年，发行《安全教育读本》，小学生四年级以上，初、高中全部学生人手一册。到 2007 年以后，九年义务教育学生读书全部享受国家提供的免费教材。

第三节 彝文图书发行

1991 年，县新华书店发行彝文图书《所地民间故事》《1992 年彝文历书》《凉山半细毛羊的培养》等 18 种共 940 册，发行《吉纳乌沙》《克智》（第三集）、《1991 年彝文历书》等 1800 余册。1992—2009 年，新华书店门市里都有《彝文检字本》《彝文字典》《彝文历书》《凉山风情》《凉山风景独好》《凉山彝族饮食文化概要》《凉山彝族旅游文化》《魅力凉山》《彝族火把节》《走进大凉山》《彝族饮食文化》《彝族古典长诗》《长翅膀的梦》《走进西昌》《凉山州古诗文选释》等图书。2002—2009 年，发行中、小学彝文教材 9.1 万册。

第四节 科技读物发行

1991—2002 年，县新华书店发行自然科学技术图书 8250 册，其中有《中国地图册》等交通、旅游图书七八种，《儿童毛衣动物图案编织》等图书六七种、《川菜》菜谱等图书十几种，《中、老年常见病先兆》等医药图书、《中国兰花》等植物图书、《苹果高效栽培》等果树栽培图书、《养蜂法》等养殖图书数十种销售。

2003—2005 年，新华书店因门市修建，共发行自然科学技术图书 238 册。2006—2009 年，发行自然科学技术图书 2811 册，主要有《实用针灸》《快乐按摩》《中国民间穴位疗法》等医药图书，《西瓜栽培技术》《野菜栽培技术》《科学种植致富》等种植图书，《热带鱼》《奶牛高效饲养》《科学养兔指南》等养殖图书，《古筝弹奏入门》《流行歌曲精粹》《西部放歌》《现代摄影》《驾驶员 1000 个怎么办》等数十种图书，《电脑入门》《电脑组装与维护》《实用办公软件》《现代图案设计》等电脑类图书销售。

第五节 少儿读物发行

1991—2003年，发行少年儿童读物13930册；2005年，新门市正式营业，少年儿童读物品种丰富，多达上百种。2006—2009年，共发行少年儿童读物3699册。

第六节 发行效益

充分发挥新华书店宣传马克思列宁主义、毛泽东思想的阵地作用，重视党和国家的重要文件、政治理论读物的发行，在县委宣传部的支持下，对重点图书足量保证供应，备货较齐并有专架陈列，满足了各方面的需要。贯彻执行国家的出版、发行工作的方针、政策规定，书店严把好进货关，不经营非法出版物、非正式出版物和明令禁止发行的图书，不违反四项基本原则。抓好门市的店容店貌建设，门市图书陈列分类清楚、整齐清洁，常年性地坚持主动送书上门服务；对《毛泽东选集》1 ~ 4 卷第二版的首次发行在党的生日“七一”举行了隆重的发行仪式；组织了大量的优秀政治读物并及时发行到各单位。1991 年，在四川省新闻出版局召开全省新华书店系统工作会议上，美姑县获“先进单位”称号。

1994 年，送书上门服务 198 人次，并开展夜市服务，每年可增加营业额 2000 多元；在美姑县文化系统年终工作总结表彰会上，新华书店被评为“先进单位”，3 名职工评为“先进个人”。在 1995 年文化系统年终工作总结暨表彰会上，新华书店被县委、县人民政府授予“先进集体”称号，

2名职工评为“先进工作者”。

1996年6月，美姑县新华书店被评为“凉山州先进书店”，两人被评为“凉山州先进图书发行员”；在美姑县开展学习“依波沃精神”活动中，新华书店送书到依波沃村、赠书、赠画400多册（张），价值2000多元，并帮助建立村阅览室。1999年，接省、州新华书店《关于清查气功类非法出版物的紧急通知》后，认真自查《通知》中所列气功类非法出版物。在教材的发行上，做到“课前到书，人手一本，及时足量”。

第五章 旅 游

第一节 旅游区简介

大风顶自然生态旅游区位于美姑旅游发展的北部片区，是以大风顶自然生态为主要品牌，兼有彝族文化体验的一个生态旅游片区，它包括有洪溪旅游副支撑中心、纳龙生态旅游区、美丽角湖旅游区、椅子垭口黑竹沟生态旅游区、彝族文化走廊和燕子崖。

毕摩文化人文旅游区位于美姑旅游的南部片区，以县城巴普镇为中心，包括县城、黄茅埂、溜筒河峡谷（含美女峰、柳洪电站）及龙头山。

第二节 旅游基础设施

美姑县地处四川省西南部，凉山彝族自治州东北部，距成都市384公里，距西昌市165公里，连接2个市州（乐山市、凉山州）、6个县（峨边、马边、雷波、昭觉、越西、甘洛），省道103线和省道307线纵横穿越美姑县，旅游交通地位较为突出。截至2003年年底，全县公路里程1201公里，其中，省道155公里，县道170公里。省道307线县域内18公里为通车状况良好的山重三级公路，省道103线美姑大桥至巴普镇39公里为通车状况良好的山重四级公路，其余都为等外级公路，等级公路里程仅占通车总里程的2.8%，路网密度0.18公里／平方公里，县域内灾害路段较多，对外6个通道出口仅有2个由等级公路联系，外部和内部交通状况还较为滞后，在一定程度上制约了美姑县及部分旅游景区的可进入性。从成都经西昌到达美姑的里程为732公里，而从成都经乐山峨边到达美姑的里程为384公里，公路里程缩短近一半，所以美峨公路及绵阳—成都—峨眉城际铁路客运专线的建设对美姑县旅游交通及旅游业的发展意义重大。

第三节 旅游服务设施

美姑县的宾馆、招待所等旅游住宿接待设施主要集中在县城巴普镇，其他乡（镇）仅有一些规模小且档次较低的接待床位。到2009年年底，美姑县有旅游接待床位322个，全县无星级宾馆。在美姑县的宾馆、招待所等旅游住宿接待设施中，除一些宾馆和美姑宾馆的硬件设施较好以外，其他饭店、旅社及招待所的设施和服务水平相对较低。

美姑县旅游住宿设施状况一览表

表 25-1

宾馆名称	所在镇或旅游区	档　次	床位数（床）
林业宾馆	巴普镇	非星级	61
美姑宾馆	巴普镇	无星级	88
名人宾馆	巴普镇	非星级	31
富龙宾馆	巴普镇	非星级	34
富龙酒店	巴普镇	非星级	31
白龙旅馆	巴普镇	非星级	28
电力招待所	巴普镇	非星级	22
车站招待所	巴普镇	非星级	28
鸿雁宾馆	巴普镇	非星级	47
粮贸大厦	巴普镇	非星级	63
依果觉乡旅社	依果觉乡	旅社	40
洛俄依甘乡旅社	洛俄依甘乡	旅社	34
牛牛坝乡旅社	牛牛坝乡	旅社	50
候播乃拖乡旅社	候播乃拖乡	旅社	6
龙窝乡旅社	龙窝乡	旅社	27
柳洪乡旅社	柳洪乡	旅社	25

第四节　旅游商品开发

美姑县境内资源富集。境内峰峦叠嶂、山高谷深、地形复杂、相对高低悬殊、坡谷陡峭，气候条件优越，盛产各种土特产品，如核桃、花椒、天麻等林业商品、绿色畜牧产品、药材等医药商品。此外，民间手工艺品种类丰富，如男女青少年老年彝族服饰、挂毯、察尔瓦、绣花手工包、英雄带等以及银饰品、酒具、茶具、器皿，还有彝式餐具、花瓶、挂画漆器，具有鲜明的民族特色，原始古朴，适合各层次旅游者的需要，极具旅游商品开发价值。商品生产具有一定基础，县城的几家银饰店均可自产银饰品及银茶具、器皿等，具备一定的档次。县农贸市场内的药材、畜牧产品的交易初具规模，稍加组织、培育和引导就可形成一个较大的土特产品展示和贸易市场，是旅游纪念品另一处理想的供给场所。但美姑县的多数产品与设计与生产尚未达到专业化、规模化的要求。本地旅游商品地域和民族特色不浓郁，品种单一，部分旅游商品包装不够精美，档次不高，缺乏吸引力和竞争力。没有建立相应的旅游商品销售体系，除县城主要街道的几家打金店兼营了一些金、银饰品及漆器外，另在农贸市场中有几家服装店销售彝族风情的服装、饰品等，还没有一个品种齐备的旅游商品综合销售点，在其他景区、景点或各乡（镇）都缺少旅游商品全面展示和交易的场所。旅游商品种类和规模开发滞后，旅游商品产值对当地 GDP 的贡献甚小。

第二十六篇

广播电视

第一章 广播电视设备设施建设

第一节 区乡广播电视设施建设

一、区乡广播电视转播传输设备

1991年，广播电视局在全县建区广播站21个，安装喇叭10403只，架单线传输线路1050.5公里、水泥电杆380根、木杆16022根，安装17个乡广播电视站简易对讲机。1992年，建区广播站3个，乡广播站21个，入户喇叭11505户。1993年，安装喇叭11481只，架广播线路（单线）955公里。1995年7月1日，建洛俄依甘乡依波沃村广播网，安装入户喇叭166只。1993年8月，建九口乡卫星广播电视地面接收站。11月，树窝、洒库、候播乃拖、乐约4个乡和洛俄依甘乡依波沃村建卫星广播电视地面接收站，可收看中央1套电视节目。1994年5月，建发射功率3瓦的觉洛乡卫星广播电视地面接收站。

1995年7月1日，建发射功率3瓦的佐戈依达乡卫星广播电视地面接收站，可收看中央1套电视节目，覆盖4个村、15个组、2500人。11月，建觉洛乡广播电视站，覆盖2个村、12个组、1500人。1997年8—11月，建柳洪、树窝、苏洛、瓦西、瓦古、农作、炳途、合姑洛8个乡卫星广播电视地面接收站。1998年，建洪溪、牛牛坝、大桥、峨曲古4个片区有线广播电视站，用户300户。同年，鼓励全县农村个人安装小型卫星电视地面接收站35个。2000年8月，建柳洪有线电视网，可看6个频道电视节目。年底，城乡新增有线电视终端用户130户。

2001年，县广播电视局职工自筹资金建佐戈依达乡有线电视网络站。2003年下半年，完成148套"村村通"模拟转数字工程，建拉木阿觉乡有线广播电视网络，用户33户。2005年，对全县50户以上通电自然村的广播电视盲村进行摸底调查，争取到79套"村村通"广播电视工程设备。2006年，完成20个行政村、55个自然村的"村村通"建设。2007年，投入80余万元，完成43套"村村通"工程，投入专用资金2万余元完成240余座"村村通"站的"转星"任务。2008—2009年投入5240套"村村通"设备。

二、千乡电视工程

1995年，中共四川省委、省政府决定在民族地区实施"千乡电视工程"，用3年时间，对民族地区已通电而无广播电视接收设备的604个乡（镇），资助安装广播电视卫星接收设备。1996年3月，美姑县成立"美姑县千乡电视工程实施领导小组"。1997年2月9日，全县第一座"千乡电视工程"试点站——巴古乡卫星电视地面接收站投入使用。3—11月，建树窝、洒库、候播乃拖、乐约4个乡和依波沃村"千乡电视工程"卫星电视地面接收站。经过3年工作，全县建24座"千乡电视工程"卫星电视地面接收站，24个乡（镇）、97个村、295个组、57816人能看电视，电视人口覆盖率达55.37%。利用"千乡电视工程"新建和改造19座乡广播站。

三、"村村通"广播电视工程

1998年党中央、国务院决定启动广播电视村村通工程，第一轮工程至2005年结束。根据第一轮实施效果，2006年，党中央、国务院决定继续实施广播电视村村通工程，按照"巩固成果、扩大范围、提高质量、改善服务"的要求，构建农村广播电视公共服务体系。新一轮广播电视村村通工程的目标是：到2010年年底，全面实现20户以上已通电的自然村全部通广播电视。

1999年10月，国家向全国边远山区、少数民族地区发放“村村通”广播电视设备，当年全县完成60个村的设备安装调试工作。县广播电视局采取“对已经通电的特别贫困村设立‘集中观看点’，对经济条件较好的村鼓励群众购买电视机，设立‘无线发射站’，对经济条件最好、农户比较集中的村采取有线广播电视入户”的原则实施，到2003年，共实施“村村通”工程174套，并将模拟“村村通”转化成数字“村村通”。2004—2005年，实施“村村通”79套。2006年，实施“村村通”80套。2007年，实施“村村通”43套。2008年，实施“村村通”20套。2009年，发放“村村通”直播卫星接收设备5220套。

第二节　县有线广播电视台设施建设

一、广播电视节目制作设备

（一）广播节目制作设备

1990年以后，县有线广播电视台（站）一直使用321盘式录音机制作广播节目。

（二）电视节目制作播出设备

1988年8月，县有线广播电视台购置第一台便携式A2松下摄像机，制作《美姑新闻》节目，并用1台“燕舞”牌双卡录音机配音。1990年，购置字幕机。1991年，购置两台松下M7摄像机。1993年，购置1台松下9000型摄像机。1995年，购置2台200P松下摄像机和1台第二代字幕机。1998年，购置1台县级台专用松下摄像机和1套模拟编辑系统。

2002年8月，购置1台索尼370数码摄像机、1台松下AG-DVC15MC型DV摄录机，配套非线性编辑设备1台；10月，购置索尼170摄像机1台，电视节目制作从模拟转向数字化。2003年6月，购置1台190数码摄像机。2004年，购置1套硬盘播出系统。2006年3月，购置1套极速E非线性编辑系统和1台松下650型摄像机；7月，购置1台摄像机和非线性编辑系统，并从凉山州政法委购置370摄像机和索贝21非线型编辑系统1套（包括录像机、电视机、脚架等配套设备，价值100万元）。2007年，添置电视台新闻制作设备，改造节目演播室并配套装置专业灯光、音控工作站。2009年，开通节目向州台回传系统，美姑新闻可及时传到凉山电视台。

二、广播电视节目转播传输设备

（一）广播传输

1991年以前，美姑人民广播站用电子管扩大机、有线广播播控设备和高音喇叭转播、传输广播节目；美姑县电视中心转播台、美姑县彝语电视翻译转播台先后用10瓦电视差转机、50瓦电视差转机、调频发射机、解码器转播电视节目。1994年9月30日，调频广播站试播成功，发射四川人民广播电台和县广播站自办节目信号，取掉城区沿用40年的有线高音喇叭。2006年，开通凉山人民广播电台节目。

（二）有线电视网络

1992年8月，县广播电视局安装有线电视机房，当年发展有线电视用户200多户。1993年年末，有线电视用户发展到816户。1994年4月，架通县城—化工厂有线电视线路2280米，增加电视用户30余户。1996年9月，县电影公司转来闭路电影用户200余户。1999年8月，架通县城—俄普工委机关有线电视网络。11月，开通西昌—美姑电视微波传输网，县城能收看凉山电视台、凉山有线电视台节目。

2003年，配合旧城改造工作，改造网络主线2000米，分支线8000米。2004年，架通县城新区主线并改造旧城区主线，改造主线3500米，分支线2000米。2005年，开通西昌—美姑的电视光纤传输系统，用于提高凉山电视台、凉山有线电视台节目质量和回传美姑有线电视台上送节目；当年，改造城区有线电视主线2500米，分支线3200米，新增用户210户。2006年，改造城区有线电视主干线7000余米，支干线5000余米，发展有线电视用户120户。

（三）农村广播电视无线覆盖工程

2007年，县广播电视局争取资金30万元，建设能让城区和周边农村低收入家庭能免费收听收看4套广播电视节目的农村中央广播电视无线覆盖工程。

第三节　资金投放与管理

1991—2009年，广播电视局经历了5次机构改革，单位职能作了5次调整。1984—1998年7月，称广播电视局，主要职能是负责全县的广播电视工作；1998年7月—2001年12月，称文化广播电视局，划入文化管理职能；2001年12月—2003年6月，称文化广播体育局，划入体育事业职能；2003年6月—2009年4月，称广播电视局，主要职能是负责全县广播电视工作。2009年4月后，称广播电影电视局，增加管理农村电影放映职能，但农村电影放映中心的资金仍然单独核算。单位职能改变，资金投入和支出不一样。1991—2009年，广播电视局资金来源一是财政补助收入，二是预算外收入（包括闭路电视安装和收视费、点歌和广告宣传收入、节目联办收入、专项及上级补助等）。经费收入和经费支出（包括人员工资、公务支出、业务支出、维修支出、临时工工资、区乡文化广播站经费、福利费、“村村通”支出、宣传队支出、设备购置、县上安排的大型活动支出等。

1991—2009年经费收入统计表

表26-1　　单位：元

年　度	合　计	财政补助收入	预算外收入
1991	221407.43	214054.00	7353.43
1992	300779.76	225125.44	75654.32
1993	447676.57	313664.44	134012.13
1994	367828.95	217148.00	150680.95
1995	660176.43	249578.00	410598.43
1996	613897.52	297080.00	316817.52
1997	1651029.95	251580.00	1399449.95
1998	847130.07	262275.00	584855.07
1999	823455.41	288022.00	535453.41
2000	740679.10	307895.00	432784.10
2001	957877.30	591358.00	366519.30
2002	2329354.09	980183.00	1349171.09
2003	1527823.00	837823.00	690000.00

续表 26-1

年 度	合 计	财政补助收入	预算外收入
2004	1303404.00	878772.00	424632.00
2005	2002252.00	1453297.00	548955.00
2006	1092514.90	832697.00	259817.90
2007	2013168.00	1498936.00	514232.00
2008	1587140.00	1526140.00	61000.00
2009	1314729.00	1303729.00	11000.00

1991—2009 年经费支出统计表

表 26-2 单位：元

支出 年份	小 计	人员工资	公务支出	业务支出	维修购置	临工工资	乡站经费福利费	村通支出	宣传队州县庆支出
1991	221407.43	143649.00	73803.43	—	—	3955.00	—	—	—
1992	300779.76	155433.00	144072.76	—	—	1274.00	—	—	—
1993	447676.57	170316.40	276268.17	—	—	1092.00	—	—	—
1994	217148.00	190321.07	20998.56	5828.37	—	—	—	—	—
1995	249578.00	169219.59	15721.55	36138.27	10000.00	10776.27	7722.32	—	—
1996	297080.00	190765.19	13516.70	54280.93	—	—	3895	34622.18	—
1997	251580.00	219460.97	17344.05	14774.98	—	—	—	—	—
1998	262275.00	221825.26	13928.74	—	—	26521.00	—	—	—
1999	288002.00	259645.33	28356.67	—	—	—	—	—	—
2000	307895.00	272628.44	13554.56	21712.00	—	—	—	—	—
2001	591358.00	438909.94	73780.65	41773.41	15894.00	—	—	—	21000.00
2002	980183.00	630781.00	36633.55	35651.33	209581.72	—	—	—	28275.00
2003	1527823.00	649090.00	827989.20	—	—	35828.50	—	14915.30	—
2004	1303404.00	480418.50	787448.60	—	—	25256.90	—	10280.00	—
2005	2002252.00	466880.50	1482441.00	—	—	30999.50	—	21931.00	—
2006	1092514.90	478290.00	509904.30	—	—	35011.00	—	69309.60	—
2007	2012968.00	630275.00	1033702.66	—	—	31692.00	—	317298.34	—
2008	732455.00	693524.00	—	—	—	38931.00	—	—	—
2009	689288.00	663214.00	—	—	—	26074.00	—	—	—

根据物价部门规定，有线电视收视费和维护费 1997 年 6 月前为每户每月 5 元，1997 年 6 月，

提高到每户每月 10 元，2004 年 4 月，提高到每户每月 15 元，其收入的一部分用来上缴信息资源费和卫星电视收视费，其余的用于网络维护及升级换代等业务开支。

第二章 广播电视宣传业务

广播电视宣传的主要方式有：转播上级广播电视节目、自办广播电视节目、上送广播电视新闻、向上级报纸杂志社投稿等。

第一节 转 播

一、广播节目转播

1990 年以后，美姑人民广播站保持转播中央人民广播电台和四川人民广播电台节目，每天播音三次。由于电视事业蓬勃发展，电视节目的优越性倍受民众所认可，广播不再被社会各界重视，设备、经费、人员都得不到保证和更新，县城广播节目转播 2002 年以后就处于时断时续状态。至 2006 年凉山人民广播电台调频节目开通后，县有线广播电视台全天转播节目，收音机可随时收听。农村有线广播从 1996 年起逐渐比县城活跃，但转播时间不固定。

二、电视节目转播

1991 年以前，县城和部分区乡利用卫星电视地面接收站全天转播中央 1 套等节目。1992 年 8 月起，县城在保证中央 1 套开路发射的同时，通过有线电视转播中央 1 套、中央 2 套、四川、县彝语台、云南、贵州等地方台节目。1997 年 3 月，增加中央 3 套、中央 4 套、中央 5 套、中央 6 套、中央 8 套加密电视频道节目，节目增加到 12 套。1999 年 11 月，利用西昌至美姑电视微波传输网，转播凉山电视台、凉山有线电视台的节目。截至 2007 年年底，县有线电视台全天转播的节目有中央和地方共计 28 套节目。2009 年 7 月，开通凉山彝文台节目。

柳洪、拉木阿觉、大桥、牛牛坝、候播乃拖、佐戈依达、峨曲古、洪溪有线电视网，从 1993 年起，全天转播中央电视台 1 套等 6 套电视节目，其他各乡的地面接收站、“村村通”广播电视接收站、个体小型卫星电视地面接收站随时都可转播收看中央及各省的卫星广播电视节目。

第二节 自办节目

一、广播节目

1991 年，广播自办节目共来稿 1649 篇，其中，彝文稿 748 篇，自采稿件 452 篇，录制录音报道 15 组，开辟《计划生育》《税法专题》《矿业资源法》《护林防火》《国土管理》《抗灾救灾》《烟草专卖法》等专题节目，举办建党 70 周年有奖征文活动，收到近 20 篇稿件，在《先锋颂》《坚强堡垒》两个栏目中播出。

1992 年，共来稿 1033 篇，汉语 726 篇，组稿 246 篇。开辟“科技服务节目”“第八届三次人大会”“计划生育”“农村社教”“扶贫动态”“税法宣传”“法制园地”和“换届选举”等专题报道。

1993 年，共来稿 885 篇，自采稿件 374 篇，组稿 199 篇，用稿 1390 篇。举办“国土管理法”“野生动物管理法”“科技宣传”“严打宣传”等17个专题报道。

1994年，开辟《本县新闻》《农家顾问》《法制天地》《经济论坛》等十多个栏目，举办“国土管理法”“四川省企业职工失业保险规定”“中华人民共和国农业法”“科技兴美”等17种专题报道。全年来稿1496篇，播出243组节目，从5月30日起增加自办节目播出时间，做到每天2小时，全年发6组彝语录音带到12个乡站。在全州优秀广播节目评选中有3篇稿件分别获二、三等奖。

1995年，开辟《农家顾问》《健康生活》《法制天地》《联办节目》栏目，全年用稿2272篇，组稿386篇，自采稿件599篇，其中，彝文稿1138篇，组稿187组，自采稿件223篇。全年送12组节目到乡站播放。

1996年，开辟《新闻》《法制天地》《对农广播》《中学生时事》《科技兴美》栏目，全年用稿2397篇，组稿382篇，自采稿件317篇，其中，彝文稿件1345篇，组稿202组，自采稿件176篇。全年送22组节目到乡站播放。

1997年，开辟《美姑新闻》《科技知识》《政策问答》《为你服务》栏目。全年组稿238组，用稿1136篇，自采稿件171篇，报摘890篇（其中，彝文稿件11篇，组稿149组，用稿641篇，自采稿件138篇，报摘489篇）。向省、州广播电台投稿22篇，被州广播电台采用16篇，省广播电台采用1篇。全年录制24组节目到乡站播放。

1998年，开辟《美姑新闻》《彝山风铃》《理论园地》《科技知识》《政策问答》《联办专题》《为你服务》栏目，全年共组稿422组，用稿2025篇（其中，彝语组稿212组，用稿1320篇）。全年送158组节目到乡站播放。

1999年，开辟《美姑新闻》《彝山风铃》《理论园地》《科技知识》《政策问答》《联办专题》《为你服务》栏目。全年共组稿426组，用稿2158篇（其中，彝语组稿215组，用稿1340篇）。全年送76盘（次）、48组县台自办节目到乡站播放。

2000年，改进广播新闻报道方式，增加典型报道和来自基层第一线的报道，开辟《美姑新闻》《彝山风铃》《理论园地》《科技知识》《政策问答》《联办专题》《为你服务》栏目。全年共组稿368组，用稿1960篇（其中，外来稿件120篇，彝语组稿140组，用稿890篇）。全年送89组县台自办节目到乡站播放。

2001年，县有线广播台开辟《美姑新闻》《理论节目》《彝山风铃》《生活》《曲艺欣赏》《作品欣赏》等栏目。全年共组稿198组，用稿2580篇，其中，外来稿件140件，彝语用稿152组。送彝、汉语自办节目20组到片区、乡广播站巡回播放。全年送凉山人民广播电台50条，被采用42条。在全州广播电视评比工作中，3条彝语广播节目获一、二、三等奖，1条汉语广播节目获二等奖。

2002年，开辟《美姑新闻》《理论园地》《彝山风铃》《曲艺欣赏》《作品欣赏》栏目。举办“建党81周年”“建县50周年”“六一杯”征文活动。全年共组稿252组，用稿2678篇（其中，彝语稿件125组，用稿1017篇）。送自办节目36组到片区、乡广播站巡回播放。送凉山人民广播电台120条。

2003年，开辟《美姑新闻》等8个宣传栏目。全年共采编316组，用稿1856篇（其中，彝语组稿156组，用稿896篇，翻译120件/260页）。翻录24组彝语节目送乡站播放。送州电台广播节目30多条，用稿近30条。

2004年，通过《美姑新闻》《彝语新闻》两大版块。全年共采编160件新闻稿，录制城市法律法规宣传磁带40盒。送州广播电台节目15条，用稿15条。

2005年，全年共采编广播节目稿件45条，用稿28条，录制法律法规、科普知识、经济普查、“保持共产党员先进性教育”活动、护林防火、安全生产、计划生育等宣传资料磁带48盒。

2006年，共录制宣传磁带41盒。州电台全年用稿60件，本县播出新闻426条。

2007年，围绕“普九攻坚”、计划生育、社会治安综合治理、平安创建等关系国计民生和农村发展稳定的重要工作录制宣传磁带，在片区、乡（镇）和部分农村广泛开展广播宣传工作。为省、州级广播电台投稿，其中，省级广播电台用稿11条，州级广播电台用稿46条。

2008年起，县有线广播电台自办节目逐渐减少。

二、电视节目

1991年，摄制播出反映农、林、牧、水的新闻20组，会议新闻57组，抗灾救灾的新闻22组，社教新闻7组，农田基本建设和春耕生产新闻13组，文教卫生新闻60组，工业生产新闻11组，其他新闻30组。用彝语配音并播放5集电视剧《比鲁崖堡》。

1992年，共摄制238条新闻，其中，县“四大家”会议和活动新闻137条，农、林、牧、水新闻19条，社会主义思想教育、精神文明建设55条，自采新闻和专题报道27条。6月，美姑部分地区遭受洪涝灾害，县电视台摄制《灾情情况》向上级汇报。

1993年，播出新闻174条，领导电视讲话17组。摄制《任重而道远》《喜看广厦千万间》《富饶的山乡》等7部专题片。3月，县彝语电视转播台创办《美姑一周新闻联播》，县内的一周重大新闻在周末用彝、汉语重播。县电视台与扶贫办、城建局、养路段等单位联合摄制《扶贫越温》《美姑城建》等专题片。

1994年，播放新闻554条，播放《美姑一周新闻联播》48期。摄制《美姑麻防》《人梯》《扶贫的曙光》《凉山国际火把节系列报道》等专题片。有11条新闻在凉山电视台播放。配合县科委等单位举办《科技兴美》栏目，播放农业科技信息6组。用彝语配音译制电视连续剧《美姑河奏鸣曲》。完成电视剧《山神》台词翻译。在第十个教师节期间，开办“园丁颂”专题节目9组。

1995年，共播放新闻618条、领导电视讲话38组、《美姑一周新闻联播》50期。1月10日—2月20日，县电视台与县教育局联办“爱国主义优秀影视片展播”，共播放45部。8月起，举办“纪念抗日战争和世界反法西斯战争胜利50周年”有奖征文活动，征文来稿35篇（其中，彝语18篇），彝、汉语共有13篇获奖；同时，在有线台播放反映抗日战争题材的影视剧30部。

1996年，在完成县“四大家”政治、经济活动的宣传报道的同时，开展“热点”“焦点”的报道，增加电视讲话25次，共播放《美姑一周新闻联播》49期，摄制《在扶贫第一线》《大凉山上的新星》等14部专题片，选送电视新闻15条，专题片1部在凉山电视台播放。

1997年，组织“迎香港回归”“学习贯彻党的十五大精神”报道。6月5日，乐约发生山体滑坡，县电视台记者赶赴灾区进行报道。全年共摄制电视新闻460条（其中，口播138条）。摄制专题8部。送州台播放16条。

1998年，共播放新闻652条（其中，彝语86条），口播新闻120条，领导电视讲话26次。摄制系列专题片10部（集）。送省、州台新闻、专题56条。在全州广播电视评比工作中，电视节目《奋力抗灾，重建美好家园》等3个节目获二等奖，《索玛花恋》等3个节目获三等奖。

1999年，共播放新闻658条（其中，彝语46条），口播新闻51条，领导电视讲话18次。摄制专题片14部（集）。送省、州电视台播放新闻6条。

2000年，共播放新闻560条（其中，彝语30条），口播新闻42条，领导电视讲话19次，摄制扶贫、抗洪抢险、“村村通”等专题片9部（集），一周要闻36期，送州“三台”播放的新闻100条，在全州广播电视评比工作中，3个电视节目获三等奖。

2001年，共播出新闻420条（其中，彝语12条），口播新闻36条，领导电视讲话21条，一周要闻 30 期。摄制专题片《光明颂》等 11 部。摄制《美姑新跨越》《三八节风采》等电视系列片 16（集）。选送凉山电视台、凉山有线电视台 184 条，采用 164 条（其中，被中央台采用 1 条，四川台采用 5 条）。在全州广播电视评比工作中，1 条电视节目获一等奖，2 条获三等奖。

2002 年，制作播放《走乡村，看发展》《党员先锋工程在基层》《喜庆建县 50 周年》等系列报道，共播出新闻 669 条（其中，彝语 8 条），口播新闻 56 条，领导电视讲话 23 条，一周要闻 41 期。摄制专题片等 7 部。选送凉山电视台、凉山有线电视台 107 条，采用 66 条（其中，专题片《深山藏美姑》11 月 30 日在四川电视台播出）。在全州广播电视评比工作中，电视作品《真情永驻麻风村》、节目编排《一周要闻》等 3 条电视节目获得二等奖、3 条获得三等奖，电视新闻《彝族群众送大熊猫回家》获凉山州好新闻一等奖，并在中央电视台等播出。

2003 年，开办《美姑新闻》《来自州两会报道》《两会专题报道》《开发美姑河，推进新跨越》《学习贯彻十六大，推进美姑新跨越》《全民健身迎奥运》《防范非典，确保健康》《一周要闻》8 个栏目。共采编播放新闻 598 条（其中，电视讲话 28 条，口播各种通告等 180 条），"非典"知识问答 66 期，播出标语 108 条，一周要闻 40 期。摄制《中国首届彝族毕摩文化》等各项专题片 33 集。送州电视台节目 110 条，用稿 99 条，中央电视台采用 3 条，四川电视台采用新闻 5 条。在全州广播电视评比工作中，获得凉山州广播电视优秀节目二等奖 1 个、三等奖 3 个。《凉山日报》用稿 105 条。

2004 年，采编节目 583 条，口播新闻 38 条，电视讲话 18 条，通知、通告类 76 条，播出电视标语 460 条，《一周要闻》47 期，电视专题片 8 部（集）。系列报道《中国・美姑第二届毕摩文化节暨诗意美姑笔会》等送州电视台节目 150 条，用稿 121 条，其中，省级电视台采用 12 条，中央台采用 4 条。在全州广播电视评比工作中，获得广播和电视节目一等奖各 1 个、二等奖各 1 个、三等奖各 1 个，其中，《美姑熊猫有了"保护神"》获 2003 年度宣传凉山好新闻二等奖，美姑县分别被四川省文化厅和体育局授予"美女之乡""摔跤之乡"称号。在第 25 届四川省广播电视省级政府奖（县级）评选中，获得电视新闻短消息二等奖，《美丽角湖》等节目获州电视散文特等奖。中央电视台采用 5 条，《凉山日报》用稿 114 条。

2005 年，采编节目 636 条，口播新闻 38 条，电视讲话 13 条，通知、通告等类 87 条，播出电视宣传标语 511 条，《一周要闻》42 期，制作电视专题片 7 部（集），送州电视台 198 条，被采用 173 条，其中，送省级电视台 2 条，中央电视台 2 条。在全州广播电视评比工作中，获广播电视节目二等奖 1 个、三等奖 1 个，《病饿大熊猫，牵动彝人心》荣获四川省电视新闻短消息一等奖，《话说毕摩文化》获四川省电视社教类特等奖。《凉山日报》用稿 120 条。

2006 年，采编新闻 670 条，电视讲话 23 条，口播新闻 38 条，通知、通告等 128 条，播出宣传标语 402 条，《一周要闻》52 期，摄制先教活动专题片《彝家新气象》5 部，反映社会主义新农村的专题片《聚焦三农》等 32 部，新闻性专题片 16 部。送州电视台 148 条，上省电视台 5 条（《美姑彝族婚礼》《苦干的旗帜——依波沃村》《依波沃农家用上了沼气》等），与县科协联办节目，播出《科技大篷车》农村专题片 35 集，制作和播放《请您欣赏》节目 42 期。在州广播电视评优节目中，选送广播汉语节目 5 组，广播彝语节目 3 组，电视节目 7 组参加评比，荣获广播彝语节目二等奖 1 个，广播汉语节目三等奖 1 个。电视节目一等奖 1 个、二等奖 5 个、三等奖 1 个。《凉山日报》用稿 97 条。

2007 年，采编新闻 756 条（其中，电视讲话 5 条，口播新闻 20 条，通知、通告等 186 条），播出宣传标语 80 条，《一周要闻》47 期。摄制先教活动和村级活动室建设专题片 2 部，反映社会主义新农村的专题片 4 部，新闻性专题片 2 部。州级电视台用稿 158 条，省级电视台用稿 16 条（《学习林强精神，服务贫困群众》《彝族群众积极收看十七大》《救助受伤黑颈鹤》等），中央电视台采用7条。县有线电视台与县科协联办节目播出《科技大篷车》农村专题片40集。制作《流金岁月》12期，回顾全县各条战线开展的文艺活动。在州广播电视评优节目中，荣获广播彝语节目三等奖1个，广播汉语节目三等奖1个。电视节目二等奖1个、三等奖2个。《凉山日报》用稿92条。

2008年，办《美姑新闻》171期、《一周要闻》38期，播出电视新闻628条，通知、通告107条，宣传标语136条，“请你欣赏”18期。制作、播放“改革开放30年”电视系列专题片8部。制作专题片4部（《叩响致富门》《再造秀美山川》《美姑积极创建省优计生县》《和谐平安美姑》），被省、州电视台采用142条，省、州电台用稿44条，《凉山日报》用稿32篇。

《美姑遭受特大暴雪灾害》在四川电视台一台新闻节目中播出，播放专题节目《把致富路修到家门口》《平安美姑》《义诺彝族服饰》《毕摩音乐》。开辟“众志成城　抗震救灾”专栏，播出新闻62条，制作和播放公告、倡议书3条，紧急通知2条，捐款公告4条，电视标语10条。播放“科技大篷车”“地震防御知识”等宣传性科教片。《彝族群众救助黑颈鹤》在全州优秀广播电视节目评比中，获得一等奖；《黑颈鹤“客串”彝乡》在中国广播电视协会评奖中，获得国家级电视长消息二等奖；《最后的瓦板房》等获得州级二等奖5个；美姑记者站荣获集体二等奖，吴一被评为“十佳优秀记者”称号。

2009年，增设《透过凉山新闻看美姑》栏目，增加1个自办节目播出时段，达到电视自办节目每天播出四次（即每天中午12：00时1次，下午5：30时1次，晚上8：30时1次，10：00时1次）。举办《美姑新闻》205期、《美姑一周要闻》45期，采编播出电视新闻822条各类通知、通告等221条，宣传标语174条，《请你欣赏》30期。被凉山电视台采用123条，被省电视台采用8条，被中央电视台第7频道采用1条，策划录制播放《一把手上电视》《县委书记访谈录》《美姑各行各业齐声唱红歌迎接建国60周年》等系列片和《园丁赞》《美姑县百村通达惠民工程建设纪实》《美姑食品放心工程纪实》《硕俄村的致富树》《基层模范支书——吉克拉洛》《彝家好支书——马石日》《巧干实干促发展，兴乡富民促和谐》《依波沃再树苦干旗帜》等专题片。

在凉山广播电视评优节目中，《觉洛乡：抗雪灾节目，忙备耕，夺丰收》《“退耕还林”工程实现生态、富民双赢》《美姑义诺服饰》《彝家儿女喜看北京奥运会开幕式》《让山更青让民更富》《美姑一周要闻》《承载彝家希望的连心桥》获奖。

第二十七篇

语言文字和毕摩文化研究

第一章 语言文字

第一节 机构设置

1977年1月，美姑县语言文字指导委员会成立。1980年3月，美姑县语言文字指导委员会更名为美姑县民族语文工作委员会（简称“语委”），下设办公室。1983年12月，语委与文教局合并，实行一套人马、两个牌子的管理机制。1984年6月，语委设为政府直属机构。1998年8月，全县实行党政机构改革，语委与县教育局合并，挂语言文字工作委员会（副科级）牌子，设办公室。2003年6月，县文化体育旅游民族宗教局成立，挂语言文字工作委员会办公室（副科级）牌子，设民族宗教事务语言文字股。2005年4月，彝族毕摩文化中心成立，属县人民政府直属正科级事业单位，承担语文工作委员会的职能，设语言文字股、研究编译室、办公室、图书资料室。

第二节 政策宣传

1993年年初，《凉山彝族自治州彝文工作条例》正式颁布实施。4月初，县人民政府以〔1993〕25号转发语委《关于广泛宣传贯彻（彝文条例）的意见》，召开由各单位负责人参加的宣传动员会议。语委与各有关部门，利用广播电视、标语、板报等形式进行广泛宣传，发放《彝文条例》300余册。到年底，县内城区受教育面达90%以上，乡村受教育面达70%以上。

1994—1995年，每年5月开展“语言文字宣传月”活动，会同县委宣传部、县文教局、工商局和广播电视局等相关部门在城区街道开展宣传咨询活动，活动期间挂写50多条横幅和标语，印发宣传资料1900余份。

1998—2009年，根据省州文化部门有关文件精神，每年9月第三周开展“普通话推广周”宣传活动，累计发放宣传单3000余份。

2001年1月，《中华人民共和国国家通用语言文字法》正式施行。县语委结合当年推普工作进行了大力宣传。发放宣传资料240余份。

第三节 业务工作

一、翻译

县级语委除了完成自身每年应担负的翻译工作外还承担着县内党政机关、各部门、企事业单位、厂矿学校的文件资料翻译和两会文件的翻译任务。1991—2009年，累计翻译文件和资料468件，共约170000字，内容主要以各项法律法规为主。其中，《关于贯彻执行凉山州计划生育办法的通知》《中华人民共和国食品卫生法》录制有声磁带播放宣传；翻译纪录片《毕摩纪》彝语对白20万余字，并为日本NHK电视摄制组到美姑拍摄《中国西南丝绸之路南段》时，提供翻译并选定毕摩提供仪式活动及有关资料。累计审译公章、牌匾和车门用字795件；审译社会用字标志128件，约5040字。翻译和整理彝文古籍10部，约80000余字。

二、整治社会用字

1993年，为了加强对社会用字整治工作的领导，县委、县人民政府成立美姑县社会用字清查领导小组。以后每年对城区所有单位和部门包括省州属单位、厂矿、企事业单位、驻军部队和各服务行业等单位所使用的牌匾、公章、文件头字、碑文以及县内生产的产品商标和大中型公私汽车的车门用字车徽开展清查登记工作。至2009年年底，共审查社会用字标志5854件，查处未按要求使用彝文、错译、漏译、书写不规范等违反彝汉文字使用规定的现象1033件。

三、推广普通话

1991—1992年，配合县文教局举办全县中小学教师普通话演讲赛2次。1995年，对政府招待所、邮电局、广播电视局、百货公司、县汽车队等服务窗口的工作人员进行普通话水平抽样调查工作。1996年，开展各级学校的课堂和校园用语坚持使用普通话的工作。将城关小学、巴普镇小学和县幼儿园作为示范单位，会同县文教局教研室到各校听课和讲评。是年，选送克其阿乌等两人参加由省语委、省彝学会、州民委和州语委联合举办的彝汉干部互学语言比赛活动，获得优秀奖。1998年，与县文教局联办“教师园丁杯”普通话演讲赛1次。

2005年，联系州语委普通话测试中心，会同县人事劳动局、组织部和教育局在全县组织开展了国家机关工作人员普通话培训和达标测试工作。此次工作涉及全县9个工委和巴普镇，历时25天，培训测试人员达1121人，获二级乙等以上标准的人数达915人。2006年，会同州语委普通话测试中心以全县教师队伍和餐饮娱乐服务场所的工作人员为主要对象组织开展了1次普通话培训和达标测试工作，共培训测试1123人，达标率达90%。

第二章　毕摩文化

第一节　机构设置

毕摩文化从民主改革时期到1979年的20多年间，由于国内政治等因素，宗教学被视为伪科学，彝文被视为“奴隶主文字”，彝文典籍被视为“迷信书籍”，毕摩成了“牛鬼蛇神”，毕摩文化成了“四旧”和“封建迷信”，极少有人研究。即便有人研究，也集中于彝族语言文字和彝族历史研究方面。“文化大革命”结束后，有专家开始研究毕摩文化，各个地方政府部门也开始抢救和研究彝文文献。美姑县语言文字工作委员会从1983年起，开始以毕摩文献为重点的彝族文献的收集和整理工作。

1995年9月，以云南省社会科学院民族研究所所长郭大烈研究员为中方团长、日本筑波大学历史人类学系副教授佐野贤治为日方团长、中央民族大学哲学系宗教研究所副教授巴莫阿依为秘书长的中日两国联合组成的“中国西南民俗考察团”到美姑考察。经考察，认为美姑民间民俗十分丰富，特别是毕摩文化在世界民族宗教文化中独具特色，美姑的毕摩活动十分活跃，民间仪式十分频繁，而毕摩们所掌握的彝文经典藏量最为丰富，内容最为广泛，品类最为齐全，仪式、仪礼、仪规最为完整，十分值得重视。于是以集体签名的形式向美姑县人民政府递交了《关于成立美姑彝族毕摩文化研究中心的倡议书》。美姑县人民政府接受倡议后，委托县语委着手进行筹备工作，并于1996年9月15日成立了“美姑彝族毕摩文化研究中心”。研究中心成立时定性为学术研究机构（实为民间组织）

挂靠于美姑县语委，与语委一套人马、两块牌子。1998 年 5 月，因机构改革，县语委并入县教育局。2002 年 8 月，县人民政府为打造毕摩文化这一品牌，调整充实了毕摩文化研究中心，并于当年 10 月召开了第二届彝族毕摩文化研讨会。2003 年 4 月，语言文字和毕摩文化中心由教育局划给文化体育旅游民族宗教局。

2004 年 4 月，美姑县成立了申报世界文化遗产委员会，并组建委员会办公室，由毕摩文化研究中心的人员承担主要申遗工作。同时，经凉山彝族自治州人民政府和凉山彝族自治州编制委员会审核批准，决定组建中国彝族毕摩文化研究中心，性质为直属于县人民政府的正科级学术研究事业单位，编制核定为 12 人，其中，领导职数 3 人。随后，语言文字职能划入研究中心，增加编制 2 人。2005 年 4 月，彝族毕摩文化研究中心正式挂牌。

第二节　队伍建设

美姑彝族毕摩文化研究中心组织形式由顾问委员会和名誉主任、主任、副主任、秘书长构成，下设办公室（设在县语委），同时聘请国内外专家学者为特约研究员，吸收有一定研究能力的各地彝族学者和其他民族学者为研究员和助理研究员。在 1996 年 9 月 15—18 日的首届彝族毕摩文化研讨会上，选出了王天玺、李乔、刘志一、余克、詹承绪、禄文斌、于锦绣、胡庆均、戴庆厦、刘尧汉、郭大烈、佐野贤治、陶立璠、李子贤、巴莫尔哈、曲比石美等为顾问委员会顾问，巴莫阿依（中央民族大学哲学系宗教研究所副教授）为名誉主任，沙马古日（美姑县人民政府县长）为主任，嘎哈石者（美姑县语委特约主任）为副主任，摩瑟磁火为秘书长。中心聘请了曲比说莫、阿鲁石甘、曲比阿乌、迪惹鲁曲等 20 位著名毕摩为毕摩成员，聘请了巴莫曲布嫫、马尔子、小熊诚等近 200 名专家学者为特约研究员、研究员和助理研究员。

2002 年 10 月，第二届彝族毕摩文化研讨会重新调整充实了研究中心的组织班子，选出斯蒂威·赫瑞、托马斯·海贝勒、佐野贤治、魏明德、王天玺、伍精华、吉狄马加等 20 人为顾问委员会顾问，巴莫阿依为名誉主任，沈鲁清（美姑县人民政府县长）为主任，王明生（美姑县人民政府副县长）为副主任，嘎哈石者、阿牛史日、李焰川、潘林为正副秘书长，研究中心下设办公室，由嘎哈石者任办公室主任，吉郎伍野任办公室副主任，负责研究中心日常事务。研究中心的特约毕摩（20 人）和特约研究员、研究员、助理研究员也根据实际情况作出了相应的调整。

第三节　毕摩文化研究

一、建立健全毕摩档案

1996 年，在原语委对全县毕摩及其所藏经书数量统计的基础上，初步建立了一套毕摩档案，记录了县内 3700 余大小毕摩的姓名、年龄、家庭住址、学识水平和所藏经书的种类、数量等。2001 年，对全县 9 个片区、36 个乡（镇）进行了普查，走访了彝族毕摩和彝族民间古籍收藏者 1000 余户 1753 人，实地查阅和登录了彝文典籍和金石铭刻 341 种（件），其中金石铭刻 1 件，民众典籍 9 类 24 卷，毕摩典籍 332 类 19080 卷件。全县毕摩所从事的仪式活动有 160 余类，大小毕摩有 8500 余人，毕摩典籍有 14.3 万余卷。

二、收集毕摩文献和毕摩用具

1996 年，通过与毕摩协商，动员 20 位研究中心特约成员捐献了 200 卷（每人 20 卷）毕摩文献，征集了一整套完整的毕摩用具。此后，又经过各种渠道，收集了300余卷毕摩文献。2002年，再一次收集了30余卷。2004年，为申报世界记忆遗产打基础，收集了1535卷毕摩文献（由县档案局保管）。

三、创建毕摩文化展览厅

2002年9月，创建了毕摩文化展览厅。2003年4月，因机构改革和场地变动，毕摩文化展览厅遭到破坏。2004年，重新建立毕摩文化展览厅，展览厅占地120余平方米。

四、彝族毕摩文化园

2003年5月，彝族毕摩文化研究中心提出并策划了“彝族毕摩文化园”的创建方案。毕摩文化园位于县城北5公里处，是一个集旅游、休闲娱乐、学术研究为一体的景点，占地面积376亩，园内设计分毕摩堂、毕摩文化博物馆、民风民俗一条街、休闲娱乐区4个区域，原计划工程分三期进行。2003年11月16日，美姑县人民政府与川威集团有限公司达成共识，同月28日协商有关建设事项，2004年2月18日，组建四川美姑毕摩苏尼旅游开发有限公司，负责彝族毕摩文化园的创建工作，4月17日，举行彝族毕摩文化园奠基仪式，5月7日，正式开工建设第一期工程毕摩堂，建筑面积12458平方米，总投资1985.02万元（协定川威集团出资1000万元修建毕摩堂，美姑出资985.02万元，用于前期征地、移民搬迁、“三通一平”等）。到2005年10月，川威集团有限公司即毕摩苏尼旅游开发有限公司撤资。2007年9月，美姑县人民政府决定毕摩文化园由毕摩文化研究中心管理。2008年年初，拉回价值约百万元的维勒曲布、昊毕史楚、提毕乍穆、阿都尔普、阿苏拉则、阿格说祖、阿克俄窝7个毕摩铜制塑像。

五、毕摩文献研究

毕摩文献是毕摩文化的重要组成部分，而毕摩文献只有经过收集、整理、校勘、翻译，才能走向更广阔的社会。（研究成果见后）

六、田野调查

研究中心编译《彝族挽歌》，收集原始材料达14000余行，编著国家非物质文化遗产系列丛书《凉山毕摩》，田野调查材料达100万余字，图片资料达800余张。（成果见后）

七、毕摩现状普查

2009年9月，毕摩文化研究中心对全县36个乡（镇）进行毕摩文献及其传承人毕摩的普查工作。2009年9月2日，在全县范围内选出36位中青年毕摩作为普查人员，进行两天的专题培训后，普查工作开始全面展开。到12月底完成普查数据统计。据统计，美姑县共有毕摩2913人，民间所藏毕摩文献为51156卷，毕摩人均藏书17.56卷，拥有100卷以上的有11人，最少者为3卷。从毕摩所能掌握的仪式层次来看，能够进行尼木措毕、猪胛卜等大型仪式的高级毕摩有93人，占毕摩总数的3%；能够进行中型仪式的中级毕摩有478名，占毕摩总数的16%；只能做晓布（遣返保平安仪式）等小型仪式的初级毕摩有2348名，占毕摩总数的81%。从毕摩的传承方式来看，世袭传承的毕摩有2535人，占毕摩总数的87%，共分8个流派（本来为九大流派，其中，阿格说祖流派已不再传承毕摩职业）。非世袭传承毕摩较散，主要有依格六子、木古九子、俄祖阿石、嘎祖三子、莫伙九子、阿莫九子、吉则二子、吉石九子、伙俄七子、马子三子、采勒变惹格、俄尼九子、阿西二子、阿尔八子、尼者七子、吉古七子、石勒九子、迪博乌尔、峨母九子等，每个大宗族都有一定数量的人在作毕摩，且都只会主持中小型仪式。全县毕摩姓氏有138个，涉及27个大家族，毕摩数较多的姓氏有吉克、沙马曲比、阿卧迪惹、俄其曲比、古尔曲比等，人数分别为 804 人、348 人、330 人、191 人和 157 人，分别占毕摩总数的 28%、12%、7% 和 5%。从毕摩所从事的仪式性质来看，善事毕摩有 2373 人，占毕摩总数的 81%，凶事毕摩有 540 名，占毕摩总数的 19%，毕摩兼苏尼或苏尼兼毕摩的有 167 人，占毕摩总数的 6%。

八、毕摩文献誊抄

毕摩文化研究中心长期聘请俄也拉都等毕摩进行文献誊抄。2006 年，誊抄毕摩文献 99 卷，约 85 万多字。2007 年，誊抄毕摩文献 33 卷，约 15 余万字。2008 年，誊抄毕摩文献 50 余卷，约 40 余万字。2009 年，誊抄毕摩文献 72 卷，约 69 万余字。

第四节　毕摩文化学术交流

一、彝族毕摩文化研讨会

1996 年 9 月 15—18 日，美姑召开了首届彝族毕摩文化研讨会，有来自日本、韩国等国家和中国香港、中国台湾等地区的 130 多位专家学者参加会议，会议听取了《美姑县彝族毕摩文化研究中心筹备工作报告》，审议通过了《关于成立美姑彝族毕摩文化研究中心的修正草案》和今后五年的工作要点，选举出研究中心顾问委员会和名誉主任、主任、副主任以及秘书长等。举行了相关的学术讲座，为研究中心的工作奠定了坚实基础。

2002 年 10 月 25—28 日，召开了以“毕摩文化与彝区发展”为主题的第二届彝族毕摩文化研讨会，有来自北京、云南、广西、重庆、成都等地的专家学者和州内各有关单位领导、学者共 100 多人参加了会议。会议共收到海内外专家、学者撰写的论文 30 多篇。会议紧紧围绕“毕摩文化与彝区发展”主题，阐述了彝族毕摩文化的丰富内涵和毕摩文化在世界多元化中的地位，充分肯定了毕摩文化的学术研究价值和开发利用价值。会议听取了第一届研究中心主任所做的工作报告，通过了修订后的“中心”的章程，调整充实研究中心的组织班子。

2003 年 11 月 17—19 日，在举办毕摩文化节期间，召开了以“毕摩文化与旅游开发”为主题的毕摩文化研讨会，共有 40 多位专家学者参加会议。2004 年 8 月 20—24 日，召开毕摩文化学术年会，有来自广西、云南、贵州、广东、四川等地的 80 多名专家学者参加了年会。

二、第四届国际彝学研讨会

2005 年 8 月 19—24 日，经四川省人民政府文化厅和四川省外事工作办公室的书面认可和中国社会科学院国际合作局 (BICofCASS) 批准，由中国社会科学院民族文学所主办、美姑县人民政府承办、中国彝族毕摩文化研究中心协办的“第四届国际彝学研讨会”和首届“诗意美姑”笔会在美姑县巴普镇召开。主题为 21 世纪的毕摩文化、传统知识与生态系统的可持续性。来自美国、法国、德国、西班牙、秘鲁、加拿大、捷克、日本、澳大利亚、印度等十多个国家以及国内的北京、上海、四川、云南、贵州、广西、湖北及中国台湾地区的 104 位学者参加并提供论文（不包括政府和专家论坛），15 位国内外学者和相关人士列席会议。此外，组委会还特别邀请了各地老领导、老学者，以及国内从事非物质文化遗产保护工作的专家学者和文化行政部门的相关领导出席会议，特设了“彝学研究与非物质文化遗产保护政府——专家论坛”，提供平台使参会学者与政府职能部门的各级领导展开对话，共同探讨彝族毕摩文化的发展与保护问题。组织了“毕摩传承人访谈活动”；会议结束后，大会组织与会国际学者和部分国内学者进行了为期 2 天的田野考察。

三、彝族毕摩文化节

2003年11月17—19日，举办了首届大型的中国彝族毕摩文化节。参加文化节的有四川省委、省人大、省政协及相关厅局，凉山州委、州人大、州政协、凉山军分区的领导和首长以及丽江、乐山等地区的领导、知名企业家和各地专家学者。在文化节期间，中央电视台等30多家新闻媒体作了报道。2005年8月20日，第二届彝族毕摩文化节在美姑县文化广场拉开帷幕，有来自美国、英国、法国、德国、西班牙、秘鲁、加拿大、捷克、日本、澳大利亚、印度等国家以及北京、辽宁、云南、贵州、广西、湖南、四川和中国香港、澳门、台湾等地的领导和专家学者参加了开幕式。文化节上，四川省人民政府授予了美姑“四川省文化先进县”称号，四川省文化厅授予了美姑“民间艺术（特色文化）之乡”称号。

四、外出交流

毕摩文化研究中心自成立以来，积极参与各种学术活动，曾多次派人参加在各地召开的学术会议。1996年8月，派人赴日本参加“中国西南民俗与日本民俗比较交流会”；1998年7月，派人赴德国特里尔参加第二届国际彝学研讨会；1999年8月，派人赴云南红河州参加彝学联谊会；2004年9月，派人赴山西榆次参加中国民间文化保护研讨会；2009年，派人赴贵州贵阳、西昌等地参加“第八届全国彝学会”、首届“古彝文化与三星堆文化探源学术研讨会”“德古文化研讨会”“凉山彝族语言文化研讨会”等各种学术会议。此外，每年都派人参加云南、广西、四川、贵州四省彝文古籍协作会。

第五节　学术成果

一、著述

（一）《驱鬼经》

由嘎哈石者收集底本、吉尔体日整理并书写国际音标、摩瑟磁伙译注、马尔子译审、魏明德（法国利氏学社台湾分社主任）出资，于2000年8月，由台湾利氏学社出版。该书采用古彝文、国际音标、中文直译、中文意译对照的四行对译法，成书共9000多行。首次向世人展示了彝族毕摩经典的丰富内涵，在海内外学界引起了广泛关注，并被列为世界民间文学宝典。

（二）《彝族克智》

由嘎哈石者、吉尔体日收集、整理并主编，于2007年3月由四川民族出版社出版。该书分即兴辞辩“克乌哈几”、史诗演述“布茨勒俄”和述源考问“扭伙博潘”三大部分，是一本内容丰富、知识性和科学性深厚的彝族民间传统口头文学集成。它围绕克智文化的宗旨，贯穿“教育”主线，收录和载入了民间许多克智能辩手在不同场合论辩的精美言辞，把言教于人、寓教于乐的传统教育转化为书本知识，对于抢救和保护彝族民间口承传统具有重要意义。

（三）《凉山毕摩》

阿牛史日、吉郎伍野著，国家非物质文化遗产系列丛书，于2007年1月，由浙江人民出版社出版。该书是文化部专家从众多国家级非物质文化遗产中精选的无物质文化遗产系列丛书，是唯一涉及彝族非物质文化遗产研究的学术专著。该书共分为神灵弥漫的山外世界、毕摩及其文化、尼木措毕、毕摩艺术等六章，计30万字近300张原生态图片，第一次系统地以图文并茂的方式，生动地向世人介绍了凉山彝族毕摩及其古老的文化形态。

（四）《大凉山美姑彝族民间艺术研究》

曾明、罗曲、阿牛史日、吉郎伍野著，该书为国家哲学社会科学基金资助、全国教育科学“十五”规划民族教育学科国家重点课题《中国民族艺术教育概论》之子课题，2004年8月，由四川民族出版社出版。学界认为该书是作者在实地调研的基础上写成的，以平面描述的手法，真实、具体、全面地研究和描述了彝族腹地美姑县的民间艺术，记录了美姑彝族民间艺术的原生态，对于研究艺术的发生和发展以及民族的艺术教育和民族艺术学研究，都增添了新的素材，具有极高的价值。该书在2006年的第六届四川省教育厅人文社会科学科研成果评奖中获得一等奖，又在当年12月20—21日，由中国民间文艺家协会组织的中国民间文艺学术著作奖（2004—2006）评审中获得二等奖。

（五）《彝族尼牡概论》

曲比石莫、嘎哈石者、吉尔体日等编撰，彝文版，于2002年由四川民族出版社出版，该书详细描述了彝族祭祖送灵仪式的整个过程，记录了整个过程中所有的口诵经，是一本内容丰富、资料翔实，不可多得的参考资料。

（六）《彝族历典》

吉尔体日编著，于1999年由云南民族出版社出版，该书明确确定了截至2013年前20年内日历的演算。

（七）《美姑彝族毕摩文化调查研究·田野调查》

内部刊物，1996年10月印刷，该书系统地介绍了美姑彝族毕摩文化的渊源、流派、经书分类、仪式程序以及毕摩传记等，其中，摩瑟磁伙的《美姑地区毕摩文化宗教活动简介》一文，被译成日文，收入由日本文部省资助出版的大型学术报告书《西南中国纳西族·彝族与日本民俗宗教的比较民俗学考察》一书。

（八）《美姑彝族毕摩文化调查研究·艺术专辑》

内部刊物，摩瑟磁伙主编，2002年10月印刷，该书系统介绍了彝族毕摩文化的说唱艺术、草扎艺术、插神座艺术、剪纸艺术、泥塑艺术、绘画艺术等。

（九）《美姑彝族毕摩文化调查研究·论文专集》

内部刊物，吉郎伍野主编，2003年11月印刷，该书分“毕摩文化与彝区发展”“毕摩和毕摩文化论说”“毕摩文化田野调查”等主题，具体论述了毕摩文化的开发利用价值，为把美姑建成彝族文化旅游大县起到了推动作用。

（十）《毕摩文化》

2006年创刊，内部刊物，至2009年，共发行4期，嘎哈石者总编，吉郎伍野主编，该刊物分景点简介、经诵译林、学术研究、仪式漫谈、田野作业、经籍简介、毕摩故事、学术史话、楚辞与彝诗、三星堆与古彝文化、理论研究、非遗论坛、毕摩档案等栏目，向人们展示了毕摩文化研究成果。

（十一）《彝族挽歌》

内部资料，克其拉洛、吉尔体日编译，为彝汉文对照本，2002年9月印刷。该书收录了彝族丧葬礼仪中的各种唱词，成书约8000行，是研究彝族丧葬礼仪和彝族民间文学不可多得的材料。

二、论文及其他

毕摩文化研究中心研究成果信息表之一论文类（部分）

表27-1

题　目	作　者	登载刊物	出版时间	书　号
《浅说美姑彝族毕摩说唱艺术》	吉郎伍野、阿牛史日、潘林	《凉山民族研究》	2002年	

续表 27-1

题　目	作　者	登载刊物	出版时间	书　号
《诺苏宗教和毕摩的起源、传承、功能》	李焰川、吉尔体日	《凉山彝学》	2003 年第 2 期	凉新出图（2003）第 264 号
《凉山彝族送灵归祖仪式“尼木措毕”及其价值》	吉郎伍野、阿牛史日	《毕节学院学报》	2007 年第 2 期	—
《彝族咒诗简论》	吉郎伍野	《西昌学院学报》	2006 年第 4 期	—
《论彝族毕摩的历史变迁与层次结构》	吉尔体日、吉尔拉格	《凉山彝学》	2006 年第 1 期	—
《凉山彝族信仰中的护佑神“吉尔”崇拜》	吉尔体日、吉尔拉格	《凉山彝学》	2006 年第 1 期	—
《凉山彝族传统“四域观”》	吉尔体日、吉尔拉格	《凉山彝学》	2006 年第 1 期	—
《彝族二十八宿星图说》	吉尔体日、吉尔拉格	《民族》（彝文）	2004 年第 4 期	—
《彝族十方、五行、阴阳简则》	吉尔体日、吉尔拉格	《民族》（彝文）	2004 年第 4 期	—
《凉山彝族传统婚俗及其习惯法》	吉郎伍野	《毕摩文化》	2008 年刊	—
《也谈古彝文》	吉郎伍野	《毕摩文化》	2009 年刊	—

毕摩文化研究中心研究成果信息表之二翻译类（部分）

表 27-2

书　名	编　者	出版社	出版时间	书　号	备　注
《驱鬼经》	—	台湾利氏学社	1998 年 7 月	—	摩瑟磁伙、嘎哈石者、吉尔体日等
《苏尼源流经》《招兵经》《防癞经》《凤凰经》《招女妖经》《调和阴阳经》《除秽经》《间隔经》《占算经》《作净经》《死因病源经》《招灵引魂经》《判别清白经》等	吉尔体日、摩瑟磁伙、吉郎伍野、勒格杨仁、挖西曲达	收入中央民族大学哲学系宗教研究所承担的国家 211 工程子项目《中国少数民族原始宗教经籍汇编》	—	—	
《勒俄特依》	摩瑟磁伙、嘎哈石者	先在日本大东文化大学学报上连载，最后收入日本大东文化大学工藤隆教授编写的《四川省大凉山彝族创世神话调查记录》，日本大修馆书店出版	2002 年 7 月	—	采用彝文、中文、日文三种文字对照
《中国彝文典籍译丛》（第一辑）	—	四川民族出版社	2006 年 11 月	—	参与者有吉郎伍野、嘎哈石者、吉尔体日

续表 27-2

书　名	编　者	出版社	出版时间	书　号	备　　注
《中国彝文典籍译丛》（第二辑）	—	四川民族出版社	2006 年 11 月	—	参与者有吉郎伍野、嘎哈石者、吉尔体日
《中国彝文典籍译丛》（第三辑）	—	四川民族出版社	2007 年 11 月	—	参与者有吉尔体日、吉尔拉格
《美姑彝族挽歌》	克其拉洛、吉尔体日	—	2002 年 8 月	—	内部印刷
《指路经》	吉郎伍野	—	—	—	《毕摩文化》2006 年刊
《诱送女鬼经》	吉尔体日	—	—	—	《毕摩文化》2006 年刊
《鬼的起源》	曲比尔日、吉尔拉格	—	—	—	《毕摩文化》2006 年刊
《献祭经》	吉尔体日	—	—	—	《毕摩文化》2007 年刊
《驱怪灵》	吉郎伍野	—	—	—	《毕摩文化》2007 年刊
《合欢经》	吉郎伍野	—	—	—	《毕摩文化》2008 年刊
《苏尼源流经》	挖西曲达	—	—	—	《毕摩文化》2008 年刊
《恭请护法神鹰经》	吉尔体日、吉尔拉格	—	—	—	《毕摩文化》2009 年刊
《禁刹经》	吉郎伍野	—	—	—	《毕摩文化》2009 年刊

毕摩文化研究中心研究成果信息表之三整理类（部分）

表 27-3

书　名	整理者	登载刊物	出版时间	书号	备　注
《占算经》	曲比尔日	—	1999 年	—	内部印刷
《招兵经》	吉郎伍野	《凉山文学》2005 年 1 ~ 4 期	2005 年	—	—
《狐狸一般红（选）》	吉郎伍野	《民族》2006 年	2006 年	—	—

毕摩文化研究中心研究成果信息表之四记述类（部分）

表 27-4

标　题	作　者	登载刊物	出版时间	刊　号
《民神杂糅的凉山彝族毕摩文化》	嘎哈石者、阿牛史日、吉郎伍野	《民间文化》2005 年 1 期	2005 年 1 月	CN11-4058/G2
《保护文化人才为先》	沈鲁清	《民间文化》2005 年 1 期	2005 年 1 月	CN11-4058/G2
《祭祖，血脉相连的膜拜》	吉郎伍野、嘎哈石者、阿牛史日	《民间文化》2005 年 2 期	2005 年 2 月	CN11-4058/G2
《毕摩文献：回首昨日时光》	阿牛史日、吉郎伍野、嘎哈石者、摩瑟磁火	《民间文化》2005 年 2 期	2005 年 2 月	CN11-4058/G2

续表 27-4

标　题	作　者	登载刊物	出版时间	刊　号
《“晓布”：大凉山祝福盛典》	吉郎伍野、阿牛史日、嘎哈石者	《民间文化》2005 年 3 期	2005 年 3 月	CN11–4058/G2
《毕摩法器法具：通达神灵的圣物》	嘎哈石者、吉郎伍野、阿牛史日	《民间文化》2005 年 3 期	2005 年 3 月	CN11–4058/G2
《灵魂：一道贯穿生死的习题》	嘎哈石者、吉郎伍野、阿牛史日	《民间文化》2005 年 4 期	2005 年 4 月	CN11–4058/G2
《神奇幻化的彝族毕摩苏尼巫医术》	阿牛史日、吉郎伍野嘎哈石者	《民间文化》2005 年 4 期	2005 年 4 月	CN11–4058/G2
《凉山彝族占卜术》	吉郎伍野、阿牛史日嘎哈石者	《民间文化》2005 年 5 期	2005 年 5 月	CN11–4058/G2
《守望幸福的彝族婚礼》	阿牛史日、吉郎伍野嘎哈石者	《民间文化》2005 年 5 期	2005 年 5 月	CN11–4058/G2
《人类的记忆遗产：彝族毕摩文献》	阿牛史日	《民间文化》2005 年 6 期	2005 年 6 月	CN11–4058/G2
《文献的典范：〈指路经〉》	吉郎伍野	《民间文化》2005 年 6 期	2005 年 6 月	CN11–4058/G2
《彝族天文历法：超越史前文化》	吉郎伍野	《民间文化》2005 年 6 期	2005 年 6 月	CN11–4058/G2
《“天才”神职：苏尼》	吉郎伍野	《民间文化》2005 年 6 期	2005 年 6 月	CN11–4058/G2
《节日：鲜花着锦的繁华》	阿牛史日、吉郎伍野	《民间文化》2005 年 6 期	2005 年 6 月	CN11–4058/G2
《人生礼仪：解读彝族民众的人生观》	阿牛史日、吉郎伍野	《民间文化》2005 年 6 期	2005 年 6 月	CN11–4058/G2
《大裤脚区的天桥风雨》	阿牛史日、嘎哈石者	《民间文化》2005 年 6 期	2005 年 6 月	CN11–4058/G2
《双手雕琢日美丽》	阿牛史日、吉郎伍野	《民间文化》2005 年 6 期	2005 年 6 月	CN11–4058/G2
《音乐之吻：民间吹奏》	阿牛史日、吉郎伍野	《民间文化》2005 年 6 期	2005 年 6 月	CN11–4058/G2
《美姑美食：豪情饕餮》	阿牛史日、吉郎伍野	《民间文化》2005 年 6 期	2005 年 6 月	CN11–4058/G2
《彝族民居：木石前盟》	阿牛史日、嘎哈石者	《民间文化》2005 年 6 期	2005 年 6 月	CN11–4058/G2
《摔跤：童心永未泯》	阿牛史日	《民间文化》2005 年 6 期	2005 年 6 月	CN11–4058/G2
《美姑地理是毕摩文化赖以生存的母体》	吉郎伍野	《民间文化》2005 年 6 期	2005 年 6 月	CN11–4058/G2
《养在深闺人不知：记毕摩文化展览厅》	吉尔拉格	《毕摩文化》2006 年刊	2006 年 12 月	凉新出图 2006 第 287 号

续表 27-4

标 题	作 者	登载刊物	出版时间	刊 号
“斯色毕仪式”简述	阿比久洛	《毕摩文化》2006年刊	2006年12月	凉新出图（2006）第287号
《浅析凉山彝族占卜术——木刻卜》	海来哈布	《毕摩文化》2006年刊	2006年12月	凉新出图（2006）第287号
《浅析彝族疾病珍卜“瓦且刹”》	阿比久洛	《毕摩文化》2006年刊	2006年12月	凉新出图（2006）第287号
《“斯尔西”简介》	吉克阿作	《毕摩文化》2006年刊	2006年12月	凉新出图（2006）第287号
《彝族疾病或现象与仪式调查》	嘎哈石者	《毕摩文化》2006年刊	2006年12月	凉新出图（2006）第287号
《阿苏拉则的后代》	吉郎伍野	《毕摩文化》2006年刊	2006年12月	凉新出图（2006）第287号
《彝族咒诗简说》	吉郎伍野	《毕摩文化》2006年刊	2006年12月	凉新出图（2006）第287号
《占算经》	何晓红	《毕摩文化》2006年刊	2006年12月	凉新出图（2006）第287号
《彝族历史上著名毕摩的故事》	吉尔拉格　吉尔体日	《毕摩文化》2006年刊	2006年12月	凉新出图（2006）第287号
《毕摩档案：曲比拉果等四人》	海来哈布	《毕摩文化》2006年刊	2006年12月	凉新出图（2006）第287号
《彝族阴阳合历及择吉习俗简介》	吉尔体日	《毕摩文化》2006年刊	2006年12月	凉新出图（2006）第287号
《“尼木措毕”概》	吉郎伍野	《毕摩文化》2006年刊	2006年12月	凉新出图（2006）第287号
《浅析彝族毕摩造型艺术——泥塑》	挖西曲达	《毕摩文化》2006年刊	2006年12月	凉新出图（2006）第287号
《筚路篓蓝：毕摩文化研究小史》	阿牛史日	《毕摩文化》2006年刊	2006年12月	凉新出图（2006）第287号
《凉山德古文化专用术语浅释》	嘎哈石者	《毕摩文化》2009年刊	2009年12月	凉新出图（2009）第164号

第二十八篇

卫　生

第一章　管理机构

第一节　县卫生局

1998 年 10 月，美姑县委撤销文卫党组，新增卫县生局党组，局长阿都洛石兼任党组书记。2001 年 12 月，药政股职能划交县药品食品监督管理局，该股撤销。2002 年 1 月，公费医疗管理办公室职能划交县医保中心，工作人员转县人事局工作。2003 年 4 月，卫生局迁址美东路 62 号。2008 年 10 月，恢复卫生监督与疾病控制股。2009 年 10 月，抽用 3 名人员成立卫生系统核算中心。2009 年 12 月，在卫生系统内调剂 6 名事业编制，增设艾滋病防治股。2009 年年底，有局长、副局长和纪检组长各 1 名，工作人员 14 名。设有办公室、计划财务股、业务股、地方病防治办公室、爱国卫生运动委员会办公室（挂牌）、红十字会（挂牌）、卫生监督与疾病控制股、核算中心、艾滋病防治股等股（室）。

第二节　县人民医院

1998年10月，县人民医院被卫生部评定为国家“二级乙等”综合医院，2001年9月和2004年6月，连续二次通过复审。2003 年 9 月，门诊部因城市建设拆迁至美中路，并在美中路租用商用房，开展中医医疗业务。2009 年年底，全院共有在编职工 97 名，其中，卫生技术人员 85 名，工勤人员 12 名。卫技人员中副高职称 11 名，中级职称 28 名。内设职能科室有院办公室、医务科、护理部、政工科、财务科、总务科、信息科、预防保健科、设备科、新农合办。临床科室分门诊部及住院部。门诊部设内儿科、外科、五官科、口腔科、皮肤科、检验室、西药房、注射室、挂号收费室。住院部设内儿科、外科、妇产科、急诊科、传染科、中医科、护办室、重症监护室、挂号收费室。医院还设心血管内科、消化内科、呼吸内科、泌尿内科、普外、骨外、脑外、泌尿外科、妇科、产科、中医 11 个二级专业组。辅助科室有药剂科、检验科、放射科、手术室、血库、消毒供应室、病案室、病理科、B 超室、经颅彩色多普勒室、心电图室、胃镜室、理疗室。

第三节　县疾病预防控制中心

1995 年 10 月，县卫生防疫站在文化路设皮肤病、性病专科门诊。1998 年 12 月，县卫生防疫站在等级评审中食品卫生工作达到县级三级卫生防疫站的标准。2004 年 7 月，更名为县疾病预防控制中心，沿用至今。更名后，规格、编制和经费来源不变。2006 年 1 月，迁址海子路。同月，租用房将皮肤病、性病专科门诊迁至美中路，更名为预防医学专科门诊。2009 年年底，共有职工 34 名。其中，高级职称 1 人，副高级职称 2 人，主管医师 4 人，初级职称 22 人，事业管理人员 1 名，工勤人员 4 人。设有办公室、卫生科、慢病科、疾控科、艾滋病科、结核病科、健康教育科、公卫指导办、免疫规划科、检验科、后勤科、预防医学门诊等科室。

第四节 县妇幼保健院

2000年11月，县妇幼保健站成功创建“爱婴医院”。2006年3月，购置县文化路原疾病预防控制中心办公楼并迁址办公。2009年12月，县妇幼保健站更名为县妇幼保健院。2009年年底，共有职工20名，其中，卫生技术人员17名，工勤人员3名。设有办公室、财务科、统计、门诊等科室。

第五节 县卫生执法监督所

2005年4月，县卫生局从系统内调剂6名业务人员组建县卫生执法监督所，同月成立。首任所长瓦西石也。2005年4月，县委编制委员会核定规格为事业股级，编制数为8名，2007年增加到10名。2009年2月，机构内全体干部参照公务员管理。2009年年底，共有职工8名，其中所长1名，副所长2名，行政执法人员5名。设有办公室、稽查科、许可科、综合执法科等科室。

第六节 县新型农村合作医疗管理中心

2005年10月，县卫生局从系统内调剂4名人员开展筹备工作。同年11月建立，驻美东路卫生局内，首任主任挖西阿支。2006年4月，县编委核定，设领导职数1正1副，编制为7名，级别为事业股级。2007年7月，级别晋升为副科级机构。2009年年底，有主任（股级）1名，副主任1名，工作人员4名。设有办公室、稽核科、财务科等科室。

第七节 片区、乡（镇）卫生院

片区级医疗机构名称几经变更。1993年8月，因撤区并乡，乡（镇）卫生院从45个减少到36个。同时，8个区医院更名为某某片区中心卫生院。1999年10月，新增设新桥片区中心卫生院。2004年9月，巴普镇卫生院正式开展业务工作。2004年，事业单位人员引入改革后，县委、县人民政府采取公开考聘的方式补充基层医务人员，2004—2009年年底，先后7次考聘103名乡卫生医务人员。到2009年年底，每个偏远的乡卫生院医务人员基本达到2名，部分人口众多和交通便利的乡卫生院医务人员基本达到3名以上。区、乡两级卫生院业务用房增至20244平方米。除巴普片区中心卫生院外，其余片区中心卫生院均配备X光机，所有片区中心卫生院都拥有B超、显微镜等常用检查、诊断设备。牛牛坝、新桥片区中心卫生院还开展“三大常规”检验，基本能满足人民群众的医疗需求。

一、新桥片区中心卫生院

1999年10月，经县委、县人民政府批准，设置美姑县新桥片区中心卫生院。同年10月，正式挂牌开展工作。建院初，有职工12人，病床20张。2009年年底，有医务人员26人，床位36张。

二、巴普镇卫生院

巴普镇卫生院原处于“无人、无房、无设备”状况，其辖区内业务工作由巴普片区中心卫生院承担。2004年9月，县卫生局从系统内调剂2名医务人员，设1名负责人，在巴普镇政府内租借房屋开展预防保健和重点疾病防治工作。2006年3月，租借县人民政府房屋开展医疗卫生工作。2009年年底，有职工12人，病床13张。

三、巴普片区中心卫生院

2009年底，有医务人员24人，床位32张。

四、牛牛坝片区中心卫生院

2003年2月，启动省促卫二期工程，对口支援单位是四川武警总队成都医院。同年3月，对口支援单位捐赠500MAX光机一台及价值3000元的药品。2009年年底，有医务人员18人，床位28张。

五、柳洪片区中心卫生院

2009年年底，有医务人员17人，床位16张。

六、候播片区中心卫生院

2009年年底，有医务人员13人，床位23张。

七、峨曲古片区中心卫生院

2009年年底，有医务人员21人，床位32张。

八、洪溪片区中心卫生院

2009年年底，有医务人员16人，床位32张。

九、瓦侯片区中心卫生院

2009年年底，有医务人员14人，床位18张。

十、大桥片区中心卫生院

1993年8月，原甲谷区人民医院部分医务人员迁往洛俄依甘乡政府驻地皮防站。1996年9月，所有医务人员全部由皮防站迁出。2009年年底，有医务人员19人，床位22张。

第八节　村卫生站

村卫生站建设几起几落。20世纪90年代初，有80%的村建立村卫生站，并在防病中曾发挥了一定作用。但在管理、体制和村卫生员的报酬上存在诸多问题，致使大多数村卫生站徒有虚名、名存实亡。2000年，州委、州政府下达给美姑120个村卫生站重建指标，由州财政支付村卫生员25元/月的报酬。随后，逐年解决。鉴于村卫生员综合素质低，绝大部分村卫生员仅有小学文化。卫生局每年均安排各片区中心卫生院对其进行重点疾病防治、计划免疫和健康教育等业务培训，但成效不大。由于村卫生员业务素质不高、不稳定等因素，县卫生局在2009年9月，安排各基层医疗卫生院重新确定新的卫生员。2009年年底，全县建有290个村卫生站，均属“无房、无药、无设备”的“三无”卫生站，村卫生员的职责主要是开展报病、收集基础数据；协助当地医务人员开展计划免疫、健康教育、农村婚丧嫁娶聚餐监管等，起到“报病员”“协助员”以及哨兵作用。

第二章　卫生管理

第一节　医　政

一、内部管理

为规范管理，有针对性地整改卫生工作中的不足，促进卫生事业发展。县卫生局加强调研力度，先后出台实施一系列文件和相应措施，力度最大的、措施最得力的是在2003—2006年期间。2004年6月，县卫生局党组出台实施《美姑县卫生局党组重大议事规则》。同年11月，先后印发《关于实行院（中心、站）负责人外出报告制度暂行规定》《关于加强院（中心、站）财务公开工作的通知》和《美姑县卫生系统公职人员赌博或公务时间参与娱乐活动等违规行为处理的暂行规定》。

2005年1月，印发了《关于加强乡级卫生院医务人员管理的通知》。4月，针对药品采购监督不够，存在违纪行为；固定资产保管不善，存在流失现象；资金管理不严，财经纪律执行不力等问题，先后印发了《关于进一步规范药品采购管理的通知》《关于进一步加强国有资产管理的规定》和《关于进一步加强医疗卫生单位资金管理的规定》。5月，实施了《内部通报制度》，并出台了《关于进一步加强医疗卫生单位资金管理的规定》。

2006年3月，县卫生局在县药品食品监督管理局的支持下，经县纪委同意，除县人民医院外的县内医疗卫生机构采取药品实行集中采购配送制。据统计分析，药价较以往下降33%。

2007年6月，县卫生局实行督查督办制度，全县各医疗卫生单位均成立了督导组。

2009年，卫生局先后出台《美姑县卫生系统关于进一步加强干部管理的若干意见》《美姑县卫生局关于进一步规范报表报送等内部管理工作的通知》《美姑县卫生局关于进一步加强行风建设和环境治理工作的通知》等文件，规范干部管理、内部管理、开展服务场所和家属区卫生整治，推进行风建设。同年10月，卫生局组建会计核算中心，抽调的3名人员分片负责9个中心卫生院和巴普镇卫生院会计工作，各基层卫生院不再设会计。

2001—2009年，县卫生局对各项业务工作均实行目标管理，年年组织人员深入基层医疗卫生单位考核。根据前年考核情况和当年的工作任务，及时修订、完善和增加目标责任书。19年间，县卫生局与各医疗卫生单位签订的有卫生目标管理、计划免疫、重点疾病防治、健康教育、妇幼卫生、降消项目、卫生防疫、党风廉政建设、安全生产、信访工作和社会治安综合治理等目标责任书。实行绩效与资金拨付挂钩。

二、职称评定

《中华人民共和国执业医师法》颁布实施前，医师的初级职称评定由县卫生局职称委员会评定报县人事局职改办审批，中级、高级职称评定参加全省统一考试。1999年5月1日，《中华人民共和国执业医师法》颁布实施，县卫生局按规定认定执业医师和执业助理医师169人。此后，凡要取得执业医师和执业助理医师资格的均参加全国统一考试。

2001年，37人晋升中级职称，其中，正常晋升19人，破格晋升和乡（镇）有效晋升各9人；晋升初级师10人。2002年，晋升初级师1人。2003年，晋升初级师5人，医士1人。2004年，晋升初级师6人。2005年，21人晋升中级职称，其中，正常晋升乡（镇）有效晋升的17人；晋升初级师 9 人，医士 4 人。2006 年，晋升副高 2 人，晋升中级职称 4 人，晋升初级师 4 人，医士 7 人。2007 年，晋升副高职称 3 人，晋升中级职称 3 人，晋升初级师 7 人，医士 6 人。2008 年，晋升初级师 6 人，技师 2 人，护师 1 人，执业助理医师（护士）3 人，晋升副高 3 人。2009 年，晋升初级师 6 人，技师 2 人，护师 5 人，主治医师 4 人，执业助理医师（护士）10 人，晋升副高 4 人。

2009 年年底，卫生系统共有职工 371 名，其中，专业技术人员 336 名，占职工总数的 90.56%。职称分布上，副高 15 名，占 0.45%；中级 52 名，占 15.48%；初级 142 名，占 42.26%；无职称 127 名，占 37.80%。（具体情况见职称结构表）

1991—2009 年卫生技术人员职称结构一览表

表 28-1

年度	职工总数	专业技术人员		职称结构							
		人数	占比率 %	副高	占比率 %	中级	占比率 %	初级	占比率 %	无职称	占比率 %
1991	288	222	77.08	—	—	8	3.60	214	96.40	0	—
1992	284	231	81.34	—	—	8	3.50	223	96.50	0	—
1993	271	209	77.10	3	1.10	17	8.10	189	91.90	0	—
1994	262	223	85.10	3	1.10	17	7.60	203	92.40	0	—
1995	273	199	88.60	1	0.40	36	14.90	162	85.10	0	—
1996	277	243	87.70	2	0.70	41	16.90	200	83.10	0	—
1997	292	247	84.60	2	0.70	38	15.40	207	84.60	0	—
1998	302	260	86.10	3	1.00	35	13.50	222	86.50	0	—
1999	296	256	86.50	4	1.40	32	12.50	220	87.50	0	—
2000	309	271	87.70	6	2.20	51	19.00	214	81.00	0	—
2001	299	263	87.96	6	2.00	63	23.95	194	73.76	0	—
2002	334	298	89.22	6	2.00	65	21.80	186	62.40	41	13.76
2003	315	303	96.20	6	2.00	67	22.11	189	62.38	41	13.53
2004	323	289	89.47	8	2.80	58	20.07	164	56.74	59	20.42
2005	315	281	89.20	8	2.80	59	21.00	136	48.40	78	27.80
2006	341	301	88.27	8	2.70	58	19.30	147	48.80	88	29.24
2007	369	326	88.35	8	2.50	54	16.56	145	44.48	119	36.50
2008	365	320	87.67	10	0.31	52	14.86	148	46.25	110	34.37
2009	371	336	90.56	15	0.45	52	15.48	142	42.26	127	37.80

第二节 药 政

2001 年 12 月前，县卫生局设有药政股，配有专兼职药品监督员，对全县的药品市场、药品质量进行监督。按照上级下达的计划对全县药品经营、使用单位的药品进行抽查。县卫生局为规范采购药品行为，保证药品质量，坚持主渠道购药，在县医药公司改制前，指定县人民医院外的医疗机构在其处购药。2006 年 3 月，新型农村合作医疗实施后，对县人民医院外的医疗机构实行药品集中采购配送制，在凉山州中药材有限责任公司购药。到 2009 年年底，全县没发生一起药害事故。

县卫生局按照《麻醉药品管理办法》（国务院发〔1987〕103 号）精神，实行“五专”，即“专人负责、专柜加锁、专用账册、专用处方和专册登记”管理麻醉药品。到 2009 年年底，全县各医疗卫生单位没有再发生一起麻醉药品丢失事故。2001 年 12 月，县卫生局药政股在对全县的药品经营、使用单位的药品保管、采购和质量进行监督中，查出违规行为为 63 起，查处销售假冒伪劣药品案件 42 起。

第三节　经费管理

一、经费

卫生事业费主要靠财政预算拨款。使用分为“差额补助”和“全额补助”两种。除县人民医院实行 10% 的差额补助外，其余各医疗卫生单位均全额补助。卫生事业按用途分为：医院经费、疾控中心经费、妇幼保健经费、卫生执法所经费、新农合经费、干部培训经费和其他卫生事业经费等。随着国家经济建设发展和个人人头经费的提高，卫生事业经费也逐年增加。2001—2009 年，财政拨入卫生事业经费共计 13052 万元。拨入最多、比例最高的年度是 2005 年，拨入 2550 万元，占县财政支出的 9%。

2001—2009 年卫生事业经费占财政支出比例统计表

表 28–2　　单位：万元

年　度	财政拨入的卫生事业经费	县财政总支出	所占比例（%）
2001	577	9336	6.18
2002	687	12045	5.70
2003	799	12485	6.40
2004	888	22221	9.00
2005	2550	26058	9.00
2006	1257	28129	4.00
2007	1792	35881	4.00
2008	2060	43000	4.79
2009	2427	62981	3.85
合　计	13037	252136	5.17

二、工资和福利

2006 年，国家实行工资制度改革。此次工资制度改革打破收入分配制度，建立符合机关和事业单位各自特点的工资制度和正常的工资增长机制。工资改革，高定边远地区机关事业单位职工二档工资。同时提高工作人员艰苦边远地区津贴标准。2008 年 1 月起，机关公务员和系统内参照公务员管理的人员执行津补贴，同时执行两年一次的正常晋升。同年，系统内事业人员执行 5000 元每年的绩效工资，并执行一年一次的正常晋升工资。

卫生系统 2001—2009 年不同期工资（含各种津贴）比较一览表

表 28-3

年　度	职工人数（人）	月工资总数（单位：万元）	人平工资（人 / 月）（元）
2001	319	26.00	815.05
2002	338	40.00	1183.43
2003	313	37.00	1182.10
2004	323	39.00	1207.43
2005	333	44.00	1321.32
2006	365	49.00	1342.47
2007	370	62.00	1675.68
2008	365	84.13	2304.93
2009	368	92.34	2509.24

第四节　人事管理

1998 年 10 月前，卫生系统股级干部人事任免由县文卫党组决定。此后，县卫生局党组成立，按干部管理权限，任免系统内股、副股级干部。2004 年以前，卫生系统专业技术人员均由县人事局分配到县卫生局后，再由县卫生局分配到各医疗卫生单位。县卫生局根据管理权限和专业技术人员的工作表现、工作实绩在系统内调整，但调离本县卫生系统则由县人事组织部门审批同意。2004 年，国家取消大、中专毕业生分配制度，实行公开考聘或引进制度。公开考聘制度实施以来，共考聘录用 102 名乡（镇）卫生院医务人员。其中，2004 年 19 名，2005 年 26 名，2006 年 37 名，2007 年 10 名，2008 年 10 名。同时于 2006 年、2007 年、2009 年，先后三次共引进应届医学本科毕业生 11 名到县人民医院工作。

2005 年 1 月，县卫生局出台实施乡（镇）卫生院人员管理的规定，明确各片区乡（镇）医务人员调动的权限。自此，各片区中心卫生院无权调整辖区内乡卫生院医务人员。该规定沿用至今。

1991—2009 年，县卫生局按照工作程序，办理退休 72 人。

第五节　公费医疗管理

1990—2002 年，公费医疗管理办法先后两次调整，最后一次是 1995 年 1 月。

1990 年 1 月，公费医疗管理办法对单位实行按在编享受公费医疗人员的年龄结构，测算定额公费医疗经费，单位包干使用，经费超支由单位和个人共同承担。

1995 年 1 月，公费医疗管理统一实行“定额包干，结余归己，超支分担，定点就医，复式处方，现金看病”的办法。享受者凭复式处方、单据回单位审核报销，单位在当年 12 月 10 日前与县公医办结算。

截至 2002 年 1 月，全县享受公费医疗单位共 56 个。2002 年 1 月，公费医疗制度改革，公费医疗管理办公室撤销，其职能划交县医保中心。

美姑县历年公费医疗经费使用情况一览表

表 28-4

年 度	享受人数（人）	财政开支金额（元）	人平费用（元）
1991	2957	477228.00	161.39
1992	3336	777400.00	233.03
1993	3484	1030000.00	295.64
1994	3595	1000000.00	278.16
1995	3626	1000000.00	275.79
1996	3826	1000000.00	261.37
1997	3989	1150000.00	288.29
1998	4013	1250000.00	311.49
1999	4313	1680000.00	389.52
2000	4553	200000.00	439.27
2001	4458	2276301.00	510.61

第六节 卫生监督与监测

2005年5月前，卫生执法监督由县卫生局委托县疾病预防控制中心开展，有食品卫生监督员8名。此后，食品卫生监督员更名为卫生执法监督员。2008年5月，全县实行协管员制度，聘用9个中心卫生院院长和防疫人员共计18人为卫生执法监督协管员（含机关行政干部4人），协助县卫生执法监督所开展工作。到2009年年底，全县共有11名卫生执法监督员，18名卫生执法监督协管员。

2001—2005年，全县共查处14户食品生产（副食）经营户，罚金2000元，依法没收、销毁过期、霉变和无商标食品价值约1.6万元的食品710公斤。

2005年5月后，卫生执法监督所成立，规范执法工作，食品卫生和医疗机构的监管力度不断加强。

2006—2009年，监督检查食品生产经营企业、学校、公共场所、厂矿企业、医疗机构等4326户（次），累计警告12户次，责令整改161户次，立案行政罚款49户次，金额6.34万元，下达《卫生监督意见书》51份；取缔非法经营户1户次，打击非法行医6起（牙医4起，地下黑医2起），没收药品器械价值约1.18万元；发放卫生许可证877个，其中，食品卫生许可证812户，公共场所卫生许可证65户。培训从业人员法律法规952人。

卫生监测工作由县疾病预防控制中心按照职责开展。2001—2009年，累计检测食品131件，对食品从业人员体检4935人次，查出“五病”（伤寒、痢疾、活动性肺结核、化脓性皮肤病、肝炎）人数104人；学校和幼托机构食堂加工人员84人次，查出“五病”人数8人；公共场所从业人员体检427人次，查出“五病”人数3人；工业有害从业人员体检345人次，发现异常5人；开展农村水质监测87份，4份不合格，城区自来水监测16次，寄宿制学校水质检测14份。

第七节 基础设施建设

1990—2009年，累计投资2675.52万元，先后实施了“十五专项”“卫生扶贫”“卫生基础设施建设”“两个体系建设（国债）”“乡（镇）卫生院财政补助建设”“农村卫生服务体系建设（国债）”“扩大内需”等基础建设项目。其中，1990—2000年，投资293.72万元。实施卫生扶贫建设项目7个，“三项建设资金”项目36个，建设业务用房7681.4平方米。2001—2007年，投资1486.4万元，实施“卫生扶贫建设”项目8个，“三项建设资金”项目4个，卫生基础建设2个，“两个体系建设”项目2个，“乡（镇）卫生院财政补助建设”项目11个，“农村卫生服务体系建设（国债）”项目22个，建设业务用房16045.2平方米。2008—2009年，投资876万元，实施“国债资金”项目3个，“扩大内需”项目2个。

至2009年年底，全县乡（镇）卫生院业务用房面积达2561平方米，县级医疗卫生单位业务用房面积为8616.29平方米。同时，基本医疗设备数量、种类也得到增加。

第三章 医　疗

第一节 医疗设备

1991年以后，通过中央、省财政补助项目和非政府组织港澳救世军援助以及各医疗卫生单位增收节支再发展活动，各医疗卫生单位增添了设备，B超、X光机等常规检查设备基本普及区级卫生院。但较为先进的、大型的设备主要集中在县人民医院。

2009年年底，全县卫生系统有救护车5辆。其中，县人民医院2辆，县妇幼保健院1辆，巴普、牛牛坝片区中心卫生院各1辆。县人民医院拥有CT、彩超、X光机数字化系统（DR），多功能心电监护仪、牙科综合治疗仪、经颅彩色多普勒、微波治疗仪、麻醉机、高频电刀、500MAX光机、400MAX光机、200MAX光机、50MAX光机等先进医疗设备设施，基本满足了全县人民的治疗所需。

第二节 西　医

县人民医院和9片区中心卫生院、巴普镇卫生院以及县疾病预防控制中心预防医学门诊、妇幼保健站门诊均开展西医业务。但服务科目、技术质量以县人民医院最多、最高。

一、片区中心（镇）卫生院西医工作

（一）内科、儿科：能处理常见病、多发病的诊断治疗。危重病人转上级医院治疗。

（二）外科：能开展清创缝合术。

（三）妇产科：能开展人流术、安环、取环和妇科常见病的诊断、治疗。

（四）检验：牛牛坝、新桥片区中心卫生院能开展“三大常规”检验。

（五）影像：仅有牛牛坝中心卫生院能开展X光照片、透视和B超业务。

同时，承担辖区内村卫生员、接生员的业务和计划免疫，重点疾病防控等工作。

二、妇幼保健站门诊

能开展内科、儿科常见病、多发病的诊断治疗。危重病人转上级医院治疗；外科清创缝合术；妇产科人流术、安环、取环和妇科常见病的诊断、治疗。

三、县疾病预防医学门诊

与妇幼保健站门诊业务基本相同，但还能开展一般皮肤病、性病的激光治疗。

四、县人民医院

分门诊部和住院部。

（一）门诊部：开展内科、儿科、外科、妇产科、五官科、皮肤科常见病、多发病等门诊病人的诊断治疗，抢救一般急危重症及留院观察，对疑难重症能及时妥善处理，严格掌握病人入院指征，实行双向转诊制和首诊负责制，门诊病人填写门诊病历。

（二）住院部：设有内儿科、传染科、内科、外科、妇产科、放射科、检验科、药剂科等科室。

设置心电图、胃镜、B超、彩超、彩色经颅多普勒等功能检查室。

2001—2009年，县人民医院共收治门诊病人31.98万人次，住院病人19117人次，治愈好转率为94.5%，平均病床使用率为81.5%，平均病床周转次数39次，出院者平均住院6～7日，危重病人抢救成功率95.1%，急救物品完好率100%，处方书写合格率98.2%。2001—2009年，院外急救1089次、1446人次。巡回医疗28次4676人次。

病房：美姑县人民医院设置病床109张，病床主要分布在内儿科、外科、妇产科、传染科、中医科。门诊部设置观察床位15张。干部病房每病床平均使用面积13平方米，普通病房每病床平均使用面积5.6平方米。

第三节　中　医

到2009年年底，县内仅有县人民医院开设中医业务。设置中医科，有病床9张，设医务室、护办室、理疗室、中药房；有医务人员8名，其中，中医主治医师4名，主管护师1名，护师2名，药剂人员1名。应用阴阳五行学说，望、闻、问、切四诊，寒热、虚实、表里、阴阳八纲，气血津液、病因、脏腑、经络、六经、卫气营血、三焦辨证施治中医内科、外科、儿科、妇科、儿科、眼科、耳鼻咽喉科、骨伤科疾病。开展针灸、推拿按摩及其他理疗项目。

随着社会的不断进步，老百姓认知度的提高，相信中医疗法的群体逐渐增多，服用中药的群体不断扩大，已从城镇人口扩展到乡村群众。2001—2009年，收治门诊病人3.22万人次，住院病人621人次。

第四章　卫生防疫与保健

第一节　地方病和狂犬病

一、地方病

美姑地方病主要有3种：克山病、碘缺乏病、疟疾。

2004年，四川省寄生虫研究所在井叶特西乡、巴古乡、佐戈依达乡开展寄生虫调查，全县抽派40名业务人员协助调查，共调查4500人，初检发现绦虫阳性3人，旋毛虫阳性75人。对全县3280名6～10岁儿童开展克山病监测，未发现克山病病人。

2005年，对全县5所学校的8～10岁儿童甲状腺触摸检查1072人，发现甲状腺肿大6人，肿大率0.56%。追踪随访以往潜克山病病人8例，未发现新克山病病人。

2007年，硒盐预防克山病项目在美姑县实施。县疾控中心在井叶特西乡监测了3～70岁常住人口800人，未检出克山病病人。并在全县东、西、南、北、中五个方位抽取5个乡检测盐样500份，检测结果合格435份，合格率87%，不合格65份，不合格率13%。

2008—2009年，抽取9个乡的食用盐进行碘含量检测，检测结果合格率分别为99.9%和98%。其中，2009年5月，县疾控中心在瓦西乡对650名3～70岁常住人口开展克山病检测，未检出克山病病人。

二、狂犬病

2002年，县委、县政府调整了狂犬病防制指挥领导小组。至2009年，共召开指挥部成员协调会31次，开展定期和不定期的宣传狂防灭犬活动29期，召开宣传动员会769场次，宣传覆盖率93%，实行犬只免疫率（城区）80%，犬只关养率80%，分期分批在全县医务人员中开展犬伤处理知识培训，疾控单位负责狂犬病疫苗的供应和注射工作，全县未发现狂犬病病例。

第二节 传染病防治

2002年，美姑启动国家疫情信息网络直报系统，同时，废止手工报表。至2009年年底，除瓦侯和候播片区未实行网络直报外，其余医疗卫生机构均实现了网络直报，疫情报告得到规范。

2001—2009年，全县共报告“乙、丙”两类传染病22种4544例。发病率较高的是肺结核、细菌性痢疾、病毒性肝炎、麻疹。年发病率最高的是2007年，共发病875例，发病率为445.9/十万。

一、霍乱病防治

1999年和2000年霍乱病在美姑传播流行。2001年，县人民政府成立了防治领导小组并相继出台了《关于霍乱病防治工作2002—2004年净土计划令》《美姑县霍乱病防治工作安排意见通知》《美姑县霍乱病源监测实施方案》等文件。实行行政、卫生两条线目标管理，县长与各工委、乡（镇）长签订目标管理责任书；县卫生局与片区、乡卫生院负责人签订防治目标责任书。2001年以后，把每年5—10月定为霍乱病重点监测时间。严格执行“死亡报告制度”“群体性聚餐申报制度”“死亡监控制度”等3个制度，坚持24小时疫情值班制和每日疫情“零病例”报告制。并在各医疗卫生单位中建立“腹泻门诊”，做到“逢泻必报，逢疑必报”。同时对霍乱病疫源地水源、环境、重点人群等采样监测霍乱弧菌。至2009年，共采集2865份样品进行检测，均未检出霍乱弧菌。

二、艾滋病防治

1998年，发现首例HIV输入性感染者。随后，在吸毒人群和外流人员中HIV检出率逐年增加。2005年12月，全球基金艾滋病防治项目在美姑正式实施。全县设立了1个自愿咨询检测中心，9个自愿咨询检测点；1个针具交换中心，6个针具交换点；在县妇联设立了第一妇女健康中心，在峨曲古、巴普、新桥、牛牛坝、大桥设立了第二妇女健康中心。

2008年12月，美姑美沙酮药物维持治疗门诊正式开诊。

2009年7—8月，按照高、中、低流行乡（镇），采取分层整群抽样的方式分别对九口、依果觉、佐戈依达、巴普镇、大桥、候播乃拖、柳洪、巴古、合姑洛、牛牛坝等乡（镇）的2～59岁常住人口开展艾滋病流行病学调查工作。流调工作分为 3 个组进行，采取问卷调查和采取血液标本的方式开展，共采集血液标本 3169 份，补充调查 100 人，检测艾滋病、梅毒、丙肝等 3 个项目。

2009 年，县委、县人民政府出台了《关于全民动员、全社会参与，打一场“禁毒防艾”人民战争的决定》、印发《美姑县落实凉山州艾滋病防治“七大工程，一批中心”工作计划》（“七大工程”指禁毒防艾宣传教育工程、美沙酮维持治疗推广工程、安全套推广使用工程、预防艾滋病母婴传播工程、艾滋病病毒感染者和病人综合管理工程、艾滋病防治能力建设工程、禁吸戒毒工程，“一中心”指艾滋病防治技术支持中心建设）等文件。同年，卫生部门成立“美姑县艾滋病防治知识宣讲团”；县委、县人民政府采取 39 名县级领导“包乡（镇）”，77 个县级单位联系乡（镇）的方式，配合、协助乡（镇）开展艾滋病防治工作。

截至 2009 年年底，美姑 HIV 报告感染者人数位居全州第四位。全县几乎所有的 HIV 感染者都是通过共用针具吸毒交叉感染，但性传播途径已出现，仅有 1 例，为女性（普通人群监测发现），占总感染者的 0.47%，其中，2006 年，吸毒人员感染占 99.53%。

1998 年，美姑发现艾滋病例以后，县艾工委将艾滋病防治知识及“四免一关怀”（指免费接受抗病毒药物治疗、免费咨询检测艾滋病病毒抗体、免费提供母婴阻断药物和婴儿检测试剂、为艾滋病遗孤提供免费义务教育，将经济困难的艾滋病患者及其家属，纳入政府补助范围）政策的宣传纳入重点疾病健康教育工作，利用“五一”劳动节、“十一”国庆节等人流高峰节日和“12·1”世界艾滋病防治宣传日开展大型的艾滋病防治知识宣传活动。2006 年起，根据美姑实际因地制宜，在彝族家支、毕摩、家支长者、民间调解员、农村妇女代表、村妇联主席、村卫生员等人群和全县艾滋病流行的 5 个重点乡（镇）进行艾滋病防治重点宣传培训。至 2009 年，全县共培训毕摩人员 10 期、493 人；分期分批培训 32 家家支计 1986 人；社会团体、民间调解员、农村妇女等培训 13 期、1238 人次；巡回宣传 36 个乡（镇），培训 4365 人次。

三、结核病防治

2004 年，日本无偿援助项目、全球基金结核病控制项目在美姑实施，对肺结核病人采取免费诊断、免费治疗。项目开展痰检、摄片、患者资料建档、服药督导、培训、宣传、网络直报等一系列工作。

至 2009 年年底，共接诊肺结核可疑患者 3932 例，确诊并免费治疗 1730 例。其中，涂阳病人 1140 例，治愈 1064 例，死亡 33 例，治愈率达 61.50%。

四、麻风病防治

2009 年年底，全县麻风病防治中心有专职人员 3 人，各片区（镇）专兼职人员 10 人。各片区中心（镇）卫生院麻防组负责各辖区内麻风病调查、病人取菌、取活体、查体、治疗、监测等工作。2001—2009 年，全县进行各种形式的麻防宣传 127 次。开展基层卫生院麻防人员培训共 16 期，培训人员 380 人次。

2001—2009 年，全县共发现麻风患者 58 例。其中，多菌型（MB）42 例，少菌（PB）16 例，共治愈 36 例，治愈率为 62.06%；死亡 2 例，死亡率 3.45%。2009 年年底，全县共有现症病人 41 例。

2001—2007 年传染病发病情况统计表

表 28-5

年份	病名	合计	甲肝	乙肝	丙肝	戊肝	未分型肝炎	肺结核	百日咳	麻疹	流感	伤寒	斑疹伤寒	痢疾	感染性腹泻	麻风病	淋病	梅毒	艾滋病	尖锐湿疣	腮腺炎	疟疾	包虫病	炭疽
2001	发病数	91.00	6.00	5.00	—	—	—	19.00	9.00	2.00	—	3.00	—	46.00	—	1.00	—	—	—	—	—	—	—	—
	发病率／十万	50.70	3.40	2.80	—	—	—	10.00	5.10	1.10	—	1.70	—	26.10	—	0.50	—	—	—	—	—	—	—	—
2002	发病数	191.00	16.00	9.00	—	—	—	23.00	6.00	46.00	—	4.00	—	80.00	—	5.00	—	—	—	—	2.00	—	—	—
	发病率／十万	107.50	9.00	5.10	—	—	—	12.90	3.30	25.90	—	2.30	—	45.10	—	2.80	—	—	—	—	1.10	—	—	—
2003	发病数	136.00	3.00	14.00	—	—	1.00	20.00	1.00	20.00	—	12.00	—	55.00	—	8.00	—	—	—	—	1.00	—	—	1.00
	发病率／十万	76.10	1.70	7.80	—	—	0.60	11.20	0.60	11.20	—	6.70	—	30.80	—	4.40	—	—	—	—	0.60	—	—	0.60
2004	发病数	251.00	7.00	26.00	—	—	5.00	37.00	17.00	2.00	—	11.00	—	122.00	12.00	3.00	—	2.00	1.00	4.00	1.00	1.00	—	—
	发病率／十万	138.60	3.90	14.00	—	—	2.80	20.40	9.40	1.10	—	6.10	—	67.40	6.60	1.60	—	1.10	0.60	2.20	0.60	0.60	—	—
2005	发病数	527.00	17.00	56.00	2.00	—	2.00	267.00	7.00	9.00	—	16.00	—	107.00	17.00	11.00	2.00	5.00	1.00	—	8.00	1.00	—	—
	发病率／十万	278.50	8.90	29.00	1.10	—	1.10	141.00	3.70	4.80	—	8.50	—	56.60	9.00	5.80	1.10	2.60	0.50	—	4.20	0.50	—	—
2006	发病数	736.00	10.00	76.00	5.00	—	12.00	353.00	10.00	39.00	—	27.00	—	146.00	27.00	14.00	6.00	3.00	—	—	7.00	—	—	—
	发病率／十万	375.10	5.10	38.00	2.60	—	6.10	179.90	5.10	19.90	—	13.00	—	74.40	13.70	7.10	3.10	1.50	—	—	3.60	—	—	—
2007	发病数	877.00	13.00	114.00	13.00	2.00	16.00	443.00	9.00	63.00	3.00	10.00	1.00	146.00	21.00	5.00	3.00	4.00	5.00	—	3.00	—	3.00	—
	发病率／十万	446.90	6.60	58.00	6.60	1.00	8.50	225.80	4.60	32.10	1.50	5.10	0.50	74.40	10.70	2.50	1.50	2.00	2.60	—	1.50	—	1.50	—

2008—2009 年传染病发病情况统计表

表 28-6

年份	病名	合计	甲肝	乙肝	丙肝	戊肝	未分型肝炎	肺结核	百日咳	麻疹	流感	伤寒	斑疹伤寒	痢疾	感染性腹泻	麻风病	淋病	梅毒	艾滋病	包虫病
2008	发病数	732.00	3.00	130.00	30.00	0	10.00	463.00	35.00	9.00	0	10.00	0	0	12.00	7.00	3.00	4.00	15.00	1.00
	发病率／十万	399.72	1.51	65.38	15.08	0	5.02	232.80	17.60	4.53	0	5.02	0	0	6.03	35.20	1.50	2.01.00	7.54	0.50
2009	发病数	878.00	19.00	130.00	51.00	2.00	21.00	408.00	27.00	4.00	3.00	1.00	1.00	118.00	16.00	2.00	4.00	15.00	13.00	1.00
	发病率／十万	411.00	8.89	60.85	23.87	0.93	9.83	190.90	12.63	1.87	1.40	0.46	0.46	55.23	7.48	0.93	1.87	23.87	6.08	0.46

五、重点疾病健康教育

根据总结霍乱病防治工作经验，开展健康教育是防治疾病最有效、最经济的措施。因此，从2003年起，全县每年均举行一次大型的重点疾病健康教育培训工作，重点把霍乱病、“非典型性肺炎”、艾滋病、结核病、麻风病、地方病、儿童计划免疫等相关防治知识在乡（镇）、村、组干部，学生、村民中开展宣传培训。并在每年“五一”劳动节、“十一”国庆节等人流高峰节日，采用发放宣传画、宣传小折页、图片，摆设展板和广播等多种形式进行广泛宣传。

第三节　计划免疫

2001年以后，疾控中心每年利用“4·25”计免宣传日，采用悬挂横幅、播放广播、办黑板报、张贴宣传画、发放宣传单等多种形式开展计免工作宣传。通过宣传使彝族家庭逐步接受了儿童预防接种。

2003年11月，乙肝疫苗正式纳入基础免疫程序。2004年3月和4月，分别开展了二轮乙肝疫苗强化免疫工作。第一轮应种儿童4586人，实际接种3439人，接种率为75%；第二轮应种5117人，实际接种4067人，接种率为79.5%。

2005年，全县实行接种卡、证发放制度，取消之前单一使用接种卡制度。是年，国家加大了冷链设备投入，加强了疫苗的管理，全县36个乡（镇）卫生院均配备了冰箱、290个村卫生室配备了冷藏包。同时，为了提高接种人员积极性，国家实施每名儿童每针次为接种者补助1元经费。2006年，接种补助费提高到每针次3元。

2007年，在全县范围内开展了8～14岁目标儿童麻疹疫苗查漏补种工作，全县应种26479人，实际接种25155人，接种率达95%。

2001—2009年0～7岁儿童建证建卡率一览表

表28-7

年度	应建卡人数	实际建卡人数	建卡率（%）
2001	23962	23516	98.14
2002	23462	23019	98.11
2003	20566	20155	98.00
2004	19263	18980	98.53
2005	28954	26059	90.00
2006	31510	26059	82.70
2007	31968	27890	87.24
2008	33801	30759	91.00
2009	34503	31742	92.00

第四节　妇幼保健

县妇幼保健站承担全县妇幼卫生技术服务及业务培训、法律法规宣传工作。各片区中心卫生院和巴普镇卫生院设有妇幼保健科，在县妇幼保健站的指导下开展妇幼保健和计划生育业务工作。

一、新法接生

2001年，培训乡、村两级接生员296人次，活产1607人，其中，新法接生1243人，新法接生率77.35%。2002年，培训、复训乡、村两级接生员315人，活产2099人，新法接生1680人，新法接生率80.03%。2003年，培训321人次，全年活产2180人，其中，新法接生1745人，新法接生率80.23%。2004年，在全县范围内举办乡、村两级接生员培训班3期，共培训人次316人次，活产1859人，其中，新法接生1502人，新法接生率80.80%。2005年，集中在县培训2期，分片培训6期共培训乡、村接生员394人次，全年活产2114人，新法接生数1787人，其中，新法接生率84.53%。2006年，在九口、井叶特西、佐戈依达三个“三网”监测乡分别强化培训3期，此外，参加9区1镇督导培训，共培训386人次，活产1937人，其中，新法接生1634人，新法接生率84.36%。2008年，新法接生人数2837人，新法接生率83.71%；2009年，新法接生人数2284人，新法接生率68.26%。

二、妇女病防治

2001年以后，县妇幼保健站组织和指导开展全县妇女病防治工作。至2009年年底，全县共开展妇女病查治6036人，查出各类妇科病人1735例，患病率27.9%。同时，开展妇女“两病”（指子宫脱垂、尿漏）线索调查，调查核实发现子宫脱垂病例11例。

三、妇幼保健

2001年，对全县城镇怀孕妇女实行围产期保健，建卡随访12人次，对城区厂矿企事业妇女进行“五期”（指经期、孕期、产期、哺乳期、更年期）劳动保护知识宣传3次，发放传单2000余张，出宣传专栏2期。2002年，对全县城镇孕妇实行围产期保健，建卡、随访14人次。孕早期检查人数120人。2003年，全县孕产妇保健共建卡481人，产前检查375人，产后访视361人。2004年，在全县妇幼保健机构进行《中华人民共和国母婴保健法》法律法规宣传培训，并发放母婴保健技术服务合格证书，同时，指导9区1镇开展围产期保健，孕产妇系统管理及保健工作。是年，孕产期保健624人，定期检查648人，产后访视637人。2005年，开展孕妇产前检查958人，建卡1073人，早孕检查877人，孕产妇系统管理853人。2006年，全县孕产妇系统管理809人，建卡947人，产前检查878人，产后访视919人。2008年，孕妇数3410人，孕产妇系统管理1376人，高危妊娠管理104人。2009年，孕妇数3365人，孕产妇系统管理人数734人，高危妊娠管理99人。

四、儿童保健

2001年，自《中华人民共和国母婴保健法》颁布实施以来，县妇幼保健站把宣传贯彻执行《中华人民共和国母婴保健法》作为工作重点，在全县开展法律法规宣传教育和指导活动，对托幼机构教职工和托儿所、幼儿园的儿童、教职工进行健康体检。督促9区1镇妇幼卫生人员完成全县试点村0～6岁儿童生长发育指标监测及儿童常见病、多发病的防治工作，及时对儿童体检资料进行整理，归纳分析，统计学处理，掌握了美姑城区和农村儿童生长发育值，对患儿作出了医学建议，制定出干预性措施。县妇幼保健站长年开放儿保门诊，开展儿童常见病多发病的防治，宣讲科学育儿，合理营养等卫生知识，定期或不定期地对城区集体儿童和农村散居儿童进行健康体检，疾病防治。

至2006年，累计开展儿童健康体检6577人；开展3岁以下儿童佝偻病、营养不良调查6361人；开展新入托、入幼儿童进行健康体检702人，开展儿童智力测试96人。举办儿童系统管理及儿童保健知识培训班10期，参加培训人次888人次，发放儿童保健手册589本，儿童保健知识宣传传单5400余份，儿童营养及育儿保健知识图画130余套。

2002年，开始对全县3岁以下儿童进行系统管理。至2009年，全县儿童系统管理人数达2909人，系统管理率28.50%。

五、爱婴医院

2000年1月，县妇幼保健站成功创建爱婴医院。2001—2009年，共开展母乳喂养宣传45次，发放宣传资料10740份，举办孕妇学校16期，参加人次82人次，纯母乳喂养率达98%。每3年接受一次上级对爱婴医院复审工作，均复审合格，现正在争创乙级保健院。

六、降消项目

2000年，美姑县被确定为降低孕产妇死亡率和消除新生儿破伤风项目县。同年，启动"降消"项目。美姑县人民政府成立了美姑县降低孕产妇死亡率和消除新生儿破伤风项目领导小组。10月，县妇幼保健站成立了孕产妇死亡评审领导小组和县卫生局成立相应的"降消"项目产科急救绿色通道协调领导小组。2000年3—5月，县卫生局抽出大量医务人员分别到9区1镇及35个乡开展孕产妇数、活产数"两个"死亡情况调查，调查结果显示：1999年，全县孕产妇死亡率为812.12／十万，婴儿死亡率为98.55‰，5岁以下儿童死亡率为157.78‰，新生儿破伤风死亡率为零。

2004年4月，"降消"新周期启动，项目资金由过去的1万～2万元/年，增加到20万～25万元/年。

2001—2009年，分别选派人员参加四川省举办的师资培训班3次，计3人；县级举办师资培训班4期，计62人；临床进修2人；村接生员培训班65期，约1300人次。

项目实施以来，孕产妇死亡率从未实施项目前的812.12／十万下降到2009年的89.66／十万，5岁以下儿童死亡率从未实施前的157.78‰下降到2009年的46.03‰，婴儿死亡率，从未实现项目前的98.55‰下降到2009年的18.53‰，新生儿破伤风死亡率为零。同时，通过项目资金配套全县产儿科急救设备、车辆等。

七、"三网"监测

2000年，美姑县被确定为省级"三网"（县、乡、村三级网络监测）监测项目县。2006年，升为国家级"三网"监测县。九口、井叶特西乡、佐戈依达乡三个乡为"三网"监测乡。

2000—2009年，选派人员参加卫生部和四川省举办的项目骨干人员培训26次，计98人次；参加州卫生局、州保健院师资培训25次，计105人次。县卫生局、县妇幼保健站举办培训32次，参加培训968人次；县妇幼保健站分赴"三网"监测点，举办复训10次，参加培训416人次。

项目实施加大了妇幼卫生健康教育宣传工作力度，提高了全县广大妇女儿童自我保健意识，提高住院分娩，产前检查，"两个"系统管理率。

第五章　医学教育

第一节　培养培训

1991—2009年，全县举办各种业务培训班109期，参训人员达8691人次，培训内容包括内科、放射、检验、妇幼卫生、卫生防疫等业务知识。

1991—2009 年，通过参加成人高考被录取到华西医学院、省卫干院、泸州医学院、川北医学院等大专院校进行脱产、函授学习的共有 105 人；通过成人高等教育自学考试取得大专文凭的有 3 人；通过各类大专院校电大函授学习取得大专文凭的有 15 人。

1991—2009 年，共选派 40 批 340 人次参加各类进修学习（其中，县人民医院先后安排了 29 人次分别到凉山州一院、二院、北京中日友好医院等医院进修）。进修专业有内科、外科、妇产科、儿科、传染科、中医、口腔、皮肤、检验、放射、护理、心电图、B 超、CT 等，进修时间为 6 ～ 12 个月。

第二节　学术交流

县医学会积极开展医学学术论文评比，并在医学学术年会上表彰获奖论文，对获奖论文进行交流。2001—2009 年，共评选论文 462 篇，获奖论文 38 篇，会上交流 14 篇。

第三节　学术成果

2001 年以后，每年都有卫生专业技术人员在国家级、省级、州级医学专刊杂志上发表论文，尤以县人民医院、县疾病预防与控制中心为主。其中，2006—2007 年，卫生系统在国家级医学专刊杂志发表了医学论文 20 篇。

第六章　爱国卫生运动和红十字会

第一节　爱国卫生运动

2003—2009 年，县爱国卫生运动委员会先后四次调整充实领导成员。至 2009 年年底，县爱卫会有主任 1 名，副主任 4 名。县爱卫办有专（兼）职人员 3 名。全县各机关、企事业单位相应成立了爱卫领导小组，完善了爱卫工作制度，形成了政府组织、部门协调、齐抓共管的局面。

2003 年，县委、县人民政府提出的争创东五县彝族聚居县卫生城市的目标。县爱卫会在城区实行“门前三包”责任制，组织城建、工商、经贸、防疫站等单位，与城区机关、团体、企事业单位、个体经商户、街道、巷道两侧居民签订“门前三包”责任书并收取一定的责任金。在签订“门前三包”责任制的同时，加大城乡环境卫生整治工作。是年，开展群众性爱国卫生突击活动 12 次，近 10 万人参加，累积治理卫生死角 4000 余个，清除垃圾 2000 余吨，疏通阴阳沟 800 余条，农民积肥 140 万余斤。投入资金 60 万元。新建水厂 3 个，受益群众 3000 人，修水井 53 个，清理农村自来水池 16 个。新建三联沼气式厕所 10 个，无害化卫生厕所 290 个。

2004 年，县人民政府办公室出台了《关于印发城镇市容和环境卫生管理办法的通知》，并成立了卫生执法检查大队，全年共开展 7 次卫生突击活动，参加活动近 7 万人。累计治理卫生死角 1000 多个，清除垃圾 3000 多吨，疏通阴阳沟 800 多条，农民积肥 100 万余公斤。投入资金 78 万元，实施农村改水 6 处，受益人口达 9000 余人。修建农厕 580 个。

2005 年，加大宣传力度，提高群众卫生意识，利用各种节假日大搞健康教育宣传。全县共设宣传点17个，参加宣传人员150余人，印发宣传资料10000余份，为群众义诊、咨询上千人，受教人次达30000多人。是年，全县共开展群众性的爱国卫生突击活动8次，约5万人参与了卫生突击活动，累计治理卫生死角1054个，清除垃圾900余吨，疏通阴阳沟326条；绿化环境6000平方米，新种植街道绿化树500株。投入资金70万元，新建水厂4个，受益群众2746人，清理农村自来水池16个。建立“一池三改”（“一池三改造”项目指改厕、改卫、改厨和建沼气池）示范户25户，新建三联沼气式厕所25个，无害化卫生厕所226个。

2006年，新增自来水站8个，受益人数6000多人；结合“三房改造”修建卫生厕所279个，在巴普镇、九口乡和洛莫依达乡实施了117户“一池三改”项目。全年共开展群众性爱国卫生突击活动9次，近10万人参加，累计治理卫生死角5000余个，清除垃圾若干吨，疏通阴阳沟800余条，农民积肥100万余公斤。

2007年，开展州级卫生县城创建工作。县委、县人民政府成立了创建州级卫生县城领导小组，制定并出台了《关于加强城区环境卫生和公共场所秩序管理的通告》。全年开展群众性爱国卫生突击活动9次，参加人员达10万余人，累计治理卫生死角6000余个，清除垃圾若干吨。

2008年11月，县委、县人民政府成立了城乡环境卫生整治领导小组，深入城区各单位及乡（镇）督查督办卫生工作。县爱卫办坚持定期组织爱卫评比活动，每月两次通报检查结果。全年共开展群众性爱国卫生突击活动7次，约12万人参加，累计治理卫生死角8000余个，占应清理数的97%，清除垃圾若干吨，清理城市“牛皮癣”1000多处。

2009年年初，县委、县人民政府下发了《关于创建州级卫生县城的实施意见》，将爱国卫生工作纳入政府目标管理。11月，成功创建“凉山州卫生县城”。截至年末，全县共创建省级卫生单位5个，州级卫生单位40个，县级卫生村13个，州级卫生村11个，省级卫生村3个。

第二节　红十字会机构设置

1993年1月，成立美姑县红十字会，并召开第一次会员代表大会，由39名理事组成理事会，设会长1名，副会长5名，秘书长、副秘书长各1名。办公室设在县卫生局。随后在1999年1月、2004年5月、2008年7月召开三次会员代表大会。代表大会选举产生各届理事会成员、会长、副会长及秘书长等人选。2009年3月，县委编制委员会确定县红十字会为群团机构。

第三节　备灾救灾

备灾救灾是红十字会的主要职能。由于美姑的气候、地质等诸多原因，境内自然灾害频繁，以暴雨、冰雹、洪水和泥石流最为突出。灾害发生后，县红十字会均在第一时间调查、核实和上报灾情，争取上级红十字会的支持和援助。同时，积极在其他受灾地区开展募捐活动，援助灾区人民。2006年，县红十字会印发了《自然灾害救灾应急预案》，建立健全了乡、区、县、州四级救灾报告网络，提高救灾工作应急反应能力。

2001—2009年，县红十字会共争取到价值127.19万元的大米、棉被、蚊帐、衣物等备灾救灾物资；募集救灾资金9.41万元。所有争取到的救援物资和资金，均按照《中国红十字会灾害救灾原则与条例》的要求进行发放。

第四节　对外交流项目实施

县红十字会积极与其他地区，乃至国外非政府组织协调、交流，争取项目，帮助贫困地区发展建设。2001—2009年年底，县红十字会争取到港澳救世军、加拿大救世军、香港慈辉社及其他非政府组织援助资金220.69万元。先后实施基础设施、设备配备、人员能力建设、灾后家园重建、人畜饮用水和艾滋病防治等项目。

第七章　新型农村合作医疗

第一节　制度建设

2005年12月，县委、县人民政府成立新型农村合作医疗管理委员会。2006年3月，出台实施《新型农村合作医疗制度试点工作的实施方案（试行）》。

一、资金筹集

新农合资金由个人筹资和国家补助组成。

（一）个人筹资。2006—2008年，凡参加新型农村合作医疗的个人，以家庭为单位建立个人账户，每人每年缴纳10元。2009年，个人参合资金提高到每人每年20元。农村无保户、特困户等弱势群体由县民政局负责在贫困医疗救助经费中解决。

（二）国家补助。2006年，中央、省、州、县对参加新型农村合作医疗的农民人均年补助35元，此后逐年提高，2007年为50元，2008年为80元，2009年为100元。

二、资金的使用与管理

新型农村合作医疗（简称新农合）资金实行专账专户管理，专款专用。2006—2008年，个人每年缴纳10元，2009年个人缴纳的20元中的10元以家庭为单位存入个人账户，主要用于个人支付门诊医疗费用。中央、省、州、县合作医疗补助资金人均费用直接存入县合作医疗专用账户，主要用于解决农民因病住院的医疗费用，也可用于部分门诊费用。

三、资金支付范围与标准

（一）门诊医疗费支付范围和标准。农民在定点医疗机构就诊的门诊费用，在个人账户中支付，超支自理，结余自动结转。

（二）住院医疗费支付范围与标准。统筹支付线按医疗机构等级决定。2007年3月前，在乡（镇）卫生院的住院费用起付线为20元，报销比例为80%，一次报销限额在500元以内；片区中心卫生院的住院费用起付线为30元，报销比例为70%，一次报销比例限额在1000元以内；县级医疗单位的住院费用起付线为200元，报销比例为50%，一次报销限额在4000元以内；县级以上医院的住院费用起付线为500元，报销比例为40%，一次报销限额在2万元以内。县内报销额封顶线为4000元，县级以上报销额封顶线为2万元。

2006年3月13日，美姑县新型农村合作医疗管理委员会合理降低部分定点医疗机构的住院起付线、提高报销比例，将县疾控中心及妇幼保健站原住院报销起付线200元调整为50元，原报销比例 50% 调整为 65%。同时，对计划生育户参合家庭成员住院报销起付线进行调整，凡参加新型农村合作医疗的计划生育户的家庭成员，在住院治疗时持所在乡（镇）人民政府出具的“就诊人员为计划生育户家庭成员”的相关证明，在区、乡级定点医疗机构住院治疗的医疗费用报销起付线全免；在县级定点医疗机构住院治疗的医疗费用报销起付线减免 50%。

2007 年 1 月 19 日，再次调整部分定点医疗机构的住院起付线及报销比例。将片区中心卫生院由原报销比例 70% 调整为 80%；县医院由原报销比例 50% 调整为 60%；县外定点医疗机构由原报销比例 40% 调整为 55%。10 月 22 日，将“降消”项目同新型农村合作医疗工作结合，提高计划内孕产妇在县医院住院分娩的医疗费用报销比例，报销比例由 60% 调整为 70%，其他县级及区（乡）级定点医疗机构按原住院报销比例执行；将县妇幼保健站原住院报销比例由 65% 调整为 70%，起付线不变。

2008 年 7 月 1 日，正式实施《凉山州新型农村合作医疗统筹补偿实施方案（试行）》，新方案将全州 17 个县市分为两类住院补偿县，美姑县被定为一类。起付线，乡（镇）卫生院（含中心卫生院）为 30 元，县保健站（所）及未达二级乙等标准的县级医疗机构为 100 元，达到二级乙等及以上标准的县级医疗机构为 200 元，州级及以上医疗机构为 500 元。补偿比例，乡（镇）卫生院（含中心卫生院）补偿比例为 80%；县保健站（所）及未达二级乙等标准的县级医疗机构补偿比例为 65%；达到二级乙等及以上标准的县级医疗机构补偿比例为 60%，州级及以上医疗机构补偿比例为 45%。封顶线、统筹基金补偿封顶线为 3 万元，以参合农民一年内实际获得统筹基金补偿金额累计计算。同时，为鼓励住院分娩，降低孕产妇和新生儿死亡率，对符合计划生育政策的正常产实行定额补偿，每产次补偿 300 元。“降消”项目县根据凉山州财政局、凉山州卫生局《关于下达凉山州 2007 年中央补助降低孕产妇死亡率和消除新生儿破伤风项目资金的通知》要求在“降消”经费中支出，新农合不予补偿；对剖宫产产生的医药费用实行单病种定额付费的方式管理：二级乙等及以上标准的县级医疗机构的定额为 2200 元，县保健站（所）及未达二级乙等标准的县级医疗机构的定额为 2000 元，中心卫生院的定额为 1500 元。“降消”项目县在定额范围内全额在新农合统筹基金中支出，“降消”经费不再补偿；慢性病和特殊病种的认定按凉山州卫生局《新型农村合作医疗慢性病和特殊病种大额门诊补偿管理办法（暂行）》的有关规定进行。慢性病产生的费用扣除自费部分后按 40% 的比例补偿，封顶线（全年累计补偿所得）为 1000 元。恶性肿瘤门诊放 / 化疗、慢性肾功能不全门诊透析治疗产生的费用按住院补偿规定执行，起付线按就诊医疗机构的级别每年计算一次。已享受慢性病和特殊病种门诊统筹补偿的参合农民不再享受普通疾病门诊统筹补偿。

从2009年7月1日开始，执行《凉山州新型农村合作医疗统筹补偿实施方案补充规定》。对起付线、住院补偿比例、封顶线和住院分娩调整，县保健院（站）及未达二级乙等标准的县级医疗机构起付线由100元下调为50元；达到二级乙等及以上标准的县级医疗机构起付线由200元下调为100元；州级及以上医疗机构起付线由500元下调为400元，参合病人在州妇幼保健院住院治疗的起付线均为400元，在州精神病医院住院治疗的起付线为300元，其余定点医疗机构的起付线不变。补偿比例，县保健院（站）及未达二级乙等标准的县级医疗机构补偿比例由65%上调为70%；达到二级乙等及以上标准的县级医疗机构补偿比例由60%上调为65%；州级及以上医疗机构补偿比例由45%上调为50%，参合病人在州精神病医院住院治疗补偿比例为60%，其余定点医疗机构的补偿比例不变。封顶线，统筹基金补偿封顶线由3万元上调为4万元。住院分娩补偿取消起付线，补偿比例在同级定点医疗机构标准的基础上提高5个百分点。将当年出生婴儿可随参合母亲享受新农合各项补偿政策纳入规定。

四、报销办法

参合农民在医疗活动结束时，县内发生的医疗费用在就诊、住院地点凭有效身份证件和“合作医疗证”结算报销。县外发生的医疗费用由个人垫支，凭发票、一日清单、出院证、户口簿和“合作医疗证”结算报销。2008 年 7 月后，所有在凉山州定点机构、美姑县定点医疗机构就医人员，持身份证明和“合作医疗证”，可在就医机构结算报销，在县外定点医疗机构就医的报销要求不变。

五、定点医疗机构

新农合制度实施初期，将县内 36 个乡（镇）卫生院、9 个片区中心卫生院、县疾控中心、县妇幼保健站、县医院和州中西医结合医院、州第二人民医院、州第一人民医院、省人民医院、四川大学华西医院定为参合农民定点医疗机构。2007 年 1 月，美姑县新型农村合作医疗管理委员会合理增加凉山州精神病医院、四川省肿瘤医院、成都中医药大学附属医院、州妇幼保健院、西昌卫星发射中心医院（519 医院）为县外定点医疗机构。

第二节　工作措施

一、2006 年 3 月，对除县人民医院以外的新农合定点医疗卫生单位实行药品统一配送制度，使药品采购价较以往下降 33%。

二、2006 年 3 月，将贫困医疗救助作为新农合的补充，利用贫困医疗救助资金较好地解决农村五保户、特困户等弱势群体的参合资金，并对弱势群体实行减免挂号费等优惠政策。

三、2007 年 10 月 22 日，印发《美姑县新型农村合作医疗管理委员会关于调整补充实施方案的通知》，规定参合的农村五保户、特困户的家庭成员住院费用，由县新农合管理工作中心报销后，可由县民政部门酌情救助。

四、加强对新农合大病统筹医药费用审核和报销情况定期检查监督，规范定点医疗机构的服务行为，保障统筹基金使用的公平、公正和绝对安全。加强对定点医疗机构医疗质量和费用的监督，使定点医疗机构对参合农民就诊基本用药目录外的药品费用控制在药品总费用的 15% 以内。同时，监督定点医疗机构建立参合农民医药费补偿的公示制度。

五、2008 年 9 月，美姑县监察局和美姑县卫生局联合下发《关于进一步加强新农合基金监管的通知》，推行举报奖励制度，加大对违规骗取新农合基金查处力度，加强新农合基金管理。

六、2009 年，为方便参合农民就诊、尊重病人选择医疗机构的权利，参合农民到州级及以上定点医疗机构住院不再要求开具转院证。

七、2009 年 11 月，印发《美姑县 2009 年新型农村合作医疗二次补偿实施方案》，对在 2009 年 1 月 1 日至 2009 年 12 月 31 日期间单次住院，且住院总费用达 2000 元以上的参合住院患者（孕产妇住院分娩除外）开展二次补偿。

第三节　参合情况

2006 年，全县农民参合（即参加新型农村合作医疗）人数为 14.73 万人（其中，利用贫困救助资金救助 7930 人），参合率为 82.13%；2007 年，全县农民参合人数为 15.82 万人（其中，利用贫困救助资金救助 8982 人），参合率为 85.80%。2008 年，全县农民参合人数为 16.31 万人（其中，利用贫困救助资金救助 8994 人），参合率为 86.2%。2009 年，全县农民参合人数为 16.89 万人（其中，利用贫困救助资金救助 8994 人），参合率为 86.57%。

第四节　费用报销

2006 年，参合农民门诊和住院人次 4.33 万人次（住院 8458 人次，门诊 3.48 万人次），农村合作医疗基金支出 245.60 万元（统筹金支出 200.86 万元，家庭账户支出 44.74 万元），县内单次最高统筹金支出 3100 元，县外单次最高统筹金支出 3600 元。新农合基金结余 417.63 万元(基金家庭结余 113.45 万元，基金统筹结余 304.18 万元)。

2007 年，参合农民门诊和住院人次 6.59 万人次（住院 1.02 万人次，门诊 5.57 万人次），农村合作医疗基金支出 495.62 万元（统筹金支出 405.96 万元，家庭账户支出 89.66 万元），县内单次最高统筹金支出 4000 元，县外单次最高统筹报销金额 2 万元。新农合基金余额 674.41 万元(基金家庭结余 172.99 万元，基金统筹结余 501.42 万元)。

2008 年，参合农民就医人次为 4.28 万人次。其中，住院人次 9864 人次，门诊人次 3.29 万人次。参合农民累计产生医疗费用 938.71 万元。其中，住院医疗费 867.1 万元，门诊医疗费 71.61 万元。新农合基金全年支出 532.64 万元,用于住院统筹报销 492.29 万元，用于门诊报销 40.35 万元。县内单次住院最高报销金额 4242.30 元，县外单次住院最高报销金额 1.69 万元。

2009 年，参合农民门诊和住院人次累计为 8.38 万人次。其中，住院 1.23 万人次，门诊 7.15 万人次。参合农民医疗开支总费用为 1297.76 万元，新农合基金支出 817.59 万元，补偿比例为 63%，其中统筹金支出 681.46 万元，家庭账户支出 136.13 万元。经统计，次均住院费用 945.56 元，次均住院补偿费用 555.57 元，单次住院补偿最高金额为 2.32 万元。

第五节　督导检查

新合中心始终以非参合人员冒名顶替骗保、非正常外伤骗保、定点医疗机构不合理收费等为督查重点，严厉查处违规行为，确保新农合基金安全运行。2006—2009 年，累计查出违规报销 94 例，挽回新农合基金损失 30.92 万元，其中，借合作医疗证冒名顶替骗取新农合资金 8 例；非正常外伤骗取新农合资金 27 例；其他 59 例。

第二十九篇

人　物

第一章 人物传略

牛库石打

牛库石打（1906—1969），男，彝族，四川省美姑县农作乡人。

牛库石打幼年丧父，其父牛库维日生前在美姑巴普一带是个出名的彝家“德古”和勇士，受其父影响，16 岁后成长为合格的“德古”和勇士。

1929 年，牛库石打与曲比曲色成婚。婚姻后养育三子两女，家境较富裕。牛库石打对人忠诚老实，思想进步，办事公道正派，言行举止大方、平易近人，他善于广交朋友，无论本民族，还是其他民族，无论老的、少的他都能与其和睦相处。石打青年时代经常来往穿梭于雷波一带，常与汉族同胞交往，便学会了经商做生意，其商品意识随之增强，特别对沟通、建立彝汉感情。

牛库石打生前十分注意自己的形象，他对家庭、子女管教很严，常用自己良好的为人处事影响教育子女，在家庭中他是个合格的父亲，在社会上他称得上够格的“德古”和勇士。他常以优秀的为人处事方法和独特的聪明和才智、用丰富的民族语言和流利的口才，巧妙、果断、公正地调解许许多多的民间纠纷。

凉山民改初期，牛库石打担任农作乡农协会主席，其间，他以较高的政治觉悟积极投身于轰轰烈烈的民主改革运动和平息叛乱斗争。民改中，全家就有 3 人参加基干队，为民改工作的顺利进行做了不少有益的事，取得了一定成绩，曾受到上级党组织和政府的表彰和奖励。

1956 年，3836 部队在农作一线与叛乱分子交战，此战部队伤亡较重，牛库石打冒着生命危险赴战场救护伤员，把受伤的解放军官兵一个个接到家中，动员全家人进行护理，使受伤战士很快得到康复。

牛库石打在民主改革中积极支持儿女参加革命，拥护党的民改政策，被誉为“红色革命家庭”。民改工作结束后，牛库石打积极参加社会主义建设，表现突出，在当地群众中树立了较高的威望。1965 年至 1969 年，牛库石打被选为县、乡两级人大代表。1969 年 6 月牛库石打因病在农作乡去世，享年 63 岁。

吉牛布哈

吉牛布哈（1925—2003），男，彝族，四川省美姑县农作乡人。

1956 年民族改革时，吉牛布哈悄悄地参加了党组织举办的各种学习班。1958 年，吉牛布哈当选为副社长。1960 年 3 月，他加入了中国共产党，是瓦尼姑村唯一的一名党员，后被选为村支部书记。

20 世纪 60 年代后期，“农业学大寨”运动在全国兴起。吉牛布哈等人组织和带领民兵、青年突击队和广大社员，向烂泥凼开战。寒冬腊月，气温下降到零下十几度。可吉牛布哈他们没有一个人后退，仍然起早摸黑地战斗在烂泥凼里。一冬下来，他们搬走了几万块大小石头，筑起了三百多条沟暗，改土 33 多公顷。烂泥凼成了丰产地，亩产达到 251 公斤。

20 世纪 60 年代中后期，“文化大革命”席卷全国。吉牛布哈也受到冲击和批斗，但仍然组织民兵连和贫苦群众，进行“不忘阶级苦，牢记血泪仇”的阶级教育外，还坚持抓生产。他们在海拔 2800 米高的黄茅埂山麓下，坚持自采种、自育苗、自造林，人均每年完成栽种 40 棵树苗的任务，并负责成活。几年下来，瓦尼姑社员在27个光秃秃的山头、九条大水沟边以及房前屋后，成片造林五六百亩，促进了植被恢复，也促进了畜牧业发展。当时只有40户人家的瓦尼姑村，四畜存栏3000多头（只），真正做到了农林牧三者兼顾，全面发展，使这儿成了一个林木参天、牛羊成群、吃穿不愁的社会主义新农村的典型。

20世纪60年代后期，凉山军分区政委王明英到美姑县瓦尼姑大队参观，看到瓦尼姑在吉牛布哈的带领下，学习大寨精神，艰苦奋斗，改变家乡落后面貌时，高度称赞吉牛布哈，提出："远学大寨，近学瓦尼姑"口号。1970年9月29日，《人民日报》发表了题为《彝族儿女永远忠于毛泽东思想》，专题报道了瓦尼姑民兵连的先进事迹；中央人民广播电台也以《大凉山上红旗飘——瓦尼姑民兵连》为题，广播了他们的先进事迹。同年，吉牛布哈代表农作公社瓦尼姑民兵连出席了全军民兵工作会议，并作了经验介绍。是年，吉牛布哈担任县革委会副主任，后被选为第四届全国人大代表，在北京出席第四届全国人民代表大会，幸福地见到了毛主席和周总理。

1971年5月7日，四川省军区在美姑县农作公社瓦尼姑大队召开了全省民兵政治工作现场会，各师的单位领导和先进民兵单位代表、先进个人共154人，参加了现场会。吉牛布哈在会上介绍了他们的先进事迹和工作经验。这一年，吉牛布哈担任了县委副书记（不脱产）。就在这一年，瓦尼姑民兵连被四川省军区命名为"活学活用毛泽东思想先进集体标兵"。瓦尼姑也因之成了大凉山上飘扬的一面旗帜。

1981年，瓦尼姑大队实行了家庭联产承包责任制，吉牛布哈卸去了村支部书记职务。此后，吉牛布哈仍然发扬当年的那种革命干劲和艰苦创业精神，学习科技知识和法律法规，模范遵纪守法，教育管理好家人和亲属，积极生产，主动上缴公粮和各种税费，从来没有以以往的光荣历史，伸手向组织提出这样那样的要求。

2003年，吉牛布哈在家中病逝，终年78岁。

李业子

李业子（1935—1998），男，彝族，彝名吉也解日，四川省马边县人，中共党员。

李业子出身于走马帮、做小生意的彝族家庭，青少年时期，李业子与叔伯兄弟以放牧为生。1951年10月，在党的民族政策光辉照耀下，李业子在雷波县西宁镇被选拔到乐山民干校学习。学习期间，经老师协商本人同意，改名为李业子。他刻苦学习政治理论和文化知识，追求进步，逐步成长为有文化、有志向的青年学生。1952年9月，李业子因熟悉彝汉双语，被成都军区公安内卫第五营选为彝语翻译、侦查员。不久，在一次围剿国民党残匪的战斗中，李业子英勇作战，打死一名国民党流窜上校团长，受到部队嘉奖。

1954年9月8日，李业子在成都军区公安内卫第五营驻地雷波县西宁区烂坝子乡调入西南军区独立团（彝民团）工作。他作为翻译、侦查员，随所在连队参与平息国民党匪特"铜河反共救国军"作战科长高明岗等煽动与策划的叛乱。此次作战经美姑黄茅埂、林木甲谷、洛俄依甘、乌坡到昭觉，历时12天，大小战役13次，歼敌959人。

1955年12月，部分奴隶主抗拒民主改革，首先在越西县申果庄、普雄等地掀起武装叛乱，并迅速蔓延各县。叛乱分子破坏交通，抢劫财物，杀害干部群众，袭击工作队和驻军。根据上级命令，李业子率队在昭觉、越西平叛，经过大小战役6047次，打死、俘虏、瓦解武装叛乱分子6万余人，收缴枪支7万余支（挺）、60迫击炮3门，平叛取得重大胜利。次年1月，布拖及邻近地区的吉狄、比补、莫什等奴隶主家支煽动不明真相的群众6万余人，携带枪支1万余支，进行武装叛乱。县级机关与彝民团团部间的通信、交通被切断，城内主要街道被占领。李业子率彝民团二营六连和机关干部及其家属与叛乱分子展开殊死搏斗。他身先士卒，指挥果断，与武装叛乱分子激战三天三夜后，增援部队赶到，他们乘势出击，与增援部队两面夹击，在布拖县木尔乡围歼叛乱分子，共打死武装叛乱分子799人，迫降242人，缴获各种武器330件，分化瓦解叛匪骨干4200人，彻底平息了布拖坝子的叛乱。

1957年2月，根据上级指示，李业子率领战士在运动中清剿消灭残敌，采取远距离奔袭合围、分片包干、点面结合、隐蔽伏击的作战方式，在以喜德县瓦果为中心的莫洛红莫、马姑合普两大山之间，平息了以罗洪宗族为首的叛乱分子发动的武装叛乱。历经大小战役125次，歼敌821人，缴获枪支648支、轻机枪8挺、60迫击炮3门。是年7月，根据凉山军分区和彝民团司令部的命令，李业子带队在昭觉罗莫大山捕捉零散逃窜的武装叛乱分子，击毙窜叛15人，搜缴隐藏枪支20支。是年10月，昭觉县古里拉达平叛战役打响，李业子带队在支尔莫、甘多洛古、且莫等地，在运动中消灭叛匪51人，搜缴枪支16支。1958年2月，根据组织安排，李业子到重庆步兵学校读书学习。1967年，甘洛县吉米地区有群众反映有流窜叛匪，请求彝民团进剿。李业子部奉命驻防，积极配合县上工作队，发动群众，宣传党的民族政策，进山收缴叛匪枪支5支。

1968年7月，正是“文化大革命”武斗高潮时期。时任三营教导员（营党委书记）的李业子，接凉山军分区和彝民团司令部的命令，率三营转运军分区弹药库新式武器1200箱到比尔区，严格落实武器弹药保护措施，防止了造反派抢夺新式武器和枪支弹药事件发生。同年，布拖县西溪河以比补、吉狄、莫什宗族为首，纠集330余人发生新叛，分股活动于布拖、金阳交界地，先后打死布拖县人武部干部和区委干部6人，抢劫公私财产，进行骚扰破坏活动。李业子接成都军区命令，率彝民团三营一连，冒雨长途奔赴西溪河，召开敌情调查会，很快掌握了地形、社会环境和敌情，取得了平叛主动权，趁势将这股叛匪消灭，击毙击伤叛匪65人。

1973年8月，李业子在布拖县人民武装部工作。1982年，李业子转业到美姑县工作，任县人民政府副县长，分管民政、交通等工作。其间，在尊重历史的基础上，他主持界定了美姑、雷波两县长期存在的边界争议问题。还主持修建了拉木阿觉乡至柳洪、乐约乡的公路。1983年12月，李业子任县政协常务副主席（正县级）。

李业子在部队工作期间，曾获得团嘉奖3次，获凉山军分区嘉奖战斗英雄纪念奖章2枚、“五好战士”奖章1枚、成都军区政治部“一级战斗英雄模范”军功章1枚。1965年10月1日，他光荣地出席北京国庆观礼，受到毛主席的亲切接见。1969年10月1日，他再次荣幸出席北京国庆观礼，并安排参加周恩来总理在人民大会堂主持的欢迎来宾的国宴。

1998年10月21日，李业子在美姑病逝，享年63岁。

吉克木曲

吉克木曲（1955—2000），男，彝族，中共党员，四川省美姑县洛俄依甘乡人。

吉克木曲幼小时读过小学，成年后当过赤脚医生，1976年12月，他应征在中国人民解放军52938部队94分队服役，任过副班长、班长。

1980年12月，吉克木曲退伍回乡，第二年担任村民兵连连长。自1986年担任洛俄依甘乡依波沃村主任以来，尤其是1989年担任该村支部书记以来，他大胆打破陈规陋习，率先把家从山顶搬到山脚下的平地，修建砖瓦房，建起畜圈和厕所，实现了人畜分居，并搞起庭院经济。在他的感召下，村民们也陆陆续续从山顶迁了下来。全村158户都达到了“形象扶贫”的各项指标，彻底改变了“低矮土墙茅草房，三块石头支锅庄”的生活。

依波沃村地处二半山，资源匮乏，脱贫致富难度相当大。吉克木曲响亮地提出“宁愿苦干，不愿苦熬”的创业口号，带全村党员和群众，风里来，雨里去，战严寒，斗酷暑，改田改土。几年中，该村共改田改土68公顷，修建水渠12000米。吉克木曲组织大家学科技，大搞科学种田，并从汉区请来种田能手，教大家早育秧、种植、施肥、除草和治虫，还组织大家大量种植油桐、苹果、花椒等经济林木，倡导科学养猪，大幅度增加农民收入。到1999年，该村人均有粮1035公斤，人均纯收入1670元，比10年前翻了10倍多。

以前，依波沃村校舍破旧，入学率低。在吉克木曲的带领下，依靠有关部门大力支持，群众集资投劳，建起了一所崭新的村小。为了鼓励大家送子女读书，吉克木曲经村支部通过，制定了奖励措施。1996年，他还拿出5300元钱，给全村86名小学生每人买了一套校服，希望他们好好学习，掌握科学文化知识。到1999年，村小已增加到6个班，在校生135人，学龄儿童入学率达99%。

1996年1月8日，寒气袭人。当时的四川省委书记谢世杰到美姑慰问，在依波沃村，他亲眼看到了吉克木曲带领群众汗流满面地改田改土的热闹场面，又走访了农户，了解到依波沃村“宁愿苦干，不愿苦熬”，改变贫穷落后面貌的事迹后，握着吉克木曲的手，高兴地说：“干得不错呀。你们依波沃是一面苦干的旗帜，是苦干不苦熬的榜样，是大凉山艰苦创业的证明，你们的奋斗精神值得全省人民特别是贫困地区人民认真学习。”还奖励依波沃村10万元。是年，中共美姑县委、县人民政府和中共凉山州委、州人民政府分别在3月和5月作出《关于向依波沃村学习的决定》，吉克木曲被州人民政府、凉山军分区记一等功，当选为凉山州第七届人大代表，并出席了中共四川省委纪念建党七十五周年暨表彰先进基层党组织、优秀党务工作者大会。在这次大会上，依波沃村党支部被四川省委授予“先进基层党组织”称号。第二年，吉克木曲当选为中共十五大党代表、四川省九届人大代表。同年9月，他光荣地出席了在北京召开的中国共产党第十五次全国代表大会，幸福地登上了天安门城楼，受到中央军委副主席、国防部部长迟浩田的亲切接见。1998年10月，吉克木曲被四川省“五好”文明家庭创建活动协调小组评为“五好”文明家庭。1999年，吉克木曲被司法部评为“全国优秀人民调解员”。

2000年1月28日，吉克木曲在成都开完四川省九届人大三次会后返回美姑，途中遭车匪路霸袭击，不幸牺牲。是年3月16日，中共美姑县委、县人民政府作出《关于进一步开展向吉克木曲同志学习的决定》，中共凉山州委、州人民政府和中共四川省委分别于4月21日和6月23日作出《关于向吉克木曲同志学习的决定》和《关于开展向吉克木曲同志学习活动的决定》。2001年9月，四川省人民政府追认吉克木曲为革命烈士（川府民政〔2001〕55号）。

阿则乃莫

阿则乃莫（1938—1989），原名阿曾乃莫，男，彝族，四川省美姑县依果觉乡人。

1956年，阿则乃莫任美姑县依果觉乡依果觉社社长，拥护党的民改政策，带领社员积极参加民主改革。阿则乃莫1974年任美姑县依果觉公社农科员，1982年12月当选为第六届全国人大代表。

依果觉乡依果觉村位于美姑县北部的美姑河西岸，海拔2270米。全村地势西北耸兀，环境恶劣，光热条件差，粮食作物产量低下。在1956—1977年期间，彝族群众主要依靠国家救济粮食过日子。阿则乃莫看在眼里，急在心头，想方设法，因地制宜，带领群众努力发展粮食生产，从而基本解决了人民群众温饱问题。

阿则乃莫深知自己文化基础差，便利用晚上时间刻苦学习文化知识，并利用所学知识，组织群众积极开展马铃薯高产品种改良，发展马铃薯良种基地。1978—1982年，他带领社员，克服重重困难，深入开展马铃薯实生种薯选育工作，先后完成“105-16”“316”等2个品种的选育与推广。他还在本地大力推广试种“凉薯3号”“凉薯97”等高产抗病马铃薯品种，获得成功。1983—1989年，阿则乃莫在县农业局的支持下，组织群众每年为依果觉乡建立马铃薯良种基地67公顷，年产2000吨优质马铃薯良种。在生产实践中，他组织建立优质马铃薯品种保护制度，完善良种保护措施。督促农户做好冬季种薯贮存期间的垫草覆盖，防止种薯冻害；监督农户不能把良种作为商品马铃薯销售或作为食用薯；抓好单种、单收、单贮，避免混杂；做大做强新品种推广利用，确保优质种薯发挥应有的效益，实现了马铃薯良种的稳产高产。因此，依果觉全乡农户得以用马铃薯种薯调换大米，实现了“在不生长水稻的依果觉，全乡人民群众吃上了白米饭”的梦想。其他乡（镇）农户主动来学习取经，为优质马铃薯在全县的推广应用奠定了群众基础。阿则乃莫在县内大力推广良种马铃薯种薯的同时，还组织生产优质马铃薯良种，外调到马边、峨边、沐川等县和甘孜、阿坝等地区，甚至远调到贵州、云南等省，为凉山州乃至于四川省马铃薯生产的发展做出了重大贡献，解决了人民群众的温饱问题，同时，也为国家节约和减少救济粮食的发放做出了贡献。

1982年12月，阿则乃莫当选为第六届全国人大代表。在任期内，他充分利用全国人大代表身份，积极向大会提交支持彝族地区农业生产发展的建议和议案，并受到党和国家领导人的亲切接见。

1989年3月，阿则乃莫在出席第八届美姑县人民代表大会时，突发疾病，经医治无效去世，享年51岁。

克其依博

克其依博（1913—1992），男，彝族，四川省美姑县原瓦苦尔库乡人。1955年年初参加革命工作，1956年3月加入中国共产党。生前历任自卫队队长、民改工作组组长、瓦苦尔库乡农协会主席，依洛拉达乡党支部书记、拉木阿觉乡党委书记，甲谷区公所副区长、区长、州县人大代表，美姑县人大常委会委员、政协美姑县委员会委员、常务委员会委员等职。

克其依博出身贫苦奴隶家庭，在旧社会里没有生产资料，长年累月为主子（奴隶主）干活，过着饥寒交迫、牛马不如的生活，受尽了奴隶主的剥削和压迫。1956年凉山民改工作队进驻瓦苦尔库时，他为民改工作队积极分子，承担给解放军和民改工作队送信、送粮等后勤服务工作。1954年9月，克其依博组织奴隶群众1000余人起义，获得成功。接着，在党的领导下，组织了自卫队，他任自卫队队长，这支自卫队为保卫民主改革，镇压奴隶主的武装叛乱，发挥了一定的作用。为民主改革运动在美姑地区的顺利开展打下了坚实的基础。

1955年年初，克其依博带领民改工作队进村分田分土给奴隶群众。1955—1956年，部分奴隶主对废除奴隶制度解放奴隶，分田分土不满，挑起反改革的武装叛乱，疯狂地袭击驻区、乡工作队，围攻县城，杀害要求改革的群众和积极分子。为了广大劳动群众的翻身解放，保卫民主改革，克其依博带领工作队和解放军参加里门夯（今竹核）、瓦苦尔库、依洛拉达、子威、子地阿门、山岗、候播乃拖等地的平叛战斗。在战斗中，他冲锋在前，不怕牺牲、英勇顽强，立下了大功，被群众称为战斗英雄。平叛结束后，克其依博被中共凉山工委、凉山军分区、成都军区授予“战斗英雄”“先进工作者”称号。先后获得锦旗6面，步枪1支，子弹100发及其他奖品。1955年年底，他应邀参加凉山州委在昭觉召开的人代会和奴隶代表会。民改工作结束后，克其依博先后任中共依洛拉达乡支部书记、拉木阿觉乡党委书记和林木甲谷区副区长、区长等职。

1966年“文化大革命”开始，克其依博受到冲击，被打成党内走资本主义道路的当权派，遭到无情地批斗、欧打、游街、监督劳动。造反派给他罗织叛徒等罪名，进行打击迫害。克其依博因受不了这沉重的打击，两次自杀（未遂），最后被关进监狱。他在瓦苦尔库的家也被抄，妻子、儿女受株连，家庭财产及民改时奖给的各种奖品全被抄走。

1978 年，克其依博的错案得到纠正，并恢复名誉，组织还给他安排了工作岗位。1986 年，正式退休。1992 年 1 月，克其依博因病在瓦苦尔库家中去世，享年 79 岁。

第二章　人物简介

第一节　英雄模范

甘铁古

甘铁古（1933—2005），彝族，四川省峨边县人，模范民警。1956 年加入中国共产党。历任峨边县公安局股长、美姑县公安局副局长。在20世纪50年代初追歼土匪和后来打击刑事犯罪的战争中，甘铁古坚决勇敢。在女儿惨遭报复杀害后，他忍住悲痛，继续忠于职守，秉公执法。1982 年 5 月 10 日，甘铁古在追捕盗枪罪犯时，挺身抓住罪犯射击的冲锋枪，被跳弹打成重伤，仍强力压住枪管，直到战友赶来擒住罪犯。甘铁古曾两次立功。1982 年，他被公安部授予“公安战线一级英雄模范”称号。

吉克洛目

吉克洛目，生于 1954 年，男，彝族，四川省美姑县人。1972 年，凉山州民族师范学校毕业，同年参加工作。曾任中共美姑县城关小学党支部书记。1988 年，评聘为小学高级教师。1994 年，被四川省人民政府授予“小学特级教师”称号。

吉克洛目毕业分配到美姑县边远山区的以博杂则村教书，动员到 21 名学生，恢复了停办多年的学校，1978年，这个班在全县六年级毕业统考中名列前茅，成为美姑县第一个全班升入初中的班级。1978 年他调到子威乡负责全乡的教育工作，全乡学生在校巩固率由 30% 上升到 95%，学生成绩平均提高 30 分。他利用业余时间自编彝文教材刻印成册，组织全乡青年学习科学文化知识。1980 年调到甲谷学区任扫盲专职干部，用山羊皮作黑板更省事，便在极原始的条件下开展全区的扫盲活动。至 1984 年，经县人民政府验收，甲谷区（计 8 个乡）脱盲 6428 人，合格率 86.75%，成为全县第一个脱盲区。1986 年，任县文教局成人教育股股长，继 1985 年凉山州对美姑县扫盲教育验收合格后，1989 年，美姑县跨入了省扫盲先进县行列。1990 年 10 月，他调任美姑县城关小学党支部书记。在他和全校教职工共同努力下，1992 年，该校被命名为四川省文明单位。1993 年，城关小学党支部被评为先进党支部，他自己先后多次被县委组织部和直属工委评为优秀党员。

在全县的彝文扫盲中，他举办了两期专兼职教师培训班。培养了 53 名合格的彝语文专兼职教师。他与县计生委合作，将计生知识、法规教育扫盲活动挂钩，共同翻译编写了《人口理论》《婚姻与生育》《生理与卫生常识》共 17 万册，作教材和读物。还举办 3 期新闻写作基础知识培训班，培养农村青年学以致用的能力。他组织全县脱盲学员搜集美姑传统文化素材，经他整理出版了《美姑民间故事集》《美姑谚语》《美姑克智集》《美姑儿歌集》等。

吉克洛目撰写的论文有《搞好扫盲工作必须发扬家支头人的崇威》（1989 年 9 月 17 日在康定召开的中国西部民族教育研讨会上交流）、《巩固扫盲成功，发展农村技术教育》（1989 年 12 月

30日在四川省先进教育工作会议上交流）、《浅谈我县农村彝族妇女扫盲难的问题》（1990年8月21日在西昌召开的省三州一地成人教育协作会议上交流）等。他还帮助县语委翻译了《属飞特依》《阿吉侯播特依》《席米特依》等数册彝文古典经书；为本地彝族干部解答了很多彝族古典法规及风俗习惯方面的疑难问题。省、州、县先后给予他13次奖励。1989年，他荣获四川省“先进教育工作者”称号，当时的省政府副省长韩邦彦对他的事迹作了充分肯定。

杜　三

杜三，生于1927年，男，汉族，山西省平鲁县人。

杜三原名杜清华，在家兄弟中排名老三，因与长辈同名，故改名杜三。他从小给地主当小长工，放羊、放牛、背(挖)煤。1945年8月，杜三在平鲁县下沟村报名入伍，被分配在晋绥野战军三纵队三旅十七团一营一连当战士。

1946年6月，蒋介石挑起内战，解放战争打响，贺龙司令员领导的晋绥野战军的几个旅，组成晋绥野战军第三纵队。杜三在该纵队五旅十五团一营一连任副班长。

1949年2月1日，根据中央军委命令，西北野战军整编为中国人民解放军第一野战军，第三纵队整编为第三军。杜三在九师五旅二十七团一营二连任排长。7月7日，杜三参加扶郿战役，12日，攻占扶风西南罗局镇和扶风车站，截断了敌人的退路。在罗局镇与敌人展开激烈争夺，成功地阻止了敌人突围。12日午夜，杜三所在部队攻占了凤翔。14日，又攻占了益门镇。24日，杜三参加陇东追击战，他和战友们先后解放陇县、安口窑、华亭、化平、通渭。9月，沿兰新公路向西北追击敌人。是月21日，杜三和战友们与一兵团会师张掖，配合四军在兰州战役中攻占狗娃山，后率先突破兰州西关，抢占黄河铁桥，切断了国民党守军之退路，取得了西北战场的全部胜利。杜三所在的三军(三纵)九师(五旅)二十七团渡过黄河后，进军河西走廊。由军长黄新庭率团组成快速部队，配备轻型坦克装甲车、汽车，长驱千里，进占老君庙（今玉门油田），执行保护油田任务，防止敌人破坏油田，使中国当时唯一的石油矿区免遭破坏。随后，杜三和战友们又坐车赶到敦煌，执行保护祖国文化遗产千佛洞的任务。

1952年2月至1953年6月，杜三在青海西宁市军干校学习。1953年6月，杜三所在部队从兰州经吉林入朝，守三八线，上马良山、老秃山前沿阵地。1955年9月，杜三随部队回到四川成都，被授予少尉军衔。

1955年9月至1957年6月，杜三在成都预三师七团一营四连任排长。1957年7月，全川在军队中抽调987名干部组成民改工作团，来到凉山参加改革和平叛工作，杜三被分配在美姑县工作队工作，任中尉。1958年，杜三转业到美姑县工交部玉龙煤厂任书记，1962年又调到商业局食品厂任厂长、书记。1982年，杜三组织干部职工，先后从省商业机械厂购置硬糖成型机、饼干成型机和州内第二条大型红外线隧道式电烤炉，投入生产。1986年，杜三正式离休，享受处（县）级政治、生活待遇，后调整为副厅级工资、医疗待遇。

杜三在13年的军旅生涯中，先后获得华北解放纪念章、西北解放纪念章、抗美援朝纪念章、凉山民主改革纪念章和解放军解放奖章。2005年8月，在抗日战争胜利60周年之际，杜三荣幸地获得中共中央、国务院、中央军委颁发的“抗日战争胜利”纪念章。

罗清国

罗清国，生于1955年，男，彝族，四川省美姑县人，中共党员。

罗清国1973年参加工作，先后当过赤脚医生，基层卫生院医生、院长，1986年4月起到2009年，担任县疾控中心（原卫生防疫站）主任、主任医师。先后兼任中国民族医药学会会员、四川省麻风协会第三届理事会理事、四川省预防医学会会员等职务。享受省劳模待遇。

罗清国1975年从凉山卫校中医班毕业，2001年，完成了西南民族大学中国少数民族语言文学硕士行政管理专业研究生进修班学习（结业）。

罗清国参加麻风普查普治和线索调查，指导畸残病人做康复锻炼，经他诊治的麻风病人有131例。1999年，他争取到了澳门利玛窦社会服务和台湾麻风服务协会的援助，当时每月为麻风病人发放40元的生活补助，现已将麻风病人的生活补助从40元提高到80元。2001年、2002年他又先后争取到190万元资金，为麻风村修建了吊桥、康复院住房、医务室、学校，安装了水电等设施，还捐赠了26560件衣物。20多年来，他先后进麻风村诊治病人、康复培训、慰问、招生办学等176余次，仅个人就为麻风村残疾人员和学生捐钱捐物达5000余元。

2003年，在防治“非典”的关键时期，罗清国奔波于全县各乡（镇），指导检查预防“非典”工作，密切追踪返乡民工，开展发热病人流调和医学观察，追踪调查和追踪隔离观察近百名返乡人员。2004年以后，他又主持并参与全县肺结核控制项目，共检查病人2586例，确诊免费治疗病人1496例。

罗清国针对美姑疾病预防控制工作的实际情况，把健康教育作为疾控工作的重点，在他的不懈努力下，健康教育被县委党校纳入培训课程，近年来，累计开展各种培训1226次（场），32万人次参训，受到健康教育。他利用业余时间编写彝汉双语《农村重点疾病与健康教育培训提纲》《霍乱病防治知识宣传手册》《艾滋病预防与控制》等健康教育材料，被作为全县健康教育培训教材和科普资料。结合美姑实际，他从2005年开始重点加强彝族家支长者、民间调解员、毕摩培训，此举受到国家和省州项目办领导好评，作为美姑健康教育工作亮点来推广。

罗清国撰写的《美姑县计划免疫现状调查与对策》《彝族小学生HBsAg（即乙肝表面抗原）基线调查结果分析》《1998—2000年美姑县霍乱流行原因分析》《2001—2006年美姑县麻疹流行分析》《关注民族地区艾滋病及其社会问题》《利用本土文化开展艾滋病综合防治》等20篇医学论文在《中华流行病学》《预防医学情报》《健康大视野》《中国艾滋病性病》等刊物上发表。

2008年罗清国，被评为凉山州首届“十佳”道德模范人物和移动通信杯“感动凉山”十大新闻人物；2009年，获得美姑县杰出创新人才奖和双争双创活动优秀人才示范岗。1998年、2003年，先后两次被凉山州委、州政府授予有突出贡献的科技拔尖人才称号。

呷铁大哥

呷铁大哥，生于1965年，男，彝族，四川美姑县人。1986年7月，毕业于凉山民族师范校，并参加工作。他1996年毕业于四川教育学院思想品德函授专科班。2001年，毕业于四川师范大学教育管理函授本科班。中共党员。

呷铁大哥先后分配到西甘萨乡任教导主任，巴普区中心校任副教导主任兼一类模式数学教师，美姑县民族中学一类模式数学教师、班主任、教研组长、工会主席、政教主任、副校长，美姑县城关二小任党支部书记。2007年，呷铁大哥任美姑中学党支部书记，高级教师。

呷铁大哥关心学生。从1995年起，他捐资设立“大哥成才奖”，每年颁奖一次。已有的日达莫、瓦西阿地等100多位品学兼优的学生，获得此项奖。

呷铁大哥积极参加教育教学研究工作，撰写有《爱的耕耘，严的管理》《浅谈凉山彝文数学术语翻译点滴体会》《浅谈校长应具备的素质》《浅议民族地区重点寄宿制学校学生管理》《立德树人，做人民满意的教师》等教育教学论文。其中，《浅谈校长应具备的素质》一文，在2002年荣获省教育厅论文评选三等奖，并入选《中国教育教学园丁论坛》一书。

呷铁大哥为发展民族教育付出了大量的心血，1992年，评为凉山州优秀教师。1993年，被评为四川省“青年骨干教师”。1994年，被评为凉山州“十大杰出青年”。1995年，被评为凉山州“有突出贡献的优秀教师”和“全国优秀教师”。1997年，被授予“美姑县第二届拔尖人才”称号、“四川省师德标兵”称号。1998年，荣获凉山州一类体制初中青年教师教学优质课竞赛一等奖。1999年，被中共凉山州委、州人民政府授予“建设凉山先进青年”称号。2004年，被评为凉山州学术和技术带头人后备人选。2005年，被评为凉山州骨干教师。2006年，被评为凉山州第十一批有突出贡献拔尖人才。2006年9月，被授予四川省第八批“特级教师”。

第二节　领导干部

一、在美姑县任县主要领导干部后担任副厅级及以上领导干部

肖光成

肖光成，生于1946年，男，汉族，四川省大竹县人，中共党员。

1969年9月参加工作，四川农学院土化系土化专业毕业，大学文化。1965年9月—1969年9月，四川农学院土化系土化专业学习。1970年5月，在解放军7852部队农场劳动锻炼。1971年8月—1983年12月，历任美姑县工交局科员、副局长、党支部书记。1983年12月，任美姑县人民政府副县长、美姑县委副书记。1986年7月，调任西昌市委副书记、市长。1988年7月，任凉山州副州长。1989年12月，任凉山州委常委、副州长。1993年7月，任四川省委副秘书长。1995年2月，任凉山州委书记。1996年3月，任凉山州委书记兼州政协主席。1999年2月—2000年8月，任四川省委副秘书长、省委办公厅主任、省委常委办主任。2000年8月任四川省委统战部部长。2002年4月，任四川省政协副主席、省委统战部部长。中共十五大代表，九届全国政协委员，八届中共四川省委委员。

马开明

马开明（1944—2007），男，彝族，四川省雷波县人，中共党员。

1966年9月参加工作，中央党校研究生学历。1963年9月—1966年10月，在中央民族学院预科一部学习。1968年10月—1980年9月，任四川省美姑县中学教师、校革委副主任、党支部书记、校长。1980年9月—1986年7月，任四川省美姑县革委副主任、副县长、县长、县委副书记（其间，1983年9月—1986年6月，在中央党校培训部研究生班学习）。1986年7月，任美姑县委副书记、县长；1988年3月，任布拖县委书记。1988年6月，任凉山州委常委、布拖县委书记。1989年2月，任凉山州委常委。1990年2月，任凉山州委副书记、州人民政府副州长；1991年3月，任凉山州委副书记、州人民政府州长；1999年2月，任省人民政府省长助理；2001年2月，任省人民政府副省长；2003年1月，任四川省人大常委会副主任。第八届、第九届全国人大代表，第八届四川省委委员，省十届人大代表。

蒋明清

蒋明清，生于1947年，男，彝族，原名吉乃阿布木特，四川省甘洛县人，中共党员。

1974年10月—1976年7月，在凉山民族师范学校读书（其中，1975年8月—1976年7月任代课教师），1976年7月，毕业后留校任教。1979年9月—1980年7月，在四川大学进修历史。1980年8月起，在凉山民族师范学校任教，先后担任班主任、校办主任、副校长，（其间，1985年9月—1987年7月，在中共四川省委党校政治专业学习）。1988年4月，任美姑县委副书记、县人民政府县长。1991年12月，任昭觉县委书记、县武装部党委第一书记。1995年8月，任凉山州人民政府州长助理。1996年3月—2007年1月，任凉山州人民政府副州长。

周友苏

周友苏，生于1953年，男，汉族，重庆市涪陵区人，大学毕业，研究员，中共党员。

1970年参加工作，历任四川省社会科学院法学研究所研究员、四川省社会科学院法学研究所副所长、美姑县委副书记、四川省社会科学院法学研究所所长、四川省社会科学院党委副书记、常务副院长。

达久木甲

达久木甲，生于1959年，男，彝族，四川省甘洛县人，中共党员。

1982年8月参加工作，1978年10月至1982年7月，在中央民族学院读书。1982年8月至1993年8月，在凉山州委宣传部工作，历任秘书、办公室副主任、主任（其中，1987年3月至1989年4月在昭觉县四开区挂职任副书记）。1993年8月至1994年3月，任凉山州广播电视局副局长。1994年3月至1996年4月，任凉山州人民政府副秘书长。1996年4月至2001年2月，任中共美姑县委副书记（1996年4月至9月）、书记（1996年10月至2001年2月）。2001年2月至2005年9月，任凉山州人民政府秘书长，州政府办公室党组书记。2005年9月，任凉山州人民政府副州长。

杨再友

杨再友，生于1952年，男，彝族，四川省雷波县人，研究生学历，高级经济师，中共党员。

1971年12月，在云南省永善县商业局工作。1973年1月，在部队当兵，任文书。1976年4月，在永善县商业局、供销社工作。1982年8月，任云南省永善县文工队队长。1984年9月，在雷波县委研究室工作。1986年1月，任雷波县人民政府办公室副主任、主任。1988年9月，任中共凉山州委办公室副主任。1992年12月，任美姑县委副书记、县人民政府党组书记、副县长，主持工作。1993年4月，任中共美姑县委副书记，主持县委工作。1993年9月，任凉山州粮食局局长、党组书记。1998年1月，任四川省粮食集团公司副总经理、党委副书记。2006年3月，任四川省粮食集团公司董事长、党委书记。

二、美姑县委主要领导干部

蔡辉甫

蔡辉甫（1947—2008）年，男，彝族，大专文化，四川省雷波县人，中共党员。

1965年5月，参加工作，1969年1月，加入中国共产党。1965年5月，任雷波县基干民兵队卫生员。1968年3月至1973年5月，历任四川省军区独立五团战士、班长、排长、副指导员。1973年6月，任凉山军分区政治部干事。1979年2月至1989年2月，历任美姑县人武部副科长、科长、政委。1989年3月起，历任中共美姑县委副书记、书记。1993年7月，调入凉山州检察院历任党组副书记、副检察长、调研员。2007年10月退休。

何荣修

何荣修（1941—2006）年，男，汉族，四川省乐山市五通桥区人，中专文化，中共党员。

1959年8月，凉山师范学校毕业后参加工作。历任美姑县子威村小学教师，尔库乡中心校负责人，候播乃拖中心校学区负责人；越西县申果庄社教工作分团组织组、甘洛县城市社教分团文卫工作队队员；美姑县候播乃拖区委秘书，美姑县革委会组织组、县委组织部干事，美姑县文教局副局长、县委党校副校长、县委宣传部副部长、县委宣传部部长。1987年，任美姑县委常委、宣传部部长。1991年，任美姑县委常委、县人民政府副县长。1993年，任美姑县委书记、县人武部党委第一书记。1996年，任中共凉山州委政策研究室主任。2000年，改任中共凉山州委政策研究室调研员。2001年7月退休，享受副厅级待遇。系中共凉山州委四届委员、凉山州七届人大代表。

马小林

马小林，生于1960年，男，彝族，四川省西昌市人，大学文化，中共党员。

1978年12月，在美姑县候播乃拖乡任文书。1979年2月，在美姑县前进乡、牛牛坝区委工作，历任公社管委会副主任、牛牛坝区委委员、秘书、区委副书记兼典补乡党委书记。1983年6月，任美姑县总工会副主席。1983年12月，任美姑县委办公室副主任（其间，1985年9月—1987年7月，在州委党校政治专业学习）。1988年7月，任美姑县委办公室主任。1990年3月，任美姑县委常委、县委办公室主任，（其间，1990年7月—1991年9月，在重庆江津县挂职任书记助理）。1994年8月后，历任美姑县人民政府副县长，县委常委、县人民政府常务副县长，县委副书记、县人民政府代理县长，县委副书记、县人民政府县长。2001年2月，任中共美姑县委书记。2005年11月，任凉山州扶贫开发两资办党组书记、副主任。2006年4月，任凉山州扶贫开发和两项资金管理办公室党组书记、主任。

黄　凤

黄凤，生于1963年，男，汉族，四川省喜德县人，中共党员。

1982年7月，毕业于西南民族学院畜牧兽医专业，同年7月参加工作。1986年5月，加入中国共产党。2009年5月，在四川省委党校区域经济专业毕业，在职研究生学历。1982年7月，在会东县畜牧局堵格乡改良站工作。1985年3月，在会东县科协工作（其间于1987年任副主席）。1988年8月，任共青团会东县委书记。1992年6月，任共青团凉山州委常委、青少部部长。1993年8月—1996年4月，任凉山州委组织部组织科副科长（保留正区级）（其间，1995年8月，在省委党校二党校中青班学习）。1996年4月，任凉山州委办公室正区级秘书。1998年6月后，历任凉山州委办公室副主任（其间，1997年9月—1999年7月，在西南师范大学思想政治教育研究生课程班学习），凉山州委副秘书长，州委办公室主任。2005年11月，任中共美姑县委书记。2008年10月后，任凉山州城乡规划建设和住房保障局党组书记、局长。

曲木克古

曲木克古，生于1963年，男，彝族，四川省越西县人，大学文化，中共党员。

1984年7月，在越西县人民政府办公室工作，任秘书。1985年12月，任越西县乃拖镇团委书记、文书。1987年3月，任越西县体改办主任。1989年8月，任越西县顺河区委副书记。1990年12月，任越西县委宣传部部长、总支书记。1993年3月，任越西县人民政府副县长。1997年12月，任喜德县人民政府副县长。2000年10月，任凉山州人民政府体改委副主任、党组成员。2002年5月，任凉山州人民政府体改委主任、党组成员。2005年10月，任中共美姑县委副书记、县人民政府县长。2008年10月，任中共美姑县委书记。

三、美姑县人民政府主要领导干部

吉牛木果

吉牛木果，生于1954年，男，彝族，四川省美姑县人，中共党员。

1971年，毕业于美姑县初等师范班，1972—1974年，在美姑县井叶特西中心校任教。1975年10月—1978年10月，在西南民族学院数理系数学专业学习，大学专科毕业。1979—1980年，在美姑县巴普区中心校任教。1981年，任巴普区任学区负责人。1983年1月起，历任美姑县教育局任副局长、美姑县人民政府办公室副主任、美姑县教育局局长、美姑县人民政府副县长、美姑县委常委、县人民政府代理县长。1992年1月—2001年1月，任凉山州财贸学校党委副书记、校长（其间，参加中共四川省委党校函授学院经济管理专业学习，并取得本科毕业证书）。2001年2月起，历任凉山州林业局党委副书记、副局长，书记、局长职务。

沙马古日

沙马古日，生于1952年，男，彝族，四川省美姑县人，大学文化，中共党员。

1968年10月参加工作，先后在布拖县交际河、美姑县九口公社当知青。1971年3月，在美姑县化工厂工作。1974年11月，在美姑县树窝公社工作，其间光荣加入中国共产党。1976年5月，调美姑县瓦侯区委任秘书。1979年2月，任美姑县龙窝公社党委书记。1981年3月至1986年7月，先后任美姑县瓦侯区委副书记、区长、区委书记。1986年7月，任美姑县农委主任。1987年3月，任美姑县人民政府副县长。1993年3月，任美姑县人民政府县长、县委副书记。1998年1月，任州农机局党组书记、局长。2001年2月，任州畜牧局任党委书记、局长。2008年10月，任州畜牧局调研员。

沈鲁清

沈鲁清，生于1965年，男，彝族，四川省雷波县人，大学文化，研究生结业，中共党员。

1981年10月，应征入伍，在解放军某部队服役，历任战士、班长、司务长、排长等职。退伍后，于1987年10月分配在雷波县建设银行工作。1990年10月，调昭觉县工作，先后任县人民银行办公室副主任、主任、县财政局局长，县人民政府副县长。2000年7月，调往美姑，历任中共美姑县委副书记（其间，上派到省林业厅挂职，任林政资源处副处长）。2001年2月，任中共美姑县委副书记、县人民政府县长。2005年9月，调任凉山州旅游局局长、党组书记。

子克拉格

子克拉格，生于1964年，男，彝族，四川省金阳县人，中共党员。

1980年9月至1983年7月，西昌师范校彝语文专业学习。1983年7月至1988年7月，在金阳县教育局工作（其间，1985年9月—1988年7月在西南民族学院彝文师范专科班学习），1988年7月—1991年7月，在金阳县政协工作（其间，1989年3月任文史委副主任）。1991年7月—1996年7月，任共青团金阳县委副书记、书记，（其间，1994年10月—1996年3月在涪陵烟厂挂职厂长助理）。1996年7月，任金阳县洛觉工委书记。1998年3月—2003年1月，任金阳县人民法院院长、党组书记（其间，1998年9月—2000年7月，在西南师范大学现代管理与公共关系方向研究生课程进修班学习）。2003年1月—2007年11月，任中共金阳县委副书记（其间，2004年7月—2006年7月，在四川工商管理学院工商管理专业研究生班学习）。2007年11月，任中共德昌县委副书记。2008年10月起，任美姑县人民政府县长。

四、美姑县人大常委会主要领导干部

黄季安

黄季安，生于1943年，男，彝族，四川省美姑县人，大专文化，中共党员。

1956年6月，在美姑县候播乃拖民改工作团工作。1957年10月—1961年7月，在凉山民族师范学校学习。1961年7月，在布拖县税务局工作。1963年3月，任布拖县衣莫区税务所负责人。1969年6月，任布拖县衣莫区革委会政工干事。1970年8月，任布拖县广播站播音员。1971年1月，先后任布拖县衣莫区委副书记、书记，布拖县委副书记兼衣莫区委书记。1979年11月后，历任美姑县委副书记、美姑县人大常委会副主任、美姑县人大常委会主任、美姑县人大常委会调研员。2001年10月退休。

陈海英

陈海英，生于1947年，女，彝族，四川省昭觉县人，中专文化，中共党员。

1968年12月，在美姑县柳洪乡任文书。1973年，任柳洪区妇联主任。1975年7月，任美姑县委副书记、纪委书记。1984年1月，任美姑县委常委、纪委书记。1997年2月，任美姑县政协主席。1998年3月—2003年2月，任美姑县人大常委会主任。

阿培拉门

阿培拉门，生于1951年，男，彝族，四川省美姑县人，中共党员。

1973年12月参加工作，先后在美姑县觉洛乡、若哈乡、树窝乡、瓦侯片区中心校任教师、教导主任、校长。1981年12月，任美姑县瓦侯区委宣传员。1983年11月，任任美姑县瓦侯区委副书记。1985年4月，任美姑县瓦侯区委副书记、区长（其间1987年9—12月，在凉山州委党校干部基础专业班培训）。1989年8月，任美姑县瓦侯区委书记。1991年9月，任中共美姑县委宣传部部长（1994年，任副县级理论教员，1991年—1992年，在州委党校第一期中青班培训）。1997年3月，任美姑县政协副主席兼中共美姑县委宣传部部长。1998年2月，任中共美姑县委副书记（1999年9—12月，在四川省委党校县书记班培训）。2003年2月起，先后任十一届、十二届美姑县人大常委会主任。

五、政协美姑县委员会主要领导干部

董朝根

董朝根，生于1937年，男，汉族，曾用名董燕峰，四川省犍为县人，中共党员。

1956年5月，在洪溪县参加工作。1959年，任洪溪区委秘书。1961年，任瓦西乡党支部书记。1962年，任区委秘书。1964年，任县委办公室秘书。1971年，任巴普区委书记、区革委会主任。1975年，任县林业局局长。1978年，任县委办副主任。1981年，任县农村工作领导小组办公室主任。1983年，任县农贸办主任。1986年以后，历任县委常委、县委办主任，县委常委，县人民政府副县长，美姑县政协主席。1993年2月退休。

李祥楷

李祥楷（1936—2004）年，男，彝族，云南省永善县人，中共党员。

1951年3月，在雷波县委工作。1953年3月，任凉山工委中山坪工作团治安组侦察员。1954年8月，任凉山工委甘洛地区工作团治安组侦察员。1956年3月，在普雄县公安局工作。1959年12月，在越西县公安局工作。1961年6月，任越西县下普雄区副区长。1963年6月，任金阳县革委干事。1969年5月，任金阳县工交局副局长。1981年6月后，历任美姑县林业局局长、县委统战部部长、县政协副主席、县政协主席。1997年4月，退休。

沙马木乃

沙马木乃，生于1942年，男，彝族，四川省美姑县人，中共党员。

1957年6月，任美姑县基干队林木甲谷分队队员、班长。1959年11月，任林木甲谷区公务员。1962年，任美姑县林木甲谷区依洛拉达乡党支委员、武装部部长。1965年9月，任美姑县林木甲谷区拉木阿觉乡党支部委员、革命委员会主任、武装部部长、党委书记。1972年，任美姑县林木甲谷区委副书记（其间，在西南民族学院政文系学习一年）。1975年12月，任洪溪区委书记。1978年9月，任巴普区委书记（县委委员）。1983年以后，历任美姑县纪委副书记、书记，县委常委、县委统战部部长，县政协副主席、主席。2003年10月退休。

沙马古依

沙马古依，生于1951年，男，彝族，四川省美姑县人，大专文化，中共党员。

1973年7月参加工作，在美姑县呷古公社工作。1975年11月后，先后在州路线教育队、美姑县尼哈公社工作，任党委副书记、管委会主任。1979年4月后，先后任共青团美姑县委书记、团州委委员、州青年委员（其间，1982年2—7月在中央团校学习）。1983年12月，任候播乃拖区委书记（其间，1988年7月—1989年7月，在凉山州民干校文秘班中专学习毕业）。1990年5月—1994年12月，任美姑县农委主任、党组书记（其间，1991年10月—1992年9月，在重庆市合川县挂职，任县长助理）。1994年12月—1996年9月，任美姑县人民政府县长助理（其间，1995年12月享受副县级待遇）。1996年10月，任美姑县人民政府副县长，（其间，1997年在凉山州委党校第13期县干班结业；1998—1999年，在西南农业大学西昌组合技术专业成人专科班学习毕业）。2003年2月，任十一届、十二届美姑县政协主席、党组书记（其间，2005年5月在全国政协第44期干部培训班培训结业）。

第三节　科技工作者

王泽远　生于1937年，男，汉族，四川省西昌市人，1958年8月毕业于西昌农校农学专业，曾先后担任美姑县示范农场副场长、场长，农业局副局长、局长，美姑县人大常委会副主任。1998年5月退休。王泽远长期从事农业科技研究和应用推广工作，1993年，荣获中国改革功勋奖章；1996年，被授予凉山州“有突出贡献的科技拔尖人才”称号，由他研究成功的“籽粒苋系列食品”和“紫参酒的酿造技术”获国家专利。曾先后在省级以上学术刊物上发表论文10余篇。1996年，应联合国粮农组织之邀赴泰国曼谷参加国际学术会议。其科研成果曾获四川省农牧厅科技进步二等奖一次，四川省星火科技成果二等奖一次、国家星火科技成果四等奖一次。

卢万发　生于1969年3月，男，彝族，中共党员，大学文化，四川省宁南县人，美姑县第二、三届有突出贡献的科技拔尖人才。2009年，卢万发任美姑县地方志办公室主任。卢万发长期从事教育教学研究工作，曾先后在州级、省级和国家级学术刊物上发表教学科研论文50多篇。其中，《“三重心”“两结合”语文教学法》《高校招生并轨将会给民族教育带来什么》《毕摩文化与彝族教育关系初探——兼谈彝族教育发展史》《主动调整专业结构设置，自觉服务民族地区两个文明建设》等十多篇论文被翻译成英文在许多国家交流。编著出版《民族教育法规及知识问答》(36万字）、《一面苦干的旗帜》(16万字）及《方志学原理》（30万字）。

龙庆安　生于1963年，男，汉族，四川省遂宁市人，中共党员，大学学历。1982年7月参加工作，中共党员，中学高级教师。

龙庆安在教学工作中，认真研究课标、教材、教学，精心设计教学手段和教学艺术。针对教材特点，坚持以“人本”为理念，以“课改”为背景，以“博爱”为主线，以“法规”为准绳，倡导因人而异、因材施教、分层教学、逐步到位的教学思想，强调培养学生综合能力，努力将枯燥无味的知识融入有趣的生活事例中，营造出生动活泼而纪律严明、节奏适度的课堂氛围。同时，他注重培养学生学习兴趣，更注重方法的分析、规律的运用，尽力将演示讲解与学生动手、动脑结合起来，让学生在轻松愉快的课堂中自主学习、合作学习、探究学习。

近20年来，龙庆安所担任的物理教学工作，不断取得优良成绩。据统计，在全省、全州的统一检测中，所教班级物理的平均分、及格率、优生率均连年位居全县前列，多人多次在省、州举行的物理考试中取得满分的优异成绩。他多次评为优秀党员和县优秀教师，多次荣获县教育教学质量一等奖，先后被授予美姑县、凉山州、四川省“骨干教师”光荣称号，被凉山州委、州人民政府命名为“凉山州知名教师”，两次被授予美姑县“双争双创活动优秀人才示范岗”称号，获美姑县首届“杰出创新人才”提名奖。美姑县“有突出贡献拔尖人才”等荣誉称号。

吉尔体日　生于1949年，男，彝族，四川省布拖县人。1969年，作为“回乡知青”被安置在美姑县九口公社瓦洛大队务农。1970年，被区革委推荐到“凉山‘五七’共产主义劳动大学医务专业普通班”学习，完成学业后在九口公社卫生所任代理医生。

1973—1977年，吉尔体日先后在美姑县大桥公社、九口公社和尔库公社担任文书工作。1986年，调到美姑县语言文字工作委员会工作。1988年，被聘任为助理翻译。1993年，被聘任为中级翻译职务。2007年，获得高级职务（副译审）任职资格，是年4月，被凉山州人事局任命为中国彝族毕摩文化研究中心副译审。吉尔体日在近三十年的彝学研究历程中与同仁们合作或独立编著和翻译出版了《美姑县地名录》（彝汉文对照）、《美姑县民间文学三套集成》（汉文）、《彝族历史谱牒》（彝文）、《彝族克智》（第二、三集）（彝文）、《凉山彝族驱鬼经》（彝汉文对照）、《彝族尼牧概论》（彝汉文各一部）、《彝族历典》（彝文和彝汉文对照各一部）、《彝族毕摩测能经》（彝汉文合装版）、《美姑彝族挽歌》（彝汉文对照）、《彝族克智全集》（彝文版）、《中国彝文典籍译丛》第三辑（彝汉文对照）、《毕摩文献译著》（彝汉文对照）、《凤凰经》（彝汉文对照）、《防癞经》（彝汉文对照）、《诱送女鬼经》（彝汉文对照）、《请魂祭神经》（彝汉文对照）、《赎魂经》（彝汉文对照）、《赞颂毕祖经》（彝汉文对照）等40余部作品。另有《凉山彝族宗教起源的考查——以彝文典籍为中心》等30多篇学术论文在省、州各类学术刊物上发表。

阿牛史日　生于1964年，男，彝族，四川省美姑县人。1982年7月参加工作，先后毕业于越西师范学校、西南民族学院少数民族语言文学系彝语文专业、四川自考汉语言文学专业、四川师范大学文学院学科教学论中文方向（研究生）、北京摄影函授学院（专科），研究生学历。

阿牛史日历任小学、中师和中学教师、政府秘书，担任过中学副校长、校长，县人大常委会办公室副主任、主任。2002年，阿牛史日任美姑县档案局局（馆）长，系中国民俗学会会员、中国民俗摄影学会等学会会员、凉山州非物质文化遗产专家委员会专家，曾获得美姑县杰出创新人才奖。

阿牛史日主要从事研究方向为彝族非物质文化遗产毕摩文化。著有国家“十五”社科类重点课题《大凉山美姑民间艺术研究》（合著），国家非物质文化遗产丛书《凉山毕摩》（阿牛史日、吉郎伍野著），国家社科课题《中国彝族年志》（罗曲、阿牛史日著），《档案见证凉山历史》（阿牛史日、吉郎伍野）等。著述的《大凉山美姑民间艺术研究》获四川省社科类著作一等奖，国家民间文化艺术类专著二等奖，《凉山毕摩》和相关论文获州社科奖。

多年来，阿牛史日先后在《新华文摘》《人民日报》《西南民族大学学报》《民间文化》《四川师范大学学报》《人民日报》《文史杂志》《四川档案》等报刊上发表《凉山彝族非物质文化遗产及其保护》《彝族毕摩文献及其遗产价值探述》《毕摩文献与遗产》《关于彝族文字和彝族文献几个问题的探讨》《美姑：大凉山深处的秘境之旅》《美姑发现神秘岩刻》《彝族述源诗及其民俗现象》《彝族文化产业开发策略研究》《关于彝族文字的几个问题》《人类记忆遗产：毕摩文献》《凉山彝族送灵归祖仪式尼木措毕及其价值》《美姑发现神秘的岩刻》《毕摩文化研究小史》《彝族饮食民俗概说》等文章和论文100余篇（论文30篇，计50万字），其中，《人类记忆遗产：毕摩文献》被新华文献辑录。《毕摩文献及其价值探述》一文获凉山州第五届自然科学与社会科学优秀论文二等奖，州档案学会论文一等奖。

阿牛史日主持和参与过数十项非物质文化遗产项目申报工作，其中，“彝族克智”“彝族婚俗”“彝历年”等多项被列为《国家非物质文化遗产名录》，“尼木措毕祭祀”“毕摩音乐”“毕摩绘画”等被列入省级名录。“凉山毕摩文献”被列入《中国档案文献遗产名录》。

多年来，阿牛史日立足于反映本土风土人情，坚持以影像记录彝人风土人情及其变迁，在《人民画报》《中国文化画报》等报刊上发表过400多幅摄影作品，上百幅作品入选中国成都第一、二、三、四届国际非物质文化遗产节摄影作品展。《彝人》《生在何处不幸福》《姐弟》《彝家小娃》等多幅作品在日本、美国展出。《彝人》《年轮》《赶集》《牧羊》《彝姑》等十多幅作品获国家、省级奖。

但志勇 生于1964年，男，汉族，四川省仁寿县人，大学本科毕业，1990年7月参加工作，中共党员，中学政治高级教师。1990年8月至1992年7月在美姑县牛牛坝中学任教，1992年8月至2001年7月在美姑县民族中学任教，2001年8月起，在美姑县中学任教。历任政史地教研组组长、高中年级组组长、教务处副主任和工会主席等职。

但志勇参加工作以来，根据积累的教育教学经验，不断探索民族教育方法，现已发表论文5篇，其中，《人本教育理念及其在教学中的运用》在2005年5月，被收入《西南教师教学法研讨论文集》，并获一等奖；《初中思想品德课教学中如何培养学生创新意识和实践能力》在2010年12月被《教育教学学刊》刊用，并获一等奖;《在教育教学中如何践行科学发展观》在2009年12月被四川省《社会科学研究》刊用;《浅谈多媒体技术在初中思想品德课中的运用》在2010年6月被《中学教学研究》刊用，并获一等奖；《不断提升党的执政能力和执政水平的思考》在2011年7月美姑县庆祝建党90周年全县征文大赛中，获得三等奖。他参与研究的四川省微型课题《高中彝族学生语文能力培养的实践》，获四川省教育科学研究所三等奖。

据统计，但志勇连续15年担任初三毕业班的政治教育教学工作，在历届中考中，学生及格率、平均分和优生率均列全县第一，多年被评为美姑县优秀教师。他连续11年担任高三政治教育教学工作，学生高考成绩逐年提高。在2006年高考中，学生吉吉伊赋以文科综合231分的好成绩，列全州第49名，并升入本科学习。在学校目标教学考核中，均获一等奖。2006年，被评为凉山州“骨干教师”；2008年，被评为凉山州高中政治学科带头人和凉山州学术和技术带头人后备人选。

吴晓琼 生于1967年，女，汉族，1987年7月，于凉山州农校农学专业毕业，2004年6月，于四川农业大学农业高新技术专业本科毕业。2008年1月任美姑县农业局植保植检站站长，高级农艺师。

吴晓琼带领技术人员，充分利用600平方米的脱毒马铃薯网室生产基地，运用先进技术生产不感染马铃薯癌肿病的原种，开展好原种生产工作。近年来，她们共生产脱毒薯原种70万粒、原种350万粒。每亩按3500粒计算，种植面积1000亩，以亩产合格种薯1500公斤计算，生产种薯1500吨，为创建全国绿色食品标准化生产基地薯提供了充足的脱毒原种，促进了全县马铃薯产业化进程。全县马铃薯产业因之迅速发展，产量连续增加，连续三年在全州考核中名列第二名，获得凉山州政府科技进步一等奖，连续三年通过省级绿色食品基地年检合格。

吴晓琼每年都要组织技术人员到马铃薯生产基地，举办马铃薯病虫害防治技术专题培训。特别是针对群众生产上迫切需要的马铃薯各种病害田间症状识别与无公害防治技术、农药安全使用和如何购买放心农药等问题，他们利用大量的影像资料，深入浅出地讲解，参训群众全面掌握了马铃薯早疫病、晚疫病、环腐病、病毒病、蚜虫等病虫害的防治技术。他们还发放“常用农药通用名称和曾用商品名称对照表”“无公害蔬菜生产中推荐使用的农药”“蔬菜使用农药应注意安全间隔期”“农业部明令禁用限用农药名单”等宣传资料1000余份，并完成不同药剂防治马铃薯早疫病药效试验，取得良好示范带动作用。

吴晓琼积极开展农作物病虫害测报及防治工作。每年5—8月，她带领技术人员，积极开展玉米黏虫定点系统测报、玉米丝黑穗病、马铃薯晚疫病等病虫害的调查和防治工作，并及时制定、发布《美姑县马铃薯晚疫病发生防治应急预案》《美姑县玉米重大病虫发生防治应急预案》《关于加强马铃薯晚疫病防治工作的紧急通知》等病虫害防治信息。近三年来，共防治病虫害10万亩，挽回粮食损失5000吨。

在县农业局领导的支持下，吴晓琼组织在洒库乡、农作乡、巴普镇建立马铃薯晚疫病防治示范田1000亩，并召开全县马铃薯田间管理及晚疫病的防治现场会，在洒库乡用“银发利”防治晚疫病500亩，防效达到90%，增产30%。

吴晓琼结合工作实践，认真调研和总结经验，撰写的论文《浅谈美姑县无公害农产品基地建设》被《西昌农业科技》采用，《美姑县马铃薯产业现状及发展思路》被美姑县委《决策参考》采用，2007年，被评为州、县“双争双创”优秀人才示范岗。

欧其拉一 生于1966年，男，彝族，四川省美姑县人。1988年6月，毕业于西昌农业专科学校畜牧专业，并参加工作。1993年6月，加入中国共产党。2001年10月，任美姑县畜牧局党组成员、副局长。2004年10月，任美姑县畜牧局党组书记、局长。

欧其拉一经常下乡调查研究，了解到农牧民饲养山羊成本高，饲养时间长，产羔率低，收益低下。他和畜牧局科技人员一起，利用本地山羊反复进行品种选育，终于培育出具有生长发育快、羔羊成活率高、遗传稳定、耐粗饲、适应性强、肉质好的“美姑山羊”品牌。

欧其拉一先后在国家级专业刊物上发表专业论文12篇，在省级专业刊物上发表专业论文7篇，其中，《美姑高繁山羊类群调查研究初报》《美姑高繁山羊类群体重与体尺相关性研究》《美姑高繁山羊特征特性与品种培育对策建议》三篇论文，2009年收入四川省养羊研讨会论文集；获得州政府、省厅级、县人民政府科技进步奖10项，其中，“美姑山羊地方标准及质量控制技术规范的研制”项目，获2009年凉山州人民政府科技进步一等奖。

1997年，欧其拉一被美姑县委、美姑县人民政府评为美姑县第二届“科技拔尖人才”；1998年，被美姑县委、美姑县人民政府授予美姑县“先进科技工作者”称号；2000年4月，被凉山州委、凉山州政府授予凉山州“先进工作者”称号；2000年9月，被凉山州委、凉山州政府评为2000—2004年凉山州学术和技术带头人后备人选；2001年，当选为凉山州第八届人民代表大会代表；2001年8月，被美姑县委、美姑县人民政府评为美姑县第三届“科技拔尖人才”。

萨古曲惹 又名沙古曲日，生于1963年，男，彝族，四川省美姑县人，中共党员。

萨古曲惹毕业于成都西南民族大学，1984年7月参加工作，先后任过教，从事过文化工作，做过电视编导。1999年任《凉山日报》美姑记者站站长。是十一届、十二届美姑县政协委员。

萨古曲惹能够准确运用汉文、彝文和图片三种手法，反映新闻作品，创作文艺作品，是《中国民族画报》特约记者、中国民俗摄影家协会会员，四川省摄影家协会会员。

十多年来，萨古曲惹采访新闻，走遍了美姑县的山山水水、村村寨寨，先后在《光明日报》《中国民族画报》《中华文化画报》《农民日报》《中国摄影报》《中国文化报》《中国人口报》《中国民族报》《中国国土资源报》《人与自然》《野生动物》《中国民族》《新闻界》《四川日报》《焦点》《民族》和中央人民广播电台、四川人民广播电台等报、刊、台，发表各类作品2000余件。

其中，多件作品发表在《光明日报》《中国民族画报》《农民日报》《中国民族报》等重要报刊的头版头条和报眼；有20件作品获国家级奖，12件作品获省级奖，100多件作品获州级奖。曾荣获中国民族新闻一等奖、中国人像摄影奖、四川省好新闻一等奖等多种奖项。2003年被评为美姑县有突出贡献的拔尖人才、凉山州优秀记者。

彭　杰　生于1966年，男，汉族，四川省乐山市人，1985年3月参加工作，中共党员，大学文化。

彭杰先后在美姑县采红乡政府、候播乃拖区公所工作。1991年10月，彭杰任凉山州美姑县档案局（馆）办公室主任兼业务指导。系凉山州档案学会会员、凉山州摄影家协会会员、美姑县摄影家协会会员。

2005年以后，彭杰在《中国档案报》《四川档案》《四川日报》《凉山日报》等报刊发表《彝族碉楼：正在逝去的历史记忆》《阿苏拉则藏经楼》《美姑毕摩文化大事记》《县级档案工作部门开展档案信息工作之我见》《美姑县开展档案业务指导工作的思考》《美姑县乡（镇）档案工作现状调查及对策》《美姑县重大建设项目档案管理现状及措施》等论文。其中，《美姑县开展档案业务指导工作的思考》在2005年3月凉山州档案学会第四次优秀学术论文评选中，荣获学术成果三等奖。《美姑县乡（镇）档案工作现状调查及对策》论文在2010年4月凉山州档案学会第五次论文评选中荣获学术成果二等奖。

彭杰利用档案资源优势，开拓创新，积极宣传美姑。2005年以后，他先后在《中国档案报》《四川日报》等报刊发表《美姑惊现“睡美人”》《播州营石碑记》《风光旖旎的连渣洛河》《览胜寻幽椅子垭口》《难忘彝乡兰台情》《美姑岩刻：档案工作者的新发现》《彝族毕摩文献亟待抢救》《秘境家园的摄影人》等。其中，《五彩风情话美姑》在2008年12月荣获美姑县“纪念改革开放三十周年暨坚持依法治县构建和谐美姑‘新美姑，新发展，新形象’征文比赛”优秀奖。《难忘彝乡兰台情》在2009年11月荣获四川省档案局主办的全省“情系兰台、服务民生”主题征文三等奖。

据统计，彭杰近年来的调研报告、编研和宣传成果共有30多万字，摄影作品450多张，先后获得省、州表彰奖励。他先后荣获四川省档案工作宣传先进个人、凉山州档案工作先进工作者、人才示范岗以及美姑县政策研究、宣传工作先进个人等荣誉称号。

第四节　获州以上表彰的先进个人名录

1991—2009年美姑县获州级以上表彰的先进个人

表29-1

序号	时　间	姓　名	授奖单位	授奖项目
1	1991年5月	李黎丹	四川省林业厅	“森林资源建档工作先进个人”
2	1991年6月	孔祥盘	凉山州委、凉山州人民政府、凉山军分区	“拥政爱民先进个人”
3	1991年6月	尼洛石日　曲比伟石　吉克哈布	凉山州委、凉山州人民政府、凉山军分区	“双力杯”先进个人
4	1991年6月	马卡曲喜	四川省计划生育委员会	“先进个人”称号
5	1991年12月	冷冷木呷	四川省卫生厅	“全省基层卫生院优秀院长”
6	1991年	刘昌华	四川省物价局、四川省人事厅	“先进个人”

续表 29-1

序号	时　间	姓　名	授奖单位	授奖项目
7	1991 年	石　勇	凉山州人民政府	“三大检查工作先进个人”
8	1991 年	勒俄杨铁	四川省计划生育委员会	“先进个人”
9	1991 年	谢慈明	凉山州人民政府	“凉山州十佳青年”
10	1991 年	刘俊仁	凉山州人民政府	“凉山州双增双节能手”
11	1991 年	向斌儒	四川省审计局、四川省人事厅	“四川省审计机关先进工作者”
12	1991 年 12 月	向斌儒	四川省开发办、四川省审计局	通报表扬并评为“先进个人”
13	1992 年	阿衣古者	凉山州委、州人民政府	“优秀教师”
14	1992 年	刘永光	四川省卫生厅	“《大众健康》报发行优秀奖”
15	1992 年 12 月	简纳维杰	四川省安全生产委员会	“安全驾驶 50 万公里优秀驾驶员”
16	1993 年 3 月	陈中元	凉山州人民政府	税收、财务、物价“三大检查先进个人”
17	1993 年 3 月	向　靖	凉山州人民政府	税收、财务、物价“三大检查先进个人”
18	1993 年 3 月	张文久	凉山州人民政府	税收、财务、物价“三大检查先进个人”
19	1993 年 8 月	欧其依布	四川省人民政府	“全省财政系统先进工作者”
20	1993 年 8 月	罗光明	四川省统计局	“先进会计工作者”
21	1993 年 8 月	吉克尔者	四川省人民政府大检办	税收、财务、物价“三大检查先进个人”
22	1993 年 12 月	唐永林	凉山州委、州人民政府、凉山军分区	“民兵预备役工作先进个人”
23	1993 年	杨胜奇	四川省工业经济考核办	“省级先进工作者”
24	1993 年	简明卢古	凉山州委、凉山州人民政府	“凉山州优秀教师”
25	1993 年	徐明家　朱兴宇	凉山州人民政府	“防雹先进个人”
26	1993 年	罗清国	四川省卫生厅	“卫生防疫工作先进个人”
27	1993 年	罗清国	凉山州人民政府	“强化免疫工作先进个人”
28	1993 年	王杰华	凉山州人民政府	“强化免疫工作先进个人”
29	1993 年	李　康	农行四川省分行	“资金组织先进个人”
30	1993 年	俄主呷铁	农行四川省分行	“优秀会计出纳”
31	1994 年 3 月	许松涛	凉山州人民政府	1993—1994 年“脊灰”强化免疫“先进个人”
32	1994 年 3 月	胡志瑜	凉山州人民政府	税收、财务、物价“三大检查先进个人”
33	1994 年 8 月	曹　泉	凉山州委、凉山州人民政府	“凉山州民族团结进步先进个人”
34	1994 年	曹　泉	凉山州人民政府	1993—1994 年度消灭“脊灰”强化免疫任务“先进个人”
35	1994 年 11 月	沙马批尔	四川省林业厅	“全省国有林场先进工作者”

续表 29-1

序号	时　间	姓　名	授奖单位	授奖项目
36	1994 年 12 月	罗光明	国家第三产业普查办公室	国家级综合部门第三产业普查“先进工作者”
37	1994 年 12 月	阿都子子	成都军区司令部	“民兵预备役优秀四会教练员”
38	1994 年	付　英 刘　俊	凉山州人民政府	全国第一次第三产业普查“州级先进个人”
39	1994 年	刘雪梅	凉山州人民政府	“第三次工业普查先进个人”
40	1994 年	阿都阿且	四川省畜牧食品局	“四川省五号病防治工作先进个人”
41	1994 年	罗达曲	凉山州委	“凉山州民族团结进步先进个人”
42	1995 年 2 月	曲比知子	四川省卫生厅、省中医管理局、省人事厅	“四川省卫生系统先进工作者”
43	1995 年 3 月	曹　泉	凉山州人民政府	“全省第三产业普查先进工作者”
44	1995 年 4 月	沙德利	凉山州人民政府	“1994 年度税收、财务、物价三大检查先进个人”
45	1995 年 5 月	李黎丹	凉山州人民政府	“科普活动先进个人”
46	1995 年 9 月	阿都阿且	凉山州委、凉山州人民政府	“凉山州有突出贡献的科技人员”
47	1995 年 12 月	李庆玲	四川省财政厅	“全省财政系统优秀乡（镇）财政干部”
48	1995 年	杨清荣	四川省医药局	“整顿医药市场先进个人”
49	1995 年	呷铁大哥	国家教委、人事部	“全国优秀教师”
50	1995 年	呷铁大哥	凉山州委、凉山州人民政府	“凉山州有突出贡献的优秀教师”
51	1995 年	杨金蓉	四川省教育委员会	“四川省优秀教师”
52	1995 年	牛苦阿曲	凉山州委、凉山州人民政府	“凉山州优秀教师”
53	1995 年	刘昌华	四川省审计厅	“全省教育经费审计先进个人”
54	1995 年	潘玉忠　杨胜奇	凉山州人民政府	“全州教育经费审计先进个人”
55	1995 年	吴　毅	凉山州人民政府	税收、财务、物价“三大检查先进个人”
56	1995 年	刘永光	四川省卫生厅	“《大众健康》报发行先进个人”
57	1995 年	惹吉石古	四川省人事厅、省司法厅	“司法行政系统先进工作者”
58	1996 年 3 月	李黎丹	四川省林业厅	“九五”期间森林采伐限额编制工作“先进个人”
59	1996 年 4 月	胡志瑜　魏天群 徐绍桦　周旭蓉 刘毛丽　王长贵	凉山州人民政府	税收、财务、物价“三大检查先进个人”
60	1996 年 6 月	黄　新　沙　莉	四川省地税局	“省级征管能手”
61	1996 年 7 月	蒋志亮	四川省军区党委	“优秀共产党员”
62	1996 年 8 月	吉克木曲	凉山州人民政府、凉山军分区	一等功一次
63	1996 年 11 月	唐江福	劳动部	矿山安全卫生监察做出了贡献荣誉证书

续表 29-1

序号	时　间	姓　名	授奖单位	授奖项目
64	1996 年 12 月	刘永光	四川省卫生厅	《大众健康》报发行“先进个人”
65	1996 年	罗光明	第三次全国农业普查办公室	“第三次全国工业普查省级先进个人”
66	1996 年	贺光能	四川省物价局	“先进个人”
67	1996 年	尤其布哈	凉山州人民政府	税收、财务、物价“三大检查先进个人”
68	1996 年	李　良	省林业厅	“全省伐区管理先进个人”
69	1997 年	贺光能	四川省物价局	“价格信息组网、服务工作先进个人”
70	1997 年	万　勇	凉山州委、凉山州人民政府	“凉山州优秀教师”
71	1997 年	呷铁大哥	四川省教委	“四川省师德标兵”
72	1997 年	吴　毅	凉山州人民政府	税收、财务、物价“三大检查先进个人”
73	1997 年	李庆玲　周旭蓉	凉山州人民政府	税收、财务、物价“三大检查工作先进个人”
74	1997 年	李　智	四川省物价局	“物价宣传先进个人”
75	1997 年	吉克尔者	凉山州人民政府	“第三次全国工业普查工作州级先进个人”
76	1997 年	阿尔黑达 海来达铁	四川省农村金融体制改革领导小组办公室	“信用合作系统财务管理先进个人和信贷管理先进个人”
77	1997 年	胡护荣	四川省人民政府	“全省森林保护先进个人”
78	1997 年	李黎丹	四川省林业厅	“全省更新造林管理先进个人”
79	1997 年	吉拿木石	凉山州人民政府	“科技工作先进个人”
80	1997 年 1 月	赤沙贵	四川省军区	“优秀人武部干部”
81	1997 年 2 月	黄一峰	四川省化工厅	“省级先进个人”
82	1997 年 4 月	彭　荣	全国第一次基本单位普查	“国家级先进个人”
83	1997 年 4 月	蒋志亮	国家民委、四川省委、四川省人民政府	“民族团结先进个人”
84	1997 年 4 月	阿都子子	国防部	“征兵工作先进个人”
85	1997 年 5 月	罗清国	四川省卫生厅	“计划免疫工作先进个人”
86	1997 年 6 月	王长贵	凉山州人民政府	“凉山州两项资金管理工作先进个人”
87	1997 年 6 月	欧其达铁	凉山州人民政府	“税收财务物价大检查先进个人”
88	1997 年 7 月	李友琼	凉山州委、凉山州人民政府	“凉山州有突出贡献科技人员”
89	1997 年 8 月	彭　荣　杨　溢	凉山州人民政府	在第三次工业普查中被评为凉山州“州级先进个人”。
90	1997 年 10 月	阿都洛石	四川省卫生厅	“四川省妇幼卫生工作先进个人”

续表 29–1

序号	时 间	姓 名	授奖单位	授奖项目
91	1997 年 10 月	马海哈曲	中国青少年发展基金会	希望工程“园丁奖”
92	1997 年 11 月	沙马批尔	四川省林业厅	“全省伐区管理先进个人”
93	1998 年	杨清荣	四川省人事厅、省医药局	“医药系统先进个人”
94	1998 年	张玲	凉山州人民政府	“安全生产先进工作者”
95	1998 年	贺光能　王兴兰	四川省物价局	分别在价格信息和物价工作中评为“先进个人”
96	1998 年	尤其布哈	四川省审计厅	“全省粮食财务挂账审计核实先进工作者”
97	1998 年	罗清国	凉山州委、凉山州人民政府	“凉山州拔尖人才”
98	1998 年	约其尔者	凉山州中级人民法院	“优秀审判员”
99	1998 年	吉克尔者	四川省财政厅、人事厅	“四川省财政系统先进个人”
100	1998 年	吉克尔者	凉山州委、凉山州人民政府	“凉山州第四次民族团结进步模范个人”
101	1998 年	胡志瑜	四川省财政厅	“一九九八年全省城镇集体企业清产核资工作先进个人”
102	1998 年	沙马伟古	公安部	“全国优秀民警”
103	1998 年 6 月	刘　俊　马　静 杨　溢　付　英 王　菊	全国第一次基本单位普查	全国第一次基本单位普查中，被评为四川省“省级先进个人”
104	1998 年 12 月	张秀灵　王　菊	全国农业普查办公室	全国第一次农业普查中荣获“全国先进个人”称号
105	1998 年至 1999 年	曲比伊布	四川省林业厅、四川省人事厅	连续两年评为“有突出贡献的林业工作先进个人”
106	1999 年	王兴兰　贺光能	四川省物价局	两人分别被评为“物价宣传和信息事务工作先进个人”
107	1999 年	呷铁大哥	凉山州委	“第二届凉山州十大杰出青年”
108	1999 年	呷铁大哥	凉山州委、凉山州人民政府	“建设凉山先进青年”
109	1999 年	约其尔者	四川省高级人民法院	“人民满意的好法官”
110	1999 年	俄木妈麻	凉山州委、凉山州人民政府	“政法战线先进个人”
111	1999 年	克其阿比	四川省人事厅、省司法厅	“司法行政系统先进工作者”
112	1999 年	杨永秀	凉山州人民政府清资办	“清产核资先进个人”
113	1999 年	杨忠琼	农行四川省分行	“五好文明家庭”称号
114	1999 年	张晓智	农行四川省分行	“爱行如家展业标兵”称号
115	1999 年	蒋志亮	四川省军区	“优秀人武干部”
116	2000 年 1 月	陈万鹏	四川省农机局	“先进个人”称号
117	2000 年 1 月	阿海拉机	凉山州委、凉山州人民政府	1999 年度全州政法战线先进干警

续表 29-1

序号	时 间	姓 名	授奖单位	授奖项目
118	2000 年 7 月	孙学元	人民权力报社	通讯《一面苦干的旗帜》获一等奖
119	2000 年 9 月	黄 琼	凉山州委	先进思想政治工作者
120	2000 年 2 月	俄主尔日	凉山州人民政府	“天然草场有偿承包工作先进个人”
121	2000 年 4 月	欧其拉一	凉山州委、州政府	“先进工作者”
122	2000 年 10 月	王玉芳	凉山州委、州政府	凉山州“有突出贡献科技人员”
123	2000 年	贺光能 王兴兰	四川省物价局	在物价宣传和价格信息工作中，评为“先进个人”
124	2000 年	张 玲	凉山州人民政府	“安全生产先进工作者”
125	2000 年	李金古	凉山州委	“先进少先队工作者和凉山州优秀共青团员”
126	2000 年	蒲 澍	凉山州委、凉山州人民政府	“凉山州优秀教师”
127	2000 年	徐 浩	凉山州委、凉山州人民政府	“凉山州先进教育工作者”
128	2000 年	徐 莉	四川省教育厅	“小学模范班主任”
129	2000 年	喇龙飞	中国青少年发展基金会	“全国希望工程园丁奖”
130	2000 年	瓦西勒曲	凉山州委、凉山州人民政府	“凉山州优秀教师”
131	2000 年	欧阳洛格	农行四川省分行	“优秀共产党员”称号
132	2000 年	常庆春	四川省信用合作协会	“全省农村信用合作系统人事管理工作先进个人”
133	2000 年	吉克尼红	四川省信用合作协会工会工作委员会	“九五”期间“四川省农村信用合作系统先进女职工”
134	2000 年	吉拉维石 的日支子	凉山州委、凉山州人民政府	草畜“双百万”工作“先进个人”
135	2000 年	马吉古机 俄竹尔日	凉山州委、凉山州人民政府	“天然草场承包工作先进个人”
136	2001 年 11 月	孙学元	四川省委宣传部	报告文学《彝魂》获建党 80 周年征文三等奖
137	2002 年 8 月	孙学元	全国少数民族报好新闻评委	通讯《13 年盼得一双鞋》获二等奖
138	2002 年 4 月	吉拉维石	四川省畜牧科学研究院	“中牧阳光杯”四川畜牧兽医优秀论文三等奖
139	2002 年 10 月	胡绍高	四川省军区	“党风廉政建设先进个人”
140	2002 年 10 月	尼洛石日	凉山州委、凉山州人民政府、凉山军分区	营房设施建设“先进个人”
141	2002 年	阿海拉机	四川省公安厅	“全省优秀民警”称号、三等功

续表 29-1

序号	时间	姓名	授奖单位	授奖项目
142	2002 年	吴　毅	四川省人事厅、四川省审计厅	“四川省乡村债权债务审计核实先进个人”
143	2003 年 8 月	孙学元	中国地市报新闻奖评委	通讯《13 年盼得一双鞋》获二等奖
144	2003 年	米石古	农行四川省分行	“迎新春”优质服务竞赛活动“个人标兵”和“百优青年”称号
145	2004 年 2 月	吉拉维石	凉山州委、凉山州人民政府	全州“天然草场有偿承包先进个人”称号
146	2004 年 2 月	吉克木支	凉山州委	凉山州“十佳”村党支部书记
147	2004 年	柯　霄	四川省公安厅	“全省优秀民警”称号
148	2005 年 4 月	尔合乡勒乌村勒者立机		“省级劳动模范”
149	2005 年 9 月	张良政	四川省林业厅	“森林资源管理先进个人”
150	2006 年 3 月	黄朝霞	凉山州委、凉山州人民政府	“十五”期间“全州档案工作先进个人”
151	2006 年 3 月	吉主木洛	四川省林业厅	“2003—2006年森林防火先进个人”
152	2006 年 3 月	卢春梅　刘玉梅　阿合阿牛	四川省妇联	四川省“优秀妇女工作者”
153	2006 年 6 月	吉克木支	凉山州委	凉山州“十佳”村党支部书记
154	2006 年 8 月	欧其拉一　吉拉维石　吉克曲洛	凉山州人民政府	“十五”期间实施草畜“3150”工程“先进个人”
155	2006 年	吉克武技	省人事厅、省畜牧食品局	四川省畜牧科技助农增收先进个人
156	2006 年	欧阳洛格	农行四川省分行	“执行制度抓安全，强化责任保平安”“安全保卫暨反洗钱”先进个人
157	2007 年	吉克阿支	四川省粮食局	“粮食系统先进个人”
158	2007 年	欧阳洛格	农行四川省分行	“安全保卫暨反洗钱”先进个人
159	2008 年 12 月 26 日	石文才	凉山州委、凉山州人民政府	“烤烟生产工作先进个人”
160	2009 年 5 月	马海拉曲　孙华琼　阿候娘娘	凉山州人民政府	“凉山州第三届劳动模范”
161	2009 年 7 月	阿鲁木良	四川省委	优秀村支部书记
162	2009 年 10 月	切吉日洛		“土专家、田秀才”称号

附　录

第一部分　重要文件选录

中共美姑县委　美姑县人民政府
关于进一步加快改革扩大开放的决定

美委发〔1992〕14号

各区、乡（镇）党委、区公所、县级各单位：

为了认真贯彻中发〔1992〕2号文件精神。进一步解放思想，积极主动地抓住改革开放的大好时机。以有利于发展生产力，有利于增强综合国力，有利于提高人民的物质文化生活水平为标准。放开手脚大胆地闯，大胆地试。加快改革步伐。扩大对外开放，促进美姑经济和社会事业的更快发展。结合美姑县实际。特制定本决定。

一、进一步深化农村改革。全面贯彻八中全会《决定》。继续稳定和完善以家庭联产承包责任制为主的双层经营体制。建立健全农业社会化服务体系。大搞农田水利基本建设。加强农业基础地位，积极扶持，大力发展乡（镇）企业。逐步壮大集体经济。对兴办的种植业、养殖业、农副产品加工和为大农业服务的经济实体。可给予减免税优惠。

要破除承包地所有权属农户私有的观念。农户必须完成下达的种植、生产任务。种好承包地和开发利用“两山”。对承包地经营不善、“两山”不认真开发利用的，要收回部分交集体或转包给有能力的农户经营。国家、集体建设征用承包地。按政策规定给以补偿。农户不得提出无理要求和任意要价。由国土部门负责征用。补偿给农户的征地费要用50%作为扩大再生产或用于办乡（镇）企业。

二、加快科技体制改革。扩大科学技术的推广应用。允许并支持农业技术推广服务机构，兴办技术经济实体。结合技术推广、科研、开发等工作，经营化肥、农药、地膜、柴油、器械等生产资料和科研物资。经营上述物资属计划管理内的，由农资专营部门按计划内批发价格优先供应。税务部门对上述单位开展经营活动的收入免征三年营业税、所得税。农业科技单位完成承担项目可从技术开发新增经济效益中一次性提取10%～20%作为本单位事业发展基金，并可用部分用于职工奖金和福利。

科技人员的发明创造或提出的技改项目在县内投产，按新增效益10%～20%奖励本人。分段兑现。奖到新增效益消失为止。

三、扩大开放。引进来，走出去，加快资源开发。提供一切方便条件和优惠政策。欢迎国内外单位和厂商来美姑兴办各种独资、合资经济实体。探测和开采铜、煤、铁、铅、锌矿等资源。提供已探明有开采价值的沙马乃拖、瓦侯等地的铜矿资源让外地开采、办厂。生产性固定资产投资在30万元以上的免收所得税2年，产品税6个月；50万元以上的免收所得税两年，产品税一年；100万元以上的免收所得税3年，产品税18个月。联办企业和股份制企业，外来的联办分红和股份制分红，本地不征收所得税。

划出拉木阿觉、播峨库等沿河一片土地作为开发农业区。引进外地农民来搞开发农业。给予税收和信贷优惠。开垦荒地免征3～5年农业税，农业特产税从有效益起免征3年。

支持和鼓励县内单位和企业利用农、林、牧、果、药材等优势产品资源到内地和沿海地区兴办加工企业。建立美姑窗口。行政事业单位逐步与财政脱钩。兴办的企业六年内利润不上缴。从第七年起缴一留九，用于企业扩大再生产。

四、引进人才。采取各种优惠政策。吸引外地科技人员、管理人员和有一技之长的工人、农民到县内从业。具有副高以上专业技术职称在美姑工作 3 年以上的，具有中级专业技术职称，来美姑工作五年以上的，可批准其 1 名亲友农转非（本县的高中级专业技术人员从发文之日起享受同等待遇）。在县内企业担任厂长、经理或技术拔尖人员。工作 3 年以上，经审计考核成绩突出的工人可转为企业干部。本人或家属可批准其 1 名农转非。引进搞种养殖业的农民在 5 年以上，成效显著的可以农转非。符合条件的可聘任为基层干部。

五、鼓励引资、投资。凡引进资金来美姑办企业。对引进资金牵线搭桥的人，允许获取由受益方付给到位资金 3% 以内的服务费；凡投资 10 万元以上的人员（包括县内机关公职人员、工人、农民），作为固定资产在全县办企业的，可以解决两名农转非；投资 30 万元以上的可以全家农转非，并允许在县城入户。

个人引进合法无偿资金来美姑县搞建设的，可付给引资总额的 20% ~ 30% 作为奖励（职能部门通过财政渠道引进的除外）。

六、全面贯彻《企业法》。转换企业经营机制。凡不承担指令性计划的所有工商企业，全面实行自主决定生产经营、自主决定产品价格、自主决定内部分配、自主决定人事和用工制度、自主决定技术改造、自主决定内设机构。允许企业打破干部、工人界限。企业副职行政领导干部由厂长（经理）提名，报上级有关部门考查任免。中层干部人选由厂长（经理）提名，行政、党支部、工会集体研究确定。允许企业灵活招收使用季节性临时工。劳动部门下达招收的合同制工人计划，由企业面向社会自行招收；允许企业按照国家法律、法规和企业规章制度解聘、辞退、开除违法违纪职工。允许企业在实行控制工资总额的条件下，自主确定工资分配形式；并可以按上缴利润增长幅度突破工资总额，但增长幅度应低于本企业劳动生产率和经济效益的增长幅度。企业正确行使上述权力时，任何部门不得乱加干预。

七、完善和推行劳动合同制。从今年开始在企业逐步推行全员劳动合同制。有计划地把原有的固定工（含企业领导干部）转为合同制。新办的企业执行新办法。实行全员合同制，招收的职工要带股或风险金入厂。允许集体企业、乡（镇）企业和私营企业兼并国营企业。允许租赁、拍卖国营企业。逐步推行国营企业股份制。在继续巩固、完善职工养老保险、医疗保险、工伤保险制度的同时，要加快待业保险制度的改革。除国家已有规定的人员享受待业保险外，所有企业都要实行固定职工（含合同制职工）社会待业保险。

八、在县内外招收的“五大生”，采取聘用制。经三年以上试用合格，属于农业人口的可农转非。企业内部在岗的“五大生”可转干。评定职称由企业自主决定，在企业内部有效，并报劳动人事部门备案。

九、奖励对我县经济发展有突出贡献的厂长（经理）。县人民政府设立有突出贡献优秀厂长（经理）奖。享受政治荣誉，收入《美姑县志》。除给予一次性重奖外，可奖升 2 ~ 3 级工资，并计入工资档案，同时可以享受区科技政治、经济待遇。县内聘任的工人厂长（经理），连续三年效益递增在计划数的 5% 以上，经审计属实的可以转干，家属子女符合条件可农转非。对经营性亏损企业，限期扭亏，到期不能扭亏的厂长（经理）就地免职，同时施以经济处罚。

十、经济技术主管部门要实行职能转换。支持和鼓励经济技术主管部门转变机关职能，加强服务功能。在农口、工交、商贸、科技等经济技术部门试办生产型、开发性、服务性和扶贫型经济实体，实行“独立核算、自主经营、自负盈亏、照章纳税”。政企分开，财务分开，独立承担民事责任。力争在一定时期内与财政脱钩，各级领导和有关部门要大力支持，要在税收上给予优惠。

加快流通体制改革步伐。商业“四放开”的改革，在县城的公司年内全面推开。粮食企业积极做好粮油购销同价全面放开的各项准备工作，争取年内全面放开。将县商业、粮食、医药、物资局转变为经济实体。组建商业、粮食总公司。农、林、牧、水等部门在年内要抽一部分人员兴办经济实体。

十一、培养市场。加快城乡集贸市场建设。完善县城农副产品综合市场的配套设施。发展专业商品批发市场；加快美姑大桥集镇市场的配套建设，成为全县边境农副产品交易开放市场。鼓励个体商业和私营企业发展。农民和外来人员到县城、区、乡所在地摆摊设点。经商办企业，搞小集镇建设，开发房地产和发展第三产业。简化报批手续，税费从优。凡在经商办企业中转移农村剩余劳动力或安置城镇待业人员50人以上的，可农转非或转干。

十二、开发利用大风顶自然保护区资源。设立旅游点，欢迎国内外游客到瓦侯等地观赏原始森林、珍稀动植物，吸引外资和专家在自然保护区内建立大熊猫养殖基地。要求国家允许美姑县在国内外展出或以友好方式向友好国家提供大熊猫和珍稀动物。以同样友好方式换取外资来建设和管理好自然保护区，提高自然保护区的综合利用价值，带动全县经济发展。

十三、改善国家对美姑县扶贫资金的投向。放宽基本建设投资审批权。国家投放的扶贫贷款，“两项资金”不受上面项目限制，由县根据发展经济的需要自己决定投入项目。县内各部门的自筹资金，不需要上级平衡资金和原材料搞基本建设的，不受额度限制，一律由县审批；企业自筹资金的技改项目，由企业自行决定。

十四、支持鼓励科技人员和国家公职人员（不包括教师、公检法司干警）经单位同意，可停薪留职。留职带薪到县内的企业、区、乡工作，或从事资源开发，兴办种、养殖业、加工业、采矿业等开发性的经济实体，或领办、创办乡（镇）企业、城镇集体企业和私营企业，三年后愿留在企业的与机关脱钩，愿回机关的回机关。留职带薪的，可获取税后利润额的30%作为服务收入；留职停薪的获取的合法收入全部归己，原住房、待遇、职级不变。不影响调资、晋升、评定职称和退休待遇。允许离、退休人员经商办企业，或者受聘到国营、乡（镇）、集体企业。原工资福利不变，并可获取聘用单位的合法收入，不予干涉，从事个体经营的机关干部要辞去公职。

十五、允许科技人员和国家其他公职人员（不包括县级领导、公检法司干警、执法执纪及经济监督部门职工），在保证搞好本职工作的前提下，经单位同意利用业余时间进行有偿兼职服务，所得收入不予干涉。教师在保证完成教学和教研任务的前提下，经学校批准，允许从事家庭教学和业余授课，所得收入归己。

十六、县级机关经过重新核编后，一律实行定员、定责、定奖惩和经费包干。超员不增经费，减人不减经费。节约的这部分人头经费，由单位自行安排。在不增加编制、经费和确保履行职责完成工作任务的前提下，允许组织部分机关职工兴办各种经济实体。税收从优，实行自主经营，独立核算，自负盈亏。允许在所办企业的税后利润中提取30%作为机关福利、奖金。允许国家机关利用闲置的固定资产和设备（含房屋、车辆、机具）开展对外有偿服务。依法所得的纯收入，部分用于补充办公经费的不足和职工福利、奖金。

十七、加快政府经济管理职能的转变。根据“小政府，大服务”的体制，“精简、高效”的原则，今年内对工作相近的部门要撤并一批。各部门、事业单位都要积极开展破“三铁”的工作。严格执行考勤、考核和奖惩制度，工资要同出勤、工作好坏挂钩。对那些工作平庸，不思进取，不能胜任本职工作或不能按期完成工作任务的，要撤换、降级、就地免职。

进一步转变机关工作作风，提高办事效率。属于部门职能范围的事，承办部门于收文之日起十日内必须明确答复来文单位，部门间不得推诿扯皮，延误办理时间要负责任。

十八、坚持两手抓、两手硬。确保改革开放经济建设顺利发展。一手抓经济建设和改革开放。一手抓打击各种犯罪活动；一手抓物质文明建设。一手抓民主法制、精神文明、廉政和党风建设，反对腐败。严厉打击经济犯罪活动，在改革开放的新形势下，公检法专政机关要充分发挥职能作用，全面加强社会治安综合治理，为改革开放保驾护航，创造一个良好的投资、经营环境。对设置障碍、敲诈勒索外来投资者、经商人员、过往客商、引进人员的刑事案件和治安案件要依法从重从快处理。保护投资者、经营者和引进人员的合法权益不受侵犯。

十九、全县各族人民积极行动起来投身于改革开放。各行各业支持，维护改革开放。纪检、监察、审计、组织、劳动人事、公安和宣传部门要围绕经济建设这个中心。排除干扰，为改革开放创造一个宽松、和谐、良好的环境。财政、税务、工商、金融等部门要充分发挥职能作用，为投资、办企业、经商的县内外单位和个人提供方便，简化手续，扩大信贷、减税让利等方面给予优惠，促进改革开放的深入发展。

二十、本《决定》自发布之日起实施，各有关部门要根据《决定》在一个月内制定出相应的配套改革实施细则，报县委、县人民政府批准后施行。根据“大胆地试、大胆地闯”的精神，本《决定》中的条文有与上级文件相抵触的，各有关部门要向上争取，并积极采取灵活的措施变通执行。凡与本《决定》有冲突的县内文件，各部门、各企业有权拒绝执行。本《决定》的解释权在县委、县人民政府。

中共美姑县委　美姑县人民政府

1992 年 6 月 12 日

中共美姑县委
关于进一步开展解放思想大讨论的决定

（1995 年 9 月 18 日美姑县七届五次全委扩大会议通过）

美委发〔1995〕27 号

各工委、乡（镇）党委、县委各部委办、县级各党组(支部)：

社会主义市场经济体制的建立，揭开了我国现代化建设的新篇章。面对建立社会主义市场经济体制的新实践和新机遇，美姑各级干部和广大群众如何进一步解放思想，更新观念以推动我县经济的大力发展，显得尤为迫切和必要。县委决定在全县进一步开展解放思想的大讨论。

（一）

开展这次解放思想大讨论的目的是通过在全县各级领导干部、共产党员各族群众开展以进一步解放思想、更新观念、加快发展的大讨论。达到在新形势下，始终要以邓小平建设有中国特色社会主义理论和党的基本路线为根本指针，坚持解放思想，实事求是的思想路线，紧紧围绕“开明、开放、开发”这个主题，提高认识、统一思想，转变观念以更加开明、开放的思想观念，政策措施，为促进我县经济社会发展提供良好的思想基础和社会环境。

（二）

改革开放十七年来，我县和全国一样也有两次大的思想解放历程：第一次是开展“实践是检验真理的唯一标准”的大讨论，实现了指导思想上的拨乱反正和党的工作重心的转移；第二次是学习邓小平南方谈话开始的，对建设有中国特色社会主义理论的广泛持续深入的学习和讨论，全县广大干部和群众对什么是社会主义，怎样建设社会主义这个本质问题，有了初步的认识，并结合美姑实际，深化了对县情的认识，摆脱了姓“资”姓“社”的困扰；坚持用“三个有利于”的标准来衡量工作和判断是非，扭住经济建设这个中心不放松，坚持发展才是硬道理；深化改革、扩大开放，不断充实和完善经济发展思路，加速发展社会主义市场经济。同时坚持了“两手抓，两手都要硬”的方针，加强了社会主义精神文明建设，党的建设，民主法制建设，提高了全社会的文明程度。迎来了美姑改革开放和经济建设的良好历史契机。

但是，由于美姑脱胎于奴隶社会、长期处于封闭状态，生产力水平低下，人们的思想观念、思维方式在较长时间内都带有旧社会的痕迹；也还有在计划经济条件下形成的一些传统观念的思想影响。突出表现在以下几个方面：

一是封闭的小农经济思想。因循守旧、故步自封、温饱即安、目光短浅，部分干部得过且过，缺乏苦干实干精神，留念平均主义“大锅饭”。

二是不合乎时代要求的保留观念。唯书、唯上、唯落后传统不唯实；内引外联招商引资上，怕吃亏、怕“肥水流入外人田”，想一锄挖个“金娃娃”，极个别的还借机敲竹杠。

三是对社会主义市场经济的模糊认识，对社会主义市场经济本质上是法治经济认识不够。有的千方百计找对策、钻空子，靠违法犯罪发横财；有的亏损找政府，得利忘国家，不服从宏观调控和全局利益；有的不按市场经济规律办事，不讲经济效益。

四是缺乏开明的用人观念。用人标准上，对“四化”方针缺乏全面理解，存在片面性。

五是无所作为的消极畏难情绪。表现为看困难多，看消极因素多，无视群众的首创精神；大事做不了，小事不肯做，怨天尤人，缺乏开拓创新的勇气，缺乏自力更生、勤劳致富的思想，等靠怨思想严重以至于守株待兔，坐失良机，旧貌不改。

（三）

进一步开展解放思想的大讨论，按照州委的统一安排，分宣传动员、学习讨论和献计献策、落实措施等三个阶段进行。

第一，宣传动员阶段。8月下旬至9月上旬，贯彻州委和县委全委（扩大）会议精神，动员组织学习《邓小平文选》《邓小平同志建设有中国特色社会主义理论学习纲要》和《党章》，揭开大讨论序幕。主要解决两个问题：一是充分认识进一步学习《邓小平文选》《纲要》和《党章》的重要性、必要性；二是认识开展进一步解放思想大讨论的重要性和必要性。

第二，学习讨论阶段。9月中旬至11月底，组织全县广大干部、群众学习《邓选》《纲要》和《党章》。一是分层次举办领导干部学习会，县委中心组组织学习；县委举办2 ~ 3期县级干部学习会学习；各乡（镇）、各机关党组要组织副乡、副局级以上领导干部学习会学习。二是通过领导骨干广泛组织城乡干部群众学习。通过学习研讨，要解决三个问题：一是分析我县十一届三中全会以来改革开放形势；二是分析我县进一步改革开放的思想障碍；三是树立开明、开放意识，进一步振兴美姑。

第三，献计献策，落实措施阶段。在学习讨论的同时，1995 年 12 月至 1996 年 1—2 月 3 个月，侧重联系美姑实际，统一思想认识，研讨改革开放和发展思路迎接开明、开放、发展的新高潮，万众一心脱贫致富奔小康。

（四）

为了开展好进一步解放思想的大讨论，县委要求：

各级党组织要以邓小平建设有中国特色社会主义理论为根本指针，认真组织广大干部学习《邓选》《纲要》和《党章》以及有关重要辅助材料。要理论联系实际，把学习引向深入：一是掌握“什么是社会主义、怎样建设社会主义”这个主题上深入；二是从解放思想，实事求是这个精髓上深入；三是从掌握邓小平建设有中国特色社会主义理论的科学体系上深入；四是从改造主观世界和客观世界上深入。用科学的理论指导观念更新，提高我县各级干部的思想理论素质和领导决策水平，对广大群众进行一次“特色理论”的普及教育。

充分发挥大众传播媒介的作用，加强对学习和开展进一步解放思想大讨论的宣传。县广播电视台（站），机关各种刊物、单位墙报、黑板报要开设专栏，及时报道开展大讨论，促进观念更新，促进经济和社会发展的态势和经验。做好宣传和引导工作，新闻工作者、通讯员应及时大力采集我县开展大讨论动态、信息，并向有关报社、刊社报送。

对农村党员、干部和群众的学习讨论，要正面宣传、教育引导，要同形势教育、市场经济基本知识和农村经济政策的宣传、民主法制教育、应用科技教育、爱国主义、社会主义和集体主义教育结合起来，讨论和制定扶贫开发，奔小康的措施和计划。

要加强对这次解放思想大讨论的领导。各级党组织要精心组织，正确引导，牢牢把握讨论的大方向。相信群众、依靠群众，尊重群众的首创精神，造成一种人人讲真话、讲实话的民主空气，和人民群众一起共谋发展大计。

通过这次解放思想的大讨论，达到对各级干部进行一次辩证唯物主义和历史唯物主义的再教育，使广大干部群众进一步认识到解放思想、实事求是是毛泽东思想和邓小平建设有中国特色社会主义理论的精髓，是我们党永远充满生机和活力的法宝。在建设有中国特色社会主义事业的整个实践过程中，解放思想、实事求是是我们认识不断深化的动力。因此，县委要求，要把解放思想，开拓创新贯穿于我们的指导思想和实际工作中，长期不懈地抓下去，并努力抓出成效来。

县委相信，通过开展这次学习讨论，必将再一次带来我县干部群众思想的大解放，从而出现一个“以开明促开放、以开放促开发、以开发促发展”的崭新局面！

中共美姑县委

1995 年 9 月 7 日

中共美姑县委　美姑县人民政府
关于转发《中共凉山州委、凉山州人民政府关于向吉克木曲同志学习的决定》的通知

美委发〔2000〕21号

各工委，乡（镇）党委、政府，县级各部门：

现将中共凉山州委、凉山州人民政府《关于向吉克木曲同志学习的决定》（凉委发〔2000〕25号文件）印发给你们，请认真贯彻执行。

吉克木曲不幸因公殉职后，县委、县人民政府作出了《关于进一步开展向吉克木曲同志学习的决定》，并以（美委发〔2000〕14号文件）印发各工委、乡（镇）党委、政府、县级各部门，决定在全县进一步开展向吉克木曲学习的活动。全县各级党组织要认真贯彻州委、州政府，县委、县人民政府的《决定》，组织广大党员、干部群众认真学习吉克木曲坚定的政治信念，高尚的思想品质，虚心的学习态度，刻苦的钻研精神，科学的生产生活方式，全心全意为人民服务的公仆意识，苦干实干、艰苦创业的拼搏精神，进一步解放思想，开拓进取，扎实苦干，抓住西部大开发这一千载难逢的大好机遇，为振兴美姑做出贡献。

中共美姑县委　美姑县人民政府

2000年5月25日

中共凉山州委　凉山州人民政府
关于向吉克木曲同志学习的决定

凉委发〔2000〕25号

各县市委、县市人民政府、州级各部门党组（党委）：

党的十四届四中全会以来，我州美姑县洛俄依甘乡原党委副书记、依波沃村党支部书记吉克木曲坚持党的基本路线，坚持以邓小平理论为指导，认真按照中央、省、州委的部署和要求，以“五个好”为目标，切实加强以村党支部为核心的村级组织建设，团结带领依波沃村群众“依靠党的富民政策，依靠科学技术，依靠勤劳的双手”，艰苦创业，使依波沃村成为我州改变贫穷落后面貌的先进典型，在贫困地区农村两个文明建设中创造了前所未有的佳绩。截至1999年，该村又出现了可喜的变化。该村人均有粮1035公斤，比1995年净增267公斤；人均纯收入1670元，比1995年净增929元；全村精神文明建设和各项事业蓬勃发展。1995年以后，吉克木曲先后7次受到中央、省、州的表彰奖励，1997年被选为省九届人大代表、党的十五大代表，1999年被评为全省“明星村党支部书记”。

今年1月28日，吉克木曲同志在开完省九届三次会议返回美姑的途中遇车匪路霸抢劫，为保

护集体财产而献出了生命。为了充分发挥先进典型的示范作用，进一步在全州弘扬“宁愿苦干，不愿苦熬”精神，动员全州广大党员、干部群众立志苦干，艰苦创业，为推动我州扶贫开发工作向纵深发展，以崭新的姿态和精神面貌迎接西部大开发，中共凉山州委、凉山州人民政府决定在全州广大党员、干部中开展向吉克木曲同志学习的活动。

州委、州政府号召全州广大党员、干部要积极主动地向吉克木曲同志学习。学习他始终坚持高举邓小平理论伟大旗帜不动摇，坚定走有中国特色社会主义道路的信念。学习他坚决贯彻执行党的基本路线和党在农村的各项方针、政策，严格遵守国家法律法规的自觉性。学习他解放思想，冲破禁锢、摒弃陈规陋习的进取精神。在多年的实践过程中，吉克木曲同志深刻意识到旧观念、旧习俗对经济发展和社会进步的制约与影响，因此，他不断增强战胜贫困和愚昧的信心，千方百计兴办教育，开通广播，引导全村群众改变旧的生活习俗，克服愚昧落后的观念，使该村人民群众过上了现代文明生活。学习他坚持以经济建设为中心，艰苦奋斗、开拓进取、务实创新的优良作风，苦干实干、艰苦奋斗的创业精神，吉克木曲同志在创业过程中，提出了“宁愿苦干，不愿苦熬”的口号，他带领全村党员、干部群众依靠党的富民政策，依靠勤劳双手，立志拔掉穷根，带领群众走上了致富的道路。学习他认真实践全心全意为人民服务的根本宗旨，心系群众，勤政为民的奉献精神。吉克木曲同志在党的培养教育下成为我州勤劳致富的领头雁，他常说“我一个人富了不算富，我要让全村都富了才算富”。因此，他不仅率先致富，而且致富不忘群众，发动广大党员、干部帮贫扶困，共同致富，充分表现了一个共产党人全心全意为人民服务的崇高品质和情怀。

州委、州政府号召全州各级党组织要认真开展向吉克木曲同志学习的活动，引导农村基层干部以吉克木曲同志为榜样，深入学习邓小平理论和党的十五大精神，努力提高政策、法律水平，学会在新形势下做好农村和农民工作的方法，掌握领导农村两个文明建设的本领，进一步密切党群干群关系，抓住西部大开发这一契机，团结带领广大农民群众积极投身于我州两个文明建设，为富民兴州争创新的业绩。

中共凉山州委　凉山州人民政府

2000 年 4 月 21 日

中共美姑县委　美姑县人民政府
关于抓住西部大开发机遇加快发展的意见

美委发〔2000〕39 号

各工委、乡（镇）党委、政府，县级机关各部门：

实施西部大开发是党中央高瞻远瞩，统揽全局，审时度势面向新世纪作出的重大决策，为美姑快速发展提供了难得的历史机遇。根据中央〔2000〕2 号文件精神和省委、省政府，州委、州政府关于《抓住西部大开发机遇，加快发展的意见》，县委、县人民政府结合美姑的实际，就我县抓住机遇，加快发展的一系列重大问题，经过反复讨论和认真研究，提出以下意见。

一、认清形势，增强加快发展的紧迫感和使命感

改革开放以来，在上级党委、政府的领导下，通过全县人民的艰苦奋斗，美姑县的经济社会发

展取得了显著的成就，主要经济指标已提前实现，但是由于美姑地处大凉山腹心地带，基础设施建设十分滞后；经济结构单一，基础产业落后；贫困面大，贫困程度深；教育科技落后，人口整体素质差的诸多因素的影响，我县与全州的发展差距存在扩大趋势，1980年全县人均GDP与全州平均水平差距仅300多元，1995年扩大到632元，1999年扩大到1233元，1978年全县农民人均纯收入与全州平均水平差距仅69.8元，1998年扩大到了392元，1999年扩大到了424元。我们一定要认清形势，看到差距，增强忧患意识和加快发展的紧迫感和使命感。

美姑县自然资源丰富。水资源量共29.03亿立方米，水能理论蕴藏量91万千瓦，可开发量57.8万千瓦。国家级大风顶自然保护区，因特殊的地理位置，成为第三世纪或更古老生物的“避难所”和各种生物分化的摇篮，有原始森林7333公顷，有珍稀动物大熊猫、羚牛、小熊猫、豹、猕猴、红腹角雉、白腹锦鸡等30余种，有珍稀植物珙桐（又名中国鸽子树）、银杏、连香树、红豆杉等13余种，盛产天麻、贝母、当归、牛膝等名贵药材，其他畜牧资源，干鲜果资源、矿产资源、土地资源、劳动力资源均十分丰富，开发资源优势，加快美姑发展，对富民强县，巩固民族团结都具有重大的意义。我们一定要增强加快发展的责任感。

目前，美姑加快发展面临许多有利因素，国家实施西部大开发战略，给我县发展带来了千载难逢的机遇；我县广大干部群众在二十多年的改革开放和建设中，积累了许多宝贵的经验和教训，全县经济、社会发展取得了一定的成就，为加快发展奠定了一定基础；特别是全县各族人民对加快发展具有强烈愿望和巨大积极性。我们对抓住机遇，迎接新的挑战，实现美姑经济“追赶型”发展充满信心。

二、今后的发展思路及奋斗目标

今后十年美姑加快发展的总体思路和目标是高举邓小平理论的伟大旗帜，全面贯彻落实党的十五大精神，抓住西部大开发战略机遇，深化改革，强化农业基础地位，加大产业结构调整，加强基础设施建设，调整经济结构，推进科技进步。围绕“强化三个基础（粮食生产、基础设施建设、教育科技），培育四大支柱（畜牧业、林果业、非公有制经济、国有企业和乡（镇）企业），狠抓五个项目（优质梨开发、美姑山羊和岩鹰鸡、干果、烤烟、白魔芋），打好一张牌（扶贫攻坚战），实现一个目标（富民兴县）”的积极发展战略，努力培育新的经济增长点，不断加强党的建设和精神文明建设，确保社会政治稳定，促进经济社会全面进步。经过10年的努力，使全县基础设施明显改善，生态建设大见成效，经济结构基本趋于合理，综合经济实力明显增强，扶贫工作成效显著，经济社会协调发展，把美姑建设成经济发展，民族团结，社会进步的先进县。

（一）经济增长目标

——“十五”期间，国内生产总值年均增长10%以上，州计划3个百分点，2006年到2010年，国内生产总值年增长不低于11%。

——“十五”期间，县财政收入年平均增长12%以上。2006年至2010年财政收入年均增长10%以上。

（二）结构调整目标

社会主义市场经济体制进一步完善，经济结构战略型调整取得一定进展，经济竞争力进一步增强。

——产业结构：“十五”期间，调整产业结构，培育壮大新的经济增长点，继续加强第一产业，增加值年均增长不低于4%；提高第二产业，增加值年均增长不低于15%；大力发展第三产业，增加值年均增长不低于18.8%。“十五”后五年第一产业增加值年均增长4%；第二产业增加值年均增长18%；第三产业增加值年均增长15%。全面推进产业结构优化升级，提高二、三产业在总产值中的比重。

——所有制结构：增强国有经济活力，大力发展非公有制经济，提高非公有制经济的比重，形成多种所有制经济共同发展的布局和结构，以非公有制经济构建县域经济。

——城乡结构：实施积极的城市化战略，努力推进城镇化进程，加快小城镇建设，到2005年建成4个小城镇，到2010年力争再建成5个小城镇。

（三）生态建设目标

5年初见成效，10年大见成效，生态环境明显改善，逐步实现山清水秀。“十五”期间：

——治理水土流失面积200平方公里；

——抓好天然林资源保护工程，完成人工造林45万亩；

——完成退耕还林（草）12万亩。

——森林覆盖率达到45.6%。

（四）社会发展目标

人民生活水平不断提高，城镇居民人均可支配收入年均增长5%，农民人均收入年均增加100元，到2005年，农民人均纯收入超过2000年全州的平均水平。人口年均自然增长率控制在10‰以内。城镇失业率控制在5%以内，力争在2005年每人都享有初级卫生保健，社会保障体系基本健全。科技、教育、文化、体育等各项社会事业全面发展。

加快美姑发展，要处理好以下几大关系：

一是处理好解放思想与实事求是的关系，既要解放思想，打破因循守旧的观念，又要实事求是，按客观规律办事。

二是处理好全面规划与分步实施的关系，既要制定科学的中长期规划，又要立足当前，狠抓落实。

三是处理好速度与效益的关系，既要保持较快的发展速度，实现追赶，又要以市场为导向，以效益为前提。

四是处理好突出重点与兼顾各方的关系。

五是处理好上级支持与自身努力的关系，既要积极争取上级在资金、项目、政策上的支持，用好资金，真正发挥好每一笔建设资金的效益，又要发挥优势，扩大开放，立足自身努力，奋力拼搏，知难而进。

六是处理好总体发展与非均衡发展的关系。

七是处理好资源开发与保护的关系，坚持在保护中开发，在开发中保护，实现可持续发展。

三、我县实施西部大开发的工作重点

（一）加强基础设施建设

基础设施滞后严重地制约着全县经济的发展，因此，要继续把基础设施的建设放在优先发展的地位，按照整体规划，突出重点，加大投入，适当超前的原则，使其在“十五”期间有较大发展。

1. 交通设施建设。“十五”期间交通建设主要以“美马路”“成美路”为重点，在建设标美化油路的基础上，进一步提高公路等级和通行能力。争取用五年的时间，完成凉山对外通道西昌至乐山（美姑段）山陵重丘二级路的加宽改造，完善“成美路”县城至大桥段的油路建设，争取完成尔其公路桥建设。“十五”后五年力争完成龙门至拖木、竹库等公路桥建设，狠抓乡道、村道公路建设和巩固，基本实现乡乡通公路，使80%的村实现通车。

2. 水利基础设施建设。采取小型水利、微型蓄水池相结合，多层次、多渠道积极兴办水利、力争立项开工建设联合水库和合姑洛水库。使全县蓄引提水能力和有效灌溉面积在现有的基础上有较大增长。抓好现有水利设施配套整治、改造，巩固人畜饮水成果，切实搞好农田水利基本建设和农业综合开发，努力改善农业生产基本条件。

3. 电网、通信和广播电视等网络建设。

——水能开发。我县河流溪涧密布，水量丰富，坡陡水急，蕴藏着丰富的水能资源，全县水能理论蕴藏量 91 万千瓦，可开发量为 57.8 万千瓦。目前，只开发了 7757 千瓦。争取柳洪电站装机 15 万千瓦立项上马，开工建设牛牛坝水库。狠抓觉洛电站 4 万千瓦、牛牛坝电站 6.6 万千瓦、瓦洛电站 5.4 万千瓦、瓦吉吉电站 4.5 万千瓦、坪头 16 万千瓦、瓦侯 4 万千瓦等电站的前期论证工作，积极发展小水电，使水能开发成为我县的支柱产业。

——农网改造。组织实施好全县电网建设和改造，加大农电“两改一同价”的力度，建设好已争取到的农网国债投资项目。完成县城至瓦侯、大桥至柳洪 35 千伏输电线路及变电站建设，完成牛牛坝至候播 35 千伏输电线路的可行性论证。加快乡（镇）村 10 千伏和 0.4 千伏输电线路的架设和改造，力争在“十五”期间，乡村通电率达到 100%，户通电率达到 70%，再经过五年的努力达到 100% 的户通电。用 2 ~ 3 年的时间建成比较完善的供电网络，从根本上解决广大农村的用电问题。

——通信建设。要以建设信息大通道、电话容量翻番为重点，加快通信网络建设，提高国民经济的信息化程度。在“十五”期间，实现县级政府入网，新建候播至牛牛坝、洪溪至瓦侯的光缆线路及候播、新桥、瓦侯程控交换点。把发展通信网络和加快城镇化建设结合起来，进一步增大通信容量，加强村通电话的试点和建设。扩大覆盖面，提高通讯质量和服务水平。实现乡通电话达到 100%，村通电话 20%，户通电话在 2000 年的基础上翻一番。

——广播电视。要进一步加快广播电视建设，狠抓“村村通工程”，“十五”期间，完成 288 个村的电视地面接收站建设，使全县乡村通电视达 100%，广播、电视覆盖率分别打到 90% 和 95%，再用五年的时间达到 100%。

4. 城市基础设施建设。重点是城市规划、县城危房改造以及道路、供排水、污水处理、垃圾处理、城市绿化等建设。搞好城市规划、完善城市消防设施建设、规范城市建设。

（二）扎扎实实抓好生态环境保护和建设

搞好天然林保护和生态环境建设，是实施西部大开发的切入点，是加快民族地区发展的重要途径。我县现有水土流失面积达 1152.5 平方公里，占全县总面积的 42.2%，年均土壤流失 608.4 万吨，年均流入江河泥沙量达 182 万吨，对生态环境和经济发展造成严重危害，要按照建设大生态的思路，把生态建设移民开发、农业经济结构调整、国土整治相结合，重点抓好四大工程建设。

——天然林资源保护工程。继续抓好天然林资源保护工程，重点突出天然林全面禁伐、林业产业结构调整、森工工人转向营林管护和公益林建设。加强以大风顶自然保护区为主的野生动植物保护工程和护林防火工作。

——退耕还林还草工程。坚决贯彻中央“退耕还林（草）、封山绿化、以粮代赈、个体承包”的政策，“十五”期间按照统一领导，统一规划，因地制宜，分类指导，实事求是，注重实效的原则，有计划、有步骤、突出重点，实施退耕还林还草。在抓好 3 万亩试点工程的基础上，争取再退耕还林还草 12 万亩。

——生态环境综合治理和“长防”“长治”工程。“十五”期间，继续抓好“长防”“长治”工程，完成“长治”150 平方公里，中低产田土改造 2.4 万亩，加强天然林保护力度。进一步减少水土流失，遏制生态环境恶化的趋势，加强地质灾害、山体滑坡、泥石流等的监控和治理，搞好国土规划和整治开发。

——污染整治工程。坚持污染防治和生态保护两手抓。县城要以生活污染治理和美姑河污染治理为重点，着力解决城区饮食业生活污水、生活垃圾、“白色污染”等问题，采取措施保护饮用水源。抓好工业企业的工业污染源治理，确保全县“一控双达标”目标实现。

（三）加大经济结构调整的力度，努力实现追赶型发展

结构调整时加快美姑发展的关键。我县的结构调整，要坚持以市场为导向，提高效益为前提，积极开发优势资源，发展特色经济，加快科技进步，努力培育和形成新的经济增长点。

1. 稳定农村政策，调整农业结构。稳定农村基本政策、稳定基本农田面积、稳定粮食生产能力。要充分利用我县的资源优势，围绕农民增收，推进农业产业化的进程，大力调整和优化农业和农村经济结构，大力发展特色农业、生态农业、高效农业和节水农业。“十五”期间主要搞好：

——夯实农业基础，调整种植业结构。切实抓好中低产田土改造，建设高产稳产田地，积极争取农业综合开发项目，配套搞好农耕农艺措施，提高耕地质量，确保粮食生产。在此基础上，调整种植业结构。一是在县内光热条件较好的牛牛坝、大桥、柳洪等片区进行旱改田，增加水稻种植面积，改善粮食结构。二是扩大经济作物、林果等的种植面积，充分发挥资源优势，发展优势产业。在县内海拔 1500~2500 米地区继续大力种植花椒、优质梨、苹果、核桃等经济作物，实行成片种植，规模经营。在 1500 米以下及美姑河、溜筒河、连渣洛河两岸继续种植烤烟、白魔芋、蓖麻、油桐等经济作物和林果，逐步扩大种植面积形成规模。三是立足于本地种植业资源条件，延伸发展加工业，提高农产品加工转化水平。创办目前我县已初具农业产业化模型的白魔芋、优质梨、洋芋粉、荞麦粉等精深加工企业，提高农产品的附加值。

——优化农业产业结构，加快发展畜牧业、林业、提高畜牧业、林业占农业总产值的比重。畜牧业要继续以草畜“双百万”工程为重点，建设天然草场，积极种植优质豆科牧草。在稳定生猪生产的同时，大力发展草食牲畜，建设好美姑多胎山羊，半细毛羊改良、岩鹰鸡选育、安哥拉山羊、商品鸭等畜禽项目，大力扶持培育养殖大户，促进畜牧业向规模化、商品化方向发展，到“十五”期末，全县四畜存栏总数达到 55.6 万头（只），出栏率达到 56% 以上。使畜牧业产值达到或超过农业总产值的 50%。林业生产坚持生态林与经济林相结合的原则，抓好经济林基地和工业原料林基地的建设。调整好林业产业结构，将林种结构由现在的用材林、防护林、特用林、经济林的 5.1∶3∶1.5∶0.4 的结构比例，调整为商品兼用林、防护林、经济林为 5∶3∶2 的林种结构，使我县生态环境有较大改善，在“十五”期间农民在经济林种的收入比 2000 年增加一倍。

——建设一批面向市场的名、优、特、新农产品基地。重点建设好典补至新桥、巴普至牛牛坝、牛牛坝至候播优质梨基地；巴普至大桥花椒、核桃基地；牛牛坝至柳洪沿河两岸油桐、蓖麻基地，形成支柱；建设巴普镇优质蔬菜基地；大力发展烤烟、白魔芋生产。积极发展有市场、有发展潜力的经济林果业，把美姑建成四川优质梨生产县。努力做好野生资源的保护与开发，实现可持续利用。

2. 调整工业结构，推进工业化进程，提高工业经济效益。

美姑经济的长远发展希望在工业，因此，从现在起有计划、有步骤地调整工业结构，加快工业发展。“十五”期间全县工业增加值年均增长速度达到 15% 以上，要多方筹措资金，充分利用信贷扶贫资金，招商引资入股资金等大力发展水能资源，加强老企业改造，加快乡（镇）企业发展。

——大力发展水电产业。要以水电开发为龙头，发展高耗能产业，形成我县工业经济支柱，带动其他产业发展。“十五”期间，重点新建石普装机 1600 千瓦电站，瓦侯大湾 8000 千瓦电站，瓦吉吉 5000 千瓦电站，华岗 800 千瓦电站，开发连渣洛河水资源，建设采红 2800 千瓦电站。使全县水电装机容量达到 2 万千瓦。

——积极改造老企业。努力筹集资金，增加投入实施技术改造。抓好县化工总公司乳化炸药生产的技术改造，提高市场竞争力，争取打入溪洛渡电站建设市场。加强县建材公司技术改造，扩大

现有生产规模，要进一步加强县电力公司、刨花板厂等企业的技术更新和改造。同时，积极开展招商引资，制定优惠政策，鼓励外来投资者来我县开发资源，创办企业。要抓好企业人才培训，加强应用技术的开发和推广，提高产品档次，增强市场竞争能力。

——加快发展乡（镇）企业。我县乡（镇）企业的发展，要以转移农村富余劳动力、支援农业生产、增加农民收入为出发点，认真贯彻《美姑县关于加快发展乡（镇）企业的决定》和“多轮驱动、多轨运行”的方针，立足以资源优势为依托，以市场为导向，优化产业结构、强化优势产业，依靠科技进步。以矿业开发为基础，种养业、农产品加工业、建筑建材业、第三产业为重点，全面加快发展。“十五”期间，使乡（镇）企业个数增加两倍，总产值达到4700万元，转移农村富余劳动力30%以上。

——加强企业内部管理。要进一步加强各企业的内部管理，要在质量管理、财务管理、营销管理上狠下功夫，广泛采取现代企业管理技术、方法和手段，不断提高科学管理水平，提高工业经济效益。

3. 大力发展第三产业，积极发展旅游业

——要合理开发利用我县现有的森林资源与地理优势，充分利用我县的自然景观和人文景观、民族风情、动植物等资源优势，建立旅游机构，创建以大风顶自然保护区为重点的森林生态旅游公园。

——要按照“大流通促大发展”的思路，把商贸流通与城镇化建设结合起来，加强市场网络建设，完善各片区所在地综合市场，逐步建设蔬菜、畜产品、农产品等专业市场。

——积极发展运输、邮电通信、房地产、信息咨询、金融保险、仓储等第三产业，大力培育中介机构和要素市场，推进城市社区服务、农村社会化服务和企业、机关、学校的后勤服务社会化。

4. 突出重点，分类指导，实现全县区域经济协调发展。我县由于地理位置的差异，发展条件和水平差异较大，必须因地制宜，分类指导，突出优势，加快发展。

——县境内2000米以下地区及沿美姑河、溜筒河、连渣洛河两岸，光热条件比较好，是我县粮食生产的重点地区，也是经济林木、经济作物发展的主要地区，要加快农业产业化进程，推进城镇化进程。“十五”期间，要在绝不放松粮食生产的同时，巩固扶贫成果，优化农业结构，抓好矿产资源的开发与保护，积极发展种植业和林果业，建立生产基地，并充分利用农业资源，创办加工业，提高农产品转化水平，提高农产品附加值。

典补、佐戈依达、采红、候播乃拖、侯古莫、牛牛坝、九口、洛俄依甘、拉木阿觉、巴古、巴普镇、觉洛、农作、龙门、峨曲古等乡（镇）气候资源丰富，要重点发展以优质梨、优质苹果为主的水果生产，建成优质水果基地，重点发展核桃、花椒等为主的干果业，形成优势产业。在拉木阿觉、九口、牛牛坝、侯古莫、佐戈依达、巴普镇、龙门、峨曲古、候播乃拖、典补等乡（镇）建立优质玉米生产基地，同时要大力发展生猪生产，在品种更新上下功夫。

在牛牛坝、九口、洛俄依甘、拉马阿觉、柳洪、乐约等乡重点发展烤烟、油桐、白魔芋、蓖麻等产业，建立经济基地。

——县境内2000米以上地区，具有丰富的森林资源、牧草资源、矿产资源。瓦西、依果觉、炳途、拖木、井叶特西、合姑洛、瓦古、尔其、子威、依洛拉达、竹库、尔合、尼哈、龙窝、树窝、苏洛、哈洛、洛莫依达、洒库等乡要继续抓好高产、稳产农田和找钱地建设，认真实施天保工程和退耕还林还草工程，抓好生态治理，大力发展畜牧业，建设畜牧业、中药材、野生资源基地。要用好扶贫政策和投入的资金。加快教育、卫生等社会事业发展，加快脱贫致富步伐。

5. 调整城乡经济结构，加快城镇化步伐。要充分认识小城镇，大战略的重大作用。我县城镇化发展要按照科学规划、分类指导、突出重点、有序推进的原则进行。在“十五”期间要在交通方便的洪溪、峨曲古、牛牛坝、大桥等商贸集散地和工委所在地加快建设小城镇步伐，争取实现乡改镇。要改革户籍管理制度，用好土地政策，多渠道筹措资金，加快城镇公用设施建设，积极引导农村人口向城镇转移和集聚。

（四）集中力量，打好扶贫攻坚总体战

扶贫攻坚工程是事关全局的重要经济任务和政治任务，是实现全县各族人民稳定解决温饱，过上小康生活的重要举措。“十五”期间，要紧紧围绕“一个中心”，抓好“两项工程”，坚持“三个结合”，即以解决农村贫困人口温饱问题为中心，抓好新村建设和移民开发扶贫工程，把扶贫开发同生态建设相结合，同国土资源开发相结合，同移民开发与小集镇建设相结合，继续加大各项扶贫资金的投入力度，加强扶贫项目的管理实施，继续采取各种行之有效的扶贫攻坚措施，切实解决7.5万贫困人口的温饱问题。同时“十五”期间要把扶贫工作的重点转移到巩固越温成果，防止返贫上来，分地区、分步骤、有计划地实施小康工程，逐步实现共同富裕的目标。要组织力量，完成全县21世纪扶贫纲要调查工作，按照山、水、田、林、路综合治理的要求，做好2001—2010年全县3万人移民扶贫总体规划和实施。

（五）全面实施科教兴美战略

科技和教育是经济社会发展的主导力量。“十五”期间，要着眼于提高全县人民的科学文化素质和整个国民经济的科技含量，大力实施科教兴美战略，促进经济和社会的协调发展。

1. 全面推进教育改革和发展。要切实把教育放在优先发展的战略地位，全面推进教育的改革和发展，要把基本普及初等教育和基本扫除青壮年文盲作为重中之重，进一步巩固“两基”成果，重视扶持农村中小学教育，到2005年力争普及六年义务教育，基本扫除青壮年文盲。2010年基本普及九年义务教育。到“十五”期间，全县适龄儿童入学率由现在的56.8%上升到95%，分别为第一年达到75%，第二年达到80%，第三年达到85%，第四年达到90%，第五年达到95%。要深化教育改革，推动素质教育，调整教育结构和学校布局，加大对教育的投入，努力提高办学效益，推进农村教育综合改革，积极发展职业技术教育和成人教育、鼓励和支持社会办学。

2. 加快科技进步，大力推进技术创新。牢固树立科学技术是第一生产力的观念，把加速科技进步和技术创新放在经济社会发展的关键地位。加强科技体制改革、多渠道加大科技投入，提高技术创新能力。加强科学示范力度。县级各有关部门，特别是农口部门要结合美姑的实际和自身工作特点，建立本行业的科技示范推广园地，进行科技品种对比，培育优良品种，要大力发展科技中介机构和民营科技企业，健全科技推广服务体系，加快科技成果的转换和推广应用，提高科技进步对经济增长的贡献率。

3. 重视人才，用好人才。尊重知识，尊重人才，形成优秀人才脱颖而出的良好社会环境。用事业、感情、适当的待遇留住人才，吸引人才。大力培养和造就一批具有创新意识和创业精神的各类人才。加强企业经营管理者队伍的建设。深化干部人事制度改革，建立健全公开、平等、竞争、择优的选人用人机制，加强国家公务员队伍建设，搞好干部的培养，大胆起用优秀年轻干部，不断强化各级领导班子建设。

（六）加大改革开放的力度

1. 以开明促开放，以开放促开发，以开发促发展。要进一步解放思想，转变观念，以提高引资水平，增强招商实效为目标，以企业为主体，扩大对内外开放领域，多渠道、多方式吸引县外项目、资金、技术，互惠互利，发展经济。大力改善投资软硬环境，完善和落实招商引资优惠政策，简化审批程序，搞好服务，依法保护外来投资者的合法权益。

2. 大力发展非公有制经济。按照“大力扶持，积极引导，切实保护，放手发展”和“四不限”的原则，进一步解放思想，转变观念，放活政策，优化服务，依法保护非公有制经济的合法权益，放手发展个体、私营等非公有制经济。大力发展乡（镇）企业，搞好劳务输出，推进农村劳动力的转移。

3. 加快建立和完善社会保障体系。以健全社会保障体系和制度改革为重点，抓好社会养老保险、实业保险、医疗保险、工伤保险、生育保险五大制度建设，逐步建立覆盖面大，适应各种所有制和城乡特点的保障系统。千方百计创造就业岗位，全面实施再就业工程，力争把城镇失业率控制在社会可以承受的范围内。

4. 深化投资体制改革，拓宽筹资渠道。投资是拉动美姑经济发展的重要因素。要以优化投资结构，提高投资效益为目标，积极探索面向市场的投资机制。选择有市场、有效益的项目作为项目的前期论证，争取国家资金的投入；金融部门要加大对项目的投入力度，加强银企合作；积极推行现代企业制度，促进企业资产流动重组，以增量资产盘活存量资产；争取设立优势产业专项开发资金，把国家投资与多渠道筹集资金结合起来，支持重点建设。

四、加强精神文明建设和民主法制建设，维护社会稳定

加快发展，必须始终坚持“两手抓，两手都要硬”的方针，正确认识和处理好发展与稳定的关系。

——进一步加强思想政治工作。坚持以邓小平理论武装头脑，指导行动，加强以爱国主义、集体主义、社会主义为核心的思想道德教育。大力提倡实事求是的科学精神，艰苦奋斗的创业精神，开拓创新的进取精神，忘我工作的奉献精神。要将全县范围开展的“西部大开发，美姑怎么办？”的大讨论继续引向深入，肯定成绩，找准差距，增添措施，增强紧迫感和责任感，谋划长远，立足当前，开拓进取，搞好本职工作，以实际行动迎接西部大开发。

——各工委、乡（镇）、各部门、各行各业要根据自身特点，深入持久地开展群众性精神文明创建活动，为西部大开发创造良好的社会环境。宣传部门要加大宣传力度，坚持正确的舆论导向，提高宣传水平，营造良好的舆论氛围，扩大美姑的知名度。

——大力加强民主法制建设。要充分发扬民主，虚心听取群众和专家的意见，努力提高科学化、民主化决策水平。积极推行乡（镇）政务公开、厂务公开、村务公开、县级各部门政务公开、财务公开，建立一套民主管理、民主监督的体系。全面推进依法治县，深入开展普法教育，严格依法行政，坚持从严治政，把全县的经济社会发展纳入法制化轨道。

——搞好基础设施建设，推行项目法人负责制。这几年，我县基础设施建设进展较快，总体是好的，但也存在一些不容忽视的问题。主要是有的项目治度不健全，管理混乱，漏洞多，缺乏有效的约束和监督，造成工程质量不高，资金浪费，有的还造成了严重的事故。要进一步全面加强基础设施建设的管理，健全制度，强化监督，严肃纪律，堵塞漏洞。要切实推行项目法人负责制，落实对工程全过程的经营责任。建设项目都必须实行公开招标确定，强化对投标单位的资格审定，杜绝行政干预，坚决禁止私下交易、假招标和假投标。要加强对工程的监理，按项目的技术和质量标准进行严格监管，确保工程质量。通过加强管理，确保每个工程项目都能按期完工、质量合格、控制成本，经得起历史的检查。

——切实做好维护社会稳定工作。要认真贯彻党的民族政策，加强基层政权建设，加强国防建设，加强民族团结，坚持“两个离不开”。切实加强社会治安综合治理。目前，我县社会治安形势比较严峻，要严格执法，加大打击力度，特别是要加强大案、要案的侦破工作，依法打击各种刑事犯罪活动。强化社区管理，开展群防群治。继续加强禁毒工作，深入持久实施禁毒“净土计划”，积极推进“净土社区”的创建活动。加强对农民负担情况的监督检查，研究乱收费、乱集资、乱罚款和各种乱摊派。坚持和完善国家“三条保障线”制度，做好离退休干部工作和下岗职工再就业工作。正确处理新形势下的各种人民内部矛盾，把问题解决在基层，把矛盾化解在萌芽状态。

五、加强党的领导，狠抓落实

加快发展，关键在党，关键在人。全县各级党委、政府要把加快发展作为中心任务和头等大事来抓，切实加强对经济建设的领导，要建立严格的责任制度，做到分工负责，加强检查督促，狠抓落实。

——大力加强党的建设和领导班子建设。各级党组织要认真学习，深刻理解，坚决贯彻江泽民同志“三个代表”的重要思想，全面加强党的思想、组织、作风建设。要坚持从严治党、从严治政、从严治企。各级领导班子要按照新形势的要求，努力建设成为政治过硬、开拓创新、团结协调、廉政勤政的领导班子。

——狠抓农村基层组织建设，加强各乡学习依波沃活动示范村建设，形成围绕经济抓农建，抓好农建促发展的良好格局，提高农村基层组织建设的整体水平，狠抓机关、企事业基层党组织的建设，为西部大开发战略的实施提供有力的组织保障。

——各级领导干部要转变作风，求真务实，苦干实干，在“落实”上下功夫。在实施西部大开发中，做到工作任务、领导、部门、时间、检查督促五落实，务求取得实实在在的成效。要从“文山会海”中解放出来，深入实际，调查研究，进一步强化领导干部联系企业制度，把主要精力放在抓大事、抓主要矛盾上，不断提高对重大问题的研究和决策能力。

——各工委、乡（镇）、各部门要紧密结合实际、因地制宜、发挥优势、突出特色、谋划长远，结合本意见，科学制定切实可行的总体发展规划和目标，研究制定促进发展的政策，采取切实可行的措施，抓好各项目的实施。努力取得新的突破。

县委、县人民政府号召，全县各级党委、政府和广大党员干部、群众，要紧密团结在以江泽民同志为核心的党中央周围，高举邓小平理论伟大旗帜，万众一心，奋力拼搏，抓住机遇，开拓进取，为加快我县发展，实现新的跨越而努力奋斗。

中共美姑县委　美姑县人民政府
2000 年 7 月 13 日

中共美姑县委　美姑县人民政府
关于促进美姑河流域水电开发的实施意见

美委发〔2003〕66 号

各工委，乡（镇）党委、政府，县级各部门，各企事业单位：

美姑河流域水能资源开发是我县经济和社会发展史上千年难遇的发展契机，是县委、县人民政府政治和经济建设的首要任务，是实践“三个代表”重要思想，推进“三个转变”的具体体现，对促进美姑经济跨越式发展，实现富民强县目标具有十分重大的作用。为此，县委、县人民政府决定，就美姑河流域水能资源开发事宜制定以下实施意见，请认真贯彻执行。

一、搞好宣传，统一认识，为美姑河开发服好务

美姑河流域水能资源开发是县委、县人民政府政治和经济建设首要任务，也是各部门各单位的首要任务，一切工作都要围绕首要任务而开展，服从于首要任务。要开展“开发美姑河，我应干什么？”的专题大讨论，将美姑河开发的重要意义深入到人们心中，积极主动地为美姑河开发服好务。对那些不支持美姑河开发，设置障碍的领导干部，将采取先换脑筋后换人的干部使用机制。

必须搞好乡（镇）单位辖区内的社会治安工作，创造良好的投资环境，确保美姑河开发的顺利进行。在工程涉及的工委，乡（镇）辖区内设置治安保卫组，配合乡（镇）搞好社会治安工作。

任何单位和个人，不准直接向业主和施工单位提出无理要求，涉及有关的税费及相关事宜，必须经过协调办协调，按有关政策处理。

严禁任何单位和个人阻挠项目的正常运行。

业主及施工单位在项目实施中遇到的困难和问题，当地党委和政府及相关部门及时解决，不得推诿。

保护好与开发项目相关的标记、标志物、通信、电力、交通等设施，不得人为损坏和破坏。凡有意破坏者，公安部门要严厉打击。

严禁在工程实施区内放养牲畜和公路上敞放家畜和家禽。在工程区内放炮飞石打死牲畜和公路上车辆压死、压伤家畜、家禽，不作任何赔偿，因此而闹事者由治安组严肃处理。

二、美姑河流域开发工程区域划分和建设期限

（一）柳洪电站工程区：拉木阿觉乡农贸市场至柳洪沟全长13公里，装机15万千瓦，是流域开发的首期工程，计划2007年竣工。

（二）坪头电站工程区：柳洪沟至坪头道班处，全长11公里，装机12万千瓦，是流域开发的二期工程，2005年开工，2009年竣工。

（三）牛牛坝电站工程区：牛牛坝道班至石膏厂全长16公里，其中新桥乡的三分村吊桥上游500米处至石膏厂属水库淹设区。牛牛坝电站装机8万千瓦，计划2005年开工，2010年竣工。

三、服从流域规划，服务美姑河开发

按照流域规划，凡是在电站工程区建房、经商办企业的，必须报经县柳洪电站协调领导小组办公室，按规划审批后，国土部门才能办理用地手续，建设部门才能准予建设，否则，视为违章建设，强行拆除，损失自负。

中共美姑县委　美姑县人民政府

2003年11月11日

中共美姑县委　美姑县人民政府
关于印发《坚持依法治县构建和谐美姑专项整治活动工作方案》的通知

美委发〔2008〕69号

各乡（镇）党委和人民政府，县直各部门、各企事业单位：

现将《坚持依法治县构建和谐美姑专项整治活动工作方案》印发给你们，请结合各地、各部门、各单位的具体实际，以解放思想、打破陈规陋习为先导；树立强烈的危机意识和机遇意识，真正做到抢抓机遇不松劲，遇到困难不退缩，咬紧牙关求突破。以深化县情再认识，找准定位求突破为基础，以改革开放为动力，确保稳定促跨越；以“领导苦抓、部门苦帮、群众苦干”的“三苦精神”为支撑；以加强党的建设、强化各级领导干部的执行力为保障，负重拼搏、咬紧牙关，力争用3～5年时间实现“建设新美姑、发展新跨越、树立新形象”的总体目标，使美姑从传统的民族腹心地变为面向“成乐经济圈”的发展前沿。把群众反映最强烈、最现实、最迫切的问题放在首位，坚决彻底整治赌博、放高利贷、吸毒贩毒、家支械斗、聚众滋事、敲诈勒索等突出问题，着力解决行政不作为、乱作为等干部作风方面的突出问题，务求实效。要以正面教育为主，坚持自查自纠，自我教育，坚持教育大多数、打击处理极个别，坚持群防群治、依法治理。要通过专项整治，真正做到“关注民生、保障民安、维护民利、促进民和”，着力构建和谐美姑、平安美姑，建立健全政治安定、社会稳定、人民安居乐业的长效机制，真正形成风清气正、政通人和、科学发展的良好氛围，努力实现“新美姑、新发展、新形象”的目标。

中共美姑县委　美姑县人民政府

2008年10月13日

中共美姑县委　美姑县人民政府
坚持依法治县构建和谐美姑专项整治活动工作方案

为认真贯彻州委、州政府关于开展坚持依法治县、构建和谐美姑专项整治活动的重大部署，切实开展好专项整治活动，使我县社会治安、干部作风、基层组织建设和民族团结工作中存在的突出问题得到有效解决，确保全县社会和谐稳定、促进经济发展，根据10月11日上午州委、州政府在我县召开的“坚持依法治县构建和谐美姑专项整治活动”动员大会和10月11日下午召开的十届县委第47次常委会议精神，特制定本专项整治活动工作方案。

一、指导思想与目标任务

（一）指导思想

坚持以科学发展观为指导，坚持党的民族政策，紧紧围绕“抓发展、保稳定、重民生”三大任务，倡导移风易俗，狠刹歪风邪气，弘扬新风正气，集中力量整治群众最关心、反映最强烈的突出问题，为科学发展扫除障碍，深入推进“平安美姑、和谐美姑”建设，切实转变干部作风，进一步提高干部队伍素质，密切党同人民群众的血肉联系，努力营造风清气正、政通人和、科学发展的社会氛围，为加快发展、科学发展、又好又快发展创造良好环境，树立新形象、实现新发展、建设新美姑。

1.强力整治社会治安秩序。重拳出击，依法严厉打击发放高利贷、引诱青少年犯罪、黑恶势力敲诈勒索、欺行霸市、聚众斗殴、赌博、贩卖婴幼儿、毒品犯罪和农村偷牛盗马等违法犯罪行为，以非常之策、非常之举、非常之力，抓现行、打团伙、破大案。通过专项整治活动使美姑黑恶势力、聚众斗殴、赌博等群众反映突出的治安问题得到有效遏制，社会治安综合治理得到明显加强和好转，“平安美姑”建设得到有力推进，人民群众的安全感明显提高。

2. 深入整顿干部作风。结合机关效能建设，深入开展党风党纪教育，大力整治少数干部参与赌博、发放高利贷和支持参与家支势力非法活动的突出问题，着力解决干部队伍中存在的缺乏宗旨意识、大局意识、忧患意识、责任意识，作风漂浮、管理松弛、工作不扎实，失之过宽、失之过松等问题，着力解决行政不作为、乱作为的问题，切实提高各级领导班子驾驭全局、处理复杂问题的能力。充分发挥共产党员的先锋模范作用和基层党组织的战斗堡垒作用，不断提升党组织的凝聚力、战斗力。

3．坚持打击非法家支活动。大力加强党的民族宗教政策宣传和法治教育，兴利除弊，弘扬彝族文化的优良传统，坚决抵制家支势力的消极影响，依法打击家支聚众打砸抢、家支势力干政等非法活动，维护社会主义法治，促进民族和睦、政治安定、社会稳定、人民安居乐业。

二、工作原则

（一）有案必查，违法必究。以事实为依据，以法律为准绳，依法依规严厉打击各种违法犯罪行为，决不姑息迁就，在坚持依法治县、构建和谐美姑上出实招、出硬招、求实效。

（二）关注民生，为民谋利。坚持一切为了群众、一切依靠群众、一切为群众谋利益，切实把这次活动作为做好群众工作、维护人民根本利益的有益实践，认真解决人民群众最关心、最直接、最现实的利益问题，从源头上消除不稳定因素。特别要高度重视解决群众反映最强烈和社会影响恶劣的突出问题，做到事事有调查、案案有结果，人民群众满意度高。

（三）内外有别，讲究方法。先党内后党外，党内从严，领导干部从严；坚持正面教育为主，自我教育为主，教育大多数，打击处理极个别；坚持打关键、打重点、打首恶。

（四）统筹协调，分线展开。整治工作统一部署、分类指导，分别从政法、纪检监察、组织、统战、民族宗教和扶贫等战线同时进行。

（五）坚持自查自纠，重在教育转化。对干部自查出来的问题，能主动向组织讲清楚、积极整改的，可以给予悔过自新的机会。但对确有问题，却又无悔改表现的，要从严从重处理。

三、时间安排和方法步骤

专项整治活动从 2008 年 10 月中旬开始，至 2008 年 12 月 31 日结束。分三个间段进行。

（一）思想发动和查找问题间段（时间为 10 月中旬至 10 月 31 日）。

1．及时动员部署。分别召开县委常委会、县直各部门、各企事业单位干部职工大会、全县领导干部专项整治活动培训大会，对专项整治活动进行动员部署。各地各部门各单位要及时召开会议安排部署专项整治工作并迅速启动。县级领导要到分管部门（单位）和深入到联系乡（镇）进行宣传发动，召开声势浩大的群众大会，切实做到家喻户晓、深入人心，各级干部必须以“领导苦抓、部门苦帮、群众苦干”的“三苦精神”深入乡村，切实解决对人民群众的感情问题，体察民情、了解民意、集中民智、珍惜民力，为“新美姑、新发展、新形象”提供力量源泉。让全县广大干部群众都做到“一明白、两知道”，即明白专项整治的重大意义、指导思想、工作原则和方法步骤，知道该做什么，知道该怎么做，切实动员全县干部群众自觉投入到专项整治活动当中。

2．广泛深入的组织学习。要认真学习胡锦涛同志在全党深入学习实践科学发展观活动动员大会上发表的重要讲话以及党的十七届三中全会精神和省委九届四次、五次全会精神，学习州委、州政府主要领导在全县专项整治干部大会上的讲话。结合美姑实际深入开展“新美姑、新发展、新形象”专题大讨论和“我为美姑跨越发展献一策”活动。要认真学习《刑法》《禁毒法》《治安管理处罚法》《中国共产党纪律处分条例》《行政机关公务员处分条例》等有关法律法规和党的民族宗教政策，要结合机关行政效能建设进一步抓好全县各级干部、党员，特别是各级领导干部的党纪、政纪教育，着力解决基层组织和党员干部在思想、组织、作风方面存在的突出问题。同时，要抓好各族群众的宣传教育，深入开展以“学法律、讲权利、讲义务、讲责任”为主义内容的公民法治宣传教育，培育各族群众依法行使权利、自觉履行义务的现代公民意识，形成文明守法、依法办事的社会风尚。要通过广泛地深入思想发动和宣传动员，使各族干部群众了解开展坚持以法治县、构建和谐美姑专项整治活动的重大意义、指导思想、工作原则和方法步骤，创造有利于专项整治活动不断深入的舆论氛围。学习《坚持科学发展观教育读本》，切实加强党员干部法制、党纪、政纪和科学发展观的教育以及形势教育。县委专项整治工作组要把相关学习资料集中编印成册，供广大干部学习使用，做到人手一册。

3. 广泛征求意见。采用设立意见箱、举报电话、来访接待室和个别访谈、专项调查、发放征求意见表、召开座谈会等形式，广泛听取群众对坚持科学发展、坚持依法治县、构建和谐美姑的意见建议；广泛收集广大群众对社会治安、干部作风和家支势力非法活动等突出问题的具体事件、人员等线索的举报，有针对性地开展专项整治工作。

4. 自查自纠。全县各级领导班子和领导干部都要按照“三结合一准确”（即要结合本地、本部门、本单位实际，查找的问题要真实准确）要求，采用多种形式，深入查找本地、本部门、本单位在坚持科学发展、坚持依法治县、构建和谐美姑等方面存在的突出问题；深入查找本地、本部门、本单位在落实社会治安综合治理、加强干部队伍建设和贯彻党的民族政策等方面存在的具体问题，积极深挖细查、分析原因、制定措施、正面教育、自我教育、边查边改。

（二）依法打击，集中整治和解决问题阶段（时间为 11 月 1 日至 11 月 30 日）。

1. 政法部门在实施坚持依法治县、构建和谐美姑专项整治活动中，必须注意解决各种社会热点难点问题，预防和及时依法处理社会热点难点问题和群众性事件。对各种社会矛盾纠纷要从源头抓起，力求从根本上解决，要强化超前观念，建立健全预警机制，延伸信息触角，密切关注一些社会热点难点问题，及时掌握获取可能引发群体性事件的苗头性、倾向性、预警性、深层次内幕性信息，把化解工作往深里做、往细里做、往实里做，努力减少矛盾、缓解矛盾、解决矛盾。要切实转变工作作风，把群众的上访转变为干部的下访，及时为群众解决实际困难和问题。坚决杜绝因强迫命令、违反法律法规、行政不作为、侵害群众利益而引发矛盾纠纷。要有针对性地加强法治宣传教育和政治思想教育，使矛盾纠纷能够通过正常的法律途径妥善解决。各有关职能部门要各负其责，经常化地排查调处矛盾纠纷，防止矛盾纠纷激化、事态扩大，努力把矛盾纷解决在基层，化解在内部，消除在萌芽状态，决不允许不闹不解决，小闹小解决，大闹大解决的现象发生。要侦破一批有影响的案件，依法严厉打击和处理一批性质恶劣、情节严重的违法犯罪分子。对近 3 年来因各种纠纷引发而又未解决的打砸抢案件，要加大侦办力度，切实做到事要解决、人要归案。要切实加强社会面的控制，加大城区和城乡治安巡逻力度，对影响社会政治稳定的重点区域、重点行业、重点单位和重点人群实施重点整治。

2. 纪检监察和组织部门要严肃查处党员干部经商、参与资源开发、侵吞变卖国有资产中饱私囊、赌博、放高利贷、参与家支势力非法活动、吸贩毒、聚众闹事、庇护黑恶势力等违纪违法行为。要在全县基层组织进行一次集中建设、排查、整顿活动，着力解决基层组织和党员干部在思想、组织、作风方面存在的突出问题，着力解决一些基层组织软弱涣散、作用发挥不够的问题，特别是村（社区）干部大局意识、宗旨意识不强，思想解放不够，引领发展能力不强，工作中闹不团结的问题、后备干部缺乏的问题和家支势力非法活动的问题。对软弱涣散的党组织和领导班子，该调整的一律调整，该撤换的一律撤换。

3. 各地、各部门、各单位对查找出的突出问题，特别是要对抓发展、保稳定、重民生方面思想不解放、思路不清、路子不明、措施不力、落实不够等问题，采取有效措施进行集中整改，并向社会公开整改事项、整改措施、整改结果，确保专项整治活动取得实效，不走过场。

（三）建章立制，构建长效机制阶段（时间为12月1日至12月31日）。

各地、各部门、各单位要按照“两加强、一建立”（即加强干部管理、加强财经纪律，建立科学发展和长治久安的长效机制）要求，对本地本部门本单位在科学发展、依法治县、构建和谐，以及落实社会治安综合治理、加强干部队伍建和贯彻党的民族政策等方面存在的突出问题，认真反思教训，分析原因，总结经验，把握规律，制定和落实切实可行的规章制度。对工作中的各项制度进行清理归纳梳理，围绕人员管理、岗位职责、执法程序、监督制约等方面逐项进行规范，原有规范不明确的及时明确，不适应社会发展需要的及时修改，有漏洞的及时补充，执行不好的及时查找原因，提出限期整改措施。

各地、各部门、各单位要进一步明确在社会治安综合治理和平安建设工作中的职责任务，加强组织领导和协作，进一步健全社会治安综合治理领导责任制、目标管理责任制和社会治安综合治理考评等制度，形成“看好自己的门、管好自己的人、干好自己的事”的良性机制。要坚持“打防结合，预防为主，专群结合，依靠群众”和“早发现、早控制、早解决”的方针，推进警务机制改革，加强政法机关能力建设，规范干警执法行为，提高政法队伍战斗力。大力发展群防群治队伍，齐抓共管推进基层社会治安防范社会化、网络化、科技化，真正构建确保美姑科学发展和长治久安的有效机制，确保政令畅通，让全县各族人民群众感到安全、安定、安心、安稳，全面推进我县加快发展、科学发展，又好又快发展。

四、组织领导

（一）成立工作机构。县委、县人民政府成立专项整治领导小组及其工作机构，具体组织实施专项整治活动，各地、各部门、各单位是实施主体和责任主体。同时，县委、县人民政府要派出工作组分乡（镇）进行指导和督导，切实保证各项工作落到实处，取得实效。县委、县人民政府工作组要严格自律、公正执法，不得枉法干预个案，不得通风报信，不得泄密，不得接受请客送礼。对因不当行为或失职渎职造成严重后果的，要依法依纪严肃处理。工作组到乡（镇）开展工作所需经费和其余相关工作经费，由县财政解决。

（二）落实领导责任。把专项整治活动作为当前的重要工作。各级领导干部，要带头弘扬求真务实、艰苦奋斗的作风，真正把心思用在谋发展上、把精力用在为民造福上、把智慧用在干好工作上，多干多数人受益的事、多干打基础的事、多干有利于长远发展的事。要讲党性、重品行、作表率，做到作风清新、为官清廉，重实际、干实事、求实效，真出力、真流汗、真爬坡，脚踏实地，甘当“老黄牛”，争做实干家，为“新美姑、新发展、新形象”建功立业。各地各部门各单位“一把手”对本地、本部门、本单位的专项整治活动负总责，班子成员具体抓。对县级领导实行分乡（镇）和县直部门（单位）负责制，每位县级领导都要深入到所联系乡（镇）和县直部门（单位）具体负责贯彻落实州委、州政府和县委、县人民政府关于专项整治活动的决策部署和指示精神，对专项活动进行指导和检查，帮助排查梳理发展和稳定方面存在的突出问题，切实加以整改，起好表率作用。

（三）强化干部队伍和基层组织建设。坚持按照州委“六重用六惩戒”用人导向和“六坚持六不准”要求，对在专项整治中坚持原则、敢于碰硬、成绩突出的干部要予以表扬和提拔使用；对重视不够、回避矛盾问题、推诿扯皮、工作不力，令行不止，造成工作失误或阳奉阴违阻挠整治活动的干部特别是领导干部要坚决查处。要坚持“两手抓、两不误”，同步推进专项整治活动与经济工作，确保全年经济社会发展目标圆满完成。要大力开展“四强”基层党组织创建活动，切实增强基层党组织的创造力、凝聚力、战斗力，为美姑县加快发展、科学发展、又好又快发展提供坚强组织保障。要扎扎实实为群众办实事、办好事、解难事，解决好人民最关心、最直接、最现实的利益问题，关心群众的衣食住行，关心群众的就业、就医、就学，让全体人民共享发展成果，过上更加美好的生活。

（四）正确把握好舆论导向。坚持以正面宣传为主，促进工作，维护稳定。同时，严防炒作，防止别有用心的人借机生事、制造混乱。要通过媒体和简报信息，及时反映整治工作动态和工作经验，指导面上工作。各有关部门的信息、总结材料，及时报县委专项整治工作组，汇总后上报州委工作组。

县委专项整治各个工作组要主动与州委各工作组搞好衔接，配合州委工作组搞好专项整治工作。各地、各部门、各单位要结合实际制定操作性强的实施方案，每一阶段的工作安排和工作小结、专项整治活动的整改措施、长效机制和工作总结等材料，要及时以书面形式报县委专项整治工作组。

中共美姑县委　美姑县人民政府
关于在全县范围内禁止饲养牦牛加快推进草场建设的决定

美委发〔2008〕72号

各乡（镇）党委和人民政府，县直各部门：

为了有效保护和合理利用草地资源，使草地资源得以永续利用，杜绝牦牛这一对高山草地破坏严重的畜种对天然草场造成的破坏，让黄茅埂、大风顶、阿米都尔等成片高山草场得以休养生息，改善草地生态环境，实现草地生态良性循环，促进我县畜牧业可持续发展。县委、县人民政府就全县范围内禁止饲养牦牛加快推进草场建设作出如下决定：

一、禁止饲养牦牛加快推进草场建设的重要意义

（一）建设生态文明的客观需要。建设生态文明是贯彻落实科学发展观的新任务。我县的草原生态已遭到严重破坏，土壤坚硬，裸斑化，水土流失现象已十分严重，全县草地退化面积已达99万亩，生态系统日趋恶化。草地是人类生态环境中不可缺少的部分，在防风固沙、涵养水源、保持水土、净化空气、调节气候、改良土壤、增加肥力、美化环境等方面具有十分重要的作用。我县现有的成片高山草地是我县生态系统的主体之一，在维护我县生态安全、发挥生物多样性方面具有重要功能，是促进人与自然和谐共处的重要载体，是建设生态文明的客观需要。

（二）加快恢复草场建设的迫切要求。长期以来，由于忽视了草地的永续利用，滥垦、滥牧、毁草等现象十分严重，特别是黄茅埂、大风顶、阿米都尔三大连片45万亩的草场，由于饲养牦牛数量的增加，加之牦牛的特殊生物性，草场中优质牧草羊茅类常被牦牛连根拔起，大量羊茅草正在逐年减少，加速了草场的退化进程，草场亩产鲜草已由1984年的950公斤减少到现在的450公斤，同时，牦牛饲养户长期与黄茅埂牧场争夺草场资源，并造成公私牦牛混养而纠纷不断，严重影响了社会稳定。因此，禁止饲养牦牛，对有效保护草地生态和促进社会稳定具有十分重要的意义。

（三）实现畜牧业可持续发展的有效途径。禁止饲养牦牛，推进草场建设是我县建设“畜牧大县”的基础和前提，有利于深入实施草畜“3550”工程项目建设、以工代赈草原建设项目、畜牧扶贫项目、畜牧科技园区建设项目和基地建设，有利于饲养美姑山羊和优质肉牛等优良畜种，有利于优化畜牧业结构及畜产品的生产、加工和经营，从而实现畜牧业可持续发展，进而有利于促进我县农业结构调整，增加劳动力就业，拓宽农牧民增收渠道，使畜牧业真正成为我县农业和农村经济中具有发展潜力和活力的支柱产业。

二、禁止饲养牦牛推进草场建设的指导思想、基本原则、目标任务

指导思想：坚持以科学发展观为指导，努力改善草地生态环境，达到草畜平衡，实现草地生态良性循环。紧紧围绕“抓发展、保稳定、重民生”三大任务，集中力量清理整顿群众最关心、反映最强烈的牦牛养殖对生态严重破坏等突出问题，深入推进“平安美姑、和谐美姑”建设，为加快发展、科学发展、又好又快发展创造良好环境，树立新形象、实现新发展、建设新美姑。

基本原则：一是统筹协调，分线展开，统一部署。黄茅埂、大风顶、阿米都尔三大成片草场禁止饲养牦牛整治与禁止零星饲养牦牛整治相结合；二是部门协作与乡（镇）联动相结合：三是行政手段、经济手段和法律手段，清理整治力度与群众可接受程度、依法行政与服务群众相结合；四是舆论宣传和稳步推进相结合。

目标任务：2008 年 11 月 30 日前，全县境内所有牦牛必须统一出售到县境外或自行处理完毕。

三、加强组织领导，确保禁止饲养牦牛加快推进草场建设工作目标任务圆满完成

（一）加强组织领导。县委、县人民政府成立领导小组及其工作机构，具体组织实施禁止饲养牦牛加快推进草场建设等相关工作，切实保证各项工作落到实处，各乡（镇）、各相关单位和各牦牛饲养户是实施主体和责任主体。领导小组开展工作要严格自律、公正、公平，对因不当行为或失职渎职造成严重后果的，要依法依纪严肃处理。工作组到乡（镇）开展工作所需经费和其余相关工作经费，由县财政解决。

（二）落实工作责任，县委、县人民政府把禁止饲养牦牛加快推进草场建设整治作为当前专项整治工作的重要内容。各相关单位和部门领导干部，要带头作表率，对禁止饲养牦牛加快推进草场建设清理整治活动具体抓。

（三）营造良好氛围。坚持正面宣传，统一思想。各辖区要在规定的时限内认真调查摸清牦牛饲养的现状，反复向牦牛饲养户宣传讲解禁止饲养牦牛的重大意义和现实意义，争取各牦牛饲养户积极主动配合领导小组做好禁止饲牦牛和处理牦牛的工作，维护稳定。领导干部参与饲养牦牛的，能在县委、县人民政府规定期限内及时自行处理的，县委、县人民政府不予追究责任；对在规定时限内不自行处理的，领导小组除采取必要的措施予以捕杀或消灭外，还将依纪依法追究相关责任。

中共美姑县委员会　美姑县人民政府

2008 年 10 月 29 日

政府工作报告

——1993年3月17日在美姑县第九届人民代表大会第一次会议上

副县长　杨再有

各位代表：

我代表县人民政府，向县第九届人民代表大会第一次会议作政府工作报告，请予审议，并请县政协委员提出意见。

（一）本届政府的工作回顾

我县第八届人民代表大会第一次会议是在1990年3月20日召开的，根据宪法规定，本届政府任期届满。本届政府任期三年，正值国家“七五”计划执行的最后一年和“八五”计划执行的前两年，正处在加快改革开放和经济建设步伐时期。三年来，在州委、州政府和县委的领导下，在县人民代表大会及其常委会的监督、支持下，县人民政府执行县人民代表大会决议，动员和组织全县各族人民，坚持以经济建设为中心，坚持四项基本原则，坚持改革开放，通过深入贯彻党的十三届七中、八中全会精神，中央工作会议精神以及邓小平同志1992年南巡谈话和党的十四大会议精神，加快改革开放的步伐，强化农业基础，狠抓工业生产，提高效益，搞活流通，活跃市场，依靠科技，搞好扶贫，发展社会各项事业，加强社会主义精神文明建设和民主与法治建设，强化社会治安，搞好综合治理，有力地促进了全县国民经济的稳步增长和社会事业的不断发展，政府各项工作都取得了较大的成绩，胜利完成了县第八届人大一次会议提出的各项任务。1992年全县国民生产总值达到10100万元（预计），比上年增长13.32%，比1989年增长30%，年均增长9.2%，国民收入达到9150万元（预计），比上年增长20.17%，比1989年增长35.54%，年均增长10.7%；工农业总产值达到14184万元（90年不变价），比上年增长1.26%。比1989年增长6.89%，年均增长2.24%。农村人平纯收入达到363元，人平生产粮食390公斤，农村贫困面大大缩小，城乡居民生活明显改善，国民经济继续朝着好的方向发展。

一、农村经济全面发展。三年来，农业战胜了多种严重自然灾害的袭击，夺得全面丰收，1992年全县农业总产值达到10592万元（1990年不变价），比1989年增长1.27%，年均增长0.42%。随着农村产业结构的调整，种植业在大农业中的比重开始下降，由1989年的47.25%下降为1992年的40%，林、牧、渔业产值由52.75%上升为60%。粮食总产量1992年达到57306吨，三年中的1991年粮食总产量创历史最高水平，达到62661吨，比1989年增长6.05%，农民人均有粮食达到410公斤，全县农村群众的温饱问题基本得到解决。主要经济作物产量，水果达到176万公斤，花椒达到17.9万公斤。林业和开发农业有了长足的发展，三年累计成片造林8.86万亩，造林质量不断提高，四旁植树349万株，护林防火连续十三年无森林火灾。到1992年年底全县累计建成“找钱地”310753亩，人平2.32亩，“高产稳产地”12万亩，人平0.85亩，农业抵御自然灾害的能力和发展后劲得到较大增强。畜牧业走出了一条种草养畜、科学养畜的新路子，猪、羊、牛、马四种牲畜存栏总数达到46.6万头（只），比1989年增长7.87%，其中改良羊达到2.5万只，农村人平占有牲畜达到4.6只，肉类总产量达到6018吨，比1989年增长21.58%，畜产品的商品率逐步提高。

乡（镇）企业大幅度增长，已成为农村经济的主要组成部分，1992年乡（镇）企业产值达到1185万元，比1989年增长一倍，总收入1284万元，比1989年增长51.77%。国土保护、农村能源建设、农机、水电、气象等工作都取得了新的成绩，为我县农业的发展做出了贡献。三年来的探索实践充分说明了我县提出的“坚持以农业为基础，以林牧业为两翼，种养加采并举，多种经营全面发展”的经济发展总体战略是符合我县实际的。

二、工交生产稳步增长。1992年全县工业总产值达到3592万元（1990年不变价），比上年增长11.55%，比1989年增长27.56%，年均增长8.46%，其中，全民工业总产值比1989年增长20.8%，重工业增长30.33%。工业总产值占农业总产值的比重，已由1989年的21.22%上升为1992年的25.32%。三年来主要工业产品产量都有较大的增长：发电量由772万千瓦时增加到1075万千瓦时，硝铵炸药由2601吨增加到3415吨，人造板由704立方米增加到2009立方米，水泥由2500吨增加到3548吨。由于认真贯彻了《全民所有制工业企业转换经营机制条例》，在企业全面推行三项制度改革，有效地促进了工业企业的发展，县化工厂、伐木场、刨花板厂、水泥厂、农机厂、自来水厂等县属企业，产品质量和生产效益都有明显提高，使全县工业产值、销售、利税实现同步增长，经济效益不断提高。三年来还先后办起了生产规模为年产1000吨籽粒苋糖果厂，该厂生产的籽粒苋食品获1992年四川省首届巴蜀食品节银奖。建立年销售产值为200万元，销售利润为20万元的西式风味肉制品加工厂；县化工厂技改工程已动工，在建的日处理100吨矿石的县铜矿洗选厂，将于今年9月竣工进入试产。交通、邮电事业也有了新的发展，三年完成修路投资178万元，新修公路13公里，改扩建公路48公路，整形公路37公里，使全县通车公路达到21条，通车里程373公里，县道好路率有所提高。省道公路切实加强了养护和管理，确保交通运输正常，好路率达65%，全县客货运量都有较大增长。邮电事业进一步发展，邮电业务总量完成48.63万元，报刊发行流转完成15.88万元，比1989年增长11.99%，县城自动电话安装土建工程已动工。安全生产、环境保护、标准计量等工作都取得了新的成绩，住房制度改革稳步进行，全县已有73个单位参加并进行房改，房改面积达93.3%，经济体制改革工作进一步加强，全面推进企业三项制度改革，落实了企业第二轮承包和顺延承包工作和多种形式的经营责任制，加强了改革的分量和力度。在引进技术人才方面有了新的进展，还与西昌皮革厂联合新建了兰革生产分厂。

三、商贸、财政持续发展。商贸物资部门立足为生产服务，为人民服务，积极组织货源，确保市场供应，人民日用生活品做到不断档脱销，加强了商业网点建设，发挥主渠道作用，保住了社会的有效供给。全县城乡市场繁荣，货源充足，商品丰富，物价增长指数控制在规定的指标以内。1992年全县社会商品零售总额达到3262.4万元，比1989年增长33.54%，其中，全民所有制商品零售总额完成1954.4万元，增长8.89%。商品购进3163.1万元，增长1.39倍，其中全民商业商品购进2768万元，增长1.09倍。城乡集贸市场发展到15个。全县个体工商户达到875户，从业人员达到972人，分别比1989年增长1.07倍和1.09倍，集市贸易成交额达392万元，比1989年增长33.79%，投资部门坚持“以农为本，淡为旺储，调运在先，不误农时”的原则，三年共组织调运尿素4500吨，磷肥4700吨，地膜100余吨，农药31吨，保证了农业生产的需要。进一步抓好“菜篮子”工程，组织安排好群众生活必需品供应，县食品公司、蔬菜公司参与市场竞争，猪肉、蔬菜供应状况好转，缓解了淡季吃菜难，调节了市场，平抑了物价。粮食改革工作顺利推进，粮食部门认真执行粮油购销政策，在顺利完成城镇居民计划粮油价格调整的基础上，根据省、州统一安排，于1992年11月1日实行粮油价格全部放开，促进了粮食体制改革。

财政金融工作。经济的发展有力地促进了财政收入的不断增长，使全县财政收入跃上新台阶。1992年县财政收入达到602.6万元，比上年增长18.65%，比1989年的455.5万元增长32.29%，年均增长9.75%，财政、税务、审计、物价、工商等部门在维护国家利益，加强经济监督，组织财政收入方面做了大量工作，取得了显著成绩。计划、统计、监察等部门在加强宏观调控，促进经济的发展方面发挥了自己的职能作用。金融部门在聚集资金，积极组织存款，支援工农业生产方面作了大量工作，1992年各项存款余额达到6544.6万元，各类贷款余额达到3251.2万元，三年来加强了对社会集团购买力的控制和管理，开展了对“三乱”“三角债”的清理，完成了财政、税收、物价“三大检查”工作，收到了较好的效果。

四、改革开放步伐加快。为深入贯彻执行中央2号文件，加快改革开放的步伐，我县从实际出发制定了发展经济的20条改革措施，有效地促进了政府部门职能转变和企业经营机制的转换，提高了经济效益，县粮食、商业、医药等局的行政管理职能逐步向经济实体过度，成立了“县粮油贸易总公司”“县商业民贸总公司”。县行政事业单位创办经济实体，开展有偿服务正在兴起，将为我县今后的机构改革创造条件。

国务院《全民所有制工业企业转换经营机制条例》颁发后，我县经济主管部门，综合杠杆部门，各企业广泛深入开展学习和贯彻，制定了贯彻《条例》的实施意见，深化企业人事、用工、分配三项制度改革，化工厂、刨花板厂、百货公司三户企业作为贯彻“条例”的试点单位，取得了明显的经济效益和成功的经验。县百货公司实行“四放开”后销售总额实现利税和职工收入都有大幅度增加，企业面貌大为改观。

五、科技、教育等各项社会事业继续发展。三年来，我们紧紧围绕科技兴农、科技扶贫这个中心，进一步加强和完善了以县为中心，乡为基础的科技服务体系，在抓好觉洛科技示范乡的同时，采取多种形式对广大农牧民进行实用技术培训，取得了较好的效果。几年来用于科技的投入达21万元，共计举办各类农村实用技术培训班230期，培训16万人次。开展了科技成果评审工作，激发了科技人员积极性，促进了农业科技成果的推广应用，为我县今后科技综合开发和实用技术成果的推广打下了良好的基础。

教育工作，坚持学校教育以“德育为首，全面发展”的方针，认真实施义务教育法和凉山州义务教育法实施办法，使学生在德、智、体、美、劳诸方面都得到发展。一是加强对教育的领导，大力宣传教育的战略地位，县上提出“一手抓生产，一手抓教育”的工作方针；二是重心倾斜乡、村“抓恢复，保高段、修断桥”，调整教育内部管理机构，狠抓寄宿制和半寄宿制乡中心校的建设，努力普及初等教育；三是加强师资队伍建设，提高教学质量，对骨干教师实行建卡管理；四是全民实行基础教育，分级管理，继续推行和完善教育工作责任制，有力地促进了我县教育事业的发展。到1992年，全县共有中小学校198所，其中小学194所，有校舍7.5万平方米，建立完小16所，乡中心校恢复到38所91个班。在校学生11989人。适龄儿童入学率达到52.3%，比1989年提高3.4个百分点，巩固率、毕业率均比1989年有所提高。初、高中毕业生三年中有236人升入大中专高一级学校，农村扫盲和成人教育进一步发展，对全县脱盲人员普遍开展了计生知识、人口理论教育，收到了较好的效果。

卫生工作。坚持把重点放在农村，认真抓好预防保健，农村卫生站建设，到目前，县、乡、村医疗卫生网点发展到303个，完成儿童计划免疫第一、第二个85%的规划目标。全县卫生医疗条件进一步改善，服务质量进一步提高，预防保健，妇幼保健，计划免疫，食品卫生，药品管理，传染病防治，中医中药，农村改水得到加强，农村缺医少药状况有所好转，地方病得到控制，地甲病和克山病经省、州验收达到基本控制标准。

计划生育工作，认真贯彻中央、国务院《关于加强计划生育工作严格控制人口增长的决定》和凉山州计划生育办法，进一步稳定生育政策，加强人口知识教育和基本计划生育管理改善技术服务。

1992年计划生育率达到91.24%，人口自然增长率9.35‰，全县总人口达到15.43万人，连续三年全县计划生育率等几大指标均控制在州下达的指标内，1990年组织抽调人员，圆满完成了我县第四次人口普查任务。

社会治安综合治理。为引进资金、引进人才，为发展我县经济创造良好的社会环境，根据我县社会治安中的突出问题，坚持“两手抓，两手硬”的方针，下最大决心将社会治安综合治理作为一件大事来抓，县上成立社会治安综合治理领导小组，各部门成立治保组织，实行奖励责任制的综合治理。在城区重点开展反偷窃和抓拿骗吃、酗酒闹事的治安整顿，公路沿线开展打击车匪路霸的专项斗争，公路沿线的乡、村、组对各段的设施、治安实行承包。经过整顿，全县治安情况、社会秩序明显好转。

在过去的三年中，我们继续加强了社会主义精神文明建设和民主法制建设，加强了各级政府的政权建设，廉政建设和自身建设，加强了同人民群众的血肉联系。利用“社教”和扶贫工作队在农村广泛开展了“以三户、三带”，唱好“两首歌”对文明村建设为基本内容的农村精神文明建设活动，积极开展“二五”普法宣传，坚持了人民群众来信来访制度。基本完成撤区和调整部分乡建制的工作。广播电视、文化电影、档案、体育、保密、修志工作有了新的发展，取得了新的成绩。

六、人民生活明显改善。

经济的不断发展促进了人民生活的改善，1992年全县农民人均纯收入达到363元，比1989年的272元增长33.45%，比上年增长19.41%。全部职工年均货币工资收入达到2394元，增长38.46%，城乡人民的消费水平逐年提高，生活消费品正向多品种、多样化发展。安置城镇待业人员的工作取得了较大发展，三年共安置城镇待业人员413人。住房条件也有了改善，过去三年城镇住宅建筑竣工面积21490平方米，人平住宅面积超过12平方米，1992年疏通县城下水道3140米。新修少年宫至水电局下水道工程600米，解决了城区部分主要排污问题。城乡居民储蓄存款余额达到2609万元，比1989年增长83.44%。三年完成人畜饮水工程85处，解决了5087户、24157人和13.18万头（只）牲畜饮水困难，使全县部分农户的饮用水条件得到了改善。

七、扶贫工作初见成效，如期实现越温目标。三年来我们把抓好扶贫工作列入各级政府的重要议事日程，切实加强领导，认真贯彻落实党中央、国务院、省委、省政府以及州委、州政府帮助少数民族地区发展经济的各项政策，把解决群众温饱问题作为扶贫工作的重点，采取建立机构、优惠政策，经济开发，科技扶贫，责任包干，目标管理，各方配合等多种措施，在财力、物力和技术上给以有力扶持，三年来共计投入农业生产“两项资金”扶贫贷款1172万元，帮助建卡户建设了一批温饱工程，有力地促进了经济的发展。特别是1992提出了“奋战1992年打好扶贫攻坚战，确保年内越过温饱线的决定”，全县上下层层建立越温攻坚战指挥机构，县级行政机关抽调50%的干部职工到基层开展扶贫工作，实行定乡包户扶贫，将任务落实到各级包户人头上，增强了县、区、乡、村干部和定乡包户人的责任感，收到了较好的成效，经省委、省政府赴美姑越温检查验收组，按照分类整群半距取点，等距抽样到乡，随机抽样到村、组的办法，对全县抽中的66户贫困建卡户进行逐户检查验收，被抽查的66户建卡户1992年人均纯收入392.37元，人平占有粮食397.4公斤，贫困户人均纯收入和人平占有粮食均达到省定越过温饱线的“二六”标准，全县14986户贫困建卡户74989人全部越过温饱线。

县体制、编制、人事、劳动、民政、民族语言、信访、对台、外事侨务、统计等部门都较好地发挥了自己的职能作用，取得了新的成绩。中国人民解放军驻美姑部队、武警、公安干警和广大民兵为美姑的经济建设的发展，社会稳定做出了贡献，军政、军民团结进一步加强。人民代表、政协委员充分发挥了民主监督和政治协商的作用，爱国统一战线进一步巩固。当前，全县政治稳定、社会安定、经济发展、民族团结、人民安居乐业，整个形势是好的。在此，我代表县人民政府，向为我县经济和社会发展做出贡献的各族工人、农民、知识分子，各级干部、人民解放军指战员、武警官兵、公安干警、民兵、各人民团体和爱国人士以及所有关心美姑发展和支持家乡建设的同志们、朋友们致以崇高的敬意，并表示衷心的感谢。

回顾过去三年来的政府工作，我们的体会有：

一是必须坚定不移地以经济建设为中心。我们是社会主义国家，社会主义事业能不能胜利前进，取决于能不能把国民经济搞上去。经济搞不好，社会主义制度的优越性发挥不出来，我们就处于被动地位。而且我县又是处于社会主义初级阶段的低层次，发展经济尤其重要。三年来，我们坚决贯彻执行党的“一个中心、两个基本点”的基本路线，始终坚持了以经济建设为中心，以生产力为标准，要求政府工作都必须服从于这个中心，大力促进社会生产力的发展。农业生产上，我们认真贯彻以农业为基础的方针，稳定和完善党在农村的各项方针和政策，切实加强对农业的领导，千方百计夺取农业丰收。工业上，我们立足于利用县内的资源优势，立足于抓好现有企业的深化改革工作，以提高经济效益为中心，努力提高产品质量，精心组织工交生产，工业规模不断扩大，基础产业得到加强。我们采取各种措施，努力启动市场，搞活流通，稳定物价，保证社会有效供给。积极促产增收，搞好税收征管，大力组织财政收入，提高资金使用效益。

二是必须坚定不移地坚持改革开放，促进我县经济和社会的发展。实践证明，四项基本原则是立国之本，改革开放是强国之路。现在，我们如果不改革现行体制中的弊端，不实行对外开放政策，就不可能把社会主义制度的优越性充分发挥出来。我们的改革开放是社会主义的改革开放，目的是为了促进生产力的发展和社会的全面进步，充分发挥社会主义制度的优越性，不断增强社会主义的生机与活力。总之，不改革不行，改革开放不坚持社会主义方向也不行。三年间，我们采取了各种措施，使改革步伐不断加快，开放进一步扩大。农业上进一步稳定和完善以家庭联产承包为主的责任制，积极发展社会化服务体系，健全和完善统分结合的双层经营体制，逐步壮大了集体经济实力，工业上，围绕搞活企业这个中心环节，坚定不移地贯彻执行企业法，坚持和完善厂长（经理）负责制，对县51户企业分类指导，推行以承包经营责任制为主的各种经济责任制，加强企业内部管理，深化企业内部改革，进一步增强了企业活力。与此同时，围绕贯彻实施《全民所有制工业企业转换经营机制条例》，在计划、财政、税收、金融、物资、商业、物价、劳动工资等方面进行了不同程度的改革，落实了企业的经营自主权，促进了我县国民经济的发展。

三是必须坚定不移地加强民族团结，维护社会稳定，保证经济建设的顺利进行。我县是一个以彝族为主的民族县，建立和发展平等互助，团结合作，共同繁荣的社会主义民族关系，增强民族团结，维护社会稳定，加快民族地区经济文化事业的发展，始终是各级政府的头等大事。三年间，我们坚持在各族人民中进行马克思主义民族观，党的民族政策和“两个离不开”的教育，涌现了一大批民族团结进步先进集体和个人，有力地促进了社会主义民族关系的发展。

四是必须坚定不移地贯彻执行物质文明建设和精神文明建设一起抓的方针。建设高度的社会主义精神文明是建设中国特色社会主义的一项根本任务。没有社会主义的精神文明，社会主义现代化的方向和动力就没有保证，物质文明建设也搞不好。我们始终把精神文明建设纳入经济和社会发展规划，在加强物质文明建设的同时，大力加强精神文明建设，加强思想政治工作，不断提高各族干部、群众的思想道德素质和科学文化素质。在全县各族人民中围绕党的基本路线，广泛深入地进行了坚持四项基本原则，反对资产阶级自由化的教育，进行了爱国主义、集体主义、社会主义、民族团结和“四有”“四职”的教育，使人们的思想观念发生了深刻变化，与此同时，我们坚持不断地开展了“三优一学”，创建文明单位等各类精神文明活动，在农村还深入开展了“三带”“三户”活动，取得了显著成效，促进了全县精神文明建设，保证了改革开放和经济建设的健康发展。

在实事求是估价成绩的同时，我们也要清醒地看到本届政府工作中存在的困难、问题与不足。主要是农业基础脆弱，抗灾能力不强，后劲不足，农业生产成本增加，效益不高，能源紧张的矛盾尚未根本缓解，交通、通信和资金不足制约着我县国民经济的健康发展；部分工业企业经济效益不高，少数企业亏损状况尚未扭转；财政相当困难，支大于收，出现了财政赤字，生产建设资金严重不足；农副产品流通不畅，机制不活，市场体系不健全，民贸商业亏损严重；科技、教育等社会事业的发展与全县经济和社会发展的需要不相适应，社会治安综合治理需要进一步加强，政府机关机构臃肿，人浮于事、办事拖拉，效率不高等问题，仍然不同程度的存在。这些问题的存在，从主观上讲，是我们思想不够解放，改革的力度不够，措施不力所致，要引起我们的高度重视，采取有力措施认真加以解决。

（二）下届政府的目标和任务

下届政府任期时间，正是国民经济第八个五年计划实施的后三年，也是我县实现经济和社会发展第二步战略目标的关键时期，努力搞好今后和今年的政府工作具有十分重要的意义。我们的主要任务，就是全面贯彻党的十四大精神，坚持党的基本路线，进一步解法思想，加快改革开放，求突破、讲实效、抓落实，奋力加快美姑县经济发展，同时加强社会主义民主法治建设和精神文明建设，促进社会全面进步，使人民生活进一步得到改善。为此，我们必须从美姑的实际出发，深入学习贯彻党的十四大精神，用建设有中国特色社会主义的理论指导我们的全部工作，在结合和落实上狠下功夫，围绕建立社会主义市场经济体制的目标要求，以经济建设为中心，深入调查研究，吃透县情，用好用足用活各项政策，充分发挥全县各族人民的积极性和创造性，把我们的工作建立在扎实可靠的基础上。

全面完成县八届一次会议批准的“八五”计划。是下届政府必须完成的任务，其目标到1995年，国民生产总产值达到1.3亿元，国民收入达到1.2亿元，工农业总产值达到16520万元（1990年不变计算，下同），其中，工业总产值达到4500万元，农业总产值达到12020万元，粮食总产量稳定在62661吨，人平生产粮食稳定在400公斤以上。社会商品零售总额达到3200万元，财政纯收入达到533万元，猪、羊、牛、马四种牲畜存栏达到50万头（只），肉类总产量达到7380吨，农民人均纯收入达到453元，人口自然增长率控制在13.15‰以内，使全县80%以上的建卡户按1987年不变价计算，人平纯收入达到500元，人平占有粮食达到400公斤的脱贫标准。

根据邓小平同志南方谈话和党的十四大精神，力争提前一年实现美姑县国民经济和社会发展“八五”计划的目标，我们的任务相当艰巨，所面临的困难还很大，可以说是机遇和挑战同在，希望和困难并存，这就要求县、乡两级政府，全县各族人民，在党的十四大精神指引下，鼓足斗志，振奋精神，坚定信心，开拓进取，抓住历史机遇，加倍努力，充分利用和开发自然资源优势，在调整结构，提高质量，增进效益的基础上实现较快的发展速度，努力实现这一奋斗目标，使国民经济整体素质和经济总量的增长迈上一个新的台阶。

要实现“八五”计划目标，1993年是关键，1993年，全县国民生产总值要达到11610万元，比1992年增长14.95%；国民收入达到10500万元，增长14.75%；工农业总产值达到15600万元，增长9.98%，其中，工业总产值达到4100万元，增长14.14%，农业总产值达到11500万元，增长8.57%，粮食总产量达到62500吨，增长9.06%，四畜存栏达到47万头（只），增长0.86%，肉类总产量达到7000吨，增长16.32%，乡（镇）企业总产值达到1500万元，增长26.58%，乡（镇）企业总收入达到1700万元，增长32.4%；县财政纯收入650万元，增长7.87%；农村人平纯收入达到393元，净增30元力争人平50元，人口自然增长率控制在13.15‰以内。

完成1993年的经济社会发展任务，必须抓好以下工作：

一、加强农业基础，大力发展农村经济

农业是国民经济的基础，是经济发展和社会稳定的基础，关系到全局的问题，我们必须始终把农业放在经济工作的首位，认真贯彻党的十三届八中全会关于农业问题的决定，确保农村经济全面发展。必须加强对农村工作的领导，深刻领会全面贯彻中央的指导精神，进一步深化对农业基础地位和战略作用的认识，坚决克服和防止忽视农业，放松农业的苗头。积极调整农业内部结构，发展高产优质，高效农业，提高农业经济效益。要稳定农村政策，保护农民的利益，充分调动农民的积极性，全面推进农村改革，在坚持并不断完善家庭承包为主的责任制，统分结合双层经营基础上，大力发展社会主义服务体系，做好农业生产产前、产中、产后的综合配套服务。社会各行各业和各个经济部门都要积极支持农业社会化服务体系的建设。进一步改革对农村产业发展的宏观管理和调控，坚持以市场为导向，以效益为中心，调整农村种植业结构。一是在保证粮食稳定增长的前提下，放手发展第二、第三产业，把一批劳动力从农业转移出来，鼓励农民离开土地务工经商。二是调整大农业的经济结构，在加强以种植业为基础的同时，突出发展畜牧业、林果业。三是调整各业内部，特别是农业内部的品种、品质结构，引进、培育和推广优良品种，改善品种结构，提高优质品种率。充分利用市场机制作用，积极稳妥地推进农村流通体制改革，疏通农资和农副产品流通渠道。加快农村小集镇建设和集贸市场建设，繁荣农村市场。坚定不移地贯彻落实《十分珍惜和合理利用每寸土地，切实保护耕地》的基本国策，按照“一要吃饭，二要建设”的原则，合理配置土地资源，严格依法审批土地。巩固和发展农村合作基金会，坚持以工补农，以工建农，增加对农业的投入。农业、林业、畜牧、水电、农机、气象部门要深化体制改革，扩大对外开放，逐步转换职能，为发展高产优质高效农业提供必要的条件和良好的服务，鼓励农口部门创办服务性、开发性的经济实体，开展多种经营，逐步自我积累，自我发展。

强化农业基础建设，努力改善农业生产条件。我县要把以水利设施建设和中低产田土改造为中心内容的农田基本建设推向前进，要在抓好现有工程维修、整治和配套的同时，积极发展微型、小型水利工程，大力兴建“蓄水池”，增强抗旱能力。搞好“长防”工程和水保工程建设，有效地治理泥石流滑坡和水土流失，使农业生态环境走向良性循环。在国家有限投资情况下要发动广大群众集资、投劳，大搞农田基本建设，每个农村劳动力每年30个工日的劳动积累制度要长期坚持下去。今年全县计划改造中低产田土6300亩，其中以工代赈2000亩，以粮代赈4300亩。

坚持科教兴农，继续推广应用农业科技增产措施，稳定粮食增产。我们不仅不能丝毫放松粮食生产，而且必须采取有力措施，千方百计多增产粮食，要加强土地管理，保护耕地，稳定粮食作物播种面积，大力推广农业实用技术，扩大地膜玉米覆盖栽培，杂交良种，带状种植，聚土垄作，病虫防治等十四项农业增产措施面积，计划应用面积达57万亩次。增加和稳定对农业的投入，加强农用物资的调运供应，计划调运投入尿素2000吨，磷肥2500吨，积造农家肥2.5亿公斤，技术培训1.2万人次。在粮食生产上，要努力提高复种指数，推广带状种植，扩大小春播种面积，重视晚秋生产，加强管理，提高质量。积极做好防灾抗灾工作，立足于抗灾夺丰收。

要大力发展多种经营。苹果、梨子、花椒等经济林木是我县农村经济的重要组成部分，县上已作出关于大力发展经济林木的决定，从今年起每年新植1万亩。要加强对原有老果园的改造管理，提高水果产量和质量，使全县水果产量今年达到2310吨。要继续重视和加强畜牧业，把生猪生产放在首位，搞好“双推五改”，加强疫病防治，提高牲畜出栏率和商品率；进一步推广种草养畜，搞好山绵羊改良，提高养畜的经济效益。林业生产是农业稳产高产的生态屏障，要抓好以“工程造林”为主的植树造林，计划完成成片造林3.5万亩。零星植树100万株，加快荒山荒坡的绿化；加强现有森林的保护，坚持依法治林，搞好护林防火，防止乱砍滥伐。力争实现连续十四年无森林火灾。在开展多种经营中，要注意搞好基地建设，发展规模经营，提高商品率。以粮增产，钱增收为主要内容的“三亩地”建设要进一步巩固和深化，推动我县农业生产向广度和深度进军。

在决不放松粮食生产，经济发展多种经营的同时，大力发展乡（镇）企业。乡（镇）企业是农村经济的重要支柱和整个经济的重要组成部分。我县经济基础薄弱，乡（镇）企业起步较晚，必须采取有力措施，积极扶持乡（镇）企业的发展，要以发展为主，在发展中提高，力争今年有所突破，对现有企业要加强管理，引导发展，提高产品质量和效益，要利用各地资源优势积极发展农副产品加工和采矿等工业。在严格认真执行《矿产资源法》的前提下，充分利用和开发我县较为丰富的铜矿资源，积极引进资金、技术、人才，鼓励机关、企事业单位、农户与县外单位、个人、联合开采铜矿，办选厂。提倡机关干部、科技人员领办、创办乡（镇）企业，并给予优惠待遇。县级各有关部门要从资金、技术、物资等方面给予支持。

二、深化企业改革，加快工交生产的发展，提高经济效益

经济体制改革的中心环节是企业改革，企业改革的关键是转换经营机制。我们必须把抓改革的主要精力放到转换企业经营机制上来，认真贯彻《企业法》和国务院颁发的《全民所有制工业企业转换经营机制条例》，继续以三大制度改革为突破口，全面落实企业的十四项经营自主权，使企业真正成为自主经营、自负盈亏、自我发展、自我约束的商品生产和经营单位，成为独立享有民事权利和承担民事义务的企业法人，成为市场的竞争主体。

加强企业管理，深入开展“双增双节”为主要内容的社会主义劳动竞赛，努力节约能源、原材料，降低成本，增加盈利。我县经济基础差，基数小，在争取新建项目的同时要把主要精力放在加强现有企业的管理和技术进步上，走内涵扩大再生产的路子，开展“双增双节”，提高经济效益，是我县经济从速度效益型逐步向质量效益型转变，走出一条投入少、产出多、质量好、消耗低、效益高的发展路子。今年，全县主要工业产品量要完成煤2.5万吨，发电量1400万千瓦时，硝铵炸药3500吨，水泥3500吨，人造板2000立方米，原木3.5万立方米，工业产品销售率达到97%。制止一切向企业摊派的行为，减轻企业不合理的负担。对侵犯企业经营自主权的行为，要依照转换经营机制条例规定，追究有关单位和人员的法律责任。

产品质量是企业的生命，提高产品质量是提高经济效益的关键。全县所有企业都要增强质量意识，牢固树立“质量第一”的思想，在提高产品质量上下功夫。建立和完善全面质量管理机构，充分发挥其质量监督检验的职能，加强质量目标管理，使我县工业产品质量有明显的提高。调整工业机构，注重发展骨干企业，提高产品质量、档次，发展有竞争力的产品，在产品机构调整中，要以产业政策为依据，以市场需求为导向，按照适应性、更新性、开发性三个层次，有步骤地推进，要制订产品结构调整计划，多方筹集资金，依靠技术进步，立足现有基础，紧紧围绕节能降耗发展新品种，增强在市场上的竞争力。交通工作要全面贯彻“加强养护，积极改善，科学管理，提高质量，依法治路，保障畅通”的指导方针，提高好路率。城建工作要统一规划，配套发展，提高综合功能，加强基础设施建设，改善投资环境，适应经济发展的需要。要重视环境保护工作，强化环境监督管理。继续抓好安全生产，加强领导，落实责任，全面完成上级下达的各项安全生产任务，将各类事故控制在州下达的指标内。要完成今年工交生产任务，还必须继续进一步抓落实，用好、用够各项政策，各经济主管部门监督、杠杆、综合部门，在贯彻执行各项政策中，要在“落实”二字上下功夫，使各项政策措施真正到位，落到实处，帮助企业克服困难，发展生产。

三、加强扶贫工作，搞好开发脱贫，实现两个稳定

经过几年的努力，我县扶贫工作取得了较大成效，已经越过温饱线，基本解决了温饱问题，越温后，扶贫工作将转入第二阶段，即扶贫经济开发阶段。“八五”后三年我县扶贫工作是以开发脱贫为主攻方向，其目标是实现建卡贫困户人均年纯收入达到500元（按1987年综合价），人均年占有粮食400公斤（按综合粮折算）。主要任务是帮助建卡户完成“四个一”的建设，即人均建成高产稳产田（地）一亩；人均建成“找钱地”一亩；户均建成一个多种经营骨干项目；户均有一个劳动力从大田粮食生产中转移出来，从事工、副业和商业。实现“两个稳定”，即稳定解决温饱；稳定经济收入来源。解决建卡户脱贫困难。

第二阶段扶贫工作的指导思想是：在党的十四大精神指导下，认真贯彻执行州委、州政府普格会议精神坚决克服头脑中的僵化、保守、陈旧、封闭的旧观念，进一步解放思想，拓宽思路，更换脑筋，排除“左”右干扰，加快改革开放步伐，强化农业基础，稳定粮食生产；把农业推向市场，以市场指导下的“种、养、加、采”为主，积极发展乡（镇）企业和第三产业；搞活商品流通，初步形成区域经济开发规模。在发展经济的同时，形象扶贫要有突破性的进展，使我县的整体面貌有较大的改观。

一是进一步加强对扶贫工作的领导，全体动员，形成开发脱贫的合力，这是关系到下一阶段能否发展的重要问题，不能有丝毫松劲情绪，全县各级必须统一思想认识，继续深入动员组织全社会各方面力量，继续打好扶贫攻坚战，狠抓开发脱贫。今年6月前要组织力量下到乡、村、组详细调查研究，广泛开展思想大发动。县情大讨论，转换脑筋，消除思想障碍，制定好县、乡、村、组到户的开发脱贫规划，落实全县分批实现脱贫任务，做到规划要有科学性、可操作性。要把当年规划目标任务落实到村、组和建卡户头上，做到家喻户晓，人人明白。

二是打好三个战役。第一是打好农田水利基本建设的突击战，把当年效益与永续效益紧密结合起来成片治理，务求实效，增强农业后劲。第二是打好商品农业的总体战，把农业推向市场，以商品生产为主，大力发展优质高产、高效产品，使商品生产由点线狭窄分布向区域开发，基地开发和区域优势转变，要把搞活农、牧、副、林产品流通当成农业工作的重点，鼓励贫困户长途贩运，农商、农贸、农工结合。第三是打好乡（镇）企业发展的持久战。要充分认识乡（镇）企业对振兴贫困地区经济的重要作用，要把发展乡（镇）企业作为开发脱贫的重要手段，立足开发企业技术资源，引进人才，大力培训骨干和技术力量。支持国营企业的技术人员和职工利用工余时间和节假日时，为乡（镇）企业提供有偿服务。要放手发展第三产业，放手发展个体、联营、私营合作经济，放手使用能人，要“多种轮子”一起转，积极推动我县乡（镇）企业的发展。

三是积极稳妥地建设富县、富民工业项目，要突破贫困地区解决贫困问题的传统模式，从各地实际出发，采取上山开发资源，下出搞加工，出山办企业，异地搞开发的办法，开辟富县、富民门路。继续抓好层层定点包乡包户扶贫责任制，实行目标管理，做到不脱贫不脱钩。要进一步加强扶贫资金的使用和管理，用好用活，讲求实效。

四是抓好形象扶贫。形象扶贫工作，对改变贫困地区贫困户的面貌，逐步改造、消除奴隶社会遗留下来的历史痕迹，促进观念意识的更新，推进生产力发展等方面都显示出了巨大的力量，是我县扶贫工作的重要方面。在扶贫开发脱贫阶段更要下决心持之以恒地抓下去，形象扶贫的目标是改造不利于生产力发展的落后习俗，建立社会主义新农村，其具体要求是：改造建卡贫困户的危房，修好路坝和村社道路；搬走门前一堆肥，修好畜圈，人畜分开；户户有厕所，有床、有被；搞好环境和个人卫生，养成良好的卫生习惯，提倡讲科学、信科学、用科学，不搞封建迷信；搞好居民点四周的绿化，改善人畜饮水条件；提倡勤俭节约，合理消费，注重积累，增加再生产投入；取消一切对农民的不合理负担，要按地域、条件、环境进行规划，本着自力更生、因地制宜，有利于生产，方便生活，节约适用的原则进行，要坚持正面教育，典型引路，耐心指导，促进我县形象扶贫工作的顺利开展。

四、积极推进流通体制改革，开拓市场，搞活商品流通

流通是社会再生产的重要环节，生产和流通，谁也离不开谁。我们要充分认识搞活流通在国民经济中的地位和作用，牢固树立大生产和大流通的观念，深化流通体制改革，加快市场建设。商品、物资等流通企业，要采取全民、集体、个人一起上，大中小并举的方针，支持个体商业、私营企业发展，结合流通体制改革，建立和完善社会主义市场体系，转换国有商业企业经营机制，商贸企业要以人民生活为主要出发点，精心组织资源，认真抓好生活必需品的供应，特别要重点组织好粮、油、肉、菜、煤等大综商品的供应。要采取有力措施，努力开拓和启动农村市场，在认真做好农副产品的收购与销售工作的同时，大力组织工业品下乡，努力搞好化肥、农药等生产资料的供应，保障社会的有效供给，要充分发挥主渠道作用，参与市场调节，平抑市场物价。围绕市场经济体制的建立，抓好“四放开”“五为主”的改革，增强企业活力，积极进行股份制的试点，鼓励有条件的企业联合、兼并，合理组成企业集团，国有小型企业可以实行改、转、租、卖和“双保”(保国家税收、企业利润)经营。物资部门要进一步增强从生产出发，为生产服务的观念，以优质服务拓宽城乡生产资料市场，坚持物资配套承包供应，确保生产建设对物资的需要。粮食部门在粮价全面开放后，要采取措施宏观管好，微观搞活，保证粮改顺利进行。税务、审计、工商、物价、计量等部门，要为搞活流通，发展经济站好岗、服好务。同时，要严格执行各项政策，加强市场管理，认真查处和坚决打击假冒伪劣商品，保护消费者利益。

五、深化财税体制改革，强化财政职能，搞活金融

财税部门要严格按照社会主义市场经济的要求，正确运用财政、税收杠杆，促进产业结构调整和资源优化配置。进一步转变和强化财政职能，深化财税体制改革，积极推进税利分流，分税制和财务会计制度的改革，理顺分配机制和分配关系。积极支持和参与价格、流通、金融、外贸、住房和社会保障制度等方面的改革，逐步减轻财政负担。我们要继续努力发展生产，广辟财源，促产增收，确保县财政收入的稳定增长，要加强税收征管，加强税法宣传，严格依法治税，充分发挥税收在增加财政收入和宏观经济调整中的职能作用。要强化财政预算约束，坚持艰苦奋斗，勤俭建国方针，厉行节约，严格控制财政支出，全面清理行政事业费开支的范围，项目和开支标准。继续控制社会集团购买力，严格专控商品的审批。要进一步理顺国家和产业之间的分配关系，加强国有资产的管理，强化和完善监督检查机制，认真搞好一年一度的财政、税收、物价三大检查工作。把检查与服务结合起来，积极推进财税体制改革。

金融工作要聚资、融资，调整信贷结构，促进生产发展为重点，在资金使用上，要继续优先支持农业的发展保证农副产品的资金需要；对国有骨干企业生产资金的合理需求，要优先给予支持；商贸企业为扩大购销，增加储备，搞活流通，特别是经营人民日用生活必需品所需资金，要尽力给予保证。充分发挥金融宏观调控作用，确保我县工农业生产和流通对资金的正常需要。要大胆推进金融体制改革，完善金融体系，转换金融机构，增加资金供给，提高资金使用效益。

六、积极发展科技、教育等社会事业，不断提高国民经济的整体素质

科学技术是第一生产力，要加快我县经济和社会的发展，必须依靠科技进步，要继续贯彻省委、省政府《关于大力推动科技进步振兴四川经济的决定》进一步动员和组织全县科技力量，投入国民经济建设，深化科技体制改革，搞好科技兴农和科技兴工。强化农业科技成果的推广应用，促进经济的发展。要增加科技投入，搞好科技培训，提高全民的科技意识和科技水平。进一步树立“尊重知识”“尊重人才”的社会风气，采取优惠政策，调动科技人员的积极性，对取得显著成绩的科技人员要大力表彰、奖励。

努力抓好教育工作。百年大计，教育为本。科技进步，经济发展和社会进步，从根本上说，取决于提高劳动者素质，培养造就大批人才，我们必须充分认识教育的战略地位，全面贯彻党的教育方针，坚持社会主义的办学方向，进一步深化教育体制改革，不断提高教育质量。继续采取有效措施，加强基础教育、普通教育、成人教育、民族教育和职业技术教育。进一步健全完善分级办学，分级管理制度，大力宣传贯彻《义务教育法》和《凉山州义务教育实施办法》。争取在“八五”后三年，全县学龄儿童入学率每年提高 3 个百分点，在校小学生年巩固率每年提高 2 个百分点。办好三类寄宿制学校，搞好“双语教学”，加强农村扫盲工作。积极开展勤工俭学，努力改善办学条件。要加强教师队伍建设，关心教师的工作和生活。各级各类学校都要抓紧改革内部管理体制和分配制度，提高办学效益，充分调动广大教师的办学积极性。

计划生育工作必须毫不松懈地抓紧抓好。并逐步做到科学化、制度化和法制化。要继续深入贯彻中共中央、国务院《关于加强计划生育工作严格控制人口增长的决定》，坚持党政一把手亲自抓，负总责，实行人口与计划生育目标管理责任制。要加强流动人口的生育管理，确保实现既定的人口控制目标。计生工作要与扶贫工作紧密结合起来，把计划生育与国家扶持和各项优惠政策，措施挂钩，坚决杜绝“越生越穷”的恶性循环。采取各种有效措施，保证我县计划生育各项指标控制在州下达的指标以内。

卫生工作要贯彻预防为主，依靠科技进步，深化卫生体制改革，改善医疗条件，整顿医疗秩序，强化医德医风建设，提高医疗质量。重点抓好县、乡、村三级卫生保健网点的巩固和完善，做好传染病、地方病、职业病的防治工作，不断提高人民群众的健康水平。

文化、体育、广播电视是精神文明建设的重要方面，要坚持为社会主义服务，为人民服务的方向，为宣传党的路线、方针、政策，丰富群众文化生活和促进两个文明建设做出新的成绩。编制、人事、劳动、审计、档案、外事、对台、保密、修志、无线电管理等各项社会事业，要以改革的精神，努力工作，为全县经济社会发展做出更大的贡献。

七、加强社会主义精神文明建设和民主与法制建设，保持社会稳定

加强精神文明建设。我们必须长期坚持一手抓物质文明，一手抓精神文明，两手都要硬的方针，努力培养有理想、有道德、有文化、有纪律的“四有”新人，提高全体人民的思想道德素质和科学文化素质。要加强思想教育，大力进行爱国主义、集体主义、社会主义和自力更生、艰苦奋斗的思想教育，深化国情、县情教育。要提倡群众喜闻乐见，健康有益的各种娱乐活动，禁止赌博。要加强民政工作，开展“双拥”活动，进一步加强军政、军民团结。要加强国防教育，搞好预备役建设，充分发挥民兵在两个文明建设中的积极作用。

加强民主与法治建设。没有民主和法治就没有社会主义，就没有社会主义现代化。加强社会主义民主与法治建设，巩固和发展稳定的社会环境，是实现各项奋斗目标的重要保证。我们要加强调查研究，提高决策的民主化、科学化程序，自觉接受同级人民代表大会及其常委会的监督，重视和

发挥人民政协，人民团体的政治协商、民主监督作用。要加强政府法治工作，严格依法行政，加强行政执法监督，搞好审计、监察，使经济工作、行政管理工作进入法制化轨道。积极开展以宪法为核心，以专业法律为重点的“二五”普法教育，不断提高广大干部、群众的法律观念，改善社会主义市场经济的法治环境。

加强社会治安的综合治理。保持社会和政治稳定是改革开放和发展经济的前提条件，要继续坚持“打防并举、标本兼治，重在治本”和“谁主管、谁负责”的原则，动员社会各方面的力量，齐抓共管，加强社会治安综合治理。要严厉打击各类严重刑事犯罪活动和严重经济犯罪活动，制止和取缔一切危害社会治安，扰乱社会秩序的组织活动。在城区继续开展重点反偷窃和抓拿骗吃、酗酒闹事的治安整顿，公路沿线继续打击车匪路霸的专项斗争，要坚决贯彻执行县委、县人代会通过的关于禁止家支干政的决定，坚决反对和制止翻历史旧账、算人命金，家支干政等行为，凡家支引起的一切打、砸、抢行为都必须从严惩治。要通过打击、防范、教育、管理、建设等手段，有效地控制和化解不安全的因素，严防并及时制止危害安全和社会稳定的突发事件。公安、司法部门要进一步加强队伍建设，从严治警，提高干警的政治，业务素质，以适应改革开放新形势的需要。

加强民族团结。我县是以彝族为主的多民族县，加强民族团结，维护社会稳定，是我县经济和社会发展的重要保证，也是全县各族人民的共同愿望和最高利益。县、乡两级政府要高度重视民族团结工作，要深入贯彻中央民族工作会议精神，加强马克思主义民族观、党的民族政策和民族团结的思想教育，执行民族不分大小，一律平等的原则，牢固树立“两个离不开”的正确思想。既要反对大民族主义，又要反对地方民族主义，发展平等、团结、互助、合作的社会主义新型民族关系，实现各民族共同繁荣。

八、积极推进政府机构改革，转变政府职能，力戒形式主义

发展社会主义市场经济，必须转变政府职能，进行政府机构改革。按照中央、省州的要求，目前我县县级机构改革的思路大体已经明了，我们要按照中央、省、州的统一部署，按政企分开和精简、统一、效能的原则，按照“小机构、大服务”的构想和社会主义市场经济发展的要求。在下届政府任期内，有计划、有步骤地撤并职能交叉重复或业务相近的机构，把一些经济主管部门转为经济实体，精简压缩人员，努力在三年内完成我县县级机构改革任务。要下决心转变政府经济管理职能，各级政府部门要从直接管理，微观管理转向对宏观经济的间接调控，把精力放到统筹规划，掌握政策，组织协调，提供服务，检查监督上来。

形式主义也是官僚主义，今后县、乡两级政府要把转变作风、真抓实干、少说空话、力戒形式主义作为一件大事来抓，要有大的动作，务必抓出成效。要继续加强廉政建设，深入开展反腐败斗争，自觉纠正行业不正之风。各级干部特别是领导干部，要勤政为民，廉洁奉公，深入基层，多办实事。全体政府工作人员要强化公仆意识，全心全意为人民服务。政府各部门要进一步减少“文山会海”简化办事程序，提高办事效率，要从本部门实际出发，抓好制度建设，完善监督机制，加强行政监督，严肃政纪。对那些有令不行、有禁不止、违法违纪者，必须严肃查处，对触犯刑律的，必须绳之以法，坚决查办。

各位代表：要实现“八五”计划指标和新一届政府的奋斗目标，任务艰巨，责任重大。当前工作中虽然还存在着许多困难和问题，但经济环境将进一步宽松，发展的有利条件亦较多。因此，我们要在县委的领导下，在县人民代表大会及其常务委员会的监督支持下，认真贯彻党的十四大会议精神，在建设有中国特色的社会主义理论和党的基本路线的指导下，切实把经济工作的重点转移到调整结构，提高效益的轨道上来，调动各方面的积极因素，组织全县各族人民苦干、实干、巧干，发展改革开放的大好形势，实现我们的奋斗目标！

政府工作报告

1998年2月21日在美姑县第十届人民代表大会第一次会议上
代理县长　马小林

各位代表：

我代表县人民政府，向县第十届人民代表大会第一次会议作本届政府工作报告，请予审议，并请县政协委员和其他列席人员提出意见。

一、过去五年的工作回顾

过去五年，我们在州委、州人民政府和县委的领导下，在县人大及其常务委员会的法律监督、工作监督和支持下，在县政协的民主监督和支持下，本届政府任期五年来，动员和组织全县各族人民，高举邓小平理论伟大旗帜，深入贯彻党的十四大、十五大精神，坚持党的基本路线，牢牢把握“抓住机遇，深化改革，扩大开放，促进发展，保持稳定”的大局，结合美姑实际，制定了《美姑县国民经济和社会发展“九五”计划和2010年远景目标纲要》，坚定不移地坚持以经济建设为中心，努力推进经济体制和经济增长方式的根本转变，不断加大改革开放力度，大力加强精神文明建设和民主法制建设，完成了县九届人大确定的各项任务，提前实现了国民生产总值和人均国民生产总值的奋斗目标。“八五”计划胜利完成，“九五”计划实施情况良好。1997年全县经济和社会发展的目标基本实现，整个国民经济呈现持续、快速、健康发展的势头。

（一）经济总量快速增长，综合经济实力显著增强。

1997年全县国民国内生产总值预计可达15517万元（1990年不变价），较上年增长9.54%，较1992年增长23.04%，年均增长4.23%；农业总产值预计达到15405万元，较上年增长9.53%，较1992年增长45.44%，年均增长7.78%；工业总产值预计达到4919万元，较上年增长18.56%，较1992年增长43.96%，年均增长7.56%；财政收入预计达到1087万元，较上年增长14.42%，较1992年增长80.38%，年均增长12.52%；产业结构明显改善。第一产业预计完成8789万元，较上年增长8%，第二产业预计完成3310万元，较上年增长11.30%；第三产业预计完成3418万元，较上年增长11.92%。

（二）农村经济快速发展。1997年粮食总产量预计达到68250吨，再创历史最高水平，较上年增长3.88%，较1992年增长19.10%，年均增长3.56%，多种经营同步发展，肉类总产量预计达到9407吨，较上年增长8.7%，较1992年增长56.31%，年均增长9.35%；四畜存栏预计可达50.5万头（只），较上年增长2.87%，较1992年增长8.42%，年均增长1.63%；水果产量预计可达3186吨，较上年增长8.22%；花椒产量预计可达40.5万公斤，较上年增长24.6%。五年来累计完成成片造林21万亩，四旁植树496万株，抚育10.2万亩，护林防火连续实现十八年无森林火灾。到1997年年底全县累计建成“找钱地”30.25万亩，人平2.0亩，“高产稳产地”11.38万亩，人平0.75亩。乡（镇）企业总产值预计达到2033万元，较上年增长54.02%，较1992年增长541.32%。农业综合开发取得了较大的进展，农业生产基本条件进一步改善，发展后劲明显增强。五年来，共兴建微型蓄水池600口，安装水管道118公里，兴修水渠18条23公里，新增灌溉面积3250亩。国土管理、农机事业、水电、气象、农村能源建设工作都取得了新的成绩。广大农民的商品意识增强，农村劳务输出，城镇建设与小康建设也有较快的发展。

（三）工业经济发展势头良好。五年来，我们加强了对工业经济的领导，加大改革力度，狠抓结构调整，鼓励重点企业扩张，促进了工业经济的快速增长。1997 年全县工业总产值较上年增长 18.56%，较 1992 年增长 43.96%，年均增长 7.56%。主要产品产量预计完成：原木 4 万立方米，原煤 1.8 万吨，发电量 3207 万千瓦时，锯材 5904 立方米，人造板 1516 立方米，水泥 3600 吨，硝铵炸药 4572 吨。独立核算工业企业销售收入预计达到 4512.6 万元。五年来工业结构调整成效明显，多元经济格局初步形成，企业技术改造的步伐加快，速度与效益同步增长，工业企业的资金利税率、成本费用利润率、全员劳动生产率等经济技术指标均有不同幅度的提高。交通、邮电事业有了新的发展，取得了较大的成绩。五年来完成修路投资 2327 万元。新修公路 129.1 公里，改扩建公路 57.33 公里，整形公路 28.33 公里，通车里程 757.6 公里。1997 年年底完成客运量预计可达 410 万人次，较上年增长 28.13%，旅客周转量预计达到 2600 万人公里，较上年增长 30%；货运量预计可达 200 万吨，较上年增长 25%，货物周转量可达 2100 万吨公里，较上年增长 23.53%，邮电业务总量预计完成 167.06 万元，业务总收入 161.74 万元，分别较上年增长 34.20%、18.72%。

（四）财政、金融、商贸运行状况良好。我们始终坚持适度从紧的财政信贷政策，紧中求活、稳中求进。财政收入持续稳定增长，收支基本平衡。1997 年全县地方财政收入预计完成 1087 万元，较上年增长 14.42%，较 1992 年增长 80.38%，年均增长 12.52%。财政状况有一定的改善。财政、税务、审计、物价、工商等部门在维护国家利益，加强经济监督、组织财政收入等方面做了大量的工作，取得了显著的成绩。计划、统计、监察等部门在加强宏观调控，促进经济的发展方面发挥了自己的职能作用。人民群众的纳税意识进一步增强，税收征管力度加大，金融改革逐步深化，金融运行状况正常。至 1997 年年末，金融机构各项存款余额达 8868 万元，较上年增长 20.31%，各项贷款余额达 3183 万元，较上年增长 20.69%。五年来，全县城乡市场繁荣，货源充足，商品丰富，物价增长指数控制在州规定的指标以内。1997 年，全县社会消费品零售总额预计可达 4129.9 万元，较上年增长 1.10%。城乡集市贸易成交额预计达到 2008.2 万元，较上年增长 24.35%，较 1992 年净增 1781.51 万元，增长 5.5 倍。全县个体工商户达到 1195 户，从业人员 1420 人，分别比 1992 年增长 36.57%、46.09%。

（五）基础设施和重点项目建设步伐明显加快。五年来，我们在上级部门的大力支持帮助下，集中资金、人力、物力加强了农业、水利、交通、通信、能源等基础产业和基础设施的建设。交通建设，完成了“美雷公路”美姑境内加宽改造第一期 17.5 公里任务；“美马公路”已于 1997 年 6 月份全线初通；“成美路”柏油路改造 10 公里已于 1997 年 10 月份完工；完成了县委党校至国营旅社 1.42 公里段水泥路的铺设工程；1997 年年底，全县已有 33 个乡（镇）通车；通信建设，甩掉了“摇把子”，新开通了县城、牛牛坝、洛俄依甘、洪溪、候播乃拖乡数字程控电话；昭觉—美姑—雷波的光缆传输工程也将竣工。能源建设，完成兴建了美姑至核桥 35 千伏输电线路；建成 2500 千伏安城郊变电站；集资新建了 630×2 千瓦的基伟电站；架设了从县城变电站至牛牛坝乡的 10 千伏输电线路 18.5 公里的线网；完成了牛牛坝至侯古莫输电线路的架设；新建了卡来依甘电站；由个体筹集兴建了巴普三级电站；完成了城区下水道改造一期工程和县城自来水三期工程改造；完成了县烈士陵园改建工程；佐典大桥已开始修建；美姑河流域水电规划报告及柳洪电站可行性研究报告经电力工业部规划设计管理局会同四川省计委、省建委审查通过，引资改造正在进行中；完成了县化工厂、胜利电站、巴普二级电站的技术改造；同时，还为国家重点工程 50 万伏输电线路的架设做了大量准备和服务工作，确保了该工程在我县境内的顺利施工。

（六）城乡人民生活水平进一步提高。经济的不断发展促进了人民生活的改善，1997 年全县农民人均纯收入预计达到 647 元，较上年净增 112 元，增长 20.93%，较 1992 年净增 284.06 元，增长 78.27%，年均增长 12.26%。全部职工年均货币工资收入可达到 5378 元，较上年增长 12.04%。城乡人民的消费水平逐年提高，生活消费品正向多品种、多样化发展。安置城镇待业人员的工作取得了较大进展，五年共安置城镇待业人员 294 人、城镇退役军人 37 人。住房条件也有较大的改善，过去五年城镇住宅建筑竣工面积 52581.25 平方米，人平住宅面积超过 12 平方米，农村新建住房面积 143466 平方米，人平住宅面积超过 15 平方米。城乡居民储蓄存款余额预计可达 7470 万元，较 1992 年增长 1.86 倍。

（七）改革取得新的进展。按照中央“总体推进、重点突破”的要求，认真实施财税、金融、计划、投资、价格等体制改革方案。农村改革进一步深化，继续稳定完善家庭联产承包责任制和统分结合的双层经营体制，放活土地使用权，农业产业化经营开始起步，积极探索和推进国有企业改革。按照“一厂一策、一企一方案”的原则，采取“改、转、组、卖、并、联、破”的形式进行改制，到 1997 年年末已完成企业改革 23 户，其中，组建有限责任公司 10 户、整体出售 1 户、国有民营 2 户、兼并 2 户、破产 1 户、带资解体 2 户、租赁经营 5 户。推进了公务员制度建设，在政府机关全面开展了“创四好，争一流”活动，进一步转变了政府职能，提高了工作效率。积极推进了科技教育、公有住房出售、医疗、社会保障、城乡建设等方面的改革。通过改革，市场在资源配置中的基础作用明显增强，社会主义市场经济新体制框架正在逐步建立。

（八）扶贫开发工作取得新的成绩。按照“美姑县七七五扶贫攻坚计划”，采取了一系列帮助贫困乡村开发脱贫的有效措施，在国内贸易、省级帮扶单位的大力支持下，与省“万村”帮扶活动同步，配合州百乡千村工程，县级单位实施定点帮乡包户工作，开展了有计划、有组织的大规模扶贫攻坚工作。动员和依靠全社会的力量，抓住关键，重点突破，全面推进，使扶贫工作取得实质性的进展。1997 年年底，全县建卡贫困户人均纯收入和人均占有粮食分别达到了 505 元和 418 公斤，贫困建卡户的“五八五一”建设取得了实质性的进展。

（九）科技、教育、文化等各项社会事业持续发展。我们认真实施了“科教兴美”战略，大力推进“科技兴凉双十亿”工程，加强科学技术的普及工作。五年来，共获得省级科技成果奖二项，州级科技成果二项。教育工作以普及九年义务教育为重点，大力发展基础教育。五年来全县已有 11 个乡普及了初等教育，普初教育普及率达 47.19%，青壮年脱盲率达 88.3%，全县学龄儿童入学率达到 68.04%，较上年提高近 7 个百分点，较 1992 年提高了 15.70 个百分点，巩固率和毕业率分别达到 92% 和 96%。大中专招生取得了良好的成绩，连续五年年年向大中专学校输送新生突破百人大关。五年共录取大专 28 人，中专 753 人。大力倡导尊师重教，加大教育投入力度，加快实施广厦工程。五年共建教师住房 2390 平方米，教师人均住房面积达到了 13 平方米。文化艺术事业不断繁荣，“扫黄”“打非”取得了成效。全民健身活动进一步开展，体育竞技水平不断提高。五年来共获得省级以上的金杯 3 座、银杯 1 座、金牌 20 枚、银牌 16 枚、铜牌 8 枚。广播电视事业不断发展，五年来共新建地面接收站 23 个，通播率、覆盖率分别达到 46.87% 和 44.43%。1996 年以后，联合国儿童基金会为我县提供发展教育、卫生、妇幼保健扶贫项目及民族卫生扶贫项目已启动，总投资（含物资、培训费）近 300 万元（其中卫生民族扶贫 100 万元），有力地促进了教育、卫生、妇幼保健事业的发展。卫生工作认真贯彻党中央，国务院《关于卫生改革与发展的决定》，城乡医疗卫生工作进一步加强，农村卫生工作、初级卫生保健、预防保健、中医药工作有了新进展，农村缺医少药的状况有了一定的改善，传染病和地方病得到了有效控制。重视国土保护工作，实施基本农田保护制度，依法保护耕地。计划生育工作取得较好的成绩，连续五年人口自然增长率控制在 11‰以内，五年来少生近3000人。加强了环境保护工作、审计、统计、监察、编制、劳动、人事、体改、民政、民族语言、物价、计量、对台、文化、电影、档案、县志、城乡建设等各项工作都取得了新的成绩，为全县经济发展和社会进步做出了重要贡献。

修志工作取得了可喜的成绩。1993年起，历经5年时间，完成了《美姑县志》的编写、总纂及出版发行工作，在1997年凉山国际火把节期间，《美姑县志》纳入了凉山州地方志成果展，受到了上级领导及有关专家的好评。

勘界工作取得了实质性的进展。从1996年开始实施我县与毗邻的昭觉县、雷波县三县交会点的勘定测绘工作。于1997年年底全面完成三县交会处，我县境内14个乡、全长124.6公里的行政区域界线的界桩定位和界桩登记工作。

民政部门充分发挥了救灾救济、优抚安置等职能作用，取得了显著的成绩。1997年6月5日凌晨1时，我县乐约乡则租山发生特大山体滑坡，造成特大灾害，使乐约乡的木乃火、巴哈、扎拉古、洛嘎4个村、16个生产组、307户、1527人受灾（其中，无家可归的67户、294人），损坏房屋307户（其中80户群众住房和两所学校被毁坏埋没），151人死亡，四大牲畜死亡4445头（只），损失存粮20.5万公斤，毁灭耕地面积437公顷，造成直接经济损失1523万元以上。

灾害发生后，在党中央、国务院和省委、省政府及社会各界的关怀支持下，在州委、州政府工作组的直接领导指挥下，使抢险救灾工作进展十分顺利，灾民很快被转移安置，把灾害造成的损失减少到了最低限度。按照上级指示精神，我们把灾民安置、重建家园和恢复生产作为一件大事抓。结合我县实际，对灾民安置采取的指导思想是边安置边生产，走生产型安置的路子，重点放在二半山、低山、河谷、沟坝、有水源、有荒地可开发、有耕地可调剂、交通方便、就医就学方便，能开发生产、将来致富有条件的地区，使灾民通过合理安置得到一要安置、二要脱贫、三能致富。具体采取四个相结合的原则：一是政府安置与灾民自愿投亲靠友相结合；二是相对集中与分散安置相结合；三是国家扶持与灾民依靠自力更生，艰苦奋斗，重建家园相结合；四是扶贫移民与灾民安置相结合。到1997年年底，我们已将4个村、11个生产小组、251户、851名灾民，分别安置在拉木阿觉等7个乡，已全部搬进了永久性住房，灾民的基本口粮及耕地已全部调剂到位。

（十）民主法制建设进一步加强。依法接受同级人大及其常委会的法律监督、工作监督和政协的民主监督。认真贯彻执行县人大及其常委会制定的各项决议、决定，主动加强与人民政协、民主党派、工商联、无党派人士和人民群众的联系，重大问题在决策前与政协协商，听取意见，提高了政府决策的民主性、科学性，政府法制工作进一步加强，积极推进了依法行政，增强了行政执法的观念，加强行政执法监督，整顿行政执法队伍，认其查处违法行政行为，行政执法水平有所提高，完成了“二五”普法，经过验收合格，开展了“三五”普法教育，勤政廉洁建设继续深入，反腐败斗争力度加大。认真开展领导干部廉洁自律，查处违法违纪案件，治理各种名誉的乱集资、乱收费、乱摊派，纠正部门和行业不正之风等专项工作。进一步加强了社会治安综合治理，贯彻“严打”方针，开展禁毒、“扫黄”“打非”等专项斗争，妥善处理社会热点问题，确保了社会稳定。民兵、预备役工作取得明显成绩。全民国防教育进一步加强。驻县部队、武警、公安干警在两个文明建设中发挥了重要作用。加强审计监督、工商管理技术监督，保护知识产权。保护工作取得了正常的社会秩序。

各位代表，五年期间我县国民经济和社会发展取得的成绩是突出的，改革开放不断取得实效，经济增长较快，开创了我县社会主义现代化建设的新局面，为此，我代表县人民政府向为我县经济社会发展和改革开放做出了重要贡献的全县各族人民、各级干部、驻县部队、武警官兵、公安司法干警、各民主党派、民族爱国人士和各界人士表示衷心的感谢并致以崇高的敬意。

回顾政府的工作历程，我们体会比较深刻的有以下几点：

第一，高举邓小平理论伟大旗帜坚持党的基本路线不动摇。邓小平理论是建设有中国特色社会主义理论的科学体系，是指引我们胜利前进的旗帜。五年来，我们始终坚持高举邓小平理论伟大旗帜，贯彻党的一个中心两个基本点的基本路线，紧紧抓住经济建设这个中心，坚持“发展才是硬道理”，正确处理改革、发展、稳定的关系。事实证明，旗帜就是方向，旗帜就是形象，高举邓小平理论的伟大旗帜，我们就无往而不胜。

第二，坚持党的实事求是的思想路线，坚决贯彻党的路线、方针、政策。结合美姑实际，加快经济发展，这是搞好美姑经济和社会发展的前提，也是创造性地贯彻执行中央、省、州方针政策的基础。在国家加强宏观调控期间，我们从美姑的县情出发，确定了“紧中求活、稳中求进”的思路，努力发挥工作的主动性和创造性，一心一意抓发展，使美姑的经济没有出现大的起伏，针对美姑农业人口多，农业基础脆弱的实际，始终把加强农业和农村工作放在经济工作首位，逐步形成了“绝不放松粮食生产，积极发展多种经营，大力发展乡（镇）企业”的方针和“稳粮调结构，增收奔小康”的发展思路。通过狠抓科教兴农、小康规划，扶贫攻坚计划，有力地促进了农业和农村经济的全面发展。针对国有企业经济比重大、困难多的实际，遵照“抓大放小，扶优解困”的方针，进行股份制试点和公司改造，通过企业的扩张、兼并、转机改制、破产重组和发展民营经济，促进了工业经济结构的调整和效益的提高。实践证明，坚持实事求是，一切从实际出发，就能创造性地贯彻执行中央、省、州的方针、政策，找到适合美姑县情的发展思路。

第三，坚持“大开放促大发展”的方针，努力提高对外开放实效。五年来，县人民政府贯彻省、州提出的“大开放促大发展”的方针，在对外开放方面倾注了很大的精力，坚持对外与对内的开放并重，推动了对外开放工作的开展。事实表明，开放不仅引来急需的资金，带来先进的技术和管理，同时推动了经营机制的转换。美姑经济发展速度和质量，有赖于对外开放程度和成效，开放是富民强县创新的必由之路。

第四，坚定不移地加强民族团结，维护社会稳定。我县是一个以彝族为主的民族县。建立和发展平等互助，团结合作，共同繁荣的社会主义民族关系，增强民族团结、维护社会稳定，加快民族地区经济文化事业的发展，始终是各级政府的头等大事。五年来，我们坚持在各族人民中进行马克思主义民族观，党的民族政策和“两个离不开”的教育，有力地促进了社会主义民族关系的发展。

第五，坚持两手抓两手都要硬的方针，大力加强社会主义精神文明建设。建设有中国特色的社会主义，必须坚持物质文明和精神文明共同进步，经济和社会协调发展，没有经济的发展，社会发展和精神文明建设就没有物质基础；没有社会的发展和精神文明进步，物质文明就没有精神动力、智力支持和思想保证，经济发展目标就难以实现。五年来，我们坚持用邓小平理论教育干部和人民，开展爱国主义、集体教育和社会主义思想教育，增强民族团结，促进社会进步，弘扬“负重自强，团结登攀、求实创新、富民兴县”的精神，在全社会形成共同理想和精神支柱，努力为美姑经济发展创造一个良好的社会环境。大力宣传、表彰各行各业涌现出来的先进模范人物，努力形成良好的社会风尚，两个文明建设都取得了可喜的成绩。

在充分肯定成绩的同时，我们也清醒地看到本届政府工作中存在的困难、问题和不足。其主要表现在国民经济结构不尽合理，整体素质低；农业基础脆弱，抗御自然灾害能力不强；部分企业机制转化缓慢，经营粗放，效益不高；国有商贸企业尚未走出困境，下岗职工增多，部分职工生活困难；财政相当困难，支大于收，从而导致对工业、农业的投入极为不足；地区发展不平衡，农牧民的脱贫任务还十分艰巨；人民群众对政风、社会风气和社会治安状况还不满意。我们的思想观念、工作方法、工作作风还不完全适应社会主义市场经济发展的需求，用市场经济的办法和手段驾驭社会主义市场经济的能力还不强，这些困难问题与不足，有待于在今后的工作中认真加以克服，我们要运用已经积累起来的成功经验，充分利用各方面的有利条件，通过改革和发展解决前进中的问题。

二、今后五年的目标和任务

1998年至2002年，是十届县人民政府的任期，也是我县实现跨越世纪发展战略目标关键的五年。刚刚闭幕的中国共产党美姑县第八次代表大会，向全县人民发出了“解放思想、团结奋进、加快发展，为实现美姑脱贫致富奔小康目标而努力奋斗”的号召。我们积极响应县党代会的号召，在新一届县委的领导下，高举邓小平理论伟大旗帜，认真贯彻党的十五大和省委七次代表大会，省九届人民代表大会精神，坚持稳中求进的方针，推进转变，优化结构，发展优势，高效持续，加快发展，把美姑的经济、社会发展全面推向21世纪。

今后5年的奋斗目标：到2002年，国内生产总值达到25600万元。年均增长10.53%；第一产业11600万元。年均增长5.71%；第二产业5500万元，年均增长10.69%；第三产业8500万元，年均增长19.86%；工业总产值达到8400万元，年均增长11.30%；农业总产值达到20500万元，年均增长5.88%；粮食总产量达到80000吨，年均增长3.23%；财政收入达到2000万元，年均增长12.97%，四畜存栏总数达到67万头（只），年均增长5.82%；肉类总产量达到11200吨，年均增长3.55%；农民人均纯收入达到1300元，年均增长14.98%；乡（镇）企业总产值达到9100万元，年均增产34.95%；人口自然增长率控制在15‰以内；力争到2000年完成乡乡通电话、乡乡通公路。力争提前完成“九五”计划，用新的实绩，为实现2010年远景目标奠定坚实的基础。

实现上述目标是一项非常艰巨而光荣的任务，更是全县各族人民的迫切愿望和根本利益所在。尽管我们在前进的道路上还有一些困难，但国家和省已从“九五”开始，更加重视和支持不发达地区和民族地区的发展，“八七”扶贫攻坚计划的实施，再加我们经过改革开放18年特别是“八五”期间的迅速发展，经济实力明显增强，通过探索和实践，我们已经确立了一条符合美姑实际的发展路子，积累了不少宝贵经验，这些都为我们加快发展创造了条件，提供了不可多得的历史性机遇。只要我们因势利导，审时度势，牢牢把握住这些有利条件，充分依靠全县各族人民群众的积极性和创造性，我们就一定能够战胜困难，我们的目标就一定能够实现。

要实现五年目标，1998年是全国贯彻落实党的十五大精神的第一年，也是下届政府任期的开局之年。同心协力、千方百计做好今年的政府工作，有着十分重要的意义。根据十五大精神和县委的部署，县人民政府拟定：1998年全县国内生产总值计划安排达到17100万元，比1997年增长10.20%；第一产业9410万元，增长7.07%；第二产业3750万元，增长13.29%；第三产业3940万元，增长15.27%；工业总产值5420万元，增长10.18%；农业总产值达到16400万元，增长6.50%；粮食总产量达到70750吨，增长3.66%；四畜存栏量达到53万头（只），增长4.95%；肉类总产量达到9700吨，增长3.11%；乡（镇）企业总产值达到2700万元，增长32.81%；县财政收入达到1200万元，增长10.40%；农民人均纯收入达到750元，增长15.92%，净增103元；人口自然增长率控制在12‰以内。精神文明建设和民主法制建设进一步加强，各项社会事业全面发展，人民生活持续得到改善。

完成1998年的经济社会发展任务，应着重做好以下十项工作：

（一）认真贯彻十五大精神，进一步解放思想。

我们要认真学习贯彻党的十五大精神，掀起新一轮思想大解放热潮，要用邓小平理论武装头脑，更加自觉地坚持党的实事求是的思想路线不动摇；坚持一切从社会主义初级阶段的实际出发不动摇，坚持以经济建设为中心不动摇；坚持发展才是硬道理不动摇；坚持“三个有利于”的标准不动摇。美姑的县情，要求我们必须在思想上更加解放，环境上更加宽松，措施上更加得力，方法上更加灵活，我们要认清形势，把握县情，抓住机遇，趁势而上，大力发展股份制经济，在公有制实现形式上取得新的突破；大力发展大公司，重视有优势的小企业，在国有企业战略性改组上取得新突破；鼓励引导个体，私营经济健康发展，大力发展民营经济，外资经济和混合经济等多种经济成分，尤其提倡和鼓励劳动者的劳动联合和资本联合为主的集体经济，在所有制经济结构上取得新的突破；通过结构大调整，资产大重组，机制大转换，推动国民经济持续、快速、健康发展，我们要进一步解放思想，抓住机遇，坚定不移地坚持对外开放。只有坚持开放才能有效地利用内外两种资源、两个市场，才能加快我县经济的发展。要进一步完善对外开放的优惠政策及实施办法，切实发挥“两个离不开”的作用，努力改善我县“软硬”投资环境，为引进外资提供更多的方便，使他们安心投入、安心经营、有钱可赚，严禁部门或个人，对来我县投资的经营者进行刁难，拿、卡、要、索。要进一步探索和改进招商引资的方式，采取新途径、新办法，提高引资的成功率。

（二）坚持把农业和农村工作放在经济工作的首位，确保农村经济发展，农民收入增加。

紧紧抓住稳粮、增收两个目标，搞好农业产业结构调整，大力推进农业产业化经营。我县生产条件差异大，自然灾害频繁，农业商品率不高，任何时候对农业都不能有丝毫放松，尤其是在连续几年丰收之后更要注意防止和克服松劲、畏难情绪。坚持稳定和完善党在农村的各项基本政策，减轻农民负担，切实保护和调动农民和农村干部的积极性，继续加大投入，改善农业生产条件，抓好耕地保护，强化科技服务，保证农资供应，搞好抗灾救灾，加大农民增收的力度，确保增产增收任务的完成。在稳定提高粮食生产的基础上，以市场为导向，因地制宜，积极发展多种经营，壮大村社集体经济。乡（镇）企业要进一步明晰产权、搞好机制创新和结构调整，促进产品上档次、企业上规模、增效益。继续抓好劳务输出，鼓励和支持外出经商务工农民回乡经商办企业。注意总结推广“公司加农户”“五专带农户”的先进典型经验，大力推进农业产业化进程。各涉农单位必须要加强对农业各方面的领导及搞好服务工作，特别是融资部门要搞好农用物资的调运、储备工作。

加强以治水改土为重点的农田水利基本建设和生态工程建设，继续改善农业基础条件和农村面貌，多渠道增加对农业的投入。1998 年计划完成坡改梯 6375 亩，完成人畜饮水工程 12 处；完成成片造林 5.5 万亩，幼林抚育 2 万亩，封山育林 2 万亩，迹地更新 6000 亩；切实狠抓“双增”项目的实施。定制优质梨 10 万株，嫁接 35 万株，建立苗圃 20 万亩，改造低产果园 5000 亩，同四川农业大学合作建立开发优质女贞示范实验基地 100 亩；以连渣洛河和美姑河沿岸的二半山及河谷地带大力种植花椒、油桐、核桃，力争在 5 年内使以上产品形成产业化规模生产。采取有效措施，完成种草 8 万亩任务和 1 万亩草种基地，搞好新桥、觉洛乡的秸秆氨化养牛示范，切实搞好安哥拉山羊改良、多胎山羊、美姑岩鹰鸡的选育和开发推广，搞好草场承包，努力搞好长江上游水土保护争取国家立项。从而促进农业向商品化、专业化、现代化转变。畜牧业和林果业是美姑的优势，要把畜牧业和林果业产业化作为农业产业化重点，调整结构，注重质量，加快发展，提高其在农业经济和农民增收中的比重。推进农业产业化要同乡（镇）企业发展和小城镇建设、农村剩余劳动力转移紧密结合起来，要在提高效率和管理水平上下功夫。实现第二次创业，确保发展年增长数保 30% 争 40% 任务的完成。

（三）放手发展非公有制经济，打好国有企业改革攻坚战，努力提高工业经济效益。

根据党的十五大精神和我县实际，放手发展非公有制经济，构建以非公有制经济为主体的县域经济格局，是我县当前和今后较长时间内必须坚持的一项重大战略决策，我们必须从各方面给予支持和帮助，以加快非公有制经济的发展。一是要进一步解放思想，转变观念，充分认识、加快发展非公有制经济的重要意义，对个体、私营经济要继续鼓励引导，使之健康发展，努力营造全社会支持非公有制经济发展的良好社会环境。二是要进一步放宽和落实政策，在法律法规允许和产业政策的指导下，对发展非公有制经济实行“四不限”，即不限发展比例、不限发展速度、不限经营方式、不限经营规模，在各方面与国有、集体企业同等对待。三是强化服务功能，各单位各部门都要为个体私营经济的发展，大开绿灯，尽力搞好服务工作。金融和财政部门对有市场、有效益、有发展潜力的个体私营企业在资金上予以扶持；工商、国土、建设、交通、邮电、电力等部门对个体工商户，私营企业所需的场所、土地、电力、原材料和通信设施，应尽力帮助解决。四是严格依法办事，切实保护个体、私营经济的合法权益。坚决禁止对个体工商户和私营企业乱收费乱摊派乱集资和吃拿卡要，敲诈勒索，如有此类事件发生，执法部门要视其情节，依法从严处理，对个体私营企业不仅要在经济上关心，而且政治上也要给予关怀，同时也要加强及监督管理，教育他们守法经营照章纳税，为我县经济的发展做出新的更大贡献。

国有企业改革是整个经济体制改革的中心环节，搞好国有企业改革和发展是当前经济工作中一项十分紧迫的重要任务。今年要集中精力抓好国有企业的改革，积极改善工业经济结构，重视传统产业的改造和改组，放手支持民营经济的发展，增加民营经济在国民经济中的比重，大力发展外资经济，混合经济等多种经济成分，促进国有、集体、民营、外资等经济成分相互渗透，增强其整体竞争力。从抓优势企业扩张入手，对国有企业实施战略性改组，支持其通过联合、兼并、租赁、破产、拍卖、承包经营和股份合作制等形式、办法全面放开放活，大力倡导和鼓励转让国有资产，转为混合经济、股份合作和民营经济。坚持“三改一加强”，增强企业活力和竞争力。建立有效的激励和约束机制，搞好经营者队伍的建设。对办得好的企业，要保持领导班子的稳定；对软弱无力不称职的企业领导班子，特别是那些长期亏损的企业班子，要坚决撤换和及时调整。着力建立企业家后备队伍，逐步推行企业经营者的任用、考核、离任审计制度。狠抓技术改造，建立新产品和新技术的开发机制，压缩过剩的生产能力，淘汰落后的工艺设备，技术上要有突破、产品上要有创新，1998年工业主要产品产量完成原木3.5万立方米，硝铵炸药5200吨，水泥3500吨，发电量4500万千瓦时，原煤2万吨，人造板2300立方米，使产品产销率达到95%以上。

按照企业改革三年规划，力争在1998年内基本完成三年规划的各项任务。强化政府宏观调控、监督、管理和服务职能，搞好各项综合配套服务，确保国有资产不流失。加快以建立住房公积金，售租结合为主的城镇住房制度改革步伐，继续深化计划、金融、财税、投资体制、公费医疗制度的改革，大力实施再就业工程。加强和完善社会保障制度，采取多种形式和有效的社会保障措施，切实保障下岗职工的基本生活。依靠社会各方面的力量，拓宽就业门路和领域，努力发挥民营经济和第三产业对扩大就业和再就业的作用。转变就业观念，加强职工的职业培训和技术教育，为再就业创造条件。要继续狠抓扭亏为盈工作，对亏损企业要一个一个地排队一个一个的诊断，实行严格的扭亏目标责任制，坚持分类指导，一厂一策，因厂施治，对不能从整体上搞活的企业，可以分块搞活；对确实扭亏无望的企业必须实施破产。

（四）努力做好财税、金融和商贸工作，支持经济持续健康快速发展。

抓好财政增收节支，努力做到全县当年收支基本平衡，充分发挥财税职能，规范和完善地方税务机构管理体制，树立新型理财观念，努力培植税源，坚持依法治税，强化税收征管，加强预算外资金的收支管理，逐步完善乡级财政，实行收支挂钩，加强乡（镇）财政管理，实行一乡一策，预算收支挂钩，节约留用，超支自负，超收分成，歉收自补。特别注意培养农村纳税户，抓好增值税、消费税等重点税种和集贸税、资源税、农业特产税的征管。严禁在税法和国家规定之外乱开减、免、缓等各项税收，大力清收欠税，严格把好退税关，努力实现增收。从严控制支出，缓解财政困难，继续实行财政“零基”预算，确保收支基本平衡。加强机构人员编制管理，科学界定财政支出的供给范围和供给程度，从严控制机构、编制增加，从严控制各种行政开支，继续压减全县各种会议费及其他费用，加强预算外资金管理和财会、审计监督、堵塞漏洞。

做好今年的金融工作，稳定金融，关键是抓好全国和全省金融工作会议精神的贯彻落实。要加快和深化金融改革，建立现代金融体系，加强金融法治，依法治理金融，规范和推进维护金融秩序。金融部门要千方百计聚资、融资，调整信贷结构，以促进生产发展为重点，在资金使用上，要继续优先支持农业发展，保证农副产品的资金需要。对国有骨干企业生产资金的合理需求，要优先给予支持，从而确保我县工农业生产和流通对资金的正常需要。

继续采取有力措施、控制物价上涨幅度。继续抓好“米袋子”“菜篮子”工程，把责任落实到县级领导干部头上，具体负责，增强政府的宏观调控手段，增加有效供给，平抑物价，使社会消费品零售总额达到4700万元，比1997年增长13.83%；城乡集市贸易成交额达到2400万元，较1997年增长19.51%。继续抓好农副产品和工业品的流通，特别加强对人民群众生活必需品价格的监督管理，整顿市场秩序，反对不正当竞争，严厉打击制售假冒伪劣产品的违法行为。强化物价管理，制止各种非法涨价，搭车涨价和哄抬物价行为，确保重要生产资料价格和主要日用品价格基本稳定。

（五）集中资金保重点，抓好重点项目建设，增强经济发展后劲。1998年固定资产投资要继续坚持保投产、保收尾、保重点的原则，集中力量抓好：1. 继续抓好“美马路”的建设及“成美路”的改造；2. 配合州局搞好昭觉—美姑—雷波的光缆传输工程，开通国际互联网；3. 搞好拉木阿觉乡农业综合开发工程；4. 完成佐典大桥建设；5. 完成牛牛坝乡2×500千瓦电站的建设；6. 完成大桥1000千伏安变电站建设；7. 力争架设完工大桥至拉马、觉洛至龙门，侯古莫至候播乃拖的输电线路工程；8. 按期完成尔其甲谷引水工程；9. 搞好瓦侯大湾电站的前期准备工作；10. 积极做好柳洪电站的引资工作，争取早日动工修建；11. 下决心动工修建县城综合农贸市场；12. 修复乐约大桥和乐约电站；13. 配合“二滩”工程搞好我县境内的线路架设工作及国家一级光缆传输工程。

（六）走资源开发之路，加快经济社会发展。

近年来，随着农业增产措施推广力度的加大，我县粮食单位面积产量不断提高，人均占有粮食有较大幅度的上升，在解决温饱的同时，找准致富项目是增加群众经济收入的一个关键问题。县人民政府及科技工作者根据我县的资源优势，通过多年的实践筛选出了一批能尽快把资源优势转化为经济优势的项目，这些项目对全县16万人民脱贫、发展美姑经济、增加农民收入，实现“粮增产、钱增收”，摆脱贫困实现小康将起到巨大作用。首先继续实施“优质梨基地建设及产业化开发”项目。1998年到2000年三年规划发展666.67公顷，加上已完成的2500公顷，累计达到3166.67公顷、250万株，1998年产量可达2625吨，产值可达525万元。其次抓好优质烤烟基地建设和实施白魔芋种植。各级政府要作为一件大事来抓，力争1998年种植烤烟面积200公顷，产量达到6000担；分别在柳洪、大桥、牛牛坝等10个乡种植白魔芋100公顷，年产225万公斤，产值可达600万元。再次搞好多胎山羊的推广。多胎山羊于1994年被列为我县短、平、快的扶贫项目，从1998年开始拟在巴普、巴古、农作、龙门、峨曲古五个乡（镇）逐年分别建立种羊繁殖场，用于扩大再生产养殖，丰富市场供应。最后，重点搞好美姑岩鹰鸡的选育和开发利用。1996年美姑岩鹰鸡在部、省畜禽品种资源补充调查中，有关专家进一步核实，该鸡身高体大，觅食能力强，抗逆性好，繁殖性能强，养殖该鸡是美姑人民脱贫的一条好路子。从1998年起，该项目拟在连渣洛河两岸的候播乃拖、采红、侯古莫、牛牛坝等乡开始实施。

（七）加大扶贫开发力度，加快脱贫步伐。

认真贯彻落实全省第十三次扶贫开发工作会议精神，力争到2000年使建卡贫困户越过温饱线，扶贫工作已进入了攻坚阶段。然而，全县贫困建卡户达14696户，到1997年年底越过温饱线的建卡户只有8703户，三年内要使5993户贫困户越过温饱线，扶贫任务十分艰巨。因此，今年我县扶贫工作要按照“分期分批、重点推进、狠抓突破”的攻坚战略，坚持扶贫建卡户这个中心，动员全社会各界力量，以扶贫攻坚为中心任务，狠抓落实，以“五八五一”为主要奋斗目标，使巴普、龙窝、树窝、九口等11个乡（镇）达标。根据扶贫攻坚计划，应着重抓好四个突破：一是宣传发动上抓突破；二是扶贫移民工作抓突破；三是形象扶贫抓突破；四是特困生工作要在“百乡工程”上抓突破。靠苦干实干来完成扶贫攻坚的光荣使命，进一步开展向依波窝学习，牢固树立“宁愿苦干，不愿苦熬”和自力更生艰苦创业及“领导苦抓、部门苦帮，群众苦干”的精神，大力开展多层次、多渠道、多形式的横向联合与协作，搞好智力扶贫，帮助开发当地资源，多渠道筹集扶贫资金，筛选好扶贫开发项目，提高扶贫资金使用效益，重点实施好“扶贫引水工程”和“形象扶贫”工程，加大对种植业、养殖业、林果业以及农副产品加工业的支持力度，积极推进部门扶贫，定点联系帮乡包户扶贫工作。切实做好与内贸部、省、州级机关对口扶贫的配合工作。狠抓基础设施建设，加大投入，改变贫困乡村的水、电、路、邮等基础设施。同时还应强化扶贫资金项目的物资管理，扎扎实实地抓好“百乡千村”扶贫攻坚工程。1998年年底，要使2762户14066人的建卡户达到“五八五一”指标，全县建卡贫困户人均纯收入和人均占有粮分别达到515元和430公斤，2000户人均达0.5亩地以上稳定高产田土，1860户户均1亩找钱地或人均20株以上经济林木，2130户户均养殖业商品收入500元以上，1790户户均转移一个以上劳动力，2070户户均有一个明白人，形象扶贫建设计划在30个乡（镇）实施，使7850户达到形象扶贫指标，完成建卡户改土1875亩，移民扶贫力争完成300户（其中重点移民120户的任务）。回收扶贫资金500万元。

（八）进一步加强精神文明建设，努力发展各项社会事业。

坚持不懈地加强社会主义精神文明建设，着力培养有理想、有道德、有文化、有纪律的社会主义公民，提高全县人民的思想道德和科学文化素质，认真贯彻落实《四川省社会主义精神文明建设“九五”规划纲要》及《美姑县社会主义精神文明建设“九五”规划纲要》，始终不渝地用邓小平理论教育干部和群众。坚持不懈地进行爱国主义、集体主义、社会主义教育，大力倡导社会公德、职业道德、家庭美德以及艰苦创业精神，提倡健康文明的生活方式，不断提高群众精神文化生活质量。在城市，继续开展以提高市民素质和城市文明程度为目标，以优质服务优良秩序、优美环境和学英模、树新风为主要内容的“三优一学”创建精神文明城市活动。采取切实有效的措施，整治县城脏、乱的状况。在农村，深入开展以提高农民素质，建设小康村为目标，以评选遵纪守法户、五好家庭户、双文明户、创文明村镇为主要内容的“三户一村”创建活动；在服务行业，大力开展以服务人民、奉献社会为宗旨，以尽职尽责、讲职业道德、守职业纪律、树行业新风为主要内容的“三职一树”创建活动，继续抓好军民、警民、工农、厂校等多种形式的共建活动。

继续认真贯彻全国科技大会精神，加大科技推广力度，以粮食增产、农民增收为重点，推进科技兴农向广度发展，以实现上规模上水平提高经济效益为目标，大力推进，企业技术进步。进一步深化科技体制改革，大力做好科普工作，促进科技成果的转化和推广运用。

教育工作要继续深入贯彻“一纲四法”，认真实施我县教育事业“九五”规划，以发展基础教育为中心，以民族教育为重点，加快“普初”教育进程，大力扫除青壮年文盲，发展成人教育和职业技术教育。搞好勤工俭学，努力增加教育投入，改善办学条件，加强师资队伍建设和管理，深化教育改革，强化学校管理教育，提高教育教学质量，力争使学龄儿童入学率达74%，较上年提高6个百分点，力争完成6个乡的“普初”任务。全面实施好联合国儿童基金，援助我县，基础教育项目工程。

加大卫生改革步伐，加快卫生事业发展切实贯彻农村卫生、预防保健和中西医并重的卫生战略，认真实施卫生扶贫工程，妇幼卫生合作项目工程，努力实现2000年人人享有初级卫生保健。抓好重点县、乡医院建设，开展卫生下乡服务，加强对慢性病、传染病和地方病的防治。积极发展中医药事业，深入开展爱国卫生运动。切实加强医德、医风建设提高医疗水平，改善服务质量。加强卫生、医药行业管理，整顿、规范医疗和药品流通秩序，严格食品以及社会公共卫生的监督、管理，提高全县人民医疗保健水平。

认真贯彻落实环境保护、计划生育和国土保护等基本国策，依法加强环境监督管理统筹规划国土资源开发和整治，抓好生态工程建设。大力开展植树种草、水土保持等群众性活动。依法保护和合理开发森林、草场、矿产和生物等自然能源。制止乱砍滥伐、乱挖滥采，提高资源的利用效率。坚持和完善计划生育目标管理责任制，重点做好农村和流动人口的计划生育工作。把计划生育同帮助农民发展经济、脱贫致富、建设文明幸福家庭结合起来，从关心群众生产、生活入手，抓紧抓好计划生育，使人口自然增长率控制在12‰以内。重视和加强婚姻登记工作、妇女儿童、残疾人和老龄工作。

继续坚持“一手抓繁荣、一手抓管理”的方针，深入开展创建“文化先进县”及“文化先进乡”的活动，加强乡村文化站建设，提高文化站建设，抓好“五个一”工程项目的落实，提高广播电视的同步率和覆盖率。加强对文化市场的整顿和管理，促进社会主义文化全面繁荣。加大实施全民健身计划的力度，提高竞技运动水平，增强人民体质。

人事、劳动、编制、老龄、气象、审计、监察、档案、信访、保密、修志、外事、对台、语言文字、无线电、管理等部门要围绕经济发展，社会进步做出新的贡献。

（九）加强民主与法制建设，维护社会稳定。

加强社会主义民主和法制建设，是实现我县跨越世纪战略目标的重要保证，各级政府要进一步重视调查研究和咨询工作，逐步形成深入了解民情，充分反映民意，广泛集中人民智慧的决策机制，促进政府决策的民主化和科学化，从而提高决策水平和工作效率。要自觉接受同级人民代表大会及其常务委员会的工作监督和法律监督，重视和发挥人民政协、民主党派、工商联、无党派人士的政治协商、民主监督和参政议政作用。政府有关部门要做好对口联系工作，全面贯彻党的民族政策，切实加强民族工作，认真贯彻党的宗教政策、侨务政策。

各级政府机关，特别是政府公务员，要加强自身的法律素质修养。带头学法，增强法律意识，增强法制观念，学会运用法律手段管理经济、社会事务。深入开展普法教育，增强全民法律意识，着重提高领导干部法制观念和依法办事能力，使广大干部群众做到知法、懂法、守法，搞好依法治县，关心重视支持国防和军队建设，加强国防教育，增强全民国防意识，深入持久地开展拥政爱民，拥军优属活动进一步增强军政、军民团结。

继续抓好社会治安综合治理，维护社会稳定，依法严厉打击各种犯罪活动，坚决扫除“黄、赌、毒”等社会丑恶现象，巩固“严打”斗争成果，抓好大案、要案的侦破工作，加强公安基层队伍建设，继续从严治警，整顿警风警容，进一步提高公安司法队伍的战斗力。继续抓好“严打”和专项斗争，严厉打击毒品犯罪活动及各种邪教组织活动。做好群众来信来访工作和人民调解工作。妥善处理突发事件，化解社会矛盾，抓好消防安全工作，确保人民生命财产安全。

（十）加强政府自身建设，确保今年各项工作任务的完成。

1998年是下届政府任期的开局之年，全县经济、社会发展任务十分艰巨，要保证这些任务的顺利完成，必须切实加强各级政府自身建设，要用邓小平理论武装全体机关公务员的头脑，认真学习贯彻十五大精神，高举邓小平理论的伟大旗帜，把讲学习、讲政治、讲正气放在首位，通过细致的思想政治工作来调动各方面的积极性。

政府的各级干部，特别是领导干部要继续抓好廉洁自律和自查自纠工作。国有企业领导干部要落实廉洁自律制度，加强监督和制约。切实加大重大案件的查处，继续狠抓“三乱”，纠正行业不正之风。政府机关国家公务员要积极开展贯彻实施《四川省国家行政机关公务员职业道德规范》，正确行使人民赋予的权力，把对上级负责和对群众负责统一起来，决不可以以权谋私，决不能搞主观主义、官僚主义、形式主义。注意倾听群众的呼声，关心群众的疾苦，为群众办实事，争做人民群众满意的公务员。大兴艰苦朴素，勤俭节约之风，反对一切讲排场，比阔气的不良风气，进一步树立人民政府的良好形象。要切实转变机关工作作风和工作方法。各级政府和政府各部门，尤其是领导同志要少搞些应酬，多做些调查研究，少一些主观主义，多干些实事；少浮在面上，多深入下去、解决改革、发展和人民群众生产、生活中的实际问题。机关内部要定岗定人定责，严格考核制度，加强行政纪律和政务督办，建立健全督办网络，保证政令畅通，绝不允许各行其是或顶着不办的现象发生，务使各项工作落到实处。

各位代表：党的十五大已为我们指明了前进的方向，第八次县党代会选举产生了新一届县委，对今后五年全县工作目标任务作了全面的部署，提出了新的奋斗目标和要求，承前启后，继往开来的创业任务也已经落在了我们的肩上，我们一定不辜负时代期望和人民的重托，在上级党委政府及县委的领导下，在县人大及其常委会的监督下，带领全县各族人民，发扬团结奋进，负重拼搏，立志苦干，加快发展，富民兴县的精神，为完成今年的各项工作任务而努力奋斗！以崭新的姿态和辉煌的业绩去迎接新世纪的到来。

政府工作报告

（2003 年 2 月 16 日在美姑县第十一届人民代表大会第一次会议上）

县长　沈鲁清

各位代表：

我代表县人民政府向大会报告工作，请予审议，并请县政协委员和列席人员提出意见。

过去五年的工作回顾

站在新世纪的起点，回顾过去五年，在州委、州人民政府和县委的领导下，在县人大及其常委会的法律监督、工作监督和支持下，在县政协的参政议政、民主监督下，县人民政府带领全县各族人民，高举邓小平理论伟大旗帜，认真贯彻落实党的十五大精神，坚持发展才是硬道理，坚持改革开放，团结一致，奋力开拓，各项工作取得了较好的成绩，县十届人大一次会议通过的五年主要目标已经完成。全县经济发展、社会进步、民族团结、政治稳定，为今后的发展奠定了坚实的基础。

一、五年来，我们千方百计克服困难，实现了国民经济持续快速健康发展

——经济总量快速增长，综合经济实力显著增强。2002 年全县国内生产总值达到 31627 万元（2000 年价，下同），较上年增长 10.64%，较 1997 年增长 29.98%，年均增长 5.38%。其中，第一产业 17696 万元，较上年增长 5.2%，较 1997 年增长 26.51%，年均增长 4.82%；第二产业 4431 万元，较上年增长 12.89%，较 1997 年增长 3.58%，年均增长 0.71；第三产业 9500 万元，较上年长 21.19%，较 1997 年增长 56.61%，年均增长 9.39%；财政总收入达到 1059 万元，较上年增长 27.74%；农民人均纯收入达到 1120 元，较上年增长 10.13%，较 1997 年增长 73.11%，年均增长

11.6%；人口自然增长率控制在11‰以内。

——农村经济快速发展。2002年农业总产值达到20494万元，较上年增7.7%，较1997年增长33.03%，年均增长5.87%；粮食总产量达到73050吨，再创历史最高水平，较上年增长1.46%，较1997年增长7.03%；肉类总产量达到18667吨，较上年增长16.57%，较1997年增长80.27%；四畜存栏达到64.38万头（只），较上年增长7.98%，较1997年增长27.48%；水果产量达到4531吨，较上年增长1.43%，较1997年增长42.22%；干果产量达到2050吨，较上年增长2.48%，较1997年增长74.5%；五年累计完成成片造林31.65万亩，完成绿色通道万株白杨种植工程10万株，四旁植树907.78万株，抚育10.5万亩，退耕还林完成6.5万亩，外县森工企业在县内造林2.8万亩，实现连续23年无森林火灾。狠抓农业综合开发试点工作。五年累计完成中低产田土改造6000亩，人畜饮水工程279处，解决了190个村、455个组、10.88万人和25.38万头（只）牲畜的饮水问题。国土管理、农机事业、气象、农村能源建设工作都取得了新的成绩。

——工业经济稳步发展，企业效益增长较快。2002年工业总产值达到3510万元，较上年增长20.54%，其中，国有工业总产值完成1517万元，较上年增长5.37%；个体私营工业总产值完成1908万元，较上年增长38.66%，城镇集体工业总产值完成31万元。乡（镇）企业总产值达到4385万元，较上年增长23.31%，较1997年增长89.01%。大力开拓城乡市场，积极搞活商贸流通。2002年社会消费品零售总额达到7522万元，较上年增长23.78%，较1997年增长82.13%。完成客运量达到72.2万人，较上年长27.8%，较1997年增长55.75%，年均增长9.27%；货运量达到14.5万吨，较上年增长50%，较1997年增长10.83%，年均增长2.08%；邮政业务总收完成110.8万元，较上年增长28.69%；电信业务总收入完成205.48万元，较上年增长2.14%，较1997年增长35.44%。

二、五年来，我们紧紧抓住国家实施积极的财政政策和西部大开发的历史机遇，加快基础设施建设步伐，促进了经济的跨越式发展

——基础设施建设步伐加快。全县固定资产投资五年累计完成3.3922亿元，对GDP的贡献率为13.72个百分点。其中2002年投资达到13340万元，较上年增长87.46%，较1997年增长7.88倍。九大建设项目圆满完成。①“教育十年行动计划”。2002年争取资金564万元，建设工程13个，已经完工；投资90万元的德国麦卡托基金外援项目（城关二小校舍建设）已完成；美姑县体育运动活动中心已投入使用，并在此成功地举行了“县庆”五十周年大型文艺表演。②新区开发“三通一平”目标实现，开发建设已经顺利启动。③首期旧城改造圆满结束。改造城镇道路2.75万平方米，新增输配水主干管道1267米，新增排水沟（管）450米，改造房屋2.8万平方米，投入资金1020万元，建路灯140个，投入资金90万元，美美广场的建立为城乡精神文明活动注入了新的活力，树立了崭新亮丽的城市形象。④环城公路建设投入资金达500余万元，已于去年10月底全面实现通车，为县城扩容和“成美路”改造打好了基础。⑤农网改造一期工程总投资3873.7万元全面完成，二期改造工程总投资2830万元基本完成；基层政权建设按施工合同要求全面竣工，改善和提高了基层干部的办公住房条件；⑥长防长治工程。第六期长治工程已治理水土流失面积21平方公里，为我县的生态建设起了基础性作用。⑦公路建设。“成美路”县城至大桥公路国债建设项目及“泸盐”美姑大桥至溜筒河一号桥路面改扩建工程基本完成，“成美”巴普至椅子垭口公路建设已得到省、州的支持，并已立项，前期测设工作和可行性报告已经完成。2003年即将开工改扩建。2001年12月，动员群众民工建勤、义务投工投劳修通了苏洛乡纳龙风景区8公里长的公路。五年来共新修公路136.5公里，改扩建公路71公里，通车里程达到1212公里。⑧实施水电开发建设。苏洛、挖嘎、乐约电站将建成投产，我县电站装机容量首次突破1万千瓦大关，桦岗、施普两个水电站已通过省评审，柳洪电站招商引资已有新的突破。⑨农机提（喷）灌建设项目，2002年在牛牛坝乡投资35万元建设的提灌站工程已全部竣工投入使用。力争的十大项目资金已基本得到国家有关部门和省、州的认可，有的项目已立项，有的正在呈报，可望2003年后逐步得到实施。7个片区工委及所属的乡、村实现了光纤通信、移动通信、无线寻呼、数据通信、多媒体等业务发展迅速，移动用户达到3260户，电话普及率由1997年的1%增加至3.62%。化工集团公司新4000吨乳化炸药生产线；建材有限责任公司改扩建：县委、人大、政协办公楼及住宿楼；地税局及长线局综合大楼工程；县车站建设等项目竣工投入使用。

三、五年来，我们始终把人民群众的根本利益放在第一位，加大资金投入，实实在在地为人民群众谋利益、办实事，向人民代表承诺的十件实事圆满完成

①民中至水电局的河道整治全面完成，解决了沿途十多个单位2000余人年年水灾、年年不决的问题，沿途群众拍手称快；②大棚蔬菜基地建成，解决了美姑蔬菜紧张依靠外供的问题；③县委党校至民中的道路改扩建及路灯安装全面完成，解决了教师、学生的行路难问题；④新桥农贸市场的竣工投入使用，既解决了原市场狭小问题，又解决了以路为市占道经营的问题；⑤拉马农贸市场已投入使用；⑥通往烈士陵园和殡仪馆的水泥路面已建成，极大地方便了人民群众；⑦洪溪街道的改扩建，有力地推动了两个文明建设；⑧美美广场的建设，极大地丰富了城乡人民群众的精神文化生活；⑨县城绿化、亮化、美化、净化工程全面得到提高，社会主义精神文明建设进一步增强；⑩分配安置了2000年以后的大中专毕业生近300人，缓解了我县城乡就业压力，切实解决了干部职工、特别是农村大中专毕业生及其家庭的实际困难，确保了城乡社会政治稳定。

四、五年来，我们始终把改革开放作为发展的强大动力，财政、金融体制改革不断深化，对外开放进一步扩大

——积极实施乡（镇）实体财政。加强预算外资金的管理，实施中央积极的财政政策和稳健的货币政策，增加转移支付。防范和化解各种金融风险，建立新型的银企关系，调整优化信贷结构，完善金融服务。

——改革步伐明显加快。农村第二轮土地承包期和草场承包工作顺利完成，家庭联产承包责任制和统分结合的双层经营体制不断巩固完善。企业改革取得较大突破。五年来共完成企业改革25户。非公有制经济获得较大发展，2002年实现税收256万元，较上年增长42.2%，较1997年增长70.5%。初步建立了“三条社会保障线”和以城镇职工基本养老保险、失业保险、基本医疗保险为主要内容的社会保险制度。财税、金融、投资、价格、商贸、粮食、住房以及科技、教育、医药、卫生、人事等改革都取得了新的成效。农村税费改革实施顺利。

——对外开放和招商引资格局基本形成。1999年，我县实现了对外全境开放。全县五年累计引进项目11个，到位资金4300万元，其中外资项目6个，到位资金3000万元。

五、五年来，我们始终把扶贫开发摆在政府工作的突出位置，加大资金投入，狠抓措施落实，扶贫攻坚取得了阶段成果，人民生产生活水平进一步改善

——基本实现州“七二一〇”扶贫攻坚目标。2001年，经省、州抽查确认我县实现了基本解决农村贫困人口温饱问题的目标。到2002年年末，全县累计有7.4万贫困人口越过“五八”标准，3.3万农户实施了形象扶贫，4717人实施了移民扶贫，新建形象扶贫新村26个。贫困地区治水、改土、兴林、修路、办电成效显著，基础设施和生产生活条件进一步改善。

——城乡居民收入稳定增长，消费水平明显提高。2002 年全县在职职工年人均工资达到 12257 元，较上年净增 975 元，增长 8.64%，较 1997 年增加 6863 元，增长 1.27 倍；城镇人均居住面积达到 19.62 平方米；农村人均居住面积达到 15.75 平方米；全社会年末储蓄存款余额 17700 万元，较 1997 年增长 53.01%；年末贷款余额 13350 万元，较 1997 年增长 61.21%；城乡居民用于文化、旅游、保健等服务性消费和购买耐用消费品支出明显增加，消费结构趋于合理。

六、五年来，我们认真实施科教兴美战略，努力发展各项社会事业，社会主义精神文明建设进一步加强

——科技、教育等社会事业不断发展。五年来，共获得州级科技成果奖 5 项，县科技成果奖 22 项。教育工作到 2002 年全面实现了基本普及初等教育和基本扫除青壮年文盲。素质教育全面启动，基础教育、职业教育和成人教育工作取得新的进展，《四川省民族地区教育发展十年行动计划》顺利实施。农村卫生网络进一步健全，边远山区缺医少药状况得到改善，重点传染病、地方病防治工作得到加强，全面实施“净土令”，2002 年无一例“二号病”发生。第五次人口普查全面完成。全县计划生育率达到 89%，人口自然增长率始终控制在 11‰以内，五年累计少生 3000 余人。广播、电视覆盖率分别达到 88.62% 和 78.53%。体育事业蓬勃发展。五年来，摔跤项目获得奖牌 33 枚，其中金牌 22 枚；1999 年被国家民委、国家体育总局授予“全国民族体育工作模范集体”称号。1991—2000 年的年鉴编纂工作完成并出版发行。文化、人事劳动及社会保障、外事侨务、信访、档案、审计、统计、监察、编制、体改、农机、气象、国防教育、民兵预备役建设、民政、民族语言、技术监督、药监、县志、妇女儿童等各项工作都取得了新的成绩，为全县经济发展和社会进步做出了重要贡献。

——精神文明建设与物质文明建设协调发展。爱国主义、集体主义、社会主义的理想信念教育不断深化，成功地举办了建县 50 周年庆祝活动，增强了全县干部群众的凝聚力。全县已有省级文明单位 4 个，州级文明单位 14 个，县级文明单位 32 个，文明村 1 个。“双拥”活动、全民国防教育深入开展，民兵预备役工作取得较好成绩。平等互助、团结合作、共同繁荣的社会主义新型民族关系不断巩固和发展。

七、五年来，我们认真贯彻依法治国方略，积极推进依法治县，加强社会主义民主法制建设，社会政治稳定的局面进一步巩固

——自觉接受县人大及其常委会的工作监督、法律监督和县政协的民主监督。虚心听取民主人士、工商联、专家学者及人民群众意见，民主决策、科学决策的水平不断提高，城乡基层政权建设得到加强，民主管理制度初步建立。“三五”普法工作顺利完成，同时被评为州级先进县，“四五”普法全面实施，人民群众的法制观念不断增强。进一步落实党风廉政建设责任制，查处违法违纪案件，治理“三乱”和纠正行业不正之风的力度加大，县级以上领导班子“三讲”教育顺利完成，在全县机关、企事业单位、农村全面开展“三个代表”学教活动，各级政府工作作风明显改进。

——社会政治稳定工作得到切实加强，减轻农民负担和“两保”再就业取得实效。农村合作基金清理整顿平稳进行。乡级以上行政区域界限勘定工作圆满完成。救灾救济、安全生产等工作进一步加强。各类突发性、群体性事件得到了及时处置，严打专项斗争深入开展，依法打击毒品、打击“车匪路霸”、打击经济领域犯罪、打击各类严重危害社会治安的犯罪活动取得较好成绩。坚决查禁取缔“法轮功”“门徒会”等邪教组织活动取得实效。创建“净土社区”活动扎实推进，全县社会治安状况进一步好转。

各位代表，过去五年是我县经济发展最快的五年，基础设施建设变化最大的五年，农业连续丰收的五年，扶贫攻坚成效显著的五年，社会事业全面进步的五年，人民得到实惠最多的五年。五年的成绩来之不易，这是我们在州委、州人民政府和县委的领导下，在广大干部群众的共同努力下，克服前进中遇到的各种困难和问题，同心同德，开拓进取，艰苦奋斗的结果，在此，我代表县人民政府向全县各族人民、解放军和武警官兵、政法干警以及关心、支持美姑两个文明建设的各界朋友表示衷心的感谢，并致以崇高的敬意！

各位代表，在肯定成绩的同时，我们也清醒地看到，我县经济社会发展中还存在不少困难和问题。主要是生产力水平低，经济结构性矛盾突出，天然林停伐，缺乏新的经济增长点，农民增收难度大，社会就业压力突出，财政十分困难；税费改革工作有待于逐步完善。由于过去农牧民应缴税绝大部分没有开征，税费改革后，规范了税目、税率，并逗硬了征收，使许多农牧民没有认识过来，反而认为税费没有减少，而是增加了；交通、水利、电网及城镇等基础设施滞后，与追赶型，跨越式发展的要求不相适应；农牧民贫困面广，低水平越温面很大；教育科技发展滞后，劳动者整体素质低；旧的观念和陈规陋习还影响着美姑的开放和发展；家支问题在不同地区的一定范围内存在，大家支欺负小家支时有发生，有的甚至向民改干部反攻倒算，对离退休干部进行人身攻击；有些干部还参与家支活动，成为幕后的策划者和指挥者。特别是在县委、县政府推进重大工作中，有的干部唯利是图，不站在党委、政府的立场上，而是想方设法盘算如何从中获利益，成为典型的利己主义者，妨碍阻挠政府重大工作的推进；社会治安由于受到家支的干涉参与，特别是个别干部的幕后指使策划，给政法部门在打击力度上造成较大困难；少数干部观念陈旧，开拓创新意识差，不了解国际、国内、省、州的政治、经济情况，不认真分析美姑县的县情，只是盲目乐观，安于现状，只想领导，不想干实事，只图个人利益，不为民办实事，只会指手画脚，坐井观天，更有甚者还对干实事的人说三道四，等待、观望、专找问题、添乱设障碍等，这些典型的不负责任的旁观主义和利己主义者，是当前政府改革创新的绊脚石。面对困难，我们决不低头，而是敢于面对发展中的困难和问题，勇于克服自身存在的缺点和不足，在今后的工作中虚心接受代表的监督，逐步解决束缚我们发展的各种不利因素，为美姑追赶型、跨越式发展创造宽松有序的社会环境。

今后五年的目标和任务

2003年至2007年，是第十一届县人民政府的任期，也是努力实现追赶型、跨越式发展的关键时期。县人民政府今后5年工作的总体要求是：“高举邓小平理论伟大旗帜，全面贯彻‘三个代表’重要思想，认真落实党的十六大精神，坚持以跨越式发展为主题，以经济结构战略性调整为主线，以提高人民生活水平为基本出发点，抓住我国加入世贸组织和西部大开发的重大历史机遇，按照县委工作的指导思想，继续深化改革，强化农业基础地位，加快产业结构调整，加快基础设施建设步伐，加大项目实施力度，力争各种项目资金，以实施项目，促进美姑经济发展的跨越。转变政府职能，加强作风建设、廉政建设，推进精神文明建设和民主法制建设，维护社会政治稳定，坚定信心，扎实工作，与时俱进，加快发展，为实现美姑国民经济和社会事业的追赶型、跨越式发展而努力奋斗”。

今后5年我们要按“34511”经济发展战略，在3年至5年的时间内，狠抓基础设施建设，使公路、电力、通信实现质的变化，而走向市场、依托市场，加快发展，牢固树立力争项目，以实施项目推动美姑经济跨越式发展的观念。全面实施好“51511”工程。即用5年的时间每年完成1000万元以上的项目10个，500万元至1000万元的项目10个，100万元至500万元的项目10个，每年完成固定资产投资达到1亿元以上，为农牧民脱贫致富奠定坚实的基础。

今后5年全县国民经济和社会发展的主要目标拟定为：2007年，全县国内生产总值实现翻一番，达到 6.35 亿元，年均增长 14.96%。其中，第一产业年均增长 6.72%，第二产业年均增长 19.94%，第三产业年均增长 24.13%。工业总产值实现翻一番，达到 7250 万元，年均增长 15.61%；农业总产值力争达到 26735 万元，年均增长 5.46%；财政一般预算收入实现翻一番，年均增长 20%。农民人均纯收入年均增加 100 元以上，切实解决 65260 名贫困人口的温饱问题。人口自然增长率控制在 11‰以内。

2003 年是全面贯彻落实党的十六大精神的第一年，也是下届政府实现 5 年目标的开局之年。同心协力、千方百计做好今年的政府工作，有着十分重要的意义。根据十六大精神和县委的部署，县人民政府拟定：2003 年全县国内生产总值计划安排达到 35105 万元，比 2002 年增长 11%。其中，第一产业 18580 万元，增长 5%；第二产业 5086 万元，增长 14.7%；第三产业 11439 万元，增长 20.41%；工业总产值达到 3700 万元，增长 5.41%；农业总产值达到 22086 万元，增长 7.77%；粮食总产量达到 74000 吨，增长 1.3%；四畜存栏达到 73 万头（只），增长 13.39%；肉类总产量达到 21300 吨，增长 14.11%；牧业产值力争达到 1.05 亿元，增长 6.42%；县财政收入达到 1272 万元，增长 20.11%；农民人均纯收入达 1220 元，增加 100 元，增长 8.93%；人口自然增长率控制在 11‰以内。

完成 2003 年的经济社会发展任务，应着重做好以下十二项工作：

一、进一步实现观念的跨越，努力实现经济追赶型、跨越式发展

由于特殊的地理环境，美姑形成了独特的旧观念文化，陈旧观念严重制约着美姑经济发展。要解放思想，更新观念，实现观念的跨越。一是要用十六大精神统一思想，结合我县实际，树立敢闯敢试，勇于创新的观念，跨出固有的思维模式，打破一切束缚发展的思想枷锁，树立起有利于促进加快发展的新观念。二是主动适应发展要求，与时俱进。就是要从“等、靠、怨”的计划观念跨越到“抓机遇，找市场，讲竞争”的市场观念。三是破除一个“怕”字，从墨守成规，裹脚不前，夜郎自大的封闭观念跨到敢闯敢干，敢为天下先，敢于向先进学习的开放观念。四是要突出“实”字，崇尚实干，力戒空谈，掷地有声地抓落实，用实干代替空谈，用实绩证明实力。五是用“三个代表”重要思想来检验我们的工作，把握大局，认清差距，奋起直追，实现美姑追赶型、跨越式发展。

二、进一步加强交通、水利、通讯、电网等基础设施建设，大力实施“51511”工程

抓住西部大开发的机遇，突出战略性，采取新机制，切实抓好项目建设，积极做到项目储备。柳洪电站招商引资在去年取得突破的基础上，今年要有实质性的进展。今年要着重抓好以下项目建设：1000 万元以上的建设项目 10 个：①成美路巴普至大桥 40 公里路面工程建设（资金 2500 万元，1 年完成）；②成美路巴普至椅子垭口 63 公里改造（资金概算 1 亿元，用 3 年左右的时间完成）；③送电到乡工程（含电源建设，资金 3400 万元，2 年内完成）；④城网改造（资金 2000 万元，1 年完成）；⑤光伏工程（资金 1000 万元，1 年完成）：⑥天然草场改良（资金 1600 万元，3 年完成）；⑦野生资源保护工程（资金 1600 万元，2 年完成）；⑧异地土地资源开发（资金 1700 万元，1 年完成）；⑨中德扶贫（资金 1600 万元，2 年完成）；⑩旧城改造（资金 1000 万元，2 年完成）。

500 万元至 1000 万元的建设项目 10 个：①教育十年行动计划（资金 600 万元，1 年完成）；②美姑大桥至柳洪 1 号桥 30 公里县油路工程（资金 500 万元，1 年完成）；③城北变电站建设（资金 530 万元，1 年完成）；④集资建房项目（资金 500 万元，1 年完成）；⑤环城路开发（配套沟、路面、灯，资金 500 万元，1 年完成）；⑥政府办公楼（资金 500 万元，1 年完成）；⑦卫生建设（资金 800 万元，1 年完成）；⑧招商引资（水泥厂拍卖、硅铁厂引资，资金 500 万元，1 年完成）；⑨城市道路建设（资金 800 万元，1 年完成）；⑩城南山体滑坡治理（资金 880 万元，2 年完成）。

100 万元至 500 万元建设项目 10 个：①以工代赈（资金 350 万元，1 年完成）；②移民扶贫（资金 200 万元，1 年完成）；③两馆建设（资金 150 万元，1 年完成）；④粮库建设（资金 120 万元，1 年完成）；⑤新增财政用于基础设施建设（资金 150 万元，1 年完成）；⑥基层政权建设（资金 120 万元，1 年完成）：⑦自来水厂水池系统（资金 110 万元，1 年完成）；⑧米索尔扶贫（资金 300 万元，1 年完成）；⑨新区农贸市场建设（资金 150 万元，1 年完成）；⑩水保（资金 190 万元，1 年完成）。

认真做好后备项目和后继项目的论证工作：(1) 农村能源建设；(2) 农业综合开发；(3) 苦荞麦基地建设；(4) 奶花芸豆基地建设；(5) 牛牛坝至甘洛公路建设；(6) 以电代柴；(7) 大桥河堤建设；(8) 拉马蓄灌建设；(9) 美马路改造；(10) 巴普山羊养殖；（11) 安哥拉山羊开发；(12) 牧区水利灌溉；(13) 旱山村节约节灌；(14) 彝族式摔跤基地建设；(15) 女贞树产业化基地建设；(16) 城南山体滑坡治理：(17) 水厂改扩建；(18) 紫参开发；(19) 岩鹰鸡开发；(20) 纳龙风景区开发；(21) 外援建设；(22) 美姑县城至黄茅埂的油路改造。

三、继续巩固和加强农业，加快农业和农村经济结构调整

围绕农民增收这个中心，稳定农村基本政策，稳定基本农田面积，稳定粮食增产能力，依靠科技，实施农业结构战略性调整，促进传统农业向现代农业转变。

第一，紧紧围绕一个基础：农业。重点放在农业产业结构调整上，围绕老百姓的粮增产、钱增收，切实把十四项科技增产措施抓落实，牢固树立吃饱肚子靠大春，增粮增产靠小春的观念，认真在绿色食品基地建设上做文章，争取立上几个项目，争创几个品牌，各乡（镇）要结合实际，紧紧抓住 1~2 个具有本地特色的农业增产项目，加大投入，搞好服务，大力推广优良品种，扩大晚秋和小春种植面积。建立无公害 6 万亩苦荞和 3 万亩奶花芸豆基地。确保粮食产量增加 100 万公斤。加强烤烟生产，提高种植技术水平，力争烤烟生产达到一定规模。

第二，建好两个大县：畜牧和林业。畜牧业在继续重视猪、牛、羊、禽等基本养殖业的基础上，突出抓好草畜“3150 工程”、禽蛋工程、山羊圈养工程，推进可持续发展战略。加快培育市场体系建设，促进市场发展，进一步提高出栏率、商品率和肉类总产量，提高畜牧业经济效益，切实加强疫病防治，按照三年规划目标，使存栏数达到 100 万头（只），出栏数达到 53 万头（只），肉类总产量达到 3 万吨。林业要继续抓好“五篇文章、五大基地”建设，抓住退耕还林和天保工程机遇，搞好苗木生产，推广优质经济林木，改善林木结构，促进生态环境改善，狠抓绿色通道建设，以优惠政策和良好的外部环境鼓励县内外森工企业到我县境内造林，搞好林地林权的出让、转卖、租赁。通过十年的努力，使森林覆盖率提高到 63% 以上。进一步抓好护林防火工作，力争实现连续 24 年无森林火灾。

第三，坚决贯彻执行中央关于减轻农民负担的各项制度和规定，切实减轻农民负担，保护和调动农民群众的生产积极性，不得以任何名目、任何理由违反减轻农民负担的政策和规定，直接或变相加重农民负担。

四、强化管理，大力发展非公有制经济，逐步构建以民营经济为主体的县域经济格局

继续坚持以水电开发为龙头，大力发展高耗能产业，努力提高工业经济效益，确保工业总产值达到 3700 万元，增长 5.41%；工业增加值 1180 万元，较上年增长 5%；其中，乡及乡以上和城镇个体达到 1981 万元，增长 15.44%。逐步构建以非公有制经济为主体的县域经济格局，实现乡（镇）企业总产值 5218 万元，增长 19%，利税 186 万元，增长 10.7%。

加大对重点企业的审计力度，强化对国有资产的监管。推进社会保障体系建设，减轻企业负担，努力在全社会营造讲求职业道德、诚实守信、公平竞争的良好氛围，为企业改革和发展创造条件、提供保证。

加快非公有制经济的发展，思路再放开，实践再加快，工作再放手，政策再放宽，从政策扶持、优化服务、改善管理等方面入手，鼓励个体、私营等非公有制经济以独资、合资、合作等多种方式进行投资，积极引导其提高综合效益，切实做到发展比例、发展速度、经营方式、经营规模四不限。尽快出台加快非公有制经济发展的新政策，依法维护非公有制经济的合法权益，赋予民营、私营业主应有地位，营造一个更加宽松和谐的投资经营环境。

五、抓好财税金融工作，确保经济运行质量

贯彻落实中央推行积极财政政策和稳健的货币政策，拓展扩张性的财政思维。一是在收入领域内扩张，在本届政府任期内每年财政收入增幅达20%，届满实现翻一番的目标，达到2670万元，促进经济社会的全面发展，以此最大限度地保证充分就业；二是开源节流，在生财、理财渠道上扩张，特别是在规范预算外资金管理和强化国有资产运营管理上要有新突破；三是积极推进乡（镇）实体财政建设，使乡（镇）真正成为实际意义上的财权与事权相统一的一级法人实体；四是大力宣传税收政策，强化税收征管，全县上下形成纳税、护税的良好氛围；积极争取国家和省、州财政转移支付300万元左右的补助，在保证本级财政收入的同时，尽最大努力对基础设施建设配套投入200万元。

承守信用，支持金融工作，依法维护金融机构债权的保全性，积极争取金融部门对地方经济发展的支持力度，特别是在个体私营经济的扶持力度要加大，切实解决企业季节性流动资金短缺问题，进一步推行城乡小额信贷政策，落实实物和资金管理抵押担保制度，加快加大对职工集资建房的扶持力度，努力把企业技术改造等贷款政策措施落到实处。充分发挥审计、统计、监察等部门对经济工作的监督指导作用，依法管理经济，确保金融工作平稳运行和健康发展。

六、围绕建立彝族文化大县，大力发展旅游业为重点的第三产业，努力扩大消费需求

我县具有悠久的历史和灿烂的文化，被誉为彝族民间文化宝地，是举世闻名的熊猫之乡。我们要立足资源优势，挖掘和利用美女之乡、摔跤之乡、彝人制造、山鹰组合、彝族年、毕摩文化、婚丧民俗等民族品牌来展现美姑优秀的传统民族文化，为建立彝族文化大县奠定坚实的基础。去年，我们成功地举办了50周年“县庆”，为我们今后举办这样大型的活动积累了许多丰富经验。今年拟以弘扬彝族文化为主题，分别在上半年和下半年适当时间举办两次大型活动。一方面展示我县彝族文化的独特优势，使这些优势尽快转化为经济优势；另一方面不断充实城乡人民日益增长的精神文化需求。同时，做好纳龙、大风顶等自然风景区的基础性工作，为今后的开发利用做好准备。

七、进一步抓好扶贫攻坚，不断提高人民生活水平

认真贯彻落实党中央、国务院关于新世纪扶贫工作要“强基固本，根治贫困”的要求，以稳定解决农村贫困人口温饱问题为中心，重点加强基础设施建设，着力抓好新村、移民、教育、卫生、牧区等五大扶贫工程，全面实施2001—2010年扶贫开发规划，采取各种有效的途径及各种桥梁带动和支持贫困户发展生产、进入市场，积极争取对口帮扶，坚持县级机关定点帮扶，动员全社会参与扶贫。加强扶贫资金的管理、监督和审计，严格资金使用。全面完成250户移民扶贫任务，搞好列口、石拖、各平、尔觉4个新村建设；切实加大扶贫资金回收力度，充分发挥资金使用效益，巩固扶贫开发成果。

八、继续加大各项改革力度，努力扩大对外开放

通过几年的努力，使企业改革要达到3个100%（产权制度改革、解除国有职工身份、劣势企业退出市场），全面推进事业单位劳动用工制度改革，逐步完善农村税费改革，坚定不移地进行体制创新、制度创新、机制创新。健全和完善社会保障制度，医疗保险制度，抓好政府采购制度、政务服务中心、会计集中支付，医疗器械药品采购制度、财政体制（重点是乡（镇）推行实体财政），企业改革、粮食流通体制改革等工作，进一步强化我县土地使用制度的改革，加强国有土地资产的管理，培育健全规范的土地市场。切实把政府职能转到经济调节、市场监管、社会管理和公共服务上来，大力整顿和规范市场经济秩序，营造依法经营、诚实守信、公平竞争的社会环境。坚持“大开放促大发展”的方针，抓住“外资西移、内资西进”的机遇，选择好优势项目，依法保护外来投资者的合法权益，努力创造宽松的政策环境、开放的投资环境、便捷的服务环境、有序的管理环境、守信的工作环境，安全的生活环境和稳定的社会环境，实现全方位、多层次，宽领域、纵深化的大开放，努力实现美姑对外开放的新突破。

九、大力发展社会各项事业

继续认真实施“十年行动计划”，以寄宿制教育为重点，加强基础教育，规范成人教育，全面推进素质教育，深化教育教学改革，提高教育教学质量，巩固和完善“两基”教育工作成绩，使学龄儿童入学率达95%、小学生巩固率达95%、普及率达97.4%，青壮年文盲率下降至4%以下。深化科技体制改革，建立和优化技术创新体系，推动科技成果的转化和推广。按照先进文化前进方向的要求，大力发掘和保护具有民族特色的文化资源和文物，营造良好文化氛围，活跃文化市场，推动文化产业发展，全力抓好基层公共文化设施建设。继续加快广电事业发展，广播、电视覆盖率力争达到90.12%、82.35%，努力增加电视收视频道，进一步推进医疗卫生体制改革，抓好卫生人才培养，认真实施卫生建设项目，加强县医院和乡（镇）卫生院建设，建立和健全医疗卫生网点，加强预防保健和妇幼卫生工作，全面实施新一轮妇女儿童《发展纲要》，广泛开展爱国卫生运动，继续抓好以霍乱病防治为主的“净土计划令”的实施。大力发展体育事业，提高全民整体素质。坚持计划生育基本国策，提高人口素质，控制人口增长，把人口自然增长率控制在11‰以内。加强防灾、抗灾、救灾工作。气象、档案、统计、审计、编制、体改、老龄、妇女儿童民族语言、民政、农机、信访、保密、外事、无线电管理、药品监督、监察、国防、劳动人事和社会保障等部门要突出重点，为全县经济发展、社会进步做出新的贡献。

十、进一步加强精神文明建设

继续抓好公民思想道德建设。坚持“两手抓，两手都要硬”的方针，用邓小平理论、“三个代表”重要思想和党的十六大精神教育干部群众，全面贯彻《社会主义精神文明建设“十五”规划纲要》和《公民道德建设纲要》，大力倡导“爱国守法、明礼诚信、团结友善、勤俭自强、敬业奉献”的基本道德规范，倡导科学精神，反对封建迷信、愚昧落后，加强思想政治工作，深入持久地实施禁毒“净土计划”，努力提高公民道德素质和科学文化素质，推动社会主义精神文明建设的进程。

十一、推进依法治县进程，切实维护社会稳定，确保人民群众生命财产安全

加强民主法制工作。自觉接受同级人大及其常委会的法律监督和工作监督，坚持联系人民代表的“三项制度”，广泛听取意见和建议，抓好人大代表批评建议意见和政协委员提案办理。坚持依法行政，进一步推进政务、厂务、校务、村务公开制度，增加工作透明度，不断提高政府机关依法办事、依法管理的水平，尽快适应入世对政府管理工作的新要求。加强执法队伍建设，全面提高执

法人员素质和执法水平。落实执法责任制，加大执法监督力度，做到公正执法。加强社会主义法制教育，抓好“四五”普法，不断增强公民法制观念，着力提高公务员依法办事能力。继续加强地方性法规的建设，营造良好的法制环境。认真落实维护稳定工作的各项责任制，健全领导责任制，切实承担起第一责任人的责任。严密防范和依法打击“法轮功”“门徒会”等邪教组织的违法犯罪活动。深入开展矛盾纠纷排查调处工作，下大力气解决当前群众反映强烈的社会热点问题。强化基层基础工作，努力把矛盾化解在基层，解决在萌芽状态。依法严厉打击各种违法犯罪活动，坚定不移地贯彻“严打”方针，以高压的态势从快从严打击偷牛盗马、聚众打砸抢、破坏电力、通信设施和估吃霸赊以及带有黑势力、黑社会性质的路霸、乡霸、村霸、家支活动等非法社会团体和各类组织。对治安混乱的地方，开展重点整治和加强法制宣传教育，把社会治安综合治理工作的各项措施落到实处，加强全民国防教育，搞好民兵预备役建设，全力做好人民武装部及基层武装部的双达标工作。

高度重视安全生产。从贯彻落实“三个代表”重要思想的高度，切实加强领导，加大工作力度，把安全生产抓紧、抓细、抓实，做到警钟长鸣抓宣传，预防为主抓苗头，突出重点抓整治，从严执政抓查处，标本兼治抓落实，促进全县安全生产状况的明显好转。

继续在全县范围内开展整顿和规范市场经济秩序工作，规范市场行为，营造市场主体平等竞争的环境。

十二、认清形势，加强政府自身建设，切实转变政府职能，改进工作作风

按照“廉洁、勤政、务实、高效”的要求，以县委、县政府制定的“十要十不要”为标准，力争取得“四大突破”，努力建设一个让人民满意和信任的政府。一是按照市场经济的要求，建立办事高效、运转协调、行为规范的行政管理体系。切实转变职能，改革行政审批制度，为发展服好务。该用市场机制代替行政审批的项目，坚决通过市场机制的办法来解决；对确需保留的行政审批项目，公开审批程序，防止暗箱操作，巩固机构改革成果，建立科学的、与社会主义市场经济相适应的行政管理体制、监督制约机制和公务员进出机制，以实现政府工作的规范化、科学化和法制化。二是大力改进作风。深入开展机关作风整顿，坚决克服官僚主义和形式主义，痛下决心，彻底根除“醒得早，起得晚”“说得多、做得少”“出经验、不出成果”“思想解放，行动迟缓”等痼疾，把“嘴功”“坐功”“静功”真正转化到“手功”“脚功”“动功”上来，深入实际，体察民情、关心群众疾苦，为群众排忧解难，密切党群，干群关系，树立良好的思想作风、工作作风、领导作风和生活作风。从严执政，反腐倡廉，进一步健全党风廉政建设责任制，严厉查处各类违纪违法行为，强化行政执法监察，坚决纠正部门和行业不正之风，勤俭节约，艰苦奋斗，推进全县的改革与发展。

面对新形势，新机遇，我们必须要有紧迫感和危机感，有针对性地采取各种办法及措施，克服困难，变不利因素为有利因素，变被动为主动，总结完善发展措施和政策，促进美姑经济的追赶型、跨越式发展。

各位代表，党的十六大已为我们指明了前进的方向，第九次县党代会选举产生了新一届县委，对今后全县工作目标任务作了全面的部署，提出了新的奋斗目标和要求，承前启后，继往开来的创业任务已经落在我们肩上，我们一定不辜负时代期望和全县人民的重托，在州委、州人民政府及县委的领导下，在县人大及其常委会的法律、工作监督和县政协的民主监督下，带领全县各族人民，发扬团结奋进，负重拼搏，与时俱进，开拓创新的精神，为完成今年和今后五年的各项任务而努力奋斗！

政府工作报告

（2006年12月10日在美姑县第十二届人民代表大会第一次会议上）

县人民政府县长　曲木克古

各位代表：

现在，我代表县人民政府，向大会报告工作，请予审查。并请县政协委员和列席会议的同志提出意见。

过去四年政府工作回顾

过去四年，在州委、州政府和县委的正确领导下，在县人大及其常委会的法律监督、工作监督和县政协的民主监督下，县人民政府高举邓小平理论和“三个代表”重要思想的伟大旗帜，全面贯彻党的十六大和十六届三中、四中、五中全会精神，牢固树立和落实科学发展观与正确政绩观，团结带领全县人民，抓住实施西部大开发的机遇，奋力推进“三个转变”，扎实开展“三项整治”，励精图治，锐意进取，圆满地完成了我县追赶型、跨越式发展的既定目标。

一、经济保持快速增长，县域经济实力进一步增强

四年来，全县经济保持了良好的发展势头，主要经济指标快速增长。2006年全县生产总值预计64000万元，比2005年增长5.3%，比2002年增长69.2%，年均增长14.1%。

农村经济全面发展。认真落实新时期党在农村的各项方针政策，切实把“三农”工作作为重中之重来抓，进一步强化农业的基础地位，加强农业基础设施建设，积极推广农业增产科技措施，不断增加农业投入，农业和农村经济稳步发展。2006年预计实现农业总产值54500万元，比2005年增长7.6%，比2002年增长40.6%，年均增长8.9%。畜牧业产值预计达到31000万元，比2005年增长8.2%，比2002年增长64.2%，年均增长13.2%；肉类总产量预计达到3.1011万吨，比2005年增长8.9%，比2002年增长66.1%，年均增长13.5%。继续巩固并发展“天保”“退耕还林”工程，加强植树造林和护林防火工作，护林防火连续实现27年无森林火灾。2006年，粮食生产抗旱夺丰收，预计总产量达7.5015万吨，比2005年增长0.12%，比2002年增长2.7%。农田水利基本建设取得显著成效，四年来共完成中低产田土改造8500亩，有力地改善了农业生产条件。农村剩余劳动力转移取得突破性进展，2006年输出农村劳务19725名，创收4770.8万元。

工业经济快速增长。坚持走新型工业化道路，大力实施工业强县战略。2006年，工业总产值预计达8000万元，比2005年增长40.4%，比2002年增长49.1%，年均增长10.5%。加大了对柳洪和坪头电站的服务力度，柳洪电站即将发电，坪头电站工程进展顺利。企业的技术改造力度不断加大，化工公司建成4000吨的乳化炸药生产线，水泥厂的技术改造全面完成。拉马工业集中区建设工作进展顺利。制定优惠政策，强化服务措施，进一步优化投资环境，外地企业到美姑投资办厂的热潮正在形成，美姑春潮特种纤维有限责任公司、美姑凯元磷化工有限公司等企业的兴办为我县的工业发展增添了亮点。随着全县小水电开发建设步伐的加快和柳洪电站发电投产，我县即将打破电力“瓶颈”制约。全县以化工、建材、轻纺和水电等为重点的产业模式正在形成。

第三产业逐步壮大。2006年，全县第三产业增加值预计18000万元，比2005年增长9.3%，比

2002 年增长 55.4%，年均增长 11.7%。消费对经济增长的拉动作用明显增强，全县零售商业、餐饮服务业快速发展，住房、通信等消费持续趋旺，城乡市场繁荣活跃。2006 年预计实现全社会消费品零售总额 15300 万元，比 2005 年增长 14.03%，比 2002 年增长 90.9%, 年均增长 17.6%。

固定资产投资大幅增长。紧紧抓住发展这个关键，从美姑实际出发，继续实施项目带动战略，大力改善了全县的交通、通信、电力等基础设施，促进了县域经济的快速发展。四年来，全县社会固定资产投资累计达 14.85 亿元。

财政金融运行平稳。财政收入大幅增加，重点支出得到保障。2006 年，财政总收入预计 2696 万元，比 2005 年增长 9.59%，比 2002 年增长 131.4%，年均增长 23.3%。银政、银企合作进一步加强，金融支持地方经济发展的力度加大，积极稳妥地实施了农村信用社改革。2006 年，全社会各项存款余额预计 32000 万元，比 2005 年增长 6.6%，比 2002 年增长 64.9%；各项贷款余额预计 20000 万元，比 2005 年增长 8.6%，比 2002 年增长 62.5%。

二、深化改革，对外开放成效明显

加大国企改革力度，进一步调整所有制结构。按照建立社会主义市场经济体制的要求，推进企业制度改革，完成了化工公司、水泥厂等国有企业的改制。抓住民营经济大发展的历史机遇，实施县域经济的多元化发展战略。认真落实关于大力发展民营经济的各项决定，继续加强对民营经济的鼓励、支持和引导，个体、私营等非公有制经济得到较快发展。2006 年，全县民营经济预计实现增加值 22500 万元，比 2005 年增长 6.5%，比 2002 年增长 95.1%，占 GDP 的比重达 35.4%，为全县的经济发展、增加就业、活跃市场等方面发挥了重要作用。

招商引资取得显著成效。高度重视招商引资工作，完善目标考核管理和激励机制，注重招商引资工作的实效。四年来，先后引进了美姑河水电开发公司、美姑春潮特种纤维有限责任公司、美姑凯元磷化工有限责任公司、美姑久菊矿业有限公司、凉山州天瑞矿业有限公司等企业落户我县投资办厂，共引到位资金 12.359 亿元，主要投资于高耗能产业、房地产业、水电产业、矿业产业以及农业产业等领域，促进了全县经济快速发展。

三、奋力推进“三个转变”，扎实开展“三项整治”

四年来，按照省委和州委的安排部署，结合我县实际，采取切实有效措施，奋力推进“三个转变”，扎实开展了以资源市场、投资环境和干部作风为主要内容的“三项整治”，初步构建了加快美姑经济社会全面发展的动力机制、稳定机制和公平机制。通过对干部作风的整治，着力解决了领导干部在思想、工作和作风方面存在的突出问题，为全县经济的快速健康发展奠定了坚实的思想基础和组织保障。通过对投资环境的整治，全县的政策环境、服务环境、社会治安和法制环境得到大力改善，营造了良好的投资环境。通过对土地、水能、矿产等资源市场的整治，初步建立了市场化配置资源机制。四年来，全县挂牌出让了国有土地 6 宗共 2.55 万平方米，挂牌成交额 260.5 万元；挂牌出让了 3 宗矿业采矿权，挂牌成交额 737 万元；挂牌出让了 20 座小水电和 1 万亩林业开发权，有力地推动了资源向资本的转变。

四、基础设施建设进一步加强，经营城市成效显著

四年来，重点项目建设进一步加强，基础设施条件得到大力改善。完成了美姑县城到大桥 42 公里的“政治路”改扩建，完成了美姑大桥到乐约 30 公里的通县油路工程，完成了美姑县城到椅子垭口 63.7 公里的“经济路”改扩建，加大了乡村道路建设力度，四年来共完成通乡公路 3 条、34 公里，通村公路 35 条、311.5 公里，修建了 41 座便民吊桥，进一步改善了全县的交通状况，有效地提高了我县的公路质量和通达能力。通信建设富有成效，县城开通了小灵通，全县各工委和各乡（镇）开通了移动通信。农网改造、送电到乡和城网改造等工程使我县的电网骨架基本形成。以美姑河流域水电综合开发和建设拉马工业集中区为标志，构建水电产业集群的思路初具雏形。退耕还林、天然林保护和“长治”等生态建设工程的实施为可持续发展提供了可靠的保障。天然草原的恢复与建设、畜牧科技示范园区的建设和牲畜屠宰与交易市场的建设为建设畜牧业大县打下坚实的基础。农田水利基本建设、中低产田土改造等工程的实施，切实改善了农业生产条件，增强了农业生产抵御自然灾害的能力。加强饮水工程建设，四年来解决了60个村共3.2859万人的饮水困难问题。加大广电“村村通”工程建设力度，四年来共完成149座广播电视“村村通”工程，州到县的广电信号实现了光纤传输，全县广播电视覆盖率分别达到65%和75%。认真实施世行贷款、米索尔基金、救世军等外援项目。以旧城改造、新区开发为重点，全面实施经营城市战略，城区面貌焕然一新。新区开发完成建筑面积5.9万平方米，总投资达5000余万元，实现了城市扩容，城区面积由0.74平方公里扩展到3平方公里，城区人口从0.76万人增加到2万余人。修建了环城公路、美美广场、文化广场、中兴农贸市场，加强了城市管理工作，认真实施以“美化、绿化、亮化、净化、秩序化、特色化”为内容的“六化”工程，城市功能得到完善，人居环境进一步改善。

五、扶贫攻坚取得实效，群众生活不断改善

扶贫开发工作进一步加强。不断强化对扶贫工作的认识和领导，坚持以科学规划为龙头，采取综合治理、整村推进的方式，统筹各类扶贫资金，实行统筹型捆绑式投入机制，大力实施移民扶贫等六大扶贫工程，扶贫工作取得了明显的成绩。四年来共投放5144.7万元扶贫资金，完成移民搬迁1092户、新村建设56个、“三房”改造4283户（仅2006年就完成1082户，超过州下达计划582户），人民群众的生产生活条件得到进一步改善，全县贫困人口在2002年的基础上减少了3.4万人。

人民群众生活得到不断改善。从2004年起免征农业特产税和农业税及附加，粮食直补政策得到全面落实，2006年农民人均纯收入预计1740元，比2005年增长8.7%，比2002年增长42.5%。不断完善社会保障体系，认真落实就业和再就业工作，四年来共新增就业2156人；城镇低保对象做到了应保尽保；县财政预算配套107万元，全面启动实施了农村低保，已有10651人纳入了农村低保。高度重视防灾减灾和抗灾救灾工作，社会救助体系逐步完善，特困群体和贫困学生受到社会多方救助。积极引导农村富余劳动力向非农产业和城镇转移，进一步拓宽农民增收渠道，人民群众生活水平明显得到提高。

六、社会事业全面发展，生态环境建设和保护进一步加强

各项社会事业全面进步。四年来，认真实施科教兴美战略，切实加强科技的宣传、推广和运用力度，加大对科技人才的培养，建立了10个畜牧科技示范园区，科技对经济增长的贡献率明显提高。教育优先发展战略得到加强，大力实施《民族地区教育发展十年行动计划》，深入巩固“两基”成果，加快“普九”进程，认真落实“两免一补”政策，农村义务教育经费保障机制改革不断深入，学龄儿童入学率和巩固率分别达到95.46%和94.61%。教师队伍建设进一步加强，公开考聘了316名中小学教师，教学质量有了提高。卫生事业进一步发展，健全了农村三级医疗卫生服务体系和医疗救助体系、卫生执法监督体系、疾病预防控制体系。公共卫生服务水平和突发公共卫生事件应急能力显著提高。实施了县医院传染病区、疾控中心综合业务楼和卫生扶贫、国债、省财政资金投资的36个乡卫生院等建设项目，总投资达1360万元，医疗卫生基础设施得到大力改善；考聘了88名乡村卫生院医务人员，加强充实了医疗卫生队伍；做好了艾滋病、霍乱病等重大传染病的防治工作。全面实施新型农村合作医疗试点，已有14.7345万人参加了新型农村合作医疗，参合率达到82.13%，有效地解决了广大农村群众看病难、看病贵的问题。广播电视事业进一步发展，县城的闭路电视实现了24小时的昼夜播放，频道增加到25个。文化体育事业进一步加强，文学艺术和新闻出版事业崭露头角，反映美姑发展历程的图书、稿件、影视、歌曲等作品相继问世，在社会上引起强烈反响。群众性体育活动蓬勃开展，竞技体育取得优异的成绩，摔跤健儿先后在全国、全省民运会上夺得金牌11枚。民族文化资源得到开发，我县分别被省政府和省州有关部门授予“全省文化先进县”和“美女之乡”“摔跤之乡”“毕摩文化之乡”等称号，毕摩文化申报国家级、世界文化遗产工作已全面启动，先后成功举办了两届中国彝族毕摩文化节、第四届国际彝学会和“诗意美姑国际笔会”，进一步提高了美姑的知名度。

注重人与自然和谐发展。生态环境建设和保护工作力度加大，全县耕地实现占补平衡，四年来新增造林6.33万亩，森林覆盖率提高到48.25%，治理水土流失80.14平方公里。人口与计划生育工作进一步加强，认真落实农村计划生育家庭奖励扶助政策，人口自然增长率控制在11‰以内。

全民国防教育、民兵预备役工作扎实有效，驻美姑解放军、武警官兵和全县民兵预备役人员在经济建设、维护社会稳定和完成急难险重任务中发挥了重要作用，军政、军民关系更加密切。圆满完成了第一次全国经济普查，第二次全国农业普查进展顺利。人事劳动、编制、审计、统计、民政、农机、气象、质监、药监、外事侨务、语言文字、毕摩文化研究、县志编纂、档案、妇女儿童、残疾人事业等各项工作得到了进一步加强。

七、精神文明建设进一步加强，民主法制工作不断推进

认真落实《公民道德建设实施纲要》，加强以“八荣八耻”为主要内容的社会主义荣辱观教育，认真开展精神文明创建工作，到2006年全县已建成省级文明单位4个、州级文明单位25个、县级文明单位32个。

进一步加强法制宣传教育，全民法制观念不断增强，圆满完成了“四五”普法工作，“五五”普法全面启动，依法治县进程进一步加快。高度重视信访工作，组建了县信访局，充实了工作人员，制定了加强信访工作的实施意见，按照“抓重点、抓难点和抓早、抓小、抓苗头、抓倾向”的原则，正确处理人民内部矛盾，妥善解决了美马路和伐木场两起“八五”和“九五”时期遗留的资金欠账问题，解决了美姑河开发占地路林补偿遗留问题，消除了不稳定因素。坚持稳定压倒一切的方针，积极推进“平安美姑”创建工作，依法打击各类刑事犯罪和经济犯罪，着力整治突出的社会治安问题，维护了全县社会稳定。按照“安全第一，预防为主、综合治理”的原则，加大了对安全生产的投入和监管力度，认真落实安全生产责任制，形成了监管严密、权责明确的安全生产监管体系，有效地防止了各类重特大安全生产事故的发生，全县安全生产形势总体平稳。

八、政府自身建设得到加强，工作作风进一步转变

自觉接受县人大及其常委会的法律监督、工作监督和县政协的民主监督，认真采纳和办理人大代表和政协委员的批评、建议和意见，办理质量不断提高。在县十一届人大四次会议上县人民政府共收到人民代表批评、建议和意见84件，县人民政府高度重视，成立办理领导小组，召集相关部门负责人召开专题会议，认真对这些批评、建议和意见进行了层层分解、办理。目前，已办理解决了将重大动物疫病防治工作经费纳入县级财政预算、修建乡卫生院等20件；正在解决的有龙门乡勒吉村修建吊桥、解决“两基”验收遗留经费等36件；因条件暂不成熟年内无法解决，列入今后工作逐步解决的有拉木阿觉、洛俄依甘两乡作为我县重点小城镇建设、甘都坝子河堤的修建等28件。认真学习和贯彻落实《行政许可法》，进一步规范行政执法的程序，不断提高依法行政的能力。全面推行政务公开，不断简化行政审批程序，行政管理工作按照规范、快捷、便民、廉洁的要求健康运行。党风廉政建设责任制和领导干部廉洁自律的各项规定得到全面落实，切实纠正行业和部门的不正之风。认真开展“保持共产党员先进性教育”，切实解决人民群众最关心、最直接、最现实的问题。2006年，县人民政府承诺为民办理的13件实事目前已完成11件，其中1件即解决16个村、2664户的用电问题正在实施之中，该件实事未能如期完成的原因在于项目下达时间较晚，资金到位不及时，加之实施程序复杂，造成该工程直至10月份才开始实施，这件实事我们承诺在2007年3月底前完成。另一件关于市场建设问题，资金已争取到位，但在实施过程中有关部门发现产权纠纷严重，县人民政府正组织相关部门进行清理审查，等审查结束后即可实施。

各位代表，在总结过去成绩的同时，还要清醒地看到我县在跨越式发展的进程中仍然存在不少的困难和问题。一是经济总量与我县经济发展的内在要求不相适应，结构性矛盾还很突出，工业化水平还很低，三次产业的比例为51.3∶21.6∶27.1，经济增长的质量有待提高；二是贫困面大、贫困程度深，全县至今仍有3.7万绝对贫困人口，区域经济差距较大；三是农业基础脆弱，抗御自然灾害能力不强，农民收入结构不合理，增收后劲不足；四是当前经济运行中还存在能源、交通等一些制约经济增长的因素；五是教育、科技、卫生仍然落后，人力资源积累严重不足，人力资源总量性矛盾与结构性矛盾突出；六是转变经济增长方式的体制性、机制性障碍尚未完全消除；七是影响社会稳定的因素仍然存在，社会治安工作需要进一步加强；八是政府职能还需进一步转变，依法行政能力有待提高。在今后的工作中，县人民政府将在代表们的监督和支持下，认真解决上述存在的困难和问题，知难而进，扎实工作，努力推进全县经济社会的全面发展。

各位代表，过去四年的发展成就，是州委、州政府和县委正确领导的结果，是县人大、县政协全面支持和监督的结果，是全县人民解放思想、开拓创新的结果，是驻美姑的解放军、武警部队积极参与和配合的结果，是广大朋友和友好人士大力关心和帮助的结果。在此，我代表县人民政府，向所有参与、支持、关心美姑建设和发展的同志们、朋友们表示衷心的感谢，并致以崇高的敬意！

今后五年工作目标和任务

今后五年政府工作的总体要求是：以邓小平理论和“三个代表”重要思想为指导，深入贯彻党的十六大精神，围绕县第十次党代会提出的奋斗目标，牢固树立科学的发展观，坚持“五个统筹”，以发展为主题，大力实施“1234”经济社会发展战略，加快工业化、农业产业化进程，致力于农业振兴、工业强县、交通先行和旅游突破，壮大县域经济，增加农民收入，以人为本，关注民生，努力建设富裕文明、平安和谐的新美姑。

全县国民经济和社会发展主要预期目标是：到2010年，力争全县生产总值年均增长14.5%，达119400万元；农业总产值年均增长10%，达81600万元；工业总产值年均增长57%，达54330万元；财政收入年均增长15%，达5000万元；农民人均纯收入年均增长6%，达2200元；粮食总产量稳定增长，达77500吨；人口自然增长率控制在10‰以内。

为实现上述目标，今后五年我们必须突出抓好以下七个方面的工作：

一、以建设社会主义新农村为总抓手，全面推进农业振兴

建设社会主义新农村是“十一五”期间的重要历史任务，因此要按照“生产发展、生活宽裕、乡风文明、村容整洁、管理民主”的目标和要求，突出抓好四项工作：一是大力发展特色农业。加大对农业的科研和科技推广力度，提高标准化和规模化水平，抓好优质粮食的增效工程，建设一批具有品牌优势的特色农产品生产基地，逐步构建我县的现代农业框架，把我县建设成为特色农业大县；二是继续深化农村改革。继续抓好农村税费改革，稳步推进乡（镇）机构改革、农村义务教育

管理体制改革和财政管理体制改革，深化征地制度改革，健全被征地农民的合理补偿机制；三是努力增加农民收入。逐步建立城市支持农村的发展机制，加快推进农业产业化经营。加大农村劳动力转移力度，实现农业增效和农民增收；四是大力发展农村公共事业。加大对农村的倾斜扶持力度，加强农村水、电、路和通信等基础设施的建设，大力发展农村教育与农村医疗卫生事业，力争在农村公共事业建设上有新的突破；五是多渠道筹集资金，力争在“十一五”期间彻底解决全县“三房”问题。

二、坚持走新型工业化道路，全力推进工业强县战略

实施工业强县战略，是决定我县经济发展速度和质量的关键所在。要认真落实十届党代会提出的“以美姑河水电开发为龙头，以拉木阿觉工业集中区为载体，以水电、化工、轻纺和建材四大产业集群发展为方向，以科技进步和优化创新为支撑，以资源驱动项目，以项目驱动资本，以资本驱动产业，以产业促进发展，将资源转化为资本，不断优化工业结构，加快工业增长方式转变，提高工业综合竞争力和带动力，以工业的大发展推进县域经济的大跨越”的工业发展思路，紧紧围绕“至2010年倾力打造工业产值5亿元企业1户、1亿元企业2户、5000万元企业3户以及若干中小企业，力争全县工业经济在未来五年取得历史性突破”的宏伟目标，不断提高工业的总体素质和整体竞争力，以工业振兴促进美姑经济的全面振兴。一是牢固树立水能资源是美姑经济发展的第一资源、水电产业是美姑经济发展的第一产业、水电经济是美姑经济发展的第一支柱的理念，着力构建水电产业；二是以特色农产品基地建设为基础、以农业产业化经营为方向、以标准化建设和规模化生产为重点，大力推动农产品加工业的发展，形成具有一定影响、一定规模和一定市场竞争力的绿色产业加工体系，着力构建绿色产业；三是采取有力措施，努力打造几个规模大、竞争力强、发展后劲足的重点企业。

三、加快发展第三产业

要按照“分阶段、有重点、多层次推进”的原则，以旅游业和服务业为重点，加强第三产业整体协调力度，提升产业发展总体水平。一是利用丰富的彝族文化特色优势，努力开发民族文化资源，着力打造民族文化旅游和生态旅游景点。要努力推出一批民族特色浓郁、生活氛围突出、形式活泼多样、游客参与性强的文化旅游项目，推动旅游业的发展；二是以市场化、产业化和社会化为方向，提升传统行业、培育新兴行业、发展特色行业，努力提高服务业在国民经济中的比重，突出抓好商贸流通业、社区服务业、中介服务业的发展，努力促进市场的繁荣。

四、加强基础设施和城镇化建设

我县的基础设施建设虽然在“十五”期间发生了较大变化，但与全县经济社会快速发展的内在需求仍然很不协调。为此，一要加强交通建设，加快构建主骨干的通道网络，抓好出境公路和重点旅游线路及县到重点乡（镇）的经济线路建设，努力提高农村公路的通达能力，并争取全县公路的总量、质量、通达深度和覆盖面有新的突破；二要加强农业基础设施建设，抓好防洪工程和农田水利建设，大力提高农业的综合生产能力；三要加强市政基础设施建设以强化市政功能、提高环境质量和方便群众生活；四要加快城镇化进程，统一规划，提高城镇承接产业结构升级和劳动力转移的能力，进一步扩大县城的城市规模，健全城市功能，打造一批特色城镇和重点集镇，完善城镇基础设施和公共服务设施，加快产业和人口的集聚，逐步形成功能完善、布局合理、规模适度和结构协调的城镇体系。

五、深化改革和扩大开放

加快改革开放步伐，推进体制机制创新，是实现美姑跨越式发展的重要保证。因此，一要坚持市场化配置资源。进一步解放思想，更新观念，奋力推进“三个转变”，继续深化“三项整治”，加大对水电、土地、矿产、旅游等资源的市场化配置力度，创新资源开发模式，促进资源向资本转变；二要全面深化改革。按照建立社会主义市场经济体制的要求，着力推进行政管理体制的改革，加快政府职能转变，深化财政税收与金融体制改革和投资体制改革，规范政府投资行为，提高政府依法行政能力。稳步推进国有企业改革；三要加快对外开放步伐。进一步改善投资和发展环境，以抓大项目、大企业为主线，加大招商引资力度，加强区域间的经济协调与合作，拓宽投融资渠道，充分利用国内外资金，全方位多层次地扩大对外开放；四要大力发展非公有制经济。要创造良好的政策、政务、法治和市场环境，鼓励、支持和引导民营经济的快速发展。

六、实施科教兴县和人才强县战略

必须继续大力实施科教兴县和人才强县战略，增强科技的应用能力，大力引进和推广先进的和适用的科学技术，加快科技向现实生产力的转化；要优先发展教育事业，整合教育资源，全面推进素质教育，重点发展农村教育，突出发展职业技术教育，巩固“两基”成果，继续实施好“十年行动计划”，完成省政府下达的“普九”工作任务；要大力推进人才工作的体制创新，建立健全人才的激励机制，要紧紧抓住人才的培养、吸引、用好等三个环节，制定吸引人才和留住人才的相关政策。要坚持党管人才的原则，加强人才的培养、使用和管理，并继续深化干部人事制度和人才管理体制的改革。

七、努力创建平安和谐的新美姑

围绕建设民主法治、公平正义、诚信友爱、充满活力、安定有序、人与自然和谐相处的社会主义和谐社会的历史任务，结合实际努力创建平安和谐的新美姑。一要加快贫困群众的脱贫步伐。以解决农村贫困人口温饱问题为中心、以改善贫困户基本生产生活条件和发展畜牧业与林果业为重点，实施好“六大扶贫工程”。二要努力扩大就业，合理调节收入分配。继续实施积极的就业政策，强化政府促进就业的公共服务职能，加快劳动力市场建设，加大职业技术培训力度。注重社会公平，完善分配制度，逐步提高最低生活保障和最低工资标准，增加城乡居民收入。三要健全保障体系，强化公共安全。加快以形成保障方式多层次、资金来源多渠道、管理服务社会化为主要内容的社会保障体系建设，完善各项社会保险制度，切实解决下岗职工、进城务工人员和失地农民的社会保障问题。高度重视安全生产，不断健全完善安全生产监管体制。加强社会治安综合治理，维护社会长期稳定。四要大力发展卫生事业，提高健康水平。切实解决群众看病难、看病贵的问题，实施好农村合作医疗试点这项德政工程，加强公共卫生的基础设施建设，实施食品药品放心工程，加大打击制售假劣食品药品的力度，建立和完善疾病预防控制、应急医疗救治、卫生执法监督、应急指挥和公共卫生信息体系，增强应对突发公共卫生事件能力。五要发展文体事业，丰富群众生活。大力开展各种群众性文体活动和实施“村村通”广电工程以满足人民群众日益增长的精神文化需求。六要加强民主法治建设，全力推进依法治县。坚持人民代表大会制度、政治协商制度，加强基础政权建设，发挥工会、共青团、妇联等人民团体的桥梁纽带作用。七要进一步加强国防教育，提高全民国防意识，密切军政军民关系，为驻军和武警官兵解难题、办实事，注重基层人武部建设，充分发挥民兵预备役人员在“三个文明”建设中的积极作用。

2007年政府工作安排

2007年，是实施“十一五”规划的第二年，也是新一届政府的开局之年。全县国民经济和社会发展预期目标是：实现生产总值72500万元，增长13%；财政收入3100万元，增长15%；社会固定资产投资35000万元；社会消费品零售总额17800万元，增长14.8%；农民人均纯收入增加120元；人口自然增长率控制在10‰以内。

为了完成2007年的各项目标任务，我们要重点抓好以下工作的落实：

一、积极推进新农村建设，促进农业和农村经济全面发展

美姑县是国家扶贫开发工作重点县，推进社会主义新农村建设是彻底改变我县广大农村贫困面貌，加快脱贫致富奔小康步伐的有效途径和希望所在。因此，要按照新农村建设的目标和要求，高度重视“三农”工作，积极建设社会主义新农村。新农村建设的支撑是生产发展，是产业支撑，具体而言就是农业要着力突出特色，狠抓产业化经营。全县拥有独特的农业资源，关键是如何扩张资源的量，把特色资源转为特色产业。一是要以特色农产品基地建设为着力点，不断扩大规模，为推进农业产业化经营打下坚实基础。二是要把抓好农产品流通工作作为发展农村经济、促进农民增收的重要手段。围绕市场调结构，围绕市场抓生产，研究市场，带领群众闯市场。要加强市场流通体系建设，以大流通促大发展。要积极培育农民运销组织等农村专业合作经济组织，提高农民进入市场的组织化程度。要积极运用网络平台等现代工具，促进营销手段的多样化和现代化。三是要下最大决心，采取最有力的措施促进农民增产增收。全面启动实施“农业增效和农民增收工程”，按照“立足资源，壮大规模”和“一乡一业，一村一品”的要求，把美姑山羊、岩鹰鸡、花椒、核桃、白杨、马铃薯、奶花芸豆、苦荞米作为农民增收的品牌项目，落实到乡、村、组、农户。进一步提高种植业、养殖业对农民增收的贡献率。进一步拓宽农民增收的渠道，要着力抓好劳务输出，切实加强对农村劳务的实用技术培训。同时依托本地优势资源具体规划，大力发展农村经济，提高农民收入，推进新农村建设。

二、坚持走新型工业化道路，继续推进“工业强县”战略，提高工业经济发展水平

美姑的跨越发展，希望在工业，重点在工业，难点也在工业。要通过抓好五项工作，提高全县工业发展的整体水平。一抓企业发展。要通过巩固发展、承接引进、整合扩张、培育壮大等方式，推动美姑河水电开发公司、美姑化工公司、美姑春潮特种纤维公司、美姑电力公司、美姑建材有限公司等5户重点骨干企业尽快做大做强。二抓产业支撑。要根据我县资源禀赋，着力培育壮大水电、化工、轻纺、绿色食品加工四大支柱产业。水电产业上，突出抓好美姑河、瓦候河、连渣洛河水电资源开发建设和其他小水电站的“招、拍、挂”出让建设，切实将水能资源优势转变为现实的经济优势，为县域经济发展，特别是为高载能工业发展提供能源保障。在化工产业上，突出抓好乳化炸药、磷化工系列产品生产。在轻纺产业上，主要是延伸包覆纱产业链，尽快新建年产7200万双袜子的织袜厂。在绿色食品加工产业上，突出抓好奶花芸豆、苦荞米、岩鹰鸡、美姑山羊、马铃薯等绿色优质农牧产品加工业。在建材业上，突出抓好以“龙头山”牌水泥为主的建材产业。在矿业上，突出抓好以铜矿为主的矿冶产业发展。三抓工业集中区建设。依托柳洪电站电力优势和毗邻雷波莫红磷矿的地理优势，着力抓好拉木阿觉工业集中区建设，构建我县工业集中发展的有效载体和平台，争取把集中区建成具有较大规模的磷化工、矿冶高载能工业基地。四抓招商引资。要抓住“外资西进、内资西移”的大好机遇，积极主动承接东部沿海地区和成都、乐山、眉山等发达地区产业转移，推动招商引资与结构调整良性互动，促进产业升级。对重点招商引资项目，实行重点跟踪、重点协

调、重点服务、重点督查，并在项目立项、工商注册等方面给予大力支持。要加强与美姑春潮特种纤维有限公司的合作，尽快投资建设织袜厂，努力实现增加产值7000万元；加强与美姑凯元磷化工有限公司的合作，使其尽快落实到位二、三期工程建设资金，确保全部工程如期竣工投产。五抓环境优化。切实加强和改进对工业工作的领导，认真落实县级领导跟踪协调服务重点企业责任制，积极协调解决企业在生产经营中遇到的资金紧缺和电、煤紧张等实际困难和问题。加强行政服务中心工作，进一步深化行政审批制度改革，建立工业项目审批的绿色通道，尊重企业的市场主体地位，搞好对企业的指导和服务，切实解决多头执法和“三乱”等问题，努力减少企业负担，坚决打击“坑、蒙、拐、骗”等违法行为，认真做好美姑河流域水电开发等重点工程的移民安置、土地补偿等工作，为重点工程的顺利建设提供良好的发展环境。

三、大力发展旅游业和服务业，培育壮大第三产业

旅游业作为新兴产业，是美姑县今后实现经济增长的一个亮点。美姑县不仅有底蕴深厚、风情浓郁的民族文化资源，也有山川秀美、生态良好的自然资源。要采取政府引导、企业主体、市场运行、多方投入等运作方式，在“软、硬”两方面同时着力。既要整合各类旅游资源，加快旅游景点环线建设，又要加大对外宣传力度，充分挖掘和利用“美女之乡、摔跤之乡、毕摩文化之乡和熊猫之乡”等潜在的资源优势和巨大的品牌效应，逐步提升美姑县民族文化和生态旅游的知名度，加快推进文化经济和旅游经济的发展。要大力发展服务业，把商贸流通与城镇化建设结合起来，加强市场网络建设，努力建设一批规模较大、辐射力强、具有特色的农贸市场，进一步扩大内需，搞活商品流通。要按照“大流通促大发展”的思路，依托成美路这一主渠道，在各产业发展上主动融入成都、乐山等地的经济辐射圈中。积极推进交通运输、邮政通信、房地产、信息服务等第三产业发展，力争全县一、二、三产业结构渐趋合理。

四、继续实施项目带动战略，加大基础设施建设力度

当前，我们面临千载难逢的发展机遇，全县上下要把抢抓机遇落实到抢抓项目上，积极争取国家支持，鼓励引导民间投资、信贷投资，积极招商引资，推动成熟项目尽快上马。同时，以基础设施为重点，一定要落实好项目库建设工作。2007年，要切实做好柳洪电站、坪头电站、瓦吉吉电站、牛牛坝水库等重点项目的落实、跟踪、协调服务工作；规划并力争实施瓦侯—城关，城关—拉木阿觉，候播—牛牛坝—大桥三条电力线路建设工程，完善全县的电力网络；加大通乡通村公路建设力度，实施好乡道村道公路建设工程，做好牛牛坝水库环库路、库区淹没复建公路30公里的前期工作。同时实施好以下项目：种植业方面，认真落实好优质苦荞米项目、奶花芸豆项目、马铃薯产业项目；水利建设方面，抓好第三期农网建设与改造扫尾工程项目，以工代赈小型农田水利、人畜饮水、小型水利建设项目，九口乡山坪塘整治及渠系修复项目，饮水安全工程项目；畜牧业方面，实施好基层动物防疫冷链体系建设项目、畜牧科技示范园区建设项目、以工代赈草场建设项目、美姑山羊和岩鹰鸡养殖项目；林业方面，落实好2000亩优质花椒基地、5000亩速生丰产林基地和3000亩优质核桃基地建设项目；卫生方面，落实好农村乡（镇）卫生院建设项目、农村卫生服务体系建设项目；教育方面，实施好牛牛坝、巴普镇初级中学建设项目，继续实施好“十年行动计划”项目；人口计生方面，力争建设3~5个计划生育乡中心服务站。此外，相关工委、乡（镇）和部门一定要把外援项目认真实施好，树立良好的对外形象。

五、加强财税金融工作，保障经济社会发展

充分发挥财税杠杆调节作用，大力培植税源，坚持依法治税，强化税收征管，加大税收清欠力度，增加财政收入，推进税收信息化建设。按照构建公共财政管理框架的要求，继续推进财政改革。调整和优化财政支出结构，压缩一般性开支，确保重点支出和其他应急支出，加大财政支农支出力度。进一步规范理财行为，加强国债投资项目的评审和资金监管，强化审计监督，确保投资实效。加强银政银企合作，支持金融机构调整和优化信贷结构，扩大信贷规模。增加重点优势企业技术改造信贷投入，认真解决小企业贷款难的问题。加强银行业监管，及时防范和化解金融风险。积极化解乡村不良债务。

六、进一步抓好扶贫工作，努力改善人民群众生活水平

要坚持“捆绑投入、整村推进、成片治理”的原则，统筹各类扶贫资金，实行统筹型捆绑式投入机制，大力推进移民扶贫、新村扶贫、教育扶贫、卫生扶贫、劳务扶贫、产业扶贫“六大扶贫工程”和“三房”改造。今后的转移支付将重点用于农村基础建设和“三房”改造，2007 年实施“三房”改造 3500 户，异地扶贫搬迁 120 户，以切实改善农村贫困群众的生产生活条件。要强化基层扶贫工作责任制，进一步落实县级领导、县级部门干部职工定点扶贫帮乡帮村包户制度，狠抓社会帮扶工作，把新农村建设、实施外援扶贫项目与扶贫工作有机结合起来，形成扶贫开发的强大合力，提高综合治理贫困的能力，切实增强扶贫工作实效。要充分调动广大贫困群众构建和谐文明新农村的积极性、创造性，引导他们发扬自力更生、艰苦奋斗的精神，不等不靠，苦干实干，自强不息，借助国家和社会各界强有力的扶持，依靠自身努力逐步过上宽裕的生活。

七、大力发展社会事业，切实加强精神文明建设

在推进区域协调发展战略中，我们更加关注社会和谐、更加关注社会公平。2007 年财政预算安排，将突出对社会保障、农村公共卫生体系、教育、科技、文化、广电、环保和生态建设等的投入，更加强化政府公共服务的职能，切实解决好人民群众最关心、最直接、最现实的利益问题。坚持以人为本，一切为了群众，全心全意为人民群众谋幸福。

要突出重点，狠抓落实，大力发展教育、卫生等社会事业。坚持实施“科教兴县”和“人才强县”战略，推进科技创新，促进科技成果转化，积极推广实用技术。全力推进农村义务教育经费保障机制改革，不断加大教育投入，改善办学条件，巩固“两基”成果，积极推进“普九”工作，完成好 10 个乡“普九”工作任务，树立人才开发新观念，用好现有人才，引进紧缺人才，壮大教师队伍，努力开创教育工作新局面。进一步实施好新型农村合作医疗试点工作，抓好乡（镇）卫生院建设，健全公共卫生事件应急反应机制，继续抓好重大传染疾病的防控工作。

严格执行计划生育基本国策。狠抓“三为主”，落实好“三结合”，抓好一年两次的“三查”工作，符合政策生育率稳定在 85% 以上，出生人口控制在 0.33 万人以内。继续落实好农村计划生育家庭奖励扶助政策和实施好“少生快富”工程。

加强社会主义精神文明建设，引导全社会牢固树立社会主义荣辱观，弘扬主旋律，以高尚的精神塑造人、鼓舞人，切实加强思想道德建设，坚决抵制腐朽文化。大力开展乡（镇）文化、企业文化、社区文化、校园文化及群众性文化娱乐活动，不断丰富群众的精神生活。

要健全社会保障体系，促进就业，不断完善城镇职工基本养老和基本医疗、失业、工伤、生育保险制度，城镇低保对象做到应保尽保；要落实好农村最低生活保障制度，最大限度地将农村贫困群众纳入低保。要做好济困救助工作，认真倾听并解决好群众合法合情的利益诉求，使群众理解政府、支持政府工作。要做好防汛减灾工作，妥善安置受灾群众的生产生活。要关注帮助社会弱势群体，使他们充分感受到党和政府的关怀。继续开展好档案管理和年鉴编纂工作。加强审计监督，坚持依法统计，切实抓好第二次全国农业普查。重视国防教育，加强军民团结，做好“双拥”工作，搞好民兵预备役工作，充分发挥武警、民兵的职能作用。大力发展广播电视事业，继续抓好“村村通”广电工程。保护妇女儿童合法权益，重视老龄工作，发展残疾人事业。继续做好救灾救济、人事编制、婚姻登记、语言文字、药监、质监、保密、气象、农机、邮政、通信、无线电管理等各项工作。

八、进一步加强民主法治建设，切实维护社会稳定

要进一步加强民主法制建设，巩固“四五”普法成果，实施好“五五”普法，加强基层“两所一庭”建设。强化社会治安综合治理，切实推进整体联动治安防范工程，积极开展矛盾纠纷排查调处工作，健全社会预警体系和机制，依法严厉打击各种刑事犯罪和经济犯罪活动，深入开展禁毒专项斗争，加大社会治安整治力度，使全县社会治安形势保持良好状况。同时，要依法解决好老上访问题，维护社会的稳定。

狠抓安全生产。安全生产必须警钟长鸣，要结合实际，突出抓好道路交通和煤矿安全，加强安全生产基础工作和基层建设，继续推进安全生产源头治本、政策治本，抓紧解决影响安全生产的深层次问题。狠抓安全生产责任制的落实，加强监督检查，努力遏制重特大安全生产事故的发生。

九、加强政府自身建设，树立良好的政府形象

要按照“举旗帜、抓班子、带队伍、促发展”的要求，抓好政府和政府各部门班子自身建设，抓好干部队伍作风整治，以良好的政风推动各项工作的顺利开展。

一要大兴学习之风，努力建设学习型政府。建设学习型政府是新形势下提高政府行政管理能力的需要。要推进学习型政府建设工作的有序开展，认真研究和吃透县情，研究社会主义市场经济运行的主要特点及其规律，提高科学行政能力。在政府和公务员队伍中大力倡导学习，努力提高政府公务员科学管理能力，提高政府科学决策水平。

二要坚持依法行政，建设法治政府。认真贯彻落实《全面推进依法行政实施纲要》，努力提高依法行政能力。按照“职权法定、依法行政、有效监督、高效便民”的要求，建立执法人员资格管理制度。建设信用政府，增强社会公信力。严格执行“收支两条线”管理规定，严厉查处涉农、教育、医疗等乱收费。加强行政执法监督，实行行政执法过错追究和行政赔偿制度，做到“有权必有责、用权受监督、侵权要赔偿”，切实规范政府行政行为。

三要坚持廉洁执政，建设廉洁型、阳光型政府。坚持标本兼治、综合治理、惩防并举、注重预防，全面贯彻落实《行政许可法》，改革行政审批制度，减少行政审批事项，规范行政审批程序，把各职能部门的行政审批权集中到行政服务中心，统一审批，提高行政审批效率，增加透明度。全面落实党风廉政建设责任制、领导干部任期经济责任审计制度，严格执行廉政承诺，狠刹“五股歪风”，加强对领导干部廉洁自律的监督检查，牢记“两个务必”，增强拒腐防变能力。进一步加大查处大要案的力度，加强监察、审计、财政监督，大力推行政务公开，提高政府机关办事透明度。

四要坚持执政为民，建立服务型政府。认真履行政府公共服务职能，坚决克服以管理者自居的“官本位”意识，树立亲民爱民的公仆意识，切实解决“门难进、脸难看、话难听、事难办”的衙门作风。牢固树立立党为公、执政为民的亲民为民的民本思想，取信于民，服务于民，坚持权为民所用、情为民所系、利为民所谋，维护好、实现好、发展好人民群众的根本利益。2007年县人民政府将为群众办好以下10件实事：1.完成7条通村公路；2.解决国企中在新中国成立前参加工作的离退休职工和省级以上劳模的医疗保险；3.完成“三房”改造3500户；4.建设40个村的广播电视“村村通”工程；5.启动50套廉租房工程建设，解决困难职工住房难的问题；6.建设16个村的安全饮水工程；7.修建便民吊桥7座；8.建设1000亩青花椒基地；9.建设1000口沼气池；10.适度扩大农村低保覆盖面。

五要加大督查督办力度，切实转变工作作风。县人民政府要加强对政府各项工作的督促检查和跟踪问效。要加强群众监督和舆论监督，要加强信访工作，畅通与人民群众的沟通渠道，落实信访工作责任问责制，主动进行矛盾纠纷排查，重要信访要专案督办，及时发现工作中存在的问题和不足。要进一步加强政务公开工作，主动接受监督，虚心接受意见，及时改进工作。按照“节约、效率、效果”的原则，狠抓责任制的落实，确保各项工作有序、有效推进。

各位代表，目标已明确，任务已落实，关键在于执行。让我们紧密团结在以胡锦涛同志为总书记的党中央周围，高举邓小平理论和“三个代表”重要思想的伟大旗帜，在州委、州政府和县委的坚强领导下，举全县之力，集全县之智，充分调动一切积极因素，团结一心，真抓实干，为实现今后五年的目标和圆满完成2007年的各项任务，为构建富裕文明、平安和谐的新美姑而努力奋斗!

一、2006年13件实事办理情况

1. 从今年1月份开始，对原定为用10年时间转正定级的462名基层事业聘用干部按国家事业单位的标准给予全额工资，每年共支233万元，其中，教师373名、医务人员66名、财政计生等人员23名，已完成。

2. 全面实施新型农村合作医疗制度的试点工作，解决农村群众“看病难与看病贵”的问题，已完成。

3. 更加关注下岗职工，其大病统筹中的不足部分从今年起由县财政逐年予以解决，已完成。

4. 解决7个村的通路难问题，已完成。

5. 解决20个行政村和55个自然村的广播电视“村村通”，已完成。

6. 解决牛牛坝的防洪堤和巴普镇尔库拉达的防洪堤，已完成。

7. 解决12个村6000人的安全饮水问题，已完成。

8. 解决16个村2664户农家的用电问题，正在实施中。

9. 解决500户农户的“三房”改造和235户农村移民，已完成。

10. 全面启动农村低保，今年解决5000 ~ 10000人，已完成。

11. 新建九口、觉洛、峨曲古3个农贸市场，扩建牛牛坝和拉木阿觉的农贸市场以解决市场容量不足的问题，资金已争取到位，正在实施中。

12. 改扩建4所乡中心校，解决1000多名师生的教学硬件，已完成。

13. 改扩建22个乡（镇）卫生院，解决9万多人的医疗卫生硬件，已完成。

二、《政府工作报告》名词释义

1. “三个代表”：是指代表先进生产力的发展要求，代表先进文化的前进方向，代表最广大人民群众的根本利益。

2. “三个转变”：是指民间资金向民间资本的转变，土地资源向土地资本的转变，人才资源向人才资本的转变。

3. “三项整治”：是指整治资源市场、投资环境和干部作风。

4. “两基”：是指基本普及九年义务教育和基本扫除青壮年文盲。

5. “普九”：是指普及九年义务教育。

6. “两免一补”：是指免除课本费，免除学杂费，并对贫困学生和寄宿制学生给予适当的生活补助。

7. “三房”改造：是指对农村贫困地区农户居住的石板房、茅草房、瓦板房进行改造。

8. “八荣八耻”：是指坚持以热爱祖国为荣、以危害祖国为耻，以服务人民为荣、以背离人民为耻，以崇尚科学为荣、以愚昧无知为耻，以辛勤劳动为荣、以好逸恶劳为耻，以团结互助为荣、以损人利己为耻，以诚实守信为荣、以见利忘义为耻，以遵纪守法为荣、以违法乱纪为耻，以艰苦奋斗为荣、以骄奢淫逸为耻。

9.“1234”经济社会发展战略：是指强化农业生产这一基础，实施招商引资和项目带动两大战略，全力做好基础设施、扶贫开发和科技教育“三篇文章”，培育壮大水电、化工、轻纺和农产品加工四大支柱产业，力争使全县综合经济实力显著增强、经济增长质量明显提高，基础设施进一步改善，生态建设取得更大突破，社会各项事业得到全面发展、社会保障体系进一步建立和完善、城乡人民的生活水平有更大提高，农村群众的温饱得到更好解决。

10.“六大扶贫工程”：是指移民扶贫、新村扶贫、教育扶贫、卫生扶贫、劳务扶贫和产业扶贫。

11.“三为主”：是指宣传教育为主，避孕节育为主，经常性工作为主。

12.“三查”：是指查环、查孕、查病。

13.“三结合”：是指计划生育工作与发展经济相结合，与帮助农民致富奔小康相结合，与建设文明幸福家庭相结合。

14.“五股歪风”：是指收受现金、有价证券，违规经商办企业，跑官要官，参与赌博，借机敛财。

15.“两所一庭”：是指基层派出所、司法所、法庭。

16.“三乱”：是指乱收费、乱罚款、乱摊派。

17.“民族地区教育发展十年行动计划”：是指四川省民族地区2001—2010年要基本实现“普九”和“扫盲”，建立基本适应经济社会的发展需要，体现民族特色和时代特点的教育体系。主要措施有：全省在10年内投入30亿元，用于民族地区的教育基础设施建设；认真落实对民族地区的教育对口支援；努力发展职业技术教育；加强寄宿制学校的建设等。

18.“社会主义新农村”：建设社会主义新农村，是十六届五中全会关于“十一五”规划建设的重要内容，是党中央在我国正处于城镇化发展的关键时期，在科学发展观、构建和谐社会思想指导下，提出的符合我国国情、城乡统筹发展的城镇化发展模式。其内涵的完整表述是“生产发展、生活宽裕、乡风文明、村容整洁、管理民主”。其核心就是要从根本上实现农民生产、生活、就业方式的提升，使其能同等享受改革开放、经济社会发展带来的物质文明、精神文明和政治文明成果。

19.“社会主义和谐社会”：胡锦涛总书记在十六届五中全会上对社会主义和谐社会给予了完整的诠释，即民主法治、公平正义、诚信友爱、充满活力、安定有序、人与自然和谐相处，社会主义和谐社会的本质是以人为本。

美姑县国民经济、社会事业发展十年规划和第八个五年计划

一、“八五”发展的现实基础

经济、社会生活的现状及其发展趋势，是制定计划的宏观依据。从20世纪90年代总的分析，美姑县经济、社会发展既有着前十年发展的良好基础，也面临一些突出的制约因素，但基本的环境仍然是比较好的。

（一）前十年和“七五”发展的基本情况

党的十一届三中全会以来，全县各族人民在“一个中心，两个基本点的基本路线”和“治理整顿、深化改革”的方针指引下，坚持以经济建设为中心，坚持四项基本原则，坚持改革开放。不断探索“富民兴县”的发展路子，在改革开放、经济建设和社会发展各个方面均取得了令人振奋的成

就，为美姑县今后十年和“八五”期间继续前进奠定了比较坚实的基础。

1. 经济体制改革全面展开，为经济和社会生活注入了旺盛的生机和活力，十余年来，全县先从以家庭联产承包责任制为主体的农村经济体制改革开始，接着进行了以搞活企业为中心的城市经济体制改革，并配套改革了计划、财政、税收、金融、物资、商业、外贸、价格、劳动工资、科技、教育等体制，成效显著。改革打破了过去僵化集中的产品经济模式和封闭性的经济，十年改革调动了各方面的积极性，使经济活力明显增强，也为今后的深化改革提供了宝贵经验。

2. 经济持续、稳定增长。经济实力和经济发展后劲明显增强，1990 年全县国民生产总值预计达到 8000 万元，比 1985 年增长 82.56%，平均每年递增 12.8%；社会总产值预计达到 11000 万元，比 1985 年增长 78.02%，平均每年递增 12.2%；国民收入预计达到 7000 万元，比 1985 年增长 102.9%，平均每年递增 15.1%；工农业总产值（80 年不变价）达到 5722 万元，比 1985 年增长 27.69%，平均每年递增 5%，比 1980 年增长 121.18%，十年平均每年递增 8.26%，翻了一番多；其中农业产值 4354 万元，占工农业总产值的 76.09%，比 1985 年增长 27.87%，平均每年递增 5.4%，比 1980 年增长了 111.05%，十年平均每年递增 7.76%；工业产值 1368 万元，占工农业总产值的 23.9%，比 1985 年增长 27.14%，平均每年递增 4.92%，比 1980 年增长了 161.07%，十年平均每年递增 10.06%；财政收入达到 456.2 万元，比 1985 年增长了 103.67%，平均每年递增 15.2%，比 1980 年增长 338.44%，十年平均每年递增 15.8%；固定资产投资十年累计完成了 2573 万元，其中“七五”完成 1488 万元，比“六五”增长 37.4%。“七五”计划安排的大部分重点项目已经建成或正在建设，将在“八五”期间发挥更大的作用。

3. 农业内部结构调整取得了较大的成效，继续朝着合理的方向发展，十余年来，全县农村产业结构由单一的“种粮型”向农、林、牧、副、渔全面发展。在 1990 年的农业总产值中，种植业比重占 40.4%；畜牧业比重占 33.3%；林业比重占 8.2%；副业比重占 18%；渔业（包括江河捕捞的产值）比重占 0.1%。粮食总产量达到 47557 吨，畜产品、水果等农业生产优势开始发挥，乡（镇）企业蓬勃发展，1990 年全县乡（镇）企业总产值达到 671 万元，比 1985 年增长 179.58%，平均每年递增 22.85%；乡（镇）企业总收入达到 931 万元，比 1985 年增长 255.85%；平均每年递增 28.05%。工业立足于县内资源优势加快发展，规模不断扩大，门类逐步增加，矿产、水电、建材、林产等资源优势产业初步形成，资源开发利用层次进一步提高。能源交通、通信、流通等基础产业建设也得到了较大加强，资源开发建设的投资环境有所改善。

4. 社会事业稳步发展，社会主义精神文明建设进一步加强，十年来，“教育为本、科技兴县”的观念在全县逐步树立，科技、教育的战略基础地位得到重视和加强，智力开发和科技进步成效显著，计划生育广泛深入进行，人口已经步入计划增长轨道。“七五”人口计划生育达到 82% 以上，文化、卫生、广播、电视、电影、体育、档案等其他事业也都有新的发展，全县各族人民团结、进步政治稳定的局面更加巩固。

5. 在经济迅速发展和扶贫开发不断深入的同时，城乡人民生活水平得到显著提高。十年中，全县有 56% 的贫困户跨过了温饱线，农民人均纯收入不足 200 元的农户有所下降。1990 年全县农民人均纯收入达到 270 元，比 1985 年增长 61.27%，平均每年递增 10.3%；城镇职工人均纯收入达到 1591.28 元，比 1985 年增长 69.51%。随着收入的增加，城乡居民消费结构也发生了一定变化，特别在城镇和部分农村收入增加较快的家庭更为明显。

6.“七五”后期开始的治理整顿已取得阶段性成果，正在向广泛深入的方向发展。在治理整顿中，全县固定资产投资规模得到合理安排，消费基金过快增长的势头减缓，农业开始升温，流通秩序好转，市场零售物价趋于平稳，工业生产在市场疲软的环境下仍然保持了较好的增长速度。

在取得上述成就的同时，全县经济和社会发展中也暴露一些矛盾和问题，如农业基础脆弱，与工业乃至整个国民经济不协调；财力薄弱，资金短缺；企业管理落后，技术进步缓慢；经济效益低；企业固定资产负债压力大，投资尚还困难；交通和社会服务等基础条件差，人口增长速度回升，劳动就业问题突出；科技、教育与经济建设的需要不相适应；水土流失严重，生态环境恶化等问题。

（二）今后十年和“八五”发展的有利条件

纵观我县今后十年和“八五”期间的内外部环境，有利于经济社会发展的条件和机遇是较多的，主要是：

1. 经过十余年的改革和建设，全县物资技术基础显著增强，安定团结的社会局面更加巩固。为今后十年和“八五”发展开创了良好的起点，并积累了一条以发展生产力为标准，资源开发为依托，提高效益为核心，脱贫致富为目标的“富县富民”成功经验。

2. 国家的治理整顿方针将贯穿于“八五”始终，给全县带来了一些有利的条件和发展机遇，随着治理整顿的深化发展，国家宏观经济环境已出现转机，我县经济必将随之启动，走出目前的低谷；农业、加工工业、能源、交通等县内主要行业，在国家产业倾斜政策的贯彻中也将进一步得到发展和加强。

3. 美姑县是州里经济开发的重点规划区域的组成部分，有着丰富而具有特色的自然资源，既为本县经济建设提供了良好的开发依托，也为争取产业政策或区域政策倾斜提供了有利条件。目前，流筒河的开发（柳洪 8 万千瓦的中型电站），化工工业的改造，天星米的种植利用，精铜矿的洗选，农业的综合开发等资源开发项目都已分别列上国家、省、州的计划。

4. 具有民族区域自治的政治优势，随着《民族区域自治法》的进一步贯彻执行和国家继续对少数民族地区的特殊政策，今后十年和“八五”时期，全县发展将可能争取得到更大的政策照顾，以此来启动内部活力，促进经济、社会持续发展。

5. 今后十年中，国家将坚定不移地推进改革开放，初步建立适应公有制为基础的社会主义有计划商品经济发展的计划经济和市场调节相结合的经济体制和运行机制，改革开放启动了全县经济社会发展的生机和活力，这已是被十余年所证明了的，我们坚信今后十年和“八五”时期，在国家改革开放的方针、政策指引下，全县各项改革也将继续得到深化，对县内各行各业发展产生更大的动力。

二、基本指导思想，发展的战略重点、主要任务、奋斗目标

1991—2000 年，是实现党和国家确定的经济建设发展第一步战略目标的关键性十年。也是全县经济、社会发展非常重要的时期。因此，我们必须根据国家、省、州的总体要求，结合县情特点，吸取改革和发展十余年来积累的经验教训，坚持正确的指导思想，按照切实可行的目标去奋斗，才能保持我县经济，社会发展蓬勃向上的生机。

（一）发展的基本指导思想

美姑县今后十年和“八五”发展的基本指导思想是：坚持走建设具有中国特色的社会主义道路，以经济建设为中心，深入改革开放，依靠科技进步，提高全民族素质，改善经济结构，加强集约化程度。取得整体效益，发挥资源优势，调整产业结构。以提高经济效益为中心来安排生产，建设和技术改造，狠抓科技兴农，加强农业基础，全面提高效益，使国民经济持续、稳定、协调的发展。同时，搞好中、长期规划，长短兼顾，既保证近期经济稳定发展，又为今后的更快发展打好基础，蓄积后劲。

1. 坚持“一切从实际出发，因地制宜，扬长避短”的发展经济。特别要以种、养、采、加工业并举，发展立足一地、兴办一业、带动一片的支柱经济。由单纯生产原料向加工工业延伸，从自给半自给的经济向商品经济过渡，把富县同富民相结合，为改变美姑县落后面貌奠定了基础。

2. 充分利用全县的自然资源优势，以投资少，见效快的“短、平、快”项目为发展重点，同时也适当安排战略性重点项目，以短养长，长短结合，促进经济振兴。

3. 坚持党的四项基本原则，加强社会主义物质文明和精神文明建设，日益满足人民物质文化生活增长的需要，进一步巩固和发展安定团结的政治局面。

4. 全县扶贫规划已经纳入全县社会经济的总体规划，要动员全社会的力量为群众脱贫致富做贡献，以实现扶贫规划来带动全县社会经济的总体规划。

（二）发展所遵循的主要方针和原则

美姑县经济建设和社会发展要在国家的总体要求和现阶段的县情特点，今后十年和“八五”发展应遵循以下主要方针和原则：

1. 坚持“治理整顿、深化改革”的方针。正确处理好治理整顿、改革开放和经济发展的关系，使三者相互适应，相互促进。

2. 坚持调整结构，充实基础，发挥优势的原则。努力调整产业结构，集中力量加快农业发展，加强资源优势产业和基础薄弱环节的建设。

3. 坚持“教育为本、科技振兴”的战略方针。发展科技、教育事业。提高全民科技文化素质，充分发挥科技人员和科技进步在经济建设中的作用。

4. 坚持以提高经济效益为中心的原则，巩固和提高现有企业，正确处理好效益和速度、质量和数量、当前和长远（后劲）的关系，继续走内涵与外延相结合扩大再生产路子。

5. 坚持公有制经济的主导地位，在发展全民经济的同时，努力扶持并壮大城乡集体经济，正确引导个体经济的发展。

6. 坚持“两个文明”一起抓和经济、社会协调发展的原则。在加强物质文明建设的同时，发展社会各项事业，推进社会主义精神文明建设。

7. 合理安排好固定资产投资结构和投资方向，加强能源交通，农业基础设施，原材料与加工工业，教育科技和骨干工业项目的建设。努力提高投资效益。

8. 坚持开展增产节约，增收节支，反对铺张浪费，为国民经济进一步发展增加积累。

9. 坚持量力而行，突出重点，注重实效的原则，把需要和可能、主观和客观很好地统一起来，安排好我县的各项建设。

10. 坚持在各条战线上发扬艰苦奋斗，自力更生，勤俭建国，勇于开拓的精神，为建设美姑多做贡献。

（三）发展战略重点

农业区划资料提出的资源分析评价为我们制定的战略重点，提出了发展方向，为了建立一个较为科学合理的农牧林产业结构，最大限度地发挥增产潜力和实现国民经济系统的高速运转，我们要以资源优势、市场需求、社会、经济、生态利益相统一为约束条件，从争取全局主动出发，制定出全县“八五”“九五”经济发展的战略重点。

1. 以抓好玉米地膜栽培新技术和杂交玉米的运用推广为主，继续巩固和发展洋芋、荞子施磷施氮等增长措施。在此同时，要加强农田水利基本建设，进一步调整种植结构和作物布局，大力发展饲料作物和经济作物，努力提高单位面积产量，解决群众吃饭问题。

2. 以养羊为主，以牛和猪、禽为两翼，以商品性生产为目标，改革因循守旧的经营方式，大兴草业，加强第一牲畜生产，加速畜牧业发展进程，逐步形成畜牧业生产，畜产品加工的综合利用经济体系。

3. 以干鲜果为主，重点发展苹果、雪梨、花椒、柑橘、核桃、葡萄等。加强商品基地建设，同时大力帮助群众发展庭院经济，解决群众用钱问题。

4. 林业生产贯彻以生态效益和经济效益为战略目标，重点抓好速丰林、经济林、薪炭林建设，发展林业商品生产，把营林、采伐、加工有机结合起来，控制采伐，使采伐量小于生长量。

5. 以人参为主，以半夏、附片、杜仲、黄柏、厚朴、五味子等为重点，同时抓好野生中药材的合理开发利用。

6. 工业和乡（镇）企业，要以集中精力，扩大内涵，改造好老企业为主，注重横向联合，引进资金、人才、技术，搞好资源开发，加速发展乡（镇）企业，增加新产品。同时要加快资金周转，搞活流通体系，在县外去开辟新的市场。

7. 根据国家和省、州的有关指示，结合我县实际，战略规划的总目标是：各级党政领导必须下决心，力争在“八五”期间初步形成依靠自身力量发展商品经济的能力，逐步摆脱贫困落后面貌，“九五”期间使部分农民脱贫致富过上较为宽裕的生活，为21世纪向小康水平迈进打下良好的基础。

（四）发展的主要任务和目标

美姑县经济、社会发展处于起步阶段，目前尚未基本解决温饱，贫困问题还十分突出，根据这样一个客观现状，今后十年的发展中，我们应把实现脱贫致富和为经济起飞打基础，创造条件作为基本的战略目标。

1. 实施十年规划要分“八五”和“九五”两个阶段进行，“八五”期间，美姑县应当把深化治理整顿，推进体制改革，实现国民经济持续、稳定、协调发展作为基本任务，特别是“八五”前期，要努力搞活流通，启动生产，使全县经济在治理整顿，深化改革中求增长、求发展，五年内必须担负以下主要任务：

（1)在提高经济效益的前提下,努力达到适度的经济增长速度,使国民生产总值,工农业总产值，农民收入和财政收入保持同步增长，使国民经济实力继续得到加强，为“九五”时期的发展打下良好的基础。

（2）大力加强农业的基础地位，夺取农业丰收，使粮食等主要农副产品的供给和工业发展、人口消费增长需求基本适应。

（3）从增加农副产品产量，提高企业技术创新的基础和能力等方面入手，大力推动技术进步和管理科学，使全县国民经济的整体技术水平，效益水平都得到进一步提高。

（4）依托丰富自然资源的扩大和深化开发利用，加快食品、轻化、化工、水电、铜矿洗选等资源优势产业建设和发展。同时，努力充实支农工业、交通、能源、流通、通信等基础结构或薄弱环节，使投资环境有明显改善。

（5）要把扶贫经济开发放在突出的地位，在经济发展的基础上，进一步提高城乡人民的生活水平，争取实现基本解决全县农民温饱问题。

（6）在抓好物质生产的同时，要有效地控制人口增长，加速教育发展和智力开发，安排好城镇劳动就业，加强生态环境保护和治理，实现经济、社会协调发展。

2. 主要的奋斗目标

“八五”期间要在经济效益上狠下功夫，确保经济效益随生产发展同步提高，为“九五”经济发展奠定坚定的基础。

（1）“八五”发展的主要目标

①社会总产值。计划1995年达到18000万元，比1990年增长63.63%。平均每年递增10.3%。

②国民生产总值，计划1995年达到13000万元，比1990年增长62.5%，平均每年递增10.2%。

③国民收入，计划1995年达到12000万元，比1990年增长71.42%，平均每年递增10.2%。

④工农业总产值（以80年不变价计算），计划1995年达到7000万元，比1990年增长22.33%，平均每年递增4.12%。其中，农业产值达到5200万元，占工农业总产值的74.8%，比1990年增长19.43%，平均每年递增3.61%；工业产值达到1800万元，占工农业总产值的25.7%，比1990年增长31.58%，平均每年递增5.64%，在工业产值中，村及村以下工业产值达到400万元，占工业产值的22.2%，比1990年增长46.62%，平均每年递增7.94%。

⑤财政收入，计划1995年达到533万元，比1990年增长16.83%，平均每年递增3.16%。

⑥社会商品零售总额，计划1995年达到3200万元，比1990年增长25.89%，平均每年递增4.71%。

⑦农民人均纯收入，计划1995年达到379元，比1990年增长35.84%，平均每年递增6.3%。

⑧全县固定资产投资额“八五”累计完成达到1500万元左右。

⑨继续控制人口的增长，人口年平均自然增长率控制在12‰以内，计划1995年农业人口控制在15.6万人以内，平均每年递增率控制在1.2%以内。

⑩粮食总产量，计划1995年达到6.24万吨，比1990年增长31.23%，平均每年递增5.58%，农民人均生产粮食400公斤，比1990年增长23.64%，平均每年递增4.34%。

（2）“九五”发展的设想目标

“九五”期间在稳定粮食随农业人口增长满足群众生活需要，重点组织好农、林、牧业商品经济的发展，加速提高农牧业在农业经济中的比重，逐步形成粮食生产与粮食的转换加工，畜牧业生产与畜产品加工，林业生产与林产品的综合利用，以及野生资源的开发和加工利用，建立加工体系使我县工农业总产值有较大的增长，财税收入有较大幅度的提高，使大多数农民生活和居住条件有较大的改善，使人民群众甩掉贫穷落后的帽子，脱贫致富过上比较宽裕的生活。

①社会总产值，计划2000年达到28000万元，比1995年增长55.5%，平均每年递增9.15%。

②国民生产总值，计划2000年达到20000万元，比1995年增长53.3%，平均每年递增9%。

③国民收入，计划2000年达到18000万元，比1995年增长50%，平均每年递增8.46%。

④计划2000年全县工农业总产值达到8500万元，比“八五”期间净增1500万元，增长21.42%，平均每年递增3.96%，比1990年增长48.56%，十年平均每年递增3.03%；比1980年增长228.5%，二是年平均每年递增6.12%，翻两番多，其中工业产值达到2500万元，占工农业总产值的29.4%，比“八五”期间净增700万元，增长38.8%；平均每年递增6.78%；农业产值达到6000万元，占农工业总产值的70.6%，比“八五”期间净增800万元，增长15.38%，平均每年递增2.9%。

⑤粮食总产量。计划2000年达到65600吨，比“八五”期间净增3200吨，增长5.12%，平均每年递增1.01%。

⑥农业人均纯收入将由“八五”期间的379元上升到529元，平均每年增加30元，增长39.57%，平均每年递增6.9%。

⑦财政收入计划2000年达到1000万元，比“八五”期间净增400万元，增长66.6%，平均每年递增10.7%。

⑧全面固定资产投资总额累计完成2.7亿元左右（含柳洪电站的投资约2.5亿元）。

⑨社会商品零售总额，计划2000年达到4000万元，比“八五”期间增长25%，平均每年递增4.56%。

⑩严格控制人口增长，人口自然增长率控制在12‰以内，计划2000年农业人口控制在16.4万人以内，平均每年递增率控制在1%以内。

三、经济发展序列的主要指标和建设布局

今后十年和“八五”期间，美姑县经济、社会发展的总体部署是在“七五”发展的基础上，把夺取农业丰收放在首位，强化农业的基础地位，实施“开发性生产，发展商品经济，解决温饱，使部分农民过上宽裕的生活，脱贫致富，为21世纪向小康水平迈进”的发展战略。加快资源开发，继续加强食品、轻工、建材、化工等资源优势产业中的重点建设和支农、工业、能源、交通、流通、通信等基础结构的适应性建设，逐步形成以农业为基础，资源开发为中心，现有工业做保障，带动其他行业共同前进，提高整体效益。

（一）强化农业基础，推动农村经济的全面发展，农业生产的基本任务是：继续把农业放在主要地位，发挥农业资源优势，壮大农村商品经济，坚持走农、林、牧、副、渔全面发展，农工商综合经营的路子，继续抓好“粮食”这个基础，“经济作物、畜牧林果药杂业和乡（镇）企业”这四大产业支柱。搞好农村产业结构调整和开发农业建设，同时，还需要重视和加强农业基础设施以及农业生产的产前、产中、产后服务，特别是产后服务更为重要。

1. 农业产业结构。计划1995年的农业总产值中，种植业产值达到2120万元，所占比重为40.8%；养殖业（牧业）产值达到1800万元，所占比重为34.6%；林业产值达到420万元，所占比重为8.1%，副业产值855万元，所占比重为16.4%，渔业产值达到5万元，所占比重为0.1%。

2. 种植业，突出粮食生产，抓好经济作物，促进种植业生产上新水平，努力适应经济，社会发展的需要，为轻工业发展尽可能提供多的原料。

粮食大春作物面积播种稳定在27万亩的水平上，1995年的单位面积产量由1990年的176公斤提高到231公斤，2000年的单位面积产量要提高到242.5公斤。

油料，“八五”期间计划每年播种面积1000亩，油菜籽产量达到40吨，比1990年增长33.3%，“九五”期间每年播种面积1500亩，比“八五”各年增长50%，油菜籽产量达到60吨，比“八五”各年增长50%。

“八五”期间试种烤烟，1995年烤烟面积达到300亩，烟叶产量达到30吨。2000年计划烤烟面积达到500亩，烟叶产量达到50吨，比“八五”增长66.6%。

水果总产量，计划1990年达到2500吨，比1990年增长37.36%，平均每年递增6.55%，其中苹果产量达到1400吨，比1990年增长21.53%，平均每年递增3.98%，2000年水果产量达到3000吨，比1995年增长20%，其中苹果产量达到2000吨，比1995年增长42.8%。

3. 养殖业，以提高养殖业商品产量，产品质量经济效益为主攻方向，大力发展以羊为主的草食牲畜，积极发展生猪生产和渔、禽、蛋产品。同时要重视饲料加工的配套建设，抓好人工种草和配合饲料生产，加快畜种改良，特别是绵羊改良的防疫工作，努力提高畜产品的产量和质量，狠抓肉类商品率的生产和供应。

牲畜存栏数，计划1995年达到50万头（只），比1990年增长11.1%，其中，猪达到16.5万头，比1990年增长10.7%；山绵羊达到27.5万只，比1990年增长11.3%，大牲畜达到6万头，比1990年增长11.11%。2000年计划达到55万头（只），比1995年增长10%，其中猪达到18.3万头，比1995年增长10.9%。山绵羊达到30.5万只，比1995年增长10.9%。大牲畜达到6.2万头，比1995年增长3.3%。

肥猪出栏数，计划1995年达到7.5万头，比1990年增长11.9%。2000年达到9万头，比1995年增长20%。

猪、牛、羊肉总产量计划1995年达到7380吨，比1990年增长25.65%，全县人民人平占有肉食45公斤，其中猪肉达到4500吨，比1990年增长17.03%。2000年肉类总产量达到8170吨，比

1995 年增长 10.7%，全县人民人平占有肉食 47.5 公斤，其中猪肉产量达到 5300 吨，比 1995 年增长 17.7%。

粮食轮作面积计划 1995 年达到 18 万亩，比 1990 年增长 20%。2000 年粮食轮作面积达到 20 万亩，比 1995 年增长 11.11%。

多年生牧草计划 1995 年达到 1 万亩，比 1990 年增长 132.5%，2000 年达到 1.5 万亩，比 1995 年增长 50%。

配合饲料计划 1995 年达到 150 吨，比 1990 年增长 47%，2000 年达到 250 吨，比 1995 年增长 66.6%。

渔业生产计划 1995 年养鱼面积达到 167 亩，比 1990 年增长 23.63%，2000 年达到 200 亩，比 1995 年增长 19.7%。

4. 林业发展，林业生产在“八五”期间坚持造管并重，提高造林质量，改善生态环境的原则，从实际出发，合理布局，规范化、科学化营造，初步由一般造林，粗放经营向基地化工程造林，集约经营转变，加快造林绿化步伐，还要加强林政管理，严格计划采伐，制止乱砍滥伐。

成片造林，计划五年内成片造林累计面积达到 5 万亩，平均每年搞 1 万亩。

森林覆盖率由 1990 年的 32% 提高到 35%，2000 年达到 37%。

植树五年累计 400 万株。

良种苗木新育苗五年累计 250 亩。

迹地更新五年累计 2 万亩。

经济林木五年累计 2 万亩。

5. 乡（镇）企业，坚持因地制宜和巩固提高的原则，继续扶持和推动乡（镇）企业的发展，努力改善乡（镇）企业经营管理状况，提高经济效益，充分发挥其他繁荣农村经济在“富县富民”中的重要作用。发展的方向和重点是农副产品加工、支农产品生产、零星分散矿产的开发利用，开展小水电站、小炼窑建设等。

乡（镇）企业总产值计划 1995 年达到 800 万元，比 1990 年增长 19.23%，2000 年达到 1100 万元，比 1995 年增长 37.5%，

乡（镇）企业总收入计划 1995 年达到 1050 万元，比 1990 年增长 12.78%，2000 年达到 1300 万元，比 1995 年增长 23.8%。

6. 农业生产的主要措施，实现农村经济的发展目标，要坚持“一靠政策、二靠科学、三靠投入”的方针，继续深化农村经济体制改革。进一步发展各种形式的承包责任制，鼓励农村多种形式的合作联合经营。大力发展乡（镇）企业，实行“以工补农”，大力抓好农业科技，管理成果以及良种、良畜的推广服务工作，组织好生产资料的供应，适当增加对农业的投资经费，同时积极扩大农民自身的积累，用于加强农业设施的建设。

（1）稳定和完善全县各项行业有效的农村经济政策，调动并保护广大农民的积极性，特别要在稳定农村家庭联产承包责任制的基础上，努力充实和完善双层经营体制，建立健全农村社会服务体系。调整一些不合理的比价关系，同时应继续落实各项优惠政策。

（2）充分依靠科技进步，夺取农业丰收，在粮食方面，要以玉米、洋芋、荞子和晚秋粮食作物单产为技术主攻方面，配套研究和推广应用各项有关技术增产的措施，力争在 1995 年推广地膜玉米面积达到 2 万亩，玉米高厢垄作面积达到 1.5 万亩，良种玉米达到 5.5 万亩，良种荞子 4 万亩，种马铃薯 7 万亩，种植晚秋作物每年 2 万亩。

（3）多渠道增加对农业的投资，财政预算中安排支农支出的比例应逐步有所上升。信贷资金

安排要体现对农业的倾斜，正确引导农民积极增加投入，形成农业自身积累机制，发展农村工副业生产。以工补农、建农。努力争取并用好国家、省、州对全县农业方面的各项投资。

（4）增加对农业的物资投入，通过加强支农体系建设和组织物资货源等途径，尽量保证化肥、农药、地膜、农机具、配合饲料等主要农业生产资料的供应，此外还要努力发动群众积造农家肥。提高农家肥的施用量，在“八五”期间，洋芋、荞子施磷施氮面积达到2万亩。

（5）强化中、低产田土改造，改善农业最根本的生产条件，“八五”期间中低产田土改造的重点是：抓好冷湿田土黏瘦板结田土和坡薄土的改良。五年内计划累计改造中低产田土面积达到1万亩。

（6）搞好开发性农业建设，向农业生产的深度和广度进军。是实现农村经济持续稳定发展的一项战略措施。今后，美姑县开发农业要由数量型向集约经营、深度开发的方向转变，以“粮增产、钱增收”为目标，巩固扩大和深化“三亩地”的建设，提高开发农业经济效益。“八五”期间，重点要立足丰富自然生态资源的扩大和深化开发利用，发展粮食、经济林木、水果、养殖业和农副产品加工。

（7）加强耕地的保护和管理利用，有计划地开发后备耕地资源，保持耕地面积的相对稳定，注意妥善处理粮经关系，在稳定粮食播面的前提下，积极发展经济作物，在“八五”期间，完成波窝苦1250亩成片荒地的开发利用，保证到“八五”后期增产粮食300吨，创经济收入62万元。

（二）加快工业的发展，根据总的指导思想，今后十年和“八五”期间，美姑县工业发展必须坚持以内涵和外延扩大再生产的方向上努力。工业生产的主要任务是：要综合分析现有各工业生产企业的生产现状和相关资源情况及进一步发展的潜力，“八五”和“九五”要加强电力、食品、林工、化工、建材、采矿等重点工业的生产建设。

1. 电力工业，“八五”期间主要解决工业相对发达、电力矛盾的问题，重点新建500千瓦的马吉树窝电站一座和与昭觉35千伏安的输电枢纽工程及其他小水电站，使装机容量达到3475千瓦，发电量达到1250万千瓦时，比1990年增长31.84%。在抓好电力发展的同时，努力积极做好8万千瓦的柳洪中型电站的考查，论证资料，设计审批工作和筹集各方面的资金，争取在“八五”后期上马建设，“九五”建成投产、见效益。

2. 林业工业，正确处理好森林资源利用与保护的关系。调整好采伐布局，根据森林资源分布状况和采伐量小于生长量的原则，合理计划原木产量。同时积极发展木材综合利用和林产品工业。“八五”期间重点加强林产品企业的管理，提高产品质量，打开销路。“九五”期间建设投产年产2500立方米刨花板二次贴面。

计划刨花板1995年达到1000立方米。比1990年增长138.8%，2000年达到1500立方米，比1995年增长50%。

锯材，计划1995年达到2300立方米，比1990年增长244.9%，2000年达到2500立方米，比1995年增长8.7%。

3. 食品工业，坚持市场导向，突出优势，依靠科技，深度开发，提高效益的原则。继续发展全县可食资源优势为依托，具有特色的食品工业，“八五”期间，重点抓好糖果、糕点、饮料、酿造、肉类加工、粮食加工等行业，因地制宜地开发“名、优、特”产品。“八五”前期新开发建设年产1000吨籽粒苋糖果生产工厂，中期正式生产见效益。在此同时，要加强生产工艺技术的改造，使产品朝系列化、多样化、营养化、新鲜化、方便化的方向发展，市场竞争有明显增长。“九五”期间将原规划的100吨牛肉加工厂扩大，生产100吨的肉联厂。

糖果生产量计划1995年达到300吨，比1990年增长50%，2000年达到500吨，比1995年增长 66.6%。

白酒生产量计划 1995 年达到 500 吨，比 1990 年增长 13.37%，2000 年达到 700 吨，比 1995 年增长 2.56%。

4. 化工工业。化工发展要抓好硝铵炸药和电石生产，“八五”期间，重点应放在硝铵炸药的安全技术改造和电石市场的销售工作上，并在“八五”后期做好发展乳化炸药的资料论证工作，“九五”期间新建乳化炸药生产工艺流程。

计划 1995 年炸药生产量达到 2500 吨，比 1990 年增长 13.63%，2000 年达到计划生产能力产量 4000 吨，比 1995 年增长 60%。

计划 1995 年电石生产量达到 1000 吨，比 1990 年增长 168.8%，2000 年达到设计生产能力的产量 2500 吨，比 1995 年增长 150%。

5. 建筑、建材业、建材工业应根据市场的需要状况，立足于已建企业的改造提高，稳步发展，提高水泥质量和预制件的生产。同时，大力发展建筑材料新品种，满足生产建设的需要。“八五”期间重点新建墙体粉刷的材料生产工程和石膏制品。

425# 水泥生产量计划 1995 年达到 4000 吨，比 1990 年增长 21.21%，2000 年达到 6000 吨，比 1995 年增长 50%。

涂料生产量，计划 1995 年达到 15 吨，2000 年达到 20 吨，比 1995 年增长 33.3%。

预制板产量，计划 1995 年达到 1.1 万平方米，比 1990 年增长 37.5%，2000 年达到 1.5 万平方米，比 1995 年增长 36.6%。

页岩砖产量，计划 1995 年达到 230 万块，比 1990 年增长 22.99%，2000 年达到 300 万块，比 1995 年增长 30.43%。

建筑业发展上重点是抓好县民用建筑设计室和施工队伍，培养一批过得硬、作业面宽、适度规模的建安企业，增强对全县工程建设的服务能力，同时要加强建筑市场，特别是县外施工队伍的管理。

6. 采矿业

煤矿工业，加强现有国有煤矿的提高，积极发展农村小煤窑，充分挖掘和利用有限的煤炭资源，基本保证“八五”期间经济发展的需要，继续抓好年产 5000 吨的柳洪煤厂的建设，重点新建年产 5000 吨的牛牛坝打洛煤矿的开发利用。

计划 1995 年原煤生产量达到 3 万吨，比 1990 年增长 20%，2000 年达到 3.5 万吨，比 1995 年增长 16.6%。

采矿工业，在“八五”期间进一步搞清铜矿的储量和资金论证前期工作，在摸清资金的基础上，争取在“八五”中期建成投产处理 50 吨的铜矿洗选厂。

7. 其他工业和绒轻工企业，“八五”“九五”期间，要充分利用全县野生植物资源和优势，发展轻工工业，调整农业劳动结合，促进工副业生产，增加资源，综合发展的路子。

8. 工业发展的主要措施，工业生产要继续走扩大内涵为主的生产路子，深化企业改革，增强企业活力，提高企业素质，加强企业管理。坚持先更新改造，后新建。做到投资少、见效快、效益高。围绕以提高经济效益为中心，努力增产适销对路的产品。提高产品质量，降低成本，增强产品的竞争能力。满足社会发展的需要。

（三）交通运输、邮电通信事业的发展

1. 交通运输，坚持突出重点，兼顾一般。综合发展的原则，大力加强交通运输建设，努力提高路政管理水平，“八五”期间重点抓好“美抓”公路的建设改造工程，新修打洛公路。

计划到 1995 年通车里程达到 380 公里，比 1990 年增长 4.68%。

客运量，计划1995年达到150万人，比1990年增长44.23%，客运周转量达到1500万人公里，比1990年增长32.01%。

货运量，计划1995年达到0.95万吨，比1990年增长48.44%，货运周转量达到300万吨公里，比1990年增长28.8%。

2. 邮电通信，坚持大力发展电信，稳定邮政，改进农话的原则。努力增加交换设备容量，缓和长途电话、县话业务的紧张状况，增强邮电通信和县内经济，社会发展需求的适应能力，扩大通信覆盖率。

计划1995年电话达到460部，比1990年增长48.89%。邮电业务总量达到29万元，比1990年增长31.22%。

（四）商品流通

商品流通工作，进一步改革流通体制，疏通流通渠道，以启动市场稳定物价，引导消费，促进生产为中心，整顿流通秩序，发展商贸行业，适应经济建设发展和城乡人民生活水平提高的要求。

计划1995年商业部门购进总值达到1500万元，比1990年增长11.1%，2000年达到1700万元，比1995年增长13%，销售总值达到2900万元，比95年增长11.5%，2000年达到3300万元，比1995年增长13.7%。

四、“八五”区域经济建设的发展

根据美姑县的自然条件和资源，交通及经济发展状况，按区划的原则，大体把全县分为三种不同的地区，以便制定出相应的政策措施，进行分类指导。

（一）高山地区。这类地区交通闭塞，经济发展相对落后，要合理调整产业结构，改善农业的生产条件。加强草地、牧区、林区和粮食生产，“八五”期间要继续放宽政策，重点扶持，加速开发发展，基本解决这类地区人民的温饱问题。

（二）二半山地区。这类地区有较丰富的资源。农业生产相对发达，而工业基础较薄弱，“八五”期间要继续抓好种植业、养殖业，并根据自身的特点，选好起步产业。促进商品经济稳步发展。大力发展乡（镇）企业，加快资源的开发和农副产品加工。

（三）低山地区（沿河两岸、公路沿线）。这类地区公路交通较发达，工农业生产有一定基础，要进一步增强生产能力，大力发展原材料生产和农产品加工工业，加强现有企业的改扩建，努力开展集约经营，增加粮食产量，合理调整农业结构。大力发展经济作物生产，积极发展第三产业，“八五”期间，争取赶上其他发达县的经济水平，带动整个美姑经济的发展。

五、科学技术和教育事业发展

（一）加强科学技术事业的发展，促进经济建设

美姑县今后十年和“八五”期间，科技工作的主要任务是：

1. 围绕各项农业增产目标，特别是粮食上新台阶，强化农业科技成果的推广应用，提高科技成果的转化率，依靠科技夺取农业丰收。

2. 加快企业技术进步，通过技术改造，技术引进，技术开发等多种途径，增强企业工艺装备水平和技术开发能力，促进企业经济效益的提高。

3. 加快科技人才培养和科技体系建设，努力增强我县科技力量，适应农业发展的需要，同时争取在某些领域形成具有特色的技术优势。

4. 在加强工农业科技进步的同时，还应重视医疗卫生、广播电视等其他领域的科技工作，推动科技全面发展。

（二）积极发展教育事业，搞好智力开发和人才培养，努力提高民族素质。坚持教育为社会主义建设服务的方向，全面提高质量、稳步发展的原则，以基础教育为中心，民族教育为重点，稳步发展中学教育，大力发展成人教育，提高全县人民的科学文化素质争取多出人才，出好人才，各级各类学校都要加强思想政治工作。贯彻德、智、体、美、劳全面发展的方针，把学生培养成为有理想、有道德、有文化、守纪律的社会主义建设人才。“八五”期间，重点抓好完善原有小学结构，村小基本搬到初小 1~4 年级，乡小办齐 1~6 年级，努力发挥乡完小的中心校作用。增设村小校点，使学龄儿童入学率达到 65%，年巩固率达到 90% 以上，在此同时，在“八五”期间抓好民中教育设备的建设完善工作，适当发展区初中，“九五”期间，基本普及全县小学 1~6 年级的初等教育，相应发展各地区的初级中学，基本要求是普及初等教育，要达到学龄儿童入学率 75%，在校学生巩固率 95% 以上，毕业班学生的毕业率 70% 以上，12~15 周岁少年儿童的初等教育普及率 70% 左右。

中小学计划 1995 年达到 212 所，2000 年达到 226 所。

中小学学生在校人数 1995 年达到 13950 人，2000 年达到 14300 人。

小学招生计划 1995 年 2200 人，2000 年 2500 人。

初中招生计划 1995 年 700 人，2000 年 800 人。

高中招生计划 1995 年 270 人，2000 年 370 人。

六、社会事业发展

今后十年和“八五”期间，要坚持经济、社会和环境同步发展，把社会效益放在首位，努力发展我县的各项事业，使社会进步和经济发展，经济建设与环境改善相互适应，相互促进。

（一）实行计划生育，严格控制人口增长。“八五”期间，我县人口正值第三次生育高峰期，控制人口增长的任务十分艰巨。为此必须把控制人口过快增长作为全县的一件大事来抓，认真贯彻《凉山州计划生育办法》。加强计划生育特别是农村计划生育工作，鼓励和奖励一对夫妇只生一个孩子，平抑生育高峰。把计划生育基本国策真正落到实处，使人口增长与经济，社会发展相协调，“九五”期间，全县育龄妇女计划生育率要提高到 90% 以上，多胎率控制在 5%，人口自然增长率控制 12‰以内，期末农业人口全县控制在 16.4 万人以内。

（二）劳动福利事业

1. 积极解决城镇（乡）劳动就业问题，“八五”期间，正处于适龄劳动人口高速增长的阶段，从就业环境分析，解决就业将遇到不少困难，为了缓和劳动就业矛盾，只有努力发展经济，深化劳动体制改革，千方百计拓宽就业门路。要按照“三结合”的原则，大力发展集体、个体经济，积极兴办第三产业，广开就业门路，积极解决城镇青年的就业问题。

2. 建立健全养老保险和待业保险制度，逐步完善社会保险体系，“八五”期间要改善职工劳动条件和劳动环境。努力降低工伤事故、伤亡和职业病发生率。

3. “八五”期间要继续观察按劳分配的原则，在全民所有制单位要认真加强计划管理，劳动管理，资金管理，搞好职工培训，不断提高劳动生产率，根据企业发展的需要，有计划地新增部分职工，在生产发展，经济效益提高的基础上，逐步增加职工工资收入。

4. 加强老龄福利事业的发展，我国实行的计划经济，老年人生活的改善，老龄问题的处理，是关系到老年人切身利益和社会长治久安的大问题，是两个文明建设的主要内容，因此，“八五”期间要增加老龄福利事业建设的投资，重点要改善老年人退休后的居住条件和医疗卫生条件。

（三）卫生事业的发展，医疗卫生事业，贯彻预防为主，中西医结合发展的方针。“八五”期间突出预防保健，农村医疗卫生两个重点，加强县、区、乡、村四级医疗卫生机构和网点建设，努力开展群众性爱国卫生运动，抓好食品、饮水、工业卫生和劳动保护，强化各种传染病，地方病和职业病的防治。加速医务卫生人员培养，提高医疗卫生技术水平，满足城乡群众最基本的医疗，卫生和保健需要。在“八五”期间内搞好妇幼保健站建成标准化工作，为2000年人人享受初级卫生保健打下基础，并有计划地改建一批区、乡医院门诊和住院设施。使医院病床数达到277张，比1990年增长21.49%，使80%以上人口解决饮水卫生，5%以上的自然村建成卫生村，主要的地方病、传染病、职业病得到有效控制。

（四）医药行业，要继续坚持质量第一的方针，努力提高药品的疗效，积极调整医疗产品结构，加强科学研究，开拓服务领域。

（五）体育事业，坚持“提高人民健康水平，提高运动技术水平”的方针，大力开展群众性的体育活动，增强全县人民的身体素质，加强体育运动设施和运动队伍的建设，突出抓好具有民族特色的竞技项目，提高体育竞赛水平。

（六）城乡建设和环境保护工作

城镇建设，按照统一规划，配套发展，增强综合功能的原则，加强城镇建设和管理，提高城镇建设的科学性，重点放在进出口公路、供电、排水、主要街道、滑坡等灾害防治以及住宅、卫生、绿化等基础设施建设上，使城镇成为不同层次区域的经济、社会、文化活动的中心，促进商品经济的发展。“八五”期间，县城园林绿地面积达到8公顷，人均公共绿地面积达到13.6平方米，自来水供水率达到97%。在“八五”前期，搞好城区2000米防洪排水工程的规划与实施，防治洪水对县城、工矿企业、城郊土地、农户的威胁。

环境保护，要切实贯彻土地，矿产资源和环境保护基本国策，坚持以预防为主，防治结合，综合治理的方针，加强资源保护和环境治理。“八五”期间，力争使水土流失加剧的势头得到抑制，自然生态环境有所改善，土地管理，要认真贯彻《国土法》，严格控制非农业建设占用耕地，特别要制止乱占耕地的现象，有计划地进行土地开发，保持耕地资源的基本稳定。

矿产开发管理，要坚决贯彻《矿产资源法》。全面执行采矿登记制度，加强对矿业活动的监督，制止乱采乱挖，浪费资源和破坏生态的现象，做到合理利用矿产资源，促进矿业生产持续健康发展。

（七）加快文化、广播、电视、电影档案等事业发展，要坚持为人民服务，为社会主义服务的方向，继续搞好治理整顿，努力发展文化、广播、电视、电影事业，加强思想政治工作和社会主义法治建设，丰富人民群众的精神生活和提高人民的思想文化素养。

文化事业，进一步普及群众文化事业，大力繁荣文娱创作，继续加强图书馆、新华书店和以农村为重点的电影事业建设。

广播和电视，要坚持城乡并重，广播、电视相结合，有线、无线相结合和一台多点的方针，逐步建立以县为中心，区乡为重点，努力办好彝语电视台，“八五”期间使广播、电视节目覆盖率分别达到60%和70%。

档案工作要坚决贯彻实施《档案法》，加强档案工作的基础设施建设，努力为社会主义现代化建设服务。

七、加快扶贫经济开发的步伐

近几年，我县扶贫工作虽然取得一定成绩，但我县扶贫开发才起步，农村生产，生活条件还很差，贫困问题仍十分突出，至今全县10706户农户、47800人未解决温饱问题，有15813户、70100人没有脱贫，还有相当一部分人饮水困难，乡村不通公路。另外，由于我县农业生产条件差，经济基础脆弱，一部分刚解决温饱的农户，一遇灾害，仍有可能饱而复饥，暖而复寒，发展经济摆脱贫困是直接关系到人心向背、民族团结和社会安定的重大问题。今后十年和“八五”期间必须继续把扶贫开发工作作为全县头等重要大事来抓。

扶贫开发的奋斗目标是力争用五年的时间基本解决全县的温饱问题，到20世纪末，实现部分农民脱贫致富，为21世纪奔向小康生活水平打下坚实的基础，具体要求：

① 1995年全县农民人平纯收入达到379元，使10706户贫困农户基本解决温饱，使60%以上的建卡贫困户基本实现脱贫，2000年农民人平纯收入达到529元，逐步脱贫致富。

②使贫困户的生产、生活条件进一步得到改善，“八五”期间，争取使80%以上的人畜饮水得到解决，农业基础设施建设得到加强，综合治理，水土流失过速的状态基本缓解。

③贫困的科技、教育、计划生育等各项事业普遍加强，人口素质明显提高，“八五”期间，小学普及率达到60%以上，学龄儿童入学率达到65%，贫困农户基本掌握1 ~ 2门实用技术，计划生育基本得到控制。

八、深化经济体制改革

坚定不移地推进经济体制改革，既是美姑县一项重要的工作任务，也是实现十年规划和“八五”计划的主要保证，因此必须把实施发展计划和深化改革紧密结合起来进行。

今后十年和“八五”时期，按照国家发展有计划商品经济，建立计划经济与市场调节相结合经济运行机制的总体要求，围绕20世纪经济、社会发展的战略目标，从县内生产力发展客观要求和特点出发，通过改革，理顺各方面的经济关系，逐步建立起能充分调动自身治理的积极体制和运行机制，以达到调动全县各族人民的社会主义建设积极性，加快美姑经济建设和社会进步的目的。

九、社会主义精神文明建设

建设高度的社会主义精神文明是建设有中国特色的社会主义的一项根本任务，没有社会主义的精神文明，社会主义现代化的方向和动力就没有保证，物质文明建设也搞不好。

社会主义精神文明建设，要坚持贯彻“必须是推动社会主义现代化建设的精神文明，必须是促进全面改革和实行对外开放的精神文明，必须是坚持四项基本原则的精神文明”这一基本指导方针，我们要在这一基本指导方针的指引下，深入开展“一个中心，两个基本点”的基本路线和政策教育，开展马克思主义基本理论的学习，提高干部群众的政治觉悟，加强思想政治工作，坚持不懈地反对资产阶级自由化，广泛深入地进行爱国主义、集体主义和社会主义教育，振奋民族精神，改善社会风气，克服在两个文明建设上“一手硬、一手软”的现象，保证改革开放和经济建设健康发展。

十、今后十年发展的主要对策措施

实现美姑县今后十年和“八五”时期的主要任务和目标，必须坚持已确定的指导思想，认真落实对全局起着主要影响的关键性措施，突出农业这个基础，狠抓科技管理两个轮子发挥丰富自然资源的优势，克服资金的短缺。

（一）树立“无农不稳”的思想，强化农业的最基础地位。

美姑县在现阶段，农业在国民经济中仍起着明显的支配作用，是经济稳定和协调发展的重要基础。目前，农业发展状况同工业和其他非农产业不相适应，成为影响经济、社会发展全局的重要制约因素。因此，在“八五”期间，务必增强全县农业意识，加强各级政府对农业生产的领导和各行各业的支援，努力为农业发展创造良好的条件，真正把各项农业增产措施落到实处，使农业的基础地位得到不断巩固与整个国民经济保持协调发展。

（二）实行正确的科学技术政策，大力推进科技进步要坚决贯彻“经济建设必须依靠科技进步，科技工作必须向着经济建设”的方针，增强全县人民的科技意识，牢固树立科学技术是第一生产力的观点，努力提高科技进步在经济增长中的贡献，必须抓住以下六点：

1. 深化科技体制改革，以促进科技与经济建设的紧密结合为中心，重点建立起科技同经济结合的有效机制，推动技术、人才、资金等生产要素的最佳结合。

2. 研究制定符合全县实际的产业技术政策，明确鼓励和扶持，限制和淘汰的技术对象，以及相应的政策措施，为全县技术进步指明具体努力的方向。

3. 完善科技责任制，把科技、教育发展纳入各级政府的任期责任目标、内容。建立行政考核制度。强化科技工作的组织领导；把科技进步指标纳入企业承包和上等升级的考核内容，增强企业技术进步的内生动力；完善和推广农业科技承包，促进农业科技承包向集团化、网络化、配套化的方向发展。

4. 继续发挥科技人员的作用，重知识、重人才，依靠政策。稳定县内专业技术人才，充分调动广大科技人员的积极性，使他们安心在美姑工作。

5. 大力开展横向技术联合或协作的科技人才交流积极引进外地先进技术、工艺、设备，发展一批与先进企业为依托的生产新型实体。

6. 增加科技开发的资金投入，要动员社会各方面力量形成多层次、多形式、多渠道的科技投资体系、财政用于科技的经费应该逐年有所增加，建立县技术进步和推广应用的专项资金，用于新产品开发，新技术推广和技术改造，并实行有偿使用。

（三）加强企业管理，努力提高经济效益。

企业成败和兴衰的关键取决于经济管理。管理是一种生产力。从全县当前和今后的发展分析，努力改善经济管理已成为一项十分紧迫的任务，“八五”期间必须高度重视和加强企业管理，通过提高企业经营管理水平，使全县经济高投入、低产出、高消耗、低效益的状况得到明显改善，重点抓好以下六点：

1. 进一步深化改革，全面推行厂长（经理）负责制。完善和发展承包经营责任制，搞好第二轮承包的同时，企业健全企业内部经营责任制、努力克服“以包代管”的问题，调动职工的积极性。

2. 大力培育企业精神，健全企业职代会制度，充分重视职工在管理方面的参与作用，激发工人阶级的历史使命感和主人翁责任感，增强企业凝聚力。

3. 抓住企业管理的薄弱环节，从基础工作抓起，建立健全规章制度严格工作纪律，遵守工艺操作规程，抓好现场管理、强化计量、原始记录、统计、财经核算、定额、标准化、质检、信息管理以及职工教育等基础工作，做到有章可循、从严治厂。同时把企业管理基础工作纳入上升等级、评选先进、产品评优的考核内容。

4. 以提高质量，降低成本为中心，紧密结合企业实际，努力学习和应用现代管理方法，在对各种先进管理方法兼容并蓄的基础上探索适合本企业实际的管理新方法，做好管理现代化的起步工作。

5. 抓好市场分析预测，强化市场观念，逐步实现由生产为中心，强化销售的被动经营模式向以市场为出发点，积极开发新产品的经营模式转变，以准确的市场预测，快速的产品调整，开发良好的销售管理，去开拓市场，引导消费。

6. 继续广泛开展“双增双节”活动和“扭亏增盈”工作。

（四）充分发挥自然资源的特殊优势，多方筹集资金，保证重点建设。

资金短缺是美姑县今后十年和“八五”期间面临的突出问题，解决资金不足的矛盾，主要应在发挥县内资源优势，多渠道筹集资金和提高资金的投入产出效果等方面做文章，努力扩大资金来源，着重抓住以下五点：

1. 充分发挥美姑县优势资源的吸引力，积极争取国家、省、州投资和开发，同时，努力开展横向经济联合，制定优惠的政策和采取灵活多样的形式。引进外地资金，为此，一方面应抓好资源开发的理论宣传，增强国家、省、州对全县丰富资源的理解认识；另一方面要狠抓资源开展项目的前期论证，搞好项目储备。通过扎实的基础工作，为项目的计划竞争，机会竞争创造条件。

2. 广开筹集资金渠道，扩大资金来源，要努力发展城乡储蓄，培育和完善资金市场，通过扩大储蓄，开展资金拆借，清理拖欠等途径，搞活资金流通，加速社会资金的集聚和周转，还要尽可能实行谁投资、谁受益的办法，兴办能源、交通、农业等基础产业。

3. 树立“一盘棋”的观念，采取切实有效的措施，加强社会固定资产投资管理，合理调整投资方向，保障重点建改，提高投资效果。一是强化资金平衡管理，按照决定的“八五”产业发展和项目建设供给资金，形成集中力量保重点的局面，把有限的资金真正用于“刀刃”上；二是提高项目决策的科学性，继续推广工程建设投资包干责任制，提高资金使用效果，争取投资一项，见效一项。

4. 普遍提高企业经济效益，在广开生财门路的同时，着力培植重点财源，加速资金积累，特别要突出投入产出效益高、积累资金能力强的优势产业和产品的发展。

5. 加强财政预算约束，实行复式预算，通过把“吃饭钱”与用于生产建设的资金划开，进行分类管理，有效地控制行政事业机构膨胀和人头经费支出过快的势头，保证足够的生产建设资金。

十一、加强和改善党的领导，是实现社会主义建设的根本保证

中国共产党是领导我国各族人民进行社会主义现代化建设和改革开放事业的核心力量，美姑县十年规划和“八五”计划的顺利实现，要进一步加强和改善党对经济工作的领导，围绕经济建设这个中心开展各项工作，全体共产党员特别是党的领导干部，都要认真学习马列主义、毛泽东思想，全心全意为人民服务，要继承和发挥理论联系实际，密切联系群众的优良传统，坚持民主集中制的原则，坚持“从群众中来，到群众中去”的工作方法，坚持同人民群众的血肉联系，增强党的凝聚力和战斗力。切实加强和改进基层党组织的建设，充分发挥全县各级工、青、妇等群团组织在社会主义建设中的积极作用，要求全县共产党员、共青团员和广大干部群众都要本着实事求是的原则，站在社会主义现代化建设和改革的前列，开拓前进。

美姑县今后十年的积极建设和各项事业的发展，需要有一个政治安定、社会稳定的良好环境，因此，必须加强人民武装力量的建设，中国人民解放军、人民武装警察部队和公安干警是人民民主专政的坚强柱石。全县全体公安干警和民兵要继续加强革命化、现代化、正规化建设，提高政治素质和军事素质，增强战斗力。要大力开展国防教育，增强全民国防意识，坚决维护社会安定和保护人民利益，保卫社会主义现代化建设的顺利进行。

总之，实施十年规划和“八五”计划是全县各族人民的一件大事，能否实现战略目标，既关系到人民的富裕，政治的稳定，社会的安宁，又会对美姑县21世纪初经济更大发展带来影响。因此，我们一定要树立起历史的责任感和使命感，动员和组织全县各族人民紧密地团结起来，振奋精神，同心协力，埋头苦干，专心致志地投身于本世纪最后十年经济建设和改革的伟大实践。树立立国之本，走好强国之路，为实现美姑县十年规划和“八五”计划，建设富强、民主、文明的美姑而努力奋斗。

1993年3月26日

美姑县国民经济和社会事业发展十五年规划及第九个五年计划

美姑县1996年至2010年这十五年间，国民经济和社会事业的发展不仅关系到能否稳定地解决全县人民的温饱、脱贫致富奔小康，而且关系到能否促进民族团结和区域经济的协调发展。为此，根据党的十四届五中全会精神，按照省、州的部署，结合中共美姑县七届五次全委扩大会《建议》。在《征求意见稿》的基础上正确制定并实施《美姑县十五年规划及第九个五年计划》，对于动员全县各族人民振奋精神，挖掘潜力，推进国民经济和社会事业协调、健康、快速地发展，迎接21世纪具有十分重要的意义。

一、实事求是地再认识美姑县情

美姑县具有两个显著的基本特征。其一是个典型的彝族聚居县，现有总人口158946人，其中彝族155079人，占总人口的97.57%；其二是一个贫穷落后，生产力不发达，人民生活困难，被国务院列入我国西部半农半牧贫困县之一。美姑县地处四川西南，凉山州东北部的大凉山腹心，其县情不仅同内地有很大的差异，而且就凉山各县情况相比，也有许多不同之处。深入细致、全面、系统地研究，客观地、实事求是地再认识美姑县情，对未来经济和社会发展具有十分重大的价值。

（一）经济和社会发展的现实基础及环境

党的十一届三中全会以后，美姑县国民经济和社会事业得到了较快发展，特别是“六五”期间发展速度最快，“七五”和“八五”也稳步增长，取得了好成就。

——经济总量稳步增长。1995年国内生产总值（1990价）达到12845万元，为“八五”计划的98.81%，比1980年的5388万元翻1.19番，比1990年增长25.11%，年均增长4.58%，财政收入由1990年的456万元增加到902万元，为“八五”计划的169.23%，比1980年的104万元翻3.1番，比1990年增长97.81%，年均增长14.62%。

——工农业发展迅速。1995年农业总产值达到13089万元（1990价），为“八五”计划的104.88%，比1980年的4855万元翻1.35番，比1990年增长25.22%，年均增长4.4%；工业总产值达到4545万元（1990价），为“八五”计划的112.22%，比1980年的1242万元翻1.38番，比1990年增长47.8%，年均增长8.13%。

——产业结构进一步完善。非农产业在国民经济中的比重逐步提高。全县一、二、三产业的比重由1990年的67.9∶17.0∶15.1演变为1995年的59.5∶18.8∶21.3，第三产业发展加快。

——乡（镇）企业快速发展。1995年乡（镇）企业总产值达到2965万元（1990价），为“八五”计划的253.42%，比1980年147万元翻4.27番，比1900年增长201.32%，年均增长24.68%。

——市场繁荣，人民生活改善。1995年社会消费品零售总额达到3760万元，为“八五”计划的125.33%，比1990年增长61.23%，年均增长10.03%；职工人均年工资收入达到4602元，比1990年增加2721元，增长144.66%；农民人均纯收入达到432元，比1990年增加153元，增长54.84%。

——基础设施进一步加强。“八五”期间，洛俄依甘、牛牛坝和县城开通了程控电话，全县电话装机由310门增加到888门。其中县城由167门增加到758门；长途线路由9条增加到13条；新建了城市下水道一期工程；对自来水引水工程进行了改造；新建矿山公路21公里，乡道11公里，改造美雷公路11公里为四级标美路，省重点扶贫路美马路开工建设，35千伏输变电工程竣工并投入运行。

——科技教育及社会事业蓬勃发展。科技进步对经济增长的作用和贡献越来越大，教育事业稳步发展，学龄儿童入学率达到56.11%，比“七五”末提高了6.27个百分点，考入大中专的学生连续三年突破百人关；计划生育成效显著，人口自然增长率控制在13‰以内，实现人口控制目标；卫生、体育、文化、广播电视等其他社会事业和社会主义精神文明建设都取得了新的成绩。但是，我们必须清醒地看到，美姑县经济发展的整体水平仍然较低，经济效益仍处于低层次阶段，发展速度十分缓慢，在全州17个县市排位中比较落后；国内生产总值1990年排列全州第13位，而1995年则排列第15位；工业总产值1990年排列全州第13位，而1995年则排列第14位；农业总产值1990年排列全州第14位和1995年排列在第15位；财政收入1990年排列全州第11位，而1995年则排列第12位；社会消费品零售总额1990年和1994年都排在第16位。美姑县经济发展在全州的格局中处于十分滞后的地位，这是一个严峻的现实，对“九五”经济发展将是一个很大的压力。

（二）经济和社会发展的有利条件及机遇

——美姑县经过十几年的改革和发展，综合经济实力不断增强，城乡人民的物质文化生活进一步得到改善，政治稳定，社会安定，为经济和社会发展提供了保障。

——美姑县具有丰富的自然优势。有辽阔的草地162.73万亩，可大力发展草食牲畜；有丰富的森林资源175.26万亩，活立木蓄积834万立方米，森林覆盖率达到33.6%，可大力发展林化工业，进行深度加工，增加附加价值；有野生棠梨母本600万株，可嫁接优质梨树，建立优质梨基地，现已进入凉山州“双十亿元工程”行列并开始实施；拥有水能理论蕴藏量82万千瓦，可开发量58万千瓦，近期可开发25万千瓦，目前仅开发了0.5万千瓦，只占可开发量的0.86%；有石灰石、磷矿耐火土、煤、铜、铁、铅、水晶等矿产品二十多种，还有蜡虫、花椒、天麻、人参、虫草等农副土特产品和名贵中药材，更拥有秀丽的山水风光、浓郁的民族风情、独特的民族文化为一体的旅游景观。这些资源的价值含量极高，发展潜力大，为“九五”经济发展提供了较好的开发——转换依托，同时也为争取国家倾斜投资提供了有利条件。

——美姑县有着民族区域自治和国家贫困县的政策优势。“九五”时期乃至较长的时间内，国家将进一步采取特殊政策倾斜投资。争取更大的政策照顾及省、州的大力支持，将是美姑县快速发展的好机遇。

——美姑县在发展中积累并形成了一套“以发展生产力为目的，以资源开发为依托，以提高经济效益为核心，以脱贫致富为目标”的成功经验，为“九五”发展奠定了基础。

——随着改革开放的深化，经济体制改革有了一定成效，调动了企业生产和经营的积极性，有利于推动美姑县商品经济的快速发展。

（三）经济和社会发展的制约因素及困难

美姑县经济和社会发展受到诸多因素的制约，主要体现在以下几个方面：

——自然地理条件的影响。美姑县地处高寒山区，土地贫瘠，气候恶劣，不靠江、不靠海、更不靠边，交通不便、信息不灵及长期形成的封闭状态，严重地影响着经济和社会的发展。

——社会发展程度较低。美姑县没有经过不可逾越的商品经济充分发展的阶段，而直接脱胎于奴隶制社会跨越到社会主义社会，基础脆弱、设施落后、底子薄、起步晚，现在还处于社会主义初级阶段的低层次。无论是经济或社会发展都远远落后于全省。旧社会遗留下来的痕迹以及非经济的消极因素还在许多方面不同程度地存在着。

——人口负担重，就业压力大。即使严格控制人口增长，“九五”期末美姑县总人口也将达到17.34万人，比1995年增加1.4454万人；劳动力将由8.1万人增加到8.84万人，净增7400人。一方面美姑县地处大凉山腹心，贫困面大、贫困程度深，要为众多的人口提供较好的生活和发展环境，稳定解决温饱、脱贫致富奔小康，任务十分艰巨；另一方面，要给劳动力提供就业机会与提高劳动者生产率之间的矛盾也比较突出。

——生产力水平低下，影响发展速度。美姑县农、牧业社会分工不明显，基础十分脆弱，农牧业在根本上仍处于初级经营和“靠天种植、靠天养畜”的阶段；企业生产技术和管理水平低，劳动生产率不高，经济效益差，缺乏自我积累、自我约束、自我发展能力；资源开发利用原始粗放，丰富的自然之源优势难以转化为经济优势和商品优势。长期以来只能充当原材料供应基地和初级加工基地的角色，而不能也无力对原材料进行深加工，获得更多的附加价值。

——地方财力严重不足。美姑县财政是一个“吃饭”财政，入不敷出。主要资金还是靠上级财政补贴，拿不出资金搞建设。企业效益不好，积累资金困难，扩大再生产更难。资金不足的问题成为制约经济发展的重要因素。

——劳动者素质低下，观念落后。一是占农业人口的54.2%，占劳动力人口的93.8%的农村劳动力素质低，推广应用科学技术成果的难度大；二是科学文化差，商品经济意识缺乏，现代文化观念淡薄，基础教育落后，学龄儿童入学率仅有56.11%。

由于以上因素制约，使美姑县经济处于“自然经济状态”和“共给型”经济两大特征，实力十分薄弱，形成了“富饶下的贫困”和“端着金碗要饭”的局面。

综上所述，美姑县经济和社会的发展已有了一定的基础，今后的发展既有制约的一面，也有发展的机遇可得。只要抓住机遇，发展优势，扬长避短，就能加快发展，脱贫致富，缩小与发达县的差距，迎头赶上。

二、未来经济和社会发展的战略

“九五”期间是我国改革开放和社会主义现代化建设承前启后、继往开来的重要时期，也是美姑县实现经济发展第二步战略目标和为第三步战略目标打基础的关键时期。纵观国际国内、省、州内外形势，美姑县虽然面临着严峻的挑战，并有诸多制约因素，但同样有不可多得的历史机遇。要抓住机遇，充分利用美姑县各方面的有利条件，在“九五”期间至2010年内集中力量大搞经济建设，以优势抢占经济发展的制高点，把一个国民经济与社会事业协调、健康、快速发展的新美姑带入21世纪。

（一）发展的指导思想

根据对美姑县发展现状、自然地理、环境条件的剖析，美姑县未来十五年经济和社会发展的基本指导思想是：坚持以邓小平同志建设有中国特色社会主义理论和党的基本路线为指针，全面贯彻党的十四届五中全会精神，坚持以经济建设为中心，积极推进经济体制和经济增长方式两个根本性转变，妥善处理改革开放和现代化建设中的各种重大关系，依靠科技兴县，走以开发优势资源为依托，市场需求为导向，经济效益为核心的发展道路。在竞争中谋发展，从管理中求效益，加快脱贫致富步伐，使美姑县经济与社会协调、健康、快速发展。

——积极推进经济体制从传统的计划经济体制向社会主义市场经济体制转变。按照建立社会主义市场经济体制的要求，积极推进经济体制改革和其他方面的改革步伐，进一步理顺各方面的经济关系。健全新的经济运行机制和经济秩序，以适应生产力发展的需要，从根本上摆脱计划经济体制的束缚。一要从实际出发，面向市场，追求效益；二要实行政企分开，从单纯依靠政府搭班子，找资金进行资源开发，使政府要对项目的生死存亡承担无限责任中转变过来，搞政企分开，实行企业法人制和投资业主制，由企业法人和投资业主承担资金筹集、生产经营、归还贷款和投资风险的全部责任，政府为其提供良好的投资环境和安全、高效的协调服务，依法征收各项税费；三是要规范政府行为，克服政府机构庞大、审批烦琐、办事效率不高、“三乱”现象久治不愈的状况。按照精减、统一、效能的原则，改革政府机构。大力推进国家公务员制度的实施步伐，转变机关工作作风，真正为企业搞好协调服务，为纳税人排忧解难。努力把综合经济部门调整充实为职能统一，具有权威性地经济调控部门，在县委、县政府宏观决策中发挥积极作用。

——积极推进经济增长方式从粗放型向集约型方式转变。要从根本上改变传统的主要靠增加投入上新项目，偏重经济数量和速度，忽视提高生产要素质量和使用效率，消耗高、质量差、效益低的生产发展方向和状态，走依靠科学技术、内涵扩大再生产的道路，提高经济增长质量。在农业上，要从广种薄收，扩大耕地面积来提高产品总量的粗放经营中转变过来，大力推进科学技术向现实生产力的转化，采用先进适用技术进行精耕细作，以提高单产的方法来增加产品总量。在工业上，要从高投入、低产出、忽视技术要素、市场要求、自身管理、技术条件的认识中转变过来，逐步建立资金密集、技术密集、知识密集型产业。以更新改造为主，进行内涵扩大再生产，提高企业综合效益。同时，要大力培养、选拔经济管理人才。市场竞争是人才的竞争。要尊重知识、尊重人才、不拘一格地选拔、任用懂经济、善管理、有竞争、风险和法人意识的各类人才，充实企业家队伍，提高企业家素质。

（二）发展的目标任务

按照发展的指导思想，美姑县“九五”期间及2010年间国民经济和社会事业发展的目标任务是，稳定解决全县人民的温饱，部分实现小康；到2010年，彻底消除贫困，全县人民到达小康生活标准。

1.“九五”目标

——全县国内生产总值到2000年达到2.27亿元，年均增长12.06%（“八五”为4.58%），比1980年的5388万元翻两番。任务十分艰巨，要求第一、二、三产业均要突破性的发展。

——全县农业总产值到2000年达到1.7亿元，年均增长5.37%（“八五”为4.6%），比1980年的4855万元翻1.75番。

——全县乡（镇）企业总产值到2000年达到1.5亿元，年均增长38.3%（“八五”为24.68%），比1980年的147万元翻6.6番。

——全县工业总产值到2000年达到1.5亿元，年均增长17.08%（“八五”为8.13%），比1980年的745万元翻3.4番，第三产业增加值占国内生产总值的比重由21.3%，提高到2000年的29.52%。

——粮食总产量到2000年达到0.75亿公斤，年均增长3.12%，（“八五”为6.21%），比1995年增加1067.5万公斤，保持人均有粮400公斤以上。

——财政收入到2000年达到1600万元，年均增长12.15%（“八五”为14.62%），比1980年的104万元翻3.9番。

——农民人均纯收入到2000年达到1000元，年均增长18.28%（“八五”为9.14%），比1980年的61万元翻4番。在因地制宜、稳定解决全县人民温饱的基础上，力争全县10%的村到达小康水平，瓦侯片区率先奔向小康。

——全县肉类总产量2000年达到1万吨，年均增长14.07%（“八五”为6.79%），比1980年的1300吨翻2.9番，充分满足人民膳食需要。

——科技兴县、教育为本。到2000年，全县适龄儿童入学率达到85%，比1995年提高28.9个百分点；中小学在校生达到2.2万人，年均增长12.89%（“八五”为2.32%）。

——控制人口增长，提高人口素质。到2000年，全县总人口要控制在17.34万人以内，人口自然增长率控制在15‰以内。

——积极加强交通、通信等基础设施建设，改善投资环境。到2000年实现乡乡通公路和全县电话程控化。

2.2010年远景目标

到2010年，在实现"九五"发展目标的基础上，力争使美姑县国民经济和社会发展上一个新台阶；实现国内生产总值比2000年翻一番，达到4.6亿元；工业总产值比2000年翻一番，达到2亿元；农业总产值比2000年增长47.06%，达到2.5亿元；乡（镇）企业总产值比2000年增长66.7%，达到2.5亿元；财政收入比2000年翻1.25番，达到4000万元；粮食总产量比2000年增加1万吨，保持人均有粮400公斤以上；农民人均纯收入比2000年翻一番，达到2000元，彻底消除贫困，达到小康生活标准；适龄儿童入学率达到95%；总人口控制在20.12万人以内；形成较完善的社会主义市场经济体制，较好地优化配置资源，逐步实现工业化、城市化，使美姑县国民经济增长质量和技术水平显著提高，实现经济与社会、环境协调、持续发展。

（三）发展战略及途径

1. 发展战略

美姑县立体气候比较典型。低山河谷地带光热条件较好，土地相对肥沃，水能储量丰富，交通、通信方便，宜发展粮食生产，种植水果、干果及经济林木，水电开发，兴办加工工业等。为此，在发展战略上要贯彻实施"沿河"发展战略。即以美姑河沿岸发展为依托，在二半山及高山建立经济增长点，以点带面推进二半山的发展，加快全县农牧民早日脱贫致富奔小康的步伐，实现国民经济和社会事业协调、健康、快速发展。

——在美姑河下游及溜筒河流域建设农业综合开发区，实施精耕细作，大搞粮食生产。

——依托柳洪电站，加快水电开发。

——依托凉山州"双十亿元工程"的野生棠梨嫁接，大搞水果、干果和经济林基地建设。

——充分利用优势资源，兴办加工工业和乡（镇）企业。

——加快畜牧业生产，强化种草养畜、品种改良，稳步增加存栏数，提高商品率。

——打好"七七五"扶贫攻坚战，以加快低山河谷的发展辐射二半山及高山地区的发展，脱贫致富奔小康。

2. 产业发展

遵循发展的指导思想，依托"沿河"发展战略，美姑县未来经济发展的基本思路是：夯实粮食基础，狠抓林果业、畜牧业、水电开发、乡（镇）企业、巩固发展工业，放手发展非公有制经济，加快基础设施建设，走以农兴工，以工促农，商品致富经济之路。

照以上发展思路，美姑县产业发展的重点是：

（1）大搞农业综合开发，夯实粮食基础。全县上下要树立"无农不稳，无农不富，无粮则乱"的思想，以增粮增收、稳定解决温饱、部分实现小康为目标，发展高产、优质、高效农业，繁荣整个农村经济。到2000年全县粮食总产量必须达到0.75亿公斤，才能保持人均有粮400公斤以上。因此，"九五"期间每年必须净增213.5万公斤粮食。要保证这个目标的实现，首先要保证粮食播种面积稳定在29万亩左右，以地膜玉米，洋芋脱毒良种等先进适用技术提高单产，并认真落实好各项增种复种指数，保证总产；其次要大搞农业综合开发，实行山水田林路综合治理。下决心改善农业生产的基本条件，将美姑河下游和溜筒河流域的牛牛坝、九口、洛俄依甘、拉马、柳洪一带建成农业综合开发区，以拉马和依波沃为示范基地，引进先进适用技术，以科学种植推进全县农业生产的发展；再次就是兴建水利，建设拉马水库、依波沃水渠及觉洛水库，兴修一批微型水利工程；第四是千方百计地增加对农业投入；用好农业综合开发、以工代赈、长防、长治等专项资金，提高投资效益，引导农民增加投入，扩大劳动积累。

（2）大力发展林果业，突出抓好优质梨—苹果—花椒—油桐等商品基地建设，增加农民收入。

①建设水果基地。一是抓紧实施凉山州“双十亿元工程”之一的野生棠梨嫁接工程，在美姑河中游和连渣洛河下游的典补、佐戈依达、侯古莫一带开发优质梨基地6万亩，完成野生棠梨嫁接236万株的规模；二是利用美姑河中上游的佐戈依达、巴古、巴普、觉洛、龙门一带宜种苹果的优势，建设苹果基地1.2万亩、100万株。同时，加强果树管护工作，适时修枝、施肥、防病治虫，确保到2000年全县水果总产量达到4万吨，到2010年达到6万吨。

②建设干果基地。利用连渣洛河沿岸和美姑河中上游的二半山及河谷地带宜种花椒、核桃的优势，大力发展花椒、核桃。到2000年，使花椒总产量达到50万公斤，核桃总产量30万公斤，创产值1000万元。在此基础上，到2010年达到花椒100万公斤，核桃60万公斤。

③建设经济林基地。利用美姑河下游及溜筒河流域的河谷地带建设油桐基地1万亩；在连渣洛河下游的候播、采红、侯古莫和美姑河中上游的牛牛坝、巴普、觉洛一带发展女贞树（蜡虫）基地。到2000年桐籽产量达到25万公斤，蜡虫产量2万公斤；到2010年达到产桐籽100万公斤，蜡虫10万公斤。

④加强植树造林、绿化荒山、发展林业资源。“九五”期间，要营造防护林3万亩、用材林1.2万亩，使森林覆盖率达到35.19%，比1995年增长1.59个百分点，到2010年力争达到45%的覆盖率；确保水能资源储量逐年增加，实现经济效益与环境效益相统一。

（3）大力发展畜牧业。畜牧业的发展不仅关系到农民的增收来源，而且关系到改善生态环境和人民的膳食结构。长期以来，美姑的肥猪肉大部分都靠县外购进，而牛羊却大部分运出，要改变现状，实现县内猪肉自给，牛羊肉加工后外出，必须狠抓畜牧业生产。“九五”期间，要在沿河两岸集中发展绒毛羊、山羊；在二半山以下粮产区重点发展生猪杂交改良；在二半山及高山地区重点发展草食牲畜。同时，要大力推广种草养畜牧业科技，加强品种改良及疫病防治，稳步增加存栏数，提高商品率。到2000年，四畜存栏数要达到60万头（只），年均增长4.3%（“八五”为1.55%）；四畜存栏达到18万头（只），家禽出栏100万只；肉类总产量达到1万吨，才能满足人民膳食及有富余加工外运。力争到2010年达到四畜存栏70万头（只），家禽出栏200万只，肉类总产量2万吨。

（4）加快水电开发。美姑县水能资源丰富、蕴藏量大（82万千瓦），可开发率高（71%的可开发），现在只开发利用了可开发量的0.86%，利用甚微。因此，发展电力的潜力很大。“九五”期间，一是要积极争取州级重点项目柳洪电站（1500万千瓦）早日上马；二是重点建设瓦吉吉（5000千瓦）、思普（18万千瓦）、华岗（500千瓦）三个小水电站；三是搞好瓦侯大湾电站（估计8万千瓦）的前期工作。力争到2000年实现地方小水电装机容量1.4万千瓦的规模，出售富余电量，走以电养电的路子。力争在2010年实施美姑河流域梯级水电开发，建成瓦侯大湾电站，实现电力建设的滚动发展，装机容量达到30万千瓦。

（5）加快发展乡（镇）企业。要充分发挥我县各地优势，大力发展短、平、快、投资省、见效快的项目。以市场和效益为中心，面向市场，达到建设一个，成功一个，见效一个。“九五”期间，重点建设柳洪桐油厂、九口洋芋酒精厂、牛牛坝打洛煤厂、候播乃拖猕猴桃厂、巴普镇花椒油厂、瓦侯车木厂。积极稳妥地引导农村剩余劳动力的转移，增加农民收入，到2000年，乡（镇）企业总产值达到1.5亿元，年均增长38.3%(“八五”为24.68%）。

（6）巩固发展工业。美姑县工业发展要以现有工业企业为基础，市场需求为导向，企业效益为核心，通过改制、改组、技术改造，进行科学管理，建立以内涵扩大再生产为主，适时发展新企业的路子，逐步形成规模经营。重点发展食品工业、林化工业、建材工业。

①食品工业要依托“双十亿元工程”兴建水果罐头加工厂，年产罐头5000吨，解决梨子、苹果形成规模时的后顾之忧；依托畜牧业的发展，对县牛肉干厂进行技术改造，建成肉联产，达到年产冻肉1000吨的能力。大力发展土特产品和绿色食品，争取出口创汇。

②林化工业要在强化植树造林、绿化荒山、营造速丰林的基础上，转变森工经营方向，以刨花板厂为基础，进行深度加工，大搞林才综合利用，增加新产品、精产品，多获附加值。

③建材工业要依托县水泥厂技改，实现年产1万吨水泥的规模，与柳洪电站相配套，新建年产3万～5万吨的水泥和砂石厂，搞好高强耐火材料和玄武岩建材厂的论证评估工作。力争在“九五”期间立项建设，到2010年建成投产，并形成规模。

④配套、完善县食品产设备，化工厂安全技改。提高劳动者素质，强化管理，节能降耗；千方百计促销，达到原设计规模，使生产效益跃上新的台阶。

⑤在培育产业优势的基础上，依托现有企业，以经济效益为纽带，走企业联合之路。“九五”期间，要逐步构建电力集团、产供销一条龙的林产品集体，高集约经营。组件企业集团，必须选好企业法人，以资本为纽带，坚持自愿、互惠互利的原则，决不可强求和行政干预。

⑥建立以公有制为主体的现代企业制度是企业改革的大方向。增强国有企业的活力，充分发挥国有企业的主导作用，关系到经济体制改革的成败，关系到经济和社会发展目标的实现。为此，要广开思路，大胆试验，勇于探索。从我国国有企业的实际出发，按照“抓大放小”的原则，本着改组、改制、改造相结合的思想，通过公司改组（股份有限责任公司—独资公司—企业集团）和产权转让（承包经营—租赁经营—柜台承包—拍卖出售）等途径进行改制，不断增强企业活力和市场竞争能力，加大发展后劲。“九五”期间，要完成现有48户国有企业改革，对长期亏损、资不抵债、扭亏无望且转产困难的企业，实行破产。

（7）放手发展非公有制经济。按照生产关系一定要适应生产力发展水平这一基本经济规律，从美姑县实际出发，要放手发展个体、私营等各种形式的非公有制经济，使个体、私营经济逐步成为国有经济的有益补充。个体、私营在城乡市场中相当活跃，它能繁荣城乡市场，丰富人民的物质文化生活，并有很大的发展潜力。要制定优惠政策，放手发展个体、私营经济，培育众多的纳税户，逐步发展成为一定规模的经济实体。

（8）加强基础设施建设，进一步改善投资环境。对交通建设，一是千方百计建好美雷公路（美姑段），打通凉山州东部出口干道；二是加强美马公路（美姑段）的新建与改建，按照四级标准保质保量完成。确保1997年7月通车，三是积极主动配合省、州争取将成美路建成三级路；四是努力完成巴普至黑桥段公路改造，实现双车道的沥青路面。同时，多方筹集资金，建设乡道，到2000年达到乡乡通公路。到2010年县到乡公路标美化。对邮电通信建设，要以大桥、牛牛坝、县城程电话为基础，重点改制瓦侯、洪溪和柳洪邮电支局，依托光缆大通道，力争全县到2000年进入光纤通信，实现程控电话3600门。

（9）加快第三产业发展。第三产业发展是促进市场发育，提高经济效益，缓解资金、资源供求矛盾，扩大劳动就业的重要途径。“九五”期间，第三产业的发展除抓好交通、通信等基础设施建设外，还应抓好商贸、旅游业、培育要素市场。

①商品流通市场。要充分发挥国有商业的主渠道作用，加强市场调节能力；放手发展个体、私营商业，活跃城乡市场；抓好集镇建设，发展城乡集市贸易。重点抓好县综合农贸市场、商贸市场和洛俄依甘、牛牛坝、峨曲古、依果觉4个小集镇建设，促进商品流通市场健康地发展。到2000年，

集市贸易成交额达到2000万元，年均增长13.3%。

②旅游业发展。美姑县的旅游事业还是一片空白，要大力发展。“九五”期间，重点开发大风顶森林公园，建设瓦侯—大风顶—黄茅埂旅游线；建设集钓鱼、游乐、体育为一体的巴普海子坝“水上公园”。以漫游瓦侯原始森林，观赏野外大熊猫，黄茅埂云海等吸引国内外旅游者来美姑旅游观光，让更多的人来认识、了解宣传美姑，提高美姑的知名度。利用“水上公园”丰富城区人民的文化生活，也为旅游者提供一个较好的游乐场所。努力改善旅游服务设施，开发旅游产品（彝族餐具、服饰等）。

③培育要素市场。要大力发展信息、咨询、技术服务、法律服务和会计服务等新兴产业，建立健全资产评估，业务代理、行业协调等中介服务，规范资金、技术劳务、土地、房地产、逐步实现主要由市场形成要素价格，充分发挥市场对资源配置的基础性作用。

（10）扶贫开发。要继续打好“775”扶贫攻坚战。根据美姑县高山、二半山、低山河谷的不同特点和条件，因地制宜地发挥各自的小区域优势，夯实粮食基础。大力发展林果业、畜牧业，大办乡（镇）企业，实施好“五个一”，走新兴致富、商品致富之路。到2000年，完成“5851”指标，稳定解决全县人民的温饱，力争全县10%的村达到小康水平，瓦侯片区率先奔向小康。到2010年，力争全县人民达到小康标准。

3. 社会发展

社会事业的发展要与经济建设、环境改善同步，协调一致，达到相互适应、相互促进、共同发展。

（1）科学技术的发展。“坚决贯彻经济建设必须依靠科学技术必须面向经济建设”的方针，切实把经济建设、社会发展真正转移到靠科技进步和提高劳动者素质的轨道上来。

①大力推进科技成果向现实生产力的转化。一是采取多种形式的科技培训，大力培养农村科技人才，推进农业科技进步，改造传统产业，发展“三高”农业。在巩固现有农技推广服务体系的基础上，围绕“三高”农业和区域性支柱产业，逐步建立以市场为导向，科技为支撑，农民为主体，产前、产中、产后全过程服务的科技推广服务体系。重点抓好种植业、畜牧业、新品种及适用科技的推广，力争农业先进适用和农作物良种覆盖面积均达到70%以上，科技进步在农业经济中的贡献率达到40%以上，二是以先进的管理方法、组织形式、科学的生产技术帮助企业提高劳动生产率，节能降耗，提高产品质量，使科技含量在中小型企业和乡（镇）企业收益中的比重达到10%以上，初步建立一个合理、高效、节能的工业结构；三是在工业生产的关键工艺和关键设备上大力推进先进实用技术，引进、消化、吸收一批科技含量高的高新技术，培育具有一定规模的高新技术企业生长点和高科技产品。

②抓好应用基础与攻关研究。重点抓好玉米、马铃薯、荞麦的新品种选良研究，农作物、家禽、家畜主要病虫害的防治研究，牲畜良种繁殖研究，水果高产优质栽培技术的研究，对农、林、牧产品深度加工技术的研究和开发，对气候、生态、环境保护、资源综合利用的研究。

③深化科技体制改革。建立科研、开发同生产、市场有机结合的机制，提高开发创新能力；加强科学技术和企业的联姻，鼓励企业自办技术开发中心，使企业真正成为技术开发主体；建立由政府、企业、民间和金融等多方面组成的多元化科技投入体系；加强科技队伍建设和人才培养，积极培养和引进县内急需的科技人才，大胆培养和使用青年科技人员，发挥聪明才智，为经济建设贡献力量；努力造就一支懂科技、懂经济、善经营的科技企业家队伍。

（2）教育事业发展。发展教育事业，要全面贯彻党和国家的教育方针、政策，坚持教育必须为社会主义现代化服务的方向，以发展基础教育为中心，民族教育为重点，大力发展职业技术教育和各类成人教育。要优化教育结构，提高教育质量。到2000年基本普及初等教育，基本扫除青壮年文盲，使非文盲率达到95%以上，小学适龄儿童入学率达到85%以上。为美姑经济建设多出人才、出好人才。

①以普及六年义务教育为重点，发展初中教育。根据全县人口居住分散的特点，采取正规教育与非正规教育相结合的办法，变“单一型”教育为“复合型”立体教育。集中人、财、物办好一类学校，带动二类学校，兼顾三类学校，达到普及六年义务教育的目标。同时，要稳步发展初中教育。“九五”期间，在大力发展基点村小，提高入学率的同时，将甲谷中学恢复，实现12个教学班的规模，单设牛牛坝初中（12个班）、俄普初中（12个班），将洪溪中学扩容为12个班、美姑中学扩容为27个班，民中（职中）12个班。到2000年达到初中招生规模1200人，使小学毕业生有一半以上能够进入初中学习，为中专和高中学校多输送合格的新生。努力办好美姑中学（高完中）和民族中学（职中），争取进入凉山名校行业。

②以基础教育和扫盲教育为重点，大力发展民族教育。继续办好重点寄宿制和半寄宿制民族班，推行“双语教学”提高民族教育质量。加强成人扫盲教育，发挥“吹糖见米”的作用。扫除文盲要采取长学制与短学制相结合，以短学制、短周期为主的办学形式，大力扫除青壮年文盲。

③深化教育体制改革，调整结构，适应社会主义市场经济体制的要求。要努力增加对教育的投入，逐步完善多渠道筹措教育经费的体制，集中资金保重点。要落实好“分级办学，分级管理”的各项目标责任，拓展教育形式。加速各类师资力量的培训，加强教师队伍建设，建立一支高素质讲奉献的“永久”牌教师队伍献身于美姑的教育事业。在“九五”期间，对全县各级各类教师进行一次轮训，提高整体素质。

（3）卫生保健事业。要以方便人民防病治病，提高人民健康水平和医疗卫生服务质量为目标，加强卫生防疫保健和农村医疗卫生工作，建立基本适应美姑县经济发展和城乡人民多层次需求的卫生服务体系及监督体系，到2000年人人享有初级卫生保健服务，完善农村医疗卫生网络。坚持“预防为主”，依靠科学进步，中西医结合的“卫生工作方针”，努力改善卫生防疫设施，采用先进的医疗设备，大力发展中西医，努力提高医疗质量和服务质量。尽力改善农村医疗条件，强化卫生防疫，妇幼保健的各项服务功能。在“九五”期间，对90%的乡（镇）卫生院进行改造。重点扩大建好洪溪、牛牛坝、大桥三个中心卫生院，完善县卫生防疫站和妇幼保健站的专项设施。

（4）人口与计划生育。计划生育是基本国策。要加强宣传，增强全县各族人民的人口意识，努力控制人口过快增长，全面提高人口素质。加强计划生育队伍建设及网络建设，大力提倡晚婚晚育，少生优生。强化对农村及流动人口的计划生育管理，切实把计划生育政策和措施落实到基层，严格控制无计划生育和杜绝超计划生育。继续坚持“三不变”，认真落实“三为主”，积极推行“三结合”。“九五”期间，全县人口自然增长率要控制在15‰以内，到2010年，总人口控制在20.12万人以内。从而达到人口增长同经济和社会发展相适应。

（5）文化、广播电视、体育事业。

①文化发展要坚持为人民服务，为社会主义服务的根本方向，创造更好的精神产品，丰富人民的文化生活，促进两个文明建设。大力普及群众文化事业，繁荣文艺创作。加强文化馆、图书馆、新华书店、电影院的建设与管理，巩固社会主义的思想文化阵地。到2000年，达到乡村普及文化站，建立图书发行网络。

②广播电视事业的发展。要以电视为重点，开路发射为先导，以小型卫星地面接收站为主，做到广播电视并举，开路闭路相结合，扩大试听覆盖面，丰富广播电视节目。坚持“谁建谁有、谁用谁管、谁受益谁负担”的原则，逐步使我县广播电视适应市场经济发展的需要。“九五”期间，重点建设候播、拉马、九口、峨曲古、树窝等20个乡卫星地面接收站及调频广播。到2000年，广播

覆盖率和电视覆盖率均达到75%以上。到2010年达到95%以上。

③体育事业发展。以增强人民体质，提高工作效率，延长工作年限为目的，积极开展全民健身运动。要大力宣传，强化全民健身意识。多渠道筹措资金，改善体育场地、设施，配套运动器材。加强对中小学体育的指导，协助教育部门搞好体育课计划，办好少年体校，培养优秀体育尖子。利用“摔跤之乡”的优势，不断发现人才，培养人才、输送人才，弘扬美姑的体育事业。

（6）劳动就业和劳动保护。要大力发展建筑业、第三产业等劳动密集型产业，增加就业机会，积极发挥集体经济、个体经济、私营经济在扩大就业方面的重要作用。建立和完善劳动力市场，促进劳动力的合理流动。重视农村剩余劳动力的转移，大力发展加工农副产品的乡（镇）企业，促进农村剩余劳动力在农业内部转移。大搞劳动积累，采取以工代赈、民办公助、义务劳动等多种形式的投入搞基础设施建设，改善农民生产和生活条件。积极引导农民逐步向非农产业转移。加快养老、失业和医疗保险制度改革，形成社会保险、救济、福利、优抚安置和社会互助、个人储蓄积累保障相结合的多层次的社会保障制度。制定相应政策，切实保护妇女、儿童、老年人、残疾人等特殊社会群体的合法权益。建立社会保险基金筹集运营的良性循环。

（7）环境保护和国土整治。

①环境保护。要加大执法力度，坚持对资源实行综合开发，利用与保护相结合，实现经济效益、社会效益与环境效益的统一。依法保护并合理利用土地、水、森林、草原、矿产及其他自然资源。坚决制止毁林开荒，陡坡垦殖、放火烧山、乱砍滥伐、乱踩滥挖等破坏生态和资源的现象发生。要加速植树造林、绿化荒山、荒坡和小区域综合治理。搞好退耕还林还牧，提高森林覆盖率，减少水土流失。以工业污染源防治，城镇环境和水质保护为重点，抓好环境保护与治理工作。力争在“九五”期间将县城下水道工程实施完成。

②国土资源。土地开发要加强宏观调控力度，严格执行国家下达的用地计划，保护规划工作，加强城镇土地管理，深化土地制度和管理制度改革建立和规范土地市场体系，巩固和加强土地集中统一管理体制。

（8）精神文明与民主法治建设。

①精神文明建设。要正确认识和处理物质文明和精神文明建设的关系，坚持“两手抓，两手都要硬”的方针，进行社会主义、爱国主义、集体主义教育，大力开发各种形式的精神文明创建活动，进一步增强民族团结，培育“四有”和“五爱”的社会主义公民，提高全县人民的思想道德素质和文化素质。积极开展“三优一学”“五带”和“三户”活动，培植良好的社会风气。加强党风廉政建设，反腐倡廉，惩治腐败，纠正不正之风。

②民主法治建设。要坚持不懈地进行社会主义民主法治教育和纪律教育，不断提高公民遵纪守法的意识。加强社会主义民主与法制建设，完善人民代表大会制度和共产党领导的多党合作及政治协商制度。建立健全民主的、科学的决策和民主监督程序及制度。贯彻执行党的民族政策、宗教政策和侨务政策。坚持并完善民族区域自治制度，巩固和加强民族团结。搞好基层政权建设，发展基层民主。加强社会治安综合治理，维护社会稳定，保障人民群众安居乐业，依法打击和惩处各种刑事犯罪活动和经济犯罪分子。抓“扫黄”除“六害”，消除吸毒、贩毒、赌博、卖淫、嫖娼等社会丑恶现象。

4. 发展途径

要实施好美姑县“九五”及2010年发展战略，必须以“开明促开放、资源换资金、科技增效益”为发展途径。一方面要进一步解放思想，扩大开放，制定开明政策，创造开明环境，树立对外开放的群体意识和行动。积极推进传统的计划经济体制向社会主义市场经济体制的根本转变，规范政府行为；另一方面要坚持科技兴县方针，树立“科学技术是第一生产力”的思想，加强科技成果向现实生产力的转化，运用先进适用技术影响、改造传统产业，把经济建设逐步转移到依靠科学技术和提高劳动者素质的轨道上来，大力推进粗放型经营向集约型经营的根本性转变。

三、综合对策措施

要实现上述发展的各项战略目标及产业发展，必须在以下几个方面抓落实、求突破、见实效。

（一）强化农业基础，树立首位意识

美姑县是一个农业县，农业的基础地位和作用特别明显。因此，必须强化农业的基础地位和首位意识，大搞基本农田建设，努力增加对农业的投入，改善农业生产条件，增添发展后劲。提高农业综合开发，利用以工代赈、长防、长治等专项资金，坚持不懈地进行山、水、林、田、路综合治理，改田改土、兴修水利，建成一人一亩高产稳产农田，提高防灾、抗灾能力。

（二）努力改善投资环境

交通、通信、能源、市场、城市服务功能是发展社会主义市场经济的必要条件，更是引进资金、技术和人才的硬环境。这方面恰恰是美姑县的薄弱环节。为此，要扎扎实实地搞好基础设施和服务功能的建设，搞好社会治安综合治理，力争“九五”期间有一个明显改善。

（三）大力发展科技、教育事业、努力提高民族文化素质

教育和科技落后是阻碍美姑县经济发展的根本原因。要实施好发展战略，最根本的还是靠发展教育和科技。科技的发展离不开人的素质，更离不开教育。因此，要大力发展教育和科技事业，培养各类专业人才，提高全民族的文化素质，这是实现战略的根本保证。

（四）严格控制人口过快增长，保证发展战略的实现

物质资料的生产和人类自身生产之间应保持协调，两者的关系不协调，社会发展就要受到阻碍。因此，人口的发展必须与经济发展相适应，这是客观要求。要加强宣传这一基本国策，增强全县人民的人口意识，大力提倡晚婚晚育、少生、优生。强化对农村和流动人口的计划生育管理，切实把计划生育政策和措施落实到基层，严格控制无计划生育，杜绝超生计划生育。确保 2000 年人口总数不超过 17.34 万人。

（五）多渠道筹集资金，集中资金保重点

资金是实现发展目标的关键，要多渠道筹集。一是争取国家、省、州对贫困县的多投入；二是对外开放，吸引县外资金，争取信贷资金；三是加强管理、科技增效、积累建设资金；四是吸收社会闲散资金搞生产性投入。

（六）市场导向，效益优先，经济调控

公平竞争，优胜劣汰，这是市场经济的显著特点。要以市场为导向，效益为先决条件，大力发展短、平、快、投资省、见效快的项目，加强对现有企业的技术改造，搞集约经营，逐步调整工业结构，使之趋于合理，积极发展适销对路，具有地方特色和一定规模的优势产品，以质取胜，开拓市场。要进一步加强和改善经济调控，建立计划、财政、金融等部门间相互配合与制约的机制，保证经济、社会、科技、生态等协调、健康、快速地发展。

综上所述，只要我们正确认识县情，利用优势，抓住机遇，克服不利，贯彻“沿河”发展战略，积极推进“两个转变”，对策与措施跟上，实施好沿河产业发展的重点，正确处理好点与面的关系，“九五”经济发展的各项战略目标就一定会实现。

1996 年 6 月 28 日

美姑县国民经济和社会事业发展
二〇一五年远景规划和第十个五年计划

美姑县是凉山腹心地的一个彝族聚居县，又是一个国定贫困县。在世纪之交和千年交替之际，迎来了国家实施西部大开发的浪潮。美姑县面临着许多发展机遇，同时也遇到严峻挑战。研究和正确制定美姑县“十五”计划和2015年长远规划，关系到国民经济和社会发展全局的大事，我们要在州委、州政府、县委的领导下，高举邓小平理论的伟大旗帜，开拓创新，求真务实，把握时代特征，正确制定并实施《美姑县十五计划和二〇一五年远景规划》这一新世纪的工程，对全县国民经济和社会事业协调、健康、快速地发展具有重要的意义。

第一章　国民经济和社会发展现状

政治、经济、社会生活的现状及其发展趋势，是制订计划的宏观依据。从20世纪新的发展趋势看，美姑县“九五”计划的大部分指标已提前实现。但由于美姑县基础设施十分滞后，经济结构单一，基础产业落后，贫困面大，贫困程度深，教育科技落后，人口整体素质差等诸多因素的影响，将给“十五”发展带来一定影响。

第一节　“九五”期间的发展情况

在“九五”期间，全县人民在州委、州政府、县委的正确领导下，立足县情，共同努力，认真贯彻“梯级”发展战略，积极推进经济体制改革和经济增长方式的转变，优化产业结构，以市场为导向，立足资源优势，狠抓支柱产业，促进经济结构调整，加强基础设施建设，全县经济和各项社会事业取得了一定的成就。

一、经济总量稳步增长

全县国内生产总值2000年完成16220万元（90价，下同），完成“九五”计划的75.44%，比1995年的12845万元增长26.27%，年均增长4.78%；其中第一产业9972万元，完成“九五”计划的89.03%，比1995年的7695万元增长29.59%，年均增长5.32%；第二产业2594万元，完成“九五”计划的78.65%，比1995年的2417万元增长7.32%，主要是1998年国家实施天保工程，停止对天然林的砍伐，给工业带来巨大影响；第三产业3654万元，完成“九五”计划的52.2%，比“八五”期末的2733万元增长33.70%，年均增长5.98%；财政收入721万元，1995年为902万元，降低4.38%。

二、乡（镇）企业平稳发展

2000年乡（镇）企业总产值达到3100万元，完成“九五”计划的51.7%，比“八五”期间的2965万元增长4.55%，年均增长0.89%。

三、农、林、牧持续增长

2000年农业总产值将达到17841万元，完成“九五”计划的104.95%，比“八五”期末的13089万元增长36.31%，年均增长6.39%；粮食总产量2000年完成71250吨，完成“九五”计划的

101.8%，比“八五”期末的64324吨增长了10.77%，年均增长2.07%；水果总产量2000年完成4200吨，完成“九五”计划的105%，比“八五”期末的2019吨增长108.02%，年均增长15.78%；四畜存栏总数2000年达到54.85万头（只）完成“九五”计划的91.46%，比“八五”期末的48.59万头（只）增长12.88%，年均增长2.45%；肉类总产量2000年达1.24万吨，完成“九五”计划的124.02%，比“八五”期末的8200吨，增长51.22%，年均增长8.62%。

四、城乡市场繁荣活跃

人民生活水平逐年提高。“九五”期间，全县加大流通体制改革力度，狠抓商贸企业改制转机工作，打破了多年来国有商业一统天下的局面，形成了集国有、集体、个体和私营等市场经济主体竞相发展的良好流通格局，城乡市场日益繁荣。全县社会消费品零售总额2000年完成4880万元，完成“九五”计划的57.41%，比“八五”期末的3760万元增长29.79%，年均增长5.35%。经济不断发展，人民群众收入不断提高，城乡居民储蓄存款不断增长，人民的生活水平进一步提高。全县农民人均纯收入提前实现了“九五”计划目标，2000年达到917元。城乡居民储蓄存款余额达1.46亿元。

五、扶贫工作取得了实质性的成效

“九五”期间，美姑县利用国家“八七”扶贫攻坚战的有利时机，动员全社会各界力量，有组织地开展了一系列大规模的扶贫开发工作。一是坚持扶贫项目和资金到村到户，落实帮户扶贫956户，信贷扶贫资金的投放坚持两个85%（既85%的资金用于种养业项目，85%的资金投放贫困户）；二是狠抓“五八五一”温饱工程，坚持把扶贫开发和农业生产有机地结合起来；三是加强领导落实责任，抓好三大工程（形象扶贫、移民扶贫、返乡扶贫攻坚工程）；四是调查研究，加强资金和项目的管理工作，利用有限的资金，解决了部分乡、村的输电线路和乡村道路。

六、基础设施进一步加强

“九五”期间，牛牛坝、大桥、峨曲古、洪溪开通了程控电话；俄普、牛牛坝、新轿、候播、县城开通了移动电话；全县电话装机由888门增加到3000多门；移动电话由零发展到1000多部。新建牛牛坝电站1000千瓦投入运行；并新建了牛牛坝、大桥变电站；农村电网建设与改造全面启动；美雷公路7公里改造及11公里油路，巴普至大桥42公里油路实施基本完成；美马公路实现了初通；县城综合贸易市场建成并投入使用，效果较好。

七、科教等社会事业蓬勃发展

全县坚持实施“科教兴美”战略，大力推广应用各类科技成果。积极推进素质教育，教育事业稳步发展。全县适龄儿童入学率由“九五”期末的56.11%提高到了63.77%。计划生育成效显著，人口自然增长率控制在11‰以内，达到了“九五”期间计划要求，文化、卫生、体育、环境和资源保护等各项社会事业得到了一定发展。

在“九五”期间，全县各项经济指标取得了一定成绩。但我们必须清楚地认识到：美姑县经济发展的整体水平仍处于全州经济发展的下线水平，在全州17个县（市）排位中比较落后，国内生产总值1990年排13位，1995年排15位，1999年排15位，增速排第16位，人均GDP仅1490元，排列全州第17位；基础设施建设十分滞后，经济结构单一，没有增长后劲；基础产业落后，贫困面大，贫困程度深；教育科技落后，人口整体素质差。特别是国家实施“天保工程”后，给美姑县经济建设带来一系列影响，对“十五”期间的发展将是一个严峻的考验。

第二节 美姑发展的机遇和挑战

一、从有利于发展的机遇上看

（一）实施西部大开发的相关政策和方针对美姑县的基础设施建设将比“九五”期间的投入大。

（二）生态环境保护和建设力度将逐步加大。从1999年以后，中央已开始加大了生态环境保护和建设的力度，1999年的天保工程和退耕还林（草）试点已得到了一定的投入，“十五”期间将进一步加大，有利于争取到更大的投入。

（三）经过二十年的改革开放和发展，广大干部群众经过反复探索，大胆实践，积累了许多宝贵的经验和教训，综合经济实力不断增强，城乡人民生活有所改善，政治稳定，社会安定。特别是全县各族人民对加快发展具有强烈的愿望和较高的积极性，为“十五”期间的发展提供了保障。

（四）在实践中形成了“34511”的发展思路。

（五）有着丰富的自然资源。全县水能资源蕴藏量达82万千瓦，可开发量达58万千瓦，目前开发量甚微，待开发潜力巨大。国家级大风顶自然保护区因特殊的地理位置，成为第三世纪古老生物的“避难所”和各种生物分化的摇篮。有畜牧业资源、干鲜果资源、矿产资源、土地资源、劳动力资源和丰富的人文资源，为美姑县经济建设提供了较好的开发——转换依托。

二、从不利因素和挑战上看

（一）思想观念陈旧、保守、落后。美姑县由奴隶社会脱胎而跨入社会主义初级阶段，奴隶社会遗留下来的落后观念，保守思想，对新事物的抵御心态等在许多方面严重地存在着，制约了美姑经济的发展和社会的全面进步，这将是“十五”期间发展的最大的阻碍因素。

（二）地位偏僻，基础产业和基础设施落后。美姑县地处凉山州腹心地带，交通不便，信息不灵，产品投资成本高，效益比较差，缺乏吸引力。同时，工业发展慢，经济效益差，缺乏经营管理人才，工农业发展比例不协调，发展后劲不足。在对外开放和市场竞争中处于不利的地位。

（三）扶贫攻坚和就业压力大。即使严格控制，人口也将会不断增长，要为众多的人口提供良好的生活环境，任务十分艰巨。美姑县的贫困人口大多在自然条件较为恶劣的高山和二半山地区，全面脱贫难度很大，已脱贫的地区也仅是低水平解决温饱。由于自然灾害和市场风险的影响，脱贫基础不稳定，群众极易返贫。加之下岗、失业问题突出，就业压力增大。如何处理好在加快发展的同时，妥善安置新增待业和下岗人员，以维护社会稳定，将是一个严峻的挑战。

（四）农业收入增长难度大。植被破坏，水土流失，生态失衡；人口增加，耕地减少；农业基础脆弱，再加上自身产业结构和产品结构不合理，收入增长较低。在“十五”期间要实现人均每年增加纯收入100元，难度极大。

（五）劳动者素质低，经营管理水平相对落后。一方面农村劳动力素质低，推广应用新技术成果的进程慢，商品经济意识和现代化观念在“九五”期间虽有所提高，但仍处于较低层次；另一方面是科学文化差，基础教育相对落后，适龄儿童入学率在2000年仅有63.77%。

（六）资金短缺，影响经济发展的速度。美姑县财政是一个吃饭财政，拿不出资金搞建设。企业效益差，资金积累量少，自身发展能力弱。一些重点建设项目，因资金短缺而不能顺利实施。新的经济增长点尚未形成支柱，严重制约着美姑县经济发展速度。

总的来说，“十五”期间至2015年，我县处于经济结构调整和经济增长方式转变的关键时期，经济发展既有不少制约因素，又有很多有利条件。我们要很好地把握这个发展时期的特点，坚定信心、抓住机遇、勇于竞争，把美姑县的社会主义现代化建设事业推向一个新的阶段。

第二章　未来15年发展的指导思想和任务

第一节　发展的指导思想及思路

——指导思想

美姑县未来15年经济和社会发展的基本指导思想是：继续高举邓小平理论的伟大旗帜，以“三个有利于”为标准，贯彻“三个代表”重要思想，以经济建设为中心，坚定不移地贯彻执行中央和省、州确定的一系列行之有效的重大方针和政策，正确处理改革、发展和稳定的关系。紧紧抓住西部大开发的机遇，强化农业基础地位，以推进基础设施建设、生态建设和环境保护为突破口，以提高竞争力为着力点，发挥优势，突出特色，扎扎实实打基础，突出重点抓生态，调整结构创特色，依靠科技增效益，改革开放促发展，促进国民经济实现追赶型、跨越式的发展和社会全面进步，全面提高人民群众生活水平。

——发展思路

今后15年，美姑加快发展的基本思路概括为“34511”发展战略。即强化三个基础（粮食生产、基础设施建设、教育科技）；培育四大支柱（畜牧业、林果业、非国有经济、国有企业和乡（镇）企业）；狠抓五个项目（美姑山羊、岩鹰鸡、干果、烤烟、白魔芋）；打好一张牌（扶贫攻坚战）；实现一个目标（富民兴县）的经济发展战略，努力培育新的经济增长点，确保社会政治稳定，促进经济社会全面进步。

第二节　发展目标

一．“十五”计划目标

到2005年，全县综合经济实力明显增强，结构调整初见成效，基础设施明显改善，生态建设初见成效，社会事业应有较大的发展，人民生活提高到一个新水平，使全县的经济发展速度、质量、综合经济实力等方面上一个新的台阶。

（一）经济发展目标

1. 到2005年，全县国内生产总值达到26500万元（年增长10.32%），其中一产业年均增长5.61%，二产业年均增长8.50%，三产业年均增长21.06%。一、二、三产业的比例由2000年（预计）的61.48∶15.99∶22.53调整为49.43∶14.71∶35.86。构建非公有制经济占主导地位的县域经济结构。

2. 到2005年，农业总产值达到23920万元，年均增长6.04%。

3. 乡（镇）企业总产值5300万元，年均增长11.32%。

4. 到2005年，全县工业总产值达到5000万元，年均增长15.70%。

5. “十五”期间，县财政收入年均增长12.51%，2005年达到1300万元。

（二）人民生活目标

到2005年，人民生活水平不断提高，城镇居民人均支配收入年均增长5%，城镇居民吃穿用质量提高，通信快捷，出行方便，农民生活明显改善，农民人均纯收入达到1400元以上，年均增长8.83%，基本摆脱贫困，实现72%的村通公路，城镇职工失业保险覆盖率达90%，人民受教育程度明显提高，人人享有初级低限标准的保健服务，生活较为丰富，社会秩序安定，有较好的投资环境。

（三）产业结构调整目标

“十五”期间，继续加强第一产业，年均增长5.61%；调整和优化第二产业并加快发展，年均增长8.50%；放手发展第三产业，使之较快发展，年均增长21.06%。全面推进产业结构优化，积极发挥优势。以增加农民收入为出发点和落脚点，推进农业产业化，使特色农业形成一定规模；提高全县工业竞争力，走以资源为依托的深加工产业的路子；以效益为中心，以扩大就业，积极推动第三产业快速发展，进一步拓宽服务领域，提高层次，完善功能，基本形成开放的、产业化的格局。

（四）扶贫目标

全面摸底调查，重新确定贫困户。到2005年全县90%以上的建卡贫困户，农牧民人均纯收入到800元以上，人均占有粮食达400公斤以上，巩固“九五”扶贫越温成果，基本解决人畜饮水困难，抓好移民扶贫工程，巩固、深化形象扶贫工作。

（五）社会发展目标

1. 到2003年，实现普初全县适龄儿童入学率达到95%，年均增长8.30%。

2. “十五”期间人口自然增长率控制在11‰以内，全县总人口控制在18.56万人以内（“九五”为17.58万人）。

3. 到2005年，广播、电视覆盖率均达到95%（“九五”为83.98%）

（六）生态建设目标

生态建设力争实施5年初见成效，10年大见成效，生态环境明显改善，逐步实现山清水秀。“十五”期间，治理水土流失面积200平方公里。抓好天然林资源保护工程，完成人工造林45万亩，力争完成退耕还林（草）12万亩，森林覆盖率达到45.6%（“九五”为35%）。

二、2015年远景目标

到2015年，在实现“十五”发展目标的基础上，力争使美姑县国民经济和社会发展再上一个新的台阶。实现国内生产总值比2005年翻1.5番，达到7.8亿元；工业总产值比2005年翻2.25番，达到2.5亿元；农业总产值比2005年增长65.1%，达到3.95亿元；乡（镇）企业总产值比2005年翻1.3番，达到1.2亿元；粮食总产量比2005年增加1375万公斤，保持人均有粮400公斤以上；农民人均纯收入比2005年翻1.4番，达到2500元，彻底消除贫困，达到小康生活标准；人人享有卫生保健服务；彻底扫除青壮年文盲，普及九年义务教育；总人口控制在20.7万人以内。形成较完善的社会主义市场经济体制，较好地优化配置资源，初步实现工业化、城镇化、市场化，国民经济增长质量和各项技术水平显著提高，实现经济与社会、环境，协调健康地发展。

第三章 “十五”期间国民经济和社会发展重点及主要措施

第一节 加强基础设施建设，进一步改善投资环境

经济要快速发展，必须把基础设施建设放在优先发展的地位。打好、扎牢基础，发展后劲才足。因此，要以更大的投入加强交通、水利、电网、通信、城市等基础设施建设，超前实施，为境外投资者提供较好的硬件环境。

一、交通设施建设

以成美公路（巴普—庆恒）51公里三级路网建设为重点，积极争取成美路（巴普—椅子垭口）

63 公里三级路网改造，形成美姑至西昌至成都有较好的路面。力争完善美马公路的建设，积极争取瓦古、拖木等 7 个乡的通乡公路建设和尔其大桥及龙门大桥建设，完善通乡公路及配套建设，逐步提高通乡公路等级。利用以工代赈通村公路建设，力争 72% 以上的村通公路。

二、水利基础设施建设

采取小型水利与微型蓄水池相结合，多层次、多渠道积极兴办水利。抓好现有水利设施配套整治，巩固人畜饮水成果，切实搞好以工代赈、长防、长治工程建设；农田水利基本建设和农业综合开发；兴建一批水利工程，努力改善农业生产基本条件。到 2005 年力争实现年供水能力 500 万立方米，有效灌溉面积达 8000 亩，保证灌溉面积 7500 亩，2015 年达到供水 1.7 万立方米，保证灌溉 1.5 万亩。

三、农网、通信和广播电视网络建设

要把农村电网改造置于电力建设的优先地位，加大城镇和农村电网建设和改造力度，组织实施好已争取到的巴普—洪溪—瓦侯 35 千伏输电线路和变电站农网国债投资项目工程，积极争取牛牛坝—候播，大桥—柳洪 35 千伏输电线路工程建设，实现城乡同网同价，启动农村市场。推进农村电气化发展进程，力争到 2005 年实现 95% 的村通电。基本实现农村电气化，要以建设信息化大通道、电话容量翻番、三网合一这三大工程为重点，加快农村通信网络建设。把发展通信网络和小城镇结合起来，进一步扩大容量，提高通信质量和服务水平，扩大覆盖面，提高电话普及率。到 2005 年，电话装机翻番，达到 6000 部，移动电话达到 2000 部。进一步加快广播电视建设，提高广播电视覆盖率。

四、加快开发水电，大力发展高耗能产业

美姑县水能资源丰富。目前有装机 7757 千瓦，仅利用了可开发量的 1.34%。为此，要加快开发水电的步伐，充分利用水能资源，大力发展高耗能产业，走电冶结合的道路。“十五”期间，全国的大环境将淘汰沿海、内地许多高耗能企业，对美姑却是一个较好的机遇，要抓住这个机遇，大力发展水电，兴办各种高耗能产业，促进美姑的经济快速发展。在积极运作柳洪电站（15 万千瓦）招商引资工作中，积极筹集各方面资金建设乐约电站 (1500 千瓦)、苏洛电站（640 千瓦）、思普电站（1500 千瓦）和华岗电站（500 千瓦），搞好瓦侯河流域规划，做好大湾电站（2 万千瓦）的前期工作，力争“十五”期间开工建设并投入运行。力争到 2005 年实现新增装机容量 2.3 万千瓦的规模，总装机容量比“九五”翻两番，为发展高耗能产业创造条件。

五、加快集镇建设，推进农村城镇化步伐

要逐步完善市政管网设施。以城市、集镇规划修编为契机，积极推进城市发展进程，规划建设好乡（镇）市场，彻底改变以街为市的现状，并引导农村人口向城镇迁移。努力建设好洪溪、峨曲古、牛牛坝、大桥、柳洪 5 个小集镇。并配套完善小城镇的各项服务设施和农村市场体系。同时，要加强土地资源的宏观调控力度，加大环保执法。任何项目，都必须有环境保护措施，确保环境不受破坏。

第二节 加快农业产业化步伐，努力增加农民收入

农业产业化是农村经济发展的必然要求。要加强农业的基础地位，坚持“立足资源，面向市场，依靠科技，推进产业化”的发展方针。把增加农民收入作为农村经济工作的重点，推进农业产业化的进程，大力调整和优化农业、农村经济结构，发展特色农业，稳步提高农业综合生产能力，建立和完善适应市场经济的农业经营机制，社会化服务体系和保障体系。

一、夯实基础，调整结构

大搞农业综合开发，发展高产、优质、高效农业。到2005年，全县粮食总产量达到0.753亿公斤，保证人均有粮400公斤以上。为此，一是在稳定播种面积的前提下，依靠科技，加速品种更新，积极推广良种等先进适用技术提高单产，并落实各项增种复种指数保证总产，确保农民人均有粮800斤以上。二是调整部分土地种植高产、优质农作物，提高粮食质量。在海拔2000米以下地区，积极推进旱改田，种植高产水稻，力争到2005年实施旱改田2000亩，三是结合退耕还林（草）工程，大力发展经济林木和饲草。四是加快农产品市场信息、质量标准体系的建立，引导农民按市场需求生产优质农产品，力争农村经济到2005年上一个新台阶。

二、优化农业产业结构

加快发展畜牧业，大搞种草养畜，提高畜牧业占农业总产值的比重。畜牧业要以美姑山羊和岩鹰鸡发展为重点，不断选育和提纯，并大力发展养殖。“十五”期间，在沿河两岸集中发展岩鹰鸡、安哥拉羊、多胎山羊、生猪杂交改良；在二半山及高山地区重点发展草食牲畜，并加强品种改良及疫病防治，稳步增加存栏数，努力提高出栏率商品率。到2005年达到养鸡200万只，多胎山羊5万只，畜牧业产值达到占农业总产值的49.33%，比2000年的44.36%提高5.97个百分点，成为美姑县农民增收的主渠道。

三、建设一批面向市场的名、优、特、新产品基地

（一）建设优质水果基地。美姑县优质梨基地开发已实施23个乡（镇），完成野生棠梨嫁接和优质梨苗定植226.6万株，现已挂果树达80万株，已具一定规模。“十五”期间，按市场要求，在进一步定植优质梨苗的同时，重点搞好果园管护工作。以牛牛坝“展示果园”为样板，推进其他果园的修枝、整形、施肥、防病虫和果型控制工作。加大科技投入，提高产品质量，赢得市场。

（二）建设干果基地。借助退耕还林工程建设，在连渣洛河中下游和美姑河中上游的一带，大力种植优质核桃和优质花椒，力争到2005年实现种植优质核桃200万株，花椒200万株，总产量达到核桃200万公斤，花椒150万公斤。在美姑河中下游大力发展油桐，到2005年达到产桐籽250万公斤。

（三）优质烤烟基地建设。“十五”期间，在稳定烤烟种植面积的基础上，在适宜区逐步扩大种植规模，并重点抓好田间管理和烘烤技术关，提高烟叶的田间产量和烘烤质量，使之成为名副其实的优质烤烟，实现农民和财政双增收。

（四）白魔芋基地建设。“十五”期间，利用溜筒河沿岸的适宜区，大力发展白魔芋种植。在稳定播种面积2000亩的基础上适当扩大种植面积，提高种植质量，确保年产白魔芋150万公斤。同时，利用白魔芋的销售渠道，拓展花魔芋的销售，推动其他地区的花魔芋种植。

四、大力发展乡（镇）企业

各项经济政策要促进乡（镇）企业和农村第三产业发展，促进小城镇经济的繁荣。鼓励民间投资大办乡（镇）企业。乡（镇）企业要面向市场，继续深化内部改革，建立新机制，调整结构，合理布局，减少污染，提高质量和效益。“十五”期间，重点建设柳洪煤厂(2万吨／年)、新桥磷肥厂技改（1万吨）、牛洛石膏粉厂(1万吨)、拉马桐油厂和一批农村小水电，积极引导农村剩余劳动力的转移。到2005年，乡（镇）企业总产值达到5300万元，年均增长11.32%，（“九五”为1.31%）。

第三节　调整工业结构，推进工业化进程，提高工业经济效益

“十五”期间，全县工业增加值年均增长速度要达到14.78%，必须多方筹措资金，加快发展工业，充分利用信贷资金、招商引资入股资金、企业发展资金、社会闲散资金等，大力发展水能资源，走电冶结合的道路，加强老企业的改造，充分发挥闲置设备和资产的效能。

一、大力发展电冶产业

充分利用美姑县的水能资源，以水电开发为龙头，发展高耗能产业，在进一步办好硅铁厂、碳化硅厂的基础上，积极扩大规模，适时建设冶炼企业，使电冶产业成为美姑工业经济的支柱产业，带动其他产业的发展。

二、企业改造

以产权制度为突破口，坚持改组、联合兼并、租赁、承包、出售、股份合作等形式，积极对企业进行改造。充分利用闲置资产，努力筹集资金，增加投入实施企业的技术改造或转产，充分发挥老企业资产的效益。

三、加强企业内部管理，建立和完善现代企业管理制度

强化企业财务、成本、资金和质量管理，进一步健全和完善厂务公开，民主监督。依靠科技进步，调整工业结构，提高工业经济运行质量和效益，使美姑工业经济步入良性循环。

第四节　大力发展第三产业

一、开发旅游资源

要合理开发利用美姑县现有的森林资源与地理优势，充分利用自然景观和人文景观，风土、人情，毕摩文化、民族服饰、动植物等优势，大力发展旅游业。积极做好以大风顶自然保护区为重点的森林生态旅游公园，大风顶—黄茅埂旅游线的前期论证工作。以漫游瓦侯原始森林，观赏野外大熊猫，黄茅埂云海等吸引国内外旅游者到美姑旅游观光。构建集风土人情、毕摩文化、民族服饰为一体的美姑民族文化村，让更多的人来认识、了解、宣传美姑，提高美姑的知名度。

二、搞好服务

要按照“大流通促大发展”的思路，把商品流通与城镇化结合起来，加强市场网络建设，完善各片区所在地综合市场，逐步建设蔬菜、畜产品、农产品和民族特色的旅游产品等专业市场。同时，抓好饮食服务，规范娱乐场所，提高服务行业人员素质，使服务领域硬件设施上档次，塑造美姑形象。

三、加快发展

加快各项社会事业的改革开放步伐，积极发展教育和文化等事业，规范发展金融保险、技术服务、信息等新兴第三产业，积极引导社会力量参与竞争和发展，鼓励和促进非国有经济在更广泛的领域参与第三产业的发展。

第五节　继续抓好扶贫攻坚工作

扶贫工作是全县事关全局的重要经济任务和政治任务，是实现全县各族人民稳定解决温饱、过

上小康生活的重要举措。要加强领导，落实责任，明确政策，增加投入。紧紧围绕“一个中心”，抓好“两项工程”，坚持“三个结合”，即以稳定解决农村贫困人口温饱问题为中心，抓好新村建设和移民扶贫开发工程，把扶贫开发同生态建设相结合，同国土资源开发利用相结合，同移民开发与小集镇建设相结合，继续加大扶贫资金，尤其是以工代赈资金的投入力度，加强扶贫项目的管理与实施，采取各种行之有效的扶贫攻坚措施，切实解决贫困人口的温饱问题。同时，把扶贫工作重点转移到巩固越温成果，防止返贫上来，分类、分步骤、有计划地实施小康工程，逐步实现共同富裕的目标。

第六节　社会事业发展

“十五”期间，美姑县的社会事业发展要着眼于全县人民的科学文化素质和整个国民经济的科技知识含量，继续巩固现有成果，着力加强教育、文化、卫生等薄弱环节建设，大力实施科教兴美战略，促进经济和社会的协调发展。

一、推进教育的改革和发展

要切实把教育放在优先发展的战略地位，全面推进教育的改革和发展，大力加强普初教育、推进“普六”，到 2005 年基本扫除青壮年文盲，要把全县适龄儿童入学率由现在的 63.77% 上升到 95%，分别为第一年达 75%，第二年达到 85%，第三年达到 95%，第四年、第五年巩固普初成果。2010 年基本普及九年义务教育。要深化教育改革，优化教育结构和学校布局，努力提高办学效益，推进农村教育综合改革，积极发展职业技术教育和成人教育。要努力营造尊重知识、尊重人才的社会环境，大力培养和起用一批具有创新意识和创业精神的高素质人才，充分发挥各类人才的主观能动作用。

二、卫生事业的发展

要以方便人民防病治病，提高人民健康水平为目标，积极争取国家对县级医院改造的预算内投资项目。加强卫生防疫保健工作。借助国家对贫困地区的卫生“三项建设”，改善卫生防疫设施，提高服务功能，抓好计划生育工作。“十五”期全县人口自然增长率控制在 11‰以内，到 2005 年，全县总人口控制在 18.56 万人以内，计生率 91.5%，节育率为 89%，进一步加强优生优育，提高人口质量，实现人口增长同经济和社会的发展相适应。

三、科学技术的发展

牢固树立科学技术是第一生产力的观念，努力营造有利于科技发展的社会环境和氛围，加强科技体系的改造，大力引进和推行先进适用的科学技术，加快科技成果向生产力的转化和运用，提高科技进步对经济增长的贡献率。力争科技进步对经济增长的贡献率在“十五”期间达到 45% 以上。

四、文化、广播电视、体育事业发展

文化、广播电视事业要坚持为人民服务、为社会主义服务的原则，以繁荣和发展为中心，狠抓文化事业建设，用健康向上的文化生活占领阵地，不断满足群众日益增长的文化生活需求，努力提高文化生活质量，使广播电视覆盖率均达到 95%。在未建有线电视的片区工委和条件好的 8 个乡共建 14 个有线电视网。

美姑县劳动力资源较为丰富，就业供需矛盾较为突出，要从总量上加以调控，防止就业形势恶化。要建立和完善劳动力市场，促进劳动力合理流动，提高劳动者素质，建立健全以社会养老保险

和失业保险制度为重点的多层次的社会保障体系。

发展体育以增强人民体质，提高工作效率，延长寿命为目的，建立社会化的群众体育网络和满足多层次体育健身需求的服务体系，积极开展全民健身运动。加强对学校体育的指导，教育部门搞好体育课计划，培养优秀体育尖子人才，向上级体育机构输送。利用“摔跤之乡”的优势，不断发现人才、培养人才，弘扬美姑的体育事业。

五、精神文明与法制建设

精神文明与物质文明两者相互依存、相互促进，密不可分。“十五”期间，坚持“两手抓，两手都要硬”的方针，积极开展群众性的精神文明创建活动，进行社会主义、爱国主义、集体主义再教育，进一步增强民族团结，培育“四有”和“五爱”的社会主义公民，抓好爱国主义，集体主义和社会主义教育，加强国防教育，加强民兵预备役建设，搞好军民共建增强民族自尊、自爱、自主、自强精神，提高全民思想道德素质和文化素质。积极开展各项有益的社会活动，培植良好的社会氛围，加强廉政建设，反腐倡廉，惩治腐败，弘扬正气。

民主法治建设要以不断提高公民懂法、用法和守法意识为目的，坚持不懈地进行社会主义民主法制教育和纪律教育，依法行政。健全民主的、科学的决策和民主监督程序；贯彻执行党的民族政策、宗教政策和侨务政策；巩固和加强民族团结；加强抓好基层政权建设，发展基层民主；加强社会治安综合治理，维护社会稳定，保障人民群众安居乐业；依法打击和惩处各种刑事犯罪活动和经济犯罪分子，消除黄、赌、毒等社会丑恶现象，创一方净土。

综上所述，美姑县的发展既有很好的机遇，又有严峻的挑战。只要我们认真抓住机遇，克服不利，贯彻实施好发展的重点，对策与措施跟上，正确处理好点与面的关系，“十五”经济发展的各项目标就能实现。

2000年12月

美姑县国民经济和社会事业发展
第十一个五年规划纲要

美姑县是凉山腹心地区的彝族聚居县，又是一个国家第一批重点半农半牧扶贫开发县，经济、文化教育落后，社会发展滞后，贫困面大，贫困程度深，而当今经济全球化日趋强化，科技、信息越来越尖端化，从国内看，沿海发达省份已步入了循环经济时代，因此，我们面临着许多发展机遇，同时也遇到严峻的挑战。在县委的领导下，按照州委、州政府提出的“立足资源、拓展两线、开发三江、发展三带”区域经济发展战略，结合本县实际，正确制定并实施好《美姑县“十一五”国民经济和社会事业发展规划纲要》，对全县国民经济和社会事业协调、健康、快速发展具有重要而深远的历史意义。

一、回顾“十五”发展的现状

经过全县人民的共同努力，各项经济和社会事业取得了较好的发展，社会稳定，人民安居乐业，预计到2005年年底完成。

——全县生产总值（GDP）59400万元（现价），比“九五”末增长110.85%，年均增长13.1%。其中，第一产业31169万元，年均增长7.5%；第二产业11016万元，年均增长23.0%；第三产业17215万元，年均增长19.7%。一、二、三产业的比值为52.5∶18.5∶29。

——农林牧渔业总产值50658万元，比“九五”末增长40.3%，年均增长7.0%。其中，农业总产值16342万元，年均增长1.2%；林业产值4533万元，年均增长6.4%；畜牧业产值28654万元，年均增长12.3%。

——工业产值5696万元，比“九五”末增长73.7%，年均增长11.8%。

——财政收入2460万元，比“九五”末增长241.19%，年均增长27.82%。

——农民人均纯收入1601元，比“九五”末增长74.4%，年均增长11.8%。

——社会消费品零售总额13417万元，比“九五”末增长174.94%，年均增长22.42%。

——学龄儿童入学率95%，比“九五”末增长48.97%，中小学在校生人数达22700人。

——人口自然增长率控制在11‰以内，全县总人口预计达到19.62万人。

二、美姑未来发展的机遇和挑战

（一）未来发展的有利机遇

1. 经过“十五”期间实施西部大开发投入上的政策倾斜和自己的艰苦努力，基础设施建设上有了比较大的改善，为“十一五”发展打下更好的基础条件。

2. 经过二十多年的改革和对外开放，广大干部群众尝到了甜头，思想上提高了认识，对加快发展具有强烈的愿望和较高的积极性，为“十一五”期间的发展提供了保障。

3. 加强中央转移支付、中央预算内投资集中向西部倾斜，有利于争取更多更大的投入，保障“十一五”期间的快速发展。

4. 在实践中形成了项目带动发展战略，发展思路上更加明确。

5. 立足资源，结合实际，进一步扩大对外开放，加快改善投资软硬环境，加大招商引资力度，已形成全县上下的共识，特别是县委、县人民政府以坦荡的胸怀迎接国内外友人和投资商，在思想上树立了“你发财、我发展”的思路。

（二）未来发展不利因素和挑战

1. 从全县总体上看，由于地理、历史的原因，从奴隶社会脱胎而出，跨入社会主义社会，奴隶社会遗留下来的落后、保守和陈规陋习，在不同程度上影响和阻碍未来的发展。

2. 美姑县地处凉山边远地带，交通上晴通雨阻，信息不畅，农产品和工业品运输困难，产品成本高，离中心市场距离远，在市场竞争机制上处于不利地位，对市场竞争带来严重影响。

3. 扶贫开发任务艰巨，就业压力加大。美姑县山高坡陡，植被破坏及水土流失严重，山地灾害时有发生，就业再就业和大中专毕业生逐年增多，但受就业岗位的限制，无法正常逐年分步就业，这将是美姑县的一个挑战。

4. 劳动者素质低，接受新生事物能力弱。从全县总体上看，农村劳动力中文盲、半文盲达57%以上，无法适应新的挑战，阻碍未来“十一五”的快速发展。

5. 人才短缺，是美姑县的致命点。从各个行业看，加工工艺、加工机械、经营与管理、企业战略、产品营销与战略、机电设备检测、工艺流程、教育、卫生等行业人才缺乏，制约着全县经济高质量、高水平发展。

三、未来5年发展的指导思想和目标任务

（一）指导思想：以邓小平理论、“三个代表”重要思想为指导，全面贯彻落实党的十六大和十六届三中、四中、五中全会精神，坚持发展才是硬道理，坚持科学的发展观和正确的政绩观，坚持跨越式和可持续发展战略，唱特色戏、打民族牌，正确处理人与自然、人与社会和谐发展的关系，紧紧围绕凉山州委、州政府提出的“拓展‘两线’，开发‘三江’，发展‘三带’”区域经济协调发展战略，立足资源、发挥优势，突出“绿”“特”，实行梯度推进，进一步优化结构，依靠科技、扩大开放，努力实现工业兴县，水电富县目标，促进国民经济实现跨越式、追赶型发展和社会全面进步，切实提高人民群众日益增长的物质文化生活需要。

（二）发展思路：今后5年加快美姑经济发展、社会全面进步的基本思路概括为“65431”发展战略。即做好六篇文章（基础设施、扶贫开发、经营城镇、民营经济、科教文卫、生态工程）；培育五大支柱产业（水电开发、种草养畜、植树造林、烤烟生产、彝族文化旅游）；打好四张牌（熊猫之乡、毕摩文化之乡、美女之乡、摔跤之乡）；创建三个大县（畜牧大县、林业大县、彝族文化旅游大县），实现一个目标（富民强县）的经济发展思路，努力培育新的经济增长点，确保社会稳定，政治安定，促进经济、社会全面进步。

（三）“十一五”发展目标任务

牢牢抓住国家继续实施西部大开发和省加快攀西资源开发以及外资西进、内资西移的战略机遇，立足资源、发展“三带”经济，强化基础，突出重点，优化结构，培育支柱，打造品牌，创建“三个大县”，项目带动，加快发展，实现翻番的总体要求。“十一五”期间全县经济社会发展的主要目标是：

1．2010年，力争全县生产总值到120000万元，年均增长15%，一、二、三产业的结构比例由52.5∶18.5∶29调整为35∶35∶30。

2．2010年，农林牧渔业总产值达到82700万元，年均增长10.30%。其中，农业总产值达到19000万元，年均增长2.3%；林业产值达到10000万元，年均增长16%；畜牧业产值达到52000万元，年均增长12%，逐步提高农业机械化水平，确保人均占有粮食400公斤以上。

3．2010年，工业总产值达到55000万元，年均增长57.38%。

4．2010年，全县社会消费品零售总额达到25000万元，年均增长13.25%。

5．2010年，财政总收入达到5000万元，年均增长15.24%。

6．2010年，农村农民人均纯收入达到2100元，年均增长5.58%。

7．2010年，全社会固定资产投资累计达到45亿元。

8．2010年，中小学在校生人数达到29480人，学龄儿童入学率达到96%以上，巩固率达到99%以上。

9．2010年，人口自然增长率控制在10‰以内，全县总人口控制在22万人以内。

四、发展重点及战略措施

（一）深化“三项整治”推进“三个转变”，切实做好六篇文章

强化基础设施建设，深化“三项整治”，巩固整治成果，改善和优化发展软硬环境，集中力量建设一批关系全局和长远发展的基础设施项目，总体到达改造、提升、上等级的目标。

——交通建设：重点抓好美姑至马边二级路网建设、美姑至甘洛四级路、美姑至雷波（黄茅埂）三级路网改造、洪溪至普雄的出县通道四级路的改造与建设，加快通村公路建设，旅游环线公路建设，提高通乡公路等级，实施牛牛坝—候播—纳龙—甘洛接头，瓦洛—九口，柳洪大桥—乐约乡等通乡油路工程；“十一五”期间力争实现50%的行政村通公路，基本形成合理、快捷、通畅的交通网络体系。

——能源开发建设：完成美姑河、瓦侯河、连渣洛河的水利水电开发建设，加快送电到村工程建设，重点抓好瓦侯—县城（82 公里）—大桥（40 公里）—拉木阿觉（8 公里），候播乃拖—牛牛坝（40 公里）110 千伏输电线路改造与建设，使全县富余电搭上大电网。启动完善农业、农牧、农林水利灌溉工程，改造新建一批农田和人畜饮水工程，启动发展一批农村新能源点建设，在河谷地带建成一批沼气池，省柴节煤灶、秸秆氨化等项目；在二半山区建成一批太阳能、省柴节煤灶、微水电工程项目；在高山地区建成一批太阳能、微水电、风力发电等项目，重点解决“农网改造”难以覆盖的无电乡和无电村的用电问题，切实改善农村农牧民的生产、生活、生存条件。

——大力发展民营经济：加快民营经济的发展，促进民间资金向民营资本的转变，以民营经济构建全县县域经济。一是扩大市场准入制度，放开经营范围，加强产业引导，制定优惠政策，实行平等待遇和平等竞争。二是转变政府职能，健全服务体系，简化办事程序，坚持一站式服务，阳光下作业，提高服务效率。三是积极鼓励外商、高等院校、科研院所的科技人员，留学回国人员和社会各界人士领办、创办、参股、收购、兼并、重组等方式投资民营企业，劳动密集型产业、农产品加工、生态环境建设，参与国际竞争，并享受平等优惠政策。四是利用新技术、新工艺、新设备对传统产业进行改造，力争在“十一五”期间，在县城以外，创建以水电为龙头的美姑县新工业集中区，增强发展后劲；五是建立诚信担保体系，优化融资环境，拓宽融资渠道，最大限度地简化抵押、担保手续，降低评估费用，利用利率杠杆为民营企业提供金融服务，扩大授信制，不断优化融资环境，促进民营企业的快速发展。

——加快经营城镇步伐：全县城镇化水平提高 2 ～ 3 个百分点，完成县城第二新区和环城路开发以及彝族文化园的开发利用，加快省道沿线小集镇规划、修编和建设，加快城镇化步伐，实现县城中心城市面积达到 6 平方公里，城镇人口达到 3 万人。加大市政基础设施建设和功能区建设力度，增强城市功能，提高城市竞争力，完善并抓好社区建设，充分发挥县城中心城镇的带动辐射作用，加快社会主义新农村建设，逐步缩小城乡差别。

——加快生态环境建设：依托大风顶自然保护区，继续实施好天保工程，完善落实并全面推行森林资源管护责任制，依法有效管护森林资源，稳步推进退耕还林工程，努力探索退得下、不反弹、能致富的新路子和保障机制，积极开展人工造林，切实抓好绿色通道和城镇绿化，启动退牧还草工程，按照“统筹规划，分类指导，综合治理，稳步推进”的原则。加强湿地保护工程，积极实施山、水、田、林、路和水土保持，小流域综合治理工程。加强环境保护和监督管理，提高保护区建设力度。

——教科文卫建设：坚持以人为本，促进经济社会和人的协调发展。一要坚持科教兴美战略，加强科技基础设施建设和技术创新能力建设。二要进一步完善国民教育体系，力争实现“普九”，加大对初高中学校建设的投入，建设和完善一批重点中心学校。三要大力发展文化事业和彝文化产业。四要加强公共卫生保健事业建设，形成集医疗、预防、保健、康复为一体的县、乡、村卫生保健体系。

——开发扶贫：全面实施移民扶贫、新村扶贫、教育扶贫、卫生扶贫、劳务扶贫、三房改造和通信扶贫，力争实现 75% 的行政村通水、100% 的乡和 80% 的行政村通电、100% 的乡和 50% 的行政村通路、乡村移动电话覆盖率达到 95%，固定电话覆盖率 50%，广播电视覆盖分别达到 75% 和 85%。

（二）优化经济结构，培育支柱产业

按照州委、州政府统筹区域协调发展战略要求，调整和优化经济结构。着力培育支柱产业，将是美姑县在今后一个较长时期内的经济发展战略主线，必须通过不懈努力，在“十一五”末，使全县一、二、三产业的比例关系达到更加协调合理。

——大力发展能源产业，促进水能资源向水电资本的转化。在“十一五”期末，一是全面完成美姑河流域一库五级电站的建设和投产运行。二是全面完成瓦侯河流域电站的四级开发和一级支流的开发利用。三是做好连渣洛河、瓦古河、日哈河等流域水能资源的开发规划，并启动三条河流域的水电开发建设。四是全面启动“送电到村”的能源点建设。到2010年达到全县水电装机62万千瓦以上的目标，以彻底改变全县城乡工农业生产和人民生产、生活用电紧张状况。同时，积极发展高耗能企业在我县立足，促进全县经济的快速发展。

——大力发展生态农业，统筹城乡发展和区域经济协调发展。高度重视并突出解决“三农”问题，围绕缩小城乡差别，全面推进农业产业结构调整和空间布局，大力推进农业产业化经营和农民增产增收，着力改善农业生产条件，兴建一批水利设施，改造中低产田土，加大投入力度，整合资金、土地、技术、劳动力和管理资源来推进农业产业化进程，抓好发展规划，实施特色农产品基地建设，形成绿色产品规模优势，按照发展“三带”经济的要求，结合“三个大县”建设，优化产业空间布局。

1. 全面实施科技兴粮战略，调整种植业结构，用5年的时间建设高、中、低山河谷不同特色的经济带。重点是抓好具有规模优势的高山无公害脱毒马铃薯基地建设，高山无公害优质苦荞麦基地建设，高山大春优质油菜基地建设；中低山及河谷地带的秋荞麦生产基地建设，无公害奶花芸豆生产基地建设，小春优质油菜基地建设和无公害优质玉米生产基地建设。

2. 围绕建设“畜牧大县”，加大种草养畜力度，大力发展草食牲畜，启动实施“人草畜”配套工程建设，大力推广粮草轮作，粮草间作、果草间作，积极抓好优质牧草基地建设和天然草场改良工程，大力推进优质畜禽品种改良，积极推广舍饲圈养，研究开发推广新型饲草饲料，在产业布局上：高山重点布局黄牛、牦牛、绵羊、马养殖业；二半山重点布局美姑山羊、牛、马养殖业；低山河谷一带重点布局猪、美姑山羊养殖业。重点抓好美姑山羊和岩鹰鸡良种养殖科技示范园区基地建设，扩大规模养殖户，促进牧业产业化经营。

3. 围绕建设“林业大县”，加大植树造林力度，调整林种结构，形成规模经营，构建“三带”经济。一是要在高山地带抓好生态林基地建设和以冷杉、云杉、华山松、日本落叶松等为主的速丰林基地建设。二是要在二半山及河谷地带抓好白蜡虫基地建设、花椒基地建设、优质核桃基地建设、油桐基地建设以及速丰林基地建设。

4. 狠抓扶贫开发，确定新的扶贫思路，大力推进产业扶贫，继续实施好“七大扶贫工程”，严格执行扶贫政策，强化资金监管使用，确保扶贫实效，集中力量开展生态移民，采取“移得走、能致富、稳得住”的工作方针，实现5%的农村人口的移民开发。

——大力发展烤烟产业，到2010年建立1万亩烤烟生产种植基地，实现烤烟生产税收1000万元目标。切实加强对农民科技知识的培训，扩大烤烟种植面积，加强田间管理，提高烟叶复烤的质量和等级，确保农民种得下、能销出，达到财政农民双增收的目标。

——大力发展彝族文化旅游业，旅游产业作为一个新兴产业，是我县“十一五”期间实现经济增长的一个亮点。美姑县具有民族文化独特，积淀深厚，民族风情浓郁的特点，要加快旅游资源和景区、景点开发建设，我们要充分利用彝族文化之乡、美女之乡、摔跤之乡、熊猫之乡等彝族文化品牌，做大做强全县旅游产业。要围绕创建彝族文化旅游大县这个目标，加大宣传，拓展市场，提高知名度。采取政府组织、招商引资、文化搭台、企业唱戏、民间投入等投资方式，加快旅游景点环线建设，抓好纳龙自然景观旅游区，大风顶自然保护生物景观旅游区，黄茅埂云海景观旅游区，美女峰自然奇观旅游区，美姑河流域开发彝风彝俗旅游区，民族风情文化园旅游区的建设，建成回归大风顶自然生态游及彝族文化旅游目的地，逐步提升美姑县旅游知名度，促进旅游经济和文化经济的发展。

（三）统筹经济社会协调发展，推进社会事业全面进步

——优先发展教育事业，全面推进教育改革和发展，坚持教育优先原则，树立抓发展必先抓教育，抓教育就是抓发展的理念。建立以基础教育为重点，成人教育、职业技术教育、实用科技培训和高等教育协调发展的国民教育体系，进一步强化基础教育，巩固“两基”成果，继续实施好教育发展十年行动计划，狠抓民族寄宿制教育，全面推进“普九”义务教育攻坚，着力抓好初高中教育，加快调整教育结构，整合教育资源，切实解决初中的扩容和高中的瓶颈问题，加大教育投入改善办学条件，深化教育人事制度改革，全面实施素质教育、优化教育资源配置，调整中小学布局，扩大办学规模，提高办学质量。加强师资队伍建设，改革教育管理体制，深化师风师德教育，开创教育工作新局面。

——努力发展科技事业，围绕培育支柱产业，大力开展科技攻关和科技创新，加快科技成果向现实生产力的转化。着力引进、推广和普及实用科学技术和科技成果，走可持续发展的道路，加强对传统产业的结构调整和技术改造，本着发展精品农业、改造传统产业、发展高新技术产业原则，加强技术创新，按照商品化、产业化、市场化的要求，促进高科技研究成果的商品化，推动高技术产业的形成与发展，努力实现科技对国民经济增长的贡献率提高 3 ~ 5 个百分点。

——加快发展卫生事业，努力提高医疗卫生保健水平。全面完成县城医疗卫生机构，疾病预防机构和传染疾病救治体系建设，提高应对突发公共卫生事件传染病防控、妇幼保健和医疗救治服务能力。完成片区中心卫生院和乡（镇）卫生院的改造建设任务、提高服务功能；加强农村医疗卫生网点建设，改善农村医疗卫生条件，力争 90% 的行政村建立医疗网点，完善“新型农村合作医疗制度”，切实解决农村群众就医难和缺医少药状况，积极开展妇幼保健工作，加强医务人员队伍建设，提高医疗服务水平。加快药品食品监督管理网络建设，保障人民群众用药安全和食品安全，切实抓好计划生育工作，严格控制人口数量，提高人口质量，依法管理计划生育，走人口与经济、社会、资源、生态环境相协调的可持续发展道路，切实做好计划生育“三为主”和“三结合”工作，实行层层责任制。提高老龄人生活质量、强化优质服务、基层基础工作和中心服务站建设，推进计生综合改革，以人的全面发展为目标，实现人口自然增长率控制在 10‰以内，总人口控制在 22 万人以内。

——全面推进广电文体事业，完成“村村通”广播电视工程建设和力争实现县城至乡（镇）广播电视联网传输、使有线电视用户和无线电视用户明显增加、覆盖率有较大提高。继续加大文化娱乐设施建设力度，大力开展乡（镇）文化、企业文化、社区文化、校园文化以及群众性文化娱乐活动，完善体育场馆设施建设，实施全民健身战略，增强人民体质，提高体育竞技水平。

（四）深化改革，扩大开放

——深化行政体制改革，精简机构，建立行为规范、运转协调、公正透明、廉洁高效的行政管理体制，加快政府职能转变，进一步破除发展的体制性障碍。全面贯彻实施《行政许可法》，改革行政审批制度，减少行政审批事项，规范行政审批程序，推行政府采购制度，规范政府投资行为。对重大建设项目和重要公共设施建设项目上，建立健全公众参与、专家论证、政府决策相结合的行政决策机制，接受人大监督、政协监督、群众监督和社会舆论监督，广泛听取各方面的意见和建议，促进决策的民主化和科学化。以建立公共财政为目标，继续推进财政管理体制和税收体制改革。积极推进投融资体制改革，缓解资金对发展的制约，积极主动争取省、州对美姑县的资金投入，加强银政、银企的合作，发挥银行间接融资的作用。加大招商引资力度，提高招商实效，争取利用更多的外援资金。建立以民营资本为主体的投资体制。全面推行依法行政，科学执政和民主执行，落实重大项目监管责任制度，确保重大项目的顺利实施。

——建立并完善社会保障体系。健全制度、规范运作。切实抓好医疗卫生统筹，医疗保险和医

药流通体制改革，完善企业职工基本养老，医疗保险制度，积极抓好养老、失业、医疗工伤和其他商业保险工作，不断扩大社会保险覆盖面。稳步推进国企下岗职工基本生活保障向失业保险并轨，确保下岗职工基本生活费和企业退休职工基本养老金按时足额发放。合理确定并逐年提高“低保”标准，切实做到应保尽保。建立并完善对低收入者和弱势群体的救助制度，重视并解决城镇特困家庭实际困难。积极探索失地农民基本保障制度。搞好职业培训和劳务输出培训，促进下刚职工，失地农民和农村富余劳动力的自主就业和跨县跨地区流动就业，提高就业率，以确保社会的稳定。

——大力培育市场体系。活跃城乡经济，繁荣市场。加快建立并完善农畜土特产品的交易市场和批发零售市场，逐步建立土地、技术、劳动力和产权交易市场，强化管理、规范运作、促进生产要素的合理流动和资源的有效配置，加强金融监管，拓展融资渠道，防范金融风险，融洽银政银企关系，支持地方经济发展。

——不断扩大对外开放。以政府为主导，以资源为载体，以企业为主体，积极构建对外开放、招商引资平台，内引外联，大力改善投资软硬环境，努力营造宽松的政策环境，开放的投资环境，提供便捷的服务环境，有序的管理环境，守信的工作环境和安全的生活环境，创建公正，严明的法治环境，形成优惠、稳定的政策体系，建立高效、公开的服务机制，营造“重商、亲商、扶商”的社会氛围，积极搞好项目库建设，努力推出一批规范、实用、有吸引力的招商引资项目，提高招商实效，力争达到年均引资 5 亿元以上。同时要加强横向联合和区域经济的合作交流，形成全方位的开放格局。

（五）加强民主法治建设和精神文明建设，维护社会稳定

——加强民主法治建设。牢固树立依法治县思想，坚持依法行政、科学执政和民主执政原则，严格按规定权限和程序行使权力，履行职责，不断提高依法行政水平和科学执政能力，牢固树立“立党为公,执政为民”的理念,努力建设规范化的服务型政府和学习型政府。在全县上下积极推进“五五”普法，教育人民知法、懂法、守法意识。加强爱国主义、集体主义和社会主义教育，加强国防教育和民兵预备役建设，努力构建人与自然、人与环境、人与资源和人与社会和谐发展的社会氛围，弘扬正气。

——加强党风廉政建设和反腐倡廉工作，永葆党的先进性。要树立正确的“世界观、人生观、价值观”和“权利观、地位观、利益观”，常修为政之德，常思贪欲之害，常怀律己之心，全面落实党风廉政建设责任制，领导干部经济责任审计制和廉政承诺制。切实抓好重大工程项目和政府投资项目招标投标制，经营性土地、矿产资源、水资源等实行有偿使用开发；产权交易进入市场和政府采购的监督工作。强化监察、审计工作力度，依法实行审计公告制度，全面推行各项审批制度和收费制度改革，努力构建“阳光型”政府。

——维护社会稳定，构建和谐社会。坚持“三个离不开”，加强民族团结。坚持“严打”，保持“严打”高压态势，适时开展专项整治斗争，深化并巩固“三项整治”成果，依法打击各类犯罪活动。坚持“打防结合，预防为主”的方针，加强社会治安综合治理，彻底清除黄、赌、毒等社会丑恶现象，坚决打击偷牛盗马、家支械斗等破坏群众生产、生活的行为。全面落实各项治理措施，切实做好新形势下的群众来信来访工作，及时调解各种纠纷，化解社会矛盾。妥善处置各种突发性和群体性事件。切实做好就业和再就业工作。强化安全生产工作，建立健全并层层落实各项安全生产责任制，消除隐患，遏制重特大事故的发生，为实现新的跨越式发展创造良好而稳定的社会环境。

第二部分 先进集体

1991—2009年获州级以上表彰的先进集体

附表1

序号	时 间	单 位	授奖单位	授奖项目
1	1991年1月	美姑县人武部	凉山州委、凉山州人民政府和凉山军分区	“双力杯”竞赛先进单位
2	1991年5月	美姑县洋芋癌肿病适生性试验研究项目	国家动植物检疫总所	科技进步二等奖
3	1991年6月	美姑县人武部	四川省委组织部、四川省军区政治部	先进人武部党委
4	1991年8月	美姑县农行	中共凉山州委、凉山州人民政府	“社会治安综合治理先进集体”称号
5	1991年9月	美姑县人武部	凉山州政府和凉山军分区	为民兵装备管理先进单位
6	1991年12月	美姑县人武部	凉山军分区	函授作业先进单位
7	1991年	美姑县卫生防疫站	凉山州人民政府	计免达到国家“七五”目标“七五”期间伤寒病防治先进集体
8	1991年	美姑县兽医站开展美姑县畜禽寄生虫调查研究	凉山州人民政府	科技进步一等奖
9	1992年5月	美姑县人武部	省爱卫会	省级卫生先进单位
10	1992年6月	美姑县人武部	凉山军分区	党管武装知识竞赛先进单位
11	1992年6月	依果觉乡民兵连	凉山州委、凉山州人民政府和凉山军分区	“双力杯”竞赛先进集体
12	1992年6月	合姑洛乡民兵连	凉山州委、凉山州人民政府和凉山军分区	“双力杯”竞赛先进集体
13	1992年7月	美姑县人武部	凉山州委、凉山州人民政府和凉山军分区	拥政爱民先进单位
14	1992年7月	美姑县人武部	凉山州双拥办	拥军优属、拥政爱民先进单位
15	1992年8月	籽粒苋系列食品开发研究	—	国家星火计划四等奖
16	1992年9月	美姑县人武部	凉山州委、凉山州人民政府和凉山军分区	民族团结进步先进集体
17	1992年	美姑县	四川省护林指挥部	森林防火先进县
18	1992年	美姑县	凉山州人民政府	地方小型森工企业先进单位二等奖
19	1992年	美姑县	凉山州人民政府	1983—1992年森林防火先进单位奖

续附表 1

序号	时　间	单　位	授奖单位	授奖项目
20	1992 年	美姑县人武部	四川省委、四川省人民政府	省级文明单位
21	1993 年 1 月	美姑县邮电局	—	1992 年凉山州社会治安综合治理先进单位
22	1993 年 4 月	美姑县化工厂	—	在工业经济评价考核中，荣获“凉山州工业企业五十强金榜”
23	1993 年 4 月	美姑县人武部	凉山州委、凉山州人民政府和凉山军分区	先进党委
24	1993 年 6 月	美姑县人武部	四川省委组织部、四川省军区政治部	先进党委
25	1993 年 12 月	美姑县人武部	凉山军分区司令部、政治部	民兵预备役工作先进单位
26	1993 年	美姑县人武部	四川省爱卫会	省级卫生先进单位
27	1993 年	美姑县人武部	成都军区	学刊用刊先进单位
28	1993 年	美姑县人民检察院	四川省人民检察院	《彝族家支聚众打砸抢案件调查与分析》授予优秀论文奖
29	1993 年	美姑县林业局	凉山州委、凉山州人民政府	扶贫工作先进集体奖
30	1993—1994 年	美姑县农行保卫股	四川省分行	安全保卫工作先进集体
31	1994 年 1 月	美姑县人武部	凉山州委、凉山州人民政府和凉山军分区	新闻报道先进单位
32	1994 年 5 月	美姑县人武部	四川省委、四川省人民政府和省军区	民兵工作“四个一”建设达标单位
33	1994 年 10 月	美姑县人武部	凉山州人民政府、凉山军分区	征兵工作先进单位
34	1994 年 11 月	美姑县人武部	成都军区	先进县级人武部
35	1994 年 12 月	美姑县广播电视局	凉山州委、凉山州人民政府	“全州广播电视工作先进集体”
36	1995 年	美姑县物价办	四川省物价局	物价宣传工作先进单位
37	1995 年	美姑县档案工作	四川省档案局	三级标准
38	1995 年 5 月	美姑县广播电视局	凉山州电视台	科普宣传先进单位
39	1996 年 4 月	洪溪伐木场	凉山州人民政府	1995 年度工业经济创税利全州 50 强企业奖
40	1996 年 4 月 23 日	美姑化工厂	凉山州人民政府	“创利税 50 强企业”称号

续附表 1

序号	时 间	单 位	授奖单位	授奖项目
41	1996 年 6 月	美姑县计生局	凉山州委、凉山州人民政府	凉山州计划生育“八五”期间先进集体
42	1996 年 6 月	美姑县地方税务局	四川省地方税务局	全省地方税收宣传月活动先进单位
	1996 年 6 月	依波沃村支部	四川省委	先进基层党组织
43	1996 年	美姑县物价办	四川省物价局	物价宣传工作先进单位
44	1996 年 7 月	美姑县人武部机关党支部	四川省军区党委	先进党支部
45	1996 年 10 月	美姑县农行	凉山州委、凉山州人民政府	文明单位标兵
46	1997 年 1 月	美姑县人武部	凉山州委、凉山州人民政府和凉山军分区	民兵预备役调整改革工作先进单位
47	1997 年 1 月	美姑县人武部	凉山军分区	新闻报道先进单位
48	1997 年 4 月	美姑县人武部政工科	四川省军区	先进政工科
49	1997 年 7 月	美姑县人武部	凉山军分区	“双力杯”竞赛达标单位
50	1997 年 7 月	美姑县人武部机关党支部	凉山军分区	先进党支部
51	1997 年 8 月	美姑县化工总公司装药班组	四川化工企业管理协会	优秀班组
52	1997 年 11 月	美姑县农行	四川省委宣传部、省军区政治部、省精神文明办	“军民共建社会主义精神文明先进单位”称号
53	1997 年 12 月	美姑县人武部	凉山军分区	正规化建设先进单位
54	1997 年 12 月	美姑县被省护林指挥部、省林业厅	省护林指挥部、省林业厅	连续 3 年无森林火灾先进单位奖
55	1997 年	美姑县人武部	四川省人民政府	保持省级文明单位和省级卫生先进单位
56	1997 年	美姑县工普办	四川省工业普查办	省级先进集体
57	1997 年	美姑县农普办	全国第一次农业普查办	“国家级先进集体”
58	1998 年 1 月	美姑县化工总公司	四川省经济贸易委员会	取得“四川省三级设备管理企业水平”证书
59	1998 年 1 月	美姑县人武部	四川省军区	先进人武部
60	1998 年 4 月	美姑县人武部	成都军区	先进人武部
61	1998 年 6 月	美姑县人武部	四川省军区党委	先进团级
62	1998 年 7 月	美姑县人武部	四川省军区	先进党委
63	1998 年 9 月	美姑县电力公司	凉山州委	“凉山州农村基础组织建设工作先进包村单位”称号

续附表 1

序号	时　间	单　位	授奖单位	授奖项目
64	1998 年 10 月	美姑县农机局	四川省农机局、省农机化技术推广总站与《四川农村日报》	“五菱杯”农机知识竞赛获集体组织奖
65	1998 年 11 月	美姑县人民医院	凉山州委、凉山州人民政府	文明单位
66	1998 年 11 月 11 日	美姑县农行	四川省委、四川省人民政府	文明单位
67	1998 年 12 月	美姑县文广局	四川省委宣传部、省民委、省财政厅、省广电厅	“四川省千乡电视工程组织奖”
68	1998 年	美姑县物价局	四川省物价局	物价宣传工作先进单位
69	1998 年	美姑县粮食局	四川省审计厅	粮食财务挂账清理先进集体
70	1998 年	美姑县粮食局	四川省审计厅	全省粮食财务挂账清理先进集体
71	1998 年	美姑县统计局	四川省统计局	农村贫困监测工作全省考评一等奖
72	1999 年 6 月	美姑县农行	凉山州精神文明建设委员会	精神文明先进单位
73	1999 年 6 月	美姑县人武部	凉山军分区	先进党支部
74	1999 年	美姑县人武部	凉山军分区	科技练兵第三
75	1999 年	美姑县人武部	凉山州文明委员会	精神文明建设先进集体
76	1999 年	美姑县人武部	四川省军区	先进人武部
77	1999 年	美姑县物价局	四川省物价局	《中华人民共和国物价公报》宣传发行工作成绩突出，荣获全省先进单位
78	1999 年	美姑县物价局	四川省物价局	物价宣传先进单位
79	1999 年	美姑县人民医院	凉山州委、凉山州人民政府	凉山州民族团结进步先进集体
80	1999 年	美姑县人民医院	凉山州委、凉山州人民政府	凉山州文明标兵
81	1999 年	美姑化工总公司	四川省质量管理协会	1999 年巴蜀质量跟踪定点单位
82	1999 年	美姑县统计局	四川省统计局	农村贫困监测工作全省考评二等奖
83	1999 年	美姑县矿管办	凉山州人民政府	全州矿产资源补偿费征收解缴先进单位
84	1999 年 11 月 18 日	美姑县地方税务局	四川省档案局	档案工作达省二级标准
85	2000 年 1 月	美姑县人武部政工科	凉山军分区司令部、政治部、后勤部	先进政工科

续附表 1

序号	时 间	单 位	授奖单位	授奖项目
86	2000 年 3 月 1 日	美姑县建设国土环境保护局	凉山州县市国土系统办公室	1999 年度“创先争优”活动先进集体；土地执法监察工作先进单位和土地利用规划与计划管理先进集体
87	2000 年 4 月 24 日	美姑化工总公司	凉山州人民政府	首届劳动模范先进单位称号
88	2000 年 7 月	美姑县农行	凉山州委	“思想政治工作先进集体”称号
	2000 年 7 月	依波沃村支部	四川省委	思想政治工作先进集体
89	2000 年 11 月	美姑县文广局	四川省人民政府	“四川省村村通广播电视工程建设先进集体”
90	2000 年 11 月	美姑县农村信用联社	四川省信用合作协会	全省农村信用合作系统安全保卫工作先进集体
91	2000 年 12 月	美姑县农机监理站	四川省农机局	2000 年度农机安全管理工作先进单位
92	2000 年 12 月	美姑县农机局	四川省农机局	2000 年度农机安全管理工作先进单位
93	2000 年 12 月	美姑县	四川省护林防火指挥部、省林业厅	1998 年至 2000 年森林防火先进单位
94	2000 年 12 月 21 日	美姑县地方税务局	凉山州委、凉山州人民政府	文明单位
95	2000 年	美姑县物价局	四川省物价局	价格信息组网、服务工作三等奖先进单位
96	2000 年	美姑县化工总公司 84# 车间	—	凉山州青年文明号
97	2000 年	美姑县物价局	四川省物价局	物价宣传先进单位
98	2000 年	美姑县统计局	四川省统计局	农村贫困监测工作全省考评二等奖
99	2000 年	美姑县矿管办	凉山州人民政府	全州矿产资源补偿费征收解缴先进单位
100	2000 年	美姑县人武部	四川省军区	先进人武部
101	2000 年	美姑县畜牧局草原站	省畜科院	开展的浅谈美姑县饲草资源开发利用中牧阳光杯三等奖
102	2000 年	美姑县畜牧局兽医站	凉山州人民政府	美姑县动物蓝舌病临床诊断与病源分离鉴定科技进步三等奖
103	2001 年 2 月	美姑县人民检察院	四川省人民检察院	“五好检察院”称号
104	2001 年 5 月 8 日	美姑县建设国土环境保护局	—	全州乡级土地利用总体规划工作先进集体
105	2001 年 8 月	美姑县人武部	凉山军分区	军事训练考核第五名
106	2001 年 9 月	美姑县人武部	四川省委宣传部、省军区政治部	《国防时报》读用先进单位

续附表 1

序号	时　间	单　位	授奖单位	授奖项目
107	2001 年 9 月	美姑县人武部	凉山军分区	军事学术研究、《要讯》工作先进单位
108	2001 年	美姑县人武部军事科	凉山军分区	先进军事科
109	2001 年 11 月 28 日	美姑县地方税务局	凉山州委、凉山州人民政府	文明单位标兵
110	2001 年	美姑县人民法院	—	凉山州级“计划生育合格单位”
111	2002 年	美姑县公安局刑警大队	—	“凉山州青年文明号”
112	2002 年	美姑县畜牧局畜牧站	凉山州人民政府	美姑山羊选育与扩大获凉山州政府科技进步三等奖
113	2002 年 12 月	美姑县人武部后勤科	凉山军分区	先进后勤科
114	2003 年	美姑县公安局交警大队	—	“全州政法先进集体”
115	2003 年	美姑县城关派出所	—	“凉山州青年文明号”
116	2003 年 12 月	美姑县人武部	四川省军分区	装备管理责任制先进单位
117	2004 年 4 月	美姑县幼儿园	四川省委、四川省人民政府	文明单位
118	2004 年 10 月	美姑县人武部	凉山军分区	征兵工作先进单位
119	2004 年 11 月 16 日	美姑县地方税务局	四川省档案局	一级标准达标单位
120	2004 年 12 月 9 日	美姑县地方税务局	凉山州“巾帼建功”活动领导小组	“凉山州巾帼文明示范岗”
121	2004 年	美姑县人民法院	—	凉山州州级“卫生先进单位”
122	2005 年 10 月	美姑县人武部	凉山军分区	征兵工作先进单位
123	2006 年 3 月 8 日	美姑县井叶特西乡特西村	四川省妇联	“2005 年四川省红旗妇联（妇女）组织”荣誉称号
124	2006 年 6 月	依波沃村支部	四川省委	先进基层党组织
125	2006 年 10 月 16 日	美姑县科学技术协会	四川省委宣传部、四川省科学技术协会	2006 年度开办《科普大篷车》电视栏目先进单位
126	2006 年 10 月 16 日	美姑县洛俄依甘乡依波沃村妇委会	—	四川省红旗村妇联
127	2006 年	美姑县粮食局	凉山州人民政府	粮食工作目标考核先进单位二等奖
128	2007 年 2 月	美姑县农业局	—	凉山州马铃薯产业发展先进单位
129	2007 年 9 月	美姑县人民检察院	四川省爱国卫生运动委员会	“卫生单位”称号
130	2007 年 12 月	美姑县农机局	凉山州人民政府	农机项目建设一等奖
131	2007 年	美姑县粮食局	凉山州人民政府	粮食工作目标考核先进单位一等奖

续附表 1

序号	时　间	单　位	授奖单位	授奖项目
132	2008 年	美姑县粮食局	凉山州人民政府	粮食工作目标考核先进单位一等奖
133	2009 年 3 月	美姑县交通局	凉山州人民政府	农村公路建设二等奖

第三部分　修志文存

中共美姑县委　美姑县人民政府
关于进一步加强史志年鉴工作的通知

美委发〔2004〕21 号

各工委，乡（镇）党委、政府，县级各部门，各企事业单位：

为了深入学习、宣传《四川省地方志工作条例》，充分发挥史志资政育人的作用，全面贯彻落实省、州党史和地方志工作会议精神，把中央关于“一纳入、五到位”的要求和胡锦涛总书记关于“健全机构、稳定队伍、充实力量、提高素质”的十六字方针真正落到实处，严格执行史志工作的“五点要求”，进一步推动我县的党史和地方志工作，经县委、县人民政府领导同意，现就有关事宜通知如下：

一、按照四川省人民政府的要求和州史志办的安排，我县续修县志工作将从 2005 年 3 月开始启动，2007 年下半年正式出版发行。续修县志是一项功在当代、惠及子孙的神圣使命，各级各部门必须积极配合，通力合作，从现在起，尽快组建本单位的修志领导小组，指定专人负责搜集、整理资料，圆满完成部门志的续修任务。

二、将党史和地方志工作纳入全县经济和社会发展规划，当成一项重要的精神文明建设和文化建设来抓，按照量力而行与适度超前相结合的原则，努力开创史志工作新局面。

三、将续修县志的经费（包括编写人员的培训经费、资料打印费、出版印刷费、稿费等）纳入财政预算。县志、年鉴的稿费继续按美委办〔2000〕4 号文件标准执行，即文字稿每千字 30 元，照片每张 20 元，编辑费每千字 10 元。

四、严格按照“凡进必考”的原则和编制要求，配备编写人员，进一步加强史志队伍建设。

五、积极收藏、整理、研究和开发县内外党史和地方志文献，努力创造条件，适时建立“美姑县史志研究学会”，培养、造就一批德才兼备的史志工作队伍。

六、每 5 年编辑出版一部美姑县综合年鉴，即每届政府在其任期内负责编辑出版一部全面反映经济发展和社会进步的《美姑年鉴》。

七、从 2004 年 6 月 1 日起，各单位各部门的文件、纪要、总结、简报等文字材料，必须及时抄送地方志办公室，以便做好每届一部的年鉴编撰工作，为续修《美姑县志》打下良好基础。

中共美姑县委美姑县人民政府

2004 年 5 月 10 日

中共美姑县委　美姑县人民政府
关于开展县志续修工作的实施意见

美委发〔2005〕33号

各工委，乡（镇）党委、政府，县级各部门，各企事业单位：

编纂地方志，是社会主义文化建设事业的重要组成部分，也是一件承上启下、继往开来、服务当代、惠及子孙的千秋大业。根据省委、省政府和州委、州政府的有关要求和全省第七次地方志工作会议精神，现就进一步做好续修《美姑县志》工作作如下安排：

一、指导思想

续修《美姑县志（1991—2005）》必须坚持以马列主义、毛泽东思想、邓小平理论和“三个代表”重要思想为指导，坚持实事求是的思想路线，自觉遵循中国地方志指导小组《关于地方志编纂工作的规定》和《四川省地方志条例》的有关规定，运用辩证唯物主义和历史唯物主义的观点和方法，全面、真实、系统地反映我县改革开放、经济建设和社会发展进程中的巨大成就和经验教训，从而激发全县各族人民更加热爱家乡，为建设和谐美姑做出更大的贡献。

二、组织领导

续修《美姑县志》要继续坚持“党委领导、政府主持、各部门积极参与”的体制，在县委、县人民政府和县志编委会领导下，由县地方志办公室组织实施。各乡（镇）和县级有关单位必须尽快成立专业志编纂委员会和编辑室，由主要负责同志分管修志工作，并指定1～2名具有较高政治素质和业务能力，熟悉本行业、本地区发展情况，文字基本功比较扎实的同志具体承担部门志的编写任务。

三、经费预算

为了保证县志续修工作顺利进行，圆满完成续修任务，修志所需经费（包括编写人员的培训费、资料打印费、工作用车费、出版印刷费、稿费等）要纳入财政预算。

四、编纂任务

承担《美姑县志（1991-2005）》续修任务的单位有119个，其中：

（一）县级机关83个：

县委办、人大办、政府办、政协办、人武部、纪检监察机关、组织部、宣传部、统战部、人劳和社保局、县委党校、县总工会、团县委、县妇联、人民法院、人民检察院、公安局、司法局、法制局、保密局、老干局、精神文明办、安监局、信访局、编制办、烟办、扶贫开发办、外援项目办、地方志办、毕摩文化研究中心、化工总公司、农业局、林业局、畜牧局、水电局、农机局、交通局、邮政局、电信公司、财政局、国家税务局、地方税务局、县农行、信用联社、粮食局、医药公司、食品药品监督局、经济局、烟草专卖局、规划建设和环保局、国土局、发展和改革局、工商局、审计局、统计局、物价局、质监局、教育局、科技局、气象局、广播电视局、卫生局、文体旅民宗局、民政局、大风顶保护局、人口和计划生育局、残联、计生指导站、卫生防疫站、档案局、自来水厂、县教师进修校、美姑中学、美姑县城关一小、美姑县城关二小、县幼儿园、县“六化”办，救灾办、政务中心、文化馆、文物管理所、电力公司。

（二）乡（镇）36个：（略）

五、方法步骤

续修《美姑县志（1991—2005）》工作分以下四个阶段进行：

（一）第一阶段（2006年2月至2006年12月底）为准备阶段，主要做好五件事：

1. 健全修志机构、改善办公条件、充实修志队伍，确定县志总编、副总编、主编、副主编。

2. 成立“美姑县志编纂委员会”。

3. 召开《美姑年鉴》总结表彰暨《美姑县志》续修动员大会，并签订美姑县志编纂责任书。

4. 各乡（镇）、县级各有关单位成立部门志编写领导小组，组建部门志编写机构，明确1～2名编写人员。

5. 按照“总揽全局，突出特色”的原则，拟定美姑县志篇目。

（二）第二阶段（2007年1月至2007年12月底）为培训、收集资料、编纂阶段，主要做好五件事：

1. 撰写、出版县志培训教材——《修志常识》一书。

2. 举办县志续修培训班，聘请专家授课，培训时间不得少于10天。

3. 由县地方志办公室负责督促、检查、指导部门志的编写工作。

4. 各乡（镇）、县级各有关单位对其部门志进行内部审议，内审合格后，书面向“县志编委会”提出验收申请。

5. 审定部门志。

（三）第三阶段（2008年1月至2008年6月底）为总纂、评议、审定阶段，主要做好两件事：

1. 由县志主编、副主编负责，对志稿进行总纂合成。

2. 由县志总编、副总编负责，召开县志评审会，广泛征求意见，认真修改完善，经县志编委会审查合格后，报州史志办验收。

（四）第四阶段（2008年7月至2008年12月底）为出版发行、总结表彰阶段，主要做好四件事：

1. 向凉山州人民政府请求出版《美姑县志（1991—2005）》。

2. 交付印刷出版并认真做好校对工作，确保志书印刷质量。

3. 表彰奖励先进集体和先进个人，并兑现《县志》稿费和编辑费。

4. 认真做好县志发行工作。

六、评议审定

（一）承编单位要严格执行部门志评议制度，在志稿送交初审前，要召开由有关领导、专家和知情人士参加的志稿评议会，广泛听取意见，进行反复修改，形成比较完整、比较合格的送审稿。

（二）要严格审查验收程序，各单位的志稿在内审合格的基础上书面报请“县志编委会”审查验收，县志总纂合成后，在组织有关领导、专家审定通过的基础上，书面报请州史志办审查验收。

（三）评议审定要严格把关各个环节，切忌走过场。首先要把好志书的“政治关”，即观点要正确，不能出现违背党和国家方针、政策、法律法规等方面的内容；其次，要保证资料的可靠性、数据的准确性、内容的全面性、体制的完备性、行文的规范性、表述的准确性、篇目结构的合理性；同时注意详略是否得当、段落层次是否分明、图表及文字说明是否齐全等。总之，要树立精品意识，做到精益求精，争创一流的名志。

七、印刷出版

（一）根据中国地方志指导小组《关于地方志编纂工作的规定》和《四川省地方志工作条例》的有关规定，《美姑县志（1991—2005）》采用彝文、汉文两种版本公开出版，其中，彝文版发行300册，汉文版发行1200册。

（二）县委办、人大办、政府办、政协办、人武部、团县委、妇联、党校、农业局、畜牧局、林业局、民政局、公安局、法院、检察院、司法局、地税局、国税局、工商局、信用联社、农行、组织部、宣传部、统战部、卫生局、人劳和社保局、交通局、财政局、纪检监察机关、广电局、国土局、规划建设和环保局、人口和计划生育局、扶贫开发办、审计局、水利局、档案局、教育局、发展和改革局、文体旅民宗局、统计局、毕摩文化中心等42个单位的部门志原则上要求公开出版发行。

（三）为保证出版质量，节约出版经费，全县各级志书均由县地方志办公室按“美姑县志丛书”的形式负责统筹安排出版。

（四）各单位的志书出版后（含内部出版和自行打印装订本）须向县地方志办公室赠送50册，以利存史备查。

（五）《美姑县志（1991—2005）》采用图文并茂的方式排版16开、精装本，并配有该志内容的软盘。

八、奖惩

按照省委、省政府关于“奖惩并举，努力提高志书质量”的要求，《美姑县志（1991—2005）》如获得全国一等奖，县人民政府将对县志编辑部的全体职工奖励5万元；获全国二等奖，奖励3万元；获全国三等奖，奖励2万元；获全省一等奖，奖励2万元；获全省二等奖，奖励1万元；获全省三等奖，奖励5000元。

《美姑县志（1991—2005）》如获全国三等以上奖，县人民政府将对执行主编一次性奖励2万元；获全省三等以上奖，县人民政府将对执行主编一次性奖励1万元。由于工作失职，造成志书质量低劣的，如错字、别字较多，文字差错率超过十万分之二的；多字、漏字、倒字超过十万分之二的；在封面、封底、版权页等重要位置出现差错的；在照片、人名、地名、数据、年代等重要内容上出现差错的；要追究主编、副主编和编写人员的责任，相关人员当年的年度考核不能评“优”，更不能当选各种“先进个人”。志书如果出现涉外、保密、民族、宗教等政治方面的问题，将依法追究有关人员的法律责任。对部门志优秀主编奖励1000元；先进单位奖励500元。不能按时按质完成部门志编纂任务的单位，不仅不退还押金（100元），还要罚款200元，并向全县通报批评。

中共美姑县委　美姑县人民政府

2005年12月30日

中共美姑县委　美姑县人民政府 关于开展县志续修工作的实施方案

美委发〔2007〕20号

各工委、乡（镇）党委和人民政府，县级各部门，各企事业单位：

编纂地方志，是社会主义文化建设事业的重要组织部分，也是一件承上启下、继往开来、服务当代、惠及子孙的千秋大业。根据《全国地方志工作条例》《四川省地方志工作条例》和川委厅〔2005〕47号、凉委办〔2006〕18号文件精神，现就进一步做好续修《美姑县志》工作作如下安排：

一、指导思想

续修《美姑县志（1991—2006）》必须坚持以马列主义、毛泽东思想、邓小平理论、“三个代表”为重要思想和科学发展观为指导，坚持实事求是的思想路线，自觉遵循《全国地方志工作条例》和《四川省地方志条例》的有关规定，运用辩证唯物主义和历史唯物主义的观点和方法，全面、真实、系统地反映我县改革开放、经济建设和社会发展进程中的巨大成就和经验教训，从而激发全县各族人民更加热爱家乡，为建设和谐美姑做出更大的贡献。

二、组织领导

续修《美姑县志（1991—2006）》要继续坚持“党委领导、政府主持、专家修志、部门参与”的体制，在县委、县人民政府和县志编委会领导下，由县地方志办公室组织实施。各乡（镇）和县级各单位必须尽快成立专业志编纂委员会和编辑室，由主要负责同志分管修志工作，并指定2~3名具有较高政治素质和业务能力，熟悉本行业、本地区发展情况，文字基本功比较扎实的同志具体承担部门志的编写任务。

三、修志队伍建设

志书质量的高低最终取决于修志队伍的整体素质，所以，从今年起必须高度重视地方志人才的培养培训工作，努力造就一支政治思想好、专业素质高的专兼职与老、中、青相结合的修志队伍。一是学习周边县市的成功经验，聘请1～2名有较深学术造诣的方志学家担任《美姑县志(1991—2006)》的顾问或名誉总编，自觉接受专家的业务指导；二是通过举办培训班、鼓励自学成才、参加上级史志部门举办的各种培训活动等方式，全面提高我县修志队伍的整体素质；三是进一步加强县地方志办公室自身的干部队伍建设，在不超编制的前提下，调整充实一名计算机专业人才和一名彝文专业才人，为即将开展的县志彝文翻译工作和方志信息化建设提供强有力的人才保障；四是采取适当改善工作条件、“以奖代补”和适当提高稿费标准的方式，充分调动广大修志工作者的积极性和创造性，确保我县第二轮修志工作圆满完成。

四、经费预算

按照中央关于修志工作必须坚持“一纳入，五到位”的要求，为了保证县志续修工作顺利进行，圆满完成续修任务，结合本县实际情况，美姑县第二轮修志所需经费列入财政预算。

五、编纂任务

承担《美姑县志(1991—2006)》续修任务的单位有113个，其中：

（一）县级机关77个：县委办、人大办、政府办、政协办、人武部、纪检监察机关、组织部、宣传部、统战部、人事劳动和社会保障局、县委党校、县总工会、团县委、县妇联、县科协、精神文明办、保密局、老干部局、法院、检察院、公安局、司法局、法制局、安监局、信访局、编制办、移民办、扶贫开发与外援项目办、地方志办、毕摩文化研究中心、农业局、林业局、畜牧局、水利局、农机局、交通局、邮政局、电信公司、财政局、国家税务局、地方税务局、农行、信用联社、粮食局、医药公司、食品药品监督管理局、经济局、烟草专卖局、规划建设和环保局、国土局、发展和改革局、工商局、审计局、统计局、物价局、质量技术监督局、教育局、科技局、气象局、广播电视局、卫生局、文化体育旅游民族宗教局、民政局、大风顶保护局、人口和计划生育局、残联、计生指导站、疾控中心、档案局、县教师进修校、县中学、县城关一小、县城关二小、幼儿园、文化馆、文物管理所、电力公司。

（二）乡（镇）36个：（略）

六、方法步骤

续修《美姑县志（1991—2006）》工作分以下五个阶段进行：

（一）第一阶段（2007年5月至2007年12月底）为准备阶段，主要做好五件事：

1. 健全修志机构、改善办公条件、充实修志队伍，确定县志总编、副总编、主编、副主编。

2. 成立“美姑县志编纂委员会”。

3. 召开《美姑年鉴》总结表彰暨《美姑县志》续修动员大会，并签订美姑县志编纂责任书。

4. 各乡（镇）、县级各单位成立部门志编写领导小组，组建部门志编写机构，明确2～3名编写人员。

5. 按照“总揽全局、与时俱进、突出特色”的原则，拟定美姑县志篇目。

（二）第二阶段（2008年1月至2008年6月底）为培训、收集资料、编纂阶段，主要做好六件事：

1. 编撰出版县志培训教材——《方志学原理》一书。

2. 编撰出版美姑年鉴培训教材——《年鉴学研究》一书。

3. 举办县志续修培训班，聘请专家授课，培训时间不得少于10天。

4. 由县地方志办公室负责督促、检查、指导部门志的编写工作。

5. 各乡（镇）、县级各单位对其部门志进行内部审议，内容合格后，书面向“县志编委会”提出验收申请。

6. 审定部门志。

（三）第三阶段（2008年6月至2008年12月底）为总纂、评议、审定阶段，主要做好两件事：

1. 由县志主编、副主编负责，对志稿进行总纂合成。

2. 由县志总编、副总编负责，召开县志评审会，广泛征求意见，认真修改完善，经县志编委会审查合格后，报州史志办验收。

（四）第四阶段（2009年1月至2009年12月底）为出版发行、总结表彰阶段，主要做好四件事：

1. 向凉山州人民政府请求出版《美姑县志（1991—2006）》。

2. 交付印刷出版并认真做好校对工作，确保志书印刷质量。

3. 表彰奖励先进集体和先进个人，并兑现县志稿费、审稿费、编辑费和校对费。

4. 认真做好县志发行工作。

（五）第五阶段（2010 年 1—12 月）主要任务是翻译、校对、出版发行《美姑县志（1991—2006）》彝文版。

七、评议审定

（一）承编单位要严格执行部门志评议制度，在志稿送交初审前，要召开由有关领导、专家和知情人士参加的志稿评议会，广泛听取意见，进行反复修改，形成比较完整、比较合格的送审稿。

（二）要严格审查验收程序，各单位的志稿在内审合格的基础上书面报请“县志编委会”审查验收，县志总纂合成后，在组织有关领导、专家审定通过的基础上，书面报请州史志办审查验收。

（三）评议审定要严格把关各个环节，切忌走过场。首先要把好志书的“政治关”，即观点要正确，不能出现违背党和国家方针、政策、法律法规等方面的内容；其次，要保证资料的可靠性、数据的准确性、内容的全面性、体制的完备性、行文的规范性、表述的准确性、篇目结构的合理性；同时注意详略是否得当、段落层次是否分明、图表及文字说明是否齐全等。总之，要树立精品意识，做到精益求精，争创一流的名志。

八、印刷出版

（一）根据《全国地方志工作条例》和《四川省地方志工作条例》的有关规定，《美姑县志（1991—2006）》采用彝文、汉文两种版本公开出版，其中，彝文版发行 500 册，汉文版发行 3500 册。

（二）县委办、人大办、政府办、政协办、人武部、团县委、妇联、党校、农业局、畜牧局、林业局、民政局、公安局、法院、检察院、司法局、地税局、国税局、工商局、信用联社、农行、组织部、宣传部、统战部、卫生局、人事劳动和社会保障局、交通局、财政局、纪检监察机关、广播电视局、国土局、规划建设和环保局、人口和计划生育局、扶贫开发与外援项目办、审计局、水利局、档案局、教育局、发展和改革局、文化体育旅游民族宗教局、统计局、毕摩文化中心等 42 个单位的部门志原则上要求公开出版发行。

（三）为保证出版质量，节约出版经费，全县各级志书均由县地方志办公室按“美姑县志丛书”的形式负责统筹安排出版。

（四）各单位的志书出版后（含内部印刷和自行打印装订本）须向县地方志办公室赠送 20 册，以利存史备查。

（五）《美姑县志（1991—2006）》采用图文并茂的方式排版，精装并配有该志内容的光盘。

九、奖惩

按照省委、省政府关于“奖惩并举，努力提高志书质量”的要求，《美姑县志（1991—2006）》如获得全国一等奖，县人民政府将对县志编辑部的全体职工奖励 5 万元；获全国二等奖，奖励 3 万元；获全国三等奖，奖励 2 万元；获全省一等奖，奖励 2 万元；获全省二等奖，奖励 1 万元；获全省三等奖，奖励 5000 元。

《美姑县志（1991—2006）》如获全国三等以上奖，县人民政府将对主编一次性奖励 3 万元；获全省三等以上奖，县人民政府将对主编一次性奖励 2 万元。由于工作失职，造成志书质量低劣的，如错字、别字较多，文字差错率超过十万分之二的；多字、漏字、倒字超过十万分之二的；在封面、封底、版权页等重要位置出现差错的；在照片、人名、地名、数据、年代等重要内容上出现差错的；要追究主编、副主编和编写人员的责任，相关人员当年的年度考核不能评“优”，更不能当选各种

“先进个人”。志书如果出现涉外、保密、民族、宗教等政治方面的问题，将依法追究有关人员的法律责任。对部门志优秀主编奖励1000元；先进单位奖励5000元。不能按时按质完成部门志编纂任务的单位，不仅不退还押金（100元），还要罚款200元，并向全县通报批评。

2007年5月8日

中共美姑县委办公室 美姑县人民政府办公室
关于县志续修工作实施方案的补充通知

美委办〔2009〕53号

各乡（镇）党委和人民政府，县直各部门、各企事业单位：

续修县志是我县当前和今后一段时间一项十分重要的工作，为全面、真实、系统地反映我县改革开放、经济建设和社会发展进程中的巨大成就和经验教训，确保出版一部高质量的《美姑县志》，经县委、县人民政府研究决定，对县志续修工作的实施方案作适当的调整充实。现将调整充实后的实施方案内容通知如下：

一、为充分体现《美姑县志》反映我县发展历程的系统连贯性，特对第二轮修志年限作适当调整，由原定的1991—2007年调整为1991年—2009年。修志年限调整后，各乡（镇）、各部门和各单位所负责撰写的篇目内容要相应地进行补充完善，需增补2008年和2009年的有关内容。补充完善后的志稿（包括志稿的电子文档）务必于2010年2月底送县志编纂委员会总编室（设在县地方志办公室）。乡（镇）志编纂下限时间同样调至2009年，各乡（镇）在编纂中须补充进2008年和2009年的内容，交稿时间为2010年2月。

二、为节约经费，乡（镇）志由原定的公开出版发行改为内部印刷；《美姑县志》印刷发行500册彝文版改为彝文精译40万字左右附于汉文版之后，不再单独出版发行彝文版的《美姑县志》。

三、针对在修志工作中发现的各乡（镇）、各部门和各单位普遍存在不重视档案资料的收集整理、忽略大事记记载等问题，县委、县人民政府要求，各乡（镇）、各部门和各单位务必高度重视档案资料管理和加强大事记记载工作。从2009年起，各乡（镇）和县直各单位须在每个季度末将本乡（镇）、本部门和本单位的大事记报县地方志办公室，不按时报送的将扣减目标考核分数。

四、《美姑县志》《美姑年鉴》和《历史与现状》杂志的稿费标准按十二届县人民政府第十三次常务会议纪要（美府阅〔2008〕14号）议定的要求执行。

中共美姑县委办公室　美姑县人民政府办公室

2009年6月23日

第四部分 评审出版请示和批复

美姑县人民政府
关于出版发行《美姑县志（1991—2009）》的请示

美府〔2015〕30号　　签发人：蔡光阳

州人民政府：

根据中共凉山州委办公室、凉山州人民政府办公室《关于全面开展凉山州第二轮修志工作的通知》（凉委办〔2006〕18号）精神，《美姑县志（1991—2009）》修纂工作于2007年4月正式启动，2012年12月初稿基本形成。2013年12月，开展县上初审。2014年8月，样书报送州史志办评审，原则通过。2015年6月，《美姑县志（1991—2009）》（复审稿）通过州史志办复审。目前，《美姑县志（1991—2009）》的文字和图片编纂工作已全部完成，进入出版发行阶段。为此，现依法报请州政府批准《美姑县志（1991—2009）》出版发行。

妥否，请批示。

美姑县人民政府
2015年7月17日

凉山州人民政府办公室
关于出版发行《美姑县志（1991—2009）》的复函

凉府办函〔2015〕269号

美姑县人民政府：

你县《关于出版发行〈美姑县志（1991—2009）〉的请示》（美府〔2015〕37号）收悉。经凉山州县级志书审查验收小组审查通过，州政府同意你县出版发行《美姑县志（1991—2009）》。请按照有关规定认真做好出版发行相关工作。

凉山州人民政府办公室
2015年9月21日

第五部分　撰稿人和审稿人名单

《美姑县志（1991—2009）》各部门志撰稿人和审稿人名单

附表 2

志书名称《美姑县志》	撰稿人	审稿人
凡　例	县志编辑部	孙学元
序　言	县志编辑部	孙学元
概　述	县志编辑部	卢万发　孙学元
大事记	县志编辑部	卢万发　孙学元
建制沿革	县志编辑部	卢万发　孙学元
乡（镇）概况	县志编辑部	卢万发　孙学元
地质地貌	县志编辑部	卢万发　孙学元
气　候	杨　梅	的日黑益
水　系	县志编辑部	卢万发　孙学元
土壤与植被	刷日林莫　曾建儒	曲比拉坡
自然资源	县志编辑部	卢万发　孙学元
自然灾害	县志编辑部	卢万发　孙学元
环境保护	阿及克布	孙庆革
人口和计划生育	阿培阿沙	金　戈
中国共产党地方组织	宋夏涛	毛正华
党史与政策研究	陆耕云	毛正华
保密工作	李锡康	毛正华
机要工作	吕　蓉	吕　蓉
农办工作	梁永昌	梁永昌
组织建设	罗　贤	邓明琨
宣传教育	杨　燕	沙明英
纪律检查	赵　燕	龚恩富　赵国山
政法工作	林　斌	马海车都
统一战线	沙春勇	达别尔布

续附表 2

志书名称《美姑县志》	撰稿人	审稿人
党校教育	何　强	吉付伍子　孙学元
机构编制	陈云川	颜鸿涛
总工会	潘玉兵	吉克石都
共青团美姑县委员会	牛巴什珞	曲比合萨
妇女联合会	阿苦牙牙	余海英
科学技术协会	李志峰	吉海木沙
残疾人联合会	克其拉洛	沙立新
工商联合会	沙春勇	达别尔布
地方国家权力机关	冯培安　吉比阿力　孙　明	阿培拉门　彭玉章
县人民政府	克其拉洛	孙学元
政协美姑县委员会	徐　进　李锡康	沙马古依　王霖生 严取银　沙正荣
人事劳动和社会保障	克其拉洛	吉吉甘玛　吴志锦　达则阿阳
民政工作	阿牛拉合	陈贵林
依法行政	陈　霞	张　玲
人民信访	唐有玉	苏干铁溢
扶贫开发	余朝晖	马海尔曲
安全生产	郭绍平	吾尔尔益
档案工作	彭　杰	阿牛史日
修志工作	叶志高	卢万发　孙学元
军　事	张玉立	王华彬
人民审判	吉拉石布	常庆育
人民检察	陈　辉	陈映吉
人民公安	张学军	马文峰　李永平
司法行政	俄作衣林　俄木妈麻　钟　山	勒格英林
国民经济	张云芳	张云华
计划管理	余海燕	张秀灵
审计监督	叶志高	吴　毅
土地管理	的伟机	阿苏尔哈　沙马知培　李黎丹

续附表 2

志书名称《美姑县志》	撰稿人	审稿人
统计管理	张云芳	张云华
工商行政管理	姚志权　古文华　伍斌	吉牛马一　吉多古都
药品食品监督	邱国东	阿威红叶、高明建
质量技术监督	杨　梅	乌尔曲加
物价管理	余海燕	张秀灵
外援项目管理	陈　英	赵光清
野生动物保护	龚亿华	方　奎
农　业	刷日林莫　曾建儒	曲比拉坡
农　机	阿余格古　吉木石者	曲木所机
林　业	萨古曲惹	曲比石布　崔仕权　胡护荣
畜　牧	瓦西石波	底日夫铁
水　电	阿尤石哈	曲比拉者
交通运输	陈　兵　陆耕云	勒者尔洛
邮　政	高旭闯	赵存明
电　信	刘进芳	柳朝阳
城乡建设	阿及克布	孙庆革
烤　烟	马海尔举	勒者木石
烟草经营	雷　蕾　余泽军	张　明
粮　食	克其拉洛	王　瑛
财　政	萨古曲惹	杨明清　罗忠华
国税管理	张明元	吉觉以者
地　税	万　洪　肖　进　韩　军	沙忠明
金　融	彭玉章	阿的说尔
教　育	孙学元	罗文才　的日马列　曲比尔布
科学技术	李志峰	阿以拉者
文化体育旅游	卢万发	瓦西古一
广播电视	吴其克从	吉日洛戈
语言文字	吉尔拉格	吉郎伍野

续附表 2

志书名称《美姑县志》	撰稿人	审稿人
毕摩文化	吉郎伍野	嘎哈石者
卫　生	龙言谦	依火瓦坡
人　物	县志编辑部	孙学元
获州以上表彰人物名单	县志编辑部	孙学元
后　记	县志编辑部	孙学元

《美姑县志（1991—2009）》补充内容编写人员名单

附表 3

补充内容	编写单位	编写人员	审稿人	备　注
党的建设	组织部	毛冬梅	陶良东	
森林工业、水电、化工、建材和轻纺工业	—	县志编辑部	孙学元	
人口发展	人口和计生局	王　梅	金　戈	
人口分布与密度	统计局	张丽林	吴志锦	
人口普查	统计局	张丽林	吴志锦	
户口管理和身份证换发	公安局	潘　荦	蒋　勇	
民间文学	文体局	海来哈布	曲木阿莫	
统战部概述	统战部	杨　波	达别尔布	
对台办概述	统战部	杨　波	达别尔布	
审判执行	县法院	阿西阿呷	张晓冬	

后 记

2006年2月，根据《四川省地方志工作条例》和中共四川省委办公厅、省人民政府办公厅《关于全面开展四川省第二轮修志工作的通知》以及凉山州委办公室、州人民政府办公室《关于全面开展凉山州第二轮修志工作的通知》精神，2007年4月，美姑县成立了以县人民政府县长曲木克古为主任的美姑县志（续志）编纂委员会，印发了《关于开展县志续修工作的实施方案》（美委发〔2007〕20号），标志着《美姑县志（1991—2009）》编修工作正式启动。

为了确保志书编纂进度和质量，2007年5月，县地方志办公室组织召开了《美姑县志》续修工作动员大会暨培训会议，县四大家主要领导，各乡（镇）、县级各部门一把手及编写人员共300余人参会。会上，县人民政府县长、县志编纂委员会主任曲木克古和县委常委、县人民政府常务副县长、县志编纂委员会副主任吉觉拉莫惹，分别作了《把修志与用志放在同等重要的位置来抓》《加强领导，落实责任，圆满完成我县第二轮修志工作》的重要讲话，要求与会人员充分认识到开展修志工作的重要目的和意义，把续修工作作为一项重要任务抓紧抓好。同时，吉觉拉莫惹还代表县人民政府与全县各乡（镇）人民政府、县级各部门签订了修志责任书，各单位还缴纳了修志责任金。

会后，全县各承编单位及时成立了乡（镇）志和部门志编纂领导小组，落实了分管领导、资料收集人员和编写人员。县地方志办公室组织专家学者对各单位编写人员开展了业务理论培训，编写和印发10万字的培训资料300份。由于全县各乡（镇）和部门编写人员对修志业务比较陌生，加之修志工作是一项工作量大、质量要求高的工作，造成有的乡（镇）和部门编写人员无从下手，编写出来的稿件质量差、不符合志体要求，有的乡（镇）和部门缺乏图片等。还有少数部门认识不到位，一拖再拖，到了交稿期限还没有动笔。为了保证志书整体质量和按时完成，县地方志办公室作为具体操作县志续修工作的业务部门，承担了大量的业务督促检查和指导工作。据统计，从2007年开始启动乡（镇）志和部门志编纂工作，到2012年全面完成，县地方志办公室累计接待业务咨询800人次，上门督促检查指导500人次，提出修改意见5000多条。其间，针对在检查指导中发现的问题，组织专题业务培训活动5次，召开大小座谈会20次。

2010年，乡（镇）志和部门志编纂工作大部分完成，但由于单位领导班子换届，部门编修工作人员调动等原因，一直没有启动专业志编纂和县志总纂工作。直到2012年8月，县科局级领导班子换届后，才迅速启动了专业志编纂和县志总纂工作。由于当时县地方志办公室人手少等原因，主要由新任县地方志办公室主任孙学元和工作人员叶志高负责《美姑县志（1991—2009）》专业志编纂和总纂工作。同时还聘请了吉尔体日、万洪、马燕等人，协助修改和编纂稿件和图片。到2013年8月，修改、总纂工作全部完成。一年时间里，先后撰写、修改、核实、完善了序言、凡例、概述、建置沿革、大事记、教育、军事、人物、附录、后记等专业志和相关内容，共40余万字的编写任务，累计纠正错漏3800余处，编辑和查阅资料1500万字，最后形成29篇、133章，共约120万字，图片150张的《美姑县志（1991—2009）》送审稿。

2013年12月，分管党史工作的美姑县委常委、县委组织部部长、县委党校校长沙德康，组织县志编纂委员会，分成五个小组，审定《美姑县志（1991—2009）》。根据县志编纂委员会评审意见，县地方志办公室聘请周莉、孙如祥、马静、万洪、陶祥、潘石挖、龙言谦、马燕、罗杨、何毅、周虹和上挂县史志办公室学习锻炼的贾巴者韦、朱光钊、程钦波，进一步修改、补充、完善了《美姑县志（1991—2009）》内容和图片。李焰川、阿牛史日、萨古曲惹、梁跃敏、陶祥、俄木尔坡、吉觉拉一等人提供了部分图片。县史志办公室组织拍照600多张。

2014年5月，县史志办公室将《美姑县志（1991—2009）（送审稿）》报州史志办公室审查验收。8月，州史志办公室组织专家评审《美姑县志（1991—2009）》，美姑县由县委常委、县委组织部部长、县委党校校长沙德康和县史志办主任孙学元带队，带领县史志办公室工作人员和拉木阿觉乡政府干部马燕、上挂学习锻炼的村干部程钦波参加评审会。评审会上，州评审领导小组原则同意《美姑县志（1991—2009）》通过评审，共纠正错漏425处，要求补写工业、人口、民族等章节，还对有关章节的内容和排列提出了针对性的修改意见。根据这些评审意见，2014年9月，县委常委、县委组织部部长、县委党校校长沙德康组织有关单位，召开《美姑县志（1991—2009）》编纂工作推进会，安排部署有关单位完成补写、补充相关内容任务，并对时间安排、稿件质量提出明确要求。随后，各相关单位组织人员，补写、补充志稿相关内容，县史志办公室进行督促检查指导，并对收集到的补写资料进行核实、编辑，再次组织人员对志稿整体稿件和图片进行修改、补充和完善。并请县委办公室、县政府办公室、县档案局等单位提供附录文件资料，由叶志高、程钦波和克其伊子、阿比阿曲、廖加伟录入附录部分相关文件资料。2015年4月《美姑县志（1991—2009）》的编纂全部完成，全书共有29篇、135章、约130万字，图片200多张。2016年，方志出版社地方史编辑部副主任徐宏对志稿进行了严肃认真的审查、编辑。2017年初，美姑县政协副主席龚恩富审读了全书。在此，一并表示感谢。

《美姑县志（1991—2009）》的编纂完成，除了编纂人员的辛勤耕耘外，离不开全县各乡（镇）和县级各部门的关心支持，更离不开县委、县人民政府的正确领导和高度重视，续修期间，先后有两任县委书记、三任县长、三任常务副县长分别担任过县志编纂委员会顾问、主任，他们多次专题听取续修工作情况汇报，亲临县史志办公室检查指导修志工作，认真贯彻落实《国务院办公厅关于进一步加强地方志编纂工作的通知》《地方志工作条例》和省委、省政府，州委、州政府有关史志工作的重要文件和指示精神，严格按照“一纳入，五到位”地方志工作要求，为县志续修工作的顺利开展创造必要的政策支持和物质条件。先后制定出台了《关于进一步加强地方志工作的通知》《关于开展县志续修工作的实施方案》《关于进一步加强年鉴工作的通知》《关于进一步加强和改进党史工作的意见》等一系列文件，指导修志工作。2011年，为了进一步加强对地方志工作的领导，县委、县政府把修志工作纳入全县目标考核责任制。

经过全县修志工作者历时7年的努力编修，《美姑县志（1991—2009）》终于编纂完成。根据《凉山州人民政府办公室关于出版发行〈美姑县志（1991—2009）〉的复函》（凉府办函〔2015〕269号）精神，《美姑县志（1991—2009）》在2016年3月，交方志出版社正式出版。这部志书全面、系统、真实、准确地反映了1991年以后美姑县经济建设和社会发展取得的重大成绩、成功经验和历史教训，是一部真实反映美姑历史与现状的百科全书。

由于县史志办公室人力资源紧缺、领导调整和编者水平有限，本书必定还存在一些疏忽错漏，敬请批评指正。

2017年2月28日

条目索引

D

P

Q

R

S

T

W

X

Y

Z

表格索引

出版说明

根据国务院办公厅颁发的《全国地方志事业发展规划纲要（2015—2020年）》规定，到2020年必须全面完成第二轮地方志书规划任务。为确保这一目标顺利实现，针对当前部分民族地区与贫困地区志书出版经费困难的情况，在中国地方志指导小组组长王伟光、常务副组长李培林的亲自倡议和领导下，自2015年8月起中国地方志指导小组办公室启动民族地区与贫困地区志书出版资助工程，对经国务院扶贫开发领导小组办公室认定的国家级贫困县（区、旗、县级市），中西部地区、少数民族边疆地区、经济欠发达地区存在出版经费困难的省市县三级综合志书进行出版资助。

民族地区与贫困地区志书出版资助工程既是地方志系统的政治工程，又是全国地方志事业协调发展的促进工程，对于推进第二轮地方志书规划任务按期完成，实现地方志事业区域发展平衡，促进民族地区与贫困地区基础文化建设，具有重要的政治意义和文化意义。2016年4月，该工程入选国家新闻出版广电总局实施的“十三五”国家重点图书、音像、电子出版物出版规划项目。

本书经民族地区与贫困地区志书出版资助工程领导小组批准，入选民族地区与贫困地区志书出版资助工程。

民族地区与贫困地区志书出版

资助工程领导小组办公室

2015年9月